DAS GROSSE BUCH DER

GARTEN-PFLANZEN

ANDREAS BÄRTELS
FRANK M. VON BERGER
ANDREAS BARLAGE

DAS GROSSE BUCH DER GARTENPFLANZEN

Über 4500 Bäume, Sträucher und Gartenblumen von A–Z

1700 Farbfotos
34 Zeichnungen

Ulmer

Vorwort

Was wäre ein Garten ohne Ziergehölze und Gartenblumen? Bäume, Sträucher und Kletterpflanzen bilden das Grundgerüst eines jeden Gartens, nur sie können einem Garten Struktur verleihen, kühlenden Schatten spenden und den Gartenraum nach außen abgrenzen. Gleichzeitig geben Sie den blühenden und füllenden Gartenblumen wie Zwiebelpflanzen, Sommerblumen, Stauden und Gräsern einen festen Rahmen und stützenden Hintergrund. Beide Gruppierungen richtig ausgewählt, gekonnt kombiniert und artgerecht verwendet machen aus einem wahllosen Sammelsurium erst einen richtigen Garten.

Mit dem vorliegenden Gesamtwerk über Bäume, Sträucher, Zwiebelpflanzen, Sommerblumen, Stauden, Gräser und Farne geben wir Ihnen einen umfassenden und übersichtlichen, einen verständlichen und praxisnahen Überblick.

Da die angebotene Vielfalt an Gartenpflanzen nicht nur für Hobbygärtner, sondern auch für Fachleute zunehmend unübersichtlicher wird, haben wir für Sie aufgrund langjähriger Erfahrung eine Auswahl getroffen, die sich im Bereich Ziergehölze zum einen an den üblichen Dimensionen unserer Hausgärten hinsichtlich Wuchshöhe und Kronenbreite orientiert und deren Wuchsform, Belaubung, Blüten oder Früchte einen hohen Schmuckwert besitzen. Zum anderen wurden deren Robustheit in unserer Klimazone, ihre Pflegeleichtigkeit sowie die gängige Verfügbarkeit in Baumschulen und Fachgartencentern berücksichtigt.

Das reiche Sortiment an Stauden, Zwiebel- und Knollenpflanzen sowie das breite Spektrum an Sommerblumenarten wächst dank dem Fleiß der Züchter mit jeder neuen Saison. Für den Laien ist es kaum möglich, hier den Überblick zu behalten. Wir haben bei der Auswahl von Gartenblumen darauf geachtet, dass die vorgestellten Arten und Sorten die vielfältigen Verwendungsmöglichkeiten im Garten berücksichtigen, im Handel erhältlich sind und nicht nur nach ermüdender Suche über Liebhaberbörsen gefunden werden können. Dennoch haben wir auch einige besondere Gartenschätze in das vorgestellte Sortiment einbezogen. Immer wieder gibt es Situationen, wo überall verfügbare Pflanzen die Ansprüche der in das Besondere vernarrten Liebhaber nicht befriedigen. Schließlich soll dieses Buch auch dazu verführen, ausgetretene Pfade hin und wieder einmal zu verlassen und Mut zu neuen botanischen Abenteuern zu machen. Die meisten Arten und Sorten der Stauden, Zwiebel- und Knollenpflanzen sowie der einjährigen Sommerblumen sind in gut sortierten Gartencentern, Staudengärtnereien sowie bei Zwiebelpflanzen- und Samenhändlern erhältlich. Bei besonderen Wünschen hilft heutzutage das Internet weiter, aber auch der „Gärtner um die Ecke" wird oft wissen, wie sich die begehrte Blütenpracht – oder deren Saatgut – beschaffen lässt.

Sowohl die Gartenblumen als auch die Ziergehölze werden jeweils in der alphabetischen Reihenfolge ihrer wissenschaftlichen Namen beschrieben, die deutschen Bezeichnungen sind dahinter vermerkt. Kennen Sie nur den deutschen Namen, finden Sie mithilfe der am Ende des Buches angeschlossenen Register leicht die botanische Namensentsprechung.

Wir wünschen allen Hobby- und Berufsgärtnern viel Freude und Begeisterung, viel Erfolg aber auch Geduld im Umgang mit Ihren Bäumen, Sträuchern und Gartenblumen. Möge Sie **„Das große Buch der Gartenpflanzen"** gleichsam als fundierter Ratgeber, als kompetentes Nachschlagewerk sowie als inspirierende Lektüre auf Ihren Gartenwegen begleiten.

Andreas Bärtels,
Frank M. von Berger,
Andreas Barlage

Zwiebelpflanzen, Sommerblumen, Stauden und Gräser

Mit Gartenblumen gestalten

Wer pflegeleichte Gärten voller Blumen liebt, wird ganz sicher mit einer kreativen Kombination von Stauden, Gräsern, Farnen, Zwiebel- und Knollenpflanzen sowie der fast unerschöpflichen Vielfalt an Sommerblumen glücklich werden. Um diese Pflanzen zu einem attraktiven Gesamtbild zu kombinieren, kann man sich natürlich von seinem persönlichen Geschmack und vielleicht auch seiner Intuition leiten lassen. Es schadet aber auch nichts, sich einmal die Grundlagen der Gestaltung zu vergegenwärtigen, um ein ästhetisch ansprechendes Ergebnis zu bekommen. Gestaltungsregeln sind schließlich universell und können mit Leichtigkeit immer wieder neu interpretiert werden. Die Auswahl an schönen und pflegeleichten Gartenblumen ist so groß, dass es mit ihnen niemals langweilig wird!

Zwiebel- und Knollenpflanzen im Blütengarten

Bei Zwiebelblumen denken die meisten nur an die fröhlichen, bunten Frühjahrsblüher. Es gibt aber wunderschöne Zwiebel- und Knollenpflanzen für die ganze Saison, vom zeitigen Frühling bis weit in den Herbst hinein. Die vielen verschiedenen Arten mit ihrer schier unerschöpflichen Auswahl an Sorten bieten ein breites Spektrum wunderschöner Gartenblumen für die Gestaltung. Besonders zeitig blühende Arten wie Schneeglöckchen, Krokusse, Blausternchen und frühe Narzissen eröffnen den Blütenreigen bereits, wenn die anderen Gartenblumen noch nicht erwacht sind. Etwas später entfachen Tulpen ein wahres Farbfeuerwerk in den Beeten. Im Sommer setzen Lilien, Gladiolen und Montbretien farbige Akzente und im Herbst erblühen Stern-Gladiolen, Herbst-Zeitlose und Herbst-Alpenveilchen, bevor sich die Blütensaison dem Ende zuneigt.

Farbenfrohe Kombinationen

Zwiebel- und Knollenpflanzen sind, was Wuchshöhe, Blütenform- und Farbe angeht, sehr unterschiedlich. Sie eignen sich aufgrund ihrer Vielfalt hervorragend für zahlreiche Kombinationen mit anderen Gartenpflanzen. Gerade in Frühlingsbeeten kann man mit bunten Zwiebelpflanzen wie Narzissen, Tulpen und Hyazinthen herrliche Farbeffekte erzielen, wenn man sie mit früh blühenden Einjährigen und Stauden kombiniert wie etwa Hornveilchen, Vergissmeinnicht, Goldlack und Bunter Wolfsmilch, mit Gedenkemein, Kaukasus-Vergissmeinnicht und Polsterpflanzen wie Blaukissen oder Schleifenblume. Nach dem Verblühen und Einziehen der Zwiebelpflanzen machen diese Platz für die Sommerbepflanzung mit bunten Einjährigen. Im Herbst, wenn die Sommerblumen sich verabschieden, werden die Zwiebeln wieder eingepflanzt, um im kommenden Frühjahr erneut zu blühen.

In Blumenbeeten lassen sich mit Zwiebelpflanzen gestalterisch wirkungsvolle Akzente setzen.

Zwiebeln im Staudenbeet

Gerade in Staudenbeeten lassen sich mit Zwiebel- und Knollenpflanzen raffinierte Farbakzente setzen. Größere Arten können gestalterisch genau wie Stauden eingesetzt werden. Im Frühjahr bilden Kaiserkronen (*Fritillaria*), Tulpen und frühe Zierlauch-Arten (*Allium*) einen Blickfang und überbrücken die Zeit, bis die anderen Stauden blühen.
Im Sommer blühende Zwiebel- und Knollenpflanzen wie Gladiolen, Lilien und Montbretien sollten möglichst gleichberechtigte Partner im Staudenbeet sein. Verwenden Sie die prächtigsten Exemplare in diesem Zusammenhang aber sparsam und eher in kleinen Tuffs als in großen Gruppen, ganz nach der Devise „weniger ist mehr". Dies hat außerdem den Vorteil, dass keine großen Lücken im Beet entstehen, wenn die Zwiebelpflanzen verblüht sind. Die unbestrittenen Stars unter den Zwiebelpflanzen, die hohen Lilien-Arten und -Sorten, wirken am schönsten zusammen mit hohen Rittersporn-Sorten (*Delphinium*) sowie gleichzeitig blühenden Strauch-

Nähe und Abstand
Die meisten Zwiebel- und Knollenpflanzen können in größeren Gruppen gepflanzt werden. Sie mögen es aber nicht, wenn andere, gleich hohe Pflanzen in der Blütezeit zu starke Konkurrenz bilden. Wenn die Zwiebelpflanzen im Frühsommer einziehen, kann das Laub später austreibender Stauden jedoch helfen, die welkenden Zwiebelblätter zu kaschieren.

und Kletterrosen (hier empfehlen sich öfter blühende Rosensorten).

Zwiebeln im Steingarten

Für kleine botanische Schätze wie Alpenveilchen, Traubenhyazinthen, Hundszahn und Herbst-Zeitlose ist der Steingarten die ideale Bühne. Hier kommen sie richtig gut zur Geltung und man kann ihre Bedürfnisse optimal erfüllen. Setzen Sie sie am besten in kleinen Tuffs zwischen andere Steingartenpflanzen. So entsteht ein natürlicher Eindruck und es bleiben keine großen Lücken, wenn die Zwiebelpflanzen in ihre Ruhephase eintreten.

Wilde Schönheiten

Viele kleine Zwiebelpflanzen haben die Eigenschaft, sich an geeigneten Standorten durch Samen oder Brutzwiebeln reichlich zu vermehren. Je näher die Sorten der Wildart sind, desto erfolgreicher gelingt die Selbstvermehrung. Besonders zuverlässig vermehren sich etwa Blausternchen, Schneeglöckchen, Winterling, Hasenglöckchen und Dalmatiner Krokus. Diesen Umstand kann man gestalterisch ausnutzen und die kleinen Blütenschönheiten einfach gewähren lassen. So entstehen mit den Jahren hübsche Driften und Teppiche unter Gehölzgruppen, am Rand von Beeten, im Vordergrund von Rabatten und manchmal sogar im Rasen. Wenn Zwiebelblumen in Rasenflächen verwildern, sollten Sie jedoch daran denken, den Rasen erst dann zu mähen, wenn die Blätter der Zwiebelpflanzen welken. Ansonsten verringern sich die Bestände der Wilden Schönen zusehends oder verschwinden gänzlich.

Besonders eindrucksvoll wirken Narzissen (*Narcissus* 'Minnow'), wenn sie flächig verwendet werden.

Zwiebeln in Töpfen

Viele Zwiebel- und Knollenpflanzen eignen sich hervorragend für die Kultur in Töpfen, Schalen und Kübeln. Man kann hierbei den Pflanzen genau die Bedingungen bieten, die sie zum Gedeihen brauchen, etwa kalkempfindlichen Lilienarten ein leicht saures Substrat aus Rhododendronerde. Außerdem lassen sich viele Zwiebelpflanzen bereits im Spätwinter in Töpfen antreiben, um die Blüte zu verfrühen. Sobald die Temperaturen es zulassen, können Töpfe mit verfrühten Narzissen, Tulpen oder Hyazinthen im Garten oder auf Balkon und Terrasse aufgestellt werden. Und noch ein Grund spricht für die Kultur von Zwiebel- und Knollenpflanzen in Pflanzgefäßen: Töpfe und Kübel sind mobil und können überall dort als Lückenfüller eingesetzt werden, wo spontan etwas Farbe und üppige Blütenpracht nötig ist – etwa wenn in der Staudenrabatte eine Pflanze pausiert oder Opfer von Schneckenfraß geworden ist. Wenn sie verblüht sind und das Laub noch nicht eingezogen wurde, sind Zwiebelpflanzen oft wenig attraktiv. In Töpfen gezogene Exemplare kann man in einer abgelegenen Ecke des Gartens „parken", bis das Laub ganz eingezogen ist. Wichtig bei der Kultur von Zwiebel- und Knollenpflanzen in Töpfen: Alle Pflanzgefäße müssen ein ausreichend großes Abzugsloch für überschüssiges Wasser und gut durchlässiges Substrat haben.

Natürlich wirkende Gruppen
Kleine Zwiebelblumen wie Krokusse, Schneeglöckchen oder Wildnarzissen im Rasen wirken herrlich romantisch und natürlich. Damit die Pflanzung möglichst unprätentiös aussieht, gibt es einen Trick: Werfen Sie eine Hand voll Zwiebeln vor dem Einpflanzen etwa in Kniehöhe aus und pflanzen Sie sie dort ein, wo sie hingefallen sind. So entsteht der Eindruck einer zufälligen, natürlichen Anordnung.

Sommerblumen kreativ verwenden

Der Begriff Sommerblume stammt nicht aus der Botanik, sondern bezieht sich auf die Verwendung von Beet- und Balkonpflanzen im Sommerhalbjahr. Er schließt Einjährige, Zweijährige und solche Pflanzen mit ein, die in ihrer Heimat zwar mehrjährig wachsen, bei uns den frostigen Winter aber nicht überstehen und deshalb meist einjährig kultiviert werden. Sommerblumen verholzen in der Regel nicht und bilden auch keine Überdauerungsorgane wie Zwiebeln, Knollen oder Rhizome. Sie werden zur Beet- und Balkonbepflanzung verwendet und zeichnen sich durch enorme Blühfreude aus, die je nach Art von Mai/ Juni bis zum ersten Frost anhält. Einige Arten eignen sich zur Überwinterung, die jedoch in einem frostfreien Quartier erfolgen muss. Dazu gehören auch manche Knollenpflanzen wie Dahlien, Westindisches Blumenrohr und Knollenbegonien, deren frostempfindliche Knollen im Herbst ausgegraben und bis zum folgenden Frühjahr eingelagert werden.

Bunte Vielfalt

Viele Menschen lieben die farbenprächtigen Sommerblumen und sie können gar nicht genug davon bekommen. Anderen sind sie einfach zu bunt und erinnern an die Schaubeete in Stadtparks und die Bepflanzung von Blumenkübeln in Fußgängerzonen. Doch die Auswahl ist so groß, dass selbst Skeptiker bei den einjährigen Sommerblumen passende Vertreter für ihre Ansprüche finden können. Schließlich gibt es nicht nur knallbunte Kracher, sondern auch wunderschöne Sorten in Pastelltönen und sogar Arten, die sich einen charmanten Wildblumencharakter bewahrt haben, wie etwa Jungfer im Grünen (*Nigella damascena*), Einjähriges Silberblatt (*Lunaria annua*) oder Karwinskis Berufkraut (*Erigeron karvinskianus*). Solch dezente Schönheiten bereichern selbst ausgeklügelte Kompositionen. Die Vielfalt an Wuchs- und Blütenformen, Blatt- und Blütenfarben sowie die unermüdliche Blühfreude der einjährigen Sommerblumen bieten wirklich alle Möglichkeiten, um bei der Gestaltung fantasievoller Beetkonzepte aus dem Vollen zu schöpfen.

Sommerblumen lassen sich hervorragend mit Gräsern auflockern.

Zweijährige
Als Zweijährige oder bienne Pflanzen bezeichnet man Arten, die zwei Vegetationsperioden für ihre Entwicklung brauchen. Sie kommen erst nach einer Überwinterung zur Blüte. Typische Vertreter sind Goldlack (*Erysimum cheiri*) und Bartnelke (*Dianthus barbatus*). Inzwischen gibt es jedoch auch einige Sorten von Zweijährigen, die bei ausreichend früher Aussaat bereits im ersten Kulturjahr blühen.

Sommerblumen für Beete und Rabatten

Mit Sommerblumen können Sie in Beeten und Rabatten bunte Blütenteppiche weben, indem Sie mit Farben und Formen spielen. Traditionell werden Sommerblumen in großen Gruppen dicht an dicht gepflanzt, oft auch in formellen Beeten. Aber es geht auch anders: Sommerblumen eignen sich hervorragend dazu, das Grundgerüst des Gartens aus Gehölzen und Stauden zu ergänzen und abwechslungsreiche, saisonale Akzente zu setzen. Gestalten Sie Ihren Garten mit Sommerblumen, indem Sie verschiedene Wuchsformen, Blütenfarben und Texturen miteinander kombinieren. Kräftige farbliche Kontraste oder harmonische Farbverläufe, das Spiel mit den verschiedenen Blütenformen und unterschiedlichen Wuchshöhen sowie die Kombination mit Stauden, Zwiebelblumen und dekorativen Gräsern oder Farnen – bei der Gestaltung mit Sommerblumen ist praktisch alles möglich. Zwar gelten bei der Gestaltung mit Sommerblumen die gleichen Grundregeln wie bei der Staudenverwendung (siehe ab Seite 16), aber in der Praxis sind der Fantasie keine Grenzen gesetzt!

Knollen-Begonien (*Begonia × tuberhybrida*) eignen sich sehr gut für die Verwendung in Pflanzgefäßen.

Sommerblumen als Lückenfüller

Wer kennt das nicht: Die neu gepflanzten Stauden machen im ersten Standjahr noch keinen richtigen Staat, zwischen den Pflanzen klaffen große Lücken. Statt viel zu viele wertvolle Stauden zu pflanzen, die dann schon im folgenden Jahr viel zu eng stehen und wieder entfernt werden müssten, eignen sich Sommerblumen ideal zum vorübergehenden Füllen der Zwischenräume.

Auch in gut eingewachsenen Staudenbeeten und in gemischten Rabatten gibt es immer wieder Ausfälle oder saisonale Lücken, etwa wenn Türkischer Mohn (*Papaver orientale*) nach der Blüte für die Sommermonate die Blätter einzieht und so eine große kahle Stelle im Beet entsteht. Auch die im Frühjahr so prächtig blühenden Zwiebelpflanzen, wie etwa Tulpen, Hyazinthen und Kaiserkronen, hinterlassen im Frühsommer ebenfalls meist größere Lücken im Beet. Hier sind Sommerblumen die Wunderwaffe für den Gärtner, denn sie lassen sich problemlos dort einsetzen, wo vorübergehend freie Stellen entstanden sind oder etwas Farbe fehlt. Bis zum Herbst sorgen sie mit ihrem reichen Flor für Farbakzente, ohne die Grundkomposition der Pflanzung längerfristig durcheinander zu bringen. Besonders hübsch wirken beispielsweise Schmuckkörbchen (*Cosmos*), die gerne in Rosenbeete gepflanzt werden. Diese einjährigen, zarten Sommerblumen blühen von Mitte/Ende Juni bis zum Frost unermüdlich weiter, auch wenn viele einmal blühende Rosen längst ihren großen Auftritt hinter sich haben.

Vertikale Akzente setzen

Damit Beete und Rabatten nicht wie plattgewalzt wirken, kann man einzelne Exemplare höher wachsender Sommerblumen wie Spinnenpflanze (*Cleome hassleriana*), Westindisches Blumenrohr (*Canna indica*-Hybriden) oder auch Rizinus (*Ricinus communis*) als vertikale Akzente zwischen die niedrigeren Arten setzen.

Sommerblumen für Töpfe, Schalen und Kübel

Die Eigenschaft, dass Sommerblumen ununterbrochen vom Frühsommer bis zum Herbst blühen, macht sie zu idealen Kandidaten für die Bepflanzung von Balkonkästen, Töpfen, Schalen und Kübeln. In ausreichend großen Kästen und Kübeln kann man mehrere Arten zusammen pflanzen, sodass sich die einzelnen Pflanzen ergänzen und in ihrer Wirkung steigern. Einzelne Töpfe mit jeweils nur einer Pflanze haben den Vorteil, dass sie mobil sind und immer neu arrangiert werden können. Eines gilt jedoch für alle Pflanzgefäße: Sie müssen ausreichend groß und standfest sein und Abzugslöcher für überschüssiges Gießwasser haben. Verwenden Sie hochwertiges Pflanzsubstrat und arbeiten Sie möglichst schon beim Pflanzen einen Langzeitdünger ein, denn Sommerblumen haben einen enormen Nährstoffbedarf! Und denken Sie daran: In Töpfen, Schalen, Kästen und Kübeln kultivierte Sommerblumen sind, mehr noch als die im Beet ausgepflanzten Exemplare, auf die pflegende Hand des Gärtners angewiesen. Sie müssen regelmäßig gewässert, gedüngt und ausgeputzt werden. Dann hält der Flor den ganzen Sommer über an.

Tipp

Insbesondere in neu angelegten Gärten sind Sommerblumen eine gute Wahl, wenn man gleich im ersten Jahr einen üppig blühenden Garten haben möchte.

Staude ist nicht gleich Staude

Weil Lebensrhythmus, Struktur und Beständigkeit von Stauden einen wesentlichen Einfluss auf die Positionierung und Pflege der Pflanzen in einem Gartenbeet haben, lohnt es sich, wenn man sich vor der Gartenplanung ein wenig damit beschäftigt. Was man im Gartencenter als Stauden kaufen kann, sind nicht immer Stauden im botanischen Sinne, oftmals sind auch halbstrauchige Vertreter dabei, die man aber im Staudengarten auch nicht missen möchte.

Was sind Stauden eigentlich?

Zwar sprechen viele Gartenfreunde von Stauden, wenn sie Pflanzen meinen, die mehr als eine Vegetationsperiode überstehen. Aber Botaniker haben den Begriff „Staude" zum Glück etwas präziser definiert: Zu den Stauden gehören alle Pflanzen, die mehrjährig wachsen und ungünstige Trocken- und/oder Frostperioden ohne ein dauerhaftes Triebgerüst, das über der Erde stehen bleibt, überleben. Die meisten heimischen Stauden ziehen beispielsweise während des Winters alle Blätter ein und überdauern die Fröste mit ihren Wurzeln. Dennoch gibt es auch Stauden, die den Winter über ihr Laub behalten und sogar blühen – Christrosen (*Helleborus*) sind solche Künstler. Aber auch ihr Laub hält nicht ewig, und auch Christrosen erneuern sich von der Wurzel aus; allerdings erst im Laufe des Frühlings.

Es gibt einige Pflanzen, die grundsätzlich im Staudensortiment zu finden sind, aber genau genommen nicht dazu gehören. Der populäre Lavendel (*Lavandula*) beispielsweise ist keine Staude, sondern ein Halbstrauch. Er treibt aus den überwinterten Trieben über der Erde aus, kann sich nach harten Frösten aber auch aus der Basis einigermaßen regenerieren. Eingesetzt werden Lavendel, aber auch die ähnlich wachsenden Schleifenblumen (*Iberis*), Rosmarin (*Rosmarinus*), Thymian (*Thymus*) oder Sonnenröschen (*Helianthemum*), fast immer im Staudenbeet.

Langlebig – kurzlebig

Hier gibt es große Unterschiede. Manche Stauden stehen über Jahrzehnte am gleichen Platz und werden immer schöner. Pfingstrosen (*Paeonia*) beispielsweise können über Generationen hinweg ein Beet verschönern, ohne dass sich Ermüdungserscheinungen feststellen lassen. Auch Diptam (*Dictamnus*),

Ein typischer Vertreter der Stauden ist die langlebige Pfingstrose (*Paeonia peregrina* 'Otto Froebel').

Geißbart (*Aruncus*) oder Funkien (*Hosta*) sind solche Dauerbrenner. Meist brauchen sie aber ein paar Jahre nach der Pflanzung, bis sich die ersten Blüten blicken lassen oder die Pflanze sich etabliert hat und ihre Schönheit voll entfaltet.

Demgegenüber stehen Stauden, die bereits im ersten Standjahr reich blühen, dafür aber nicht allzu langlebig sind. Zahlreiche Nelken, etwa die Heide-Nelke (*Dianthus deltoides*) oder Akelei (*Aquilegia*), Pfirsichblättrige Glockenblume (*Campanula persicifolia*) oder Horn-Veilchen (*Viola cornuta*) verbreiten rasch Blütenfreuden und säen sich sogar selbst an zusagenden Standorten aus. So sorgen sie gelegentlich erfreulich hartnäckig für ihren Erhalt im Garten. Noch üppiger fällt die Nachkommenschaft sogenannter „Zweijähriger“ aus. Sie wachsen im ersten Jahr nach der Keimung meist vegetativ, also ohne Blütenbildung, und blühen im zweiten Jahr, gewöhnlich im Frühling bis Sommer nach dem ersten Frost. Da aber bei einigen Arten die Pflanzen länger als nur 1 Jahr überdauern können – Bart-Nelken (*Dianthus barbatus*), Stockrosen (*Althaea rosea*), einige Nachtkerzen (*Oenothera*) oder Island-Mohn (*Papaver nudicaule*) und Königskerzen (*Verbascum*) etwa –, werden sie oft auch den Stauden zugeordnet. Meist aber nimmt die Vitalität der Pflanzen mit den Jahren sehr ab und es ist grundsätzlich besser, immer neu zu säen.

Gestalterische Möglichkeiten und Grenzen

Es ist bei der Planung und dem Bepflanzen eines Staudenbeetes sehr wichtig, die Lebensdauer der Pflanzen zu berücksichtigen. Die Langlebigen bilden sozusagen das gestalterische Rückgrat des Ensembles. Sie müssen sehr genau ausgewählt sein, da ein Umpflanzen ihre Entwicklung (und Schönheit!) für ein, zwei Jahre beeinträchtigt. Da aber meist auch von ihnen junge Pflanzen eingesetzt werden, ist noch zusätzlich darauf zu achten, dass sie nicht bedrängt werden durch rasant wachsende Arten. Auf keinen Fall sollten andere Stauden zu nah an junge Pfingstrosen gepflanzt werden, denn früher oder später käme es zum Gerangel. Ideale Lückenfüller sind Sommerblumen, die sowieso im Spätherbst absterben: Kapuzinerkresse (*Tropaeolum*), Ringelblumen (*Calendula*), Duftsteinrich (*Lobularia*) oder die hohen Schmuckkörbchen (*Cosmos*) lassen sich besonders leicht heranziehen.

Hat man die besonders dauerhaften Pflanzen positioniert, meist einzeln oder in kleinen Gruppen, macht man sich am besten Gedanken um Pflanzen, die nicht ganz so empfindlich sind, wenn sie umgesetzt werden müssen. Zwar sollten auch sie gezielt eingesetzt werden, denn ein Verpflanzen ist auch für sie nicht ideal – aber im Allgemeinen ist das bei Stauden kein wirkliches Problem.

Kurzlebige Stauden werden zum Schluss eingesetzt. Sie sollen ein wenig um die langlebigeren Veteranen vagabundieren können. Und falls es einmal farblich oder hinsichtlich der Pflanzenerscheinung gestalterisch schiefgehen sollte – kein Problem! Dann entfernt man eben die ästhetischen Störenfriede. Mit der Zeit wird sich dann ein Bild einstellen, das mit gezieltem Eingreifen harmonisch und ausgewogen bleibt. Doch gar nicht so selten machen invasive Selbstläufer eigene Vorschläge zur Farben- und Formensprache des Beetes. Und dann ist es sogar recht spaßig, Farbkonzepte über den Haufen zu werfen und „Gewagteres“ zuzulassen.

Überhaupt sollte man nicht erwarten, dass beim Gestalten von Staudenbeeten sofort alles so aussieht, wie man es sich vorgestellt hat. Gerade als Stauden-Novize „schiebt“ man oft verschiedene Pflanzen hin und her, bis das Ergebnis (in den eigenen Augen) perfekt ist. Schließlich sind es nicht nur die Blüten und die Pflanzenhöhe, mit denen gestaltet wird. Austriebe, Knospenstadium, Aussehen nach der Blüte und im Winter sowie die genaue Blütezeit müssen zuweilen sogar am „lebenden Objekt“ erfahren werden. Das gleiche gilt für die genauen Blütenfarben. Besonders bei Rosa-, Rot- und Violetttönen sind die Angaben einiger Anbieter schwer nachvollziehbar und man sollte sich ein eigenes Bild von den Farben machen – am besten neben den Begleitern, die bereits vorgesehen waren.

Alle Pflanzen mit einer Pfahlwurzel sind kritische Kandidaten beim Umsetzen, dazu zählt der Türkische Mohn (*Papaver orientale* 'Black and White').

Pflanzen haben Format

Die meisten Gestalter beginnen mit ihren Überlegungen bei der Form. Übertragen auf Pflanzen nimmt man zuerst ihre Größe ins Visier. Die größten Pflanzen in einem Beet geben den Ton an: Man bezeichnet sie als Leitstauden, sie werden zuerst eingesetzt. Je straffer und länglicher die Pflanze wächst, desto dynamischer wirkt sie. Blütenstände und Triebstrukturen ergänzen sich meist dabei. Klassisches Beispiel dafür ist der Rittersporn (*Delphinium*) – hier strebt alles kraftvoll dem Himmel zu. Große Pflanzen mit großen Blüten oder Blütenständen mit einer kontrastierenden Form sind beispielsweise Pfingstrosen (*Paeonia*) oder Stauden-Phlox (*Phlox paniculata*), die völlig anders wirken. Sie bauen sich kuppelförmig auf und sehen wesentlich ruhiger aus. In den genannten Fällen korrespondiert der Pflanzenhabitus mit ihrer Blütenform, und sie können sehr eindeutig eingesetzt werden. Übrigens: Je massiver und markanter der Wuchs ist, desto sparsamer wird die betreffende Pflanzenart verwendet.

Im krassen Gegensatz zu den starken Pflanzencharakteren stehen niedrigere Gewächse mit polster- bis mattenartigem Wuchs. Sie werden immer in Gruppen und Pulks eingesetzt. Als flach wachsende Verbindungselemente spielen sie eine genauso wichtige Rolle bei der Gestaltung wie die auffälligen Prunktypen. Und durch das Wechselspiel beider wird ihre Schönheit noch gesteigert. Prachtpflanzen allein würden miteinander schonungslos konkurrieren; Polsterpflanzen unter sich wirken langweilig. Die Mischung macht's!

Beobachten Sie Ihre Pflanzen ganz genau. Die aufstrebende, kraftvolle Gestalt beispielsweise von Lupinen (*Lupinus*) macht einen völlig anderen Eindruck als etwa die wolkige Erscheinung von Schleierkraut (*Gypsophila*) oder die fedrigen Blütenstände von Astilben (*Astilbe*). Die letzten beiden Pflanzentypen wirken grundsätzlich auflösend und streuend. Mit ihnen lassen sich fantastische Lockerungsübungen im Beet vollführen.

Neben der Blütenform bestimmt auch die Richtung, nach der sich die

Wenn gleiche Formen eingesetzt werden, sorgen unterschiedliche Farben für Leben; Lupinen (*Lupinus polyphyllus*) machen es vor!

Natürlich ist auch eine Höhenstaffelung von Stauden wichtig. Vermeiden Sie aber „Rutschbahnen" und setzen Sie neben den niedrige Matten bildenden Stauden auch grazile Gräser oder halbhohe Blütenstauden in den Vordergrund.

Eine regelmäßige Anordnung von Stauden wirkt meist gekünstelt. Besser ist es, die Abstände zwischen gleichen oder gleichartigen Stauden zu variieren; das ist viel gefälliger und spannungsreicher.

Blüten öffnen, und wie sich die Blütenblätter anordnen, die Wirkung der Pflanzen und folglich ihren Einsatz. Bereits bei den verbreiteten Korbblütlern, zu denen beispielsweise die Margeriten (*Leucanthemum*) gehören, gibt es beträchtliche Unterschiede. Die erwähnten Margeriten breiten ihre weißen Zungenblüten mehr oder weniger waagerecht aus, während beispielsweise beim Sonnenhut (*Rudbeckia*) die gelben Zungenblüten wie bei einem Federball herabhängen. Ist die Blütenmitte gefüllt, wirkt das Ganze pomponartig und etwas behäbiger. Schalenblüten können dagegen aufrecht nach oben geöffnet sein, wie bei der Pfingstrose (*Paeonia*), aber auch seitlich abstehen; Stockrosen (*Alcaea*) sind dafür ein gutes Beispiel. Und dann gibt es auch noch mehr oder weniger glockenartige Blüten, die, wie etwa beim Fingerhut (*Digitalis*), seitlich abstehen oder, wie beim Maiglöckchen (*Convallaria*), herabhängen. Schon diese wenigen Blütentypen zeigen, wie mannigfaltig Blüten geformt sein können – und wie unerschöpflich die Gestaltungsmöglichkeiten sind.

Farbspielereien

Farbtheorien gibt es viele und namhafte Wissenschaftler wie Newton und Goethe haben sich eingehend mit dem Phänomen beschäftigt. Als Ausgangspunkt zur Farbgestaltung im Staudenbeet eignet sich aber immer noch der gute alte Farbkreis nach Johannes Itten aus dem Kunstunterricht in der Schule am besten. Itten unterscheidet die sechs wichtigsten Farben zunächst nach erster und zweiter Ordnung. Die Farben erster Ordnung – auch als Grundfarben bekannt – sind Gelb, Rot und Blau. Im Farbkreis sind sie wie ein Mercedesstern angeordnet.

Die jeweils aneinander angrenzenden Farben mischen sich zu den drei zusätzlichen Farben zweiter Ordnung: Orange aus Gelb und Rot; Grün aus Gelb und Blau und Violett aus Rot und Blau. Sie werden im Farbkreis dort, wo sie entstanden sind, platziert. Es ergibt sich ein Sechserkreis in dem sich jeweils zwei Farben gegenüberstehen – je eine Farbe erster Ordnung findet ihre Gegenspielerin in einer Farbe zweiter Ordnung. Die grundlegenden Farbenpaare, die unsere Gestaltung erst einmal inspirieren, sind folglich: Gelb–Violett, Rot–Grün und Blau–Orange; man nennt sie Komplementärfarben.

Starke Kontraste

Die Komplementärfarben bilden die stärksten Farbkontraste; man spricht auch vom Komplementärkontrast. Im Garten ist das allgegenwärtige Grün fast immer die dritte Farbe im Bunde. Doch natürlich ist das beim Rot-Grün-Kontrast anders; wer eine absolut konsequente Farbgestaltung verfolgt, hat daher fast nur die Chance auf den Einsatz dieses Farbenpaares. Doch gerade diese Farben lassen sich vorzüglich variieren, gibt es doch nicht nur Blüten in Rot und Blätter in Grün. Rotes bis braunrotes Laub haben etwa Purpurglöckchen wie *Heuchera micrantha* 'Palace Purple' oder Züchtungen von Günsel (*Ajuga*), Silberkerze (*Cimcifuga*), Bartfaden (*Penstemon*) und anderer Arten. Grüne Blüten steuern bestimmte Arten und Sorten von Frauenmantel (*Alchemilla*) und Wolfsmilch (*Euphorbia*), Christrose (*Helleborus*) oder Scheinsonnenhut (*Echinacea*) bei. Hier sollte man auch unbedingt ein wenig inkonsequent in der Verwendung von Stauden vorgehen und beispielsweise die nicht winterharten Dahlien, ganz besonders die rotlaubige, knallrot blühende 'Bishop of Llandaff', sowie den kurzlebigen, rotlaubigen, grün blühenden Fenchel mit verwenden; zusammen mit roten Taglilien (*Hemerocallis* 'Hexenritt') und Montbretien (*Crocosmia* 'Lucifer') findet sich so ein klassisches Dream-Team zusammen, das im Hochsommer absolut unschlagbar ist.

Eine sehr bekannte und gut verwendbare Grundlage für die Gestaltung mit Farben ist der Farbkreis nach Johannes Itten. Man erkennt gut, wie sich die kontrastierenden Farbenpaare, die Komplementärfarben, gegenüberliegen.

Viel und wenig

Die Komplementärkontraste, auch die mit dem entspannenden Gartengrünbeiwerk, wirken sehr plakativ, wenn die reinen, leuchtenden Farben verwendet werden. Wer eine solche starke Farbwirkung liebt, sollte achtgeben, dass sich diese Dominanten nicht gegenseitig übertrumpfen und somit die Wirkung an eine Reklame in Las Vegas erinnert. Ein einfaches Rezept ist, eine der beiden Farben in nur einem kleinen

Anteil zu verwenden. Höchstens ein Fünftel der gesamten Farbenfläche sollte der eine, vier Fünftel der andere Farbenpartner belegen. Selbst eine Akzentsetzung der einen zur anderen Farbe erzielt einen tollen Effekt – ein Zehntel Anteil reicht völlig aus. In allen Fällen steigern sie sich gegenseitig in ihrer Wirkung.

Diese Regel lässt sich aber auch ganz raffiniert abwandeln, indem einer der beiden Farbanteile durch Aufhellung geschwächt wird. Am Beispiel Gelb–Violett lässt sich das gut erläutern: Während die eine Farbe, etwa Violett im satten Ton eingesetzt wird, setzt man zart schimmerndes Primelgelb statt des strahlenden Sonnengelbs dazu. Beide Farben spielen so ihre volle Schönheit aus. Unterstützt wird das zusätzlich durch die unterschiedlich verwendeten Farbenmengen, hier reichen aber etwa zwei Fünftel zu drei Fünfteln vollkommen aus.

Prinzip Impressionismus

Die Farbwirkung hängt nicht allein von der absoluten Menge der Farbanteile ab. Mindestens genauso wichtig ist die Verteilung der Farben. Die bereits erwähnte Blockung von Farbflächen ist das eine Extrem. Doch man kann auch ausgezeichnet mit kleinen bis kleinsten Farbelementen arbeiten. Das Paradebeispiel aus der Kunst findet man beim französischen Impressionismus und Pointillismus. Die dafür typischen Gemälde bestehen aus winzigen Farbtupfern, die sich erst aus einer gewissen Entfernung zu einem größeren Ganzen zusammenordnen und Konkretes erkennen lassen.

Im Garten plant man meist nicht, irgendwelche Motive zu pflanzen – schon gar nicht durch gestreute Farbtupfer. Doch der schwebend leichte Zauber eines impressionistischen Kunstwerkes kann sehr wohl im Garten attraktiv sein. Beete und Gartenszenarien, wie Sitzplätze oder Lauben, werden durch fein gestreute Farben sehr unwirklich und wirken märchenhaft verwunschen. Erstaunlicherweise verliert sich der sanfte Effekt auch dann nicht, wenn bunte Farben eingesetzt werden, die in geballter Form nicht zueinander passen würden. Gelb, Rosa, Orange, Purpur, Lila – feine Farbpunkte, beispielsweise von Sonnenröschen (*Helianthemum*), Wiesenraute (*Thalictrum*), Schleierkraut (*Gypsophila*), Elfenblume (*Epimedium*) oder Leinkraut (*Linaria*), schaffen eine bezaubernde Stimmung. Natürlich kann man auch hier mit Farbverwandtschaften spielen oder den Romantik-Effekt durch entsprechende Farbklassiker wie Rosa-Blau-Weiß stützen. Es müssen aber auch nicht unbedingt kleine Blüten sein! Größere Blüten im Pünktchen- oder Streifendessin können ebenfalls eingesetzt werden und legitimieren durch eventuelle „unmögliche" Farbstellungen diese Kombinationen mit Lässigkeit. Natürlich spielen auch Blätter in diesem Zusammenhang eine sehr wichtige Rolle. Pünktchenmuster, Streifen, Panaschierungen, Netzlook oder abgesetzte Ränder tragen zur Farbauflösung wirkungsvoll bei.

Wem aber die Farbstreuung allein zu gleichförmig erscheint, dem kann leicht geholfen werden. Hier und da eingestreute großblumige Stauden oder solche mit kompakten Blütenständen, etwa Pfingstrosen (*Paeonia*), Taglilien (*Hemerocallis*) oder Stauden-Phlox (*Phlox paniculata*), können zum Blickfang werden und vertiefen beispielsweise vor einer vielfarbigen Kulisse aus Streublümchen das eine oder andere Farbthema.

Sanftmütige Pastelle

Wer sanfte Harmonien liebt, hält sich an Pastelltöne. In der Malerei spricht man von Pastellfarben, wenn in volle Farbtöne viel Weiß hineingemischt wurde – bei Aquarellfarben ist dann der Wasseranteil hoch. Die Farben werden blass, zart und für die Kombination miteinander weit verträglicher als im „Volltonstatus". Ein Beispiel: Sattes, leuchtendes Orange kann alle Nachbarn überstrahlen, während das aufgehellte Apricot allgemein ein völlig unkomplizierter Kombinationspartner ist. Selbst Farben, die als kritisch nebeneinander gelten („sich beißen") sind absolut ensemblefähig. Anhand der vielen Rotnuancen und verwandten Farben wird das sehr deutlich. Während Violett, Purpur, Signalrot und Orange unvermittelt wie eine Farbkarambolage aufeinander treffen würden, fügen sich die davon abgeleiteten Pastelle Zartlila, Rosa, Lachs und Apricot zu einer wunderbaren Harmonie zusammen, die durch das Blattgrün sehr wirkungsvoll unterstützt wird. Zur Erinnerung: Grün ist ein Komplementärkontrast zum Rot, das wiederum in mehr oder weniger starken Spuren in den Blütenfarben auftaucht. Es ist also theoretisch und praktisch sehr einfach, mit der gesamten Rosaskala harmonische Beete zu gestalten.

Schwarz-Weiß-Malerei?

Damit das Ganze aber nicht allzu süßlich gerät, verwendet man einen weiteren Trick der Farbgestaltung: den Hell-Dunkel-Kontrast. Das ist sozusagen der „Klassiker" unter den Kontrasten, der uns seit der Schwarz-Weiß-Fotografie bestens vertraut ist. In unserem rosafarbenen Beispielsbeet finden sich dann als Akzente einige dunkelrote Blüten oder dunkellaubige Blätter. Die andere Seite der Hell-Dunkel-Achse ist natürlich das Weiß, das ebenfalls als Akzent sehr willkommen ist. Damit die verspielte Farbwirkung erhalten bleibt, empfehlen sich kleine bis mittelgroße weiße Blüten. Weiß panaschiertes Laub und silbrig schimmernde Blätter ergänzen die Komposition.

Weiß als Trennmittel

Weiß ist ein attraktiver Sonderfall bei der Farbgestaltung und ein sehr guter Problemlöser. Falls sich schwierige Farbsituationen anders nicht lösen lassen, trennt man die Streithähne durch sehr präsent blühende weiße Blüten. Ein weiterer Effekt beim Einsatz von Weiß ist, dass alle anderen Farben noch stärker strahlen.

Puristen schätzen auch einen reinweiß blühenden Garten und es gibt sehr attraktive Beispiele entsprechender Pflanzungen – kein Wunder, gibt es doch von fast allen Pflanzenarten ausgesprochen schöne weiß blühende Züchtungen. Einen Haken hat die Sache allerdings: Weiße Blumen verblühen unschön. Das ist darauf zurückzuführen, dass die Farbe Weiß nicht durch Farbpigmente erzeugt wird (diese fehlen völlig), sondern durch Lufteinschlüsse in den Zellen. Das einstrahlende Licht lässt dann die Blüten und Blattpartien weiß erscheinen. Beim Verblühen lösen sich die Zellwände auf, Luft und Zellsäfte entweichen und das Gewebe erscheint bräunlich. Da keine anderen Pigmente vorhanden sind, die diesen Eindruck abmildern könnten, wird das Verblühen doppelt sichtbar. Weiße Gärten erfordern daher eine besonders aufmerksame Pflege.

Gelb, das unkomplizierte Weiß

Wem ein reinweißer Garten zu pflegeintensiv und vielleicht auch zu „eintönig“ ist, der kann sich an zarte Gelbtöne halten, die fast genauso häufig im Gartenpflanzenreich zu finden sind wie Weiß. So bleibt der leichte Charakter der Beete und Pflanzungen erhalten, die Pflanzung hat aber etwas mehr Leben und sieht meist gepflegter aus.

Spielen Sie ein wenig mit den Gelbtönen. Ein volles Dottergelb sollte dabei nur in ganz kleinen Anteilen auftauchen. Die Klaviatur von Primelgelb bis hin zum Creme ist sehr weit und kann bestens ausgenutzt werden. Neben den verschiedenen Blattgrün-Nuancen bei denen unbedingt auch sehr dunkle Grüntöne verwendet werden müssen, kommen auch gelb belaubte sowie gelb und weiß panaschiert beblätterte Pflanzen ins Spiel. Auf diese Weise wirkt die Farbe Gelb ausgesprochen elegant und nobel – und gleichzeitig heiter und beschwingt.

Alles wirkt zusammen

Auch wenn die einzelnen gestalterischen Elemente nacheinander behandelt werden, muss man be-

Fröhlich und doch edel wirkt die Kombination von Zartgelb und Weiß bei diesem Paar von Margeriten und der Schafgarbe 'Hella Glashoff'.

rücksichtigen, dass sie immer alle gemeinsam wirken. Die Farbe wird immer durch die Form unterstützt und umgekehrt. Aufrechte, nach oben strebende Formen werden umso dynamischer mit einem mittleren bis hellen Blau- oder Blauviolett-Ton. Beim Rittersporn (*Delphinium*) wird das besonders deutlich; die kühle, etwas entrückte Ausstrahlung ist bei gletscherfrischen Farben am stärksten.

Aber auch flammende, feurige Blütenfarben wirken mit entsprechenden Blütenformen, allen voran die Taglilien (*Hemerocallis*) oder Fackellilien (*Kniphofia*). So lässt sich die ganze Palette der Blüten durchspielen: Wolkig wirkendes Weiß beim Schleierkraut (*Gypsophila*), festliches, würdevolles Purpur bei der Pfingstrose (*Paeonia*) oder heiteres Zartgelb bei der Färberkamille (*Anthemis*) sind kongeniale Paare.

Oberflächen beachten

Doch es ist nicht allein die Form, die eine Farbwirkung mit bestimmt. Ein Element muss noch betrachtet werden: die Textur, die Oberflächenbeschaffenheit der Pflanzenteile.

Die meisten Blütenblätter sind so glatt, dass sie an Seide oder Chintz erinnern – und auch eine entsprechend edle Aura haben. Demgegenüber stehen die Pflanzen mit einem eher rauen Charme. Schafgarben (*Achillea*), Sonnenaugen (*Heliopsis*) oder Sonnenblume (*Helianthus*) beispielsweise sehen eher rustikal aus. Besonders spannend sind in diesem Zusammenhang die Züchtungen von Rotem Scheinsonnenhut (*Echinacea*), dessen Röhrenblüten in der Mitte des Körbchens sich zu einer rauen Kuppel zusammenschließen, die von den leuchtend gefärbten, seidenartigen Zungenblüten umgeben sind. Wenn diese Blütenteile abgefallen sind, bleiben die runden Blütenmitten erhalten und wirken mit ihrem spröden Charme auch noch während der kalten Jahreszeit.

Kleine Ausnahmen bilden das Tüpfelchen auf dem „i". Wollig erscheinen beispielsweise die Blütenstände von *Agastache*, die nebenbei bemerkt, viel zu selten in Gärten zu sehen ist. Filigrane grüne bis grünlich weiße Blütenstände von Gräsern bereichern ebenfalls die Szenerie – ganz zu schweigen von den zuweilen wie zur Spitze geklöppelt wirkenden Farnwedeln in sattem Grün. Das Sortiment der Stauden ist unglaublich reichhaltig und man kann sich gar nicht sattsehen und sattgestalten an der Vielfalt der Stauden. Wer seinen Blick für die Details und ihre Wechselwirkungen schärft, kann wirklich nichts mehr falsch machen.

Die *Agastache*-Sorte 'Blue Fortune' zeigt in ihren Blütenständen eine reizvolle Mischung aus rauen bis wolligen und seidigen Texturen.

Die Schönheit des Wandels

Es gibt neben der Pflegeleichtigkeit, Dauerhaftigkeit und Verlässlichkeit noch einen weiteren Pluspunkt winterharter Stauden, der allerdings oft nur wenig beachtet wird: ihre sich stets wandelnde Gestalt. Während Saisonpflanzen fast immer nur zu Beginn ihrer Blütezeit gesetzt werden und dann sozusagen im dauerhaften Zenit ihrer Schönheit stehen, bis sie mehr oder weniger unvermittelt absterben, durchlaufen Stauden vor unseren Augen ihren kompletten Lebenszyklus. Man erlebt nicht allein die Blütezeit, sondern auch das Faszinosum des beginnenden Austriebs, des erstarkenden Wachstums und nach dem Flor das haltbare Laub oder, wenn zugelassen, die Bildung von Früchten.

Es ist erstaunlich, wie stark sich manche Pflanzen im Laufe des Jahres verändern. Austriebe sind meist nicht nur klein und zart, sondern können sehr ornamental wirken. Die sich entrollenden Farnwedel sind in dieser Hinsicht allgemein bekannt, aber auch Salomonssiegel (*Polygonatum*), Pfingstrosen (*Paeonia*), Tränendes Herz (*Dicentra spectabilis*) oder Silberkerzen (*Cimcifuga*) bieten einen fantastischen Anblick. Auch weniger spektakuläre Austriebe haben in Pulks und Flächen ihre Wirkung. Maiglöckchen (*Convallaria*) oder Funkien (*Hosta*) bilden mit ihren spitzen Blattlanzen zu Anfang des Jahres eine völlig andere Struktur als später, wenn die Blattspreiten sich entfaltet haben.

Die völlig unproblematischen, ab dem spätem Sommer blühenden Krötenlilien (*Tricyrtis*) werden immer beliebter; die Sorte 'Toyen' ist ein besonderes Juwel.

Doch nicht nur die Form, sondern auch die Farbe austreibender Blätter kann auf reizvolle Weise von den ausgewachsenen Blättern abweichen. Rote Austriebe, etwa der bereits genannten Pfingstrosen, vergrünen mit der Zeit; aber auch bei anderen rotlaubigen Pflanzen sind die jungen Triebe und Blätter oft intensiver rot gefärbt, als die der reifen Pflanzenteile. Zwar verlieren sich die Rotanteile etwa von Felberich (*Lysimachia ciliata* 'Firecracker') oder kriechender Wolfsmilch (*Euphorbia chamaecyparissus* 'Fen's Ruby') nicht ganz, aber ein wenig „grüner" als zu Beginn des Jahres sind sie doch.

Knospen und Blüten

Genauso spannend ist es zu beobachten, wie sich Knospen zu Blüten verändern. Besonders bei Blütenständen, die aus vielen Einzelteilen bestehen, wandelt sich das Bild stark. Zuerst aufrecht strebende Pflanzen, etwa Lilien, werden in ihrer Dynamik durch seitlich abstehende (*Lilium regale*) oder gar hängende (*Lilium leichtlinii*) Blüten gebremst. Längliche Blütenstände, etwa bei Lupinen (*Lupinus*), sehen ausgesprochen dynamisch aus, wenn sich die untersten Blüten geöffnet haben, während weiter oben die Knospen fest geschlossen sind. Es ist eine spitz zulaufende Kerzenform entstanden. Im weiteren Verlauf ist der Effekt dann etwas beruhigter, wenn sich der Blütenstand eher als Säule präsentiert.

Einige Pflanzen wirken bereits im zuweilen lang anhaltenden Knospenstadium sehr markant. Hier ist die Fette Henne (diverse *Sedum*-Arten) das beste Beispiel. Die wächserne Erscheinung ist bereits im Hochsommer ein perfekter Gegenspieler zu filigranen Gräsern und leuchtend gefärbten Blütenstauden. Im Herbst schließt sich dann der Blütenhöhepunkt an und selbst nach dem Verblühen machen die stehen gebliebenen Blütenschirme eine sehr gute Figur.

Pfingstrosen (*Paeonia*) gehören seit jeher zu den besonderen Lieblingen der Pflanzenfreunde. Die begehrten gelben Sorten sind mittlerweile nicht nur vital, sondern auch erschwinglich, 'Yellow Water Lily' gehört dazu.

Immer neue Highlights

Das stetig sich ändernde Bild ist in der Staudenrabatte das wirklich Reizvolle. Die Kunst besteht darin, neben den kontinuierlich erscheinenden neuen Blütenhöhepunkten einen dazu passenden Rahmen zu schaffen. Bei einer Saisonbepflanzung ist das wesentlich leichter, da die Pflanzen bereits deutlich ihre Farbe und Form erkennen lassen, die sie weitgehend behalten. Stauden sind da eine etwas größere Herausforderung für den Gestalter. Man muss sie genauer kennen, um perfekte Bilder zu kreieren. Dafür aber entstehen in verschiedenen Rhythmen immer neue Gesellschaften. Besonders im Frühling wandelt sich die Garten-Szenerie fast im Wochentakt.

Zu jeder Jahreszeit, für jeden Monat stehen wirkliche Pflanzenjuwelen zur Verfügung, die typisch für die Saison sind. Es ist dann jedes Jahr so, als ob man alte Bekannte wieder trifft, auf deren Besuch man sich lange gefreut hat. Neben den unverzichtbaren Klassikern – etwa Primeln und Veilchen im Frühling, Akeleien und Iris im Frühsommer, Rittersporn und Glockenblumen im Sommer, Astern und Chrysanthemen im Herbst und Christrosen im Winter – stehen unglaublich schöne, weniger bekannte Arten und Züchtungen bereit, die keine Gestaltungswünsche offen lassen. Die abgebildeten Beispiele – aktuelle Sorten von Krötenlilie (*Tricyrtis*) und Pfingstrose (*Paeonia*) – sollen als Anreiz dienen, einmal eingefahrene Pfade zu verlassen und sich auf neue Kombinationen einzulassen, die keinen Deut weniger pflegeleicht sind, als die mit den althergebrachten Pflanzen. Vielleicht ist gerade die Zusammenstellung solcher neuen Sorten mit dem Vertrauten der eigentliche Spaß beim Gestalten von Staudengärten.

Niemand sollte sich nach der Lektüre dieser Gestaltungs-Hilfestellungen überfordert fühlen. Nur wer in seiner Staudenrabatte seine Ideen selbst ausprobiert, kann Erfahrungen sammeln und daraus lernen. Kein Meister ist vom Himmel gefallen und die vollendeten Beete sind mit Sicherheit erst nach einigem Hin und Her entstanden. Fast alle Stauden lassen sich mehr oder weniger gut versetzen und ein „Verschiebebahnhof" in den ersten Jahren ist wahrlich keine Schande. Im Gegenteil! Je mehr man sich mit den Eigenheiten seiner Pflanzen vertraut macht, desto persönlicher und ausstrahlungsstärker wird ihre Zusammenstellung sein. Nur Mut!

Gartenblumen pflanzen und pflegen

Zugegeben: Stauden, Sommerblumen, Zwiebel- und Knollenpflanzen sind ausgesprochen unterschiedlich in ihren Ansprüchen – schließlich stammen die mannigfaltigen Arten aus höchst verschiedenen Lebensräumen, an die sie sich im Laufe der Evolution angepasst haben. Dennoch gibt es etliche Handgriffe im Blumenbeet, die für alle Pflanzungen in gleicher Weise durchgeführt werden oder deren Prinzip sich auf die verschiedenen Blütenpflanzen mit vergleichbaren Bedingungen anwenden lässt. Die grundlegenden Tricks zur Vermehrung und zum allgemeinen Umgang mit Sommerblumen, Zwiebel- und Knollenpflanzen und auch von Stauden kann man sich rasch aneignen – den Rest erlernt man durch die eigenen praktischen Erfahrungen im Laufe der Zeit.

Erfolgreich mit Zwiebel- und Knollenpflanzen

Bei vielen Pflanzen findet man statt eines faserigen Wurzelsystems verdickte unterirdische Sprosse in Form von Zwiebeln oder Knollen. Sie dienen dazu, Nährstoffe zu speichern und helfen der Pflanze dabei, ungünstige Vegetationsphasen zu überstehen, in denen entweder wenig Feuchtigkeit oder wenig Nährstoffe oder keines von beiden zur Verfügung stehen. Wenn sich die Verhältnisse ändern, können Zwiebel- und Knollenpflanzen dank der in den unterirdischen Speicherorganen eingelagerten Nährstoffe sofort reagieren, mit ganzer Kraft austreiben und üppig blühen.

Botanisches Wissen

Bei echten **Zwiebelpflanzen** wie Narzissen, Tulpen und Hyazinthen besteht die Zwiebel aus einem komprimierten Trieb mit fleischigen Blättern, die um einen Stängelansatz (den abgeplatteten Zwiebelboden) herum angeordnet sind. Auch Lilien gehören zu den Zwiebeln, obwohl ihnen die alles umschließende Schutzhaut fehlt. **Zwiebelknollen**, auch als Rhizomknollen bezeichnet, sind eine Übergangsform zwischen Zwiebel und Knolle, wie man sie etwa bei Gladiolen und Krokussen findet. Bei ihnen sind die Zwiebelschuppen zu einer kompakten Knolle verfestigt. Eine Außenhaut schützt vor dem Austrocknen und vor Verletzungen. **Echte Knollen** werden in zwei Gruppen aufgeteilt: **Sprossknollen**, wie man sie bei Winterling und Alpenveilchen findet, sind nicht schichtförmig aufgebaut und haben keine Schutzhaut. Als **Wurzelknollen** gelten verdickte Hauptwurzeln mit einer Schutzhaut. Sie haben an einigen Stellen „Augen", aus denen neue Triebe sprießen können. Der Hauptaustrieb erfolgt jedoch meist am Wurzelhals, wo sich der Vorjahresstängel befand. Typische Gewächse mit Wurzelknollen sind z. B. Dahlien. **Rhizome**, wie man sie beim Westindischen Blumenrohr findet, sind ebenfalls verdickte unterirdische Speicherorgane, aus denen unterirdisch Wurzeln und oberirdisch Knospen sprießen.

Gute Dränage

Im eigentlichen Sinn sind solche Zwiebel- und Knollenpflanzen Stauden, da sie in ihrer Heimat mehrjährig wachsen und krautig sind. Viele Arten stammen aus Regionen, in denen die Winter kühl und feucht sind, die Sommer dagegen heiß und trocken. Klimabedingungen, wie sie etwa in den mediterranen Regionen Europas, Nordafrikas und im Nahen Osten herrschen, aber auch in Kalifornien, Südafrika und Teilen Zentralasiens. Wenn man sich die Herkunft dieser Pflanzen vergegenwärtigt, dann liegt es auf der Hand, dass sie eine etwas andere Behandlung brauchen als konventionelle Stauden. So reagieren alle Zwiebel- und Knollenpflanzen sehr empfindlich auf Staunässe. Ein durchlässiger, leicht sandiger Lehmboden mit guter Dränage bei dennoch ausreichender Versorgung mit Feuchtigkeit ist ideal für ein gesundes Gedeihen. Bei schweren, wenig durchlässigen Böden kann die Dränagewirkung durch Einarbeiten von Sand und feinem Splitt verbessert werden. Eine gute Vorbeugung gegen stauende Nässe ist auch eine Schicht aus Feinkies am Grund des Pflanzlochs.

Zum Kaschieren der vor der Blütezeit von *Allium giganteum* absterbenden Blätter eignen sich Begleitpflanzen wie *Aquilegia*.

Blätter dran lassen!
Bei allen Zwiebelpflanzen gilt: Blätter dran lassen, bis sie von selbst zu welken beginnen. Die Pflanzen nutzen die Zeit nach der Blüte, um über ihre Blätter mithilfe der Photosynthese Nährstoffe zu produzieren, die dann für die folgende Blütezeit in den unterirdischen Speicherorganen eingelagert werden. Der Zeitraum nach der Blüte und vor dem Einziehen der Blätter ist übrigens auch die richtige Zeit, die Zwiebelpflanzen zu düngen

Winterhärte

In unseren Breiten sind viele, aber nicht alle dieser Arten winterhart. Pflanzen wie Dahlien, Knollenbegonien und Westindisches Blumenrohr werden deshalb eher wie Sommerblumen kultiviert – und wurden in diesem Buch daher auch im Kapitel über Sommerblumen eingeordnet. Ihre Knollen bzw. Rhizome müssen im Herbst ausgegraben werden, damit sie nicht erfrieren. Man überwintert sie trocken und frostfrei im Dunklen und pflanzt sie im folgenden Frühjahr wieder ein.

Sonnenkinder und Schattenexistenzen

Die einzelnen Arten sind unterschiedlich lichthungrig. Manche wachsen gut unter Gehölzen und im Schatten, andere brauchen viel Sonne, um üppig zu blühen. Alpenveilchen, Hasenglöckchen und Türkenbund-Lilie etwa gedeihen nur im Halbschatten gut. Gladiolen, Montbretien und Zierlauch dagegen mögen es richtig sonnig. Viele Zwiebelpflanzen sind klassische Frühjahrsblüher, die sich darauf eingerichtet haben, dass die Laubbäume erst im April oder Mai ihr Schatten spendendes Blätterdach entwickeln. Zu einer Zeit also, wenn die Frühjahrsblüher bereits ihre Hauptvegetationszeit hinter sich haben. Sie können daher an Standorte gepflanzt werden, die im Frühjahr sonnig, den Rest des Sommers aber vom Laub der Gehölze beschattet sind.

Die meisten Lilien (*Lilium* 'Black Beauty') vermehrt man durch Abtrennen von Brutzwiebeln oder Zwiebelschuppen in der Ruhezeit.

Augen auf beim Zwiebelkauf!

Blumenzwiebeln werden meist entsprechend ihrer Pflanzzeit im Handel angeboten. So findet man Tulpen, Narzissen und Krokusse im Herbst, Dahlien, Knollenbegonien und Gladiolen im Frühjahr. Gartencenter haben eine Vielzahl gängiger Arten und Sorten im Sortiment. Ausgefallenere Wünsche befriedigt der gut sortierte Fachhandel. Achten Sie auf die Qualität der Ware: Zwiebeln und Knollen müssen eine feste Konsistenz aufweisen und dürfen auf keinen Fall weich, gummiartig oder gar matschig sein. Auch Ware mit äußeren Verletzungen und weichen, feuchten oder gar schimmeligen Stellen sollte man nicht kaufen. Ebenso Hände weg von Ramschware aus dem Sonderangebot: Diese Zwiebeln sind oft selbst das wenige Geld, das sie kosten, nicht wert!

Das Pflanzen von Zwiebeln und Knollen

Für optimale Startbedingungen sorgen nicht nur der richtige Standort und die richtige Pflanzzeit, sondern auch die artgerechte Pflanztiefe der Zwiebeln und Knollen. Die Pflanztiefe hängt sowohl von den Bodenverhältnissen als auch von den Ansprüchen der Pflanzen ab. Als Faustregel gilt: Je dicker die Zwiebel oder Knolle ist, umso tiefer muss sie gepflanzt werden (Zwiebelspitze nach oben, Zwiebelboden/Wurzelansätze nach unten). Die Pflanztiefe sollte zwei- bis dreimal so tief sein wie die Zwiebel dick ist, der Abstand sollte zwei bis drei Zwiebelbreiten betragen. Bei besonders schweren Böden können Sie die Zwiebeln etwas weniger tief eingraben. Das macht ihnen das Emporstreben etwas einfacher. Wenn Sie die Angaben zur Pflanztiefe, zum Pflanzzeitpunkt und zum Standort bei den jeweiligen Porträts berücksichtigen, werden die Pflanzen es Ihnen mit reicher Blüte und einem langen Leben danken!

Tipp
Zwiebeln, die keine feste Außenhaut haben, wie etwa Lilien und Kaiserkronen, müssen beim Transport vor dem Austrocknen geschützt und sofort nach dem Kauf eingepflanzt werden.

Sommerblumen in der Praxis

Einjährig kultivierte Sommerblumen haben nur eine Saison Zeit, um zu keimen, heran zu wachsen, zu blühen und Samen auszubilden. Deshalb ist es wichtig, ihnen eine optimale Pflege zukommen zu lassen. Und weil man sich möglichst früh an den bunten Blüten der Sommerblumen erfreuen möchte, werden die meisten Sommerblumen-Arten in Vorkultur gezogen.

Aussaat „Unter Glas"

Die Vorkultur erfolgt meist durch Aussaat „unter Glas", das heißt auf der Fensterbank oder im (beheizten) Gewächshaus. Die Vorgehensweise ist die gleiche wie bei der Aussaat von Stauden (siehe S. 42), nur dass man bei manchen Sommerblumen-Arten bereits im Januar oder Februar mit der Vorkultur beginnt, damit man schon im Mai oder Juni blühende Pflanzen hat. Ein wichtiger Schritt auf dem Weg ins Freiland ist die Abhärtung der Jungpflanzen. Diese würden einen Temperaturschock erleiden, wenn sie unmittelbar aus dem geheizten Gewächshaus ins Freilandklima kämen. Das Abhärten erfolgt, indem man die Temperatur im Gewächshaus schrittweise um einige Grad absenkt oder die Jungpflanzen bei milden Außentemperaturen für einige Stunden ins Freie stellt. Bei Sonnenschein muss unbedingt schattiert werden, damit die Sämlinge nicht verbrennen!

Kaufen statt Aussäen?
Viele Sommerblumen kann man ab Anfang/Mitte Mai als pflanzfertige, oft sogar bereits blühende Ware kaufen. Der Vorteil: Man bekommt ohne viel Mühe stattliche, gesunde Pflanzen und die neuesten Sorten. Der Nachteil ist jedoch der Preis. Wer nur eine Hand voll Sommerblumen braucht, den schmerzen die Kosten weniger. Wer jedoch ganze Beete und Rabatten mit Sommerblumen bestücken möchte, der ist gut beraten, die Pflanzen durch Aussaat selbst heranzuziehen. Das ist nicht nur preiswerter, die Vorfreude auf die kommende Blütenpracht ist auch schon das halbe Vergnügen!

Das Garten-Löwenmaul (*Antirrhinum*) wird meist zweijährig kultiviert, der Leberbalsam (*Ageratum*) ist eine Einjährige.

Auspflanzen im Mai

Vorgezogene Sommerblumen sind empfindlich und werden erst ins Freiland gepflanzt, wenn keine Nachtfröste mehr drohen. In der Regel ist das nach den Eisheiligen, also ab Mitte Mai. In manchen Regionen, besonderes in hoch gelegenen Teilen der Mittelgebirge und im Voralpengebiet, kann es noch bis Juni Nachtfröste geben. Eine Abdeckung mit Vlies kann in diesem Fall Frostschäden an den bereits ausgepflanzten Sommerblumen verhindern.

Gießen

Die meisten Sommerblumen mögen einen feuchten, aber gleichzeitig gut durchlässigen Boden, in dem sich keine Nässe staut. Besonders in den ersten Tagen nach dem Pflanzen ist eine gute Wasserversorgung wichtig. Am besten prüfen Sie mit dem Finger, ob die Erde noch ausreichend feucht ist. Fühlt sie sich trocken an, sollten Sie gießen. Wenn Blätter und Blüten schlapp herunterhängen, ist es oft schon zu spät. Wird dann umgehend gegossen,

Aussaat im Freiland
Einige robuste Sommerblumen-Arten wie Ringel- (*Calendula*) und Sonnenblumen (*Helianthus*) können ab April/Mai auch direkt an Ort und Stelle im Freiland ausgesät werden. Dies hat den Vorteil, dass die Pflanzen nicht mehr umgesetzt werden müssen und sich ungestört entwickeln können. Manche Arten wie der Kalifornische Kappenmohn (*Eschscholzia*) vertragen ein Umsetzen nach der Aussaat schlecht und sollten immer an Ort und Stelle ausgesät werden.

Gießwasser
Am besten eignet sich Gießwasser, das die Umgebungstemperatur hat und relativ „weich" ist, also einen niedrigen Kalkgehalt hat. Ideal ist Regenwasser, das in der Regentonne oder in einer Zisterne aufgefangen wurde. Es hat außerdem den Vorteil, gratis zur Verfügung zu stehen. Leitungswasser kommt oft ziemlich kalt aus dem Wasserhahn. In einer Regentonne nimmt es innerhalb weniger Stunden die Umgebungstemperatur an. So erleiden die Pflanzen beim Gießen keinen Temperaturschock.

Edellieschen (*Impatiens*) bevorzugen halbschattige Standorte, vertragen bei ausreichend feuchtem Boden aber auch etwas mehr Sonne.

kann man die Pflanzen zwar meist noch retten, aber sie werden Schäden davontragen und im schlimmsten Fall sogar die Blüten abwerfen. Besser ist es also, rechtzeitig mit Gießkanne oder Schlauch zur Stelle zu sein. Achten Sie beim Gießen stets darauf, die Blätter und Blüten der Sommerblumen nicht zu benetzen, denn eine kalte Dusche mögen die wenigsten Sommerblumen.

Düngen

Sommerblumen sind die Leistungssportler unter den Gartenblumen: Die meisten Arten blühen ununterbrochen vom Frühsommer bis zum ersten Frost. Damit sie diese Höchstleistung vollbringen können, brauchen sie außer regelmäßigen Wassergaben auch ausreichend Nährstoffe. Nur sehr wenige Sommerblumen wie der Kalifornische Kappenmohn (*Eschscholzia*) gedeihen besser und blühen reicher, wenn sie in eher armen Böden wachsen. Um den hohen Nährstoffbedarf der anderen Arten zu befriedigen, kann man schon beim Pflanzen einen Langzeitdünger (Depotdünger) aus dem Fachhandel unter die Erde mischen oder den Boden bei den Vorbereitungen fürs Pflanzen mit reifem Kompost anreichern. Auch während der Vegetationszeit sind die meisten Sommerblumen auf zusätzliche Düngergaben angewiesen, denn die fortwährende Blütenproduktion kostet viel Kraft. Am einfachsten geht das mit Flüssigdünger, der nach Angaben der Hersteller regelmäßig dem Gießwasser zugefügt wird.

Verblühtes ausschneiden

Sommerblumen setzen nur dann immer wieder neue Blüten an, wenn sie ihre eigentliche Aufgabe, nämlich Samen zu bilden, noch nicht erfüllt haben. Man kann die Pflanzen mit einem einfachen Trick zum ununterbrochenen Blühen anregen, indem man regelmäßig Verblühtes abzupft oder ausschneidet, bevor sich die Samenstände entwickeln. Mit anderen Worten: Wer zupft, hat mehr vom Sommer! Im Übrigen sieht es auch viel besser aus und die Pflanzen bleiben gesünder, wenn braune, verwelkte Blüten entfernt werden.

Inzwischen haben Züchter auch Sorten gezüchtet, die sich selbst putzen. Das bedeutet, dass diese Sorten die welken Blüten von allein abwerfen, ohne dass man zupfen muss. Dennoch lohnt sich eine regelmäßige Kontrolle, denn oft verkleben Blütenblätter im Regen und bilden dadurch Brutnester für Pilzerkrankungen und Fäulnis.

Vorsicht beim Düngen
Flüssigdünger enthalten viele Salze, die den Pflanzen schaden können, wenn sie in konzentrierter Form verabreicht werden. Düngen Sie die Pflanzen deshalb niemals, wenn der Boden ausgetrocknet ist. Wässern Sie die Pflanzen zuerst gründlich, bevor Sie dem Gießwasser Flüssigdünger zusetzen!

Aufbinden und Stützen

Bei Sommerblumen brauchen hohe Arten und Sorten eine Stütze, damit sie nicht umknicken oder vom Wind niedergedrückt werden. Bei Dahlien und anderen besonders prächtigen Sommerblumen können die Blüten – insbesondere bei Regenwetter – so schwer werden, dass die Stängel abknicken. Was Sie beim Aufbinden und Stützen beachten müssen, steht im Kapitel über Stauden (siehe S. 49).

Die richtige Pflanzzeit für Stauden

Ganz gleich, ob es sich um die Neuanlage eines Staudenbeets handelt oder nur einige Stauden im Garten ihren Standort wechseln sollen: Es kommt immer auf den richtigen Zeitpunkt an. Pflanzen sind Lebewesen, die man nicht beliebig wie Möbelstücke hin und her räumen kann. Wenn sie ihren Standort wechseln müssen, ist das meistens mit einer Störung des Wurzelsystems verbunden, und das bedeutet Stress und einen Knick in der Wachstumskurve. Deshalb verlegt man das Um- oder Einpflanzen am besten in die Zeit, in der die Pflanzen ruhen. Bei Stauden ist das in der Regel die Zeit, in der sie ihre oberirdischen Teile eingezogen haben, also im Winterhalbjahr (ab Herbst bis zum Frühjahr).

Stauden in Containern

Die meisten Stauden werden als Containerware (d. h. jede Pflanze einzeln in einem Topf bzw. Kübel) im Handel angeboten. Meist wurden sie in diesen Töpfen herangezogen und haben ein gut ausgebildetes Wurzelsystem, das beim Umpflanzen weitgehend intakt bleibt. Containerstauden sind daher beim Pflanzen wenig problematisch. Sie können fast das ganze Jahr über gepflanzt werden. Die optimalen Pflanzzeiten für die meisten Stauden sind jedoch das Frühjahr und der Herbst. Die heißen Sommermonate eignen sich ebenso wenig wie Frostperioden im Winter. Niemals darf in gefrorenen Boden gepflanzt werden. Auch sollte der Boden beim Pflanzen nicht zu nass sein, zu trockene Böden dagegen kann man nach dem Pflanzen ausgiebig wässern. Naturgemäß ist im Fachhandel die Auswahl an Containerstauden im Frühjahr am größten. Dem kommt entgegen, dass auch die Lust am Pflanzen und an der Gartenarbeit mit dem Erwachen der Natur ihren Höhepunkt erreicht.

Damit Staudenbeete gedeihen können, müssen die Pflanzen, wie diese Stockrose (*Alcea* 'Parkallee'), zur richtigen Zeit und am geeigneten Standort gesetzt werden.

Verpflanzen

Nicht in Containern herangezogene Stauden werden – mit einigen Ausnahmen (siehe unten) – nur im Herbst und im Frühjahr gepflanzt. Dabei kann es sich um Stauden aus dem eigenen Garten handeln, die man verpflanzen möchte, oder um Stauden aus anderen Gärten, die man mit Pflanzenfreunden tauscht. Je nach Region und Witterung reicht die Pflanzzeit für solche nicht getopften Stauden von September bis Anfang/Mitte Dezember und von März bis April/Mai.

Im **Herbst** beginnt die Pflanzzeit, wenn die Stauden ihr Wachstum einstellen und sich auf die Winterruhe vorbereiten. Bei manchen Staudenarten ist das bereits im Lauf des Septembers der Fall. Noch früher ziehen sich viele Frühjahrsblüher wie Adonisröschen (*Adonis vernalis*) oder Tränendes Herz (*Dicentra spectabilis*) zurück. Andere, wie Herbstastern (z. B. *Aster ericoides*), Silberkerzen (*Cimicifuga simplex*) oder Wasserdost (*Eupatorium fistulosum*), beginnen erst Anfang der Herbstzeit, Blüten zu entwickeln. Bei diesen spät blühenden Arten wartet man natürlich mit dem Verpflanzen, bis die Stauden abgeblüht sind und das Laub einziehen. Im Prinzip kann den ganzen Winter über an frostfreien, milden Tagen gepflanzt werden.

Die Hauptpflanzzeit wird aber naturgemäß in das **Frühjahr** und somit in den März fallen, wenn die Temperaturen dauerhaft über dem Gefrierpunkt liegen und der Boden etwas abgetrocknet ist. Der letzte Pflanztermin im Frühling ist der Zeitpunkt, an dem die Stauden auszutreiben beginnen. Wenn sich bereits Stängel und Blätter oder sogar Blütenansätze gebildet haben, sollte man die Stauden in Ruhe lassen und mit dem Verpflanzen bis zum Herbst warten.

Wurzelnackte Stauden

Für gewöhnlich werden Stauden, anders als Gehölze, nicht wurzelnackt verkauft. Aber es gibt Ausnahmen. Pfingstrosen (*Paeonia*) werden im Herbst als wurzelnackte Ware angeboten und dürfen auch nur in dieser Zeit gepflanzt werden. Auch einige Zwiebel- und Knollenstauden wie Schwertlilien (z. B. *Iris barbata*) und Lilien (*Lilium*) kommen, in der Regel zur Pflanzzeit im Frühjahr und im Herbst, wurzelnackt in den Handel. Beim Kauf wurzelnackter Stauden muss darauf geachtet werden. dass die ausgewählten Exemplare weder eingetrocknet noch faulig oder schimmelig sind. Nur aus frischer, gesunder Ware entwickeln sich auch kräftige, gesunde und blühfreudige Stauden. Sie werden direkt nach dem Kauf eingepflanzt.

Außergewöhnliche Pflanzzeiten

Ausnahmen bestätigen die Regel. Das gilt auch für die Pflanzzeiten von Stauden. Es gibt Arten, die man entweder nur im Frühjahr oder nur im Herbst pflanzt. Einige Staudenarten kann man auch zu anderen Jahreszeiten pflanzen. Dazu zählen etwa sämtliche *Iris* Barbata-Hybriden. Sie lassen sich nicht nur im zeitigen Frühjahr vor der Blüte (am besten im März), sondern auch vom Sommer bis zum Herbst gut verpflanzen. Das Pflanzen von August bis November wird von führenden Züchtern sogar empfohlen.

Eine weitere Ausnahme bilden die Gräser. Alle mehrjährigen Grasarten sollten nur im Frühjahr gepflanzt werden. Bei Herbstpflanzungen bilden Gräser bis zum Einbruch des Winters nicht mehr ausreichend neue Wurzeln. In der Folge kann es passieren, dass die Gräser nicht anwachsen und man im folgenden Frühjahr vergeblich auf einen Austrieb wartet.

Im Gegensatz zu Gräsern ist bei Pfingstrosen (*Paeonia* sp.) eine Herbstpflanzung selbst von Containerware immer zu empfehlen. Im Frühjahr erworbene Pfingstrosen im Container gräbt man mitsamt Anzuchttopf bis zum Herbst im Beet ein. Die Stauden werden erst ausgetopft und endgültig eingepflanzt, wenn sie das Laub eingezogen haben. Türkischer Mohn (*Papaver orientale*) bevorzugt ebenfalls die Herbstpflanzung. Die im Frühsommer blühende Staude zieht während des Sommers das Laub ein und treibt erst im Spätsommer wieder eine Blattrosette aus.

Die geschuppten Zwiebeln von Lilien (*Lilium* sp.) pflanzt man zwar, wie die meisten Stauden, im Frühjahr und im Herbst. Hierbei ist aber eine Besonderheit zu beachten: Die empfindlichen, weichen Zwiebeln sind anders als die der meisten Zwiebelstauden nicht lagerfähig. Sie müssen unverzüglich nach dem Erwerb eingepflanzt werden, damit sie nicht austrocknen. Falls dies nicht möglich ist, kann man sie für kurze Zeit in feuchten Sägespänen lagern.

Iris Barbata-Hybriden (Schwertlilien) pflanzt man nur flach, sodass die Rhizome an der Erdoberfläche sichtbar bleiben. Einfache und doppelte Rhizome setzt man nach dem Teilen immer mit der Triebknospe nach außen.

Richtige Standortwahl

Ob Stauden im Garten gedeihen oder vor sich hin kümmern, liegt nicht allein an den Pflanzen selbst, sondern auch an den Bedingungen, die sie an dem ihnen zugedachten Standort vorfinden. Und dazu gehört nicht nur ein gut vorbereiteter Boden mit ausreichender Wasser- und Nährstoffversorgung; die Zauberformel für einen gelungenen Staudengarten heißt: standortgerechtes Pflanzen.

Wenn Stauden an den richtigen Standort gepflanzt werden, minimiert sich der **Pflegeaufwand** spürbar. Statt kränkelnder Dauerpatienten erhält man gesunde, gut entwickelte Pflanzen. Der Erfolg belohnt die Mühe, die unter Umständen zur Bodenvorbereitung (siehe unten) aufgewendet werden musste. In den Pflanzenporträts sind die entsprechenden Angaben für jede Staude aufgelistet.

Die entscheidenden **Standortfaktoren** sind Licht, Temperatur, Bodenbeschaffenheit, Boden- und Luftfeuchtigkeit sowie der Wind. Letzterer ist besonders in küstennahen Gebieten und in Gebirgsregionen nicht zu unterschätzen. Starker Wind kann für hoch wachsende Stauden wie *Iris* Barbata-Elatior-Hybriden, Rittersporn (*Delphinium*), Silberkerzen (*Cimicifuga*), Steppenkerzen (*Eremurus*) und andere botanische Kostbarkeiten eine ernsthafte Bedrohung sein.

Ausschlaggebend bei der Wahl des richtigen Standorts sollten stets die **Ansprüche der Pflanzen** sein. Eine Kombination von Stauden mit grundverschiedenen Standortansprüchen nach rein optischen Aspekten wird selten gelingen. Moderne Staudenzüchtungen sind zwar oft anpassungsfähiger als ihre Wildformen und akzeptieren ein breiteres

Ein sonniger Standort ist genau richtig für bunte Sommerstauden wie Sonnenhut (*Rudbeckia*), Netzblattstern (*Coreopsis*), Sonnenbraut (*Helenium*) und andere fröhliche Sonnenanbeter.

Spektrum an Standortbedingungen, doch auch sie sind keine „Universalgenies“. Ihre Ansprüche müssen ebenfalls zumindest ansatzweise erfüllt werden.

Licht

Man unterscheidet **sonnige, halbschattige** und **schattige** Standorte. Sonnige Standorte liegen die meiste Zeit des Tages, mindestens aber sechs bis acht Stunden und vor allem um die Mittagszeit im vollen Sonnenlicht. Halbschattige Standorte erhalten täglich weniger als sechs Stunden Sonne, etwa nur morgens oder abends. Auch ein lichter Baumbestand am Rand des Gartens kann verantwortlich dafür sein, dass Beete im Halbschatten liegen. An schattige Standorte gelangt den ganzen Tag über kein Sonnenstrahl. Da die meisten Stauden Sonne wünschen, stellen schattige Standorte eine besondere Herausforderung für den Gärtner dar. Sie sind aber auch umso spannender, wenn sie geschickt bepflanzt werden.

Will man den Standort im Garten auf seine Tauglichkeit hin prüfen, dann hat es sich bewährt, wenn man den Garten zu **verschiedenen Tages- und Jahreszeiten** beobachtet. Oft ändern sich die Lichtverhältnisse im Garten mit dem Lauf der Sonne. Im Winterhalbjahr steht das Himmelsgestirn deutlich tiefer. Unter Umständen werfen dann benachbarte Gebäude oder Gehölze einen Schatten auf jene Beete, die im Sommer in praller Sonne liegen. Umgekehrt kann die sommerliche Belaubung von Gehölzen Beete beschatten, die im Winterhalbjahr, wenn die Zweige kahl sind, in der Sonne liegen. Nicht zu vernachlässigen ist auch die Tatsache, dass ein im Sommer trockener Gartenteil im Winter, wenn die sommergrünen Laubgehölze kein Wasser aus dem Boden saugen, plötzlich recht feucht sein kann.

Temperatur

Die Temperatur spielt für die Kultur von Stauden eine wichtige Rolle, denn der Wechsel der Jahreszeiten ist der Grund dafür, dass sie eine Ruhephase einlegen. In der Regel ist das der Winter, wenn die Temperaturen unter den Gefrierpunkt fallen. Nur die unterirdischen Speicherorgane überleben, weil der Frost ihnen unter der Erdoberfläche nichts anhaben kann. Es gibt aber auch Ausnahmen wie z. B. den Türkischen Mohn (*Papaver orientale*). Er zieht in den heißen Sommermonaten ein und treibt erst im Herbst wieder eine Blattrosette, die dann überwintert. Auch die Steppenkerze (*Eremurus*) zieht nach der Blüte im Hochsommer ein und treibt erst im folgenden Frühjahr wieder aus. Oft stammen solche im Sommer einziehende Stauden aus Steppengebieten, in denen die Sommer heiß und trocken sind, sodass die Vegetation in der Gluthitze zugrunde gehen würde, wenn sie sich nicht unter die Erde verkriechen würde. Stauden haben also verschiedene Strategien entwickelt, um Temperaturextreme zu überleben.

Feuchtigkeit

Natürlich brauchen alle Pflanzen Wasser, um zu gedeihen. Mehr dazu wird weiter unten im Abschnitt über das Gießen (s. Kap. „Pflege von Stauden“) gesagt. Feuchtigkeit kann aber auch zum Feind von Stauden werden, wenn sie im Übermaß zur Verfügung steht. Sommerlicher Dauerregen verursacht Fäulnis an Trieben, lässt Blütenstände zusammenfallen und begünstigt die Ausbreitung von Pilzkrankheiten. In solchen Situationen ist es wichtig, die Pflanzen gut zu „belüften“, damit sie möglichst rasch abtrocknen, sobald der Regen nachlässt. Das erreicht man beispielsweise durch das Entfernen von welken Blättern und Trieben oder das Auslichten der Pflanzen. Von Vorneherein sollten die Beete nicht zu voll gepflanzt werden, denn in zu dicht gesetzten Pflanzungen staut sich die feuchte Luft und kann nicht verdunsten.

Viele Stauden reagieren empfindlich auf dauerfeuchte Böden im Winter (siehe dazu auch den Abschnitt „Winterhärte“ weiter unten). Die Wurzeln beginnen zu faulen und bis zum Frühjahr ist oft nichts mehr übrig von der Staude. Deshalb ist es wichtig, besonders schweren Boden, der die Feuchtigkeit lange hält, mit Sand, Feinkies oder Splitt durchlässiger zu machen. In gut durchlässigen Böden kann selbst in regenreichen Wintern die Feuchtigkeit gut abziehen, ohne dass die Stauden Schaden nehmen.

Bodenbeschaffenheit

Böden können **Sand, Schluff** oder **Ton** enthalten und dabei einen unterschiedlich hohen Humusgehalt aufweisen. Während sandige Böden rasch austrocknen und Nährstoffe nur schlecht halten können, sind tonhaltige Böden oft schwer und neigen zu Staunässe. Die ist für nahezu alle Stauden tödlich. Lehmböden bestehen aus Sand, Schluff und Ton in etwa gleichen Anteilen. Sie halten Nährstoffe und Feuchtigkeit gut und sind für die meisten Staudenarten am besten geeignet.

Eine wichtige Rolle spielt auch der **Säuregehalt** des Bodens. Man kann ihn leicht mit einem handelsüblichen Testset feststellen. Die meisten Stauden bevorzugen Böden im neutralen bis leicht basischen

Bereich (pH-Wert um 5,5 bis 7). Wer auf Nummer sicher gehen möchte, kann den Boden seines Gartens einer professionellen Bodenanalyse unterziehen. Derartige Untersuchungen erfolgen entweder durch eine staatliche Untersuchungsanstalt oder durch ein privates Labor. Das ist zwar nicht ganz billig, aber im Zweifelsfall immer noch preiswerter als eine aufwendige Staudenpflanzung, die sich aufgrund falsch eingeschätzter Standortbedingungen auf Nimmerwiedersehen verabschiedet.

Winterhärte

Die Winterhärte bei Stauden hängt nicht nur von der Art und Sorte ab, sondern ebenfalls vom **Standort**. An exponierten Stellen im Garten treten häufiger **Frostschäden** auf als in geschützten Lagen. Eisige Winde trocknen die Pflanzen nicht nur aus, sondern verstärken die Wirkung von Frost noch zusätzlich. Der Wechsel von Frostnächten und sonnigen Tagen (mit der Gefahr einer Frosttrocknis) sowie sogenannte Bar- oder Kahlfröste (Frostperioden ohne schützende Schneedecke) setzen besonders winter- und immergrünen Stauden zu.

Und schließlich ist auch die **Bodenfeuchtigkeit** ein Faktor, der **im Winter** über Gedeih und Verderb entscheiden kann. Halbsträucher, wie Lavendel (*Lavandula*), Sonnenröschen (*Helianthemum*) oder Heiligenkraut (*Santolina*), aber auch manche andere Stauden, wie etwa Rhizomiris-Arten, reagieren sehr empfindlich auf dauerhaft feuchte Böden im Winter. Bei vielen Stauden, wie Woll-Ziest (*Stachys byzantina*), Hornkraut (*Cerastium tomentosum*) oder Küchenschelle (*Pulsatilla vulgaris*), ist silbergraues oder filziges Laub ein deutlicher Hinweis darauf, dass sie trockene Standorte und durchlässige Böden bevorzugen. Die silbergraue Färbung reflektiert einen Teil des Sonnenlichts und vermindert, genauso wie die filzige Blattoberfläche, die Wasserverdunstung an heißen, sonnigen Tagen.

Die meisten bei uns im Handel erhältlichen Stauden sind relativ frosthart und überstehen normale Winter in vielen Regionen ohne größere Schäden. Bei einigen empfindlicheren Arten wird meist darauf hingewiesen, dass sie einen **Winterschutz** brauchen. Mit Koniferenreisig, Stroh oder Bastmatten geschützt trotzen sie frostigen Temperaturen besser. Manche Arten eignen sich aufgrund ihrer Empfindlichkeit jedoch nur für Regionen, die man als Weinbauklima bezeichnet. Solche Arten können trotz einer gewissen Frosttoleranz bei besonders niedrigen Temperaturen oder lang anhaltenden Frösten geschädigt werden oder ganz ausfallen. Generell gilt: Die westlich der deutschen Mittelgebirge gelegenen Regionen von Basel bis zum Niederrhein sind mit milderen Temperaturen gesegnet. Östlich der Mittelgebirge und in gebirgigen Regionen ist das Klima rauer. Besonders empfindliche Stauden vertragen überhaupt keine Minustemperaturen und müssen bei geringster Frostgefahr in helle, kühle, aber frostfreie Innenräume umziehen. Man kultiviert sie daher am besten in Töpfen oder Kübeln. Wer keinen Ort für eine geschützte Überwinterung hat, sollte auf solche Liebhaberarten besser verzichten.

Winterlicher Raureif verzaubert die abgestorbenen, oberirdischen Sprosse der Stauden. Die im Boden ruhenden Wurzeln treiben im folgenden Frühjahr wieder aus.

Stauden auswählen und kaufen

Stauden kann man mittlerweile in jedem Baumarkt und sogar beim Discounter an der Ecke erwerben. Auch der Handel mit Stauden im Internet blüht. Die beste Adresse für den Kauf einer gesunden, kräftigen Staude ist aber nach wie vor die (Stauden-)Gärtnerei. Dafür gibt es zahlreiche gute Gründe.

Staudengärtnereien
Es gibt inzwischen im deutschsprachigen Raum eine ganze Reihe hervorragender Gärtnereien, die sich auf Stauden spezialisiert haben. Je nach Ausrichtung und Größe bieten sie ein breites Spektrum verschiedener Arten und Sorten an oder konzentrieren sich auf besondere Arten, etwa Iris, Pfingstrosen (*Paeonia*) oder alpine Stauden. Kenner und Liebhaber nehmen oft eine weite Anreise in Kauf, weil sie hier seltene Pflanzenschätze in hoher Qualität finden. Wenn die Größe des Betriebs es zulässt, geben diese Gärtnereien auch Sortimentskataloge heraus. Diese ermöglichen es, zu Hause in Ruhe zu studieren und zu planen, bevor man sich zum Einkauf vor Ort aufmacht. Einige Staudengärtnereien sind auch bereit, die gewünschten Pflanzen per Post zu liefern. Neben dem Vorteil des bequemen Einkaufs hat diese Art des Staudenerwerbs aber den Nachteil, dass man die Ware vor dem Kauf nicht in Augenschein nehmen kann. Außerdem leiden die auf dem Postweg verschickten Gewächse unter Umständen unter dem Transport. Wer allerdings keine Staudengärtnerei in der Nähe hat und weite Wege scheut, dem bleibt oft nur diese Möglichkeit, an die begehrte Ware heranzukommen.

Qualität zahlt sich aus

Anders als im Gartencenter oder im Baumarkt bieten Staudengärtnereien ausschließlich Stauden an. Diese Spezialgärtnereien können durch ihre Fachkompetenz beratend bei der Auswahl helfen und Auskunft zu den Standort- und Pflegeansprüchen der Pflanzen geben. Darüber hinaus bürgen solche Betriebe für Qualität. Die dort vermehrten oder gezüchteten Stauden sind garantiert sortenecht. Das kann man von der Ware aus dem Gartencenter nicht immer erwarten. Wie ärgerlich, wenn statt einer dezent zartrosa blühenden Sorte plötzlich ein knallroter „Querschläger“ die gesamte Beetkomposition ruiniert! Außerdem kann man als Kunde bei Fachbetrieben sicher sein, dass die Pflanzen unter guten Bedingungen herangezogen und nicht mit Dünger aufgeputscht wurden. Schnell auf Masse und optische Effekte getrimmte Ware aus dem Gartencenter mag noch so billig sein, im Beet wird sie bald eine schlechte Figur machen. Solche Pflanzen verausgaben sich rasch und sind anfällig für Krankheiten und Schädlinge. Dass die Stauden in Gärtnereien manchmal etwas teurer sind als im Supermarkt hat seine Gründe. Der höhere Preis zahlt sich aber durch einen deutlichen Vorsprung in puncto Qualität aus.

Gesunde Stauden erkennen

Man sollte schon vor dem Kauf von Stauden die Qualität der Pflanzen sorgfältig prüfen. Es handelt sich dabei schließlich um ein Naturprodukt. Deshalb können selbst bei guter Aufzucht und Pflege Qualitätsschwankungen vorkommen.

Staudenimporte
In Gartencentern, Baumärkten und Discountern angebotene Stauden stammen selten aus der Region. Oft wurden sie unter völlig anderen klimatischen Bedingungen, vielleicht sogar im Treibhaus, herangezogen. Solche Pflanzen haben Schwierigkeiten, sich an die Boden- und Klimaverhältnisse an ihrem neuen Standort anzupassen. Stauden aus Gärtnereien der Region haben den Vorteil, an das lokale Klima angepasst zu sein. Dadurch sind sie robuster und wachsen rasch an.

Eine gesunde Staude erkennt man daran, dass sie **frisches Laub** ohne Flecken, Pilzbefall oder Fraßstellen von Schädlingen hat. Aus der Pflanzenbasis sollten mehrere **gesunde Triebe** herausstehen bzw. Triebknospen sichtbar sein. Daran kann man erkennen, dass die Staude sich weiter entwickelt. Weist eine Staude kümmerlich entwickelte Blätter, geknickte Stängel, eingetrocknete Triebknospen oder gar braune Stellen an den jungen Trieben auf, sollte man die Finger davon lassen. Solche Symptome weisen auf mögliche Krankheiten hin. Auch sollte man die Pflanzen gründlich auf Schädlinge und deren Eier oder Larven absuchen. Deutliche Fraßspuren sind ein verräterisches Indiz für einen möglichen Befall. Im schlimmsten Fall schleppt man mit infizierten Pflanzen Krankheiten und Schädlinge in den eigenen Garten ein, die dann auch andere Gewächse befallen.

Bei Containerware lohnt es sich, den **Wurzelballen** zu prüfen. Dazu nimmt man die Staude mitsamt Töpfchen in die Hand und begutachtet sie zunächst von außen. Steht die Pflanze fest im Container oder wackelt sie? Ist das Substrat ausreichend feucht? Wie gut ist der Container durchwurzelt? Nur wenige und kleine Wurzeln sollten aus den Abzugslöchern für das Gießwasser hervorschauen. Um ganz sicherzugehen, kann man die Staude vorsichtig austopfen, natürlich geht man dabei mit äußerster Sorgfalt vor. Wenn der Topf vorsichtig abgezogen und nach der Prüfung wieder über den Wurzelballen gestülpt wird, nimmt die Pflanze keinen Schaden. Ein gesunder Wurzelballen sollte dicht sein, aber dennoch ausreichend viel Erde aufweisen. Junge Wurzelspitzen sind hell und weich. Sie riechen nach Erde, nicht nach Fäulnis, und zeugen von einer guten Aufzucht. Hände weg von Pflanzen mit stark verdichtetem Ballen, wo nur noch Wurzelfilz zu sehen ist! Auch Pflanzen mit spärlichen, wie abgefault aussehenden Wurzeln lässt man besser stehen. Sie sind selbst das wenige Geld, das sie kosten, nicht wert und werden mit ziemlicher Sicherheit zu Dauerpatienten im Garten – wenn sie überhaupt überleben.

Stauden, die in Containern verkauft werden, können fast ganzjährig gepflanzt werden. Es zahlt sich aus, beim Kauf auf eine gute Pflanzenqualität zu achten, damit die Stauden später nicht zu Kümmerexemplaren werden.

Bodenvorbereitung und Einpflanzen

Staudenbeete sind keine Saisonangelegenheit wie z. B. Sommerblumen oder Gemüsekulturen. Die Pflanzen müssen jahrelang auf den ausgewählten Standorten zurechtkommen. Damit sie sich dort wohlfühlen, gedeihen und üppig blühen, sollte der Boden vor dem Pflanzen gut aufbereitet werden. Schließlich stellen Stauden einige Ansprüche an ihn: Er muss gut durchlüftet und locker sein, damit die Stauden ihn gut durchwurzeln können und Halt finden, Wasser muss gut abfließen können und darf sich nicht stauen, sonst faulen die Wurzeln. Nicht zuletzt muss ein guter Boden ausreichend Nährstoffe und Humusanteile besitzen.

Sorgfalt lohnt sich

Bei der Neuanlage eines Staudenbeetes empfiehlt es sich, den Boden etwa 25 cm tief umzugraben. Dabei achtet man darauf, alle größeren Steine sowie **Unkräuter** mitsamt den Wurzeln zu entfernen. Besonders Wurzelunkräuter wie Acker-Winden, Giersch oder Hexenkraut können, wenn auch nur kleine Wurzelstückchen im Boden bleiben, später zu einer echten Plage werden. Haben solche Unkräuter erst einmal im Staudenbeet Fuß gefasst, sind sie kaum mehr zu entfernen. Deshalb lohnt sich hier ein besonders sorgfältiges Vorgehen! Wenn der Boden stark mit Unkräutern durchsetzt ist, kann es nötig sein, die oberste Erdschicht komplett abzutragen und durch unkrautfreien Mutterboden zu ersetzen.

Gleichzeitig mit dem Umgraben arbeitet man **Komposterde, gut verrotteten Stallmist** oder einen **organischen Volldünger** in den Boden ein. Das gilt jedoch nur für die Pflanzung von Stauden mit normalen Nährstoffansprüchen. Unter den Stauden gibt es aber auch Hungerkünstler und solche, die nie genug bekommen können. Zu den Hungerkünstlern, die eine großzügige Düngung übel nehmen, gehören die Bart-Iris (*Iris* Barbata-Hybriden), Lavendel und andere Halbsträucher aus dem mediterranen Raum sowie viele Alpen- und Steingartenpflanzen. Für sie düngt man den Boden vor der Pflanzung weniger stark oder gar nicht. Für Stauden, die einen besonders hohen Nährstoffbedarf haben, wie etwa Rittersporn (*Delphinium*), Lilien (*Lilium*) und andere Prachtstauden, braucht der Boden jedoch nicht über das normale Maß hinaus aufgedüngt zu werden. Die anspruchsvollen Stauden werden einfach während der Vegetationsperiode mit zusätzlichem Dünger versorgt.

Wenn der Boden schwer und reich an tonigen Anteilen ist, wird er weniger gut durchlässig für Feuchtigkeit und Luft. Regenwasser staut sich und im ungünstigsten Fall faulen die Wurzeln der Stauden. Deshalb arbeitet man zur Verbesserung der **Durchlässigkeit** in besonders schwere Böden Sand, Feinkies, Splitt oder Komposterde ein. Sehr sandige Böden trocknen schnell aus und können nicht genug Nährstoffe halten. Man kann die **Struktur** leichter Sandböden durch die Beigabe von Humus in Form von Komposterde oder gut verrottetem Stallmist verbessern.

Das Umgraben eines zukünftigen Staudenbeets ist bei Neuanlagen die beste Art der Bodenvorbereitung.

Schon während des Umgrabens kann man Steine und Unkrautwurzeln aus dem Erdreich entfernen. Das spart später viel Ärger mit lästigen und hartnäckigen Wurzelunkräutern wie Zaunwinden oder Giersch.

Die ausgetopfte Containerstaude wird genauso tief im Pflanzloch platziert, wie sie vorher im Container stand. Besonders bei Pfingstrosen ist es wichtig, die sichtbaren Triebknospen nicht zu hoch mit Erde zu bedecken. Sie dürfen maximal 0,5 cm unter der Erdoberfläche sitzen.

Wenn man sich über die Bodenbeschaffenheit im Unklaren ist, kann man vor dem Anlegen eines Staudenbeets eine Bodenanalyse in Auftrag geben oder mit einem preiswerten Testset aus dem Fachhandel den **pH-Wert** und damit den Säuregehalt des Bodens testen. Wenn der Boden einen hohen Säuregehalt aufweist (pH-Wert unter 5,5), kann er durch das Einarbeiten von Gartenkalk auf einen höheren pH-Wert gebracht werden.

Stauden pflanzen

Bevor mit der eigentlichen Pflanzarbeit begonnen wird, werden die Stauden zunächst in ihren Töpfchen auf dem ihnen zugedachten Beet in den richtigen Abständen aufgestellt. Bei der **Verteilung** der Stauden hilft ein Pflanzplan. So bleiben die Stauden mobil und es können noch Korrekturen vorgenommen werden, wenn sich Abstände als zu gering oder zu weit erweisen oder bestimmte Kombinationen nicht harmonieren. Generell gilt die Regel: Der Pflanzabstand entspricht in etwa der Endhöhe der ausgewachsenen Staude. Besonders hohe Pflanzen, etwa Stockrosen (*Alcea rosea*), Steppenkerzen (*Eremurus*) oder Staudensonnenblumen (*Helianthus*-Arten), kann man auch enger setzen. Kleine Polsterstauden, die sich kriechend ausbreiten, setzt man mit mehr Abstand. Hier sind etwa 30 cm Abstand zwischen den Pflanzen empfehlenswert.

Vor dem **Einsetzen** in die Erde taucht man die Töpfchen so lange in einen Eimer mit Wasser, bis keine Luftbläschen mehr aus dem Ballen aufsteigen. Auch ungetopfte Stauden wässert man vor dem Pflanzen gründlich. Sie dürfen nicht längere Zeit der prallen Sonne ausgesetzt werden. Die Wurzeln trocknen rasch aus und die Stauden wachsen dann nicht mehr an.Wenn die Platzierung zufriedenstellend ist, gräbt man mit der Pflanzkelle für jede Staude ein Loch, das etwas größer als deren Wurzelballen ist. Das Austopfen der Containerpflanzen muss vorsichtig geschehen, damit keine Wurzeln abgerissen werden. Auf keinen Fall darf man an oberirdischen Pflanzenteilen ziehen. Notfalls kann man den Plastikcontainer zerschneiden, um die Pflanzen unbeschädigt aus dem Topf zu bekommen. Verfilzte Wurzelballen lockert man vorsichtig auf und breitet die Wurzeln möglichst locker im Pflanzloch aus. Wichtig ist, dass die Pflanze genauso tief in die Erde gesetzt wird, wie sie vorher im Container stand. Man setzt sie also weder in einen Trichter noch auf einen Hügel. Das Pflanzloch wird nach und nach mit Erde aufgefüllt. Bei großen Staudenhorsten drückt man die Erde zwischendrin immer wieder an, damit sich keine Hohlräume bilden. Zum Schluss wird die Erde rund um die neu gepflanzte Staude gut angedrückt, damit die Pflanze einen sicheren Stand bekommt.

Bei einzelnen Pflanzen kann gleich **angegossen** werden. Komplette Staudenbeete werden erst fertig gepflanzt und dann im Ganzen angegossen. Das Angießen ist auch bei feuchter Witterung nötig, damit die Wurzeln Bodenschluss bekommen und sich letzte Hohlräume schließen. Auch an den folgenden Tagen muss man darauf achten, dass der Boden nicht austrocknet. Eine Mulchdecke (z. B. aus Grasschnitt) hilft, die Feuchtigkeit im Boden zu halten. Die Stauden brauchen einige Tage, um neue Wurzeln zu bilden. Später reagieren die meisten Arten nicht mehr so empfindlich auf gelegentliche Trockenperioden.

Pflanzwetter
Gartenarbeit macht bei strahlendem Sonnenschein am meisten Spaß. Zum Pflanzen eignen sich aber eher trübe Tage besser. Beim Ein- oder Umpflanzen wird das Wurzelsystem der Stauden in Mitleidenschaft gezogen. So können die oberirdischen Teile nur eingeschränkt mit Wasser versorgt werden. Ist der Himmel bedeckt und bleiben die Temperaturen eher kühl, leiden die Pflanzen weniger unter Hitzestress und Trockenheit. Sie wachsen besser an und bilden rascher neue Wurzeln.

Vermehrung durch Aussaat

Die Aussaat ist sicher die bekannteste und preiswerteste Art der Vermehrung von Stauden. Da es sich bei der Aussaat um eine geschlechtliche Form der Vermehrung handelt, bei der sich die Gene der Elternpflanzen miteinander vermischen, haben die Nachkommen in der Regel leicht veränderte Sorteneigenschaften. Züchter machen sich diese Tatsache zunutze, um durch eine gezielte Auswahl der entstandenen Nachkommen die schon bestehenden Sorten zu verbessern und neue zu züchten.

Samen selbst sammeln

Von vielen Stauden kann man Samen selbst sammeln. Welke Blütenstände dürfen dann nicht gleich ausgeschnitten werden, stattdessen müssen die Fruchtstände voll ausreifen. Man erntet den Samen erst, wenn er von selbst auszufallen beginnt. Damit es nicht zu Verwechslungen kommt, werden die Samen jeder Sorte getrennt geerntet, getrocknet und mit einer Beschriftung (Art, Sorte und Erntezeitpunkt) versehen in Schraubgläsern, Papiertüt-

F1-Hybriden
Im Handel erhältlicher Samen ist grundsätzlich sortenecht. Neben dem Saatgut bewährter, etablierter Sorten gibt es immer öfter auch sogenannte F1-Hybrid-Samen. Sie sind auf der Verpackung als solche kenntlich gemacht. F1-Hybriden zeichnen sich durch bestimmte Sorteneigenschaften aus, sind aber nur in der ersten Generation sortenecht. Am besten verzichtet man darauf, F1-Hybriden selbst weiterzuvermehren.

Nach dem Legen der Samen werden Dunkelkeimer dünn mit feiner Erde bedeckt. Lichtkeimer wie Thymian drückt man nur an, ohne sie mit Erde zu bedecken. Wichtig: Angießen nach der Aussaat nicht vergessen!

chen oder Dosen trocken und dunkel gelagert, bis sie ausgesät werden können.

Aussaat unter Glas

Die Aussaat erfolgt in der Regel **im Frühjahr ab März** als Vorkultur auf der Fensterbank, im Frühbeet oder im Gewächshaus („unter Glas"). Gesät wird in Schalen oder Kistchen mit steriler Aussaaterde. Um Krankheiten zu vermeiden, werden die Aussaatgefäße zuvor gründlich ausgewaschen und desinfiziert. Aussaaterde enthält nicht so viele Nährstoffe wie normale Pflanzerde. Sie ist durchlässiger und hat eine feinere Struktur. Feine Samen werden bei der Aussaat breitwürfig ausgebracht, größere Samen einzeln in Reihen gelegt und dünn mit Substrat bedeckt (Ausnahme: Samen von Lichtkeimern wie Thymian werden nur angedrückt, aber nicht mit Substrat bedeckt.). Wichtig: Jede Aussaat sollte gleich mit dem Namen der Art oder Sorte und dem Aussaatdatum gekennzeichnet werden! Nach der Aussaat wird mit einer Sprühflasche gegossen. Eine transparente Abdeckung verhindert ein Austrocknen und Verkrusten der Substratoberfläche. Je nach Dauer der Keimung muss zwischendurch gegossen werden. Wenn sich die ersten Keimblätter zeigen, wird die Abdeckung entfernt und die heranwachsenden Pflanzen können langsam an die Sonne im Freien gewöhnt werden. Sie dürfen aber nicht austrocknen.

Etwa 1–2 Monate nach der Aussaat können die **Jungpflanzen** vereinzelt („pikiert") werden, jedes Pflänzchen bekommt nun sein eigenes Gefäß. Bei größeren Stückzahlen sind Pflanzpaletten eine praktische Sache, und ein nährstoffreiches und gut durchlässiges Kultursubstrat ist am besten geeignet. Gleich nach dem Pikieren muss vorsichtig gegossen werden und den ganzen Sommer über sollten die Jungpflanzen feucht gehalten und vor zu viel Sonne geschützt werden. Das Auspflanzen ins Staudenbeet kann im Herbst erfolgen. Bessere Ergebnisse erzielt man aber, wenn man damit bis zum folgenden Frühjahr wartet.

Kaltkeimer
Manche Stauden, darunter viele alpine Gewächse, keimen nur nach einem Kältereiz. Sie heißen deshalb Kaltkeimer. Man sät sie im Freiland von September bis November in Saatkistchen, sie keimen dann im folgenden Frühjahr. Man kann die Samen auch mit etwas Erde oder Vermiculit vermischt für einige Wochen bei +2 bis +5 °C in den Kühlschrank stellen, bevor man sie aussät und wärmer stellt. Diese Methode nennt man Stratifizieren. Typische Kaltkeimer sind Echte Schlüsselblume (*Primula veris*), Küchenschelle (*Pulsatilla vulgaris*), Christrose (*Helleborus niger*) und März-Veilchen (*Viola odorata*).

Beim Pikieren nimmt man zu dicht stehende Sämlinge vorsichtig mit einem Pikierholz auf, um sie anschließend einzeln im richtigen Abstand in Anzuchtschalen zu pflanzen.

Aussaat im Freiland

Stauden können auch im Freiland ausgesät werden, dafür müssen sich aber Luft und Boden bereits erwärmt haben. Wenn der Boden zwar frostfrei, aber noch zu kalt ist, faulen die Samen ohne zu keimen. Späte Nachtfröste stellen eine Gefahr für junge Sämlinge dar, man kann aber ein Vlies oder Folie verwenden, um die Pflänzchen (zumindest kurzfristig) zu schützen. Auch Freilandaussaaten müssen gleichmäßig feucht gehalten werden. Später kann man die herangewachsenen Jungpflanzen in Anzuchtbeete vereinzeln oder gleich an Ort und Stelle ins Staudenbeet setzen.

Stauden vegetativ vermehren

Stauden können auch auf ungeschlechtlichem Weg vermehrt werden, also durch vegetative Methoden wie Teilung, Stecklinge, Wurzelschnittlinge oder Ausläufer. Bei manchen Stauden ist diese Art der Vermehrung sinnvoller als die Aussaat, weil die vegetativ erzeugten Nachkommen genetisch hundertprozentig mit der Mutterpflanze übereinstimmen, also Klone sind. Dadurch sind sie sortenecht. Eine vegetative Vermehrung wird auch bei sterilen, zweihäusigen oder sehr seltenen Stauden praktiziert.

Teilung

Viele Stauden lassen sich einfach und problemlos durch Teilung vermehren. Gleichzeitig werden sie dadurch verjüngt. Bei dieser Methode werden ältere Horste in mehrere Teilstücke zerlegt, die sich meist innerhalb von 2–3 Jahren zu neuen, kräftigen Pflanzen entwickeln. Dazu gräbt man die Stauden zur Pflanzzeit im Frühjahr oder im Herbst vorsichtig mit der Grabegabel aus und teilt den Wurzelballen mit einem Spaten in etwa faustgroße Stücke.

Jedes Teilstück sollte mindestens drei gesunde Triebe aufweisen. Die Wurzeln bleiben möglichst unversehrt und werden von Hand entwirrt. Fleischige Rhizome teilt man mit einem scharfen Messer, Stauden mit feinen Faserwurzeln am besten mit der Hand. Abgestorbenes und Unkraut werden entfernt, bevor die einzelnen Teilstücke möglichst umgehend an neuen Standorten wieder eingepflanzt werden. Wichtig: Die wüchsigsten Teile der meisten Stauden befinden sich an den äußersten Rändern der Horste. Die

Größere Staudenhorste kann man nach dem Aufnehmen mit einem Spaten oder einer Grabegabel teilen. Stauden mit feinen Faserwurzeln teilt man besser mit der Hand durch vorsichtiges Auseinanderziehen des Wurzelgeflechts.

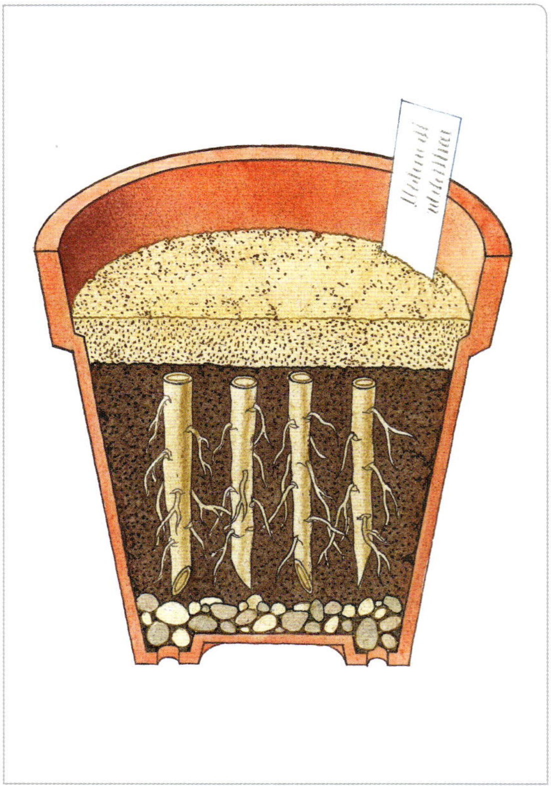

Wurzelschnittlinge nimmt man bevorzugt im Spätherbst und in den Wintermonaten von den Pflanzen ab. Diese Vermehrungsmethode verlangt zwar etwas Geduld, hat sich aber bei vielen Stauden mit dicken Wurzeln, wie etwa beim Türkischen Mohn, bewährt.

inneren Teilstücke sind meist verkahlt und eignen sich nicht zur Vermehrung, sie werden deshalb auf den Kompost gegeben.

Stecklinge

Die Stecklingsvermehrung erfolgt durch nichtblühende Triebspitzen von Mutterpflanzen. Am besten eignen sich Triebe mit 5–7 Blattknoten. Je nach Staudenart verwendet man Frühjahrs- oder Winterstecklinge. Frühjahrsstecklinge, etwa von Rittersporn (*Delphinium*) oder Tränendem Herz (*Dicentra*), müssen einen Ansatz vom alten (vorjährigen) Holz haben. Sie dürfen aber noch keine Blütenansätze aufweisen. Winterstecklinge, die im September oder Oktober geschnitten werden, macht man vor allem von wintergrünen oder immergrünen Stauden wie Steinbrechgewächsen (*Saxifraga*-Arten), Schleifenblumen (*Iberis*) und Halbsträuchern wie Heiligenkraut (*Santolina*). Das weitere Vorgehen ist bei beiden Stecklingsarten gleich: Die Triebe werden im unteren Drittel vorsichtig entblättert und die Stielenden in ein flüssiges oder pulverförmiges Bewurzelungshormon aus dem Fachhandel getaucht. Dann steckt man die Triebe einige Zentimeter tief in feuchtes, lockeres Substrat (zwei Teile Erde, ein Teil Sand). Nach dem Angießen stülpt man eine Glasglocke oder eine transparente Folienhaube über die Stecklinge, um ein Austrocknen zu verhindern und die Luftfeuchtigkeit zu erhöhen. An einem hellen, warmen Standort bilden die Stecklinge innerhalb weniger Wochen Wurzeln. Wenn sich ein erstes Triebwachstum zeigt, können die Jungpflanzen vereinzelt werden.

Wurzelsschnittlinge

Manche Stauden lassen sich besonders gut durch Wurzelschnittlinge vermehren, beispielsweise Bärenklau (*Acanthus*), Ochsenzunge (*Anchusa*), Herbstanemonen, Türkischer Mohn (*Papaver orientale*), Edeldistel (*Eryngium*) und vor allem die Storchschnabel-Arten (*Geranium* sp.). Das geschieht am besten im Spätherbst. Nach dem vorsichtigen Ausgraben der Mutterpflanze trennt man stricknadel- bis bleistiftdicke, etwa 5–7 cm lange Wurzelstücke mit einem sauberen, scharfen Messer ab. Die Mutterpflanze wird nach dem Vorgang umgehend wieder eingepflanzt. Die Wurzelstücke krautiger Pflanzen legt man in lockeres, feuchtes Substrat (zwei Teile Erde, ein Teil Sand) und bedeckt sie mit etwas Erde. Die Wurzelstücke anderer Pflanzen steckt man senkrecht in mit Substrat gefüllte Kistchen. Das von der Mutterpflanze am weitesten entfernte Ende des Wurzelschnittlings soll den neuen Trieb hervorbringen. Also muss es nach oben zeigen und mit der Substratoberfläche abschließen. Werden die Wurzelschnittlinge dunkel, frostfrei und mäßig feucht gehalten, treiben sie durch. Wenn sich die ersten Triebe zeigen, wird die Kiste ans Licht geholt. Man gewöhnt die jungen Triebe vorsichtig an die Sonne und vereinzelt sie erst, wenn sich kleine Pflänzchen gebildet haben.

Ausläufer

Besonders einfach und sicher lassen sich Stauden durch Ausläufer vermehren. Gut eignen sich dafür Gruppen bildende Stauden, die ohnehin einen Drang zur Ausbreitung haben, wie Perlkörbchen (*Anaphalis*), Mandelblättrige Wolfsmilch (*Euphorbia amygdaloides*), Felberich (*Lysimachia*), Lampionblume (*Physalis*) oder Immergrün (*Vinca*). Haben sich nicht schon von selbst bewurzelte Ausläufer gebildet, legt man Triebe waagerecht auf die Erde und beschwert sie mit einem Stein oder steckt sie mit einem Haken fest. Wenn sich einige Zeit später Wurzeln gebildet haben, schneidet man den Ausläufer von der Mutterpflanze ab und setzt ihn einfach ohne weitere Vorkultur an der vorgesehenen Stelle ein.

Die Vermehrung durch Ausläufer ist kinderleicht und beeinträchtigt die Mutterpflanze nicht in ihrer Entwicklung.

Krankheiten und Schädlinge

Wo Sonne ist, da gibt es auch Schatten – das gilt auch für das Reich der Stauden. Es wäre zu schön, wenn Stauden von Krankheiten und Schädlingen verschont blieben. Zwar gibt es robuste und widerstandsfähige Arten, die praktisch immun gegen die Unbilden der Natur sind, aber hin und wieder muss dennoch regulierend eingegriffen werden, wenn Schadorganismen die Pflanzen bedrohen.

Erste Hilfe für bedrohte Stauden

Grundsätzlich gilt: Optimale Standortfaktoren und eine ausgewogene Düngung beugen Krankheiten und Schädlingen vor. Wenn sich trotzdem Schädigungen einstellen, gilt es abzuwägen. Ist der Schaden gering, sollte man es mit sanften und umweltschonenden Methoden versuchen. Befallene Pflanzenteile kann man herausschneiden und vernichten (nicht kompostieren, sondern über den Restmüll entsorgen!). Schädlinge wie Blattläuse, Schnecken oder Raupen lassen sich meist von Hand absammeln. Gegen Wühlmäuse helfen Fallen. Achtung! Maulwürfe stehen unter Naturschutz und dürfen nicht beeinträchtigt werden. Gegen Pilzerkrankungen kann man Pflanzenbrühen ausbringen (siehe Kasten). Stellt sich die Plage aber als hartnäckiger heraus und ist sie mit diesen Methoden nicht in den Griff zu bekommen, bietet der Fachhandel ein breites Spektrum umwelt- und nützlingsschonender Präparate an. Damit man die optimale Wirkung erzielt, müssen in jedem Fall die Anwendungsempfehlungen des Herstellers beachtet werden. Die Methode „viel hilft viel" hat noch niemals zu befriedigenden Ergebnissen geführt. Im schlimmsten Fall werden nicht nur die Schädlinge vernichtet, sondern auch nützliche Helfer im Garten, die durch ihre Anwesenheit die Schädlinge auf natürliche Weise in Schach halten.

Gefräßige Nacktschnecken haben es besonders auf Blattschmuckstauden wie Funkien abgesehen. Junge Triebe werden bevorzugt abgefressen, ältere Triebe sind oft härter und widerstehen den Attacken der Mollusken besser.

Die häufigsten Krankheiten

Am häufigsten treten bei Stauden wohl Pilzerkrankungen auf. Neben Echtem und Falschem Mehltau sind Rost, Grauschimmel und Blattfleckenpilze die hartnäckigsten Übel. Man erkennt einen Pilzbefall an festsitzenden, oft pelzigen oder pudrigen Belägen oder Pusteln auf den Blättern. Pilze brauchen eine feuchtwarme Atmosphäre zum Gedeihen. Deshalb treten derartige Erkrankungen bevorzugt bei schwüler Witterung ab dem Frühsommer auf. Niemand kann das Wetter beeinflussen. Aber durch ausreichende Pflanzabstände, Auslichten zu dichter Bestände, das sorgfältige Entfernen welker oder abgestorbener Pflanzenteile und das Ausbringen pflanzenstärkender Brühen (siehe Kasten) kann man einem Pilzbefall vorbeugen.

Pflanzenviren erkennt man an atypisch verformten Pflanzenteilen, Zwergwuchs, spontan auftretenden, mosaikartigen Verfärbungen der Blätter oder Blüten („Mosaikvirus") oder verkrüppelten Frucht- und Samenständen. Übertragen werden

Viren durch saugende Insekten, wie z. B. Blattläuse. Betroffene Pflanzen sind nicht zu retten und müssen umgehend vernichtet werden (nicht kompostieren!).

Bakterienkrankheiten befallen vor allem Sämlinge, Jungpflanzen und solche mit Verletzungen. Symptome sind Verfärbungen und Fäulnis an der Stängelbasis („Fußkrankheit") oder plötzlich auftretende Welke, obwohl die Erde feucht ist. Befallene Pflanzen müssen umgehend vernichtet werden (nicht kompostieren!), Saatschalen und Pflanzgefäße muss man gründlich reinigen (desinfizieren) und die Erde entsorgen.

Die häufigsten Schädlinge

Blattläuse, Blattwanzen, Thripse und andere saugende Insekten sowie Milben schaden den Pflanzen nicht nur durch den Entzug von Nährstoffen. Sie können auch Virus- und Bakterienerkrankungen übertragen. Deshalb ist ihre frühzeitige Bekämpfung mit Pflanzenbrühen oder Präparaten aus dem Fachhandel empfehlenswert. Im Boden lebende Schädlinge wie Maulwurfsgrillen (Werren), Wurzelälchen (Nematoden), Larven des Dickmaulrüsselkäfers oder Wühlmäuse zählen zu den gefährlichsten Schädlingen, weil sie oft zu spät bemerkt werden. Gegen Nematoden hilft die Pflanzung von Studentenblumen (*Tagetes*) als Bodenkur. Werren und Wühlmäusen ist nur mit Fallen beizukommen. Dickmaulrüssler bekämpft man mit parasitären Nematoden aus dem Fachhandel und das nächtliche Absammeln ausgewachsener Käfer.

Zu den am meisten gefürchteten Schädlingen gehören Nacktschnecken. Sie können eine Staudenpflanzung innerhalb weniger Stunden in ein Schlachtfeld verwandeln. Schnecken treten vor allem bei feuchter Witterung und nachts auf. Einer Schneckenplage begegnet man am besten durch regelmäßiges Absammeln in den Abendstunden oder an Regentagen. Schneckenzäune, Köderfallen und umweltfreundliches Schneckenkorn aus dem Fachhandel sind weitere wirksame Methoden, um gefährdete Stauden zu schützen.

Vorbeugen statt kurieren

Am besten ist es, wenn es gar nicht zu einem Befall kommt. Vorbeugend helfen Kräuterpräparate wie Schachtelhalmbrühe oder Brennnesselauszüge. Sie stärken die Pflanzen und machen sie widerstandsfähiger. Wenn bestimmte Krankheiten immer wieder auftreten, sollte man die Standortbedingungen prüfen. Stehen die Pflanzen zu dicht, breiten sich Pilzerkrankungen leichter aus, als wenn die Kulturen gut belüftet sind. Zu dicht gepflanzte Stauden bieten außerdem Schädlingen wie Schnecken, Raupen oder Blattläusen einen reich gedeckten Tisch und beste Versteckmöglichkeiten. Weitere Gründe für eine hohe Krankheitsanfälligkeit sind verdichtete Böden. Bei Mangelerscheinungen, die ebenfalls Krankheiten und Schädlinge begünstigen, kann eine gezielte Versorgung mit Spezialdüngern aus dem Fachhandel für Abhilfe sorgen. An heißen, trockenen Standorten tritt ein Befall mit Spinnmilben oder Blasenfüßen (Thripsen) am häufigsten auf. Hier beugt ein gelegentliches Abduschen der Pflanzen mit kaltem Wasser einem Befall vor. Wenn ein Schneckenproblem besteht, sollte man den Garten lieber morgens gießen, die Schnecken bleiben dann trotzdem den Tag über in ihren Verstecken; gießt man abends, können sie nachts besonders gut über die Pflanzen herfallen.

Pflanzenbrühen
Für wirksame pflanzenstärkende Pflanzenbrühen setzt man frische oder getrocknete Pflanzenteile mit Wasser an. In der Regel verwendet man 1 kg frisches oder 200 g getrocknetes Kraut auf 10 l Wasser. Die Kräuter werden einen Tag lang eingeweicht und dann eine halbe Stunde gekocht. Nach dem Abkühlen seiht man die Festbestandteile durch ein Tuch ab und verdünnt die Brühe 1 : 5 mit Wasser, bevor sie mit der Druckluftspritze ausgebracht wird. Pflanzenjauchen müssen 14 Tage vergären, wobei man sie täglich umrührt. Wenn sie nicht mehr schäumen, werden sie durch ein Tuch abgeseiht. Verwendet wird die Jauche in einer Verdünnung von 1 : 20 mit Wasser. Brennnesseljauche wirkt gegen Blattläuse und Ackerschachtelhalmbrühe beugt einem Pilzbefall vor. Rainfarntee wirkt gegen Blattläuse und Spinnmilben. Auch Wermut, Salbei, Thymian, Beinwell, Wurmfarn und Studentenblumen eignen sich zum Verjauchen.

Nützlinge fördern

Eine möglichst große Pflanzenvielfalt im Garten und geeignete Verstecke und Brut- bzw. Nistmöglichkeiten für Nützlinge wie Vögel, Igel, Blindschleichen, Raubinsekten (Laufkäfer, Marienkäfer oder Florfliegen) und Spinnen helfen, das natürliche Gleichgewicht im Garten zu erhalten und Schädlingen vorzubeugen.

Die Pflege der Stauden

Damit Stauden gut gedeihen und einen reichen Blütenflor entwickeln, brauchen sie etwas Pflege. Dabei zählen das Wässern in trockenen Zeiten und das Düngen zu den wichtigsten Pflegemaßnahmen. Aber auch Bodenbearbeitung, Aufbinden, Stützen, Rückschnitt, Verjüngung und Winterschutz sind nötig, damit eine Staudenpflanzung gedeiht und das ganze Jahr über einen guten Eindruck macht. Denn ein gepflegter und vitaler Staudengarten bietet einen ganz besonderen ästhetischen Genuss – sommers wie winters.

Gießen

Jungpflanzen und neu gesetzte Stauden sind besonders anfällig für Trockenschäden. Eingewachsene Staudenbeete überstehen dagegen kurzfristige Trockenheit besser. Dennoch sollte bei trockenem Wetter regelmäßig gegossen werden. Deutliche Anzeichen für Wasserbedarf sind welkende Blätter und nickende Blütenköpfchen, was aber durch Wässern wieder beseitigt werden kann. Die beste Tageszeit für das Gießen ist morgens. Mittags verdunstet unnötig viel Wasser und abends lockt die Feuchtigkeit Nacktschnecken an. Gegossen wird nur der Wurzelbereich der Pflanzen, Blätter und Blüten sollten nicht benetzt werden, damit sich keine Pilzerkrankungen etablieren. Es ist besser, alle paar Tage einmal gründlich zu wässern, als mehrmals kleine Schlucke zu verabreichen. Beim durchdringenden Wässern bleibt der Unterboden länger feucht, die Stauden bilden tief in die Erde reichende Wurzeln und werden widerstandsfähiger gegen Trockenheit.

Wenn Stauden nach einigen Jahren so schöne Bestände gebildet haben wie dieser Frauenmantel (*Alchemilla mollis*) im Vordergrund der Rabatte, dann wird es Zeit, sie zu teilen und dadurch zu verjüngen. So bleiben die Pflanzen in Form und die Blühfreude erhalten.

Bodenbearbeitung

Eine alte Gärtnerregel heißt zwar „Einmal Hacken ist so wirksam wie dreimal Gießen", aber ein gut eingewachsenes Staudenbeet braucht kaum noch gehackt zu werden. Nur wenn zwischen den Stauden viel nackter Erdboden sichtbar ist, sollte der Boden regelmäßig aufgelockert werden, damit er nicht verkrustet und austrocknet. Dem kann man aber auch mit einer Mulchschicht (z. B. aus Rasenschnitt) vorbeugen. Unkraut muss jedoch in jedem Fall gejätet werden, und zwar am besten schon, bevor es Samen ansetzt.

Düngen

Selbst fruchtbare Böden werden irgendwann ausgelaugt. Die dem Boden durch das Wachstum entzogenen Nährstoffe müssen durch Dünger ersetzt werden. Drei Komponenten spielen dabei die Hauptrolle. **Stickstoff** (chemisches Zeichen N) fördert das Wachstum von Blättern, Trieben und Wurzeln. Im Übermaß verabreicht schwemmt er das Gewebe jedoch auf und macht die Pflanzen anfällig für Krankheiten und Schädlinge. **Phosphor** (P) steigert die Blütenbildung und **Kalium** (K) sorgt für festes Gewebe, wodurch die Pflanzen robuster und widerstandsfähiger werden. In handelsüblichen Düngern ergänzen weitere Mineralien und **Spurenelemente** die Hauptnährstoffe.

Organische Dünger wirken oft langsamer, aber nachhaltiger. Sie verbessern gleichzeitig die Bodenqualität. Mineralische Dünger wirken rasch und intensiv. Als Spezialdünger haben sie eine auf den jeweiligen Zweck zugeschnittene Zusammensetzung. Moderne Depotdünger haben eine Langzeitwirkung, die oft mehrere Monate anhält. Bei normalen Staudenpflanzungen genügt meist die regelmäßige Gabe gut verrotteten Komposts. Prachtstauden mit hohem Nährstoffbedarf brauchen eine zusätzliche Düngung in mehreren Gaben.

Gedüngt wird **nicht vor März und nur bis Anfang September**, denn in den Wintermonaten können die Stauden die angebotenen Nährstoffe nicht verwerten. Bewährt hat es sich, im Frühjahr stickstoffbetont, im Sommer ausgeglichen und im Herbst kalium- und phosphorbetont zu düngen, damit die Pflanzen im Herbst ein robustes Gewebe ausbilden. Generell gilt: Maßvoll düngen, denn was eine Staude von Natur aus nicht leisten kann, das entlocken ihr auch keine hohen Düngergaben!

Es gibt ein breites Spektrum an praktischen Stützsystemen für Stauden. Ein Bambusstab und ein Stück Bast oder Hanfschnur tun es aber in der Regel auch.

Aufbinden und Stützen

Im Lauf der Wachstumsperiode werden manche Stauden so hoch, dass sie gestützt werden müssen. Andernfalls könnten sie durch das

Langlebige Stauden
Manche Stauden werden nicht gern gestört. Sie können über Jahre oder sogar Jahrzehnte am selben Standort bleiben und werden dabei immer üppiger. Dazu gehören z. B. Pfingstrosen (*Paeonia*), Türkischer Mohn (*Papaver orientale*) und Taglilien (*Hemerocallis*). Solche Kandidaten sollte man nicht öfter als alle zehn Jahre verjüngen.

Gewicht ihrer eigenen Blüten oder durch Windböen umknicken. Das Stützen und Anbinden sollte rechtzeitig geschehen, etwa solange die Blüten noch geschlossen sind. Gut eignen sich Holz- oder Bambusstäbe als Stützen. Es gibt aber auch solche aus Metall. Kunststoffstützen sind meist wenig stabil. Die Stützen müssen auf die Länge der Stauden abgestimmt werden, damit sie nicht auffallen. Man verankert sie fest im Boden und verwendet möglichst natürliches Bindematerial, wie Bast oder Juteschnur, das später mit der Pflanze auf dem Kompost verrottet.

Rückschnitt

Bei vielen Stauden, wie Indianernessel (*Monarda*), Mädchenauge (*Coreopsis*), Margeriten oder Phlox, lässt sich die Blühfreude steigern und die Blütezeit verlängern, wenn verwelkte Blütentriebe ständig entfernt werden. Dadurch wird die Entwicklung neuer Blütenknospen statt der Samenbildung angeregt. Sogenannte remontierende Stauden, wie Rittersporn (*Delphinium*), Lupinen, Katzenminze (*Nepeta*) oder Salbei (*Salvia*), blühen ein zweites Mal, wenn man sie sofort nach der ersten Blüte knapp über dem Boden zurückschneidet und düngt.

Hohe Herbstastern (z. B. *Aster novae-angliae* und *A. novi-belgii*) wachsen buschiger, werden standfester und blühen länger, wenn die Triebe im Frühsommer (Juni) um ein Drittel eingekürzt werden. Verholzende Stauden und Halbsträucher, wie Heiligenkraut und Sonnenröschen, müssen alle 2–3 Jahre kräftig zurückgeschnitten werden, damit sie in Form bleiben. Achtung! Lavendel nie bis ins alte Holz zurückschneiden! Polster- und Steingartenstauden können nach der Blüte um die Hälfte eingekürzt werden. Kahle Stellen in der Pflanzenmitte von Polsterstauden füllt man mit frischer Erde auf, damit sich neue Triebe bilden. Man kann die Pflanzen aber auch aufnehmen und verjüngen (siehe unten).

Zuviel Ordnung muss nicht sein! Abgeblühte Stauden mit stabilen vertrockneten Blütenständen, wie hohe Fetthenne (*Sedum*), Astern, Sonnenbraut (*Helenium*) oder Sonnenhut (*Rudbeckia*), sowie mehrjährige Gräser können im Winter auf den Beeten stehen bleiben. Ungeschnitten widerstehen sie Frösten besser und stellen für viele Vögel eine wertvolle Futterquelle dar. Mit Raureif oder Schnee überzogen wirken sie auch im Winter äußerst reizvoll. Bei Stauden mit weichen oder fleischigen Blattstielen, wie Funkien (*Hosta*), schneidet man das verwelkte Laub jedoch im Herbst ab, damit es nicht zu Fäulnis kommt. Gräser schneidet man erst im zeitigen Frühjahr vor dem Neuaustrieb zurück und putzt sie aus.

Verjüngen

Die meisten Stauden brauchen 1–2 Jahre, um sich voll zu entfalten. Einige Jahre sind sie schön anzusehen, aber dann macht sich das Alter bemerkbar: Sie werden blühfaul, große Horste verkahlen von innen her und fallen auseinander. Man kann solche Staudengreise durch Teilung und Auslichten verjüngen und gleichzeitig vermehren. Wie es gemacht wird, wurde weiter oben im Abschnitt „Stauden vegetativ vermehren" bereits geschildert.

Winterschutz

Grundsätzlich brauchen winterharte Staudenarten keinen Winterschutz. Wenn jedoch auf eine warme winterliche Periode plötzlich Fröste folgen, können Triebknospen und immergrüne Stauden Schaden nehmen. Besonders gefährlich sind Bar- oder Kahlfröste, also Minusgrade ohne schützende Schneedecke. Hier hilft eine vorübergehende Abdeckung gefährdeter Stauden mit Koniferenreisig, Strohmatten oder Vlies. Die Abdeckung muss entfernt werden, sobald keine strengen Fröste mehr zu erwarten sind, besonders immergrüne Stauden faulen sonst leicht. Alpine und Polsterstauden im Steingarten und auf Trockenmauern schützt man in frostigen Perioden ebenfalls mit einer Reisigabdeckung. Bei besonders empfindlichen Stauden, die aus milderen Regionen stammen, genügt eine solche Abdeckung nicht. Sie müssen möglichst frostfrei in geschützten Räumen überwintert werden. (Zur Winterhärte von Stauden siehe auch S. 36.)

Rittersporn, hier gepaart mit Klatschmohn (*Papaver rhoeas*), blüht ein zweites Mal im selben Jahr, wenn er gleich nach der ersten Blüte beherzt zurückgeschnitten wird.

Zwiebel- und Knollenpflanzen von A–Z

Von munteren Schneeglöckchen im Februar über elegante Lilien im Sommer bis hin zu den bezaubernden Herbst-Alpenveilchen – Zwiebel- und Knollenpflanzen bereichern jeden Garten vom Anfang bis zum Ende der Saison. Erfolgreich Gärtnern mit dieser faszinierenden Pflanzengruppe ist einfacher, wenn man die Ansprüche der jeweiligen Arten genauer kennt und mehr über den Lebenszyklus dieser attraktiven Gewächse weiß. Auf den nachfolgenden Seiten werden die wichtigsten, schönsten und gartenwürdigsten Arten vorgestellt, mit einem breiten Sortenspektrum, das von echten Klassikern über aktuelle Handelsware bis hin zu begehrten Liebhabersorten reicht.

Allium aflatunense, Iran-Lauch

Aussehen: Zwiebelpflanze mit riemenförmigen, mittelgrünen Laubblättern, die bis 60 cm lang werden. Im April/Mai erscheinen bis 100 cm hohe Blütenstiele mit jeweils etwa 10 cm breiten, vollrunden Dolden aus kleinen, purpurrosafarbenen bis dunkelpurpurnen Einzelblüten. Die Pflanze wird bis 100 cm hoch und 10 cm breit.
Verwendung: Wenn man im Frühlingsbeet Akzente setzen möchte, ist diese Zwiebelpflanze genau das Richtige: Zwischen gleichzeitig blühenden hohen Bartiris-Sorten (*Iris* Barbata-Elatior-Gruppe), leuchtend bunten Tulpenblüten (*Tulipa*-Varietäten) und farbenprächtigen Polsterstauden wie Blaukissen (*Aubrieta*), Felsen-Steinkraut (*Alyssum saxatile*, Syn. *Aurinia saxatilis*) und Filzigem Hornkraut (*Cerastium tomentosum*) sorgt der Iran-Lauch für gefällige Farbtupfer. Pro m² benötigt man etwa 12 Pflanzen.
Standort: Sonnig in gut durchlässigem, sandig bis lehmigem und nährstoffreichem Boden.
Pflege: Problemlos ausdauernd, solange die Zwiebeln nicht in nassen Böden verbleiben. Pflanzung im Herbst in 5–10 cm Tiefe.
Vermehrung: Durch Aussaat oder durch Abnehmen von Tochterzwiebeln im Herbst.

Allium christophii, Sternkugel-Lauch

Aussehen: Bedingt frostharte Zwiebelpflanze mit grundständigen, riemenförmigen, graugrünen, bis 45 cm langen Blättern, die vor der Blütezeit absterben. Im Juni/Juli erscheinen an etwa 50 cm hohen, dicken Stängeln bis 20 cm breite, lockere Dolden mit bis zu 50 sternförmigen, rosapurpurnen, metallisch glänzenden Einzelblüten. Die Pflanze wird bis 50 cm hoch und bis 20 cm breit.
Verwendung: Sehr dekorative Zwiebelpflanze, die als Blickfang für Stein- und Kiesgärten genauso gut geeignet ist wie für den Vordergrund locker bepflanzter, gemischter Rabatten. Zum Kaschieren der vor der Blütezeit absterbenden Blätter eignen sich Begleitpflanzen wie Goldlack (*Erysimum cheiri*), Storchschnabel-Arten (*Geranium*) oder Kurilen-Beifuß (*Artemisia schmidtiana*). Sternkugel-Lauch wird auch als Schnittblume kultiviert. Die Blüten eignen sich ebenfalls auch gut als Trockenblumen. Pro m² benötigt man 6 Pflanzen.
Standort: Vollsonnig in gut durchlässigem, sandig bis lehmigem, nährstoffreichem Boden.
Pflege: Die nur bedingt frostharte Zwiebelpflanze muss im Winter durch eine Mulchschicht geschützt werden. Pflanzung der Zwiebeln im Herbst in etwa 10 cm Tiefe.
Vermehrung: Durch Aussaat im Frühjahr oder Abnehmen von Tochterzwiebeln im Herbst.

Allium-Hybriden
Neben zahlreichen weiteren Zierlauch-Arten findet man im Handel häufig *Allium*-Hybriden, bei denen das Zuchtziel vor allem eine besondere Blütengröße und Fernwirkung war. Sorten wie 'Pinball Wizzard', 'Mount Everest', 'Summer Drummer' oder der weit verbreitete 'Globemaster' bringen zwar beeindruckende Blütenbälle hervor, sind aber nur bedingt geeignet, um sie im Beet mit anderen Pflanzen zu kombinieren.

Allium aflatunense 'Purple Sensation'

Allium christophii

Allium giganteum, Riesen-Lauch

Aussehen: Große Zwiebelpflanze mit großen, riemenförmigen, bis 100 cm langen, blassgrünen Blättern, die vor der Blütezeit absterben. Im Juni/Juli erscheinen an etwa 150–170 cm hohen Stängeln bis 10 cm breite Dolden mit 50 oder mehr rosavioletten, sternförmigen Einzelblüten. An den Blüten entwickeln sich vereinzelt Brutknospen. Die Pflanze wird maximal 170 cm hoch und 15 cm breit.
Verwendung: Auffällige Zwiebelpflanze für den Hintergrund von Beeten und Rabatten, aber auch zur

Allium giganteum

Auflockerung von gemischten Staudenpflanzungen. Zum Kaschieren der vor der Blütezeit absterbenden Blätter eignen sich Begleitpflanzen wie Blaue Katzenminze (*Nepeta × faassenii* 'Six Hills Giant'), Echter Lavendel (*Lavandula angustifolia*) oder Armenischer Storchschnabel (*Geranium psilostemon*). Pro m² benötigt man 10 Pflanzen.
Standort: Vollsonnig in gut durchlässigem, sandigem bis lehmigem, nährstoffreichem Boden.
Pflege: Die Pflanzen brauchen zur Blütezeit eventuell eine Stütze. Pflanzung der Zwiebeln im Herbst in etwa 15 cm Tiefe.
Vermehrung: Durch Aussaat nach Samenreife, Pflanzen der Brutknollen im Sommer oder Abnehmen von Tochterzwiebeln im Herbst.

Camassia cusickii, Cusicks Prärielilie

Aussehen: Im Frühjahr zeigen sich aufrechte, schmale, leuchtend grüne, grundständige Blätter. Ende Mai bis Juni erscheinen an den Enden von aufrechten, 60–80 cm hohen Trieben lockere, etwa 5 cm breite und bis 30 cm lange Trauben flach becherförmiger, blass- bis tief stahlblauer Blüten. Die Pflanze wird 80 cm hoch und 20 cm breit. Die Sorte 'Zwanenburg' besitzt große, tiefblaue Blüten.
Verwendung: Trotz ihrer eleganten Erscheinung eignet sich diese Zwiebelstaude besonders gut zum Verwildern in halbhohen Wiesen mit naturnahem Charakter. Am schönsten wirkt sie in großen, lockeren Gruppen. Pro m² benötigt man 12 Pflanzen.
Standort: Sonnig bis halbschattig in frischen bis feuchten, aber gut durchlässigen, humosen Böden.
Pflege: Die Pflanze braucht vor allem im Frühjahr und Frühsommer einen ausreichend feuchten Boden. Winterliche Nässe und strenge Fröste werden nur schlecht vertragen. Pflanzung der auffallend großen Zwiebeln im Spätsommer bis Herbst in 5–8 cm Tiefe. In rauem Klima ist Winterschutz empfehlenswert.
Vermehrung: Aussaat der reifen Samen in Töpfen im Frühbeetkasten oder Teilen im Sommer. Die Pflanze vermehrt sich auch durch Selbstaussaat. Sämlinge blühen in der Regel erstmals im Alter von 3–4 Jahren.

Camassia cusickii

Chionodoxa forbesii 'Pink Giant'

Chionodoxa forbesii, Blauer Schneeglanz

Aussehen: Kleine, anspruchslose Zwiebelpflanze aus Kleinasien mit grundständigen, aufrechten, abgespreizten, riemenförmigen, mittelgrünen Blättern. Im März/April erscheinen Trauben aus 8–10 sternförmigen, nickenden, blauen Blüten mit weißer Mitte, die 1–2 cm breit sind. Die Pflanze wird maximal 20 cm hoch und 3 cm breit. Die Sorte 'Pink Giant' hat sterile, rosafarbene Blüten mit weißer Mitte und wird 25 cm hoch.
Verwendung: Für Steingärten, Tröge und zum Verwildern unter Laubgehölzen. Der Schneeglanz verbreitet sich an geeigneten Standorten durch Selbstaussaat und bildet größere Kolonien. Pro m² benötigt man 400 Pflanzen.
Standort: Sonnig in gut durchlässigem, sandig-lehmigem Boden.
Pflege: Sehr pflegeleicht. Pflanzung der Zwiebeln im Spätsommer bis Herbst in 5 cm Tiefe.
Vermehrung: Samen bei Reife in Töpfen im Frühbeetkasten aussäen oder im Sommer durch Teilung vermehren. Meistens säen sich die Pflanzen jedoch selbst aus.

Chionodoxa luciliae

Colchicum autumnale

Colchicum-Hybride 'Waterlily'

Chionodoxa luciliae, Großer Schneeglanz

Aussehen: Kleine Zwiebelpflanze mit grundständigen, riemenförmigen, zurückgeschlagenen, mittelgrünen Blättern. Im März/April erscheinen oft mehrere Blütenstiele mit jeweils bis zu 3 sternförmigen, blauen Blüten mit weißer Mitte, die bis 2 cm breit werden. Die Pflanze wird etwa 15 cm hoch und 3 cm breit.
Verwendung, Standort, Pflege und Vermehrung: Wie bei *C. forbesii*.

Colchicum autumnale, Herbst-Zeitlose

Aussehen: Zwischen August und Oktober erscheinen 10–15 cm hohe Büschel helllilarosafarbener, kelchförmiger Blüten mit langen Röhren, die wie Stiele aussehen. Sie sprießen direkt aus der im Boden ruhenden Knolle. Die breit lanzettförmigen, aufrechten, bis 35 cm langen Laubblätter erscheinen erst während oder nach der Blütezeit und verbleiben bis zur Ruhephase im folgenden Sommer an der Pflanze. Die Herbst-Zeitlose wird etwa 15 cm hoch und 8 cm breit. *Colchicum autumnale* f. *album* hat weiße Blüten, 'Alboplenum' weiße, gefüllte und 'Pleniflorum' gefüllte, rosafliederfarbene Blüten.
Verwendung: Für Stein- und Kiesgärten, Geröllbeete, Tröge oder zum Verwildern in Rasenflächen. Am schönsten sehen Herbst-Zeitlose aus, wenn sie in kleinen Tuffs zu 3–5 Pflanzen gesetzt werden. Pro m^2 benötigt man etwa 10 Pflanzen.
Standort: Sonnig bis halbschattig in tiefgründigem, humosem, gut durchlässigem Boden, der im Sommer nicht zu feucht sein darf.
Pflege: Die Pflanzung der Zwiebeln erfolgt zwischen Juli und September in einer Tiefe von etwa 10–20 cm. In der sommerlichen Ruhephase sollten die Pflanzen möglichst trocken gehalten werden.
Vermehrung: Samen bei Reife in Töpfen im Frühbeetkasten aussäen oder in der sommerlichen Ruhephase Tochterknollen abtrennen.

Colchicum-Hybriden, Zeitlose-Hybriden

Aussehen: Die Zeitlose-Hybriden haben einen ähnlichen Vegetationszyklus wie die Herbst-Zeitlose und ebenfalls riemenförmig bis breit lanzettförmige Blätter, die bis 25 cm lang werden. Zwischen August und Oktober erscheinen pro Knolle 15–20 cm hohe Büschel prächtiger Kelchblüten. 'Autumn Queen' hat duftende, rosafarbene, dunkelpurpurn gesprenkelte Blüten mit weißem Schlund, 'Glory of Heemstede' hat schachbrettartig gemusterte, duftende, leuchtend purpurrote Blüten, 'The Giant' hat sehr große, hellpurpurviolette Blüten mit weißer Basis und wird etwa 20 cm hoch, 'Waterlily' hat gefüllte, rosalilafarbene Blüten mit schmalen Blütenblättern.
Vermehrung: Nur durch Abnehmen von Tochterknollen in der sommerlichen Ruhephase.
Verwendung, Standort, Pflege: Wie bei *C. autumnale*.

Giftige Schönheit
Alle *Colchicum*-Arten enthalten ein starkes Gift, das sich in allen Pflanzenteilen findet. Immer wieder kommt es vor, dass die Blätter der Zeitlosen im Frühjahr mit den ähnlich aussehenden, aber essbaren Blättern des Bärlauchs (*Allium ursinum*) verwechselt werden. Um ganz sicher zu gehen, genügt schon die Geruchsprobe: Bärlauchblätter riechen beim Zerreiben stark und unverkennbar nach Knoblauch. Weil das Gift der Zeitlosen auch Hautreizungen hervorrufen kann, empfiehlt sich das Tragen von Handschuhen beim Umgang mit den Knollen.

Crocosmia-Hybriden, Montbretien-Hybriden

Aussehen: Knollenpflanze mit schwertförmigen, mittelgrünen, gefalteten oder gerippten, bis 100 cm langen Blättern. Von Juli bis September erscheinen an drahtigen Sprossen meist verzweigte Ähren mit zahlreichen trichterförmigen, leuchtend gefärbten Einzelblüten.
Verwendung: Geeignet für fröhlich bunte Blumenbeete, gemischte Rabatten, den Rand von Strauchrabatten und auch als Schnittblume. Am schönsten wirken Montbretien, wenn sie in Tuffs von 3–5 Pflanzen gesetzt werden. Pro m² benötigt man 7 Pflanzen.
Standort: Sonnig bis halbschattig in fruchtbarem, gut durchlässigem Boden.
Pflege: Pflanzung im April 7–10 cm tief. Rückschnitt nach der Blüte bis zu den oberen Stängelblättern. In rauen Regionen die Knollen im Herbst ausgraben und frostfrei überwintern. In wintermilden Regionen mit einer Mulchdecke schützen.
Vermehrung: Nur durch Teilung im Frühjahr kurz vor Beginn des Austriebs.

Crocosmia-Hybride 'Emberglow'

Crocus ancyrensis

Crocus ancyrensis, Ankara-Krokus

Aussehen: Kleine, robuste Knollenpflanze mit halb aufrechten, etwas steifen, grasähnlichen Blättern, die einen blassgrünen Mittelstreifen zeigen und während oder nach der Blütezeit erscheinen. Oft zeigen sich die rundlichen, leuchtend gelben Blüten zu mehreren bereits Ende Februar/Anfang März. Die Pflanze wird etwa 5 cm hoch und breit.
Verwendung: Für Steingärten. Auch zum Verwildern in Rasenflächen geeignet. Pro m² benötigt man 400 Pflanzen.
Standort: Sonnig in kiesig-sandigem, magerem, gut durchlässigem Boden.
Pflege: Äußerst pflegeleicht. Man pflanzt die Knollen im Herbst etwa 7 cm tief. Die Laubblätter dürfen erst dann abgeschnitten werden, wenn sie welken.
Vermehrung: Samen kurz vor dem Aufspringen der Fruchtkapsel sammeln und in Töpfen im Frühbeetkasten aussäen. Während der Ruhephase können auch Tochterknollen abgenommen werden.

Crocus chrysanthus 'Eye-Catcher'

Crocus chrysanthus, Kleiner Krokus

Aussehen: Kleine Knollenpflanze mit halb aufrechten, stumpfgrünen, schmal riemenförmigen Blättern. Ende Februar/Anfang März erscheinen pro Knolle bis zu 4 rundliche, duftende, cremeweiße bis goldgelbe Blüten, die nur 1,5–4 cm lang sind. Außen sind sie oft kastanienbraun überlaufen oder geadert. Die Pflanze wird bis 5 cm hoch und bis 4 cm breit.
Verwendung, Standort, Pflege und Vermehrung: Wie bei *C. ancyrensis*.

Crocus flavus, Gold-Krokus

Aussehen: Kleine, robuste Knollenpflanze mit halb aufrechten, schmal riemenförmigen Laubblättern. Im März erscheinen pro Knolle bis zu 4 duftende, orangegelbe Blüten, die

Crocus flavus

nur 2,5–3 cm lang sind. Die Pflanze wird bis 8 cm hoch und etwa 5 cm breit.
Verwendung, Standort, Pflege und Vermehrung: Wie bei *C. ancyrensis*.

Crocus sativus, Echter Safran

Aussehen: Im Herbst blühende, kleine Knollenpflanze mit mattgrünen, schmal riemenförmigen Blättern, die im September mit oder kurz nach der Blüte austreiben, den Winter über ausdauern und im Mai des folgenden Jahres absterben. Im August/September erscheinen pro Knolle bis zu 5 weit geöffnete, kräftig fliederfarbene, dunkel geaderte Blüten mit attraktiven, orangeroten Staubgefäßen. Die Pflanze wird etwa 5 cm hoch und breit.
Verwendung: Als botanische Besonderheit ist dieser herbstblühende Krokus ein hübscher Blickfang auf Rasenflächen und im Steingarten. Pro m² benötigt man 400 Pflanzen.
Standort: Vollsonnig in sandig-humosem, kalkarmem, gut durchlässigem Boden, der zur Vegetationszeit nicht zu trocken sein sollte.
Pflege: Pflanzung der Knollen im Herbst etwa 7 cm tief. Im Sommer möglichst völlig trocken halten und das wintergrüne Laub bei strengen Frösten mit Reisig abdecken.

Das teuerste Gewürz der Welt
Die Stempelfäden des Echten Safrans werden im Iran, in Kaschmir und im Mittelmeerraum gesammelt, fermentiert und getrocknet. Für 1 kg trockenes Gewürz benötigt man zwischen 150 000 und 200 000 Safranblüten, die von Hand geerntet und aufbereitet werden. Das reine Gewürz schmeckt etwas bitter, herb und scharf, was sich jedoch fein dosiert in der Speise nicht bemerkbar macht. Es verleiht den damit zubereiteten Gerichten eine intensive goldgelbe Farbe und ist fester Bestandteil vieler traditioneller Gerichte wie z. B. der spanischen Paella.

Vermehrung: Der Echte Safran ist aufgrund seiner genetischen Besonderheit unfruchtbar und nur durch Abnehmen von Tochterknollen zu vermehren.

Crocus tommasinianus, Dalmatiner Krokus, Elfen-Krokus

Aussehen: Kleine Knollenpflanze mit schmal riemenförmigen, halb aufrechten Blättern, die bereits kurz vor der Blütezeit erscheinen. Ende Februar/Anfang März bringt jede Knolle 1–2 blass fliederfarbene, kelchförmige Blüten mit hellorangefarbenen Staubfäden hervor, die sich an sonnigen Tagen breit öffnen. Die Pflanze wird bis 10 cm hoch und 2,5 cm breit.
Verwendung: Am schönsten sieht dieser wilde Krokus aus, wenn er großflächig auf Rasenflächen und unter Laubgehölzen wächst. Pro m² benötigt man 400 Pflanzen.
Standort, Pflege und Vermehrung: Wie bei *C. ancyrensis*. *C. tommasinianus* sät sich an geeigneten Standorten reichlich selbst aus.

Crocus sativus

Crocus tommasinianus

Cyclamen coum, Vorfrühlings-Alpenveilchen

Aussehen: Kleine Knollenpflanze mit rundlichen bis herzförmigen, bis 6 cm langen, glänzend dunkelgrünen Blättern, die oft eine silbrige Zeichnung aufweisen und bereits im Frühsommer wieder eingezogen werden. Die Unterseite der Blätter schimmert oft purpurn. Gleichzeitig mit den Blättern erscheinen im zeitigen Frühjahr, oft schon im Februar, gedrungene, nickende, etwa 1,5 cm lange Blüten in Weiß, Rosa und Karminrot, die an kurzen, drahtigen Stängeln stehen. Die Blüten verströmen einen zarten, marzipanähnlichen Duft. Die Pflanze wird 5 cm hoch und 8 cm breit. Die Sorte 'Album' blüht in reinem Weiß.
Verwendung: Sehr schön in größeren Gruppen unter Sträuchern am Gehölzrand, aber auch im Steingarten. Pro m² benötigt man 16 Pflanzen.
Standort: Sonnig bis halbschattig in mäßig fruchtbarem, humosem, gut durchlässigem Boden.
Pflege: Pflanzung der Knollen im Herbst relativ flach, etwa 3–5 cm tief. Wenn scharfe Fröste drohen, mit einer lockeren Mulchschicht abdecken.
Vermehrung: Aussaat des reifen Samens abgedunkelt bei 6–12 °C. Die Samen vor der Aussaat 10 Stunden

Cyclamen coum 'Album'

in Wasser einweichen. An geeigneten Standorten sät sich die Pflanze auch selbst aus.

Cyclamen hederifolium, Herbst-Alpenveilchen, Neapolitanisches Alpenveilchen

Aussehen: Auch unter dem Synonym *Cyclamen neapolitanum* geführte kleine Knollenpflanze mit anfangs kleinen, abgeflachten Knollen, die später einen Durchmesser von bis zu 20 cm erreichen können. Die efeublattartig aussehenden,

Cyclamen hederifolium

meist spitz dreieckigen, 5–15 cm großen Blätter sind dunkelgrün und unterseits purpurn. Oft weisen sie eine silbrige Zeichnung an der Oberseite auf. Sie erscheinen mit oder kurz nach der Blütezeit, bleiben den ganzen Winter über attraktiv und werden im Frühsommer eingezogen. Von August bis Oktober erscheinen an kurzen Stielen bis 2,5 cm lange, nickende, gedrungene Blüten in kräftigem Rosa mit einem dunkleren Auge. Die Pflanze wird bis 12 cm hoch und bis 15 cm breit.
Verwendung, Standort, Pflege und Vermehrung: Wie bei *C. coum*.

Eranthis hyemalis, Kleiner Winterling

Aussehen: Gruppen bildende, kleine Knollenpflanze mit gelben, 2–3 cm breiten, zunächst kugeligen, später breit geöffneten duftenden Blüten, die im Februar/März oft noch vor den Schneeglöckchen aufblühen. Die Blüten sitzen auf einem Kragen aus zerteilten, grünen Blättchen. Nach der Blüte wachsen die Blätter noch etwas, bevor sie im Mai/Juni einziehen. Die Pflanze wird bis 8 cm hoch und 5 cm breit.
Verwendung: Zur Unterpflanzung von Bäumen und Sträuchern am Gehölzsaum, aber auch für Steingärten. Am schönsten sehen Winterlinge in großen Gruppen aus. Pro m² benötigt man 300 Pflanzen.
Standort: Sonnig bis halbschattig und windgeschützt in frischem, fruchtbarem, sandig-humosem Boden, der im Sommer nicht austrocknet und eher kalkhaltig als sauer sein sollte.
Pflege: Winterlinge sind sehr pflegeleicht, wenn sie erst einmal etabliert sind (was nicht immer problemlos gelingt). Dann säen sie sich auch bereitwillig aus und bilden größere Kolonien. Das Laub darf nach der Blüte erst abgeschnitten

Eranthis hyemalis

werden, wenn es sich gelb färbt.
Vermehrung: Die kleinen Knollen werden zwischen September und November etwa 5–7 cm tief gepflanzt. Vor dem Einpflanzen müssen sie einige Stunden in Wasser vorquellen. Größere Horste können unmittelbar nach der Blüte geteilt werden. Die anhaftende Erde möglichst nicht abschütteln!

Erythronium dens-canis, Europäischer Hundszahn

Aussehen: Zwiebelpflanze mit elliptisch-länglichen, mittelgrünen, bis 15 cm langen Blättern, die purpurbraun marmoriert sind. Im März/April erscheinen an drahtigen Stängeln zart duftende, nickende, weiße, rosa- oder fliederfarbene, weit geöffnete Kelchblüten mit etwas zurückgeschlagenen Blütenblättern und purpurblauen Staubbeuteln. Die Pflanze erhielt ihren Namen wegen der länglichen Form der Zwiebel, die an einen Hundezahn erinnert. Sie wird 10–15 cm hoch und 10 cm breit. Im Handel findet man neben der eigentlichen Art auch einige Sorten, z. B. 'Lilac Wonder' mit purpurnen Blüten oder die rosa blühende 'Rose Queen', sowie hübsche Hybriden wie etwa die Sorte 'Pagoda', die bis 25 cm hoch wird und

Erythronium dens-canis

pro Stiel 3–4 schwefelgelbe Blüten hat.
Verwendung: Für halbschattige, naturnahe Steingärten sowie unter Sträuchern am Gehölzrand. Pro m² benötigt man 25 Pflanzen.
Standort: Halbschattig in frischem, humosem, schwach saurem Boden, der gut durchlässig, aber nicht zu trocken sein sollte.
Pflege: Die Pflanzung erfolgt zwischen September und November in etwa 10 cm Tiefe. Weil die Zwiebeln rasch austrocknen, sollten sie unmittelbar nach dem Erwerb gepflanzt werden. Die Pflanze braucht etwas Zeit, um sich zu etablieren und blüht oft erst im zweiten Jahr. Im ersten Winter ist ein Winterschutz (Mulchdecke) empfehlenswert.
Vermehrung: Durch Teilen großer Horste nach der Blüte. Die Teilstücke müssen sofort nach dem Aufnehmen wieder eingepflanzt werden.

Fritillaria imperialis, Kaiserkrone

Aussehen: Horstbildende, große Zwiebelpflanze mit Wirteln aus lanzettförmigen, hellgrünen, bis etwa 20 cm langen Blättern. Im April erscheinen an einem etwa 70 cm hoch aufragenden Blütenstiel bis zu 8 hängende Blütenglocken in orange, gelb oder rot, die etwa 6 cm lang und von aufrechten, laubartigen, grünen Hochblättern bekrönt werden. Die Pflanze wird maximal 100 cm hoch und 30 cm breit.

'Aureomarginata' hat gelbbunt gestreiftes Laub und orange Blüten, 'Lutea' blüht leuchtend gelb, 'Aurora' orangerot, 'Rubra' dunkelrot, 'Striped Beauty' hat gelbe, rot geaderte Blüten und 'Prolifera' (Syn. 'Kroon op Kroon') überrascht mit orangeroten Blüten, die in zwei Wirteln übereinander stehen.
Verwendung: : Traditionelle Bauerngartenpflanze. Am schönsten wirken Kaiserkronen, wenn sie in kleinen Gruppen (maximal 10 Stück) in Beeten zusammenstehen, in denen sie mit etwas niedrigeren Frühjahrsblühern kombiniert werden. Pro m² benötigt man 6 Pflanzen.

Die Mär vom Wühlmausschreck
Wer einmal Kaiserkronen gepflanzt hat, erinnert sich gewiss an den strengen, etwas muffigen Geruch, den die Zwiebeln ausströmen. Wohl deshalb hält sich in Gärtnerkreisen hartnäckig das Gerücht, dass Wühlmäuse und Maulwürfe durch das Pflanzen von Kaiserkronen aus dem Garten vertrieben werden können. In Einzelfällen mag das zutreffen, eine Erfolgsgarantie gegen die unterirdisch aktiven, lästigen Tiere ist das jedoch nicht!

Standort: Sonnig in tiefgründigem, sandig-lehmigem, fruchtbarem, gut durchlässigem Boden.
Pflege: Die großen Zwiebeln sind nicht lange lagerfähig und müssen sofort nach dem Erwerb zwischen Ende August und November gepflanzt werden. Die Pflanztiefe beträgt 20 cm. Die Knolle sollte auf ein Sandbett schräg in das Pflanzloch gelegt werden, damit kein Wasser in das Loch des abgestorbenen vorjährigen Triebs laufen kann. Der Austrieb muss bei Spätfrösten mit einer Abdeckung geschützt werden.
Vermehrung: Durch Abnehmen von Ablegern oder durch Aussaat von Tochterzwiebeln im Spätsommer.

Fritillaria imperialis

Fritillaria meleagris, Gewöhnliche Schachbrettblume, Kibitzei

Aussehen: Zierliche Zwiebelpflanze mit schmal riemenförmigen, graugrünen, bis 15 cm langen Blättern. Im April erscheinen einzelne, manchmal auch paarweise angeordnete, breit glockige, nickende, bis 4,5 cm lange Blüten in Purpurweiß oder Purpurrosa. Die Blütenblätter weisen ein markantes Schachbrettmuster auf. Die Pflanze wird maximal 30 cm hoch und 5–8 cm breit.
Verwendung: Am schönsten wirkt

diese heimische Wildblume in größeren Gruppen an sumpfigen Standorten, in feuchten Wiesen oder am Teichrand. Gute Pflanzpartner sind Schlüsselblumen (*Primula*-Arten) und Wiesen-Schaumkraut (*Cardamine pratensis*). Pro m² benötigt man 40 Pflanzen.
Standort: Sonnig bis halbschattig in humosem, feuchtem Boden. Schachbrettblumen bevorzugen Regionen mit kühlen, feuchten Sommern.
Pflege: Die Zwiebeln sind nicht lange lagerfähig und müssen sofort nach dem Erwerb zwischen Ende August und November in 10 cm Tiefe gepflanzt werden. Ansonsten sind Schachbrettblumen sehr pflegeleicht.
Vermehrung: An geeigneten Standorten verwildern Schachbrettblumen. Ansonsten können sie durch Ableger oder das Auspflanzen von Tochterzwiebeln im Spätsommer vermehrt werden.

Fritillaria persica Persische Kaiserkrone

Aussehen: Auffällige Zwiebelpflanze mit kräftigen, aufrechten Sprossen, an denen 10–25 cm lange, blau bereifte, schmale Blätter stehen. Im April/Mai erscheinen schlanke, aufrechte Trauben aus schmal-konischen, hängenden, braungrünen bis pflaumenfarbigen Blüten, die bis 2 cm lang werden und leicht duften. Die Pflanze wird bis 100 cm hoch und 10 cm breit.

Die Sorte 'Adiyaman' gilt als besonders winterhart und hat größere, üppigere Blüten. Sie wird bis 150 cm hoch.
Verwendung: Interessanter Blickfang in Beeten mit Tulpen, Narzissen und anderen Frühjahrsblühern. Pro m² benötigt man 16 Pflanzen.
Standort: Sonnig und im Sommer sehr warm und trocken in gut durchlässigem, humosem, fruchtbarem Boden.
Pflege: Die Zwiebeln werden zwischen August und September etwa 20 cm tief auf ein Sandbett gepflanzt. Der frühe Austrieb muss bei Spätfrösten mit einer Abdeckung geschützt werden. Wo die Sommer nicht heiß und trocken sind, gräbt man die Zwiebeln nach dem Einziehen des Laubs am besten aus, lagert sie warm und trocken und pflanzt sie erst im Oktober wieder ein. Eine Gabe Volldünger im Frühjahr ist empfehlenswert.
Vermehrung: Durch Abnehmen von Ablegern oder durch Aussaat von Tochterzwiebeln im Spätsommer.

Galanthus elwesii, Großblütiges Schneeglöckchen

Aussehen: Die auch unter dem volkstümlichen Namen Türkisches Schneeglöckchen bekannte Zwiebelpflanze hat breit riemenförmige, manchmal gedrehte, bereifte, mittelgrüne, bis 15 cm lange Blätter. Mit oder kurz nach den Blättern erscheinen im Februar/März 2–3 cm lange, nickende, weiße Blüten, die nach Honig duften.
Verwendung: Durch die etwas größeren Blüten und breiteren Blätter eignet sich diese Art noch besser für Steingärten und den Rand von Rabatten als das Kleine Schneeglöckchen, aber weniger gut für Rasenflächen. Ansonsten passt die unprätentiöse Zwiebelpflanze gut als Unterpflanzung in den Gehölzgarten. Pro m² benötigt man 400 Pflanzen.
Standort: Sonnig bis halbschattig in humosem, leicht feuchtem, aber gut durchlässigem Boden, der im Sommer nicht austrocknet.
Pflege: Gepflanzt werden die kleinen Zwiebeln möglichst sofort nach dem Erwerb zwischen September und November, da sie rasch austrocknen und dann nicht mehr anwachsen. Pflanztiefe: 5 cm. Die Blät-

Fritillaria meleagris

Fritillaria persica 'Adiyaman'

Galanthus elwesii

ter dürfen erst zurückgeschnitten werden, wenn sie zu welken beginnen.
Vermehrung: Durch Aussaat bei Samenreife in Töpfen im Frühbeetkasten. Größere Horste können unmittelbar nach der Blüte, wenn die Blätter zu welken beginnen, aufgenommen und geteilt werden, Die Teilstücke müssen sofort wieder eingepflanzt werden. An geeigneten Standorten säen sich Schneeglöckchen auch selbst aus.

Galanthus nivalis, Kleines Schneeglöckchen

Aussehen: Robuste kleine Zwiebelpflanze mit schmalen, bereiften, blaugrünen Blättern, die bis 15 cm lang werden und zusammen mit den Blüten erscheinen. Im zeitigen Frühjahr, oft schon Ende Januar/Anfang Februar, in kalten Wintern erst im März, sprießen an schlanken Stielen 1,5–2 cm lange, weiße, nickende Blüten, die honigartig süß duften.
Verwendung: Am Rand von Rabatten, in Steingärten und in Rasenflächen sind Schneeglöckchen die ersten Frühlingsboten. Hübsch wirken sie auch als Unterpflanzung in Gehölzrabatten. Pro m² benötigt man 400 Pflanzen.
Standort, Pflege und Vermehrung: Wie bei *G. elwesii*.

Galanthus nivalis

Gladiolus murielae, Stern-Gladiole

Aussehen: Die auch unter den Namen *Gladiolus callicanthus* und *Acidanthera bicolor* var. *murielae* geführte Staude mit rhizomartigen Knollen hat 15–45 cm lange, schwertförmige Blätter. Zwischen August und Oktober erscheinen lockere Ähren mit bis zu 10 trichterförmigen, weißen, duftenden, 5 cm breiten, etwas nickenden Blüten, die einen rotbraunen Schlund haben. Die Pflanze wird 70–100 cm hoch und 5 cm breit.
Verwendung: Durch die relativ späte Blüte sind Stern-Gladiolen eine schöne Bereicherung frühherbstlicher Staudenbeete. Pro m² benötigt man 80–100 Pflanzen.
Standort: Sonnig und geschützt in gut durchlässigem, humosem, fruchtbarem Boden.
Pflege: Die frostempfindlichen Knollen werden je nach Witterung zwischen April und Mai etwa 8–10 cm tief gepflanzt. Je früher die Pflanzung erfolgt, desto früher blühen die Stern-Gladiolen auch. Nach der Blüte warten, bis die Blätter zu welken beginnen. Vor dem ersten strengen Frost die Knollen ausgraben und säubern, 14 Tage trocknen und danach an einem trockenen, frostfreien Ort bis zum folgenden Frühjahr lagern.
Vermehrung: Durch Abtrennen von Tochterknollen beim Aufnehmen im Herbst, die im Frühjahr gepflanzt werden.

Gladiolus murielae

Gladiolus-Hybriden, Garten-Gladiole

Aussehen: Garten-Gladiolen haben rhizomartige Knollen und schmale, schwertförmige, mittel- bis dunkelgrüne, bis 60 cm lange Blätter, die grundständig und aufrecht in Fächern angeordnet sind. Die in Ähren übereinander stehenden, eng aneinandergeschmiegten, offen trichterförmigen Blüten gehen – je nach Pflanzung der Knollen und nach Witterungsverhältnissen – zwischen Juni und September der Reihe nach von unten nach oben auf. Das Spektrum der Blütenfarben reicht von Weiß über Gelb- und Orangetöne bis hin zu Rosa, Rot, Violett und Blau. Viele Sorten sind zweifarbig oder haben attraktiv gewellte Blüten. Sorten mit besonders üppigen Blüten werden auch als Schmetterlings-Gladiolen bezeichnet. Die Pflanzen werden je nach Sorte 50–130 cm hoch und sind 10–15 cm breit. Einige Sorten erreichen sogar eine Höhe von fast 200 cm. Weltweit sind bis bisher über 10 000 Hybriden bekannt.
Garten-Gladiolen wurden vor allem aus Wild-Gladiolen folgender (bei uns nicht winterharten) Arten aus Afrika, Madagaskar und Westasien gezüchtet: *Gladiolus cardinalis*, *Gladiolus cameus*, *Gladiolus cruentus*, *Gladiolus dalenii*, *Gladiolus oppositiflorus*, *Gladiolus papilio* und *Gladiolus tristis*.
Garten-Gladiolen werden in 3 Gruppen eingeteilt:
Gladiolus Nanus-Gruppe: Wuchs-

Gladiolus-Grandiflorus-Hybride 'Pink Lady'

höhe: 50–110 cm, bis 3 Stängel pro Knolle, Blütendurchmesser: 4–5 cm, Blütezeit: Frühsommer.
Gladiolus Primulinus-Gruppe: Wuchshöhe: 70–110 cm, jeweils nur 1 Stängel pro Knolle, Blütendurchmesser: 3,5–7,5 cm, Blütezeit: Früh- bis Spätsommer.
Gladiolus Grandiflorus-Gruppe: Wuchshöhe: 90–130 cm und höher, jeweils nur 1 Stängel pro Knolle, Blütendurchmesser: 3,5–18 cm, Blütezeit: Früh- bis Spätsommer. Die *Gladiolus* Grandiflorus-Gruppe wird weiter untergliedert in einen dreistelligen Zahlencode (Blütengröße, Blütenfarbe und Farbtiefe).
Verwendung: Garten-Gladiolen werden für bunte, sommerliche Blumenrabatten, als Schnittblumen und für Ausstellungszwecke verwendet. Pro m² benötigt man 80–100 Pflanzen.
Standort: Sonnig und geschützt in gut durchlässigem, humosem, fruchtbarem, nicht zu trockenem Boden.
Pflege: Die nicht sicher frostharten Knollen werden je nach Witterung zwischen Ende März und Anfang Juni etwa 10 cm tief gepflanzt. Hohe Sorten stützen. Nach der Blüte warten, bis die Blätter zu welken beginnen. Vor dem ersten strengen Frost die Knollen ausgraben, säubern, 14 Tage trocknen und danach an einem trockenen, frostfreien Ort bis zum folgenden Frühjahr lagern.
Vermehrung: Durch Abtrennen von Tochterknollen beim Aufnehmen im Herbst, die im Frühjahr gepflanzt werden.

Hyacinthoides hispanica, Spanisches Hasenglöckchen

Aussehen: Die auch unter den Namen *Endymion hispanicus* und *Scilla hispanica* geführte, kleine Zwiebelpflanze hat riemenförmige, glänzende, dunkelgrüne, 20–60 cm lange Blätter, die aufrecht und überhängend sind. Im April/Mai erscheinen an schlanken Stielen Trauben mit bis zu 15 blauen, lila- oder rosafarbenen, glockenförmigen Einzelblüten, die 2 cm lang sind und zurückgeschlagene Spitzen haben. Im Gegensatz zu denen des Atlantischen Hasenglöckchens (*H. non-scripta*) duften sie nicht. Die Pflanze wird bis 40 cm hoch und bis 10 cm breit.

Die Sorte 'Excelsior' hat violettblaue, hellgestreifte Blüten, 'La Grandesse' blüht reinweiß und 'Rosabella' in violettrosa Tönen.
Verwendung: Für Wiesen, unter Sträuchern und Bäumen am Gehölzrand sowie Beete mit spät austreibenden Stauden. Besonders schön in

Hyacinthoides non-scripta

Hyacinthoides hispanica

Kombination mit gleichzeitig blühenden Rhododendren und Azaleen. Pro m² benötigt man 400 Pflanzen.
Standort: Halbschattig in frischem, feuchtem, aber gut durchlässigem, mäßig fruchtbarem, humosem Boden. Der Standort sollte in jedem Fall frühjahrshell sein.
Pflege: Sehr pflegeleicht. Die Zwiebeln werden zwischen September und November etwa 8 cm tief gepflanzt. Wenn eine Selbstaussaat verhindert werden soll, müssen die abgeblühten Blütenstiele rechtzeitig entfernt werden.
Vermehrung: Hasenglöckchen vermehren sich durch Selbstaussaat recht zuverlässig. Die Samen können auch bei Reife in Töpfen im Frühbeetkasten ausgesät werden. Größere Horste lassen sich im Sommer teilen.

Hyacinthoides non-scripta, Atlantisches Hasenglöckchen

Aussehen: Die auch unter den Namen *Endymion non-scripta* und *Scilla non-scripta* geführte, kleine Zwiebelpflanze hat abgespreizte, riemenförmige, dunkelgrüne, 20–45 cm lange Blätter. Im April/Mai erscheinen an einem leicht über-

Der „Wald der blauen Blumen“
Das Atlantische Hasenglöckchen wächst, wie der Name schon sagt, wild an den atlantischen Küstengebieten von Portugal über Spanien, Frankreich bis nach Irland, Wales, England und Schottland. Besonders in Großbritannien bilden die kleinen Frühjahrsblüher riesige Bestände, die dann ein duftendes, blaues Band durch Wälder und Täler ziehen. In Deutschland findet man ein großes Vorkommen im so genannten „Wald der blauen Blumen“ bei Hückelhoven im westlichen Nordrhein-Westfalen. Dieses Inselvorkommen gilt als natürlicher Bestand und steht als lokale Attraktion unter besonderem Schutz.

geneigten Stiel bis zu 12 blaue, 1,5–2 cm lange, glöckchenförmige Blüten, die sich stets nur nach einer Seite entfalten. Sie duften stark. Die auch als Englisches Hasenglöckchen bezeichnete Pflanze wird bis 40 cm hoch und 8 cm breit. Die Sorte ‘Alba’ blüht reinweiß.
Verwendung, Standort, Pflege und Vermehrung: Wie bei *H. hispanica*.

Hyacinthus orientalis ‘Miss Saigon’

Hyacinthus orientalis, Hyazinthe (Tab. 1)

Aussehen: Zwiebelpflanze mit 15–35 cm langen, riemenförmigen, rinnigen, glänzenden, mittelgrünen Blättern, die grundständig und halb aufrecht sind. Im April/Mai erscheinen aufrechte Trauben aus bis zu 40 schmal glockenförmigen Blüten, oft jedoch deutlich weniger. Die wachsigen, stark duftenden, violettblauen Blüten sind 2–3,5 cm lang und haben abgespreizte, später zurückgeschlagene Zipfel. Die Wildform wächst in der Südtürkei und im westlichen Syrien. Eingebürgert wurde sie auf dem südlichen Balkan, in Italien und in Südfrankreich, wo sie für die Parfümherstellung genutzt wird. Die heute im Handel erhältlichen *Hyacinthus*-Sorten stammen alle von der Wildart ab. Die Pflanze wird 20–30 cm hoch und 8–10 cm breit.

Im Handel bekommt man oft Mischungen aus weißen, rosafarbenen, roten, gelben, blauen und violetten Sorten. Schöne Sorten in Einzelfarben, darunter auch solche mit gefüllten Blüten, findet man bei allen Blumenzwiebelhändlern. Sorten der Multiflora-Gruppe bringen pro Zwiebel 5 und mehr Blütenstände hervor.
Verwendung: Für Rabatten, Steingärten, Staudenbeete sowie für Schalen und die Treiberei. Pro m² benötigt man etwa 80 Pflanzen.
Standort: Sonnig bis halbschattig in mäßig fruchtbarem, gut dräniertem, humosem Boden.
Pflege: Die Zwiebeln werden zwischen September und November etwa 10 cm tief gepflanzt, am besten auf ein Sandbett. Zu viel Nässe im Winter wird schlecht vertragen. Die Blüten der Sorten sind meist nur im ersten Jahr wirklich üppig. In den folgenden Jahren nähern sich die Blütenstände der Wildform an und tragen weniger Einzelblüten,

Tab. 1 Empfehlenswerte *Hyacinthus*-Hybriden

Sorte	Farbe	Wuchshöhe	Blütezeit
‘Amethyst’	violett	20–30 cm	mittel
‘Amsterdam’	lachsrosa	20–25 cm	früh–mittel
‘Blue Giant’	hellblau	20–30 cm	mittel
‘Blue Jacket’	dunkelblau mit purpurnen Streifen	20–30 cm	mittel–spät
‘Carnegie’	reinweiß	25–35 cm	mittel–spät
‘City of Haarlem’	hellgelb	25–35 cm	mittel–spät
‘Delfts Blauw’	porzellanblau	20–30 cm	früh–mittel
‘Fondant’	hell phloxrosa	20–25 cm	mittel
‘Gipsy Princess’	intensiv gelb	20–25 cm	mittel–spät
‘Jan Bos’	dunkelrot	20–25 cm	früh–mittel
‘Miss Saigon’	kräftig violettrosa	20–30 cm	früh–mittel
‘Ostara’	dunkelblau	20–30 cm	früh–mittel

frühblühend = Ende März
mittlere Blütezeit = April
spät blühend = Ende April–Anfang Mai

Hyazinthen für die Fensterbank

Das Hyazinthenglas auf der Fensterbank – eine Erinnerung aus Kindertagen wird in jüngster Zeit wieder populär! Um die Natur zu überlisten, braucht man nur eine (zuvor vom Händler gekühlte) Treib-Hyazinthenzwiebel, ein typisches Hyazinthenglas mit engem Kragen und ein spitzes Hütchen aus festem Papier. Das Glas wird bis zur Verengung mit Wasser gefüllt und die Zwiebel so darauf gesetzt, dass sie wenige Millimeter über dem Wasser schwebt. Jetzt das Hütchen aufsetzen und die ersten Wochen dunkel (z. B. im Keller) aufstellen. Wenn das Glas gut mit Wurzeln gefüllt ist und der Trieb etwa daumenlang hervorspitzt, darf die Hyazinthe ans Licht. „Hut ab" heißt es aber erst, wenn die Blütenknospe ihn selbst anhebt. Dann dauert es nicht mehr lange, bis man sich an dem himmlischen Duft erfreuen kann!

die locker neben- und übereinander stehen.
Vermehrung: Durch Abtrennen von Tochterzwiebeln im Sommer.

Leucojum aestivum, Sommer-Knotenblume

Aussehen: Kräftige Zwiebelpflanze mit aufrechten, riemenförmigen, glänzend dunkelgrünen Blättern, die bis 40 cm lang werden. Zwischen April und Mai erscheinen an 40–60 cm hohen Einzelstielen stehende Dolden mit 3–8 weißen, glockenförmigen, nickenden Einzelblüten, die etwa 2 cm lang sind und grüne Spitzen haben. Insgesamt wirkt die Pflanze wie ein zu hoch geratener Märzenbecher (*L. vernum*). Die Pflanze wird 45–60 cm hoch und etwa 8 cm breit. 'Gravetye Giant' ist eine besonders großblütige Auslese, die bis 90 cm hoch wird.

Leucojum aestivum

Leucojum vernum

Verwendung: Eignet sich gut für Rabatten am Wasser und zum Auswildern in halbhohen, feuchten Wiesen. Pro m² benötigt man 45 Pflanzen.
Standort: Sonnig bis halbschattig in humosem, feuchtem, aber durchlässigem Boden.
Pflege: Pflanzung der Zwiebeln zwischen September und November in etwa 7 cm Tiefe. Die Pflanzen sind sehr pflegeleicht und neigen an geeigneten Standorten zum Verwildern.
Vermehrung: Nach dem Abwelken der Blätter in der sommerlichen Ruhezeit Tochterzwiebeln abnehmen oder reifen Samen im Herbst in Töpfen im Frühbeetkasten säen.

Leucojum vernum, Frühlings-Knotenblume, Märzenbecher

Aussehen: Kleine, früh blühende Zwiebelpflanze mit aufrechten, riemenförmigen, glänzend dunkelgrünen Blättern, die bis 25 cm lang werden und vor den Blüten erscheinen. Die einzeln, selten zu zweit an einem Stiel sitzenden, weißen, glockenförmigen, bis 2,5 cm langen Blüten erscheinen oft schon im Februar, manchmal auch erst im März, und haben charakteristische grüne Spitzen. Die Pflanze wird bis 20 cm hoch und etwa 8 cm breit.
Verwendung: Für Steingärten, den Rand von Beeten und Rabatten und am Gehölzrand. Sehr schön in großen Gruppen zusammen mit Schneeglöckchen (*Galanthus nivalis*), mit denen sie gelegentlich verwechselt werden, mit Dalmatiner Krokus (*Crocus tommasinianus*), Winterling (*Eranthis hyemalis*) und Busch-Windröschen (*Anemone nemorosa*). Pro m² benötigt man 100 Pflanzen.
Standort, Pflege und Vermehrung: Wie bei *L. aestivum*.

Lilium bulbiferum, Feuer-Lilie

Aussehen: Die aus Südeuropa stammende, Gruppen bildende Zwiebelpflanze hat schmale, lanzettförmige, 5–15 cm lange, am Rand behaarte Blätter an kompakten, standfesten

Lilium bulbiferum

Sprossen. In den oberen Blattachseln bilden sich dunkle Brutzwiebeln. Im Juni erscheinen 1–5-blütige Dolden aufrechter, schüsselförmiger, 10–15 cm breiter, orangeroter Blüten, die nicht duften. An den Spitzen und am Grund sind die Blütenblätter kastanienbraun. Die Pflanze wird 40–150 cm hoch. Die Varietät *L. bulbiferum* var. *cruceum* hat orangefarbene Blüten und bildet keine Brutzwiebeln.

Verwendung: In Staudenrabatten und am Rand von Gehölzgruppen setzt die Feuer-Lilie markante Akzente. Auch im Topf machen Feuer-Lilien eine gute Figur. Pro m² benötigt man 16 Pflanzen.

Standort: Sonnig in kalkhaltigem bis schwach saurem, lehmig-humosem, gut durchlässigem Boden

Pflege: Pflanzung der Zwiebeln im September/Oktober in etwa 15 cm Tiefe. Während des Wachstums ausreichend feucht halten.

Vermehrung: Während der Ruhephase im Herbst Tochterzwiebeln abnehmen oder nach der Samenreife in Töpfen im Frühbeetkasten aussäen. Eine Vermehrung kann auch durch die Brutzwiebeln aus den Blattachseln oder durch Schuppenblätter erfolgen.

Lilien durch Schuppenblätter vermehren

Lilien lassen sich nicht nur durch Aussaat und Tochterzwiebeln, sondern auch durch einzelne Schuppenblätter der Zwiebeln vermehren. Dazu trennt man einzelne Schuppen mit einem Stückchen des Zwiebelbodens ab und steckt sie mit der breiten Seite nach unten mit etwas Abstand zueinander in sandige Anzuchterde. Eine transparente Abdeckung verhindert ein Austrocknen. Hell aufgestellt bilden sich kleine Zwiebeln an den Schuppen, die vereinzelt und neu eingepflanzt werden. Die so erzeugten Lilienkinder sind genetisch identische Klone der Mutterpflanze, blühen jedoch erst nach einigen Jahren.

Lilium candidum

Lilium candidum, Madonnen-Lilie

Aussehen: Die rein weiße Madonnen-Lilie ist eine im südöstlichen Mittelmeerraum heimische Zwiebelpflanze. Sie gilt als Prototyp der Lilie überhaupt. In mittelalterlichen Klostergärten wurde sie ab dem 10. Jahrhundert kultiviert und auch zu Heilzwecken eingesetzt. „Candidum“ bedeutet „strahlend weiß“ und bis auf einen goldgelben Hauch in der Tiefe des Blütenschlunds und die leuchtend gelben Staubgefäße sind die Blüten tatsächlich strahlend weiß. Im Herbst treibt die Staude eine Rosette aus etwa 20 cm langen, glänzend hellgrünen Blättern, die den Winter überdauern. Im folgenden Frühjahr treibt aus der Mitte der Rosette ein violett überhauchter Blütenschaft, der bis 120 cm hoch wird. Die schmalen,

bis 8 cm langen Stängelblätter sind um denselben herum angeordnet. Im Mai und Juni öffnet sich eine Traube mit 2–12, selten bis zu 20 breit trompetenförmigen, duftenden Blüten. Die Madonnen-Lilie ist die einzige ihrer Gattung, die eine überwinternde Blattrosette hervorbringt.
Verwendung: Die klassische Bauerngartenpflanze ist inzwischen zu einer kostbaren Rarität geworden. Weil sie die Konkurrenz durch andere Pflanzen nicht verträgt, eignet sie sich nicht für Staudenbeete. Besser ist ein Solitärstandort, wo sie mit Sommerblumen, etwa Jungfer im Grünen (*Nigella damascena*), Alten Rosen oder Schleierkraut (*Gypsophila paniculata*) kombiniert werden kann. Letzteres verdeckt die im Sommer welkenden Laubblätter der Lilie. Pro m² benötigt man 12 Pflanzen.
Standort: Sonnig in nährstoffreichem, kalkhaltigem, tiefgründigem, gut durchlässigem Boden.
Pflege: Madonnen-Lilien werden, anders als andere Lilien, nur ganz flach gepflanzt. Man setzt die Zwiebel im August etwa 3 cm tief. Am besten lässt man sie jahrelang in Ruhe, dann entwickelt sich die Pflanze am schönsten. Bei strengen Frösten braucht die Blattrosette einen Winterschutz in Form von Reisig.

Lilium lancifolium 'Flore Pleno'

Vermehrung: Die Pflanze produziert nur spärlich Samen, die jedoch nach der Samenreife in Töpfen im Frühbeetkasten ausgesät werden können. In der Ruhephase im Herbst können Tochterzwiebeln oder Schuppenblätter zur Vermehrung abgenommen werden.

Lilium lancifolium, Tiger-Lilie

Aussehen: Botanische Lilie mit steifem, hartem, bis 150 cm hohem Stängel, der purpurn gestreift und mit kurzen, steifen Haaren besetzt ist. Früher hieß die Art *Lilium tigrinum*. Die Zwiebel treibt oft mehrere Stängel. Die lanzettförmigen Blätter werden 3–18 cm lang und bis 3 cm breit. Sie sind mit weißen, wolligen Haaren besetzt. In den Blattachseln bilden sich dunkelpurpurschwarze Brutzwiebeln. Im Juli und August erscheinen Trauben von bis zu 40, meist aber weniger, waagerechten bis nickenden Blüten, die bis 10 cm breit sind. Die Blütenblätter der orangeroten, purpurbraun gepunkteten Blüten sind stark zurückgeschlagen. Die Pflanze wird 60–150 cm hoch.

Die Varietät *L. lancifolium* var. *splendens* ist außerordentlich wüchsig, ihre Blüten tendieren stärker ins Rot, sind etwas größer und stärker getupft als die der eigentlichen Art. Die Sorte 'Flore Pleno' (Syn. 'Pleniflora') hat gefüllte Blüten, aber keine Staubblätter. 'Yellow Tiger' ist eine Sorte von *L. lancifolium* var. *flaviflorum* und hat purpurn gefleckte, hellgelbe Blüten.
Verwendung: Pro m² benötigt man 12 Pflanzen.
Standort: Sonnig in feuchtem, aber durchlässigem, saurem bis neutralem Boden.
Pflege: Beste Pflanzzeit ist ab Mitte Mai, wenn keine Nachtfröste mehr drohen. Man setzt die Zwiebeln 15–20 cm tief auf ein Sand- oder Kiesbett. Während der Wachstumsphase ausreichend feucht halten. Hohe Triebe müssen gestützt werden.
Vermehrung: Während der Ruhephase im Herbst Tochterzwiebeln abnehmen oder nach der Samenreife in Töpfen im Frühbeetkasten aussäen. Eine Vermehrung ist auch durch die Brutzwiebeln aus den Blattachseln oder durch Schuppenblätter möglich.

Lilium martagon, Türkenbund-Lilie

Aussehen: Die Türkenbund-Lilie gilt als die robusteste und langlebigste aller Lilien. Lässt man die Staude in Ruhe, kann sie bis zu 50 Jahre alt werden. Die in fast ganz Europa heimische Zwiebelstaude besitzt eine mit 8 cm Durchmesser erstaunlich große Zwiebel. Daraus sprießen steife, grüne, purpurrot überlaufene Sprosse. Deren Höhe ist abhängig von Klon, Alter, Standortbedingungen und den jahreszeitlichen Faktoren. Die elliptischen bis lanzettförmigen Blätter stehen meist in Wirteln zu je 15 Stück und werden bis 15 cm lang. Von Juni bis August entwickelt sich ein riesiger Blütenstand mit bis zu 50 nickenden oder hängenden Einzelblüten. Die leicht unangenehm riechenden, etwa 5 cm

Lilium martagon

breiten Blüten haben stark zurückgeschlagene Blütenblätter, die an einen orientalischen Turban erinnern und der Pflanze ihren Namen gaben. Die Farbe schwankt zwischen fleischrosa, trübviolett und hellbraunrot mit einer dunkleren, fleckigen Zeichnung, die sehr individuell ausfallen kann. Die Pflanze wird 90–180 cm hoch.

L. martagon var. *album* hat reinweiße Blüten mit grüner Saftrinne, hellgrüne Blätter und ist in allen Teilen kleiner als die eigentliche Art. *L. martagon* var. *cattaniae* 'The Moor' ist eine besonders aparte, dunkelblütige Variante in Schwarzviolett.

Verwendung: Schöne Staude mit Wildcharakter für den Rand von Gehölzgruppen und Naturgärten. Pro m² benötigt man 16 Pflanzen.

Standort: Lichter Schatten unter Gehölzen, in frischen Böden auch sonnig. Nährstoff- und kalkhaltiger, lockerer, tiefgründiger, durchlässiger Lehmboden.

Pflege: Pflanzung der Zwiebeln im September/Oktober in etwa 15 cm Tiefe. Die voll frostharte Staude ist pflegeleicht und robust. Trotz der hohen Stängel braucht sie in der Regel keine Stütze.

Vermehrung: Durch Aussaat nach der Samenreife im Sommer in Töpfen im Frühbeetkasten oder durch Abtrennen von Zwiebelschuppen in der Ruhezeit.

Lilium regale

Lilium regale, Königs-Lilie

Aussehen: Wüchsige, aufrecht bis leicht überhängend wachsende, botanische Lilie aus dem westlichen China. Die schmalen, bis 13 cm langen, dunkelgrünen Blätter verteilen sich gleichmäßig um den Stängel herum. Jüngere Pflanzen bleiben kleiner, ältere erreichen eine Höhe von bis zu 200 cm. Von Juni bis August entwickeln sich aus kastanienfarbenen Knospen intensiv duftende, strahlend weiße, zur Basis hin goldgelbe Blüten, die 12–15 cm breit sind. Sie stehen in Dolden mit bis zu 25 Einzelblüten zusammen. Es gibt verschiedene Selektionen, die zum Teil nicht ganz so hoch werden. Deren Blüten sind außen in verschiedenen Schattierungen von weinrot bis purpurn getönt. *L. regale* var. *album* ist eine rein weiße Form, bei der die orangefarbenen Staubbeutel noch besser zur Geltung kommen. Sie gleicht bis auf die Färbung der eigentlichen Art.

Verwendung: Am Naturstandort wächst die robuste, anspruchslose Art an steinigen Berghängen zwischen Gräsern und Sträuchern. Man kann sie gut in Staudenbeete integrieren, wobei späte Rittersporn-Sorten ideale Pflanzpartner sind. Sie eignen sich auch gut für die Topfkultur. Pro m² benötigt man 12 Pflanzen.

Standort: Sonnig in nährstoffreichem, leichtem, humosem, durchlässigem Boden.

Pflege: Der beste Zeitpunkt für die Pflanzung ist das Frühjahr (März/April), wenn keine strengen Fröste mehr drohen. Die Zwiebel wird etwa 15 cm tief auf ein Sand- oder Kiesbett gesetzt, um sie vor stauender Nässe zu schützen. Bei Spätfrösten muss der Austrieb durch eine Abdeckung geschützt werden. Hohe Blütenstängel brauchen eventuell eine Stütze.

Vermehrung: Durch Aussaat nach Samenreife im Sommer in Töpfen im Frühbeetkasten oder durch Abtrennen von Zwiebelschuppen in der Ruhezeit.

Lilium Asiaticum-Hybriden, Asiatische Lilien-Hybriden

Aussehen: Bei Asiatischen Lilien-Hybriden handelt es sich um eine Gruppe von Hybriden, die von verschiedenen asiatischen Arten abstammen, darunter *L. bulbiferum*, *L. cernuum*, *L. concolor*, *L. davidii*, *L. lancifolium* und *L. maculatum*. Die genaue Herleitung der einzelnen Zuchtlinien ist für den Laien fast unmöglich, da in Japan bereits vor Jahrhunderten mit der Kreuzung von Lilienarten begonnen wurde. Einige dieser Hybriden brachte der schwedische Botaniker C. P. Thunberg (1743–1828) nach Europa, wo man sie mit der europäischen Feuer-Lilie (*L. bulbiferum*) kreuzte. Heutzutage gibt es ein breites Sortenspektrum Asiatischer Hybriden, darunter solche wie die in den 1960er- und 1970er-Jahren in Schottland gezüchteten North-Hybriden mit stark zurückgeschlagenen, getupften Blütenblättern in Rosa- und Purpurtönen, so genannte „Tigerlilien", deren getupfte Blüten an *L. lancifolium* erinnern. Die Brushmark-Lilien aus den USA haben eine pinselstrichartige Zeichnung auf den sternförmigen Blüten. Die Asiatischen Zwerglilien, etwa die Sorten der seit Mitte der 1970er-Jahre bekannten Pixie-Serie, werden nur 30–40 cm hoch. Die Blätter der Asiatischen Lilien-Hybriden sind schmal eiförmig an meist kräftigen, relativ kurzen Stängeln. Die Blüten

Lilium Asiaticum-Hybride 'Gran Paradiso'

stehen in Dolden oder Trauben zusammen und duften in der Regel nicht. Sie blühen von Mitte Juni bis Anfang August, also deutlich vor den Orientalischen Lilien-Hybriden. Weil sie robuster, kalkverträglicher und einfacher zu kultivieren sind als diese, haben sie in reicher Zahl Einzug in die Gärten gefunden.
Verwendung: Asiatische Lilien-Hybriden eignen sich besonders gut zur Kübelpflanzung. Im Staudenbeet schaffen sie mit gleichzeitig blühenden Pflanzen wie etwa blauvioletten, aber auch mit gelb-, orange- und rotblühenden Stauden berückende Pflanzenbilder. Pro m² benötigt man 12 Pflanzen.
Standort: Sonnig in fruchtbarem, lehmig-humosem, durchlässigem Boden.
Pflege: Gepflanzt werden Asiatische Lilien-Hybriden im Herbst in etwa 15 cm Tiefe. Sie sind in der Regel sehr pflegeleicht. Hohe Sorten brauchen eine Stütze.
Vermehrung: Durch Abtrennen von Brutzwiebeln oder Zwiebelschuppen in der Ruhezeit.

Lilium LA-Hybride 'Kentucky'

Lilium LA-Hybriden, LA-Lilien-Hybriden

Aussehen: Die so genannten LA-Hybriden stellen eine Revolution in der Lilienzucht dar. Dabei handelt es sich um die Kreuzung von *L. longiflorum* (L) mit Asiatischen Lilien-Hybriden (A). Die beiden so unterschiedlichen Elternteile brachten jeweils ihre Stärken mit in die Ehe ein: Die Asiatischen Hybriden ihre Robustheit sowie das breite Farbspektrum, und *L. longiflorum* ihre Größe und ihr dynamisches Wachstum. Die neu entstandenen Hybriden zeichnen sich vor allem durch ein breites Farbspektrum aus, das von Weiß und Creme über kräftiges Goldgelb bis hin zu Orange-, Rot- und Pinktönen reicht. Sogar ein dunkles Kastanienbraun kommt vor. Die Blütenform ist flach schalenförmig, die Blütenblätter sind breit. Pro Stängel entwickeln sich bis zu 15 Blüten. Die Blütezeit liegt in der Regel im Juni und Juli.
Verwendung: Die LA-Hybriden spielen wegen ihres raschen Wachstums vor allem im Schnittblumenhandel eine wichtige Rolle, erobern aber auch zunehmend die Gärten. Pro m² benötigt man 12 Pflanzen.
Standort: Sonnig in fruchtbarem, lehmig-humosem, durchlässigem Boden.
Pflege: Pflanzung im Herbst in etwa 15 cm Tiefe. Sehr pflegeleicht. Hohe Sorten brauchen eine Stütze.
Vermehrung: Durch reichlich hervorgebrachte Brutzwiebeln oder durch Zwiebelschuppen, die in der Ruhezeit abgenommen werden.

Lilium Orientalis-Hybriden, Orientalische Lilien-Hybriden

Aussehen: Die beliebten Orientalischen Lilien-Hybriden stammen von ostasiatischen Lilienarten ab, darunter *L. alexandrae, L. auratum* (Goldband-Lilie), *L. brownii, L. japonicum, L. nobilissimum, L. rubellum* und *L. speciosum*. Fast alle Hybriden gehen zurück auf die Kreuzung von *L. speciosum* und *L. auratum* und die nachfolgende Kreuzung der Hybriden. Die Laubblätter der Orientalischen Hybriden sind lanzettförmig am Stängel angeordnet. Es gibt bis 150 cm hoch wachsende und zwergige Sorten, die nur 40 cm hoch werden. Die meisten Sorten haben große Blüten und duften intensiv. Das Farbspektrum reicht von reinem Weiß über Schattierungen von Pink bis hin zu dunklem Karmesinrot. In der Blütenmitte finden sich häufig gelbe oder goldgelbe Strahlen. Viele Sorten weisen eine tüpfelförmige Zeichnung auf. Orientalische Hybriden werden in 4 Unterklassen aufgeteilt:
- trompetenförmige Blüten
- schüsselförmige Blüten
- flach oder sehr flach schüsselförmige Blüten
- turbanartig oder anders zurückgeschlagene Blüten

Die Blütezeit der Orientalischen Hy-

Lilium Orientalis-Hybride 'La Rève'

briden liegt eher im Hoch- und Spätsommer und beginnt in der Regel ab August. Einzelne Sorten öffnen ihre Blüten jedoch auch schon im Juli.
Verwendung: Orientalische Lilien-Hybriden eignen sich wegen ihrer besonderen Ansprüche nur bedingt zur Kombination mit Stauden. Ideal sind sie als Topfpflanzen, die man wegen des betörenden Dufts am besten auf der Terrasse oder dem Balkon in Sitzplatznähe aufstellt. Pro m² benötigt man 12 Pflanzen.
Standort: Halbschattig in fruchtbarem, lehmig-humosem, kalkfreiem, leicht saurem, feuchtem, aber durchlässigem Boden.
Pflege: Pflanzung im Herbst in 15 cm Tiefe. Der Boden muss immer gleichmäßig feucht gehalten werden. Hohe Sorten brauchen eine Stütze.
Vermehrung: Durch Tochterzwiebeln oder Zwiebelschuppen, die man in der Ruhezeit abnimmt.

Lilium Orienpet-Hybride 'Scheherazade'

Lilium Orienpet-Hybriden, Orienpet-Lilien-Hybriden

Aussehen: Diese neuartigen Lilien-Hybriden sind auf dem besten Weg, die Herzen aller Lilienliebhaber zu erobern. Das liegt vor allem daran, dass sie nicht nur robust, kalkverträglich und gartentauglich sind, sondern auch noch wunderschöne Blüten hervorbringen. Sie vereinen die Anmut der Orientalischen Hybriden mit der Robustheit sowie der Kalkverträglichkeit des Riesen-Türkenbunds (*L. henryi*) und der Trompeten- und Aurelianense-Hybriden. Der Name Orienpet weist auf die Verwandtschaft hin: Das *-pet* ist der Endung des englischen Worts für Trompete, *trumpet*, entlehnt, während der erste Teil des Namens sich auf die Orientalischen Hybriden bezieht. Orienpet-Hybriden blühen erst gegen Ende der Liliensaison, also ab August. Oft entwickeln sich viele große Blüten in Folge, die meist duften. Die Blüten können flach und sternförmig, aber auch trompetenförmig sein. Oft sind die Blütenblätter, zumindest an den Spitzen, zurückgeschlagen. Die Pflanzen erreichen, je nach Sorte, Höhen bis 150 cm und mehr. Es gibt aber auch niedrigere Vertreter dieser Hybridgruppe. Als erste Sorte gilt die 1957 eingeführte 'Black Beauty'.
Verwendung: Orienpet-Hybriden können gut ins Staudenbeet integriert werden, sehen aber auch in Kübeln schön aus. Hübsch vor Gehölzen mit blaugrünem, dunkelgrünem oder purpurfarbenem Laub. Pro m² benötigt man 12 Pflanzen.
Standort: Halbschattig in feuchtem, aber durchlässigem, humosem, nährstoffreichem Boden.
Pflege: Eher pflegeleichte Lilien-Hybriden. Pflanzung im Herbst in 15 cm Tiefe. Hohe Sorten brauchen eine Stütze.
Vermehrung: Durch Tochterzwiebeln oder Zwiebelschuppen, die man in der Ruhezeit abnimmt.

Muscari armeniacum, Armenische Traubenhyazinthe

Aussehen: Kleine Zwiebelpflanze mit schmal riemenförmigen, mittelgrünen Blättern, die bis 30 cm lang werden, im Herbst austreiben und, weil sie am Boden liegen, etwas unordentlich wirken. Im März/April erscheinen an aufrechten Stielen bis 7,5 cm lange Trauben mit kleinen, eiförmigen, kobaltblauen Blüten. Die Pflanze wird bis 20 cm hoch und etwa 5 cm breit. 'Blue Spike' bleibt mit 15 cm kleiner als die Art und hat große, büschelige, gefüllte Blüten.
Verwendung: In kleineren Gruppen für Steingärten, aber auch zum Verwildern in naturnahen Gärten und als Blühpartner für höhere Zwiebelblüher wie Tulpen und Narzissen. Pro m² benötigt man 400 Pflanzen.
Standort: Sonnig bis halbschattig in

Muscari armeniacum

mäßig fruchtbarem, feuchtem, aber durchlässigem Boden.
Pflege: Pflanzung der Zwiebeln zwischen September und November in 5–10 cm Tiefe. Wenn die Pflanzen blühfaul werden, nimmt man sie in der Ruhezeit im Spätsommer auf, teilt die Horste und pflanzt die Zwiebeln wieder ein.
Vermehrung: Traubenhyazinthen verbreiten sich durch Selbstaussaat. Wo dies nicht geschieht, können größere Horste im Spätsommer geteilt werden oder man sät den Samen nach Reife in Töpfen im Frühbeetkasten aus.

Muscari botryoides

Clever pflanzen
Im Gartenboden vergrabene Lilien werden schnell vergessen, solange sie sich in der Winterruhe befinden. Damit man sie beim Graben im Beet nicht versehentlich verletzt, kann man beim Pflanzen der Zwiebeln im Herbst Traubenhyazinthen an dieselbe Stelle etwas höher setzen, um die Pflanzstelle zu markieren. Die wintergrünen Blätter der Traubenhyazinthe verhindern, dass die Pflanzstelle der Lilienzwiebeln vergessen wird.

Muscari botryoides, Kleine Traubenhyazinthe

Aussehen: Kleine Zwiebelpflanze mit schmal spatelförmigen, halb aufrechten, mittelgrünen Blättern, die bis 25 cm lang werden. Im April/Mai erscheinen an aufrechten Stielen bis 5 cm lange Trauben kugeliger, hellblauer Blüten mit weiß gerandeter Öffnung. Die Pflanze wird 15–20 cm hoch und etwa 5 cm breit. Die Sorte ‘Album’ hat reinweiße Blüten.
Verwendung, Standort, Pflege und Vermehrung: Wie bei *M. armeniacum*.

Narcissus cyclamineus

Narcissus cyclamineus, Alpenveilchen-Narzisse

Aussehen: Kleine, wüchsige Zwiebelpflanze mit schmalen, gekielten, 12–30 cm langen, hellgrünen Blättern. Oft schon Ende Februar/Anfang März erscheinen an aufrechten Stielen bis 4,5 cm breite, nickende, goldgelbe Blüten mit schlanker Trompete und zurückgeschlagenen Blütenblättern, die an Alpenveilchen erinnern. Die Pflanze wird 15–20 cm hoch. Alpenveilchen-Narzissen gehören zu den Eltern vieler Zwerg-Narzissen, etwa ‘February Gold’, ‘Peeping Tom’ und ‘Jetfire’.
Verwendung: Wegen der frühen Blütezeit ein Blickfang im sonst noch leeren Staudenbeet und im Steingarten. Hübsch auch in Kästen und Schalen. Pro m² benötigt man 100 Pflanzen.
Standort: Sonnig in mäßig nährstoffreichem, durchlässigem, im Frühjahr nicht zu trockenem, neutralem bis leicht saurem Boden.
Pflege: Pflanzen der Zwiebeln im Herbst in 10 cm Tiefe. Das Laub muss nach der Blüte mindestens 6 Wochen stehen bleiben. Blühfaule Horste im Frühsommer aufnehmen und teilen.
Vermehrung: Samen der botanischen Art nach der Reife in Töpfen im Frühbeetkasten aussäen. Sämlinge blühen erst nach 7 Jahren. Tochterzwiebeln können im Frühsommer oder im Herbst abgenommen werden.

Narcissus poeticus var. recurvus, Dichter-Narzisse

Aussehen: Zwiebelpflanze mit riemenförmigen, aufrechten, bis 45 cm langen, rinnigen Blättern. Im Mai erscheinen duftende, bis 7 cm breite Blüten mit kleinen gelben, rot gerandeten Kronen und flachen, wei-

Narcissus poeticus var. *recurvus*

Narcissus triandrus 'Baby Moon'

ßen Blütenblättern. Die in der Schweiz und in Südeuropa heimische Pflanze wird 20–50 cm hoch.
Verwendung: Durch die späte Blütezeit verlängert diese Wildart die Narzissensaison bis in das Spätfrühjahr hinein. Ideal zum Verwildern in feuchten Wiesen und unter Sträuchern. Pro m² benötigt man 25 Pflanzen.
Standort, Pflege und Vermehrung: Wie bei *N. cyclamineus*.

Narcissus pseudonarcissus, Gewöhnliche Osterglocke

Aussehen: Kleine Zwiebelpflanze mit aufrechten, riemenförmigen, 8–10 cm langen, bereiften, mittelgrünen Blättern. Oft schon Anfang März erscheinen nickende, bis 7 cm breite Blüten mit schmaler, gelber Trompete und schmalen, leicht gedrehten, hellgelben Blütenblättern. Die Pflanze wird 15–25 cm hoch.
Verwendung: Gut geeignet zum Verwildern auf Rasenflächen, aber auch für den Stein- und Kiesgarten. Pro m² benötigt man 100 Pflanzen.
Standort, Pflege und Vermehrung: Wie bei *N. cyclamineus*.

Narcissus triandrus, Engelstränen-Narzisse

Aussehen: Zwiebelpflanze mit niederliegenden oder halb aufrechten, schmal riemenförmigen, 20–30 cm langen Blättern. Im April/Mai erscheinen an aufrechten Stielen jeweils 1–6 nickende, 6 cm breite, cremefarbene Blüten mit rundlicher Nebenkrone und zurückgeschlagenen Blütenblättern. Die Pflanze wird 10–25 cm hoch.

Narcissus pseudonarcissus

Verwendung: Die mehrblütigen Stängel eignen sich gut als Schnittblumen, sehen aber auch in Beeten und Rabatten hübsch aus, wenn sie in größeren Gruppen gepflanzt werden. Pro m² benötigt man 25 Pflanzen.
Standort: Sonnig in mäßig nährstoffreichem, durchlässigem, im Frühjahr nicht zu trockenem, neutralem bis leicht saurem Boden.
Pflege und Vermehrung: Wie bei *N. cyclamineus*.

Narcissus-Hybriden, Narzissen-Hybriden (Tab. 2)

Aussehen: Kleine bis große Zwiebelpflanzen mit vielfältigem Erscheinungsbild. Es gibt niedrige und hohe Sorten, mit kleinen und mit großen, mit ein- oder zweifarbigen Blüten und sogar gefüllte Formen. Außerdem gibt es früh-, mittel- und spätblühende Sorten. Allen gemeinsam sind aufrechte, riemenförmige, meist rinnige Blätter, die mitunter leicht bereift sind. Die Blüten bestehen stets aus einer Nebenkrone (der „Trompete"), die auch eine andere Farbe haben kann als die sternförmig darum herum angeordneten

Blütenblätter. Bis auf wenige Ausnahmen duften Narzissen-Hybriden nicht. Die Wuchshöhe ist je nach Sorte variabel und reicht von niedrigen, 15 cm hohen Zwergsorten bis zu 50 cm hohen Sorten.

Um bei der großen Anzahl der Narzissen den Überblick zu behalten (es gibt inzwischen mehr als 24 000 Kulturformen), wurden sie in insgesamt 12 Klassen oder Divisionen aufgeteilt. Bis auf die Klasse 10 (Botanische Arten) sind alle Klassen gärtnerischer Herkunft. Nicht alle sind für unser Klima geeignet, daher beschränkt sich die Auswahl in der Sortentabelle auf winterharte Sorten.

Klasse 1: Trompetenförmige Blüten
Klasse 2: Bechernarzissen mit großen Nebenkronen
Klasse 3: Bechernarzissen mit kleinen Nebenkronen
Klasse 4: Gefüllte Blüten
Klasse 5: Triandrus-Narzissen
Klasse 6: Alpenveilchen-Narzissen
Klasse 7: Jonquilla-Narzissen
Klasse 8: Tazetta-Narzissen
Klasse 9: Poeticus-Narzissen
Klasse 10: Botanische Narzissen
Klasse 11: Spaltkronige Narzissen
Klasse 12: Narzissen, die nicht unter eine der vorgenannten Gruppen fallen

Verwendung: Niedrige Sorten eignen sich für den Steingarten sowie

Tab. 2 Empfehlenswerte *Narcissus*-Hybriden

Sorte	Klasse	Blüte	Höhe	Blütezeit
'Actaea'	9	weiß, Auge gelb mit rotem Rand	40 cm	mittel
'Arctic Gold'	1	dunkelgoldgelb	45 cm	mittel
'Bridal Crown'	4	weißer Kranz, gelbe Krone, duftend	30 cm	mittel
'Dutch Master'	1	goldgelb, große Blüten	45 cm	spät
'February Gold'	6	rahmgelber Kranz, gelbe Krone	25 cm	früh
'Hawera'	5	zitronengelb, 4–6 Blüten pro Stiel	20 cm	spät
'Ice Follies'	2	weißer Kranz, hellgelbe Krone	40 cm	mittel
'Jetfire'	6	goldgelb, orangerote Krone	25 cm	mittel
'Mount Hood'	1	weiß	40 cm	mittel
'Tahiti	4	gelb mit roter Mitte	45 cm	mittel
'Tête à Tête'	6	reingelb, mehrere Blüten pro Stiel	15 cm	mittel
'Thalia'	5	weiß, 2–3 Blüten pro Stiel, duftend	40 cm	spät

frühblühend = Ende Februar–Mitte März
mittlere Blütezeit = Mitte März–Mitte April
spät blühend = Mitte April–Anfang Mai

Narcissus-Hybride 'Bridal Crown'

Narcissus-Hybride 'Jetfire'

Narcissus-Hybride 'Pink Charm'

Narcissus-Hybride 'Tahiti'

Der Botaniker, nicht der Dichter
Der Name der Puschkinie geht nicht etwa auf den russischen Nationaldichter Alexander Puschkin zurück, sondern auf den russischen Chemiker, Botaniker und Pflanzensammler Graf Apollos Mussin-Puschkin (1760–1805), der die Pflanze während einer Expedition an ihrem Naturstandort im Kaukasus entdeckte.

zum Verwildern am Gehölzrand und in Rasenflächen, aber auch für Töpfe und Schalen. Höhere und prächtiger blühende Sorten sind vielseitig in Beeten und Rabatten verwendbar und können gut mit anderen Frühjahrsblühern kombiniert werden. Bei größeren Hybriden benötigt man pro m² 25 Pflanzen, bei kleinen Sorten etwa 100 Pflanzen.
Standort: Sonnig in mäßig nährstoffreichem, durchlässigem, im Frühjahr nicht zu trockenem Boden.

Puschkinia scilloides var. *libanotica*

Pflege: Pflanzen der Zwiebeln im Herbst in 10 cm Tiefe. Das Laub muss nach der Blüte mindestens 6 Wochen stehen bleiben. Blühfaule Horste im Frühsommer aufnehmen und teilen.
Vermehrung: Alle Sorten sind Hybriden und können daher nur durch Abnehmen von Tochterzwiebeln im Frühsommer oder im Herbst, nicht aber durch Aussaat vermehrt werden.

Puschkinia scilloides var. libanotica, Libanon-Puschkinie

Aussehen: Kleine Zwiebelpflanze mit 2 halbaufrechten, breit riemenförmigen, 15 cm langen, mittelgrünen Grundblättern. Im März/April erscheinen gedrungene Trauben mit 4–10 weit glockigen 1 cm breiten, porzellanblauen Blüten. Jedes Kronblatt ziert ein feiner, blauer Streifen. Die Pflanze wird bis 20 cm hoch und 5 cm breit.
Verwendung: Am schönsten immer in größeren Gruppen, so etwa am sonnigen Gehölzrand und zusammen mit anderen Frühjahrsblühern im Beet oder in kleinen Tuffs im Steingarten. Pro m² benötigt man 400 Pflanzen.
Standort: Sonnig bis halbschattig in jedem durchlässigen, im Sommer nicht zu feuchten Boden.
Pflege: Pflanzung der Zwiebeln im Herbst in 5 cm Tiefe. Ansonsten sehr pflegeleicht und robust.
Vermehrung: Durch Aussaat im Herbst oder Frühjahr in Töpfen im Frühbeetkasten oder durch Abnehmen von Tochterzwiebeln, wenn die Blätter welken.

Scilla bifolia, Zweiblättriger Blaustern

Aussehen: Kleine Zwiebelpflanze mit 2 halbaufrechten, breit riemenförmigen, 5–20 cm langen Blättern, die gleichzeitig mit den Blütentrieben erscheinen. Im März/April sprießen leicht einseitwendige, locker gestielte Trauben mit bis zu 10 sternförmigen, bis 4 cm langen, leuchtend dunkelblauen Blüten. Die Pflanze wird 8–15 cm hoch und 5 cm breit.
Verwendung: Als Massenblüher verwildert unter Laubgehölzen und in Rasenflächen bilden die blauen Frühjahrsboten einen unvergleichlichen Anblick. Hübsch auch in kleinen Tuffs im Steingarten. Pro m² benötigt man 400 Pflanzen.
Standort: Sonnig bis halbschattig in durchlässigem, lehmig-humosem Boden.

Scilla bifolia

Scilla siberica 'Spring Beauty'

Sternbergia lutea

Pflege: Pflanzung im Herbst in 5 cm Tiefe. Ansonsten kann man die Pflanzen sich selbst überlassen. Wo sie sich wohl fühlen und nicht durch Erdarbeiten gestört werden, bilden sie mit den Jahren große Bestände.
Vermehrung: Durch Selbstaussaat oder Aussaat nach der Samenreife in Töpfen im Frühbeetkasten. In der Ruhezeit können Tochterzwiebeln abgenommen werden.

Scilla siberica, Sibirischer Blaustern

Aussehen: Kleine Zwiebelpflanze mit 2–4 halbaufrechten, breit riemenförmigen, 10–15 cm langen, mittelgrünen Grundblättern, die zusammen mit den Blütentrieben erscheinen. Im März/April erscheinen locker gestielte Trauben mit 4–5 leuchtend blauen, etwas nickenden, breit schüsselförmigen Blüten, die 1,5 cm breit werden. Die Blütentriebe wachsen während der Blüte weiter. Die Pflanze wird 10–20 cm hoch und 5 cm breit. 'Album' hat weiße Blüten, 'Spring Beauty' (Syn. 'Atrocaerulea') blüht in besonders dunklem Blau.

Verwendung, Standort, Pflege und Vermehrung: Wie bei *Scilla bifolia*.

Sternbergia lutea, Gelber Gold-Krokus, Gewitterblume

Aussehen: Die auch als Winter-Narzisse oder Herbst-Goldbecher bezeichnete, kleine Zwiebelpflanze hat schmal riemenförmige, dunkelgrüne, bis 30 cm lange Blätter, die mit oder erst nach dem Erscheinen der Blütenstände austreiben. Ein zweiter Blattaustrieb erfolgt im Frühjahr. Im Sommer befindet sich die Pflanze in einer Ruhephase ohne Laub. Die leuchtend gelben, kelchförmigen, 4 cm breiten Blüten stehen aufrecht auf einem 3–4 cm hohen Schaft und erscheinen im September/Oktober.
Verwendung: Eine herbstliche Attraktion für Steingärten. Pro m² benötigt man 45 Pflanzen.
Standort: Sonnig in sehr gut durchlässigem, kalkhaltigem, lockerem Boden.
Pflege: Pflanzung der Zwiebeln im Juli/August in 15 cm Tiefe. Die losen Zwiebeln dürfen nicht austrocknen und müssen daher gleich nach dem Erwerb gepflanzt werden. Im Weinbauklima ist der Gold-Krokus winterhart, in rauen Regionen sollte man ihn in Töpfe pflanzen, die kühl, aber frostfrei überwintert werden. Besonders im Winter verträgt die Pflanze keinen nassen Boden.
Vermehrung: Durch Aussaat nach der Samenreife bei 13–16 °C oder durch Abnehmen von Tochterzwiebeln in der sommerlichen Ruhephase.

Tulipa clusiana, Damen-Tulpe

Aussehen: Zierliche Zwiebelpflanze mit 2–5 schmal riemenförmigen, bis 15 cm langen, gewellten, bereiften, blaugrünen Blättern. Im April erscheinen pro Stiel 1–2 schlanke Knospen, die sich zu etwa 10 cm breiten, sternförmigen Blüten öffnen, die innen rahmweiß und außen dunkelrosa gestreift sind. Die Pflanze wird 20–30 cm hoch.

Die Sorte 'Cynthia' hat cremegelbe Blüten mit purpurfarbener Mitte und ist außen karmesinrot getönt.

Tulipa clusiana

T. clusiana var. *chrysantha* 'Tubergen's Gem' ist eine Auslese mit besonders großen Blüten.
Verwendung: Eine elegante kleine Tulpe für Stein- und Kiesgärten. Pro m² benötigt man 100 Pflanzen.
Standort: Sonnig in sehr gut durchlässigem, nährstoffreichem Boden.
Pflege: Die Zwiebeln werden zwischen September und November etwa 7 cm tief gepflanzt.
Vermehrung: Die Tulpe vermehrt sich durch kurze, unterirdische Ausläufer. Die Art kann durch Aussaat nach Samenreife in Töpfen im Frühbeetkasten erfolgen. Die Sämlinge blühen jedoch erst im Alter von etwa 7 Jahren. Tochterzwiebeln können, auch bei den Sorten, in der Ruhephase im Sommer abgenommen werden.

Tulipa saxatalis, Kretische Tulpe

Aussehen: Die auch unter dem Namen *T. bakeri* geführte Zwiebelpflanze hat 2–4 schmal riemenförmige, bis 30 cm lange, glänzend mittelgrüne Blätter. Zwischen Ende März und Mai erscheinen pro Stiel bis zu 4 sternförmige, 6–8 cm breite, duftende, rosa bis fliederfarbene, gestielte Blüten mit gelber Mitte. Die Pflanze wird 20–30 cm hoch.
Verwendung: Für Stein- und Kiesgärten und den Vordergrund von naturnahen Beeten und Rabatten. Pro m² benötigt man 45 Pflanzen.
Standort, Pflege und Vermehrung: Wie *T. clusiana*, die Zwiebel sollte jedoch etwas tiefer gepflanzt werden.

Tulipa sylvestris, Wilde Tulpe, Weinberg-Tulpe

Aussehen: Die auch als Wald-Tulpe bezeichnete Zwiebelpflanze hat 2–4 rinnige, schmal riemenförmige, hellgrüne, bereifte, bis 20 cm lange Blätter. Im April/Mai erscheinen an langen, schlanken Stielen einzeln oder in Paaren zunächst hängende, später aufrechte, sternförmige, 6–8 cm breite, gelbe Blüten. Diese sind außen manchmal grün überhaucht und verströmen einen angenehmen Duft. Die Pflanze wird bis 45 cm hoch.

Tulipa saxatalis

Tulipa sylvestris

Verwendung: Am Naturstandort findet man die elegante Wilde Tulpe in sonnigen Weinbergen. Für Stein- und Kiesgärten und zum Verwildern vor lichten Gehölzgruppen geeignet. Pro m² benötigt man 100 Pflanzen.
Standort, Pflege und Vermehrung: Wie *T. clusiana*.

Tulipa tarda, Späte Tulpe

Aussehen: Die auch unter dem Namen *T. dasystemon* geführte Zwiebelpflanze hat 3–7 lanzettförmige, zurückgebogene, bis 12 cm lange, glänzend hellgrüne Blätter. Im April/Mai erscheinen 4–6 sternförmige, bis 6 cm breite, weiße, grün überhauchte Blüten, deren untere Hälfte gelb ist. Die Pflanze wird bis 15 cm hoch.
Verwendung: Schöne botanische Tulpe für Stein- und Steppengärten. Pro m² benötigt man 45 Pflanzen.
Standort, Pflege und Vermehrung: Wie *T. clusiana*, aber nicht zu nährstoffreicher Boden.

Tulipa tarda

Tulipa-Hybriden, Tulpen-Hybriden (Tab. 3)

Aussehen: Sehr variationsreiche Gruppe kleiner, mittelgroßer und großer Zwiebelpflanzen mit vielfältigem Erscheinungsbild. Die Blätter sind meist graublau, breit riemenförmig und bereift, bei manchen Sorten auch mit purpurbrauner Längszeichnung. Die Blüten können einfach, halbgefüllt oder gefüllt, ein- oder zweifarbig sein und bei manchen Sorten eine geflammte Färbung aufweisen. Es gibt früh-, mittel- und spätblühende Sorten. Die Wuchshöhe ist je nach Sorte variabel und reicht von niedrigen, 15 cm hohen Zwergsorten bis hin zu 70 cm hohen Sorten. Nur die wenigsten Tulpen-Sorten duften.

Die kaum noch überschaubare Anzahl der Tulpen-Hybriden wurde in insgesamt 15 Sortengruppen oder Klassen aufgeteilt. Bis auf die Klasse 15 (Botanische Wildtulpen) sind alle Klassen gärtnerischer Herkunft.

Tulpenklassen:
Klasse 1: Einfache Frühe Tulpen, (Duc-van-Tol-Tulpen), Wuchshöhe: 25–35 cm, Blütezeit: April.
Klasse 2: Gefüllte Frühe Tulpen, Wuchshöhe: 8–35 cm, Blütezeit: April.
Klasse 3: Triumph-Tulpen (Einfache Frühe Darwin- und Cottage-Tulpen), Wuchshöhe: 30–40 cm, Blütezeit: Anfang Mai.
Klasse 4: Darwin-Tulpen, Wuchshöhe: 30–70 cm, Blütezeit: Ende April–Mitte Mai.
Klasse 5: Einfache Späte Tulpen, Wuchshöhe 40–70 cm, Blütezeit: Mai.
Klasse 6: Lilienblütige Tulpen, Wuchshöhe: 30–50 cm, Blütezeit: Ende April–Mai.
Klasse 7: Gefranste Tulpen (Crispa-Tulpen), Wuchshöhe: 35–60 cm, Blütezeit: Mai.

Tulipa-Hybride 'Aladdin'

Klasse 8: Viridiflora-Tulpen (Grünblütige Tulpen), Wuchshöhe: 25–60 cm, Blütezeit: Mai.
Klasse 9: Rembrandt-Tulpen (gestreifte/geflammte Triumph-Tulpen), Wuchshöhe: 35 cm, Blütezeit: Mitte Mai.
Klasse 10: Papageien-Tulpen (geflammte, gekräuselte Tulpen), Wuchshöhe: 20–60 cm, Blütezeit: Mai.
Klasse 11: Gefüllte Späte Tulpen (Päonien-Tulpen), Wuchshöhe: 40–60 cm, Blütezeit: Mitte Mai

Tulipa-Hybride 'Angelique'

Tulipa-Hybride 'Arabian Mystery'

Tulipa-Hybride 'Ballerina'

Klasse 12: Kaufmanniana-Tulpen, Wuchshöhe: 10–25 cm, Blütezeit: März.
Klasse 13: Fosteriana-Tulpen, Wuchshöhe: 20–30 cm, Blütezeit: Anfang April
Klasse 14: Greigii-Tulpen, Wuchshöhe 20–30 cm, Blütezeit: April.
Klasse 15: Botanische Wildtulpen.
Verwendung: Tulpen-Hybriden sind sehr vielseitige Zwiebelpflanzen, die früh im Jahr Farbe in Beete und Rabatten bringen und auch in Töpfen eine gute Figur machen. Sie sind unglaublich variabel einsetzbar, pflegeleicht und sollten in keinem Garten fehlen. Die Kombinationsmöglichkeiten sind nahezu unerschöpflich: Zusammen mit

Tab. 3 Empfehlenswerte *Tulipa*-Hybriden

Sorte	Klasse	Blüte	Wuchshöhe	Blütezeit
'Aladdin'	6	rot, gelbe Zacken	55 cm	mittel
'Angelique'	11	zartrosa	45 cm	spät
'Apricot Beauty'	1	lachsrosa, rot schattiert	45 cm	früh
'Arabian Mystery'	3	tiefpurpurviolett mit weißem Rand	40 cm	mittel
'Ballerina'	6	orangerot	55 cm	mittel–spät
'Beauty of Apeldoorn'	4	gelber Grund mit roter Glut	55 cm	früh
'Beauty of Volendam'	9	weiß, violettrot geflammt	35 cm	spät
'Blue Heron'	7	violettpurpur, weiß markiert	60 cm	spät
'China Pink'	6	rosa auf weißem Grund	45 cm	mittel
'Diana'	1	reinweiß	30 cm	früh–mittel
'Estella Rijnveld'	10	rot, weiß geflammt	50 cm	spät
'Groenland'	8	rosaweiß mit grün	55 cm	spät
'Île de France'	3	kardinalrot	50 cm	früh–mittel
'Jan Reus'	3	schwarzbraun	50 cm	mittel
'Madame Lefeber' (Syn. 'Roter Kaiser')	13	leuchtend zinnoberrot, großblumig	40 cm	mittel
'Mama Mia'	2	strahlendes Pink	30–40 cm	früh–mittel
'Miranda'	11	zinnoberrot, karminrot geflammt	55 cm	spät
'National Velvet'	3	dunkles Purpurrot	40–50 cm	mittel
'Olympic Flame'	4	mimosengelb, signalrot geflammt	55 cm	mittel
'Pax'	3	schneeweiß	45 cm	früh–mittel
'Pink Impression'	4	rosa	55 cm	mittel
'Prinz Carneval'	1	gelb, rot geflammt	40 cm	früh
'Queen of the Night'	5	tief schwarzbraun	60 cm	spät
'Rotkäppchen' (Syn. 'Red Riding Hood')	14	scharlachrot auf schwarzem Grund	30 cm	mittel–spät
'Sorbet'	5	weiß, karminrot geflammt	60 cm	spät
'The First'	12	rötlichweiß mit gelbem Boden	20 cm	früh
'West Point'	6	primelgelb	50 cm	mittel–spät
'White Parrot'	10	reinweiß	40 cm	spät
'Willem van Oranje'	2	orange	25 cm	früh–mittel

frühblühend = Mitte–Ende März / mittlere Blütezeit = April / spät blühend = Mai

Tulipa-Hybride 'Beauty of Apeldoorn'

Tulipa-Hybride viridiflora 'Groenland'

Tulipa-Hybride 'Ile de France'

Stauden, am sonnigen Rand von Gehölzgruppen und mit ein- und zweijährigen Pflanzen wie Stiefmütterchen (*Viola wittrockiana*-Hybriden), Hornveilchen (*Viola cornuta*), Maßliebchen *(Bellis perennis)*, Wald-Vergissmeinnicht (*Myosotis sylvatica*) oder Goldlack (*Erysimum cheiri*) ergeben sich herrlich lebensfrohe Gartenbilder. Pro m^2 benötigt man bei großen Hybriden etwa 45, bei kleinen Hybriden (etwa Kaufmanniana- und Greigii-Hybriden) etwa 100 Pflanzen.

Standort: Sonnig und möglichst vor Wind geschützt in fruchtbarem, durchlässigem Boden.

Pflege: Die Zwiebeln werden zwischen September und November 10–15 cm tief gepflanzt. Nach dem Ende der Blütezeit welke Blüten und eventuell sich bildende Samenkapseln auskneifen. Das Laub darf erst abgeschnitten werden, wenn es zu welken beginnt. Greigii- und Kaufmanniana-Hybriden können einige Jahre ungestört im Boden bleiben, bis sie blühfaul werden. Dann nimmt man sie auf, teilt sie und pflanzt sie an einem neuen Standort wieder ein. Die anderen Hybriden sollten jedes Jahr nach dem Welken der Blätter ausgegraben werden. Anschließend lässt man sie an einem luftigen, kühlen Ort nachreifen, bis das Laub ganz trocken ist und entfernt werden kann. Die größeren Zwiebeln pflanzt man im Herbst wieder ins Beet, die kleinen in ein Anzuchtbeet.

Vermehrung: Die Hybrid-Tulpen können nur durch Abnehmen von Tochterzwiebeln in der Ruhezeit im Sommer vermehrt werden.

Tulipa-Hybride 'Sorbet'

Tulipa-Hybride 'Willem van Oranje'

Sommerblumen von A–Z

Farbenfroh und nimmermüde – Sommerblumen haben ein fröhliches Image und sind fast universell einsetzbar. Sie lieben Licht und Wärme und bleiben eine Saison lang als Gäste in unseren Gärten. Ob niedrig und zierlich wie die so trefflich „Zauberschnee" genannte Wolfsmilch (*Chamaesyce hypericifolia*), oder hoch und prächtig wie die stolze Sonnenblume: Das unvorstellbar reiche Sortiment an Sommerblumen lässt praktisch keine Wünsche offen. Auf den nachfolgenden Seiten werden die beliebtesten Arten vorgestellt. Neben echten Dauerbrennern und Sorten, die sich seit langem bewährt haben, finden Sie hier auch Neuheiten und ausgefallene Sorten, die Liebhaber entzücken werden und auf jeden Fall einen Versuch wert sind.

Ageratum houstonianum, Leberbalsam

Aussehen: An der Basis verholzende, breit buschig wachsende Einjährige mit 5–7 cm breiten, herzförmigen bis eirunden, gezähnten Blättern. Von Mai bis Oktober (oder bis zum Frostbeginn) erscheinen unermüdlich dichte, bis 10 cm breite Doldentrauben mit bis zu 40 sitzenden, feinblättrigen, blauvioletten, 1,5–2 cm breiten Blütenköpfchen. Die Pflanze wird bis 30 cm hoch und breit, die meisten Hybriden bleiben aber mit etwa 20 cm Höhe und Breite kleiner. Es gibt auch einige höhere Sorten, die als Schnittblumen Verwendung finden.

'Adriatic': klares Blau, 15–20 cm hoch; 'Atlantic Plus': dunkelblau, 15–20 cm hoch; 'Compact Blue': lavendelblau, 20 cm hoch; 'Hawaii White': weiß, 15 cm hoch; 'Pacific': dunkles Blauviolett, 20 cm hoch; 'Schnittstar Weiß': weiß, 60 cm hoch; 'Schnittwunder': mittelblau, 70 cm hoch.

Verwendung: Für Beete und Rabatten, als Balkonpflanze und auch zur Grabbepflanzung. Pro m² benötigt man etwa 15–20 Pflanzen.

Standort: Sonnig in sandigem Lehmboden oder in humosen, frischen, aber durchlässigen Substraten.

Pflege: Leberbalsam verträgt keine Trockenheit. Niedrige Sorten sind bei Nässe anfällig für Fäulnis. Mäßiger Bedarf an Nährstoffen. Das Entfernen welker Blütenstände erhält die Blühfreude.

Vermehrung: Durch Aussaat ab Februar/März unter Glas bei 21 °C oder durch Stecklinge von überwinterten Pflanzen im Spätwinter. Hybriden sind nur durch Stecklinge zu vermehren.

Ageratum houstonianum 'Compact Blue'

Antirrhinum majus, Garten-Löwenmaul

Aussehen: Die ein- oder zweijährig kultivierte Pflanze hat an den aufrechten Trieben lanzettförmige, glänzende, tiefgrüne, bis 7 cm lange Blätter. Von Mai bis Oktober erscheinen aufrechte Trauben aus duftenden, kurz gestielten, bis 4,5 cm breiten Blüten mit abgespreizten, rundlichen unteren und oberen Zipfeln. Die Kultursorten weisen ein breites Farbspektrum auf: Von Weiß über Gelb und Orange bis zu Rosa, Rot und Purpur. Viele Sorten haben auch zweifarbige oder gefüllte Blüten. Niedrige Sorten werden 10–35 cm hoch, hohe Sorten 50–100 cm.

Antirrhinum majus

Verwendung: Die farbenprächtigen Dauerblüher eignen sich in größeren Gruppen für Beete, Einfassungen und als Schnittblumen, niedrige Sorten auch für die Balkonbepflanzung. Pro m² benötigt man bei niedrigen Sorten 15–18 Pflanzen, bei hohen 6–8 Pflanzen.

Standort: Sonnig bis halbschattig in fast allen Böden, solange sie nicht staunass sind.

Pflege: Verblühte Stängel regelmäßig ausschneiden, damit die Pflanzen keine Samen ansetzen und verholzen, sondern ständig neue Blütentriebe bilden.

Vermehrung: Durch Aussaat bei 16–18 °C im Februar unter Glas oder im späten Sommer im Freiland. Letztere Pflanzen müssen unter Glas überwintert werden.

Wilde Schöne aus dem Süden
Das Löwenmäulchen stammt aus Südeuropa, wo es als mehrjährige Pflanze gedeiht. Seinen Namen verdankt es dem Umstand, dass sich die Einzelblüte wie ein Mäulchen öffnet, wenn man sie horizontal leicht zusammendrückt.

Begonia × tuberhybrida 'Pin Up Rosa'

Begonia × tuberhybrida, Knollen-Begonie (Tab. 1)

Aussehen: Aufrecht oder hängend wachsende, buschige Knollenpflanze mit sukkulenten Sprossen und asymmetrischen, spitz eiförmigen, mittelgrünen, gebuchteten oder gezähnten, bis 15 cm lagen Blättern. Je nach Sorte sind die von Mai bis Oktober erscheinenden, eingeschlechtlichen Blüten gefüllt oder einfach. Sie stehen in kleinen Büscheln zusammen (zwei kleine weibliche und eine große, gefüllte männliche Blüte). Bis auf wenige Ausnahmen duften sie nicht. Das Farbspektrum reicht von Weiß über Gelb, Orange, Rosa bis hin zu verschiedenen Rottönen. Die Pflanzen werden je nach Sorte 15–60 cm hoch und maximal 45 cm breit.

Die Anzahl der Sorten ist so groß, dass man Sorten mit ähnlichen Eigenschaften in Gruppen zusammengefasst hat:
Riesenblumige Knollenbegonien (Gigantea-Gruppe): Sorten mit Blüten bis 20 cm Durchmesser und einer Wuchshöhe bis 60 cm.
Großblumige Knollenbegonien (Grandiflora-Compacta-Gruppe): Sorten mit Blüten bis 10 cm Durchmesser und einer Wuchshöhe von 25–50 cm.
Mittelblumige Knollenbegonien (Multiflora-Maxima- und Floribunda-Gruppe): Kompakt wachsende, an der Basis reich verzweigte Sorten mit Blüten von 5–9 cm Durchmesser und einer Wuchshöhe von 20–30 cm.

Begonia × tuberhybrida 'Illumination Peaches 'n Cream'

Begonia × tuberhybrida 'Non Stop Gelb'

Tab. 1 Empfehlenswerte *Begonia × tuberhybrida*-Sorten

Sorte	Gruppe	Blüte	Wuchshöhe
'Champagner'	Flore-Pleno-Pendula	champagnerrosa	30–50 cm
'Illumination'-Serie	Flore-Pleno-Pendula	weiß, apricot, lachsrosa und orange	bis 100 cm
'Non-Stop'-Serie	Multiflora-Maxima- und Floribunda	weiß, gelb, orange, apricot, rosa und leuchtend rot	30 cm
'Odrosa'	Multiflora	weiches, helles Rot, duftend	25 cm
'Pendula-Picotee'-Serie	Flore-Pleno-Pendula	zweifarbige Blüten in weiss/rot und gelb/rot, jeweils mit dunklerem Rand	30–50 cm
'Pin-up'	Multiflora-Maxima- und Floribunda	weiß, rosa überlaufen	25 cm

Lange Tage für üppige Blüten
Knollenbegonien sind Langtagpflanzen, die mindestens zwölf Stunden Tageslicht brauchen, damit sie reichlich blühen. Bei einer kürzeren Tageslänge bilden sie Knollen aus und treten in eine Ruhephase ein.

Kleinblumige Knollenbegonien (Multiflora-Gruppe): Niedrige Sorten mit Blüten von 2–4 cm Durchmesser und einer Wuchshöhe von 15–20 cm.
Pendel- oder Hängebegonien (Flore-Pleno-Pendula-Gruppe): Hängend wachsende Sorten.
Verwendung: Die aufrechten Sorten eignen sich für Beete, Rabatten, Balkonkästen und zur Grabbepflanzung. Die hängenden Sorten sind hübsche, dauerblühende Pflanzen für Ampeln und Balkonkästen. Pro m² benötigt man je nach Sorte 25–35 Pflanzen.
Standort: Halbschattig bis schattig und möglichst windgeschützt in humosem, nährstoffreichem, lockerem, nicht zu trockenem Substrat. Sorten der Multiflora-Gruppe vertragen in der Regel etwas mehr Sonne als die anderen Begonien-Sorten.
Pflege: Die Knollen werden im Februar/März mit der eingesunkenen Seite nach oben in Töpfen mit Erde bei 18–22 °C an einem hellen Standort angetrieben. Ab Mitte Mai können die Begonien ins Freiland gesetzt werden. Vom Antreiben bis August regelmäßig gießen und einen flüssigen Volldünger verabreichen. Ab August schränkt man die Wasser- und Düngergaben ein und lässt die Pflanzen ab September einziehen. Vor dem ersten Frost nimmt man die Knollen auf, lässt sie abtrocknen und überwintert sie bei 5–7 °C. Großblumige Sorten müssen durch Stäbe gestützt werden. Wird Verblühtes regelmäßig entfernt, regt das die Bildung neuer Blüten an.
Vermehrung: Durch Aussaat der Lichtkeimer ab Dezember bei 23–26 °C unter Glas, was jedoch sehr aufwendig ist. Besser gelingt die Bewurzelung von grundständigen Stecklingen im Frühsommer. Bei vielen *Begonia × tuberhybrida*-Sorten handelt es sich um F1-Hybriden, die nur vegetativ vermehrt werden können.

Begonia cucullata var. *hookeri*, Eis-Begonie

Aussehen: Die auch Gottesauge, Eisblume oder Beet-Begonie genannte, aufrechte, reich verzweigte, buschige Pflanze mit sukkulenten Sprossen hat mittelgrüne bis dunkelgrüne, manchmal auch bronzefarbene, spitz herzförmige bis gerundete, 3–10 cm lange Blätter, die bei Berührung leicht brechen. Von Mai bis Oktober erscheinen einfache oder gefüllte, 2,5 cm breite Blüten mit gelben Staubgefäßen in einem Farbspektrum von Weiß über Rosa und Lachsfarben bis hin zu tiefen Rottönen. Es gibt auch zweifarbige

Begonia cucullata var. *hookeri* 'Coco White'

Sorten. Die früher unter dem botanischen Namen *Begonia × semperflorens* geführten Pflanzen werden je nach Sorte 15–40 cm hoch und breit.

Im Wesentlichen unterscheidet man folgende Sortengruppen, bei denen die Blüten meist weiß, rosa oder rot sind:
Niedrige, grünlaubige Sorten: 'Vollendung' (15 cm hoch), 'Athena' (15-20 cm hoch), 'Tausendschön' (15–18 cm hoch), 'Rheingau' (20 cm hoch).
Niedrige, dunkellaubige Sorten: 'Diable' (18 cm hoch), 'Cocktail'-Serie (20 cm hoch).
Halbhohe Sorten: 'Fantastica Compacta' (grünlaubig, 25–30 cm hoch), 'Partydress' (braunlaubig, 25–30 cm hoch), 'Partyflirt' (braunlaubig, bis 30 cm hoch), 'Hybris' (grünlaubig, 25–35 cm hoch).
Hohe Sorten: 'Danica' (braunlaubig, 35–40 cm hoch).
Zweifarbige Sorten: 'Juwel Flamingo' und 'Rum' (beide 15 cm hoch), 'Olympia Starlet' (20 cm hoch), 'Coco' (30 cm hoch).
Verwendung: Der unermüdliche Dauerblüher kann genauso wie *Begonia × tuberhybrida* verwendet werden, verträgt aber sonnige Standorte besser. Pro m² benötigt man je nach Sorte 25–35 Pflanzen.
Standort: Sonnig bis halbschattig in humosem, feuchtem, nährstoffreichem Substrat.
Pflege: Sehr pflegeleicht, nur regelmäßig gießen und mit einem flüssigen Volldünger versorgen.
Vermehrung: Durch Aussaat im Januar/Februar unter Glas bei 20–22 °C. Eis-Begonien sind Lichtkeimer, das Saatgut darf also nicht mit Erde bedeckt werden. Die Sämlinge können ab Mitte Mai ausgepflanzt werden. Bei fast allen handelsüblichen Sorten dieser Art handelt es sich um F1-Hybriden. Sortenechtheit garantiert nur die Verwendung des Originalsaatguts der Züchter.

Calendula officinalis, Garten-Ringelblume

Aussehen: Rasch wachsende, aufrechte Einjährige mit lanzett- bis spatelförmigen, weich behaarten, bis 15 cm langen Blättern, die einen charakteristischen Geruch verströmen. Von Juni bis Oktober erscheinen bis 10 cm breite Körbchenblüten in Gelb- und Orangetönen. Die Pflanze wird 20–60 cm hoch und bis 45 cm breit.

Die 'Fiesta Gitana'-Serie wird nur etwa 30 cm hoch und hat gefüllte, pastellig gelbe, orange- oder zweifarbige Blüten; 'Greenheart Orange' ist gefüllt in kräftigem Orange mit grünlicher Mitte und wird 50-60 cm hoch; die 'Kablouna'-Serie hat gefüllte, goldene, gelbe oder orangefarbene Blüten mit gekräuselten Blütenblättern und wird bis 60 cm hoch; die 'Pacific Beauty'-Serie wird 60 cm hoch und hat gefüllte Blüten in exotischen Farben wie Apricot, Primelgelb und Creme mit rotbraunen Röhrenblüten.
Verwendung: Großflächig als Beetbepflanzung oder in kleinen Gruppen zusammen mit anderen Sommerblumen. Die traditionelle Bauerngartenpflanze eignet sich auch gut als Schnittblume. Pro m² benötigt man 15–20 Pflanzen.
Standort: Sonnig in gut durchlässigem, mäßig nährstoffreichem, nicht zu feuchtem Boden.
Pflege: Sehr anspruchslos, nur Verblühtes muss regelmäßig ausgeschnitten werden, um die weitere Blütenbildung anzuregen.

Gesundheit aus dem Blumenbeet
Die Garten-Ringelblume ist seit dem Mittelalter eine bewährte Heilpflanze, die schon Hildegard von Bingen zu nutzen wusste. Die getrockneten Blüten wirken als Salbe oder Aufguss entzündungshemmend und fördern die Wundheilung.

Calendula officinalis 'Greenheart Orange'

Callistephus chinensis

Vermehrung: Durch Aussaat zwischen April und Juni an Ort und Stelle oder für eine frühe Blüte unter Glas ab März bei 14–16 °C. Durch zeitlich versetzte Aussaaten kann man blühende Ringelblumen von Juni bis Oktober haben.

Callistephus chinensis, Sommeraster

Aussehen: Rasch wachsende, aufrechte, buschige Einjährige mit eiförmig-dreieckigen, gezähnten, bis 8 cm langen, mittelgrünen Blättern. Von Juni bis Oktober erscheinen verzweigte Sprosse mit gefüllten oder ungefüllten, chrysanthemenartigen, 7–12 cm breiten Blütenköpfchen in Farben wie Rot, Rosa, Weiß, Blau, Violett und Zartgelb. Die Pflanze wird je nach Sorte 20–70 cm hoch und bis 45 cm breit.

Die zwergige, früh blühende 'Comet'-Serie hat große, gefüllte Blüten in verschiedenen Farben, die 70 cm hohe 'Compliment'-Serie hat kräuselige, gefüllte, lang gestielte Blüten in Lachsrosa, Hellblau und Weiß, die 70 cm hohe 'Duchesse'-Serie blüht spät in Gelb bis Rot und Purpur und die bis 30 cm hohe 'Milady'-Serie hat ungefüllte Blüten in sechs verschiedenen Farben.
Verwendung: Als Beet- und Rabattenpflanze und hohe Sorten auch als Schnittblumen. Niedrige Sorten eignen sich auch für Töpfe und die Balkonbepflanzung. Pro m² benötigt man 12–15, bei zwergigen Sorten bis 25 Pflanzen.
Standort: Sonnig in feuchtem, aber gut durchlässigem, nährstoffreichem Boden.
Pflege: Bei Trockenheit gießen und Verblühtes regelmäßig ausschneiden, um die Blühfreude zu erhalten. Hohe Sorten sollten gestützt werden.
Vermehrung: Durch Aussaat ab Februar unter Glas bei 16 °C oder ab April an Ort und Stelle.

Canna indica-Hybriden, Westindisches Blumenrohr

Aussehen: Aufrechte, hohe Rhizompflanze mit großen, paddelförmigen, 30–60 cm langen Blättern, die mittelgrün, bei manchen Sorten auch bronzefarbig gestreift oder rotbraun sein können. Zwischen Juni und Oktober erscheinen am oberen Ende von kräftigen, hohlen Blüten-

schäften Trauben oder Rispen mit kräftig gefärbten, asymmetrischen Blüten in Gelb-, Orange- und Rottönen. Die Pflanze wird je nach Sorte 120–200 cm hoch und 50 cm breit, aber es gibt auch zwergige Sorten, die nur 50 cm hoch werden.
Verwendung: Als hohe Begleitpflanzen in Sommerblumenbeeten mit farblich kontrastreicher Unterpflanzung und als Kübelpflanzen für Balkon und Terrasse. Pro m² benötigt man etwa 3 Pflanzen.
Standort: Sonnig und windgeschützt in leichtem, nährstoffreichem, stets leicht feuchtem Substrat.
Pflege: Im März topft man die Rhizome in Töpfe mit Erde und stellt sie mäßig warm (10–15 °C) und hell auf. Ab April wird mehr gegossen und ab Mitte Mai dürfen die Pflanzen ins Freie. Reichlich gießen und regelmäßig mit einem flüssigen Volldünger versorgen. Abgeblühte Schäfte sofort zurückschneiden, damit sich die Nebenrispen besser entwickeln können. Nach den ersten leichten Frösten schneidet man die Pflanze 20 cm über dem Boden ab, gräbt die Rhizome aus, befreit sie von anhaftender Erde und lässt sie abtrocknen. Den Winter über kühl und trocken bei 10–15 °C lagern.
Vermehrung: Durch Teilen der Rhizome vor der Pflanzung im Frühjahr. Jedes Teilstück muss mindestens eine triebfähige Knospe aufweisen.

Chamaesyce hypericifolia, Zauberschnee

Aussehen: Die in den letzten Jahren sehr erfolgreich im Handel eingeführte Pflanze gehört zu den Wolfsmilchgewächsen (Euphorbiaceae). Sie wächst aufrecht, bildet einen rundlichen Busch und hat lanzettförmige, matt mittel- bis dunkelgrüne, bis 1,5 cm lange Blätter. Von Mai bis Oktober erscheinen an verzweigten, drahtigen Sprossen kleine weiße, glockenförmige Blüten. Die Pflanze wird 25–50 cm hoch und breit.

Die häufigste Sorte im Handel ist 'Diamond Frost', die 35–50 cm hoch wird. Kompakter bleibt die etwa 20 cm hohe 'Star Dust White Sparkle', höher wird 'Diamond Fizz' mit 55 cm. Die besten Blüheigenschaften hat 'Diwali Mystery', die bis 50 cm hoch wird.
Verwendung: Als unermüdlich blühende Begleitpflanze zur Auflockerung von Sommerblumenbeeten, Rosenrabatten und auch für Töpfe, Schalen und Kübel. Pro m² benötigt man 12–15 Pflanzen.
Standort: Sonnig bis schattig in durchlässigem, humosem, nährstoffreichem Substrat.
Pflege: Sehr pflegeleicht, da kein Entfernen verblühter Blüten nötig ist. Hitze- und trockenheitsverträglich. Dennoch empfiehlt sich regelmäßiges Wässern und die Versorgung mit einem flüssigen Volldünger.
Vermehrung: Da es sich bei den Sorten ausnahmslos um Hybriden handelt, kann die Pflanze nur vegetativ durch Stecklinge im Sommer vermehrt werden.

Cleome hassleriana, Spinnenpflanze

Aussehen: Die auch unter den Namen *C. pungens* und *C. spinosa* geführte, aufrechte Einjährige mit behaarten Sprossen hat gefingerte, fein gezähnte, mittelgrüne Blätter, die drüsig behaart und bis 12 cm lang sind. Von Juni bis Oktober erscheinen unermüdlich in langen Trauben stark duftende, weiße bis

Canna indica-Hybride 'Lucifer'

Chamaesyce hypericifolia 'Diamond Fizz'

Cleome hassleriana

rosafarbene Blüten, die etwa 3 cm breit sind. Sie haben weit hervorstehende Staubfäden, die wie Spinnenbeine aussehen und der Pflanze ihren Namen gaben. Die Pflanze wird bis 150 cm hoch und 45 cm breit.

Neben zahlreichen Sorten wird im Handel vor allem die 'Colour Fountain'-Serie mit unterschiedlichen Farbnuancen von Weiß bis Pink und einer Wuchshöhe bis 100 cm angeboten.
Verwendung: Als Auflockerung in gemischten Rabatten in kleinen Gruppen zwischen niedrigen und halbhohen Einjährigen in Sommerblumenbeeten. Pro m² benötigt man 3–5 Pflanzen.
Standort: Sonnig in nährstoffreichem, leichtem, feuchtem, aber durchlässigem Boden.
Pflege: Üppiger Blütenflor entwickelt sich nur an vollsonnigen Standorten und bei reichlichem Wässern und Düngen. Da die Pflanzen feste Wurzeln ausbilden, müssen sie trotz ihrer Höhe meist nicht gestützt werden.
Vermehrung: Durch Aussaat unter Glas zwischen März und Mai bei 18 °C. Die Sämlinge können ab Mitte Mai ausgepflanzt werden.

Cosmos bipinnatus, Fiederblättriges Schmuckkörbchen

Aussehen: Aufrechte, reich verzweigte Einjährige mit fein zerteilten, fast nadelförmigen, mittelgrünen, bis 30 cm langen Blättern. Von Juli bis Oktober erscheinen einzelne, gefüllte oder ungefüllte, schalenförmige, bis 8 cm breite Blüten in Weiß, Rosa und Rot. Die Pflanze wird bis 150 cm hoch und 45 cm breit.
Verwendung: Für gemischte Sommerblumenrabatten, an Zäunen und als Schnittblumen. Niedrige Sorten auch für die Balkonbepflanzung. Pro m² benötigt man 7–9 Pflanzen.
Standort: Sonnig in nährstoffreichem, durchlässigem Boden.
Pflege: Das Entfernen welker Blütenköpfchen erhält die Blühfreudigkeit. Hohe Sorten brauchen eine Stütze. Kurze Tage mit weniger als 14 Stunden Tageslicht fördern die Blütenbildung.
Vermehrung: Durch Direktsaat an Ort und Stelle ab Mitte Mai oder Aussaat unter Glas ab März bei 16 °C. Die Sämlinge können ab Mitte Mai ausgepflanzt werden.

Cosmos sulphureus, Gelbes Schmuckkörbchen

Aussehen: Die auch als Schwefel-Kosmee bezeichnete, aufrechte, dicht buschige Einjährige hat gefiederte, mittelgrüne, bis 18 cm lange Blätter, die an sparrig abstehenden Zweigen stehen. Von Juli bis Oktober erscheinen unermüdlich Büschel mit offen becherförmigen, 3,5–6 cm breiten, orange- oder rotgelben, ungefüllten, halbgefüllten oder gefüllten Blütenköpfchen mit schwarzer Mitte. Die Pflanze wird bis 60 cm hoch und 45 cm breit.

Vom Gelben Schmuckkörbchen bietet der Handel neben einigen

Cosmos bipinnatus

Sorten meist Mischungen an: 'Brightness'-Mischung: Halbgefüllte Blüten in Gelb, Orange, Gold und Orangerot, 60–90 cm hoch; 'Cosmic'-Mischung: ungefüllte Blüten in Gelb, Orange oder Rot, zur Mitte hin goldgelb verlaufend, 30 cm hoch; 'Sunny'-Mischung: ungefüllte Blüten in Goldgelb, Orange und Feuerrot, 30 cm hoch.
Verwendung: Für Beete, Bauerngärten, niedrige Sorten für Töpfe und hohe Sorten auch als Schnittblumen. Die blühenden Pflanzen sind Schmetterlingsmagnete. Pro m² benötigt man 7–9 Pflanzen.
Standort, Pflege und Vermehrung: Wie bei *C. bipinnatus*.

Cosmos sulphureus 'Cosmic Orange'

Dahlia-Hybriden, Dahlie (Tab. 2)

Aussehen: Sortenreiche Gruppe buschig wachsender Sommerblumen, von denen die meisten Wurzelknollen als unterirdische Speicherorgane ausbilden und bei frostfreier Überwinterung mehrjährig kultiviert werden können. Die früher auch unter dem Namen Georginen bekannten Pflanzen haben aufrechte, unverzweigte Stängel, die in Bündeln nebeneinander stehen sowie mittel- bis dunkelgrüne, 20–50 cm lange, meist gefiederte und gezähnte Blätter. Es gibt auch Sorten mit dekorativem braunrotem Laub. Von Juni bis zum Frostbeginn entwickeln sich in ständiger Abfolge einfache, halbgefüllte oder gefüllte Körbchenblüten mit einem Durchmesser, der je nach Sorte zwischen wenigen Zentimetern und – bei besonders prächtigen Ausstellungssorten – über 25 Zentimetern misst. Das Farbspektrum reicht von Weiß über verschiedene Gelb- und Orangetöne bis hin zu Rot-, Rosa- und Purpurtönen. Es gibt auch zweifarbige Sorten.

Die Pflanzen werden je nach Sorte 15 –130 cm hoch und bis 60 cm breit. So genannte Mignon-Dahlien sind zwergig wachsende Sorten, die aus Samen vermehrt werden. Sie bilden im Herbst Knollen aus, die unter Umständen auch überwintert werden können. In der Regel werden Mignon-Dahlien aber einjährig kultiviert.

Die nahezu unüberschaubare Fülle an Sorten wurde hinsichtlich der Form ihrer Blüten früher in 10, inzwischen in 13 Klassen eingeteilt:
Klasse 1: Einfach blühende Dahlien
Klasse 2: Anemonenblütige Dahlien
Klasse 3: Halskrausenförmige Dahlien
Klasse 4: Seerosen-Dahlien
Klasse 5: Dekorative Dahlien
Klasse 6: Ball-Dahlien
Klasse 7: Pompon-Dahlien
Klasse 8: Cactus-Dahlien
Klasse 9: Semi-Cactus-Dahlien
Klasse 10: Diverse Dahlien
Klasse 11: Hirschgeweih-Dahlien
Klasse 12: Orchideenblütige Dahlien, einfach
Klasse 13: Orchideenblütige Dahlien, gefüllt

Dahlia-Hybride 'Zorro'

Dahlia-Hybride 'Tartan'

Dahlia-Hybride 'Bishop of Llandaff'

Dahlia-Hybride 'My Love'

Verwendung: Vielseitige, prächtige Sommerblumen, die wegen des breiten Farb- und Formenspektrums ihrer Blüten und der unterschiedlichen Wuchshöhen fast unbegrenzte Verwendung im Garten finden. Hohe Sorten passen in den Hintergrund von gemischten Sommerblumenbeeten, niedrige Sorten in den Vordergrund. Hübsch wirken Dahlien auch an Zäunen und vor Mauern. Hohe Sorten eignen sich hervorragend als Schnittblumen, zwergig wachsende Mignon-Dahlien auch für Töpfe und Kübel. Pro m^2 benötigt man von hohen Sorten 3–5 Pflanzen, von Mignon-Dahlien 5–7 Pflanzen.
Standort: Sonnig und windgeschützt in nährstoffreichem, humosem, feuchtem, aber durchlässigem Boden.

Tab. 2 Empfehlenswerte *Dahlia*-Hybriden (hohe Hybriden)

Sorte	Klasse	Blütenfarbe	Wuchshöhe
'Ballade'	8	lila mit weißen Spitzen	100–120 cm
'Bishop of Llandaff'	10	leuchtend rot	110 cm, braunrotes Laub
'Caribbean Fantasy'	5	weiß mit roten Streifen	90–110 cm
'Clair Obscure'	11	dunkelpurpurn mit weißen Spitzen	100–120 cm
'Classic Giselle'	10	purpurrot und rosa	80 cm
'Eveline	6	weiß mit lavendellila Spitzen	100 cm
'Golden Emblem'	5	dunkelgelb	100 cm
'Jowey Winnie'	6	lachsrosa	100–120 cm
'Karma Choc'	5	tief schwarzrot	100 cm
'Kenora Macop'	11	dunkelschwarzrot	90–100 cm
'My Love'	8	reinweiß	120 cm
'Night Butterfly'	3	dunkelrot mit weiß-rosa Krause	80–90 cm
'Tartan'	5	dunkelpurpurn und weiß gestreift	80–100 cm
'Tsuki-Yori-No-Shisha'	11	reinweiß	90 cm
'Vicky Crutchfield'	4	zartes, warmes Rosa	110 cm
'Zorro'	5	leuchtend blutrot	120 cm

Pflege: Die Knollen werden ab Ende März im Haus in Erde eingetopft und an einem mäßig warmen Ort vorgetrieben. Ab Mitte April, wenn sich die ersten Triebe zeigen, stellt man sie heller. Ausgepflanzt werden die vorgetriebenen Pflanzen ab Mitte Mai. Man kann die Knollen auch ab Ende April direkt an Ort und Stelle ins Freiland pflanzen. Dahlien haben einen hohen Wasser- und Nährstoffbedarf. Der Dünger darf jedoch nicht zu stickstoffbetont sein, da sich sonst mehr Blätter als Blüten entwickeln. Hohe Sorten müssen gestützt werden. Das Ausschneiden von welken Blüten regt die Bildung neuer Blüten an. Dahlien sind, besonders im Jugendstadium, anfällig für Schneckenfraß. Nach den ersten leichten Frösten werden bei den Wurzelknollen bildenden, hohen Arten die Triebe 15 cm über dem Boden abgeschnitten, die Knollen vorsichtig ausgegraben und die Erde abgeschüttelt. Nach dem Trocknen bewahrt man die Knollen in mit trockenem Sand gefüllten Kisten an einem dunklen, gut belüfteten, kühlen, aber frostfreien Raum bis zum folgenden Frühjahr auf. Während der Winterruhe empfiehlt es sich, die Knollen gelegentlich auf Schädlingsbefall oder Fäulnis zu untersuchen.

Vermehrung: Durch Teilen der Knollen vor dem Auspflanzen im Frühjahr. Jedes Teilstück muss mindestens eine triebfähige Knospe haben. Auch eine Vermehrung durch Stecklinge im Frühjahr ist möglich. Mignon-Dahlien können auch durch Aussaat unter Glas bei 18 °C von Februar bis April vermehrt werden. Die Sämlinge blühen dann noch im selben Jahr.

Dianthus barbatus, Bart-Nelke

Aussehen: Aufrechte, buschige, ein- oder zweijährig kultivierte Pflanze mit lanzettförmigen, mittelgrünen, bis 10 cm langen Blättern. Von Juni bis Oktober erscheinen flache, 8–12 cm breite, endständige Büschel aus kleinen, duftenden Blüten mit bebarteten Kronblättern in Weiß, Rosa, Rot oder Purpurn, die am Grund blasser gepunktet sind. Es gibt auch zweifarbige und gefüllte Sorten. Die Pflanze wird bis 70 cm hoch und 30 cm breit.
Einjährige Bartnelken:
'Bodestolz'-Serie: Mischung aus Weiß, Rosa-, Rot- und Purpurtönen, 50 cm hoch; 'Noverna Purple': Purpurrosa, 40 cm hoch; 'Rapid':

Dianthus barbatus 'Barbarini'

Einjährige Bartnelken
Früher wurden Bartnelken immer zweijährig kultiviert. Inzwischen gibt es raschwüchsige Sorten, die bei früher Aussaat und warmer Anzucht unter Glas bereits im ersten Jahr blühen.

Mischung in Weiß, Rot und Scharlachfarben, 60 cm hoch; 'Red Empress': Scharlachrot, 40 cm hoch.
Zweijährige Bartnelken:
'Barbarini': Mischung in Rot, Rosa und Purpur, 40 cm hoch; 'Heimatland': Dunkelrot, weiße Mitte, 50 cm hoch; 'Indianerteppich' (Syn. 'Indian Carpet'): Mischung in Rot, Rosa und Purpurn, 25 cm hoch; 'Monarch': Mischung lebhaft gefärbter weißer, roter und purpurner Blüten mit kontrastierender Zeichnung, 60 cm hoch; 'Oeschberg': leuchtend purpurrote, gefüllte Blüten, 50 cm hoch.
Verwendung: Seit dem Mittelalter eine traditionelle Bauerngartenpflanze, die in kleinen Tuffs Beete und Rabatten schmückt und sich auch gut als Schnittblume eignet. Pro m² benötigt man 10 Pflanzen.
Standort: Sonnig in nährstoffreichem, lehmig-humosem, durchlässigem Boden.
Pflege: Rückschnitt abgeblühter Triebe bis zum Blattschopf regt neue Blütenbildung an. Ansonsten sehr pflegeleicht.
Vermehrung: Durch Aussaat. Einjährige Bartnelken werden zwischen Februar und April unter Glas bei 15–20 °C gesät. Ab Mitte Mai werden die Sämlinge ausgepflanzt. Zweijährige Bartnelken sät man ab Ende Mai bis Juni im Freiland. Sie überwintern an Ort und Stelle und blühen im folgenden Jahr.

Diascia barberae, Doppelhörnchen

Aussehen: Teils aufrecht, teils hängend wachsende, buschige Pflanze mit schmal herzförmigen, spitzen, mittelgrünen, bis 2 cm langen, gezähnten Blättern. Von Juni bis Oktober erscheinen lockere Trauben mit zahlreichen 1,5–2 cm breiten, röhrigen, 5-zipfeligen Rachenblüten in verschiedenen Rosatönen. Die auch unter dem Namen Elfensporn bekannte Pflanze wird 15–35 cm hoch und 50 cm breit.

'Antique Rose' blüht purpurrosa, 'Coral Belle' lachsrosa, 'Lilac Mist' lilarosa und die 30 cm hohe 'Ruby Field' hellrot.
Verwendung: Unermüdliche Dauerblüher für sonnige Beete, Steingärten sowie Balkonkästen, Töpfe, Schalen und Ampeln. Pro m² benötigt man 11–13 Pflanzen.
Standort: Vollsonnig in feuchtem, aber gut durchlässigem, mäßig nährstoffreichem Boden.

Diascia barberae 'Coral Belle'

Pflege: In wintermilden Regionen sind manche Sorten bedingt frosthart und können mit einem Winterschutz Fröste bis −12 °C überstehen. Die Pflanzen vertragen weder Trockenheit noch Staunässe und müssen gleichmäßig feucht gehalten werden.
Vermehrung: Durch Stecklinge im zeitigen Frühjahr, die bei 20 °C bewurzelt werden oder durch Aussaat ab Februar unter Glas bei 18 °C. Ausgepflanzt werden die Jungpflanzen ab Mitte Mai.

Erigeron karvinskianus, Karwinskis Berufkraut

Aussehen: Die auch unter den Namen *E. mucronatus* oder Spanisches Gänseblümchen bekannte, kurzlebige, teppichbildende Staude wird meist als Einjährige kultiviert. Sie hat locker verzweigte Sprosse und lanzettförmige, bis 4 cm lange, behaarte, graugrüne Blätter. Von Mai bis Oktober erscheinen gänseblümchenartige, 2 cm breite Körbchenblüten mit gelben Röhrenblüten und weißen Strahlenblüten, die sich zu Rosa bis Purpur umfärben. Die Pflanze wird 15–30 cm hoch und etwa 1 m breit. Besonders reich blühend ist die Sorte 'Blütenmeer'.
Verwendung: Für sonnige Beetränder im Kiesgarten, sonnige Treppen sowie für Töpfe, Tröge und zur Unterpflanzung von Rosen-Hochstämmchen. Pro m² benötigt man 11 Pflanzen.
Standort: Sonnig in humosem, durchlässigem, mäßig nährstoffreichem Boden.
Pflege: Die Pflanzen sollten während der Wachstumszeit nur mäßig gewässert werden. Sie vertragen leichte Fröste bis −4 °C und können in wintermilden Regionen mit etwas Winterschutz mehrjährig kultiviert werden. Man kann sie auch hell und kühl, aber frostfrei überwintern.
Vermehrung: Durch Aussaat zwi-

Erigeron karvinskianus

Eschscholzia californica

schen Januar und März unter Glas bei 15–18 °C. Die Samen dürfen nicht mit Erde bedeckt werden (Lichtkeimer!). Ab Mitte Mai können die Sämlinge ausgepflanzt werden. Karwinskis Berufkraut sät sich an geeigneten Standorten reichlich selbst aus.

Erysimum cheiri, Goldlack

Aussehen: Immergrüne, kurzlebige Staude, die früher unter dem Namen *Cheiranthus cheiri* geführt wurde. Sie wird meist als Zweijährige kultiviert und hat einfache oder verästelte, aufrechte Stängel mit lanzettförmigen, bis 20 cm langen, graugrünen Blättern. Von April bis Juni erscheinen kurze Trauben mit orangegelben Blüten, die intensiv duften. Die Blüten öffnen sich von unten nach oben, sodass im oberen Bereich noch Knospen sitzen, während im unteren Bereich bereits Samenschoten gebildet werden. Auf durchlässigen, kalkhaltigen Böden an sonnigen Standorten ist die Pflanze recht dauerhaft und übersteht auch milde Winter. Die Pflanze wird 30–70 cm hoch und bis 40 cm breit.

Der Handel bietet Samen von einfachen und gefüllt blühenden, niedrigen und hohen Sorten in verschiedenen Gelb-, Orange- Rot- und Brauntönen sowie in Cremeweiß an. Die Sorte 'Jubilee Gold' hat leuchtend goldgelbe Blüten, die lange halten.

Erysimum cheiri

Verwendung: Für bunte Frühjahrsbeete, Balkonkästen und Pflanzschalen, hoch wachsende Sorten auch als Schnittblumen. Pro m² benötigt man 5–7 Pflanzen.
Standort: Sonnig in mäßig nährstoffreichem, durchlässigem, kalkhaltigem Boden.
Pflege: Sehr pflegeleicht, nur welke Blätter nach der Überwinterung ausputzen. Bei strengen Frösten ist ein leichter Winterschutz empfehlenswert.
Vermehrung: Durch Aussaat zwischen Mai und Juni im Freiland.

Eschscholzia californica, Kalifornischer Kappenmohn

Aussehen: Die auch als Schlafmützchen bezeichnete, mattenbildende Einjährige hat lanzettförmige, fein zerteilte, blaugrüne, bis 20 cm lange Blätter. Von Juni bis Oktober erscheinen an langen, aufrechten Stielen zahlreiche einzelne, bis 7 cm breite, seidig glänzende Blüten meist in leuchtendem Gelborange. Es gibt auch Sorten mit gelben, roten oder weißen und gefüllten Blüten. Die kurzlebigen Blüten öffnen sich nur bei Sonnenschein und auch dann nur bis zum späten Nachmittag. Die Pflanze wird etwa 30 cm hoch und 15 cm breit.

'Dali' blüht scharlachrot mit goldgelbem Herz, 'Golden West' goldgelb mit orangefarbenem Herz und 'Ballerina' ist eine Mischung mit gefüllten und halb gefüllten Blüten in mehreren Farben.
Verwendung: Für sonnige Kiesgärten und Kieswege, zur Einfassung oder im Vordergrund sonniger Beete und Rabatten. Pro m² benötigt man 11 Pflanzen.
Standort: Vollsonnig in gut durchlässigem, armem, sandigem Boden.
Pflege: Äußerst pflegeleicht.
Vermehrung: Durch Aussaat an Ort und Stelle im April, für eine frühe

Blüte auch schon im September des Vorjahrs. Die Sämlinge bilden früh eine Pfahlwurzel und lassen sich kaum verpflanzen. An geeigneten Standorten sät sich der Kappenmohn reichlich selbst aus.

Fuchsia-Hybriden, Fuchsie (Tab. 3)

Aussehen: Kleine, aufrechte oder hängende, verzweigte Halbsträucher aus Mittel- und Südamerika, die bei uns in der Regel als Einjährige kultiviert werden. Die meisten der weltweit über 12 000 bekannten Sorten sind durch Zucht entstandene Hybriden. Die Pflanzen haben lanzettförmige bis breit eiförmige, mittel- bis blaugrüne Blätter, die je nach Sorte 0,5 bis 25 cm lang werden und am Rand häufig gezähnt sind. Von Mai bis Oktober (*F.-Triphylla*-Hybriden: Juli bis Oktober) erscheinen an 2–8 cm langen Blütenstielen achselständige, selten endständige Trauben mit einfachen oder gefüllten Blüten. Die Blüten sind meist hängend, haben kurze bis lange Kronröhren, weit abgespreizte Kelchblätter und 4 Kronblätter, die einen Becher oder eine Glocke bilden. Kronröhren, Kelch- und Kronblätter haben oft verschiedene Farben: Weiß, Rosa, Purpurn, Blauviolett, Purpurviolett, Orangerot, Korallenrot oder auch zartes Gelb. Der Griffel und die 8 Staubfäden ragen oft weit aus der Blütenkrone heraus. Die meisten Hybriden erreichen eine Wuchshöhe von 30–60 cm und werden ebenso breit. *F.-Triphylla*-Hybriden haben traubige, an den Triebenden angeordnete, korallenrote Blüten mit langem, schmalem Tubus. Bekannte Sorten sind z. B.: 'Elfriede Ott', 'Gartenmeister Bonstedt', 'Göttingen', 'Maria' und 'Thalia'.

Fuchsia-Hybride 'Beacon'

Tab. 3 Empfehlenswerte *Fuchsia*-Hybriden

Sorte	Blüte	Wuchs	Bemerkungen
'Aloha'	pink, Kelch blauviolett	hängend	verträgt Sonne
'Annabel'	weiß, rosa überhaucht	aufrecht	gefüllte, große Blüten
'Blacky Midnight'	scharlachrot, fast schwarzer Kelch	hängend	sehr große, halbgefüllte Blüten
'Cascade'	cremeweiß, Kelch pink	hängend	verträgt Sonne
'Deep Purple'	cremeweiß, violettblauer Kelch	hängend	sehr große, halbgefüllte Blüten
'Hölderlin'	rosa, dunklerer Kelch	aufrecht	langer Tubus, verträgt Sonne
'Maxima'	purpurrot, fast schwarzer Kelch	aufrecht	sehr reich blühend
'Nicis Findling'	reinorangerot	aufrecht	verträgt Sonne
'Omar Giant'	purpurrot, weißer Kelch	hängend	sehr große, halbgefüllte Blüten
'Pink Marshmallow'	weiß, rosa überlaufen	hängend	sehr große, gefüllte Blüten
'Waldis Minne'	weiß, dunkelviolettrosa Kelch	aufrecht	kompakter Wuchs, sehr große Blüten
'Walz Mandoline'	orange, dunklerer Kelch	aufrecht	verträgt Sonne

Die Scharlach-Fuchsie (*F. magellanica*) kann mit etwas Winterschutz im Freiland überwintern. Sie hat schlanke, bis 6 cm lange, purpurrote Blüten. *F. magellanica* var. 'Alba' blüht weiß. Die Art wird bis 130 cm hoch und etwa 80 cm breit.
Verwendung: Aufrecht wachsende Sorten als Beet-, Rabatten- und Balkonpflanzen, in Kübeln für Terrassen und Sitzplätze oder als Hochstämmchen. Hängend wachsende Sorten für Ampeln und Balkonkästen. *F.-Triphylla*-Hybriden werden auch zur sommerlichen Grabbepflanzung verwendet. Pro m² benötigt man 5–7 Pflanzen.
Standort: Halbschattig bis schattig, *F.-Triphylla*-Hybriden auch sonnig, in feuchtem, aber durchlässigem, nährstoffreichem Substrat.
Pflege: Fuchsien können kühl, aber

Fuchsia-Hybride 'Deep Purple'

Fuchsia-Hybride 'Blacky Midnight'

Gaillardia pulchella

Fuchsia-Hybride 'Omar Giant'

Leckere Beeren
Die meisten Fuchsien-Hybriden bringen nach der Blüte fleischige Früchte hervor, die grundsätzlich genießbar, aber je nach Sorte sehr unterschiedlich im Geschmack sind. Am besten schmecken die dunklen Beeren in vollreifem Zustand. Sie können zu Likör, Konfitüre, Gelee oder Kuchenbelag verarbeitet werden.

frostfrei und dunkel überwintert werden. Sie sollten dabei möglichst wenig gewässert werden, wodurch sie dann ihr Laub verlieren. Im März holt man sie ans Licht und schneidet sie etwas zurück. Ab Mitte Mai können sie wieder ins Freie gebracht werden. Wenn Fuchsien hell bei 12 °C überwintert werden, behalten sie einen Teil ihrer Blätter.
Vermehrung: Die Hybriden sind nur vegetativ durch Stecklinge zu vermehren. Im Spätsommer genommene Stecklinge aus halbreifem Holz bei 18–20 °C bewurzeln. Eine Aussaat ist recht kompliziert und wird nur von Züchtern mit dem Ziel unternommen, neue Sorten zu gewinnen.

Gaillardia pulchella, Kurzlebige Kokardenblume

Aussehen: Die auch unter dem Namen *G. bicolor* geführte, aufrecht und buschig wachsende Einjährige hat spatelförmige, bis 8 cm lange, behaarte Blätter. Von Juni bis Oktober erscheinen bis 5 cm breite Körbchenblüten mit gelben, rotspitzigen, reingelben oder roten Strahlenblüten und roten Röhrenblüten. Die Pflanze wird 40–60 cm hoch und 30 cm breit. Die eigentliche Art wird nicht mehr kultiviert. Durch Züchtung sind viele Sorten im Handel, z. B. 'Roter Federbusch (Syn. 'Red Plume') mit gefüllten, roten Blüten oder 'Gelber Federbusch' (Syn. 'Yellow Plume') mit gefüllten, gelben Blüten.
Verwendung: Die lebhaft gefärbten Blüten bringen Farbe in sommerliche Blumenbeete und eignen sich auch als Schnittblumen. Pro m² benötigt man 5–7 Pflanzen.
Standort: Sonnig in durchlässigem, humosem, mäßig nährstoffreichem Boden.
Pflege: Um die Blühfreude zu erhalten, müssen welke Blüten regelmäßig entfernt werden.
Vermehrung: Durch Aussaat ab Ende März unter Glas bei 13–18 °C oder ab Ende April direkt ins Freiland.

Gazania-Hybriden, Gazanie, Mittagsgold

Aussehen: Niedrig wachsende Einjährige mit lanzettförmigen, grundständigen, glänzenden Blättern, die bis 15 cm lang und oberseits dunkelgrün, unterseits silbrig behaart sind. Bei einigen Sorten sind die Blätter auch gelappt oder oberseits weißlich behaart. Von Mai bis Oktober erheben sich aus den flachen Blattrosetten einzelne, kurz gestielte, bis 7 cm breite Körbchenblüten. Das Farbspektrum reicht von Cremeweiß über Gelb- und Orangetöne bis hin zu Rosa-, Rot- und Bronzetönen. Die Blüten öffnen sich nur bei vollem Sonnenschein, an trüben Tagen bleiben sie geschlossen. Die Pflanze wird 20 cm hoch und 25 cm breit. Im Handel werden meist Saatgutmischungen mit verschiedenen Farbspielen angeboten, etwa 'Fiesta', 'Impressa', 'Sun', 'Talent' oder 'Mini-Star'.
Verwendung: In Gruppen gepflanzt für Beete und Rabatten, in kleinen Tuffs auch für den Steingarten. Kompakte Sorten eignen sich auch für Balkonkästen und Töpfe. Pro m² benötigt man 15 Pflanzen.
Standort: Sonnig in nährstoffreichem, gut durchlässigem Boden.
Pflege: Das Entfernen welker Blütenköpfchen erhält die Blühfreude.
Vermehrung: Durch Aussaat unter Glas bei 18–20 °C zwischen Januar und März. Im Spätsommer können grundständige Stecklinge bewurzelt werden. Die bewurzelten Stecklinge werden an einem hellen Standort bei 8–10 °C überwintert und blühen dann im folgenden Frühjahr.

Mittagsblumen
Gazanien werden umgangssprachlich auch als Mittagsblumen bezeichnet. Diesen Namen teilen sie sich mit einigen anderen Arten, die ihre Blüten ebenfalls nur im vollen Sonnenlicht öffnen, etwa den Gattungen *Delosperma*, *Lampranthus* und *Dorotheanthus*.

Gazania-Hybride 'Impressa White Flame'

Helianthus annuus

Helianthus annuus, Gewöhnliche Sonnenblume

Aussehen: Rasch wachsende, hohe, manchmal verzweigte Einjährige mit behaartem Spross und breit ovalen bis herzförmigen, behaarten, mittel- bis dunkelgrünen, bis 40 cm langen Blättern. Zwischen Juli und Oktober erscheinen große, bis 30 cm breite Körbchenblüten mit tellerförmigen, braunen bis rotbraunen Röhrenblüten und gelben bis rotbraunen Zungenblüten. Die Pflanze wird 60–300 cm hoch und 60 cm breit, manche Sorten können unter optimalen Bedingungen aber auch deutlich höher werden.
Verwendung: Hoch wachsende Sorten sehen hübsch vor Zäunen und Hauswänden aus, mittelhohe Sorten eignen sich gut als Schnittblumen und zwergige Sorten passen gut in sommerliche Blumenbeete. Die Samen der großen Sorten können als Vogelfutter oder zum Knabbern geerntet werden. Pro m² benötigt man 3–5 Pflanzen.
Standort: Sonnig und windgeschützt in nährstoffreichem, humosem, feuchtem, aber durchlässigem Boden.
Pflege: Hohe Sorten brauchen eventuell eine Stütze. Wenn man die Samen ernten möchte, muss der reifende Fruchtstand mit einem Netz vor Vogelfraß geschützt werden.
Vermehrung: Durch Aussaat von April bis Juni an Ort und Stelle. Sämlinge lassen sich schlecht verpflanzen.

Heliotropium arborescens, Strauchige Sonnenwende

Aussehen: Die auch unter den Namen *H. peruvianum* und *H. corymbosum* geführte, zunächst aufrechte, später hängende, an der Basis verholzende Einjährige hat breit ovale bis lanzettförmige, knittrige, mittel- bis dunkelgrüne, manchmal violett überlaufene, bis 8 cm lange Blätter. Von Mai bis September erscheinen an kurzen Stielen violette oder lavendelblaue Blütenköpfchen, die in Dolden mit 8–10 cm Durchmesser angeordnet sind. Die Pflanze wird je nach Sorte bis 45 cm hoch und breit, kann aber auch als Hochstämmchen gezogen werden und erreicht dann eine Höhe von 120 cm. Die Pflanze wird auch Heliotrop oder aufgrund ihres Dufts Vanilleblume genannt.

'Marine' ist kompakt, hat tiefblaue Blüten und wird 45 cm hoch; 'Mini Marine' blüht violettblau und wird 40 cm hoch; 'White Lady' hat cremeweiße Blüten und wird 30 cm hoch.

Verwendung: In Beeten und Rabatten setzt die auffällige Blütenfarbe kräftige Akzente. Die angenehm duftende Pflanze eignet sich auch für die Bepflanzung von Schalen und Töpfen, die am besten in Sitzplatznähe aufgestellt werden, sowie für die Balkonbepflanzung. Pro m² benötigt man 7–9 Pflanzen.

Standort: Sonnig bis halbschattig und windgeschützt in leichtem, feuchtem, aber durchlässigem, nährstoffreichem Substrat.

Pflege: Die Pflanzen nicht zu feucht halten, aber auch nicht austrocknen lassen. Das Ausputzen verwelkter Blüten regt die Blühfreude an. Hochstämmchen können hell und kühl (12–15 °C) überwintert werden.

Vermehrung: Durch Aussaat im Februar/März unter Glas bei 16–18 °C. Die Sämlinge werden ab Mitte Mai ausgepflanzt. Halb verholzte Kopfstecklinge können im Sommer bewurzelt werden.

Impatiens walleriana, Fleißiges Lieschen

Aussehen: Buschig aufrecht wachsende Einjährige mit elliptischen bis breit lanzettförmigen, leicht gezähnten oder gebuchteten, hell- bis bronzegrünen, bis 12 cm langen Blättern. Von Mai bis Oktober erscheinen abgeflachte, schlank gespornte, 2,5–6 cm breite Blüten in Weiß, Rosa-, Rot-, und Orangetönen. Inzwischen gibt es auch Sorten mit zweifarbigen und sogar mit gefüllten Blüten. Die Pflanze wird bis 60 cm hoch und breit, viele Sorten bleiben aber deutlich kleiner. Die meisten im Handel erhältlichen Sorten sind Hybriden, die 15–30 cm hoch werden, mit Blüten in einer reichen Farbpalette.

Verwendung: In größeren Gruppen für Beete und Rabatten sowie zur Balkon- und Grabbepflanzung. Pro m² benötigt man 20–25 Pflanzen.

Standort: Sonnig bis halbschattig in humosem, lockerem Boden.

Pflege: Gleichmäßig feucht halten und regelmäßig niedrig dosiert düngen.

Vermehrung: Aussaat unter Glas ab Anfang März bei 18–22 °C. Auspflanzen der Sämlinge ab Mitte Mai.

Impatiens-Hybriden Neuguinea-Grp., Edellieschen

Aussehen: Aufrechte, buschig wachsende Einjährige mit fleischigen Trieben und schmalen bis breit lanzettförmigen, oft bronze überlaufenen oder zweifarbigen Blättern. Von Mai bis Oktober erscheinen abgeflachte, schmal gespornte, 4 cm breite Blüten in Weiß, Rosa-, Rot-, und Orangetönen. Es gibt auch Sorten mit zweifarbigen und gefüllten Blüten. Die Pflanze wird 20–50 cm hoch und 40 cm breit. Es gibt viele prächtige Sorten in einem breiten Farbspektrum, so etwa die kompakt wachsende 'Paradise'-Serie oder die mittelhohe 'Classic'-Serie.

Verwendung: In größeren Gruppen für Beete und Rabatten sowie zur Balkon- und Grabbepflanzung. Einzelne Exemplare sehen auch im Topf hübsch aus. Pro m² benötigt man 11–13 Pflanzen.

Standort, Pflege und Vermehrung: Wie bei *I. walleriana*, die Neu-Guinea-Hybriden vertragen bei ausreichend feuchtem Boden jedoch etwas mehr Sonne.

Heliotropium arborescens 'Marine'

Impatiens walleriana 'Rosetta'

Impatiens-Hybride Neuguinea-Grp.

Lathyrus odoratus, Duft-Wicke, Duftende Platterbse

Aussehen: Einjährige Kletterpflanze mit geflügelten Sprossen und paarweise gefiederten, mittel- bis dunkelgrünen Blättern. Von Juni bis Oktober erscheinen Trauben mit bis zu 4 duftenden, bis 3,5 cm großen Blüten in fast allen Farben außer gelb. Die Pflanze bildet an den Blattenden Ranken aus, mit denen sie selbsttätig klettert. Sie wird bis 250 cm hoch und etwa 100 cm breit. Moderne Züchtungen wachsen auch buschig und kommen ohne Klettergerüst aus.
Verwendung: Zum Begrünen von Zäunen, Gittern, Pergolen und Balkongeländern. Niedrige Sorten auch als Beeteinfassung im Bauerngarten. Pro m² benötigt man 2–3 Pflanzen.
Standort: Sonnig bis halbschattig in nährstoffreichem, humosem, kalkhaltigem Boden.
Pflege: Jungpflanzen etwa 14 Tage nach dem Keimen etwas anhäufeln, damit sie einen besseren Stand bekommen. Das Auskneifen verblühter Blüten fördert die Bildung neuer Blütenstände.
Vermehrung: Durch Aussaat ab Ende März bis Mai direkt an Ort und Stelle im Freiland.

Lavatera trimestris

Lavatera trimestris, Becher-Malve

Aussehen: Aufrechte, buschige Einjährige mit rundlichen, gelappten, behaarten, bis 6 cm großen, mittel- bis dunkelgrünen Blättern. Von Juli bis Oktober erscheinen in den oberen Blattachseln einzelne, weit trichterförmige, 7–10 cm breite, weiße, rosafarbene oder rote Blüten, die oft eine dunklere Äderung aufweisen. Die Pflanze wird 50–120 cm hoch und 45 cm breit.
Verwendung: Für Beete und Rabatten, hohe Sorten auch für den Hintergrund. Pro m² benötigt man 5–7 Pflanzen.
Standort: Sonnig in mäßig nährstoffreichem, durchlässigem Boden.
Pflege: Hohe Sorten brauchen eine Stütze. Der Flor hält länger an, wenn verblühte Triebe regelmäßig ausgeschnitten werden.
Vermehrung: Durch Aussaat ab Mitte März unter Glas bei 15 °C. Die Sämlinge werden ab Mitte Mai ausgepflanzt.

Lobularia maritima, Strand-Silberkraut

Aussehen: Die auch unter dem Namen *Alyssum maritimum* geführte, reich verzweigte, gedrungene Einjährige hat schmal lanzettförmige, bis 3 cm lange, graugrüne Blätter. Von Mai bis Oktober erscheinen unermüdlich winzige, nach Honig duftende, flach becherförmige, weiße, rosafarbene oder violette Blüten, die in rundlichen Trauben angeordnet sind. Die Pflanze wird maximal 30 cm hoch und breit. 'Schneeteppich' ist eine bewährte,

Lathyrus odoratus

Lobularia maritima

reinweiße Sorte; die ‘Aphrodite’-Serie blüht in vielen Pastelltönen. Beide werden etwa 10 cm hoch.
Verwendung: Für Beeteinfassungen, sonnige Treppen und Kieswege, als Unterpflanzung zwischen Rosen und von Hochstämmchen in Kübeln sowie für die Balkonbepflanzung. In Balkonkästen wächst die auch Duftsteinrich genannte Pflanze überhängend. Pro m² benötigt man 9–12 Pflanzen.
Standort: Sonnig in mäßig nährstoffreichem, sehr gut durchlässigem Boden.
Pflege: Äußerst pflegeleicht. Wenn die Blühfreude im Lauf des Sommers nachlässt, schneidet man die Pflanze um etwa die Hälfte zurück.
Vermehrung: Durch Aussaat ab Ende April direkt an Ort und Stelle.

Lunaria annua, Einjähriges Silberblatt

Aussehen: Das auch unter dem Namen *L. biennis* geführte Einjährige Silberblatt ist tatsächlich eine zweijährig kultivierte, aufrechte Pflanze mit herzförmigen, bis 15 cm langen, grob gesägten, hell- bis mittelgrünen Blättern. Im Mai/Juni erscheinen in etwa 20 cm langen, endständigen, breiten Trauben 1 cm breite, weiße bis hellviolette Blüten. Auf die Blüten folgen flache, runde Samenschoten. Die Pflanze wird 90 cm hoch und 30 cm breit.
Von der auch Garten-Mondviole oder Garten-Silberblatt genannten Art gibt es einige schöne Sorten: ‘Variegata’ hat weiß gerandete Blätter und purpurrote Blüten, ‘Alba Variegata’ hat weiß gerandete Blätter und weiße Blüten und ‘Munstead Purple’ blüht rötlichpurpurn.
Verwendung: Die schattenverträgliche Pflanze eignet sich für die Unterpflanzung von Gehölzgruppen, für Strauchrabatten sowie für Bauerngärten und Gärten mit Wildblumen. Die Fruchtstände sind begehrte Trockenblumen. Pro m² benötigt man 7–9 Pflanzen.

Lunaria annua

Standort: Sonnig bis halbschattig in nährstoffreichem, feuchtem, aber durchlässigem Boden.
Pflege: Sehr pflegeleicht. Bei Trockenheit wässern.
Vermehrung: Durch Aussaat im Mai/Juni im Freiland. Die Sämlinge blühen im folgenden Jahr. Die Pflanze sät sich an geeigneten Standorten selbst aus.

Silbertaler
Wegen ihrer dekorativen, für die Trockenfloristik geeigneten Samenstände nennt man das Einjährige Silberblatt auch Silbertaler, Judas-Silberling oder Judas-Pfennig. Man gewinnt die silbrig schimmernden Trockenblumen, indem man die Triebe mit den reifen Früchten schneidet und kopfüber zum Trocknen aufhängt. Wenn man die beiden braunen, papierartigen Hüllen vorsichtig von der Schote abzieht, bleibt die silbrig schillernde Scheidewand am Trieb hängen.

Malope trifida, Trichtermalve

Aussehen: Aufrechte, schwach oder nicht verzweigte Einjährige mit kräftigen, behaarten Stängeln und eiförmigen, bis 10 cm langen, am Grund einfachen, im oberen Bereich gelappten, behaarten, mittelgrünen Blättern. Von Juli bis Oktober erscheinen 5–8 cm breite, weit trompetenförmige Blüten, die blass oder dunkelpurpurrot gestreift sind. Es gibt auch Sorten mit rosaweißen Blüten. Die Pflanze wird 60–90 cm hoch und 25 cm breit.
‘Vulcan’ blüht leuchtend rot (90 cm hoch), ‘White Queen’ blüht reinweiß (90 cm hoch) und ‘White for Windows’ blüht ebenfalls reinweiß, wird aber nur 60 cm hoch.
Verwendung: In kleinen Gruppen für sommerlich bepflanzte Beete und Rabatten und zum Füllen von saisonalen Lücken im Staudenbeet. Auch als Schnittblumen. Pro m² benötigt man 7–9 Pflanzen.
Standort: Sonnig und windgeschützt in mäßig nährstoffreichem, feuchtem, aber durchlässigem Boden.
Pflege: Für ausreichende Bewässerung sorgen und regelmäßig Verblühtes entfernen. Hohe Sorten brauchen eine Stütze.

Malope trifida

Vermehrung: Ab März unter Glas bei 13–18 °C oder durch Aussaat ab Mitte April direkt an Ort und Stelle im Freiland. Auspflanzen vorgezogener Sämlinge ab Mitte Mai.

Matthiola incana, Garten-Levkoje

Aussehen: Aufrechte, an der Basis verholzende Einjährige mit ganzrandigen oder gelappten, lanzettförmigen, bis 10 cm langen, graugrünen bis weiß behaarten Blättern. Von Juni bis September erscheinen aufrechte Trauben mit süß duftenden, bis 2,5 cm breiten, weißen, gelben, roten, violetten, flieder- oder rosafarbenen Blüten. Es gibt auch gefüllte Sorten. Die Pflanze wird 25–90 cm hoch und 40 cm breit.

'Cinderella'-Mischung (gefüllte Blüten in verschiedenen Farben, 25 cm hoch), 'Sugar & Spice'-Mischung (gefüllte Blüten in verschiedenen Farben, 30 cm hoch), 'Excelsior Mammouth Column'-Serie (z. T. gefüllte Blüten in verschiedenen Farben, bis 90 cm hoch).
Verwendung: Traditionelle Bauerngartenpflanze, die lange fast vergessen war und in jüngster Zeit wieder populär wird. Hervorragende Beet- und Rabattenpflanze, niedrige Sorten auch für Balkonkästen, Schalen und Töpfe. Hohe Sorten ergeben lange haltbare Schnittblumen. Pro m² benötigt man 9–12 Pflanzen.
Standort: Sonnig in nährstoffreichem, lehmigem, kalkhaltigem Boden.
Pflege: Levkojen sind salzempfindlich, deshalb sparsam mit Flüssigdünger umgehen. Hohe Sorten brauchen eine Stütze.
Vermehrung: Durch Aussaat ab Ende März bei 15–18 °C unter Glas. Samen nur leicht mit Erde bedecken (Lichtkeimer!). Auspflanzen der Sämlinge ab Mitte Mai. Levkojen können auch zweijährig kultiviert werden. Dann sät man sie im Juli/August aus und überwintert die Jungpflanzen frostfrei und hell. Sie blühen dann im zweiten Jahr bereits ab April bis Juni.

Matthiola incana

Myosotis sylvatica, Wald-Vergissmeinnicht

Aussehen: Buschig wachsende Zweijährige mit behaarten Sprossen und lanzett- bis eiförmigen, bis 10 cm langen, graugrünen Blättern. Zwischen März und Mai erscheinen lockere Büschel endständiger, bis 1 cm breiter, hellblauer, selten auch weißer oder rosafarbener Blüten mit gelber Mitte. Die Pflanze wird 15–40 cm hoch und 15 cm breit.

Myosotis sylvatica 'Compindi'

Die 'Ball'-Serie wächst kugelförmig und gedrungen und wird nur 15 cm hoch, die 'Victoria'-Serie wird 20–30 cm hoch. Beide blühen in Weiß, Hellrosa und Blau.
Verwendung: Zusammen mit Zwiebelblühern und Frühjahrsblumen, z. B. Hornveilchen (*Viola cornuta*) für die Beetbepflanzung im Frühjahr, zur Einfassung von Beeten, für die saisonale Balkonbepflanzung und hohe Sorten auch als Schnittblume. Pro m² benötigt man 13–15 Pflanzen.
Standort: Sonnig bis halbschattig in mäßig nährstoffreichem, feuchtem, aber durchlässigem Boden.
Pflege: Bei Trockenheit wässern.
Vermehrung: Durch Aussaat von Mitte Juni bis Mitte Juli im Freiland oder im Frühbeetkasten. Der Samen darf nicht austrocknen. Im Oktober können die Jungpflanzen an den endgültigen Standort verpflanzt werden. Sie blühen dann im folgenden Frühjahr. An geeigneten Standorten sät sich die Pflanze reichlich selbst aus.

Nemesia-Hybriden, Nemesie, Elfenspiegel

Aussehen: Die heutzutage im Handel erhältlichen *N.*-Hybriden stammen meist von *N. strumosa* und *N. versicolor* ab. Die buschig wachsende Einjährige hat lanzettförmige, bis 7 cm lange, schwach behaarte Blätter. Von Juni bis Oktober erscheinen endständige Trauben aus zweilippigen, bis 2,5 cm breiten Blüten in Weiß, Gelb, Rot, Rosa, Purpurn oder Blau, die auch zweifarbig sein können. Oft haben sie einen gelben, behaarten Schlund und sind außen dunkler geadert. Die Pflanze wird 20–30 cm hoch und 15–20 cm breit.
Verwendung: In Gruppen gepflanzt für Sommerblumenbeete, aber auch hübsch im Balkonkasten, in Schalen und Töpfen. Pro m² benötigt man 7–9 Pflanzen.
Standort: Sonnig in feuchtem, aber durchlässigem, mäßig nährstoffreichem, leicht saurem Substrat.
Pflege: Jungpflanzen entspitzen, damit sie buschig wachsen. Bei Trockenheit gießen.
Vermehrung: Durch Aussaat unter Glas bei 12–15 °C im März/April oder durch Stecklinge, die im Spätsommer bewurzelt und frostfrei überwintert werden. Auspflanzen ab Mitte Mai.

Nemesia-Hybride 'Tutti Frutti'

Nicotiana × sanderae, Niederer Zier-Tabak

Aussehen: Eine aufrechte, an der Basis verholzende Hybride aus *N. alata* und *N. forgetiana* mit spatelförmigen, 5–25 cm langen, leicht klebrigen Blättern, die im oberen Teil der Pflanze lanzettförmig sind. Von Juni bis September erscheinen offene Trauben oder Rispen roter, weißer, purpurner oder rosafarbener, stieltellerförmiger, etwa 5 cm breiter Blüten. Die Pflanze wird 60–80 cm hoch und 30–40 cm breit.
Verwendung: Die lange und reich blühenden Pflanzen eignen sich für alle Sommerblumenbeete und lassen sich gut mit anderen Sommerblumen kombinieren. Niedrige Sorten auch für die Balkonbepflanzung. Pro m² benötigt man 5–7 Pflanzen.
Standort: Sonnig und windgeschützt in nährstoffreichem, feuchtem, aber durchlässigem Boden.
Pflege: Pflanzen immer ausreichend feucht halten und während des Sommers regelmäßig mit Flüssigdünger versorgen. Welke Blütentriebe Ende Juli zurückschneiden, um die Bildung neuer Blüten anzuregen.
Vermehrung: Durch Aussaat unter Glas bei 18–20 °C im März. Auspflanzen der Sämlinge ab Mitte Mai.

Nicotiana × sanderae 'Saratoga'-Mix

Nicotiana sylvestris, Berg-Tabak

Aussehen: Mehrfach verzweigte, aufrechte Einjährige mit kräftigem Stängel und einer grundständigen Rosette aus länglich eiförmigen, bis 35 cm langen, dunkelgrünen Blättern. Zwischen Juni und September erscheinen endständige, dicht gedrängte, kurze Rispen mit nicken-

Nicotiana sylvestris

den, weißen, vor allem nachts süß duftenden Blüten mit langem Tubus, die sich in vollem Sonnenlicht schließen. Die Pflanze wird bis 150 cm hoch und bis 60 cm breit.

'Only the Lonely' ist besonders wüchsig mit bis 10 cm langen Blüten. Die Sorte wird 150 cm hoch.
Verwendung: Die Pflanzen ragen, einzeln oder in kleinen Gruppen gepflanzt, prominent aus Sommerblumenbeeten heraus und eignen sich auch zum Füllen von saisonalen Lücken im Staudenbeet. Man sollte sie so pflanzen, dass man abends in den Genuss des Blütendufts kommt. Pro m² benötigt man 1–2 Pflanzen.
Standort, Pflege und Vermehrung: Wie *N.* × *sanderae*.

Nigella damascena, Jungfer im Grünen

Aussehen: Die im Volksmund auch als „Braut in den Haaren“ oder „Gretel im Busch“ bezeichnete Einjährige mit einfachem oder schwach verzweigtem Spross und sehr fein zerteilten, bis 12 cm langen, hellgrünen Blättern. Zwischen Juni und September erscheinen an den Triebenden bizarre, 4,5 cm breite, schalenförmige Blüten in Blassblau, die von einer Halskrause aus fein zerteilten Hochblättern umgeben sind. Werden die welken Blüten nicht entfernt, bilden sich etwa 3 cm breite, balgförmige Samenkapseln, an deren oberen Enden wie Hörner herausragende Stempel erscheinen. Die Pflanze wird bis 50 cm hoch und 25 cm breit.

'African Bride' blüht weiß und wird 90 cm hoch, 'Moody Blues' blüht in unterschiedlichen Blautönen und wird 60–70 cm hoch, 'Miss Jekyll' blüht hellblau und wird 45 cm hoch und die 'Persian Jewel'-Serie blüht in Weiß, Rosa, Hell- und Violettblau und wird 40 cm hoch.
Verwendung: Die alte Bauerngartenblume ist bei uns leider etwas aus der Mode gekommen, wird aber wieder gern in naturnahen Gärten und auf Blumenwiesen ausgesät. Die Früchte eignen sich für die Trockenfloristik. Pro m² benötigt man 11–13 Pflanzen.
Standort: Sonnig in jedem wasserdurchlässigem Boden.
Pflege: Absolut pflegeleicht, solange die Pflanze genug Sonne bekommt.
Vermehrung: Durch Aussaat an Ort und Stelle im Freiland ab Mitte März bis Mitte April. An geeigneten Standorten sät sich die Pflanze selbst aus.

Nigella damascena

Schwarzkümmel
Die Jungfer im Grünen ist eng verwandt mit dem als Gewürz bekannten Acker-Schwarzkümmel (*Nigella arvensis*). Auch die Samen von *Nigella damascena* werden manchmal wegen ihres waldmeisterähnlichen Geschmacks zum Aromatisieren von Süßspeisen verwendet. Das Öl aus den Samen nutzt die Industrie zur Herstellung von Parfums und Lippenstiften.

Pelargonium zonale-Hybriden, Zonal-Pelargonie, Geranie (Tab. 4)

Aussehen: Geranien gehören zu den beliebtesten Sommerblumen für Balkone und Töpfe. Die aufrechten, buschigen Pflanzen haben sukkulente Sprossen und rundliche, gebuchtete, 5–15 cm breite, häufig zwei- oder mehrfarbige, beim Zerreiben aromatisch duftende Blätter. Bei vielen Sorten haben die Blätter eine streng abgegrenzte („zonale“), rotbraune Zeichnung. Zwischen April und Oktober erscheinen in lockeren Büscheln gestielte, einfache, halbgefüllte oder gefüllte, 2,5 cm große Blüten in Weiß, Rosa, Rot, Orange, Purpurn, oft auch zweifarbig. Die Pflanze wird 15–60 cm hoch und 30 cm breit.
Verwendung: Hauptsächlich als Bepflanzung von Balkonkästen, Schalen und Töpfen, aber auch zur Bepflanzung von Sommerblumenbeeten. Pro m² benötigt man etwa 15 Pflanzen.
Standort: Vollsonnig bis halbschattig in nährstoffreichem, feuchtem, durchlässigem Substrat.
Pflege: Regelmäßiges Wässern, Düngen und das Ausputzen von Verblühtem sorgen für ein gesundes Wachstum und reichen Blütenflor.
Vermehrung: Pelargonien lassen

„Hängegeranien“
Hängend wachsende Pelargonien werden botanisch als *P. peltatum*-Hybriden bezeichnet. Sie eignen sich vor allem für die Balkonbepflanzung, jedoch weniger für die Verwendung im Garten. In der Kultur gleichen sie den aufrecht wachsenden *P. zonale*-Hybriden. Der Handel bietet ein sich ständig erweiterndes, breites Spektrum an Sorten mit einfachen und gefüllten Blüten in vielen Farben (Weiß, Rosa- und Rottöne, auch zweifarbige Sorten) an.

Tab. 4 Empfehlenswerte *Pelargonium zonale*-Hybriden

Sorte	Blüte, Laub	Wuchshöhe
'Astra'	weiß	30 cm
'Blue Wonder'	purpurviolett	30–40 cm
'Chocolate'	orange, braunrotes Laub	30 cm
'Fireworks'	sternförmige Blüten in scharlachrot, weiß geflammt	30–40 cm
'French Vanilla'	gelbliches Weiß	30–40 cm
'Leonardo'	intensiv rot	25 cm
'Michelangelo'	reinweiß, halbgefüllt, zonal gefärbtes Laub	25 cm
'Moonlight'-Serie	halbgefüllt, dunkellaubig, frühe Blüte, verschiedene Farben	30–40 cm
'Sunrise'-Serie	halbgefüllt, frühe Blüte, verschiedene Farben	30–40 cm
'Trend'-Serie	halbgefüllt, kompakt, verschiedene Farben	25–30 cm

sich am besten durch Kopfstecklinge im Spätsommer (September) vermehren. Die Stecklinge werden frostfrei überwintert und beginnen ab April/Mai des folgenden Jahres zu blühen. Aussaat von Arten und F1-Hybriden im Februar unter Glas bei 13–18 °C. Die Sämlinge werden ab Mitte Mai ausgepflanzt.

Pelargonium zonale 'Sunrise Katinka'

Pelargonium zonale 'Moonlight Loki'

Duftpelargonien

Rosen,- Zitrus-, Pfefferminz- oder Moschusduft: Die Duftpelargonien bereichern diese arten- und sortenreichen Gattung mit einem breiten Spektrum an aromatischen Düften, die bei der Berührung der Blätter freigesetzt werden. Duftpelargonien haben die gleichen Standort- und Pflegeansprüche wie *P. zonale*-Hybriden. Bekannte und beliebte Sorten sind z. B. 'Apple Mint' (weiße Blüten, nach Äpfeln und Minze duftend), 'Chocolate Peppermint' (malvenfarben, Blatt mit schokoladebraunem Herz, Pfefferminzduft), 'Mabel Grey' (rosa blühend, Zitronenduft) und 'Royal Oak' (große, rosa Blüten mit intensivem Duft).

Plectranthus scutellarioides, Buntnessel

Aussehen: Die auch unter den Namen *Coleus blumei* var. *verschaffeltii* und *Solenostemon scutellarioides* geführte, immergrüne, bei uns als Einjährige oder Zimmerpflanze kultivierte Blattschmuckpflanze hat leicht sukkulente, kantige Sprossen und eiförmige, gesägte, bis 15 cm lange Blätter, die unterseits behaart sind. Die nesselähnlichen Blätter können rot, braun, gelb, grün, rosa oder mehrfarbig sein und weisen in der Regel eine interessante Zeichnung auf. Zwischen Juni und Oktober erscheinen bis 15 cm lange Trauben mit kleinen, 1,5 cm langen, blauen oder weißen Blüten. Die Pflanze wird bis 50 cm hoch und breit.

Plecthranthus scutellarioides 'Sedona'

Plecthranthus scutellarioides 'Caipirinha'

'Brilliancy' hat karminrote Blätter mit goldgelben Rändern, 'Caipirinha' hellgrüne Blätter mit dunklen Adern, 'Golden Bedder' goldgelbe Blätter, 'Pink Rainbow' kupferrote Blätter mit grünen Rändern und karminroter Äderung, 'Sedona' flammend orangerote Blätter, 'Sunset' hellgrüne Blätter mit einem rosaroten Fleck. Die 'Rainbow'-Serie und die 'Giant Exhibiton'-Serie sind besonders wüchsig und eignen sich gut für Sommerbeete.
Verwendung: Als Farbtupfer für sommerliche Beete und Rabatten. Auch schön in Schalen, Töpfen und ausgefallenen Pflanzgefäßen. Pro m^2 benötigt man 9–11 Pflanzen.
Standort: Sonnig bis halbschattig in humosem, durchlässigem Substrat.
Pflege: Junge Pflanzen entspitzen, um einen buschigen Wuchs anzuregen. Regelmäßig wässern, da die Blätter bei Trockenheit rasch welken. Ohne ausreichend Sonne verblassen die Farben der Blätter.
Vermehrung: Durch Aussaat unter Glas bei 20–22 °C im Januar/Februar. Einfacher ist die Vermehrung durch Kopfstecklinge im September/Oktober, die sich in Wasser rasch bewurzeln. Die Jungpflanzen werden hell und warm überwintert und können ab Mitte Mai des folgenden Jahres ausgepflanzt werden.

Ricinus communis, Rizinus, Wunderbaum

Aussehen: Auch als „Palma Christi" bezeichneter, erstaunlich rasch wachsender, verzweigter Strauch mit breit eiförmigen, 15–45 cm langen, gesägten mehrfach gelappten Blättern, die glänzend mittelgrün, rötlichpurpurn oder bronzerot sind. Der in seiner Heimat im nordöstlichen Afrika und Asien mehrjährige Strauch wird bei uns nur einjährig kultiviert. Zwischen August und Oktober erscheinen an den Triebspitzen Blütenrispen, an denen männliche und weibliche Blüten getrennt sitzen. Die weiblichen Blüten stehen über den männlichen und besitzen auffällige rote Narben. Später bilden sich walnussgroße, leuchtend rote, weichstachelige Früchte, die jeweils drei sehr giftige, bohnenförmige Samen enthalten. Die Pflanze wird 150–300 cm hoch und bis 120 cm breit.

Ricinus communis 'Carmencita'

'Carmencita' wächst verzweigt etwa 200 cm hoch und hat dunkelbronzerotes Laub, 'Impala' wächst gedrungen bis 120 cm hoch und hat rötlichpurpurnes Laub und 'Zanzibarensis' hat sehr große, weiß geaderte, dunkelgrüne Blätter und wird über 200 cm hoch.
Verwendung: Wegen des dekorativen Laubs einzeln oder in kleinen Gruppen als Akzent in bunten Sommerblumenbeeten oder als imposante Kübelpflanze. Pro m^2 benötigt man 1 Pflanze.
Standort: Sonnig und windgeschützt in sehr nährstoffreichem, humosem, feuchtem, aber durchlässigem Boden.
Pflege: Rizinus braucht wegen seines schnellen Wachstums viele Nährstoffe und reichlich Wasser.
Vermehrung: Durch Aussaat unter Glas bei 18–20 °C ab März. Vor dem Aussäen den Samen 24 Stunden in Wasser vorquellen lassen. Die Jungpflanzen können ab Mitte Mai ins Freiland.

Rudbeckia hirta, Rauer Sonnenhut

Aussehen: Die auch unter dem Namen *R. gloriosa* geführte, aufrechte Einjährige hat borstig behaarte, kräftige Stängel und mittelgrüne Blätter. Die Grundblätter sind eiförmig, bis 10 cm lang und schwach gesägt, die Stängelblätter sind schmaler und lanzettförmig. Von Juli bis Oktober erscheinen 7–10 cm breite, margeritenartige Blüten mit leuchtend gelben bis rotbraunen Zungenblüten und dunkelbraunem

Rudbeckia hirta 'Toto Rustic'

Knopf in der Mitte. Es gibt auch Sorten mit zweifarbigen Blüten sowie halbgefüllte und gefüllte Sorten. Die Pflanze wird 30–90 cm hoch und bis 45 cm breit.

'Capuccino' wächst kompakt bis 50 cm hoch und hat gelbe Blüten mit rotem Zentrum, 'Indian Summer' wird bis 80 cm hoch und blüht in sattem Gelb; die 'Toto'-Serie wird nur 20–25 cm hoch, in verschiedenen Gelb- bis Brauntönen.
Verwendung: Einzeln oder in Gruppen als leuchtender Farbtupfer für sommerliche Beete und Rabatten, auch als saisonale Lückenfüller in Staudenbeeten. Gute Schnittblume. Pro m² benötigt man 5–7 Pflanzen.
Standort: Sonnig in lehmig-humosem, nährstoffreichem, durchlässigem Boden.
Pflege: Ausreichend mit Wasser und Nährstoffen versorgen und hohe Sorten stützen. Wenn Abgeblühtes regelmäßig ausgeschnitten wird, blühen die Pflanzen bis Frostbeginn.
Vermehrung: Durch Aussaat unter Glas bei 15–18 °C im März/April. Ab Mitte Mai können die Sämlinge ausgepflanzt werden.

Salvia coccinea, Blut-Salbei

Aussehen: Aufrechte, buschige Einjährige mit ovalen bis herzförmigen, bis 6 cm langen, gesägten, behaarten, dunkelgrünen Blättern. Von Mai bis Oktober erscheinen an schlanken, endständigen Ähren bis 2 cm lange, leuchtend rote Blüten. Die Pflanze wird 30–60 cm hoch und 30 cm breit.

'Summer Jewel Red' blüht unermüdlich in leuchtendem Rot und wird bis 40 cm hoch, 'Coral Nymph' blüht rosa (40 cm hoch) und 'White Lady' (Syn. 'Snow Nymph') blüht weiß (40 cm hoch).
Verwendung: Als Beetpflanze, die sowohl einzeln als auch in Gruppen gut zur Geltung kommt. Auch als Schnittblume geeignet. Pro m² benötigt man 7–9 Pflanzen.
Standort: Sonnig in mäßig nährstoffreichem, leicht kalkhaltigem, durchlässigem Boden.
Pflege: Sehr pflegeleicht.
Vermehrung: Durch Aussaat unter Glas bei 18–20 °C im März. Die Sämlinge können ab Mitte Mai ausgepflanzt werden.

Salvia coccinea 'Coral Nymph'

Salvia farinacea 'Fairy Queen'

Salvia farinacea, Mehliger Salbei

Aussehen: Aufrechte, buschige Einjährige mit weiß bemehlten Sprossen und lanzettförmigen, bis 8 cm langen, glänzend mittelgrünen Blättern, die unterseits weißlich behaart sind. Von Mai bis Oktober erscheinen an hohen, dichten Ähren mit purpurnen oder blauen Stielen bis 2 cm lange, lavendelblaue Blüten. Die Pflanze wird bis 60 cm hoch und 30 cm breit.

'Fairy Queen' blüht lavendelblau mit weißen Akzenten und wird 40 cm hoch, 'Rhea' blüht dunkelblau und wird 35 cm hoch, 'Victoria Blue' wächst gut verzweigt bis 45 cm hoch und blüht dunkelblau, 'Victoria White' blüht weiß.
Verwendung, Standort, Pflege und Vermehrung: Wie *S. coccinea*.

Salvia splendens, Pracht-Salbei

Aussehen: Aufrechte, buschige Einjährige mit ovalen, bis 7 cm langen, spitzen, gesägten, schwach behaarten, blass- bis dunkelgrünen Blättern. Zwischen Mai und September erscheinen dichte, endständige Ähren mit bis 5 cm langen, röhrenartigen Blüten, die von roten Tragblättern umhüllt sind. Die Pflanze

Salvia splendens 'Johannisfeuer'

wird 20–40 cm hoch und bis 35 cm breit.

'Cover Girl' blüht scharlachrot und wird nur 20 cm hoch, 'Johannisfeuer' blüht ebenfalls scharlachrot und wird 25 cm hoch und 'Sahara' wächst gut verzweigt, blüht leuchtend rot und wird 25–30 cm hoch. Sorten der 'Sizzler'-Serie wachsen mit 24–30 cm sehr kompakt, blühen früh und sind sowohl als Mischung als auch farblich sortiert erhältlich.
Verwendung, Standort, Pflege und Vermehrung: Wie *S. coccinea*.

Salvia viridis 'Blue Monday'

Salvia viridis, Schopf-Salbei

Aussehen: Die auch unter dem Namen *S. hormium* geführte, aufrechte, buschige Einjährige hat eiförmige bis längliche, gebuchtete, bis 5 cm lange, behaarte, mittelgrüne Blätter. Zwischen Juni und September erscheinen endständige Ähren mit kleinen, wirtelig angeordneten Blüten, die jeweils zwei hübsche, weiße, rosafarbene oder purpurblaue Hochblätter mit dunkler Äderung besitzen. Die farbigen Hochblätter sind der eigentliche Schmuck der Pflanzen, die 50–60 cm hoch und 25 cm breit werden.

'Oxford Blue' hat blauviolette, 'White Swan' weiße Hochblätter. Beide Sorten werden 30 cm hoch. Sorten der 'Marble Arch'-Serie haben farbenfrohe Hochblätter in Weiß, Rosa und Purpurblau und werden 50–60 cm hoch.
Verwendung, Standort, Pflege und Vermehrung: Wie *S. coccinea*.

Sanvitalia procumbens, Husarenknopf

Aussehen: Die auch als Mexikanisches Goldrandblümchen bekannte, kriechende, Matten bildende Einjährige hat spitz-ovale, bis 6 cm lange, mittelgrüne Blätter. Von Mai bis Oktober erscheinen in großer Anzahl einzelne, 2 cm breite, gelbe Körbchenblüten mit dunkler Mitte. Die Pflanze wird bis 20 cm hoch und 45 cm breit.

'Golden Carpet' hat zitronengelbe Blüten, 'Mandarin Orange' hat halbgefüllte, orange Blüten und 'Orange Sprite' hat halbgefüllte, orangegelbe Blüten mit grüner Mitte. Die 'Picador'-Serie hat einfache Blüten in reinem Gelb. Alle genannten Sorten werden 10–15 cm hoch.
Verwendung: Reich blühender

Sanvitalia procumbens 'Picador Early Yellow'

Bodendecker zur Bepflanzung von Beeten, Rabatten und Gräbern, aber auch für Ampeln und Balkonkästen. Pro m^2 benötigt man 11–13 Pflanzen.
Standort: Sonnig in mäßig nährstoffreichem, humosem, durchlässigem Substrat.
Pflege: Mäßiger Wasser- und Nährstoffbedarf. Während der Sommersaison die Pflanze immer wieder etwas zurückschneiden, um die Blühfreude zu erhalten.
Vermehrung: Durch Aussaat unter Glas bei 15–18 °C im März/April. Die Sämlinge können ab Mitte Mai ausgepflanzt werden.

Schizanthus × wisetonensis, Schlitzblume

Aussehen: Die im Volksmund auch als „Orchidee des armen Mannes" oder „Spaltblume" bezeichnete, aufrechte Einjährige hat lanzettförmige, bis 12 cm lange, gefiederte, hellgrüne Blätter. Zwischen Juli und September erscheinen endständige, offene Ähren mit weit geöffneten, weißen, blauen, rosafarbenen oder rotbraunen, bis 8 cm breiten Blüten, deren mittlerer Kronenzipfel oft gelb gefleckt auf dunklem Grund ist. Die Pflanze wird 20–50 cm hoch und bis 30 cm breit.

Die 'Starparade'-Serie überzeugt mit leuchtenden, großen Blüten in vielen Farben. Die Pflanzen bleiben mit 20 cm recht kompakt.
Verwendung: Pro m² benötigt man 7–9 Pflanzen.
Standort: Sonnig und geschützt in kalkhaltigem, nährstoffreichem, feuchtem, aber durchlässigem Substrat.
Pflege: Damit der Flor den ganzen Sommer über anhält, muss mit dem reichlich benötigtem Gießwasser regelmäßig Flüssigdünger verabreicht werden. Beim Wässern die Blätter möglichst nicht benetzen.
Vermehrung: Durch Aussaat ab April an Ort und Stelle oder unter Glas bei 16 °C ab März. Eine Direktsaat in den Endtopf ist empfehlenswert.

Schizanthus × wisetonensis

Tagetes erecta, Hohe Studentenblume (Tab. 5)

Aussehen: Aufrecht und buschig wachsende Einjährige mit farnartig gefiederten, stark aromatischen, dunkelgrünen, 8–10 cm langen Blättern. Zwischen Mai und Oktober erscheinen unermüdlich dicht gefüllte, an Nelken erinnernde, bis 12 cm breite Blütenköpfchen in Gelb-, Orange- und Braunrottönen. Die auch als Afrikanische Tagetes bezeichneten Hybriden von *T. erecta* werden bis 45 cm hoch und breit, es gibt aber auch zwergige Sorten.
Verwendung: Auffällige, fröhliche Sommerblume, die am schönsten in großen Gruppen oder zusammen mit anderen bunten Sommerblumen in kleinen Tuffs wirkt. Sie eignet sich auch zur Einfassung von Beeten, sowohl im Nutz- als auch im Ziergarten. Kompakte Sorten schmücken auch Schalen und Balkonkästen. Pro m² benötigt man von kleinen Sorten 15–20 Pflanzen, von großen Sorten 7–9 Pflanzen.
Standort: Sonnig in nährstoffreichem, feuchtem aber durchlässigem Boden.
Pflege: Verblühtes muss regelmäßig ausgekniffen werden, damit die Blühfreude anhält. Bei Trockenheit muss rechtzeitig gewässert werden, denn *Tagetes* vertragen keinen trockenen Boden. Bei längeren Regenperioden drohen den Blüten Grauschimmel und Fäulnis.
Vermehrung: Durch Aussaat unter Glas zwischen Januar und März bei 18–21 °C. Auspflanzen der Sämlinge ab Mitte Mai. Die Aussaat kann von Mitte April bis Mitte Mai auch an Ort und Stelle erfolgen, die Pflanzen blühen dann später.

Tagetes erecta 'Discovery'-Mix

Schneckenfutter
Kaum eine andere Sommerblume ist bei Nacktschnecken so beliebt wie die Studentenblume. Die lästigen Mollusken können eine Pflanze innerhalb einer Nacht bis auf das Skelett abnagen. Diesen Umstand nutzen manche Gartenfreunde, um die Schnecken mithilfe von *Tagetes* von anderen gefährdeten Kulturpflanzen (z. B. Blattsalat) abzulenken.

Tab. 5 Empfehlenswerte Hybriden von *Tagetes erecta*

Sorte	Blüte	Wuchshöhe
'Cupido'	schwefelgelb, gefüllt, mit grünlicher Mitte	20 cm
'Discovery'-Serie	große, gefüllte Blüten in drei Gelb- und Orangetönen	15–25 cm
'Inca'-Serie	große, gefüllte Blüten in Gelb- und Orangetönen, sehr regenfest	40 cm
'Taishan'-Serie	gefüllte Blüten in verschiedenen Gelb- und Orangetönen, sehr regenfest	30 cm
'Vanilla'	F1-Hybride mit cremeweißen, gefüllten Blüten	40–60 cm

Tagetes patula, Gewöhnliche Studentenblume (Tab. 6)

Aussehen: Aufrechte, buschige Einjährige mit purpurn überlaufenen Sprossen und gefiederten, dunkelgrünen, bis 10 cm langen Blättern, die aromatisch duften. Zwischen Mai und Oktober erscheinen unermüdlich einzelne oder in lockeren Büscheln sitzende, ungefüllte oder gefüllte, bis 5 cm breite Körbchenblüten mit wenigen oder vielen Blütenblättern in Gelb-, Rot- und Orangetönen. Die als Französische Tagetes bezeichneten Hybriden von *T. patula* werden 30–60 cm hoch, es gibt aber auch zwergige Sorten, die nur 15–30 cm hoch werden.
Verwendung, Standort, Pflege und Vermehrung: Wie *T. erecta*.

Afro-französische Hybriden
Hybriden von *T. erecta* und *T. patula* (*T. erecta* × *T. patula*) bezeichnet man als Afro-französische Hybriden. Sie ähneln im Erscheinungsbild den Elternteilen und haben gefüllte oder ungefüllte, gelbe oder orangefarbene, bis 6 cm breite Blütenköpfe, die oft mahagonifarben gemustert sind, z. B. die regenfesten Sorten der 'Zenith'-Serie, die bis 30 cm hoch werden.

Tagetes patula 'Scarlet'

Tagetes tenuifolia, Feinblatt-Studentenblume (Tab. 7)

Aussehen: Die auch unter dem Namen Schmalblatt-Studentenblume bekannte, aufrechte, buschige Einjährige hat gefiederte, 5–12 cm lange, mittel- bis dunkelgrüne, aromatische Blätter. Von Mai bis Oktober erscheinen in lockeren Büschen ungefüllte, bis 2,5 cm breite Blütenköpfchen mit einigen gelben oder orangeroten Zungenblüten und vielen Röhrenblüten.

Die auch als Signet-*Tagetes* bezeichneten Hybriden von *T. tenuifolia* werden 20–30 cm hoch und breit.
Verwendung, Standort, Pflege und Vermehrung: Wie *T. erecta*.

Tagetes tenuifolia

Tab. 6 Empfehlenswerte Hybriden von *Tagetes patula*

Sorte	Blüte	Wuchshöhe
'Aurora'-Serie	gefüllte Blüten in hell- bis goldgelben, orangeroten bis mahagoniroten Farbtönen, auch zweifarbig	20–25 cm
'Boy'-Serie	gefüllte, großblumige Mischung in Gelb, Orange, Braun mit orangeroter oder gelber Haube	bis 15 cm
'Disco'-Serie	einfache Blüten in verschiedenen Farben, sehr regenfest	20–25 cm
'Durango Outback'-Serie	halbgefüllte, kontrastreiche Blüten in Gelb-, Orange- und Mahagonitönen	25–30 cm
'Safari'-Serie	halbgefüllte Blüten in verschiedenen Farben	bis 25 cm

Tab. 7 Empfehlenswerte Hybriden von *Tagetes tenuifolia*

Sorte	Blüte	Wuchshöhe
'Gem'-Serie	zitronengelbe, hell- und dunkelorange, dunkler gemusterte Blüten	bis 25 cm
'Gnom'	leuchtend gelborange	20–30 cm
'Lulu'	gelb	25–30 cm
'Ornament'	rotbraun	20–25 cm
'Paprika'	rot mit feinen gelben Streifen	20–30 cm

Gewürz-Tagetes
Die Sorten der Glänzenden Studentenblume (*T. lucida*) werden auch als Gewürz-*Tagetes* bezeichnet, weil man Speisen mit ihrem anis- und estragonähnlich duftenden Laub und den essbaren Blüten ein besonderer Pfiff verleihen und einen aromatischen Tee bereiten kann. Die Sorte 'Sweet Mace' hat ungefüllte, gelborange Blüten und wird 30–40 cm hoch.

Tropaeolum majus, Echte Kapuzinerkresse

Aussehen: Wüchsige, kriechende bis ausladende Einjährige mit rundlichen, nierenförmigen, bis 7 cm breiten, am Rand gewellten, hell- bis blaugrünen, gestielten Blättern. Von Juni bis Oktober erscheinen lang gespornte, bis 6 cm breite, rote, orangefarbene oder gelbe Blüten. Die Pflanze wird etwa 25 cm hoch und bringt bis 300 cm lange Triebe hervor.

Außer der eigentlichen Art sind zahlreiche Hybriden im Handel: Die 'Variegated Queen'-Serie blüht in reicher Farbpalette mit weißbunt gesprenkeltem Laub. 'Ladybird' wächst niedrig und buschig, blüht gelb mit roter Zeichnung und bleibt mit 30 cm langen Trieben recht kompakt. 'Black Velvet' hat samtschwarze Blüten und bleibt mit 30 cm ebenfalls kompakt. 'Orange Troika' hat orangefarbene Blüten und fein gezeichnetes Laub (120–150 cm), 'Cherry Rose Juwel' wächst kompakt überhängend (bis 30 cm) und blüht gefüllt in Karminrot. 'Kaiserin von Indien' (Syn. 'Empress of India') blüht leuchtend orangerot und bleibt mit 30 cm ebenfalls kompakt.
Verwendung: Die eigentliche Art eignet sich zum Unterpflanzen von Obstbäumen (sie lenkt Läuse von den Kulturen ab). Kompakte Sorten sehen auch schön in Balkonkästen aus. Langtriebige Sorten kann man an Treppen, über Böschungen und Mauern herabwallen lassen. Pro m² benötigt man 2–3 Pflanzen.
Standort: Sonnig und windgeschützt in mäßig nährstoffreichem, feuchtem, aber durchlässigem Boden.
Pflege: Zu hoher Stickstoffgehalt führt vor allem zur Blattbildung, Blüten entwickeln sich nur bei mäßiger Düngung reichlich.
Vermehrung: Aussaat an Ort und Stelle ab Mitte Mai. Für früher blühende Pflanzen empfiehlt sich eine Vorkultur unter Glas bei 18 °C ab Anfang April.

Tropaeolum peregrinum, Kanarien-Kapuzinerkresse

Aussehen: Wüchsige Kletterpflanze mit gelappten, bis 5 cm breiten, hell- bis graugrünen Blättern. Von Juni bis Oktober erscheinen 2,5 cm breite, gespornte, hellgelbe Blüten, deren obere Kronblätter gefranst sind. Die Pflanze bildet bis 400 cm lange Triebe.
Verwendung: Reichblütiger Klimmer für Zäune, Spaliere und Balkongeländer. Man kann die Pflanze auch an Böschungen und Mauern herabwallen lassen. Pro m² benötigt man 1–2 Pflanzen.
Standort, Pflege und Vermehrung: Wie *T. majus*, die Vorkultur sollte allerdings schon im März beginnen.

Tropaeolum majus 'Peach Melba'

Tropaeolum peregrinum

Xerochrysum bracteatum, Garten-Strohblume

Aussehen: Die früher unter den Namen *Helichrysum bracteatum* bzw. *Bracteantha bracteata* geführte, aufrechte Einjährige hat breit lanzettförmige, graugrüne, bis 12 cm lange Blätter. Zwischen Juli und September erscheinen an den Triebenden verzweigter Stiele bis 8 cm breite, papierartige, einfache oder gefüllte Körbchenblüten in Weiß, Gelb, Rosa oder Rot. Die Pflanze wird bis 100 cm hoch und 30 cm breit.

Sorten der 'Bright Bikini'-Serie werden 30 cm und der 'Mohave'-Serie 40 cm, Sorten der 'Monstrosum'-Serie 90 cm und der 'King Size'-Serie bis 100 cm hoch. Alle genannten Sorten haben große bis sehr große, gefüllte Blüten in vielen Farben, darunter auch Pastelltöne.
Verwendung: In Gruppen oder kleinen Tuffs gepflanzt für Sommerblumenbeete, niedrige Sorten auch für Schalen. Die selbst nach dem Trocknen leuchtend bunten Blüten sind in der Trockenfloristik sehr geschätzt. Pro m² benötigt man 7–12 Pflanzen.
Standort: Sonnig in humosem, nicht zu nährstoffreichem, durchlässigem Boden.

Xerochrysum bracteatum 'Mohave Yellow'

Pflege: Das Entfernen von Verblühtem fördert die Bildung neuer Blüten. Hohe Sorten müssen gestützt werden.
Vermehrung: Durch Aussaat unter Glas bei 18 °C zwischen März und Mai. Die Sämlinge werden ab Mitte Mai ausgepflanzt. Eine Direktsaat im Freiland ist ab Mitte/Ende April möglich.

Zinnia elegans, Garten-Zinnie (Tab. 8)

Aussehen: Aufrechte, verzweigte Einjährige mit eiförmigen bis lanzettlichen, behaarten, bis 8 cm langen, hell- bis mittelgrünen Blättern. Von Juli bis Ende September erscheinen margeritenähnliche, bis 5 cm breite Körbchenblüten mit breiten Zungenblüten in vielen leuchtenden Farben außer Blau. Es gibt auch zweifarbig und gefüllt blühende Sorten. Die Pflanze wird je 20–70 cm hoch und 30 cm breit.
Verwendung: In Gruppen oder Tuffs gepflanzt für Sommerblumenbeete. Niedrige Sorten eignen sich auch für Einfassungen Schalen, Balkonkästen und Töpfe, hohe Sorten als Schnittblumen. Pro m² benötigt man 7–12 Pflanzen.
Standort: Sonnig und windgeschützt in nährstoffreichem, durchlässigem Boden.
Pflege: Die Pflanzen brauchen einen gleichmäßig feuchten Boden und einen stickstoffarmen Dünger, damit sie reich blühen. Das Ausputzen von

Tab. 8 Empfehlenswerte Sorten und Hybriden von *Zinnia elegans*

Sorte	Blüte	Wuchshöhe
'Candy Cane'-Serie	gefüllt, viele Farben mit weißen Spitzen	60–70 cm
'Chrysanthemenblütige Riesen'	großblumige Mischung verschiedener Farben, gefüllt	90 cm
'Dahlienblütige Riesen'	großblumige Mischung verschiedener Farben, gefüllt	90 cm
'Dasher'-Serie	großblumige Mischung verschiedener Farben, gefüllt	30–40 cm
'Dreamland'-Serie	großblumige Mischung verschiedener Farben, gefüllt	20–25 cm
'Kaktusblütige Riesen'	großblumige Mischung gefüllter Blüten mit apart gerollten Zungenblüten in verschiedenen Farben	80 cm
'Liliput'-Serie	dicht gefüllte, lang gestielte Pomponblüten in verschiedenen Farben	50–60 cm
'Magellan'-Serie	große, gefüllte Blüten in verschiedenen , besonders leuchtenden Farben	35 cm
'Peter Pan'-Serie	sehr große, gedrungene, gefüllte Blüten in verschiedenen Farben	30 cm
'Ruffles'-Serie	gefüllte Blüten in verschiedenen Farben mit gekräuselten Zungenblüten	60 cm
'Swizzle'-Serie	gefüllte Blüten mit rotem Zentrum und weißen bzw. gelben Spitzen	30 cm

Zinnia elegans 'Dreamland Ivory'

Zinnia 'Profusion Apricot'

Zinnia 'Purple Prince'

Verblühtem erhält die Blühfreude. Hohe Sorten stützen.
Vermehrung: Durch Aussaat unter Glas bei 18 °C zwischen Februar und April. Die Sämlinge können ab Ende Mai ausgepflanzt werden.

Zinnia 'Magellan Cherry'

Zinnia 'Zowie Yellow Flame'

Zinnia haageana, Haage-Zinnie (Tab. 9)

Aussehen: Die auch unter den Namen *Z. angustifolia* und *Z. mexicana* geführte, aufrechte, buschige Einjährige hat lanzettförmige, bis 7 cm lange, schwach behaarte, mittelgrüne Blätter. Von Juli bis Oktober erscheinen bis 3,5 cm breite, margeritenähnliche Körbchenblüten. Es gibt auch gefüllte und zweifarbige Sorten. Die Pflanze wird 20–60 cm hoch und bis 30 cm breit.
Verwendung, Standort, Pflege und Vermehrung: Wie bei *Z. elegans*.

Zinnia haageana

Tab. 9 Empfehlenswerte Sorten und Hybriden von *Zinnia haageana*

Sorte	Blüte	Wuchshöhe
'Classic' (Syn. 'Orange Star')	einfach, goldorange	25 cm
'Jazzy'	Mischung gefüllter Blüten mit dunkelrotem Zentrum und gelb oder cremeweiß gespitzten Zungenblüten	40 cm
'Perserteppich' (Syn. 'Persian Carpet')	Mischung gefüllter Blüten mit dunkelrotem Zentrum und hell gespitzten Zungenblüten	40 cm
'Profusion'-Serie	Hybrid-Mischung mit ungefüllten Blüten in verschiedenen Farben	30 cm
'Star White'	ungefüllt, weiße Zungenblüten mit goldgelber Mitte	25 cm

Stauden von A–Z

Der erste Schritt zur perfekten Staudenpflanzung besteht im Kennenlernen der Ansprüche und Eigenheiten der einzelnen Arten und Sorten. Nur wenn man diese beachtet und einplant, kann der Einsatz von Stauden dauerhaft von Erfolg gekrönt sein, denn Stauden sind langlebige Individuen, die im Garten viele Jahre Freude bereiten sollen. Die Auswahl im Folgenden erhebt natürlich keinen Anspruch auf Vollständigkeit. Mit bestem Wissen und Gewissen ist aber hier ein aktuelles Sortiment mit einer angemessenen Mischung aus Klassikern und Novitäten zusammengetragen, aus dem Sie nach Herzenslust auswählen können.

Achillea ptarmica, Bertrams-Garbe

Aussehen: Die Bertrams-Garbe erreicht eine Höhe von etwa 50 cm. Sie bildet aufrecht wachsende Triebe mit wechselständigen, 4–6 cm langen, länglichen, sattgrünen, fein gesägten Blättern. Die von Juli bis September erscheinenden, weißen, ungefüllten Blüten stehen in dichten, kleinen Büscheln zusammen und ähneln winzigen Kamillenblüten. Die einzelnen Blüten sind etwa 1 cm groß, die Büschel sind etwa 5–10 cm groß.
Verwendung: Die einfachen Blüten haben eine leger-romantische Ausstrahlung; als Rosenbegleiter eignen sie sich sehr gut. Pro m^2 benötigt man 12 Pflanzen.
Standort, Pflege und Vermehrung: Siehe *A. ptarmica* 'Schneeball' (unten).

Achillea ptarmica 'Schneeball', Bertrams-Garbe

Aussehen: Die auch unter den Namen 'Boule Neige', 'The Pearl' oder 'Perle' gehandelte, standfeste Sorte hat sehr dünne Stängel und 4–6 cm lange, längliche, gesägte und dunkelgrüne Blätter. Die gefüllten, rundlichen, 1 cm großen, strahlend weißen Blütenköpfchen stehen in dichten Büscheln zusammen, die rund 6–10 cm groß werden, und erscheinen von Juli bis September auf rund 60 cm hohen Stängeln.

Die gefüllt blühende Sorte 'Weiße Kugel' wächst mit nur 20 cm Höhe fast teppichartig.
Verwendung: Als Begleiter von Rosen oder als lockere Abwechslung zwischen Prachtstauden ist der Dauerblüher bestens geeignet. Besonders die gefüllten Sorten liefern sehr gute, haltbare Schnittblumen. Pro m^2 benötigt man 12 Pflanzen.
Standort: Nährstoffreicher Boden, der nicht ganz austrocknen darf. Der Name Sumpf-Garbe weist darauf hin, dass sie mehr Feuchtigkeit verträgt als die meisten anderen Gartenpflanzen. Sonne lockt die Blüten hervor; im Halbschatten oder gar Schatten werden die Pflanzen blühfaul und leicht krank.
Pflege: Am zusagenden Standort völlig unkompliziert. Sehr hohe Sorten müssen gestützt werden, sonst drücken zu heftige Niederschläge sie nieder.
Vermehrung: Durch Teilung.

Achillea tomentosa 'Aurea', Goldgelbe Teppich-Garbe

Aussehen: Die Pflanze bildet niedrige Teppiche und Matten aus wolligen, gefiederten, etwa 4 cm langen, graugrünen Blättern. Die Stängel erreichen eine Höhe von etwa 20 cm und enden in hellgelben, knapp 8 cm großen Blütendolden, die sich tellerartig formieren und aus sehr kleinen Blüten zusammengesetzt sind. Die Blütenstände erscheinen im Juni und Juli.
Verwendung: Der niedrige Wuchs macht sie zu einer hübschen Vermittlungspflanze für den Einsatz zwischen hohen Sommerstauden. Für größere Flächen eignet sie sich weniger, da die Pflanzen nach wenigen Jahren auseinanderfallen und eher kurzlebig sind. Pro m^2 benötigt man 12 Pflanzen.
Standort: Sonnig. Ein üblicher, nicht zu nasser Gartenboden ist die Voraussetzung für gutes Gedeihen.
Pflege: Leider kippen die Blütenstände schnell um. Theoretisch könnte man die Pflanze stützen, das ist aber bei der geringen Höhe nicht praktikabel. Die sich neigenden Stängel schneidet man besser ab, damit die Pflanze kompakt

Achillea ptarmica

Achillea ptarmica 'Schneeball'

Achillea tomentosa 'Aurea'

bleibt. Schließlich wirkt das feine Laub auch ohne Blüten sehr attraktiv. Nach etwa 3 Jahren lässt die Wuchskraft nach, daher sollte man die Pflanzung immer wieder auffrischen.
Vermehrung: Durch Aussaat, 'Aurea' ist im Saatguthandel erhältlich.

Aconitum × cammarum 'Bicolor', Garten-Eisenhut

Aussehen: Die Pflanze hat aufrecht wachsende Triebe mit fein zerteiltem, ahornartigem, grünem Laub; die Blätter werden etwa 7 cm groß. Im Juli und August erscheinen die helmartigen, 4 cm großen Blüten an einer länglichen Traube mit abstehenden Seitentrieben. Die Blüten sind weißgrundig mit einem hübschen, blauvioletten Rand. Die Pflanzen bilden Knollen aus, werden aber grundsätzlich als getopfte Staude angeboten.

Neben 'Bicolor' gibt es auch sehr attraktive, einfarbig dunkel blauviolett blühende Züchtungen, beispielsweise 'Bergwacht' oder 'Doppelgänger'.
Verwendung: Als Blütenpflanze in Schattenbeeten. Die langlebige Sorte ist in Gärten der Mittelgebirgsregionen und besonders im Alpenvorland sehr verbreitet, da sie mit den kühlen Wetterbedingungen sehr gut zurechtkommt. Auch inmitten von Prachtstauden blühen die Pflanzen sehr gut, wenn nur der Boden feucht genug ist und die Pflanzung sich nicht allzu sehr aufheizt. Eisenhut ist eine stark giftige Pflanze, deren Inhaltsstoffe auch in der Medizin Eingang gefunden haben. Pro m² benötigt man 9 Pflanzen.
Standort: Halbschatten ist ideal, selbst Baumschatten wird vertragen, allerdings erscheinen dort die Blüten nicht ganz so zahlreich. Die Pflanzen bevorzugen eher kühle

Aconitum carmichaelii 'Arendsii'

Sommer und dürfen während des Wachstums nicht austrocknen. Suchen Sie einen Platz aus, an dem die Pflanze lange stehen darf, dann entfaltet sie lange Jahre immer wieder ihre ungewöhnlich schönen Blüten.
Pflege: An einem passenden Standort pflegeleicht.
Vermehrung: Um die Sortenechtheit zu erhalten, teilt man die Pflanze im Frühling, wenn sie gerade austreibt. Vorsicht; die rübenartigen Wurzeln sind recht spröde und brechen leicht.

Aconitum carmichaelii 'Arendsii', Garten-Eisenhut

Aussehen: Die funkelnd blauvioletten Blüten dieser Selektion stehen dicht an dicht an aufrechten, drahtigen Stängeln, die eine Höhe von gut 120 cm, gelegentlich mehr, erreichen. Die ahornartig zerteilten, etwa 6 cm großen Blätter decken die Triebe sehr gut ab. Ab Hochsommer zeigen sich die helmartigen, etwa 4 cm großen Blüten in einer langen Traube im oberen Drittel der Triebe. Die Blütezeit erstreckt sich

Aconitum × cammarum 'Bicolor'

etwa von August bis in den September hinein.
Verwendung: Die ideale Schmuckstaude für den Halbschatten macht auch in einem Prachtstaudenbeet mit ausgeglichener Feuchte eine hervorragende Figur. Die Stängel eignen sich vorzüglich zum Schnitt. Pro m² benötigt man 9 Pflanzen.
Standort und Pflege: Siehe *A. × cammarum* 'Bicolor' (oben).
Vermehrung: Neben der Teilung, bei der man für den Hausgebrauch vorsichtig identische Tochterpflanzen gewinnen kann, lässt sich dieser Eisenhut auch aussäen; die Jungpflanzen unterscheiden sich nur wenig voneinander.

Aconitum henryi 'Spark', Heinrich-Eisenhut

Aussehen: Anders als die reine Art, die knapp 50 cm hoch wird, erreicht diese über 110 Jahre alte Kulturform eine Höhe von gut 150 cm, gelegentlich sogar noch mehr. Die 5–8 cm großen Blätter sind ahornartig fein geschlitzt. Im Juli und August erscheinen die gut 4 cm gro-

Aconitum henryi 'Spark'

ßen, violetten Blüten an dünnen Stängeln in locker verzweigten, aufrechten Blütenständen. Die Blütenstängel lehnen sich gerne an anderen Pflanzen an.
Verwendung: Im Halbschatten bis Vollschatten eine der besten Blütenpflanzen überhaupt. Die satt violettblauen Blüten passen hervorragend zu kontrastierenden hellen Blüten oder Blättern, etwa von Funkien (*Hosta*). Auch als Schnittblume ist dieser Eisenhut sehr gut geeignet; die Blüten bleichen ein wenig aus, wenn sie zu knospig in der Vase stehen und unter ungünstigen Lichtverhältnissen aufblühen. Pro m² benötigt man 9 Pflanzen.
Standort: Halbschattig bis schattig; der Boden sollte nährstoffreich und nicht trocken sein. Eisenhut ist eine Pflanze der Gebirgswälder und bevorzugt entsprechend ähnliche Bedingungen.
Pflege: Die Pflanzen sind pflegeleicht, lediglich Trockenheit kann ein Problem sein. Die sehr langen Stängel ragen meist in Richtung des Sonnenlichtes; ein rechtzeitiges Aufbinden ist daher ratsam.
Vermehrung: Um die Sorteneigenschaften zu erhalten sollte man die Pflanze nur durch Teilung vermehren.

Aconitum napellus, Echter Eisenhut

Aussehen: Diese heimische Staude hat 100–180 cm hohe, aufrechte Stängel mit ahornartig zerteilten, fein geschlitzten Blättern. Im Hoch- und Spätsommer, meist zwischen Ende Juni und Anfang August, erscheinen die charakteristischen, helmartigen, gut 4 cm großen, dunkel blauvioletten Blüten. Nach der Blüte entwickeln sich sehr markante, etwa 3–4 cm lange, zweiteilige, eiförmige, aufrecht stehende, oben spitz zulaufende, grüne Balgfrüchte.
Verwendung: Diese wertvolle und langlebige Wildstaude macht in allen halbschattigen Beeten, etwa am Gehölzrand, eine sehr gute Figur. Die Blütezeit fällt zusammen mit der von zahlreichen *Hosta*- und späten *Astilbe*-Sorten. So lassen sich sehr reizvolle Szenarien gestalten. Pro m² benötigt man 9 Pflanzen.
Standort: Halbschatten bis lichter Schatten; fast jeder Boden ist geeignet, zu leichter Sand- oder schwerer Lehmboden können problematisch werden; hier muss Komposterde oder Sand eingearbeitet werden, eine zusätzliche Mulchschicht verhindert zu starke Schwankungen von Temperaturen und Feuchte.
Pflege und Vermehrung: Siehe *A. henryi* 'Spark' (oben).

Aconogonon alpinum (Syn. *Polygonum polymorphum*), Alpen-Bergknöterich

Aussehen: Der Alpen-Bergknöterich ist eine bis 200 cm hohe und breite, sehr wüchsige, buschige Horste bildende Art. Die kräftigen, verzweigten Stängel haben große, schmal ovale, spitz zulaufende, in Bodennähe bis 45 cm lange Laubblätter. Im Juli/August erscheinen an den Triebspitzen zahlreiche winzige, cremeweiße Blüten an etwa 15 cm hohen Rispen.
Verwendung: Zähe, standfeste und nicht wuchernde Art für Staudenbeete, naturnah angelegte Gärten und den Gewässerrand. Pro m² benötigt man 1–2 Pflanzen.
Standort: Bevorzugt feuchte, hu-

Aconogonon alpinum

mose Böden, verträgt nach Eingewöhnung aber auch etwas Trockenheit.
Pflege: Keine besonderen Maßnahmen notwendig.
Vermehrung: Durch Teilung oder Stecklinge von weichen, nichtblühenden Trieben.

Adiantum pedatum, Frauenhaarfarn, Pfauenradfarn

Adiantum pedatum

Aussehen: Die bis 50 cm hohe Pflanze wächst polsterig und bildet Ausläufer. Auf sehr dünnen, drahtigen Stielen spreizen sich die zarten, mehrfach fein gefiederten, etwa 10 cm langen Wedel schirmrippenartig ab und bilden einen Stern. Die Oberseite ist hellgrün, die Unterseite etwas dunkler gefärbt, die Stiele sind dunkel, fast schwarz.
Verwendung: Als Gruppenpflanze im Halb- bis Vollschatten ist dieser Farn ideal; gerade zwischen Pflanzen mit großen Blättern, etwa Funkien (*Hosta*), bildet er eine willkommene Abwechslung. Auch zu Gehölzen, etwa *Rhododendren*, passen die Farne bestens. Durch den niedrigen Wuchs eignet sich der Pfauenradfarn auch zum Begrünen größerer Flächen, und die kriechenden Wurzelstöcke erobern sich mit der Zeit auch Plätze zwischen Steinen und Fugen. Die Wedel halten sich auch in der Vase sehr gut. Pro m² benötigt man 15 Pflanzen.
Standort: Die völlig winterharte Art stammt aus den gemäßigten Breiten Nordamerikas und setzt sich, selbst bei zuweilen trockenen Böden, erstaunlich gut durch. Lediglich starke Sonneneinstrahlung mag sie nicht.
Pflege Problematisch sind anhaltende Sonneneinstrahlung und ein völlig dürrer Boden. Sommerhitze wird aber mit einer Mulchschicht als Schutz selbst in relativ humusarmen Sandböden sehr gut vertragen.

Vermehrung: Durch Teilen; besonders bei den bisher eher selten erhältlichen Auslesen können nur auf diese Weise die Sorteneigenschaften erhalten bleiben.

Adonis amurensis, Adonisröschen

Aussehen: Die Pflanze wird 10–15 cm hoch und hat einen kuppelförmigen Wuchs. Leicht bepelzte Stiele mit fein gefiedertem Laub tragen im März und April leuchtend goldgelbe, 5 cm große Blütenschalen, die aussehen, als wären sie auf ein üppiges, filigranes Blätterkissen gesteckt. Bei Regen und vom Abend bis zum Morgen schließen sich die Blüten, gegen raue Witterung sind sie durch einen feinen Haarflaum geschützt. Im Sommer zieht die Pflanze ein.
Verwendung: Die sehr früh und auffällig blühenden Pflanzen sind ungewöhnlich schöne Blickfänge im Frühlingsgarten. Ein idealer Partner etwa zu Primeln, Veilchen oder ähnlich romantischen Pflanzen. Polsterig wachsende Stauden, etwa diverse Arten von Glockenblumen (*Campanula*), Blaukissen (*Aubrieta*) oder Schleierkraut (*Gypsophila*), können sich über die entstandenen Lücken ausbreiten, wenn die Pflanze eingezogen ist. Leider ist diese feine, hübsche, langlebige und pflegeleichte Schönheit nur wenig verbreitet, obwohl die strahlenden Blütenschalen nach einem langen Winter richtige Muntermacher sind. Pro m² benötigt man 16 Pflanzen.
Standort: Zuhause ist das Adonisröschen in lichten Laubwäldern, deren Böden besonders im Frühjahr frisch-feucht sind. Einen solchen Standort sollte man ihm auch bieten, dann hält sich diese Pflanze über lange Jahre und wird immer schöner. Leider ist sie anfällig für Schneckenfraß.
Pflege: Die Pflanzen sind unkompliziert.
Vermehrung: Durch Aussaat, allerdings kann es mehrere Jahre dauern, bis die Keimung erfolgt. Einfacher ist eine Vermehrung durch Teilung.

Adonis vernalis, Adonisröschen

Aussehen: Die in Zentral- und Osteuropa heimische Pflanze ähnelt *A. amurensis*, wirkt aber durch ihre Höhe von gut 20–30 cm etwas opulenter. Sie hat ebenfalls leuchtend gelbe, 5 cm große Blüten und attraktives, fein zerteiltes, etwas bepelzt wirkendes Laub. Die Blüten erscheinen im April und Mai.

Adonis vernalis

Tab. 1 Empfehlenswerte Sorten von *Agastache*		
Sorte	Blüte	Wuchshöhe
'Alabaster'	weiß bis zartgrün	80 cm
'Black Adder'	blaulila; Blütenstand kontrastiert in zwei verschieden tiefen Farbtönen	100 cm
'Blue Fortune'	purpurn getöntes Blauviolett	90 cm
'Globetrotter'	lilarosa	100 cm
'Golden Jubilee'	lila; Blütenstand kontrastiert vorzüglich zum schönen, gelblichen Laub	90 cm
'Red Fortune'	weiches Pupurrot	80 cm

Verwendung: Auffällig und in ihrer Erscheinung recht eindrucksvoll kann das Adonisröschen ein kleiner Star im Frühlingsbeet werden. Bei Sonnenschein sind die Blüten weit geöffnet und leuchten intensiv. Gelegentlich kommen blassgelb und gefüllt blühende Selektionen vor, die allerdings nicht benannt im Handel sind – es ist ein Glücksfall, wenn man sie in einer Gärtnerei oder einem Garten entdeckt. Pro m^2 benötigt man 12 Pflanzen.
Standort: Anders als *A. amurensis* liebt *A. vernalis* durchlässigere Böden und verträgt im Sommer Trockenheit besser. In einem Garten mit Felsstücken und Steinen macht die Pflanze eine gute Figur.
Pflege: Die Pflanzen vor Staunässe schützen. Schnecken können Schäden verursachen.
Vermehrung: Hat man eine der seltenen Farb- und Form-Abweichungen der heimischen Art im Garten, sollte man sie nur durch Teilung vermehren. Samenanzucht ist ebenfalls möglich, aber die Jungpflanzen wachsen nur zögerlich. Man braucht viel Geduld, wenn man die Sämlinge in Töpfen kultiviert.

Der romantische Frühling
Wenn wir an Frühlingsgärten denken, fallen uns meist erst die prächtigen Zwiebelblumen, wie Tulpen, Narzissen oder Hyazinthen, sowie großblumige Primeln und Stiefmütterchen ein. Doch der Frühling kann durch Stauden ein ganz anderes Gesicht bekommen. Adonisröschen (*Adonis*), aber auch andere, etwas in Vergessenheit geratene dauerhafte Pflanzen, etwa Schlüsselblumen, Alpenveilchen, Duft-Veilchen, Leberblümchen, Busch-Windröschen oder Elfenblumen begrüßen den Frühling mindestens ebenso schön. Solche Frühlingsboten wirken weniger prunkvoll, sondern eher wild-romantisch. Das große Plus bei ihnen ist, dass sie dauerhaft im Garten ausharren und nicht jedes Jahr neu gepflanzt werden müssen. Sie werden mit der Zeit sogar immer schöner.

Agastache foeniculum, Duftnessel, Anis-Ysop

Aussehen: Die meisten Duftnesseln erreichen eine Höhe zwischen 70 und knapp 100 cm. Ihr etwa 6 cm langes, ovales, leicht gesägtes Laub erinnert ein wenig an Nesseln, es reizt allerdings nur optisch. Die Pflanze wächst aufrecht und bildet Gruppen. Ab Juli bis weit in den Herbst hinein schmücken sich die Pflanzen mit den kolbenartigen, pastellig lilablauen, knapp 10 cm langen Blütenähren. Ihren Namen hat die Pflanze von den Blättern, die bei Nässe und Berührung ein leichtes, anisartiges Aroma verströmen.
Verwendung: Eine neuartige, aber sehr unkomplizierte Bereicherung zahlreicher Beete und Rabatten, besonders attraktiv dort, wo ein naturnaher Eindruck erzielt werden soll. Hervorragende Bienenweide und Schmetterlingsfutterpflanze. Pro m^2 benötigt man 7 Pflanzen.
Standort: Volle Sonne und durchlässiger Boden. Die Pflanzen vertragen Trockenperioden weit besser als die üblichen Prachtstauden und zählen daher angesichts des fortschreitenden Klimawandels auch zu den Gartenpflanzen mit Zukunft.
Pflege: In sehr kalten Gegenden und Winterwetterverläufen sollte man die Pflanzen etwas abdecken; ansonsten sind sie ausgesprochen leicht zu pflegen.
Vermehrung: Der gute Zuwachs der Pflanzen erlaubt eine ergiebige Teilung.

Agastache-Sorten, Duftnessel-Sorten (Tab. 1)

Aussehen: Diese Duftnesseln wachsen aufrecht und bilden Gruppen. Sie tragen etwa 6 cm lange, ovale, gesägte Blätter und ähneln *A. foeni-*

Agastache × rugosa 'Black Adder'

Agastache × rugosa 'Red Fortune'

culum, jedoch sind die Blütenkolben mit gut 15 cm länger, etwas schlanker und sehen nicht ganz so flauschig aus. Die populärsten und gegenwärtig wertvollsten Sorten stammen aus Kreuzungen von *A. rugosa* mit *A. foeniculum*. Neben den abgebildeten 'Black Adder' und 'Red Fortune' ist auf jeden Fall noch die violettblaue 'Blue Fortune' hervorzuheben, die, wie alle Züchtungen dieser Linie, sehr standfest wächst und bis weit in den Herbst hinein attraktiv aussieht.

Verwendung, Standort, Pflege und Vermehrung: Siehe *A. foeniculum*.

Ajuga reptans, Günsel (Tab. 2)

Aussehen: Die Pflanzen breiten sich rasch durch Wurzelausläufer und Selbstaussaat aus und sind sehr durchsetzungsfähig. Eiförmige, etwas gebuchtete und gewellte, zuweilen sogar gesägte, etwa 6–8 cm lange, wintergrüne Blätter breiten sich flach in lockeren Rosetten aus; das Laub bleibt meist niedriger als 10 cm. Etwa zwischen April und Juni erscheinen 15–25 cm lange Blütenstände mit etwa 2 cm großen, meist violetten, manchmal weißen Blüten, die in einer gedrungenen Traube stehen. Sehr attraktiv sind die Spielarten mit gemusterten oder schwärzlich braunrot gefärbten Blättern.

Ziemlich bekannt und zu Recht beliebt ist die vergleichsweise großblättrige Sorte 'Catlin's Giant', deren anfänglich tiefrote Blätter sich im Laufe des Jahres zu einem dunklen Grünton wandeln. Ihre ansehnlichen Blüten sind leuchtend violettblau gefärbt.

Aromapflanzen sind im Kommen

Was lange lediglich eine „nette Draufgabe" bei Gartenpflanzen darstellte, wird immer mehr zum Entscheidungsgrund für eine Pflanze – der Duft. Zwar geben zahlreiche Stauden mit ihren Blüten ihren Wohlgeruch bereitwillig an die Umgebung ab; bei den sogenannten Aromapflanzen, zu denen auch die Duftnesseln (*Agastache*) gehören, muss diesem Genuss aber ein Reiz vorangehen. Sie entlassen ihren markanten Duft, der meist den Blättern entströmt, erst nachdem sie berührt wurden oder nachdem ein heftiger Regen die Blätter benetzt hat. Daher ist es sinnvoll, solche Gewächse in die Nähe eines Weges oder einer Terrasse zu setzen, damit eine zufällige oder absichtliche Berührung leicht möglich ist.

Tab. 2 Empfehlenswerte Sorten von *Ajuga reptans*

Sorte	Blätter	Blüten
'Alba'	sattgrün	weiß
'Atropurpurea'	sehr schön, glänzend, rotbraun	blau
'Black Scallop'	nahezu schwarz, glänzend	blauviolett
'Braunherz'	der Bronzeton wird von innen nach außen heller	violettblau
'Burgundy Glow'	silbrig, grün und bronzefarben gescheckt	violett
'Catlin's Giant'	groß, zuerst rot, später dunkelgrün	blau
'Multicolor'	rote, weiße, grüne, rosafarbene und gelbliche Töne auf dem Laub	lila
'Patina'	dunkel purpurfarben	lila
'Sanne'	dunkelgrün	weiß
'Tottenham'	dunkel braunrot	rosa
'Silver Carpet'	silbrig	bläulich
'Variegata'	silbrig grün, mit weißem Rand	violett

Verwendung: Wer rasch größere Flächen in der Sonne oder im Halbschatten begrünen möchte, ist mit dem attraktiven Günsel bestens bedient. Allerdings werden zarte Nachbarn schnell von ihm „überrollt". Auch im Balkonkasten und in Kübeln macht er eine gute Figur. Der größte Zierwert dieser Pflanze besteht im Laub, das sogar wintergrün bleibt – wenn es auch bei sehr harten Frösten leiden kann. Pro m^2 benötigt man 8 Pflanzen.

Ajuga reptans 'Burgundy Glow'

Ajuga reptans 'Patina'

Ajuga reptans 'Tottenham'

Standort: Ein sonniges bis halbschattiges Plätzchen ist genau das Richtige. Zu schattig stehender Günsel bekommt leicht Mehltau. Der Boden darf nicht zu sehr austrocknen.
Pflege: An Problemstandorten oder in sehr feuchten Jahren ist der Günsel anfällig für Mehltau. Meist sind die Pflanzen aber so wüchsig, dass der Befall sich kaum auswirkt und in erster Linie ein ästhetisches Manko darstellt.
Vermehrung: Günsel lässt sich leicht teilen; selbst kleine Stücke wachsen meist ohne Schwierigkeiten an. So können die schönsten Farbsorten „echt" erhalten werden. Günsel samt sich sehr gut selbst aus, die verschieden ausfallenden Nachkommen kann man dann auswählen, an einen passenden Ort setzen und später weiter durch Teilung vermehren – eine Selektion hübscher Pflanzen nach eigenen Vorstellungen.

Alcea 'Parkallee'

Alcea 'Parkrondell'

Alcea-Hybriden, Stockrosen-Hybriden

(Tab. 3)

Aussehen: Die sehr wertvollen Hybriden entstammen Kreuzungen aus *Alcea rosea* und *Althaea officinalis*, dem Echten Eibisch. Die etwa 70 cm hohe, Horste bildende Pflanze hat rundliche, gebuchtete Blätter mit einem Durchmesser von etwa 6–8 cm. An dem straffen Blütenstängel erscheinen ab Juli den ganzen Sommer lang in einer Traube angeordnete, meist locker gefüllte, etwa 6 cm große Blüten, die waagerecht abstehen. Die Trauben nehmen etwa ein Drittel der gesamten Pflanzenhöhe ein. Die Blütenfarben der Züchtungen schwanken zwischen Blassgelb, Aprikosenrosa und frischem Rosa. Besonders populär sind die halbgefüllten „Park"-Sorten 'Parkrondell', 'Parkfrieden' oder 'Parkallee', die sich seit einigen Jahren in vielen Gärten bestens bewähren.

Tab. 3 Empfehlenswerte *Alcea*-Hybriden

Sorte	Blütenfarbe	Wuchshöhe
'Parkallee'	zartes Cremegelb bis Elfenbein	etwa 200 cm
'Parkfrieden'	helles, zartes Apfelblütenrosa	etwa 170 cm
'Parkrondell'	intensives Rosa	etwa 200 cm

Verwendung: Hübsch in ländlichen Gärten und an Zäunen.
Standort: Ein Sonnenplatz mit ausgeglichener Feuchte ist ideal, Staunässe möglichst vermeiden.
Pflege: Die Pflanzen sind deutlich langlebiger als *Alcea rosea* – sicher ein Erbteil des Echten Eibisch. Auch gegenüber Malvenrost zeigen sie sich weniger anfällig. Sehr harte Fröste sollten durch eine Abdeckung abgehalten werden.
Vermehrung: Um die Sorte zu erhalten, bleibt nur ein vorsichtiges Teilen der Pflanzen im Frühling. Die Teilstücke sollten mindestens faustgroß sein.

Alchemilla epipsila, Frauenmantel

Aussehen: Die horstartig zusammen stehenden grundständigen Blätter sind nierenförmig und leicht gebuchtet, oberseits glatt und unterseits behaart; ihr Durchmesser beträgt rund 5 cm. Die winzigen, grünlichen Blüten stehen in großen, wolkig verteilten Rispen, die von Juni bis August die gesamte Pflanze bedecken. Zur Blütezeit hat die Pflanze eine Höhe von rund 30 cm.
Verwendung: Diese Art ist eine sehr gute Alternative zur höheren und weit offensiver wachsenden *A. mollis*, die bereits weit in den Gärten verbreitet ist. Als ausgleichender Begleiter in farbstarken Beeten eignet sich *A. epipsila* bestens. Auch zu Rosen ist sie durch ihren kompakten, wenig ausufernden Wuchs ideal. Pro m² benötigt man 20 Pflanzen.
Standort: Sonne bis Schatten, Hauptsache der Boden ist nicht gerade staubtrocken.
Pflege: Eine absolut unkomplizierte Pflanze, deren Wuchs nur durch starke Trockenheit beeinträchtigt wird.
Vermehrung: Am leichtesten durch Teilung der Pflanzen, selbst kleine Stücke mit Wurzeln wachsen ohne Schwierigkeiten an. Gelegentlich samt sich die Art aus.

Alchemilla erythropoda, Bodendecker-Frauenmantel

Aussehen: Bei diesem Frauenmantel stehen die grundständigen nierenförmigen Blätter als dichte Gruppe zusammen. Die Blütenstände erreichen eine Höhe von knapp 15 cm und tragen nierenförmige, gebuchtete, samtig beflaumte Blätter, die mit einem Durchmesser von 4 cm recht zierlich sind. Die zahlreichen, winzigen, rispig stehenden Einzelblüten passen proportional bestens dazu. Die Blütezeit zieht sich etwa von Juni bis in den Oktober hinein.
Verwendung: Ein sehr guter Bodendecker, der sich mit seiner verträglichen Höhe nahezu universell einsetzen lässt. Er gedeiht selbst im Steingarten. Pro m² benötigt man 20 Pflanzen.
Standort: Sonne bis Halbschatten. *A. erythropoda* eignet sich nicht gut für den Vollschatten, verträgt aber trockene Wetterphasen besser als die anderen Frauenmantel-Arten.
Pflege: Pflegeleicht.
Vermehrung: Die Art lässt sich gut teilen und an zusagenden Standorten finden sich auch Sämlinge.

Alchemilla hoppeana, Hoppes Frauenmantel, Silberrand-Frauenmantel

Aussehen: Die grundständig stehenden, 4–6 cm großen, nierenförmigen, gebuchteten Blätter sind dunkelgrün, die silbrige Färbung unterseits schimmert als schmaler Rand an der Oberfläche durch. Von Juni bis weit in den Herbst hinein erscheinen 25–30 cm hohe, wolkige Rispen aus kleinen, grünlichen Blüten, die die ganze Pflanze bedecken.
Verwendung: Die fast unbegrenzt einsetzbare Art ist ein vorzüglicher Rosenbegleiter. Pro m² benötigt man 23 Pflanzen.
Standort: Sonne bis Schatten, der Boden sollte nicht ganz austrocknen.
Pflege: Pflegeleicht, wenn der Boden feucht genug ist.
Vermehrung: Durch Teilung. Die Art sät sich auch selbst aus.

Alchemilla epipsila

Alchemilla erythropoda

Alchemilla hoppeana

Alchemilla mollis, Weicher Frauenmantel

Aussehen: Die graugrünen, flaumig behaarten Blätter stehen als grundständiger, etwa 15 cm hoher Horst zusammen. Daraus entspringen die bis zu 50 cm hohen Blütenstängel mit den für den Frauenmantel typischen grünlichen Blütchen, die sich zu großen Rispen zusammenfügen. Besonders bei dieser Art sammeln sich Tau- oder Regentropfen in den Blattvertiefungen und liefern sehr stimmungsvolle Gartenimpressionen. Die Blüte beginnt etwa Mitte oder Ende Mai und fällt zusammen mit der Blüte von Pfingstrosen und Wieseniris. Eine zweite Blüte lässt sich ab Hochsommer erzielen.

Die Sorte 'Thriller' wächst fast noch kräftiger und höher als die reine Art.

Verwendung: Als mittelhohe Ergänzung zu Prachtstauden hat sich der Frauenmantel bestens bewährt. Auch in naturnah angelegten Szenarien fügt sich die wild-romantische Art hervorragend ein. *A. mollis* wächst sehr stark: Die Pflanze selbst breitet sich sehr gut aus und die zahlreichen Sämlinge erobern sich ganze Gartenpartien. Aufgrund dessen eignet sie sich nicht als Nachbar zarter Pflanzen und auch Rosen, zu denen sie oft empfohlen wird, sollten einen kraftvollen Wuchs (mind. 1 m Höhe) aufweisen. Als Schnittblume ein sehr schönes Beiwerk zu großen Blüten, selbst getrocknet sieht sie noch hübsch aus. Pro m² benötigt man 10–12 Pflanzen.

Standort: Sonne bis Schatten. Der Boden sollte feucht genug sein.

Pflege: In erster Linie muss man die Pflanzen im Zaum halten. Nach der ersten Blüte schneidet man die Pflanzen sehr tief zurück, um die Samenbildung und die damit verbundene Ausbreitung zu unterbinden. Die Pflanzen treiben gut und kompakt wieder aus und blühen ab Hochsommer erneut schön nach.

Vermehrung: Die sehr festen Wurzelstöcke lassen sich nur mit beherzten Spatenstichen teilen, die Teilstücke wachsen ohne Probleme wieder an. Sowohl Selbstaussaat als auch gezielte Aussaat durch gekauftes Saatgut bringt sehr guten Erfolg.

Alchemilla mollis

Die passenden Frauenmäntel

Der bekannteste Frauenmantel, *Alchemilla mollis*, ist in vielen Pflanzsituationen zu groß und wächst zu offensiv. Die anderen hier aufgeführten, kleiner und zahmer wachsenden Arten (*A. epipsila, A. erythropoda, A. hoppeana*) sind in vielen Fällen deutlich verträglicher und lassen eine unkompliziertere Verwendung zu. Auch sie versamen sich durchaus und wachsen gut heran, erdrücken aber selten die Pflanzennachbarn. Es lohnt sich sehr, diese Alternativen in Pflanzungen zu nutzen.

Alyssum montanum, Berg-Steinkraut

Aussehen: Die mit länglich-ovalen, graugrünen, etwas behaarten, etwa 5 cm langen Blättern besetzten Triebe liegen flach auf und bilden damit schmucke Polster. Im April und Mai zeigen sich kleine hellgelbe Blüten, die in lockeren, runden, etwa 4–5 cm großen Dolden dicht an dicht zusammenstehen. Zur Blütezeit ist die etwa 15 cm hohe Pflanze vollständig mit Blüten bedeckt und erstrahlt in einem frischen Gelbton. Auch nach der Blüte sind die Pflanzenpolster durchaus ansehnlich.

Neben der reinen Art gibt es auch Sorten, die eine etwas intensivere Blütenfarbe haben; eine der bekanntesten ist 'Berggold'.

Verwendung: Im Steingarten, an und auf Mauern, neben Wegen und sogar in Mauerfugen ist Steinkraut eine hübsche Art, wenn man kompakte, pflegeleichte Polster braucht. Pro m² benötigt man 10 Pflanzen.

Standort: Sonne und ein durchlässiger Boden, der ruhig steinig sein darf, sind die einzigen Ansprüche der ansonsten unkomplizierten Pflanze.

Pflege: Besondere Pflegemaßnahmen sind nicht erforderlich.

Vermehrung: Die Art lässt sich gut aus Samen vermehren, aber auch Stecklinge, die im Frühsommer geschnitten werden, bilden willig Wurzeln.

Alyssum montanum 'Berggold'

Alyssum saxatile, Felsen-Steinkresse, Felsen-Steinkraut

Aussehen: Die Art wird neuerdings der Gattung *Aurinia* zugeordnet und heißt korrekterweise *Aurinia saxatilis*, da man sie aber fast überall noch unter *Alyssum* führt und kennt, ist sie noch hier eingegliedert. Die mit der Zeit an der Basis verholzenden Triebe liegen auf dem Boden auf und werden etwa 7 cm lang. Sie sind mit länglich-ovalen Blätter besetzt. Die Pflanze erreicht zur Blütezeit im April und Mai eine Höhe von rund 30–40 cm. Die kleinen Blüten stehen dicht zusammen in einer Dolde, die einen Durchmesser von etwa 5 cm erreichen kann. Die Blütenfarbe der Ausgangsart ist ein leuchtendes Gelb.

'Citrinum' blüht schwefelgelb, 'Goldkissen' hat gefüllte Blüten, 'Compactum' (Syn. 'Nanum') bleibt niedriger und wächst geschlossener, ebenso wie die niedrigste Sorte 'Compactum Goldkkugel'.
Verwendung: Im Steingarten und als Mauerbegrünung oder Wegrandbepflanzung äußerst attraktiv. Pro m² benötigt man 12 Pflanzen.
Standort: Sonne und durchlässiger Boden.
Pflege: Nach der Blüte sollte die Pflanze etwas in Form geschnitten werden.
Vermehrung: Durch Wurzelrisslinge, Aussaat und Stecklinge.

Alyssum saxatile 'Goldkugel'

Alyssum wulfenianum, Wulfens Steinkraut

Aussehen: *A. wulfenianum* wächst mit nur 20 cm Höhe deutlich kompakter als *A. montanum* und ist langlebiger. Die länglich-ovalen, graugrünen, rund 7 cm langen Blätter ordnen sich an den aufliegenden, bis 20 cm langenTrieben an. Frühestens ab Mai (also einige Wochen später als *A. montanum*) erscheinen die kleinen gelben Blüten in Dolden von etwa 4 cm Größe. Mit dem Einsatz beider Arten lässt sich der Effekt der über einem Polster stehenden, leuchtend gelben Blüten deutlich verlängern.
Verwendung: Ideal für Steingärten und alle vergleichbaren Plätze. Pro m² benötigt man 12–15 Pflanzen.
Standort, Pflege und Vermehrung: Siehe *A. montanum*.

Alyssum wulfenianum

Anaphalis triplinervis

Anaphalis triplinervis, Perlkörbchen

Aussehen: Die etwa 40 cm hohe Pflanze hat längliche, wollig-filzig behaarte, graugrüne, schmal lanzettliche, 4–6 cm lange Blätter, die an den aufrechten Trieben angeordnet sind. Ein wenig erinnert der Belag an Spinnweben. Die zahlreich von Juni bis August erscheinenden, etwa 2 cm großen Blüten sind weiß und stehen aufrecht in kleinen Büscheln an den Triebspitzen.

Die wertvolle Sorte 'Sommerneuschnee' bleibt mit 25 cm sehr kompakt und blüht im Juli und August. Daran schließt sich die Blütezeit von 'Silberregen' an, deren Blüten bis in den September hinein auf etwa 50 cm hohen Trieben erscheinen.
Verwendung: Eine ideale Staude für trockene Plätze in Gartentypen, wie Kiesgärten, mediterran anmutenden Anlagen oder Steppengärten. Die Blüten geben sehr schöne Schnittblumen ab und lassen sich ausgezeichnet trocknen. Pro m² benötigt man 12 Pflanzen.
Standort: Sonne und durchlässiger Boden sind wichtig; die Pflanzen vertragen Trockenheit recht gut.
Pflege: Höhere Sorten sollten gestützt werden.
Vermehrung: Durch Teilung oder Stecklinge.

Anemone hupehensis var. *japonica*, Japanische Herbst-Anemone (Tab. 4)

Aussehen: Die Art ist auch unter dem Namen *A. japonica* bekannt. Die Pflanze bildet zunächst ahornartige, gebuchtete oder zerteilte, rau behaarte, dunkelgrüne, etwa 10 cm große Blätter in einem Blatthorst, der eine Höhe von 20–30 cm erreicht. Ab April und Mai strecken sich die Triebe, streben aufwärts und zerteilen sich reich; die Blüten stehen zu Dutzenden in lockeren Rispen zusammen. Je nach Sorte werden sie zwischen 60 und 120 cm hoch, bei guten Wachstumsbedingungen sogar bis 180 cm. Ab Juli beginnt die Blütezeit, die bis zum Oktober andauert. Das Farbenspektrum der etwa 4–6 cm großen Einzelblüten umfasst Weiß sowie Rosa- und Purpurtöne; die Blütenblätter können sich zu einer schlicht-eleganten Schale formieren oder, wenn sie zahlreicher auftreten und etwas schmaler sind, einen herrlich zerzausten Blütenkopf bilden. Die Unterschiede liegen in den Details und machen genau diese oder jene Sorte zum absolut Passenden für eine bestimmte Gartensituation. Die zahlreichen Sorten entstammen

Tab. 4 Empfehlenswerte Sorten von *Anemone hupehensis* und *A. tomentosa*

Sorte	Blüte	Blütezeit	Wuchshöhe
'Alba'	cremeweiß, Schale	August bis Oktober	120 cm
'Bressingham Glow'	purpurrosa, locker gefüllt	August bis Oktober	100 cm
'Eugenie'	intensiv rosarot, locker gefüllt	September/Oktober	100 cm
'Honorine Jobert'	weiß, einfach bis halbgefüllt	August bis Oktober	100 cm
'Königin Charlotte'	rosa, locker gefüllt	August bis Oktober	70 cm
'Ouvertüre'	zartrosa, lockere Schale	Juli bis September	100 cm
'Pamina'	purpurrot, lockere Schale	August bis Oktober	50–60 cm
'Praecox'	mittleres Purpurrosa, Schale	Juli bis September	60–80 cm
'Prinz Heinrich'	magentarot, lockere Schale	September/Oktober	100 cm
'Robustissima'	hellrosa, Schale	Juli bis September	130 cm
'Rosenschale'	tiefrosa, einfache Schale	August bis Oktober	90 cm
'Septemberglanz'	zart violettrosa, lockere Schale	Juli bis September	100 cm
'Serenade'	mittleres Rosa, lockere Schale	August bis Oktober	110 cm
'Whirlwind'	kreideweiß, locker gefüllt	August bis Oktober	110 cm

Anemone hupehensis 'Alba'

Anemone hupehensis 'Eugenie'

Anemone hupehensis var. *japonica* 'Rosenschale'

Anemone hupehensis var. *japonica* 'Whirlwind'

Herbst-Anemonen?

Ein Phänomen ist es, dass zahlreiche Pflanzenarten, die eigentlich erst im Herbst, etwa ab Mitte August, blühen, mittlerweile gut und gerne vier Wochen eher im Flor stehen. Die „Herbst-Anemonen" gehören dazu, denn an vielen Plätzen öffnen sie ihre Blüten bereits ab Juli. Die verfrühte Blüte liegt vermutlich in den immer wärmer werdenden Frühsommern, die das Wachstum beschleunigen, begründet, denn die Blütezeiten vieler Pflanzen werden von Faktoren wie Licht und Temperatur beeinflusst.

Die Blütezeit von Astern und Chrysanthemen hingegen wird dadurch im Garten nicht beschleunigt. Hier bestimmen die Tageslänge, bzw. der Rhythmus von Hell- und Dunkelphasen innerhalb 24 Stunden das Geschehen. Bei den meisten Sorten dieser Arten müssen nach einer Langtagphase im Frühsommer erst noch einige Wochen lang kürzere Tage des Hochsommers einwirken, ehe sich Knospen bilden.

Kreuzungen bei denen hier und da auch *A. tomentosa* (Tab. 4) eine Rolle gespielt hat. Sie werden gewöhnlich als „Herbst-Anemone" bezeichnet, wenngleich ihre Blütezeit gewöhnlich bereits im Hochsommer beginnt.

Verwendung: Die langlebige Herbst-Anemone ist eine vorzügliche Wahl, wenn man eine Leitstaude braucht, die von Juli bis weit in den Oktober hinein für Farbe sorgt. An Gehölzrändern macht sie eine ebenso gute Figur wie im Prachtstaudenbeet. Herbst-Anemonen sind Multitalente, die sich sowohl in natürlichen Szenarien als auch bei ausgeklügelten Edelbeeten hinreißend machen. Pro m² benötigt man 9–12 Pflanzen, bei stark wachsenden Sorten reicht auch die Hälfte der Pflanzen.

Standort: Halbschattig, in frischfeuchtem Boden. Die Pflanze entfaltet aber auch eine ungeahnte Pracht in der Sonne, vorausgesetzt der Boden hält im Sommer die Feuchtigkeit gut genug.

Pflege: Einmal eingewachsene Herbst-Anemonen machen keine Mühe. Sie sind in ihrer Jugendphase aber gelegentlich ein wenig heikel. Wichtig ist es, sie im Frühling zu pflanzen, denn nicht fest etablierte Pflanzen fallen leicht einem nasskalten Winter zum Opfer. Sehr harte Winter bekommen jungen Pflanzen in den ersten beiden Standjahren nicht gut; sicherheitshalber deckt man sie ab. Wird im Sommer der Boden doch einmal zu trocken, sollte gegossen werden. Nach der Blüte können die Stängel abgeschnitten oder belassen werden – das ist Geschmackssache. Sehr hohe Sorten an Plätzen, die dem Wind ausgesetzt sind, sollten vorsichtshalber gestützt werden.

Vermehrung: Mit der Zeit bilden Herbst-Anemonen, besonders solche, die ein hohes Erbteil von *A. tomentosa* in sich tragen, sehr große Pflanzen, die vorsichtig im Frühling geteilt werden können. Nur so lassen sich auch die Sorteneigenschaften voll erhalten.

Anemone nemorosa 'Alba Plena'

Anemone nemorosa, Busch-Windröschen (Tab. 5)

Aussehen: Das Busch-Windröschen hat einen knolligen Wurzelstock. Auf etwa 15–20 cm hohen Stielen mit fein zerteilten, etwa 4 cm großen Blättern erscheinen im März und April fast immer einzeln stehende, runde, weißliche bis zart rosafarbene, 3–4 cm große Blüten, mit feinen Blütenblättern. Bald nach der Blütezeit verschwinden die Pflanzen oberirdisch und ziehen ein.

Verwendung: Von ihrer Herkunft her ist diese Anemone eine Waldpflanze und eignet sich daher ideal als Frühlingsblüher unter Laubgehölzen. Besonders in naturnah ange-

Anemone nemorosa 'Lipsiensis'

Anemone nemorosa 'Robinsoniana'

Tab. 5 Empfehlenswerte Sorten von *Anemone nemorosa*

Sorte	Blüte	Bemerkungen
'Alba Plena'	milchweiß, locker gefüllt	sehr alte Sorte, seit dem 16. Jhdt. bekannt
'Hilda'	weiß, halbgefüllt	zuverlässig und wüchsig
'Lipsiensis'	blassgelb, einfach	Findling aus der Nähe von Leipzig
'Pentre Pink'	intensiv rosa, schmal weiß gesäumt	vitale Sorte
'Robinsoniana'	lavendelblau	bekannte, sehr hübsche Sorte
'Royal Blue'	leuchtend dunkelblau	begehrenswerte, sehr gute, neuere, blaue Sorte
'Vestal'	weiß, exakte, volle Füllung	das wohl schönste und wüchsigste gefüllt blühende Busch-Windröschen

legten Frühlingsbeeten entfaltet sie ihren ganzen Charme. Pro m² benötigt man 25 Pflanzen.

Standort: Als Waldbewohner braucht das heimische Busch-Windröschen im Frühling einen lichten Platz, erst zum Ende der Blütezeit darf er beschattet sein. Der Boden sollte humos sein und möglichst viel Feuchte halten.

Pflege: Die Pflanzen am besten im vollen Laub- und Blütenschmuck pflanzen und die Pflanzstellen markieren, damit die ruhenden Knollen im Sommer nicht bei Bodenpflegearbeiten verletzt werden können.

Vermehrung: Die Kolonien aus Knollen lassen sich, wenn das Laub fast völlig abgestorben ist, leicht ausgraben und teilen. Als heimische Wildpflanze samt sie sich an zusagenden Plätzen ohne Schwierigkeiten aus.

Anemone sylvestris, Großes Windröschen

Aussehen: Die Pflanzen entwickeln knollige Wurzelstöcke und fingerartig gelappte, etwa 4–6 cm große Blätter, die einen gut 20 cm hohen, hübschen Blatthorst bilden. Die im April und Mai erscheinenden, etwa 4 cm großen, runden Blüten stehen knapp darüber einzeln auf kahlen, unverzweigten Stielen. Sie sind meist milchweiß gefärbt. Im Sommer ziehen die Pflanzen ein.

Sowohl gefüllt blühende Sorten, etwa 'Anemonae Flore Pleno' oder 'Flore Pleno Elise Fellmann' kommen vor, wie auch kompakte Selektionen, etwa 'Wienerwald' oder sehr stark wachsende Typen, beispielsweise 'Frühlingszauber'; beide Sorten haben mit knapp 5 cm vergleichsweise große Blüten.

Verwendung: Den wild-romantischen Charme haben sich selbst die großblumigen Sorten bewahrt. Als anmutige Spätfrühlingsblüher am Gehölzrand und im lichten Schatten sind sie inmitten von Farnen und anderen (Halb-)Schattenpflanzen wahre Lichtblicke. Die Pflanzen bilden zahlreiche Wurzelausläufer und unterwandern alles in der Nähe – zarte Pflanzen sind daher nicht als Nachbarn geeignet. Pro m² benötigt man 18 Pflanzen.

Standort: Frisch-feuchter, aber lockerer Boden und ein Platz im Halbschatten bis Schatten sind ideal; während des Sommers wird Trockenheit vertragen.

Pflege: Die absolut winterharte Pflanze sieht zwar sensibel aus, ist aber ausgesprochen robust und unkompliziert.

Vermehrung: Meist sät sich die Pflanze selbst aus. Die Teilung der Wurzelsysteme bringt aber ebenfalls gute Ergebnisse.

Anemone sylvestris 'Flore Pleno Elsie Fellmann'

Anemone sylvestris

Anemone tomentosa, Filzblättrige Herbst-Anemone

Aussehen: Die Pflanzen ähneln mit ihrem etwa 40 cm hohen Horst aus gebuchteten, dunkelgrünen Blättern und den daraus aufstrebenden, rund 100 cm langen Stängeln und den lockeren, lang gestielten Rispen der *A. hupehensis* und ihren Sorten, wirken aber eine Spur derber und fester. Die Pflanze wird etwa 100 cm hoch und die typische Farbe der im August und September erscheinenden, 4–5 cm großen Blüten ist ein leichtes, weiches Rosa.

Ein ausgesprochener Wuchskünstler ist die Sorte 'Robustissima'.
Verwendung: Siehe *A. hupehensis*. Pro m^2 benötigt man 5 Pflanzen.
Standort: Siehe *A. hupehensis*, selbst schwere Lehmböden werden von den Pflanzen besiedelt.

Anemone tomentosa 'Serenade'

Pflege: Siehe *A. hupehensis*, aber *A. tomentosa* ist im Zweifelsfall deutlich robuster.
Vermehrung: Durch Teilung im Frühling.

Anthemis tinctoria, Färberkamille (Tab. 6)

Aussehen: Die 30–60 cm hohen, drahtige Stängel tragen fein gefiederte, grüne bis graugrüne, rund 6 cm lange Blätter. Ab etwa der halben Höhe sind die Triebe mit einem wolligen Filz überzogen. Die typischen, 6–8 cm großen Korbblüten erinnern stark an Margeriten; die Zungenblüten sind allerdings meist gelb gefärbt. Die Pflanzen blühen sehr reich zwischen Juli und September.
Verwendung: Eine ideale mittelhohe Staude, die sich in sämtlichen Gartenstilen, die sich auf einem trockenen Boden realisieren lassen, bestens einfügt: Steppengarten, Kiesgarten, Heidegarten, Kräutergarten, mediterraner Garten. Die Blüten wirken sehr unkompliziert und lassen sich leicht kombinieren. Pro m^2 benötigt man 8 Pflanzen.
Standort: Sonne und durchlässiger, trockener Boden sind unabdingbar.
Pflege: Lediglich ein Rückschnitt nach der Blüte bringt die Pflanzen

Anthemis tinctoria 'Susanna Mitchell'

in Form. Ansonsten sind keine Pflegeschritte erforderlich.
Vermehrung: Am wertvollsten sind Selektionen der Art sowie Züchtungen, bei denen zusätzlich die Art *A. sancti-johannis* beteiligt ist. Solche Sorten werden durch Teilung oder besser noch durch Stecklinge, die man von den Kurztrieben nimmt, vermehrt.

Aquilegia caerulea, Amerikanische Akelei

Aussehen: Die Pflanze bildet einen 20–30 cm hohen Blatthorst aus gelappten, hellgrünen Blättern, die etwa 6 cm groß werden. Die Pflanze ähnelt stark *A. chrysantha* (beide Arten stammen aus Nordamerika), bleibt aber im Allgemeinen mit 60 oder 70 cm Wuchshöhe niedriger. Die 6 cm großen Blüten sind ausgeprägt zweifarbig; die inneren Blütenblätter der Mitte sind meist weiß oder gelb, die äußeren Blütenblätter, die die Sporne bilden, sind kontrastreich in Violettblau oder Signalrot dagegen abgesetzt.
Verwendung: Siehe *A. chrysantha*; die etwas poppige Farbgebung macht sie aber eher zum Partner in Prachtbeeten; lediglich die blau-weißen Sorten fügen sich auch in

Tab. 6 Empfehlenswerte Sorten von *Anthemis tinctoria*

Sorte	Blütenfarbe	Blütezeit	Wuchshöhe
'Dwarf Form'	Goldgelb	Juni bis September	40 cm
'E.C. Buxton'	Zitronengelb	Mai bis September	50 cm
'Grallach Gold'	sattes Dottergelb	Juni bis September	80 cm
'Lemon Ice'	zartes Zitronengelb	Juni bis September	50 cm
'Sauce Hollandaise'	Cremegelb	Juni bis September	70 cm
'Susanna Mitchell'	Cremeweiß	Juni bis September	60 cm
'Wargrave'	Zartgelb	Juni bis September	60 cm

Aquilegia caerulea

farblich zurückhaltendere Pflanzungen ein. Pro m² benötigt man 7 Pflanzen.
Standort, Pflege und Vermehrung: Siehe *A. chrysantha*. Es gibt zahlreiche, wirklich schöne Züchtungen, selbst kompakte Sorten, die nicht höher werden als etwa 30 cm, sind im Handel.

Aquilegia chrysantha, Gold-Akelei, Gelbe Akelei

Aussehen: Mehrfach gelappte, hellgrüne, etwa 5–7 cm große Blätter bilden einen 20–30 cm hohen Blatthorst. Im Mai zeigen sich 80 cm hohe, zuweilen deutlich höhere, dünne, aber zähe Blütenstängel, an denen die 4–6 cm großen Blüten in lockeren, gestreckten Rispen angeordnet sind. Diese stehen meist seitlich ab. Die typische glockige Akelei-Blütenform ist durch den überlangen markanten Sporn sehr reizvoll variiert. Die Blüten haben einen leichten Gelbton. Nach der Blüte hält sich das Laub noch ein wenig, vergilbt dann aber im Laufe des Sommers, um im frühen Herbst schließlich abzusterben.

Zu Recht besonders verbreitet ist die Sorte 'Yellow Queen', die sich in vielen Gärten besser bewährt als die reine Art.
Verwendung: Als helle Blickpunkte setzen diese Blüten im ausgehenden Frühjahr sehr reizvolle Akzente. Sie passen sowohl zu den prachtvollen Schwertlilien und Päonien, als auch in wild-romantische Szenarien. Da die Pflanzen Halbschatten bevorzugen, eignen sie sich bestens als Vorpflanzung vor Gehölze. Pro m² benötigt man 8 Pflanzen.
Standort: Im Halbschatten gedeiht diese Akelei am besten – sicher auch, weil dort der Boden nicht so rasch austrocknet, denn dagegen sind Akeleien besonders im Frühling empfindlich. Ist der Boden feucht genug (aber nicht staunass!), wächst sie auch in voller Sonne.
Pflege: Zu große Trockenheit oder das Gegenteil, anhaltende Dauernässe ohne Wasserablauf, kann den Pflanzen Probleme bereiten. Je trockener der Boden ist, bzw. je heißer der Sommer verläuft, desto rascher ziehen sie ihr Laub ein. Im Allgemeinen schadet das den Akeleien aber nicht. Bei Befall durch Blattwespen sollte man ein Insektizid spritzen; das umweltverträgliche Neem-Öl ist dafür gut geeignet.
Vermehrung: Akeleien lassen sich nur sehr schlecht teilen, denn die spröden Wurzeln brechen leicht und man riskiert oft sogar den Verlust der kompletten Pflanze. Weit besser ist es, die Akeleien durch Aussaat zu vermehren, allerdings entwickeln sich die jungen Pflanzen gelegentlich sehr zögerlich.

Aquilegia viridiflora, Grünblumige Akelei

Aussehen: Die Pflanze bildet einen Horst aus mehrfach gelapptem, feinem Blattwerk und mehrere, etwa 60 cm hohe Blütenstängel. Die nickenden, etwa 4 cm großen Blüten stehen in lockeren, straff aufrechten Rispen zusammen, der Sporn ist kurz, außen sind sie grün, innen dunkel purpurbraun gefärbt.

Aquilegia viridiflora

Verwendung: Diese exquisite Akelei hat keinerlei Fernwirkung, sondern muss aus der Nähe betrachtet werden. In ausgeklügelten, vorsichtig zusammengestellten Pflanzenkombinationen ist sie ein Juwel, etwa zu austreibenden *Hosta*, Farnen oder kombiniert mit gebrochenen Weiß- und Cremetönen sowie zu anderen grünlichen Blüten.
Standort, Pflege und Vermehrung: Siehe *A. chrysantha*. An zusagenden Stellen kommt es zu reichlicher Selbstaussaat.

Aquilegia vulgaris, Gewöhnliche Akelei

Aussehen: Diese heimische Pflanze ist der Prototyp der Akeleien. Die Horste bestehen aus gelappten, hell- bis graugrünen, 7–8 cm großen Blättern und an 80–100 cm hohen, drahtigen, wenig belaubten Stängeln erscheinen meist nickende Blüten in großer Menge, die in straffen, aufrechten Rispen stehen. Die Blütenformen sind außerordentlich mannigfaltig. Neben den typischen Akelei-Formen mit dem langen Sporn, die etwas kompakter erscheinen als bei den amerikanischen Arten, finden sich auch gefüllte Sorten, die an kleine Strubbelköpfe erinnern. Die Farbskala umfasst Weiß, sämtliche Violett- und Pur-

Aquilegia vulgaris 'Black Barlow'

Aquilegia vulgaris 'Blue Barlow'

Aquilegia vulgaris 'Christa Barlow'

Aquilegia vulgaris 'Nora Barlow'

Aquilegia vulgaris 'William Guinness'

purschattierungen sowie Rosé-Töne, die meist aussehen, wie gepudert. Sehr begehrt sind Sorten, die fast schwarz wirken; besonders die gefüllten Sorten sind in dieser Hinsicht sehr reizvoll. Die Pflanzen sind äußerst fruchtbar. Belässt man einige Balgfrüchte, sorgen sie für reichlichen Nachwuchs. Hat man nur eine Sorte im Garten, besteht die Aussicht, dass sich ihre Farbe konstant hält. Doch bereits bei zwei oder mehr unterschiedlich blühenden Pflanzen kann man sich auf eine Farbenmischung – gelegentlich auch auf Variationen von Formen – gefasst machen.

Die berühmtesten gefüllten Sorten gehören der Sortengruppe 'Nora Barlow' an und werden als Farbmischung oder in Einzelfarben angeboten. Daneben finden sich aber auch rundlich kompakte Blüten, die noch geschlossenere Blüten haben und ein wenig aufgeplustert wirken, meist führen sie den englischen Begriff für Haube („Bonnett") im Namen. Fantastisch wirkt auch die nicht gefüllte, schwarz-weiße Sorte 'Magpie' (zu Deutsch: Elster), die auch als 'William Guiness' bekannt ist. Neben den Sorten mit schönen Blüten finden sich auch Züchtungen mit reizvoll gefärbtem Laub. 'Mellow Yellow' hat weiße Blüten und gelbe Blätter. 'Woodside Gold' hat gelb panaschierte Blätter und die Blüten haben blaue und rosafarbene Nuancen.

Verwendung: Die Pflanzen dürfen in frühsommerlichen, romantischen und wild anmutenden Pflanzengesellschaften nicht fehlen. Sie sind hübsche Schnittblumen, wenn sie auch etwas transportempfindlich und nicht gerade langlebig sind. Die Pflanzen breiten sich durch Selbstaussaat sehr weit aus und besiedeln nicht nur Beete und Gehölzränder, sondern auch Mauernischen, Treppenfugen und Ähnliches.
Standort: Diese Akeleien sind sehr anpassungsfähig, wenn der Boden nicht zu trocken ist. Sie wachsen sowohl im lichten Schatten als auch in der Sonne.
Pflege: Wie *A. chrysantha*, doch ist *A. vulgaris* deutlich robuster.
Vermehrung: Siehe *A. chrysantha*. Es lohnt sich sehr, das Farben- und Formenspiel im Garten ein wenig zu manipulieren, indem man nur die Pflanzen zur Samenreife kommen lässt, die man selbst am schönsten findet. Bildschöne Überraschungen sind dabei dennoch an der Tagesordnung.

Akeleien-Vielfalt
Es gibt eine große Fülle an Akeleien-Arten und -Züchtungen, die im Garten einen Platz verdienen. Besonders beliebt sind mittlerweile die kompakt wachsenden Sorten, die auch im Frühjahr für die Verwendung in Gefäßen angeboten werden. Sie ähneln *Aquilegia vulgaris* und blühen meist zweifarbig rosa-weiß, rot-weiß oder blau-weiß. Sehr ähnlich, aber mit gedrungenem Wuchs ist *A. flabellata*.

Arabis × arendsii, Gänsekresse

Aussehen: Bei dieser Pflanze handelt es sich um eine Artkreuzung, an der *A. aubretioides* und *A. caucasica* beteiligt sind. Die etwa 4 cm großen, verkehrt eiförmigen, gebuchteten und leicht grau behaarten Blätter sind zu flachen Polstern angeordnet und bilden 10–20 cm hohe, dichte Matten. Im April und Mai erscheinen etwa 1 cm große Blüten in 20–30 cm langen Trauben. Sie spielen in Rosa-, Violett und Purpurtönen.

Es gibt einige Namensorten, die im Frühlingsgarten sehr wertvoll sind. Die abgebildete 'Heidi' wächst außerdem besonders kompakt und behält ihre schöne Farbe auch in der Sonne. Hin und wieder wird die kräftig rosa blühende, rötlich überlaufenes Laub tragende Sorte 'Compinkie' auch als Züchtung von *A. caucasica* angeboten. Leider ist 'Compinkie' nicht besonders langlebig.
Verwendung: Eine ideale Pflanze für Steingärten, aber auch den Vordergrund von Rabatten und Beeten, die während der Blütezeit für einen intensiven Farbeffekt sorgt. Sowohl zu farblich passenden Frühlingszwiebelblumen als auch zu romantischen Frühlingsstauden macht sie eine sehr gute Figur. Die Polster sind während des ganzen Jahres attraktiv und leiden lediglich im Winter bei Barfrösten. Pro m^2 benötigt man 15 Pflanzen.
Standort: Gänsekresse ist sehr anpassungsfähig hinsichtlich der Lichtverhältnisse, braucht aber einen gleichmäßig feuchten, durchlässigen Boden. Die Blüte fällt umso reicher aus, je mehr Sonne die Pflanzen bekommen.
Pflege: Lediglich in sehr trockenen Sommern muss auf ausreichende Wasserzufuhr geachtet werden. Sorten, die nicht von sich aus kompakt wachsen, können nach der Blütezeit zurückgeschnitten werden, damit sie nicht allzu lang und unansehnlich wachsen.
Vermehrung: Um die guten Eigenschaften der Sorten zu erhalten, wird am besten durch Stecklinge vermehrt, die man nach der Blüte nimmt. Sie bewurzeln sich willig und können ohne Schwierigkeiten kultiviert werden.

Arabis caucasica, Kaukasische Gänsekresse

Aussehen: Die Pflanzen bilden ein dauerhaftes Polster, das selten größer als etwa 15–20 cm wird. Im April oder Mai erscheinen 5–10 cm hoch über den leicht gebuchteten, graugrünen Blättern die dünnen Blütenstängel. Sie tragen mehrere, etwa 1 cm große Blüten, die sich nach und nach zu rundlichen bis eiförmigen, traubenartigen Blütenständen anordnen. Meist sind die Blüten reinweiß.

Die weiß und einfach blühende 'Compacta Schneehaube' bildet besonders geschlossene Pflanzen. 'Schneeball' hat weiße, gefüllte Blüten. Ebenfalls gefüllt und weiß blüht 'Plena', mit 25 cm Höhe eignet sie sich auch als kleine Schnittblume. 'Monte Rosa' trägt rosarote Blüten, 'Sulphurea' blüht zartgelb. Besonders reizvoll ist auch die Sorte 'Variegata', deren Blätter einen schmalen, weißen Rand haben.
Verwendung: Eine leicht zu pflegende Polsterpflanze für die Frühjahrsblüte, die für Steingärten und auch als Begleiter von Rosen und

Arabis × arendsii 'Heidi'

Arabis caucasica 'Compacta Schneehaube'

anderen hoch wachsenden Pflanzen bestens geeignet ist. Als farbliches Gegenstück zu anderen Polsterpflanzen, wie Blaukissen (*Aubrieta*) oder Steinkraut (*Alyssum*) ist die Gänsekresse unverzichtbar. Pro m² benötigt man 15 Pflanzen.
Standort Sonnig bis halbschattig, mit hinreichend feuchtem, aber durchlässigem Boden.
Pflege: Die Pflanzen machen wenig Mühe, wenn der Standort passt. Ähnlich wie bei *Arabis × arendsii* werden sie lediglich zurückgeschnitten, wenn sie aus der Form geraten.
Vermehrung: Die weißen Sorten sind so durchgezüchtet, dass sie auch aus Samen vermehrt werden können. Alle anderen Züchtungen, besonders auch solche mit Blattpanaschierungen, wachsen durch Stecklingsvermehrung ausgezeichnet an und behalten ihre vorzüglichen Eigenschaften.

Arabis ferdinandi-coburgii 'Old Gold', Gänsekresse

Aussehen: Die verkehrt eiförmigen Blätter ordnen sich zu feinen, etwas unregelmäßigen Rosetten an, die sich wiederum zu sehr flachen Matten zusammenfügen. Sie breiten sich durch Ausläufer rasch aus. Mit der Zeit entsteht ein 5–10 cm hoher Teppich aus Blättern, dem im April und Mai auf etwa 10 cm Höhe feine, dünne Stängel mit weißen Blüten entspringen. Das Laub bleibt auch im Winter attraktiv, solange keine allzu strengen Fröste herrschen.

Besonders wertvoll sind die weiß panaschierte Sorte 'Variegata' und die gelblich panaschierte Sorte 'Old Gold'.
Verwendung: Die extrem niedrigen Matten können in kleinen Flächen vorzügliche Bodendecker abgeben. Besonders im Halbschatten bringen die panaschierten Sorten Leben und Licht. Die zierlichen weißen Blüten

Arabis ferdinandi-coburgii 'Old Gold'

sind im Frühling eine kleine Draufgabe. In Steingärten, zwischen Platten und an Wegsäumen setzen sich die zarten Pflanzen sehr gut durch. Pro m² benötigt man 20 Pflanzen.
Standort: Sonnig bis halbschattig, mit hinreichend feuchtem Boden.
Pflege: Die zierlichen Rosetten können in den ersten Jahren leicht von Ausläufer bildenden Unkräutern unterwandert werden. Ein gründliches Jäten vor dem Pflanzen und eine Kontrolle der Bestände in den ersten ein, zwei Jahren ist die wichtigste Pflegemaßnahme. Bei den panaschierten Sorten treten zuweilen grünblättrige Pflanzenteile auf. Auch diese müssen entfernt werden, denn sonst überwachsen die meist vitaleren, reingrünen Rosetten die panaschierten Pflanzenpartien.
Vermehrung: Die Pflanzen lassen sich sehr leicht teilen. Meist sind auch kleine Teilstücke und Rosetten, die sich an Ausläufern finden, ausreichend bewurzelt, sodass sie ohne Probleme anwachsen.

Teppiche ausbreiten
Nur wenige Pflanzen bilden so extrem flache und dabei pflegeleichte Blattteppiche aus, wie *Arabis ferdinandi-coburgii*. Diese sehr flachen Matten sollten nicht allein im Vordergrund eines Beetes ausgebreitet werden, sondern sehen auch zwischen höher wachsenden Pflanzengruppen oder Solitären exzellent aus. Größere Pflanzen mit einem schönen Habitus kommen dann voll zur Geltung und müssen nicht von unschöner nackter Erde umgeben sein. Übrigens eignet sich *A. ferdinandi-coburgii* auch ausgezeichnet zur Grabbepflanzung.

Arctanthemum arcticum 'Roseum', Grönlandmargerite

Aussehen: Die 40–50 cm hohen, kompakten Pflanzen haben zähe, aufrechte, drahtige Triebe mit 3–5 cm langen, gebuchteten, dunkelgrünen Blättern. Die Blütenkörbchen erscheinen sehr spät im Jahr, meist wird es Ende September und Oktober, bis sie sich öffnen. Sie sind gut 5–6 cm im Durchmesser und gleichen Margeriten bzw. einfach blühenden Chrysanthemen. Die Zungenblüten der Ausgangsart sind weiß mit rosa Anflug und ordnen sich um ein tiefgelbes Zentrum aus Röhrenblüten an.

'Roseum' blüht zartrosa, 'Schwefelglanz' strahlt hellgelb. 'Stella' ist reinweiß, verblüht rosa und bleibt mit 30 cm ausgesprochen niedrig.
Verwendung: Die Art gedeiht auch in rauen Lagen sehr gut. Als mittelhohe Pflanze inmitten einer Staudenrabatte und als später Blickfang inmitten von Blattschmuckstauden macht sie sich ausgezeichnet. Niedrige Sorten sorgen im Steingarten für einen späten Blütenschmuck. Die Blütenkörbchen halten sich sehr gut in der Vase. Pro m² benötigt man 8–10 Pflanzen.
Standort: Sonnig bis halbschattig, der Boden darf nicht völlig austrocknen. An Stellen, an denen die üblichen Garten-Chrysanthemen wegen der Kälte sehr leiden, ist sie eine gute Alternative.
Pflege: Die pflegeleichte Pflanze wuchert ein wenig und muss im Zaum gehalten werden. Gelegent-

Arctanthemum arcticum 'Roseum'

lich treten Schädlinge auf, gegen die man mit umweltverträglichen Mitteln, etwa Neem-Öl, vorgehen kann.
Vermehrung: Am leichtesten ist die Vermehrung durch Teilung der Pflanzen. Auch Teile mit nur einem einzigen verbliebenen Trieb, an dem noch Wurzeln haften, regenerieren sich gut zu neuen Pflanzen. Der ideale Zeitpunkt dafür ist das zeitige Frühjahr. Im Frühsommer kann man auch Stecklinge nehmen.

Herbstblüher im Frühling pflanzen
Viele Pflanzen, die ab der zweiten Jahreshälfte, also ab etwa Juli/August, blühen, sollte man im Frühling setzen. Sie bilden dann nicht nur standfestere Pflanzen und eine sichere Blüte, sondern wurzeln sich auch besonders gut ein. So sind sie ausreichend etabliert, um nach der Blüte, die die Pflanzen auslaugt, noch Fuß gefasst zu haben und den ersten Winter ohne Anwachsprobleme zu überstehen. Im Herbst gepflanzte Spätblüher verfaulen leichter während eines ersten nassen Winters, im Vergleich zu Pflanzen, die bereits einige Monate Vorsprung haben.

Armeria maritima, Gewöhnliche Grasnelke, Strand-Grasnelke

Aussehen: Grasartige, nur 10 cm hohe Polster breiten sich rundlich oder in Matten aus. Im Mai und Juni zeigen sich die zähen, rund 20 cm hohen Stängel mit winzigen Blütchen, die zu einer kugeligen, etwa 3–4 cm großen Dolde angeordnet sind. Sehr verbreitet sind pinkfarben blühende Sorten, aber es kommen auch purpurne, weiße oder zart rosafarbene Blüten vor.

Recht bekannt ist neben der weißen Form 'Alba' auch die leuchtend karminrote, vergleichsweise großblumige 'Düsseldorfer Stolz', die sogar im Herbst remontiert. Ganz reizend ist die rosafarbene 'Röschen', die sich zusätzlich durch besonders feines Laub auszeichnet.
Verwendung: Die grasartigen Polster sehen zu jeder Jahreszeit adrett aus. Sie eignen sich bestens als sommerliche „Ruhezone" zwischen hohen und mittelhohen Stauden. Die Struktur der zumeist graugrünen Blätter ist fein und harmoniert auch mit zarten, filigranen Begleitern sehr gut. Polsterpflanzen aus dem Steingarten, etwa entsprechende Glockenblumen (*Campanula*), Nelken (*Dianthus*), oder Thymian (*Thymus*), sind vorzügliche Begleiter. Sorten mit besonders langen Stängeln geben gute Schnittblumen ab.

Strukturpflanzen
Wer stimmungsvolle Beete gestalten möchte, sollte neben der Auswahl der schönsten Blüten unbedingt auch Form, Farbe und Beschaffenheit des Laubs mit einbeziehen. Grasnelken sind hierfür ein sehr gutes Beispiel, denn nach der Blüte bilden die langlebigen Blätter ein gutes Gegengewicht zu auffälligen Nachbarpflanzen. Im Frühling oder ausgehenden Herbst treten solche Pflanzen besonders in Erscheinung und Einfassungen oder kleine Flächen bilden eine deutliche Strukturierung der Pflanzungen.

Pro m^2 benötigt man 25 Pflanzen. Auf durchlässigen Böden ist die Grasnelke eine verlässliche und hübsche Einfassungspflanze.
Standort: Ein sonniger Standort mit gut durchlässigem Boden ist die beste Vorbeugung gegen Fäulnis. Aufgrund der allgemeinen Vitalität der Pflanzen ist man oft versucht, sie auch im Halb- oder gar Vollschatten zu etablieren, doch dann können sich Pilzkrankheiten einstellen oder die Pflanzen vergilben von der Mitte heraus. Auch zu starke Winternässe sollte man vermeiden.
Pflege: Gegen Pilzerkrankungen muss nur gespritzt werden, wenn der Standort ungünstig ist. Ansons-

Armeria maritima 'Röschen'

Armeria maritima 'Alba'

ten sollte man die Pflanzen lediglich nach der Blüte ausputzen. Bei größeren Pflanzungen geht das sehr leicht mit einer Rasenkantenschere oder sogar einem Rasenkantentrimmer mit rotierendem Faden.
Vermehrung: Grasnelken erfreuen durch einen steten Zuwachs. Die Polster lassen sich sehr gut teilen, selbst kleine Teilstücke wachsen leicht an und bilden rasch komplette neue Pflanzen. Teilungssaison ist den ganzen Sommer hindurch bis etwa Anfang September. Meist fallen ausreichend Teilstücke an, aber eine Stecklingsvermehrung im Juni oder Juli bringt ebenfalls sehr gute Erfolge.

Artemisia ludoviciana 'Silver Queen'

Artemisia ludoviciana 'Valerie Finnis'

Artemisia ludoviciana, Weißer Beifuß, Hohe Silberraute

Aussehen: Fein zerteilte, silbrige, rund 8 cm lange Blättchen an aufrecht wachsenden, etwa 60–80 cm hohen (zuweilen auch deutlich höheren) Pflanzen sind der besondere Schmuck dieser Pflanzen. Im Juli erscheinen winzige, zartgelbe Blüten, die in feinen Rispen angeordnet sind, jedoch wenig auffallen.

Besonders hoch im Kurs stehen Sorten, bei denen der silbrige Anteil der Blattfarbe besonders ausgeprägt ist. Hinzu kommen dann noch reizvolle Unterschiede in der Blattform. 'Silver Queen' beispielsweise hat eher schmales Laub, während die Blätter von 'Valerie Finnis' eiförmiglänglich und gebuchtet sind.
Verwendung: In sonnigen Beeten lassen sich mit Silberrauten sehr schöne Effekte erzielen. Besonders zu weißen, zartgelben und blauen Blüten wirken sie sehr nobel, inmitten von Tönen der Rot- und Purpurskala kühlen die silbrigen Blätter das Farbgeschehen ab. Artemisien sind für Steingärten und Kiesgärten sehr gut geeignet, sofern diese Gärten höhere Pflanzen beherbergen können. Pro m^2 benötigt man 8 Pflanzen.
Standort: Die Pflanze bevorzugt Sonne und einen durchlässigen Boden, darauf weisen schon die silbrig schimmernden Blätter hin.
Pflege: Mehltau und Schädlinge stellen sich in erster Linie ein, wenn der Standort zu schattig oder zu nass ist. Hier helfen nur die Bekämpfung mit umweltverträglichen Mitteln, Rückschnitt und Umpflanzen. Artemisien sollten nur im Frühling gepflanzt werden, damit sie sich vor dem ersten Winter gut einwurzeln können.
Vermehrung: Am besten durch Teilung im Frühjahr. Stecklingsvermehrung gelingt in den meisten Fällen, wenn die Triebspitzen im Mai oder Juni genommen werden, ehe sie blühen. Unter Umständen ist es dann aber fraglich, ob die Jungpflanzen den ersten Winter im Freiland gut überstehen. Wenn möglich, sollten sie in einem Gewächshaus oder an einem kühlen, hellen Fensterbrett das erste Jahr frostfrei überwintert werden.

Artemisia schmidtiana 'Nana', Zwerg-Silberraute, Kurilen-Beifuß

Aussehen: Die flach wachsenden, zuweilen kriechenden Triebe bilden knapp 30 cm hohe Polster, die sich durch dicht an dicht stehende, sehr fein zerteilte, silbrig schimmernde, etwa 6 cm große Blätter auszeichnen. Besonders im Austrieb ergeben sich äußerst reizvolle Strukturen. Die sehr kleinen, weißen Blüten stehen in Rispen und erscheinen im Juli. Sie sind zwar recht hübsch, spielen aber eine eher untergeordnete Rolle, denn die Pflanze schmückt in erster Linie durch ihr Laub. Die Pflanze behält im Winter einen Großteil ihrer Triebe über dem Erdboden.
Verwendung: Ein wenig erinnern die Pflanzen im Sommer an eine ungewöhnliche Zwergkonifere. Ältere Pflanzen können durch ihre feine, ausdrucksvolle Erscheinung wahre Steingarten-Stars werden. Am schönsten wirken sie, wenn sie auf einer Trockenmauer thronen oder sich an einen mit Felsen befestigten

Artemisia schmidtiana 'Nana'

Hang schmiegen. Pro m² benötigt man 7 Pflanzen.
Standort: Volle Sonne und ein durchlässiger bis sandiger Boden, der gern auch etwas Geröll enthalten darf. Je ärmer der Standort ist, desto langlebiger ist diese Pflanze.
Pflege: Gelegentlich ist ein behutsamer Rückschnitt erforderlich, um die Form der Pflanzen entsprechend anzupassen.
Vermehrung: Die strauchig wachsende Zwerg-Silberraute lässt sich sehr schlecht teilen und wird darum besser durch Stecklinge im Frühsommer vermehrt. Im ersten Winter werden die Jungpflanzen möglichst frostfrei überwintert, um hohen Ausfällen durch die winterliche Kälte vorzubeugen.

Silbersommer
Pflanzen mit silbrigem Laub, wie etwa die hier vorgestellten *Artemisia*-Arten, sind gut an Trockenheit und Sonne angepasst. Sie brauchen wenig Pflege, wenn der Boden durchlässig ist und im Winter nicht vernässt. Zudem bilden sie mit ihrem edlen Blattwerk einen sehr attraktiven gestalterischen Ausgleich zu bunten Blütenstauden.

Aruncus aethusifolius, Kleiner Geißbart

Aussehen: Anders als die meisten bekannten Geißbart-Arten wird *A. aethusifolius* nur knapp 30 cm hoch. An den aufrechten Trieben stehen drei- bis vierfach gefiederte Blätter mit 1–2 cm langen Fiederblättchen. Die sehr zahlreichen, winzigen, cremeweißen Blüten stehen dicht in fedrig erscheinenden Blütenrispen zusammen. Sie zeigen sich im Mai und Juni. Im Herbst nimmt das grüne Laub einen attraktiven Bronzeton an.
Verwendung: Ein fantastischer Kandidat für Steingärten und ähnliche Plätze, wo es auf eine filigrane Pflanzenerscheinung ankommt. Der Geißbart kommt am besten dort zur Geltung, wo man die gesamte Pflanze bewundern kann, und ist auch sehr hübsch in geräumigen Gefäßen. Pro m² benötigt man 15 Pflanzen.
Standort: Halbschattig, mit frischfeuchtem Boden. An solchen Plätzen besiedelt der Kleine Geißbart selbst Plattenfugen und Mauerritzen.
Pflege: Die Blüten werden nur zurückgeschnitten, wenn die Pflanze sich nicht aussäen soll. Ansonsten fallen keine Maßnahmen an.
Vermehrung: Es ist nicht ganz einfach, die Pflanzen zu teilen, eine Aussaat ist dagegen unproblematisch. Gelegentlich säen sich die Pflanzen an zusagenden Plätzen auch selbst aus.

Aruncus dioicus, Wald-Geißbart

Aussehen: Die aufrechten, mit drei- bis fünffingrig gelappten, etwa 10–15 cm langen Blättern bestückten Triebe bilden Büsche, die etwa mannshoch, zuweilen noch höher wachsen. Sie schmücken sich im Mai und Juni mit eindrucksvollen Blütenständen, die aus zahlreichen, winzigen, weißen Blüten zusammengesetzt sind. Die Rispen wirken fedrig leicht und ähneln den bekannteren Astilben. Männliche Blütenstände sind etwas dichter besetzt und fast reinweiß; weibliche Blütenstände sind cremefarben und etwas lockerer aufgebaut.

Die knapp 100 cm hohe Sorte 'Kneiffii' wirkt leider zur Blütezeit etwas schwächlich. Standfester, aber auch mit 180 cm deutlich höher, ist die neuere Sorte 'Waldgeister'.
Verwendung: Es gibt wohl kaum eine anspruchslosere und langlebigere Pflanze für den Halbschatten, die so viel Eindruck macht. Die imposanten Blütenstände passen ideal in ein wild-romatisches Szenario – z. B. neben eine Rambler-Rose, die sich einen Baum erobert, oder inmitten von heimischen (oder heimisch wirkenden) Waldpflanzen. Mit der Zeit werden die Pflanzen sehr üppig und groß und eine Zähmung ist nur durch Abstechen äußerer Partien möglich. Pro m² benötigt man 1–2 Pflanzen.
Standort: Halbschatten bis voller Schatten und frisch-feuchter, waldartiger Boden sind ideal. Trockenheit wird besser vertragen als von vielen anderen Pflanzen, die in diesem Milieu zuhause sind.
Pflege: Verblühtes schneidet man besser im Frühsommer ab, es sei denn, man möchte im ganzen Garten neue Sämlinge vorfinden. Im Herbst sollten außerdem die Triebe zurückgeschnitten werden.
Vermehrung: Will man die Selektionen im Garten erhalten, muss man die Pflanzen mit dem Spaten teilen – das kostet allerdings Kraft, denn die Wurzelstöcke sind sehr fest, fast holzig.

Aruncus 'Zweiweltenkind'

Aruncus-Hybriden, Geißbart-Hybriden

Aussehen: Mittlerweile gibt es einige äußerst gartenwürdige Geißbart-Züchtungen, die meist aus Kreuzungen von *A. aethusifolius* mit *A. dioicus* entstanden sind. Wer die eine Elternart zu filigran und die andere zu grob findet, der kann sich bei den ebenso unkomplizierten und langlebigen neuen Geißbart-Hybriden umsehen. Auch bei ihnen handelt es sich um aufrecht wachsende Pflanzen, deren Stängel mit gefingerten Blättern besetzt sind. Diese sind, je nach Sorte, 5–10 cm lang und breit. Die Blüten sind winzig, wollweiß und stehen in dichten Rispen zusammen.

Die niedrige, abgebildete 'Johannisfest' schlägt eher nach dem ersten Elternteil. Die sehr hübsche Pflanze erreicht während der Blüte eine Höhe von rund 40 cm, das Laub wird nur halb so hoch. 'Horatio' wird etwa doppelt so hoch und die hübschen Blütenstände hängen in eleganten Bögen über.

Einer Verbindung des aus Asien stammenden *A. sinensis* mit dem europäischen *A. dioicus* entspringt die vorzügliche Sorte 'Zweiweltenkind'. Das Laub schimmert bronzebraun und die Blüten sind, wie die der anderen vorgestellten Hybriden, weißlich.

Verwendung, Pflege und Vermehrung: Siehe *A. dioicus*.

Aruncus 'Horatio'

Waldstimmung

Geißbart, Haselwurz, Turiner Meister und Waldmeister sowie Farne sind typische Waldpflanzen. Der Reiz an Schattenpflanzungen liegt eindeutig im Spiel mit Oberflächenstrukturen, Wuchsformen und Nuancen des Pflanzengrüns. Waldartig bepflanzte Schattenplätze verbreiten einen Eindruck von Ruhe und werden zu einem schönen Gegenpol zu den Prachtstaudenbeeten.

Asplenium scolopendrium, Hirschzungenfarn (Tab. 7)

Aussehen: Die Hirschzunge ist ein ungewöhnlicher, immergrüner Farn mit ungefiederten, zungenartigen, ledrigen Wedeln. Die auch unter dem botanischen Namen *Phyllitis scolopendrium* oder *Scolopendrium vulgare* geführte, in ganz Europa, Teilen Asiens und Nordamerikas heimische Pflanze bildet lockere Büsche aus leicht überhängenden Wedeln, die glänzend und kräftig grün gefärbt sind. Die Pflanze wird bis 40 cm hoch und breit. Von keiner anderen Farnart gibt es mehr Zuchtformen.

Verwendung: Dieser schöne Farn passt gut in Schattengärten oder in halbschattige bis schattige Steingärten und macht auch in Töpfen und Kübeln eine gute Figur. Er eignet sich auch als Unterpflanzung von Rhododendren und Azaleen. Pro m^2 benötigt man 8 Pflanzen.

Standort: Halbschattig bis schattig. Humusreicher, lockerer, feuchter, leicht saurer bis alkalischer Boden ist am besten geeignet. Der Standort muss luftfeucht sein, damit die Wedel nicht braun werden.

Tab. 7 Empfehlenswerte Sorten von *Asplenium scolopendrium*

Sorte	Wedel	Wuchshöhe
'Angustifolia'	nur halb so breit wie bei der Art	30 cm
'Angustifolia Omnilacera'	noch schmaler als bei 'Angustifolia', in der oberen Hälfte gebuchtet und gezähnt	30 cm
'Capitata'	wie bei 'Cristata' gefächert, aber nur im oberen Drittel	20–40 cm
'Crispum'	hellgrün, mit gewellten Rändern	40 cm
'Cristata'	am Ende in mehrere Lappen mit zerschlitzten Rändern zerteilt	15–25 cm
'Marginata'	Rand zur Unterseite umgeschlagen	20–40 cm
'Ramosa'	am oberen Stielende in 2–3 Abschnitte zerteilt	20–40 cm
'Undulata'	ähnlich wie 'Crispa', aber nicht so stark und nur am Rand gewellt, dunkler grün	40 cm

Asplenium scolopendrium 'Crispum'

Asplenium scolopendrium 'Undulata'

Pflege: Im Frühjahr unschön gewordene Wedel zurückschneiden. Bei Trockenheit im Sommer gießen und gelegentlich mit Wasser überbrausen. Im Herbst mit Falllaub mulchen und im Frühjahr etwas reife Komposterde verabreichen.
Vermehrung: Durch Teilen älterer Bestände im Frühjahr. Die Vermehrung durch Sporen ist nur bei der eigentlichen Art zu empfehlen, Sorten fallen nicht rein aus. Eine Vermehrung durch Blattstecklinge, bei denen man die Blattfläche zuvor entfernt, ist im Frühsommer möglich.

Asplenium trichomanes, Steinfeder, Silikatliebender Brauner Streifenfarn

Aussehen: Die sehr fein gefiederten, dunkelgrünen Wedel stehen einzeln auf dünnen Stielen und erreichen eine Höhe von rund 30 cm. Sie entfalten sich bereits sehr früh im Jahr und bleiben in den meisten Wintern auch grün.
Verwendung: An einem halbschattigen bis schattigen Platz gedeiht dieser zart aussehende Farn auch im Steingarten, in Plattenfugen und in Ritzen etwa von Trockenmauern. Ansonsten ist er auch inmitten anderer Nachbarpflanzen ein schmucker Geselle, wenn er nicht allzu sehr bedrängt wird. Pro m² benötigt man 15 Pflanzen.
Standort: Hinsichtlich des Bodens ist die Steinfeder nicht sehr wählerisch. Lediglich zu große Trockenheit wird problematisch. Daher gedeiht sie an zumindest halbschattigen Plätzen meist am besten.
Pflege: Es sind keine besonderen Maßnahmen notwendig, wenn der Standort passt.
Vermehrung: Die Jungpflanzen an den Enden der Ausläufer können abgetrennt werden. Gelegentlich erfolgt auch Selbstaussaat.

Asplenium trichomanes

Aster ageratoides var. *ovatus* fo. *yezoensis*, Aster

Aussehen: An den gut 70 cm langen Stängeln befinden sich im unteren Bereich ovale, etwa 5–7 cm lange Blätter. Die oberen Pflanzenpartien tragen immer schmaler und etwas kürzer werdende Blätter. Die etwa 4 cm großen Blütenkörbe stehen in großen Dolden oder Doldenrispen zusammen und erscheinen im September und Oktober. Sie haben sehr zahlreiche hellviolette Zungenblüten.

Die abgebildete Sorte 'Asran' verbreitet sich willig durch unterirdische Ausläufer und bildet eine dichte Pflanzendecke. Zudem hat sie noch sehr hübsches, ziemlich dunkles Laub.

'Ashvi' blüht weiß und 'Asmoe' purpurn.
Verwendung: Diese pflegeleichte Aster ist ideal als Spätblüher in Steppenpflanzungen sowie zwischen Gräsern und niedrigen Gehölzen. Pro m² benötigt man 7 Pflanzen.
Standort: Sonnig bis halbschattig. Der Boden sollte durchlässig sein; selbst sandiger Boden wird von den Pflanzen vertragen.
Pflege: Die fruchtenden Blütenstände können nach der Blüte ste-

Aster ageratoides var. *ovatus* fo. *yezoensis* 'Asran'

Aster alpinus 'Dunkle Schöne'

Aster amellus 'Moerheim Gem'

hen bleiben; sie sind später Zierde und Nahrung für Vögel.
Vermehrung: Gelingt sehr leicht durch Teilung der wüchsigen Horste im Frühling.

Aster alpinus, Alpen-Aster

Aussehen: Die Pflanzen breiten sich stetig durch kurze Ausläufer aus und haben grundständige, länglich-ovale, bis 7 cm lange Blätter. Die Stängel werden bis 30 cm hoch und tragen von Mai bis Juni hübsche, etwa 6–7 cm große Blütenkörbchen. Das Farbspektrum umfasst weiße, lilafarbene und purpurne Töne.

Die abgebildete Sorte 'Dunkle Schöne' blüht dunkelviolett, 'Albus' ist reinweiß und 'Happy End' strahlt rosa. Gefüllte Blütenkörbe zeigen 'Anette' in Violettblau, 'Christina' in Weiß und 'Antje' in Lilarosa.
Verwendung: Für Steingärten und ähnliche Pflanzensituationen sind die Alpen-Astern ideal. Ihre Blütezeit fällt zusammen mit den später blühenden Polsterpflanzen, zu denen sie sehr gut passen. Alpen-Astern sind außerdem sehr schöne Schnittblumen. Pro m^2 benötigt man 12 Pflanzen.
Standort: Die Art stammt aus der alpinen Region und braucht einen eher mageren Boden an einem sonnigen bis halbschattigen Standort. Ist der Boden zu nährstoffreich, halten sich die Pflanzen nicht lange. Lediglich bei zu großer Trockenheit muss gegossen werden.
Pflege: Die Pflanzen sollten nach der Blüte regelmäßig geteilt werden, damit sie sich immer wieder neu regenerieren. Abgeblühtes muss zurückgeschnitten werden.
Vermehrung: Bei der Teilung, wenn die Pflanzen verjüngt werden, fallen meist ausreichende Stücke ab, mit denen der Bestand vergrößert werden kann. Die einfach blühenden Sorten lassen sich auch durch Aussaat vermehren.

Aster amellus, Berg-Aster, Kalk-Aster (Tab. 8)

Aussehen: Diese sommerblühende Art treibt rau behaarte, aufrechte Triebe mit länglichen, 5–6 cm langen Blättern. Die Pflanzen erreichen eine Höhe von 40–60 cm. Die etwa 5 cm großen Blütenkörbe stehen in kleinen Büscheln zusammen. Meist sind sie violett oder bläulich und zeigen von etwa August bis September Farbe.
Verwendung: Berg-Astern sind für Steppenpflanzungen, größere Stein- und Geröllgärten und Heidepflanzungen bestens geeignet. Dort wo beispielsweise Bart-Iris (*Iris barbata*), Türkischer Mohn (*Papaver orientale*) oder Fetthenne (*Sedum*)

Tab. 8 Empfehlenswerte Sorten von *Aster amellus*

Sorte	Blütenfarbe	Bemerkungen
'Dr. Otto Petscheck'	Lavendel	etwa 60 cm hoch; recht verbreitet seit über 70 Jahren
'Lady Hidlip'	kühles Rosa	etwa 60 cm hoch; große Einzelblüten
'Moerheim Gem'	Blauviolett	etwa 50 cm hoch
'Sternkugel'	Hellviolett	etwa 50 cm hoch; spät blühend
'Veilchenkönigin'	schönes, intensives Violett	etwa 50 cm hoch; spät blühend

gut gedeihen, ist sie eine perfekte Ergänzung. Pro m² benötigt man 10 Pflanzen.
Standort: Sonnig und warm, durchlässiger Boden.
Pflege: Die Berg-Aster sollte von Zeit zu Zeit geteilt werden, damit sie sich immer wieder verjüngt. Die Teilstücke (und auch neu erstandene Pflanzen) sollten am besten im April und Mai gesetzt werden, damit sie sich vor der einsetzenden Winternässe etablieren können.
Vermehrung: Neben der Teilung im Frühjahr können viele Sorten auch ausgesät werden. Die Aussaat der reinen Art variiert sehr stark, hier sollte man sich auf ein gewisses Spektrum von Farben und Wuchstypen gefasst machen und die Pflanzen auswählen, die man dann vegetativ weitervermehren möchte.

Aster cordifolius, Blaue Wald-Aster

Aussehen: Die Blätter an den aufrechten Trieben sind oval und etwa 7 cm lang. Ab einer Höhe von etwa 80 cm verzweigen sich die Triebe stark und bilden sehr große Blütenstände, die sich aus kleinen etwa 1 cm großen Blütenkörbchen zusammensetzen. Die Blütezeit fällt in den September und Oktober. Wie viele andere Astern auch, bieten die Pflanzen eine ausgezeichnete späte Nahrungsquelle für Bienen und andere Insekten. Die reine Art erreicht eine Höhe von 150–180 cm.

Die Züchtungen sind meist kompakter, so wie etwa die lilafarbenen 'Blütenregen' mit 80 cm und 'Ideal' mit 90 cm Höhe. 'Little Carlow' wird 120 cm hoch und blüht in einem hübschen Blauton, ebenso wie die späte 'Novemberblau', die ebenso hoch wird.
Verwendung: Der wilde Charme dieser Pflanze und die späte Blütezeit machen sie zu einem wunderschönen Spätblüher in entsprechend gestalteten Beeten. Die Blüten wirken sehr locker und fein; sie eignen sich bestens auch als späte Schnittblumen. Pro m² benötigt man 5 Pflanzen.
Standort: Sonnig bis leicht beschattet, der Boden sollte frisch-feucht sein, gelegentliche Trockenheit wird vertragen, Staunässe hingegen nicht.
Pflege: Lediglich ein Aufbinden zu hoch wachsender, zu mastig gehaltener oder windausgesetzter Pflanzen ist ratsam, damit Herbststürme und -regenfälle die hübsche Pflanzenerscheinung nicht ruinieren.
Vermehrung: Durch Teilung der wüchsigen Horste im Frühling. Ansonsten findet man hier und da im Garten Sämlinge von Selbstaussaaten.

Aster cordifolius 'Little Carlow'

Aster dumosus, Kissen-Aster

(Tab. 9)

Aussehen: Meist handelt es sich um Kreuzungen aus *A. dumosus* und *A. novi-belgii*, die als Kissen-Astern in den Gärten wachsen und blühen, die reine Art ist nicht in Kultur. Als Kissen-Aster gilt eine derartige Aster, wenn sie eine Höhe von 50 cm nicht übersteigt. Alle anderen Astern werden eher der Art *A. novi-belgii* zugeordnet. Leider werden ab Spätsommer allerorten niedrige Astern als Kissen-Astern angeboten, die aber nur durch den Einsatz von Stauchmitteln kompakt gehalten werden. Pflanzt man diese Topfpflanzen nach der Blüte aus, strecken sie sich sehr oft im Folgejahr deutlich höher. Um diesen Irritationen vorzubeugen, sollte man nur Namensorten aussuchen, die in Staudengärtnereien angeboten werden.

Die Pflanzen wachsen sehr rasch und dehnen sich durch ihre Ausläufer auch in der Breite gut aus. Sie bedecken mattenartig den Boden, wobei die Blatthorste aus spitz-ovalen, dunkelgrünen, etwa 4–6 cm langen grundständigen Blättern bestehen. Ab Spätfrühling strecken sich die Triebe zu Blütenständen, je nach Sorte zeigen die Kissen-Astern ihre 2–5 cm großen, margeritenähnlichen, einfachen bis gefüllten Blütenkörbchen von August bis weit in den September hinein. Das Farbspektrum umfasst Weiß, sämtliche Lila- und Blautöne sowie kühles Rosa und Purpur.
Verwendung: Die kompakt wachsenden Pflanzen bilden sehr schöne Kissen und es lassen sich mit ihnen ausgezeichnete Einfassungen gestalten. In jeglichem Gartentyp können sie eingesetzt werden und die gefällige Form und späte Blüte machen sie nahezu unverzichtbar. Pro m² benötigt man 6–8 Pflanzen.
Standort: Sonnig bis halbschattig. Der Boden sollte ausreichend feucht

Tab. 9 Empfehlenswerte Sorten von *Aster dumosus*

Sorte	Blütenfarbe	Bemerkungen
'Apollo'	Weiß, im Verblühen zartes Rosa	40 cm hoch, sehr wüchsig, mittel bis spät blühend
'Heinz Richard'	Dunkelrosa	40 cm hoch, recht großblumig, früh blühend
'Herbstgruß vom Bresserhof'	Rosa	50 cm hoch, schöne Farbwirkung, mittel blühend
'Kristina'	Weiß	50 cm hoch, sehr vital, lange Blütezeit, mittel bis spät blühend
'Lady in Blue'	helles Lavendelblau	50 cm hoch, sehr reich blühend, früh blühend
'Rosenwichtel'	Dunkelrosa	25 cm hoch, kompakt, reich blühend
'Zwergenhimmel'	zartes Lila	40 cm hoch, vital, reich blühend

früh blühend = Ende Juli bis Mitte August
mittel blühend = Anfang August bis Anfang September
spät blühend = Anfang September bis Anfang Oktober

sein, darf aber auf keinen Fall völlig vernässen.

Pflege: Auftretender Mehltau ist zum einen eine Sorteneigenschaft, zum anderen ein Resultat eines falschen Standortes. Die befallenen Astern kann man umpflanzen oder durch eine widerstandsfähige andere Züchtung ersetzen. Bekämpfung durch Pflanzenschutzmittel ändert nur etwas an den Symptomen, nicht an der Ursache. Hin und wieder verkahlen jahrelang stehende Pflanzen von innen. Man hebt in diesem Fall die Pflanzen und entfernt das kahle Zentrum. Die Pflanzenstücke vom Rand werden in frischen Boden neu eingesetzt.

Vermehrung: Kissen-Astern verbreiten sich sehr willig durch unterirdische Ausläufer und liefern – einmal eingewachsen – jährlich bestes Vermehrungsmaterial. Selbst kleine Teilstücke an denen sich noch Wurzeln befinden bauen sich zuverlässig zu neuen Pflanzen auf.

Aster ericoides, Myrten-Aster, Erika-Aster

Aussehen: Die Art erreicht eine Höhe von 50–100 cm und bildet straff aufrechte Triebe mit dunkelgrünen, ovalen, etwa 4 cm langen Blättern. Im oberen Drittel verzweigen sich die Triebe sehr reich. Der Aufbau der Pflanzen sowie die im oberen Teil gerade einmal 1 cm langen, lanzettlichen Blätter erinnern tatsächlich an Myrten. Die Blütenstände erscheinen im September bis weit in den Oktober hinein, bei günstigen Bedingungen sogar bis in den November, und tragen maximal 1 cm große, weiße oder lilafarbene Blütenkörbchen, die in großen, lockeren Rispen bis Schirmrispen zusammen stehen.

Zu den besten Sorten zählt die standfeste lilablaue 'Blue Star', die 80 cm hoch wird. Ein weißer Klassiker ist die 100 cm hohe 'Schneegitter'. Etwa 20 cm höher wächst die abgebildete 'Schneetanne', die sehr spät ab Oktober blüht. Es gibt auch niedrig wachsende Züchtungen, etwa die 60 cm hohe blass lilafarbene 'Ringdove'.

Verwendung: Mit Myrten-Astern lassen sich in fast allen herbstlichen Beeten sehr reizvolle Akzente setzen. Da sie eine zeitweilige Trockenheit vergleichsweise gut vertragen, passen sie auch in Pflanzungen mit

Aster dumosus 'Herbstgruß vom Bresserhof'

Aster ericoides 'Schneetanne'

Steppen-Charakter. Als späte Schnittblume eignen sich die hohen Sorten ausgezeichnet. Pro m^2 benötigt man 5–6 Pflanzen.
Standort: Sonnig bis halbschattig und durchlässiger Boden.
Pflege: Mehltau tritt an zu schattigen und feuchten Standorten auf. Hier hilft auf Dauer nur das Umpflanzen an einen besseren Platz.
Vermehrung: Teilung der Horste im Frühling.

Aster laevis, Glatte Aster, Kahle Aster

Aussehen: Die Glatte Aster bildet zunächst dichte Horste oder Matten aus eiförmigen, etwa 7 cm langen Blättern. Die Triebe strecken sich ab Frühsommer und erreichen eine Höhe von 60–120 cm, je nach Sorte. Im September erscheinen die etwa 1 cm großen, meist lilafarbenen Korbblüten in großen, duftig-lockeren Blütenrispen.

Die abgebildete Sorte 'Calliope' hat nicht nur hübsche, lilafarbene Blüten, sondern auch eindrucksvolle dunkle Blätter und Stiele und bleibt relativ standfest.
Verwendung: Eine sehr anmutige, locker wachsende Art, die sich ausgezeichnet in wild-romantische Herbstszenarien einfügt. Sowohl als Nachhut in einem leger angelegten Staudenbeet, als auch inmitten kleiner Gehölze oder Gräser ist sie sehr eindrucksvoll. Pro m^2 benötigt man 5–6 Pflanzen.
Standort: Sonnig bis halbschattig; zeitweise trockene Bedingungen werden gut vertragen, nur zu nass darf der Boden, vor allem im Winter, nicht sein.
Pflege: Am richtigen Standort völlig unkompliziert; lediglich ein diskretes Abstützen der Triebe ist ratsam. Krankheiten treten nur auf, wenn die Bedingungen zu schattig und zu feucht sind.
Vermehrung: Durch Teilung der üppigen Horste im Frühjahr.

Aster laevis 'Calliope'

Aster lateriflorus var. *horizontalis*, Kattun-Aster

Aussehen: Nicht nur die Blüten, sondern auch der reizvolle Wuchs machen die Kattun-Aster zu einer Pflanze mit hohem Zierwert. Die Pflanze breitet sich durch Ausläufer aus und wie bei den meisten Astern zeigt sich zuerst ein mattenartiger Blatthorst aus eiförmigen, etwa 8–9 cm langen Blättern. Die Triebe bauen sich dann etagenartig auf und tragen schmalere, fast lanzettlich geformte, kleinere Blätter. Zuerst wachsen die Stängel aufrecht, dann richten sie sich zunehmend waagerecht aus und verzweigen sich reich. Erst im Oktober bilden sich die winzigen Blütenkörbchen an den waagerechten Seitentrieben. In der Mitte sind sie lilablau, die weißen Zungenblüten sind sehr schmal und locker verteilt, sodass die Blüten aussehen wie winzige Sternchen.

Besonders schön ist die sehr dunkle, ins Rötliche spielende Belaubung der vorzüglichen Sorte 'Lady in Black' oder der neueren 'Prince'. Sie erreichen eine Höhe um 80 cm.
Verwendung: Das ganze Jahr über sind diese Astern, besonders die dunkel belaubten Sorten, sehr attraktiv. Die Pflanze ist fein verästelt und passt bestens zu Gräsern, großlaubigen Prachtstauden oder *Sedum*-Arten. Auch in naturnahen Gärten macht sie sich sehr schön. Die zarten Blüten sind bei der späten Blütezeit konkurrenzlos und bilden bezaubernde Akzente im ausgehenden Herbst. Pro m^2 benötigt man 7 Pflanzen.
Standort: Sonnig, mit durchlässigem Boden.
Pflege: Steht die Pflanze auf zu nassen Böden, stellen sich Schädlinge und Krankheiten ein. Bei zu starker Beschattung kann Mehltau auftreten und die dunkle Stiel- und Blattfärbung verblasst. Ein Aufbinden der Pflanzen ist meist nicht erforderlich; die Statik der Triebe trägt die kleinen Blüten recht zuverlässig.
Vermehrung: Durch Teilung der Horste im Frühling oder durch Stecklinge im Juni.

Aster lateriflorus var. *horizontalis* 'Lady in Black'

Aster linosyris, Goldhaar-Aster

Aussehen: Die aufrecht wachsenden Stängel sind mit schmal-ovalen, etwa 4 cm langen Blättern versehen und tragen im August und September Dolden aus eng aneinander stehenden, etwa 1–2 cm großen, goldgelben Korbblüten, denen die länglichen Zungenblüten fehlen. Die Blüte erscheint rein goldgelb – in dieser Hinsicht nimmt die Goldhaar-Aster eine Sonderstellung unter den Astern ein. Die Pflanzen sind zur Blütezeit etwa 60 cm hoch.
Verwendung: Zwischen Steppenpflanzen und in Heidegärten macht sich die aus dem südlichen Europa stammende, an sonnige, warme Standorte angepasste Goldhaar-Aster sehr gut. Zu Gräsern, Eisenkraut und Zierdisteln, aber auch zu mediterranen Kräutern und Zierpflanzen passt sie ausgezeichnet. Pro m^2 benötigt man 7–9 Pflanzen.
Standort: Der Standort sollte sonnig sein und durchlässigen Boden bieten. Wie viele andere Astern auch verträgt die Goldhaar-Aster besonders im Winter keine Staunässe.
Pflege: Der Boden sollte mager bleiben, sonst wachsen die Pflanzen mastig und werden von Krankheiten und Schädlingen befallen. Hier und da müssen die Pflanzen gestützt werden, sonst fallen sie auseinander.
Vermehrung: Am sichersten durch Teilung der Pflanzen im Frühjahr. Gelegentlich finden sich Jungpflanzen nach einer Selbstaussaat.

Aster linosyris

Aster novae-angliae, Raublatt-Aster (Tab. 10)

Aussehen: Die Pflanze bildet einen niedrigen Blatthorst, der sich aus spitz-ovalen, etwa 7 cm langen Blättern zusammensetzt. Vom Frühsommer an erscheinen, je nach Sorte, zwischen 80 und 150 cm hohe Stängel mit etwa 5 cm langen, lanzettlichen, hellgrünen und rauen Blättern. Im Laufe des Sommers verkahlen die hoch wachsenden Pflanzen im unteren Bereich. Die etwa 3–4 cm großen Blütenkörbe erscheinen im September und Oktober und stehen in kleinen Büscheln zusammen. Sie haben eine gelbliche Mitte, um die sich rote, weiße, rosa oder lilafarbene bis blaue Zungenblüten anordnen. Die Blütenkörbe der meisten, vor allem der älteren Sorten, schließen sich gegen Abend und bei Regenwetter. Mittlerweile gibt

Aster novae-angliae 'Purple Dome'

Aster novae-angliae 'Rosa Sieger'

Aster novae-angliae 'Rudelsburg'

Tab. 10 Empfehlenswerte Sorten von *Aster novae-angliae*

Sorte	Blütenfarbe	Bemerkungen
'Alma Poetschke'	warmes Lachsrosa	100 cm hoch, mittlere Blütezeit
'Barr's Blue'	Violettblau	160 cm hoch, spät blühend
'Herbstschnee'	Weiß	130 cm hoch, früh blühend
'Purple Dome'	Violettpurpur	60 cm (!) hoch, neuere Sorte
'Rosa Sieger'	Rosa	140 cm hoch, mittlere Blütezeit
'Rudelsburg'	Karminrosa	120 cm hoch, spät blühend
'Violetta'	Violett	150 cm hoch, spät blühend

früh blühend = ab Anfang September
mittlere Blütezeit = ab Mitte September
spät blühend = ab Oktober

es aber auch Züchtungen, deren Blütenkörbe offen bleiben und auch bei trüber Witterung für Farbe sorgen. Die Pflanze nimmt zuverlässig stetig eine größere Fläche ein.
Verwendung: Eine ausgezeichnete Wahl, wenn im Herbstgarten prachtvoll blühende Pflanzen gewünscht sind. Die Blüten bedecken die oberen Pflanzenpartien vollständig und ziehen zudem Heerscharen hungriger Insekten an. Die vielen Sorten blühen in unterschiedlichen Höhen und so finden sich für alle Beetbereiche passende Raublatt-Astern. Das arttypische Verkahlen der unteren Pflanzenpartien lässt sich durch entsprechende buschige Pflanzennachbarn, beispielsweise Indianernessel (*Monarda*), Herbst-Anemonen (*Anemone*) oder Pfingstrosen (*Paeonia*) kaschieren. Pro m^2 benötigt man 5 Pflanzen.
Standort: Sonnig bis maximal halbschattig. Der Boden darf nicht völlig austrocknen.
Pflege: Abgesehen davon, dass die hohen Sorten unbedingt schon während des Wachstums gestützt werden sollten, handelt es sich um eine sehr pflegeleichte Astern-Art. Ältere Pflanzen sind oft in ihrer Mitte kahl und bilden nur noch am Rand frische Neuaustriebe. Dann sollte man sie im Frühling ausgraben, die Stücke vom Rand abteilen und in frische Erde setzen und die vergreisten Pflanzenteile aus der Mitte zum Kompost geben.
Vermehrung: Durch Teilung der Horste im Frühling, die Teilstücke wachsen willig heran.

Aster novi-belgii, Glattblatt-Aster (Tab. 11)

Aussehen: Diese typische Herbst-Aster bildet kurze und mittellange Ausläufer und einen Blatthorst aus spitz-ovalen, etwa 6–8 cm langen Blättern. Die langen Stängel tragen glattes, spitz-ovales bis lanzettliches, dunkelgrünes, 4–6 cm langes Laub. Viele Sorten erreichen etwa 180 cm und schmücken sich im September und Oktober mit einer Vielzahl lilafarbener, rosafarbener oder purpurroter Blütenkörbe, die einen Durchmesser von 3–5 cm haben. Sie stehen in mittelgroßen Rispen zusammen. Auch weiß und nahezu blau blühende Züchtungen sind erhältlich. Neben den Sorten mit einfachen Blütenkörbchen gibt es auch Sorten, die durch eine Vielzahl der Zungenblüten gefüllt wirken. Außerdem stehen Sorten in Höhen zwischen 80 cm und bis zu 200 cm zur Verfügung.
Verwendung: Als Gartenpflanze ist dieser Einwanderer aus Nordamerika längst ein Klassiker. Die beeindruckende Blütenfülle und späte Blütezeit machen sie zu Recht sehr

Tab. 11 Empfehlenswerte Sorten von *Aster novi-belgii*

Sorte	Blütenfarbe	Bemerkungen
'Bonningdale White'	Weiß	100 cm hoch, mittlere Blütezeit
'Dauerblau'	dunkles Violettblau	150 cm hoch, spät blühend
'Le Reve'	kühles Rosa	150 cm hoch, mittlere bis späte Blütezeit, sehr vital und lange blühend, gefüllte Blütenkörbchen
'Leuchtfeuer'	Purpurrot	120 cm hoch, mittlere Blütezeit, tolle Farbe
'Marie Ballard'	helles Lilablau	100 cm hoch, mittlere Blütezeit, lange blühend
'Porzellan'	zartes Blau	90 cm hoch, spät blühend
'Royal Ruby'	Weinrot	80 cm hoch, mittlere Blütezeit

mittlere Blütezeit = ab Mitte September
spät blühend = ab Oktober

Aster novi-belgii 'Le Reve'

Aster novi-belgii 'Leuchtfeuer'

Aster novi-belgii 'Porzellan'

beliebt. In Prachtstaudenbeeten, an Zäunen sowie in allen wild-romantischen Szenarien passen sie ausgezeichnet. Da sich die Blüten, anders als die von *A. novae-angliae*, nicht nachts schließen, eignen sich die Pflanzen bestens als Schnittblumen. Pro m² benötigt man 7 Pflanzen.
Standort: Sonnig bis halbschattig. Frischer ausgeglichen feuchter Boden.
Pflege: Aufbinden der hohen Sorten ist obligatorisch, zu leicht können herbstliche Unwetter die Pflanzen zerstören. Mehltaubefall tritt bei anfälligen Sorten auf sowie bei Pflanzen, die unter Trockenstress, Staunässe oder zu starker Beschattung leiden. Pflanzen, die beim Austrieb von der Mitte her verkahlen, müssen aufgenommen werden, um die Teilstücke vom Rand in frisches Erdreich setzen zu können.
Vermehrung: Am einfachsten durch Teilung der Pflanzen im Frühjahr.

Aster pansus, Niedrige Myrten-Aster

Aussehen: Diese Astern-Art wächst extrem kompakt und bleibt mit gerade einmal 10 cm Höhe sogar niedriger als *A. dumosus*. Sie bildet einen Teppich aus ovalen, etwa 4 cm langen Blättern und Triebe, die sich waagerecht abspreizen und wie Miniatur-Ausgaben der Myrten-Aster (*A. ericoides*) aussehen. Im Oktober sind sie überzogen von winzigen, weißen Blütenkörbchen in großen rispigen Blütenständen.

Die stark Ausläufer bildende Sorte 'Snowflurry' ist weitverbreitet.
Verwendung: Wer eine hübsche, spät blühende Pflanze sucht, die den Boden zuverlässig bedeckt, wird mit dieser Aster sicher zufrieden sein. Sehr schnell lassen sich mit ihr ganze Teppiche bilden. Auch im Steingarten macht sich diese Pflanze ausgezeichnet, wenn man sie im Zaum hält. Pro m² benötigt man 5 Pflanzen.
Standort: Sonnig bis halbschattig mit durchlässigem Boden.
Pflege: Je sonniger die Pflanzen stehen, desto reicher blühen sie. Lediglich anhaltende Trockenheit kann ihr zu schaffen machen – genauso wie Staunässe in der kalten Jahreszeit.
Vermehrung: Der rasante Ausbreitungsdrang beschert zahlreiche Ausläufer und Teilstücke, aus denen sich im Frühling neue Pflanzen heranziehen lassen.

Aster pansus 'Snowflurry'

Aster pringlei, Pringles Aster

Aussehen: Sie ähnelt sehr der *A. ericoides* und bildet wie diese zuerst einen Blatthorst aus dunkelgrünen, eiförmigen, etwa 4–5 cm langen Blättern, dem die aufrechten Triebe mit den stark verzweigten, gestreckten Blütenrispen entspringen. Die Triebe erreichen eine Höhe von etwa 100 cm, gelegentlich mehr. Die Blütenkörbe sind etwa 1 cm groß und stehen in großen Mengen auf den Pflanzen. Im Unterschied zu *A. ericoides* stehen bei *A. pringlei* die sehr zahlreichen Blüten einzeln auf den Stängeln. Auch die als „Septemberkraut" im Blumenhandel bekannte Sorte 'Monte Cassino' gehört zu den Pringles Astern. Neben den weiß blühenden Sorten sind auch lila und rosa getönte Züchtungen im Handel. Zuverlässig wächst und blüht auch die Sorte 'Pink Star'. Die Blüten zeigen sich im September und Oktober; die Pflanzen erreichen aber nur eine Höhe von 60–80 cm.
Verwendung, Standort, Pflege und Vermehrung: Siehe *A. ericoides*.

Aster pringlei 'Pink Star'

Aster pyrenaeus, Pyrenäen-Aster

Aussehen: Die Pyrenäen-Aster ist eine mittelhoch wachsende, sehr verlässliche Pflanze, die bereits im August und September blüht. Ihre Horste sind aus ovalen, dunkelgrünen, etwa 4–5 cm langen grundständigen Blättern zusammengesetzt und bilden 60–90 cm lange Triebe mit lanzettlichen, etwas kürzeren Blättern. Die Pflanzen werden 60–90 cm hoch; die Korbblüten sind etwa 5–6 cm groß und stehen in kleinen Dolden und Doldenrispen zusammen.

Fast immer ist die vorzügliche Sorte 'Lutetia' mit den zart lavendelfarbenen sternförmigen Blütenkörbchen in Kultur.
Verwendung: Diese Astern-Art ähnelt der *A. amellus*, blüht aber reicher und ist deutlich robuster. Die *A. pyrenaeus* ist ein ausgezeichneter Rosen-Begleiter, macht aber auch in naturnahen Gärten und Beeten eine sehr gute Figur. Pro m² benötigt man 9 Pflanzen.
Standort, Pflege und Vermehrung: Siehe *A. amellus*.

Aster pyrenaeus 'Lutetia'

Astilbe × arendsii, Garten-Astilbe, Hybrid-Astilbe
(Tab. 12)

Aussehen: Unterschiedliche Arten von Astilben führten zu dieser sehr attraktiven Sortengruppe, die es in zahlreichen Farben gibt. Da es nicht immer leicht ist, die Sorten bestimmten Ausgangsarten zuzuordnen, fasst man sie in der Gruppe *Astilbe × arendsii* zusammen.

Die Pflanzen treiben im Frühling mit dünnen, sehr oft attraktiv dunkelrot gefärbten Trieben aus, das sich entfaltende, meist tiefgrüne Laub ist hübsch gefiedert und etwa 10 cm groß. Die Triebe bilden einen etwa 40–60 cm hohen Busch, aus dem die Blütenstiele herausragen. Die fedrig buschigen Rispen bestehen aus zahlreichen, sehr kleinen Blüten. Die Blütenstände ähneln puscheligen Federquasten.

Die Sorten werden im Allgemeinen nach ihrer Blütezeit unterteilt. Man kennt frühe Sorten für den Juli, mittelspät blühende Sorten für den Juli und August sowie späte Sorten für den August und September. Auch nach der Blüte bleiben die Büsche attraktiv, wenn die trockenen Blütenstände entfernt wurden. Die Skala der Blütenfarben umfasst brillante Rot-, Rosa und Purpurtöne sowie mildes Cremeweiß.
Verwendung: Astilben sind unwiderstehliche Farbträger an halbschattigen bis schattigen Orten und ideale Partner von Funkien (*Hosta*), Anemonen, Farnen und Primeln. Als Schnittblume werden sie ebenfalls immer beliebter. Pro m² benötigt man 7 Pflanzen.
Standort: Halbschattig bis schattig.

Tab. 12 Empfehlenswerte Sorten von *Astilbe × arendsii*

Sorte	Blütenfarbe	Bemerkungen
'Amethyst'	Lilarosa bis Purpur	100 cm hoch, früh blühend
'Brautschleier'	Weiß	70 cm hoch, früh blühend
'Glut'	leuchtendes Rot	80 cm hoch, spät blühend
'Grete Puengel'	Rosa	90 cm hoch, ziemlich spät blühend; sehr eleganter Wuchs
'Obergärtner Jürgens'	Karminrot	70 cm hoch, früh blühend
'Rosenschleier'	Lachsrosa	70 cm hoch, mittlere Blütezeit, lockere Blütenstände
'Tamarix'	zartes Rosa	100 cm hoch, spät blühend

früh blühend = Juli
mittlere Blütezeit = Juli und August
spät blühend = August und September
ziemlich spät = nicht vor September

Astilbe × arendsii 'Glut'

Astilbe × arendsii 'Grete Puengel'

Astilbe × arendsii 'Obergärtner Jürgens'

Der Boden muss Wasser gut halten können, denn die Pflanzen leiden leicht unter Trockenheit. Einige Sorten können auch sonnig stehen, sofern ausreichend Feuchtigkeit kontinuierlich zur Verfügung steht – in Lehmböden ist eine solche Pflanzung möglich.
Pflege: Verblühtes wird ausgeschnitten, dann bleiben die Büsche attraktiv. Läusebefall zeigt Trockenstress an und vergilbendes Laub im Sommer signalisiert eine zu starke Sonneneineinstrahlung – Astilben sind nun einmal Schattenpflanzen.
Vermehrung: Astilben werden im Frühling geteilt und neu ausgepflanzt. Vorsicht: Die Teilstücke dürfen nicht zu klein geraten und der Wurzelstock ist sehr fest! Einige Sorten lassen sich auch durch Aussaat vermehren.

Astilbe chinensis var. *pumila*, Zwerg-Astilbe

Aussehen: Es handelt sich hierbei um eine sehr kompakt wachsende Selektion von *A. chinensis*, als Zwergform ist sie aber so markant und bedeutsam, dass sie hier extra aufgeführt wird. Die gesamte Pflanze wird etwa 20 cm hoch; das niedrigere, hellgrüne, gefiederte, etwa 7 cm große Laub bedeckt zuverlässig den Boden. Die mauve-lilafarbenen, winzigen Blüten stehen in länglichen, fedrig wirkenden Rispen zusammen und erscheinen meist erst im August.

Durch Einkreuzen von *A. × arendsii* sind Sorten mit anderen Farben entstanden. Deren Höhe schwankt zwischen 25 und 50 cm und sie haben etwas höhere Ansprüche an eine kontinuierliche Wasserzufuhr.

Verwendung: Die Zwerg-Astilbe hat sich in großen und kleinen Gärten bestens als Bodendecker bewährt. Sie lässt sich in zahlreichen Gartensituationen problemlos einsetzen und ist unverwüstlich. Auch in Kübeln und im Steingarten ist sie sehr hübsch. Pro m² benötigt man 10–12 Pflanzen.
Standort: Sonnig bis schattig. Abkömmlinge von *A. chinensis* vertragen auch zeitweise Trockenheit und lassen sich daher auch in sonnigen Beeten einsetzen.
Pflege: Nur bei anhaltender Trockenheit ist ein Wässern erforderlich.
Vermehrung: Die Pflanze breitet sich moderat aber stetig aus und kann im Frühling sehr gut geteilt werden, die Wurzelstöcke sind aber sehr fest und müssen vorsichtig mit einem scharfen Spatenblatt oder einem Messer geteilt werden.

Astilbe chinensis var. *pumila*

Astilbe chinensis var. *taquetii*, Purpur-Astilbe, China-Astilbe

Aussehen: Die Pflanzen werden etwa 100 cm hoch und tragen gefiederte, hellgrüne, etwa 7–9 cm lange Blätter. Die drahtigen Stängel tragen im Juli und August längliche, weich und fedrig wirkende Blütenrispen aus zahlreichen, winzigen, blass- bis intensivpurpurnen Einzelblüten.
Verwendung: Siehe *A. chinensis* var. *pumila*. Sie ist ebenfalls äußerst robust und vital. Pro m^2 benötigt man 7 Pflanzen.
Standort, Pflege und Vermehrung: Siehe *A. chinensis* var. *pumila*.

Astilbe chinensis var. *taquetii* 'Purpurlanze'

Astilbe chinensis var. *taquetii* 'Superba'

Astilbe japonica, Japanische Astilbe (Tab. 13)

Aussehen: Die Sorten dieser Astilben-Art wachsen mit einer Höhe von durchschnittlich 50 cm deutlich kompakter als die Hybrid-Astilben, denen sie ansonsten sehr ähneln. Auch sie haben fein gefiederte Blätter an straff aufrecht wachsenden Stängeln und auch bei ihnen sind die Blütenrispen aus zahlreichen, winzigen Einzelblüten zusammengesetzt und ähneln eher Federbüscheln als Blüten. Einige Sorten werden gelegentlich den Hybrid-Astilben zugeordnet.

Die Sorten blühen recht früh, im Juni und Juli, und so lässt sich die Blütezeit sehr leicht vorverlegen und durch die Staffelung der Sorten erweitern. Als erste Astilben-Sorten für den Garten gelten 'Bremen', 'Deutschland' und 'Europa', ihr Laub glänzt stark und die Blütenstände wirken fedrig. Sehr hübsche, dunkle Blätter hat die Sorte 'Bronzelaub'. Das Farbenspektrum entspricht dem der Hybrid-Astilben.
Verwendung, Standort, Pflege und Vermehrung: Siehe *A.* × *arendsii*. Japanische Astilben sind sehr gute Kübelpflanzen.

Astilbe japonica 'Köln'

Astilbe simplicifolia, Kleine Astilbe

Aussehen: Sorten dieser Art erreichen eine Wuchshöhe zwischen 30 und 40 cm. Die etwa 8 cm großen Blätter sind gefiedert und haben einen gesägten Rand. Die fedrig leicht wirkenden Blütenstände aus den sehr kleinen Einzelblüten leuchten meist im Juli auf, und die meisten Sorten blühen weiß oder in einem eher warmen, lachsartigen Rosa.

Sehr bekannt sind die Sorten 'Aphrodite' in leuchtendem Rosarot mit dunklem Laub oder die weiße 'Praecox Alba'. 'Bronce Elegans' hat nicht nur schöne, rosafarbene Blü-

Tab. 13 Empfehlenswerte Sorten von *Astilbe japonica*

Sorte	Blütenfarbe	Wuchshöhe
'Deutschland'	Weiß	40 cm
'Europa'	Hellrosa	60 cm
'Koblenz'	Karmin	60 cm
'Köln'	sehr dunkles Rot	60 cm
'Mainz'	Lilarosa	50 cm
'Red Sentinel'	Rot, nuanciert abblühend	60 cm
'Snowdrift'	Weiß	50 cm

Astilbe simplicifolia 'Bronce Elegans'

Astilbe thunbergii 'Elegans'

tenstände, sondern auch bemerkenswert hübsches Laub.
Verwendung, Standort, Pflege und Vermehrung: Siehe *A. × arendsii*. Durch den niedrigen Wuchs sind die Pflanzen sehr gut für kleine Pflanzengesellschaften und Troggärten geeignet. Doch auch sie brauchen eine ausgeglichene Feuchtigkeit und leiden unter Trockenstress.

Astilbe thunbergii, Thunberg's Astilbe

Aussehen: Die Astilben-Art erreicht etwa 90–100 cm Höhe, ihre gut 9 cm langen Blätter sind dreifach dreiteilig gefiedert. Im Juli und August erscheinen feinfedrig wirkende Blütenrispen aus einer Vielzahl winziger Einzelblüten. Anders als bei den meisten anderen Astilben hängen sie eher locker über und erinnern an wippende Straußenfedern – eine der schönsten Sorten heißt sogar treffenderweise 'Straußenfeder', sie blüht rosa und wird 100 cm hoch. Weitere Sorten blühen ebenfalls rosa, rot oder weiß. Thunberg's Astilben erweitern die Sortenpalette der feuchtigkeitsliebenden Astilben durch die anmutige Haltung der Blüten.
Verwendung, Standort, Pflege und Vermehrung: Siehe *A. × arendsii*.

Astilben-Vielfalt
Es ist nur wenigen bekannt, wie viele unterschiedliche *Astilbe*-Arten und -Sorten es gibt. Mit entsprechenden Sorten, die sich in der Blütezeit ablösen, kann man alle Schattengarten-Partien von Juni bis September bestücken und durch die Chinesischen Astilben lassen sich selbst sonnige Standorte besiedeln. Zahlreiche Astilben machen sogar in schattig aufgestellten Gefäßen eine sehr gute Figur. Zuweilen bekommt man blühende Großstauden im Handel; allerdings handelt es sich dabei oft um ausgesäte, schnell wachsende Sorten, die hinsichtlich ihrer Langlebigkeit zweifelhaft sind. Hin und wieder werden Astilben auch als trocken gelagerter Wurzelstock angeboten, es empfiehlt sich aber, sie als getopfte Pflanze zu erstehen, denn sie wachsen dann weit besser an.

Astrantia major, Große Sterndolde

Aussehen: Weiche, dünne, gelappte, etwa 7 cm große Blätter bilden einen Blatthorst. Im Frühsommer zeigen sich die kahlen bzw. wenig beblätterten Stängel, die 80–100 cm hoch werden. Sie wachsen straff aufrecht und zerteilen sich in der oberen Hälfte zu einem lockeren Blütenstand. Von etwa Ende Mai bis August erscheinen winzige Blüten in etwa 5 cm großen Dolden auf den verzweigten Stängeln. Jede Dolde ist von auffälligen Hochblättern umgeben – so sehen die Dolden auf den ersten Blick aus, wie bizarr gestaltete Einzelblüten mit vielen Staubgefäßen. Die Farbe der Hochblätter schwankt je nach Sorte zwischen einem pergamentartig wirkenden, blassen Rosé und einem dunklen Purpurrot. Nach der Blüte zieht die Pflanze gewöhnlich ein. Mittlerweile gibt es ein hübsches, kleines Sortiment reizvoller Züchtungen.
Verwendung: Sterndolden sind bezaubernde, romantisch aussehende Pflanzen für sämtliche halbschattigen Orte. Sie sehen zwar sehr zart

Astrantia major 'Moulin Rouge'

und empfindlich aus, sind aber recht vital. Einmal etabliert halten sie lange Jahre aus. Als Rosenbegleiter sind sie genauso attraktiv wie als Schnittblume. Pro m^2 benötigt man 10–12 Pflanzen.

Standort: Je besser der Boden die Feuchtigkeit hält, desto mehr Sonne vertragen die Sterndolden. Längere Trockenphasen mögen sie aber ebenso wenig wie Staunässe im Winter.

Pflege: Nur bei anhaltender Trockenheit ist ein Wässern erforderlich.

Vermehrung: Sterndolden säen sich recht zügig und moderat selbst aus. Die hübschen Züchtungen sollten, damit die Eigenschaften der Sorte erhalten bleiben, im Frühling geteilt werden. Bei sehr nasser Witterung können die Teilstücke jedoch leicht faulen, deshalb sollte man eine trockene Periode abwarten.

Aubrieta × cultorum, Garten-Blaukissen (Tab. 14)

Aussehen: Die polsterig wachsenden Pflanzen mit den aufliegenden Trieben haben eine gewisse Ähnlichkeit mit der Gänsekresse (*Arabis*), wenn auch die graugrünen, eiförmigen Blätter mit einer Länge von etwa 2–3 cm etwas kleiner und runder sind. Die Pflanzen werden, je nach Art, gut 20 cm hoch. Im April und Mai sind sie bedeckt mit etwa 1 cm großen, runden Kreuzblüten, die in kleinen Büscheln zusammen stehen; meist spielen sie in den Farben Violett, Blau und Karminrot bis Lilarosa. Nach der Blüte bleiben die Pflanzen weiterhin hübsch, wenn auch einige Sorten mit der Zeit von innen auskahlen können.

Neben den Sorten mit schönen Blüten ist auch die Züchtung 'Argentovariegata' mit weißlich gerandetem Laub sehr reizvoll. 'Aureomarginata' ist das gelblich panaschierte Gegenstück.

Verwendung: Blaukissen sind ideale Pflanzen für den Miniatur- und Steingarten. Natürlich eignen sie sich auch bestens für niedrige Einfassungen und auch in Gefäßen machen diese Pflanzen eine sehr gute Figur. Die Farbintensität einiger Sorten ist überragend. Pro m^2 benötigt man 8–10 Pflanzen.

Astrantia major 'Roma'

Astrantia major 'Shaggy'

Aubrieta × cultorum 'Downers Bont'

Tab. 14 Empfehlenswerte Sorten von *Aubrieta × cultorum*

Sorte	Farbe	Bemerkungen
'Blaumeise'	schönes Blau	Klassiker, mittelgroße Blüten
'Downer's Bont'	Blau	hübsches, weißbuntes Blatt
'Hamburger Stadtpark'	Dunkellila	kleine Blüten, sehr reich blühend
'Joy'	Lilablau	recht große, gefüllte Blüten
'Kitty'	Violett	großblumig, sehr gute, neue Sorte
'Red Dyke'	schönes Karmin	reiche Blüte
'Silberrand'	Mittelblau	schmaler, weißer Rand an den Blättern

Aubrieta × cultorum 'Red Dyke'

Standort: Sonnig bis halbschattig. Der Boden sollte durchlässig sein, darf aber nie staubtrocken werden.
Pflege: Bei anhaltender Trockenheit ist ein Wässern erforderlich. Nach der Blütezeit werden die Polster etwas zurückgeschnitten; so bleiben sie kompakt und kahlen nicht von innen her aus.
Vermehrung: Die Triebspitzen können als Stecklinge genommen werden; ein guter Vermehrungszeitpunkt ist direkt nach der Blüte.

Baptisia australis var. *minor*

Baptisia australis var. *minor*, Blaue Färberhülse, Indigolupine

Aussehen: Die Pflanzen bilden starke, aufrechte Triebe mit gefingerten, etwa 7 cm großen, hellgrünen Blättern. Ab Juni bis Ende August oder Anfang September erscheinen etwa 30 cm lange Trauben mit 2–3 cm großen Schmetterlingsblüten. Die ganze Pflanze erinnert ein wenig an eine gestreckt wachsende, etwas locker aufgebaute Lupine. Die Art *Baptisia australis* wird etwa 100 cm hoch, gelegentlich deutlich höher. Die abgebildete Varietät *B. a.* var. *minor* erreicht lediglich eine Höhe von 80 cm. Die Blüten sind meist violett, blauviolett, blassrosa oder weiß. Nach der Blüte bleibt das Laub lange erhalten. Es ist zu erwarten, dass das Sortiment erweitert wird.
Verwendung: Diese Pflanze verdient eine weitere Verbreitung. Als Schmuck von Steppengärten und Kiesbeeten ist sie ideal und überall dort, wo die bekannten Gartenlupinen wegen Bodentrockenheit nicht gut gedeihen, bietet sie sich als Ersatz an. Pro m² benötigt man 8–10 Pflanzen.
Standort: Sonnig bis halbschattig. Durchlässiger Boden ist ideal; Trockenheit wird vertragen.
Pflege: Eine völlig unkomplizierte Pflanze.
Vermehrung: Leider lassen sich die Pflanzen mit den brüchigen Wurzeln nicht besonders gut teilen, besser ist daher eine Aussaat.

Bergenia-Sorten, Bergenien-Sorten (Tab. 15)

Aussehen: Diese Pflanzen haben viel gemeinsam mit der gelegentlich noch angebotenen Art *B. cordifolia*, doch die Kreuzungen übertreffen den Gartenveteranen von einst deutlich hinsichtlich der Schönheit der Blüten und Blätter sowie des Wuchses und sollten unbedingt den Vorzug bekommen. Die ledrigen, gestielten, in Horsten zusammen stehenden Blätter sind rundlich bis oval und 8–20 cm groß, je nach Sorte. Sie sind wintergrün und bei einigen Sorten wechselt die intensiv grüne Farbe unter Frosteinwirkung in ein leuchtendes, tiefes Dunkelrot. Die etwa 2–3 cm großen Blüten erscheinen meist zwischen April und Mai; einige wenige Sorten remontieren im Herbst. Die Blüten stehen in Dolden oder eng gestauchten Rispen mit einem Durchmesser von 8–12 cm auf festen, kahlen Stängeln. Das Farbspektrum umfasst alle Weiß-, Rosa- und Purpurtöne. Je nach Sorte erreichen die Blatthorste 30–50 cm Höhe; die Blütenstände stehen meist bis zu 20 cm darüber. Die Pflanze breitet sich durch ein Geflecht unterirdischer oder flach aufliegender, fleischiger Triebe aus, denen die Wurzeln entspringen.
Verwendung: Sowohl als Gruppen wie auch in Reihen oder, bei niedri-

Tab. 15 Empfehlenswerte *Bergenia*-Sorten

Sorte	Blütenfarbe	Bemerkungen
'Abendglocken'	tiefes Karminrot	40 cm hoch; rötlich grüne Blätter
'Admiral'	Rosarot	30 cm hoch; leuchtende Blütenfarbe, schöne rote Winterfärbung der Blätter
'Baby Doll'	zartes Rosa	20–30 cm hoch; changierende Blütenfarbe; gedrungener Wuchs, schöne Proportionen, reich blühend
'Biedermeier'	Weiß mit Rosa	30 cm hoch; sehr kompakte, schöne Pflanze
'Blickfang'	Rosa mit dunklem Auge	50 cm hoch; länglich-ovale Blätter; recht unempfindlich gegen Spätfröste
'Eroica'	tiefes Purpur	40 cm hoch; die Blüten stehen hoch über dem Laub; sehr attraktive, dunkelrote Winterfärbung der Blätter; vorzügliche, vitale Sorte
'Herbstblüte'	Rosarot	40 cm hoch; die Blütezeit zieht sich lange hin und im Hochsommer remontiert die Pflanze; das Laub ist im Winter dunkelgrün und sehr stabil
'Morgenröte'	Rot bis Rosa	30 cm hoch; rundliche Blätter; remontiert im Herbst
'Opal'	Lilarosa	50 cm hoch; sehr schönes, rundliches Laub und hübsche Winterfärbung
'Rosi Klose'	Pink	35 cm hoch; rundliches Laub, kompakte Pflanze; lange und reich blühend; schöne Herbstfärbung
'Schneeglocke'	Weiß	40 cm hoch; große Blüten, eine hübsche Bereicherung des Sortiments
'Schneekönigin'	Weiß mit rosafarbenem Schimmer	50 cm hoch; die Blüten haben leicht gewellte Ränder

Bergenia 'Biedermeier'

Bergenia 'Blickfang'

Bergenia 'Morgenröte'

gen Sorten, in Bändern und Einfassungen gesetzt, sind Bergenien äußerst zuverlässig und gliedern die Pflanzungen. Höhere Sorten liefern hübsche Schnittblumen und -blätter. Einzelne Pflanzen mäßig wachsender Sorten sind außerdem schöne Solitäre, auch in Steingärten. Pro m² benötigt man 8–12 Pflanzen.
Standort: Sonnig bis schattig; die Pflanzen lassen sich äußerst vielseitig einsetzen. Im Schatten blühen sie allerdings weniger reich als in der Sonne. An den Boden stellen Bergenien kaum Ansprüche, selbst Trockenheit wird vertragen. Lediglich allzu nasser, toniger Boden ist nicht geeignet. In sehr ungünstigen Lagen können die Blüten Spätfrösten zum Opfer fallen.
Pflege: Harte Fröste können die Blätter schädigen, die Pflanzen treiben aber wieder neu aus. Nach einigen Jahren stehen sich die Rhizome, die zum Teil auch über der Erde wachsen, gegenseitig im Wege. Dann lässt auch die Blühwilligkeit nach und die Pflanzen wachsen deutlich schwächer. In diesem Fall nimmt man den gesamten Pflanzenpulk auf und setzt die Stücke, die gesunde Blätter haben, wieder in frisches Terrain. Nach der Blüte ist dafür ein sehr guter Zeitpunkt, denn im warmen Boden wachsen selbst nicht oder wenig bewurzelte Teilstücke sehr gut an.
Vermehrung: Durch Teilung.

Bergenia 'Schneeglocke'

Bergenia 'Eroica' (Winterfärbung)

Bistorta amplexicaulis, Kerzen-Wiesenknöterich

Aussehen: Die auch unter den früheren botanischen Namen *Polygonum amplexicaule* und *Persicaria amplexicaulis* gehandelte, bis 150 cm hohe Pflanze bildet üppige Büsche aus eilanzettlichen, bis 25 cm langen, spitzen, mittelgrünen Laubblättern, die oberseits auffällig geadert, unterseits flaumig behaart sind. Ab Juli/August bis zum ersten Frost erscheint eine Vielzahl kräftiger, verzweigter Stängel, an deren oberem Ende etwa 10 cm lange, kolbenförmige Blütenstände (ährige Rispen) stehen. Diese sind locker mit kleinen roten, violetten oder weißen Blüten besetzt.

Von der Staude gibt es zahlreiche Gartensorten, von denen die wichtigste wohl die leuchtend rot blühende 'Firetail' ist, sie wird bis 120 cm hoch. Die Sorte 'Taurus' hat besonders große Blätter und sattrote Blüten bei einer Wuchshöhe von 90 cm.
Verwendung: Die anpassungsfähige, lang blühende Staude wuchert zwar nicht, braucht aber viel Platz. Sie hat einen gewissen Wildcharakter und passt gut an den Rand von Gewässern. Auch am Gehölzrand

Bistorta amplexicaulis 'Album'

macht sie sich ganz gut. Geeignete Pflanzpartner sind Blattschmuckstauden mit markanten Blättern, wie z. B. Schaublatt (*Rodgersia*), Goldkolben-Arten (*Ligularia*), Funkien (*Hosta*) und Farne. Achtung: Die Blüten ziehen Wespen an, deshalb nicht neben Sitzplätze pflanzen! Pro m² benötigt man 1–3 Pflanzen.
Standort: Sonnig bis halbschattig. Feuchter bis sehr feuchter, humoser, tiefgründiger, nährstoffreicher Boden.
Pflege: Im Sommer bei Trockenheit gießen.
Vermehrung: Durch Teilung oder Aussaat im Frühjahr.

Verwirrende Verwandtschaft
Die Knöterich-Familie stiftet bei Botanikern wie Gärtnern seit Jahren Verwirrung mit ihren komplizierten Verwandtschaftsverhältnissen. Heute zu *Persicaria* oder *Bistorta* gehörende Arten wurden früher zu *Polygonum* gezählt. Einige Arten stellte man auch zu *Aconogonon* oder *Tovara*, wieder andere findet man noch heute unter dem Artnamen *Fallopia*. Und einige *Persicaria*-Arten zählen heute zu *Bistorta*. Entsprechend groß ist daher die Zahl der Synonyme für diese Arten.

Bistorta officinalis, Schlangen-Wiesenknöterich

Aussehen: Der Schlangen-Wiesenknöterich wurde früher unter den botanischen Namen *Polygonum bistorta* oder *Persicaria bistorta* geführt. Es ist eine wüchsige, stark belaubte Wildstaude mit dicken, gedrehten Rhizomen. Die breit eiförmigen, spitzen, auffällig geaderten Blätter werden bis 30 cm lang und sind mittelgrün. Von Mai bis Juni erscheinen schlanke, nichtverzweigte Stängel mit endständigen, kolbenförmigen, bis 8 cm langen Blütenähren, die dicht mit winzigen weißen, rosafarbenen oder roten Blüten besetzt sind. Die Blattschöpfe werden bis 30 cm hoch, die Blütenstände bis 100 cm.

Die Sorte 'Superba' hat dichte, kugelige Ähren in sanften Rosatönen; die etwas kleinere Unterart *B. officinalis* subsp. *carnea* blüht dunkel lachsrosa.

Verwendung: Die Wildstaude sieht vor allem am Gewässerrand schön aus, kann aber auch an den Rand von Rabatten gepflanzt werden, wenn der Boden ausreichend feucht ist. In Naturgärten sieht es sehr hübsch aus, wenn die Pflanze in feuchten Wiesen ausgewildert wird. Pro m^2 benötigt man 7–11 Pflanzen.

Standort: Sonnig bis halbschattig. Feuchter bis sehr feuchter, humoser, tiefgründiger, nährstoffreicher Boden.

Pflege: Im Sommer bei Trockenheit gießen. Welke Blütenstände ausschneiden.

Vermehrung: Durch Teilung der Rhizome im Frühjahr.

Blechnum spicant, Gewöhnlicher Rippenfarn

Aussehen: *B. spicant* ist ein wirklich hübscher Farn mit etwa 40–50 cm hohen, länglichen, sommergrünen Wedeln, die fein gefiedert sind. In jedem Frühling sind die sich entrollenden, sehr geraden Wedel eine Augenweide. Neben den fertilen Wedeln, die Sporen tragen, erscheinen auch sterile Wedel, die einen glatteren Rand haben.

Zwei besonders hübsche Auslesen sind 'Cristatum' mit mehrfach gegabelten Wedeln und 'Serratum', bei denen die einzelnen Fiedern sehr dicht aneinander stehen und etwas nach oben gebogen sind.

Verwendung: Neben Bachläufen, am Gartenteich und in allen Schattenplätzen sind diese Farne bezaubernd. Selbst unter Fichten können sie sich halten, wenn Boden- und Luftfeuchte ausreichen. Pro m^2 benötigt man 12–15 Pflanzen.

Standort: Ein Schattenplatz ist erforderlich und eine gewisse Feuchte. Die heimische Pflanze etabliert sich dann bestens und sorgt von selbst für reichlichen Nachwuchs.

Pflege: Lediglich bei zu großer Trockenheit muss gewässert werden.

Vermehrung: Man teilt Pflanzen der Selektionen, um die hübschen Farnwedel-Formen zu erhalten. Die Art verbreitet sich meist selbst durch Sporen.

Boltonia asteroides, Scheinkamelie, Scheinaster

Aussehen: *B. asteroides* hat gerade aufschießende Triebe und gefällige, eiförmige, etwa 12 cm lange Blätter. Die sehr zahlreichen, rund 3 cm großen Blütenkörbchen stehen in mittelgroßen Rispen zusammen und erinnern an kleine Margeriten. Sie erscheinen im August und September. Die Art hat zart lilablaue Blüten.

Die vorzügliche und standfeste Sorte 'Snowbank' wirkt fast weiß und wird etwa 150 cm hoch.

Verwendung: Diese anspruchslose Staude sollte eigentlich weiter verbreitet sein. Sie ist eine wunderbare

Bistorta officinalis

Blechnum spicant

Boltonia asteroides 'Snowbank'

Bereicherung vor allem in naturnah wirkenden Pflanzungen und ihre Blütenfülle ist außerordentlich. Auch als Schnittblume ist sie bestens geeignet. Pro m² benötigt man 6–8 Pflanzen.

Standort: Sonnig. Fast jeder Gartenboden eignet sich.

Pflege: Nur bei zu starker Trockenheit muss gewässert werden. Meist ist ein Aufbinden der Stängel nicht erforderlich – lediglich zu schattig stehende Pflanzen brauchen eine Stütze.

Vermehrung: Die Pflanzen lassen sich gut teilen. Auch eine Vermehrung durch Stecklinge von den Triebspitzen ist möglich; diese nimmt man am besten ab, ehe sich die ersten Knospen an den Trieben zeigen.

Brunnera macrophylla 'Betty Bowring'

Brunnera macrophylla 'Jack Frost'

Brunnera macrophylla 'Dawson's White'

Brunnera macrophylla 'Langtrees'

Brunnera macrophylla, Großblättriges Kaukasusvergissmeinnicht (Tab. 16)

Aussehen: Die Blätter sind beim Austrieb im Frühling zunächst spitzoval und sehr klein. Ab März oder April stehen die dünnen Stängel mit den Büscheln der meist himmelblauen, nicht einmal 1 cm großen Blüten deutlich darüber; sie werden rund 25 cm hoch. Allmählich überwächst aber das Laub die im Mai langsam abblühenden Triebe. Es bleibt ein Horst aus nahezu speerförmigen, rauen, länglichen, etwa 12 cm langen Blättern. Die Ausgangsart hat reingrüne Blätter, die hier und da weißliche Einsprengsel aufweisen. Diese Stellen sehen fast transparent aus.

In den letzten Jahren haben sich ausnehmend schöne Züchtungen und Selektionen gefunden, mit denen das Gestalten im Frühlingsgarten wirklich Spaß macht, in der Tabelle sind die besten Sorten vorgestellt. Sie haben wunderschöne Blattzeichnungen. Das hübsche

Tab. 16 Empfehlenswerte Sorten von *Brunnera macrophylla*

Sorte	Blütenfarbe	Bemerkungen
'Betty Bowring'	Weiß	Die fantastische Sorte blüht sehr lange.
'Dawson's White'	Blau	Das Laub ist weiß gerandet, die Sorte ist auch als 'Variegata' bekannt.
'Hadspen Cream'	Blau	Die Blätter sind am Rand breit cremefarben panaschiert.
'Jack Frost'	Blau	Das Laub ist zwischen den grünen Adern weiß und wirkt transparent. Eine der schönsten Sorten.
'Mrs Morse'	Weiß	Das Laub gleicht der Sorte 'Jack Frost', die Blüten sind aber weiß. Eine schicke Neuheit.
'Langtrees'	Blau	Auf dem dunkelgrünen Laub finden sich entlang der Mittelachse transparent wirkende, kleine bis mittelgroße, helle Flecken und Marmorierungen.
'Looking Glass'	Blau	Die Blätter wirken fast weiß; die Aderung tritt noch mehr in den Hintergrund als bei der hervorragenden 'Jack Frost'.
'Silver Wings'	Blau	Das Laub ist rein silbrig-weiß mit noch weniger Grünanteil als bei 'Looking Glass'.

Brunnera macrophylla 'Looking Glass'

Brunnera macrophylla 'Silver Wings'

Buphthalmum salicifolium

Laub hält sich im Schatten und Halbschatten sehr gut und zieht erst im Spätherbst ein.
Verwendung: Kaukasusvergissmeinnicht sind ideale Begleiter aller Frühlingspflanzen. Besonders wenn eine wild-romantische Atmosphäre im Halbschatten kreiert werden soll, gehören sie gemeinsam mit *Primula, Viola, Aquilegia, Crocus, Galanthus, Dicentra* und *Narcissus* zur allerersten Wahl. Pro m² benötigt man 12 Pflanzen.
Standort: Halbschattig; im vollen Schatten prägen sich eventuelle Blattzeichnungen nur unvollkommen aus und die Pflanzen blühen schwächer; in voller Sonne gilbt das Laub leicht aus und zieht vorzeitig ein, außerdem leiden die Pflanzen schneller an Trockenheit. Fast alle Bodenarten werden vertragen; zu nass und vor allem zu trocken dürfen die Bedingungen aber nicht sein.
Pflege: Ein sehr problemloser Kandidat für den Halbschatten. Gelegentlich (aber nicht immer) fressen Schnecken etwas von dem groben Laub, aber nur selten ist die gesamte Pflanze danach kahl; es zeigen sich eher unschöne Löcher. Bei Sorten mit panaschierten Blättern treten gelegentlich reingrüne Rückschläge auf; diese sollte man mit dem Wurzelansatz entfernen, damit sie nicht die eigentlich erwünschten Blätter überwachsen.
Vermehrung: Die Pflanze breitet sich stetig aus. Wertvolle Sorten werden nach der Blüte geteilt und in den warmen, frühsommerlichen Boden erneut ausgepflanzt. Die festen Wurzelstöcke lassen sich allerdings nur mit etwas Kraft teilen. Eine Selbstaussaat ist immer möglich; die Nachkommen spielen dann aber erheblich in den Mustern der Blätter – was durchaus reizvoll sein kann.

Eine Kostbarkeit im Frühlingsgarten
Pflanzen kommen in oder aus der Mode. Beim Kaukasusvergissmeinnicht kann man erwarten, dass sich die Vorliebe vieler Gartenfreunde für diese Pflanze lange halten wird. Nicht allein die Vitalität der bereits zur Verfügung stehenden Sorten sind Grund für ihre Beliebtheit, sondern auch die Tatsache, dass die Züchter immer mehr interessante Sorten auf den Markt bringen. Selten vereinen sich Blüten- und Blattschönheit und Robustheit so vollendet in einer Pflanze.

Buphthalmum salicifolium, Rindsauge, Weidenblättriges Ochsenauge

Aussehen: Die Stängel werden gut 50 cm hoch und sind mit schmal lanzettlichen, dunkelgrünen, rund 5–7 cm langen Blättern versehen. Sie tragen von Juni bis in den September hinein einzelne oder zu wenigen stehende, goldgelbe, margeritenähnliche, etwa 6 cm große Blütenkörbe.
Verwendung: Hübsche Wildstaude, die wiesenartige und naturhaft zusammengestellte Pflanzungen bereichert. Es handelt sich um eine heimische Pflanze, die besonders in den Alpenwiesen vorkommt. Pro m² benötigt man 10–12 Pflanzen.
Standort: Sonnig bis halbschattig, z. B. an einem Gehölzrand. Frischer bis mäßig feuchter Boden.
Pflege: Unkomplizierte Pflanze.
Vermehrung: Die Pflanze wächst zügig, wuchert aber nur in Maßen. Die Wurzelstöcke lassen sich gut teilen, was besonders, wenn man eine der raren Selektionen vermehren möchte, die beste Methode ist. Die reine Art sät sich auch leicht selbst aus.

Calamintha nepeta

Calamintha nepeta 'Blue Cloud'

Campanula carpatica 'Blue Clips'

Calamintha nepeta, Kleinblütige Bergminze, Steinquendel

Aussehen: Viele aufrecht wachsende, mit 2–3 cm großen, ovalen, gesägten, nesselähnlichen Blättern versehene Triebe ordnen sich zu einer gut 40 cm hohen, buschigen Pflanze an. Etwa 1 cm große Lippenblüten erscheinen in den Blattachseln der wachsenden Sprosse von Juli bis September und bilden lockere Trauben, die von Blättern unterbrochen werden. Die Blüten sind blass bläulich-lila. Das Laub verströmt ein leichtes Minze-Aroma und die Blüten werden stark von Insekten, besonders Bienen besucht.

Die Sorte 'Blue Cloud' hat eine intensivere Blütenfarbe als die Ausgangsart.
Verwendung: Als dauerblühende Einfassungspflanze und als Begleiter von Rosen sowie inmitten etwa eines Kräuterbeetes erobert sich Steinquendel derzeit zahlreiche Gärten und Beetarten. Pro m² benötigt man 8 Pflanzen.
Standort: Ein sonniger Platz und ein durchlässiger Boden hält die Pflanzen gesund und wüchsig.
Pflege: Die Pflanzen sind am passenden Standort unkompliziert.
Vermehrung: Meist säen sich die Pflanzen selbst aus. Eine Vermehrung durch Sprossstecklinge ist vor der Blütezeit gut machbar, die Pflanzen lassen sich auch leicht teilen.

Campanula carpatica, Karpaten-Glockenblume

Aussehen: Aus etwa 1–2 cm großen, runden Blättchen bilden sich dichte Polster, die eine Höhe von nur 15–20 cm erreichen. Im Mai und Juni erscheinen zahlreiche, dünne Stängel, die weiße oder himmelblaue, etwa 3 cm große Glockenblüten tragen. Zur Blütezeit sind die Pflanzen vollkommen mit Blüten bedeckt. Einige Sorten remontieren nach einem Rückschnitt direkt nach der Blüte im Spätsommer.

Besonders verbreitet sind die Selektionen 'White Clips' und 'Blue Clips' mit sehr auffälligen weißen bzw. blauen Blüten.
Verwendung: Karpaten-Glockenblumen lassen sich äußerst vielseitig einsetzen. Sowohl als Rosenbegleiter, als auch im Steingarten oder als Vordergrund- und Einfassungspflanze oder in Gefäßen sind sie sehr gut geeignet. Pro m² benötigt man 12 Pflanzen.
Standort: Sonnig, der Boden sollte nicht völlig austrocknen.
Pflege: Lediglich Schnecken können den Pflanzen schaden. Nach der Blüte können die Polster rigoros zurückgeschnitten werden; sie erholen sich wieder völlig, bleiben kompakt und blühen obendrein noch sehr hübsch im August und September.
Vermehrung: Die genannten Sorten stehen im Saatguthandel bereit und man kann sie sehr gut aussäen. Die Polster können auch ohne Schwierigkeiten im zeitigen Frühling geteilt werden. Gelegentlich finden sich auch Selbstaussaaten.

Campanula cochleariifolia, Zwerg-Glockenblume

Aussehen: Die Zwerg-Glockenblume ist eine sehr zierliche Pflanze mit 1 cm großen, ovalen Blättern und ebenfalls 1 cm großen, eher nickenden Blütenglocken, die aus den Blattachseln von Juni bis August wachsen. Aus den kriechenden Wurzelstöcken entwickeln sich immer neue Blattrosetten, aus denen

wiederum Triebe mit Blüten in den typischen „Glockenblumenfarben“ Blau und Weiß entspringen. Die gesamte Pflanze wird etwa 15 cm hoch und verbreitet sich rasch durch unterirdische Ausläufer.
Verwendung: Ausgesprochen hübsche Pflanzen im Steingarten oder inmitten von anderen Polsterpflanzen. Die Wurzeln unterwandern auch Platten und Steine und schicken dann neue Sprosse in Mauerritzen oder Plattenfugen ans Licht. Pro m^2 benötigt man 10 Pflanzen.
Standort: Sonnig. Der Boden sollte durchlässig sein, darf aber nie ganz austrocknen.
Pflege: Einmal etabliert, setzt sich diese Pflanze immer wieder durch, man muss sie also höchstens hier und da gelegentlich eindämmen.
Vermehrung: Eine Teilung der Pflanzen ist kein Problem. Bei den meisten Sorten ist das auch der einzige Weg, um die gewünschten Eigenschaften zu erhalten. Die unten abgebildete ‘Bavaria Blue’ ist eine sogenannte Samensorte, die ausgesät wird. Mit ‘Bavaria White’ gibt es ein weiß blühendes Gegenstück dazu.

Campanula cochleariifolia ‘Bavaria Blue’

Campanula glomerata ‘Acaulis’

Campanula glomerata ‘Joan Elliott’

Campanula glomerata, Knäuel-Glockenblume

Aussehen: Im ersten Stadium des Wachstumszyklus bleiben die Pflanzen niedrig und hellgrüne, ovale, etwa 6–8 cm lange Grundblätter bilden flache Matten. Daraus strecken sich von Mai bis Juli dunkle, wenig beblätterte Stängel mit großen, blauvioletten, gelegentlich weißlichen, etwa 3–4 cm großen Blüten. Die Einzelblüten stehen in einem dichten Schopf zusammen und die Farbe wirkt besonders intensiv. Bei einigen Sorten finden sich auch in den unteren Etagen der Stängel quirlförmig angeordnete Blüten. Gelegentlich blühen sie nach einem Rückschnitt im Herbst noch einmal.

Die hervorragende ‘Schneekrone’ blüht weiß und wird 50 cm hoch, ‘Dahurica’ wird 40 cm hoch und blüht intensiv dunkelblau, ‘Joan Elliott’ zeigt ein schönes Violett und ‘Superba’ hat die gleiche Farbe, wird aber mit 60 cm etwas höher. Mit 30 cm deutlich niedriger bleibt die verbreitete ‘Acaulis’.
Verwendung: Eine tolle Bereicherung in einer Prachtstauden-Rabatte, denn die seltene Farbe wirkt ausgesprochen intensiv. Auch als Schnittblume sehr gut geeignet. Pro m^2 benötigt man 10 Pflanzen.
Standort: Sonnig bis halbschattig. Der Boden darf keinesfalls austrocknen, aber auch nicht vernässen. Besonders Winternässe kann ein großes Problem sein.
Pflege: Bei ungünstigen Boden- und Wetterverhältnissen leiden die Pflanzen, trocknen aus oder bekommen Mehltau.
Vermehrung: Am besten teilt man die Pflanzen im zeitigen Frühling bei frostfreiem, trockenem Wetter. Aussaat ist möglich, einige Sorten stehen im Saatguthandel zur Verfügung.

Campanula lactiflora, Riesen-Dolden-Glockenblume

Aussehen: Die Pflanze bildet etwa 100 cm lange, straff aufrechte, verzweigte Triebe und längliche bis ovale, etwa 10 cm lange grundständige Blätter. An den Trieben sind die Blätter deutlich kleiner und meist etwas schmaler. Die weißen und blauen, etwa 4 cm großen Blüten erscheinen in Büscheln; die Pflanzen blühen sehr reich von Juni bis August.

Ziemlich verbreitet sind ‘Alba’ in Weiß, ‘Loddon Anne’ in Lilarosa, ‘Superba’ in Dunkelblau und die niedrigere, weiße ‘White Pouffe’.
Verwendung: Inmitten der vielen sehr schönen Glockenblumen für den Garten ist diese Art eine beson-

ders vielseitig einsetzbare. Die langen, straffen Stängel bilden sehr schöne Akzente zwischen niedriger wachsenden Nachbarn. Als Rosenbegleiter ist sie bestens geeignet und in der Vase machen sich die hübschen Blütenstände vorzüglich. Hellblau und weiß blühende Sorten sind traumhaft neben *Hosta* und Farnen und kontrastieren sehr gut zu Blattschmuckstauden, wie *Brunnera* oder *Bergenia*. Pro m² benötigt man 9 Pflanzen.
Standort: Sonnig bis halbschattig. Der Boden darf nicht ganz austrocknen.
Pflege: Lediglich Trockenheit und Schnecken können den Spaß an diesen Glockenblumen verderben.
Vermehrung: Sorten vermehrt man durch Stecklinge im April und Mai, eine Aussaat ist aber auch möglich. In Mischungen finden sich gelegentlich besonders hübsche Farbvarianten. Die Pflanzen säen sich gelegentlich selbst aus.

Campanula lactiflora 'Alba'

Campanula lactiflora 'Loddon Anne'

Campanula latifolia var. *macrantha*, Wald-Glockenblume

Aussehen: Das ovale, raue, etwas behaarte, gesägte, hellgrüne, etwa 4–6 cm lange Laub und die straffen Triebe erinnern ein wenig an schmal beblätterte Nesseln. Etwa im oberen Drittel der Sprosse erscheinen aufrecht stehende, weiße oder blaue, etwa 5 cm große Glockenblüten. Die Blütezeit fällt in den Juni und Juli. Besonders in heißen Sommern ziehen die Pflanzen nach der Blüte ein.
Verwendung: In absonnigen, naturhaft gestalteten, waldartigen Szenarien ist diese Glockenblume eine Kostbarkeit. Sehr schöne Partner sind beispielsweise Prachtspieren (*Astilbe*), Funkien (*Hosta*) oder Schattengräser wie *Carex* und *Luzula*. Pro m² benötigt man 12–15 Pflanzen.
Standort: Halbschattig bis schattig. In feuchtem Boden bleiben die Blätter meist gut erhalten, bei Trockenheit ziehen sie im Sommer ein. Diese Glockenblume stammt aus Wäldern und profitiert sehr von entsprechenden Licht- und Bodenverhältnissen.
Pflege: Im Schatten und Halbschatten sehr einfach zu halten. Selbst wenn sie im Sommer bei zu großer Hitze einziehen, treiben sie im Folgejahr wieder sehr gut aus.
Vermehrung: Durch Selbstaussaat breiten sich die Pflanzen im Garten maßvoll selbst aus. Die Sorten sehen der Ausgangsart sehr ähnlich und haben lediglich meist etwas größere Blüten.

Campanula latifolia var. *macrantha*

Campanula persicifolia, Pfirsichblättrige Glockenblume

Aussehen: Die Grundblätter sind länglich und stehen dicht zusammen in einem etwa 30–40 cm hohen Blatthorst. Daraus entsprießen 60–100 cm lange, drahtige Stängel auf denen locker verteilt die etwa 3–5 cm großen, eher rundlichen Glockenblüten seitlich abstehen. Nach der ersten Blüte im Mai und Juni können die Pflanzen zurückgeschnitten werden; sie treiben dann wieder durch und remontieren im Hochsommer.

Unter den vielen schönen Sorten seien drei noch besonders empfohlen: 'Tellham Beauty' hat sehr große, zart lilablaue Blüten in einem exquisiten, leichten Farbton, 'Grandiflora Alba' besticht durch ebenfalls große Blüten, die allerdings reinweiß strahlen, und die lilablaue 'Blue Bonnett' hat gefüllte Blütenglocken.

Es gibt auch Zwergformen der Art; sie werden als *C. persicifolia nitida* bezeichnet und wachsen höchstens 30 cm hoch.
Verwendung: Pfirsichblättrige Glockenblumen fügen sich bestens in

Campanula persicifolia

Campanula persicifolia 'Blue Bonnett'

jedes Frühsommerbeet ein. Neben Frauenmantel, Pfingstrosen, Iris oder Akeleien sind sie sehr hübsch. Da sie sich reichlich von selbst aussäen, können sehr naturhaft wirkende Gartenbilder entstehen. Pro m^2 benötigt man 12 Pflanzen.
Standort: Sonnig bis halbschattig. Je besser der Boden Wasser hält, desto besser gedeihen die Pflanzen auch in der Sonne. Ist der Boden zu trocken, vergilben die Blätter meist im Hochsommer; die Pflanze selbst stirbt aber selten komplett ab, sondern treibt im nächsten Jahr wieder frisch aus.
Pflege: Lediglich nach der Blüte ist ein Rückschnitt fällig.
Vermehrung: Sehr leicht ist eine Vermehrung durch Aussaat möglich. Meist übernehmen die Pflanzen das selbst, wenn man einige Blütenstände nach dem Flor stehen lässt.

Vagabundieren lassen
Die Pfirsichblättrige Glockenblume (*Campanula persicifolia*) samt sich leicht selbst aus und setzt sich an Stellen fest, an denen man sie nicht so einfach pflanzen könnte, wie etwa in Mauer- und Pflasterritzen oder Plattenfugen. Lassen Sie sie gewähren, denn so ergeben sich wie von selbst malerische Gartenbilder; die „Kunst der Fuge" besteht im Garten eben im Laufenlassen!

Campanula portenschlagiana, Dalmatiner Glockenblume

Aussehen: Aus den länglich-ovalen, hellgrünen, etwa 3–4 cm langen Grundblättern wachsen bereits früh im Jahr längere Triebe, die dem Boden aufliegen. Sie werden etwa 50 cm lang, erreichen aber nur eine Höhe von 10, maximal 20 cm. Aus den Achseln der zahlreichen, 1 cm kleinen, ovalen Blättchen wachsen sehr viele, etwas zipfelig geformte, meist violettblaue, 1–2 cm große Glockenblüten. Die Pflanzen stehen von Juni bis Juli in Blüte – mindestens 6 Wochen lang. Nach diesem Flor können sie zurückgeschnitten werden, sodass sie erneut im August oder September blühen.

Spitzenreiter in der Empfehlungsliste ist 'Birch Hybrid', eine Kreuzung mit *C. poscharskyana*. 'Major' hat etwas größere Einzelblüten und eine etwas tiefere Farbe. Dunkelviolett blüht 'Reshold Variety'.
Verwendung: Ob als Polsterstaude, als Rosenbegleiter, als Steingartenpflanze oder in Gefäßen, diese Gartenpflanze ist immer eine sehr gute Wahl. Pro m^2 benötigt man 10 Pflanzen.
Standort: Sonne und ein zeitweise beschatteter Standort eignen sich gut. Je mehr Schatten die Pflanzen bekommen, desto weniger reich blühen sie und desto schütterer wird das Laub. Durchlässiger Boden ist wichtig, Trockenphasen werden überstanden, wenn sie nicht allzu lange andauern.
Pflege: Lediglich Wassergaben bei anhaltender Dürre und ein Rückschnitt verblühter Triebe sind erforderlich. Leider muss man die Pflanzen gegen Schnecken schützen.
Vermehrung: Die Art lässt sich gut aussäen. Sorten vermehrt man durch Kopfstecklinge im Mai, ehe sich die Blütenknospen zeigen. Im zeitigen Frühjahr lassen sich die Pflanzen auch sehr gut teilen.

Campanula poscharskyana, Hängepolster-Glockenblume

Aussehen: Die Art ähnelt mit den länglich-ovalen Grundblättern und den 1 cm großen, rundlichen Blättern an den langen Trieben stark der *C. portenschlagiana*. Auch bei ihr zeigen sich die 1–2 cm großen Blüten in den Blattachseln. Die Triebe sind gut 70 cm lang und hängen malerisch von Mauerkronen oder über Gefäßränder herab. Die Nachblüte im Herbst fällt besonders reich aus. Auch das Farbenspektrum ist sehr weit: Die üblichen Blautöne sind erweitert durch Lilarosa, tiefes Violett und Weiß.

Zu den schönsten Sorten zählen die bekannte, sehr gute 'Blauranke' (mittelblau), 'Lilacina' (in rosigem

Campanula poscharskyana 'Blauranke'

Campanula poscharskyana 'Stella'

Campanula poscharskyana 'Silberregen'

Lila), 'Rosea' (rosa), die vorzügliche 'Silberregen' (weiß), 'Stella' (dunkellila) oder die sehr kompakte 'Trollkind' (hellblau).
Verwendung: Siehe *C. portenschlagiana*. Pro m² benötigt man 12 Pflanzen.
Standort: Siehe *C. portenschlagiana*; Trockenheit vertragen diese Glockenblumen allerdings nicht besonders gut.
Pflege und Vermehrung: Siehe *C. portenschlagiana*.

Campanula punctata, Punktierte Glockenblume

Aussehen: Die nesselartigen, ovalen, gesägten, etwa 9 cm langen Blätter bilden dichte Horste und mithilfe ihrer Ausläufer decken die Pflanzen den Boden meist sehr gut ab. Die Art bildet etwa 30 cm hohe, mit etwas kleineren Blättern versehene Stängel, an deren Spitze die mit 6–7 cm Länge relativ großen, nickenden Blüten in kleinen Büscheln stehen. Sie zeigen sich zwischen Juni und August. Die Sorten spielen in sehr hübschen Farben und variieren stark in der Höhe.

Die rosafarbene 'Elizabeth' wird etwa 40 cm hoch, die weiße 'Nana Alba' erreicht nur 15 cm Höhe. 'Rubriflora' hat cremefarbene Blüten, die rot gepunktet sind, und wird 30 cm hoch, während die berühmte Sorte 'Sarastro' mit dunkelvioletten Blüten aufwartet und gut 70 cm hoch wird. Die meisten Sorten remontieren nach dem Rückschnitt des ersten Flors.
Verwendung: Hervorragende Glockenblumen für das Prachtstaudenbeet, in kleinen wie in großen Gruppen sehr wirkungsvoll. Auch für Gefäße bestens geeignet. Pro m² benötigt man 9 Pflanzen.
Standort: Sonnig bis halbschattig. Der Boden darf nicht ganz austrocknen, sonst ist die Pracht dahin.
Pflege: Bei Trockenheit gießen, vor Schnecken schützen und nach der Blütezeit zurückschneiden. Hohe Sorten sollten gestützt werden.
Vermehrung: Am besten teilt man die Pflanzen im Frühling.

Campanula rotundifolia, Rundblättrige Glockenblume

Aussehen: Eine äußerst zierlich wachsende, knapp 20 cm hohe Art mit winzigen, weniger als 1 cm großen, tatsächlich nahezu runden Blättern. Die feinen drahtigen Triebe liegen mehr oder weniger auf. Die ebenfalls unter 1 cm großen Blüten sehen aus wie für eine Puppenstube gemacht; meist sind sie himmelblau oder weiß. Die Pflanze ist aber ein ungestümer Wachser, der seine Wurzelausläufer weit unter Platten, Steine oder durch Mauerblöcke schickt. Immer wenn sie ans Licht kommen, bilden sie kleine Blätter und Blüten. Auf diese Weise

Campanula punctata 'Sarastro'

Campanula rotundifolia 'Olympia'

bevölkern sie sehr malerisch Mauerritzen, Plattenfugen und ähnliche Lebensräume.
Verwendung: Auf keinen Fall dürfen diese Pflanzen neben schwach wachsende Nachbarn gesetzt werden, denn diese würden hoffnungslos unterwandert werden. Die zähe Pflanze ist eine anmutige und verlässliche Bereicherung aller romantischen und naturnahen Pflanzengesellschaften. Pro m² benötigt man 10–12 Pflanzen.
Standort: Sonnig. Lehmiger und schwerer Boden wird vertragen, bei sandigem Terrain muss gelegentlich gegossen werden.
Pflege: Solange der Boden einigermaßen die Feuchtigkeit hält, macht diese Pflanze nirgends Schwierigkeiten. Allerdings muss man Schnecken fernhalten. Unterbleibt der Rückschnitt nach der Blüte, sät sich die Pflanze sehr gut selbst aus.
Vermehrung: Durch Aussaat, Abnehmen von Wurzelsprossen oder durch Teilen der Pflanzen.

Carex albula, Segge

Aussehen: Die sehr schmalen, grasartigen Blätter werden nicht wesentlich höher als etwa 35 cm. Sie sind recht steif. Die weißlichen Gräserblüten erscheinen in kompakten Ähren im Mai und Juni und stehen etwas über dem Laub. Das Laub ist wintergrün, kann in ungünstigen Lagen, an zugigen Plätzen oder in sehr strengen Winter absterben. Dennoch ist die Pflanze winterhart, sofern die Wurzeln nicht vernässen.

Häufig im Handel angeboten wird die ausgezeichnete Sorte 'Frosted Curls', sie hat fast fadendünne, schmale Blättern, die an der Spitze leicht gewellt sind.
Verwendung: Sehr schöner Partner zu allen großlaubigen Pflanzen. Panaschierte Seggen-Züchtungen passen ausgezeichnet zu weiß blühenden Pflanzen oder beleben halbschattige Plätze. Ausgezeichnet geeignet auch für Gefäße. Pro m² benötigt man 12 Pflanzen.
Standort: Am besten halbschattig und in einigermaßen humosem Boden. Zu sehr darf der Boden nicht austrocknen. Hervorragend an einem Gehölzrand.
Pflege: Es fallen kaum Pflegeschritte an. Gelegentlich kahlen ältere Pflanzen von innen aus; man nimmt sie dann auf und teilt sie.
Vermehrung: Teilung der festen Wurzelballen im April und Mai ist am sichersten.

Carex buchananii, Fuchsrote Segge, Buchanan-Segge

Aussehen: Die Pflanze bildet einen ähnlich festen Grashorst mit kompakten Blütenähren wie *C. albula*, doch wird sie mit gut 70 cm deutlich höher. Die Länge der Blütenähren variiert stark; sie werden zwischen 10 und 50 cm lang. Die Blüten erscheinen im Juni.
Verwendung: Siehe *C. albula*; wunderschön auch in einem Steppenbeet, das aber nicht zu trocken sein darf. Hervorragend geeignet auch als Bepflanzung eines Teich- oder Bachlaufrandes. Langlebiges Gras auch für „Graslandschaften". Pro m² benötigt man 8 Pflanzen.
Standort, Pflege und Vermehrung: Siehe *C. albula*. Eine sehr gute Gartenpflanze für frisch-feuchte Standorte. Nur in windexponierten Lagen ist ein Winterschutz aus Vlies ratsam; ansonsten ist die Pflanze robust und winterhart.

Carex albula 'Frosted Curls'

Carex buchananii

Carex conica 'Snowline'

Carex pendula

Carex conica, Segge

Aussehen: Der Blattschopf wächst sehr ähnlich wie bei *C. albula*. Die Blätter ordnen sich sehr steif an und bilden im Mai und Juni Blütenähren aus. Die Höhe der Pflanzen schwankt je nach Sorte zwischen 20 und 50 cm.

Auch von dieser Art gibt es sehr hübsche Selektionen mit lebhaft gefärbten oder besonders schmalen Blättern. Die verbreitete Sorte 'Snowline' ist auch als 'Variegata' bekannt.

Verwendung: Sehr schöner Partner zu allen Pflanzen im Halb- und Vollschatten. Hervorragende Vordergrundpflanze, auch für Gefäße bestens geeignet. Pro m^2 benötigt man 12 Pflanzen.

Standort: Am besten halbschattig bis schattig. Der Boden darf nicht austrocknen.

Pflege und Vermehrung: Siehe *C. albula*.

Carex oshimensis 'Evergold'

Carex oshimensis, Segge

Aussehen: Die Segge zeichnet sich durch festes Laub, steifen Wuchs und in erster Linie das attraktive Blattwerk aus. Sie ähnelt *C. albula*, wenn auch mit etwas breiteren Blättern. Die Blüten stehen in länglichen Ähren. Die Pflanzen werden maximal 40 cm hoch.

Die Sorte 'Evergold' gehört zu den wertvollsten Gartengräsern überhaupt, da sie nicht nur ausgesprochen dauerhaft wächst, sondern auch den attraktiven gelben Mittelstreifen auf den Blättern lange klar beibehält. Selbst in den meisten Wintern bleibt er reizvoll erhalten und die Pflanze wirkt stets ordentlich und sauber.

Verwendung: Siehe *C. albula*. Pro m^2 benötigt man 15 Pflanzen.

Standort: Halbschattig bis schattig, beispielsweise unter Bäumen. Der Boden sollte hinreichend Wasser halten können.

Pflege und Vermehrung: Siehe *Carex albula*.

Carex pendula, Hänge-Segge, Riesen-Segge

Aussehen: Diese Segge bildet einen sattgrünen Schopf aus schmalem, festem Graslaub, der etwa 50 cm hoch wird. Die zahlreichen Blütenstängel erreichen eine Höhe von rund 1 m. Die schlanken Blütenkolben hängen malerisch über und zur Blütezeit wirken die Pflanzen dadurch sehr markant. Das robuste Gras ist auch im Winter attraktiv und behält das Laub.

Wintergräser

Fast alle Seggen-Arten behalten auch im Winter ihr Laub. Aus diesem Grund sind sie sehr reizvolle Gartenpflanzen, die besonders in kleinen Gärten, wo es auf jede Pflanze ankommt, gern verwendet werden. Als Kristallisationsflächen für Raureif üben sie einen besonderen Zauber aus.

Verwendung: Vorzügliches Schattengras; ideal zu Funkien (*Hosta*), Bergenien und Astilben. Pro m² benötigt man 6 Pflanzen.
Standort: Halbschattig bis schattig. Der Boden darf nicht völlig austrocknen.
Pflege: Bis auf die Bekämpfung von Schnecken fallen kaum Pflegeschritte an. Gelegentlich kahlen ältere Pflanzen von innen aus; man nimmt sie dann auf und teilt sie.
Vermehrung: Teilung der festen Wurzelballen im April und Mai ist am sichersten.

Centaurea dealbata 'Walter Peters'

Centaurea macrocephala

Centaurea dealbata, Flockenblume

Aussehen: Die hellgrünen, gesägten, etwa 8 cm langen Blätter stehen als Horst zusammen; sie sind unterseits weiß-filzig. Aus dem Blatthorst wachsen etwa 50 cm hohe, wenig beblätterte Stängel, die im Mai und Juni meist 1 etwa 6–7 cm großes Blütenkörbchen tragen. Die Blütenkörbchen gleichen mit ihrem unterständigen verdickten „Fruchtknoten“ (Körbchenboden) großen Kornblumen (mit denen sie verwandt sind); um die Mitte der heller rosafarbenen Zungenblüten ordnen sich fast flauschige, fein geschlitzte weitere Zungenblüten an; meist sind sie pink bis purpurn gefärbt.

Eine besonders schöne Auslese ist die abgebildete 'Walter Peters'.
Verwendung: Sehr hübsche Pflanzen für Prachtstaudenrabatten, aber auch für naturnahe Pflanzungen. Gute Nachbarn sind Wiesen-Schwertlilie (*Iris sibirica*) oder Glockenblumen (*Campanula*). Ausgezeichnete Schnittblumen. Pro m² benötigt man 8 Pflanzen.
Standort: Sonnig bis maximal halbschattig. Infrage kommen alle Böden, die nicht staunass oder sehr trocken sind.
Pflege: Leicht zu pflegende, etwas wuchernde Pflanze; nicht zu stark düngen, sonst fallen die Pflanzen bei der Blüte auseinander. Ein radikaler Rückschnitt regt die Pflanze zum Remontieren an.
Vermehrung: Durch Teilung im Frühling, die langen Wurzeln brechen aber leicht ab. Die Sorte 'Sternbergii' wird grundsätzlich ausgesät.

Centaurea macrocephala, Gelbe Flockenblume, Großköpfige Flockenblume

Aussehen: Die eindrucksvollen Pflanzen mit den gebuchteten bis gesägten, rund 10 cm langen Blättern werden etwa 120 cm hoch. Die gelben, etwa 8 cm großen Blütenkörbe erscheinen im Juni und Juli und erinnern entfernt an ungewöhnlich gefärbte Disteln. Nach der Blüte schneidet man die Stängel aus. Das Laub zieht erst im Herbst ein.
Verwendung: Markante Leitpflanze in modern oder naturnah gestalteten Beeten. In der Blütezeit sollten die Pflanzen nur wenige Blütenkonkurrenten haben. Als Schnittblume bestens geeignet. Pro m² benötigt man 7 Pflanzen.
Standort: Sonnig und offen, mit gut durchlässigem Boden. Die Wurzeln dürfen weder in der Staunässe stehen, noch völlig austrocknen.
Pflege: Nur am falschen Standort problematisch; im Schatten stellt sich leicht Mehltau ein. Die hohe Pflanze sollte gestützt werden, damit heftige Sommer-Unwetter sie nicht niederdrücken.
Vermehrung: Aussaat ist am einfachsten. Eine Teilung muss sehr vorsichtig vorgenommen werden.

Centaurea montana, Berg-Flockenblume

Aussehen: Die Berg-Flockenblume hat spitz-ovale, etwa 8 cm lange Blätter und bildet 30–40 cm lange Blütenstängel aus. Die etwa 6 cm großen Blütenkörbe erscheinen im Mai und Juni. Um die Mitte aus hell lavendelfarbenen Röhrenblüten ordnen sich locker die Zungenblüten an. Die bläulich lilafarbenen Blütenkörbe wirken federleicht und filigran. Nach der Blüte bleibt das Laub bis zum Herbst erhalten.

Neben dem Lilaton finden sich weiße und purpurn gefärbte Sorten im Handel.
Verwendung: Eine grazile Ergänzung zu allen Stauden mit Wildpflanzencharakter. Im Prachtstaudenbeet gehen die feinen Blüten dagegen leicht unter. Hübsche Nachbarn sind Glockenblumen. Wenn der Boden ausreichend Was-

ser hält, stehen Berg-Flockenblumen auch sehr gut in Steingärten. Pro m² benötigt man 10–12 Pflanzen.
Standort: Sonnig. Der Boden darf nie völlig austrocknen, sonst ziehen die Pflanzen vorzeitig ein.
Pflege: Nur an zu schattigen Standorten tritt Mehltau auf; ist es zu trocken, stellen sich Läuse und andere Schädlinge ein.
Vermehrung: Aussaat ist unproblematisch; oft säen sich die Pflanzen auch reichlich selbst aus und besiedeln Standorte, an denen sie nicht gepflanzt werden können, wie etwa Mauerfugen oder Ähnliches.

Cerastium tomentosum

Cerastium tomentosum, Filziges Hornkraut

Aussehen: Die Pflanze bildet sehr niedrige Polster aus feinen, aufliegenden Trieben mit filzigen bis silbrigen, kleinen, länglichen, nur 1 cm langen Blättern. Im Mai erscheinen die klarweißen, 1 cm großen Blüten, die an kleine, ungefüllte Nelken erinnern. Je nach Sorte erreichen die Polster eine Höhe von 10–25 cm.
Verwendung: In zahlreichen Gärten ist das Hornkraut eine sehr bewährte Polsterpflanze. Ein Klassiker im Steingarten, der sich außerdem für Einfassungen und als Vorpflanzung eignet. Das hübsche Laub ist als Zierde fast noch wichtiger als die weißen Blüten. Pro m² benötigt man 10 Pflanzen.
Standort: Ein sonniger Platz mit durchlässigem Boden.
Pflege: Die Pflanzen müssen nach der Blüte ein wenig in Form geschnitten werden, damit sie nicht von innen heraus verkahlen. Man kann ruhig die Hälfte der Pflanze abschneiden, denn Hornkraut regeneriert sich ausgezeichnet.
Vermehrung: Beim Rückschnitt der Pflanze fallen sehr viele Kopfstecklinge an, die bestes Vermehrungsmaterial liefern.

Centaurea montana 'Alba'

Ceratostigma plumbaginoides

Ceratostigma plumbaginoides, Kriechende Hornnarbe, Stauden-Bleiwurz

Aussehen: Zunächst bildet die Pflanze eiförmige, etwa 4–5 cm lange Grundblätter. Erst im Sommer strecken sich dann daraus etwa 30 cm hohe, drahtige, beblätterte, etwas verzweigte Triebe, an deren Spitzen nach und nach die azurblauen, knapp 1 cm großen Blüten in kleinen Büscheln oder Köpfen stehen. Diese kontrastieren sehr schön zu dem ab Frühherbst zwischen mittelgrün und rötlich changierenden Laub. Die Blüten erscheinen ab August bis etwa zu den ersten Frösten.
Verwendung: An zusagenden Standorten bilden die Pflanzen zuverlässig Matten und größere Flächen und können sogar Böschungen und Hanglagen gut befestigen. Einzelne Pflanzen sind ein Blickfang im herbstlichen Steingarten, und auch für Gefäße und Kübel ist diese spät blühende Staude ein schöner Schmuck. Pro m² benötigt man 10 Pflanzen.
Standort: Halbschatten und ein locker-humoser Boden, der etwas Kalk enthalten sollte, sind ideal.
Pflege: Schnecken können problematisch werden und Winternässe

ist eine Gefahr. Ansonsten ist die Pflanze pflegeleicht.
Vermehrung: Am besten durch Teilung der Pflanzen im April; bei einer Teilung im Herbst riskiert man hohe Pflanzenverluste.

Chamaemelum nobile, Römische Kamille

Aussehen: Die Pflanzen wachsen aufrecht bis polstrig und tragen sehr fein geschlitzte, etwa 4 cm lange, aromatisch duftende Blätter. Die Triebe erreichen eine Höhe von etwa 10 cm. Die typischen etwa 1–2 cm großen Kamilleblütenkörbchen zeigen sich von Juni bis Oktober; meist sind die mittigen Röhrenblüten goldgelb und die äußeren kurzen, hängenden Zungenblüten weiß, seltener gelb.

Sehr wertvoll ist die gefüllt blühende Sorte 'Plenum'. Die Pflanzen sind leider mit zwei, drei Jahren kurzlebig, samen sich aber bestens selbst aus.
Verwendung: Eine hervorragende Pflanze für einen Duftrasen, für Steingärten, Mauer- und Plattenfugen sowie alle Beete mit Trockenheit liebenden Pflanzen; ein schöner

Chamaemelum nobile

Chamaemelum nobile 'Plenum'

Chelone obliqua

Dauerblüher auch in Steppenbeeten. Pro m² benötigt man 12 Pflanzen.
Standort: Sonne und durchlässiger Boden.
Pflege: Am passenden Standort absolut pflegeleicht. Lediglich zu nasse Winter werden nicht vertragen.
Vermehrung: Durch Aussaat oder Kopfstecklinge.

Chelone obliqua, Miesmäulchen, Schlangenkopf

Aussehen: Diese 60–120 cm hohe Staude hat straff aufrechte Triebe mit festen, nesselartigen, ovalen bis lanzettlichen, gesägten Blättern. Sie tragen im oberen Viertel ährige Büschel mit dicht zusammen sitzenden, rosafarbenen, etwa 2–3 cm langen Rachenblüten aus zweilappiger Oberlippe und dreilappiger Unterlippe. Die Blütezeit zieht sich von Juli bis in den September, gelegentlich länger hin.
Verwendung: Im Prachtstaudenbeet eine hübsche, ungewöhnliche Ergänzung. Die Blüten auf den festen Trieben sind ziemlich langlebig und geben sehr gute Schnittblumen ab. Pro m² benötigt man 7 Pflanzen.
Standort: Die Pflanze blüht am besten an einem sonnigen Standort, Halbschatten wird aber auch vertragen. Der Boden muss feucht sein, Trockenheit verträgt die Pflanze nicht.
Pflege: Bis etwa 80 cm Wuchshöhe sind die Pflanzen standfest, höher wachsende Triebe werden dann gestützt.
Vermehrung: Die Pflanzen lassen sich im Frühling sehr gut teilen.

Chiastophyllum oppositifolium, Goldtröpfchen

Aussehen: Eine zierliche Pflanze mit 10–15 cm hohen, horstartigen Büscheln aus eiförmigen, etwa 8 cm langen Blättchen; sie bilden lockere Rosetten. An etwa 20 cm hohen Trieben stehen bis maximal 1 cm große, meist gelbe Blüten in etwas gebogen überhängenden Trauben; sie erscheinen im Juni und Juli.

Neben der grünblättrigen Art gibt es auch eine Selektion mit gelblich-cremefarben panaschierten Blättern, die unter den Namen 'Variegata' oder 'Jim's Pride' erhältlich ist.
Verwendung: Für Steingärten,

Chiastophyllum oppositifolium

Mauerfugen, Plattenritzen und ähnliche Standorte im Schatten oder maximal Halbschatten. Sehr hübsche Pflanze auch für Gefäße. Pro m² benötigt man 20 Pflanzen.
Standort: Halbschatten bis Schatten. Der Boden soll zwar durchlässig sein, darf aber nicht völlig austrocknen. Pralle Sonne führt zum Vergilben und Absterben der Pflanzen.
Pflege In trockenen Sommern sollte man bei Bedarf gießen.
Vermehrung: Am zusagenden Platz finden sich schnell Sämlinge durch Selbstausaat. Die Aussaat ist ebenfalls einfach, auch wenn der Samen sehr fein ist. Die panaschierte Form sollte man vegetativ durch Teilung vermehren.

Chrysanthemum × *grandiflorum*, Garten-Chrysantheme (Tab. 17)

Aussehen: Oft bilden sich im Herbst des Vorjahres bereits die sehr flachen, 1–2 cm großen, gebuchteten bis gesägten Grundblätter, die überwintern und im Frühling nach und nach etwas größer werden. Die drahtigen Triebe strecken sich dann ab dem Frühjahr; sie sind zäh und tragen ebenfalls hübsch gebuchtetes Laub, das etwa 2–4 cm lang wird. Viele Sorten verkahlen zur Blütezeit von unten; das sollte man mit Vorpflanzungen kaschieren. Je nach Sorte setzt die Blütezeit ab Ende Juli ein; die spätesten Chrysanthemen öffnen die Blütenkörbe erst ab Oktober. Die Blütenkörbe sind 4–10 cm groß und stehen in mehr oder weniger dichten Büscheln zusammen. Es gibt ein weites Farbenspektrum; außer reinem Blau sind alle Farbschläge vorhanden. Auch die Formen der Blütenkörbe sind sehr unterschiedlich. Einfach blühende Sorten erinnern an farbige Margeriten; daneben gibt es strahlenförmig gefüllte Züchtungen bis hin zu Pomponformen. Die echten, hier vorgestellten Garten-Chrysanthemen sind sehr zuverlässige und wuchsfreudige Pflanzen. Sie sind nicht zu vergleichen mit den Topf-Chrysanthemen, die allerorten ab Frühherbst angeboten werden – Letzere halten längst nicht immer den Anforderungen im Garten stand. Umso wichtiger ist es, sich mit Pflanzen aus der Staudengärtnerei einzudecken.

Wenig bekannt ist, dass einige Chrysanthemen-Sorten stark duften; die vorzügliche Züchtung 'Poesie' etwa verbreitet, vor allem als späte Schnittblume in der Vase, ein herrliches Honigaroma.
Verwendung: Die Pflanzen passen sehr gut in alle asiatisch inspirierten Gärten. Aber auch in Prachtstaudenrabatten machen sie nicht zuletzt durch ihre späte, sehr üppige Blüte einen hervorragenden Eindruck. Be-

Riesenblüten im Spätherbst
Zugegeben, es gibt kaum Garten-Chrysanthemen, die fußballgroße Blütenkörbe ausbilden, wie man sie im Herbst in den Blumengeschäften findet. Doch die Blütenkörbe lassen sich deutlich vergrößern, indem man nur die mittlere Knospe eines Stängels belässt. Alle Seitenknospen werden vorsichtig entfernt, soweit man sie sicher mit einer spitzen Schere erreichen kann.
Spät blühende Sorten werden mit einem leichten Vlies abgedeckt, wenn die ersten Nachtfröste drohen. Meist schließt sich nach einigen Frostnächten noch einmal eine mildere Wetterphase an, in denen die Blüten sich noch einmal von ihrer besten Seite zeigen.

Chiastophyllum oppositifolium 'Variegata'

Tab. 17 Empfehlenswerte Sorten von *Chrysanthemum × grandiflorum*

Sorte	Blütenfarbe	Bemerkungen
'Anastasia'	Rosa	80 cm hoch; rundliche, gefüllte Blüten, späte und lange Blütezeit
'Bienchen'	im Aufblühen Orange, dann Goldgelb	100 cm hoch; Pomponblüten, mittlere Blütezeit
'Fellbacher Wein'	warmes Rot	einfache Blütenkörbe, frühe bis mittelspäte Blütezeit
'Golden Orfe'	strahlendes Goldgelb	80 cm hoch; große, gefüllte Blütenkörbe, mittlere Blütezeit
'Hebe'	zartes Rosa	70 cm hoch; einfache Blütenkörbe, mittlere Blütezeit; sehr vital
'Kleiner Bernstein'	helles Bernsteingelb	80 cm hoch; halbgefüllter Blütenkorb; mittlere bis späte Blütezeit
'Nebelrose'	silbriges Rosa	80 cm hoch, strahlige, voll gefüllte Blütenkörbe; späte bis sehr späte Blütezeit
'Orchid Helen'	frisches Rosa	50 cm hoch; hübsche, gefüllte Blüten, eine der frühesten Sorten
'Oury'	Rosarot	100 cm hoch; einfache Blütenkörbe, späte Blütezeit
'Poesie'	Weiß	100 cm hoch; halbgefüllt blühend, duftend, späte und lange Blütezeit; eine der besten Sorten
'Rehauge'	warmes Braun	120 cm hoch, sehr interessante Herbstfarbe; Pomponblüten, mittlere Blütezeit
'Schweizerland'	intensives Rosaviolett	90 cm hoch; gefüllt blühend, späte Blütezeit
'White Bouquet'	Weiß	70 cm hoch; Pomponblüten, mittlere bis späte Blütezeit

frühe Blütezeit = ab Mitte August
mittlere Blütezeit = ab Anfang September
mittelspäte Blütezeit = ab Mitte September
späte Blütezeit = ab Anfang Oktober und später

sonders schön stehen sie auch am Gehölzrand. Als Schnittblumen sind sie unübertroffen, denn kaum eine Gartenblume hält sich so lang in der Vase wie Chrysanthemen. Pro m^2 benötigt man 5 Pflanzen.
Standort: Sonnig bis halbschattig. Der Boden sollte durchlässig sein und möglichst nicht vernässen.

Pflege: In den meisten Gärten gedeihen die aufgeführten Sorten sehr gut. Oft ist der Zuwachs nach zwei, drei Jahren Standzeit so üppig, dass im Frühling geteilt werden muss, um die Pflanzen im Zaum zu halten. Hohe Sorten müssen rechtzeitig gestützt werden, wenn die Triebe gerade bleiben sollen.

Vermehrung: Die Pflanzen liefern durch ihren sehr guten Zuwachs meist mehr als genug Material zur Teilung. Im Mai lassen sich auch Kopfstecklinge nehmen.

Chrysanthemum × grandiflorum 'Poesie'

Chrysanthemum × grandiflorum 'Anastasia'

Chrysanthemum × *grandiflorum* 'Bienchen'

Chrysanthemum × grandifl. 'Bronzegold'

Chrysanthemum × grandifl. 'Oury'

Chrysanthemum × grandifl. 'Fellbacher Wein'

Chrysanthemum × grandifl. 'Rehauge'

Chrysanthemum × grandifl. 'Nebelrose'

Chrysanthemum × grandifl. 'White Bouquet'

Chrysanthemum × grandiflorum 'Hebe'

Cimcifuga racemosa

Cimcifuga racemosa, Juli-Silberkerze

Aussehen: Die stattlichen, aufrecht wachsenden Pflanzen mit dem dunkelgrünen, gelappten, etwa 10 cm langen Laub bilden im Juli bis 200 cm hohe Blütenkerzen aus. Die Blütentrauben sind 30–40 cm lang und neigen sich anmutig über. Sie bestehen aus sehr kleinen, cremefarbenen Blüten, die sich dicht an dicht anordnen. Sehr reizvoll ist der Formenkontrast der weißen, kugeligen, winzigen, perlartigen Knospen und der fast flauschig wirkenden offenen Blütchen.

Verwendung: Eine hervorragende, langlebige Pflanze für den Schatten und Halbschatten; perfekter Partner zu Eisenhut, Astilben, Geißbart und ähnlichen Schattenkandidaten. Als Schnittblume weniger geeignet, da die Blüten streng riechen. Pro m^2 benötigt man 3–5 Pflanzen.

Standort: Halbschattig bis schattig. Je mehr Sonne die Pflanzen bekommen, desto besser muss der Boden Wasser speichern können. Hitze wird nur bei ausreichender Feuchte vertragen.

Pflege: Juli-Silberkerzen sollten im Frühling gepflanzt werden, damit sie nicht im ersten Winter einer zu starken Nässe zum Opfer fallen. Meist sind die Pflanzen von selbst standfest; der leichte Schwung der Blütenkerzen ist arttypisch. Drohen zu starke Unwetter, ist ein Aufbinden ratsam.
Vermehrung: Durch Aussaat direkt nach der Samenreife und durch Teilung im Frühjahr.

Cimcifuga simplex, Oktober-Silberkerze

Aussehen: Im Habitus ähnelt die Oktober-Silberkerze der Juli-Silberkerze *C. racemosa*, die gesamte Pflanze ist aber feiner aufgebaut und wird mit 140 cm Höhe nicht ganz so hoch. Auch sie hat gelapptes, zuweilen ahornartig zerteiltes Laub von rund 7 cm Größe. Die kleinen Blüten sind wollweiß und stehen an etwa 30–40 cm langen, kerzenartigen Blütentrauben, die straff gerade stehen bleiben. Sie erscheinen zwischen August und Oktober und bilden einen hübschen Kontrast zu den runden, purpurn überlaufenen Knospen.

Cimcifuga simplex 'Brunette'

Ganz besonders attraktive Gartenpflanzen sind bräunlich belaubte Sorten, wie 'Brunette'.
Verwendung: Siehe *C. racemosa*. Pro m² benötigt man 5 Pflanzen.
Standort: Halbschattig bis schattig; der Boden darf nicht austrocknen. Grüne Sorten sind auch im vollen Schatten schön, bei dunkel belaubten Sorten verliert sich dort die schöne Färbung.
Pflege: Siehe *C. racemosa*.
Vermehrung: Siehe *C. racemosa*. Spezielle Züchtungen vermehrt man nur durch Teilung.

Cirsium rivulare, Bach-Kratzdistel

Aussehen: Die Pflanzen haben gebuchtete bis gesägte, grasgrüne, etwa 7 cm lange Blätter und werden 70–100 cm hoch. Auf mäßig zerteilten Trieben blühen im Juli und August typische, recht eng in kleinen Büscheln zusammen stehende, flockige, etwa 4 cm große Distelblüten in einem ausgesprochen schönen Purpurton. Nach der Blüte bleibt die Pflanze noch einige Wochen ansehnlich und zieht dann im frühen Herbst ein.

Cirsium rivulare 'Atropurpureum'

Bei der Sorte 'Atropurpureum' ist die Blütenfarbe besonders intensiv rötlich-purpurn.
Verwendung: Eine sehr reizvolle Pflanze, die in Prachtstaudenbeeten sehr schöne Akzente setzt. Hübsche Schnittblumen. Pro m² benötigt man 5 Pflanzen.
Standort: Sonnig. Der Boden muss Feuchtigkeit halten können und einiges an Nähstoffen bieten. Zu viel Kalk schadet den Pflanzen.
Pflege: Am passenden Standort völlig unproblematisch; bei zu starker Sommertrockenheit muss gewässert werden.
Vermehrung: Die Art lässt sich aussäen. Die Sorte 'Atropurpureum' hingegen sollte durch Wurzelschnittlinge vermehrt werden.

Convallaria majalis, Gewöhnliches Maiglöckchen

Aussehen: Allbekannt und immer wieder gern gesehen sind die kleinen „Spieße“, die im Frühling das Erdreich durchstoßen und aus denen sich die spitz-ovalen, etwa 20 cm hohen Blätter entrollen. Meist stehen zwei bis drei Blätter zusammen. Seitlich des Blattpulks entwickelt sich die einseitwendige, 20–30 cm hohe Traube mit den stark duftenden, weißen Blümchenglocken. Die Pflanzen sind giftig. Nach der Blüte bilden sich rote Beerenfrüchte, die entfernt an Johannisbeeren erinnern, aber ebenfalls stark giftig sind.

Die rosafarbene 'Rosea' hat als einzige Farbensorte eine nennenswerte Verbreitung, alle anderen blühen weiß. Sehr interessant ist die gestreifte Sorte 'Striata'. Die Ausgangsart aus den Wäldern ist selten in Gartenkultur; meist handelt es sich um die etwas größer wachsende Sorte 'Grandiflora'.
Verwendung: Aus einem romantischen oder naturnahen Frühlings-

Convallaria majalis 'Rosea'

Convallaria majalis 'Striata'

garten ist das Maiglöckchen nicht wegzudenken. Es bedeckt schattige und halbschattige Standorte bestens und liefert zur Blütezeit ausnehmend hübsche Schnittblumen. Pro m^2 benötigt man 20 Pflanzen.
Standort: Halbschattig bis schattig. Ist der Boden feucht und humos genug, gedeihen die Pflanzen auch in voller Sonne; das Laub verbleicht dort aber im Hochsommer. Wer eine Waldumgebung simulieren kann, hat den perfekten Standort für Maiglöckchen.
Pflege: Am passenden Standort ein Selbstläufer, der sogar zum Wuchern neigt.
Vermehrung: Abtrennen von Ausläuferpflanzen; meist liefern die Pflanzen mehr als genug Material.

Coreopsis grandiflora, Großblumiges Mädchenauge

Aussehen: Die Pflanzen bilden zuerst einen Blatthorst aus eiförmigen, etwa 7 cm langen Blättern, im späten Frühling entwickeln sich dann die drahtigen, wenig beblätterten und verzweigten Triebe; meist werden sie etwa 60–70 cm hoch. Sie tragen von Juni bis September immer wieder neue, meist gelbe, rund 7–8 cm große Korbblüten. Die Zungenblüten sind relativ breit und liegen in zwei bis drei Reihen um die gelbe Mitte der Röhrenblüten.

Neben den reingelben Blüten finden sich auch Züchtungen mit attraktiven braunen Zeichnungen. Sehr verbreitet ist die goldgelbe 'Badengold', die aber mittlerweile durch die samenvermehrbare 'Tetragold' abgelöst wird. Gedrungener wächst die ebenfalls goldgelbe, gefüllte 'Early Sunrise'.
Verwendung: Diese Mädchenaugen sind nicht nur sehr gute und lang blühende Ergänzungen in einem Prachtstaudenbeet, sie liefern auch den ganzen Sommer über sehr haltbare Blüten für die Vase. Pro m^2 benötigt man 7 Pflanzen.
Standort: Sonnig bis halbschattig; ein frisch-feuchter Boden ist ideal.
Pflege: Ist der Boden zu trocken, stellen sich leicht Schädlinge ein; hält die Dürre an, stirbt die Pflanze bald ab. Ansonsten eine problemlose Pflanze, die nur noch Schnecken fürchten muss.
Vermehrung: Viele Sorten lassen sich sehr einfach durch Aussaat vermehren. Bei der Teilung im Frühling sollte man vorsichtig vorgehen, die Blätter und Basisknospen reißen leicht von den Wurzeln ab.

Coreopsis lanceolata, Lanzettblättriges Mädchenauge

Aussehen: Die Pflanze ähnelt sehr *C. grandiflora*, *C. lanceolata* wächst aber mit einer Höhe von etwa 30 cm deutlich gedrungener. Sie bildet einen Blatthorst aus ovalen, gut 5 cm langen Blättern und im Durchmesser 4–5 cm große Blütenkörbchen an zahlreichen, kahlen Stängeln. Die Blüten erscheinen über einen langen Zeitraum von Juni bis weit in den September hinein.

Neben goldgelben Tönen gibt es auch rot bzw. rotbraun gezeichnete Züchtungen, wie beispielsweise die

Coreopsis grandiflora 'Early Sunrise'

Coreopsis lanceolata 'Rotkehlchen'

abgebildete, etwa 30 cm hohe 'Rotkehlchen' oder die ähnliche, aber 10 cm höhere 'Sterntaler'.
Verwendung: Es sind ausgezeichnete Dauerblüher für den Beetvordergrund von Prachtstaudenbeeten, die auch für Gefäße bestens geeignet sind. Als Schnittblume sind sie zwar haltbar; die kurzen Stiele lassen sie aber nur für kleine Vasen geeignet erscheinen. Pro m^2 benötigt man 9–12 Pflanzen.
Standort, Pflege und Vermehrung: Siehe *C. grandiflora*.

Coreopsis verticillata, Netzblattstern, Quirlblättriges Mädchenauge

Aussehen: Aus drahtigen Trieben mit sehr filigranem, fast nadelförmigem, 1–2 cm langem Laub formen sich kugelige Pflanzen, die etwa 30–40 cm hoch werden. Ab Ende Mai zeigen sich die ersten etwa 2 cm großen Blüten. Sie erinnern an einfach blühende Tagetes. Meist sind sie goldgelb oder hellgelb. Sie werden immer wieder von nachkommenden Knospen überwachsen und die Pflanzen stehen den ganzen Sommer in reicher Blüte; erst ab September ebbt der Flor ab. Die Pflanze wächst sehr üppig und treibt unterirdisch viele Ausläufer.

Neuerdings stehen auch Züchtungen in samtigem Rot, strahlendem Rosa oder anderen „neuen" Farben zum Kauf bereit; diese sind aber in vielen Fällen nicht besonders winterhart und eignen sich eher als Saisonpflanzen. Einen knalligen Goldgelbton hat 'Zagreb', 'Moonbeam' ist sanfter gelb.
Verwendung: Sehr unkompliziert einsetzbare Farbträger in fast allen Staudenbeeten. Als Gefäßpflanze ebenfalls bestens geeignet. Pro m^2 benötigt man 8 Pflanzen.
Standort: Sonnig bis halbschattig. Die Pflanzen besiedeln fast alle Böden. Bei Sandböden sollte man rechtzeitig gießen, denn bei anhaltender Trockenheit stoppt die Blütenbildung vorzeitig.
Pflege: Fallen hier und da Büsche auseinander, reicht ein radikaler Rückschnitt aus und die Pflanzen werden wieder kompakt und standfest und blühen oft sogar, wenn auch verzögert. Ansonsten sind keine besonderen Pflegeschritte erforderlich; die Pflanzen sind sogar schneckenfest.
Vermehrung: Der reiche Zuwachs der ein wenig zum Wuchern neigenden Pflanzen liefert viel Material zum Teilen.

Coreopsis verticillata 'Moonbeam'

Cortaderia selloana

Cortaderia selloana, Pampasgras

Aussehen: Spät im Frühling treiben die stehen gebliebenen Wurzelstöcke neues grasartiges Laub aus. Diese zähen Grashorste werden knapp 100 cm hoch und das Laub hat scharfe Kanten, an denen man sich leicht verletzen kann. Im August zeigen sich die über 200 cm hoch werdenden Stängel mit den gut 30 cm breiten und 40–50 cm langen, fedrigen Blütenständen. Die Pflanzen haben eine sehr markante, ornamentale Wirkung, die Blüten zieren die Pflanze bis zum Frost. Im Handel sind Sorten mit eher silbrig oder rosa schimmernden Blüten; außerdem gibt es Selektionen in verschiedenen Höhen.
Verwendung: Eindeutig ein Solitär für Beete, in denen ansonsten eher niedrige Pflanzen wachsen, damit das Pampasgras seine Wirkung voll ausspielen kann. Großlaubige Pflan-

zen, wie Purpurglöckchen und Bergenien, sind ausgezeichnete Nachbarn. Die Blütenstände sind beliebe Trockenblumen. Pro m^2 benötigt man 1 Pflanze.
Standort: Sonnig bis halbschattig. Der Boden sollte durchlässig sein und möglichst nicht vernässen.
Pflege: Schwachpunkt der eigentlich frostfesten Pflanze ist die Empfindlichkeit der Wurzeln und des Pfanzenzentrums gegenüber Winternässe. Damit kein Wasser in die Mitte der Pflanzen gelangt, werden daher im Spätherbst die Blattschöpfe zusammengebunden. So läuft Regen oder tauender Schnee nach außen ab. Ein gut dränierter Boden ist die zweite wichtige Voraussetzung für das Gedeihen des Pampasgrases.
Vermehrung: Es ist nicht ganz leicht, die festen Wurzelballen zu teilen. Auf jeden Fall sollte man das nur mit fester Kleidung und Handschuhen vornehmen.

Corydalis cava, Hohler Lerchensporn

Aussehen: Sehr niedrige, hübsch gelappte, graugrüne, etwa 4–5 cm lange Blätter bilden Matten, aus denen im März und April die rosafarbenen, roten, purpurnen und blassgelben, etwa 1 cm großen Rachenblüten in gedrungenen, etwa 15 cm hohen Trauben emporwachsen. Die Blütezeit dauert über 1 Monat an, in einem kühlen Frühjahr verlängert sie sich um 1–2 Wochen. Nach der Blütezeit zieht die gesamte Pflanze ein.
Verwendung: Ein sehr charmanter Partner zu allen früh blühenden Stauden und Zwiebelblumen. Als typischer Waldbewohner ist der Hohle Lerchensporn eine Idealbesetzung unter laubwerfenden Gehölzen. Pro m^2 benötigt man 18 Pflanzen.
Standort: Halbschattig bis schattig, am besten unter Laubgehölzen; so bekommen die Pflanzen zur Blütezeit ausreichend Licht, ehe sie sich in die knolligen Wurzeln zurückziehen.
Pflege: Am passenden Standort unkompliziert und sehr wüchsig.
Vermehrung: Durch Teilung der Wurzelknollen während der Ruhezeit. Meist säen sich die Pflanzen auch selbst aus.

Corydalis cava

Corydalis elata, Hoher Lerchensporn

Aussehen: Die Pflanzenhorste zeichnen sich durch fein gefiederte, sattgrüne, etwa 4 cm lange Blätter aus. Im Mai bilden sich gut 40 cm lange Triebe, die endständig sehr hübsche, etwa 20 cm lange Trauben aus etwa 1 cm langen, stahlblauen Rachenblüten tragen. Die Blüten duften zart nach Bittermandel und schmücken 4 Wochen lang die Pflanzen. Nach der Blüte, spätestens im Spätsommer ziehen die Pflanzen ein.

Die Sorte 'Blue Summit' hat eine besonders intensiv stahlblaue Tönung.
Verwendung: Ausgesprochen schöner Frühlingsblüher für Gehölzränder und Halbschattenbeete. Wunderbare Ergänzung zu den romantischen Kassikern wie Maiglöckchen, Primeln oder Tränende Herzen. Pro m^2 benötigt man 7 Pflanzen.
Standort: Halbschattig. Der Boden darf nicht zu trocken sein, sondern sollte ein wenig Humus und ausreichend Feuchte bereitstellen.
Pflege: Lediglich Schnecken können die Pflanze gefährden.
Vermehrung: Am besten durch vorsichtige Teilung der spröden Wurzelstöcke, selbst kleine Teilstücke mit nur einer Sprossknospe wachsen willig weiter.

Corydalis elata 'Blue Summit'

Corydalis lutea, Gelber Lerchensporn

Aussehen: Die Pflanze hat fein zerteiltes Laub, das ein wenig an Farne erinnert. Die Blätter werden etwa 4–5 cm lang, die Pflanzen erreichen eine Höhe von etwa 30 cm. Von Mai bis Oktober erscheinen die gerade einmal 1 cm großen, strahlend gelben Blüten in lockeren Trauben.
Verwendung: Als Dauerblüher – kaum eine andere Pflanze blüht so lang – im Halbschatten lässt sich der Gelbe Lerchensporn sehr gut einsetzen. Er bringt Licht in Schattenpflanzungen und die lange Blütezeit macht ihn auch zur erstklassigen Wahl für Gefäße. Pro m² benötigt man 15 Pflanzen.
Standort: Halbschattig und nicht zu trockener, möglichst humoser Boden.
Pflege: Sind die Pflanzen erst einmal etabliert, ist keine weitere Pflege erforderlich.
Vermehrung: Gelber Lerchensporn verbreitet sich sehr gut durch Ausläufer und Selbstaussaat.

Corydalis lutea

Corydalis ochroleuca, Blassgelber Lerchensporn

Aussehen: Diese Art ähnelt sehr *C. lutea*. Das Laub ist graugrün, fein zerteilt und gebuchtet und wird etwa 5 cm lang. Die kahlen Stängel tragen Blütentrauben aus etwa 1 cm langen, zartgelben Blüten, die etwas breiter ausgeformt sind als bei den anderen Lerchensporn-Arten. Die Blütenstände bleiben mit einer Höhe von 10 cm vergleichsweise niedrig und erscheinen von Mai bis in den September hinein.
Verwendung, Standort, Pflege und Vermehrung: Siehe *C. lutea*.

Corydalis ochroleuca

Delphinium × cultorum, Garten-Rittersporne

Aussehen: Manche dieser Rittersporne bilden faserige Wurzelsysteme, andere, vor allem die im Frühjahr blühenden Arten, entwickeln knollige Wurzeln. Die Horste bildenden Stauden aus der Familie der Hahnenfußgewächse (Ranunculaceae) haben drei- bis fünfteilige, gezähnte oder gelappte, bis 20 cm lange Grundblätter. Die an der Basis verholzenden Triebe sind straff aufrecht und tragen nur wenige Laubblätter, die nach oben hin immer kleiner werden. Im Juni/Juli, und nach einem Rückschnitt noch einmal im September/Oktober, erscheinen die Blüten in den oberen Blattachseln Sie bilden einen spiralförmig aufgebauten, traubigen oder rispigen Blütenstand. Bei den Einzelblüten sind sowohl Kelch- als auch Kronblätter gefärbt, sie sind kelchförmig, gespornt und meist mit einem anders gefärbten Auge versehen. Das Farbspektrum der Blüten reicht von reinem Weiß über verschiedene Blautöne bis hin zu dunklem Violett. Es gibt auch rosafarbene und gelbe Sorten und solche mit halb oder ganz gefüllten Blüten. Wenn kein Rückschnitt nach der Blüte erfolgt, bilden sich Balgfrüchte. Alle Pflanzenteile des Rittersporns sind giftig und verusachen nach dem Verzehr Übelkeit und Magenkrämpfe. Je nach Art und Sorte erreichen die blühenden Pflanzen eine Wuchshöhe von 70–180 cm und eine Breite von 30–60 cm. Einige Sorten werden sogar noch höher. Die meisten bewährten Garten-Rittersporne haben aber eine durchschnittliche Wuchshöhe von 120–150 cm.

Die eigentlichen Arten sind allein von botanischem Interesse, in Gärten findet man nahezu ausschließlich Hybriden, die sich vor allem in Wuchshöhe und Anordnung bzw. Farbe der Blütenstände (siehe unten) unterscheiden. Die einjährig als Sommerblumen kultivierten Rittersporne gehören zur Art *Consolida ajacis* (Garten-Rittersporn).
Verwendung: Rittersporn ist eine klassische Bauerngartenpflanze, die mit ihren leuchtend blauen Blütenkerzen einen weithin sichtbaren Blickfang bietet. Auch im Staudenbeet ist die majestätisch wirkende Pflanze eine dominante Erscheinung und wird deshalb oft als Leitstaude

gewählt, an der sich die übrige Beetkomposition orientiert. Bei ausreichender Nährstoffversorgung (Langzeitdünger und regelmäßige Gaben von Flüssigdünger) gedeiht Rittersporn auch im Kübel. Eine Kübelkultur ist besonders dann sinnvoll, wenn der Boden im Garten ungeeignet ist oder Schnecken ein großes Problem darstellen. Die mit Rittersporn bepflanzten Kübel können dann zur Blütezeit ins Beet gestellt werden. Pro m² benötigt man 3 Pflanzen.

Standort: Sonnig. Lehmig-humoser, nährstoffreicher, gut durchlässiger, aber gleichmäßig feuchter Boden. Rittersporn verträgt die Konkurrenz anderer Stauden schlecht und sollte einen möglichst freien Stand haben.

Pflege: Der Austrieb muss vor Schneckenfraß geschützt werden. Während der Wachstumsperiode gießt man regelmäßig und versorgt die Pflanzen alle 2–3 Wochen mit einem Flüssigdünger. Wenn sich die Blütentriebe bilden, müssen sie mit Bambusrohren oder anderen Stäben gestützt werden. Nur zwergige Sorten kommen ohne Stütze aus. Junge Stauden dünnt man auf 2–3 Blütentriebe aus, damit die Pflanzen sich durch eine überreiche Blüte nicht verausgaben. Bei etablierten Pflanzen belässt man 5–7 Blütentriebe. Sofort nach der Blüte kräftig zurückgeschnittene Pflanzen entwickeln im September/Oktober einen zweiten Flor (siehe Kasten). Rittersporn ist anfällig für Schneckenfraß, Echten Melhtau, Spinnmilben, Minierfliegen und Rost. Gelegentlich tritt der Rittersporn-Mosaikvirus auf. In der Regel bereiten Schnecken und Mehltau am häufigsten Probleme.

Vermehrung: Durch Aussaat im Frühjahr (Kaltkeimer!), durch Teilung im zeitigen Frühjahr oder Herbst und durch halb verholzte Stecklinge.

Rittersporn gesund vermehren

Bei der vegetativen Vermehrung von Rittersporn durch Stecklinge oder Teilung haben alte, bisher bewährte Sorten in jüngster Zeit leider degenerative Schwächen gezeigt. Um gesunde Pflanzen zu erhalten, sät man Rittersporn aus. Saatgut von Sorten ist jedoch mitunter schwierig zu bekommen und die Aussaat schwierig. Die Samen müssen eine bestimmte Zeit gekühlt werden und keimen meist nur bei niedrigen Temperaturen. Bereits vorbehandelte Samen verschiedener Rittersporn-Sorten mit verbesserter Keimqualität bietet die Firma Jelitto seit 1978 unter dem Handelsnamen „Goldkorn®" an (Bezugsadresse siehe Anhang).

Empfehlenswerte Rittersporn-Hybriden

Delphinium Belladonna-Hybriden

(Tab. 18)

Die Sorten dieser Gruppe von Garten-Rittersporne bilden aufrechte, verzweigte Stauden, die im Aufbau locker wirken und feineres Laub haben als die Elatum-Hybriden. Die drahtigen Sprosse tragen ungefüllte Blüten mit bis zu 3 cm langen Spornen. Die Sorten werden in der Regel durch Teilung oder Stecklinge vegetativ vermehrt, manche auch durch Aussaat.

Tab. 18 Empfehlenswerte *Delphinium* Belladonna-Hybriden

Sorte	Blüte	Wuchshöhe	Vermehrung
'Atlantis'	dunkelblau, violett überhaucht	100–140 cm	durch Teilung oder Stecklinge
'Ballkleid'	hellblau, mit weißem Auge	120 cm	durch Aussaat
'Blue Shadow'	enzianblau, Auge mit gelben Härchen	130 cm	durch Aussaat
'Casa Blanca'	schneeweiß	130–150 cm	durch Aussaat
'Cliveden Beauty'	pastellblau, mit weißem Auge	130 cm	durch Aussaat
'Delft Blue'	blaue Streifen auf weißem Grund	150 cm	durch Teilung oder Stecklinge
'Moerheimii'	reinweiß	120 cm	durch Teilung oder Stecklinge
'Oriental Blue'	enzianblau	130 cm	durch Aussaat
'Oriental Sky'	hellblau	120 cm	durch Teilung oder Stecklinge
'Piccolo'	leuchtend enzianblau	70–100 cm	durch Teilung oder Stecklinge
'Völkerfrieden'	leuchtend enzianblau	170 cm	durch Teilung oder Stecklinge

Delphinium Belladonna-Hybride 'Atlantis'

Delphinium Belladonna-Hybride 'Ballkleid'

Delphinium Elatum-Hybriden (Tab. 19)
Die meisten Garten-Rittersporne stammen von der Art *D. elatum* ab. In der Regel handelt es sich um Kreuzungen mit *D. formosum* und anderen Elternteilen. Die Pflanzen haben aufrechte, hohle Triebe und faserige Wurzeln. Die Blütenstände können schmal und säulenförmig sein, aber auch nach oben konisch spitz zulaufen. Jeder Blütentrieb trägt Seitentriebe, die nach dem Verwelken des Haupttriebs erblühen. Typisch für die Elatum-Hybriden sind die großen Blüten und die zahlreichen Sepalen (Kelchblätter).

Tab. 19 Empfehlenswerte *Delphinium* Elatum-Hybriden

Sorte	Blüte	Wuchshöhe	Besonderes
'Augenweide'	hellblau, leicht rosa getuscht, mit hellem Auge	120–170 cm	haltbare, vitale, neue Sorte
'Blue Nile'	mittelblau, mit weißem Auge	170 cm	Vermehrung durch Teilung oder Stecklinge
'Can-Can'	gefüllte Blüten in Violett und Blau, ohne Auge	190 cm	Vermehrung durch Teilung oder Stecklinge
'Diamant'	schneeweiß	100–160 cm	lang gestielte Blütenstände
'Faust'	intensiv ultramarinblau, mit schwarzem Auge	bis 240 cm	sehr hohe Staude für den Beethintergrund
'Finsteraarhorn'	blauviolett, mit braunem Auge	160–170 cm	alte Sorte von Karl Foerster; Vermehrung durch Teilung oder Stecklinge
'Frühschein'	hellblau, rosa überhaucht, mit schwarzem Auge	140 cm	alte Sorte von Karl Foerster; Blütezeit Anfang bis Mitte Juni
'Grünberg'	blauviolett, mit schwarzem Auge	150 cm	Blütezeit Mitte Juni bis Anfang Juli
'Independence'	enzianblau, mit weißem Auge, leicht rötlich überhaucht	120 cm	sehr dichte Blütenrispen
'Jubelruf'	ultramarinblau, mit weißem Auge, halbgefüllt	180 cm	alte Sorte von Karl Foerster; Blütezeit Mitte Juni bis Anfang Juli
'Ouvertüre'	mittelblau, rosa überhaucht, mit braunem Auge	160 cm	alte Sorte von Karl Foerster; Blütezeit Anfang bis Mitte Juni
'Polarfuchs'	reinweiß	100–130 cm	kompakte, standfeste Sorte
'Waldenburg'	tief dunkelblau, mit schwarzem Auge	150 cm	eine der dunkelsten Sorten überhaupt
'White Swan'	schneeweiß	75 cm	zwergwüchsig, mit dichten Blütenständen, Vermehrung durch Aussaat

Delphinium Elatum-Hybride 'Frühschein'

Delphinium Elatum-Hybride 'Ouvertüre'

Delphinium Elatum-Hybride 'Grünberg'

Delphinium Elatum-Hybride 'Waldenburg'

Delphinium Elatum-Hybride 'Jubelruf'

Delphinium Elatum-Hybride 'Polarfuchs'

Delphinium Magic Fountains-Hybriden
Bei dieser Serie von Garten-Rittersporen handelt es sich im Grunde um zwergwüchsige Pacific-Hybriden, bei denen die Blütentriebe nur 30–50 cm hoch werden. Dafür sind die Einzelblüten mit bis zu 5 cm umso größer. Die Pflanzen erreichen eine Wuchshöhe von maximal 80–100 cm, sind sehr standfest und eignen sich daher auch gut für die Kultur im Kübel. Diese Serie gehört trotz der niedrigen Wuchshöhe zu den Elatum-Hybriden. Die Vermehrung erfolgt durch Aussaat. Deshalb weisen die einzelnen Pflanzen mitunter leicht unterschiedliche Farbnuancen auf. Im Handel findet man meist Mischungen unter den Farbbezeichnungen 'Hellblau', 'Rosa Töne' oder 'Weiß'.

Delphinium Pacific-Hybriden
(Tab. 20)
Die Pacific-Hybriden, eine Sortengruppe die zwischen 1935 und 1970 von den kalifornischen Züchtern Vetterle und Reinelt entwickelt wurde, sind an die speziellen Klimabedingungen der nordamerikanischen Pazifikküste angepasst und vertragen dadurch heiße Sommer und hohe Luftfeuchtigkeit besser als

Zweite Blüte
Rittersporne gehören zu den remontierenden Stauden, die im Spätsommer ein zweites Mal blühen, wenn man die Pflanzen sofort nach der ersten Blüte eine Handbreit über dem Boden zurückschneidet. Der Neuaustrieb muss dann unbedingt vor Schneckenfraß geschützt und die Pflanzen ausreichend mit Nährstoffen versorgt und gewässert werden. Außerdem ist darauf zu achten, dass benachbarte Stauden die Pflanzen nicht bedrängen, sonst wartet man vergeblich auf eine zweite Blüte.

Tab. 20 Empfehlenswerte *Delphinium* Pacific-Hybriden

Sorte	Blüte	Wuchshöhe	Vermehrung
'Astolat'	rosa, mit hellbraunem oder schwarzem Auge	120–200 cm	durch Aussaat
'Black Knight'	samtig dunkelviolett; runde Blütenform	120–200 cm	durch Aussaat
'Blue Bird'	nur 6 mm groß, mittelblau, mit weißem Auge	120–200 cm	durch Aussaat
'Blue Jay'	dunkelblau, mit dunkelbraunem Auge	120–200 cm	durch Aussaat
'Cameliard'	lavendelblau, mit weißem Auge	120–200 cm	durch Aussaat
'Galahad'	besonders dick, reinweiß, mit weißem Auge	120–200 cm	durch Aussaat
'Guinevere'	rosalila, mit weißem Auge	120–200 cm	durch Aussaat
'King Arthur'	samtig königsblau, mit großem, weißem Auge; lange Blütenstände	120–200 cm	durch Aussaat
'Percival'	weiß, mit schwarzem Auge	120–200 cm	durch Aussaat
'Summer Skies'	hell himmelblau, mit weißem Auge	120–200 cm	durch Aussaat

andere Rittersporn-Hybriden. Es sind wüchsige, kräftige, einheitliche Pflanzen, die bei Aussaat farbtreu ausfallen und meist schon im ersten Jahr blühen. Die regelmäßig aufgebauten Blütentriebe werden 120–200 cm hoch, die Blüten sind meist leicht gefüllt. Leider sind die Pflanzen nach 2–3 Jahren erschöpft und müssen durch neue Exemplare ersetzt werden. Im Allgemeinen werden den Pacific-Hybriden heute zur Elatum-Gruppe gezählt.

Dianthus deltoides, Heide-Nelke

Aussehen: Die in Europa und Teilen Asiens heimische Heide-Nelke ist eine Matten bildende, bis 20 cm hohe und bis 30 cm breite Staude mit schmalen, dunkelgrünen, bis 1,5 cm langen Blättern. Von Juni bis September erscheinen an kurzen, belaubten Stängeln rote, leuchtend rosafarbene oder weiße Blüten, die manchmal ein dunkleres Auge haben. Die Kronblätter sind am Rand gezähnt.

'Albus' blüht weiß, 'Leuchtfunk' rot mit einem dunkleren Ring im Zentrum und 'Vampir' scharlachrot. Besonders intensiv rosa blüht die Sorte 'Roseus'.

Verwendung: Die reizvolle, leider etwas kurzlebige Staude passt gut in den Vordergrund von Staudenrabatten und in den Steingarten. Besonders gut kommt sie auf Trockenmauern und in Kiesgärten zur Geltung. Pro m² benötigt man 16 Pflanzen.

Standort: Sonnig. Durchlässiger, mäßig feuchter, neutraler bis alkalischer Boden, der nicht zu nährstoffreich sein sollte.

Pflege: Nässe im Winter wird schlecht vertragen. Blattläuse können Probleme bereiten und Rost übertragen.

Vermehrung: Durch Aussaat im zeitigen Frühjahr oder durch halb reife Stecklinge von nichtblühenden Trieben im Sommer.

Dianthus gratianopolitanus, Pfingst-Nelke (Tab. 21)

Aussehen: *D. gratianopolitanus* ist eine Matten bildende Staude mit graugrünen, bis 5 cm langen, linealischen, grasartigen Blättern. Im Mai und Juni erscheinen an kurzen Sprossen kleine, 3 cm breite, stark duftende Blüten mit leicht behaarten, gezähnten Kronblättern. Bei der eigentlichen Art sind diese ungefüllt und zart rosafarben, es gibt aber auch weiße, purpurrote und zweifarbige Sorten sowie gefülltblütige, die in der Regel alle den typischen intensiven Nelkenduft verströmen.

Verwendung: Die sich kriechend ausbreitende Staude passt hervorragend in sonnige Stein- und Kiesgärten, aber auch auf Trockenmauern

Dianthus gratianopolitanus 'Ohrid'

Tab. 21 Empfehlenswerte Sorten von *Dianthus gratianopolitanus*

Sorte	Blüte	Wuchshöhe
'Badenia'	leuchtend dunkelrot, ungefüllt	10 cm
'Eydangeri'	karminrosa, ungefüllt	15 cm
'La Bourboule'	violettrosa, ungefüllt	5 cm
'La Bourboule Blanche'	reinweiß, ungefüllt	5 cm
'Mirakel'	hellrosa mit rotem Auge, ungefüllt	15 cm
'Nordstjernen'	rosarot, ungefüllt	15 cm
'Ohrid'	reinweiß, halbgefüllt	10 cm
'Rosafeder'	rosa, geschlitzte Blütenblätter	20 cm
'Rubin'	rubinrot, ungefüllt	10 cm
'Whatfield Gem'	rosa, innen tiefrot, gefüllt	10 cm

und in Balkonkästen. Ein leicht erhöhter Standort hat den Vorteil, dass man die herrlich duftenden Blüten auf Nasenhöhe hat. Pro m^2 benötigt man 11 Pflanzen.
Standort: Vollsonnig. Durchlässiger, mäßig feuchter, mäßig nährstoffreicher, leicht alkalischer Boden.
Pflege: Ein Rückschnitt der abgeblühten Triebe lässt die Matten wieder ordentlich aussehen. Manche Sorten remontieren sogar und bringen eine zweite, wenn auch nicht so üppige Blüte hervor.
Vermehrung: Durch Aussaat im zeitigen Frühjahr oder durch halb reife Stecklinge von nichtblühenden Trieben im Sommer.

Dianthus plumarius, Feder-Nelke (Tab. 22)

Aussehen: Die Staude bildet lockere Matten mit bläulich grünen, schmal lanzettlichen, grasartigen Blättern. Im Juni und Juli erscheinen an drahtigen Stängeln einzelne, endständige, stark duftende Blüten mit gefransten Kronblättern in zartem Rosa. Die Art ist Stammmutter vieler Gartennelken.
Verwendung: Die in Südosteuropa heimische Staude eignet sich für den Rand von Rabatten, für Einfassungen, für Stein- und Kiesgärten und als Schnittblume, sie ist jedoch etwas anspruchsvoller als andere

Dianthus plumarius 'Haytor Rock'

Dianthus plumarius 'Gran's Favorite'

Dianthus plumarius 'Maischnee'

Dianthus gratianopolitanus 'Whatfield Gem'

Dianthus plumarius 'Barlow Sam'

Dianthus plumarius 'Rosea Plena'

Tab. 22 Empfehlenswerte Sorten von *Dianthus plumarius*

Sorte	Blüte	Wuchshöhe
'Alba Plena'	weiß, gefüllt	30 cm
'Annabelle'	rosa, mit rotem Ring	40 cm
'Barlow Sam'	weiß, mit rotbraunem Auge, gefüllt	20 cm
'Devon Cream'	cremegelb	40 cm
'Doris'	kräftiges Lachsrosa, mit roter Mitte	30 cm
'Gran's Favorite'	weiß, mit rosaroter Mitte und schmaler, hellerer Bänderung, gefüllt, gefranste Blütenblätter	35 cm
'Haytor Rock'	hellrosa, mit dunkleren rosfarbenen Streifen, gefüllt, gefranste Blütenblätter	35 cm
'Ine'	weiß, mit rotem Ring, halbgefüllt	25 cm
'Maischnee'	weiß, gefüllt	25 cm
'Munot'	leuchtend rot, gefüllt	20 cm
'Waltham's Beauty'	rot, mit weißem Ring	30 cm

Polsternelken-Arten. Pro m^2 benötigt man 8 Pflanzen.
Standort: Sonnig. Durchlässiger, mäßig feuchter, nährstoffreicher, leicht alkalischer Boden.
Pflege: Ein Rückschnitt der abgeblühten Triebe lässt die lockeren Matten wieder ordentlich aussehen. Manche Sorten remontieren nach dem Rückschnitt und bringen eine zweite, wenn auch nicht so üppige Blüte hervor.
Vermehrung: Durch Aussaat im zeitigen Frühjahr oder im Sommer durch halb reife Stecklinge von nichtblühenden Trieben.

Dicentra-Hybride 'Candy Hearts'

Dicentra eximia, Zwerg-Herzblume

Aussehen: *D. eximia* ist eine Gruppen bildende Rhizomstaude mit rötlich getönten Sprossen und gefiederten, mittel- bis graugrünen Blättern. Die traubig angeordneten, nickenden, magentafarbenen, herzförmigen Blüten haben zurückgeschlagene äußere Blütenblätter und erscheinen im Mai sowie ein zweites Mal, aber in geringerer Anzahl, im August/September. Die Pflanze wird bis 60 cm hoch und bis 45 cm breit.

'Snowdrift' trägt reinweiße Blüten über hellgrünem Laub und wird bis 30 cm hoch.

Verwendung: Die Zwerg-Herzblume sieht besonders hübsch aus, wenn man sie in kleinen Tuffs zu 3–5 Stück zusammen pflanzt. Am Gehölzrand bilden sie einen schönen Blickfang. Pro m^2 benötigt man 13 Pflanzen.
Standort: Sonnig bis halbschattig. Durchlässiger, kalkarmer, nährstoffreicher, nicht zu trockener, humoser Boden.
Pflege: Abgeblühte Triebe regelmäßig entfernen. Bei Trockenheit muss gegossen werden. Besonders der Austrieb im Frühjahr ist anfällig für Schneckenfraß.
Vermehrung: Durch Teilen im zeitigen Frühjahr oder Herbst. Die eigentliche Art kann auch durch Aussaat im Frühjahr vermehrt werden.

Dicentra spectabilis, Tränendes Herz

Aussehen: *D. spectabilis* ist eine in Nordostasien heimische, dichte Gruppen bildende, bis 120 cm hohe und bis 45 cm breite Staude mit fleischigen Wurzeln. Die hellgrünen, bis 40 cm langen Blätter sind in eingeschnittene oder gelappte Fiedern

Dicentra spectabilis

Dicentra spectabilis 'Alba'

geteilt. Im April und Mai entwickeln sich hohe, relativ fleischige, sanft gebogene Stängel, an denen, wie auf einer Perlenkette aufgereiht, die herzförmigen Blüten stehen. Die äußeren Blütenblätter sind rosarot, die inneren weiß und tropfenförmig.

'Alba' blüht reinweiß. Sehr empfehlenswert ist auch 'Candy Hearts', eine Kreuzung aus *D. eximia* und *D. peregrina*, die nur 25–30 cm hoch und breit wird; ihre kleinen, herzförmigen, rosaroten Blüten erscheinen unermüdlich von März bis Oktober.

Verwendung: Mit ihren eleganten Laubblättern und den exquisiten Blüten ist das Tränende Herz eine der spektakulärsten Frühjahrsstauden. Sie bildet im Halbschatten einen echten Blickfang. Die herzförmigen, rosafarbenen Blüten mit der weißen, hängenden „Träne" sind zwar ein Symbol vergeblicher Liebe, können aber in halbschattigen Staudenbeeten und am Gehölzrand mit ihrer Schönheit Trost spenden. Die weiße Sorte 'Alba' wird als Symbolpflanze gern auf Grabstellen gepflanzt. Geeignete Pflanzpartner sind vor allem Frühjahrsblüher wie Tulpen, Kaukasusvergissmeinnicht (*Brunnera macrophylla*), Primeln, Narzissen, Traubenhyazinthen (*Muscari*) und Veilchen (*Viola*). Pro m² benötigt man 2 Pflanzen.

Standort: Sonnig bis halbschattig. Durchlässiger, kalkarmer, nährstoffreicher, nicht zu trockener, humoser Boden.

Pflege: Abgeblühte Triebe regelmäßig entfernen. Bei Trockenheit muss gegossen werden. Besonders der Austrieb im Frühjahr ist anfällig für Schneckenfraß.

Vermehrung: Durch Teilen im zeitigen Frühjahr oder nach dem Einziehen im Hochsommer. Die eigentliche Art kann auch durch Aussaat im Frühjahr vermehrt werden. Im Winter können Wurzelschnittlinge genommen werden.

Dictamnus albus, Gewöhnlicher Diptam

Aussehen: Die Gruppen bildende, bis 90 cm hohe und bis 60 cm breite, straff aufrecht wachsende Staude hat gefiederte, ledrige, dunkelgrüne Laubblätter, die bis 35 cm lang werden. Wenn man die Blätter zwischen den Fingern zerreibt, sondern sie einen intensiven Zitronenduft ab. Im Juni und Juli erscheinen in endständigen Trauben 2,5 cm breite, rosaweiße Blüten mit dunklerer Aderung. An heißen Sommertagen duftet die ganze Pflanze intensiv aromatisch, ein Kontakt mit der Pflanze kann aber zu phototoxischen Hautreaktionen führen. Bei Verzehr sind alle Pflanzenteile leicht gitftig. Den volkstümlichen Namen „Brennender Busch" erhielt die Pflanze, weil sie so viel ätherisches Öl enthält, dass sie sich in Trockenperioden bei großer Hitze leicht entflammen lässt.

Verwendung: Einzeln oder in kleinen Gruppen passt Diptam in sonnige, naturnah gestaltete Pflanzungen, in Stein- und Kiesgärten und in Rabatten, solange er nicht von anderen Pflanzen bedrängt wird. Auch am Gehölzrand sieht die Wildstaude aus Südeuropa hübsch aus. Diptam ist eine Staude, die viele Jahre braucht, um sich zu einer ansehnlichen Pflanzenpersönlichkeit zu entwickeln. Sie sollte nicht verpflanzt werden und kann über Jahrzehnte am selben Standort bleiben. Pro m² benötigt man 4 Pflanzen.

Standort: Sonnig. Trockener, durchlässiger, mäßig nährstoffreicher, alkalischer Boden.

Pflege: Bis auf die Tatsache, dass Schnecken Diptam „zum Fressen gern haben", ist die Pflanze sehr pflegeleicht.

Dictamnus albus

Vermehrung: Durch Aussaat direkt nach der Samenreife im Herbst und durch Teilen im zeitigen Frühjahr oder im Herbst. Die Samen keimen sehr schwerfällig und nach dem Teilen wachsen die Teilstücke nur zögerlich an. Insgesamt ist die Vermehrung leider etwas problematisch.

Digitalis purpurea, Roter Fingerhut (Tab. 23)

Aussehen: Die bekannte und beliebte, leider recht kurzlebige, leicht zu haltende Gartenstaude wird zweijährig kultiviert. Sie bildet im ersten Standjahr eine Blattrosette aus und blüht dann im zweiten Jahr. Von Mai bis Juli erscheinen bis 150 cm hohe, traubige Blütenkerzen über den bis 50 cm hohen Blattrosetten. Die grundständigen, bis 25 cm langen Laubblätter sind eiförmig bis lanzettlich, behaart und am Rand mehr oder weniger stark gezähnt. Die nickenden, tatsächlich an einen Fingerhut erinnernden, bei manchen Sorten bis 6 cm langen Blüten sind nach einer Seite (einseitswendig) ausgerichtet. Die Färbung variiert je nach Sorte von Reinweiß über Rosa und Cremefarben bis hin zu Purpurtönen. Im Schlund zeigen sich braune oder purpurne Punkte. Alle Pflanzenteile sind stark giftig.

Bei der Sorte 'Excelsior' ordnen sich die Blüten rund um den Stiel an.

Verwendung: Schöne Staude für alle Gehölzgärten, großblumige Sorten auch für halbschattige Staudenrabatten. In naturnahen Pflanzungen unentbehrlich. Pro m² benötigt man 6 Pflanzen.

Standort: Halbschattig, an feuchten Standorten auch sonnig. Fast jeder nicht zu trockene, aber auch nicht zu nasse, humose Boden.

Pflege: Man pflanzt die Blattrosetten im Frühjahr oder Herbst, damit die Staude im folgenden Frühjahr blüht. Unter günstigen Bedingungen überlebt die Pflanze länger als zwei Jahre, lässt aber in ihrer Opulenz im dritten Standjahr deutlich nach. Deshalb empfiehlt sich eine jährliche Auffrischung der Pflanzung. Wenn man abgeblühte Blütenstände nicht rechtzeitig entfernt, sät sich die Pflanze stark aus. Echter Mehltau kann zum Problem werden.

Vermehrung: Durch Aussaat an Ort und Stelle im Spätfrühjahr (April/Mai).

Digitalis purpurea

Tab. 23 Empfehlenswerte Sorten von *Digitalis purpurea*

Sorte	Blüte	Wuchshöhe
'Alba'	reinweiß, hängend	120 cm
'Dwarf Sensation'	bis 8 cm lang, Mischung verschiedener Farben	120 cm
'Excelsior'	Mischung von Weiß, Rosa und Rot, mit dunklen Flecken, die Blüten hängen nicht, sondern stehen ab	120 cm
'Foxy'	Mischung von Weiß, Cremegelb, Rot und Rosa, mit braunen Punkten; die Pflanzen blühen oft schon im Aussaatjahr	90 cm
'Gloxinioides'	Mischung von Lachsrosa, Cremegelb, Purpur und Rosa, Blüten stark gepunktet und gefleckt, Blütenrand gekräuselt	200 cm
'Pam's Choice'	cremeweiß, mit großem, dunkelweinrot geflecktem Schlund	120 cm
'Sutton's Apricot'	lachsrosa	120 cm

Zweijähriger Fingerhut

Roter Fingerhut (*Digitalis purpurea*) wird in der Regel zweijährig kultiviert. Wenn die Pflanze geblüht und ihre Samen verstreut hat, stirbt die Blattrosette meist ab. Man kann ihr aber durch einen Trick ein weiteres Blütejahr abtrotzen: Dazu schneidet man die verwelkten Blütenstängel noch vor der Samenbildung ab. Die Blattrosette ist dann allerdings durch die am Ansatz des Blütenstängels entstehende Schnittstelle anfällig für Fäulnis.

Dodecatheon meadia, Meads Götterblume

Aussehen: Die Gruppen bildende Staude aus der Familie der Primelgewächse (Primulaceae), die auch unter dem Synonym *D. pauciflorum* im Handel ist, wird bis 40 cm hoch und bis 25 cm breit. Sie hat bis 25 cm lange, eiförmige, gezähnte, blass- bis mittelgrüne Laubblätter. Im Mai und Juni erscheinen an kräftigen, aufrechten Sprossen Dolden von bis zu 15, an Alpenveilchen erinnernden, purpurrosafarbenen Blüten. Nach der Blüte werden die Laubblätter im Hochsommer eingezogen.

Die Sorte 'Goliath' wird etwa 70 cm hoch und hat auch größere Blüten, *D. meadi* fo. *album* hat cremeweiße Blüten und 'Queen Victoria' wird nur 30 cm hoch und hat lilarosafarbene Blüten.
Verwendung: Die Liebhaberstaude passt gut in den Steingarten. Am Naturstandort in Nordamerika wächst die Pflanze auf alpinen Wiesen und in Gehölzen. Daher kann man sie in naturnahen Pflanzungen entsprechend einsetzen. Gut zur Geltung kommen Götterblumen aber auch am Rand von Gewässern. Pro m² benötigt man 14 Pflanzen.
Standort: Sonnig bis halbschattig. Lehmig-humoser, feuchter, aber durchlässiger, kalkarmer Boden. Der Austrieb ist durch Schneckenfraß bedroht.
Pflege: Während der Ruhezeit ab Spätsommer verträgt die Pflanze auch Trockenheit.
Vermehrung: Durch Aussaat nach Samenreife im Sommer oder durch Teilung im Frühjahr. Die Samen keimen erst, wenn sie einem Kältereiz ausgesetzt waren.

Dryas × suendermannii, Sündermanns Silberwurz

Aussehen: *D. × suendermannii* ist eine Kreuzung der beiden Wildarten *D. drummondii* und *D. octopetala*. Der Matten bildende Halbstrauch wird 5–15 cm hoch und breitet sich über 1 m und mehr aus. Die bis 4 cm langen Laubblätter sind länglich-elliptisch und gebuchtet. Im Mai und Juni erscheinen leicht nickende, an Anemonen erinnernde Blüten mit weißen Kelchblättern und gelbem Zentrum. Nach der Blüte entwickeln sich daraus zierende, fedrige Fruchtstände.
Verwendung: Die stark in die Breite wachsende Pflanze eignet sich gut als Bodendecker für Steinanlagen und sonnige Grabstellen, aber auch für Dachbegrünungen, Kies- und Steingärten sowie sonnige Rabatten. Pro m² benötigt man 11 Pflanzen.
Standort: Sonnig bis halbschattig. Humoser, mäßig nährstoffreicher, gut durchlässiger Boden.
Pflege: Äußerst pflegeleicht.
Vermehrung: Durch Grünstecklinge, die im Frühsommer geschnitten werden oder durch Abnehmen bewurzelter Sprosse im Frühjahr.

Dryopteris filix-mas, Gewöhnlicher Wurmfarn

Aussehen: Die in Europa heimische Wildstaude hat einfach gefiederte, breite, weiche, mattgrüne Wedel, die aus großen, aufsteigenden Wurzelstöcken sprießen. Die Pflanze wird bis 100 cm hoch und breit.

Die Sorte 'Barnesii' hat lange, schmale, leicht gekraust wirkende Wedel und wächst steiler und aufrechter als die eigentliche Art. 'Crispa Cristata' hat gekräuselte Wedel und Fiederchen und wird nur 60 cm hoch und breit.
Verwendung: Die sehr anspruchslose Farnart eignet sich für alle schattigen Gartenbereiche, beson-

Dodecatheon meadia

Dryas × suendermannii

Dryopteris filix-mas 'Barnesii'

ders aber zur Unterpflanzung von Gehölzen. Schön sehen die mittelgrünen Wedel auch in der Nähe von Gewässern aus. Auf ausreichend feuchten Böden verträgt der Wurmfarn auch etwas Sonne. Weil die Pflanze recht groß und ausladend wird, sollte man sie nur in wirklich großen Gärten in Gruppen, ansonsten aber eher einzeln pflanzen. Pro m² benötigt man 1–4 Pflanzen.
Standort: Schattig bis halbschattig. Frischer, feuchter, humoser Boden.
Pflege: Der Farn gedeiht am besten, wenn man ihn ungestört wachsen lässt. Die im Winter welkenden Wedel können bis zum Frühjahr an den Pflanzen bleiben, dann schneidet man sie kurz vor dem Austrieb ab.
Vermehrung: Durch Teilen ausgewachsener Pflanzen im Herbst oder Frühjahr. Die Art vermehrt sich unter Umständen durch ihre Sporen selbst.

Weitere empfehlenswerte *Dryopteris*-Art

Dryopteris affinis, Spreuschuppiger Wurmfarn, Goldschuppenfarn

Auch unter den Synonymen *D. borreri* und *D. pseudomas* geführte, in Europa und Asien heimische, in milden Regionen wintergrüne Farnart mit tiefgrünen, gefiederten Wedeln an goldbraun geschuppten Stielen. Die langlebige Farnart steht am liebsten ungestört über viele Jahre am selben Standort. Die Ansprüche an Standort und Pflege sind die gleichen wie bei *D. filix-mas*. Im Frühjahr schneidet man die Wedel zurück, um einen frischen, ordentlichen Austrieb zu fördern. Schön wirkt der bis 90 cm hohe Farn in kleinen Gruppen unter Gehölzen oder am Gehölzrand. Pro m² benötigt man 4 Pflanzen. Besonders empfehlenswert ist die Sorte 'Pinderi', die gefiederte, dunkelgrüne Wedel hat und nur 70 cm hoch wird.

Dryopteris affinis 'Pinderi'

Echinacea purpurea, Roter Scheinsonnenhut

Aussehen: Die aufrechte Staude bildet etwas steife, glatte oder rau behaarte Sprosse und eiförmige, gezähnte, rau behaarte, dunkelgrüne, bis 15 cm lange grundständige Blätter. Die Stängelblätter sind kleiner, lanzettlich und ebenfalls gezähnt. Von Juli bis September erscheinen bis 12 cm breite, margeritenartige Blütenkörbchen mit purpurrosa gefärbten Zungenblüten, die eine auffällig nach oben gewölbte, braunrote Mitte umstehen. Die Pflanze, die auch unter dem Synonym *Rudbeckia purpurea* geführt wird, erreicht eine Wuchshöhe von maximal 120 cm und wird bis 45 cm breit.

'Green Envy', auch als „Grüner Sonnenhut" bezeichnt, ist eine Sorte mit außergewöhnlichem Farbenspiel: Die Blüten öffnen sich mit limonengrünen Zungenblüten und dunkelgrünem Kegel, später verfärben sich die Zungenblüten nach und nach zu Magentarot. Die Sorte 'Rubinstern' zeichnet sich durch samtig burgunderrote, waagerecht stehende Blüten und dunkel überlaufene Stängel aus. 'White Lustre' hat cremeweiße Zungenblüten mit einem orangebraunen Zentrum, 'White Swan' hat reinweiße Zungenblüten und ebenfalls ein orangebraunes Zentrum.
Verwendung: Die aus Nordamerika stammende Wildstaude passt hervorragend in sonnige Rabatten, in Kiesgärten und in naturnah gestaltete Steppenpflanzungen. Man sollte sie jedoch immer in größeren Gruppen setzen, damit sie gut zur Geltung kommt. Die Blüten sind auch schöne Schnittblumen, die lange in der Vase halten. Pro m² benötigt man 6–11 Pflanzen.
Standort: Sonnig. Tiefgründiger, gut durchlässiger, humoser, nährstoffreicher und alkalischer Boden.
Pflege: Wenn verwelkte Blütenkörbchen sofort ausgeschnitten werden, bilden sich rasch neue, sodass die Blütezeit verlängert wird. Spätestens im zeitigen Frühjahr schneidet man die Staude bodeneben zurück.
Vermehrung: Durch Aussaat im Frühjahr und durch Teilung im Frühjahr oder Herbst. Die Sorten sind nur durch Teilung zu vermehren. Man kann auch im Spätherbst und Winter Wurzelschnittlinge nehmen.

Weitere empfehlenswerte *Echinacea*-Arten und -Hybriden

Echinacea-purpurea-Hybriden

(Tab. 24)
In den letzten Jahren hat die Begeisterung für *E. purpurea* deutlich zugenommen. Das mag an dem aufkommenden Interesse an naturnah gestalteten Wildblumengärten, Steppenpflanzungen und Kiesgärten liegen, kommt aber allen Staudenfreunden zugute. In jüngster Zeit entstanden zahlreiche neue, sehr schöne Hybriden, die es durchaus wert sind, in den Staudengarten aufgenommen zu werden. Sie haben alle die gleichen Standort- und Pflegeansprüche wie *E. purpurea* und können auch überall dort eingesetzt werden, wo dieser seinen Platz findet. Am schönsten sehen alle diese Hybriden aus, wenn man sie in größeren Gruppen pflanzt, vielleicht gemischt mit Gräsern, Sonnenbraut (*Helenium*), Goldruten (*Solidago*) und Indianernesseln (*Monarda*).

Sortenreinheit bei *Echinacea purpurea*
Die verstärkte Nachfrage nach neuen Sorten des Roten Scheinsonnenhuts (*Echinacea purpurea*) hat die Züchter zu Höchstleistungen angespornt. Weil die Vermehrung durch Teilung aber Zeit braucht und durch Aussaat wesentlich mehr Nachkommen erzeugt werden können, werden die neuen Sorten zur Vermehrung meist ausgesät. Dabei kommt es jedoch naturgemäß zu Abweichungen von den Elternpflanzen: Die Sämlinge unterscheiden sich mitunter erheblich in Blütenfarbe, Blütenform und Wuchshöhe. Das sollte man berücksichtigen, wenn man aus Samen vermehrte Sorten kauft – oder gar selbst aussät.

Tab. 24 Empfehlenswerte Hybriden von *Echinacea purpurea*

Sorte	Blüte	Wuchshöhe	Besonderes
'Alaska'	weiße Zungenblüten, dunkelbraunes Zentrum	60 cm	kompakte Sorte
'Art's Pride'	rostorangefarbene, schmale Zungenblüten, dunkelbraunes Zentrum	70–80 cm	lange Blütezeit
'Coconut Lime'	weiße, nach unten geneigte Zungenblüten, grünlich weißes, pomponartig gefülltes Zentrum	75 cm	spektakuläre Blütenform
'Fragrant Angel'	weiße, einander überlappende Zungenblüten,	100 cm	besonders schöner Duft
'Harvest Moon'	goldgelbe, dicht stehende Zungenblüten, rotorangefarbenes Zentrum	70–80 cm	stark verzweigter Wuchs, zarter Duft
'Magnus'	breite, waagerechte, tiefrosafarbene, sich überlappende Zungenblüten, braunrotes Zentrum	100 cm	besonders große Blüten
'Prairie Frost'	breite, horizontale, violettrosafarbene Zungenblüten und braunorangefarbenes Zentrum	100 cm	panaschierte Laubblätter mit feinem, weißem Rand
'Razzmatazz'	rosaviolette Zungenblüten und pomponartig gefülltes, dunkleres Zentrum	80–90 cm	die erste Hybride ihres Typs
'Robert Bloom'	rötlich violette, schmale, hängende Zungenblüten und violettrotes Zentrum	90 cm	Selektion von Alan Bloom
'Sunrise'	etwas zurückgebogene, aprikosengelbe Zungenblüten, die milchweiß verblassen, orangebraunes Zentrum	70–80 cm	zarter Duft

Echinacea 'Green Envy'

Echinacea 'Rubinstern'

Echinacea 'Alaska'

Echinacea 'Harvest Moon'

Echinacea 'Razzmatazz'

Echinacea 'Art's Pride'

Echinacea 'Oranje Mahonie'

Echinacea 'Coconut Lime'

Echinacea 'Robert Bloom'

Echinacea 'Magnus'

Echinacea 'Fragrant Angel'

Echinacea 'Sunrise'

***Echinacea pallida*, Blasser Sonnenhut**
Nordamerikanische Wildstaude, die hauptsächlich als Heilpflanze angebaut wird, weil sie von allen Sonnenhüten den höchsten Gehalt an dem Immunstimulanz Echinacin enthält. Die bis 70 cm hoch wachsende Pflanze ähnelt dem Roten Scheinsonnenhut (*E. purpurea*), hat aber blasser violette Zungenblüten, die schmaler sind und meist nach unten hängen. Kultur, Pflege und Vermehrung wie bei *E. purpurea*.

Echinacea pallida

Echinacea tennesseensis 'Rocky Top'

***Echinacea tennesseensis*, Tennessee-Sonnenhut**
Nordamerikanische Wildstaude mit einer bodenständigen Blattrosette und aufrechten, etwas steif wirkenden Blütensprossen. Die violettrosa Zungenblüten umgeben ein braunrotes Zentrum. Die genügsame, ausdauernde Pflanze erreicht eine Wuchshöhe von 50–80 cm und passt gut in Wildblumengärten, Steppenbeete und Kiesgärten. Kultur, Pflege und Vermehrung wie bei *E. purpurea*. Die Rocky-Top-Hybriden dieser Art haben nach oben gebogene dunkelrosafarbene Blütenblätter. Alle Blütenköpfe sind auf die gleiche Seite gerichtet. Die Pflanzen werden bis 60 cm hoch.

Echinops ritro, Kugeldistel

Aussehen: *E. ritro* ist eine Gruppen bildende, bis 60 cm hohe und bis 45 cm breite Staude mit tief eingeschnittenen, am Rand bedornten, bis 20 cm langen Blättern, die oberseits blaugrün und unterseits weißfilzig behaart sind. Im Juni und Juli erscheinen an den Spitzen kräftiger, graufilziger Stängel zunächst grüne, später stahlblaue, kugelförmige Blütenköpfe mit einem Durchmesser von bis zu 4,5 cm.

'Veitch's Blue' hat dunklere Blütenköpfchen und wird bis 90 cm hoch. Diese Sorte ergibt besonders gute Schnittblumen.

Verwendung: Kugeldisteln eignen sich für sonnige Beete und Rabatten, sehen aber besonders schön aus, wenn sie in naturnahe Pflanzungen integriert werden. Für Kiesgärten sind sie ein unverzichtbares Gestaltungselement. Die welken Blütenköpfe sind noch lange eine Zierde im Beet und Singvögeln eine willkommene Futterquelle. Die frischen Blütenköpfchen ergeben gute Schnittblumen und eignen sich auch hervorragend für die Trockenfloristik. Pro m^2 benötigt man 2–3 Pflanzen.

Echinops ritro 'Veitch's Blue'

Standort: Vollsonnig. Gut durchlässiger, trockener, nährstoffarmer Boden.
Pflege: Äußerst pflegeleicht. Um eine Selbstaussaat zu verhindern, müssen die Blütenköpfe vor der Samenbildung entfernt werden. Blattläuse können zum Problem werden.
Vermehrung: Durch Aussaat nach der Samenreife oder im folgenden Frühjahr. Ältere Stauden können auch im Herbst oder Frühjahr geteilt werden. Wurzelschnittlinge entnimmt man im Winter.

Epimedium grandiflorum, Großblütige Sockenblume

Aussehen: Die auch unter dem Synonym *E. macranthum* geführte, Rhizome bildende, laubwerfende Staude hat bis 12 cm lange, ovale, spitz zulaufende Laubblätter, die am Rand fein gezähnt und im Jugendstadium bronzefarben getönt sind. Die Pflanze wird bis 30 cm hoch und breit. Im April und Mai erscheinen an belaubten, drahtigen Stängeln lockere Trauben mit bis zu 15 kleinen, hängen-

Epimedium grandiflorum 'Chris Norton'

Epimedium grandiflorum 'Lilafee'

Epimedium grandiflorum 'Creeping Yellow'

Epimedium grandiflorum 'Rose Queen'

den, gespornten Blüten, die je nach Sorte weiß, gelb, rosa oder purpurn gefärbt sind. Die Staude wird auch Elfenblume genannt, was durchaus gerechtfertigt ist, denn ihre zarte Erscheinung und die im Frühlingswind wippenden Blüten erinnern wirklich an kleine Fabelwesen. Die Laubblätter bleiben im Winter an der Pflanze, trocknen aber im Gegensatz zu anderen, wintergrünen Arten der Sockenblume ein und werden braun.

'Chris Norton' ist eine Sorte mit besonders lang gespornten, dunkel violettrosafarbenen und weißen Blüten. 'Creeping Yellow' hat – trotz ihres Namens – reinweiße Blüten. 'Lilafee' (Syn. 'Lilac Fairy') hat im Jugendstadium purpurn getöntes Laub und violettpurpurne Blüten. 'Rose Queen' hat im Jugendstadium dunkel bronzepurpurnes Laub und tiefrosafarbene Blüten mit langem Sporn, der weiß gespitzt ist.

Verwendung: Sockenblumen sind typische Waldstauden und sollten auch so verwendet werden: In Gehölzgruppen als Unterpflanzung und am Gehölzrand als Blickfang. Sockenblumen kommen gut mit dem Wurzeldruck etablierter Gehölze zurecht. Pro m² benötigt man 11 Pflanzen.

Standort: Halbschattig bis schattig. Humoser, nährstoffreicher, feuchter, aber gut durchlässiger Boden.

Pflege: Sehr pflegeleicht. Im zeitigen Spätwinter oder zeitigen Frühjahr werden die welken Laubblätter des Vorjahres bodeneben zurückgeschnitten. Im Sommer muss bei anhaltender Trockenheit gegossen werden.

Vermehrung: Durch Teilen im Spätwinter oder nach der Blüte und durch Aussaat direkt nach der Samenreife. Im Herbst und Winter können auch Rhizomstücke abgetrennt und im Haus bewurzelt werden. Sorten können nur durch Teilung und Rhizomschnittlinge vermehrt werden.

Empfehlenswerte *Epimedium*-Hybriden

Epimedium × *rubrum*

Laubwerfende Hybride aus *E. grandiflorum* und *E. alpinum*, die sich langsam durch kriechende Rhizome ausbreitet. Die bis 30 cm hohe und breite Pflanze hat zweifach dreifingrige, eiförmige, spitz zulaufende Laubblätter, die am Rand stachelig gezähnt sind. Im Austrieb sind sie rötlich getönt und färben sich im Herbst kräftig rot bis rotbraun. Im April und Mai erscheinen an drahtigen Trieben lockere Trauben mit

Epimedium × *rubrum*

bis 2 cm großen, kurz gespornten roten Blüten, die innen gelblich weiß sind. Standortansprüche, Pflege und Verwendung wie *E. grandiflorum*. Vermehrung nur durch Teilung und Rhizomschnittlinge.

Epimedium* × *versicolor
Eine meist immergrüne Hybride aus *E. grandiflorum* und *E. pinnatum* subsp. *colchicum*, die Ausläufer und Rhizome bildet. Wie ihr botanischer Name schon andeutet, ist sie im Aussehen recht variabel. Sie hat herzförmige, spitz zulaufende, am Rand gezähnte Laubblätter, die im Jugendstadium kupferfarben und später mittelgrün gefärbt sind. Im April und Mai erscheinen an drahtigen Trieben lockere Trauben bis 2 cm großer, kurz gespornter Blüten, die in der Farbe von Hellgelb bis zu kupfrigem Rosa variieren. Die Pflanze wird bis 30 cm hoch und breit. Standortansprüche, Pflege und Verwendung wie *E. grandiflorum*. Das immergrüne Laub sollte in kalten Regionen im Winter vor austrocknenden Winden geschützt werden. Die Sorte 'Sulphureum' hat hellgelbe Blüten mit etwas längeren Spornen.

Epimedium × *versicolor* 'Sulphureum'

Epimedium × *perralchicum* 'Frohnleiten'

Epimedium* × *perralchicum
Eine Hybride aus *E. perralderianum* und *E. pinnatum* subsp. *colchicum*. Die robuste, immergrüne Staude hat breit ovale bis rundliche, glänzend tiefgrüne, im Jugendstadium bronzefarbene Laubblätter mit leicht gewellten, gezähnten Rändern. Im April und Mai erscheinen an unbelaubten, drahtigen Sprossen lockere Trauben hängender, leuchtend gelber, bis 2 cm großer Blüten mit kurzem, braunem Sporn. Standortansprüche, Pflege und Verwendung wie *E.* × *versicolor*. Die Sorte 'Frohnleiten' hat länglichere Laubblätter, deren Blattadern auffallend kupfrig rot sind. Die bis 2,5 cm großen Blüten sind im Vergleich zur Art kräftiger gelb gefärbt.

Erigeron speciosus, Aspen-Berufkraut (Tab. 25)

Aussehen: Die Gruppen bildende, bis 60 cm hohe und breite Staude hat grundständige, lanzettliche, meist unbehaarte, dunkel- bis graugrüne Laubblätter, die bis 15 cm lang werden und gefranste Ränder haben. Die kleineren Stängelblätter sind lanzettlich bis eiförmig. Von Juli bis September erscheinen bis 4 cm breite, lavendelblaue bis fliederfarbene Blütenköpfchen mit gelbem Zentrum, die in lockeren Doldentrauben zusammen stehen.

Häufiger als die Art findet man Hybriden, die sich zwar in der Wuchshöhe und Blütenfarbe, nicht jedoch in Standortansprüchen und Pflege von der Art unterscheiden.
Verwendung: Die reich blühende Staude eignet sich hervorragend für fröhliche, sommerliche Beete und Rabatten. Die kräftige Blütenfarbe setzt markante Akzente im Beet, besonders wenn man sie mit kontrastierenden Farben, etwa Gelbtönen, kombiniert. Damit ein Beet mit Berufkraut nicht langweilig aussieht, empfiehlt es sich, auch andere Blütenformen, etwa Kerzen, lockere Rispen und Dolden, als Nachbarn zu wählen. Schön sieht z. B. eine Kombination mit Afghanistan-Steppenkerzen (*Eremurus stenophyllus*), Stauden-Phlox (*Phlox paniculata*) und Gräsern aus. Auch Fackellilien (*Kniphofia*) oder Indianernesseln (*Monarda*) sind aufregende Begleiter. Berufkraut liefert hervorragende Schnittblumen. Pro m^2 benötigt man 6–11 Pflanzen.
Standort: Sonnig bis halbschattig. Nährstoffreicher, durchlässiger, humoser Boden.
Pflege: Werden verwelkte Blütenköpfchen regelmäßig ausgeputzt, verlängert sich die Zeit der Hauptblüte. Berufkraut gehört zu den remontierenden Stauden, sie blüht

Tab. 25 Empfehlenswerte Hybriden von *Erigeron speciosus*

Sorte	Blüte	Wuchshöhe
'Azurfee' (Syn. 'Azure Fairy')	lavendelblau, mit gelbem Zentrum, halbgefüllt	45 cm
'Dunkelste Aller' (Syn. 'Darkest of All')	tief violettblau, mit gelbem Zentrum, halbgefüllt	60 cm
'Foerster's Liebling' (Syn. 'Foerster's Darling')	tief rosarot, mit gelbem Zentrum, halbgefüllt	60 cm
'Nachthimmel'	tiefviolett, mit blauem Hauch und gelbem Zentrum, halbgefüllt	60 cm
'Prosperity'	rosalila, mit gelbem Zentrum, halbgefüllt	60 cm
'Rosa Juwel' (Syn. 'Pink Jewel')	blassrosa, mit hellgelbem Zentrum, halbgefüllt	60 cm
'Schneewittchen' (Syn. 'Snow White')	reinweiß, mit fadendünnen Zungenblüten und gewölbtem, hellgelbem Zentrum	60 cm
'Rotes Meer' (Syn. 'Red Sea')	tiefrot, mit gelbem Zentrum, halbgefüllt	60 cm
'Schwarzes Meer' (Syn. 'Black Sea')	tiefviolett, mit gelbem Zentrum, halbgefüllt	60 cm
'Strahlenmeer' (Syn. 'Shimmering Sea')	blauviolett, mit fadenartigen Zungenblüten und kleinem, gelbem Zentrum	70 cm

Erigeron speciosus 'Dunkelste Aller'

also im Spätsommer ein zweites Mal, wenn man sie nach der Hauptblüte bis auf eine Handbreit über dem Boden zurückschneidet und anschließend mit einem Volldünger versorgt. Die Stauden sollten alle 2–3 Jahre aufgenommen und geteilt werden, um sie vital und blühfreudig zu erhalten. Dabei können die oberen, verholzten Teile entfernt werden. Echter Mehltau und Schnecken können zum Problem werden.
Vermehrung: Durch Teilen im Frühjahr oder durch Grünstecklinge im Frühsommer. Die eigentliche Art kann auch durch Aussaat im Frühjahr vermehrt werden.

Erodium manescavii, Pyrenäen-Reiherschnabel

Aussehen: Die aus den Pyrenäen stammende, Gruppen bildende Wildstaude wird bis 45 cm hoch und bis 20 cm breit. Sie hat lanzettliche bis eilanzettliche, gefiederte, behaarte, mittelgrüne, grundständige, bis 30 cm lange Laubblätter. Von Mai bis August/September erscheinen lang gestielte Dolden mit zahlreichen, bis 3 cm großen, rosavioletten Blüten, die einen dunklen Fleck an den oberen Kronblättern haben. Häufig werden auch Reiherschnabel-Hybriden gepflanzt (siehe unten). Sie unterscheiden sich nur im Habitus und den Blüten, nicht aber in ihren Standortansprüchen und der Verwendung vom Pyrenäen-Reiherschnabel. Sie können allerdings nur vegetativ durch Teilen und Stecklinge vermehrt werden.
Verwendung: Für den sonnigen Kies- oder Steingarten und für den Vordergrund von Rabatten und Staudenbeeten ist dieser Dauerblüher wie geschaffen. Die anspruchslose Staude macht sich aber auch gut in Kübeln, Töpfen und Balkonkästen, ja sogar in Ampeln. An geeigneten Standorten sät sich die Staude willig selbst aus. Pro m^2 benötigt man 3–5 Pflanzen.
Standort: Vollsonnig. Sehr gut durchlässiger, humoser, neutraler bis alkalischer Boden.
Pflege: Sehr pflegeleicht, winterliche Nässe wird allerdings schlecht vertragen.
Vermehrung: Durch Teilen im Frühjahr oder durch Aussaat direkt nach der Samenreife. Im Frühsommer können auch grundständige Stecklinge nichtblühender Triebe bewurzelt werden.

Erodium-Hybride

Eryngium alpinum 'Blue Star'

Empfehlenswerte *Erodium*-Hybriden

'Almodovar'
Erodium-Hybride mit besonders großen, rosalilafarbenen Blüten. Die Pflanze wird bis 25 cm hoch und blüht von Mai bis Oktober.

'Robin'
Erodium-Hybride mit graugrünem Laub. Von Juni bis August erscheinen zart rosafarbene Blüten. Die Pflanze wird bis 20 cm hoch.

***Erodium* × *kolbianum* 'Natasha'**
Hybride mit silbrigen, gefiederten Laubblättern und zart rosafarbenen Blüten, die dunkelviolett geadert sind. Die Pflanze wird bis 15 cm hoch und blüht von Mai bis September.

Eryngium alpinum, Alpen-Mannstreu, Alpen-Distel

Aussehen: *E. alpinum* ist eine bis 100 cm hohe und bis 70 cm breite, buschige Horste bildende Wildstaude mit kräftiger Pfahlwurzel und ei- bis herzförmigen, stachelig gezähnten, mittelgrünen, grundständigen Laubblättern, die bis 15 cm lang werden. Die fingerförmig dreilappigen Stängelblätter sind wesentlich kleiner und auffällig blau-weiß geadert. Im Juli und August entwickeln sich an verzweigten Sprossen mehrere doldige, bis 4 cm lange, grünlich weiße Blütenköpfe, die blau überhaucht sind und von etwa 6 cm langen, weichstacheligen Brakteen umgeben sind.

'Blue Star' hat große, stahlblaue Blütenköpfe und ist eine begehrte Schnittblume. Die von Georg Arends gezüchtete Sorte 'Amethyst' hat relativ kleine, dunkelviolette Blütenköpfe und wird nur 60 cm hoch.
Verwendung: Am Naturstandort in den europäischen Alpen kommt die Staude auf Bergwiesen und auf Kalkrasen vor. Entsprechend kann sie in naturnah gestalteten Pflanzungen und Kiesbeeten eingesetzt werden. Der etwas kratzbürstige Charakter der Pflanze passt gut zu Gräsern, schöne Farbspiele ergeben sich mit blau oder rosa blühenden Nachbarn, wie dem Roten Scheinsonnenhut (*E. purpurea*). Damit die Komposition nicht zu steif wird, kann man einen dauerblühenden Storchschnabel wie die *Geranium*-Hybride 'Rozanne' beifügen, der die aufrechten Stauden elegant umschmeichelt. Als Schnittblume und für die Trockenfloristik geeignet. Pro m² benötigt man 4 Pflanzen.
Standort: Vollsonnig. Gut durchlässiger, mäßig nährstoffreicher, leicht alkalischer Boden.
Pflege: Mäuse können den Pfahlwurzeln der Staude gefährlich werden, Schnecken den jungen Trieben. Winterliche Nässe verträgt die Pflanze schlecht.
Vermehrung: Durch Aussaat an Ort und Stelle oder durch Teilen im Frühjahr. Geteilte Pflanzen wachsen nur schlecht wieder an. Im Winter können Wurzelschnittlinge genommen werden.

Eryngium giganteum, Elfenbein-Mannstreu, Elfenbein-Distel

Aussehen: Der Elfenbein-Mannstreu entwickelt eine kräftige Pfahlwurzel und wird bis 90 cm hoch und bis 30 cm breit. Die Rosetten bildende, kurzlebige Staude hat herzförmige, mittelgrüne, gezähnte Grundblätter und gelappte, gebuchtete oder gezähnte und am Rand bestachelte Stängelblätter. Im Juli und August erscheinen verzweigte Blütenstände mit zylindrischen Dolden, die von eiförmigen, gezähnten Brakteen (Hochblättern) umgeben sind. Die einzelnen Blüten sind zunächst silbrig-blau und reifen später zu einem fahlen Silbergrau.

'Silver Ghost' hat schmalere, stark silberweiße Brakteen und wird nur 60 cm hoch.
Verwendung: Die markante Erscheinung dieser außergewöhnlichen Staude macht sie zu einer wertvollen Strukturpflanze für Staudenbeete, besonders aber für Kiesgärten. Auch in Steingärten setzt sie

Eryngium giganteum

Akzente. Sie zeichnet sich durch eine lange Blütezeit aus, eignet sich für Sträuße und für die Trockenfloristik und passt hervoragend zu allen Rosa- und Blautönen. Schön sieht auch eine Kombination mit silberlaubigen Stauden aus, etwa *Artemisia*-Arten oder Woll-Ziest (*Stachys byzantina*). Pro m² benötigt man 4 Pflanzen.
Standort: Vollsonnig. Gut durchlässiger, mäßig nährstoffreicher, leicht alkalischer Boden.
Pflege: Im Winter vor stauender Nässe schützen. Mäuse fressen die fleischigen Pfahlwurzeln, Schnecken machen sich über die jungen Triebe her.
Vermehrung: Durch Aussaat an Ort und Stelle oder durch Teilen im Frühjahr, geteilte Pflanzen wachsen aber nur schlecht wieder an. Im Winter können Wurzelschnittlinge genommen werden.

Der Geist von Miss Willmott
In Großbritannien heißt die Elfenbein-Distel (*Eryngium giganteum*) „Miss Willmott's Ghost". Dieser merkwürdige Name beruht auf einer Geschichte über Miss Willmott, die Mitte des 19. Jahrhunderts geboren wurde. Sie war eine begeisterte Gärtnerin und pflegte bei Besuchen fremder Gärten stets eine Handvoll Samen von *E. giganteum* in der Rocktasche zu tragen, um beim Lustwandeln hier und dort unbemerkt ein paar Körner fallen zu lassen. Wenn viel später die Disteln erschienen, wurden die Gartenbesitzer an den Besuch von Miss Willmott erinnert. Weil die attraktiven Pflanzen nur ungern verpflanzt werden, sollte man auf die Methode von Miss Willmott zurückgreifen und sie an Ort und Stelle aussäen.

Eryngium planum, Flachblättriger Mannstreu

Aussehen: Die bis 90 cm hohe und bis 45 cm breite, Gruppen bildende Staude entwickelt eine kräftige Pfahlwurzel und längliche, gezähnte, bis 10 cm lange, dunkelgrüne grundständige Blätter. Die Stängelblätter sind fingerförmig gelappt und werden nach oben hin immer kleiner, stacheliger und bläulicher. Von Juni bis September erscheinen an verzweigten Stängeln kugelig-zylindrische, bis 2 cm lange Dolden mit hellblauen Blüten. Umgeben sind diese Dolden von bläulichen, stacheligen Brakteen.

'Blauer Zwerg' trägt auf locker verzweigten Stängeln blaue Blütenköpfe und wird nur 50 cm hoch. Die Sorte 'Blaukappe' (Syn. 'Tetra Blue') hat kräftig blaue Dolden, wächst kompakt und wird bis 60 cm hoch.
Verwendung: Wie die anderen Mannstreu-Arten am besten in naturnah gestalteten Pflanzungen und Kiesbeeten. Die Pflanze wirkt einzeln und in Gruppen, am besten in Nachbarschaft von silberlaubigen Stauden sowie Blüten in Blau- und Rosatönen. Pro m² benötigt man 4 Pflanzen.

Eryngium planum 'Blaukappe'

Standort: Vollsonnig. Gut durchlässiger, mäßig nährstoffreicher, leicht alkalischer Boden.
Pflege: Winterliche Nässe wird nur schlecht vertragen, es kann zur Wurzelfäulnis kommen. Mäuse können den Wurzeln schaden, Schnecken fressen an den jungen Trieben.
Vermehrung: Wie bei den anderen Mannstreu-Arten am besten durch Aussaat an Ort und Stelle im Frühjahr oder durch Wurzelschnittlinge im Winter. Das Teilen älterer Pflanzen ist mit Vorbehalt zu empfehlen.

Eupatorium fistulosum, Wasserdost

Aussehen: Die hohe, aufrechte, Horste bildende Staude hat lanzettliche, mattgrüne, gefiederte, am Rand gezähnte Laubblätter und rötlich überlaufene Stängel. Von August bis Oktober erscheinen lockere, rispige Trugdolden mit zahlreichen kleinen, violetten Blütenkörbchen, die Schmetterlinge anziehen. Die Pflanze wird bis 200 cm hoch und bis 100 cm breit. Pro m² benötigt man 1 Pflanze.

Eupatorium fistulosum 'Album'

Eupatorium fistulosum 'Augustrubin'

'Album' blüht reinweiß und wird 150–200 cm hoch, 'Augustrubin' hat weinrote Blüten und wird nur 130–160 cm hoch. Die Sorte 'Riesenschirm' blüht weinrot und wird bis 180 cm hoch. Für kleine Gärten am besten geeignet ist die Sorte 'Phantom' mit weinroten Blüten, die bereits ab Juli blüht und nur 80 cm hoch wird. Am häufigsten wird die Sorte 'Atropurpureum' im Handel angeboten. Die karminroten, großen Blütenstände erscheinen bereits im Juli und mit einer Wuchshöhe von 180 cm ist die Riesenstaude ein echter Blickfang an feuchten Standorten im Sommergarten.

Eupatorium fistulosum 'Phantom'

Verwendung: Die architektonisch wirkende Riesenstaude passt gut an die Ufer von Gewässern, in Feuchtbiotope und in naturnahe Pflanzungen sowie in den Hintergrund von Staudenrabatten, wo sie eine schöne Kulisse für Herbstblüher wie Raublatt-Astern (*Aster novae-angliae*) und Glattblatt-Astern (*Aster novi-belgii*) darstellt. Gut eignet sich Wasserdost für die Kombination mit Chinaschilf – hier treffen zwei Gartengiganten kongenial aufeinander. Die Blüten des Wasserdosts sind im Spätsommer ein Schmetterlingsmagnet. Wenn sie verblüht sind, bleiben die aufrechten Stängel standfest und schmücken den Herbstgarten noch lange Zeit, wenn man sie nicht zu früh abschneidet.
Standort: Sonnig bis halbschattig. Frischer, feuchter, durchlässiger Boden.
Pflege: Sehr pflegeleicht. Trotz der enormen Wuchshöhe sind die Triebe sehr standfest und müssen nur selten gestützt werden.
Vermehrung: Durch Aussaat oder Teilen im Frühjahr. Im Frühsommer können Grünstecklinge bewurzelt werden. Sorten sind nur vegetativ durch Teilen oder Stecklinge zuverlässig vermehrbar.

Euphorbia amygdaloides, Mandelblättrige Wolfsmilch

Aussehen: Die immergrüne, buschig wachsende Staude wird bis 80 cm hoch und bis 30 cm breit. An den rötlich grünen Sprossen stehen spatelförmige, matt dunkelgrüne, bis 8 cm lange Laubblätter, die quirlförmig um den Spross angeordnet und leicht behaart sind. Im April und Mai erscheinen 20 cm hohe Blütenstände mit grünlich gelben Hochblättern und winzigen Blüten. Pro m² benötigt man 5 Pflanzen.

Die Sorte 'Purpureum' hat dunkel rotpurpurne Blätter, die im Frühjahr schön mit den schwefelgelben Hochblättern der Blüten kontrastieren. Die Sorte ist etwas varia-

Die Milch der Wölfe
Die Gattung der Wolfsmilchgewächse umfasst weltweit rund 2160 Arten, darunter sukkulente, laubwerfende, immergrüne und verholzende Arten. Alle sondern bei Verletzung einen weißen oder gelben, ätzenden Milchsaft ab. Dieser dient sowohl als Wundverschluss wie auch als Fraßschutz. Der Milchsaft ruft bei Hautkontakt, insbesondere auf den Schleimhäuten, heftige Reaktionen hervor. Man sollte ihn deshalb umgehend mit Wasser entfernen. Berteits geronnener Milchsaft lässt sich nicht mit Wasser, aber mit Emulsionen (Milch oder Hautcreme) entfernen.

bel im Aussehen und wird etwa 40 cm hoch.
Verwendung: Diese Wolfsmilchart bevorzugt ausnahmsweise lichten Schatten und fühlt sich auch unter Laubgehölzen wohl. Deshalb eignet sie sich gut zur Bepflanzung von Gehölzrändern. Sie passt auch gut in halbschattige Steingärten.
Standort: Halbschattig. Frischer, humoser, durchlässiger Boden.
Pflege: Die Pflanze ist recht pflegeleicht, sollte aber im Winter vor praller Sonne durch eine Reisigabdeckung geschützt werden. Die welken Blütenstände können, aber müssen nicht zurückgeschnitten werden. Dabei sollte man einen Hautkontakt mit dem giftigen Milchsaft vermeiden.
Vermehrung: An geeigneten Standorten versamt sich die Staude von selbst. Ansonsten kann sie durch Aussaat bei Samenreife oder im Frühjahr vermehrt werden. Grünstecklinge lassen sich im Frühsommer bewurzeln.

Euphorbia amygdaloides 'Pupurea'

Euphorbia characias, Palisaden-Wolfsmilch

Aussehen: Die Pflanze bildet in Solitärstellung im Idealfall eine riesige Halbkugel mit großartiger architektonischer Wirkung. Sie ist ein aufrechter, immergrüner Halbstrauch mit zweijährigen Trieben und wird bis 120 cm hoch und fast doppelt so breit. Die in Gruppen stehenden, wollig behaarten, bis 120 cm hohen Sprosse tragen quirlförmig angeordnete, dunkelgrüne, bis 13 cm lange, spatelförmige Laubblätter. Im Mai und Juli entwickeln sich von gelbgrünen Hüllblättern umgebene Blüten mit purpurschwarzen oder purpurbraunen Nektardrüsen. Der endständige Blütenstand ist ballförmig.

Besonders schön ist die graugrün belaubte Unterart *E. characias* subsp. *wulfenii*, bei der die Nektardrüsen gelb sind.
Verwendung: Die außergewöhnliche Pflanze passt gut in Kiesgärten und sonnige, trockene Rabatten. Am schönsten sieht sie als Solitär aus oder wenn sie mit niedrigen Stauden kombiniert wird. Ihre ganzjährig imposante Erscheinung macht sie zu einer wertvollen Strukturpflanze, die auch im Winter ihre Wirkung nicht verfehlt. Pro m^2 benötigt man 1 Pflanze.
Standort: Vollsonnig. Gut durchlässiger, leichter, mäßig nährstoffreicher Boden.
Pflege: Unter Umständen müssen die Triebe gestützt werden. Nach der Blüte entfernt man die Blütenstände, wenn man verhindern will, dass die Pflanze sich reichlich versamt.
Vermehrung: Durch Aussaat entweder direkt nach der Samenreife oder im Frühjahr.

Euphorbia characias 'Black Pearl'

Euphorbia cyparissias, Zypressen-Wolfsmilch

Aussehen: *E. cyparissias* ist eine ausladende, krautige, Rhizome bildende, 20–40 cm hohe Pflanze mit schlanken, aufrechten Sprossen, die im oberen Bereich verzweigt sind. Die blaugrünen, linealischen, bis 4 cm langen Laubblätter stehen dicht quirlförmig angeordnet. Von Mai bis Juli erscheinen endständige, bis 5 cm breite Blütenstände mit gelbgrünen Hüllblättern und kleinen, gelbgrünen Blüten. Die Art kann aggressiv wuchern und sich praktisch unbegrenzt ausbreiten, wenn man sie lässt.

'Fen's Ruby' ist eine Sorte mit

Euphorbia cyparissias 'Fen's Ruby'

purpurbraunrotem Laub, das im Lauf der Saison vergrünt. Die schwefelgelben Blütenstände kontrastieren sehr schön mit dem Laub.
Verwendung: Als Bodendecker für arme, trockene und sonnige Standorte im Garten gut geeignet. Auch im Kiesgarten passt diese Art immer. Wegen des enormen Ausbreitungsdrangs mit Vorsicht zu genießen! Pro m^2 benötigt man 8 Pflanzen.
Standort: Vollsonnig. Sandiger, trockener, nährstoffarmer, gut durchlässiger Boden.
Pflege: Sehr pflegeleicht, bis auf die Tatsache, dass man den Ausbreitungsdrang der Pflanze etwas einschränken muss.
Vermehrung: Durch Aussaat nach der Samenreife oder im Frühjahr.

Blüten oder keine Blüten?
Die „Blüten" aller Wolfsmilchgewächse folgen demselben Bauplan: Sie bestehen aus mehreren reduzierten Einzelblüten und der weibliche Fruchtknoten ist von mehreren männlichen Blüten umstanden. Kelch- und Kronblätter sucht man vergeblich, stattdessen umgeben Hochblätter die Blütenstände. Die vermeintlichen „Blüten" sind also Scheinblüten – aber deshalb nicht weniger attraktiv!

Euphorbia epithymoides, Bunte Wolfsmilch

Aussehen: Die früher als *E. polychroma* geführte Staude ist die wohl am häufigsten in Gärten gepflanzte Wolfsmilch. Die Gruppen bildende, aufrechte, krautige Staude hat weich behaarte Sprosse und bis 5 cm lange, spatelförmige, in der Jugend behaarte, blassgrüne Laubblätter. Im April und Mai erscheinen endständige, abgeflachte Blütenstände mit leuchtend gelben Hüllblättern, die im Sommer in verschiedenen Schattierungen verblassen. Die Pflanze wird bis 40 cm hoch und bis 60 cm breit. Als Solitärstaude bildet sie wunderschöne, kuppelförmige Hügel.

Die Sorte 'Purpurea' begeistert mit ihren rötlich gefärbten Laubblättern, die schön mit den hellgelben Hochblättern kontrastieren.
Verwendung: Die relativ früh im Jahr blühende Wolfsmilch passt mit ihren frischen Grün- und Gelbtönen hervorragend in den Frühlingsgarten, wo man sie am besten zusammen mit Zwiebelblumen, Kaukasusvergissmeinnicht (*Brunnera macrophylla*) und Gedenkemein (*Omphalodes verna*) pflanzt. Sie ist aber ebenso gut geeignet für sonnige Stein- und Kiesgärten. Pro m^2 benötigt man 5 Pflanzen.
Standort: Sonnig. Mäßig trockener, gut durchlässiger, humoser, leicht alkalischer Boden.
Pflege: Sehr pflegeleicht. Die Pflanzen müssen nur ausgeputzt werden, wenn sie unordentlich aussehen.
Vermehrung: Durch Teilen im Frühjahr nach der Blüte oder durch Grünstecklinge im Frühsommer. Die Art kann auch im Frühjahr oder Herbst ausgesät werden.

Euphorbia epithymoides 'Midas'

Euphorbia griffithii, Griffiths Wolfsmilch, Himalaya-Wolfsmilch

Aussehen: Die Rhizome und Ausläufer bildende, aufrechte, krautige Staude hat lanzettliche, dunkelgrüne, bis 15 cm lange Laubblätter mit ausgeprägter, rosafarbener Mittelrippe, die quirlförmig um die Sprosse angeordnet sind. Im Mai und Juni erscheinen endständige, bis 12 cm breite Blütenstände, bei denen die orangeroten Hüllblätter ins Auge stechen. Die Pflanze wird bis 90 cm hoch und bis 60 cm breit.

Die Sorte 'Dixter' hat besonders intensiv leuchtende Hüllblätter und rauchig graugrüne Laubblätter. Sie wird maximal 100 cm hoch und färbt sich im Herbst gelblich rot. Die etwas niedrigere Sorte 'Fireglow Dark' trägt orangerote Hüllblätter über rötlich grünem Laub, das sich im Herbst orange verfärbt.
Verwendung: Die Staude liebt lichten Schatten und feuchte Böden. Sie passt daher gut an lichtschattige Ufer von Teichen und Bachläufen, kann aber auch in Staudenbeete und Rabatten integriert werden, sofern

Euphorbia griffithii 'Dixter'

Euphorbia myrsinites

der Boden ausreichend feucht ist. Auf trockenen Böden lässt die Blühfreude deutlich nach. Pro m² benötigt man 4 Pflanzen.
Standort: Halbschattig. Humoser, feuchter, mäßig nährstoffreicher Boden.
Pflege: Pflegeleicht. Die Pflanzen müssen nur ausgeputzt werden, wenn sie unordentlich aussehen.
Vermehrung: Am besten durch Teilung im Frühjahr oder durch halb reife Stecklinge im Frühsommer.

Euphorbia myrsinites, Walzen-Wolfsmilch

Aussehen: *E. myrsinites* ist eine immergrüne Staude mit niederliegenden Sprossen und rübenartiger Wurzel. Die fleischigen, graublauen, bis 10 cm langen Laubblätter sind rundlich, zugespitzt und stehen quirlförmig um die Sprosse. Im Mai und Juni erscheinen endständige, bis 8 cm breite Blütenstände mit grüngelben Hüllblättern. Die Pflanze wird etwa 10 cm hoch und bis 30 cm breit.
Verwendung: Die bizarr wirkende, genügsame Staude passt gut in sonnige Steingärten, Kiesbeete und Tröge, eignet sich aber auch für Mauerkronen und Trockenmauern sowie Dachbegrünungen. Selbst in Töpfen macht sie ganzjährig eine gute Figur. Besonders schön sieht sie zusammen mit roten Anemonen aus. Pro m² benötigt man 5–7 Pflanzen.
Standort: Sonnig. Durchlässiger, mäßig nährstoffreicher, trockener, leicht alkalischer Boden.
Pflege: Sehr pflegeleicht. Wenn eine Selbstaussaat nicht erwünscht ist, entfernt man die welken Blütenstände vor der Samenreife.
Vermehrung: Durch Aussaat bei Samenreife oder im Frühjahr.

Euphorbia palustris, Sumpf-Wolfsmilch

Aussehen: Die in Europa und Asien heimische, robuste, Gruppen bildende, buschige, etwas variable Wildstaude wird bis 90 cm hoch und breit. An den aufrechten Sprossen stehen mattgrüne, länglich-lanzettliche, bis 20 cm lange Blätter, die sich im Herbst gelblich orange färben. Im Mai und Juni erscheinen bis 15 cm breite, endständige Blütenstände mit leuchtend gelben Hüllblättern.
Verwendung: Die Staude eignet sich gut für nasse Uferbereiche und Sumpfbeete. Die lange Blütezeit macht sie zu einem wertvollen Gestaltungselement im Teichgarten. Pro m² benötigt man 2 Pflanzen.
Standort: Sonnig bis halbschattig. Ständig feuchter, humoser Boden.
Pflege: Die Pflanze muss nur ausgeputzt werden, wenn sie unordentlich wirkt.
Vermehrung: Durch Aussaat im Frühjahr oder bei Samenreife, durch Stecklinge im Frühsommer oder durch vorsichtige Teilung im Winter.

Euphorbia seguieriana, Steppen-Wolfsmilch

Aussehen: Die Gruppen bildende, buschige Staude wird bis 50 cm hoch und breit. An den aufrechten, an der Basis verholzenden Sprossen sind die bis 6 cm langen, länglich-linealischen, bläulich grünen Laubblätter quirlartig angeordnet. Von Juli bis Oktober erscheinen endstän-

Euphorbia seguieriana subsp. *niciciana*

dige, bis 15 cm breite Blütenstände mit lindgrünen Hüllblättern. Wenn man der Pflanze ausreichend Zeit gibt, bildet sie mit den Jahren wunderschöne, halbkugelförmige Hügel.

Die Unterart *E. segueriana* subsp. *niciciana* (Syn. *E. reflexa*) hat schmalere, grünere Blätter und ist etwas robuster als die eigentliche Art.

Verwendung: Die Pflanze ist wunderschön in sonnigen Kiesbeeten und Steingärten. Sie fühlt sich auch am Fuß von Trockenmauern wohl und ist ein echter Blickfang, zumal die Blütenstände bis zum Herbst ihre leuchtende Farbe behalten. Pro m² benötigt man 6 Pflanzen.

Standort: Vollsonnig. Durchlässiger, mäßig nährstoffreicher bis nährstoffarmer, auch kiesiger Boden.

Pflege: Äußerst pflegeleicht. Die Pflanzen müssen nur ausgeputzt werden, wenn sie unordentlich aussehen.

Vermehrung: Durch Aussaat im Herbst oder Frühjahr. Im späten Frühjahr können Grünstecklinge bewurzelt werden.

Festuca glauca, Blau-Schwingel

Aussehen: *F. glauca* ist ein dicht büscheliges, Horste bildendes, immergrünes Gras mit aufrechten, etwas steif wirkenden, schmal linealischen, eingerollten, glatten, blaugrünen Halmen, die bis 20 cm lang werden. Früher wurde diese Art auch unter dem Synonym *F. cinerea* geführt, sodass man die Sorten der Art in manchen Händler-Katalogen unter diesem Namen findet. Im Juni und Juli erscheinen dichte, kurz verzweigte, bis 10 cm lange Rispen mit kleinen Ähren aus violett getönten, blaugrünen Blüten. Die Pflanze wird bis 30 cm hoch und bis 25 cm breit.

Besonders farbintensiv ist die Sorte 'Elijah Blue', die mit 15–25 cm niedriger als die eigentliche Art bleibt. 'Zwergenkönig' wird nur etwa 10 cm hoch. Am häufigsten findet man die Sorte 'Blaufuchs' (Syn. 'Blue Fox'), die leuchtend blaue Blätter hat.

Verwendung: Dieses Gras eignet sich nicht für Staudenbeete und Rabatten, sondern wirkt als Einfassung, auf Grabstellen, in Kiesbeeten, Steingärten und Trögen am besten. Besonders schön sieht eine Kombination mit Sonnenröschen (*Helianthemum*), rotlaubigen, niedrigen Fetthennen (z. B. *Sedum spurium* 'Fuldaglut') und botanischen Tulpen aus. Pro m² benötigt man 11 Pflanzen.

Standort: Sonnig. Mäßig fruchtbarer, durchlässiger, trockener Boden.

Pflege: Je karger der Boden ist, desto intensiver wird die Blattfärbung und desto langlebiger ist das Gras. Winterliche Nässe wird nur schlecht vertragen. Im Frühjahr putzt man trockene Blätter aus (Handschuhe!).

Vermehrung: Durch Aussaat im Herbst oder Frühjahr oder durch Teilen im Frühjahr.

Festuca glauca 'Elijah Blue'

Weitere empfehlenswerte *Festuca*-Arten

***Festuca mairei*, Atlas-Schwingel**
Ein hübsches Gras, das in Standortansprüchen und Pflege dem Blau-Schwingel ähnelt, aber mit 60 cm deutlich höher wird und weniger steif wirkt. Die graugrünen Blätter hängen bogenförmig über und sehen auch im Winter noch schön aus, wenn die Halme sich beige färben. Die schlanken, grünen Blütenrispen erscheinen im Juli und August. Am schönsten sieht dieses Gras in Einzelstellung oder in kleinen Gruppen

Festuca mairei

aus. Gute Pflanzpartner sind hohe Fetthennen (z. B. *Sedum* 'Matrona'), Lavendel, Schleierkraut (*Gypsophila*) und Rosen.

Festuca gautieri, Bärenfellgras, Bärenfell-Schwingel
Auch unter dem Synonym *F. scoparia* geführte Art mit dichten, immergrünen, welligen Kissen aus frischgrünen, sehr spitzen, 1 mm breiten Halmen, die bis 20 cm lang werden. Zur Blütezeit im Juni und Juli erscheinen silbrige Halme mit gelbgrünen, bis 9 cm langen Rispen. Die Sorte 'Pit Carlif' bildet kompakte, gedrungene Polster von etwa 15 cm Höhe, die Sorte 'Col de Buchara' besonders leuchtend grüne, igelige Polster. Dieses Gras bevorzugt sonnige Standorte mit durchlässigem, mäßig fruchtbarem Boden, gedeiht aber auch im Halbschatten. Für Einfassungen und Tröge, als Bodendecker und zur Grabbepflanzung. Pro m^2 benötigt man 12–16 Pflanzen.

Festuca gautieri 'Col de Buchara'

Filipendula palmata 'Junia'

Filipendula palmata, Mädesüß

Aussehen: Die auch unter dem Synonym *Spiraea palmata* geführte, aufrechte, Gruppen bildende, langlebige Staude hat gefiederte, manchmal auch fingrig gelappte, bis 30 cm lange Laubblätter, die unterseits weißwollig behaart sind. Von Juli bis September erscheinen an mehr oder weniger verzweigten Sprossen fedrige Schirmrispen mit zahlreichen kleinen, blass bis dunkel rosafarbenen Blüten. Die Pflanze wird bis 120 cm hoch und bis 60 cm breit.

Die Unterart *F. palmata* fo. *alba* blüht rahmweiß. 'Nana' hat farnartiges Laub und wird nur 60 cm hoch. 'Kahome' besitzt sehr schöne, intensiv leuchtende, rosarote Blütenrispen und wird nur 50 cm hoch.
Verwendung: Mädesüß ist eine klassische Uferpflanze für die feuchten Bereiche eines Teichgartens. Bei ausreichender Bodenfeuchte gedeiht die Staude auch in Beeten und Rabatten. Pro m^2 benötigt man 4–6 Pflanzen.
Standort: Sonnig bis halbschattig. Feuchter bis nasser, nährstoffreicher Boden.
Pflege: Während der Wachstumszeit muss immer für ausreichende Bodenfeuchtigkeit gesorgt werden. Die Pflanzen sind sehr anfällig für Echten Mehltau.
Vermehrung: Durch Aussaat oder durch Teilen im Herbst oder Frühjahr. Im Spätwinter können auch Wurzelschnittlinge genommen werden.

Weitere empfehlenswerte *Filipendula*-Arten

Filipendula rubra, Prärie-Mädesüß
Aus Nordamerika stammende, bis 150 cm hohe Staude. Im Juli und August erscheinen an verzweigten, roten Sprossen dichte Schirmrispen von 15 cm Durchmesser mit duftenden, tief rosafarbenen Blüten. Standortansprüche, Pflege und Vermehrung wie *F. palmata*. Die Sorte 'Venusta' hat leuchtend rosafarbene Blütenstände und erreicht eine Wuchshöhe von 180 cm.

Filipendula rubra 'Venusta'

Filipendula ulmaria 'Flore Pleno'

Filipendula vulgaris

Filipendula ulmaria, Echtes Mädesüß
Wintergrüne, auch unter dem Synonym *Spiraea ulmaria* geführte, Gruppen bildende Staude mit stark geaderten, unregelmäßig gefiederten, unterseits flaumig behaarten Laubblättern. Von Juni bis August erscheinen an verzweigten Sprossen dichte Schirmrispen mit einem Durchmesser von bis zu 25 cm mit kleinen, cremeweißen Blüten. Die Pflanze wird bis 90 cm hoch und bis 60 cm breit. Standortansprüche, Pflege, Vermehrung und Verwendung wie *F. palmata*. Die Sorte 'Flore Pleno', auch als 'Plena' bekannt, hat gefüllte, rahmweiße Blüten.

Filipendula vulgaris, Kleines Mädesüß
Heimische, auch Filipendelwurz genannte, Rhizome bildende, bis 60 cm hohe und bis 45 cm breite Staude mit farnartig gefiederten Laubblättern. Von Mai bis Juli erscheinen an schlanken, verzweigten Sprossen lockere Schirmrispen mit weißen, manchmal rot getönten Blüten. Die Blütenstände haben einen Durchmesser von 15 cm. Standortansprüche, Pflege und Vermehrung wie *F. palmata*. Vor allem für naturnah angelegte Pflanzungen mit Feuchtbiotopen geeignet, neigt jedoch zum Wuchern.

Gaillardia × grandiflora, Großblumige Kokardenblume (Tab. 26)

Aussehen: Die kurzlebigen, großblumigen Hybriden der Kokardenblume wurden aus *G. aristata* gezüchtet, einer aus der Prärie Nordamerikas stammenden Art. Die Hybriden sind dichtbuschige, Horste bildende Stauden mit lanzettlichen, ganzrandigen oder gelappten, selten gefiederten, mattgrünen, bis 30 cm langen Laubblättern. Von Juni bis Oktober erscheinen meist zweifarbige, 7–14 cm breite Körbchenblüten. Die Pflanzen werden bis 90 cm hoch und bis 45 cm breit.
Verwendung: Dieser sommerliche Dauerblüher ist ein fröhlicher Farbtupfer im Staudenbeet und belebt sonnige Bereiche vor Gehölzgruppen. Sehr gut passt sie zu anderen bunten Sommerstauden wie Berufkraut (*Erigeron*), Rittersporn (*Delphinium*), Steppen-Salbei (*Salvia*

Tab. 26 Empfehlenswerte Sorten von *Gaillardia × grandiflora*

Sorte	Blüte	Wuchshöhe
'Amber Wheels'	goldgelb, mit dunklerer Mitte und gefransten Spitzen	75 cm
'Bremen'	leuchtend hellrot, mit gelben Spitzen	75 cm
'Burgunder'	weinrot	70 cm
'Dazzler'	dunkel mahagonifarben, mit gelben Spitzen	75 cm
'Fackelschein'	Mischung rot-gelb blühender Pflanzen	60 cm
'Fanfare'	dunkel rotbraune Mitte, leuchtend rote Randblüten mit gelben Spitzen	60 cm
'Goldkobold'	groß, goldgelb, mit dunklerer Mitte	35 cm
'Kobold' (Syn. 'Goblin')	braunrote Mitte, rote Strahlenblüten mit gelben Spitzen	35 cm
'St. Clements' (Syn. 'Oranges and Lemons')	pfirsich- und orangefarben, mit gelben Spitzen	60 cm
'Tokajer'	bräunlich orangefarben, Strahlenblüten violett überzogen	60 cm

Gaillardia 'Amber Wheels'

nemorosa) und Mädchenaugen (*Coreopsis*). Auch in Töpfen, Kübeln und im Balkonkasten macht sie eine gute Figur. Pro m² benötigt man 6 Pflanzen.
Standort: Sonnig. Nährstoffreicher, sandig-lehmiger, gut durchlässiger, mäßig feuchter Boden.
Pflege: Wenn die Staude während der Saison regelmäßig gedüngt wird, erhöht sich die Lebensdauer um ein weiteres Jahr. Nach der Blüte sollte man die Staude bis auf 15 cm über dem Boden zurückschneiden. Der Neuaustrieb überwintert dann meist unbeschadet. Jungpflanzen sind anfällig für Schneckenfraß.
Vermehrung: Durch Teilen der Pflanzen im Frühjahr. Die Hybriden sind durch Aussaat nicht sortenrein zu vermehren.

Galega × hartlandii, Geißraute

Aussehen: Die wüchsige, Horste bildende Staude wird bis 150 cm hoch und bis 90 cm breit und hat mehr oder weniger aufrechte, unbehaarte oder leicht flaumige Triebe mit 5–8 weichen, paarig gefiederten, zartgrünen, bis 20 cm langen Laubblättern. Im Juli und August erscheinen aufrechte, bis 20 cm lange Trauben aus sterilen, weißen bis lilarosafarbenen Schmetterlingsblüten. Alle Pflanzenteile sind giftig.

Die Sorte 'Alba' hat reinweiße, 'His Majesty' zweifarbige weiße und malvenfarbige Blüten.
Verwendung: Eine klassische Bauerngartenstaude, die etwas zum Wuchern neigt und dementsprechend besser in naturnahe Gärten als in Staudenrabatten passt. Pro m² benötigt man 4 Pflanzen.
Standort: Sonnig. Lehmig-humoser, nährstoffreicher, tiefgründiger, feuchter Boden.
Pflege: Ein Rückschnitt nach der Blüte regt einen zweiten Flor an.
Vermehrung: Durch Teilen im Frühjahr oder Herbst.

Gaura lindheimeri, Prachtkerze (Tab. 27)

Aussehen: Die buschige, Gruppen bildende Staude hat schlanke, aufrechte bis leicht übergeneigte Sprosse mit lanzettlichen, gezähnten, bis 8 cm langen Laubblättern. Von Juni bis Oktober bzw. bis zum ersten Frost erscheinen unermüdlich bis 60 cm lange, lockere Rispen mit kleinen, wie Schmetterlinge aussehenden, rosaweißen Blüten. Die Pflanze wird bis 150 cm hoch und bis 90 cm breit, bleibt aber in der Regel niedriger.
Verwendung: Ein echter Dauerblü-

Galega × hartlandii 'Alba'

Galega × hartlandii 'His Majesty'

Gaura lindheimeri 'Whirling Butterflies'

Tab. 27 Empfehlenswerte Sorten von *Gaura lindheimeri*

Sorte	Blüte	Wuchshöhe
'Corrie's Gold'	weiß; Laubblätter mit goldenem Rand	bis 150 cm
'Papillon'	reinweiß	80 cm
'Short Form'	weiß	50 cm
'Siskiyou Pink'	kräftig rosa	80 cm
'Summer Breeze'	weiß	120 cm
'Sunset Dreams'	kräftig rosa	30–40 cm
'Whirling Butterflies'	rosarot	60–75 cm

her für alle sonnigen Standorte im Garten, besonders aber für Kiesbeete und sonnige Rabatten. Auch schön als Kübelpflanze für Balkone und Terrassen. Pro m^2 benötigt man 6 Pflanzen.
Standort: Vollsonnig. Fruchtbarer, gut durchlässiger, mäßig feuchter Boden.
Pflege: Äußerst pflegeleicht. Winterliche Nässe wird nicht gut vertragen.
Vermehrung: Durch Teilen im Frühjahr oder durch Stecklinge von nichtblühenden Trieben im Frühsommer.

Gentiana acaulis, Keulen-Enzian, Stängelloser Silikat-Enzian

Aussehen: Die auch unter den Synonymen *G. excisa* und *G. kochiana* bekannte, immergrüne, Matten bildende Wildstaude hat grundständige Rosetten aus elliptischen bis lanzettlichen, zugespitzten, glänzenden, bis 3,5 cm langen Blättern. Im Mai und Juni erscheinen an kurzen Sprossen bis 5 cm lange, trichterförmige, tiefblaue Blüten, die innen grün gepunktet sind. Die Pflanze wird maximal 10 cm hoch und 30 cm breit.
Verwendung: Die Gebirgsstaude ist eine klassische Steingartenpflanze, die manchmal auch als Grabbepflanzung dient. Pro m^2 benötigt man 25 Pflanzen.
Standort: Sonnig bis halbschattig. Lehmig-humoser, durchlässiger, feuchter, leicht saurer Boden.
Pflege: Enzian verträgt keine trockenen, heißen Sommer und muss in warmen Regionen entsprechend geschützt (schattiert) und gewässert werden. Schnecken können zum Problem werden.
Vermehrung: Durch Aussaat bei Samenreife oder durch Teilen im Frühjahr. Im Frühsommer können Stecklinge von nichtblühenden Trieben bewurzelt werden.

Gentiana acaulis

Gentiana asclepiadea

Gentiana asclepiadea, Schwalbenwurz-Enzian

Aussehen: Die Gruppen bildende Staude wird bis 90 cm hoch und bis 50 cm breit. An den zunächst aufrechten, später überhängenden Sprossen stehen lanzettliche, zugespitzte, bis 8 cm lange, mittelgrüne Laubblätter. Von Juli bis September erscheinen in den oberen Blattachseln kurz gestielte, bis 5 cm lange, dunkel- bis hellblaue Trichterblüten. Im Schlund sind diese manchmal purpurn gepunktet oder weiß.
Verwendung: Die Pflanze eignet sich gut für halbschattige Gehölzränder und Rabatten. Auf Freiflächen sieht es schön aus, wenn sie mit einigen größeren Steinbrocken kombiniert wird. Wenn sie sich einmal etabliert hat, sollte man sie nicht mehr verpflanzen. Pro m^2 benötigt man 7 Pflanzen.
Standort: Halbschattig. Fruchtbarer, feuchter, humoser, durchlässiger, neutraler Boden.
Pflege: Im Herbst schneidet man die abgeblühten Stängel zurück.
Vermehrung: Durch Aussaat oder Teilung im Frühjahr.

Gentiana lutea, Gelber Enzian

Aussehen: Die aufrechte, Gruppen bildende Staude wird bis 150 cm hoch und etwa halb so breit. Sie bildet fleischige Wurzeln und elliptische bis eiförmige, gefältelte und stark gerippte, blaugrüne, bis 30 cm lange grundständige Blätter. Die Stängelblätter sind gegenständig und an der Basis miteinander verwachsen. Im Juni und Juli erscheinen in den oberen Blattachseln in mehreren Etagen angeordnet gelbe, 2,5 cm große Sternblüten.
Verwendung: Die vor allem als Heilpflanze bekannte, heimische Staude aus dem Hochgebirge passt als markanter Blickfang in den Steingarten, wo sie am besten ungestört wachsen sollte. Pro m² benötigt man 6 Pflanzen.
Standort: Sonnig. Nährstoffreicher, tiefgründiger, durchlässiger Boden.
Pflege: Winternässe wird schlecht vertragen. Im Spätherbst schneidet man abgeblühte Stängel zurück.
Vermehrung: Durch Aussaat im Frühjahr.

Gentiana lutea

Gentiana sino-ornata, Chinesischer Herbst-Enzian

Aussehen: Die Rosetten bildende Wildstaude wird maximal 15 cm hoch und etwa doppelt so breit. Sie bildet zahlreiche, niederliegende Triebe mit schmalen, lanzettlichen, fein zugespitzten, bis 3,5 cm langen Blättern. Im September und Oktober erscheinen an den Enden der Triebe einzelne, leuchtend azurblaue, trichterförmige, bis 6 cm lange Blüten, die außen gelbgrün gestreift sind.

'Alba' blüht reinweiß. 'Praecox' blüht dunkelblau und etwa drei Wochen früher als die Art.
Verwendung: Am besten für den Steingarten und das Alpinum, aber auch für Moorbeete und Tröge. Pro m² benötigt man 13 Pflanzen.
Standort: Sonnig bis halbschattig. Humoser, feuchter, durchlässiger, leicht saurer Boden.
Pflege: Winternässe wird nur schlecht vertragen. In rauen Regionen ist ein Winterschutz empfehlenswert.
Vermehrung: Durch Aussaat direkt nach der Samenreife (Kaltkeimer!) oder durch Teilen im Winter. Im Frühsommer können Stecklinge bewurzelt werden.

Geranium × cantabrigiense, Cambridge-Storchschnabel

Aussehen: Diese kompakte, in milden Wintern immergrüne, Ausläufer bildende Staude ist eine Kreuzung von *G. dalmaticum* und *G. macrorrhizum*. Sie hat siebenlappige, gezähnte, hellgrüne, grundständige Blätter, die sich im Herbst rötlich färben. Von Mai bis Juli erscheinen über dem Laub dichte Blütenstände aus zahlreichen flachen, purpurrosafarbenen oder weißen Blüten. Die Pflanze wird 25 cm hoch und etwa doppelt so breit.

'Biokovo' ist kleiner und niedriger als die Art und hat zartrosa Blüten. 'Karmina' blüht in kräftigem Karminrot. 'Saint Ola' blüht weiß und besonders reichlich.
Verwendung: Die zuverlässige Staude sollte als Bodendecker zwischen Gehölzen überall dort verwendet werden, wo das sonst gern als immergrüner Bodendecker verwendete *G. macrorrhizum* zu hoch würde. Sie passt aber auch gut in Steingärten, an Wegränder und Treppen sowie in Tröge. Pro m² benötigt man 16 Pflanzen.
Standort: Sonnig bis halbschattig. Lehmig-humoser, durchlässiger Boden.
Pflege: Im Sommer während längerer Trockenperioden gießen. Im zeitigen Frühjahr ausputzen, um einen frischen Laubaustrieb anzuregen.
Vermehrung: Durch Teilen im Frühjahr oder durch Absenker im Sommer.

Geranium × cantabrigiense 'Saint Ola'

Storchschnabel-Blüten
Alle Storchschnabel-Arten haben Blüten mit 5 Blütenblättern. Die Blüten können schalen-, rad- oder tellerförmig sein und das Farbspektrum reicht von Weiß über Blau-, Rosa- und Magentatöne bis zu Violett. Manche weisen eine dunklere Aderung auf oder haben ein helles Zentrum. Nach der Befruchtung der Blüte verlängert sich der Griffel und bildet den „Schnabel", dem die Gattung ihren Namen verdankt.

Geranium cinereum, Grauer Storchschnabel

Aussehen: Die bis 15 cm hohe und etwa doppelt so breite Pflanze bildet lockere, kleine Horste aus kleinen Rosetten. Die Rosetten bestehen aus graugrünen, stark gelappten, grundständigen, bis 5 cm breiten Laubblättern. Von Juni bis September erscheinen kurz gestielte Blütenstände mit mehreren nach oben gewandten, flach schalenförmigen, 2,5 cm breiten Blüten in Weiß oder Blassrosa mit violetter Aderung.

Besonders schön ist die purpurrosa blühende Sorte 'Ballerina', deren Laub grauer ist.

Verwendung: Für Steingärten und die Einfassung von Kiesbeeten bestens geeignet, aber auch für Balkonkästen und Tröge. Die Pflanze gedeiht auch in Steinfugen, z. B. von Treppen, problemlos. Pro m² benötigt man 25 Pflanzen.

Standort: Vollsonnig. Durchlässiger, trockener, lehmig-humoser, leicht alkalischer Boden.

Pflege: Sehr pflegeleicht. Im zeitigen Frühjahr altes Laub ausputzen, um einen frischen Neuaustrieb anzuregen.

Vermehrung: Durch Teilung im Frühjahr, reife Triebstecklinge im Sommer oder Wurzelschnittlinge im Winter.

Geranium clarkei, Clarkes Storchschnabel

Aussehen: Die ausladende, Rhizome bildende Staude wird maximal 50 cm hoch und breitet sich praktisch unbegrenzt aus. Sie hat mittelgrüne, bis 15 cm lange Laubblätter, die gelappt und an den Spitzen in Zipfel unterteilt sind. Von Juni bis in den August hinein erscheinen lockere Blütenstände mit 4–5 cm breiten, purpurvioletten oder weißen, schalenförmigen Blüten mit dunklerer Aderung.

'Kashmir Blue' blüht blassblau, 'Kashmir Pink' rosa, 'Kashmir White' weiß mit graurosa Aderung.

Verwendung: Wegen der Wüchsigkeit und des schön geschlitzten Laubs eignet sich diese Art gut als Bodendecker zwischen Gehölzen und in Rabatten. Pro m² benötigt man 11 Pflanzen.

Standort: Sonnig bis halbschattig. Lehmig-humoser, nährstoffreicher, mäßig feuchter Boden.

Pflege: Ein Rückschnitt nach der Blüte regt einen zweiten Flor an.

Vermehrung: Die Art kann durch Aussaat im Frühjahr vermehrt werden, die Sorten nur vegetativ durch Teilen der Rhizome im Frühjahr oder Stecklinge im Sommer.

Geranium cinereum 'Ballerina'

Geranium clarkei 'Kashmir Pink'

Geranium clarkei 'Kashmir White'

Geranium × cultorum 'Rozanne', Storchschnabel-Hybride 'Rozanne'

Aussehen: Die Pflanze wird zwar nur 40 cm hoch, bildet aber bis 150 cm lange Triebe aus, die in Strauchrosen und kleine Gehölze klettern können. Sie ist eine wüchsige, kriechende Staude mit mittelgrünen, bis 10 cm langen, gelappten, stumpf gezähnten Blättern, die zu den Triebspitzen hin kleiner werden. Von Mai bis November erscheinen zahlreiche, flach schalenförmige, 5 cm große, violettblaue Blüten mit hellem Zentrum.

Diese beliebte, lang und reich blühende Hybride ist praktisch identisch mit 'Jolly Bee', welche aber vom Lizenzgeber vom Markt zurückgezogen wird.

Verwendung: Für Staudenbeete und gemischte Rabatten wegen der ausdauernden Blühfreude sehr wert-

Geranium × cultorum 'Rozanne' (Syn. 'Jolly Bee')

volle Staude. Weil sie so wüchsig ist, sollte man ihr entsprechend viel Platz einräumen. Zu dicht neben andere Stauden gepflanzt, kann sie diese verdrängen. In Balkonkästen und als Ampelpflanze ist sie eine Sensation. Pro m² benötigt man 4 Pflanzen.
Standort: Sonnig bis halbschattig. Fruchtbarer, lehmig-humoser, nicht zu trockener Boden.
Pflege: Ältere Pflanzen müssen gestützt werden, damit sie nicht auseinanderfallen.
Vermehrung: Durch Teilung im Frühjahr.

Geranium himalayense, Himalaya-Storchschnabel

Aussehen: Die auch unter den Synonymen *G. grandiflorum* und *G. meeboldii* geführte, etwas variable, Rhizome und Matten bildende Staude hat auffällig geaderte, mittelgrüne, bis 20 cm lange Laubblätter, die gelappt und stumpf gezähnt sind. Im Juni und Juli erscheinen lockere Blütenstände mit schalenförmigen, violettblauen bis mittelblauen, rosarot getönten, bis 6 cm großen Blüten. Die Pflanze wird 30–40 cm hoch und bis 60 cm breit.

'Gravetye' hat kleinere, schmalere und spitzer gelappte Blätter als die Art, aber noch etwas größere, lavendelblaue Blüten mit rotviolettem Zentrum. 'Plenum' (Syn. 'Birch Double') hat ebenfalls kleineres Laub und gefüllte, veilchenblaue Blüten.
Verwendung: Ein wüchsiger Bodendecker für sonnige Rabatten, der sich z. B. gut mit Rosen verträgt. Wegen der für Storchschnäbel außergewöhnlich großen Blüten auch schön für den Vordergrund von Staudenrabatten. Pro m² benötigt man 8 Pflanzen.
Standort: Sonnig bis halbschattig. Lehmig-humoser, nährstoffreicher, mäßig feuchter, durchlässiger Boden.
Pflege: Wenn die Pflanzen nach der Blüte zurückgeschnitten werden, regt das einen zweiten Flor an.
Vermehrung: Die Art kann durch Aussaat im Frühjahr vermehrt werden, die Sorten nur vegetativ durch Teilung im Frühjahr oder Stecklinge im Sommer.

Geranium himalayense 'Plenum'

Geranium himalayense 'Gravetye'

Geranium ibericum, Herzblättriger Storchschnabel

Aussehen: Die sehr wüchsige, bis 50 cm hohe und ebenso breite, Gruppen bildende, behaarte Staude hat gelappte, gezähnte, bis 20 cm lange, grundständige Blätter. Im Juni und Juli erscheinen an dichten Blütenständen nach oben gewandte, violettblaue, bis 5 cm breite Schalenblüten mit fedrigen, dunklen Adern und an den Spitzen gekerbten Kronblättern. Im Herbst färbt sich das Laub rötlich.

Die blauviolett blühende Sorte 'Vital' ist besonders wüchsig und unterdrückt Unkraut zuverlässig.
Verwendung: Als Bodendecker zwischen Gehölzen und in Rabatten unersetzlich. Die Pflanze neigt jedoch zum Wuchern, was mitunter lästig werden kann. Pro m² benötigt man 8 Pflanzen.

Geranium ibericum 'Vital'

Verwechslungsgefahr!
Oft wird der Herzblättrige Storchschnabel (*G. ibericum*) unter der Bezeichnung *Geranium × magnificum* (eine großblütige Hybride) angeboten, weil sich die Pflanzen ähneln. Das liegt daran, dass *G. ibericum* ein Elternteil dieser beliebten Hybride ist.

Standort: Sonnig bis halbschattig. Lehmig-humoser, fruchtbarer, durchlässiger Boden.
Pflege: Sehr pflegeleicht, wenn man von der Neigung zum Wuchern absieht. Rückschnitt des welken Laubs im zeitigen Frühjahr.
Vermehrung: Durch Aussaat oder Teilen im Frühjahr oder durch Stecklinge im Sommer.

Geranium macrorrhizum, Felsen-Storchschnabel

Aussehen: Die bis 50 cm hohen und breiten Pflanzen bilden dichte Teppiche, die sich ständig nach außen erweitern. Es sind immergrüne, Rhizome und Gruppen bildende Stauden mit klebrigen, aromatischen, rundlich gelappten, 10–20 cm langen, grundständigen Blättern. Die oberirdisch kriechenden Triebe sind sehr zäh. Von Mai bis Juli erscheinen doldenartige Büschel aus aufrechten, flach ausgebreiteten, rosafarbenen bis weißen, etwa 2,5 cm breiten Blüten. Diese haben aufgeblasene, rote Kelche und leicht zurückgeschlagene Kronblätter mit heraushängenden Staubgefäßen.

'Czakor' hat leuchtend magentarote Blüten. 'Ingwersen's Variety' bleibt etwas niedriger und hat hellrosa Blüten mit kontrastreichen, rosa Staubgefäßen. 'Spessart' hat weiße Blüten mit bräunlichem Kelch.
Verwendung: Zuverlässiger Bodendecker für Sonne und Schatten. Das Laub verströmt allerdings einen etwas gewöhnungsbedürftigen Duft. Gut zur Unterpflanzung von lichten Gehölzgruppen geeignet. Pro m^2 benötigt man 11 Pflanzen.
Standort: Sonnig, halbschattig oder schattig. Lehmig-humoser, mäßig fruchtbarer, mäßig feuchter, durchlässiger Boden.
Pflege: Bei Trockenheit muss im Sommer gegossen werden.
Vermehrung: Die Art kann durch Aussaat im Frühjahr vermehrt werden, die Sorten nur vegetativ durch Teilen im Frühjahr oder Stecklinge im Sommer.

Geranium macrorrhizum 'Spessart'

Geranium × magnificum, Pracht-Storchschnabel

Aussehen: Die wüchsige, Gruppen bildende Staude hat grundständige, bis 20 cm lange, gelappte und gezähnte, mittelgrüne, weich behaarte Laubblätter mit einer schönen Herbstfärbung. Im Mai/Juni erscheinen in einem Schub dichte Blütenstände mit zahlreichen violettblauen, bis 5 cm großen, schalenförmigen Blüten, die eine starke, dunkle Aderung aufweisen. Die Pflanze wird ungefähr 60 cm hoch und ebenso breit.

Gernanium × magnificum 'Rosemoor'

Die Sorte 'Rosemoor' bleibt relativ kompakt und hat gekerbte, herzförmige, purpurviolette Blüten.
Verwendung: Die üppig blühende Pflanze eignet sich für Staudenrabatten oder zur Gehölzunterpflanzung. Bei der Standortwahl sollte man berücksichtigen, dass sie nur einmal und für relativ kurze Zeit blüht, dann aber ein echter Blickfang ist. Besonders gut passt die Staude zu Pfingstrosen (*Paeonia*). Pro m^2 benötigt man 11 Pflanzen.
Standort: Sonnig bis halbschattig. Nährstoffreicher, durchlässiger, lehmig-humoser, mäßig trockener Boden.
Pflege: Im Winter das welke Laub bodennah zurückschneiden.
Vermehrung: Durch Teilen im Frühjahr.

Geranium nodosum, Knotiger Bergwald-Storchschnabel

Aussehen: *G. nodosum* verdankt seinen Namen den Trieben, die oberhalb der Knoten eine Verdickung aufweisen. Die aufrechte, längliche Rhizome bildende Staude wird 30–50 cm hoch und breit und hat leuchtend grüne, glänzende, bis 20 cm lange, gezähnte Grundblätter. An den Stängeln stehen dreilappige Blätter, die zur Triebspitze hin immer kleiner werden. Von Juni bis August erscheinen lockere Blütenstände aus aufrechten, offen trichterförmigen, etwa 2,5 cm breiten purpurrosa Blüten mit blassem, rosafarbenem Zentrum. Die Kronblätter sind gekerbt und rotviolett geadert.

'Svelte Lilac' hat lilarosafarbene Blüten mit hellem Zentrum, die rotviolett geadert sind. 'Whiteleaf' hat dunkleres Laub und magentarot marmorierte Blüten.
Verwendung: Die sehr schattenverträgliche Art eignet sich für Problemstandorte, etwa unter Gehölzen. Sie sät sich selbst aus und bildet sogar unter nicht allzu düsteren Koniferen noch einen Blattteppich. Auch gut für Töpfe und Kübel geeignet. Pro m^2 benötigt man 11 Pflanzen.
Standort: Sonnig bis schattig. Trockene und feuchte, mäßig nährstoffreiche, durchlässige Böden, sehr anpassungsfähig.
Pflege: Welkes Laub schneidet man im Herbst bodennah zurück.
Vermehrung: Durch Aussaat oder Teilung im Frühjahr.

Geranium nodosum

Geranium × oxonianum, Oxford-Storchschnabel

(Tab. 28)

Aussehen: Bei dieser Hybride handelt es sich um eine Kreuzung aus *G. endressii* und *G. versicolor*. Die wüchsige, Gruppen bildende Staude hat hellgrüne, gelappte, bis 20 cm lange, grundständige Blätter. Jeder Lappen ist in 5 gezähnte, zerknitterte, stark geaderte Teile untergliedert. Von Juni bis August erscheinen lockere Blütenstände aus breit trichterförmigen, 4 cm breiten, rosa Blüten mit dunkleren Adern und gekerbten Kronblättern. Die Pflanze wird bis 80 cm hoch und bis 60 cm

Tab. 28 Empfehlenswerte Sorten von *Geranium × oxonianum*

Sorte	Blüte	Wuchs	Wuchshöhe
'A. T. Johnson'	silbrig rosa, sehr reichblütig	kompakt	30 cm
'Ankum's White'	weiß, blassgrau geadert	breitwüchsig	45 cm
'Claridge Druce'	groß, lilarosa, stark geadert	wüchsig, kräftige Blattbüschel	30–80 cm
'Cream Chocolate'	hellrosarot; Laubblätter schokoladenbraun überzogen	breitwüchsig	45 cm
'Hollywood'	groß, hellrosa, violett geadert	robust, flaumig behaart	60 cm
'Old Rose'	hell lilarosa, magentarot geadert, lange Blütezeit	mäßige Bodenbedeckung	40 cm
'Rosenlicht'	leuchtend magentarosa	ausladend	45 cm
'Trevor's White'	weiß, lange Blütezeit	breitwüchsig	45 cm
'Wageningen'	kräftig lachsrosa, lange Blütezeit	aufrecht, geringe Bodenbedeckung	40 cm
'Wargrave Pink'	lachsrosa	sehr wüchsig	50 cm

Geranium × oxonianum 'Rosenlicht'

breit, mitunter erreichen die Pflanzen sogar eine Breite von 200 cm.
Verwendung: Dieser Storchschnabel eignet sich hervorragend für Problemstandorte unter und zwischen Gehölzgruppen und ist sehr schattenverträglich. In Rabatten sollte man ihn jedoch nicht pflanzen, weil er andere Pflanzen zu stark dominiert, die langen Triebe können sogar kleine Sträucher überwachsen. Pro m² benötigt man 5 Pflanzen.
Standort: Sonnig bis schattig. Lehmig-humoser, mäßig nährstoffreicher, durchlässiger, feuchter Boden.
Pflege: Nach der Blüte sollte man die Pflanzen kräftig zurückschneiden, um eine Selbstaussaat zu verhindern.
Vermehrung: Durch Aussaat oder Teilen im Frühjahr. Sorten sind nur vegetativ zuverlässig zu vermehren.

Geranium phaeum

Geranium phaeum, Brauner Storchschnabel

Aussehen: Die Gruppen und kurze Rhizome bildende Staude wird bis 80 cm hoch und etwa halb so breit und hat gelappte, zartgrüne, grundständige, bis 20 cm lange Blätter, die oft purpurbraun gefleckt sind. Die einzelnen Blattlappen sind wiederum gelappt. Im Juni und Juli erscheinen verzweigte Blütenstände mit hängenden, purpurschwarzen, violettblauen oder kastanienbraunen, 2,5 cm breiten Blüten, die ein weißes Zentrum haben.

Die attraktive Sorte 'Album' blüht reinweiß und ist deutlich schwachwüchsiger als die dunklen Sorten. 'Samobor' hat violettbraune Blüten und apart schwarzbraun gezeichnete Laubblätter.
Verwendung: Wegen der guten Schattenverträglichkeit eignet sich dieser Storchschnabel gut zum Unterpflanzen von Gehölzgruppen. Bei ausreichender Bodenfeuchtigkeit gedeiht er aber auch in der Sonne, wo auch die dunkle Blattzeichnung besser zur Geltung kommt. Die Gesamtwirkung der Pflanze ist etwas düster, weshalb sie in Großbritannien auch den Spitznamen „Trauernde Witwe" (mourning widow) erhielt. Pro m² benötigt man 6 Pflanzen.
Standort: Sonnig bis schattig. Feuchter, lehmig-humoser, durchlässiger Boden.
Pflege: Hohe Pflanzen brauchen eventuell eine Stütze.
Vermehrung: Durch Aussaat und Teilen im Frühjahr. Sorten können nur vegetativ zuverlässig vermehrt werden.

Geranium phaeum 'Sanobor'

Geranium psilostemon, Armenischer Storchschnabel

Aussehen: Die auch unter dem Synonym *G. armenicum* geführte, Gruppen bildende, aufrechte Staude hat gelappte, gezähnte, mittelgrüne, bis 20 cm lange Grundblätter, die beim Austrieb karminrot getönt sind und sich im Herbst rot verfärben. Im Juni und Juli erscheinen lockere, aufrechte Blütenstände mit vielen schüsselförmigen, magentaroten 4 cm breiten Blüten, die ein schwarzes Zentrum haben und geadert sind. Die Pflanze wird bis 120 cm hoch und etwa halb so breit.

'Bressingham Flair' hat leicht geknitterte, weniger lebhaft gefärbte Blüten. Die *G.-psilostemon*-Hybride 'Patricia' zeichnet sich durch eine lange Blütezeit, Standfestigkeit und eine Wuchshöhe von etwa 70 cm aus, die purpurkarminrosa Blüten haben ein schwarzes Zentrum.
Verwendung: Dieser auffällig farbintensive Storchschnabel passt gut in Rabatten, da er nicht wuchert. Die Wirkung der leuchtenden Farbe kann mit Violettblau und Purpur noch gesteigert, mit Silbergrau und Gelbgrün dagegen abgeschwächt werden. Man kann die Staude auch in Wildblumenwiesen integrieren,

Geranium psilostemon 'Patricia'

Geranium renardii

wo sie ein Blickfang ist. Pro m² benötigt man 3–5 Pflanzen.
Standort: Sonnig. Lehmig-humoser, nährstoffreicher, durchlässiger, nicht zu trockener Boden.
Pflege: Die Pflanze sollte gestützt werden. Ausputzen von verwelkten Blüten verlängert die Blütezeit.
Vermehrung: Durch Aussaat oder Teilung im Frühjahr. Sorten können nur vegetativ zuverlässig vermehrt werden.

Geranium renardii, Kaukasus-Storchschnabel

Aussehen: Die 20–30 cm hohe und breite Staude bildet Gruppen aus horstigen Kissen. Sie hat 10 cm breite, geknitterte, geaderte, flaumig behaarte, graugrüne, grundständige Blätter mit gebuchteten Rändern. Im Juni und Juli erscheinen doldige Büschel mit etwa 2,5 cm breiten, schalenförmigen, weißen bis blasslilafarbenen Blüten. Die Kronblätter sind violett geadert und am Rand gekerbt. In der Regel ist die Pflanze nicht sehr reichblühend, hat aber schönes Laub.

'Philippe Vapelle' hat große, kräftig blauviolette, geaderte Blüten. 'Tcschelda' blüht lebhaft lilarosa. 'Terre Franche' hat relativ viele, große, violettblaue, geaderte Blüten.
Verwendung: Wegen der zurückhaltenden Blühfreudigkeit eignet sich dieser Storchschnabel eher als Blattschmuckstaude für trockene, sonnige Standorte, etwa den Rand von Kiesbeeten oder sonnige Gehölzränder. Pro m² benötigt man 11 Pflanzen.
Standort: Sonnig. Trockener, mäßig fruchtbarer und leicht alkalischer Boden.
Pflege: Sehr pflegeleicht, verträgt viel Trockenheit.
Vermehrung: Durch Aussaat oder Teilen im Frühjahr.

Geranium renardii 'Terre Franche'

Geranium sanguineum, Blutroter Storchschnabel

(Tab. 29)

Aussehen: *G. sanguineum* ist eine dichte, Gruppen bildende Staude mit Rhizomen, die sich kriechend ausbreiten. Die bis 10 cm langen, dunkelgrünen Stängelblätter sind tief gelappt und schwach gezähnt, Grundblätter werden nur wenige entwickelt und die Pflanze wirkt dadurch sehr duftig. Von Mai bis September erscheinen mit Unterbrechungen immer wieder bis 4 cm breite, offene, magentarote Schalenblüten mit dunklen Saftmalen und dunkleren Adern. Die Pflanze wird bis 30 cm hoch und breit, einige Sorten sind jedoch schwachwüchsiger.

Die Unterart *G. sanguineum* subsp. *striatum* wird nur 15 cm hoch und breit und blüht zartrosa.
Verwendung: Die anmutige, zierliche Staude passt gut in den Vordergrund von Rabatten, ist ein charmanter Rosenbegleiter und gedeiht auch in Töpfen und Kübeln. Durch das aparte Laub, das sich im Herbst rot verfärbt, ist die Zierwirkung auch über die Blütezeit hinaus enorm. Pro m² benötigt man 7 Pflanzen, von den schwächer wachsenden 16 Pflanzen.

Geranium sanguineum 'Apfelblüte'

Tab. 29 Empfehlenswerte Sorten von *Geranium sanguineum*

Sorte	Blüte	Blatt	Wuchshöhe
'Album'	reinweiß	dunkelgrün	30 cm
'Ankum's Pride'	groß, leuchtend rosarot, mit dunklen Adern	hellgrün	15 cm
'Apfelblüte'	zartrosa	dunkelgrün, im Herbst leuchtend rot	15 cm
'Dilys'	violettrosa, klein, aber zahlreich erscheinend	etwas gröber als bei den anderen Sorten	20–50 cm
'Elke'	zart violettrosa, mit weißer Mitte und weißem Rand	mittelgrün	30 cm
'Elsbeth'	groß, kräftig karminrot	dunkelgrün	30 cm
'Max Frei'	violettrot	besonders schöne Herbstfärbung	20 cm
'Tiny Monster'	groß, leuchtend karminrot; Dauerblüher bis zum Herbst	lange, ausladende Triebe	40 cm

Geranium wlassovianum

Standort: Sonnig. Lehmig-Humoser, mäßig nährstoffreicher, mäßig trockener Boden.
Pflege: Sehr pflegeleicht. Welkes Laub schneidet man im Herbst zurück.
Vermehrung: Durch Aussaat oder Teilen im Frühjahr oder durch Stecklinge nichtblühender Triebe im Sommer. Sorten können nur vegetativ zuverlässig vermehrt werden.

Geranium sanguineum 'Dilys'

Geranium wlassovianum, Sibirischer Storchschnabel

Aussehen: Die Gruppen bildende Staude wird bis 40 cm hoch und breit und hat weich behaarte, gelappte, dunkelgrüne, bis 15 cm lange Laubblätter, die beim Austrieb braunrosa und im Herbst orangerot gefärbt sind. Von Juli bis September erscheinen lockere Blütenstände langlebiger, breit trichterförmiger, purpurrosafarbener Blüten mit dunkler Aderung.

Die Sorte 'Blue Star' hat satt lilablaue Blüten.
Verwendung: Ein wegen der späten und langen Blütezeit wertvoller Storchschnabel, der auch an trockenen, sonnigen Standorten noch wächst. Die orangerote Herbstfärbung sorgt für zusätzliche Farbtupfer im Staudengarten. Pro m² benötigt man 8 Pflanzen.
Standort: Sonnig bis halbschattig. Trockener bis mäßig feuchter, locker-humoser Boden.
Pflege: Sehr pflegeleicht. Welkes Laub wird im Spätherbst bodennah zurückgeschnitten.
Vermehrung: Durch Aussaat oder Teilung im Frühjahr.

Empfehlenswerte *Geranium*-Hybriden (Tab. 30)

Schon lange gibt es zahlreiche wertvolle *Geranium*-Hybriden, die mit ihren attraktiven Blüten Staudenbeete und Rabatten bereichern. Viele haben – im Gegensatz zu den Arten – eine außergewöhnlich lange Blütezeit

Geranium 'Johnson's Blue'

Tab. 30 Empfehlenswerte *Geranium*-Hybriden

Sorte	Blüte	Blütezeit	Blatt	Wuchshöhe
'Ann Folkard'	groß, purpurrot, mit schwarzer Aderung und schwarzem Auge	Juni bis Juli, vereinzelt nachblühend	im Austrieb goldgelb, später vergrünend, gelappt und gezähnt	50 cm
'Chantilly'	lilarosa, mit weißer Basis, violett geadert, herzförmig eingekerbte Kronblätter	Mai/Juni	salbeiartig gerunzelt, hellgrün, gelappt und gezähnt	45 cm
'Dusky Crûg'	hellrosa	Juni bis September	gelappt, schokoladenbraun	20 cm
'Johnson's Blue'	lavendelblau bis lila, mit hellem Zentrum und fast weißer Aderung	Mai bis Juli	stark gelappt, spitz gezähnt; kriechender Wuchs	45 cm
'Khan' (Syn. 'Wisley Hybrid')	groß, samtig purpurfarben	Juni bis August	leuchtend grün, tief gelappt, ungezähnt	45 cm
'Nimbus'	groß, lavendelblau, violett geadert, mit weißem Zentrum	Juli bis September	gelbgrüner Austrieb, später mittelgrün, tief gelappt, fein zerteilt	100 cm
'Orion'	sehr groß, lavendelblau, violett geadert, mit weißem Zentrum	Mai bis September	tief gelappt, fein zerteilt	80 cm
'Orkney Cherry'	lebhaft rosarot, helles Zentrum	Juni bis September	gelappt, olivgrün	20 cm
'Salome'	lilarosa, kräftig rotviolett geadert	Juli bis Oktober	leicht marmoriert, rau, im Austrieb goldgelb, gelappt und schwach gezähnt	30 cm
'Su Crûg'	lilarosa, mit dunklem Zentrum	Juni bis Oktober	tief gelappt und gezähnt	40 cm

Geranium 'Orion'

Geranium 'Salome'

Geranium 'Chantilly'

Geum × cultorum, Nelkenwurz-Hybriden

(Tab. 31)

Aussehen: Die Gewöhnliche Nelkenwurz (*G. urbanum*) kennt fast jeder Gärtner als hartnäckiges, lästiges Unkraut. Die Hybriden dieser Gattung begeistern dagegen im Frühsommer mit leuchtenden Blütenfarben. Sie stammen meist von der Garten-Nelkenwurz (*G. coccineum*) und der Chile-Nelkenwurz (*G. chiloense*) ab. Die Rhizome bildende, horstige Staude hat 10–30 cm lange, grundständige, gefiederte, gezähnte, mittelgrüne Laubblätter. Von Mai bis Juli erscheinen an belaubten, verzweigten oder unverzweigten Stängeln etwa 5 cm große Blüten in leuchtenden Farben. Die Pflanzen werden je nach Sorte 20–60 cm hoch und bis 60 cm breit.

Tab. 31 Empfehlenswerte Sorten von *Geum* × *cultorum*

Sorte	Blüte	Wuchshöhe
'Borisii'	orangerot	30 cm
'Cookie	orangerot, nachblühend	30 cm
'Coppertone'	zart aprikosenfarben	30 cm
'Diana'	gelb, großblütig	20–30 cm
'Dingle Apricot'	hell aprikosenfarben, mit dunklerer Zeichnung	20 cm
'Fire Opal'	dunkelorangefarben, halbgefüllt	40 cm
'Lady Stratheden'	sattgelb, halbgefüllt	40–60 cm
'Lemon Drops'	zitronengelb	25 cm
'Mrs. J. Bradshaw'	scharlachrot, halbgefüllt	40–60 cm
'Mrs. W. Moore'	gelblich rosa	30–40 cm
'Red Wings'	scharlachrot, halbgefüllt	40 cm

Der Duft von Nelken
Die Wurzeln der Nelkenwurz duften leicht nach Gewürznelken. Deshalb wurden sie früher gesammelt, getrocknet und als Ersatz für das kostbare, aus Asien importierte Gewürz verwendet.

Verwendung: Im naturnah angelegten Garten am Rand von Bächen und auf feuchten Wiesen, aber auch in Beeten und Rabatten oder am Gehölzrand. Pro m² benötigt man 16 Pflanzen.
Standort: Sonnig. Nährstoffreicher, feuchter, aber durchlässiger Boden.

Geum × *cultorum* 'Red Wings'

Geum rivale

Pflege: Winterliche Staunässe wird schlecht vertragen.
Vermehrung: Durch Aussaat im Frühjahr. Viele Sorten fallen treu aus, andere zeigen bei der Vermehrung geringe Variabilität.

Geum rivale, Bach-Nelkenwurz

Aussehen: Die aufrechte, Rhizome bildende, 20–60 cm hohe und breite, behaarte Staude hat gefiederte, grundständige, bis 35 cm lange Blätter. Im Mai und Juni erscheinen Trugdolden mit nickenden, rosagelblichen, glockenförmigen, bis 2 cm breiten Blüten mit auffallend braunroten Kelchblättern.

'Bachelfe' hat aparte, grünlich weiße, nickende Blüten und wird 20–30 cm hoch, 'Lionel Cox' hat bei gleicher Wuchshöhe relativ große, cremegelbe Blüten.
Verwendung: Die Pflanze passt gut an feuchte Ufer von Bächen und Teichen. Weil sie relativ viel Schatten verträgt, eignet sie sich auch für solche Standorte, die sonst weniger blütenreich sind. Pro m² benötigt man 11 Pflanzen.
Standort: Sonnig bis halbschattig. Feuchter, aber durchlässiger, humoser, nährstoffreicher Boden.
Pflege: Bei anhaltender Trockenheit im Sommer muss gegossen werden.
Vermehrung: Durch Aussaat im Frühjahr.

Gillenia trifoliata, Nördliche Dreiblattspiere

Aussehen: Die aufrechte, buschig wachsende Staude wird bis 100 cm hoch und bis 60 cm breit. Sie hat verzweigte, rot getönte Sprosse mit wechselständigen, dreigeteilten, gezähnten, rau behaarten, bronzegrünen Blättern, die auffällig geadert sind. Die Fiederblättchen sind eilan-

Gillenia trifoliata

zettlich und 8 cm lang. Der Austrieb ist rötlich getönt und im Herbst lodert die Pflanze in allen Gelb- und Orangetönen auf, bevor sie einzieht. Im Juni und Juli erscheinen an dünnen Stielen lockere Rispen mit zahlreichen weißen, sternförmigen Blüten, bei denen die oberen beiden Blütenblätter länger und rosa überhaucht sind.
Verwendung: Man kann die Pflanze in Staudenbeete und Rabatten pflanzen, am besten passt sie aber an den Gehölzrand, wo sie besonders zur Blütezeit, aber auch im Herbst, wenn sich das Laub verfärbt, einen Blickfang bietet. Langtriebig geschnittene Blütenrispen eignen sich auch für die Vase. Pro m^2 benötigt man 6 Pflanzen.
Standort: Sonnig bis halbschattig. Feuchter, aber durchlässiger, frischer, humoser, fruchtbarer Boden. Bei sonniger Standortwahl darf der Boden nicht zu trocken sein.
Pflege: Im Sommer bei starker Sonneneinstrahlung in den Mittagsstunden beschatten. Schnecken fressen gern an Jungtrieben.
Vermehrung: Durch Aussaat oder Teilen im Frühjahr oder Herbst.

Gypsophila paniculata, Rispiges Gipskraut (Tab. 32)

Aussehen: Die auch als Schleierkraut bekannte, aufrecht und luftig verzweigt wachsende Staude hat blaugrüne, bereifte, linealisch-lanzettliche, 5–7 cm lange Laubblätter. Die Pflanze bildet eine Pfahlwurzel aus. Von Juli bis September erscheinen zahlreiche lockere, vielblütige Rispen mit kleinen, kaum 1 cm großen, weißen Blüten. Die Pflanze wird bis 120 cm hoch und breit.
Verwendung: Allein stehend wirkt die Pflanze etwas fade, aber mit ihren luftigen Blütenständen kann sie Rosenbeete und Staudenpflanzungen sehr schön auflockern. Die Blüten sind eine schöne Ergänzung in Sommersträußen und eignen sich auch gut für die Trockenfloristik. Pro m^2 benötigt man 2 Pflanzen, bei den niedrig wachsenden Sorten 4–6 Pflanzen.
Standort: Sonnig. Leichter, tiefgründiger, gut durchlässiger, alkalischer Boden.
Pflege: Die Pflanze ist stark durch Schneckenfraß gefährdet und braucht eine Stütze.
Vermehrung: Durch Aussaat im zeitigen Frühjahr unter Glas. Im späten Winter können Wurzelschnittlinge genommen werden.

Gypsophila paniculata 'Compacta Plena'

Gypsophila paniculata 'Rosenschleier'

Tab. 32 Empfehlenswerte Sorten von *Gypsophila paniculata*

Sorte	Blüte	Wuchshöhe
'Bristol Fairy'	großblumig, weiß, gefüllt	100 cm
'Compacta Plena'	zartrosa bis weiß, gefüllt	30 cm
'Flamingo'	groß, blassrosa, gefüllt	75–90 cm
'Rosenschleier' (Syn. 'Rosy Veil')	erst weiß, dann rosa verblühend, gefüllt	50 cm
'Schneeflocke' (Syn. 'Snowflake')	weiß, gefüllt, sehr frühe Blütezeit	100 cm
'Viette's Dwarf'	rosa, lange Blütezeit	40 cm

Gypsophila repens, Kriechendes Gipskraut

Aussehen: Die Matten bildende, bis 20 cm hohe und bis 50 cm breite Staude entwickelt eine rübenförmige Wurzel und niederliegende bis überhängende Triebe. Die linealisch-lanzettlichen, blaugrünen Laubblätter werden bis 3 cm lang. Von Mai bis August erscheinen lockere Schirmrispen mit zahlreichen kleinen, 1,5 cm breiten, weißen bis zartrosafarbenen Blüten.

'Rosa Schönheit' blüht dunkelrosa, 'Letchworth' dagegen zartrosa.
Verwendung: Ideal für sonnige Kies- und Steingärten, Trockenmauern und Tröge. Pro m² benötigt man 11 Pflanzen.
Standort: Sonnig. Leichter, durchlässiger, alkalischer Boden.
Pflege: Winterliche Nässe wird schlecht vertragen. Vor Schneckenfraß schützen.
Vermehrung: Durch Aussaat im Frühjahr.

Gypsophila repens 'Letchworth'

Gypsophila repens 'Rosa Schönheit'

Weitere empfehlenswerte *Gypsophila*-Art

***Gypsophila pacifica*, Mandschurisches Gipskraut**
Eine bis 100 cm hohe Staude mit blaugrünem Laub, die *G. paniculata*, dem Rispigen Gipskraut, ähnelt, jedoch langlebiger ist und etwas größere, blassrosafarbene Blüten hat. Gut passt sie zu Rosen und großen Stauden. Bei früher Aussaat unter Glas blüht sie bereits im ersten Standjahr. Die Blüten eignen sich zum Schnitt und für die Trockenfloristik.

Helenium × cultorum, Sonnenbraut (Tab. 33)

Aussehen: Die aufrechten, Horste bildenden, zwischen 80 und 170 cm hohen und bis 45 cm breiten Stauden haben lanzettliche, dunkelgrüne, 10–15 cm lange Laubblätter. Der obere Teil der Sprosse ver-

Helenium × cultorum 'Biedermeier'

Helenium × cultorum 'Flammenrad'

Helenium × cultorum 'Königstiger'

Helenium × cultorum 'Loysder Wiek'

Helenium × cultorum 'Moerheim Beauty'

Helenium × cultorum 'Rauchtopas'

Helenium bigelovii 'The Bishop'

Helenium × cultorum 'Waltraut'

Tab. 33 Empfehlenswerte Sorten von *Helenium × cultorum*

Sorte	Blüte	Blütezeit	Wuchshöhe
'Baudirektor Linne'	braunrot, mit braunem Knopf	mittel bis spät	130 cm
'Biedermeier'	innen rot, nach außen gelb, mit braunrotem Knopf	mittel	120 cm
'Blütentisch'	goldgelb,mit braunem Knopf	spät	130 cm
'Feuersiegel'	goldbraun bis rot, mit braunem Knopf	mittel bis spät	150 cm
'Flammenrad'	gelb und braunrot geflammt, mit braunem Knopf	mittel	130 cm
'Goldrausch'	goldgelb, mit braunem Knopf	mittel	150 cm
'Indianersommer'	braunrot, gelborange verblassend, mit braunem Knopf	mittel bis spät	100 cm
'Königstiger'	orangerot, mit gelbem Innenring und braunem Knopf	mittel	150 cm
'Kugelsonne'	hellgelb, mit gelbem Knopf	früh bis mittel	170 cm
'Loysder Wiek'	kupfrig; die goldgelbe Oberseite der Strahlenblüten wird von der umgeschlagenen, kupferfarbenen Unterseite halb überdeckt, brauner Knopf	mittel	90 cm
'Moerheim Beauty'	kupferrot	sehr früh	80 cm
'Rauchtopas'	goldgelbe Oberseite, die nach oben gerollte Unterseite ist braun, gelb-brauner Knopf	mittel	130 cm
'Rubinzwerg'	rubinrot, mit braunem Knopf	spät	80 cm
'The Bishop' (*Helenium bigelovii*)	tiefgelb mit hängenden Zungenblüten und gelbbraunem Knopf	sehr früh	50 cm
'Waltraut'	kupferfarben und gelb geflammt, mit gelb-braunem Knopf	früh	80 cm

Blütezeitangaben:
sehr früh = Ende Juli bis Anfang August
früh = Anfang August bis Mitte August
mittel = Mitte August bis Ende August
spät = Ende August bis Mitte September

zweigt sich und von Juli bis September erscheinen 5–7 cm breite Körbchenblüten, je nach Sorte in Gelb-, Orange-, Rot- und Brauntönen.
Verwendung: Sonnenbraut ist nicht nur eine wunderschöne Rabattenstaude, die in großen Gruppen am schönsten aussieht. Sie passt auch hervorragend in Bauerngärten und gemischte Staudenbeete, wo sie zusammen mit Flammenblumen (*Phlox*), hohen Astern (*A. novi-bel-*

gii, *A. novae-angliae*), Goldgarbe (*Achillea*), Sonnenhut (*Rudbeckia*) und hohen Ziergräsern für gute Laune sorgt. Die Blüten eignen sich gut zum Schnitt und halten relativ lange in der Vase. Pro m² benötigt man 3 Pflanzen.
Standort: Sonnig. Mäßig feuchter, nährstoff- und humusreicher Boden.
Pflege: Hohe Sorten brauchen eine Stütze. Im Spätwinter die trockenen Triebe bodeneben zurückschneiden. Um die Blühwilligkeit zu erhalten, sollte man die Staude alle 3–4 Jahre teilen und damit verjüngen. Wenn man abgeblühte Köpfchen regelmäßig entfernt, verlängert sich die Blütezeit.
Vermehrung: Durch Teilen im Frühjahr und Herbst oder durch Bewurzeln von grundständigen Stecklingen im Frühsommer.

Helianthemum × cultorum, Sonnenröschen-Hybriden

(Tab. 34)

Aussehen: Die immergrünen, halbstrauchig wachsenden, an der Basis verholzenden Stauden haben grüne oder graue, eiförmige bis lanzettliche, ganzrandige, bis 3 cm lange Blätter. Von Mai bis Juli erscheinen in lockeren Gruppen zahlreiche, bis 2,5 cm breite, schalenförmige Blüten mit jeweils 5 Blütenblättern. Das Farbspektrum reicht – je nach Sorte – von Weiß über Gelb bis hin zu Rosa- und Rottönen. Die Einzelblüte ist sehr kurzlebig und hält oft nur einen Tag. Da aber über einen längeren Zeitraum täglich neue Blüten hervorgebracht werden, kann sich die Blütezeit je nach Sorte über Wochen erstrecken.
Verwendung: Diese hübschen Halbsträucher eignen sich zur Einfassung von Wegen und Terrassen, zur Befestigung von sonnigen Böschungen und natürlich für Trockenmauern, Steingärten und Kiesbeete.

Helianthemum × cultorum 'Eisbär'

Helianthemum × cultorum 'Golden Queen'

Helianthemum × cultorum 'Rubin'

Tab. 34 Empfehlenswerte Sorten von *Helianthemum × cultorum*

Sorte	Blüte	Laub	Wuchshöhe
'Amy Baring'	aprikosengelb	grün	15 cm
'Ben Heckla'	orange, mit rötlicher Mitte	grüngrau	20 cm
'Breechpark Red'	scharlachrot	grau	20 cm
'Cheviot'	lachsfarben	grau	25 cm
'Eisbär'	weiß	silbrig	15–20 cm
'Golden Queen'	gelb	grün	15–20 cm
'Orange Queen'	orange	grau	20 cm
'Red Orient'	leuchtend dunkelrot	grün	25 cm
'Rosakönigin'	rosa	grau	25 cm
'Rubin'	dunkelrot, gefüllt	grün	15–20 cm
'Sterntaler'	goldgelb	dunkelgrün	20 cm
'The Bride'	weiß	silbrig	30 cm
'Wisley Primrose'	hellgelb	grau	20 cm

Am besten kombiniert man sie mit anderen sonnenhungrigen Polsterstauden. Auch in Töpfen und Kübeln machen sie eine gute Figur. Pro m^2 benötigt man 11 Pflanzen.
Standort: Vollsonnig. Durchlässiger, mäßig nährstoffreicher, kalkhaltiger Boden.
Pflege: Ein Rückschnitt nach der Blüte sorgt dafür, dass die Pflanzen in Form bleiben. Sie treiben auch aus den verholzten Teilen wieder aus.
Vermehrung: Durch Grünstecklinge, die man im Sommer schneidet.

Helianthus atrorubens, Geäugte Sonnenblume

Aussehen: Die auch unter dem Synonym *H. sparsifolius* geführte, aufrechte, Gruppen bildende Staude hat behaarte, purpurgrüne Sprosse und eiförmige bis lanzettliche, gezähnte bis gebuchtete, behaarte, mittelgrüne Blätter, die 20–30 cm lang werden. Im August und September erscheinen bis 9 cm breite Körbchenblüten mit purpurbraunem Zentrum und sattgelben Strahlenblüten. Die Pflanze wird bis 150 cm hoch und etwa 60 cm breit.

'Monarch' hat halbgefüllte, bis 15 cm breite Strahlen- und gelblich braune Röhrenblüten. Die Sorte wird bis 200 cm hoch.
Verwendung: Die fröhliche Staude eignet sich gut für den Hintergrund sommerlicher Staudenbeete und Rabatten. Sie ist eine Insektenweide und hält als Schnittblume relativ lange in der Vase. Pro m^2 benötigt man 2 Pflanzen.
Standort: Sonnig bis halbschattig. Mäßig fruchtbarer, humoser, feuchter, aber gut dränierter, leicht alkalischer Boden.
Pflege: Die Staude braucht eine Stütze und sollte alle 3–4 Jahre geteilt und dadurch verjüngt werden, damit sie ihre Blühwilligkeit behält.
Vermehrung: Durch Teilen im Frühjahr oder Herbst.

Helianthus decapetalus, Stauden-Sonnenblume

Aussehen: Die aufrechte, Rhizome bildende, bis 150 cm hohe und bis 100 cm breite, von unten nach oben immer stärker behaarte Staude hat lanzettliche bis eiförmige, mittelgrüne, bis 20 cm lange Blätter. Von Juli bis September erscheinen bis 8 cm breite Körbchenblüten mit gelben Zungenblüten und gelbbraunen Röhrenblüten.

Die sterile Sorte 'Meteor' hat

Helianthus decapetalus 'Meteor'

Helianthus decapetalus 'Soleil d'Or'

Helianthus atrorubens

Helianthus atrorubens 'Monarch'

Helianthus decapetalus 'Triomphe de Gand'

goldgelbe, halbgefüllte Blüten. 'Soleil d'Or' blüht gefüllt. 'Triomphe de Gand' hat sehr große, einfache Blüten. 'Capenoch Star' ist ebenfalls relativ großblütig.
Verwendung: Stauden-Sonnenblumen haben nicht so große Blütenköpfe wie die einjährigen Sonnenblumen, aber sie sind langjährige Blüher, die besonders schön in Bauerngärten und gemischten Rabatten wirken. In Beeten passen sie gut zu Sonnenbraut (*Helenium*), Flammenblume (*Phlox*), Sonnenhut (*Rudbeckia*) und Astern. Es sind gute Schnittblumen, die lange in der Vase halten. Pro m² benötigt man 2 Pflanzen.
Standort: Sonnig. Nährstoffreicher, lehmiger, durchlässiger Boden.
Pflege: Etwas anfällig für Mehltau und Schneckenfraß.
Vermehrung: Durch Teilen im Frühjahr oder durch grundständige Stecklinge im Frühsommer.

Weitere empfehlenswerte Stauden-Sonnenblumen

Helianthus giganteus, Riesen-Sonnenblume
Bis 300 cm hohe, Horste bildende Riesenstaude, die sich im oberen Teil verzweigt und von September bis zum ersten Frost zahlreiche gelbe Körbchenblüten hervorbringt. Durch die sehr späte Blütezeit ist sie eine echte Bereicherung für den Staudengarten. Die Sorte 'Sheila's Sunshine' hat hell cremegelbe Blüten. Pro m² benötigt man 2 Pflanzen.

Helianthus giganteus 'Sheila's Sunshine'

Helianthus microcephalus 'Lemon Queen'

Helianthus salicifolius

Helianthus microcephalus, Kleinblütige Sonnenblume
Bis 170 cm hohe, Horste bildende Staude, die im August und September zahlreiche, gelbe Körbchenblüten hervorbringt. Die robuste, standfeste Staude eignet sich gut für Bauerngärten und für den hinteren Teil gemischter Rabatten. Die Sorte 'Lemon Queen' hat hell zitronengelbe Blüten. Pro m² benötigt man 2 Pflanzen.

Helianthus salicifolius, Weidenblättrige Sonnenblume
Eine Horste bildende, bis 250 cm hohe Riesenstaude mit quirlartig um die Sprosse angeordneten, bis 20 cm langen, schmalen Laubblättern. Ab Oktober bis zum ersten Frost erscheinen im oberen, verzweigten Teil der Staude zahlreiche kleine, bis 7 cm breite, goldgelbe Körbchenblüten. Die Pflanze wird meist mehr wegen ihrer Strukturwirkung als wegen der Blüten gepflanzt. Pro m² benötigt man 1 Pflanze.

Helichrysum italicum, Strohblume, Currykraut

Aussehen: Der auch unter dem Synonym *H. angustifolium* geführte, buschig wachsende, an der Basis verholzende, immergrüne Halbstrauch hat wollig behaarte Sprosse und aromatisch duftende, silbergraue, bis 3 cm lange, linealische Blätter. Im Juni und Juli erscheinen etwa 3 cm breite Scheinrispen mit kleinen, hellgelben, knopfartigen Körbchenblüten. Die ungewöhnliche Pflanze wird bis 60 cm hoch und bis 100 cm breit.

Helichrysum italicum 'White Barn'

'White Barn' ist eine von der bekannten Staudenzüchterin Beth Chatto eingeführte Sorte mit weißfilzigen Blättern, die auch unter der Art *H. stoechas* geführt wird.
Verwendung: Die graulaubige Staude sieht sehr schön in Verbindung mit Steinen aus. Deshalb passt sie an den Fuß von Trockenmauern, in Kiesbeete und Steingärten. Auch als Einfassung geeignet. Das aromatisch nach Curry duftende Kraut kann auch zum Würzen von Speisen verwendet werden. Die Blüten eignen sich für die Trockenfloristik. Pro m^2 benötigt man 7 Pflanzen.
Standort: Vollsonnig. Trockener, durchlässiger, mäßig nährstoffreicher, alkalischer Boden.
Pflege: Ein Rückschnitt im Herbst hält die Pflanzen in Form. In rauen Regionen ist ein Winterschutz empfehlenswert. Winterliche Staunässe wird nicht vertragen.
Vermehrung: Durch Aussaat im Frühjahr oder durch halb verholzte Stecklinge von nichtblühenden Trieben im Sommer.

Helichrysum thianschanicum, Turkestan-Strohblume

Aussehen: Die auch unter dem Synonym *H. lanatum* geführte, lockere Matten bildende Staude hat weißwollig behaarte, aufrechte Sprosse mit lanzettlichen, silbergrauen, bis 10 cm langen Blättchen. Im Juni und Juli erscheinen in dichten, end- oder achselständigen Schirmrispen halbkugelige, bis 1 cm breite, gelbe Blütenköpfchen. Die Pflanze wird bis 40 cm hoch und breit.

Die Sorte 'Schwefellicht' hat hellgelbe, die Sorte 'Goldkind' goldgelbe Blüten.
Verwendung: Für sonnige Stein- und Kiesgärten, Trockenmauern und zur Dachbegrünung. Pro m^2 benötigt man 11 Pflanzen.
Standort: Vollsonnig. Trockener, durchlässiger, mäßig nährstoffreicher, alkalischer Boden.
Pflege: Ein Rückschnitt im Herbst hält die Pflanzen in Form.
Vermehrung: Durch Teilen im Frühjahr oder durch halb verholzte Stecklinge nichtblühender Triebe im Sommer.

Helichrysum thianschanicum 'Schwefellicht'

Heliopsis helianthoides var. *scabra*, Raues Sonnenauge (Tab. 35)

Aussehen: Die Gruppen bildende, aufrechte, bis 180 cm hohe und bis 60 cm breite Staude hat eiförmige bis lanzettliche, gezähnte, wenig behaarte, mittelgrüne Blätter, die bis 15 cm lang sind. Von Juli bis September erscheinen an verzweigten Stängeln zahlreiche langstielige, je nach Sorte ungefüllte bis dicht gefüllte, goldgelbe Körbchenblüten, die 4–8 cm breit sind. Pro m^2 benötigt man 2 Pflanzen.
Verwendung: Verlässliche, langlebige Beetstaude für den Hintergrund von Rabatten. Die Blütenkörbchen eignen sich gut als Schnittblumen. Schöne Pflanzpartner sind Sonnenbraut (*Helenium*), Flammenblume (*Phlox*), Sonnenhut (*Rudbeckia*) und Astern.
Standort: Sonnig. Humoser, nährstoffreicher, feuchter, aber gut durchlässiger, alkalischer Boden.
Pflege: Die Pflanzen sind recht standfest und kommen in der Regel ohne Stütze aus. Alle 3–4 Jahre

Heliopsis helianthoides var. *scabra* 'Asahi'

Tab. 35 Empfehlenswerte Sorten von *Heliopsis helianthoides* var. *scabra*

Sorte	Blüte	Wuchshöhe
'Asahi'	pomponartig dicht gefüllt, orangegelb	80 cm
'Goldgefieder'	dunkelgelb, dicht gefüllt	130 cm
'Goldgrünherz'	gelb, grüne Mitte, gefüllt	80 cm
'Light of Loddon'	gelb, ungefüllt	130 cm
'Sommersonne'	orangegelb, ungefüllt	120 cm
'Sonnenglut'	goldgelb, halbgefüllt	140 cm
'Spitzentänzerin'	dunkelgelb, halbgefüllt, mit leicht geteilter, verdrehter Spitze	140 cm
'Summer Nights'	tiefgelb, mit dunklerem Ring um die mahagonifarbene Scheibe	120 cm
'Venus'	groß, goldorange, ungefüllt	150 cm
'Waterperry Gold'	tiefgelb, später verblassend, halbgefüllt	120 cm

Helleborus foetidus 'Green Giant'

sollte man sie teilen, um sie zu verjüngen und die Blühwilligkeit zu erhalten. Junge Triebe sind anfällig für Schneckenfraß.
Vermehrung: Durch Teilen im Frühjahr oder Herbst. Im Sommer können grundständige Stecklinge bewurzelt werden. Die eigentliche Art kann durch Aussaat im Frühjahr vermehrt werden.

Heliopsis helianthoides var. *scabra* 'Spitzentänzerin'

Helleborus foetidus, Stinkende Nieswurz

Aussehen: Die aufrechte, bis 80 cm hohe und 40 cm breite Staude hat unbehaarte, beblätterte, zweijährige Sprosse und geteilte, dunkelgrüne, leicht gezähnte, bis 25 cm lange, palmenähnliche Blätter, die beim Zerreiben unangenehm riechen und immergrün sind. Von Dezember bis April erscheinen am Sprossende bis zu 40 blassgrüne, hängende, glockenförmige, bis 2 cm große Blüten, die von blassgelben Brakteen umgeben und manchmal rötlich gerandet sind.

'Western Flisk' wächst gedrungener und hat dunkleres Laub.
Verwendung: Im Frühlingsgarten ist die markante Staude ein echter Blickfang. Am schönsten sieht sie unter lichten Gehölzen aus, eventuell kombiniert mit Zwiebelblühern wie Schneeglöckchen (*Galanthus*), Krokussen (*Crocus*) und Blausternen (*Scilla*). Pro m^2 benötigt man 4 Pflanzen.
Standort: Halbschattig. Durchlässiger, humoser, alkalischer Boden.
Pflege: Die Staude sollte man nicht verpflanzen. Ansonsten ist sie sehr pflegeleicht.
Vermehrung: Durch Aussaat bei Samenreife.

Helleborus niger, Christrose

Aussehen: Die auch als Schwarze Nieswurz bekannte, Gruppen bildende Staude hat geteilte, ledrige, bis 20 cm lange, dunkelgrüne Blätter, die überwintern und zur Spitze hin gezähnt sind. Die sehr langlebige Staude bildet rhizomähnliche Wurzeln aus. Von Januar bis April erscheinen kräftige, purpurn gezeichnete Sprosse mit einzelnen (oder auch 2–3), flach schalenförmigen, weißen Blüten und grünweißen Staubgefäßen. Beim Verblühen nehmen die Blütenblätter einen Rosaton an. Die Pflanze wird bis 30 cm hoch und bis 45 cm breit. Die Unterart *H. niger* subsp. *macranthus* hat besonders große Blüten und

Helleborus niger 'HGC Jacob'

Helleborus niger 'Schneeball'

Schwarze Nieswurz
Man wundert sich, dass die Christrose (*Helleborus niger*) auch Schwarze Nieswurz genannt wird, obwohl sie doch weiß blüht. Aber die Bezeichnung trifft schon zu – allerdings auf die Wurzel der Pflanze, die tatsächlich schwarz ist. Früher verwendete man sie in der Heilkunde bei Mensch und Vieh als Ultima Ratio, wenn alle anderen Mittel versagten. In Bayern mischte man getrocknete, zermahlene Christrosenwurzeln unter den Schnupftabak. Das durch die „Prise" ausgelöste „Hatschi" gab der Pflanze ihren Namen. Aber Vorsicht: die gesamte Pflanze ist giftig!

blaugrünes Laub. Die ganze Pflanze ist stark giftig!
Verwendung: Die Staude bildet erst nach einigen Jahren schöne, dichtbuschige Bestände, deshalb sollte man den Standort mit Bedacht wählen und sie dann nicht mehr verpflanzen. Am schönsten sieht sie am Gehölzsaum aus, aber man kann sie auch in Töpfen oder Schalen kultivieren und zur Blütezeit ins Rampenlicht stellen. Sie passt auch gut in den Steingarten. Pro m^2 benötigt man 8 Pflanzen.
Standort: Halbschattig. Humoser, durchlässiger, alkalischer Boden.
Pflege: Bis zum Juni braucht die Pflanze ausreichend feuchten Boden, danach kann sie trocken stehen. Wenn das vorjährige Laub im Lauf des Frühjahrs braun wird, entfernt man es. Schnecken haben es auf die jungen Triebe abgesehen.
Vermehrung: Durch Aussaat nach der Samenreife. Ältere Pflanzen können im Herbst oder nach der Blüte geteilt werden.

Helleborus orientalis, Orientalische Nieswurz

Aussehen: Die auch als Lenzrose bekannte, Gruppen bildende Staude hat handförmig geteilte, ledrige, wintergrüne, glänzend dunkelgrüne, gezähnte Blätter. Von Februar bis April erscheinen kräftige, meist verzweigte Sprosse mit einzeln am Stängel stehenden, bis 7 cm breiten, hängenden, grünlich weißen Blüten. Die Pflanzen neigen zum Bastardisieren mit anderen *Helleborus*-Arten, deshalb gibt es auch Sorten mit weißen, rosa oder roten Tönen. Die Pflanze wird bis 30 cm hoch und breit. Alle Pflanzenteile sind giftig!
Verwendung: Am Gehölzsaum und unter lichten Bäumen und Sträuchern ist der richtige Platz für diese schöne Frühlingsstaude. Am besten pflanzt man sie in kleineren Gruppen und kombiniert sie mit frühjahrsblühenden Zwiebelpflanzen wie Schneeglöckchen (*Galanthus*) oder botanischen Narzissen (z. B. *Narcissus pseudonarcissus*). Einmal etabliert, bildet sie durch Selbstaussaat bald größere Bestände. Pro m^2 benötigt man 4 Pflanzen.
Standort: Halbschattig. Humoser, durchlässiger, alkalischer Boden.
Pflege: Bis zum Juni mag die Pflanze ausreichend feuchten Boden, danach kann sie trocken stehen. Wenn das vorjährige Laub im Lauf des Frühjahrs braun wird, entfernt man es. Möglichst nicht verpflanzen!
Vermehrung: Durch Aussaat nach der Samenreife. Ältere Pflanzen können im Herbst oder nach der Blüte geteilt werden.

Empfehlenswerte *Helleborus*-Hybriden

***Helleborus × cultorum*, Nieswurz-Hybriden** (Tab. 36)
Diese Nieswurz-Hybriden sind variable, Gruppen bildende Rhizomstauden, die aus Kreuzungen von *H. orientalis* mit anderen Arten stammen. Sie haben bis 40 cm lange, dunkelgrüne Blätter, die bei manchen Hybriden den Winter überdauern, bei anderen abgeworfen werden und im Wesentli-

Helleborus 'Michelangelo Picotee Discoqueen Rock'n Roll'

Tab. 36 Empfehlenswerte Sorten von *Helleborus × cultorum*

Sorte	Blüte	Wuchshöhe
'Apple Blossom'	hellrosa, hübsch dunkel gezeichnet; Sammelbezeichnung für eine ganze Reihe ähnlicher Sorten	40 cm
'Blue Metallic Lady'	metallisch purpurblau	35–40 cm
'Frühlingsglut'	dunkelpurpurn	40–60 cm
'Picotee'	hell, mit violettem oder dunkelrosafarbenem Rand und gelegentlich violetter Aderung; violette Nektarien	40 cm
'Pink Lady'	zartrosa	30–40 cm
'Rote Auslese'	dunkelrot	40 cm
'Snow Queen'	groß, weiß, gefüllt, mit winzigen roten Flecken	40 cm
'The Sultan'	dunkelrot	30–40 cm
'Weiße Auslese'	grünweiß	30–40 cm
'Yellow Lady'	hellgelb	35–40 cm

chen denen von *H. orientalis* gleichen. Von November bis etwa März erscheinen 5–8 cm breite, schalenförmige Blüten, deren Farbspektrum von Weiß über Gelb, Grün und Rosa bis hin zu Purpur reicht. Standortansprüche, Verwendung und Pflege sind gleich wie bei *H. orientalis*. Vermehrt werden die Hybriden ausschließlich vegetativ durch Teilen. Aus Samen gezogene Pflanzen sind nicht sortenecht. In einigen Gärtnereien wurden Zuchtlinien von bestimmten Sorten geschaffen, die durch Aussaat weiter vermehrt werden und nur geringe Variationen aufweisen, so etwa die 'Queen'-Serie der englischen Züchterin Elizabeth Strangman.

Helleborus 'Frühlingsleuchten'

Helleborus 'The Sultan'

Helleborus × ericsmithii 'Silvermoon'

Helleborus × ericsmithii 'Balthasar'

Helleborus × ericsmithii

Eine Hybride aus *H. niger* und *H. sternii*, deren Blüten sich weiß öffnen und beim Verblühen eine kupferrote Färbung annehmen. Die Blütezeit liegt zwischen November und April, die Pflanzen werden bis 30 cm hoch, mit Blüte bis 60 cm. 'Balthasar' hat bereits im Aufblühen einen Rosastich. 'Silvermoon' ist silberweiß, mit hübschen, grünlich gelben Staubgefäßen.

Helleborus × nigercors 'Green Corsican'

Hemerocallis fulva

Hemerocallis fulva 'Kwanso'

Helleborus × nigercors
Eine Kreuzung aus *H. argutifolius* und *H. niger*. Die Gruppen bildende Staude hat kurze Sprosse und mittelgrüne, überwinternde Laubblätter mit rau gezähnten Lappen. Von November bis März erscheinen kurze Stängel mit büscheligen Blütenständen zahlreicher abgeflachter, weißer, rosa überhauchter, bis 10 cm breiter Blüten. Die Pflanze wird bis 30 cm hoch und bis 90 cm breit. 'Caspar' blüht weiß mit grünlicher Mitte, 'Green Corsican' hat mehr Weiß in der Blüte und 'Walter Peters' bringt weiße Blüten mit zartgrünen Streifen hervor.

Hemerocallis fulva, Braunrote Taglilie, Orangefarbene Taglilie

Aussehen: Die wegen ihrer weiten Verbreitung und Anspruchslosigkeit auch als Bahnwärter-Taglilie bezeichnete, Rhizome und kurze Ausläufer bildende Staude hat bis 90 cm lange, schmal riemenförmige, blaugrüne Blätter. Ab Anfang Juli erscheinen über mehrere Wochen hinweg an schlanken, aufrechten Stängeln etwa 10 cm breite, orangebraune, trichterförmige Blüten mit zurückgeschlagenen Blütenblättern. Jede Blüte hält nur einen Tag lang.

Essbare Blüten
Obwohl sie zum Aufessen fast zu schön sind, stimmt es wirklich: Taglilienblüten sind essbar! Sie haben ein zartes, vanilleartiges Aroma und können in Salate gemsicht werden, um diese farblich aufzupeppen. Außerdem kann man mit den Blüten Kalte Platten, Suppen und viele andere Gerichte hübsch dekorieren. Tipp: Taglilienblüten mit Frischkäse füllen und zusammen mit Salzcrackern als Fingerfood reichen.

Da die Pflanze aber immer neue Blüten hervorbringt, ist die Blütezeit recht lang. Die Pflanze wird bis 100 cm hoch und noch etwas breiter.

'Flore Pleno' hat gefüllte Blüten. 'Europa' ist eine Kulturvariante mit leuchtend orangefarbenen Blüten und gelbem Schlund.
Verwendung: Eine beliebte Bauerngartenpflanze, die auch in Staudenbeeten gut aussieht. Das interessante Laub sorgt hier selbst außerhalb der Blütezeit für Struktur. Schön sehen Taglilien auch am Rand von Gewässern aus. Die Pflanze gedeiht auch in trockenen Böden und sogar in Kiesgärten. Pro m^2 benötigt man 2 Pflanzen.
Standort: Sonnig bis halbschattig. Humoser, tiefgründiger, nährstoffreicher, mäßig feuchter, aber durchlässiger Boden.
Pflege: Nach der Blüte sollten die Blütenstängel ausgeschnitten werden, damit die Pflanzen wieder ordentlich aussehen.
Vermehrung: Durch Teilen im zeitigen Frühjahr oder Herbst.

Hemerocallis lilioasphodelus, Gelbe Taglilie

Aussehen: Die auch unter dem Synonym *H. flava* geführte, Rhizome und kurze Ausläufer bildende Staude hat schmal riemenförmige, bis 65 cm lange Blätter. Ab Mitte Juni erscheinen an langen Blütentrieben etwa 10 cm breite, duftende, zitronengelbe Blüten, die nur einen Tag halten. Da aber über einen längeren Zeitraum immer wieder neue Knospen erblühen, hält die Blütezeit einige Wochen an. Die Pflanze wird bis 100 cm hoch und breit.
Verwendung: Eine schöne Blütenstaude für gemischte Rabatten und Staudenbeete. Sie sieht auch am Rand von Gewässern gut aus. Wegen des schönen Dufts empfiehlt es sich, sie in die Nähe von Sitzplätzen zu pflanzen, an denen man sich in den Abendstunden aufhält. Schöne

Hemerocallis lilioasphodelus

Pflanzpartner sind z. B. Wiesen-Schwertlilie (*Iris sibirica*) oder rotlaubige Purpurglöckchen (*Heuchera*-Hybriden), deren Blattfarbe gut mit den Blüten kontrastiert. Pro m² benötigt man 3 Pflanzen.
Standort: Sonnig bis halbschattig. Humoser, tiefgründiger, nährstoffreicher, mäßig feuchter, aber durchlässiger Boden.
Pflege: Nach der Blüte schneidet man die Blütenstängel aus, damit die Pflanze wieder einen ordentlichen Eindruck macht.
Vermehrung: Durch Teilen im zeitigen Frühjahr oder Herbst.

Nachtblütige Taglilien
Auch wenn sie Taglilien heißen, blühen manche Arten dieser schönen Staudengruppe nachts. Genauer gesagt: Sie erblühen in den späten Nachmittags- oder frühen Abendstunden und schließen die Blüten am nächsten Morgen wieder. Wer die Nase hineinsteckt, wird feststellen, dass diese Taglilien-Arten duften, denn das ist ihre Fortpflanzungsstrategie: Mit dem Duft locken sie Nachtinsekten an, die dann die Blüten befruchten.

Hemerocallis middendorffii, Middendorffs Taglilie

Aussehen: Die Pflanze wird bis 90 cm hoch und etwa halb so breit. Es ist eine Rhizome bildende Staude mit schmal riemenförmigen, bis 30 cm langen, steifen Blättern. Im Mai und Juni erscheinen an schlanken, unverzweigten Blütentrieben rostrote Knospen, die sich zu etwa 8 cm breiten, goldgelben, sternförmigen Blüten mit abgerundeten Blütenblättern öffnen. Die Blüten verströmen einen blumigen Duft und halten jeweils nur einen Tag. Da sich aber täglich neue Knospen öffnen, dauert die Blütezeit meist bis Mitte Juni.
Verwendung: Durch den aufrechten Wuchs, und weil sie ihre Nachbarn nicht bedrängt, passt die Staude gut in gemischte Pflanzungen. Schöne Pflanzpartner sind Wiesen-Schwertlilie (*Iris sibirica*), Spornblume (*Centranthus ruber*) und rotlaubige Purpurglöckchen (*Heuchera*-Hybriden), deren Blattfarbe gut mit den Blüten kontrastiert. Pro m² benötigt man 6 Pflanzen.
Standort: Sonnig bis halbschattig. Humoser, tiefgründiger, nährstoffreicher, mäßig feuchter, aber durchlässiger Boden.
Pflege: Nach der Blüte sollten die Blütenstängel ausgeschnitten werden, damit die Pflanzen wieder ordentlich aussehen.
Vermehrung: Durch Teilen im zeitigen Frühjahr oder Herbst.

Empfehlenswerte *Hemerocallis*-Hybriden

***Hemerocallis × cultorum*, Taglilien-Hybriden** (Tab. 37)
Die Taglilien-Hybriden sind in Wuchs, Blattfarbe und -form sowie dem Aufbau der Blüte ähnlich wie *H. fulva*. Das Farbspektrum reicht, je nach Hybride, von reinem Weiß über Gelb-, Orange-, Rot- und Pur-

Hemerocallis × cultorum 'Augustfreude'

Hemerocallis × cultorum 'Blutorange'

Hemerocallis × cultorum 'Chetco'

Tab. 37 Empfehlenswerte Sorten von *Hemerocallis* × *cultorum*

Sorte	Blüte	Wuchshöhe	Blütezeit
'Augustfreude'	hellgelb	140 cm	Juli/August
'Blutorange'	orange, rot durchsetzt	80 cm	Juli/August
'Chetco'	cremig maisgelb, mit gerüschtem Rand	60 cm	August/September
'Corky'	klein, zitronengelb, außen dunkler gefärbt	90 cm	Juli
'Ed Murray'	schwarzrot, mit grünlichem Schlund	80 cm	Juni/Juli
'Golden Chimes'	klein, goldgelb, außen dunkler gefärbt	100 cm	Juni/Juli
'Green Flutter'	kanariengelb, mit grünem Schlund	50 cm	August
'Hexenritt'	auffallend leuchtend rot, groß, klassisch einfache Form	100 cm	Juli/August
'Hyperion'	hell kanariengelb, duftend	100 cm	Juli/August
'Light the Way'	eisig weiß, mit hellgrünem Schlund	50–60 cm	Juli/August
'Little Joy'	klein, blutrot, mit etwas dunklerem Auge und gelbem Schlund; Miniatursorte	80 cm	Juli/August
'Little Wart'	klein, weinrot und lavendelblau, mit grünem Schlund	50 cm	Juli/August
'Lucretius'	leuchtend orange	80 cm	August/September
'Moonlit Masquerade'	cremefarben, mit einem großen, purpurschwarzen Auge über grünem Schlund, reichblütig	80 cm	Juli/August
'Prairie Blue Eyes'	lilablau, mit grünem Schlund	80 cm	Juli/August
'Rose of Avalance'	rosa	60–90 cm	Juni/Juli
'Serene Madonna'	weiß, mit kleiner, gelber Mitte	70 cm	Juni bis August
'Siloam Ury Winniford'	cremefarben, mit großem, violettem Auge und grünem Schlund	45 cm	Juli
'Stella d'Oro'	klein, goldgelb, mit grünem Schlund, duftend	30 cm	Juli/August
'Tinkerbell'	ganz klein, orange	80 cm	Juni/Juli

Hemerocallis × *cultorum* 'Ed Murray'

Hemerocallis × *cultorum* 'Green Flutter'

Hemerocallis × *cultorum* 'Hexenritt'

purtöne bis hin zu zweifarbigen Blüten und solchen mit einem markanten Auge im Schlund. Es gibt auch Hybriden mit gerüschtem Rand. Auch die Standortansprüche und die Verwendung sind in etwa wie bei *H. fulva*. Weil diese Hybriden etwas spektakulärer auftreten, sind sie weniger für den Bauerngarten und naturnahe Gestaltungen geeignet, sondern eher für sonnige Rabatten und Staudenbeete. Sie sollten so gepflanzt werden, dass sie ihr Publikum auf jeden Fall erreichen, also in den Vordergrund. Für naturnahe Pflanzungen eignen sich besonders die kleinblütigen Sorten wie 'Golden Chimes' und 'Corky'. Pro m^2 benötigt man 2 Pflanzen, bei den kleinwüchsigen 4–6 Pflanzen. Die Vermehrung erfolgt durch Teilen im zeitigen Frühjahr oder im Herbst.

Hemerocallis × cultorum 'Little Joy'

Hemerocallis × cultorum 'Rose of Avalance'

Hemerocallis × cultorum 'Little Wart'

Hemerocallis × cultorum 'Serene Madonna'

Hemerocallis × cultorum 'Hyperion'

Hemerocallis × cultorum 'Lucretius'

Hemerocallis × cultorum 'Stella d'Oro'

Hemerocallis × cultorum 'Light the Way'

Hemeroc. × cultorum 'Moonlit Masquerade'

Hepatica nobilis, Gewöhnliches Leberblümchen

Aussehen: Die auch unter den Synonymen *Anemone hepatica* und *Hepatica triloba* geführte, langsam wachsende, rundliche, bei uns in Laubwäldern vorkommende Staude hat rundliche bis nierenförmige, mittelgrüne, bis 6 cm große, dreilappige, unterseits silbrig behaarte Blätter. Von Februar bis April erscheinen meist vor dem Laubaustrieb offen schüsselförmige, 2,5 cm breite, weiße, rosafarbene oder violettblaue Blüten. Die Pflanze wird bis 10 cm hoch und bis 15 cm breit.

'Plena' ist eine blau blühende, gefüllte Sorte. 'Rubra Plena' hat rötliche, gefüllte Blüten.
Verwendung: Zusammen mit Primeln (*Primula*) und Zwiebelblühern wie Schneeglöckchen (*Galanthus*), Krokussen (*Crocus*) und Blausternen (*Scilla*) eignen sich Leberblümchen gut zur Unterpflanzung lichter Gehölzgruppen. Die Pflanze braucht einige Jahre, um sich zu voller Schönheit zu entwickeln, bildet dann aber größere Bestände. Pro m^2 benötigt man 25 Pflanzen.
Standort: Halbschattig. Humus- und kalkreicher, feuchter, aber durchlässiger Boden.
Pflege: Die charmanten Frühlingsboten werden nur ungern verpflanzt. Deshalb sollten sie, einmal gepflanzt, nicht mehr gestört werden. Der Austrieb ist anfällig für Schneckenfraß. Wenn altes Laub im Spätwinter entfernt wird, kommen die Blüten besser zur Geltung.
Vermehrung: Durch Aussaat bei Samenreife. Im Frühjahr geteilte Pflanzen wachsen nur schlecht wieder an.

Weitere empfehlenswerte *Hepatica*-Art

Hepatica transsilvanica, Siebenbürger Leberblümchen

Auch unter dem Synonym *H. angulosa* geführte Staude mit dreilappigen, bis 10 cm langen, blassgrünen, behaarten Blättern. Von Februar bis April erscheinen, meist vor dem Laubaustrieb, violettblaue, schalenförmige, bis 4 cm breite Blüten. Die Pflanzen bevorzugen einen halbschattigen Standort und humus- und kalkreichen Boden. Sowohl die Blätter als auch die Blüten sind etwas größer als bei *H. nobilis*, die Verwendung im Garten ist jedoch gleich. Pro m^2 benötigt man 16 Pflanzen.

Heuchera micrantha, Kleinblütiges Purpurglöckchen

Aussehen: Die Büschel oder Gruppen bildende Staude hat an der Basis holzig verdickte Stämme und herzförmige, gelappte, lang gestielte, graugrün marmorierte Blätter, die in der Regel wintergrün sind. Im Juni und Juli erscheinen an drahtigen, etwa 30 cm langen Stielen lockere Rispen mit zahlreichen winzigen, glockenförmigen, weißen Blüten, die rote Staubbeutel besitzen. Die Pflanze wird bis 40 cm hoch und breit, die Blütentriebe werden bis 90 cm hoch.

Hepatica nobilis

Heuchera micrantha 'Palace Purple'

'Palace Purple' hat bronzerot getöntes Laub.
Verwendung: Die Staude wird hauptsächlich wegen der dekorativen Laubblätter gepflanzt. Sie eignet sich zur Einfassung von Beeten, Rabatten und Gehölzgruppen, passt aber auch in halbschattige Steingärten und sieht in Töpfen und Kübeln ganz bezaubernd aus. Die markanten Blätter eignen sich als Beigabe zu Sträußen. Pro m² benötigt man 8 Pflanzen.
Standort: Halbschattig, bei ausreichender Bodenfeuchtigkeit auch sonnig. Humoser, nährstoffreicher, durchlässiger Boden.
Pflege: In frostigen Wintern frieren die Laubblätter zurück und die Pflanzen heben sich aus dem Boden. Man schneidet daher im zeitigen Frühjahr die welken Blätter ab und pflanzt die Stauden wieder etwas tiefer ein.
Vermehrung: Durch Teilen oder Aussaat im zeitigen Frühjahr.

Heuchera sanguinea, Blut-Purpurglöckchen

Aussehen: Die Büschel oder Gruppen bildende Staude hat an der Basis holzig verdickte Stämme und wird 30–40 cm hoch und breit. Ihre gerundeten oder nierenförmigen, flach gelappten, graugrün marmorierten Blätter sind in der Regel wintergrün. Im Juni und Juli erscheinen lockere Rispen mit zahlreichen relativ großen, roten Blüten.

Die Sorte 'Leuchtkäfer' blüht intensiv scharlachrot, 'Alba' hat weiße Blüten.
Verwendung: Mit den dekorativen Laubblättern und den hübschen Blüten ist die Pflanze zur Einfassung von Beeten, Rabatten und Gehölzgruppen, aber auch für halbschattige Steingärten sowie zur Grabbepflanzung geeignet. Sie sieht auch in Töpfen und Kübeln ganz bezaubernd aus. Pro m² benötigt man 8 Pflanzen.
Standort: Sonnig bis halbschattig. Humoser, nährstoffreicher, durchlässiger Boden.
Pflege: Durch Frost aus dem Boden gehobene Pflanzen setzt man im Frühjahr wieder tiefer. Welkes Laub im Frühjahr zurückschneiden.
Vermehrung: Durch Teilen oder Aussaat im Frühjahr. Die Sorten können durch Aussaat nicht sortenrein vermehrt werden.

Heuchera sanguinea 'Leuchtkäfer'

Empfehlenswerte *Heuchera*-Hybriden

***Heuchera × cultorum*, Purpurglöckchen-Hybriden** (Tab. 38)
Die Hybriden des Purpurglöckchens sind in den letzten Jahren immer beliebter geworden, sodass ständig neue Züchtungen auf den Markt kommen. Die dekorativen, wintergrünen Blattschmuckstauden gleichen in Wuchs, Standortansprüchen und Verwendung den beiden zuvor beschriebenen *Heuchera*-Arten.

Heuchera × cultorum 'Caramel'

Heuchera × cultorum 'Chocolate Ruffles'

Heuchera × cultorum 'Citronella'

Heuchera × cultorum 'Green Spice'

Tab. 38 Empfehlenswerte Sorten von *Heuchera × cultorum*

Sorte	Blatt	Blüte	Wuchshöhe
'Amber Waves'	oberseits gelb, unterseits rotbraun, mit gerüschtem Rand	rosa	30 cm
'Amethyst Myst'	burgunderrot, silbrig überhaucht	weiß	60 cm
'Caramel'	gelborange	weiß	40 cm
'Chocolate Ruffles'	braunviolett	rosaweiß	50 cm
'Key Lime Pie'	grüngelb	weiß	30 cm
'Mint Frost'	silbrig, grün geadert, im Herbst rosa überlaufen	weiß	70 cm
'Obsidian'	schwarzrot	cremeweiß	50 cm
'Pewter Moon'	silbrig, bronzepurpurn geadert, unterseits purpurn	weiß	50 cm
'Plum Pudding'	schwarzrot, silbrig geadert	weißlich rosa	50 cm
'Prince of Silver'	silbrig, mit intensiver, grüner Blattzeichnung	cremeweiß	50 cm
'Rachel'	bronzerot	rosa	50 cm
'Raspberry Ice'	bronzeviolett, mit metallisch-silbriger Zeichnung, unterseits purpurn	rosa	40 cm
'Silver Scrolls'	metallisch-silbrig, bronzepurpurn geadert, unterseits purpurn	weiß	65 cm
'Sugar Frosting'	grausilbrig, mit purpurnem Hauch	weiß	50 cm
'Velvet Night'	dunkel grauviolett, mit hellgrauen Flächen, unterseits purpurn	cremeweiß	65 cm

Heuchera × cultorum 'Plum Pudding'

Heuchera × cultorum 'Rachel'

Heuchera × cultorum 'Silver Scrolls'

Heuchera × cultorum 'Mocha'

Heuchera × cultorum 'Obsidian'

Heuchera × cultorum 'Venus'

× *Heucherella tiarelloides*, Rosafarbene Bastardschaumblüte

Aussehen: Bei dieser Staude handelt es sich um eine Gattungshybride von *Heuchera* und *Tiarella*. Vom Purpurglöckchen (*Heuchera*) hat sie die eleganten, lockeren Blütenrispen geerbt, von der Schaumblüte (*Tiarella*) den teppichartigen Wuchs. Die Ausläufer bildende, immergrüne Staude hat rundliche, flach gelappte, gezähnte, hellgrüne Blätter, die im Jugendstadium oft braun gefleckt sind. Von Mai bis Juli erscheinen lockere Rispen mit kleinen, rosafarbenen, sterilen Blüten. Die Pflanze wird bis 45 cm hoch und breit.

Die Hybride 'Stoplight' hat blassrosa Blüten.

Verwendung: Die Matten bildende Staude eignet sich als duftiger Bodendecker zwischen Gehölzen und robusten Stauden. Pro m^2 benötigt man 8 Pflanzen.

Standort: Halbschattig. Feuchter, aber durchlässiger, fruchtbarer, neutraler bis leicht saurer Boden. Ein nährstoffreicher Boden gewährleistet ein längeres Leben der Pflanzen.

Pflege: Im Frühjahr welkes Laub ausputzen.

Vermehrung: Durch Abnehmen von bewurzelten Ausläufern im Frühjahr und Sommer.

× *Heucherella tiarelloides* 'Stoplight'

× *Heucherella tiarelloides*

Hosta fortunei, Graublatt-Funkie

Aussehen: Die wüchsige, Gruppen bildende, auch als *Hosta* 'Fortunei' geführte Staude hat lang gestielte, eiförmige, zugespitzte, matt dunkelgrüne, bereifte, 20–30 cm lange Blätter. Im Juli und August erscheinen an 80 cm langen, beblätterten Blütentrieben schmal trichterförmige, bis 5 cm lange, hellviolette Blüten über dem Laub. Die Pflanze wird etwa 60–90 cm hoch und bis 120 cm breit.

Die Unterarten zeichnen sich durch schöne Blattzeichnungen aus: *H. fortunei* var. *albopicta* wird etwas größer als die Art und hat cremegelbe Blätter mit grünem Rand, die im Lauf des Sommers vergrünen, *H. fortunei* var. *aureomarginata* bleibt etwas kleiner und hat grüne Blätter mit schmalem goldgelbem Rand.

Verwendung: Diese große, robuste Funkie passt gut unter lichte Gehölze, kann aber auch zur Einfassung von Beeten und Rabatten verwendet werden. In einen Kübel gepflanzt ist sie ein markanter Blickfang. Pro m^2 benötigt man 2 Pflanzen.

Standort: Halbschattig bis sonnig. Humoser, feuchter, durchlässiger, neutraler Boden. In der Sonne bilden die gelb gezeichneten Blätter eine schönere Farbe aus.

Pflege: Der Austrieb ist anfällig für Schneckenfraß. Im Sommer darf die Staude nicht austrocknen. Bei sonnigem Standort mittags eventuell schattieren.

Vermehrung: Durch Teilen im Frühjahr.

Sorten oder Hybriden?
Bei Funkien gehen die Meinungen der Fachwelt über die verschiedenen Sorten auseinander. Manche ordnen einzelne Sorten den Arten zu, andere halten die meisten Sorten für Hybriden. Weil eine Zuordnung zu den Arten mitunter verwirrend ist, werden die vermeintlichen Sorten an dieser Stelle als Hybriden aufgeführt und nur die sicher zugeordneten Unterarten bei den Arten erwähnt.

Hosta plantaginea, Lilien-Funkie

Aussehen: Die Gruppen bildende Staude hat ei- bis herzförmige, leicht gewellte, glänzende, hellgrüne, 15–25 cm lange Blätter mit kurzer Spitze. Die auffälligen Blattadern sind etwas erhaben. Von Juli bis September erscheinen an bis 75 cm langen Blütentrieben trompetenförmige, langröhrige, weiße, bis 10 cm lange Blüten, die sich nachts öffnen und einen intensiven Duft verströmen. Die Pflanze wird bis 60 cm hoch und bis 100 cm breit.

Besonders schöne, große Blüten besitzt die Unterart *H. plantaginea* var. *grandiflora,* die auch unter dem Synonym *H. plantaginea* var. *japonica* geführt wird.

Verwendung: Wegen des Dufts und der Sonnenverträglichkeit sollte man diese schöne Funkie unbedingt in Sitzplatznähe pflanzen. Gut gedeiht sie auch in großen Kübeln auf der Terrasse oder dem Balkon. Pro m^2 benötigt man 3 Pflanzen.

Hosta plantaginea 'Grandiflora'

Hosta undulata var. *univittata*

Standort: Sonnig bis halbschattig. Nährstoffreicher, feuchter, aber gut durchlässiger, neutraler Boden.
Pflege: Im Frühjahr den Austrieb vor Schnecken schützen und im Sommer nicht austrocknen lassen.
Vermehrung: Durch Teilen im Frühjahr.

Hosta sieboldiana, Blaublatt-Funkie

Aussehen: Die bis 100 cm hohe und bis 120 cm breite, Gruppen bildende Staude hat sehr große, eiförmige bis rundliche, mittel- bis tief blaugrüne, runzelige, derbe, bis 50 cm lange Blätter, die sich schalenförmig verformen und oberseits blau bereift sind. Im Juni und Juli erscheinen bis 1 m lange, beblätterte Blütentriebe mit glockenförmigen, bis 6 cm langen, blass fliederfarbenen Blüten, die zu Weiß verblassen.

Die Unterart *H. sieboldiana* var. *elegans* (Syn. *H. sieboldiana* 'Elegans') hat rundlich-herzförmige, tief und stark gefaltete und stark bereifte, 20–30 cm lange Blätter.
Verwendung: Diese sehr große Funkie mit etwas derb wirkendem Laub passt gut unter lichte Bäume, Sträucher und an den Saum von Gehölzen. Am Teichrand bildet sie einen Blickfang und kann auch in großen Kübeln Akzente setzen. Pro m² benötigt man 1 Pflanze.
Standort: Halbschattig bis schattig. Nährstoffreicher, feuchter, aber gut durchlässiger, neutraler Boden.
Pflege: Im Frühjahr den Austrieb vor Schnecken schützen und im Sommer nicht austrocknen lassen.
Vermehrung: Durch Teilen im Frühjahr.

Hosta undulata, Schneefeder-Funkie

Aussehen: *H. undulata* wird in der Blütezeit bis 100 cm hoch und etwa halb so breit, der Blatthorst erreicht eine Höhe von 30–40 cm. Die Gruppen bildende Staude hat gedrehte, gerollte, tief rinnige, lanzettliche bis elliptische, zugespitzte, 15–20 cm lange, mittelgrüne Blätter. Diese sind zwar dünn, aber ledrig hart, stark wellig gerandet und in der Mitte weiß oder cremefarben gezeichnet. Im Juli und August erscheinen an gebogenen, bis 80 cm langen, beblätterten Blütentrieben Trauben mit etwa 6 cm langen, trichterförmigen Blüten in hellem Violett.

Die Unterart *H. undulata* var. *univittata*, die auch unter dem Synonym *H.* 'Undulata Univittata' geführt wird, hat einen 3,5 cm breiten, grünen Blattrand. *H. undulata* var. *albomarginata* hat grüne, weiß gerandete Blätter.
Verwendung: Sehr dekorative Funkie für den Gehölzrand oder für Einfassungen und Rabatten. Auch in Töpfen und Kübeln bildet sie einen Blickfang. Pro m² benötigt man 4 Pflanzen.
Standort: Halbschattig. Frischer, feuchter, aber durchlässiger, nährstoffreicher, kalkarmer Boden.
Pflege: Der Austrieb im Frühjahr ist besonders anfällig für Schneckenfraß. Im Sommer nicht austrocknen lassen.
Vermehrung: Durch Teilen im Frühjahr.

Empfehlenswerte *Hosta*-Hybriden

Hosta × cultorum, Funkien-Hybriden (Tab. 39)
Mittlerweile gibt es mit über 4000 verschiedenen Hybriden eine kaum noch überschaubare Anzahl dieser attraktiven Stauden, von ganz kleinen, die wie Miniaturen wirken, bis hin zu kräftigen, großblättrigen, die eine gute Fernwirkung haben und robust genug sind, um den ewig hungrigen Schnecken Paroli bieten

Tab. 39 Empfehlenswerte Sorten von *Hosta* × *cultorum*

Sorte	Blatt	Blüte	Blütezeit	Wuchshöhe Blatthorst/ Blütenstände	Pflanzen pro m²
'Blue Angel'	groß, blaugrau	weißlich zartviolett	Juli bis September	80/120 cm	2–3
'Blue Mouse Ears'	klein, bläulich	blasslila	Juni bis August	15/25 cm	5–7
'Brim Cup'	breit löffelförmig, mit breitem, weißem Rand auf tiefgrünem Grund	blasslila bis weiß	Juli/August	30/50 cm	3–5
'Darwin Standard'	herzförmig, glänzend, goldgelb, mit grünem Rand	blasslila	Juni/Juli	35/75 cm	3–5
'Fire and Ice'	mittelgroß, weiß, mit unregelmäßig grünem, gewelltem Rand	lila	Juni/Juli	40/60 cm	5–7
'Francee'	groß, dunkelgrün, mit schmalem, weißem Rand	lila	Juli	50/75 cm	3–5
'Frances Williams'	groß, fest, graublau, mit gelbem Rand	hellviolett	August/September	50/80 cm	2–3
'Gold Standard'	herzförmig, glänzend, goldgelb, mit schmalem, grünem Rand	blasslila	Juni/Juli	35/75 cm	3–5
'Golden Scepter'	mittelgroß, erst hellgrün, dann goldgelb	blassviolett	Juli	35/65 cm	3–5
'Goldene Woge'	oval-lanzettlich, gespitzt, grüngelb	violett	Juni/Juli	20/30 cm	5–7
'Gypsy Rose'	schmal herzförmig, glänzend, cremegelb, mit breitem, dunkelgrünem Rand und silbrigem Streifen	lavendelblau	Juni/Juli	40/65 cm	3–5
'Halcyon'	mittelgroß, graublau, bereift	hellviolett	Juli/August	45/55 cm	3–5
'Joseph'	mittelgroß, rundlich, glänzend tiefgrün, mit kräftigen Blattnerven	hellviolett	Juli/August	40/50 cm	3–5
'June'	cremegelb, mit grünem Rand, Blattmitte im Frühjahr goldgelb und blau überlaufen	blasslila	Juli/August	25/40 cm	5–7
'Krossa Regal'	groß, dick, leicht gewellt, blaugrau, bereift	lila	Juli/August	60/120 cm	2–3
'Lakeside Lollipop'	lang gestielt, rundlich, glänzend dunkelgrün, mit genarbter Oberfläche	reinweiß	Juli	25/45 cm	5–7
'Midas Touch'	mittelgroß, breit oval, muschelförmig, goldgelb, mit runzliger Oberfläche	fast weiß	Juni	50/60 cm	3–5
'Patriot'	mittelgroß, oval, gespitzt, mit dunkelgrüner Mitte und breitem, weißem Rand	lila	Juni/Juli	50/70 cm	3–5
'Remember Me'	oval bis lanzettlich, cremeweiß, mit schmalem, blaugrünem Rand	lila	Juli/August	30/40 cm	3–5
'Sum and Substance'	herzförmig, mittelgroß, kräftig gelbgrün, leicht schalenförmig	lila	August/September	65/70 cm	2–3

zu können. Die Ansprüche an Standort und Pflege sind die gleichen wie bei den bereits beschriebenen Funkien-Arten. Generell fühlen sie sich eher im Halbschatten als in der Sonne wohl und brauchen immer ausreichend feuchten, humosen, kalkarmen Boden. Die Verwendung hängt etwas vom Aussehen und der Wuchshöhe der Hybriden ab. Sehr kleine Hybriden würden im Beet untergehen. Man kultiviert sie besser in Töpfen und Schalen. Liebhaber solcher Miniatur-Funkien haben manchmal ein ganzes Sammelsurium solcher bepflanzter Töpfchen mit den vielfältigsten Arten. Größere Arten kann man für Rabatten verwenden oder an den Gehölzrand pflanzen. In fernöstlich inspirierten Gärten machen sie eine ebenso schöne Figur wie am Gewässerrand und neben größeren Steinbrocken.

Hosta × cultorum 'Frances Williams'

Hosta × cultorum 'Darwin Standard'

Hosta × cultorum 'Blue Angel'

Hosta × cultorum 'Krossa Regal'

Hosta × cultorum 'Blue Mouse Ears'

Hosta × cultorum 'Fire and Ice'

Hosta × cultorum 'Brim Cup'

Hosta × cultorum 'Golden Scepter'

Hosta × cultorum 'Goldene Woge'

Hosta × cultorum 'Gipsy Rose'

Hosta × cultorum 'Lakeside Lollipop'

Hosta × cultorum 'Gold Standard'

Hosta × cultorum 'June'

Hosta × cultorum 'Halcyon'

Hosta × cultorum 'Midas Touch'

Hosta × cultorum 'Remember Me'

Iberis sempervirens, Immergrüne Schleifenblume

Aussehen: Der auch unter dem Synonym *I. commutata* geführte, immergrüne, Matten bildende Halbstrauch hat niederliegende Triebe mit bis 3,5 cm langen, spatelförmigen, dunkelgrünen Blättern. Im April und Mai erscheinen an den Enden der Triebe bis 5 cm breite, schirmrispenartige Trauben schneeweißer bis rosaweißer Blüten. Die Pflanze wird bis 30 cm hoch und bis 40 cm breit.

'Weißer Zwerg' (Syn. 'Little Gem') bildet nur 10 cm hohe Polster mit kleinen, weißen Blüten. Etwas höher (20 cm) wird die ebenfalls reinweiß blühende Sorte 'Zwergschneeflocke'. Besonders großblumig ist die 25 cm hohe Sorte 'Findel'.
Verwendung: Die Staude eignet sich für Steingärten, Trockenmauern, Einfassungen (z. B. von Pflasterwegen) und Kiesbeete. Die weißen Blütenpolster bilden im Frühjahr einen weithin sichtbaren Blickfang. Pro m^2 benötigt man 11 Pflanzen.
Standort: Sonnig bis halbschattig. Nährstoffarmer bis mäßig fruchtbarer, durchlässiger, kalkhaltiger Boden. An sonnigen Standorten blühen die Pflanzen reicher.
Pflege: Sehr pflegeleicht. Man kann sie gelegentlich (nicht jährlich) nach Bedarf zurückschneiden, am besten nach der Blüte.
Vermehrung: Durch halb verholzte Stecklinge im Sommer.

Iberis sempervirens 'Weißer Zwerg'

Inula ensifolia, Schwertblättriger Alant

Aussehen: Die dichte, buschig wachsende, Rhizome bildende Staude wird maximal 40 cm hoch und bis 30 cm breit. Sie hat schlanke Sprosse mit ungestielten, linealisch-lanzettlichen, ganzrandigen, bis 9 cm langen, mittelgrünen Blättern. Von Juli bis September erscheinen einzelne oder in kleinen Schirmrispen angeordnete, goldgelbe, bis 3 cm breite Körbchenblüten.

'Compacta' ist eine zwergig wachsende Kulturform, die nur 15 cm hoch wird.
Verwendung: Im Gegensatz zum heimischen, recht dominanten Echten Alant (*Inula helenium*) eignet sich diese aus dem Kaukasus stammende Staude gut für Kies- und Steingärten, Trockenrasen und Südhänge in naturnahen Pflanzungen. Die lange Blütezeit und ihre Genügsamkeit machen sie zu einer wertvollen Wildstaude, die am besten in kleinen Gruppen gepflanzt wird. Pro m^2 benötigt man 11 Pflanzen.
Standort: Sonnig. Lockerer, mäßig nährstoffreicher, auch trockener, kalkhaltiger Boden.
Pflege: Sehr pflegeleicht. Rückschnitt bis zum Boden im Spätherbst oder zeitigen Frühjahr.
Vermehrung: Durch Teilen im Frühjahr.

Inula ensifolia 'Compacta'

Iris barbata, Bart-Iris

(Tab. 40 bis Tab. 42)

Aussehen: Die Bart-Iris der Gärten sind genau genommen keine Züchtungen einer einzigen Art, sondern es handelt sich um Kreuzungen verschiedener Iris-Arten, deren Blüten einen pelzartigen, schmalen Belag haben, der ins Blüteninnere weist, den sogenannten Bart. Sehr oft kontrastiert er auffällig mit den Blütenfarben. Die hellen, fast graugrünen Blätter sind 1–4 cm breit und schwertförmig. Sie entspringen fächerartig dem Boden. Sind die Pflanzen etwa zwei Jahre alt, schieben sich zwischen den Blättern blattlose Schäfte hindurch, die, je nach Sortentyp, zwischen April und Juni ihre 6–10 cm großen Blüten entfalten. Diese sitzen an mehr oder weniger stark verzweigten Stängeln; meist folgen der ersten Blüte später am gleichen Platz ein bis drei weitere nachrangige Blüten. Moderne Züchtungen haben zuweilen dreifach geteilte Schäfte an deren Spitzen wiederum bis zu vier Knospen nacheinander aufgehen – so zieht sich der Flor einer Pflanze über gut drei Wochen hin.

Die Blüten haben sechs Blütenblätter, von denen drei nach oben weisen und drei nach unten; man spricht vom aufwärts gerichteten „Dom“ und abwärts gerichteten „Hängeblättern“. Die Skala der Blütenfarben ist beeindruckend, nur wenige andere Pflanzengattungen können in dieser Hinsicht mithalten. Vom klarsten Weiß über sämtliche Farben und Schattierungen des Regenbogens (abgesehen vielleicht von einem Mohnrot) bis hin zu schwarz wirkenden, tiefen Blau- und Purpurtönen ist alles Denkbare vorhanden. Viele Bart-Iris duften stark und süß, meist ist eine honigartige Unternote zu spüren, gelegentlich auch ein Veilchenaroma oder das von Blauregen.

Tab. 40 Weitere empfehlenswerte Sorten der *Iris* Barbata-Elatior-Gruppe

Sorte	Blütenfarbe	Bemerkungen
'Brown Lasso'	Variegata; D ockergelb, H violett mit braunem Rand	50 cm hoch; starker, süßer Duft
'Buisson de Roses'	zartes Flamingorosa,	80 cm hoch; reich blühend, sehr gute rosafarbene Sorte
'Codicil'	einheitliches helles Blau, dunkelblauer, hochstehender Bart	70 cm hoch; reich blühend, mittelgroße, ausdrucksstarke Form
'Impromtu'	changierendes Aprikosenorange mit Gelb und Rosa	50 cm hoch; ältere Sorte, sehr schönes Farbenspiel
'Louvois'	D rosig karamellfarben, H dunkelpurpurn, schmal weiß gerandet	80 cm hoch; ältere Sorte; reiche Blüte und starker Duft
'Lugano	Kreideweiß	70 cm hoch; ältere Sorte, die im Herbst gelegentlich nachblüht (ähnlich wie die abgebildete 'Lovely Again')
'New Idea'	schillerndes Rosarot bis Maulbeerblau	60 cm hoch; eher kleine aber sehr viele Blüten; lässt sich hervorragend kombinieren
'Spanish Coins'	Goldgelb	60 cm hoch; kleinblumig, Massenblüher
'Thriller'	tiefes Aubergine	90 cm hoch; sehr reich verzweigte, großblumige und eindrucksvolle Spitzensorte
'Tom Tit	Tintenblau, gelber Bart	70 cm hoch; kleinblumig, Massenblüher; ausgesprochen wertvolle Sorte
'Tulip Festival'	Amoena; D weiß, H gelb	60 cm hoch; große Blüten und eher gedrungener Wuchs; sehr gut im Beetvordergrund; stark duftend
'Tut's Gold'	Goldgelb	90 cm hoch; eine der besten hohen Großblumer dieser Farbe

D = Dom
H = Hängeblätter

Iris Barbata-Elatior-Gruppe 'Blue Shimmer'

Iris Barbata-Elatior-Gruppe 'Champagne Waltz'

Iris Barbata-Elatior-Gruppe 'Enchanted World'

Iris Barbata-Elatior-Gruppe 'Feu de Cièl'

Iris Barbata-Elatior-Gruppe 'Natchez Trace'

Iris Barbata-Elatior-Gruppe 'Provencal'

Iris Barbata-Elatior-Gruppe 'K. H. Darwin'

Iris Barbata-Elatior-Gruppe 'Night Owl'

Iris Barbata-Elatior-Gruppe 'Superstition'

Iris Barbata-Elatior-Gruppe 'Lovley Again'

Iris Barbata-Elatior-Gr. 'Old Black Magic'

Iris Barbata-Elatior-Gruppe 'Thornbird'

Iris Barbata-Elatior-Gr. 'Madame Cherau'

Iris Barbata-Elatior-Gruppe 'Piroshka'

Iris Barbata-Elatior-Gruppe 'Victoria Falls'

Für bestimmte Farbkombinationen der Blüten gibt es eine eigene Terminologie: Fein gemaserte und gestrichelte Sorten, deren Blütenmitte heller ist und sich nach außen hin durch die Strichelung dunkler zeigt, bezeichnet man als **Plicata**. Sorten mit sehr hellem bis weißem Dom und anders gefärbten Hängeblätter sind **Amoena**, ist die Farbgebung genau umgekehrt, spricht man von **Reversen Amoena**. Sind die Domblätter gelb und die Hängeblätter bräunlich, rötlich oder purpurn, handelt es sich um eine **Variegata**. **Bicolor** heißen Iris, deren Dom und Hängeblätter unterschiedliche Farben haben – ohne Weiß. Handelt es sich um zwei verschieden helle Nuancen einer bestimmten Farbe (z. B. Zartlila und Dunkelviolett), spricht man von **Bitone**.

Eine weiße Zone auf einem farbigen Blütenblatt nennt man Spiegel; ein dunkles Auge auf einem hellen Blütenblatt hingegen Spot.

Die Farbbezeichnungen mögen für den Einsteiger erst einmal verwirrend erscheinen, sie sind aber sehr gute Navigationshilfen, wenn man sich in dem immensen Sortiment der Bart-Iris zurechtfinden möchte.

Bart-Iris werden außerdem nach ihrer Höhe eingeteilt. Als Faustregel gilt zudem: Je niedriger eine Sorte wächst, desto früher blüht sie. So machen die kleinen, höchstens 40 cm hohen Iris der **Barbata-Nana-Gruppe** (siehe Tab. 42) oft schon im April den Anfang. Es folgt die **Barbata-Intermedia-** (siehe Tab. 41) oder **Barbata-Media-Gruppe**, deren Schäfte 40–60 cm hoch werden. Den krönenden Abschluss bildet die **Barbata-Elatior-Gruppe** (siehe Tab. 40). Sie hat nicht nur die längsten Blütenstängel sondern auch die größten Blüten.

Bart-Iris sind züchterisch stark bearbeitet worden. Es sind noch viele alte, aber sehr wertvolle Sorten im Handel, die zumeist sehr zäh wachsen. Tendenziell sind bei ihnen die Hängeblätter noch deutlich nach unten gerichtet; die Blüten wirken elegant und hinreichend natürlich. Moderne Züchtungen haben gut und gerne doppelt so große Blüten und zuweilen seitlich abstehende Hängeblätter; man spricht von „schwebender Haltung". Der Farbeindruck und die Opulenz der Blüten sind dann kaum noch zu steigern.

Nach der Blüte verbleiben die Blattfächer. Sie können eine Pflanzung sehr reizvoll strukturieren und bilden sehr schöne optische Gegengewichte zu später blühenden Pflanzen.

Verwendung: In Prachtstaudenbeeten sind Bart-Iris die erste Wahl. Sie sind während der Blütezeit ohne Konkurrenz und besonders den modernen „Elatiors" sollte man dann eine Fläche einrichten, auf der nur sie ihre Qualitäten entfalten können. Als Begleiter sind nur feine, kleinblumige Pflanzen geeignet oder vielleicht noch ein Pulk Pfingstrosen (*Paeonia*) oder Türkischer Mohn (*Papaver orientale*), die es mit der Blütenpracht der Iris aufnehmen können. Ältere Sorten sind ein wenig verträglicher in der Kombination und in den Ansprüchen, sie sind hervorragend geeignet für Steppen- und Kiesbeete und kommen auch auf ärmeren, sandigen Böden gut zurecht. Je nach Sortengruppe benötigt man 6–12 Pflanzen pro m².

Standort: Sonnig; ältere Sorten vertragen Halbschatten, blühen dann aber weniger reich. Der Boden muss durchlässig sein. Moderne Sorten brauchen mehr Nährstoffe als ältere Sorten. Sommerliche Trockenheit wird vertragen; zu viel Nässe kann Pilzkrankheiten verursachen.

Pflege: Die alten Sorten sind sehr unkompliziert. Aber auch die neuen Prachtstücke lassen sich meist ohne Probleme gut im Garten halten, wenn man ein paar Dinge beachtet. Hohe Sorten sollten in der Blütezeit gestützt werden. Bei ungünstigen Bedingungen stellen sich Pilze ein, die direkt nach der Blütezeit die Blätter zerstören. Dann werden die Blattschöpfe zurückgeschnitten und die Pflanzen treiben im Hochsommer neues Laub. Offenbar schadet ihnen die Prozedur nicht.

Bart-Iris werden am besten nach der Blütezeit, also im Juli und August, gepflanzt. In dieser Zeit ruhen die Pflanzen und lassen sich ohne Nachteile sogar versenden. Wer neue Sorten ausprobieren möchten, sollte die trockene, sogenannte Wurzelware für den Sommer bei einer Spezialgärtnerei bestellen. Man hat nicht nur eine sehr gute Pflanzenqualität, sondern dann auch Zugriff auf das gesamte, sehr reichhaltige Sortiment. Die Rhizome werden flach gepflanzt: Sie dürfen höchstens 0,5 cm von Erde bedeckt sein.

Mit der Zeit können die Pflanzen wahre Geflechte von Rhizomen entwickeln, wobei die inneren keine Blätter oder Blüten mehr ausbilden. Die Pulks werden dann im Sommer aus dem Boden genommen, die noch wüchsigen Rhizome vom Rand her abgetrennt und die inneren, kahlen und meist blattlosen Stücke verworfen. Die vitalen Randwurzeln werden flach in neue (!) Erde gepflanzt, sie regenerieren sich dann ohne Probleme wieder.

Vermehrung: Die schönen Sorten behalten ihre Eigenschaften nur, wenn man sie im Sommer teilt.

Tab. 41 Weitere empfehlenswerte Sorten der *Iris* Barbata-Intermedia-Gruppe

Sorte	Blütenfarbe	Bemerkungen
'Antarctique'	Amoena; D weiß, H zartlila	50 cm hoch; sehr starker, süßer Duft
'Frosted Cream'	zarter Creme- bis Elfenbeinton	50 cm hoch; hübsche Gartenfarbe
'Harlow Gold'	einheitliches Goldgeb	50 cm hoch; reiche Blüte, ausgezeichnete Farbwirkung
'Helen Proctor'	seidig schimmerndes, schwärzliches Nachtblau	50 cm hoch; sehr elegante Sorte
'Hot Spice'	Plicata; H dunkel rotbraun, D heller, mit weißem Spiegel	50 cm hoch; fantastische Farbwirkung; gut duftend
'Orageux'	D orange, H schwärzlich purpurn	60 cm hoch; sehr extravagante Farbe, reiche Blüte
'Red Zinger'	Rot mit kastanienbraunem Unterton, gelber Bart	60 cm hoch; opulente Blüten, wie eine gedrungene Elatior, aber früher blühend, reiche, lang anhaltende Blüte
'Tumwater'	helles Türkisblau, intensiv blauer Bart	60 cm hoch; schicke, reich blühende Sorte

D = Dom
H = Hängeblätter

Iris Barbata-Intermedia-Gruppe 'Con Brio'

Iris Barbata-Intermedia-Gruppe 'Flourish'

Iris Barbata-Interm.-Gr. 'Morgendämmerung'

Iris Barbata-Intermedia-Gruppe 'Alascan Gold'

Iris Barbata-Intermedia-Gruppe 'Arctic Fancy'

Iris Barbata-Intermedia-Gruppe 'Swizzle'

Tab. 42 Weitere empfehlenswerte Sorten der *Iris* Barbata-Nana-Gruppe

Sorte	Blütenfarbe	Bemerkungen
'Adrienne Taylor'	Veilchenblau	40 cm hoch; sehr wüchsig, ein Klassiker
'Boo'	Weiß; großer, blauer Spot	30 cm hoch; sehr schöne Farbwirkung
'Double Lamet'	Bicolor, D intensiv lila, H sehr dunkel violett	30 cm hoch; lebendig wirkende Blüte
'Gingerbread Man'	D warm rehbraun, H etwas heller; markanter, blauer Bart	30 cm hoch; sehr ungewöhnliche, schöne Blüte, reich blühend
'Green Spot'	Weiß; grünes, ausgeprägtes Saftmal	30 cm hoch; schöner Partner in Beeten mit verhaltener Farbgebung
'Lemon Puff'	leichter Gelbton	20 cm hoch; fast eine Miniatur-Iris, sehr hübsche Sorte
'Serenity Prayer'	Cremeweiß; gelblicher Blütenschlund, markanter blauer Bart	30 cm hoch; sehr schöne, edle Farbwirkung
'Watercolor'	Variegata; D gelb, H braun mit gelbem Rand	40 cm hoch; reiche Blüte, sehr verlässlich

D = Dom
H = Hängeblätter

Iris Barbata-Nana-Gruppe 'Chalk Mark'

Iris Barbata-Nana-Gr. 'Little Buccaneer'

Iris Barbata-Nana-Gr. 'Oberschwaben'

Iris Barbata-Nana-Gruppe 'Fairy Ballet'

Iris Barbata-Nana-Gruppe 'Melon Honey'

Iris Barbata-Nana-Gruppe 'Toskanerprinz'

Iris chrysographes, Schwarze Iris

Aussehen: Etwa 2 cm breite, grasartige bis schwertförmige Blätter bilden einen etwa 50 cm hohen Horst. Im Juni erscheinen Schäfte mit typischen, etwa 7 cm großen, sehr dunkel purpurnen Irisblüten, die drei Blütenblätter als aufrecht stehenden Dom und drei Blütenblätter als abwärts gerichtete Hängeblätter ausgebildet haben.

Die Sorte 'Dark Knight' wirkt schwarz.

Verwendung: Als besonderer Blickfang sehr schön, die dunkle Farbe verliert sich aber in einer Massenpflanzung. Besser ist es, die Pflanze gezielt und effektvoll als Solitär einzusetzen oder als Kontrast zu weißen bzw. sehr hellen Blüten zu verwenden. Pro m^2 benötigt man 10 Pflanzen.

Standort: Sonne und durchlässiger Boden. Die größte Gefahr ist Winternässe.

Pflege: Zu starke Fröste können problematisch sein, an sehr winterkalten Standorten ist eine Abdeckung erforderlich. Man kann die Knollen im Frühling pflanzen, sicherer, wenn auch teurer, ist es aber, getopfte Pflanzen zu verwenden.

Vermehrung: Vorsichtiges Teilen der Pulks im sehr zeitigen Frühling oder direkt nach der Blüte.

Iris chrysographes

Iris ensata, Japanische Sumpf-Schwertlilie

Aussehen: Die Pflanze bildet Horste aus schwertartigem, 2–3 cm breitem Laub. Die Blütenschäfte erreichen eine Höhe von gut 80 cm, gelegentlich mehr, und tragen etwa 10 cm große, ungewöhnlich schöne Blüten mit besonderer Form: Die Domblätter sind eher kurz und zierlich, während die Hängeblätter sehr breit sind und oft eine hübsche Aderung aufweisen. Die Farbskala umfasst sämtliche Lila- und Purpurschattierungen sowie Weiß und Blau.

Neben den einfachen Formen gibt es auch gefüllte Sorten, die statt drei Hängeblättern sechs Hängeblätter haben. Zusätzlich zu Namensorten sind auch sehr schöne, reich blühende Sämlinge im Handel.

Verwendung: Da diese Iris-Art bis zur Blütezeit einen feuchten Standort benötigt, danach aber eine normale Bodenfeuchte bevorzugt, eignet sie sich sehr gut zur Bepflanzung von Teichrändern. Pro m^2 benötigt man 6–8 Pflanzen.

Standort: Feuchter, im Frühling nasser Boden; im Sommer trockener.

Pflege: Wenn die Wurzeln auch im Sommer im Wasser stehen, kann die Pflanze faulen; daher sollte man sie evtl. in geräumige Körbe setzen und im Sommer in ein übliches Gartenbeet verpflanzen.

Vermehrung: Durch Teilung der Horste nach der Blüte.

Iris ensata 'Galathea'

Iris flavescens, Gelbliche Schwertlilie

Aussehen: Die schwertförmigen Blätter werden etwa 2–3 cm breit, die typischen Irisblüten stehen auf etwa 60 cm hohen Stängeln. Es handelt sich um eine sehr alte Kreuzung aus *I. variegata* und *I. germanica* die schon lange in den Gärten wächst. Die Blüten sind hellgelb und erscheinen in Massen.

Verwendung: Diese Iris ist eine sehr vitale, ausdauernde und zuverlässige Gartenpflanze. Als Begleiter sind nur kleinblumige Pflanzen geeignet oder Pflanzen, die es mit der Blütenpracht der Iris aufnehmen können, wie z. B. Pfingstrosen (*Paeonia*) oder Türkischer Mohn (*Papaver orientale*). In Bauerngärten ist diese Art schon lange vertreten, sie kommt auch als Partner in naturnahen Gartenpartien in Betracht. Pro m^2 benötigt man 7 Pflanzen.

Standort: Sonnig, mit durchlässigem Boden; aber Halbschatten wird ebenfalls toleriert. Die Pflanzen vertragen sogar anlehmige Böden, allerding wachsen sie dort etwas langsamer.

Pflege: Keine besonderen Pflegeschritte erforderlich. Pflanzung siehe *I. barbata*.

Vermehrung: Siehe *I. barbata*.

Iris flavescens

Iris germanica 'Florentina'

Iris graminea

Iris germanica, Deutsche Schwertlilie

Aussehen: *I. germanica* ist eine der wichtigsten Ausgangsarten für die modernen Bart-Iris-Züchtungen, denen sie sehr ähnelt. Die Pflanzen haben etwa 2 cm breite, graugrüne, schwertartige Blätter, die rund 30–40 cm hoch werden. Die verzweigten Blütenschäfte erreichen eine Höhe von 50–60 cm und tragen violettblaue Blüten mit oft dunkler gefärbten Hängeblättern, hellerem Dom, gelblichem Bart und einer braunen Aderung im Schlund.

Einige selektierte Typen sind schon lange in Kultur. Die abgebildete, etwa 80 cm hohe Sorte 'Florentina' wurde zur Duftstoffgewinnung jahrhundertelang in Italien angebaut. Man hatte es auf die Wurzeln abgesehen, die einen Veilchenduft haben. Sie wurden übrigens auch als „Veilchenwurzeln" gehandelt – diese lindern als traditionelles Hausmittel zahnenden Kindern die Schmerzen, wenn diese darauf herumkauen.

Verwendung, Standort, Pflege und Vermehrung: Siehe *I. flavescens*.

Iris graminea, Pflaumenduft-Iris, Grasblättrige Schwertlilie

Aussehen: Die Pflanze bildet bis 40 cm hohe Schöpfe aus grasartigen, weniger als 1 cm breiten Blättern. Im Mai und Juni zeigen sich die grazilen, violettblauen Irisblüten, die aus vergleichsweise kurzen, aufrechten Domblättern und etwas größeren Hängeblättern bestehen. Leider stehen sie meist inmitten der Laubschöpfe, und einige von ihnen sind etwas versteckt zwischen den Blättern. Die Blüten sind nicht nur besonders hübsch, sondern duften zudem ausgesprochen stark nach reifen Pflaumen.

Verwendung: Ein Juwel an Trockenmauern, in Steingärten und an Hängen – dort, wo man die Blüten gut erkennen und den Duft genießen kann. Pro m^2 benötigt man 12 Pflanzen.

Standort: Sonne und durchlässiger Boden sind ideal; bei starker Sonneneinstrahlung kann der Boden sogar anlehmig sein, ohne dass die Pflanzen leiden.

Pflege: Es ist keine besondere Pflege erforderlich.

Vermehrung: Durch Teilung der Pflanzen im Frühsommer.

Iris orientalis, Orientalische Schwertlilie, Orient-Iris

Aussehen: Die Blatthorste aus sehr steifen, langen, grasartigen und etwa 3 cm breiten Blätter erreichen eine Höhe von etwa 80 cm. Die 12–15 cm breiten, vornehmlich weißen oder zartgelben Blüten stehen deutlich darüber und erscheinen im Juni und Juli.

Die Blütenform ist hier eher schmal ausgeprägt und ausgesprochen elegant. Orientalische Schwertlilien ähneln sehr den unten beschriebenen *I. spuria*, sind aber noch robuster, sehr gut winterhart und absolut zuverlässige Gartenpflanzen. Sie wachsen zwar langsam heran und etablieren sich nur zögerlich, sind sie aber erst einmal eingewöhnt, kommen sie dauerhaft immer wieder und werden über die Jahrzehnte immer reicher und schöner.

Verwendung: Eine ganz hervorragende Pflanze für Steppengärten und Kiesbeete. Auch an allen sandigen Standorten eignet sie sich ausgezeichnet. Die ornamentale Wirkung während der Blütezeit ist unschlagbar und die sehr dauerhaf-

Iris orientalis 'Frigia'

Iris pallida 'Argentea Variegata'

Iris pseudacorus 'Berlin Tiger'

Iris orientalis 'Moldovan'

ten Blatthorste strukturieren die Pflanzungen auch nach der Blüte. Pro m^2 benötigt man 4–6 Pflanzen.
Standort: Sonne und durchlässiger Boden sind absolut wichtig. Auf keinen Fall darf Staunässe auftreten. Lehmiger Boden ist nur dann geeignet, wenn eine gute Dränage eingearbeitet ist und der Standort so besonnt ist, dass er in nassen Sommern gut abtrocknen kann. Winternässe ist aber auch dort ein Hindernis.
Pflege: An entsprechendem Standort absolut unkompliziert.
Vermehrung: Durch Teilung der Pflanzen im September oder im zeitigen Frühjahr.

Iris pallida, Bleiche Schwertlilie

Aussehen: Die Pflanze bildet Horste aus etwa 2–3 cm breiten, schwertartigen Blättern und lavendelfarbene Blüten mit breiten Dom- und Hängeblättern. Meist sind sie einfarbig und weisen einen hellen Bart auf, die Blütenfarbe ist mehr oder weniger intensiv – aber immer sehr hübsch. Die Blüten ähneln den Gartenklassikern *I. flavescens* und *I. germanica*. Diese Art blüht sehr reich im Mai und Juni. Sie variiert je nach Herkunft in der Höhe zwischen 60 und 100 cm.

Besonders reizvoll sind Sorten, deren Blätter weiß ('Argentea Variegata') oder gelb ('Aurea Variegata') gerandet sind.
Verwendung, Standort, Pflege und Vermehrung: Siehe *I. flavescens*.

Iris pseudacorus, Sumpf-Iris, Sumpf-Schwertlilie

Aussehen: Die an Schilf erinnernden Blätter sind satt dunkelgrün, etwa 2 cm breit und wachsen steif aufrecht bzw. hängen im oberen Drittel ein wenig über. Die Ausgangsart wird gut 80–120 cm hoch. Von Mai bis Anfang Juni erscheinen die gelben, etwa 8 cm breiten Blüten, bei denen die Blütenblätter des Domes kürzer sind als die Hängeblätter. Die Art ist etwas zu wuchsfreudig für den „normalen" Garten. Selektierte und gezüchtete Sorten wachsen zahmer.

Sehr schön ist die zartgelbe 'Sulphur Queen', die es schon lange gibt. Aber auch Sorten mit deutlichen Flecken am Schlund stehen bei Iris-Fans hoch im Kurs. Vergleichsweise neu ist die gedrungener wachsende, aufregend braun gestreifte Sorte 'Berlin Tiger'. Auch wenn die Sumpf-Iris in der Natur in der Flachwasserzone wurzelt, kommen die Züchtungen bestens in einem ganz normalen Gartenbeet zurecht und blühen reich.
Verwendung: Sowohl am Teichrand als auch in Gartenbeeten ideal. Eine gewisse wilde Romantik passt ausgezeichnet zu dieser Iris. Pro m^2 benötigt man 6–8 Pflanzen.
Standort: Vom sumpfigen Standort bis hin zum nicht gerade staubtrockenen Gartenboden ist alles geeignet, Hauptsache die Pflanzen bekommen viel Sonne ab, um reich zu blühen. Halbschatten wird vertragen, die Blütenfülle leidet dann aber ein wenig.

Iris pseudacorus 'Roy Davidson'

Iris reichenbachii

Pflege: Am passenden Standort völlig unkompliziert. Die Art kann zum Wuchern neigen und muss eventuell in ihre Schranken gewiesen werden.
Vermehrung: Durch Teilung der Pflanzen nach der Blüte.

Iris pseudacorus 'Sulphur Queen'

Iris reichenbachii, Reichenbachs Iris

Aussehen: Reichenbachs Iris ist eine gestaucht wachsende Pflanze, deren Blätter 1–2 cm breit sind und nur 20 cm hoch werden. Die Blüten mit den breiten Dom- und Hängeblättern sind einfarbig zartgelb bis sonnengelb; der relativ große Bart ist von gleicher Farbe, gelegentlich finden sich feine dunkle Adern um den Bart.

Die Art ist beteiligt an der Züchtung der *Iris* Barbata-Nana-Gruppe.
Verwendung, Standort, Pflege und Vermehrung: Siehe *Iris barbata*.

Iris sambucina, Holunder-Iris

Aussehen: Hierbei handelt es sich um eine alte Garten-Kreuzung, die seit vielen Generationen bekannt ist. Die Blätter sind etwa 1–2 cm breit und werden knapp 40 cm hoch. Der Dom der Blüten ist gedeckt rosigbräunlich bis rosig-purpurn, die Hängeblätter sind purpurn bis braun. Trotz der verhaltenen Farbgebung handelt es sich um eine sehr hübsche Blüte, die zudem noch angenehm nach reifen Holunderbeeren duftet.
Verwendung, Standort, Pflege, und Vermehrung: Siehe *I. flavescens*.

Iris sambucina

Iris sibirica, Wiesen-Schwertlilie, Sibirische Schwertlilie (Tab. 43)

Aussehen: Die Blattschöpfe ähneln einem sehr straff wachsenden Gras. Sie erreichen je nach Sorte eine Höhe von 50–80 cm. Im Mai und Juni entwickeln sich die Blütenstängel mit etwa 5–9 cm breiten Blüten, die deutlich über dem Laub stehen. Sie haben die typische Irisform; die Domblätter sind meist schmaler und bei vielen Sorten auch kürzer als die Hängeblätter. Die Blüten können sowohl grazil und schmalblättrig, als auch mit breiten Blütenblättern ausgestattet sein. Sie blühen in ausgesprochen schönen Blau-, Violett-, Purpur- und kühlen Rosatönen sowie in Weiß. Außerdem gibt es bereits Sorten mit gelben Blütenblättern. Ältere Sorten haben eher kleine, schmale Blüten; neuere Züchtungen haben breitere Blütenblätter. Oft sind bei ihnen die Hängeblätter deutlich größer als die Blütenblätter des Domes; sie ähneln dann zuweilen einer Japanischen Sumpf-Schwertlilie (*I. ensata*), sind aber viel pflegeleichter. Nach der Blüte sind die Blattschöpfe noch sehr attraktiv.

Zu den schönsten Sorten dieser Kategorie zählen die purpurfarbene 'Sultan's Ruby' und die leuchtend königsblaue 'Coronation Anthem', die beide eine sehr schöne Zeichnung auf den Hängeblättern haben.

Verwendung: Ältere Sorten wirken sehr naturnah und passen in alle entsprechenden Pflanzungskonzepte. Neuere, großblumige Sorten setzen Highlights in Prachtstaudenbeeten oder in Gruppierungen, wo sie zur Blütezeit konkurrenzlos wirken können. Als Rosenbegleitpflanze ist die Wiesen-Schwertlilie ideal, weil sie vor der Blütezeit der Rosen Farbe in die Beete bringt und danach einen soliden Rahmen für die Rosen bildet. Wiesen-Schwertlilien können auch eingesetzt werden wie Gräser und bilden ein zuverlässiges Gerüst für alle farbstarken Pflanzungen. Pro m^2 benötigt man 6–8 Pflanzen.

Standort: Sonnige Plätze und ein Boden, der einigermaßen Wasser hält, sind die besten Voraussetzungen für vitalen Wuchs und reiche Blüte.

Pflege: Bei zu großer Trockenheit ist ein Wässern erforderlich. Junge Pflanzen erscheinen im ersten, gelegentlich auch zweiten Standjahr et-

Tab. 43 Weitere empfehlenswerte Sorten von *Iris sibirica*

Sorte	Blütenfarbe	Bemerkungen
'Cambridge'	pastelliges Blau, feine Aderung	70 cm hoch; ideale, weder zu breite, noch zu schmale Blütenform; wüchsig und reich blühend
'Coronation Anthem'	leuchtendes Königsblau, sehr schöne Schlundzeichnung	60 cm hoch; fantastische, neue, großblumige Sorte, mit sehr entschiedener, schöner Farbwirkung
'Dreaming Spires'	intesives, tiefes, sattes Dunkelblau	70 cm hoch; reiche Blüte, völlig ohne Zeichnung am Schlund, eher breite Blüte
'Flight of Butterflies'	Blauviolett, ausgeprägter weißer Spiegel auf den H; feine Strichelung am Rand	80 cm hoch; hübsche, leicht und locker wirkende Sorte; reich blühend
'Mrs Rowe'	kühles, zartes Rosa mit einem Hauch Lavendel	70 cm hoch; kleine Blüten in großen Mengen
'Prussian Blue'	Tiefblau, feinste Schlundaderung	90 cm hoch; große Blüten und sehr lange Blütezeit; sehr gute neue Sorte
'Snow Prince'	Cremeton, Schlund mit bräunlicher Zone und einem blauen Fleck	80 cm hoch; kleine Blüten, sehr reich blühend, sehr schöne Farbwirkung
'Snow Queen'	Weiß, gelber Schlundfleck	60 cm hoch; hübsche Blüten und sehr zuverlässige Farbe
'Strandperle'	strahlend Kobaltblau, wenig Zeichnung	80 cm hoch; sehr reich blühend und fantastische Wirkung; wirkt naturhaft und gleichzeitig prachtvoll
'Sultan's Ruby'	intensives Purpur, schöne, blassgoldene Zeichnung am Schlund	60 cm hoch; breite Blütenblätter; die Blüte erinnert stark an eine Japanische Sumpf-Schwertlilie; eine der schönsten Iris-Sorten überhaupt

D = Dom
H = Hängeblätter

was schwach. Sind sie aber erst einmal eingewachsen, ist der Zuwachs beträchtlich und die Pflanzen gedeihen sehr gut.
Vermehrung: Durch Teilung im zeitigen Frühling oder nach der Blüte. Von eingewachsenen Pflanzen sollte man jeweils faustgroße Stücke wieder auspflanzen; sie wachsen sehr gut weiter. Kleinere Stücke brauchen, ähnlich wie Jungpflanzen, etwas Anlaufzeit und deutlich größere Stücke regenerieren sich nicht besonders gut.

Iris sibirica 'Butter and Sugar'

Iris spuria, Steppen-Iris, Steppen-Schwertlilie

Aussehen: Die straffen, grasartigen Blätter sind etwa 2–3 cm breit und erreichen eine Höhe von 150 cm. Alle Spuria-Iris wirken äußerst nobel, die Pflanzen ähneln stark *I. orientalis*. Die Domblätter der 12–15 cm großen Blüten sind schmal und die Hängeblätter meist deutlich breiter. Die Farbpalette umfasst Braun- und Kastanientöne sowie

Iris sibirica

Iris sibirica 'Caesar's Brother'

Iris spuria 'Antiqua'

Iris sibirica 'Berlin Ruffles'

Iris sibirica 'Taubenblau'

Iris spuria 'Everglow'

Iris sibirica 'Blue Celeste'

Iris sibirica 'Viel Schnee'

Iris spuria 'Imperial Bronce'

Iris spuria 'Premier'

hübsche Messing-, Gold- und Gelbschattierungen. Außerdem gibt es reizvolle Sorten in Violett und Blau. Meist haben die Blüten ein gelbes Saftmal. Die Blüte fällt in den Juni und Juli. Mit *I. spuria* findet die Iris-Saison im Garten ihren Abschluss.

Neben dem Klassiker 'Premier' finden sich neuere Sorten mit breiten Blütenblättern.

Verwendung, Standort, Pflege und Vermehrung: Siehe *I. orientalis*. Der Pflanzplatz sollte aber besonders sorgfältig ausgesucht werden.

Iris variegata, Bunte Schwertlilie

Aussehen: *I. variegata* ist eine wichtige Ausgangsart des sehr weiten Spektrums von Bart-Iris der Gärten und eine ebenso schöne wie zähe Pflanze. Das schwertförmige Laub wird etwa 30–40 cm hoch und 3–4 cm breit, die zweifarbigen Blüten stehen deutlich darüber. Der breite Dom ist gelb, die ebenfalls breiten Hängeblätter sind gelblich weiß mit schwarzer Aderung, gelegentlich braun. Der Bart ist gelb. Die Blüten zeigen sich meist ab Mitte Mai bis etwa Anfang Juni.

Verwendung, Standort, Pflege, Vermehrung: Siehe *I. flavescens*.

Iris variegata

Kalimeris incisa, Schönaster

Aussehen: Die bis 60 cm hohe, buschig wachsende Staude wurde früher zur Gattung *Aster* gezählt, und tatsächlich erinnern die ab Ende Mai den ganzen Sommer lang erscheinenden, in lockeren, verzweigten Schirmrispen stehenden, hellvioletten oder weißen Blütenkörbchen an Astern. Die Scheibenblüten sind stets gelb. Schönastern bilden Horste mit länglichen gestielten oder ungestielten, am Rand gezähnten Blättern. Bemerkenswert ist, dass die Stauden trotz der außergewöhnlich langen Blütenzeit selten gepflanzt werden.

Die Sorte 'Alba' hat weiße, die Sorte 'Blue Star' blassblaue Blüten. Recht ähnlich wächst die Art *K. pinnatifida* var. *hortensis*.

Verwendung: Hübsch in gemischten Staudenbeeten, solange sie nicht von Nachbarpflanzen zu sehr bedrängt werden. Schönastern setzen mit den liebenswerten Strahlenblüten fröhliche Akzente. Aufgrund ihrer langen Blütezeit eignen sie sich gut für Staudenbeete, die über einen längeren Zeitraum mit Blüten begeistern, dabei aber pflegeleicht bleiben sollen. Sie sind besonders

Kalimeris incisa 'Bläuling'

Kalimeris incisa 'Madiva'

Kirengeshoma palmata

Knautia macedonica 'Mars Midget'

schöne Begleiter zu Pfingstrosen (*Paeonia*), da die Blütezeiten beider Stauden perfekt miteinander harmoniert. Pro m² benötigt man 3 Pflanzen.
Standort: Vollsonnig bis halbschattig. Schönastern bevorzugen nährstoffreichen, durchlässigen Boden.
Pflege: Recht pflegeleicht und anspruchslos. Das Entspitzen der Jungpflanzen fördert einen buschigen, kompakten Wuchs. Unterbleibt das Entspitzen, müssen die Pflanzen meist gestützt werden, besonders an exponierten Standorten. Sie sind etwas anfällig für Mehltau.
Vermehrung: Im Frühjahr durch Teilung oder Stecklinge.

Kalimeris pinnatifida var. *hortensis*

Kirengeshoma palmata, Wachsglocke

Aussehen: Die Pflanze bildet dichte, 60–120 cm hohe Horste mit kurzen Rhizomen und breit eiförmigen, fingerförmig gelappten Blättern, die an purpurroten, etwas übergeneigten Sprossen stehen. Sehr markant wirken die bis 20 cm großen, ahornartigen Blätter. Ab Ende August bis in den Oktober hinein erscheinen blassgelbe, lilienähnliche, 3,5 cm lange, nickende Blüten in lockeren, rispigen Trugdolden. Es gibt nur die eigentliche Art im Handel. Früher wurde *K. koreana* als eigene Art geführt, sie gilt heute aber als etwas größere koreanische Rasse von *K. palmata*.
Verwendung: Die Staude eignet sich bestens für den Gehölzgarten und für schattige Standorte. Besonders schön kommt sie als Gruppenpflanzung zur Geltung, sie ist aber als Solitärpflanze ebenso ein Blickfang. Besonders gut für asiatisch inspirierte Gärten geeignet. Pro m² benötigt man 3 Pflanzen.
Standort: Halbschattig. Braucht unbedingt feuchten, humosen, kalkarmen Boden in geschützter Lage.
Pflege: Auf Schnecken achten – sie mögen besonders die jungen Pflanzen gern.
Vermehrung: Teilung oder Aussaat reifer Samen, beides im Frühjahr.

Knautia macedonica, Witwenblume, Knautie

Aussehen: Die Staude bildet immergrüne Horste mit schmal lanzettlichen, fiederspaltigen, 8 cm langen Grundblättern und fein gefiederten, 2–3 cm langen Stängelblättchen. Von Juli bis September erscheinen an verzweigten, bis 80 cm hohen Stängeln dunkelweinrote, 1,5–3 cm große Blütenköpfchen.

Von der ursprünglich auf dem Balkan heimischen Art gibt es auch Sorten mit helleren Blüten: 'Mars Midget' blüht purpurrot und wird nur etwa halb so hoch wie die eigentliche Art, 'Melton Pastels' hat lachsrosafarbene bis rote Blüten und wird bis 120 cm hoch.
Verwendung: Als unkomplizierter Dauerblüher mit einer ungewöhnlichen Blütenfarbe passt diese Staude gut in naturnahe Staudenbeete und Landhausgärten. Sie bereichert auch jede Wildblumenwiese. Pro m² benötigt man 6 Pflanzen.
Standort: Vollsonnig. Mäßig nährstoffreicher, gut durchlässiger, leicht alkalischer Boden.
Pflege: Unkomplizierte Staude, die vor allem viel Sonne braucht.
Vermehrung: Durch Aussaat im Frühjahr (die Samen brauchen vorher eine Kälteperiode von +5 °C) oder grundständige Stecklinge.

Kniphofia, Fackellilie (Tab. 44)

Aussehen: Die zum Teil wintergrünen, Horste bildenden Rhizomstauden haben überhängende, büschelig stehende, grasartige bis riemenförmige, grüne bis graugrüne Laubblätter, die je nach Art und Sorte bis 100 cm lang werden können. Die Pflanzen sind eigentlich recht unauffällig, bis sich je nach Art und Sorte von Juni bis September die 50–150 cm hohen Blütenstängel mit den schopfartig angeordneten, zahlreichen röhrenförmigen Blüten aus den Blattrosetten erheben. Die Blütenfarbe changiert zwischen Cremeweiß, verschiedenen Gelb- und Orangetönen bis hin zu feurigem Rot. Viele Arten und Sorten blühen zweifarbig, wobei der untere Teil der Blütentrauben meist die hellere Farbe zeigt. Die Blüten öffnen sich zuerst am unteren Ende der Traube. Die Blütezeit ist meist relativ kurz, aber manche Arten und Sorten blühen ein zweites Mal in der Saison. Fackellilien sind echte Sonnenkinder aus dem Hochland Südafrikas, Äthiopiens und Madagaskars. Sie hybridisieren leicht miteinander,

Tab. 44: Empfehlenswerte Arten und Hybriden von *Kniphofia*

Sorte	Blüte	Wuchshöhe
'Alcazar'	dichte Trauben orangeroter Knospen, Spitzen der offenen Blüten goldgelb	60–120 cm
K. citrina	rundliche Blütenstände mit grünen Knospen und gelben Blüten	50–60 cm
K. ensifolia	hohe, dünne, zylindrische Trauben grünlich weißer Blüten	180 cm
K. galpinii	zweifarbige, an der Spitze rote, unten orangegelbe Blüten	50–60 cm
'Ice Queen'	grüngelbe Knospen, elfenbeinfarbene Blüten	100–150 cm
K. northiae	dichte Blütentrauben, blassrosa Knospen, gelblich weiße Blüten	150–170 cm
'Prince Igor'	hohe, überwiegend orangerote Trauben, zur Spitze hin gelb	130–300 cm
K. rooperi	fast runde Köpfe gelber und leuchtend roter Blüten	120–140 cm
'Royal Standard'	scharlachrote Knospen, zitronengelbe Blüten	85–120 cm
'Safranvogel'	cremefarbene und lachsorangefarbene Blüten	60–80 cm
K. triangularis	hängende Einzelblüten in verschiedenen Orange- und Rottönen	50–60 cm
K. uvaria	eiförmige Blütenstände mit leuchtend scharlachroten Knospen und gelben Blüten	200–300 cm
'Vanilla'	cremegelbe Knospen, elfenbeinfarbene Blüten	45–100 cm

Kniphofia uvaria 'Nobilis'

Kniphofia 'Alcazar'

Kniphofia 'Ice Queen'

Kniphofia 'Safranvogel'

Kniphofia 'Vanilla'

Lamium galeobdolon 'Hermann's Pride'

bilden also Bastarde aus, wenn mehrere Arten und Sorten nebeneinander stehen. Deshalb kann es schwierig sein, die reinen Arten zu kultivieren oder Sorten einwandfrei zu identifizieren.

Verwendung: Wie ihr Name schon andeutet, eignen sich Fackellilien für temperamentvolle, feurige Rabatten („Hot Borders"), trockene Beete in praller Sonne oder in südlich ausgerichteten Hanglagen. Bunten Staudenbeeten geben sie Pep und Struktur. Die Pflanzen machen sich aber auch gut in Kübeln auf Balkon und Terrasse, wo sie durch die Blütenfarbe und den exotischen Habitus feurige Akzente setzen. Die etwas stachelig wirkende Kontur kann in Beeten mit vorwiegend runden oder verzweigten Blüten, wie z. B. diejenigen des Sonnenhuts (*Rudbeckia*), Rhythmus und Struktur geben. Pro m^2 benötigt man 4–6 Pflanzen.

Standort: Vollsonnig. Nährstoffreicher, gut durchlässiger, mäßig feuchter, humoser Boden.

Pflege: Überwinternde Blattrosetten vor Nässe und Barfrösten schützen, bei allen Arten und Sorten den Wurzelbereich abdecken. Staunässe in der kalten Jahreszeit hat unweigerlich Fäulnis und einen Verlust der Pflanzen zur Folge. Im Sommer brauchen Fackellilien jedoch ausreichend Wasser.

Vermehrung: Ältere Horste kann man im Spätfrühjahr teilen. Die Vermehrung durch Aussaat ist zwar möglich, aber wegen der Hybridbildung sind die Ergebnisse meist unbefriedigend.

Violette Wurzelfäule

Wenn die Pflanzen verkrüppelt wirken und gelb werden, kann die Ursache ein Pilz sein, der die Rhizome der Stauden befällt; die Krankheit wird Violette Wurzelfäule genannt. Fackellilien sind leider besonders anfällig dafür, und befallene Pflanzen müssen vernichtet werden (nicht kompostieren!). Weil der Erreger jahrelang im Boden überlebt, sollte man einige Zeit verstreichen lassen, bevor man wieder Fackellilien pflanzt.

Lamium galeobdolon, Goldnessel

Aussehen: Die Art ist ähnlich der Weißen Taubnessel (*L. album*), wird 15–60 cm hoch und bildet reichlich Ausläufer. Wild kommt die Staude in gemäßigten Gebieten Eurasiens vor. Die gegenständig am kantigen Stängel angeordneten Laubblätter sind lanzettlich bis breit herzförmig und am Rand nesselartig gekerbt. Bei der reinen Art sind die Laubblätter grün, Auslesen zeigen auch Blätter mit weißlich silbrigem Ornament. Von Mai bis Juli erscheinen die goldgelben Blüten.

Besonders apart gezeichnete Blätter hat die Sorte 'Silberteppich', bei 'Hermann's Pride' sind sie schmal und zwischen den Adern silbrig und *L. galeobdolon* subsp. *montanum* 'Florentinum' wird etwas höher und hat silbrig gezeichnete, im Winter violette Laubblätter.

Verwendung: Als immergrüner Bodendecker unter lichten Gehölzen und am Rand von Gehölzgruppen, aber auch in Staudengebüschen. Das silbrig gezeichnete Laub der

Sorten passt gut zu anderen Bodendeckern wie Efeu (*Hedera helix*), Günsel (*Ajuga reptans*), Immergrün (*Vinca*) und *Geranium*-Arten, besonders, wenn die Pflanzen ineinanderwachsen. Pro m² benötigt man 6–11 Pflanzen.
Standort: Halbschattig bis schattig. Nährstoffreicher, feuchter Boden.
Pflege: Bei standortgerechter Pflanzung absolut pflegeleicht.
Vermehrung: Teilung oder Abtrennen bewurzelter Ausläufer.

Lamium maculatum, Gefleckte Taubnessel

Aussehen: Die Gefleckte Taubnessel ist eine Rhizome und wurzelnde Triebe bildende Staude mit niederliegenden und aufsteigenden Sprossen, deren mittel- bis dunkelgrüne, ovale bis pfeilförmige, 2–8 cm lange Blätter einen stumpf gezähnten Rand und eine silberweiße bis rosafarbene Zeichnung aufweisen. Von Mai bis September erheben sich dunkel violettrosafarbene, zweilippige Blüten an Scheinquirlen aus dem Laubteppich.

Die Sorte 'Album' hat weiße Blüten, 'Anne Greenaway' besticht mit gelb panaschierten Laubblättern und 'White Nancy' bezaubert mit weißen Blüten und breiten, silbrigen Blättern, die einen schmalen, grünen Rand haben. Zahlreiche andere Sorten mit jeweils aparten Blattzeichnungen und Blütenfarben zwischen zartem Lachsrosa und Purpurrot sind im Handel erhältlich.
Verwendung: Bewährter Bodendecker für halbschattige Standorte, der auch in der Sonne nicht versagt, solange der Boden nicht zu trocken ist. Die Pflanze macht sich gut als Lückenfüller zwischen Sträuchern und größeren Stauden. Auch für den Vordergrund einer Rabatte geeignet, solange man die Ausläufer unter Kontrolle behält. Als Strukturpflanze für Balkonkästen, Ampeln und Kübel eine interessante Bereicherung. Pro m² benötigt man 6–11 Pflanzen.
Standort: Halbschattig, in ausreichend feuchten Böden auch sonnig.
Pflege: Anspruchslose, pflegeleichte Staude, die selten versagt.
Vermehrung: Teilung oder Abtrennen bewurzelter Ausläufer.

Lathyrus latifolius, Breitblättrige Platterbse

Aussehen: Die geschmeidige, wüchsige Kletterstaude mit den geflügelten Sprossen wird an Rankgerüsten bis 200 cm hoch. Die Laubblätter sind mittelgrün und bestehen aus einem Paar länglich-elliptischer, bis 11 cm langer Fiederblättchen. Von Juni bis September erscheinen aus den Blattachseln Trauben von bis zu 15 nichtduftenden, 3 cm großen, violettrosafarbenen Blüten, die sich zu hülsenförmigen Früchten weiterentwickeln.

Die Sorten 'Albus' und 'White Pearl' blühen weiß, 'Blushing Bride' hat rosafarben überlaufene, weiße, 'Red Pearl' magentafarbene Blüten.
Verwendung: An Spalieren und Rankschnüren gezogen, eignen sich Platterbsen als Sichtschutz. Unansehnliche Zäune verzaubert sie mit einem charmanten Blütenflor. Im Staudenbeet kann man sie auch an Rankobelisken ziehen. Die Pflanze hat insgesamt einen lockeren Habitus und wirkt in voller Blüte wie eine duftige Wolke. Kriechend, ohne Stütze gezogen, ist die Staude auch

Lamium maculatum 'Beacon Silver'

Lamium maculatum 'Pink Pewter'

Lathyrus latifolius 'Rosa Perle'

als Bodendecker geeignet. Pro m² benötigt man 1 Pflanze.
Standort: Sonnig bis leicht halbschattig. Fruchtbarer, humoser, durchlässiger Boden.
Pflege: Die Pflanzen brauchen eine Stütze, an der sie sich emporranken können. In der Regel ranken die Triebe von selbst, können aber in die gewünschte Position geleitet werden. Blattläuse, Schnecken und Thripse können eventuell zum Problem werden.
Vermehrung: Aussaat im Frühling an Ort und Stelle. Dazu die Samen vor dem Säen 24 Stunden in Wasser quellen lassen.

Lathyrus vernus

Lathyrus vernus, Frühlings-Platterbse

Aussehen: Diese Platterbsen-Art ist eine aufrecht-buschig wachsende, horstige, dichte Frühlingsstaude mit schlanken, aber kräftigen, aufrechten, ungeflügelten Stängeln. Sie ist rankenlos und wird bis 45 cm hoch und breit, mit Laubblättern, die aus 2–4 Paaren eiförmiger bis elliptischer Fiederblättchen zusammengesetzt sind. Schon im März zeigen sich traubige Blütenstände mit etwa 10 rötlich violetten, 2 cm großen Blüten, die später einen bläulichen Ton annehmen.

Die Sorte 'Alboroseus' hat zweifarbige Blüten in bläulichem Rosa und Weiß. 'Flaccidus' hat schmalere Blätter und einen hängenden Wuchs. 'Rosenelfe' hat rosa und weiß getönte Blüten, aus denen sich rot getönte Hülsenfrüchte entwickeln. Etwas süßlich wirken die rosafarbenen und weißen Blüten der Sorte 'Spring Melody'.
Verwendung: Die ursprünglich in Wäldern von Europa über den Kaukasus bis in die Türkei heimische Pflanze eignet sich als Begleitung zu anderen Frühlingsblühern und Blumenzwiebeln mit ähnlichen Standortansprüchen, etwa Lenzrosen (*Helleborus* Orientalis-Hybriden), Schneeglöckchen (*Galanthus*) oder Blausternen (*Scilla*). Pro m² benötigt man 8 Pflanzen.
Standort: Halbschattig bis schattig. Fruchtbarer, humoser, durchlässiger Boden.
Pflege: Sehr pflegeleichte Staude, die allerdings bei frühem Austrieb durch Spätfröste gefährdet ist. Aber selbst wenn die Blätter erfrieren, wird sie dadurch kaum ernsthaft beeinträchtigt.
Vermehrung: Aussaat im Frühling an Ort und Stelle. Die Samen keimen besser, wenn man sie 24 Stunden in Wasser vorquellen lässt.

Lavandula angustifolia, Echter Lavendel

Aussehen: Lavendel ist ein aufrecht wachsender Kleinstrauch, auch als Halbstrauch bezeichnet, der wie eine Staude verwendet wird. Er ist immergrün, reich verzweigt und 60–100 cm hoch und breit. Die graugrünen, 2–5 cm langen, schmal lanzettlichen Blätter sind behaart und unterseits silbrig weiß. Im Juni und Juli erscheinen an diesjährigen

Lavandula angustifolia 'Alba'

Lavandula angustifolia 'Hidcote Blue'

Lavandula angustifolia 'Arctic Snow'

Lavandula angustifolia 'Atropurpurea'

Lavandula angustifolia 'Little Lottie'

Lavandula angustifolia 'Blue Cushion'

Lavandula angustifolia 'Munstead'

Trieben 10–15 cm lange, ährenartige Blütenstände mit je nach Sorte blauen, violetten oder violettblauen Blüten.

Im Handel werden meist vegetativ vermehrte Sorten wie 'Hidcote' (dunkelpurpurne Blüten), 'Munstead' (blaupurpurne Blüten, kompakter Wuchs), 'Rosea' (rosafarbene Blüten) und 'Dwarf Blue' (kompakt, bis 40 cm hoch und breit, intensiv lilablaue Blüten) angeboten.

Verwendung: Vielseitig einsetzbar für Einfassungen, Stein-, Steppen-, Heide- und Kiesgärten. Passt besonders gut in gemischte Rabatten mit Stauden und Rosen. Aus den Blüten wird ein Duftstoff zur Herstellung kosmetischer Präparate gewonnen. Getrocknete Blüten werden im Wäscheschrank ausgelegt, um Motten fernzuhalten. Pro m^2 benötigt man 3–5 Pflanzen.

Standort: Sonnig. Die Pflanze verträgt Hitze und Trockenheit und braucht viel Wärme. Der Boden muss lehmig, neutral bis alkalisch und vor allem sehr gut durchlässig sein, damit die Pflanzen gut über den Winter kommen.

Pflege: Alljährlicher Rückschnitt im zeitigen bis mittleren Frühjahr hält die Pflanzen kompakt und blühwillig. Dabei nicht bis ins alte Holz zurückschneiden, weil die Pflanzen nur aus jungen Trieben wieder austreiben. In rauen Regionen ist ein Winterschutz nötig.

Vermehrung: Stecklinge von halb verholzten Trieben.

Lavandula × intermedia, Englischer Lavendel, Lavandin (Tab. 45)

Aussehen: Die Hybride stammt aus einer Kreuzung von *L. angustifolia* mit *L. latifolia* (Großer Speik) und bildet einen rundlichen Kleinstrauch mit bis zu 50 cm Höhe und Breite. Die verzweigten Sprosse tragen längliche, lanzettliche oder spatelförmige Laubblätter von 4–6 cm Länge, die graugrün sind und aromatisch duften. Im Juni und Juli erscheinen 10–20 cm lange Ähren mit je nach Sorte hellblauen bis violetten Blüten.

Am häufigsten findet man die Sorte 'Grappenhall'. *L. × intermedia* besitzt die Frosthärte von *L. angustifolia* sowie den leicht kampferartigen Geruch und die Seitentriebe von *L. latifolia*.

Verwendung: Für Einfassungen, Stein-, Steppen-, Heide- und Kiesgärten gut geeignet. Hübsch in gemischten Rabatten mit Stauden und Rosen. Für die Herstellung kosmetischer Präparate wird aus den Blüten ein Duftstoff gewonnen. Die getrockneten Blüten dienen als Mottenabwehr, wenn man sie im Wäscheschrank auslegt. Pro m^2 benötigt man 3–5 Pflanzen.

Lavandula × lanata 'Richard Gray'

Tab. 45 Empfehlenswerte Hybriden von *Lavandula intermedia*

Sorte	Wuchs	Blüte
'Arabian Nights'	langstielig, 70–90 cm hoch und breit	intensiv dunkel violettblau
'Edelweiß'	großblättrig, sparriger Wuchs, bis 70 cm hoch und breit	weiß
'Fragrant Memories'	starkwüchsig, 70–80 cm hoch und breit	hellviolett, intensiv duftend
'Grappenhall'	starkwüchsig, bis 90 cm hoch und breit	hellviolett
'Grosso'	hochwachsender, rundlicher Strauch	relativ späte Blütezeit, extrem lange Blütenstiele
'Hidcote White'	starkwüchsig, bis 110 cm hoch und breit	reinweiß

Standort: Sonnig. Gut hitzeverträglich und wärmeliebend. Der Boden muss lehmig, neutral bis alkalisch und vor allem sehr gut durchlässig sein, damit die Pflanzen gut über den Winter kommen.
Pflege: Für einen kompakten Wuchs und eine reichliche Blüte alljährlich im zeitigen bis mittleren Frühjahr zurückschneiden. In rauen Regionen ist ein Winterschutz nötig.
Vermehrung: Stecklinge von halb verholzten Trieben.

Lavandula intermedia 'Edelweiß'

Lavatera × olbia, Strauch-Malve

Aussehen: Die Strauch-Malve ist ein aufrechter, buschig-verzweigt wachsender, bis 200 cm hoher Halbstrauch mit fingerförmigen, drei- bis fünflappigen, bis 12 cm großen, graugrünen, leicht filzigen Blättern. Von Juli bis September erscheinen dunkelrosafarbene, bis 7 cm breite Blüten in offenen, endständigen Trauben.

Die Sorte 'Barnsley' hat große, hellrosafarbene Blüten. Das etwas kräftigere Auge verleiht den Blüten einen besonderen Reiz, bevor sie im Verblühen fast weiß werden. Neu ist die etwas kompaktere, nur etwa 130 cm hohe Sorte 'Baby Barnsley', die es möglich macht, diesen hübschen Dauerblüher auch in kleineren Gärten zu verwenden.

Recht ähnlich zeigen sich die Arten *L. maritima* und *L. thuringiaca* mit ihren Sorten.
Verwendung: Wunderbar geeignet als Leitpflanze für großzügig angelegte Staudenbeete, gemischte Rabatten und als Begleitung für alle blaublütigen Prachtstauden wie Rit-

Lavatera maritima 'Bicolor'

Lavatera olbia 'Eyecatcher'

Lavatera × olbia 'Kew Rose'

Lavatera thuringiaca 'Ice Cool'

tersporn (*Delphinium*) und Eisenhut (*Aconitum*). Wer ausreichend viele Pflanzen hat, kann sie auch als Schnittblume nutzen, die Blüten halten sich längere Zeit in der Vase. Pro m^2 benötigt man 2 Pflanzen.
Standort: Vollsonnig, warm und windgeschützt. Durchlässiger, nährstoffreicher, mäßig feuchter Boden.
Pflege: Im Sommer ausreichend wässern und düngen. Die etwas frostempfindliche Staude braucht Winterschutz. In Kübeln gehaltene Exemplare müssen möglichst frostfrei überwintert werden. Zu groß gewordene Pflanzen werden im Frühjahr oder nach der Blüte im Spätsommer ausgelichtet oder kräftig zurückgeschnitten. Sie treiben in der Regel willig wieder aus. Wie bei allen Malven können Rostpilze Probleme bereiten.
Vermehrung: Im Frühjahr durch grundständige Stecklinge.

Leontopodium nivale subsp. *alpinum*, Gewöhnliches Alpen-Edelweiß

Aussehen: Das Alpen-Edelweiß, das in den europäischen Alpen auf Hochsteppen und kalkhaltigen Böden heimisch ist, bildet grundständige Horste aus länglich-lanzettlichen, bis 4 cm langen, graugrünen Blättern. Von Juni bis September erscheinen an aufrechten Trieben die charakteristischen, gelblich weißen Blütenköpfe, die zu mehreren zusammen stehen und von filzigen, 3–10 cm langen, grauweißen Tragblättern umgeben sind. Die ganze Pflanze wird kaum höher als 20 cm und ist etwa 10 cm breit. In der Natur selten geworden, findet man sie meist nur noch in botanischen Gärten oder in ausgewählten Staudengärtnereien.
Verwendung: Klassische Steingartenpflanze, die sich auch für das Alpinum eignet. Damit dieser Staudenschatz gut zur Geltung kommt, sollte man keine üppig wachsenden Arten in unmittelbarer Nachbarschaft pflanzen. Pro m^2 benötigt man 25 Pflanzen.
Standort: Vollsonnig. Gut durchlässiger, neutraler bis alkalischer Boden.
Pflege: Die Staude ist völlig frosthart, verträgt aber im Winter keine übermäßige Feuchtigkeit. Deshalb ist ein Standort mit sehr gut durchlässiger Erde unbedingt notwendig.
Vermehrung: Aussaat im Februar im Kalten Kasten in Töpfen oder im Frühjahr teilen. Die Teilstücke wachsen nur langsam an.

Leontopodium nivale subsp. *alpinum*

Leucanthemella serotina 'Herbststern'

Leucanthemella serotina, Herbstmargerite

Aussehen: Die aufrechte, buschige, horstig wachsende und Rhizome bildende Zierstaude trägt länglich-lanzettliche, am Rand gezähnte Blätter. Im September erscheinen in lockeren Scheinrispen stehende Blütenkörbchen mit grünlichen Scheibenblüten, die von etwa 7 cm breiten, weißen Strahlenblüten umgeben sind. Die Herbsmargerite ist trotz ihrer Höhe von 150 cm relativ standfest und blüht erstaunlich spät im Jahr.
Verwendung: Im Staudenbeet bewährte Blütenpflanze, die auch noch nach dem Hauptflor anderer Blütenstauden für einen Blickfang sorgt. Auch in gemischten Rabatten macht sie eine gute Figur, zumal ihr wegen der späten Blütezeit kaum eine andere Staude die Schau stiehlt. Schöne Kombinationen ergeben sich mit Fetthenne (*Sedum telephium*), Herbstastern, Gelenkblumen (*Physostegia*) und staudigen Gräsern. Die langstieligen Blüten eignen sich gut zum Schnitt für die Vase, da sie lange haltbar sind. Pro m^2 benötigt man 2 Pflanzen.
Standort: Vollsonnig, sonnig bis

halbschattig. Feuchter, nährstoffreicher Boden.
Pflege: Sehr pflegeleicht und wüchsig, wird jedoch gern ein Opfer von Schnecken.
Vermehrung: Durch Aussaat, Teilung oder Stecklinge im Frühjahr.

Leucanthemum maximum, Pyrenäen-Margerite

Aussehen: Wie alle Margeriten beeindruckt diese Sommerstaude durch unzählige weiße Blütenkörbchen, sie sind den Blumen, die von Kindern gemalt werden, am ähnlichsten. Im Sommer erscheinen an der bis 100 cm hohen Staude, die auch als Sommer-Margerite bezeichnet wird, bis zu 7 cm breite Blütenkörbchen mit weißen Strahlenblüten und gelben Scheibenblüten.

Diese Art wird oft mit der Art *L.* × *superbum* verwechselt, deren Blüten größer sind.

Leucanthemum maximum 'Eisstern'

Leucanthemum maximum 'Snehurka'

Verwendung: Unproblematische Staude, die sich hervorragend zum Auswildern in Blumenwiesen eignet. Pro m² benötigt man 5–7 Pflanzen.
Standort: Vollsonnig, sonnig bis halbschattig. Durchlässiger, nährstoffreicher bis mäßig nährstoffreicher Boden.
Pflege: Unkompliziert und pflegeleicht. Die Staude sollte alle 2–3 Jahre geteilt werden, um die Blühfreudigkeit zu erhalten. Blattläuse können zum Problem werden.
Vermehrung: Aussaat im Frühjahr oder Teilung im Frühjahr oder Herbst.

Leucanthemum vulgare, Magerwiesen-Margerite, Weiße Wucherblume

Aussehen: *L. vulgare* ist eine Staude mit lang gestielten, leicht gebuchteten Grundblättern und längeren, schmalen, ungestielten und ganzrandigen Stängelblättern. Von Mai bis Oktober erscheinen 2,5–9 cm breite Blütenkörbchen mit gelben Scheibenblüten und weißen Strahlenblüten.

Die Sorte 'Filigran' ist besonders vielblütig, 'Maikönigin' ('May Queen') blüht bereits im Spätfrühling.
Verwendung: Diese einfach wirkende, aber durchaus elegante Wildstaude aus Europa eignet sich hervorragend für Blumenwiesen und naturnahe Staudengesellschaften. Im Staudenbeet muss man darauf achten, dass sie nicht von üppig wachsenden Nachbarpflanzen be-

Leucanthemum vulgare 'Maikönigin'

drängt wird. Pro m² benötigt man 5–7 Pflanzen.
Standort: Vollsonnig. Nährstoffarmer, durchlässiger Boden.
Pflege: Sehr pflegeleichte Sommerstaude mit „Gute-Laune-Faktor". Blattläuse können allerdings lästig werden.
Vermehrung: Lässt sich leichter durch Teilung als durch Aussaat vermehren. Ungestört bilden sich an geeigneten Standorten größere Gesellschaften.

Weitere empfehlenswerte Margeriten-Art

Leucanthemum × superbum, Garten-Margerite
Horste bildende, variationsreiche Sommerstaude mit dunkelgrünen Laubblättern, über denen von Juli bis September lang gestielte, große Körbchenblüten stehen. Die wertvolle Rabatten- und Schnittstaude ist in zahlreichen Sorten erhältlich, von denen die meisten zwischen 50 und 80 cm hoch werden. Die Pflanze liebt sonnige Standorte in humosem, mäßig nährstoffreichem Boden. 'Beethoven' ist eine weiße, einfach blühende Sorte, die 80 cm hoch wird, die gleich hohe 'Christine Hagemann' hat locker gefüllte, weiße Blüten, 'Broadway Lights' blüht cremegelb und wird 50 cm hoch. Pro m² benötigt man 5–7 Pflanzen.

Liatris spicata, Ährige Prachtscharte, Rosenscharte

Aussehen: Die Ährige Prachtscharte hat schmal längliche Blätter in grundständigen Büscheln. Von Juli bis September erhebt sich aus dem grasartigen Blattschopf eine bis zu 80 cm hohe, kolbenförmige Ähre, an der kleine, lilarosafarbene Körbchenblüten sitzen. Die Ähren blühen von oben nach unten auf. Prachtscharten bilden knollenförmige Wurzelstöcke, die im Handel meist im Frühjahr angeboten werden.

Die Sorte 'Kobold' blüht violettrosa und bleibt mit 40 cm Höhe sehr kompakt. Weiße Akzente im Staudenbeet setzen die Sorten 'Floristan Weiss' (bis 90 cm hoch) und 'Snow Queen' (bis 75 cm hoch). 'Floristan Violett' trägt leuchtend violette Blüten an langen Stielen.
Verwendung: Blütenstaude für gemischte Staudenbeete. In Einzelstellung verpufft die Wirkung, die Pflanze wirkt dann streng und bieder. Daher besser in kleinen Gruppen pflanzen. Besonders schön in Kombination mit gleichzeitig blühenden Indianernesseln (*Monarda*), Berg-Astern (*Aster amellus*) und graulaubigen Polsterstauden. Ein lebendiger Kontrast ergibt sich mit dunkelgelbem Sonnenhut (*Rudbeckia fulgida*). Haltbare Schnittblume. Pro m² benötigt man 16 Pflanzen.
Standort: Sonnig. Mäßig fruchtbarer, durchlässiger Boden.
Pflege: Düngergaben im Frühjahr steigern die Blühfreude. Wühlmäuse fressen gern die knollenartigen Wurzeln. In schweren, nassen Böden faulen die Wurzeln leicht.
Vermehrung: Durch Aussaat im Herbst oder Teilung im Frühjahr.

Liatris spicata

Ligularia dentata, Stern-Ligularie

Aussehen: *L. dentata* ist eine Rhizomstaude mit lang gestielten, mittelgrünen, grob gezähnten, bis 40 cm breiten, nierenförmigen Laubblättern, die unterseits leicht behaart sind. Von Juli bis September erscheinen an aufrechten Stängeln goldgelbe, bis 10 cm breite Körbchenblüten, die in flachen Doldentrauben zusammen stehen. Die Pflanze wird unter guten Bedingungen bis 150 cm hoch.

Auch wenn bereits die eigentliche Art beeindruckend ist, werden doch meist Sorten gepflanzt. Bei 'Britt-Marie Crawford' kontrastieren die orangegelben Blütenkörbchen schön mit dem purpurschwarzen Laub, 'Desdemona' besticht mit bräunlich grünem Laub, das unterseits purpurn ist. Ähnlich ist die Sorte 'Othello'.
Verwendung: Als Blattschmuck- und Blütenstaude für Rabatten, für feuchte, nicht zu sonnige Standorte und als Uferbepflanzung. Mit dem auffälligen Laub eine imposante Erscheinung, sowohl als Solitärstaude wie auch in Gruppen. Pro m² benötigt man 1 Pflanze.

Ligularia dentata

Standort: Halbschattig, in feuchten Böden auch sonnig. Feuchter, nährstoffreicher Boden.
Pflege: Die Pflanzen welken in praller Sonne, erholen sich aber meist bis zum Abend wieder, wenn der Boden ausreichend feucht ist. Schnecken können Probleme bereiten.
Vermehrung: Durch Teilung oder Aussaat im Frühjahr. Die Sorten sind nicht samenecht.

Ligularia przewalskii, Mongolisches Greiskraut

Aussehen: Über Horsten mit fingerförmig geschlitzten, mattgrünen, bis 30 cm langen Laubblättern erscheinen im Juli und August Trauben hellgelber Körbchenblüten an schlanken, fast schwarzen, bis 130 cm hohen Stängeln. Die Staude ist in ihrer ganzen Erscheinung leichter und eleganter als alle anderen verwandten Arten.
Verwendung: Schöne Staude für halbschattige Standorte, die besonders in großen Gruppen einen aparten Blickfang bietet. Schon allein das Laub hat eine große Zierwir-

kung. Auch für gemischte Staudenbeete, dann aber eher einzeln. Pro m^2 benötigt man 2–3 Pflanzen.
Standort: Halbschattig. In feuchten Böden auch sonnig. Feuchter, nährstoffreicher Boden.
Pflege: Die Pflanze ist pflegeleicht, aber anfällig für Schneckenfraß.
Vermehrung: Durch Teilung oder Aussaat im Frühjahr.

Ligularia stenocephala, Schmaler Strauß-Goldkolben

Aussehen: Die Goldkolben-Art ist eine Horste bildende Rhizomstaude mit lang gestielten, herzförmigen, gezähnten, bis 35 cm langen Laubblättern. Die Blütenkörbchen mit den kleinen, gelben Strahlenblüten sitzen aufgereiht an schwarzpurpurnen, schlanken, bis 180 cm hohen Stängeln und erscheinen von Juli bis August.
Verwendung: Ähnlich wie bei *L. przewalskii*. Auch am Teichrand und vor Gehölzen macht die imposante Pflanze eine gute Figur. Gemeinsam mit Stauden, die ähnliche Standortansprüche haben, etwa Mädesüß (*Filipendula rubra*), Taglilien (*Hemerocallis*) oder Wasserdost (*Eupatorium*) bildet *L. stenocephala* schöne Ensembles. Pro m^2 benötigt man 2–3 Pflanzen.
Standort: Halbschattig. In feuchten Böden auch sonnig. Feuchter, nährstoffreicher Boden.
Pflege: Anspruchslose Staude, die aber anfällig für Schneckenfraß ist.
Vermehrung: Durch Teilung oder Aussaat im Frühjahr. Die Sorten dieser Art sind allerdings nicht immer samenecht.

Ligularia-Hybriden (Tab. 46)

Alle *Ligularia*-Hybriden sind Horste bildende Stauden mit attraktiven Laubblättern und je nach Sorte blass- bis orangegelben Blütenkörbchen. Die goldgelben Blütenkörbchen der Auslese 'Zepter' drängen sich dicht an den Stängeln, bei 'The

Ligularia × hessei 'Laternchen'

Ligularia yoshizoeana 'Palmatiloba'

Tab. 46 Empfehlenswerte *Ligularia*-Hybriden

Sorte	Blatt	Blüte	Wuchshöhe
'Gregynog Gold'	bis 30 cm breit, rundlich, am Grund herzförmig, am Rand gezähnt	von Juli bis September hoch über dem Laub stehende, pyramidenförmige Trauben von Körbchenblüten mit orangegelben Strahlenblüten	bis 200 cm
Ligularia × hessei	bis 30 cm breit, rundlich bis nierenförmig	von Juli bis September hohe, kolbenförmige Blütenstände mit orangefarbenen, 10 cm großen Körbchenblüten	bis 200 cm
'The Rocket'	bis 25 cm breit, lang gestielt, grob gesägt	von Juli bis August an schlanken, schwarz getönten Stängeln lange, traubige Kerzen mit gelben, 3 cm breiten Körbchenblüten	bis 180 cm
'Weihenstephan'	ähnlich wie bei *L. stenocephala*	von Juli bis August 5–7 cm breite, goldgelbe Körbchenblüten	bis 180 cm
Ligularia × yoshizoeana 'Palmatiloba'	bis 20 cm breit, lang gestielt, tief in breite, grob gesägte Segmente unterteilt	von Juli bis September 10 cm große, tiefgelbe Körbchenblüten in flachen Ständen	bis 100 cm
'Zepter'	bis 30 cm breit, lang gestielt, rundlich, an der Basis herzförmig, scharf gezackt	von Juli bis August hoch über dem Laub stehende Kerzen tief orangegelber, 2 cm großer Körbchenblüten	bis 180 cm

Ligularia 'Zepter'

Limonium latifolium

Rocket' sind die Blütenstängel fast schwarz und die Laubblätter gelblich. Im Vergleich zu den reinen Arten haben die Hybriden jeweils besondere Merkmale stärker ausgeprägt, etwa die Größe, Farbe oder Anordnung der Blütenkörbchen, oder die Form und Größe der Laubblätter.

In Verwendung, Standort und Pflege unterscheiden sich die Hybriden nicht von den anderen *Ligularia*-Arten. Pro m² benötigt man 2–3 Pflanzen. Vermehrt werden die Hybriden am besten nur durch Teilung.

Limonium, Meerlavendel, Widerstoß

Aussehen: Die auch unter dem Namen Strandflieder bekannte Gattung mit rund 150 Arten ein- und mehrjähriger Pflanzen bildet Blüten mit papierartigen Kelchblättern. Deshalb werden die Arten gern für die Trockenfloristik verwendet. In Gärten findet man meistens *L. latifolium*, den Breitblättrigen Steppenschleier. Dabei handelt es sich um eine Staude, die immergrüne, bodenständige Rosetten aus ovalen oder breit spatelförmigen, ledrigen, dunkelgrünen, bis 45 cm langen Laubblättern hervorbringt. Im Mai und Juni entwickeln sich aufrechte, drahtige, verzweigte Blütenstängel, an denen zahlreiche kleine, blauviolette, kurzröhrige Blütchen stehen. Die Staude erreicht eine Wuchshöhe von 60–100 cm.

Dunkelviolette Blüten hat die Sorte 'Violetta'.

Verwendung: Ursprünglich durfte diese Staude in keinem Bauerngarten fehlen. Heute eignet sie sich gut für den Staudengarten, wo die zarten Blüten blauviolette Schleier in die Beete bringen. Auch gut als Schnittblume in bunten Sträußen und als Trockenblume geeignet. Pro m² benötigt man 8 Pflanzen.

Standort: Vollsonnig. Gut durchlässiger, mäßig nährstoffreicher Boden.

Pflege: Sehr pflegeleicht. Bei zu hoher Bodenfeuchtigkeit kann es zu Wurzelfäule kommen. Echter Mehltau kann zum Problem werden.

Vermehrung: Durch Aussaat reifer Samen im Frühjahr oder durch Wurzelschnittlinge.

Linaria purpurea, Purpur-Leinkraut

Aussehen: Das Purpur-Leinkraut ist eine anspruchslose Staude mit aufrechten, verzweigten Stängeln. Die unteren Laubblätter stehen in Quirlen, die am oberen Stängel wechselständig. Sie sind grün, schmal länglich und bis 6 cm lang. Vom Juni bis in den September hinein erscheinen lange, spitz zulaufende Trauben violettpurpurner Blütchen mit kurzem, gebogenem Sporn. Die zierliche Staude erreicht eine Wuchshöhe von 90 cm. An Standorten, an denen sie sich wohlfühlt, versamt sie sich.

Die Sorte 'Canon J. Went' hat hübsche, graugrüne Laubblätter und blassrosafarbene Blütenkerzen. 'Springside White' hat weiße Blüten und bleibt mit 50 cm relativ niedrig.

Verwendung: Aufgrund der großen Trockenheitsverträglichkeit und Anspruchslosigkeit eine ideale Staude für alle Extremstandorte wie Kies- und Dachgärten oder sehr steinige, karge Böden. Besonders schön wirkt die zierliche Staude, wenn man sie mit Gräsern und graulaubigen Pflanzen kombiniert. Pro m² benötigt man 11 Pflanzen.

Standort: Sonnig. Gut durchlässi-

Linaria purpurea

ger, sehr nährstoffarmer, sandig-lehmiger Boden.
Pflege: Sehr pflegeleicht. Echter und Falscher Mehltau können aber Probleme machen.
Vermehrung: Die Sorten können im Frühjahr durch Aussaat vermehrt werden, wenn sie weit genug entfernt von der eigentlichen Art stehen, damit sie sich nicht vermischen. Auch Teilung und das Abnehmen grundständiger Stecklinge im Frühjahr sind möglich.

Linum perenne, Ausdauernder Lein

Aussehen: Diese hübsche, Horste bildende Wildstaude mit den schlanken Sprossen hat schmale, blaugrüne, 2,5 cm lange Laubblätter, die mit zunehmendem Wachstum abgeworfen werden, bis der untere Stängel verkahlt ist. Von Mai bis Juli entwickeln sich über einen langen Zeitraum hin dichte Trugdolden aus hellblauen, breit trichterförmigen, 2,5 cm großen Blüten, die sich morgens öffnen und am Nachmittag wieder schließen. Die auch Staudenflachs genannte Pflanze wird bis 45 cm hoch.

Linum perenne 'Blauer Saphir'

'Blauer Saphir' (Syn. 'Blue Sapphire') hat himmelblaue Blüten und wird nur 30 cm hoch, 'Album' und 'Diamant' blühen weiß.
Verwendung: Wegen ihres Wildblumencharakters passt diese Staude gut in Stein- und Heidegärten, aber auch in Kiesgärten und naturnah gestaltete Staudenbeete. Schöne Pflanzpartner sind z. B. niedrige Schafgarben (*Achillea*), Glockenblumen (*Campanula*), Gräser, Heiligenkraut (*Santolina*) oder Zistrosen (*Cistus*). Pro m^2 benötigt man 16 Pflanzen.
Standort: Vollsonnig. Mäßig nährstoffreicher, sandig-durchlässiger, alkalischer Boden.
Pflege: Pflegeleichte Staude, die sehr trockenheitsverträglich ist. Winterliche Nässe und Barfröste können ihr schaden.
Vermehrung: Durch Teilung oder Aussaat im Frühjahr und durch halb verholzte Stecklinge von Frühjahr bis Sommer. An Standorten, an denen sie sich wohlfühlt sät sich die Staude bereitwillig selbst aus.

Liriope muscari, Lilientraube

Aussehen: Aus den Wäldern Ostasiens stammt diese sehr dekorative, Horste bildende, immergrüne Staude, die hin und wieder auch mit dem Schlangenbart (*Ophiopogon*) verwechselt wird – sie ist zwar mit diesem verwandt, aber nicht identisch. Die bis 40 cm langen Laubblätter sind 1,5 cm breit, tiefgrün und ledrig. Im August/September entwickeln sich aus den Blatthorsten endständige ährige Blütenstände mit kleinen, veilchenblauen bis tiefvioletten, glockigen Blüten, die oft bis zum ersten Frost halten. Nach der Blüte bildet die Pflanze in vielen Fällen dekorative schwarze Beeren. Die Pflanze wird maximal 60 cm hoch.

Liriope muscari

'Ingwersen' besitzt lilablaue Blüten und wird nur 30 cm hoch, ähnlich niedrig bleibt 'Gold-banded', bei der jedes Blatt einen grünlich gelben Mittelstreifen aufweist. Besonders große Blütenstände entwickelt 'Lilac Beauty', während 'Monroe White' reinweiße Blüten hat.
Verwendung: Eine immergrüne Waldstaude für schattige Gartenbereiche. Passt gut als Unterpflanzung für Rhododendren und Azaleen und bildet schöne Nachbarschaften mit Farnen und Anemonen. Auch hübsch als Kübelpflanze für moderne Gärten, wo die immergrünen Blattschöpfe das ganze Jahr für Struktur sorgen. Pro m^2 benötigt man 11 Pflanzen.
Standort: Halbschattig bis schattig. Nährstoff- und humusreicher, feuchter, aber durchlässiger, leicht saurer Boden.
Pflege: Vor Temperaturextremen schützen. Besonders die Kombination von Wintersonne und Minusgraden wird schlecht vertragen.
Vermehrung: Durch Teilung im Frühjahr oder Aussaat der aus den reifen Beeren ausgelösten Samen im Frühjahr.

Lithospermum purpurocaeruleum, Blauroter Steinsame

Aussehen: Die rhizombildende, 15–30 cm hohe Wildstaude, die auch unter dem Namen *Buglossoides purpurocaeruleum* bekannt ist, bildet bogig überhängende oder niederliegende, bis 60 cm lange Triebe aus, die etwa 8 cm lange, dunkelgrüne, lanzettliche, spitze Blätter tragen. Im April/Mai erscheinen lockere Büschel samtiger, knapp 2 cm großer Blüten. Im Knospenstadium sind diese rotviolett, später färben sie sich enzianblau.
Verwendung: Attraktiver, pflegeleichter Bodendecker für den hellen Schatten. Schön unter oder vor Gehölzen, am besten in Gruppen gepflanzt und in Gemeinschaft mit Elfenblumen (*Epimedium*). Pro m^2 benötigt man 8 Pflanzen.
Standort: Sehr lichter Halbschatten. Mäßig nährstoffreicher, humoser, neutraler bis alkalischer Boden. Verträgt eher Trockenheit als Nässe.
Pflege: Die pflegeleichte Pflanze nach der Blüte oder im zeitigen Frühjahr bei Beginn des Austriebs etwa handhoch über dem Boden zurückschneiden. Um die Feuchtigkeit im Boden zu halten, kann unter den Pflanzen auch Mulch verteilt werden. Düngen ist in den meisten Fällen nicht nötig.
Vermehrung: Am besten durch Teilung im Frühjahr (März). Aussaat reifer Samen im Frühjahr oder Herbst.

Lupinus polyphyllus, Vielblättrige Lupine (Tab. 47)

Aussehen: Die 80–120 cm hohe Staude bildet dichte, buschige Horste aus kurz gestielten, handförmig geteilten Laubblättern, die aus eiförmigen bis lanzettlichen, dunkel- bis bläulich grünen Einzelblättchen zusammengesetzt sind. Im Mai und Juni erscheinen die charakteristischen, imposanten Blütenkerzen mit den zahlreichen Schmetterlingsblüten, die etwas pfeffrig duften und ein- oder zweifarbig und meist blau, weiß, rosa oder violett getönt sind. Es gibt aber auch gelbe und karminrote Töne. Charakteristischerweise erblühen die langen, kerzenförmigen Blütentrauben oder -ähren von unten nach oben.

Neben der eigentlichen Art sind viele schöne Hybriden im Handel. Sie werden je nach Herkunft verschiedenen Serien bzw. Gruppen zugeteilt. Die 1937 erstmals vorgestellten, 90–120 cm hohen Russell-Hybriden zeichnen sich durch herrliche Farben und spitz zulaufende, kräftig wirkende Trauben aus, die dicht mit großen Blüten bepackt sind. Heute sind viele der bis 1967 vegetativ vermehrten Russell-Hybriden wieder aus den Gärten und Sortimenten verschwunden. Die Samenlinie lebt aber in zahlreichen neuen Hybriden weiter. Lupinen der Band-of-Nobles-Serie haben robuste, dichte Blüten und bieten ein Spektrum von 6 Farben in mehreren Tönen sowie zweifarbige Formen. Die Gallery-Serie (Syn. Dwarf-Gallery-Serie) bietet eine Auswahl kompakt wachsender Formen in 5 kräftigen Farben. Die Pflanzen erreichen eine Wuchshöhe von etwa 50 cm.
Verwendung: Eine klassische Bauerngartenpflanze, die in ländlichen Gärten am schönsten wirkt, wenn sie in bunten Gruppen zusammen steht. Seit der Einführung der Hybridsorten haben Lupinen auch mehr und mehr die Staudenbeete erobert. Mit den intensiven, monochromen Sorten kann man in den Beeten Akzente setzen und Farbstimmungen verstärken. Auch schön als Schnittblume für die Vase. Pro m^2 benötigt man 2–4 Pflanzen.
Standort: Sonnig. Geschützter Standort in mäßig nährstoffreichem, leichtem, tiefgründigem, kalkarmem und nicht zu nassem Boden. Lupinen vertragen unter Umständen auch halbschattige Standorte.
Pflege: Im Frühjahr gut wässern

Lithospermum purpurocaeruleum

Tab. 47 Empfehlenswerte Sorten von *Lupinus polyphyllus*

Sorte	Blüte	Wuchshöhe
'Fräulein'	weiß	90 cm
'Kastellan'	blaue Farbtöne, Fahne weiß	90 cm
'Kronleuchter'	verschiedene Gelbtöne	90 cm
'Manhattan Lights'	violett, Fahne weiß	100 cm
'Schlossfrau'	rosa, Fahne weiß	90 cm
'Tequila Flame'	rot, Fahne weiß	100 cm
Lupinus Russell-Hybriden	ein- oder zweifarbige Blütenstände, blau, gelb, rosa, weiß	90–120 cm

Lupinus polyphyllus 'Edelknabe'

und vor Schneckenfraß schützen. Höhere Formen müssen gestützt werden. Da Lupinen durch eine Symbiose mit Knöllchenbakterien an den Wurzeln Stickstoff sammeln können, sollte man nicht stickstoffbetont düngen. Ein Rückschnitt sofort nach der Blüte regt die Pflanzen zu einer Nachblüte an. Dabei lässt man die jüngeren Blätter weitgehend ungeschoren. Winterliche Nässe führt gelegentlich zu Fäulnis der Pfahlwurzeln.
Vermehrung: Durch Aussaat im Frühjahr oder Herbst. Die Samen keimen besser, wenn man sie 24 Stunden in Wasser vorquellen lässt. Stecklinge schneidet man im Frühjahr von nichtblühenden Seitentrieben. Die Pflanzen versamen sich, wenn man die Fruchtstände nicht rechtzeitig entfernt. Eine Selbstaussaat sollte man aber verhindern, weil die so entstehenden Pflanzen nach einigen Jahren nur noch blaue, lückenhafte Blütenstände entwickeln.

Luzula nivea, Schneeweiße Hainsimse, Schneemarbel

Aussehen: Das in Südeuropa heimische Gras bildet 20 cm hohe, lockere, rasenähnliche Horste aus immergrünen, schmalen, Blättern. Die bogig überhängenden Halme sind am Rand silbrig bewimpert. Im Juni und Juli erscheinen doldige Blütenstände aus kleinen, weißen Einzelblüten, die wie Schneeflocken über den Blatthorsten schweben. Bei Samenreife färben sich die Fruchtstände braun.

Die Sorte 'Schneehäschen' wurde manchmal dieser Art zugeordnet, wird aber heute zur Art *L. luzuloides* gerechnet. Sie wird 45 cm hoch, hat silbrig weiße Blätter und hübsche weiße Blüten.
Verwendung: In Gruppen gepflanzt, ziert dieses aparte und anspruchslose Gras den Boden unter lichten Sträuchern und Bäumen. Die Staude verträgt den Wurzeldruck von Gehölzen und eignet sich auch als Bodendecker und für halbschattige Rabatten. Die Blüten können als Trockenblumen verwendet werden. Pro m^2 benötigt man 11 Pflanzen.
Standort: Halbschattig. Humoser, durchlässiger, mäßig feuchter, kalkarmer Boden. An ausreichend feuchten Standorten verträgt die Schneemarbel auch Sonne.
Pflege: Im Spätwinter oder zeitigen Frühjahr vor Beginn des Austriebs zurückschneiden, dann schmückt im Frühsommer frischgrünes Laub die Pflanze.
Vermehrung: Bei Wachstumsbeginn im Frühjahr kann die Pflanze geteilt werden. Aussaat im Frühjahr oder Herbst.

Luzula nivea

Luzula sylvatica, Wald-Hainsimse, Waldmarbel

Aussehen: Das immergrüne, Horste bildende, dichtbuschige Gras stammt aus dem südlichen und westlichen Europa. Bis 30 cm lange und etwa 2 cm breite, rinnige, glänzend dunkelgrüne Blätter bringen mit der Zeit einen ananasartigen Schopf hervor. Die Pflanze erreicht eine Wuchshöhe von etwa 80 cm. Von Juni bis August erscheinen an etwa 8 cm langen, lockeren, gegabelten Rispen Gruppen mit kleinen, kastanienbraunen Blüten.

'Hohe Tatra' (Syn. 'Aurea') besitzt aufrechte, grünlich gelbe Blätter, die im Sommer vergrünen. Die Blätter von 'Marginata' (Syn. 'Variegata') haben einen schmalen, weißen Rand. 'Wintergold' wird nur

Luzula sylvatica

etwa 30 cm hoch und hat gelbgrünes Laub.
Verwendung: An schattigen Standorten bildet die Waldmarbel mit der Zeit einen nahezu unkrautfreien, immergrünen Teppich. Guter Bodendecker, der auch hübsch zwischen Felsbrocken aussieht. Auch für schattige Sumpfgärten. Pro m^2 benötigt man 11 Pflanzen.
Standort: Halbschattig bis schattig. Nährstoffarmer bis mäßig fruchtbarer, feuchter, aber durchlässiger Boden, der eher sauer sein sollte.
Pflege: Die Pflanze ist sehr pflegeleicht.
Vermehrung: Durch Aussaat oder Teilung. Die Sorten können nur durch Teilung vermehrt werden.

Lysimachia ciliata 'Firecracker'

Lysimachia ciliata, Bewimperter Felberich

Aussehen: *L. ciliata* ist eine aufrechte, Rhizome bildende Staude, die kompakte Kolonien entwickelt. Die schlanken, bis 120 cm hohen Stängel tragen lanzettliche bis ovale, gegenständig oder wirtelig angeordnete Laubblätter, die behaart sind. Von Juni bis August öffnen sich in den Blattachseln der oberen Triebe einzeln oder in kleinen Büscheln stehende, leuchtend gelbe, 2,5 cm große, leicht nickende Blüten.

Häufiger als die eigentliche Art findet man im Staudenbeet die Sorte 'Firecracker', die wunderschön mit den schwefelgelben Blüten kontrastierendes, dunkelrotes Laub hat. Die Sorte ist sehr wuchsfreudig und wird etwa 80 cm hoch.
Verwendung: Sowohl die eigentliche Art als auch die Sorte mit dunkelrotem Laub eignen sich hervorragend für Staudenbeete und gemischte Rabatten. Schon im Austrieb kann man die berückende Wirkung des dunkelroten Laubs von 'Firecracker' nutzen, indem man weiße, gelbe oder orangerote Tulpen dazwischen setzt. Im Sommer passen gelbe und orangefarbene Taglilien (*Hemerocallis*) und Goldkolben (*Ligularia stenocephala*) gut zu der interessanten Staude. Sie sieht am Ufer von Gewässern hübsch aus und eignet sich auch zum Auswildern in Wildblumen- und Gehölzgärten. Pro m^2 benötigt man 6 Pflanzen.
Standort: Sonnig bis halbschattig. Feuchter, aber durchlässiger, humoser Boden.
Pflege: Sehr pflegeleicht, allerdings darf der Boden im Sommer nicht austrocknen.
Vermehrung: Durch Teilung im Frühjahr oder Herbst und durch Aussaat im Frühjahr.

Lysimachia clethroides, Entenschnabel-Felberich

Aussehen: Die auch Schnee-Felberich genannte, elegante Staude bildet größere, aber recht kompakte Kolonien. An aufrechten, bis 90 cm hohen Stängeln stehen schlanke, zugespitzte, lanzettliche, hell- bis mittelgrüne Laubblätter, die bis 13 cm lang werden. Von Juli bis September entwickeln sich endständige, spitz zulaufende Trauben mit grünlichen Knospen, die sich später zu 1 cm breiten, weißen Blütchen öffnen. Während die Traube von unten nach oben erblüht, richtet sie sich auf und gewinnt an Länge. Allein die Spitze bleibt bis zum Schluss gebogen. Beeindruckend ist das leuchtend orangebraune Herbstlaub dieser Staude.

Bei der Sorte 'Geisha' sind die Blätter cremefarben gerandet.
Verwendung: Im Staudenbeet wirkt die Art besonders gut, wenn sie mit kontrastierenden Laubfarben und -formen anderer Sommerstauden

Lysimachia clethroides

kombiniert wird. Eine schöne Wirkung ergibt sich auch in gemischten Rabatten mit purpurlaubigen Sträuchern wie z. B. Blasenspiere (*Physocarpus opulifolius* 'Diavolo') oder den eleganten Blütentellern von Hortensien (z. B. *Hydrangea macrophylla* 'Lilacina' oder 'Blue Wave'). Auch am Ufer von Gewässern oder ausgewildert in Gehölzgärten sieht die Staude sehr schön aus. Pro m^2 benötigt man 8 Pflanzen.
Standort: Sonnig bis halbschattig. Feuchter, aber durchlässiger, humoser Boden.
Pflege: Sehr pflegeleicht, wächst auch in normalen Gartenböden, blüht aber in feuchten Böden üppiger.
Vermehrung: Durch Teilung im Frühjahr oder Herbst und durch Aussaat im Frühjahr.

Lysimachia nummularia, Pfennig-Gilbweiderich, Pfennigkraut

Aussehen: Als heimische Pflanze besiedelt die Matten bildende, kriechende, immergrüne Staude am natürlichen Standort Wiesen, Ufer, Gräben und feuchte Stellen in Wäldern. Die 40 cm langen Triebe wurzeln an den Blattansatzstellen, wo sie auf dem Boden aufliegen, und breiten sich nahezu unbegrenzt aus, wenn man sie nicht kontrolliert. Die rundlichen, kleinen Laubblätter sind gegenständig angeordnet und in einer Ebene nach oben gedreht. Im Mai und Juni trägt die 5 cm hohe Pflanze in den Blattachseln einzeln oder in kleinen Gruppen angeordnete, becherförmige, 2,5 cm breite, leuchtend gelbe Blüten.

Die Sorte 'Aurea' hat gelbliches Laub.
Verwendung: Die sehr anpassungsfähige Pflanze eignet sich gut als Bodendecker, kann aber auch hängend in Kübeln und Ampeln eingesetzt

Lysimachia nummularia 'Aurea'

Lysimachia punctata

werden. Pro m^2 benötigt man 11–25 Pflanzen.
Standort: Sonnig bis halbschattig. Feuchter, aber durchlässiger, neutraler bis leicht alkalischer, humoser Boden.
Pflege: Die Pflanze ist absolut pflegeleicht, kann aber wuchern.
Vermehrung: Gelingt leicht durch Aussaat oder durch Abnahme von Ausläufern.

Lysimachia punctata, Punktierter Gilbweiderich

Aussehen: Wuchernde, aufrechte Rhizomstaude mit gegenständig am Stängel angeordneten, lanzettlichen bis ovalen, gespitzten Blättern, die fein behaart sind. Von Mai bis August entwickeln sich in den Blattachseln der oberen, bis 90 cm hohen Triebe 2–7 stehende, 2,5 cm breite, leuchtend gelbe, becherförmige Blüten.

Die Blätter der Sorte 'Alexander' besitzen einen cremeweißen Rand.
Verwendung: Gut für Staudenbeete und zum Auswildern in feuchten Wiesen, Gehölzgärten und Gewässerufern geeignet. Unter günstigen Bedingungen bildet sie große Gruppen. Im Staudenbeet kann sie deshalb etwas aggressiv wuchern und sollte mit Vorsicht eingesetzt werden, da die Rhizome durch die Horste anderer Stauden wandern. Pro m^2 benötigt man 8 Pflanzen.
Standort: Sonnig bis halbschattig. Feuchter, durchlässiger, humoser Boden.
Pflege: Die Pflanze ist äußerst pflegeleicht, neigt aber zum Wuchern. Selbst kleine Rhizomteile treiben wieder aus.
Vermehrung: Durch Aussaat oder durch Abtrennen von bewurzelten Rhizomteilen.

Lysimachia punctata 'Alexander'

Lysimachia vulgaris, Gewöhnlicher Gilbweiderich

Aussehen: Der Gewöhnliche Gilbweiderich ist eine aufrechte Wildstaude, die sich durch knapp unter der Bodenoberfläche streichende Ausläufer mitunter aggressiv ausbreitet. Die behaarten, bis 120 cm hohen Stängel tragen lanzettliche, gestielte oder sitzende, unterseits dicht behaarte Laubblätter, die gegenständig oder in Quirlen zu 4 am Stängel angeordnet sind. Von Juni bis August öffnen sich endständige, 1 cm breite, leuchtend gelbe Blüten in lockeren, breit kegelförmigen Rispen. Den volkstümlichen Namen Gilbweiderich erhielt die Pflanze wegen der gelben Blüten und der an das Laub mancher Weidenarten erinnernden Blätter.
Verwendung: Wegen ihres Ausbreitungsdrangs nur bedingt für Staudenbeete zu empfehlen. Gut passt die Pflanze an Gewässerufer, wo sie auch gleichbleibend nasse Standorte zuverlässig besiedelt. Sie übersteht jedoch auch kurze Trockenperioden schadlos. Pro m² benötigt man 8 Pflanzen.
Standort: Sonnig bis halbschattig. Feuchter, humoser Boden.
Pflege: Absolut pflegeleicht, selbst höher wachsende Triebe kommen in der Regel ohne Stütze aus.
Vermehrung: Durch Aussaat oder durch Abtrennen bewurzelter Rhizomteile.

Lythrum salicaria, Blut-Weiderich

Aussehen: Am Naturstandort kommt die Horste bildende, buschig aufrecht wachsende, bis 100 cm hohe Wildstaude an Ufern, in Gräben, Flachmooren, Sumpfwiesen und Bruchwäldern vor und verträgt auch eine zeitweilige Überflutung. Die frischgrünen, schmal lanzettlichen, bis 10 cm langen Laubblätter sind gegenständig am vierkantigen Stängel angeordnet und behaart. Im Herbst färben sie sich oft kupferrot. Die von Juni bis September erscheinenden, weinroten bis purpurvioletten, kleinen, trichterförmigen Blüten sind in endständigen Blütenkerzen angeordnet.

'Rosensäule' hat tiefviolette Blüten und wird, wie die anderen Sorten, mit 120 cm höher als die eigentliche Art. 'Stichflamme' ist besonders großblütig mit dunkel violettrosa Blüten, 'Zigeunerblut' ist auffallend dunkel violettrosa. Mit nur 90 cm Höhe bleibt die rosarote Sorte 'Feuerkerze' deutlich niedriger.
Verwendung: Ausdauernder Sommerblüher für das Staudenbeet, aber auch die Teichrandbepflanzung und andere Gewässerränder. Pro m² benötigt man 3–6 Pflanzen.
Standort: Sonnig bis halbschattig. Nährstoffreicher, lehmiger, feuchter oder nasser Boden.
Pflege: Sehr pflegeleicht. In einer Rabatte empfiehlt es sich, die Blüten gleich nach dem Welken abzuschneiden, damit sich die Pflanze nicht übermäßig ausbreitet. In Gärten mit feuchten Böden kann sie sonst invasiv werden.
Vermehrung: Durch Aussaat, Teilung oder Stecklinge im Frühjahr. Sorten sind nur selten samenecht und werden daher nicht ausgesät, sondern besser durch Teilung vermehrt.

Lythrum virgatum, Ruten-Weiderich

Aussehen: *L. virgatum* ist eine Horste bildende, aufrechte, 60–120 cm hohe Staude mit sehr schmalen, 10 cm langen Blättern. Laub und Stängel sind unbehaart. Von Juli bis September erscheinen violettrosa gefärbte, 1,5 cm breite Blüten in lockeren Scheinähren in den Achseln der Hochblätter. Alles in allem ähnelt die Pflanze dem Blut-Weiderich (*Lythrum salicaria*, siehe oben), wirkt aber zierlicher und schlanker. Sie breitet sich auch nicht so stark durch Selbstaussaat aus wie dieser.

'Dropmore Purple' trägt zwischen Juni und September purpurrote Blüten an relativ stark belaubten Stängeln, 'Rose Queen' bringt lange Ähren tief rosaroter Blüten hervor, 'The Rocket' blüht kräftig rosarot und bleibt mit 80 cm Wuchshöhe relativ niedrig.
Verwendung: Ausdauernder Sommerblüher, der wie der verwandte

Lythrum salicaria 'Feuerkerze'

Lythrum virgatum 'Rose Queen'

Blut-Weiderich eingesetzt werden kann, aber schlanker wirkt. Pro m² benötigt man 6 Pflanzen.
Standort: Sonnig bis halbschattig. Nährstoffreicher, lehimger, feuchter oder nasser Boden.
Pflege: *L. virgatum* sät sich nicht so stark aus wie *L. salicaria* und ist daher sogar noch pflegeleichter.
Vermehrung: Durch Aussaat, Teilung oder Stecklinge im Frühjahr. Sorten sind nur selten samenecht und werden besser durch Teilung vermehrt.

Macleaya cordata, Federmohn

Aussehen: Der Federmohn ist eine aufrechte, bis 200 cm hohe, kräftige und wüchsige Staude, die dichte, kleine, horstige Gruppen bildet. Die herzförmigen, gebuchteten, gezähnten Laubblätter sind oberseits blaugrün, unterseits weiß flaumig behaart und färben sich im Herbst in warmen Gelbtönen. Von Juli bis August zeigen sich große, relativ schmale, federartige und für Mohnpflanzen untypische Rispen mit cremefarbenen bis hellbraunen, winzigen Blüten. Die ganze Pflanze ist bläulich bereift.

Die Sorte 'Korallenfeder' besitzt kupferrote Blütenrispen über zimtfarbigem Laub.
Verwendung: Diese äußerst dekorative Staude wirkt am besten vor neutralen Hintergründen, etwa Hecken, Mauern oder vor Zäunen. Sie kann auch als Sichtschutz gepflanzt werden. Eine fabelhafte Partnerschaft geht sie mit Staudensonnenblumen oder hohen Herbstastern (*Aster novae-angliae* oder *A. novi-belgii*) ein. Sehr schön auch mit rotlaubigen Dahlien, etwa *Dahlia* 'Bishop of Llandaff', wobei sich ein angenehmer, weicher Kontrast zwischen dem graublau bereiften Federmohn und den roten Blüten der nicht winterharten Knollenpflanze ergibt. Pro m² benötigt man 1–3 Pflanzen.
Standort: Sonnig bis halbschattig. Nährstoffreicher, leichter, trockener bis mäßig feuchter Boden.
Pflege: Wind und Trockenheit setzen der Staude zu. Am besten gibt man jährlich eine Schicht Komposterde und lässt die Pflanze in Ruhe. Jungtriebe sind durch Spätfrost gefährdet.
Vermehrung: Durch Teilung im zeitigen Frühjahr und durch Ausläufer während der Ruhezeit. Stecklinge mit einem gesunden Blatt kann man im Frühsommer bewurzeln.

Malva moschata, Moschus-Malve

Aussehen: Aus Südeuropa stammt die aufrechte, buschige, behaarte, an der Basis verholzende Staude, die bis 120 cm hoch und bis 60 cm breit wird. Sie hat herzförmige, bis 30 cm lange, gebuchtete, hellgrüne Grundblätter und tief fiederspaltige, nur 15 cm lange obere Fiederblätter. Im Juni entwickeln sich schalenförmige, blass rosafarbene bis weiße, 4–6 cm breite Blüten in achselständigen Gruppen, die bis Anfang September erscheinen. Die Wildstaude, die sich inzwischen auch nördlich der Alpen ausbreitet, gilt als eine der dekorativsten Malven. Die Pflanze duftet schwach nach Moschus, was ihr den Namen Moschus-Malve eingebracht hat.

M. moschata fo. *alba* blüht weiß.
Verwendung: Langzeitblüher für Naturgärten und Rabatten. Die wertvolle Wildstaude blüht vom Frühsommer bis in den Frühherbst hinein. Auch für naturnah gestaltete Gärten wegen der langen Blütezeit ein echter Blickfang. Schöne Stimmungen ergeben sich mit graulaubigen *Artemisia*-Arten, die mit ihrem fiedrigen Laub die Staude ergänzen. Pro m² benötigt man 4–5 Pflanzen.

Macleaya cordata

Malva moschata

Standort: Vollsonnig. Nährstoffreicher, feuchter, aber durchlässiger Boden.
Pflege: Der Boden darf während der Vegetationsperiode nicht austrocknen. Die Staude ist anfällig für Windschäden und muss in der Regel gestützt werden.
Vermehrung: Durch Aussaat oder grundständige Stecklinge im Frühjahr.

Meconopsis cambrica, Wald-Scheinmohn

Aussehen: Die Horste bildende, meist kurzlebige Staude hat gelbgrüne, fiederspaltige oder unregelmäßig gelappte Blätter, die in grundständigen Büscheln oder an verzweigten Sprossen stehen. Ab April bis September, mit Unterbrechungen, erscheinen etwa 5 cm breite, zitronengelbe bis orangefarbene Blüten mit auffälligen Staubgefäßen. Sie stehen an drahtigen, bis 25 cm langen Stängeln, die aus den oberen Blattachseln sprießen. Die Pflanze wird etwa 45 cm hoch und 25 cm breit.

Meconopsis cambrica

M. cambrica var. *aurantiaca* hat orangefarbene, die Sorte 'Flore Pleno' gefüllte, gelbe Blüten.
Verwendung: Charmante Blütenstaude für halbschattige und schattige Gartenbereiche, die durch die zahlreichen gelben, sehr heiteren Blüten belebt werden. Sehr schön auch mit Farnen und Gräsern im Gehölzgarten. Zu Rhododendren und Azaleen, die gleichzeitig in leuchtenden Farben blühen, ein schöner Kontrast! Pro m^2 benötigt man 11 Pflanzen.
Standort: Halbschattig bis schattig. Nicht zu nährstoffreicher, frischer, durchlässiger, tiefgründiger, auch kalkhaltiger Boden, da die Staude eine Pfahlwurzel bildet.
Pflege: Sehr pflegeleicht. Nach dem Verblühen sollten die Fruchtstände entfernt werden, um eine massenhafte Selbstaussaat zu verhindern. Ein Rückschnitt nach der Hauptblüte kann einen Nachflor anregen.
Vermehrung: Aussaat gleich nach der Samenreife oder im Frühjahr (Lichtkeimer!).

Meconopsis grandis, Großer Scheinmohn

Aussehen: Aus dem Himalaja stammt die aufrechte, meist kurzlebige Staude, die kräftige Horste bildet. Ihre lang gestielten, schmal ovalen Grundblätter weisen eine rostbraune, borstige Behaarung auf, die wenigen Stängelblätter sind wesentlich kleiner. Im Juni und Juli entwickeln sich an jeweils einem schlanken, aufrechten Stängel 12–15 cm breite, flach schalenförimge, nickende Blüten, die in der Regel kräftig himmelblau sind. Es kommt aber vor, dass die Blüten fast weiß, burgunderrot oder violettblau ausfallen. In jedem Fall kontrastieren die gelben bis rostfarbenen Staubgefäße mit den seidig schimmernden Blütenblättern. Die Pflanze erreicht

Meconopsis grandis

eine Wuchshöhe von bis zu 120 cm und wird etwa 60 cm breit.

Ganz ähnlich, aber mit kleineren, himmelblauen Blüten ist *M. betonicifolia* (Tibet-Scheinmohn).
Verwendung: Ausgesprochene Liebhaberstaude für luftfeuchte, schattige Gehölzgärten. Wegen der außergewöhnlichen Blütenfarbe nur bedingt mit anderen Blütenpflanzen kombinierbar. Relativ problemlos kann man sie mit gleichzeitig in kräftigen Farben blühenden Rhododendren und Azaleen und mit weiß blühenden Prachtspieren (*Astilbe*-Hybriden) kombinieren, deren Standortansprüche auch in etwa die gleichen sind. Schön sieht dieser blaublütige Scheinmohn auch mit dem frischgrünen Laub von Farnen, wie z. B. dem Straußfarn (*Matteucia struthiopteris*), aus. Pro m^2 benötigt man 5 Pflanzen.
Standort: Halbschattig bis schattig. Nährstoffreicher, humoser, tiefgründiger, durchlässiger, leicht saurer Boden. Diese Art ist recht anspruchsvoll und muss luftfeucht, kühl und windgeschützt stehen.
Pflege: Im Sommer muss man die Staude reichlich gießen, bei Trockenheit stirbt sie sonst nach der Blüte rasch ab. Das Entfernen der Samenstände wirkt sich ebenfalls lebensverlängernd aus. Im Frühjahr müssen die Pflanzen vor Spätfrösten

Miscanthus × *giganteus*

geschützt werden. Schnecken und Echter Mehltau können zum Problem werden.
Vermehrung: Samen gleich nach der Reife oder im Frühjahr aussäen.

Miscanthus × *giganteus*, Riesen-Chinaschilf

Aussehen: Das 3,5–4 m hohe Riesengras hat einen aufrechten Wuchs und bildet keine wuchernden Rhizome. Es ist in Japan als Naturhybride von *M. sinensis* und *M. sacchariflorus* entstanden. Die Blätter sind bandförmig, 2,5 cm breit und an der Spitze kaskadenförmig übergebogen. Ab Oktober erscheinen erst rosafarbene, später silbrige Blütenstände. Nach kühlen Sommern kann die Blütenbildung ganz unterbleiben.

Die Blätter der Sorte 'Jubilar' haben einen breiten, weiß-gelben Mittelstreifen.
Verwendung: Die exotisch anmutende Riesenstaude eignet sich, um Pflanzungen mehr Struktur zu geben, gut passt sie auch an Gewässerränder und in den Hintergrund großzügiger Staudenrabatten. Als Zaunersatz muss sie jedoch mit gespannten Drähten gestützt werden, zudem erfüllt sie ihren Zweck nach dem Rückschnitt im zeitigen Frühjahr für einige Zeit nicht. Weil sie ein guter Biomasseproduzent ist, wurde die Staude industriell genutzt. Außer z. B. als Tiereinstreu und zur Produktion von Leichtbetonbausteinen wird sie auch zur Energiegewinnung in Biomassefeuerungsanlagen verwendet. Pro m² benötigt man 1 Pflanze.
Standort: Sonnig bis halbschattig. Tiefgründiger, humoser, sandig-lehmiger, durchlässiger und nährstoffreicher, mäßig feuchter Boden.
Pflege: Alljährlicher Rückschnitt im zeitigen Frühjahr vor dem Neuaustrieb. Die Pflanzen müssen im Frühjahr vor Spätfrösten geschützt werden.
Vermehrung: Die Hybride ist steril und bildet keine keimfähigen Samen aus. Eine Vermehrung ist nur durch Teilung im Frühjahr möglich.

Miscanthus sinensis, Silber-Chinaschilf, Eulaliagras (Tab. 48)

Aussehen: Die Staude bildet keine wuchernden Rhizome aus. Es ist ein Horste bildendes Gras, das je nach Sorte in Größe, Aussehen und Winterhärte sehr variabel ist. Die Blätter vieler Sorten sind mittelgrün, bandartig, 1–2 cm breit und besitzen eine auffällige weiße Mittelrippe. Es gibt aber auch panaschierte Sorten. Im Herbst nimmt das Gras zunächst eine maisgelbe, später eine strohgelbe Färbung an. Die je nach Sorte und Witterung zwischen Juli und Oktober erscheinenden Blütenstände setzen sich aus zahlreichen Ähren zusammen und sind meist silbrig, bei manchen Sorten auch kupfrig oder rötlich. Sie ragen aus dem Blattschopf heraus. Nach kühlen Sommern kann eine Blüte ganz unterbleiben. Je nach Sorte erreicht das Gras eine Höhe von 30–300 cm sowie eine Breite von maximal 120 cm.
Verwendung: Dekoratives Ziergras, das als Solitärstaude oder im Hintergrund von Staudenrabatten einen Blickfang bietet. Auch am Rand von Gewässern und als Sichtschutz während des Sommers geeignet.

Tab. 48 Empfehlenswerte Sorten von *Miscanthus sinensis*

Sorte	Blatt	Blütenstand	Wuchshöhe (Blatt/Blüte)
'Cabaret'	breit, grün-weiß gestreift	langfedrig, silbrig	150/180 cm
'Ferner Osten'	schmal, olivgrün, im Herbst sattorange	übergeneigt, erst mahagonibraun, dann rosa und schließlich silbrig	120/160 cm
'Ghana'	schmal, grün, im Herbst rotorange	aufrecht, rötlich	150/180 cm
'Graziella'	schmal, grün, rotbraune Herbstfärbung	im Aufblühen seidig rosa, dann silberweiß	100/130 cm
'Kaskade'	schmal mit ausgeprägtem weißem Mittelstreifen, kupferrote Herbstfärbung	erst seidig und rosarot, dann silbrig	110/190 cm
'Malepartus'	breit, schöne, erst gelbe, dann rötliche Herbstfärbung	erst rötlich, dann flaumig weiß	170/200 cm
'Morning Light'	weiß gerandet, an der Spitze überhängend	spät, bräunlich rosa	150/180 cm
'Pünktchen'	breit quergestreift panaschiert	rötlich, zuverlässig ab Oktober	180/220 cm
'Silberspinne'	schmal, silbergrün mit weißer Mittelrippe	erst rötlich, dann flaumig silbrig	140/160 cm
'Strictus'	gelblich quergestreift, straff aufrecht	silberweiß	180/200 cm
'Yakushima Dwarf'	schmal, silbrig	weißsilbrig	60/100 cm
'Zebrinus'	quergestreift mit blass cremegelben Bändern	aufrecht, silbrig bräunlich	180/220 cm

Niedrige Sorten kann man auch in Pflanzgefäßen ziehen. Anders als das etwas aufdringliche Pampasgras (*Cortaderia*) wirkt Chinaschilf nur selten monströs oder wuchtig und kann gut in Staudengärten integriert werden. Pro m² benötigt man 1 Pflanze.

Standort: Sonnig bis halbschattig. Tiefgründiger, humoser, durchlässiger und nährstoffreicher, mäßig feuchter Boden.

Pflege: Wenn man das Laub zusammenbindet, bietet es dem Horst im Winter einen guten Schutz vor Nässe und Frost. Rückschnitt im März/April auf etwa 20 cm über dem Boden, wenn die neuen Triebe diese Höhe erreicht haben.

Vermehrung: Der Silber-Chinaschilf kann nur durch Teilung bei Wachstumsbeginn im Frühjahr vermehrt werden.

Molinia arundinacea, Rohr-Pfeifengras

Aussehen: Die auch unter dem Namen Riesen-Pfeifengras bekannte, kompakte, bis 50 cm hohe Horste bildende Staude kommt in der Natur verstreut in sauren Torfmooren, Sümpfen und überweideten Wiesen Süddeutschlands und Österreichs vor. Die Pflanzen haben sommergrüne, zugespitzte, an der Basis verdickte, bogenförmig überhängende Blätter, aus denen sich von Juli bis September 30–60 cm lange Rispen an langen Stängeln erheben. Im Herbst färbt sich das Laub gelb bis orangebraun. Bisher wurden *M. arundinacea* und *M. caerulea* als zwei verschiedene Arten angesehen. In jüngster Zeit geht man jedoch davon aus, dass die vermeintlichen Arten nur aufgrund verschiedener Wachstumsbedingungen ein unterschiedliches Erscheinungsbild abgeben. Weil die Sorten in den meisten Staudengärtnereien jedoch nur unter einem der beiden Namen geführt werden, sind die beiden Pfeifengräser hier noch getrennt aufgeführt.

Molinia arundinacea 'Skyracer'

Von *M. arundinacea* gibt es folgende schöne Sorten: 'Karl Foerster' (breite Blätter, 200 cm hoch, goldgelbe Herbstfärbung), 'Transparent' (graziler Wuchs, 180 cm hoch, goldgelbe Herbstfärbung), 'Windspiel' (straff aufrechter Wuchs, 250 cm hoch, gelbe Herbstfärbung).
Verwendung: Als Solitärstaude oder zur Auflockerung in Staudenpflanzungen. Im Winter bieten die trockenen Blütenstände einen schönen Anblick, wenn der Raureif sie überzieht. Ein dramatischer Effekt entsteht, wenn die blühenden Stauden nachts von hinten beleuchtet werden. Pro m² benötigt man 1 Pflanze.
Standort: Sonnig bis halbschattig. Feuchter, aber durchlässiger, nährstoffreicher, neutraler bis leicht saurer Boden.
Pflege: Alljährlicher Rückschnitt im zeitigen Frühjahr vor dem Neuaustrieb. Im Sommer bei Trockenheit reichlich gießen.
Vermehrung: Durch Aussaat oder durch Teilung bei Austriebsbeginn im Frühjahr. Sorten und Unterarten können nur durch Teilung sortenecht vermehrt werden. Die Teilstücke wachsen nur langsam an.

Molinia caerulea, Blaues Pfeifengras

Aussehen: Das sommergrüne, kompakte Horste bildende Gras entwickelt ein dichtes Wurzelsystem und lange, flache, fein zugespitzte Blätter, die etwa 1 cm breit sind und sich im Herbst gelb, orange oder rot färben. Von Juli bis September erscheinen über dem etwa 50 cm hohen Blattschopf lang gestielte, schmale Blütenrispen. Die Staude kommt in der Natur in ganz Europa in sauren Torfmooren, Sümpfen und überweideten Wiesen vor.

Folgende Sorten von *M. caerulea* sind empfehlenswert: 'Heidebraut' (150 cm hoch, aufrechte bis übergebogene Halme, schmale, blassviolette Rispen), 'Moorhexe' (aufrechte Halme, 80 cm hohe Blütenrispen, die strahlenförmig aus dem 20 cm hohen Blattschopf herausragen), 'Skyracer' (breite, im Herbst goldgelbe Blätter, steife Stängel mit filigranen, lockeren Rispen, bis 250 cm hoch), 'Variegata' (aufrechtes, grün und cremeweiß panaschiertes Laub, gelbgrüne, schmale Rispen, 45 cm hoch).
Verwendung: Schön als Solitärstaude oder zur Auflockerung in Staudenpflanzungen. Wenn die trockenen Blütenstände im Winter von Raureif überzogen sind, bietet sich ein wunderschöner Anblick. Das Gras sieht besonders faszinierend aus, wenn die Blütenstände nachts von hinten beleuchtet werden. Pro m² benötigt man 11 Pflanzen.
Standort: Sonnig bis halbschattig. Feuchter, aber durchlässiger, nährstoffreicher, neutraler bis leicht saurer Boden.
Pflege: Alljährlicher Rückschnitt im zeitigen Frühjahr vor dem Neuaustrieb. Im Sommer bei Trockenheit reichlich gießen.

Molinia caerulea 'Moorhexe'

Vermehrung: Durch Aussaat oder Teilung bei Austriebsbeginn im Frühjahr. Sorten und Unterarten können nur durch Teilung sortenecht vermehrt werden. Die Teilstücke wachsen nur langsam an.

Monarda didyma, Scharlach-Indianernessel

Aussehen: Die auch als Scharlach-Monarde bezeichnete, buschige, Horste bildende Staude hat kantige, verzweigte Stängel und scharf gesägte, ei- bis lanzettförmige, bis 10 cm lange, unterseits weich behaarte, kurz gestielte Blätter. Beim Zerreiben duften sie herrlich nach Bergamotte. Ab Juli zeigen sich 2 übereinander stehende Quirle hell scharlachroter bis leuchtend roter Blüten über rötlichen Hochblättern. Die im Osten der USA heimische Staude wird etwa 90 cm hoch und 45 cm breit.
Verwendung: Robuster Sommerblüher für bunte Staudenbeete und halbschattige Gehölzränder. Schön mit Gräsern, Sonnenhut (*Rudbeckia*

Monarda didyma 'Squaw'

fulgida), Sonnenbraut (*Helenium*-Hybriden), Rotem Scheinsonnenhut (*Echinacea purpurea*) und anderen Präriestauden, aber auch vor purpurlaubigen Gehölzen wie rotem Perückenstrauch (*Cotinus coggygria* 'Royal Purple'). Die Blätter kann man trocknen und Tees damit aromatisieren. In den USA wurde die Staude seit dem 18. Jahrhundert als Duft- und Heilpflanze in Gärten kultiviert. Pro m^2 benötigt man 4–6 Pflanzen.
Standort: Sonnig bis halbschattig. Nährstoffreicher, humoser, mäßig feuchter, durchlässiger Boden.
Pflege: Im Sommer bei Trockenheit regelmäßig gießen, im Winter vor übermäßiger Nässe schützen, weil die Wurzeln sonst faulen.
Vermehrung: Durch Aussaat im Frühjahr oder durch Teilung im Frühjahr oder Herbst, man kann auch im Frühsommer halb reife Stecklinge abnehmen.

Monarda fistulosa, Späte Indianernessel

Aussehen: Man nennt diese wüchsige, buschige, Horste bildende Staude auch Wilde Bergamotte. Sie hat vierkantige, leicht abgerundete, verzweigte und behaarte Stängel mit Laubblättern, die rundlicher und kleiner sind als die von *M. didyma*. Die Blätter sind weich behaart, stumpf, mittelgrün und duften beim Zerreiben nach Bergamotte. Von August bis manchmal Ende September erscheinen Blütenquirle, die teilweise zu 2 oder 3 übereinander angeordnet sind. Die Blüten sind blassrosa oder fliederpurpurn und stehen über grünlichen Hochblättern. Die Staude blüht etwas später als *M. didyma*, sie wird bis 120 cm hoch und 45 cm breit.
Verwendung: Im Staudenbeet genauso schön wie in der Rabatte. Die heller als *M. didyma* blühende Staude passt gut zu kühlen Purpur- und Violetttönen und zu graulaubigen Stauden. Die Blätter können getrocknet und zum Aromatisieren von Tee verwendet werden. Pro m^2 benötigt man 4–6 Pflanzen.
Standort: Sonnig bis halbschattig. Nährstoffreicher, humoser, mäßig feuchter, durchlässiger Boden.
Pflege: Die Staude verträgt mehr Trockenheit als *M. didyma* und ist nicht so anfällig für Mehltau wie diese.
Vermehrung: Durch Aussaat im Frühjahr oder durch Teilung im Frühjahr oder Herbst, man kann auch im Frühsommer halb reife Stecklinge abnehmen.

Monarda-Hybriden (Tab. 49)

Aussehen: Die Hybriden von *Monarda* sind wüchsige, buschige, Horste bildende Stauden mit meist dunkelgrünen, oft unterseits behaarten, bis 14 cm langen, eiförmigen Laubblättern und je nach Sorte unterschiedlich hohen Stängeln. Die meisten erreichen eine Wuchshöhe von etwa 90 cm. Sie stammen hauptsächlich von *M. didyma* und *M. fistulosa* ab. Das Blütenspektrum reicht von Reinweiß über Rosa- und Rottöne bis hin zu tiefem Violett. Blütezeit ist je nach Sorte von Juli bis September. Durch kurze Ausläufer bilden die Pflanzen mit der Zeit dichte Bestände.

Monarda 'Aquarius'

Monarda 'Beauty of Cobham'

Monarda 'Blaustrumpf'

Monarda 'Elsie's Lavender'

Monarda 'Fishes'

Tab. 49 Empfehlenswerte *Monarda*-Hybriden

Sorte	Blüte	Wuchshöhe	Besonderes
'Aquarius'	blass rosaviolett; Hochblätter grün, violett getönt	120 cm	bronzefarbenes Laub
'Beauty of Cobham'	blassrosa; Hochblätter leicht violett	110 cm	Blätter oft violett getönt
'Blaustrumpf' (Syn. 'Blue Stocking')	tiefviolett; Hochblätter violett	90 cm	widerstandsfähig gegen Mehltau
'Elsie's Lavender'	hell lilablau	100 cm	bläulicher als 'Aquarius'
'Fireball'	leuchtend rot; Hochblätter braunrot	40 cm	Zwergsorte für den Beetvordergrund
'Fishes' (Syn. 'Pisces')	blassrosa mit grünem Schlund; Hochblätter blassgrün	120 cm	anfällig für Mehltau
'Gardenview Scarlet'	leuchtend rot; Hochblätter blassgrün mit rosa Spitze	90 cm	wüchsig und widerstandsfähig
'Gewitterwolke'	purpurrot; Hochblätter violettrot	100 cm	locker aufgebaute Blütenstände
'Marshall's Delight'	leuchtend rosa	90 cm	glänzende Blätter, sehr widerstandsfähig gegen Mehltau
'Präriebrand'	tief lachsrot	120 cm	sehr gute Fernwirkung
'Prärienacht'	dunkellila; Hochblätter rötlich	90 cm	bewährte Sorte, widerstandsfähig gegen Mehltau
'Schneewittchen'	weiß mit heller Blütenmitte	90 cm	alte Karl-Foerster-Sorte
'Scorpio'	purpurviolett mit dunkler Blütenmitte; Hochblätter dunkelviolett	120 cm	sehr dunkle Sorte
'Squaw'	scharlachrot; Hochblätter dunkel	120 cm	gelbgrünes Laub

Verwendung: Schöne Stauden für bunte Beete, die ihren Höhepunkt im Hochsommer und Frühherbst haben. Gute Begleiter sind Gräser, spät blühende Stauden wie Silberkerzen (*Cimicifuga*), Goldrute (*Solidago*), Sonnenhut (*Rudbeckia fulgida*) und im Spätsommer blühende Astern (z. B. *Aster novi-belgii* und *A. novae-angliae*). Pro m² benötigt man 4–6 Pflanzen.

Standort: Sonnig bis halbschattig. Nährstoffreicher, humoser, mäßig feuchter, durchlässiger Boden.

Pflege: Im Sommer dürfen die Stauden nicht austrocknen und im Winter nicht zu nass stehen, weil sonst die Wurzeln faulen. In Gegenden

Monarda 'Gewitterwolke'

Monarda 'Marshall's Delight'

Monarda 'Scorpio'

mit heißen, trockenen Sommern pflanzt man die Stauden eher an halbschattige Standorte.
Vermehrung: Die Hybridsorten sind nur durch Teilung und Stecklinge sortenecht vermehrbar. Einzelne Teilstücke wachsen nur langsam an.

Morina longifolia, Nepal-Kardendistel

Aussehen: Die Rosetten bildende, distelartige, etwa 90 cm hohe Staude hat gewelltrandige oder tief fiederspaltige, aromatische, dunkelgrüne Laubblätter, die bis zu 25 cm lang werden und spitz gezähnt sind. Im Juli entwickeln sich Ähren mit lagenweise angeordneten, anfangs weißen, später tief rosafarbenen, bis 3 cm großen Blüten.
Verwendung: In allen Kiesgärten, aber auch in Rabatten ein echter Blickfang. Sogar verblüht bilden die Fruchtstände noch einen attraktiven Anblick bis in den Winter hinein. Pro m^2 benötigt man 4 Pflanzen.
Standort: Vollsonnig. Mäßig fruchtbarer, durchlässiger Boden.
Pflege: In fruchtbarem Boden bildet sich vor allem Laub. Die Pflanze reagiert empfindlich auf Störungen im Wurzelbereich und sollte nicht verpflanzt werden. Schnecken können zum Problem werden.
Vermehrung: Durch Aussaat nach Samenreife oder durch Wurzelschnittlinge im Winter.

Morina longifolia

Nassella tenuissima, Dünnblättriges Federgras

Aussehen: Das auch Engelshaar oder Büschel-Federgras genannte, sommergrüne Gras bildet dichte, aufrechte Horste aus sehr dünnen, eingerollten, hellgrünen, überhängenden Blättern. Von Mai bis August erscheinen an drahtigen Halmen duftige, glänzend blaugrüne Rispen mit bis zu 10 cm langen Grannen. Das Gras erreicht eine Wuchshöhe von maximal 60 cm. Besonders schön wirkt es, wenn sich die weichen Halme im Wind wiegen.
Verwendung: Für Grasgärten ist *N. tenuissima* eine besonders schöne Art. Das zierliche Gras bereichert auch Kiesgärten und sieht in Töpfen und Kübeln hübsch aus. Pro m^2 benötigt man 5–6 Pflanzen.

Nassella tenuissima

Standort: Sonnig. Nährstoffarmer, sandiger, trockener Boden.
Pflege: Winterliche Feuchtigkeit wird schlecht vertragen. Die welken Blattschöpfe schneidet man im Spätwinter oder zeitigen Frühjahr vor dem neuen Austrieb bodennah zurück.
Vermehrung: Durch Teilen im Frühjahr bei Wachstumsbeginn oder durch Aussaat im Herbst.

Nepeta × faassenii, Blaue Katzenminze

Aussehen: Die sehr pflegeleichte Staude mit dem dekorativen Laub und der langen Blütezeit ist remontierend, wenn sie gleich nach der ersten Blüte bodeneben zurückgeschnitten wird. Sie trägt gegenständige, graugrüne, runzelige, abgerundet lanzettliche und bis 3 cm lange Laubblätter, die bei Berührung einen würzigen, etwas unangenehmen Geruch verströmen. Die kleinen, hellvioletten Blüten erscheinen im Juni/Juli und ein zweites Mal im September, wenn die Staude rechtzeitig zurückgeschnitten wurde. Sie stehen in dichten Scheinquirlen in den Blattachseln. Die Pflanze erreicht eine Wuchshöhe von 60 cm.

'Alba' blüht weiß, 'Kit Cat' wächst zwergig und wird nur 40 cm hoch. 'Six Hills Giant' blüht lavendelblau und erreicht eine erstaunliche Wuchshöhe von 90 cm. Die Sorte 'Walker's Low' wird manchmal dieser Art zugeordnet, gehört aber zu *N. racemosa* (siehe dort).
Verwendung: Sehr schön und geradezu klassisch am Rand von Staudenrabatten, Wegen und Terrassen. In englischen Staudengärten wird die Pflanze gern mit Frauenmantel (*Alchemilla mollis*) kombiniert. Eine schöne Begleitpflanze für alle Beet- und Strauchrosen: Das zarte Violettblau passt einfach immer, ohne mit

Nepeta faassenii 'Walker's Low'

den Rosen zu konkurrieren. Pro m^2 benötigt man 11 Pflanzen.
Standort: Vollsonnig. Durchlässiger, eher trockener als feuchter Boden.
Pflege: Die Staude ist absolut pflegeleicht, vorausgesetzt, man schneidet sie nach der ersten Blüte bodeneben zurück und verabreicht danach einen Volldünger. Höher wachsende Sorten wie 'Six Hills Giant' müssen gestützt werden. Der Geruch der Pflanze verleitet manchmal Katzen dazu, sich in dem Kraut zu wälzen. Das kann man durch ein paar Holzstöckchen verhindern, die man in die Polster steckt. Katzen finden das unbequem.
Vermehrung: Durch Teilung im Frühjahr oder Herbst oder durch Stecklinge im Frühsommer.

Nepeta grandiflora, Großblütige Katzenminze

Aussehen: Die Großblütige Katzenminze ist eine lockere Horste bildende, schwach verzweigte Staude mit aufrechten Stängeln, die ovale, graugrüne, an der Basis herzförmige, bis 10 cm lange Blätter tragen. Von Juni bis August erscheinen

Nepeta grandiflora 'Dawn to Dusk'

lange Trauben violettblauer Blüten, die in dichten Quirlen stehen. Die Staude erreicht eine Wuchshöhe von 75 cm.

Die Sorte 'Dawn to Dusk' hat zart lilarosa Blüten mit dunklen Kelchen. 'Wild Cat' wird bis zu 1 m hoch und blüht lilaviolett mit roten Kelchen.
Verwendung: Wenn der erste Flor der Frühsommerstauden vorbei ist, fehlt oft Farbe im Beet. Hier kann diese Begleitstaude Abhilfe schaffen, bis die später aufblühenden Sommerstauden wie Sonnenhut (*Rudbeckia fulgida*) oder Indianernesseln (*Monarda*) mit Farbe „nachlegen". Für Einfassungen eignet sich diese Art aufgrund der Wuchshöhe weniger, dafür greift man besser auf die verwandten *N.* × *faassenii* und *N. racemosa* zurück. Pro m^2 benötigt man 11 Pflanzen.
Standort: Vollsonnig. Durchlässiger, eher trockener als feuchter Boden.
Pflege: Wenn man die Staude nach der Blüte bodeneben zurückschneidet und mit einem Volldünger versorgt, folgt ein zweiter Flor im September.
Vermehrung: Durch Teilung im Frühjahr oder Herbst und durch Stecklinge im Frühsommer.

Nepeta racemosa, Traubige Katzenminze

Aussehen: Die Staude hat niederliegende bis aufrechte Triebe und die typischen aromatischen, runzeligen Laubblätter der Katzenminzen, die Blätter werden 1–3 cm lang. Ab Ende Juni erscheinen in dichten, ährenartigen Quirlen etwa 1 cm lange, blass- bis dunkelviolette Lippenblüten.

Die Sorte 'Walker's Low', die oft auch *N.* × *faassenii* zugeordnet wird, bildet kompakte, buschige Pflanzen mit violettblauen Blüten. Sie eignet sich besonders gut als Einfassung oder für den Vordergrund von Rabatten. 'Little Titch' ist eine Zwergform mit blass lilablauen Blüten, die nur 15 cm hoch wird. 'Snowflake' blüht weiß und wird 30 cm hoch.
Verwendung: Eine charmante Blütenstaude für die Einfassung von Rabatten, Wegen, Terrassen und Rosenbeeten, aber auch für den Vordergrund von Staudenbeeten und für sonnige Kies- und Steingärten. Auch schön in Kübeln und Töpfen. Pro m^2 benötigt man 6 Pflanzen.
Standort: Vollsonnig. Durchlässiger, nicht zu feuchter Boden.

Nepeta racemosa 'Snowflake'

Nepeta racemosa 'Superba'

Pflege: Ein Rückschnitt sofort nach der Blüte fördert einen kompakten Wuchs und eine Nachblüte im Spätsommer. Im Spätherbst oder zeitigen Frühjahr schneidet man die Pflanze bodeneben zurück.
Vermehrung: Durch Teilung im Frühjahr oder halb reife Stecklinge von nichtblühenden Trieben im Frühsommer.

Oenothera fruticosa, Rotstängelige Nachtkerze

Aussehen: Die auch unter dem botanischen Namen *O. tetragona* bekannte, kurzlebige Staude bildet lockere Horste und überwintert als immergrüne, grundständige Blattrosette. An aufrechten, bis 60 cm hohen Stängeln stehen breit lanzettliche, weich behaarte, bis 8 cm lange Laubblätter. Aus rötlichen Knospen entwickeln sich von Juni bis August leuchtend gelbe, 2,5 cm breite, schalenförmige Blüten. Sie blühen, anders als der Name vermuten lässt, tatsächlich tagsüber.
Verwendung: Vielseitige Blütenstaude für bunte Staudenbeete und Rabatten. Die fröhlichen Blüten zieren aber auch naturnah bepflanzte Staudenwiesen sowie sonnige Kies- und Steingärten. Besonders gut kommt die leuchtende Blütenfarbe zur Geltung, wenn man mehrere Exemplare in Gruppen pflanzt. Sie brauchen entsprechend farbintensive Nachbarn, damit ein kontrastreiches, lebendiges Bild entsteht. Gut eignen sich z. B. Brennende Liebe (*Silene chalcedonica*), niedrige Sonnenbraut (*Helenium*-Hybriden), Feinstrahl (*Erigeron*-Hybriden) oder Spornblume (*Centranthus ruber*). Pro m^2 benötigt man 6–12 Pflanzen.
Standort: Sonnig. Nährstoffarmer bis mäßig nährstoffreicher, tiefgründiger, trockener bis mäßig feuchter, durchlässiger Boden.
Pflege: Ein kräftiger Rückschnitt im Herbst oder gegen Ende des Winters regt eine frühe Blüte an. Nicht an Standorte pflanzen, die im Winter feucht sind.
Vermehrung: Durch Aussaat im Frühjahr oder durch halb reife Stecklinge, die man bis zum Frühsommer von nichtblühenden Trieben schneidet. Moderne Hybridsorten (siehe unten) werden in der Regel nur ein- bis zweijährig kultiviert und sind durch Aussaat nicht sortenecht zu vermehren.

Empfehlenswerte Sorten von *Oenothera fruticosa*

'African Sun'
Vielblütige Sorte mit reichem, gelbem Flor über schlankem Laub. Die bis 30 cm hoch wachsende, kurzlebige Staude blüht den ganzen Sommer über.

'Camel'
Bis 45 cm hoch wachsende Sorte. Das Laub ist beim Austrieb orange, später vergrünt es, zeigt aber dekorative gelbe Flecken. Aus roten Knospen entwickeln sich gelbe Blüten.

'Cold Crick'
Eine Sorte mit zwar kleinen, aber sehr zahlreich erscheinenden, leuchtend gelben Blüten, die sich den ganzen Sommer über öffnen. Die Pflanze bildet dichte Horste, wuchert aber nicht und wird etwa 30 cm hoch.

Oenothera fruticosa 'Sonnenwende'

'Fyrverkeri'
Auch unter dem Namen 'Firework' bekannte Sorte mit purpurbraun überhauchten Laubblättern und gelben, aus auffälligen roten Knospen erblühenden, 5 cm breiten Schalenblüten. Die Pflanze wird etwa 45 cm hoch.

Oenothera macrocarpa, Missouri-Nachtkerze

Aussehen: Die auffällige, niederliegende bis schwach aufrecht wachsende, breite Horste bildende Staude wird manchmal auch unter dem botanischen Namen *O. missouriensis* geführt. Sie hat behaarte, oft rötlich überlaufene Sprosse mit bis 10 cm langen, schmalen, lanzettlichen, hellgrünen Laubblättern und entwickelt von Juni bis in den September hinein in langer Folge einzeln stehende, becher- bis schalenförmige, bis 12 cm breite, zitronengelbe Blüten, die bis in den Nachmittag hinein geöffnet bleiben. Auf die Blüten folgen interes-

Oenothera macrocarpa

sante, geflügelte Samen in balgähnlichen Früchten. Die Horste erreichen eine Wuchshöhe von 15–30 cm, in der Breite können sie bis 50 cm erreichen.

Kompakter als die eigentliche Art wächst *O. macrocarpa* subsp. *fremontii* 'Lemon Silver', die mit silbrigem Laub beeindruckt. 'Greencourt Lemon' hat etwas kleinere, schwefelgelbe Blüten und 'Silver Blade' hat silbergraues Laub.
Verwendung: Besonders schön sieht die polsterartig wachsende Staude aus, wenn sie über eine Natursteinmauer hängt und ihre fröhlichen Blüten der Sonne entgegenstreckt. Dieser auffällige Sommerblüher macht sich schön im Vordergrund sonniger Staudenbeete. Speziell die silberlaubigen Sorten bzw. Unterarten eignen sich gut für Kies- und Steingärten, aber auch für Kübel und sogar Ampeln, sofern sie nur genug Sonne bekommen. Pro m² benötigt man 11 Pflanzen.
Standort: Vollsonnig. Nährstoffarmer bis mäßig nährstoffreicher, tiefgründiger, trockener bis mäßig feuchter, durchlässiger Boden. Auch in Ritzen von Trockenmauern kann die Staude gedeihen.
Pflege: Feuchte Böden verträgt die ansonsten anspruchslose Pflanze überhaupt nicht. Besonders im Winter muss man sie daher vor zu viel Feuchtigkeit schützen. Anfällig für Schnecken und Mehltau.
Vermehrung: Durch Aussaat im Frühjahr oder Frühsommer und durch halb reife Stecklinge von nichtblühenden Trieben, die man im Frühsommer schneidet.

Oenothera speciosa, Weiße Nachtkerze

Aussehen: *O. speciosa* ist eine kriechende, unterirdische Ausläufer treibende Staude, die sich rasch ausbreitet und Matten bildet. Die 2,5–5 cm langen, lanzettlichen Laubblätter haben einen gewellten oder gezähnten Rand. Von Juni bis in den September hinein entwickeln sich 5 cm breite, weiße bis rosafarbene, becher- bis schalenförmige Blüten, die sich tagsüber öffnen. Die kurzlebige Staude wird bis zu 30 cm hoch und breit.

Wirklich weiß blüht nur die Sorte 'Alba'. 'Pink Petticoats' hat rosarote Blüten mit einem weißen Ring um ein gelbes Auge; die etwas variable Sorte lässt sich durch Aussaat vermehren. 'Rosea' besitzt weiße, rosa gerandete Blüten. Besonders schön ist 'Siskiyou', die satt rosarot blüht. Die rosafarbenen Blü-

Oenethera macrocarpa 'Alba'

ten von 'Twilight' sind von purpurroten Blattnerven durchzogen.
Verwendung: Steingarten- und Rabattenstaude für vollsonnige Stellen im Garten. Wo es schattiger ist, bilden sich kaum Blüten. Weil die Pflanze zum Wuchern neigt, sollte man sie mit Bedacht einsetzen, denn in so manchem Steingarten hat sie alle Grenzen gesprengt und die bescheidener auftretenden Nachbarpflanzen durch ihre hemmungslose Wuchsfreude verdrängt. Man kann die niedrigen Polster mit Zistrosen (*Cistus*), Lavendel (*Lavandula*) und Heiligenkraut (*Santolina*) kombinieren. Eine schöne Farbharmonie ergibt sich bei rosa blühenden Sorten mit der 40 cm hohen,

Oenothera speciosa 'Siskiyou'

purpurblättrigen Fetthenne *Sedum spectabile* 'Purple Emperor'. Pro m^2 benötigt man 11 Pflanzen.
Standort: Sonnig. Nährstoffarmer bis mäßig nährstoffreicher, tiefgründiger, trockener bis mäßig feuchter, durchlässiger Boden.
Pflege: Feuchte Böden verträgt diese Staude überhaupt nicht und in rauen Wintern braucht sie einen Winterschutz. Aber selbst wenn sie erfriert, erscheinen oft im folgenden Frühjahr neue Pflanzen, die aus verstreuten Samen hervorgegangen sind. Einmal etabliert ist die charmante Blütenstaude kaum mehr aus dem Garten zu verbannen. Manchmal wird allerdings Mehltau zum Problem.
Vermehrung: Durch Aussaat im Frühjahr oder Frühsommer und durch halb reife Stecklinge von nichtblühenden Trieben, die man im Frühsommer schneidet.

Omphalodes verna, Gedenkemein

Aussehen: Die auch Frühlings-Nabelnüsschen genannte, Horste bildende und Ausläufer treibende Staude hat herz- oder eiförmige, bis 20 cm lange, spitze, behaarte Grundblätter. Von Ende Februar bis April entwickeln sich an zarten Stängeln wirtelige Blütenstände mit etwa 1 cm breiten, leuchtend blauen Blüten, die einen weißen Schlund haben. Die Staude wird bis 20 cm hoch und 30 cm breit.

Reinweiße Blüten hat die Sorte 'Alba', die ansonsten der Art gleicht. Ziemlich ähnlich ist das Kaukasus-Gedenkemein (*O. cappadocica*).
Verwendung: Anspruchsloser Bodendecker, der auch noch in sehr dunkles Unterholz hineinwächst und daher gut am Gehölzrand gepflanzt werden kann. Besonders gut kommt die weiß blühende Sorte 'Alba' an dunklen Standorten zur Geltung. Unter Laubgehölzen, die im Frühjahr noch genug Licht hindurchlassen, sieht die dezente Staude schön in Kombination mit Frühlingszwiebelblühern wie Narzissen (*Narcissus*), Blaustern-Arten (*Scilla*) oder Hasenglöckchen (*Hyacinthoides*), aber auch mit Schlüsselblumen (*Primula vulgaris*) aus. Pro m^2 benötigt man 16 Pflanzen.
Standort: Halbschattig bis schattig. Feuchter, humoser, mäßig fruchtbarer, durchlässiger Boden.
Pflege: Sehr pflegeleichte Art, darf aber im Sommer nicht austrocknen.
Vermehrung: Durch Aussaat im Frühjahr oder durch Teilung.

Omphalodes cappadocica 'Stary Eyes'

Omphalodes verna

Ophiopogon japonicus, Japanischer Schlangenbart

Aussehen: Die immergrüne Staude hat knollige Wurzeln und grasähnliche, riemenförmige, dunkelgrüne, übergeneigte und bis 40 cm lange Blätter. Von Juni bis August erscheinen weiße bis fliederfarbene Blüten an 5–10 cm langen Bütenstandsstielen. Später entwickeln sich daraus stahlblaue Beeren. Die Pflanze breitet sich durch Ausläufer rasenartig aus und erreicht eine Wuchshöhe von 20–30 cm.

Kleiner und niedriger als die Art ist 'Minor' mit nur 10 cm Wuchshöhe. Noch winziger ist 'Compactus' mit lediglich 5 cm Höhe. Interessant wirkt die Sorte 'Kigmafukiduma' (Syn. 'Silver Mist'), deren Blätter einen weißen Mittelstreifen haben. Die Sorte 'Variegatus' besitzt deutlich weiß gestreiftes Laub und weiße Blüten.
Verwendung: Als Bodendecker für halbschattige bis schattige Standorte. Auch gut für Kübel und Töpfe geeignet. Schön wirken die riemenartigen Blätter im Kontrast zu den breiten Laubblättern von Funkien (*Hosta*), besonders von weißbunt panaschierten Sorten. Pro m^2 benötigt man 10 Pflanzen.
Standort: Halbschattig bis schattig. Feuchter, humoser, fruchtbarer, leicht saurer Boden. In ausreichend feuchten Böden kommen die Pflanzen auch mit Sonne einigermaßen gut zurecht.
Pflege: Während des Wachstums feucht halten und gelegentlich mit einem Flüssigdünger versorgen. Im Winter weniger feucht halten, damit die knolligen Wurzeln nicht faulen.
Vermehrung: Aussaat im Frühjahr oder Teilung. Die panaschierte Form fällt bei der Vermehrung durch Aussaat nicht sortenecht aus.

Ophiopogon planiscapus 'Nigrescens'

Osmunda regalis

Weitere empfehlenswerte *Ophiopogon*-Art

Ophiopogon planiscapus

Die Art hält mit der beinahe schwarzblättrigen Sorte 'Nigrescens' einen ganz besonderen Pflanzenschatz für Gartenliebhaber bereit. In den letzten Jahren hat diese außergewöhnliche, schon fast bizarre Staude unter verschiedenen Sortennamen Karriere gemacht. Unter anderem wurde sie als 'Arabicus', 'Black Dragon' und als 'Ebony Knight' im Handel vertrieben. Pro m² benötigt man 16 Pflanzen.

Osmunda regalis, Gewöhnlicher Rispenfarn, Königsfarn

Aussehen: Der schöne, sommergrüne Farn ist in feuchten Wäldern fast weltweit verbreitet. Er besitzt ein verzweigtes, aufrechtes Rhizom und eiförmige bis längliche, zweifach gefiederte, bis 100 cm lange, hellgrüne Wedel. Im Sommer bringen bis zu 200 cm lange, fruchtbare Wedel an ihrer Spitze troddelartige Gruppen brauner Sporenlager hervor. Im Herbst färben sich die breiten Wedel schön goldgelb. Die Pflanze wird bis 120 cm hoch und ist meist etwas breiter als hoch.
Verwendung: Dieser attraktive Farn kann recht groß werden und eignet sich daher gut für tropische Stimmungen an Gewässerrändern und für feuchte Rabatten. Pro m² benötigt man 1 Pflanze.
Standort: Halbschattig bis schattig. Feuchter, saurer, humoser Boden. Die welken Wedel schneidet man erst kurz vor dem neuen Austrieb im zeitigen Frühjahr weg, weil sie in der Frostperiode einen guten Winterschutz bilden.
Pflege: Der Farn reagiert empfindlich auf Kalk. Bei ausreichend feuchtem Boden verträgt er auch etwas Sonne.
Vermehrung: Durch Sporen, die man gleich nach der Reife binnen 3 Tagen bei etwa 15 °C aussät oder bis zur Aussaat im Kühlschrank aufbewahrt.

Farne im Staudengarten
Farne sind eigentlich keine Blütenstauden, denn sie vermehren sich ohne zu blühen durch Sporen, die an der Unterseite der Wedel heranreifen. Weil Farne im Staudengarten jedoch eine unglaubliche Wirkung haben und sich besonders für die Gestaltung schattiger Standorte bestens eignen, dürfen sie an dieser Stelle nicht fehlen.

Paeonia Itoh-Hybriden

Aussehen: Im Jahr 1948 gelang dem japanischen Züchter Toichi Itoh erstmals die Kreuzung zwischen einer Staudenpfingstrose (*P. lactiflora*) und der Hybride einer Strauchpfingstrose (*Paeonia × lemoinei*). Das Ergebnis dieser Kreuzung zweier Untergattungen wird auch intersektionale Hybride oder Intersektionelle genannt. Diese Bezeichnung ist vor allem in den angelsächsischen Ländern gebräuchlich. Die bis 100 cm hohen Pflanzen haben einen staudigen Charakter und ziehen im Herbst das Laub völlig ein. Dennoch können manchmal leichte

Verholzungen auftreten. Das dekorative Laub erinnert an das der Strauchpfingstrosen. Die Blüten erscheinen im Mai und Juni und weisen ein breites Farbspektrum von Weiß über Goldgelb und Rosa bis hin zu leuchtendem Rot und Kupferbraun auf. Der bei vielen Sorten auftretende dunkle Fleck am Grund der Blütenblätter ist ein Erbteil der Strauchpfingstrosen (*P. suffruticosa*). Die Itoh-Hybriden blühen länger als die meisten echten Staudenpfingstrosen und manchmal kommt es sogar zu einem Nachflor. Die Pflanzen sind sehr begehrt und entsprechend teuer.
Verwendung: Wie bei *P. lactiflora* und ihren Hybriden (siehe unten). Durch das breite Farbspektrum, das auch warme und kräftige Gelbtöne mit einschließt, sind die Kombinationsmöglichkeiten im Staudenbeet praktisch unbegrenzt. Pro m^2 benötigt man 1 Pflanze.
Standort: Sonnig bis halbschattig. Tiefgründiger, humoser, fruchtbarer, durchlässiger Boden.
Pflege: Wie bei *P. lactiflora*.
Vermehrung: Durch Teilen im Herbst.

Besonders schöne *Paeonia* Itoh-Hybriden

'Bartzella'
Halbgefüllte, sehr große Blüten mit roten Basalflecken. Die reich erscheinenden Blüten verströmen einen zitronigen Duft. Die Pflanze erreicht eine Wuchshöhe von etwa 80 cm (USA, Anderson 1986).

'Callies Memory'
Eine rasch wachsende Sorte mit halbgefüllten, leicht duftenden Blüten, die während des Flors ein variables Farbspiel von Cremegelb bis Zartrosa zeigt. Die Blüten erinnern an die der Rose 'Gloria Dei'. Aus den Seitenknospen der bis 80 cm hohen Pflanze entwickeln sich ebenfalls zahlreiche Blüten (USA, Anderson 1990).

'First Arrival'
Halbgefüllte Blüten in ungewöhnlichem, rosafarbenem Lavendelblau. Wuchshöhe: 80–90 cm (USA, Anderson 1986).

'Lollipop'
Halbgefüllte, hellgelb und violett gefleckte und gestreifte Blüten. Die Pflanze wird 80–90 cm hoch (USA, Anderson 1996).

'Unique'
Einfache Blüten in kräftigem Rotton mit kupferfarbenen Staubgefäßen. Wuchshöhe: 80–90 cm (USA, Anderson 1993).

'Yellow Water Lily'
Halbgefüllte Blüten in kräftigem Gelb, lavendelfarben überhaucht. Die Blüten erinnern an Seerosen. Wuchshöhe: 80–90 cm (USA, Anderson 1999).

Paeonia 'Bartzella'

Paeonia 'First Arrival'

Paeonia 'Callies Memory'

Paeonia 'Lollipop'

Paeonia lactiflora, Chinesische Pfingstrose

Aussehen: *P. lactiflora* ist eine äußerst sortenreiche, stattliche Art mit sehr langer Geschichte. Sie gehört zu den ersten gezüchteten Blütenstauden überhaupt und wurde in China schon vor Jahrtausenden kultiviert. Heutzutage gibt es mehr als 5000 Formen dieser variablen Art. Manche der heute noch im Handel befindlichen Sorten sind über 100 Jahre alt und haben nichts von ihrem Charme und ihrer Wüchsigkeit eingebüßt. Die meist unbehaarten, bis 100 cm hohen, breit strauchförmigen und Horste bildenden Pflanzen treiben im April rotbraune Stängel, die sich schon bald zu lang gestielten, grünen Blättern entwickeln, welche in kräftigen Horsten zusammen stehen. Die Laubblätter bestehen aus 9 elliptischen oder lanzettlichen, manchmal graugrünen oder blaugrünen, in der Regel aber dunkelgrünen Teilblättern. Im Mai und Juni entwickeln sich bei der eigentlichen Art an biegsamen Stielen große, weiße, bis 10 cm breite Blüten. Die Wildart wird jedoch selten kultiviert. Meist findet man eine der zahlreichen Zuchtformen. Deren Blüten weisen ein Farbspektrum auf, das von Weiß über Rosa bis hin zu magenta- und burgunderroten Tönen reicht. Die Blüten können je nach Sorte ungefüllt, halbgefüllt, dicht gefüllt oder anemonenförmig sein. Außer bei den dicht gefüllten Blüten leuchten die mitunter sehr auffälligen Staubgefäße in verschiedenen Gelbtönen. Manche Sorten verströmen einen angenehmen Duft. Bei älteren Züchtungen werden die Blütenstängel von dem Gewicht der Blüten meist niedergedrückt. Neuere Züchtungen sind manchmal standfester.

Verwendung: Sehr eindrucksvolle Staude für Rabatten und Staudenbeete. Einfache Formen haben eine lange Tradition als Bauerngartenpflanze (z. B. *P. officinalis*). Auch schön in Solitärstellung. Die Blüten eignen sich gut zum Schnitt. Die im Austrieb braunroten Laubblätter passen gut zu Frühjahrsblühern wie Schlüsselblumen (*Primula vulgaris*), Kaukasusvergissmeinnicht (*Brunnera macrophylla*), Veilchen (*Viola*) und Zwiebelblühern wie z. B. Traubenhyazinthen (*Muscari*). Wenn sich im Spätfrühling und Frühsommer die prächtigen Blüten entwickeln, sind Alte Rosen (z. B. 'Charles de Mills' oder 'Fantin Latour'), Englische Rosen, Hohe Bart-Iris (*Iris* Barbata-Elatior-Hybriden) und Wiesen-Schwertlilien (*Iris sibirica*) wunderbare Begleiter. Charmant wirken auch Akeleien (*Aquilegia*), Mutterkraut (*Tanacetum parthenium*) und mittelhohe Rittersporn-Hybriden (*Delphinium*). Pro m^2 benötigt man 1–2 Pflanzen.

Standort: Sonnig bis halbschattig. Tiefgründiger, fruchtbarer, humoser Boden.

Pflege: Im Frühjahr zur Zeit des Austriebs (März/April) und im Sommer mit einem Volldünger versorgen. Das fördert die Bildung neuer Blütentriebe. Die großen Blüten werden sehr schwer, besonders bei Regenwetter. Deshalb sollte man sie rechtzeitig stützen, damit der Horst nicht auseinanderfällt. Auch nach dem Verblühen lässt man das Laub stehen, bis es im Spätsommer zu welken beginnt und abgeschnitten werden kann. Staunässe ist unbedingt zu vermeiden!

Vermehrung: Durch Teilung älterer Horste im Herbst.

Ungefüllt blühende Sorten von *Paeonia lactiflora*

'Dawn Pink'

Im Jahr 1946 in den USA eingeführte, bewährte Sorte. Die einfachen, rosafarbenen Blüten präsentieren in ihrer Mitte leuchtend gelbe Staubgefäße. Die 80 cm hohe Sorte ist standfest und sehr reich blühend. Die Blütezeit setzt früh bis mittelfrüh ein.

'Jan van Leeuwen'

Die 1928 in den Niederlanden eingeführte Sorte besitzt elegante, harmonisch geformte, weiße Schalenblüten mit goldenen Staubgefäßen. Die bis 90 cm hohe Staude ist recht standfest und blüht mittelfrüh. In manchen Katalogen wird die Blüte auch als „Japanischer Typ" bezeichnet.

'Nymphe'

Die zart duftenden, schalen- bis tellerförmigen Blüten dieser 1913 in Frankreich eingeführten Sorte besitzen große, fleischrosa Kronblätter und auffällige, goldgelbe Staubgefäße. Die Pflanze wird 85 cm hoch und blüht spät.

Paeonia lactiflora 'Dawn Pink'

Paeonia lactiflora 'Jan van Leeuwen'

Paeonia lactiflora 'Nymphe'

Paeonia lactiflora 'Svarte Petter'

Paeonia lactiflora 'Sword Dance'

Paeonia lactiflora 'White Wings'

'Scarlet O'Hara'
Die 1956 in den USA eingeführte Sorte besitzt große Schalenblüten in einem intensiven Rotton, der sich im Verblühen in leuchtendes Dunkelrosa verwandelt. Goldgelbe Staubgefäße zieren die Blütenmitte. Die früh blühende Sorte erreicht eine Wuchshöhe von 110 cm und ist recht standfest.

'Starlight'
Die 1949 in den USA eingeführte Sorte besitzt cremegelbe, gelegentlich pfirsichrosa angehauchte, schalen- bis tellerförmige Blüten mit einem Kranz gelber Staubfäden, die sich locker um den grüngolden durchschimmernden Blütenboden gruppieren. Die Sorte wird 80 cm hoch und blüht früh.

'Sword Dance'
Die 1933 eingeführte Sorte ist in vielen alten Gärten vorhanden, wird aber auch noch in aktuellen Katalogen geführt. Die in erlesenem, dunklem Karminrot blühenden, schalen- bis tellerförmigen Blüten präsentieren in ihrer Mitte gelbrote Staubgefäße. Die wüchsige, robuste und reich blühende Sorte wird 90 cm hoch und blüht mittelspät.

'White Wings'
Die 1949 in den Niederlanden eingeführte, elegante Sorte besitzt reinweiße Blüten mit goldenen Staubgefäßen, die einen Durchmesser von fast 20 cm erreichen können. Gut kontrastieren die zarten Blüten mit dem dunkelgrünen Laub. Die Pflanze wird 80 cm hoch und blüht mittelfrüh.

Anemonenblütige Sorten von *Paeonia lactiflora*

'Bowl of Beauty'
Die 1949 in den Niederlanden eingeführte Sorte gehört nach wie vor zu den beliebtesten anemonenblütigen Pfingstrosen. Die sehr großen, kräftig rosafarbenen Blüten gruppieren sich schalenförmig um ein dichtes Büschel cremeweißer Staubgefäße, die reinweiß verblassen. Die reich blühende Staude ist auch als Schnittblume sehr beliebt, wird 80 cm hoch und blüht mittelfrüh.

Paeonia lactiflora 'Bowl of Beauty'

Paeonia lactiflora 'Do Tell'

'Do Tell'
Die 1946 in den USA eingeführte Sorte besitzt zart lilarosafarbene Blütenschalen, die ein Zentrum von himbeerrosafarbenen Staubfäden umschließen, die teilweise goldgelb getupft sind. Diese effektvolle Farbkombination findet man bei keiner anderen Staudenpfingstrose. Die Pflanze wird 80 cm hoch und blüht mittelfrüh.

'Hari ai nin'
Die im Jahr 1929 in den USA eingeführte Sorte besitzt große, schalenförmige Blüten in einem warmen, dunklen Rotton. Ungewöhnlich ist, dass auch die golden überhauchten Staubgefäße diesen dunklen Rotton aufweisen. Die blühfreudige, wüchsige Sorte ist standfest und setzt früh bis mittelfrüh mit der Blüte ein.

Paeonia lactiflora 'Primevère'

'Primevère'
Die im Jahr 1907 in Frankreich eingeführte Sorte betört mit zartem Duft. Die äußeren, cremeweißen Blütenblätter umschließen ein kugeliges, schwefelgelbes Zentrum, bei dem die Staubgefäße kaum noch zu sehen sind. Die vielblütige Sorte wird 100 cm hoch und blüht mittelfrüh.

'Tom Eckhardt'
Die im Jahr 1965 in den USA eingeführte, duftende Sorte hat große, intensiv rosafarbene Blütenblätter, die ein büscheliges Zentrum in ungewöhnlicher Mischung aus Goldgelb und Zartrosa umschließen. Die sehr großen Blüten sind locker aufgebaut. Die Blütentriebe erzeugen Seitenknospen und sind relativ standfest. Eine gesunde, wüchsige Sorte, die 90 cm hoch wird und mittelfrüh blüht.

Paeonia lactiflora 'Tom Eckhardt'

Paeonia lactiflora 'Walter Mains'

'Walter Mains'
Die im Jahr 1956 in den USA eingeführte Sorte besitzt burgunderrote, schalenförmige Blüten, die im Aufblühen fast tulpenförmig sind. Die gerüschten Staubgefäße sind ebenfalls burgunderrot, aber zusätzlich golden gerandet. Die standfeste, bis 85 cm hohe Sorte blüht mittelfrüh.

Gefüllt blühende Sorten von *Paeonia lactiflora*

'Dr. h. c. Steffen'
Die weinrote, locker gefüllte Sorte wurde nach dem bekannten Erfurter Züchter Dr. h. c. Alexander Steffen benannt und 1960 in der ehemaligen DDR eingeführt. Die weinroten Blüten lassen hier und da einige goldene Staubfäden durchblitzen. Die Blütenstängel bilden mehrere Knospen und sind sehr standfest. Die spät blühende Sorte wird nur maximal 60 cm hoch.

'Duchesse de Nemours'
Die bereits im Jahr 1856 in Frankreich eingeführte, 100 cm hohe, mittelfrüh blühende Sorte hat intensiv duftende, weiß gefüllte Blüten mit grünlich gelber Mitte. Sie gehört noch heute zu den beliebtesten gefüllten Sorten überhaupt und ist auch als Schnittblume geeignet.

'Edulis Superba'
Die sehr alte, bereits 1824 in Frankreich eingeführte, dicht gefüllte Sorte besitzt nach Rosen duftende Blüten mit großen, kräftig rosafarbenen, äußeren Kronblättern mit silbrigem Rand. Die früh bis mittelfrüh blühende Sorte wird 100 cm hoch und eignet sich auch gut als Schnittblume.

'Festiva Maxima'
Die 1851 in Frankreich eingeführte Sorte besitzt große, reinweiße, dicht gefüllte Blüten, die in der Mitte durch einige, wie zufällig verteilte,

Pfingstrosenwelke
Pfingstrosen sind eigentlich sehr robuste Pflanzen, die wenig durch Krankheiten und Schädlingen beeinträchtigt werden. In feuchten Sommern kann jedoch der pilzliche Erreger *Botrytis paeoniae* auftreten, der die Grauschimmelfäule hervorruft. Sie befällt die oberirdischen Pflanzenteile, welche sich in der Folge dunkelbraun verfärben und welken. Befallene Pflanzenteile müssen umgehend entfernt und über den Restmüll entsorgt werden (nicht kompostieren!) Vorbeugend sollte man im Herbst alles Laub von Pfingstrosen aus dem Garten entfernen, um dem Erreger ein Überwintern zu erschweren. Bei starkem Befall kann nur der Einsatz eines Fungizids die Pflanzen retten.

Paeonia lactiflora 'Dr. h. c. Steffen'

Paeonia lactiflora 'Duchesse de Nemours'

Paeonia lactiflora 'Edulis Superba'

Paeonia lactiflora 'Festiva Maxima'

Paeonia lactiflora 'Kansas'

Paeonia lactiflora 'Sarah Bernhardt'

Pfingstrosen verpflanzen
Pfingstrosen können über viele Jahre am selben Standort bleiben. Sie brauchen dann aber mindestens 1 m^2 Platz, um sich adäquat ausbreiten zu können. Wenn sie jedoch umgepflanzt werden sollen, dann darf das nur im Herbst geschehen. Der Handel bietet im Herbst meist wurzelnackte Pflanzware an. Pfingstrosen im Container gibt es auch im Frühjahr und Sommer zu kaufen. Die rosafarbenen oder weißen Knospen (Augen) der rübenähnlichen Wurzelknollen dürfen beim Pflanzen nicht zu tief gesetzt werden, sie sollten höchstens 3 cm hoch mit Erde bedeckt sein. Verpflanzte Pfingstrosen gewöhnen sich nur langsam ein und blühen meist im Jahr nach dem Verpflanzen nicht. Das ist normal und kein Grund zur Besorgnis.

rote Flecken belebt werden. Die langstieligen, duftenden Blüten eignen sich auch gut zum Schnitt für die Vase. Die Pflanze wird 110 cm hoch und blüht früh bis mittelfrüh.

'Kansas'
Die 1940 in den USA eingeführte Sorte hat vollendet geformte, rote, außen ungewöhnlich kräftig marmorierte Blüten, deren Farbe leicht ins Bläuliche spielt. Die standfeste Sorte wird 100 cm hoch und blüht früh bis mittelfrüh.

'Sarah Bernhardt'
Die nach der legendären Schauspielerin benannte, 1906 in Frankreich eingeführte Sorte besitzt duftende, zart rosafarbene, besonders große Blüten, die manchmal so schwer sind, dass die Stängel sie kaum tragen können. Die beliebte Sorte wird 100 cm hoch und blüht spät.

Paeonia mlokosewitschii, Gelbe Kaukasus-Pfingstrose

Aussehen: Die aufrechte, bis 100 cm hohe Büsche bildende Staude hat bläulich grüne, schwach behaarte, breit elliptische, gefiederte Laubblätter, die manchmal rot gerandet sind. Im Mai und Juni erscheinen schwefelgelbe, 8–12 cm breite, ungefüllte, schüsselförmige Blüten mit auffälligen, blassgelben Staubgefäßen. Die sich im Lauf des Sommers aus den Blüten entwickelnden Fruchtstände platzen bei Reife auf und zeigen innen ein leuchtendes Farbenspiel aus blauschwarzen Samen und rötlich violetten Kapseln. Im Herbst färbt sich das Laub dekorativ orangerot.
Verwendung: Nicht nur wegen der Blüten, sondern auch wegen des attraktiven Laubs geschätzte, markante Staude für gemischte Rabatten und Staudenbeete. Weil die Pflanze auch im Halbschatten überzeugt, kann man sie unter lichten Gehölzen pflanzen. Die Liebhaberstaude ist nur schwer wirklich sortenrein im Handel zu bekommen. Oft findet man jedoch Sämlinge, die dann magentarot getönte Blüten hervorbringen, was zusammen mit dem graugrünen Laub etwas giftig aussieht. Pro m^2 benötigt man 1–2 Pflanzen.
Standort, Pflege und Vermehrung: Wie bei *P. lactiflora*.

Paeonia mlokosewitschii

Weitere empfehlenswerte gelbe Staudenpfingstrose

'Claire de Lune'
Die mit *P. mlokosewitschii* nah verwandte, 1954 in den USA eingeführte, sehr früh blühende Hybride hat cremegelbe Blütenblätter und goldgelb schimmernde Staubgefäße. Die Hybride entstand aus einer Kreuzung von *P. mlokosewitschii* und der *Paeonia*-Sorte 'Monsieur Jules Elie'. Die standfeste Staude wird etwa 90 cm hoch und verströmt einen zarten Duft.

Paeonia officinalis

Paeonia 'Red Charm'

Paeonia officinalis, Gewöhnliche Pfingstrose

Aussehen: Die auch Bauern-Pfingstrose genannte Art ist eine aufrechte, bis 60 cm hohe Staude mit dunkelgrünen, gefiederten, unterseits behaarten Blättern. Bei der Wildart entwickeln sich im Mai/Juni 9–13 cm breite, ungefüllte, leuchtend magentarote bis rotviolette Schalenblüten. Sie hat im Volksmund viele Namen: Kirchenrose, Ballerose, Antonirose (sie blüht um den Tag des Hl. Antonius von Padua, den 13. Juni) oder Benediktinerrose. Letzterer Name verweist darauf, dass Benediktinermönche die ursprünglich im Mittelmeergebiet und südlich der Alpen heimische Wildstaude nach Nordeuropa brachten. Aus den Klostergärten fand die hübsche Frühsommerstaude dann bald ihren Weg in die Bauerngärten. Früher glaubte man, mit dem Rhizom, den Samen und vor allem den Blütenblättern der Bauern-Pfingstrose, die Gicht heilen zu können. Deshalb nannte man sie im Volksmund auch 'Gichtrose'.

Die gefüllte Form 'Rubra Plena' entstand im späten Mittelalter. Heute genauso beliebt sind die ebenfalls dicht gefüllt blühenden Sorten 'Rosea Plena' mit leuchtend rosafarbenen Blüten und 'Alba Plena' mit reinweißen, leicht gekräuselten Blütenblättern. Alle blühen bereits 1–2 Wochen vor den Chinesischen Pfingstrosen (*P. lactiflora*), Ende Mai/Anfang Juni. Leider sind die Blüten der gefüllten Sorten praktisch duftlos und halten als Schnittblumen in der Vase nicht sehr lange. Die 1944 in den USA eingeführte Hybride *Paeonia* 'Red Charm' steht den gefüllten Sorten der Gewöhnlichen Pfingstrose recht nahe. Die großen, kugeligen Blüten in samtigem Dunkelrot sind recht standfest und verströmen einen zarten Duft. Damit ist diese Hybride für heutige Gärten besser geeignet als die klassische 'Rubra Plena'.
Verwendung: Traditionelle Kloster- und Bauerngartenpflanze. Auch in Staudengärten und in gemischten Rabatten schön, aber wegen der relativ kurzen Blütezeit und dem recht großen Platzbedarf nur für große Pflanzungen zu empfehlen. Wenn die Laubblätter im Hoch- bis Spätsommer einziehen, verbleibt eine große Lücke im Beet. Man kann sie jedoch geschickt durch getopfte, spät blühende Stauden wie Chrysanthemen (*Chrysanthemum* × *hortorum*) oder Scharlach-Fuchsie (*Fuchsia magellanica*) kaschieren. Pro m^2 benötigt man 2 Pflanzen.
Standort: Sonnig bis halbschattig. Tiefgründiger, humoser, fruchtbarer, nicht zu trockener Boden.
Pflege: Sehr pflegeleichte Pflanzen. Bei den gefüllt blühenden Sorten brauchen die Blüten eine Stütze. Das Laub sollte man so lange stehen lassen, bis es im Hoch- bis Spätsommer von selbst welkt.
Vermehrung: Die Wildart kann durch Aussaat im Herbst in Töpfen im Freiland vermehrt werden. Zuerst bildet sich eine Wurzel, der Trieb erscheint dann im 2. Jahr. Sorten sind nur durch Teilung im Herbst zu vermehren.

Paeonia peregrina, Klebrige Pfingstrose

Aussehen: Die aufrechte, bis 60 cm hohe Staude hat steife, glänzende dunkelgrüne, gefiederte Blätter. Ab Anfang Juni erscheinen bis 13 cm breite, ungefüllte, leuchtend korallenrote Schalenblüten mit auffälligen, gelben Staubgefäßen. An ihrem Naturstandort in Südeuropa wächst die auch unter dem Namen Balkan-Pfingstrose bekannte Wildstaude auf Schotter, zwischen Kalkfelsen und in den lichten Eichenwäldern der mediterranen Länder. Für die Züchter von Pfingstrosen war diese Art wegen ihrer korallenroten Blütenfarbe eine wichtige Elternpflanze, ihr „Blut" findet sich daher in vielen Hybriden wieder. Die Wurzeln der

Paeonia 'Coral Charm'

Staude entwickeln sich stärker in die Breite als bei vielen anderen *Paeonia*-Arten, sodass ziemlich lockere Horste entstehen.

'Otto Froebel' wird bis 70 cm hoch und besitzt orangerote bis lachsfarbene, außergewöhnlich anmutige Blüten. Die 1964 in den USA eingeführte, standfeste Hybride 'Coral Charm' hat eine anmutig geformte, halbgefüllte, leicht ballförmige Blüte, die angesichts ihrer Farbe, die von Korallenrosa zu Lachsfarben bis hin zu Orangegelb reicht, ihre Verwandtschaft zu *P. peregrina* kaum verhehlen kann. Auch der Hybride 'Pink 'Hawaiian Coral' sieht man ihre Herkunft von *P. peregrina* noch an, obwohl die tief korallenrosafarbenen Blüten stärker gefüllt sind als die der eigentlichen Art.

Verwendung: Die Wildart passt gut in traditionelle Bauerngärten und in naturnah gestaltete Staudenbeete. Wegen der ungewöhnlichen korallenrosa Blütenfarbe ist von Kombinationen mit anderen rosafarbenen Blüten abzuraten. Schön wirkt eine Kombination mit Mutterkraut (*Tanacetum parthenium*), wobei die gefüllt blühende Sorte 'White Bonnet' besonders gut harmoniert, da die Blüten nicht reinweiß sind. Pro m^2 benötigt man 2 Pflanzen.

Standort: Sonnig bis halbschattig. Tiefgründiger, humoser, durchlässiger, leicht kalkhaltiger Boden.

Pflege: Wenn die Standortansprüche erfüllt sind, erweist sich die langlebige Wildstaude als sehr pflegeleicht. Das Laub darf allerdings erst abgeschnitten werden, wenn es im Hoch- bis Spätsommer von allein welkt.

Vermehrung: Die Wildart vermehrt man durch Aussaat im Herbst in Töpfen im Freiland. Zunächst bildet sich eine Wurzel, erst im 2. Jahr erscheint dann der Trieb. Sorten sind nur durch Teilung im Herbst zu vermehren.

Paeonia tenuifolia, Netzblatt-Pfingstrose

Aussehen: Die in Südeuropa heimische Staude hat fein gefiedertes, sehr wirkungsvolles, dunkelgrünes Laub. Im Mai/Juni erscheinen die 6–8 cm breiten, becherförmigen, einfachen, roten Blüten, die knapp über den Laubblättern stehen. Sie haben gelbe, auffällige Staubgefäße. Die Pflanze wird bis 70 cm hoch und ist in der Regel völlig frosthart.

Plena' besitzt lang haltende, gefüllte, sattrote Blüten.

Verwendung: Für naturnah angelegte Staudenrabatten. Das filigrane Laub sieht sehr schön aus, wenn es

Paeonia tenuifolia 'Plena'

mit grazilen Frühsommerstauden wie Akelei (*Aquilegia*) oder ungefüllten Sorten des Mutterkrauts (*Tanacetum parthenium*) kombiniert wird. Auch der Acker-Rittersporn (*Consolida regalis* subsp. *regalis*) ist ein charmanter, pflegeleichter Begleiter, der ähnliche Standortansprüche hat. Pro m^2 benötigt man 2–4 Pflanzen.

Standort: Sonnig bis halbschattig. Tiefgründiger, humoser, kalkhaltiger Boden.

Pflege: An Standorten, wo die Ansprüche der Staude erfüllt werden, relativ leicht zu kultivieren. Die Laubblätter erst im Spätsommer zurückschneiden.

Vermehrung: Durch Teilung im Herbst.

Paeonia tenuifolia

Paeonia veitchii, Veitchs Pfingstrose

Aussehen: Die mit am spätesten im Frühjahr erscheinende Art, die auch unter dem botanischen Namen *P. anomala* subsp. *veitchii* gehandelt wird, hat ungeteiltes, zunächst bronzegrünes Laub mit länglichen bis elliptischen, unbehaarten Blättern, das sich im Lauf des Sommers dunkelgrün färbt. Sie ist bis 60 cm hoch und trägt ab Anfang Juni leicht nickende, rosa- bis magentafarbene, breit becherförmige, bis 9 cm breite Blüten mit zitronengelben Staubgefäßen.

P. veitchii fo. *alba* bringt ausschließlich weiße Blüten hervor. *P. veitchii* var. *woodwardii* ist kompakter im Wuchs, wird nur 30–40 cm hoch, hat behaarte Triebe und blüht rosarot.
Verwendung: Schön in naturnahen Staudengärten, wo die Pflanze sehr lange an einem Standort bleiben darf. Pro m^2 benötigt man 2 Pflanzen.
Standort: Sonnig bis halbschattig. Frischer, humoser, nährstoffreicher Boden.
Pflege: An geeigneten Standorten ist die Staude relativ leicht zu kultivieren. Die Laubblätter erst im Spätsommer zurückschneiden.
Vermehrung: Durch Teilung der Horste im Herbst.

Paeonia veitchii 'Fuchs China'

Panicum virgatum, Ruten-Hirse

Aussehen: Das auch als Zier-Hirse bezeichnete, sommergrüne Gras hat schilfartige, leicht überhängende, grüne Blätter mit einem bläulichen Schimmer. Sie stehen an aufrechten Halmen und werden bis 60 cm lang. Im Herbst nimmt das Laub relativ früh eine rötliche Färbung an. Die ab Mitte August an der Spitze drahtiger Halme erscheinenden Blütenstände bestehen aus breiten, locker hängenden, bis 50 cm langen Rispen mit winzigen, purpurn überlaufenen, grünen Ähren. Die Blütentriebe ragen aufrecht aus den Blatthorsten hervor. Die eigentliche Art, die etwa 180 cm hoch wird, findet man nur selten in den Gärten angepflanzt, da es viele attraktive Sorten der Ruten-Hirse gibt.

'Cloud Nine' (180 cm) bildet lockere, graublaue Horste, 'Dallas Blues' (120 cm) hat breites, blaues Laub und purpurgraue Blüten, 'Hänse Herms' (120 cm) ist standfest und bekommt schon im Sommer rotes Laub, 'Heavy Metal' (120 cm) bildet graublaue, straffe Horste, 'Northwind' (120 cm) hat bläulich grüne, straffe Horste, die grünen Blätter von 'Rehbraun' (100 cm) sind rot gespitzt und werden im Herbst rotbraun, 'Shenandoah' (70 cm) ist eine niedrige, im Herbst dunkel weinrote Sorte.
Verwendung: Das große, aber dennoch locker und filigran wirkende Gras eignet sich als Blickfang zur Solitärpflanzung, für Stauden und Rabatten, besonders aber für Grasgärten und den Teichrand, wo es eine fast tropische Stimmung erzeugt. Das im Herbst absterbende Gras kann den Winter über stehen bleiben. Mit Raureif überzogen sehen die Halme sehr dekorativ aus. Die Grasstaude macht sich auch in Kübeln sehr schön. Pro m^2 benötigt man 2–3 Pflanzen.

Panicum virgatum 'Northwind'

Standort: Sonnig. Nährstoffreicher, tiefgründiger, lehmig-humoser, mäßig trockener bis feuchter, aber durchlässiger Boden.
Pflege: Für ein üppiges Wachstum braucht das Gras während der Vegetationsperiode ausreichend Feuchtigkeit. Abgestorbenes Laub muss im Frühjahr rechtzeitig vor dem Neuaustrieb zurückgeschnitten werden.
Vermehrung: Die Art wird durch Aussaat oder Teilung vermehrt, die Sorten nur durch Teilung.

Papaver lateritium, Armenischer Mohn

Aussehen: *P. lateritium* ist eine Gruppen bildende, aufrechte Staude mit stark behaarten, grundständigen, tief gesägten, bis 20 cm langen Laubblättern. Im Mai und Juni öffnen sich 4–6 cm breite, schalenförmige Blüten in ziegelroten bis apricotfarbenen Tönen, die einzeln manchmal auch in Paaren, an drahtigen, bis 40 cm hohen Stängeln stehen. Nach dem Verblühen bilden sich keulenförmige, glatte Kapselfrüchte.

Die Sorte 'Fireball' (Syn. *P.* × *hybridum* 'Flore Pleno') hat gefüllte, pomponartige Blüten in leuchtendem Zinnoberrot, die später durch die Sonneneinwirkung zu Lachsrosa verblassen. Die goldbraunen Staubgefäße sind deutlich sichtbar. Diese Hybridsorte wird nur 30 cm hoch.
Verwendung: Der Mohn hat durch seine intensive Blütenfarbe eine Signalwirkung im Staudenbeet und braucht entsprechend farbintensive Begleiter. Er wirkt auch sehr schön in Landhaus- und Bauerngärten. Man kann ihn zudem gut mit pupurlaubigen Stauden wie Purpurglöckchen (*Heuchera*-Hybriden), bronzefarbenen Seggen und Berberitzen (*Berberis-thunbergii*-Sorten) kombinieren, wodurch die Signalfarbe etwas gedämpft wird. Pro m^2 benötigt man 5 Pflanzen.
Standort: Vollsonnig. Durchlässiger, tiefgründiger, fruchtbarer Boden.
Pflege: Die Wurzeln der wuchsfreudigen Art sollten sich ausbreiten dürfen, ohne Nachbarpflanzen zu verdrängen.
Vermehrung: Die Art ist durch Aussaat, die Hybridsorte 'Fireball' nur durch Wurzelschnittlinge im Herbst und Winter oder durch Teilung im Spätsommer vermehrbar.

Papaver lateritium 'Fireball'

Papaver nudicaule, Island-Mohn

Aussehen: Die aufrechte, Gruppen bildende, kurzlebige Staude (Syn. *P. croceum*) aus subarktischen Gebieten wird auch oft als Zweijährige kultiviert. Sie besitzt ovale, fiederspaltige, graugrüne, bis 15 cm lange Blätter, die dicht behaart sind. Von Mai bis Juli zeigen sich an kurzen, behaarten, blattlosen Stielen einzelne, bis 8 cm breite, schüsselförmige, duftende Blüten mit einem Farbspektrum, das von Weiß über Gelb und Orange bis hin zu rötlichen Tönen reicht. Die Pflanze wird bis 30 cm hoch und halb so breit.

Die Sorte 'Gartenzwerg' (Syn. 'Garden Gnome') ist mit 20 cm besonders niedrig und weist ein reiches Spektrum eher heller Farbtöne auf. 'Illumination' ist eine bunte Farbmischung mit festen Stielen, die sich gut für den Schnitt eignet. Bis 10 cm breite Blüten in Pastellfarben bringt 'Champagne Bubbles' hervor.

Papaver nudicaule

Verwendung: Die Pflanzen sehen im Vordergrund von Staudenbeeten sehr hübsch aus, wenn sie entsprechend heitere Begleitung bekommen, etwa von Mutterkraut (*Tanacetum parthenium* 'Aureum'). Sie passen auch gut in sonnige Stein- und Kiesgärten. Wegen der ungewöhnlich dekorativen Blüten kann man die Pflanzen auch in Einzeltöpfe setzen und zur Tisch- und Fensterdekoration verwenden. Die Art wird häufig zur Bepflanzung von Frühlingsbeeten vorgezogen. Auch als Schnittblume und zum Verwildern in naturnah angelegten Gärten ist sie gut geeignet. Früher wurden die Blätter der Wildart wegen ihres Vitamin-C-Gehalts von nordischen Völkern gegen Skorbut verzehrt. Pro m^2 benötigt man 11 Pflanzen.
Standort: Vollsonnig. Durchlässiger, tiefgründiger, fruchtbarer Boden.
Pflege: Den Wurzelbereich möglichst ungestört lassen, vor Schnecken schützen. Vor wuchernden Nachbarpflanzen schützen. Samenkapseln rechtzeitig entfernen, wenn keine Selbstaussaat gewünscht ist. Blattläuse können zum Problem werden.
Vermehrung: Nur durch Aussaat. Eine Teilung der Staude ist nicht empfehlenswert.

Papaver orientale, Türkischer Mohn (Tab. 50)

Aussehen: Diese Mohn-Art ist eine büschelige, vielstängelige, an allen Pflanzenteilen bis auf die Blütenblätter borstig behaarte, bis 90 cm hohe Staude mit bis zu 30 cm langen, grundständigen, gestielten, fiederspaltigen Blättern. Die Stängelblätter sind ähnlich, aber deutlich kleiner. Im Juni öffnen sich große, einzelne, flach schalenförmige, bis 15 cm breite Blüten mit jeweils 4 orange- bis blutroten Kronblättern. Diese zeigen an der Basis einen auffälligen schwarzen Fleck. Im Inneren der Blüte befindet sich ein Kranz aus violettschwarzen Staubblättern. Die Blüten sind sehr kurzlebig und halten nur wenige Tage. Anschließend bildet sich eine bis auf Walnussgröße anschwellende Kapselfrucht. Nach der Samenreife im Hochsommer zieht die Pflanze völlig ein, um erst wieder im Herbst eine Blattrosette auszutreiben, die dann überwintert.

Die meisten im Handel befindlichen Sorten des Türkischen Mohns sind in Wirklichkeit Hybriden aus 3 westasiatischen Arten, *P. bracteatum*, *P. orientale* und *P. pseudo-orientale*. Der Einfachheit halber fasst man die Hybriden als *Papaver* Orientale-Gruppe zusammen. Die Blüten dieser Hybriden haben ein reiches Farbspektrum von fast Weiß über Rosa-, Orange- und Rottöne bis hin zu apartem Braunviolett. Die Blüten mancher Sorten weisen Basalflecken auf, andere haben geschlitzte, gerüschte oder gefüllte Blüten.

Verwendung: Die Prachtstaude ist ein Blickfang in jeder großzügig angelegten Staudenrabatte, sieht aber auch schön vor sonnigen Mauern und im Kiesgarten aus. Während der Blütezeit passen andere Prachtstauden wie Rittersporn (*Delphinium*), Lupinen (*Lupinus*) oder Hohe Bart-

Papaver orientale 'Lauffeuer'

Papaver orientale 'Maya'

Papaver orientale 'Beauty of Livermere'

Papaver orientale 'Graue Witwe'

Papaver orientale 'Black and White'

Papaver orientale 'Karine'

Papaver orientale 'Catharina'

Papaver orientale 'Khedive'

Tab. 50 Empfehlenswerte Sorten von *Papaver orientale*

Sorte	Blüten	Blütezeit	Wuchshöhe
'Aglaja'	kräftig lachsrosa, mit rotbraunen Basalflecken	mittelfrüh	70 cm, standfest
'Ali Baba'	sehr groß, rot, mit kleinen, aber markanten Basalflecken	früh	80 cm
'Aslahan'	groß, lachsrosafarben und weiß, mit schwarzen Basalflecken	mittelfrüh	80 cm
'Ballkleid'	rosa, gefüllt, etwas nickend	mittelfrüh	70 cm
'Beauty of Livermere'	rot, mit schwarzen Basalflecken	mittelfrüh	80–100 cm
'Big Jim'	mittelgroß, dunkelrot, mit schwarzen Flecken	mittelfrüh	70 cm
'Black & White'	reinweiß, mit variablem Basalfleck (braunviolett bis schwarz)	mittelfrüh	80 cm
'Blickfang'	groß, kräftig leuchtend rot, mit schwarzem Basalfleck	spät	60 cm, standfest
'Catharina'	kräftig lachsrosa, mit schwarzviolettem Basalfleck	mittelfrüh	80 cm
'Effendi'	groß, gewellt, lachsorange, ohne Flecken	mittelfrüh	70 cm, standfest
'Feuerriese'	groß, orangerot, mit schwarzem Basalfleck	mittelfrüh	80 cm
'Glowing Rose'	leuchtend himbeerrosa, mit schwarzem Basalfleck	früh	70 cm
'Graue Witwe'	hellrosa-grauweiß, mit schwarzem Basalfleck	mittelfrüh	80 cm
'Halima'	klein, lachsrosafarben, mit schwarzen Flecken und roter Zone	früh	60 cm, standfest
'Helen von Stein'	gedecktes Altrosa, mit dunklem Basalfleck	mittelfrüh	80 cm, standfest
'Hula-Hula'	mittelgroß bis groß, lachsrosa, tief gefranst, mit schwarzem Basalfleck	mittelfrüh	70 cm
'Juliane'	zartrosa, leicht gewellt, ohne Basalfleck	mittelfrüh	80 cm
'Karine'	mittelgroß, in offener Schalenform, reines, helles Rosa, mit rotem Basalfleck	früh	60 cm
'Khedive'	kräftig rosa mit wenig Weiß, gewellt	mittelfrüh	70 cm
'Kleine Tänzerin'	klein, lachsrosafarben, mit schwarzen Basalflecken	früh bis mittelfrüh	60 cm, standfest
'Lauffeuer'	hellrot	mittelfrüh	50 cm, standfest
'Manhattan'	hell pflaumenfarben, halbgefüllt, mit dunklem Basalfleck	spät	80 cm
'Marlene'	klein, burgunderrot	mittelfrüh	70 cm
'Maya'	groß, rosafarben, veränderlicher Weißanteil	mittelfrüh	80 cm
'May Queen'	orangerot, schwach gekräuselt, gefüllt	früh bis mittelfrüh	70 cm
'Patty's Plum'	gedecktes Blaurot, mit schwarzem Basalfleck	mittelfrüh	80 cm
'Parry's White'	schneeweiß, mit dunklem Basalfleck	mittelfrüh	80 cm
'Picotee'	reinweiß, mit breitem, gekräuseltem und gefälteltem Rand	mittelfrüh	80 cm
'Prinz Eugen'	groß, gefranst, lachsrot, ohne Basalflecken	mittelfrüh	80 cm, standfest
'Salsa'	klein, orangefarben, mit schwarzem Basalfleck, ähnlich wie Klatschmohn	mittelfrüh	60 cm
'Spätzünder'	leuchtend rot, mit schwarzem Basalfleck	sehr spät	70 cm
'Springtime'	lachsrosa, gewellt, mit dunklem Basalfleck	mittelfrüh	80 cm
'Türkenlouis'	mittelgroß, leuchtend rot, mit schwarzem Basalfleck und ausgefransten Blütenrändern	früh	80 cm
'Tutu'	reinorange, halbgefüllt, ohne Basalfleck	mittelfrüh	70 cm

Blütezeitangaben:
früh = Mitte Mai bis Ende Mai   mittelfrüh = Ende Mai bis Anfang Juni   spät = Mitte bis Ende Juni   sehr spät = Anfang Juli

Iris (*Iris* Barbata-Elatior-Hybriden) gut dazu. Charmante Begleiter, die den großen, seidigen Blüten des Türkischen Mohns nicht die Schau stehlen, sondern sie sogar noch besser zur Geltung bringen, sind z. B. Akelei (*Aquilegia*), Katzenminze (*Nepeta*), Frauenmantel (*Alchemilla mollis*) oder Mutterkraut (*Tanacetum parthenium*). Orangeroter Türkischer Mohn passt auch gut zu gelb blühendem Ginster. Die rosa blühenden Sorten sehen ganz hinreißend aus, wenn man sie in ungemähten Frühsommerwiesen wie zufällig eingestreut blühen lässt. Weil die Staude beim Einziehen im Hochsommer eine große Lücke im Staudenbeet hinterlässt, kombiniert man sie am besten mit spät blühende Arten wie etwa Spätsommer- und Herbstastern, Sonnenhut (*Rudbeckia*) oder Staudensonnenblumen (*Helianthus*). Man kann den Türkischen Mohn auch in Driften pflanzen und dazwischen Einjährige wie Ziertabak (*Nicotiana*), Dahlien, Schmuckkörbchen (*Cosmea*) oder Kapuzinerkresse (*Tropaeolum*) setzen, die dann in die entstehenden Lücken wachsen. Notfalls überbrücken mit Einjährigen oder Blütenstauden bepflanzte Kübel die Lücke im Beet. Pro m^2 benötigt man 1–2 Pflanzen.

Standort: Am besten vollsonnig. Gut durchlässiger, fruchtbarer, humoser Boden.

Pflege: Im Lauf des Frühsommers brauchen die Blütenstängel eine Stütze, wenn sie sich aus den Blatthorsten erheben. Ungestützt legen sie sich oft schon vor dem Aufblühen nieder und sind dann nur schwer wieder in eine aufrechte Position zu bringen. Vor Schnecken schützen. Das welke Laub im Sommer erst abschneiden, wenn es gelb wird. Wegen des außergewöhnlichen Lebenszyklus' ist die beste Pflanzzeit für Türkischen Mohn der Herbst.

Papaver orientale 'Kleine Tänzerin'

Papaver orientale 'Patty's Plum'

Papaver orientale 'Marlene'

Papaver orientale 'Picotee'

Vermehrung: Die Vermehrung durch Aussaat ist zwar möglich, aber nicht empfehlenswert, weil sich die Sämlinge oft erheblich von ihren Eltern unterscheiden. Die Hybriden sind nur durch Wurzelschnittlinge sortenecht zu vermehren.

Die wichtigsten Hybriden von *Papaver orientale*

Früher wurden die Formen des Türkischen Mohns als Sorten von *P. orientale* geführt. Jüngste Forschungen haben jedoch ergeben, dass es sich um eine komplexe Gruppe von Hybriden handelt, die aus *P. bracteatum*, *P. orientale* und *P. pseudo-orientale* gezüchtet wurden.

'Graue Witwe'

Eine Sorte mit ungefüllten, weißlich rosafarbenen, grau überlaufenen Blüten, die in der Sonne zu fast reinem Weiß verblassen. Die Kronblätter sind leicht gerüscht und weisen einen klar abgegrenzten bis verschwommenen, kastanienbraunen bis violettschwarzen Basalfleck auf. Die 75–80 cm hohe Staude hat eine für Türkischen Mohn sehr ungewöhnliche Farbe und lässt sich gut mit vielen anderen Stauden kombinieren. Infrage kommen sowohl warme Rosa- und Rottöne als auch Blau- und Violettschattierungen.

'Patty's Plum'

Eine Sorte, die auch unter dem Synonym 'Mrs. Marrow's Plum' bekannt ist, mit tief schalenförmigen, ungefüllten Blüten in einem ungewöhnlichen, gedeckten blauvioletten Ton. Je nach Standort und Sonnenintensität variieren die Blüten bis hin zu einem bräunlichen, verblassenden Violett. Die Kronblätter der bis 80 cm hohen Staude sind gerüscht und leicht gefältelt. Diese begehrte englische Sorte passt besonders gut in Staudenbeete mit weißen und blauvioletten Blüten, wo ihre Blüten einen markanten Blickfang bieten.

'Picotee'
Eine Sorte mit mittelgroßen, ungefüllten, weißen Blüten, die eine ungleichmäßige Randzone in lachsfarbenem Orange haben. Die Kronblätter sind gefältelt und gefranst, die Breite der Randzone variiert mit der Witterung. Die 65–80 cm hohe Staude macht einen sehr fröhlichen Eindruck, lässt sich aber wegen der unruhigen Blütenfarbe und -form nur schwer in Staudenbeete integrieren.

Pennisetum alopecuroides, Japanisches Federborstengras, Lampenputzergras

Aussehen: Das Gras bildet große Horste aus überhängenden, mittel- bis dunkelgrünen, schmalen, spitzen Blättern, die eine Länge von 60 cm erreichen können. Im August und September erscheinen in etwa 20 cm langen, zylindrischen Rispen borstige, gelbgrüne bis dunkelpurpurne Ähren. Im Herbst färbt sich das Laub der bis 100 cm hohen und breiten Staude orange bis rot.

Die bewährte Sorte 'Hameln' wächst kompakt gedrungen, wird nur etwa 30 cm hoch und blüht schon früher als die eigentliche Art. Die Blütenstände dieser besonders in kleinen Gärten beliebten Sorte erreichen eine Höhe von 60 cm. Noch niedriger ist 'Little Bunny', die sich mit ihren knapp 15 cm Wuchshöhe auch für Töpfe und Tröge eignet. Die bis 100 cm hohe Sorte 'Weserbergland' hat aparte grüne Blütenstände mit weißen Borsten.
Verwendung: Die Horste mit ihren charakteristischen Blütenständen

Pennisetum alopecuroides 'Hameln'

sehen in Kies- und Grasgärten, in Gruppen entlang von Wegen, trockenen Uferbereichen, aber auch im Staudenbeet schön aus. Gute Partner sind Astern, Skabiosen (*Scabiosa*), Sonnenhut (*Rudbeckia*) und Roter Scheinsonnenhut (*Echinacea purpurea*). Pro m^2 benötigt man 1–2 Pflanzen.
Standort: Sonnig bis halbschattig. Durchlässiger, leichter, schwach bis mäßig fruchtbarer Boden.
Pflege: Bis zum zeitigen Frühjahr vor dem Austrieb abgestorbene Pflanzenteile entfernen. In kalten Regionen sollte man das welke Laub in jedem Fall bis zum Frühjahr stehen lassen, weil es einen gewissen Schutz vor strengen Frösten und Winternässe bietet.
Vermehrung: Aussaat im Frühjahr, Teilen bis zum Frühsommer möglich. Im Herbst geteilte Horste faulen leicht und wachsen meist nicht an.

Penstemon barbatus, Roter Bartfaden

Aussehen: Die buschige Staude, die auch unter dem botanischen Namen *Chelone barbata* bekannt ist, hat schlanke, aufrechte, bis 100 cm hohe Stängel. Sie breitet sich durch einen kriechenden Wurzelstock aus. Die Grundblätter sind eiförmig, die Blätter am Stängel schmal lanzettförmig, frischgrün, glänzend und bis 8 cm lang. Von Juli bis September erscheinen locker an schmalen Rispen hängende, trichterförmige, 3–4 cm große Blüten. Viele Sorten sind als Mischung mit verschiedenen Blütenfarben erhältlich.

'Praecox Nanus' trägt Rachenblüten in roter, rosafarbener, violetter oder blauer Farbe und wird nur 50 cm hoch. 'Cambridge Mixed' bleibt mit 30 cm Höhe sogar noch niedriger, hat graugrünes Laub und blüht in Rosa-, Blau- und Violetttönen. *P. barbatus* subsp. *coccineus* 'Jingle Bells' blüht leuchtend scharlachrot und wird bis 130 cm hoch. Besonders früh blüht *P. barbatus* var. *praecox*, dessen Sorte 'Nanus' bleibt mit 35 cm recht kompakt und blüht ebenfalls in verschiedenen Farben.
Verwendung: Lockere, filigrane Blütenstaude für sonnige Beete und Rabatten. Die Pflanzen kommen jedoch nur gut zur Geltung, wenn sie von Nachbarpflanzen nicht bedrängt werden. Schöne Pflanzpartner sind

Penstemon barbatus subsp. *coccineus*

Ehrenpreis (aufrecht wachsende *Veronica*-Arten), Mädchenauge (*Coreopsis grandis*), Netzblattstern (*Coreopsis verticillata*), Nachtkerzen (*Oenothera*), Margeriten (*Leucanthemum*) und Steppen-Salbei (*Salvia nemorosa*). Ein guter Standort ist auch vor sonnigen, warmen Mauern. Bartfaden eignet sich gut als Schnittblume für gemischte Sträuße. Pro m² benötigt man 8 Pflanzen.
Standort: Sonnig. Nährstoffreicher, humoser, mäßig feuchter Boden, der gut durchlässig sein muss.
Pflege: Bei regelmäßigem Schnitt aufgeblühter Rispen wird die Pflanze zur Nachblüte angeregt. Im späten Herbst schneidet man die Pflanze bodeneben zurück und gibt ihr einen Winterschutz aus Reisig. In sehr kalten Regionen kann man die Pflanzen sicherheitshalber auch in frostfreien, kühlen Räumen überwintern.
Vermehrung: Durch Aussaat im zeitigen Frühjahr unter Glas. Im Frühjahr und Herbst kann man die Vermehrung durch Stecklinge versuchen.

Penstemon digitalis 'Husker Red'

Penstemon digitalis, Fingerhut-Bartfaden

Aussehen: *P. digitalis* ist eine dichte Horste bildende Staude mit zahlreichen, oft rötlich überlaufenen Stängeln. Die mittelgrünen Laubblätter sind lanzettförmig und bis 15 cm lang. Die Grundblätter bleiben im Winter grün. Von Juni bis August erscheinen an hohen Rispen zahlreiche röhrenförmige, weiße bis hell lilablaue, bis 2,5 cm große Blüten. Die Pflanze erreicht eine Wuchshöhe von maximal 90 cm.

Die Sorte 'Husker's Red' hat bronzepurpurnes Laub, das auch im Winter schön aussieht. Sie wird deutlich höher als die eigentliche Art. Nur bis 60 cm hoch wird die Sorte 'Ruby Tuesday', die noch dunkleres Laub und zahlreiche, weiße Blüten mit einem blauen Hauch hat.
Verwendung: Die Pflanze kommt in Staudenbeeten und Rabatten gut zur Geltung, wenn sie nicht von Nachbarpflanzen bedrängt wird. Schön sehen neben blau und violett blühenden Pflanzen, wie Glockenblumen (*Campanula*) und Witwenblumen (*Knautia*), auch filigrane, mittelhohe Gräser, wie Lampenputzergras (*Pennisetum alopecuroides*), in der Nachbarschaft aus, besonders bei der Sorte 'Husker's Red' mit purpurnem Laub. Pro m² benötigt man 6 Pflanzen.
Standort: Sonnig. Nährstoffreicher, humoser, mäßig feuchter Boden, der gut durchlässig sein muss.
Pflege: Die Staude ist recht winterhart, in rauen Gegenden braucht sie aber einen Winterschutz in Form einer Reisigabdeckung.
Vermehrung: Durch Aussaat im zeitigen Frühjahr unter Glas oder durch Teilung oder Stecklinge im Frühsommer.

Penstemon-Hybriden

Aussehen: Die sehr beliebten Bartfaden-Hybriden können je nach Sorte in Blütenfarbe, -größe und Wuchshöhe sehr unterschiedlich ausfallen. Allen gemeinsam ist aber die sehr lange Blütezeit von Juli bis September/Oktober, die durch regelmäßiges Ausschneiden verblühter Rispen noch verlängert werden kann. Auch die fingerhutförmige Blütenform haben sie gemeinsam, ebenso leider die oft mangelnde Winterhärte.

Die verschiedenen Hybriden wurden Anfang der 1990er-Jahre nach ihrer Blütengröße in drei Hauptgruppen eingeteilt, von denen zwei noch in Untergruppen unterteilt wurden. Für den Laien ist das aber nicht weiter interessant, wenn er auf der Suche nach „seiner" Sorte ist. Hier sollte allein der Geschmack entscheiden. Leider sind Bartfaden-Hybriden im Handel noch immer schwer zu finden. Die beste Adresse sind auch hier die Staudengärtnereien, die meist ein gewisses Sortenspektrum auf Lager haben. Hier einige Sortenbeispiele:

'Garnet' hat im Juli und August leuchtend rote Blüten und wird bis 90 cm hoch. Die Hybride ist auch unter dem Namen 'Andenken an Friedrich Hahn' im Handel.

'Hidcote Pink' hat von Juli bis Oktober leuchtend rosafarbene Blüten mit cremeweißem Schlund und kirschroter Aderung. Sie wird bis 80 cm hoch.

'Scharlachkönigin' bringt von Juli bis September scharlachrote Blüten mit weißem Schlund hervor. Die Blüten sind etwas variabel. Wuchshöhe: bis 80 cm.

'Schoenholzeri' (Syn. 'Firebird') wächst buschig und bringt von Juli bis September leuchtend rosarote Blüten mit dunkel magentarot gestreiftem Schlund hervor. Die schweizerische Züchtung wird 90 cm hoch.

Penstemon 'Hidcote Pink'

Penstemon hartwegii 'Andenken an F. Hahn'

Penstemon hirsutus

'Sour Grapes' wird (in Botanikerkreisen vielfach diskutiert) oft auch unter dem Namen 'Stapleford Gem' (siehe unten) gehandelt. Die geschätzte Hybride hat purpurrosafarbene, in tiefes Lilarosa übergehende Blüten mit weißem Schlund und kastanienbrauner Zeichnung. Sie wird bis 60 cm hoch.

'Stapleford Gem' blüht von Juli bis Oktober blauviolett mit metallischem Schimmer und mit weißem, purpurn gestreiftem Schlund, sie wird 70 cm hoch.

Verwendung: Sehr beliebte und vielseitige Blütenstaude für Beete, Rabatten, aber auch Kübel- und Trogpflanzung. Pro m^2 benötigt man 6 Pflanzen.

Standort: Sonnig. Nährstoffreicher, humoser, mäßig feuchter Boden, der gut durchlässig sein muss.

Pflege: Regelmäßiges Ausschneiden verblühter Rispen regt zu einer reichen Nachblüte an. Um sicherzugehen, dass die Hybriden gut über den Winter kommen, sollte man sie in jedem Fall im Herbst aufnehmen und in Töpfen oder Kübeln in kühlen, aber frostfreien Räumen überwintern.

Vermehrung: In der Regel werden die Hybriden im Frühsommer durch nichtblühende Kopfstecklinge vermehrt.

Weitere empfehlenswerte *Penstemon*-Arten

Penstemon hartwegii, Großblütiger Bartfaden

Eine buschige, halbstrauchige, an der Basis verholzende Art mit schmalen, glänzend grünen, bis 10 cm langen Blättern. Die bis 90 cm hoch wachsende Pflanze bringt ab Juli über einen langen Zeitraum bis 5 cm große, hellrote Blüten hervor. Die Sorte 'Albus' blüht weiß. Pro m^2 benötigt man 6 Pflanzen.

Penstemon heterophyllus, Verschiedenblättriger Bartfaden

Eine immergrüne, an der Basis verholzende Staude mit schmalen, bläulich grünen, bis 5 cm langen Blättern. Von Mai bis Juli erscheinen rosaviolette, trichterförmige, bis 3,5 cm große Blüten in filigranen Trauben. Die Pflanze wird bis 40 cm hoch und ist eine Elternart vieler guter Hybridsorten. Pro m^2 benötigt man 6 Pflanzen.

Penstemon hirsutus, Haariger Bartfaden

Eine kleine, breitwüchsige, immergrüne, an der Basis verholzende Art mit gezähnten, lanzettförmigen, bis 10 cm langen Blättern. An behaar-

Winterhärte bei Bartfaden

Die Winterhärte bei den Bartfaden-Arten und -Hybriden ist ganz unterschiedlich, sie hängt unter anderem von der Niederschlagsmenge und der Durchlässigkeit des Bodens ab: Winterfeuchte Böden sind für alle Arten äußerst ungünstig. Natürlich spielen auch die Frostgrade eine Rolle. Zudem fehlt in unseren Regionen oftmals die am Naturstandort vorhandene, vor scharfen Frösten schützende, dichte Schneedecke. Im Garten muss eine Reisigabdeckung diese Rolle übernehmen. Manche Bartfaden-Hybriden stammen aus subtropischen Gebieten und vertragen maximal –10 °C. Diese überwintert man in kühlen, aber frostfreien Räumen.

Penstemon pinifolius 'Mersea Yellow'

ten, violett getönten, bis 45 cm hohen Rispen erscheinen von Juli bis September blassviolette, röhrenförmige, bis 2,5 cm große Blüten. Auch diese Art braucht einen vollsonnigen Standort mit gut drainiertem Boden. Pro m² benötigt man 6 Pflanzen.

***Penstemon pinifolius*, Nadelblättriger Bartfaden**
Eine Art mit immergrünen, nadelartigen Blättern und orangeroten Blüten. Der bis 30 cm hohe, von Juli bis September blühende Halbstrauch braucht viel Sonne und wird maximal 30 cm hoch. Pro m² benötigt man 10 Pflanzen.

Perovskia atriplicifolia, Silber-Perowskie

Aussehen: Die auch als Silberstrauch oder Blauraute bekannte, halbstrauchig wachsende, bis 120 cm hohe Pflanze hat einen buschigen, aufrechten Wuchs. An den grauweißen Sprossen stehen eiförmige, gesägte, bis 5 cm lange, graugrüne Laubblätter. Von Juni bis in den September hinein erscheinen kleine, röhrenförmige, blauviolette Blüten in bis zu 30 cm langen Trauben.

Die Hybride 'Blue Spire' wird oft als Sorte der Art geführt, sie hat besonders lange Trauben lavendelfarbener Blüten.
Verwendung: Die graue Farbe und die filzige Laubstruktur machen die Silber-Perowskie zu einer eleganten Erscheinung im Steppen- und Kiesgarten. Schön wirkt sie auch in sonnigen Steingärten, sofern sie ausreichend Platz hat, oder in farbintensiven Rosenbeeten, an Trockenmauern und an Böschungen. Weil sie trockene, kalkhaltige Böden und Küstenbedingungen verträgt, eignet sie sich auch gut für Gärten in extremen Lagen. Pro m² benötigt man 1 Pflanze.
Standort: Sonnig. Durchlässiger, mäßig feuchter bis trockener, nährstoffarmer Boden.
Pflege: Die etwas frostempfindliche Pflanze braucht in rauen Lagen einen leichten Winterschutz, meist genügt eine Abdeckung des Wurzelbereichs mit Mulch. Im Frühjahr sorgt ein kräftiger Rückschnitt für einen buschigen Austrieb. In der Regel muss die Pflanze gestützt werden, weil die Triebe sonst umfallen.
Vermehrung: Durch Stecklinge von halb verholzten, nichtblühenden Trieben im Frühsommer.

Phlomis russeliana, Russels Brandkraut

Aussehen: Das auch unter dem volkstümlichen Namen Goldquirl bekannte Gewächs entwickelt ein ausgedehntes Wurzelsystem mit großen, rhizomartigen Knollen. Es ist eine Horste bildende, wüchsige Staude mit bis 25 cm großen, eiförmigen, apfelgrünen, filzig behaarten Blättern. Im Juni und Juli erscheinen über den Laubschöpfen hellgelbe, an mehreren Quirlen übereinander stehende Lippenblüten an aufrechten, festen Stängeln. Von Weitem sehen die Pflanzen aus wie übergroße Taubnesseln. Wenn die Blüten verwelkt sind, bleiben die aparten, bis 90 cm hohen Stängel mit den Fruchtständen bis in den Winter hinein aufrecht stehen. Das

Perovskia atriplicifolia

im Frühjahr nur langsam austreibende Laub bleibt bis zu den ersten scharfen Frösten grün.
Verwendung: Als Blickfang in Rabatten, wenn man die Pflanze in großen Gruppen pflanzt. Brandkraut breitet sich jedoch mit der Zeit fast aggressiv durch Ausläufer und Selbstaussaat aus, wenn die Standortbedingungen geeignet sind. Wegen des filzigen Laubs und der Trockenheitsverträglichkeit eignet sich die Staude auch gut für Kies- und Steppengärten. Schön sieht Brandkraut mit blauviolett blühenden Nachbarstauden wie Steppen-Salbei (*Salvia nemorosa*), Perowskie (*Perovskia*) oder Lavendel (*Lavandula*) aus. Pro m^2 benötigt man 6 Pflanzen.
Standort: Sonnig bis halbschattig. Durchlässiger, mäßig fruchtbarer, nicht zu feuchter Boden.
Pflege: Sehr pflegeleichte Pflanze. Im zeitigen Frühjahr Rückschnitt des welken Laubs und der trockenen Blütenstängel.
Vermehrung: Durch Aussaat bei Samenreife oder im Frühjahr, Teilen im Frühjahr oder Herbst.

Phlomis russeliana

Phlox amplifolia, Breitblatt-Phlox, Breitblättrige Flammenblume (Tab. 51)

Aussehen: Die Pflanze ähnelt dem Stauden-Phlox (*Phlox paniculata*). Sie breitet sich durch kurze Ausläufer aus und bildet mit der Zeit große und dichte Horste aus straff aufrechten Trieben, die lanzettliche, zugespitzte, dunkelgrüne, bis 12 cm lange Laubblätter tragen. Unterseits sind die Blätter fein behaart. Die ab Juli bis zum September erscheinenden, endständigen Rispen tragen viele kleine Blütendolden und können sehr groß werden. Wenn die Hauptblüte vorüber ist, beginnt die Pflanze, aus Seitentrieben weiterzublühen, sodass sich insgesamt eine sehr lange Blütezeit ergibt.
Verwendung: Die Staude eignet sich gut für bunte Staudenbeete und Rabatten, aber auch für den Gehölzrand, da sie Halbschatten toleriert. Schön sieht die Pflanze zusammen mit anderen gleichzeitig blühenden Stauden aus, etwa Sonnenbraut (*Helenium*), Sonnenauge (*Heliopsis*), Staudensonnenblumen (*Helianthus*), Chrysanthemen (*Chrysanthemum*), Gelenkblume (*Physostegia*) und Eisenhut (*Aconitum*). Pro m^2 benötigt man 3 Pflanzen.
Standort: Sonnig bis halbschattig. Tiefgründiger, durchlässiger, mäßig feuchter, humoser, fruchtbarer Lehmboden.
Pflege: Die verblühten Pflanzen im Spätsommer nicht zu früh zurückschneiden, da sich aus Seitentrieben auch noch Blüten entwickeln.
Vermehrung: Durch Teilung im Frühjahr oder Herbst.

Phlox amplifolia 'David'

Phlox amplifolia 'Minnehaha'

Tab. 51 Empfehlenswerte Sorten von *Phlox amplifolia*

Sorte	Blüten	Blütezeit	Wuchshöhe
'David'	strahlend weiß	Juli bis September	120 cm
'Minnehaha'	sanft rötlich violett, duftend	Juni bis August	70 cm
'Weiße Wolke'	klein, reinweiß	Juli bis September	100 cm
'Winnetou'	lilarosa, zu Rot verblühend, duftend	Juni bis August	70 cm

Phlox amplifolia 'Winnetou'

Ein neuer Phlox für die Gärten
Seit Kurzem ist die aus den USA stammende Breitblättrige Flammenblume (*Phlox amplifolia*) bei uns sehr erfolgreich eingeführt worden. Sie hat gegenüber dem bekannten Stauden-Phlox (*Phlox paniculata*) viele Vorzüge, z. B. verträgt sie Trockenheit und Wurzeldruck durch andere Stauden oder Gehölze besser und ist weniger anfällig für Mehltau und Stängelnematoden.

Phlox × arendsii, Arends' Phlox, Frühsommer-Phlox

Aussehen: Die Kreuzung von Stauden-Phlox (*Phlox paniculata*) und Wald-Phlox (*P. divaricata*) wurde erstmals 1910 vom berühmten Staudenzüchter Georg Arends mit Erfolg durchgeführt. Die Hybriden tragen dichte Blütenstände auf relativ kurzen Stielen und blühen bereits im Juni/Juli. 'Anja' wird 50 cm hoch und blüht in leuchtendem Purpur, 'Jessica' wird 130 cm hoch und blüht weiß mit lilarosafarbenem Auge, und die 50 cm hohe 'Susanne' blüht hellrosa mit karminrotem Auge. 'Margie' (Syn. 'Miss Margie') blüht malvenfarben und wird bis 60 cm hoch.
Verwendung: Die frühe Blütezeit

Phlox arendsii 'Jessica'

macht es möglich, mit diesen Stauden schon im Juni die Phlox-Saison im Staudenbeet zu eröffnen. Kombiniert mit später blühenden Arten kann man die Blüte somit von Juni bis in den September ausdehnen. Niedrige Sorten gehören natürlich in den Beetvordergrund. Pro m² benötigt man 6 Pflanzen.
Standort: Sonnig bis halbschattig. Mäßig feuchter, humoser, durchlässiger, fruchtbarer Boden.
Pflege: Das Herausschneiden welker Blütenstände regt einen Nachflor an. Mehltau kann zum Problem werden.
Vermehrung: Durch Teilung im Frühjahr oder Herbst.

Phlox arendsii 'Margie'

Phlox divaricata, Wald-Phlox

Aussehen: Die auch Frühlings-Flammenblume genannte Staude bildet langsam größer werdende Horste aus z. T. niederliegenden Trieben mit 5 cm langen, halbimmergrünen, eiförmigen, behaarten Blättchen, die an den Blütentrieben kleiner sind. Von Mai bis Juni erscheinen an aufrechten Stängeln lockere Blütenstände mit 2 cm breiten, himmelblauen Blüten, die einen zarten Duft verströmen. Nach der Blüte welken die Stängel, zurück bleibt ein sauberer Blattteppich. Die Pflanze wird bis 25 cm hoch und bis 45 cm breit.

'Chattahoochee' hat hellviolette Blüten mit intensiv purpurnem Auge, 'Blue Dreams' blüht lavendelblau, 'Clouds of Perfume' ist blaulila und duftet intensiv, 'May Breeze' ist ganz hellblau, fast weiß und 'Eco Texas Purple' blüht violett mit rotviolettem Auge.
Verwendung: Am Naturstandort wächst die Staude in lichten Laubwäldern, und so sollte sie auch im Garten eingesetzt werden: im Halbschatten als Bodendecker. Sie verträgt die Nachbarschaft zu anderen Stauden nicht besonders gut, wenn

Phlox divaricata 'Blue Dreams'

Phlox divaricata 'Clouds of Perfume'

Phlox divaricata 'Dirigo Ice'

diese sie bedrängen. Gut kombinieren lässt sich Wald-Phlox mit purpurlaubigen Stauden, wie Purpurglöckchen (*Heuchera*-Hybriden), oder Polsterstauden mit weiß panaschiertem Laub, etwa Beinwell (*Symphytum* × *uplandicum* 'Variegatum'). Pro m^2 benötigt man 5–9 Pflanzen.
Standort: Halbschattig. Feuchter, humoser, durchlässiger, mäßig fruchtbarer Boden.
Pflege: Sehr pflegeleichte Pflanzen, man muss jedoch besonders im Sommerhalbjahr darauf achten, dass sie nicht von Nachbargewächsen verdrängt werden.
Vermehrung: Durch Teilen oder Vereinzeln bewurzelter Sprossstücke im Frühjahr oder Herbst.

Phlox douglasii, Polster-Phlox

Aussehen: *P. douglasii* ist eine flach und rasenartig wachsende Staude mit feinen, fast nadelartigen, behaarten Laubblättern und an der Basis verholzenden Trieben. Im Mai und Juni erscheinen unzählige kleine Blüten in leuchtenden Farben. Die Pflanze breitet sich teppichartig aus und wird 5–10 cm hoch.

'Cracker Jack' hat intensiv karminrote Blüten mit dunklerem Auge, 'Lilac Cloud' blüht hellllila mit rosalilafarbenem Auge, 'Red Admiral' hat hellkarminrote Blüten und 'White Admiral' blüht reinweiß.
Verwendung: Als Bodendecker für sonnige, offene Standorte, wie z. B. Steingärten. Diese Art wächst schwächer und weniger überhängend als *P. subulata*. Pro m^2 benötigt man 16 Pflanzen.
Standort: Sonnig. Durchlässiger, kies- und schotterreicher, kalkhaltiger Boden.
Pflege: Sehr pflegeleichte Staude, sofern man darauf achtet, dass sie nicht von Nachbarpflanzen bedrängt wird.
Vermehrung: Durch Teilung oder durch Vereinzeln bewurzelter Sprossstücke im Frühjahr oder Herbst.

Phlox maculata, Wiesen-Phlox (Tab. 52)

Aussehen: Die aufrechte, Horste bildende Staude hat glänzendes, lanzettliches Laub und wird, je nach Sorte, 60–120 cm hoch. Im Juni und Juli erscheinen konische oder zylindrische Doldentrauben aus dicht stehenden, 2,5 cm großen, duftenden Blüten.

Phlox divaricata 'Montrose'

Phlox douglasii 'Red Admiral'

Phlox maculata 'Delta'

Sorte	Blüte	Wuchshöhe
'Alpha'	rosarot mit dunklerem Auge	100 cm
'Delta'	weiß mit tief rosafarbenem Auge	80 cm
'Natasha'	weiße Kronblätter mit rosafarbenem Mittelstreifen	120 cm
'Magnificence'	karminrosa	70 cm
'Omega'	weiß mit lila Auge	100 cm
'Rosalinde'	kräftig dunkelrosa	100 cm

Tab. 52 Empfehlenswerte Sorten von *Phlox maculata*

Phlox maculata 'Magnificence'

Verwendung: Wie Stauden-Phlox (*P. paniculata*), wegen der rund einen Monat früheren Blütezeit ein idealer Vorbote des Sommers. Zusammen mit Taglilien (*Hemerocallis*), Schafgarbe (*Achillea*), Glockenblumen (*Campanula*) und Lupinen (*Lupinus*) ergibt sich ein fröhliches Bild im Staudenbeet. Pro m^2 benötigt man 5–7 Pflanzen.
Standort: Sonnig. Durchlässiger, gleichmäßig feuchter, humoser, fruchtbarer Boden.
Pflege: Hohe Sorten müssen eventuell gestützt werden. Mehltau kann zum Problem werden.
Vermehrung: Durch Teilung im Frühjahr oder Herbst und durch halb verholzte Stecklinge im Frühsommer.

Phlox maculata 'Natasha'

Phlox paniculata, Stauden-Phlox (Tab. 53)

Aussehen: Die aufrechte, Horste bildende Pflanze gehört zu den beliebtesten Blütenstauden. An 40–120 cm hohen, leicht verholzenden Stängeln stehen lanzettliche bis schmal eiförmige, frischgrüne, bis 15 cm lange Laubblätter. Ab Juli erscheinen in dichten, halbkugeligen Dolden zahlreiche, bis 2,5 cm breite Einzelblüten. Das Farbspektrum reicht von Weiß über Rosa, Rot und Rotviolett bis zu fast blauem Violett. Manche Sorten haben Blüten mit farblich abgesetztem Auge. Wenn man früh, mittelfrüh und spät blü-

Phlox paniculata 'Anne'

Phlox paniculata 'Argus'

Tab. 53 Empfehlenswerte Sorten von *Phlox paniculata*

Sorte	Blüte	Wuchshöhe	Blütezeit
'Anne'	cremeweiß, mit zartrosa Röhren	100 cm	mittelfrüh
'Argus'	tiefrosa, mit rotem Auge	100 cm	spät
'Blue Paradise'	violettblau, fast blau	100 cm	früh
'Bright Eyes'	rosa, mit karminrotem Auge	90 cm	früh bis mittelfrüh
'Casablanca'	reinweiß	90 cm	früh
'Dorffreude'	kräftig rosa, mit dunklem Auge	120 cm	spät
'Düsterlohe'	dunkelviolett	90 cm	früh bis mittelfrüh
'Freudenfeuer'	zinnoberorange	100 cm	spät
'Hesperis'	fliederfarben	130 cm	mittelfrüh
'Judy'	pink mit violettem Unterton	80 cm	mittelfrüh
'Kirchenfürst'	dunkel purpurrot	100 cm	spät
'Kirmesländer'	weiß, mit rotem Auge	120 cm	spät
'Landhochzeit'	frischrosa, mit rotem Auge	100 cm	früh bis mittelfrüh
'Orange'	leuchtend orangerot	80 cm	mittel bis spät
'Pax'	reinweiß	90 cm	spät
'Peppermint Twist'	weiß, mit rosa Mittelstreifen	80 cm	früh bis spät
'Prospero'	hellviolett mit Weiß	100 cm	mittelfrüh
'Pünktchen'	orangerot, mit kleinem, hellem Auge	70 cm	spät
'Red Riding Hood'	rot	80 cm	mittel bis spät
'Sommerfreude'	rosa, mit rotem Auge	80 cm	mittel bis spät
'Sternhimmel'	hellviolett mit Weiß, dunkles Auge	80 cm	mittelfrüh
'Uspech'	violett, mit weißem Auge	80 cm	spät
'Windsor'	lachsorangerot	80 cm	mittelfrüh
'Württembergia'	leuchtend dunkelrosa, mit hellem Auge	80 cm	früh

Blütezeitangaben:
früh = Mitte Juni bis Anfang Juli mittelfrüh = Anfang Juli bis Mitte Juli
mittel = Mitte Juli bis Mitte August spät = Mitte August bis Ende August

hende Sorten miteinander kombiniert, kann man die Blütezeit bis in den September hinein ausdehnen.
Verwendung: Beliebte, lang blühende, farbenfrohe Beetstaude für Sommerrabatten und den Bauerngarten. Sie bildet einen echten Blickfang und passt besonders gut in farbenfrohe Gestaltungen mit anderen Sommerstauden, z. B. im Sommer blühende Margeriten (*Leucanthemum*), Sonnenhut (*Rudbeckia*), Sonnenauge (*Heliopsis*), Goldrute (*Solidago*) oder Sonnenbraut (*Helenium*). Farblich harmoniert die Staude gut mit Strauchmalven (*Lavatera*), Ehrenpreis (*Veronica longifolia*) und Eisenhut (*Aconitum*). Sie ist auch eine gute Schnittblume. Pro m^2 benötigt man 5–7 Pflanzen.
Standort: Sonnig. Nährstoffreicher, humoser, tiefgründiger, durchlässiger, neutraler bis schwach saurer Boden.
Pflege: Beim Austrieb einen Volldünger verabreichen oder mit Komposterde mulchen. Wenn man im Juni etwa ein Drittel der Triebe zurückschneidet, verlängert sich die Blütezeit. In kalten Regionen ist ein Winterschutz empfehlenswert. Mehltau kann zum Problem werden.
Vermehrung: Im Frühjahr oder Sommer halb verholzte Stecklinge von nichtblühenden Trieben schneiden. Eine Teilung älterer Horste im Frühjahr oder Herbst ist möglich, ebenso die Vermehrung durch Wurzelschnittlinge vor oder nach der Blütezeit.

Phlox paniculata 'Blue Paradise'

Phlox paniculata 'Bright Eyes'

Phlox paniculata 'Peppermint Twist'

Phlox paniculata 'Casablanca'

Phlox paniculata 'Pünktchen'

Phlox paniculata 'Freudenfeuer'

Phlox paniculata 'Uspech'

Phlox paniculata 'Hesperis'

Phlox paniculata 'Württembergia'

Phlox stolonifera, Kriechender Phlox

Aussehen: Die Ausläufer treibende, breite, dichte Horste bildende Staude hat kriechende Triebe mit 8 cm langen, ovalen, immergrünen Blättern. Von April bis Juni stehen lockere Doldentrauben mit intensiv gefärbten, 2,5 cm breiten Blüten an kurzen Stielen über dem Laub. Die Pflanze wird bis 20 cm hoch und bis 30 cm breit.

'Blue Ridge' blüht hellblau, 'Home Fires' leuchtend rosa und 'Purpurea' leuchtend lila.

Verwendung: Blühfreudige Polsterstaude für Steingärten, zur Einfassung von Beeten, Terrassen und Wegen und zur Bepflanzung von Trögen. Pro m² benötigt man 11 Pflanzen.

Standort: Sonnig bis halbschattig. Mäßig nährstoffreicher, humoser bis sandiger, durchlässiger und nicht zu feuchter Boden.

Pflege: Sehr pflegeleicht, verträgt aber keine Konkurrenz durch benachbarte Pflanzen. Nach der Blüte die welken Stängel zurückschneiden. Im Winter bei scharfen Frösten mit Reisigabdeckung schützen. Ältere, von innen verkahlende Pflanzen teilen und wieder einpflanzen.

Vermehrung: Durch Teilung im Frühjahr oder Herbst und durch Abtrennen von bewurzelten Ausläufern im Frühsommer.

Phlox subulata, Gewöhnlicher Polster-Phlox, Teppich-Phlox

Aussehen: *Phlox subulata* ist eine dichte, immergrüne, kriechend wachsende Polsterstaude mit kleinen, nadelartigen Blättern. Von April bis Anfang Juni erscheinen zahlreiche, intensiv gefärbte, bis 2,5 cm breite Blüten, oft mit gezähnten Kronblättern. Die Pflanze wird bis 15 cm hoch und bis 50 cm breit.

'Amazing Grace' hat einen lockeren Wuchs und blass rosafarbene Blüten mit dunklerem Auge, 'Bavaria' wächst zierlich und blüht weiß mit lilablauem Auge, 'Candy Stripes' hat rosa-weiß gestreifte Blüten, 'Emerald Cushion Blue' blüht in sehr zartem Blau und 'Purple Beauty' in leuchtendem Purpurblau.

Verwendung: Blühfreudige Polsterstaude für Steingärten, Mauern, Einfassungen und Tröge. Die Pflanzen bilden im Frühjahr ein wahres Blütenmeer. Durch die intensiven Blütenfarben ergibt sich eine gute Fernwirkung. Schön mit anderen Frühjahrsblühern wie Schleifenblume (*Iberis*) Steinkraut (*Alyssum*) und Blaukissen (*Aubrieta*-Hybriden) sowie kleinen Zwiebelpflanzen wie z. B. Kaufmanniana-Tulpen und Wildtulpen (*Tulipa humilis*). Pro m² benötigt man 11–16 Pflanzen.

Standort: Sonnig. Mäßig nährstoffreicher, humoser bis sandiger, durchlässiger und nicht zu feuchter Boden.

Pflege: Sehr pflegeleicht. In kalten Regionen und bei strengen Frösten im Winter mit einer Reisigabdeckung schützen. Wenn ältere Pflanzen von innen her zu verkahlen beginnen, am besten aufnehmen, teilen und wieder einpflanzen.

Vermehrung: Durch Teilen der Pflanzen im Frühjahr oder Herbst.

Phlox subulata 'Amazing Grace'

Phlox subulata 'Bavaria'

Phlox subulata 'Purple Beauty'

Phuopsis stylosa, Baldriangesicht, Scheinwaldmeister

Aussehen: Die Staude bildet mit ihren niederliegenden Trieben dichte Teppiche. Sie hat schmale, sternförmig um die Triebe angeordnete Blätter, die tatsächlich an die des echten Waldmeisters (*Galium odoratum*) erinnern und einen etwas strengen Geruch verbreiten. Von Mai bis Juli erscheinen an den Triebspitzen runde, 2–3 cm breite Büschel winziger, rosaroter, duftender Blüten. Die Pflanze wird maximal 20 cm hoch und 30 cm breit.

Verwendung: Guter Bodendecker für sonnige bis halbschattige Standorte im Steingarten oder im Vordergrund von Staudenbeeten. Das filigrane Laub sieht auch ohne Blütenschmuck hübsch aus und bringt eine interessante Struktur in den Garten. Pro m² benötigt man 8 Pflanzen.

Standort: Sonnig bis halbschattig. Die Pflanze gedeiht in nahezu jedem Boden, solange er nur gut durchlässig ist.

Pflege: Äußerst pflegeleicht. Nach der Blüte zurückschneiden, damit die Pflanzen einen kompakten Wuchs behalten.

Vermehrung: Durch Aussaat im Herbst oder Teilung im Frühjahr. Im Frühsommer können Stecklinge von nichtblühenden Trieben geschnitten werden.

Phuopsis stylosa

Physalis alkekengi, Lampionblume

Aussehen: Die Lampionblume wird auch als Wilde Blasenkirsche bezeichnet und bildet unterirdisch stark kriechende Rhizome aus. Sie hat fast dreieckige, mittelgrüne, 12 cm lange Blätter und im Juli erscheinen kleine, cremefarbene, recht unscheinbare Blüten. Daraus entwickeln sich 1,5 cm große, runde Beeren, die sich in ballonartigen, leuchtend orangeroten Kelchblättern mit etwa 5 cm Durchmesser verbergen. Die ungewöhnliche Pflanze wird etwa 90 cm hoch und neigt zum Wuchern.

P. alkekengi var. *franchetii* wird etwas größer und hat leicht zugespitzte „Lampions".
Verwendung: Gepflanzt wird diese Staude vor allem wegen der schmückenden „Laternen", die bis zum ersten Frost und darüber hinaus einen Blickfang im herbstlichen Garten bieten und auch getrocknet ihre Farbe behalten. Sie werden daher gern für die Trockenfloristik verwendet. Die Staude eignet sich für gemischte Rabatten, wo sie allerdings lästig werden kann. Besser ist es, wenn man ihr ein eigenes Plätzchen reserviert, wo sie sich ungestört ausbreiten kann. Alternativ eine Wurzelsperre anbringen. Alle Pflanzenteile des Nachtschattengewächses sind giftig! Pro m^2 benötigt man 5 Pflanzen.
Standort: Sonnig bis halbschattig. Durchlässiger, humoser, fruchtbarer Boden.
Pflege: Sehr pflegeleicht. Die welken Stängel im Spätwinter vor dem neuen Austrieb abschneiden. Für Trockenblumen die Stängel dann schneiden, wenn die „Lampions" beginnen sich zu verfärben.
Vermehrung: Durch Aussaat oder Teilung im Frühjahr.

Physalis alkekengi var. *franchetii*

Physostegia virginiana, Gelenkblume (Tab. 54)

Aussehen: Die bis 80 cm hohe Staude bildet kurze Ausläufer und dichte Horste mit bis 13 cm langen, lanzettlichen, scharf gezähnten, hellgrünen Laubblättern. Von Mitte Juli bis September erscheinen an bis zu 25 cm langen Ähren dicht an dicht stehende, rotviolette Blüten. Von fern erinnern die Blütenstände an große Erika. Ihren merkwürdigen Namen erhielt die Pflanze, weil man die Lippenblüten um den Blütenstängel bewegen und sie auch kippen kann. Sie verbleiben dann in dieser Position.

Physostegia virginiana 'Red Beauty'

Tab. 54 Empfehlenswerte Sorten von *Physostegia virginiana*

Sorte	Blüte	Wuchshöhe
'Alba'	weiß	90 cm
'Bouquet Rose'	violettrosarot	80 cm
'Galadriel'	blass purpurrosa	45 cm
'Miss Manners'	reinweiß; Stängel verzweigt	60 cm
'Olympic Gold'	blassrosa; Laub goldgelb gerandet	50 cm
'Red Beauty'	violettrot	70 cm
'Rosea'	leuchtend rosa	100 cm
'Schneekrone' ('Crown of Snow')	weiß	80 cm
'Summer Snow'	schneeweiß	80 cm
'Summer Spire'	spitz zulaufende, rosarote Ähren	80 cm
'Vivid'	leuchtend purpurrosa	60 cm

Physostegia virginiana 'Summer Snow'

Physostegia virg. var. *speciosa* 'Variegata'

Physostegia virginiana 'Vivid'

P. virginiana var. *speciosa* 'Variegata' hat graugrünes, unregelmäßig cremefarben gerandetes Laub und blassere Blüten.
Verwendung: Für Staudenrabatten eine gute Wahl. Die bizarren Blüten bringen Abwechslung und Struktur in Kompositionen mit anderen Sommerstauden wie Stauden-Phlox (*Phlox paniculata*), Sonnenbraut (*Helenium*) oder Indianernesseln (*Monarda*). Auch als Schnittblume gut geeignet. Pro m² benötigt man 8–11 Pflanzen.
Standort: Sonnig. Mäßig nährstoffreicher, humoser, nicht zu trockener Boden.
Pflege: Relativ pflegeleicht. Die Blüten brauchen meist eine Stütze. Schnecken können zum Problem werden.
Vermehrung: Durch Aussaat im Herbst oder Teilung im Frühjahr.

Platycodon grandiflorus, Großblütige Ballonblume

Aussehen: *P. grandiflorus* ist eine gedrungene, Gruppen bildende Staude, die spät austreibt und eilanzettliche, bis 8 cm lange Blätter mit gezähntem Rand trägt. Am unteren Spross stehen die Blätter in Wirteln, am oberen zerstreut. Im Juli und August erscheinen an den dünnen Blütenstängeln Gruppen ballonartig aufgeblasener Knospen. Sie öffnen sich zu leuchtend blauen, sternförmigen, 5 cm breiten, glockenblumenähnlichen Blüten, deren Kelchblätter nach hinten zurückgeschlagen sind. Die außergewöhnliche Pflanze wird etwa 50 cm hoch und 30 cm breit.

'Fuji Blue' blüht tiefblau, 'Fuji White' reinweiß, 'Fuji Pink' rosa und 'Album' weiß mit hellblauen Adern. Rosafarbene Blüten bringt die niedrige Sorte 'Perlmutterschale' hervor.
Verwendung: In locker gepflanzten Staudenbeeten stellen die ungewöhnlich blauen Blüten einen Blickfang dar. Die Staude passt aber auch in sonnige Steingärten, an den Gehölzrand und zu Rosen. Höhere Sorten eignen sich auch zum Schnitt. Pro m² benötigt man 6–11 Pflanzen.

Platycodon grandiflorus 'Fuji Pink'

Standort: Sonnig. Nährstoffreicher, humoser, tiefgründiger, gut durchlässiger und nur mäßig feuchter Boden.
Pflege: Wegen des späten Austriebs besteht die Gefahr, dass die Triebknospen bei Pflegearbeiten beschädigt werden. Deshalb ist es empfehlenswert, die Pflanzstelle zu markieren. Die Stauden möglichst nicht verpflanzen.
Vermehrung: Durch Aussaat im Frühjahr oder durch grundständige Stecklinge. Das Teilen führt nur selten zum Erfolg.

Polemonium caeruleum, Blaue Himmelsleiter, Jakobsleiter

Aussehen: Die auch als Sperrkraut bezeichnete, Gruppen bildende, bis 90 cm hohe Staude hat meist grundständige, lanzettliche, in Fiedern unterteilte und bis 40 cm lange Blätter, die zur Blütenspitze hin immer kleiner werden. Die sehr variable Art entwickelt von Ende Mai bis Juli an aufrechten Stängeln Rispen aus zartblauen, 1–2,5 cm breiten Blüten mit leuchtend gelben Staubblättern.

Sie sät sich selbst stark aus und kann lästig werden.

Die Sorte 'Album', die auch als Unterart geführt wird, hat weiße Blüten, 'Snow and Sapphires' hat weiß gerandetes Laub und blaue Blüten.
Verwendung: Die am Naturstandort auf Feuchtwiesen in Europa, Asien und Nordamerika vorkommende Art sollte auch im Garten entsprechend eingesetzt werden. Gut eignet sie sich für naturnahe Gestaltungen und in Kombination mit Begleitpflanzen, die sie nicht bedrängen, etwa Hundskamille (*Anthemis punctata* subsp. *cupaniana*). Man kann Jakobsleitern auch in Staudenbeete setzen, sofern der Boden feucht genug ist. Pro m² benötigt man 4–6 Pflanzen.
Standort: Sonnig bis halbschattig. Nährstoffreicher, nicht zu trockener, durchlässiger Boden.
Pflege: Bei Trockenheit im Sommer gießen. Welke Blütenstände regelmäßig ausschneiden, um die Blütezeit zu verlängern.
Vermehrung: Die Arten können durch Aussaat im Herbst oder Frühjahr vermehrt werden, die Sorten nur durch Teilung im Frühjahr.

Polemonium caeruleum 'Album'

Weitere empfehlenswerte *Polemonium*-Arten und -Hybriden

Polemonium yezoense, Purpur-Jakobsleiter

Die Art breitet sich durch Rhizome aus und hat bis 15 cm lange, gestielte, gefiederte Grundblätter und 2–3 cm große Blüten. Die ausgefallene Sorte 'Purple Rain' besitzt purpurfarbenes Laub, blauviolette Blüten und wird 70 cm hoch. Pro m² benötigt man 5–7 Pflanzen.

Polemonium-Hybriden

Neben einer Vielzahl weiterer Wildformen und ihrer Kultivare gibt es zahlreiche Hybriden in der Gattung *Polemonium*. Sie können in Wuchshöhe und Blüte sehr unterschiedlich sein. Gemeinsam sind ihnen die Standortansprüche: Sonnig bis halbschattig in fruchtbarem, feuchtem, aber durchlässigem Boden. Die Hybriden blühen von Ende Mai bis Juli. **'Lambrook Mauve'** ist eine reich blühende, bis 50 cm hohe Staude mit 2 cm großen, fliederfarbenen Blüten. **'Pink Beauty'** hat blass lilarosafarbene, glockenförmige Blüten und wird nur 30 cm hoch. Pro m² benötigt man 4–7 Pflanzen.

Polygonatum biflorum, Salomonssiegel

Aussehen: Die auch Zweiblütige Weißwurz genannte Staude besitzt aufrechte bis stark übergeneigte Triebe. Die lanzettlichen bis elliptischen und frischgrünen Laubblätter sind gegenständig angeordnet und erreichen eine Länge von maximal 18 cm. Die Rhizome bildende Pflanze ist in Wuchs und Blattgröße sehr variabel und kann zwischen 90 und 220 cm hoch werden. Im Mai und Juni erscheinen in den Blattachseln Büschel aus bis zu 4 weißen, an der Spitze grünen, röhrenartigen,

Polygonatum biflorum

etwa 2 cm langen Blüten. Wegen ihrer Anordnung unter den Laubblättern nennt der Volksmund die Pflanze auch „Maiglöckchen unterm Dach". Später im Jahr entwickeln sich kugelrunde, erst grüne, schließlich blauschwarze Beeren, die bis zum Herbst an den Trieben bleiben.
Verwendung: Die Staude mit dem markanten Laub und den hübschen Blüten passt besonders gut in Waldgärten, an halbschattige und schattige Standorte unter Gehölzen, wo sonst kaum etwas wächst, und macht sich sehr gut mit Farnen, Funkien und schattenverträglichen Storchschnabel-Arten (z. B. *Geranium macrorrhizum*). Auch Fingerhut (*Digitalis purpurea*) ist ein eleganter Begleiter für halbschattige Stellen. Pro m² benötigt man 4–6 Pflanzen.
Standort: Halbschattig bis schattig. Kühler, humoser, gleichmäßig feuchter Boden. Wenn der Boden feucht genug ist, verträgt die Staude auch sonnigere Standorte.
Pflege: Sehr pflegeleicht. Im Frühjahr muss man den Austrieb vor Schnecken schützen.
Vermehrung: Durch Teilung der Rhizome im Frühjahr vor dem Neuaustrieb. Aussaat reifer Samen im Spätsommer oder Herbst, jedoch ohne die fleischige Hülle. Die Keimlinge erscheinen im folgenden Frühjahr.

Weitere empfehlenswerte *Polygonatum*-Sorten und -Arten

'Striatum'
Eine wüchsige, bis 120 cm hohe Hybridstaude mit dem gleichen Habitus wie *Polygonatum biflorum*, also mit aufrechten, an der Spitze elegant übergeneigten Trieben und gegenständig angeordneten, charakteristischen Laubblättern, welche jedoch nicht reingrün sind, sondern cremeweiß gestreift. Blüten ähnlich wie bei *P. biflorum*, aber mehr als doppelt so lang. Standortansprüche wie bei *P. biflorum*. Pro m^2 benötigt man 4–6 Pflanzen.

'Weihenstephan'
Eine wüchsige Hybridstaude, die bis auf die Blattfärbung der Hybride 'Striatum' gleicht. Laubblätter frischgrün, ohne Panaschierung. Pro m^2 benötigt man 4–6 Pflanzen.

***Polygonatum multiflorum*, Vielblütige Weißwurz**
In Europa und Asien heimische Wildstaude mit übergebogenen, rundlichen Stängeln, an denen bis 15 cm lange, ovale, am Ansatz leicht stängelumfassende Laubblätter wechselständig angeordnet sind. Aus den Blattachseln wachsen im Mai und Juni Büschel kleiner, weißer, duftloser Blüten. Die bis 90 cm hoch wachsende Pflanze verträgt etwas mehr Sonne als die anderen *Polygonatum*-Arten, hat aber ansonsten die gleichen Standortansprüche. Pro m^2 benötigt man 4–6 Pflanzen.

***Polygonatum odoratum*, Echtes Salomonssiegel**
In Europa heimische Wildstaude mit überraschend kantigen Stängeln und frischgrünen, gegenständig und leicht aufgerichtet am Trieb stehenden Laubblättern. Die im Mai und Juni erscheinenden, weißen, zylindrischen bis fast glockenförmigen, schwach duftenden Blüten stehen meist einzeln in den Blattachseln. Die Pflanze wird 100 cm hoch und hat die gleichen Standortansprüche wie *P. biflorum*. Pro m^2 benötigt man 4–6 Pflanzen.

Polygonum filiforme (Syn. *Persicaria filiformis*), Faden-Knöterich

Aussehen: Der Faden-Knöterich ist eine Blattschmuckstaude mit breit lanzettlichen, gespitzten, frischgrünen Laubblättern, die bei manchen Sorten eine auffällige Zeichnung aufweisen. Im September und Oktober erscheinen rote, feingliedrige, fadenförmige Blütenähren. Die Pflanze wird bis 80 cm hoch.

'Lance Corporal' trägt eine rotbraune, V-förmige Zeichnung auf den Blättern, 'Painter's Palette' hat rot-weiß-gelb getupfte Blätter.
Verwendung: Passt gut in Schattenbeete und verleiht dunklen Ecken mehr Lebendigkeit. Pro m^2 benötigt man 6–9 Pflanzen.
Standort: Die Pfanze gedeiht gut in feuchtem, humosem Boden im Halbschatten bis Schatten.
Pflege: Ein leichter Winterschutz ist notwendig.
Vermehrung: Durch krautige Stecklinge im Frühsommer. Die Art sät sich auch selbst aus.

Polypodium vulgare, Engelsüß, Gewöhnlicher Tüpfelfarn

Aussehen: Dieser in Europa und Asien heimische, etwa 20 cm hohe Farn kann auch epiphytisch leben, also als Aufsitzerpflanze. Er kommt beispielsweise in Rindenspalten älterer Bäume vor, wenn sich dort etwas Humus angesammelt hat. Engelsüß ist ein wintergrüner, Rhizome bildender Farn mit lang gestielten, ledrigen, gefiederten Wedeln, die in lockeren Büscheln aufwärts gerichtet stehen. Die Fiedern sind alle fast gleich lang. Die dunkelgrünen Wedel, die an den Unterseiten tüpfelartige Sporenlager ausbilden, werden im Frühsommer erneuert.

Polygonatum 'Striatum'

Persicaria filiformis 'Lance Corporal'

Persicaria filiformis 'Painter's Palette'

Polypodium vulgare

Bei der Sorte 'Ramosum' („Zwillings-Tüpfelfarn") sind die Wedel ab der Basis mehrfach gegabelt. 'Bifido Multifidum' hat rötlich gefärbte, tief eingeschnittene Wedel, die troddelartig verzweigt sind. Den volkstümlichen Namen Engelsüß erhielt der Farn, weil die Rhizome süß schmecken.

Verwendung: Vielseitig verwendbar, da der Farn wintergrün ist und nicht so groß wird. Gut passt er in nicht zu sonnige Steingärten, wo er zwischen Felsbrocken einen natürlichen Charakter vermittelt. Auch nicht zu stark besonnte Mauerritzen und Treppenfugen kann man mit diesem reizvollen Farn begrünen, und zwischen Gehölzen dient er als wintergrüner Bodendecker. Auch schön als Kübelpflanze. Pro m² benötigt man 8 Pflanzen.

Standort: Halbschattig bis schattig. Kalkfreier bis schwach saurer, humoser, nicht zu trockener Boden

Pflege: Bei Trockenheit gießen und gelegentlich überbrausen. Im Frühjahr mit Laubhumus oder reifer Komposterde versorgen. Wuchernde Nachbarpflanzen können den Farn verdrängen. In rauen Regionen ist ein Winterschutz empfehlenswert.

Vermehrung: Durch Teilung der Rhizome im Spätsommer.

Weitere empfehlenswerte *Polypodium*-Art

Polypodium interjectum, Gesägter Tüpfelfarn

Diese Art unterscheidet sich nur im Aussehen, nicht in den Standortansprüchen, der Pflege und der Verwendung vom Gewöhnlichen Tüpfelfarn. Die relativ breiten Wedel des Gesägten Tüpfelfarns sind eiförmig (die längsten Fiedern stehen in der Mitte der Wedel) und doppelt gefiedert. Die Fiederblättchen überlappen sich schräg, sodass der Farn ein federartiges Aussehen bekommt. Im Handel findet man am häufigsten die Sorte 'Cornubiense' („Cornwall-Tüpfelfarn"), die 25 cm hoch wird. Pro m² benötigt man 5–7 Pflanzen.

Polystichum setiferum, Weicher Schildfarn

Aussehen: Der in schattigen Wäldern Europas heimische, Rhizome bildende, immergrüne Farn wird auch Borstiger Schildfarn genannt. Er hat weiche, lanzettliche, zweifach gefiederte, 30–120 cm lange Wedel, die in einer trichterförmigen Rosette zusammen stehen. Die Fiedern der Wedel sind eiförmig, borstig gesägt und gestielt. Die mittel- bis dunkelgrünen Wedel laufen in einer eleganten Spitze aus.

Von diesem Farn gibt es zahlreiche Kultivare, die in Gruppen zusammengefasst werden. Die Pflanzen der Divisilobum-Gruppe haben oft waagerecht stehende Wedel, die bis zu vierfach gefiedert sind. Die Fiedern im unteren Teil des Wedels überlappen sich stark. Am häufigsten findet man die Sorte 'Divisilobum Densum' (Syn. 'Plumosum Densum'), den Flaumfeder-Filigran-

Brutknospen bei Schildfarnen

Bei Schildfarnen gibt es eine Besonderheit: Sie bilden im Sommer und Herbst an den Wedelenden vereinzelt Brutknospen, die man zur Vermehrung nutzen kann. Man belässt sie jedoch zunächst am Wedel und drückt diesen nach unten, damit die Brutknospe Bodenkontakt bekommt. Den Winter über bilden die Brutknospen Wurzeln, sodass man die Jungpflanzen im Frühjahr abtrennen unc verpflanzen kann.

Polystichum setiferum 'Proliferum'

farn, dessen Wedel moosgrün und fein gefiedert sind.
Verwendung: Dieser zuverlässige und elegante Farn eignet sich für schattige Rabatten, nicht zu sonnige Steingärten und zur Unterpflanzung von Gehölzgruppen. Gute Pflanznachbarn sind schattenverträgliche Zwiebelblumen wie Schneeglöckchen (*Galanthus*), Knotenblumen (*Leucojum*), Dreiblatt (*Trillium*) und Hundszahn (*Erythronium*), aber auch Schattenstauden wie Lungenkraut (*Pulmonaria*), Gedenkemein (*Omphalodes*) oder Immergrün (*Vinca*). Pro m^2 benötigt man 1–3 Pflanzen.
Standort: Halbschattig bis schattig. Frischer bis feuchter, humoser, schwach saurer Boden. Die Staude bevorzugt luftfeuchte Standorte.
Pflege: Bei Trockenheit gießen und gelegentlich überbrausen. Im Frühjahr mit Laubmulch oder reifer Komposterde versorgen. Die immergrünen Wedel im Winter vor Sonne und in rauen Lagen außerdem vor scharfen Frösten schützen, beispielsweise mit Reisig.
Vermehrung: Durch Aussaat der Sporen oder durch Brutknospen (siehe Kasten). Das Teilen der Rhizome ist wenig empfehlenswert, da diese senkrecht wachsen und kaum Verzweigungen entwickeln.

Polystichum aculeatum

Weitere empfehlenswerte *Polystichum*-Art

***Polystichum aculeatum*, Dorniger Schildfarn**
Immergrüner Farn mit gestielten, schmal lanzettlichen, ein- bis zweifach gefiederten, meist glänzenden, dunkelgrünen Wedeln, die bis 60 cm lang werden können. Die Wedel stehen in einer trichterförmigen Rosette zusammen und sind an der Spitze elegant übergeneigt. Die einzelnen Fiedern sind weiter in kleine Fiedern unterteilt. Die Standort- und Pflegeansprüche gleichen denen des Weichen Schildfarns, ebenso die Verwendung. Pro m^2 benötigt man 3–5 Pflanzen.

Potentilla × cultorum, Fingerkraut (Tab. 55)

Aussehen: Die Gruppen bildenden, wintergrünen, 40–50 cm hohen und ebenso breiten Stauden haben mittelgrünes, gelapptes, an Erdbeerblätter erinnerndes Laub. Vom Frühsommer bis zum Spätsommer bilden sich rispenartige Büschel mit je nach Sorte einfachen, halbgefüllten oder gefüllten, etwa 3 cm breiten Blüten von außergewöhnlicher Strahlkraft.

Potentilla × cultorum 'William Rollison'

Verwendung: Die Stauden mit z. T. sehr langer Blütezeit eignen sich gut für den Vordergrund sonniger Rabatten, aber auch für sonnige Stein- und Kiesgärten. Sie sehen in Töpfen, Kübeln und Balkonkästen ebenfalls hübsch aus. Pro m^2 benötigt man 8 Pflanzen.
Standort: Sonnig. Mäßig fruchtbarer, durchlässiger Boden.
Pflege: Nach der Blüte schneidet man die Triebe kurz über dem Boden ab, damit sich wieder ein dichter Blattschopf entwickelt und die Pflanzen nicht sparrig werden.
Vermehrung: Durch Teilung im Frühjahr.

Tab. 55 Empfehlenswerte Sorten von *Potentilla × cultorum*

Sorte	Blütenfarbe	Blütenform	Blütezeit	Wuchshöhe
'Arc-en-Ciel'	Karminrot, mit gelbem Rand	gefüllt	Juni bis September	40 cm
'Aurora Plena'	Orangerot	gefüllt	Mai bis Juli	40 cm
'Emilie'	Mahagonirot, Rand gelb gefleckt	halbgefüllt	Mai bis August	50 cm
'Light my Fire'	Cremeton, mit breitem rosafarbenem Rand und rotem Auge	einfach	Mai bis August	50 cm
'Volcan'	dunkles Rot	halbgefüllt	Mai bis Juli	50 cm
'William Rollison'	leuchtendes Orangerot	halbgefüllt	Mai bis August	50 cm
'Yellow Queen'	leuchtendes Gelb	groß, halbgefüllt	Juni/Juli	50 cm

Pratia pedunculata, Teppichlobelie, Blauer Bubikopf

Aussehen: Die auch unter dem botanischen Namen *Lobelia perpusilla* bekannte, kriechend wachsende, Matten bildende, immergrüne Staude aus Neuseeland hat eiförmige bis rundliche, 1 cm lange Laubblätter. Von Mai bis Oktober erscheinen nahezu ununterbrochen kleine, blassblaue, sternförmige Blüten. Die wüchsige Pflanze wird maximal 5 cm hoch und breitet sich unbegrenzt aus, wenn man sie lässt.

Die Sorte 'Country Park' hat blaue Blüten mit weißem Auge.
Verwendung: Die Teppichlobelie ist ein schöner den ganzen Sommer lang blühender Bodendecker für kleine Flächen. Die anspruchslose Staude eignet sich auch gut zur Unterpflanzung von Kübelpflanzen und Rosen-Hochstämmchen. Pro m² benötigt man 25 Pflanzen.

Pratia pedunculata

Standort: Sonnig bis halbschattig. Frischer, nährstoffreicher Boden.
Pflege: Sehr pflegeleicht. Die Pflanze sollte im Winter mit einer Reisigabdeckung vor Barfrösten und Sonne geschützt werden. Anfällig für Blattläuse und Schneckenfraß.
Vermehrung: Die Staude kann das ganze Jahr über durch Teilung vermehrt werden.

Primula auricula, Gewöhnliche Alpen-Aurikel

Aussehen: Die vom Volksmund auch Platenigl genannte, Rosetten bildende, immergrüne Staude, deren Wildform in den Alpen anzutreffen ist, hat eiförmige bis rundliche, ledrige bis fleischige Blätter. Diese haben einen knorpeligen, gezähnten Rand und sind manchmal von einer mehligen Schicht überzogen. Im April und Mai erscheinen gestielte Dolden mit bis zu 30 stieltellerförmigen, gold- bis blassgelben Blüten, die ein meist klar abgegrenztes, mehlig bepudertes, helleres Auge haben. Die Pflanze wird 25 cm hoch und breit.

Es gibt zahlreiche Kultivare, die aus einer Kreuzung von *P. auricula* mit *P. hirsuta* stammen, sie werden auch unter dem Namen *P. × pubescens* geführt. Ihre zum Teil erlesenen Farbkombinationen reichen von Weiß über Gelb und Rosa bis hin zu samtigen Rot- und Violetttönen und oft haben sie einen zarten Duft. Besonders in Großbritannien sind diese dekorativen Primeln sehr beliebt. 'Blue Velvet' hat große Blüten in Blauviolett, 'Dale's Red' hat dunkelrote, violett überlaufene Blüten mit breiter, cemefarbener Mitte und 'Old Yellow Dusty Miller' blüht bronzebraun-gelb mit sehr stark bemehltem Laub.
Verwendung: Schöne Solitärstaude für den Steingarten, die zur Blütezeit einen Blickfang bietet. Auch in

Primula auricula 'Dale's Red'

Primula auricula

Landhausgärten passen diese kleinen, aber sehr dekorativen Blütenstauden gut. In Nordengland war es einst in Bergarbeiter-Siedlungen üblich, die Aurikeln in Töpfen zu kultivieren und auf Schauregalen auszustellen. Pro m² benötigt man 25 Pflanzen.
Standort: Nicht zu sonnig. Durchlässiger, humus- und nährstoffarmer, schotterhaltiger, kalkreicher Boden.
Pflege: Vor Mittagssonne und Staunässe schützen.
Vermehrung: Durch Teilung nach der Blüte oder durch Aussaat nach der Samenreife. Hochwertige Sorten können nur durch Teilung sortenecht vermehrt werden.

Primula bulleyana

Primula bulleyana, Bulleys Etagen-Primel

Aussehen: Diese Rosetten bildende, halbimmergrüne Kandelaberprimel hat eilanzettliche, bis 30 cm lange, gesägte Blätter, die im Mai austreiben. Von Ende Mai bis Juli erscheinen an einem kräftigen, bemehlten Stiel in bis zu 7 übereinander stehenden Quirlen 5 oder mehr 2 cm breite, stieltellerförmige, goldorangefarbene Blüten, die orangefarben verblassen und ein gelbes Auge haben. Die Pflanze wird bis 60 cm hoch und breit.

Etagen- und Kandelaberprimeln
Die Blütenstände der Kandelaberprimeln stehen zu mehreren in Quirlen an straff aufrechten, unverzweigten Stängeln. Sie werden deshalb auch Etagenprimeln genannt. Zu dieser Gruppe mit den kandelaberartigen Blütenständen gehören *Primula anisodora, P. beesiana, P. bulleyana, P. × bullesiana, P. burmanica, P. cockburniana, P. japonica, P. prolifera, P. pulverulenta* und *P. silva-taroucana.*

Verwendung: Die attraktive Blütenstaude passt besonders gut an Gewässerränder und in feuchte Staudenrabatten. Sehr schön sehen die intensiv gefärbten Blüten zu gleichzeitig blühenden Rhododendren und Azaleen aus. Pro m^2 benötigt man 11 Pflanzen.
Standort: Halbschattig. Humoser, feuchter, nie austrocknender Boden. Am besten einen geschützten, luftfeuchten Standort wählen.
Pflege: Die Pflanze braucht besonders im Sommer gleichmäßige Feuchtigkeit und sollte nicht gedüngt werden. Blütenstängel nach dem Welken abschneiden, um eine Selbstaussaat zu verhindern. Wegen des späten Laubaustriebs ist es empfehlenswert, die Pflanzstelle zu markieren, damit die Staude nicht aus Versehen bei Pflegearbeiten zerstört wird.
Vermehrung: Durch Teilung (außer in heißen Sommermonaten) oder durch Aussaat nach der Samenreife.

Weitere empfehlenswerte Etagen-Primeln

***Primula bulleyana* subsp. *beesiana*, Etagen-Primel**
Eine Unterart, die manchmal auch als eigene Art unter dem Namen *P. beesiana* geführt wird. Aussehen im Wesentlichen wie *P. bulleyana*, Blüten aber violett mit gelbem Auge. Standortansprüche, Pflege und Verwendung wie bei *P. bulleyana*. Vermehrung durch Teilung und durch Aussaat nach der Samenreife. Pro m^2 benötigt man 11 Pflanzen.

Primula × bullesiana
Hybriden aus den beiden Arten *P. bulleyana* und *P. bulleyana* subsp. *beesiana*, die in Wuchs und Habitus den Elternpflanzen gleichen, jedoch in verschiedenen Farben von Orange über Lachsfarben, Rosa und Karminrot bis hin zu Violett blühen. In Gärtnereien werden die Hybriden in der Regel ohne bestimmte Farbkennzeichnung als Mischung verkauft. Standortansprüche, Pflege und Verwendung wie bei den Elternpflanzen. Vermehrung in der Regel nur durch Teilung. Pro m^2 benötigt man 11 Pflanzen.

Primula bulleyana subsp. beesiana

Primula × bullesiana

Primula denticulata, Kugel-Primel

Aussehen: Die Rosetten bildende, sommergrüne Staude hat raue, ledrige, oberseits dunkelgrüne, unterseits bemehlte, bis 25 cm lange, breit bandförmige Laubblätter, die fein gesägt sind. Im März und April erscheinen an kräftigen Stielen pomponförmige Blütenbüschel mit zahlreichen kleinen, trompetenförmigen Einzelblüten. Bei der eigentlichen Art sind diese blaulila mit gelbem Schlund. Die Pflanze wird bis 40 cm hoch und 30 cm breit.

'Alba' (Syn. 'Snowball') hat weiße Blüten und bleibt etwa 10 cm kleiner. Die Sorten von 'Ronsdorfer Hybriden' blühen in Weiß, dunklem Lilarosa und Blaulila. 'Rubin' besitzt rote bis rubinrote Blüten und wird 25 cm hoch. 'Grandiflora' bietet eine Mischung aus lilafarbenen, violetten und rosafarbenen Tönen.
Verwendung: Im Steingarten und am Gehölzrand machen sich diese Primeln am besten, besonders, wenn sie in verschiedenfarbigen Gruppen gepflanzt werden. Passende Begleiter sind andere Frühjahrsblüher wie Hyazinthen, frühe Tulpen und Vergissmeinnicht (*Myosotis*). Auch Farne und Gräser passen gut zu den formal wirkenden Blütenständen. Pro m^2 benötigt man 11–16 Pflanzen.
Standort: Halbschattig bis schattig. Humoser, feuchter, aber durchlässiger Boden.
Pflege: Sehr pflegeleichte Kleinstaude.
Vermehrung: Die Art kann im Frühjahr ausgesät werden. Sorten nach der Blüte teilen oder durch Wurzelschnittlinge vermehren.

Primula denticulata

Primula elatior, Hohe Schlüsselblume

Aussehen: Die auch als Wald-Schlüsselblume bekannte Wildstaude bildet immergrüne, im Sommer eine Ruhephase einlegende Rosetten mit eiförmigen oder elliptischen, bis 20 cm langen, gebuchteten Laubblättern. Unterseits sind diese weich behaart. Ab März erscheinen an kräftigen, bis 15 cm hohen Stängeln einseitswendige Dolden trichterförmiger, hellgelber Blüten, die mitunter auch einen Hauch Violett zeigen. Die Pflanze erreicht eine Wuchshöhe bis 25 cm.

Der aus dieser Wildstaude gezüchtete Kultivar 'Gold Laced Black' hat dunkelrote, gelb gerandete Blüten mit gelber Mitte und wird bis 30 cm hoch.
Verwendung: Die Wildform sieht in allen naturnahen Gärten schön aus und verbreitet sich durch Selbstaussaat an Standorten, die ihr angenehm sind, unter anderem in feuchten Wiesen. Gut passt die anspruchslose Staude auch in Steingärten und an Gewässerränder, wo sie auch geeignete Wachstumsbedingungen vorfindet. In lichten Gehölzgruppen ist sie zusammen mit Schneeglöckchen (*Galanthus*), Gedenkemein (*Omphalodes*) und Lerchensporn (*Corydalis*) ein charmanter Frühjahrsgruß. Pro m^2 benötigt man 11–25 Pflanzen.
Standort: Halbschattig. Feuchter, aber durchlässiger, humoser Boden.
Pflege: Äußerst pflegeleicht. Um eine Selbstaussaat zu verhindern, nach der Blütezeit die Samenstände rechtzeitig entfernen.
Vermehrung: Durch Aussaat nach der Samenreife oder Teilung nach der Blütezeit.

Primula elatior 'Gold Laced Black'

Primula sieboldii, Siebolds Primel

Aussehen: Die Rosetten bildende Staude trägt blassgrüne, behaarte, runzelige und lang gestielte Blätter, die sie – anders als die meisten Primelarten – oft schon im Spätsommer einzieht. Sie wird auch unter dem Namen Japanische Dolden-Primel geführt. Im Mai und Juni erscheinen an einem behaarten Schaft Dolden aus stieltellerförmigen, bis 3,5 cm breiten Blüten in Weiß oder Violett mit weißem Zentrum. Die Pflanze wächst kriechend, wird bis 30 cm hoch und bis 45 cm breit.

'Carefree' hat rosafarbene Blüten, 'Lilac Sunbonnet' blüht bläulich rosa mit ausgefransten Kronblättern und 'Queen of Whites' gilt als eine der schönsten Primeln überhaupt; sie hat gefranste, reinweiße Blüten-

Primula sieboldii 'Queen of Whites'

Primula veris

blätter und erreicht eine Wuchshöhe von 20 cm.
Verwendung: In Fernost wird die Pflanze für Ausstellungen gezüchtet. Man kennt dort über 700 Formen. In unseren Gärten sieht die Staude in halbschattigen Steingärten besonders hübsch aus. Man kann sie aber auch in Töpfen kultivieren und dadurch besonders gut zur Geltung bringen. Pro m^2 benötigt man 16 Pflanzen.
Standort: Halbschattig. Feuchter, aber durchlässiger, humoser Boden.
Pflege: Sehr pflegeleicht und langlebig. Im Sommer bei Trockenheit gießen.
Vermehrung: Die Sorten werden nur durch Teilung vermehrt. Eine Aussaat ist möglich, bringt aber unter Umständen Hybriden mit überraschenden Ergebnissen hervor.

Primula veris, Echte Schlüsselblume

Aussehen: Die heimische Wildstaude, die auch als Himmelsschlüssel bezeichnet wird, ist unverkennbar: Aus Rosetten leicht graugrüner, runzliger, aufsteigender, ei- bis zungenförmiger Blätter steigt im April/Mai ein kräftiger, behaarter Stängel empor, an dem eine Dolde aus bis zu 20 becherförmigen, leicht hängenden, goldgelben, zart duftenden Blüten steht. Die Pflanze wird bis 15 cm hoch und breit.

Die Mischung 'Sunset Shades' blüht in gelben, roten und orangefarbenen Tönen und wird 25 cm hoch. Rotblütige Schlüsselblumen stammen aus Kreuzungen mit der Hybride *Primula* × *polyantha*.
Verwendung: Für alle naturnah gestalteten Gärten mit ausreichend feuchtem Boden ist diese charmante Wildstaude praktisch unverzichtbar. Auch im Steingarten macht sie sich hervorragend. Sie lässt sich gut auswildern, kann aber auch zum Problem werden, wenn sie sich an einem Standort zu wohl fühlt. Pro m^2 benötigt man 11–25 Pflanzen.
Standort: Sonnig bis halbschattig. Humoser, feuchter, aber durchlässiger Boden. Die Pflanze verträgt auch kalkhaltigen Boden.
Pflege: Äußerst pflegeleicht. Wenn eine Selbstaussaat nicht erwünscht ist, sollten die Fruchtstände rechtzeitig entfernt werden. Die Pflanze hybridisiert besonders gern mit *Primula elatior*.
Vermehrung: Durch Aussaat nach der Samenreife oder durch Teilung während der Wachstumsphase.

Primula vialii, Orchideen-Primel

Aussehen: Der Name Orchideen-Primel verspricht nicht zu viel, denn die Blüten der relativ kurzlebigen, Rosetten bildenden, bis 60 cm hohen Staude sind von exotischer Schönheit. Die Laubblätter sind breit lanzettlich, bis 30 cm lang und am Rand gesägt. Im Juni und Juli tragen die steifen, weiß bemehlten Blütenstiele dichte, bis 15 cm lange Ähren mit zahlreichen nickenden, blauvioletten Blüten, die sich nach und nach öffnen. Die Knospen sind karminrot, was einen besonders schönen Farbkontrast ergibt.
Verwendung: Diese ungewöhnliche, von den anderen Primeln im Blütenstand abweichende Art eignet sich als Blickfang z. B. vor Rhododendron-Pflanzungen, besonders vor kleinwüchsigen Arten, und ist auch im Steingarten auffällig. Auf jeden Fall muss man dafür sorgen, dass der Pflanze nicht von Nachbarn die Schau gestohlen wird! Pro m^2 benötigt man 8–16 Pflanzen.
Standort: Halbschattig. Nährstoffreicher, feuchter, humoser Boden.
Pflege: Relativ pflegeleicht. Den Standort sollte man aber markieren, damit die spät austreibende Pflanze bei Pflegearbeiten nicht aus Versehen verletzt wird.
Vermehrung: Nur durch Aussaat.

Primula vialii

Primula vulgaris, Stängellose Schlüsselblume

Aussehen: Die Rosetten bildende, einheimische Staude (Syn. *Primula acaulis*) bildet die für Primeln typischen, runzligen, ei- bis zungenförmigen Laubblätter oft schon im Herbst aus. Die Blattrosette überwintert, um dann zeitig, bei guter Witterung oft schon im Februar, mit der Blüte zu beginnen. Die hellgelben, stieltellerförmigen, bis 3,5 cm breiten Blüten stehen zu mehreren an kurzen Stielen und sind nach oben gerichtet. Bei Hitze oder Trockenheit zieht die Staude bis zu 6 Monate lang ihr Laub ein, um im Herbst wieder mit neuer Kraft durchzutreiben. Die bis 15 cm hohe und breite Pflanze kann sich an geeigneten Standorten so zahlreich versamen, dass sie lästig wird.

'Alba Plena' hat weiße, gefüllte Blüten, 'Double Sulphur' hat gelbe, gefüllte Blüten und 'Rote Auslese' blüht rötlich.

Verwendung: Ideale Steingartenpflanze, die sich auch gut zum Auswildern in naturnahen Gärten eignet. Man sollte die sich selbst reichlich versamende Staude allerdings nur dort dulden, wo sie nicht stört, da sie anderen Pflanzen oft den Standort streitig macht. Sie neigt zum Hybridisieren, wobei die Blüten dann mehr oder weniger hohe Stiele entwickeln und die merkwürdigsten Farben annehmen. In Rasenflächen kann sie jedoch wirklich charmant aussehen, besonders dann, wenn sie mit Zwiebelgewächsen wie Traubenhyazinthen (*Muscari*) und wilden Narzissen (z. B. *Narcissus pseudonarcissus*) zusammen blüht. Pro m² benötigt man 16–25 Pflanzen.

Standort: Sonnig, halbschattig bis schattig. Feuchter, aber gut durchlässiger lehmiger, auch alkalischer Boden.

Pflege: Absolut pflegeleicht. Wenn eine Selbstaussaat nicht erwünscht ist, müssen die Fruchtstände möglichst bald nach der Blüte entfernt werden, da Ameisen die reifen Samen verschleppen.

Vermehrung: Aussaat nach der Samenreife oder Teilung während der Vegetationsperiode.

Eine lockere Sippschaft

Primeln neigen zum Bastardisieren: Wenn mehrere Primelarten in unmittelbarer Nähe zueinander wachsen, dann kommt es unweigerlich zu einer Hybridisierung. Das Ergebnis kann spannend und dekorativ sein, aber auch ziemlich schräg aussehen. Wer das vermeiden möchte, sollte also einen Sicherheitsabstand zwischen den Arten einplanen oder die Fruchtstände rechtzeitig entfernen.

Primula vulgaris

Primula vulgaris 'Rote Auslese'

Prunella grandiflora, Großblütige Braunelle

Aussehen: Die kriechend wachsende, Matten bildende Staude hat eiförmige bis eilanzettliche, 10 cm lange, kaum gesägte, dunkelgrüne Blätter. Von Juni bis September erscheinen aufrechte Ähren mit wirtelig stehenden, bis 3 cm langen, purpurnen Lippenblüten. Die Pflanze wird 15 cm hoch und breitet sich nahezu unbegrenzt aus, wenn sie sich am Standort wohlfühlt.

'Alba' hat weiße, 'Altenberg Rosa' kräftig rosafarbene Blüten.

Verwendung: Reich und lang blühender, anspruchsloser Bodendecker für alle normalen Gartenböden. Pro m² benötigt man 16 Pflanzen.

Standort: Sonnig bis halbschattig. Feuchter, im Sommer nicht austrocknender Boden.

Pflege: Sehr pflegeleicht. Vor Schneckenfraß schützen.

Vermehrung: Durch Aussaat im Frühjahr oder durch Teilung im Herbst oder Frühjahr.

Prunella grandiflora 'Alba'

Pseudolysimachion longifolium subsp. *longifolium*, Langblättriger Blauweiderich

Aussehen: Die recht variable, aufrechte Staude ist meist unter dem alten Namen *Veronica longiflora* in den Händlerkatalogen zu finden. Sie hat lanzettliche bis linealische, bis 12 cm lange, spitze, gesägte Blätter, die manchmal paarig, manchmal in Büscheln stehen. Von Juni bis September erscheinen an den meist unverzweigten Sprossen endständige, bis 25 cm lange, nach oben hin zugespitzte Trauben mit kleinen, röhrenförmigen, fliederblauen Blüten. Die in Nord- und Mitteleuropa heimische Wildstaude wird bis 120 cm hoch und bis 30 cm breit.

'Alba' blüht weiß, ebenso die Sorte 'Schneeriesin', die etwa 80 cm hoch wird. 'Blauriesin' (Syn. 'Foerster's Blue'), eine Züchtung von Karl Foerster, hat tief lilablaue Blüten. Sie wird bis 75 cm hoch. Die bis 80 cm hohe 'Rose Tone' blüht rosarot und ist samenecht vermehrbar.
Verwendung: Die lang blühenden Rispen sehen sehr elegant aus und passen gut in gemischte Staudenbeete und Rabatten. Mit ihren schlanken Kerzen kann man vor allem runde und tellerförmige Blütenstauden hübsch kontrastieren. Die lange Blütezeit macht den langblättrigen Ehrenpreis besonders wertvoll. Die Staude eignet sich auch gut als Schnittblume. Pro m² benötigt man 6 Pflanzen.
Standort: Sonnig. Lehmiger, mäßig fruchtbarer, feuchter, aber durchlässiger Boden.
Pflege: Die Pflanzen brauchen in der Regel eine Stütze. Im Sommer muss bei Trockenheit gegossen werden. Im Herbst schneidet man die Staude bodeneben zurück.
Vermehrung: Die eigentliche Art und einige Sorten können im Frühjahr oder Herbst ausgesät werden. Man kann die Pflanzen auch im Frühjahr oder Herbst teilen oder im Sommer halb verholzte Stecklinge bewurzeln.

Pseudolysimachion longifolium 'Blauriesin'

Pseudolysimachion spicatum subsp. *spicatum*, Gewöhnlicher Ähriger Blauweiderich

Aussehen: Die 30–60 cm hohe und etwa ebenso breite Pflanze bildet Matten aus niederliegenden, an den Blattachseln wurzelnden Sprossen mit bis 8 cm langen, lanzettlichen, gezähnten und silbrig behaarten Laubblättern. Von Juni bis September erscheinen dichte, spitz zulaufende, bis 30 cm lange, endständige Trauben aus kleinen, sternförmigen, hellblauen Blüten. In vielen Händlerkatalogen findet man die Art noch unter dem alten Namen *Veronica spicata*.

'Heidekind' hat tief rosafarbene Blüten und wird nur bis 25 cm hoch. 'Icicle' hat reinweiße Blüten bei einer Wuchshöhe von 35 cm, 'Blauteppich' blüht blau und wird nur 20 cm hoch. Die Unterart *P. spicatum* subsp. *incanum* mit der Sorte

Pseudolysimachion spicatum 'Heidekind'

'Silberteppich' ist eine besonders schöne silbergrau belaubte Form mit dunkelblauen Blütenkerzen, sie wird 30 cm hoch.
Verwendung: Für den Rand sonniger Rabatten, als Wegeinfassung und für den Steingarten gut geeignet. Die lange Blütezeit macht die Polsterstaude besonders wertvoll. Pro m² benötigt man 6–8 Pflanzen.
Standort: Vollsonnig. Mäßig nährstoffreicher, feuchter, aber gut durchlässiger Boden.
Pflege: Welke Blütenstände sollten regelmäßig entfernt werden, damit

sich neue Blütentriebe bilden. Bei Trockenheit im Sommer gießen.
Vermehrung: Durch Aussaat oder Teilen im Frühjahr oder Herbst. Die Sorten nur durch Teilen.

Pulmonaria angustifolia, Schmalblättriges Lungenkraut

Aussehen: *P. angustifolia* ist eine in der Regel sommergrüne, lockere Gruppen bildende Rhizomstaude mit lanzettlichen, bis 40 cm langen Laubblättern, die schwach behaart sind. Zwischen März und Mai zeigen sich zwischen den grünen Blättern kurz gestielte, lockere Büschel leuchtend sattblauer, trichterförmiger Blüten. Die Pflanze wird bis 30 cm hoch und bis 45 cm breit. Lungenkräuter neigen zum Hybridisieren, wenn mehrere Arten in unmittelbarer Nachbarschaft stehen. Deshalb gibt es wahrscheinlich mehr Hybriden als Sorten der Arten.

'Blaues Meer' trägt viele hellblaue Blüten. 'Munstead Blue', eine Züchtung der legendären englischen Gärtnerin Gertude Jekyll, hat relativ kleine, im Vergleich zu anderne Sorten hellere Blüten, die früher erscheinen.
Verwendung: Die Blüten des Lungenkrauts gehören mit denen von Schneeglöckchen und Krokussen zu den ersten, die sich nach dem Winter öffnen. Lungenkraut ist ein idealer Bodendecker für schattige Standorte zwischen Gehölzen, im naturnah bepflanzten Garten oder im Vordergrund schattiger Rabatten. Schöne Pflanzpartner sind Primeln, Farne und schattenverträgliche Gräser. Pro m² benötigt man 16 Pflanzen.
Standort: Halbschattig bis schattig. Feuchter, humoser, aber nicht staunasser, fruchtbarer, neutraler bis leicht saurer Boden. Kalkhaltiger Boden wird schlecht vertragen.
Pflege: Die Pflanze ist pflegeleicht. Nach der Blütezeit sollten alte Blätter entfernt werden. Lungenkraut blüht zuverlässig, wenn man die Staude alle 3–4 Jahre aufnimmt und teilt. Leider ist sie anfällig für Mehltau.
Vermehrung: Durch Aussaat nach der Samenreife oder nach der Blütezeit und durch Teilung im Herbst. Sorten können nur durch Teilung zuverlässig sortenrein vermehrt werden. Im Winter können auch Wurzelschnittlinge abgetrennt werden.

Pulmonaria angustifolia 'Beth's Blue'

Pulmonaria longifolia, Langblättriges Lungenkraut

Aussehen: Diese sommergrüne, bis 40 cm hohe Lungenkraut-Art bildet dichte Gruppen. Sie hat schmal lanzettliche, bis 45 cm lange, dunkelgrüne, silberweiß gesprenkelte Laubblätter, und zwischen März und Mai erscheinen zunächst rosafarbene und dann blauviolette Blüten in dichten Büschel.

'Bertram Anderson' hat längere, schmalere Laubblätter und sehr kleine, dafür aber intensiv blaue Blüten. 'Ankum' (Syn. 'Coen Jansen') hat schmales, gewelltrandiges, silbrig geflecktes Laub und kleine, violettblaue Blüten.
Verwendung: Wie *P. angustifolia*. Pro m² benötigt man 11 Pflanzen.

Pulmonaria longifolia 'Blauer Hügel'

Standort: Halbschattig bis schattig. Humoser, feuchter, aber nicht staunasser, fruchtbarer, neutraler bis leicht saurer Boden. Kalkhaltiger Boden wird schlecht vertragen.
Pflege: Die Pflanze ist pflegeleicht. Alte Blätter nach der Blütezeit entfernen. Die Staude blüht zuverlässig, wenn man sie alle 3–4 Jahre aufnimmt und teilt. Anfällig für Mehltau.
Vermehrung: Durch Aussaat nach der Samenreife oder nach der Blütezeit und durch Teilung im Herbst. Sorten können nur durch Teilung zuverlässig sortenrein vermehrt werden. Im Winter können auch Wurzelschnittlinge abgetrennt werden.

Pulmonaria officinalis, Echtes Lungenkraut

Aussehen: Die immergrüne, lockere Horste bildende Rhizomstaude hat borstig behaarte, eiförmige, bis 12 cm lange, am Grund herzförmige Laubblätter, die weiß gefleckt sind. Zwischen März und Mai erscheinen kurz gestielte Büschel zunächst rosafarbener, später blauvioletter, trichterförmiger Blüten. Die in Wäl-

Pulmonaria officinalis 'Weihenstephaner Blau'

dern Mittel- und Nordeuropas heimische Pflanze wird 25 cm hoch und etwa doppelt so breit.

'Weihenstephaner Blau' hat leuchtend mittelblaue Blüten, 'White Wings' hat silbrig geflecktes Laub und weiße, langgriffelige Blüten mit rosafarbenem Auge.
Verwendung: Wie *P. angustifolia*. Pro m² benötigt man 11 Pflanzen.
Standort: Halbschattig bis schattig. Feuchter, humoser, aber nicht staunasser, fruchtbarer, neutraler bis leicht saurer Boden. Kalkhaltiger Boden wird schlecht vertragen.
Pflege: Es sind recht pflegeleichte Stauden. Nach der Blütezeit sollten alte Blätter entfernt werden. Lungenkraut blüht zuverlässig, wenn man die Staude alle 3–4 Jahre aufnimmt und teilt. Leider anfällig für Mehltau.
Vermehrung: Durch Aussaat nach der Samenreife oder nach der Blütezeit und durch Teilung der Pflanzen im Herbst. Sorten können nur durch Teilung zuverlässig sortenrein vermehrt werden. Im Winter können auch Wurzelschnittlinge abgetrennt werden.

Pulmonaria saccharata, Großgeflecktes Lungenkraut

Aussehen: Die halbimmergrüne oder immergrüne, dichte Horste bildende Rhizomstaude trägt elliptische, bis 25 cm lange, mittelgrüne, weiß gefleckte Laubblätter. Zwischen März und Mai erscheinen trichterförmige, rotviolette, violette oder weiße Blüten mit dunkleren Kelchen. Die Pflanze erreicht eine Wuchshöhe von 30 cm und mehr.

Die Kultivare der Argentea-Gruppe haben fast völlig silbernes Laub und anfangs rote, später dunkelviolette Blüten. 'Frühlingshimmel' hat stark geflecktes Laub und blüht hellblau mit purpurnem Zentrum und Kelch.

Pulmonaria saccharata 'Dora Bielefeld'

Pulmonaria saccharata 'Lewis Palmer'

Verwendung: Wie *P. angustifolia*. Pro m² benötigt man 11 Pflanzen.
Standort: Halbschattig bis schattig. Humoser, feuchter, aber nicht staunasser, fruchtbarer, neutraler bis leicht saurer Boden. Kalkhaltiger Boden wird schlecht vertragen.
Pflege: Die Pflanzen sind pflegeleicht, alte Blätter sollten aber nach der Blütezeit entfernt werden. Wenn man die Staude alle 3–4 Jahre aufnimmt und teilt, blüht sie zuverlässig. Anfällig für Mehltau.
Vermehrung: Durch Aussaat nach der Samenreife oder nach der Blütezeit und durch Teilung im Herbst. Sorten können nur durch Teilung zuverlässig sortenrein vermehrt werden. Im Winter können auch Wurzelschnittlinge abgetrennt werden.

Empfehlenswerte *Pulmonaria*-Hybriden

'Beth's Blue'

Bei 'Beth's Blue' (Syn. 'Cedric Morris') handelt es sich wahrscheinlich um eine Hybride zwischen *P. longifolia* und *P. affinis*. Die Pflanze hat spärlich blassgrün gefleckte Blätter und langgriffelige Blüten in reinem Blau ohne Rotstich. Pro m² benötigt man 11 Pflanzen.

'Beth's Pink'

Diese bis 25 cm hohe Staude, auch unter dem Namen 'Beth Chatto's Red' bekannt, ist vermutlich eine *P.-affinis*-Hybride und hat eiförmige, bis 25 cm lange, weiß gefleckte Laubblätter und korallenrote Blüten. Pro m² benötigt man 11 Pflanzen.

'Blauer Hügel'

Dies ist eine kompakte, immergrüne Hybride mit langen, schmalen, silbern gefleckten Blättern und klarblauen Blüten. Die Staude wird nur 20 cm hoch. Pro m² benötigt man 16 Pflanzen.

'Dora Bielefeld'
Diese Hybride hat dunkelgrünes, silbrig geflecktes Laub und große, rosafarbene, lang gestielte Blüten, die sich aus korallenrosa Knospen öffnen. Die Pflanze wird etwa 25 cm hoch und gilt als das beste rosa blühende Lungenkraut. Pro m^2 benötigt man 11 Pflanzen.

'Lewis Palmer'
Die auch unter dem Synonym 'Highdown' bekannte Hybride hat lange, relativ schmale, dunkelgrüne Laubblätter, die mit grünlich weißen Flecken übersät sind. Die großen Blüten sind intensiv blauviolett und nach oben und nach außen ausgerichtet. Hierbei handelt es sich wahrscheinlich um eine Hybride von *P. longifolia*. Pro m^2 benötigt man 11 Pflanzen.

'Majeste'
Diese Hybride begeistert mit ihrem fast völlig silbrigen Laub, das nur einen dünnen grünen Rand aufweist. Die Blüten sind zunächst rosa, später hellblau. Sie ist eine der ältesten silberlaubigen Lungenkraut-Hybriden und wird bis 30 cm hoch. Pro m^2 benötigt man 7–9 Pflanzen.

Pulsatilla vulgaris

Pulsatilla vulgaris, Gewöhnliche Küchenschelle

Aussehen: Die Gruppen bildende Staude hat grundständige, fein gefiederte, hellgrüne, seidige, bis 20 cm lange Blätter, die fast farnartig wirken. Die Blätter sind anfangs dicht behaart und treiben erst nach der Blüte aus. Zwischen März und Mai erscheinen einzeln an aufrechten Stängeln stehende, nickende, glockenförmige Blüten in gedecktem Violett, deren Außenseiten flaumig behaart sind. Sie umschließen auffällige Bündel goldgelber Staubgefäße. Nach der Blüte wächst der Blütenstängel weiter und entwickelt attraktive, seidige Fruchtstände. Die Staude wird maximal 20 cm hoch und breit.

Die Sorte 'Alba' hat weiße Blüten, 'Rubra' blüht in roten Tönen und 'Rode Klokke' (Syn. 'Rote Glocke') trägt dunkelrote Blüten. 'Papageno' ist eine Mischung verschiedener Farben.
Verwendung: Die hübsche Wildstaude eignet sich gut für den Steingarten, kann aber auch in Kiesgärten, Steppenheiden und an sonnigen Hängen ausgewildert werden. Am schönsten kommt die Pflanze zur Geltung, wenn sie in kleinen Gruppen wächst. Pro m^2 benötigt man 11 Pflanzen.
Standort: Sonnig bis halbschattig. Mäßig nährstoffreicher, durchlässiger, kalkhaltiger Boden. Nasskaltes Frühlingswetter verträgt die Pflanze nur schlecht.
Pflege: Die Staude ist sehr pflegeleicht, leidet allerdings wenn man sie verpflanzt. Jungpflanzen sind durch Schneckenfraß gefährdet.
Vermehrung: Direkt nach der Samenreife aussäen, weil die Keimfähigkeit der Samen rasch nachlässt. Sorten teilt man im Frühjahr oder man nimmt nach der Blüte Wurzelschnittlinge ab.

Rodgersia henrici, Prinz-Henri-Schaublatt, Fingerblättriges Schaublatt

Aussehen: Die auch unter dem botanischen Namen *R. aesculifolia* var. *henrici* bekannte, große Horste bildende Staude hat lang gestielte, runzelige, 30 cm breite Laubblätter, die aus 7 länglichen, gezähnten, deutlich geaderten Fiederblättchen bestehen. Die Blätter erinnern an die der Rosskastanien, sind aber fester. Im Juli zeigen sich an 30–70 cm langen, drahtigen, beblätterten Stängeln große Rispen mit kleinen, rosafarbenen Blüten, die später dunkler werden. Die Pflanze erreicht eine Wuchshöhe von maximal 150 cm und wird etwa 75 cm breit. Die etwas höher wachsende Art

Rodgersia henrici 'Die Schöne'

R. aesculifolia gleicht der beschriebenen Staude bis auf die Blüten, die blassrosa bis rahmweiß sind.

Die Sorte 'Die Schöne' trägt ihren Namen zu Recht: Die rosaroten Knospen der pyramidal aufgebauten Blütenstände öffnen sich zu hell rosafarbenen Blütchen, der Laubaustrieb ist bronzefarben, später vergrünen die Blätter jedoch.
Verwendung: Die dekorative, markante Blattschmuckstaude, die auch mit ihren Blüten bezaubert, eignet sich gut für halbschattige bis schattige Rabatten und den Rand von Gewässern. Auch vor Gehölzgruppen und zwischen Rhododendren macht sie sich gut. Geeignete Pflanzpartner sind Astilben, Fingerhut (*Digitalis purpurea*), Eisenhut (*Aconitum*), Silberkerzen (*Cimicifuga*), schattenverträgliche Glockenblumen-Arten (z. B. *Campanula latifolia* var. *macrantha*) sowie Farne und Schattengräser, wie die Riesen-Segge (*Carex pendula*). Die volle Wirkung erlangt die Pflanze meist erst nach mehreren Jahren. Pro m^2 benötigt man 1 Pflanze.
Standort: Halbschattig bis schattig. Humoser, nährstoffreicher, feuchter Boden. Die Pflanze braucht einen vor Wind geschützten Standort.
Pflege: Besonders der Austrieb muss vor Schneckenfraß geschützt werden. Bei Trockenheit gießen. Im Schatten verträgt die Pflanze eher trockene Bedingungen als an sonnigeren Standorten.
Vermehrung: Durch Teilung im Frühjahr oder durch Aussaat.

Rodgersia pinnata, Gefiedertes Schaublatt

Aussehen: Die Gruppen bildende Rhizomstaude treibt rot gestielte, gefiederte oder gefingerte, bis 90 cm lange, runzelige Laubblätter. Diese sind stark geadert, glänzend dunkelgrün bis bronzefarben überlaufen und fiederförmig geteilt. Im Juni und Juli öffnen sich an großen, locker aufgebauten, aber steifen Rispen kleine, weiße bis lachsrosafarbene Blüten. Die Pflanze wird bis 120 cm hoch und bis 75 cm breit.

'Superba' ist eine Sorte mit großen, im Frühjahr tief bronzefarbenen Laubblättern an dunkelroten Stielen. Im Herbst nimmt das Laub eine rote Färbung an. 'Chocolate Wings' hat im Frühjahr schokolade- bis bronzebraune Laubblätter, die zur Blütezeit im Juni/Juli vergrünen und im Herbst wieder ihre Frühjahrsfarbe annehmen. Die anfangs rosafarbenen Blüten mit dunkelroter Mitte reifen zu Rot. Die Pflanze wird maximal 80 cm hoch.
Verwendung: Wie bei *R. henrici*. Durch die kräftige Herbstfärbung bildet die Staude zum Ende der Gartensaison noch einmal einen lebendigen Blickfang mit guter Fernwirkung. Außerdem sehen die abgeblühten Blütenstängel auch im Winterhalbjahr noch hübsch aus, besonders dann, wenn sie von Raureif überzogen sind. Pro m^2 benötigt man 1 Pflanze.
Standort: Wie bei *R. henrici*.
Pflege: Wie bei *R. henrici*.
Vermehrung: Durch Teilung im Frühjahr oder durch Aussaat.

Rodgersia pinnata 'Chocolate Wings'

Weitere empfehlenswerte *Rodgersia*-Arten

***Rodgersia podophylla*, Gezähntes Schaublatt**
Breitwüchsige, Horste bildende, maximal 150 cm hohe Staude mit dekorativen, lang gestielten, handförmigen, zur Spitze hin gelappten, bis 40 cm langen Blättern. Der Austrieb ist meist bronzefarben überlaufen. Im Juni/Juli öffnen sich an 30 cm langen, lockeren, aber steifen Rispen sternförmige, grünlich weiße Blüten. Die Sorte 'Pagode' treibt im Sommer zunächst bronzefarbenes, dann vergrünendes Laub und hat eine besonders schöne Herbstfärbung, 'Rotlaub' hat im Austrieb tief bronzerotes Laub, das die Farbe manchmal bis zum Herbst behält. Standort, Pflege, Verwendung und Vermehrung siehe *R. henrici*. Pro m^2 benötigt man 1 Pflanze.

***Rodgersia sambucifolia*, Holunderblättriges Schaublatt**
Gruppen bildende Staude mit gefiederten, behaarten, dunkelgrünen Blättern, die eine Größe von 75 cm erreichen können. Im Juni/Juli erscheinen dichte, bis 45 cm lange, an den Spitzen leicht überhängende Rispen mit weißen oder rosafarbe-

nen Blüten. Die Sorte 'Rothaut' hat im Sommer vergrünendes, im Austrieb aber bronzefarbenes Laub, das einen schönen Kontrast zu den roten Stängeln bietet. Die im Juni/Juli erscheinende Blüte ist weiß. Die Pflanze wird maximal 90 cm hoch und breit. Standort, Pflege, Verwendung und Vermehrung wie bei *R. henrici*. Pro m² benötigt man 1 Pflanze.

Rudbeckia fulgida, Leuchtender Sonnenhut

Aussehen: Die Rhizome bildende, aufrechte Staude hat verzweigte Stängel mit großen, breiten und ovalen Grundblättern und kleineren, lanzettlichen und rau behaarten Stängelblättern. Ab Juli erscheinen margeritenförmige, bis 7 cm breite Blütenköpfe mit goldgelben Strahlenblüten und schwarzer Mitte. Die bis in den September hinein ausdauernd blühende Staude erreicht eine Wuchshöhe von bis zu 90 cm und wird etwa 45 cm breit.

In Gärten findet man hauptsächlich zwei Unterarten: *R. fulgida* var. *sullivantii* hat weniger raue, schmal lanzettliche, dunkelgrüne Blätter mit gesägtem Rand. Die Blütenköpfe werden bis 9 cm breit, die der besonders reich blühenden Sorte 'Goldsturm' erreichen sogar eine Größe von bis zu 12 cm. *R. fulgida* var. *deamii* besitzt sehr stark behaarte Sprosse mit lang zugespitzten, eiförmigen bis ovalen Blättern. Die Blüten bestehen aus orangegelben Strahlenblüten und einer braunschwarzen Mitte. Die Pflanze ist ebenfalls sehr reich blühend und verträgt trockenere Standorte als die Varietät *sullivantii*.

Verwendung: Fröhliche und zuverlässige Sommerstaude für sonnige Staudenbeete und Rabatten. Am schönsten wirken die Blüten, wenn man die Pflanzen in größeren Gruppen setzt. Gute Begleiter sind sommerblühende Astern wie *Aster amellus* oder *Aster × frikartii*, Indianernesseln (*Monarda*), Steppen-Salbei (*Salvia nemorosa*) und mittelhohe Gräser wie Federborstengras (*Pennisetum alopecuroides*). Sonnenhut ist eine schöne, lang in der Vase haltende Schnittblume. Die Fruchtstände sehen auch im Winter schön aus. Pro m² benötigt man 5–7 Pflanzen.

Standort: Vollsonnig. Nährstoffreicher, mäßig feuchter, gut durchlässiger Boden.

Pflege: Die spät austreibenden Stauden müssen vor Schneckenfraß geschützt werden und sollten vor allem bei Beginn des Wachstums nicht von anderen Pflanzen bedrängt werden. Teilen und Umpflanzen alle 4–5 Jahre erhält die Blühfreude der Pflanzen.

Vermehrung: Durch Teilen im Frühjahr.

Rudbeckia fulgida var. *sulvantii* 'Goldsturm'

Rudbeckia nitida 'Juligold'

Rudbeckia nitida, Glänzender Sonnenhut, Fallschirm-Sonnenhut

Aussehen: *R. nitida* ist eine Horste bildende, aufrechte, verzweigte, sehr hohe Staude. Die Grundblätter sind hellgrün und drei- oder mehrteilig gefingert. Von August bis in den Oktober hinein erscheinen endständige, bis 7 cm breite, margeritenähnliche Blüten mit leuchtend gelben Zungenblüten und grünlicher, kegelförmiger Mitte. Nach der Hauptblüte öffnen sich auch die an den Seitentrieben bis in den Herbst hervorgebrachten Blütenknospen. Die Pflanze erreicht eine Wuchshöhe von 150–200 cm und wird etwa 45 cm breit.

Besonders reich blüht die Sorte 'Herbstsonne'.

Verwendung: Eine sehr spät blühende Sommerstaude, die sich gut für Wildstaudenpflanzungen und Bauerngärten eignet, aber auch im Hintergrund von sonnigen Staudenrabatten hübsch aussieht. Schöne Pflanzpartner sind hohe Sorten von Glattblatt-Astern (*Aster novi-belgii*) und Raublatt-Astern (*Aster novae-angliae*), Goldrute (*Solidago*) und hohe Gräser wie etwa Ruten-Hirse (*Panicum virgatum*). Auch hoch wachsende Dahlien (*Dahlia*-Hybriden) passen wegen der späten Blütezeit, die oft bis zum ersten Frost andauert, hervorragend. Die Blüten halten in der Vase erstaunlich lange und lassen sich gut mit anderen Herbstblühern kombinieren. Pro m² benötigt man 1–3 Pflanzen.

Standort: Vollsonnig. Nährstoffreicher, mäßig feuchter, durchlässiger Lehmboden.

Pflege: Besonders der Austrieb muss vor Schneckenfraß geschützt werden. Abgeblühte Stängel schneidet man bis zum grundständigen Blattschopf zurück, um die Blütezeit zu verlängern. Die hohe Staude muss eventuell gestützt werden, besonders an windigen Standorten.
Vermehrung: Durch Teilen der Horste im Frühjahr.

Rudbeckia maxima, Riesen-Sonnenhut

Aussehen: Die Horste bildende, verzweigte Staude hat breit ovale, unbehaarte, blaugrüne, wächsern erscheinende Laubblätter, die eine Länge von 60 cm erreichen können. Die Grundblätter sind spatelförmig und lang gestielt, sie stehen in einer lockeren, kohlähnlichen Rosette. Die Stängelblätter sind ungestielt und stängelumfassend. Von Juli bis in den September hinein erscheinen lang gestielte Körbchenblüten mit hängenden, goldgelben Strahlenblüten und kegelförmiger, schwarzbrauner Mitte. Die Pflanze erreicht eine Wuchshöhe von etwa 250 cm.
Verwendung: Die sehr hohe Staude passt gut in Wildstaudenpflanzungen, aber auch in den Hintergrund einer vollsonnigen Staudenrabatte. Man sollte sie immer mit ähnlich spät blühenden Stauden kombinieren, etwa hohen Sorten von Glattblatt-Astern (*Aster novi-belgii*) und Raublatt-Astern (*Aster novae-angliae*) oder Goldruten (*Solidago*). Besonders wirkungsvoll ist die aparte Staude zusammen mit hohen Gräsern, etwa Sorten von Chinaschilf (*Miscanthus sinensis*). Schön sehen auch die Fruchtstände im Winter aus. Pro m² benötigt man 1–2 Pflanzen.
Standort: Vollsonnig. Fruchtbarer, mäßig feuchter, durchlässiger Lehmboden. Die Art verträgt im Vergleich zu den anderen Sonnenhut-Arten auch feuchtere Böden.

Rudbeckia maxima

Pflege: Sehr pflegeleicht, aber nicht für windige Standorte geeignet. Schnecken können vor allem jungen Pflanzen zum Verhängnis werden.
Vermehrung: Durch Teilen im Frühjahr.

Salvia nemorosa, Steppen-Salbei (Tab. 56)

Aussehen: Der Steppen-Salbei ist eine aufrechte, reich verzweigte, Horste bildende, an der Basis verholzende Staude mit lanzettlichen, runzeligen, aromatisch duftenden Laub-

Salvia nemorosa 'Caradonna'

Salvia nemorosa 'Ostfriesland'

Tab. 56 Empfehlenswerte Sorten von *Salvia nemorosa*

Sorte	Blüte	Wuchshöhe
'Adrian'	weiß	50 cm
'Amethyst'	lilarosa	70 cm
'Blauhügel'	reinblau	40 cm
'Caradonna'	dunkelviolett	60 cm
'Mainacht'	nachtblau	40 cm
'Marcus'	dunkelviolett	25 cm
'Ostfriesland'	tief violettblau	50 cm
'Pusztaflamme' (Syn. 'Plumosa')	violettrot	50 cm
'Rosakönigin'	rosarot	40 cm
'Schneehügel'	weiß	40 cm

Salvia nemorosa 'Schneehügel'

blättern. Im Mai/Juni erscheinen an aufrecht stehenden, kerzenförmigen Ähren kleine, röhrenförmige, zweilippige Blüten in Blau- und Violetttönen oder in Weiß. Die 40–60 cm hohen Pflanzen sind remontierend und blühen nach einem Rückschnitt direkt nach der Blüte ein zweites Mal im August/September.
Verwendung: Robuste, lang blühende Staude für Beete, Rabatten und Steingärten. Ideal geeignet für Kiesgärten, aber auch für die Pflanzung in Töpfen oder Kübeln und Balkonkästen. Schöne Begleiter sind Mädchenauge (*Coreopsis grandis*), Sonnenhut (*Rudbeckia fulgida*), Nachtkerzen (z. B. *Oenothera speciosa* 'Siskiyou') und niedrige Gräser. Pro m² benötigt man 6–11 Pflanzen.
Standort: Vollsonnig. Nährstoffreicher bis mäßig nährstoffreicher, durchlässiger, mäßig feuchter Boden.
Pflege: Relativ pflegeleicht. Der Austrieb ist anfällig für Schneckenfraß. Direkt nach der Blüte schneidet man die Staude um ein Drittel zurück, dann blüht sie im Spätsommer ein zweites Mal. Im Winter vor stauender Nässe und austrocknenden Winden schützen. Im Frühjahr vor dem Austrieb bodeneben zurückschneiden.
Vermehrung: Durch Teilen oder Aussaat im Frühjahr. Im Sommer halb verholzte Stecklinge schneiden.

Salvia pratensis, Wiesen-Salbei

Aussehen: Die in Europa heimische, in Höhe und Farbe sehr variable, in der Regel kurzlebige Art bildet niederliegende Rosetten aus groben, herzförmigen, grünen, bis 18 cm langen, meist nur schwach behaarten Laubblättern. Von Juni bis August erscheinen endständige, klebrige Quirle aus locker am Stängel verteilten, 1,5 cm großen, blauvioletten, rosafarbenen oder weißen Blüten. Die Pflanze wird etwa 90 cm hoch und 30 cm breit.

Besonders schön ist die Sorte 'Mittsommer', die dicht bestückte Blütenrispen in einem hellen Lavendelblau hervorbringt.
Verwendung: Der Wiesen-Salbei kann wie der Echte Salbei zum Würzen von Speisen verwendet werden, auch wenn sein Aroma weniger intensiv ist. Die Wildstaude passt gut in naturnah gestaltete Gärten, am besten natürlich auf Blumenwiesen (wie der Name andeutet). Er eignet sich aber auch für die Topfkultur auf Balkon und Terrasse. Pro m² benötigt man 4 Pflanzen.
Standort: Vollsonnig. Nährstoffreicher, mäßig feuchter bis trockener, eher kalkhaltiger Boden.
Pflege: Sehr pflegeleichte, aber in der Regel kurzlebige Staude, die sich an geeigneten Standorten selbst aussät.
Vermehrung: Durch Aussaat im Frühjahr oder durch halb verholzte, nichtblühende Stecklinge im Sommer.

Salvia pratensis

Salvia verticillata, Quirlblütiger Salbei

Aussehen: *S. verticillata* ist eine aufrechte, breitwüchsige, vielstängelige Staude mit breit herzförmigen bis elliptischen, bis 13 cm langen Laubblättern, die ober- und unterseits weich behaart sind. Die in Europa am Naturstandort auf Trockenrasen vorkommende Wildstaude entwickelt von Juli bis September steife, quirlförmige Rispen mit knapp 1 cm großen, violettblauen oder weißen Lippenblüten. Die oft kurzlebige, sich an geeigneten Standorten aber reich versamende Staude wird bis 90 cm hoch und bis 45 cm breit.

Die Sorte 'Purple Rain' begeistert durch ihre lange Blütezeit und die intensiv purpur gefärbten Blütenkelche. Diese vom niederländischen Staudenexperten Piet Oudolf gezüchtete Sorte übertrifft die eigentliche Art in Blütenfarbe und Ausdauer.
Verwendung: Ideal für sonnige, naturnah angelegte Gärten und natür-

Salvia verticillata 'Purple Rain'

lich für den Kiesgarten. Pro m² benötigt man 3–5 Pflanzen.
Standort: Vollsonnig. Mäßig nährstoffreicher, gut durchlässiger Boden, der eher alkalisch ist.
Pflege: Sehr pflegeleicht.
Vermehrung: Die Art kann durch Aussaat und Teilung im Frühjahr vermehrt werden, Sorten nur durch Teilung im Frühjahr.

Sanguisorba officinalis, Großer Wiesenknopf

Aussehen: Die bei uns heimische Wildstaude kommt am Naturstandort auf Flachmooren und feuchten Wiesen vor. Es ist eine Gruppen bildende Rhizomstaude mit gefiederten, bis 50 cm langen Grundblättern, die aus bis zu 25 länglich-elliptischen Fiedern mit gesägtem Rand zusammengesetzt sind. Die aufrechten, verzweigten Sprosse tragen kleinere Blätter. Von Juni bis September erscheinen endständige, 1–3 cm lange, kugelförmige oder längliche Blütenstände mit winzigen, dunkelroten Einzelblüten, die keine Blütenblätter besitzen. Die Pflanze wird bis 120 cm hoch und bis 60 cm breit.

Sanguisorba officinalis 'Tanna'

Die elegante Sorte 'Tanna' stammt aus Japan, wird nur etwa 50 cm hoch und hat schwarzrote Blütenstände an stark verzweigten Stängeln.
Verwendung: Die wenig spektakuläre, aber interessante Staude eignet sich gut für Wildstaudengärten mit feuchtem Boden und für gemischte Rabatten, wo sie Pflanzungen elegant auflockert. In feuchten Wiesen ist sie eine charakteristische Pflanze, die nicht fehlen darf. Pro m² benötigt man 2 Pflanzen.
Standort: Sonnig bis halbschattig. Feuchter bis mäßig feuchter, aber durchlässiger, mäßig fruchtbarer Boden.
Pflege: Höhere Pflanzen müssen eventuell gestützt werden. Manchmal breitet sich die Staude aggressiv aus.
Vermehrung: Durch Aussaat oder Teilung im Frühjahr oder Herbst.

Sanguisorba tenuifolia, Garten-Wiesenknopf

Aussehen: Die große, schlank aufrecht wachsende, langlebige Staude hat schmale, aus zahlreichen einzelnen, gezähnten Fiedern zusammengesetzte Blätter. Von April bis August erscheinen an den Stängeln endständige, dünne, kätzchenartige, bis 7 cm lange, nickende Blütenähren aus weißen bis roten Einzelblüten. Die Pflanze wird bis 140 cm hoch.

'Alba' hat weiße Blüten mit kontrastierenden schwarzen Staubfäden, 'Pink Elephant' blüht rosarot, 'Purpurea' rotviolett.
Verwendung: Zur Auflockerung von Staudenbeeten und Rabatten, in Wiesen und als lang haltende Schnittblume für gemischte Sträuße. Pro m² benötigt man 2 Pflanzen.
Standort: Sonnig bis halbschattig. Feuchter bis mäßig feuchter, aber

Sanguisorba tenuifolia var. *alba* 'Albiflora

durchlässiger, mäßig fruchtbarer Boden.
Pflege: Höhere Pflanzen müssen gestützt werden.
Vermehrung: Durch Aussaat oder Teilung im Frühjahr oder Herbst.

Santolina chamaecyparissus, Graues Heiligenkraut

Aussehen: *S. chamaecyparissus* ist ein verholzender, buschiger, verzweigter und aufrecht wachsender Halbstrauch mit fein gefiedertem, immergrünem, aromatisch duftendem, silbergrauem Laub. Im Juli und August erscheinen an den Spitzen der Triebe kleine, goldgelbe Blütenköpfe. Die Pflanze wird etwa 50 cm hoch und bis 100 cm breit.

'Lemon Queen' blüht zitronengelb und 'Small Ness' wird nur 20 cm hoch und breit.
Verwendung: Die mediterran anmutende Pflanze passt gut in sonnige Stein- und Kiesgärten, aber auch in Rabatten und Staudenbeete. Man kann Heiligenkraut auch statt Buchsbaum als Einfassung von

Heiligenkräuter und Verwandtschaft
Wer die Kataloge von Staudengärtnereien aufmerksam studiert, wird feststellen, dass die verschiedenen Sorten der Heiligenkräuter jeweils ganz unterschiedlich eingeordnet werden – mal zu *Santolina chamaecyparissus*, manchmal zu einer Unterart von *S. rosmarinifolia*, mal zu *S. pinnata*. Manchmal werden Sorten auch als Unterart geführt oder umgekehrt. Für den Staudenfreund ist das sehr verwirrend, deshalb sucht man am besten bei allen drei Arten nach den begehrten Sorten (oder Unterarten), um das Passende für den eigenen Garten zu finden.

Santolina pinnata subsp. *neapolitana* 'Edward Bowles'

Kräuterbeeten und Rosenrabatten verwenden, weil die immergrüne Staude sehr gut schnittverträglich ist. Mit dem grauen Laub bietet sie einen schönen Kontrast zu fast jeder Blütenfarbe. Auch in Töpfen und Kübeln macht sich diese Staude gut und verbreitet auf diese Weise ein mediterranes Flair auf Balkon und Terrasse. In kühlen Regionen kann die Staude kurzlebig sein. Pro m^2 benötigt man 6 Pflanzen.
Standort: Vollsonnig. Nährstoffarmer, durchlässiger, trockener, kalkhaltiger Boden.

Santolina chamaecyparissus

Pflege: Ein jährlicher Rückschnitt im zeitigen Frühjahr hält die Pflanzen in Form. Sie treiben aus dem alten Holz willig aus. In rauen Regionen ist ein Winterschutz nötig.
Vermehrung: Durch halb verholzte Stecklinge von nichtblühenden Trieben im Sommer.

Weitere empfehlenswerte *Santolina*-Arten

Santolina pinnata, Grünes Heiligenkraut

Rundlicher, verholzender, immergrüner Halbstrauch mit schlanken, gefiederten, unbehaarten, bis 4 cm langen, mittelgrünen Blättern, die aus vielen kleinen Fiedern bestehen und beim Zerreiben aromatisch duften. Im Juli und August erscheinen endständige, 2 cm breite, cremeweiße Blütenköpfchen. Die Pflanze wird 75 cm hoch und bis 100 cm breit. Die Unterart *S. pinnata* var. *neapolitana* hat graugrüne Blätter und gelbe Blütenköpfchen. Verwendung, Standort, Pflege und Vermehrung wie *S. chamaecyparissus*. Pro m^2 benötigt man 6 Pflanzen.

Santolina rosmarinifolia, Rosmarinblättriges Heiligenkraut, Grünes Heiligenkraut

Buschiger, verzweigter, verholzender, immergrüner Halbstrauch mit fein zerteilten, aromatisch duftenden, bis 5 cm langen, nadelartigen, hellgrünen Laubblättern. Im Juli und August erscheinen 2 cm breite, gelbe Blütenköpfchen. Die Pflanze wird etwa 60 cm hoch und 100 cm breit. 'Primrose Gem' hat graugrünes Laub, blüht zartgelb und wird nur etwa 30 cm hoch. Pro m^2 benötigt man 6 Pflanzen.

Santolina rosmarinifolia subsp. *rosmarinifolia* 'Primrose Gem'

Saponaria ocymoides, Kleines Seifenkraut, Teppich-Seifenkraut

Aussehen: Die Matten bildende Staude hat etwa 1 cm lange, eilanzettliche, behaarte, hellgrüne Laubblätter. Im Mai und Juni erscheinen zahlreiche nur 1 cm breite, intensiv rosafarbene Blüten, die in lockeren Büscheln angeordnet sind. Die Pflanze sieht dann aus wie ein rosafarbenes Kissen. Sie wird etwa 20 cm hoch und bis 45 cm breit.

'Alba' ist weniger wüchsig und blüht weiß, 'Rubra Compacta' hat einen dichteren Wuchs und dunkelrote Blüten.

Verwendung: Eine typische Steingartenpflanze, die aber auch im Trog hübsch aussieht, besonders wenn sie die Trogränder überwallen darf. Auch für Trockenmauern geeignet. Die Pflanze bildet schöne Polster ohne zu wuchern. Pro m^2 benötigt man 11 Pflanzen.

Standort: Sonnig. Mäßig fruchtbarer, durchlässiger, neutraler bis schwach alkalischer Boden.

Pflege: Nach dem Ende der Blütezeit kräftig zurückschneiden, damit sich dichte Polster bilden und der gedrungene Wuchs erhalten bleibt. Vor Schneckenfraß schützen.

Vermehrung: Im Herbst oder Frühjahr aussäen oder teilen. Im Frühsommer können Grünstecklinge bewurzelt werden.

Saponaria ocymoides

Saxifraga × arendsii, Moos-Steinbrech (Tab. 57)

Aussehen: Die wintergrüne Staude bildet moosartige Polster aus Rosetten mit dicken, blass- bis moosgrünen, tief fiederspaltigen Blättern. Im April und Mai erscheinen zarte Schalenblüten, die auf dünnen, drahtigen Stängeln über dem Laubpolster zu schweben scheinen. Das Farbspektrum der zahlreichen Kultivare reicht von reinweißen und gelblich weißen Blüten über Rosa- und Rottöne bis hin zu zweifarbigen Blüten. Die Pflanze wird 5–15 cm hoch und doppelt so breit.

Verwendung: Der nicht zu sonnige Steingarten ist der ideale Platz für diesen unkomplizierten Frühjahrsblüher. Hübsch sieht die Pflanze aber auch in Töpfen und im Troggarten aus, wenn die Polster über die Ränder wallen. Schöne Begleiter sind Akelei (*Aquilegia*), Elfenblumen (*Epimedium*), Primeln (*Primula*) und andere kleine Frühjahrsblüher. Man verwendet die reich blühende Staude auch gern zur Grabbepflanzung. Pro m^2 benötigt man 16–25 Pflanzen.

Saxifraga × arendsii 'Ingeborg'

Standort: Halbschattig. Nährstoffreicher, humoser, durchlässiger, nicht zu trockener Boden.

Pflege: Besonders im Winter vor stauender Nässe schützen.

Vermehrung: Durch Teilung der Polster im Frühjahr. Im Herbst kann man unbewurzelte, kleine Rosetten wie Stecklinge schneiden und bewurzeln.

Tab. 57 Empfehlenswerte Hybriden von *Saxifraga × arendsii*

Sorte	Blüte	Wuchshöhe
'Birch Baby'	rosa	5 cm
'Blütenteppich'	karminrosa	15 cm
'Bob Hawkins'	grünweiß	15 cm
'Dornröschen'	hellrot	15 cm
'Frühlingsschnee'	weiß	25 cm
'Harder Zwerg'	dunkelrot	5 cm
'Ingeborg'	dunkelrot	15 cm
'Peter Pan'	rot	10 cm
'Purpurteppich'	dunkel weinrot	15 cm
'Rosenzwerg'	dunkelrosa	5 cm
'Schneeteppich'	schneeweiß	15 cm
'Schneezwerg'	weiß	5 cm
'Schwefelblüte'	gelblich weiß	20 cm

Saxifraga cortusifolia var. *fortunei*, Keilblättriger Steinbrech, Oktober-Steinbrech

Aussehen: Die auch unter dem botanischen Namen *S. fortunei* geführte, Horste bildende Staude hat nierenförmige bis rundliche, bis 10 cm breite, mittelgrüne Laubblätter, die gelappt, gebuchtet und unterseits purpurn getönt sind. Im Lauf des Jahres werden die hübschen, glänzenden Blätter auch oberseits purpurn überlaufen. Von August bis Oktober erscheinen zahlreiche filigrane, weiße, sternförmige, 1 cm breite Blüten, die an langen, gestielten, leicht hängenden Rispen stehen. Die Pflanze wird bis 30 cm hoch und breit.

'Rubrifolia' wächst gedrungen und hat kräftig rot überlaufene, dunkelrote Triebe.

Verwendung: Im halbschattigen Steingarten sieht die Pflanze genauso schön aus wie in Töpfen und Schalen. Die dekorativen Blätter erlauben auch eine Verwendung als Blattschmuckstaude, etwa an Wegen oder am Rand von Rabatten. Pro m² benötigt man 11 Pflanzen.

Standort: Halbschattig bis schattig. Humoser, feuchter, aber durchlässiger Boden.

Saxifraga cortusifolia var. *fortunei*

Pflege: Die Pflanze darf im Sommer nicht austrocknen. Sehr anfällig für Schneckenfraß und frühe Herbstfröste.

Vermehrung: Durch Teilen im Frühjahr.

Saxifraga × *urbium*, Porzellanblümchen

Aussehen: Die auch Jehowablümchen genannte Pflanze bildet immergrüne Matten aus gedrungenen Rosetten. Sie hat ei- bis spatelförmge, bis 8 cm lange, regelmäßig gebuchtete Laubblätter, die oberseits mittelgrün und unterseits rötlich grün sind. Im Mai und Juni erscheinen bis 25 cm lange, lockere Rispen mit kleinen, sternförmigen, rot gefleckten, weißen Blüten. Die Pflanze wird bis 30 cm hoch und ebenso breit.

Saxifraga × *urbium* 'Aureopunctata'

Saxifraga × *urbium* 'Clarence Elliott'

'Aureopunctata' hat gelb gepunktete Blätter, rosafarbene Blüten und wird bis 30 cm hoch. 'Clarence Elliott' bildet etwas kleinere Rosetten, hat rosafarbene Blüten und rote Blütenstiele, sie wird 5–15 cm hoch.

Verwendung: Hübsche, ganzjährig attraktive Steingartenpflanze für nicht zu sonnige Standorte. Pro m² benötigt man 11–16 Pflanzen.

Standort: Halbschattig bis schattig. Mäßig nährstoffreicher bis nährstoffarmer, feuchter, aber durchlässiger Boden.

Pflege: Porzellanblümchen sind äußerst pflegeleicht. Nach der Blüte entfernt man die welken Blütenstängel, damit die Pflanzen wieder ordentlich aussehen.

Vermehrung: Durch Teilung praktisch ganzjährig möglich. Die Hybride setzt meist keine Samen an.

Scabiosa caucasica, Große Skabiose

Aussehen: Die Gruppen bildende Staude hat lanzettliche, bis 15 cm lange Grundblätter und graugrüne, fiederspaltige Stängelblätter. Von Juni bis September erscheinen an aufrechten, manchmal verzweigten Stielen bis 8 cm breite, blass- bis lavendelblaue Blütenköpfchen. Große Blüten umstehen dabei eine Scheibe aus kleineren Blüten mit nur ansatzweise entwickelten Kronblättern. Die Pflanze wird 60–90 cm hoch.

'Clive Greaves' hat lavendelblaue Blütenköpfchen, 'Perfecta Alba' blüht cremeweiß und bleibt etwas niedriger und 'Stäfa' hat dunkelviolette Blüten.

Verwendung: Duftig wirkende Beetstaude mit langer Blütezeit. Die Pflanze passt auch gut in Blumen-

Scabiosa caucasica 'Clive Greaves'

Scabiosa columbaria 'Pink Mist'

wiesen und naturnah angelegte Rabatten. Schöne Begleiter sind Rosen, sommerblühende Astern (z. B. *Aster amellus*, *A. linosyris*), Salbei (*Salvia*), Schafgarbe (*Achillea*) und nicht zu hohe Gräser. Gute, lang haltbare Schnittblume. Pro m² benötigt man 6–8 Pflanzen.
Standort: Sonnig. Nährstoffreicher, kalkhaltiger, mäßig feuchter, durchlässiger Boden.
Pflege: Die Pflanze reagiert empfindlich auf zu viel Nässe und strengen Frost. Winterschutz ist empfehlenswert. Das Ausschneiden welker Blüten regt einen Nachflor an.
Vermehrung: Durch Aussaat oder Teilung im zeitigen Frühjahr. Im Frühsommer können grundständige Stecklinge geschnitten werden.

Scabiosa columbaria, Tauben-Skabiose

Aussehen: Die verzweigt wachsende, behaarte, hell- bis graugrüne Staude hat eiförmige bis lanzettliche, bis 15 cm lange Grundblätter und fiederspaltige Stängelblätter. Von Juni bis Oktober erscheinen bis 4 cm breite, fliederfarbene Blütenköpfchen. Die Pflanze wird etwa 50–70 cm hoch und mindestens ebenso breit.

'Pink Mist' hat kräftig rosafarbene Blüten und wird nur etwa 20 cm hoch und breit. 'Butterfly Blue' hat lavendelblaue Blüten und wird bis 40 cm hoch und breit.
Verwendung: Die wildstaudenartige, ausdauernd blühende Pflanze passt gut in den Vordergrund sonniger Beete und Rabatten. Sie eignet sich auch für Wildstaudengärten und Blumenwiesen. Pro m² benötigt man 6–8 Pflanzen.
Standort: Sonnig. Nährstoffreicher, kalkhaltiger, mäßig feuchter, durchlässiger Boden.
Pflege: Wenn verblühte Blütenköpfchen regelmäßig entfernt werden, blüht die Pflanze unermüdlich bis zum Herbst. Im Winter vor dauerhafter Feuchtigkeit schützen.
Vermehrung: Durch Aussaat oder Teilung im zeitigen Frühjahr. Im Frühsommer können grundständige Stecklinge geschnitten werden.

Weitere empfehlenswerte *Scabiosa*-Art

Scabiosa atropurpurea, Samt-Skabiose

Aufrecht und verzweigt wachsende, meist kurzlebige Staude mit drahtigen Sprossen und bis 12 cm langen, schmal spatelförmigen Grundblättern. Die Stängelblätter sind tief gezähnt oder gelappt. Von Juni bis September erscheinen duftende, violette bis karminrote, bis 5 cm breite Blütenköpfe. Die Pflanze wird bis 90 cm hoch und bis 25 cm breit. Man verwendet sie wie die anderen Skabiosen. 'Ace of Spades' hat aparte, gefüllte, fast schwarze Blüten, 'Chile Black' blüht in tiefem Rot. Beide Sorten bleiben deutlich niedriger als die eigentliche Art. Pro m² benötigt man 8 Pflanzen.

Scutellaria baicalensis, Chinesisches Helmkraut

Aussehen: Die buschig wachsende, bis 30 cm hohe Staude hat kantige, zunächst niederliegende, später aufrechte Stängel, die purpurn überlaufen sind. An den Stängeln stehen kurz gestielte, lanzettliche, 4 cm lange, behaarte Laubblätter. Von Juni bis September erscheinen ebenfalls behaarte Trauben mit 2,5 cm langen, dunkelblauen Blüten, die alle stets nur nach einer Seite gewandt sind.
Verwendung: Die Wildstaude ist eine gute Bienenweide und passt schön in den Vordergrund von Rabatten und naturnah bepflanzten Staudenbeeten. Pro m² benötigt man 16 Pflanzen.

Scutellaria baicalensis

Sedum acre 'Yellow Queen'

Standort: Sonnig. Mäßig fruchtbarer, leicht kiesiger, durchlässiger, neutraler bis alkalischer Boden.
Pflege: In kalten Regionen ist ein leichter Winterschutz zu empfehlen.
Vermehrung: Durch Aussaat im Herbst oder Teilung der Horste im Frühjahr oder Herbst. Im Spätfrühjahr können grundständige Stecklinge geschnitten werden.

Sedum acre, Scharfer Mauerpfeffer

Aussehen: Die in Europa heimische Wildstaude ist eine Matten bildende, immergrüne Pflanze mit aufrechten oder niederliegenden, walzenförmigen, fleischigen Sprossen, die mit winzigen Blättern bedeckt sind. Sie blüht im Juni und Juli mit sternförmigen, bis 1,5 cm breiten, goldgelben Blüten, die in kleinen Büscheln zusammen stehen. Die Pflanze wird nur 5 cm hoch, breitet sich aber stark aus.

'Aureum' hat hellgelbe Blüten.
Verwendung: Idealer Bodendecker für die sonnigsten, trockensten Bereiche im Garten. Wächst gut auf Trockenmauern, in Stein- und Kiesgärten und kann auch zur Dachbegrünung eingesetzt werden. Gute Pflanzpartner sind andere Sonnenkinder und Hungerkünstler, wie Heide-Nelke (*Dianthus deltoides*) und Kartäuser-Nelke (*Dianthus carthusianorum*), Habichtskraut (*Hieracium*), Thymian-Arten (*Thymus*) und andere Fetthennen (*Sedum*). Pro m² benötigt man 25 Pflanzen.
Standort: Vollsonnig. Trockener, mäßig nährstoffreicher, sandiger, durchlässiger Boden.
Pflege: Absolut pflegeleicht. Man kann nach der Blüte die welken Blütenstände entfernen, damit die Polster wieder ordentlich aussehen.
Vermehrung: Durch Aussaat nach der Samenreife oder Teilen im Frühjahr. Die Pflanze samt sich leicht selbst aus.

Sedum album, Weißer Mauerpfeffer

Aussehen: Die immergrüne, lockere Matten bildende Staude hat niederliegende, kahle Stängel, mit wechselständigen, fleischigen, walzenförmigen, bis 2 cm langen, grünen Laubblättern. Von Juni bis September erscheinen kurz gestielte Rispen mit Büscheln kleiner, sternförmiger Blüten. Die Blütenblätter sind weiß bis blassrosa und haben einen roten Mittelnerv. Die Pflanze wird 8–20 cm hoch und wächst stark in die Breite.

'Coral Carpet' hat im Sommer grüne, im Winter bronzefarbene Laubblätter, die von 'Murale' sind ganzjährig braunrot.
Verwendung: Wie *S. acre*. Pro m² benötigt man 25 Pflanzen.
Standort: Vollsonnig. Trockener,

Sedum album 'Coral Carpet'

mäßig nährstoffreicher, sandiger, durchlässiger Boden.
Pflege: Absolut pflegeleicht. Man kann nach der Blüte die welken Blütenstände entfernen, damit die Polster wieder ordentlich aussehen.
Vermehrung: Durch Aussaat nach der Samenreife oder durch Teilen im Frühjahr. Die Pflanze versamt sich leicht selbst.

Sedum floriferum, Gold-Fetthenne

Aussehen: Die immergrüne Art bildet Matten aus kleinen Rosetten, die das ganze Jahr über ordentlich aussehen und aus spatelförmigen, grünen, am Rand gebuchteten Blättern bestehen. Im Juni und Juli erscheinen kurz gestielte Dolden mit sternförmigen, goldgelben Blüten. Die Pflanze wird bis 15 cm hoch und breitet sich stark aus.

Im Handel findet man fast ausschließlich die zuverlässige und schöne Sorte 'Weihenstephaner Gold' mit leuchtend goldgelben Blüten.
Verwendung: Für Kies- und Steingärten, Beeteinfassungen und für die Dachbegrünung geeignete Polsterstaude. Die Blüten sind eine geschätzte Bienenweide. Oft wird die Staude auch zur Grabgestaltung eingesetzt. Weil sie mehr Feuchtigkeit als andere Fetthennen verträgt, kann man sie auch an den Rand von sonnigen Gewässern setzen. Pro m^2 benötigt man 16–25 Pflanzen.
Standort: Vollsonnig. Normaler, durchlässiger, neutraler bis mäßig feuchter Boden.
Pflege: Absolut pflegeleicht.
Vermehrung: Von Frühjahr bis Herbst kann man einzelne Rosetten abtrennen und gleich wieder am neuen Standort einpflanzen.

Sedum spectabile, Schöne Fetthenne

Aussehen: Die Gruppen bildende Staude hat aufrechte, unverzweigte Sprosse mit fleischigen, gegenständigen, eiförmigen bis elliptischen, bis 8 cm langen Blättern, die graugrün, gebuchtet und gesägt sind. Von Juli bis September erscheinen dichte, abgeflachte, bis 20 cm breite, doldenartige Blütenstände mit zahlreichen rosafarbenen, sternförmigen, knapp 1 cm breiten Einzelblüten. Die Schöne Fetthenne wird 30–45 cm hoch und breit und zieht im Winter ein.

Viele unter der Art gehandelte Sorten sind eigentlich Hybriden. 'Brillant' blüht dunkelrosa, 'Carl' blüht rosarot und wird 30–40 cm hoch, 'Iceberg' hat blasser grüne Blätter und reinweiße Blüten.
Verwendung: Spät blühende Sommerstaude für den Vordergrund von Beeten und Rabatten. Sie gedeiht auch in Kübeln und Töpfen. Die Blüten locken Bienen an. Besonders gut passt sie zu Rosen, nicht allzu hohen Gräsern (z. B. *Pennisetum alopecuroides*), Sonnenhut (*Rudbeckia*), Rotem Scheinsonnenhut (*Echinacea*), Kissen-Astern (*Aster dumosus*) und Steppen-Salbei (*Salvia nemorosa*). Selbst nach dem Verblühen sehen die trockenen Blütenstände noch reizvoll aus, wenn sie von Raureif überzogen sind. Gute Schnittblume. Pro m^2 benötigt man 5 Pflanzen.
Standort: Sonnig. Nährstoffreicher, mäßig feuchter, durchlässiger Boden.
Pflege: Im Frühjahr sollte mit Komposterde gemulcht und im Sommer bei Trockenheit gegossen werden. Rückschnitt der verblühten Triebe möglichst erst im Spätwinter oder zeitigen Frühjahr.
Vermehrung: Im Frühjahr durch Teilung.

Sedum floriferum

Sedum spectabile 'Carl'

Sedum spurium, Kaukasus-Fetthenne (Tab. 58)

Aussehen: *S. spurium* ist eine Matten bildende, immergrüne Staude mit verzweigten, niederliegenden Trieben und fleischigen, 2,5 cm langen, gegenständig angeordneten, umgekehrt eiförmigen Laubblättern. Die mittelgrünen, etwas stumpf wirkenden Blätter sind zur Spitze hin leicht gezähnt. Sie stehen vor allem an der Triebspitze gedrängt. Von Juni bis August erscheinen an aufsteigenden Blütenstängeln doldenartige, abgeflachte Blütenstände mit 2 cm breiten, sternförmigen, rosapurpurnen bis weißen Blüten. Die Staude wird maximal 10 cm hoch, entwickelt sich aber rasch in die Breite. Von dieser Art gibt es zahlreiche schöne Sorten.
Verwendung: Guter, immergrüner Bodendecker für den Rand von Rabatten, Trog-, Stein- und Kiesgärten, aber auch für Trockenmauern, zur Dachbegrünung und zur Grabgestaltung. Die Pflanze ist sehr wuchsfreudig und kann Nachbarpflanzen verdrängen. Pro m² benötigt man 16 Pflanzen.
Standort: Sonnig. Mäßig nährstoffreicher, durchlässiger, neutraler bis leicht alkalischer Boden.
Pflege: Absolut pflegeleicht. Damit die Matten ordentlich wirken, schneidet man nach der Blütezeit die abgeblühten Triebe aus.
Vermehrung: Die niederliegenden Triebe bilden an den Blattachseln Wurzeln. Dadurch kann man von Frühjahr bis Herbst einfach bewurzelte Sprossteile der Pflanze abtrennen und sofort neu einpflanzen.

Sedum telephium, Purpur-Fetthenne

Aussehen: Die Gruppen bildende, im Winter einziehende Staude hat kräftige, aufrechte, unverzweigte Triebe, an denen wechselständig angeordnete, fleischige, graugrüne, bereifte Blätter stehen. Diese sind länglich bis eiförmig, bis 8 cm lang und haben einen gesägten Rand. Zwischen Ende August und Oktober entwickeln sich große, bis 12 cm breite, doldenähnliche, nach oben hin abgeflachte Blütenstände (Trugdolden) aus sternförmigen, bis 1 cm breiten Einzelblüten. Zunächst wirkt der ganze Blütenstand grün, bis sich aus den zahlreichen Knospen die purpurnen Blüten entwickeln. Die Pflanze wird bis 60 cm hoch und breit. Viele hohe Hybridsorten haben *S. telephium* als einen Elternteil.

'Munstead Dark Red' hat purpurn überlaufene Blätter und purpurrote Blüten. 'Herbstfreude' wird oft zu dieser Art gerechnet, obwohl es sich dabei um eine Hybride aus *S. spectabile* und *S. telephium* handelt. Sie hat bis 20 cm breite, rostrote Blütenstände, blüht im September und Oktober und wird bis 50 cm hoch.
Verwendung: Schöne, strukturgebende Pflanze für den Vordergrund sonniger Staudenbeete und Rabatten. Die Pflanze zieht zur Blütezeit Bienen magisch an. In der Verwendung ähnelt sie *S. spectabile* (siehe oben), bringt aber durch ihr kräftigeres Erscheinungsbild deutlich mehr Struktur in Pflanzungen. Die

Sedum spurium 'Purpurteppich'

Sedum telephium 'Herbstfreude'

Tab. 58 Empfehlenswerte Sorten von *Sedum spurium*

Sorte	Blatt	Blüte
'Coccineum' (Syn. 'Splendens')	rot überlaufen	karminrot
'Erdblut'	violett getönt	violett
'Fuldaglut'	dunkel purpurrot	karminrosa
'Green Mantle'	groß, durchgehend grün	weiß
'Purpurteppich'	purpurn, aber heller als 'Fuldaglut'	karminrosa
'Schorbuser Blut'	erst grün mit rotem Rand, im Herbst dunkler	dunkel rosaviolett
'Tricolor' (Syn. 'Variegatum')	rosa-weiß-grün panaschiert	rosa

Dunkel und schön: 'Purple Emperor'
Die purpurblättrige Fetthennen-Sorte 'Purple Emperor' wird in den Katalogen führender Staudenzüchter mal zu *Sedum spectabile* und mal zu *S. telephium* gezählt. Ganz gleich, wo man sie einordnet, die 50 cm hohe Staude mit den rosavioletten Blüten ist immer hübsch und passt besonders gut zu grau- und silberlaubigen Begleitpflanzen.

purpurblättrigen Sorten passen gut zu grau- und silberlaubigen Pflanzen wie Edelraute (*Artemisia*). Pro m² benötigt man 3–4 Pflanzen.
Standort: Sonnig. Nährstoffreicher, mäßig feuchter, durchlässiger, neutraler bis leicht alkalischer Boden.
Pflege: Sehr pflegeleicht. Die welken Blütenstände möglichst erst im Spätwinter oder zeitigen Frühjahr abschneiden. Das Teilen der Staude nach 3–4 Jahren sorgt dafür, dass die Pflanzen kompakt bleiben und während der Blütezeit nicht auseinanderfallen. Blattläuse können zum Problem werden.
Vermehrung: Durch Teilen im Frühjahr vor dem Austrieb.

Sedum aizoon 'Euphorbioides'

Weitere empfehlenswerte *Sedum*-Arten

Sedum aizoon, Deckblatt-Fetthenne

Eine sommergrüne, Rhizome bildende Staude mit kräftigen, unverzweigten Trieben, die dicht mit eiförmigen bis lanzettlichen, gezähnten, bis 8 cm langen Laubblättern besetzt sind. Von Juni bis August erscheinen in doldenartigen Büscheln kleine, goldgelbe, sternförmige Blüten. Die Pflanze wird bis 45 cm hoch und breit. Bei der gedrungener wachsenden Sorte 'Euphorbioides' sind die Blüten orangegelb. Pro m² benötigt man 11 Pflanzen.

Sedum cauticola, Pflaumen-Fetthenne

Eine kriechend wachsende, Ausläufer bildende, sommergrüne Pflanze, die auch als *Sedum cauticolum* oder *Hylotelephium cauticola* im Handel ist. Die Rhizome bildende Pflanze hat manchmal verholzende, purpurn überlaufene Sprosse mit stumpf gesägten, rundlichen bis eiförmigen, bis 2,5 cm langen Laubblättern. Von August bis September erscheinen verzweigte Sprosse mit rispenartig angeordneten Büscheln rosapurpurner Blüten, die karminrot verwelken. Die Pflanze wird bis 10 cm hoch und bis 30 cm breit. Die Hybride *Sedum cauticola* 'Robustum' ist in allen Teilen größer und starkwüchsiger als die eigentliche Art, hat dekoratives graues Laub und karminrote Blüten. Die Art wächst gut in mäßig nährstoffreichen, durchlässigen Böden in voller Sonne und eignet sich für Stein- und Kiesgärten. Pro m² benötigt man 9–16 Pflanzen.

Sedum cauticola 'Bertram Anderson'

Schöne *Sedum*-Hybriden

'Abbeydore'

Eine um 1990 eingeführte Hybride aus *S. spectabile* und *S. telephium*. Die bis 45 cm hohe, von August bis September blühende, aufrechte Staude hat zunächst blaugrünes, später violett getöntes Laub und hellrosafarbene Blüten mit dunklen Staubgefäßen. Verwendung, Pflege und Vermehrung wie bei den Elternarten. Pro m² benötigt man 3–4 Pflanzen.

'Bertram Anderson'

Eine Hybride der Pflaumen-Fetthenne (*S. cauticola*). Die Pflanze ähnelt dieser Art, ist aber insgesamt wüchsiger und hat bis 5 cm große, dunkelviolett überlaufene Laubblätter. Von Juni bis August entwickeln sich halbkugelige, bis 10 cm breite Blütenstände mit sternförmigen, rosavioletten Blüten. Die Pflanze wird 25 cm hoch und passt besonders gut zu graulaubigen Stauden wie Eberraute (*Artemisia*) oder Hornkraut (*Cerastium tomentosum*). Standortansprüche und Verwendung wie bei der Elternart. Pro m² benötigt man 9–12 Pflanzen.

'Beth's Special'

Bis 50 cm hohe, erst im September/Oktober blühende Hybride mit bläulich grünem, violett gerandetem Laub und bräunlich rosafarbenen Blüten, die sich aus cremefarbenen

Sedum 'Abbeydore'

Sedum 'Green Expectations'

Sedum 'Karfunkelstein'

Sedum 'Beth's Special'

Sedum 'Joyce Henderson'

Sedum 'Matrona'

Knospen öffnen. Standortanspüche, Verwendung, Pflege und Vermehrung wie *S. telephium* (Purpur-Fetthenne). Pro m² benötigt man 3–4 Pflanzen.

'Joyce Henderson'
Bis 80 cm hohe, sehr wüchsige Hybride mit aufrechten, kastanienbraunen Trieben und, besonders gegen Ende der Saison, violett überlaufenen Laubblättern. Im August und September erscheinen bis 15 cm breite, abgeflachte Trugdolden mit blass rosafarbenen Blüten. Standortanspüche, Verwendung, Pflege und Vermehrung wie *S. telephium* (Purpur-Fetthenne). Pro m² benötigt man 3–4 Pflanzen.

'Karfunkelstein'
Die hohe, von Ernst Pagels gezüchtete Hybride gilt als die dunkelste aller hohen Fetthennen. Die auch unter dem Namen 'Xenox' geführte, bis 50 cm hohe Staude hat dunkel purpurfarbenes, blau bereiftes Laub. Im August und September entwickeln sich aus sehr dunklen Knospen bräunlich rosafarbene Blüten. Standortanspüche, Verwendung, Pflege und Vermehrung wie *S. telephium* (Purpur-Fetthenne). Pro m² benötigt man 3–4 Pflanzen.

'Matrona'
Um 1986 bei der Gärtnerei Hügin in Freiburg entstandene, bis 60 cm hohe Hybride mit kräftigen, kastanienbraunen Trieben und großen, olivgrünen, bis 13 cm langen Laubblättern. Die Mittelrippe der gezähnten Blätter ist ebenfalls kastanienbraun. Im August und September entwickeln sich bis 15 cm breite, abgeflachte Trugdolden. Weiße Knospen öffnen sich zu rosafarbenen Blüten. Standortanspüche, Verwendung, Pflege und Vermehrung wie *S. telephium* (Purpur-Fetthenne). Pro m² benötigt man 3–4 Pflanzen.

'Red Cauli'
Die mit maximal 30 cm Höhe recht kompakt wachsende Hybride hat anfangs blaugrünes Laub, das sich später dunkelrot färbt. Ab August

zeigen sich Trugdolden mit blumenkohlartigen, brillant rot gefärbten Blütenköpfchen. In Standortansprüchen, Verwendung, Pflege und Vermehrung gleicht sie *S. telephium*, wegen der geringen Größe macht sich diese Staude aber auch gut in Stein- und Kiesgärten und im Vordergrund sonniger Rabatten. Pro m^2 benötigt man 3–4 Pflanzen.

Sidalcea candida, Weiße Schmuckmalve

Aussehen: Die Rhizome bildende, buschig aufrecht wachsende Staude hat rundliche, tiefgrüne, mehr oder weniger herzförmige, bis 20 cm lange Grundblätter. Die Blätter an den aufrechten, unverzweigten Stängeln sind kleiner und handförmig geteilt. Von Juni bis August erscheinen an straff aufrechten Blütenstielen Trauben mit malvenähnlichen, bis 10 cm breiten, reinweißen bis cremefarbenen Blüten, die blaue Staubgefäße umschließen.

Sidalcea candida 'Bianca'

Die Pflanze wird bis 80 cm hoch und etwa halb so breit.

'Bianca' wird etwa 100 cm hoch und hat reinweiße, schalenförmige Blüten.

Verwendung: Eine grazile, lang blühende Staude für Beete und Rabatten, die besonders schön in Gruppen gepflanzt zur Geltung kommt. Sie eignet sich auch für Prärie- und Steppengärten, die Blüten sind schöne Schnittblumen. Pro m^2 benötigt man 6 Pflanzen.

Standort: Sonnig. Mäßig nährstoffreicher, lehmig-humoser, nicht zu kalkhaltiger, durchlässiger Boden. Staunässe wird ebenso wenig vertragen wie längere Trockenheit.

Pflege: Ein kräftiger Rückschnitt direkt nach der Blüte fördert den Austrieb neuer Laubblätter und verlängert die Lebenszeit der kurzlebigen Staude.

Vermehrung: Durch Aussaat oder Teilung im Frühjahr.

Sidalcea malviflora, Kalifornische Schmuckmalve

Aussehen: Die auch unter dem Namen Präriemalve bekannte, an der Basis verholzende Staude wächst locker buschig und aufrecht. Sie breitet sich langsam durch kriechende Rhizome aus. Die an der Basis etwas größeren Blätter sind rundlich bis nierenförmig und gezähnt oder gelappt. Am Stängel werden sie nach oben zu immer kleiner und sind stärker handförmig geteilt. Von Juni bis August erscheinen an straff aufrechten, unverzweigten Blütenstängeln 5 cm breite, weiß geaderte, rosafarbene oder violette Schalenblüten, die an Malvenblüten erinnern. Die Pflanze wird bis 120 cm hoch und bis 45 cm breit. Zusammen mit der Weißen Schmuckmalve (*S. candida*) bildet sie die Eltern zahlreicher schöner Hybriden.

Die 80–100 cm hohe Hybride 'Elsie Heugh' hat schalenförmige, zartrosa Blüten, deren Kronblätter gefranst sind. 'Oberon' blüht rosarot, 'Loveliness' hat blassrosa Blüten und wird nur 75 cm hoch. Noch niedriger ist die blass rosafarbene Hybride 'Little Princess', sie wird nur 40 cm hoch.

Verwendung: Wie *S. candida* (Weiße Schmuckmalve). Pro m^2 benötigt man 6 Pflanzen.

Standort: Sonnig. Mäßig nährstoffreicher, lehmig-humoser, nicht zu kalkhaltiger, durchlässiger Boden. Staunässe wird ebenso wenig vertragen wie längere Trockenheit.

Pflege: Ein kräftiger Rückschnitt direkt nach der Blüte fördert den Austrieb neuer Laubblätter und verlängert die Lebenszeit der kurzlebigen Staude.

Vermehrung: Durch Aussaat oder Teilung im Frühjahr. Hybriden können nicht durch Aussaat vermehrt werden.

Sidalcea malviflora 'Elsie Heugh'

Silene chalcedonica, Brennende Liebe

Aussehen: Früher wurde die Art unter dem Namen *Lychnis chalcedonica* geführt. Es ist eine steif aufrechte Staude mit rauen, ovalen, dunkelgrünen, bis 8 cm langen Laubblättern, die im unteren Stängelbereich herzförmig sind. Im Juni und Juli entwickeln sich endständige, rundliche, doldenartige Blütenstände mit bis zu 50 scharlachroten, 1,5 cm großen Einzelblüten. Die Blütenblätter sind tief eingeschnitten. Die Staude wird 90–120 cm hoch und etwa 30 cm breit.

'Rosea' hat blassrosa Blüten mit dunklerem Auge, 'Flore Pleno' blüht gefüllt in etwas stumpferem Rot und *S. chalcedonica* var. *albiflora* blüht weiß.

Verwendung: Traditionelle Bauerngartenpflanze, die aufgrund ihrer leuchtenden Farbe auch in Staudenbeeten eine gute Fernwirkung hat. Pro m^2 benötigt man 16 Pflanzen.

Standort: Sonnig. Nicht zu feuchter, durchlässiger, humoser Boden.

Pflege: Die Staude benötigt eine Stütze.

Vermehrung: Durch Aussaat gleich nach der Samenreife oder im Frühjahr. Die Pflanze sät sich auch selbst aus. Die Sorten vermehrt man am besten durch grundständige Stecklinge oder durch Teilung im Frühsommer.

Silene chalcedonica

Silene coronaria, Vexiernelke, Kronen-Lichtnelke

Aussehen: Die früher als *Lychnis coronaria* bezeichnete, aufrechte Staude ist kurzlebig und wird oft auch als Zweijährige kultiviert. Sie hat eilanzettliche, silbrig graue, bis 10 cm lange Laubblätter, die wie auch der Stängel wollig behaart sind. Im Juli und August entwickeln sich aus mehrfach verzweigten, endständigen Büscheln 3 cm breite, blasspurpurrote bis purpurrote Blüten. Die Staude wird bis 80 cm hoch und bis 45 cm breit.

Die Sorte 'Alba' hat weiße Blüten, 'Blushing Bride' blüht weiß mit rosa Auge.

Verwendung: Aufgrund der miteinander kontrastierenden Laub- und Blütenblätter eine schöne Pflanze, die in Kiesgärten und naturnah gestalteten Gärten einen Blickfang bietet. Auch schön in Staudenbeeten zusammen mit blauviolett blühenden und anderen graulaubigen Stauden wie Heiligenkraut (*Santolina*) oder Filzigem Hornkraut (*Cerastium tomentosum*). Pro m^2 benötigt man 4 Pflanzen.

Standort: Vollsonnig. Nicht zu feuchter, durchlässiger, humoser Boden.

Pflege: Die Pflanze ist pflegeleicht, verträgt aber keine Winternässe.

Vermehrung: Durch Samen, die gleich nach Samenreife oder im Frühjahr ausgesät werden. Die Pflanze sät sich auch bereitwillig und in großer Zahl selbst aus.

Silene coronaria

Silene flos-jovis, Jupiter-Lichtnelke

Aussehen: Die Jupiter-Lichtnelke ist eine Matten bildende, bis 60 cm hohe Staude alpiner Herkunft, die früher unter dem Namen *Lychnis flos-jovis* geführt wurde. Sie hat aufrechte, unverzweigte, weiß behaarte Sprosse und 10 cm lange, lanzettliche bis spatelförmige Grundblätter, die ebenfalls behaart sind. Von Juni bis August/September erscheinen lockere, leicht kuppelförmige Büschel mit 4–10 runden, 2,5 cm breiten, rosaroten Einzelblüten. Die Kronblätter sind schwach zurückgeschlagen und gebuchtet.

'Hort's Variety' hat rosa Blüten und wird 30 cm hoch, 'Peggy' (Syn. 'Nana Peggy') blüht rot und bleibt mit 25 cm kleiner.

Verwendung: Die naturnah wirkende Wildstaude passt gut in Steingärten und ins Alpinum, macht sich aber auch gut am vorderen Rand von sonnigen Rabatten. Pro m^2 benötigt man 5–7 Pflanzen.

Standort: Vollsonnig. Nicht zu feuchter, durchlässiger, humoser, kalkhaltiger Boden.

Pflege: Die Pflanze ist pflegeleicht, verträgt aber keine Winternässe.

Vermehrung: Durch Aussaat unmittelbar nach der Samenreife oder im Frühjahr.

Silene maritima, Klippen-Leimkraut

Aussehen: Die auch unter dem botanischen Namen *S. uniflora* geführte, kriechende, immergrüne Staude hat einen lockeren Wuchs und fleischige, graugrüne, 2 cm lange, lanzettliche Laubblätter, die

Silene maritima

am Rand behaart sind. Von Juni bis August erscheinen weiße, 2,5 cm breite Blüten mit gekerbten Kronblättern und ballonförmigen Kelchen. Die Pflanze wird bis 15 cm hoch und bis 20 cm breit.

Am häufigsten findet man die gefüllt blühende Sorte 'Weißkehlchen' (Syn.'Alba Plena') im Handel. 'Druett's Variegata' hat cremefarben panaschiertes Laub, weiße Blüten und wird nur 10 cm hoch.

Verwendung: Die kleine Staude passt gut in sonnige Stein- und Kiesgärten, kann aber auch auf Mauerkronen, in Fugen, in Troggärten und für die Dachbegrünung verwendet werden. Pro m^2 benötigt man 16 Pflanzen.

Standort: Sonnig. Mäßig nährstoffreicher, sandiger, durchlässiger, kalkhaltiger Boden.

Pflege: Absolut pflegeleicht. Vor allem im Winter vor ständiger Nässe schützen.

Vermehrung: Durch Teilung nach der Blüte oder im Frühjahr durch Stecklinge.

Silene schafta, Herbst-Leimkraut

Aussehen: *S. schafta* ist eine Gruppen bildende, halbimmergrüne Staude mit schlanken, niederliegenden bis aufsteigenden Trieben, an denen lanzettliche, 1–2 cm lange, hellgrüne Blätter stehen. Von August bis in den Oktober hinein erscheinen zahlreiche 2 cm breite, radförmige, leuchtend rosafarbene Blüten. Die Pflanze bildet ein flächiges, graziles Polster, wird 25 cm hoch und bis 30 cm breit.

Im Handel findet man meistens die Sorte 'Splendens', die besonders reich blüht.

Verwendung: Für sonnige Kies- und Steingärten, aber auch für Troggärten und zur Einfassung von Beeten und Rabatten gut geeignet. Die späte Blütezeit macht diese Staude besonders wertvoll. Pro m^2 benötigt man 16 Pflanzen.

Standort: Sonnig. Mäßig nährstoffreicher, sandiger, durchlässiger, kalkhaltiger Boden.

Pflege: Sehr pflegeleicht, verträgt allerdings im Winter keine dauernde Nässe.

Vermehrung: Im Frühjahr durch Teilung oder Stecklinge.

Silene viscaria, Gewöhnliche Pechnelke

Aussehen: Aus kriechenden Stängeln bildet diese einheimische Wildstaude eine grundständige Blattrosette aus lanzettlichen bis elliptischen, dunkelgrünen Grundblättern. Daraus erheben sich dünne, aufrechte, am Blattansatz und knapp unterhalb der Blütenstände klebrige Stängel, die wenige schmale, lanzettliche Blätter tragen. Im Mai und Juni entwickeln sich offene Rispen mit zahlreichen lebhaft magentaroten, etwa 2 cm breiten Blüten, deren Kronblätter gekerbt sind. Die Pflanze erreicht eine Breite und Höhe von 45 cm.

S. viscaria subsp. *atropurpurea* hat nicht ganz so grelle, sondern eher tiefviolette Blüten, 'Snowbird' blüht weiß, 'Plena' blüht dicht gefüllt in leuchtendem Karminrot und 'Splendens Plena' hat gefüllte, rosa getönte Blüten und bronzefarbenes Laub.

Verwendung: Gut geeignet für Wildblumenrabatten, naturnahe Staudengärten und Steingärten. Auch im Kiesgarten ist diese Wildstaude mit ihrer kräftigen Blütenfarbe ein schöner Blickfang. Aufgrund ähnlicher Standortansprüche

Silene schafta 'Splendens'

Silene viscaria

gedeiht die Staude gut mit Heidekraut (*Erica* und *Calluna vulgaris*) im Heidegarten. Pro m² benötigt man 11 Pflanzen.
Standort: Vollsonnig. Mäßig fruchtbarer, durchlässiger, kalkarmer Boden.
Pflege: Sehr pflegeleicht, verträgt allerdings weder kalkhaltige noch winterfeuchte Böden.
Vermehrung: Durch Aussaat gleich nach der Samenreife oder im Frühjahr und durch Teilung der Rhizome im Frühjahr.

Tab. 59 Empfehlenswerte *Solidago*-Hybriden

Sorte	Blüte	Wuchshöhe
'Cloth of Gold'	tiefgelb, horizontale, kegelförmige Rispen	30–45 cm
'Gardone'	leuchtend gelb, große, kegelförmige Rispen	100 cm
'Golden Gate'	hellgelb, ährenförmige Rispen	50 cm
'Golden Wings'	tiefgelb, breite, etagenförmige Rispen	180–200 cm
'Goldenmosa'	blassgelb, große kegelförmige Rispen	75 cm
'Goldkind'	tiefgelb, kompakte, breit kegelförmige, dichte Rispen	60 cm
'Laurin'	tiefgelb, kompakte Rispen	30–40
'Loddon Gold'	dunkelgelb, konische Rispen	90 cm
'Queenie' (Syn. 'Golden Thumb')	gelb, kegelförmige Rispen	30 cm
'Strahlenkrone' (Syn. 'Crown of Rays')	leuchtend gelb, abgeflachte, dichte, kegelförmige Rispen	40–60 cm
'Tara'	strahlendes Gelb, sehr kleine Blüten, kegelförmige Rispen	80 cm
'Tom Thumb'	gelb, dichte, kegelförmige Rispen	30 cm

Solidago-Hybriden, Goldruten-Hybriden (Tab. 59)

Aussehen: Die ursprünglich aus Nordamerika stammende Goldrute ist bei uns meist als lästiges, wucherndes Unkraut bekannt. Doch es gibt auch zahlreiche gartenwürdige Kultivare, die nicht wuchern. Die Horste bildende, aufrechte Staude hat lanzettliche, gesägte, frischgrüne Laubblätter. Von Juli bis September erscheinen kleine, gelbe Körbchenblüten an dichten, endständigen, pyramidenförmigen Rispen. Es gibt niedrige Kultivare mit einer Wuchshöhe von nur 30 cm, aber auch wahre Riesen, die bis 200 cm hoch werden.

Verwendung: Die lang blühende Sommerstaude eignet sich hervorragend für Beete und Rabatten. Hübsch sieht sie auch in Wildblumengärten aus. Gute Pflanzpartner sind im Sommer blühende Astern-Arten, Feinstrahl (*Erigeron*), Sonnenbraut (*Helenium*), Skabiosen (*Scabiosa*), Montbretien (*Crocosmia*) und Gräser, beispielsweise das Federgras (*Stipa*). Goldruten sind gute Schnittblumen, die sich lange in der Vase halten. Pro m² benötigt man 5 Pflanzen.
Standort: Sonnig. Mäßig nährstoffreicher, durchlässiger, lehmiger, feuchter Boden.
Pflege: Hohe Kultivare brauchen eine Stütze. Abgeblühte Sprosse sollten rechtzeitig entfernt werden, um eine Selbstaussaat zu verhindern. Manche Kultivare sind etwas anfällig für Mehltau.
Vermehrung: Durch Teilung im Frühjahr.

Solidago 'Strahlenkrone'

Stachys byzantina, Woll-Ziest

Aussehen: Die Matten bildende Staude hat länglich-elliptische, dicht mit silbrigen Haaren besetzte, bis 10 cm lange Laubblätter, die der Pflanze auch den Namen Eselsohren eingebracht haben. Die Grundblätter sind rosettenförmig angeordnet. Von Juni bis September erscheinen an aufrechten Sprossen wollig behaarte Ähren mit kleinen, rosavioletten Blüten. Die bis 45 cm hohe Pflanze breitet sich lebhaft durch Ausläufer aus.

'Big Ears' hat bis 25 cm lange, mittelgrüne Laubblätter, die grau filzig behaart sind, und blüht rosapurpurn. 'Silver Carpet' wird nur 15 cm hoch und blüht praktisch überhaupt nicht.
Verwendung: Als Bodendecker eignet sich besonders die nichtblühende Sorte 'Silver Carpet', da die Blütentriebe der Art und der Sorten nicht besonders standfest sind und die Pflanzen dann einen unordentlichen Eindruck machen. Für den Rand von Rabatten und Staudenbeeten eignen sie sich aber gut. Schöne Pflanzpartner sind Frauenmantel (*Alchemilla*), Katzenminze (*Nepeta*), Günsel (*Ajuga*) und dunkellaubige Purpurglöckchen (z. B. *Heuchera*-Hybride 'Palace Purple'). Zu Rosen bildet der Woll-Ziest einen wunderschönen Kontrast in Farbe und Textur. Pro m² benötigt man 11 Pflanzen.
Standort: Sonnig bis halbschattig. Nährstoffarmer, sandiger, gut durchlässiger Boden.
Pflege: Die Staude verträgt keine Nässe. In längeren Regenperioden können die Blätter faulen. Die Pflanze ist außerdem etwas anfällig für Mehltau.
Vermehrung: Im Frühjahr bei beginnendem Wachstum teilen.

Stachys byzantina 'Big Ears'

Stellaria holostea, Große Sternmiere

Aussehen: Die Große Sternmiere ist eine immergrüne, heimische Wildstaude mit niederliegenden bis aufsteigenden Trieben, an denen schmal lanzettliche, vorn zugespitzte, gegenständige Laubblätter stehen. Von April bis Juni erscheinen weiße, sternförmige, bis 2 cm große Blüten an mehrfach gegabelten, lockeren Trugdolden. Die Pflanze wird 10–40 cm hoch.
Verwendung: Am schönsten wirkt die zierliche Pflanze ausgewildert in Wiesen und zusammen mit einzeln stehenden großen Stauden, wo sie die Zwischenräume füllt. Sie eignet sich aber auch zur Unterpflanzung von Kübelpflanzen und für Balkonkästen, wo sie überhängend wächst. Im Beet sind Funkien (*Hosta*), Kaukasusvergissmeinnicht (*Brunnera*), Lungenkraut (*Pulmonaria*) und Hängepolster-Glockenblumen (*Campanula poscharskyana*) schöne Begleiter. Die Triebe können im Winter als Salatbeigabe verzehrt werden. Pro m² benötigt man 11 Pflanzen.
Standort: Halbschattig bis schattig. Mäßig nährstoffreicher, humoser, mäßig feuchter, eher kalkhaltiger Boden.
Pflege: Äußerst pflegeleicht.
Vermehrung: Durch Aussaat nach der Samenreife oder durch Rhizomknospen und Sprosse von vorjährigen, bodennahen Trieben im Frühjahr.

Stellaria holostea

Stipa calamagrostis, Alpen-Raugras, Silber-Ährengras

Aussehen: Das sommergrüne Gras wird unter einer Vielzahl von Synonymen geführt: *Stipa lasiagrostis*, *Achnatherum calamagrostis*, *Lasiagrostis calamagrostis* und *Calamagrostis argentea*. Die Horste aus flachen, fein zugespitzten, 0,5 cm breiten, grünen Blättern hängen leicht über und von Juni bis Oktober entwickeln sich duftige, bis 30 cm lange Rispen aus fiedrigen, grünlich weißen Blütenähren. Sie verfärben sich zu gelb und können den ganzen Winter über hübsch aussehen. Das Gras erreicht eine Wuchshöhe von maximal 120 cm.
Verwendung: Das elegante, zierliche Gras kommt in Einzelstellung am besten zur Geltung. Es macht

Stipa calamagrostis

sich gut in Wildblumen- und Grasgärten, passt aber auch perfekt in Stein- und Kiesgärten. Die Blütenstände eignen sich als Beiwerk für Sträuße. Pro m² benötigt man 2 Pflanzen.
Standort: Sonnig. Nährstoffarmer, trockener, sandiger, kalkhaltiger Boden.
Pflege: Die Pflanze reagiert empfindlich auf zu viel Feuchtigkeit im Winter. Das welke Laub schneidet man im zeitigen Frühjahr vor dem Neuaustrieb zurück.
Vermehrung: Durch Teilen bei Wachstumsbeginn im Frühjahr oder durch Aussaat im Herbst.

Weitere empfehlenswerte *Stipa*-Arten

Alle Federgräser haben ähnliche Standortansprüche wie *Stipa calamagrostis* (Alpen-Raugras) und werden auf die gleiche Weise gepflegt und vermehrt.

Stipa gigantea, Riesen-Federgras
Ausdauerndes Gras mit bis 2 m hohen Horsten aus feinen, graugrünen, eingerollten, 0,5 cm breiten Blättern. Im Juli und August erscheinen haferähnliche Blütenrispen mit bis zu 12 cm langen Grannen. Die von Ernst Pagels eingeführte Sorte 'Goldfontäne' hat wesentlich auffälligere, größere Rispen und wird bis 250 cm hoch. Als Solitär pflanzt man das Gras in Kies- und Grasgärten oder in mediterran anmutende Gestaltungen. In Gruppen gepflanzt macht es sich gut vor Mauern und Gebäuden. Pro m² benötigt man 3–5 Pflanzen.

Stipa gigantea

Stipa pennata, Echtes Federgras
Eine sommergrüne, auch Flausch-Federgras oder Mädchenhaargras genannte, kompakte Art mit nur 40 cm Höhe und sehr dünnem, etwas steifem Laub. Sie eignet sich für Stein- und Kiesgärten, aber auch für die Bepflanzung von Kübeln und größeren Balkonkästen. Pro m² benötigt man 11 Pflanzen.

Stipa pulcherrima, Gelbscheidiges Federgras
Auch Pracht-Federgras genannte, sommergrüne, bis 100 cm hohe Art mit dichten, schön geformten Horsten aus sehr dünnen Blättern. Im Juli und August erscheinen lange, schlanke Halme mit zarten Rispen und sehr langen, gedrehten Grannen. Die Sorte 'Windfeder' entwickelt bereits im Juni/Juli noch längere Grannen und wird 120 cm hoch. *S. pulcherrima* fo. *nudicostata* hat bis zu 40 cm lange Grannen, die im Juni/Juli erscheinen, und wird 80 cm hoch. Das etwas empfindliche Gras überlebt kalte, nasse Winter in der Regel nicht. Am schönsten wirkt es in Gruppenpflanzungen in Gras- und Kiesgärten. Pro m² benötigt man 5–7 Pflanzen.

Stipa pulcherrima

Symphytum grandiflorum, Großblumiger Beinwell, Kaukasus-Beinwell

Aussehen: Die auch unter dem Namen *S. ibericum* geführte, behaarte, kriechend wachsende, Rhizome bildende Staude hat breit ovale, scharf zugespitzte, bis 25 cm lange Laubblätter mit herzförmiger Basis und langen, geflügelten Stielen. Das Laub ist in der Regel wintergrün. Im ersten Standjahr bildet die Pflanze nur Blätter. Erst im zweiten Jahr entwickeln sich zwischen März und Mai an aufrechten Trieben Büschel mit rötlichen Knospen, die sich zu 2 cm langen, blassgelben Blüten entfalten. Die Pflanze wird bis 40 cm hoch und breitet sich rasch aus.

Die 1990 von Ernst Pagels gezüchtete Sorte 'Miraculum' hat blauweiß-rosarote Blüten. Die Laubblätter von 'All Gold' sind im Frühjahr satt goldgelb getönt. Die hellblauen Blüten der Sorte 'Blaue Glocken' entwickeln sich aus korallenroten Knospen.
Verwendung: Wintergrüner, sehr wüchsiger Bodendecker. Die Pflanze breitet sich auch unter Bäumen und Sträuchern rasch aus und erträgt deren Wurzelkonkurrenz. Wo sie einmal etabliert ist, wird man sie allerdings so schnell nicht wieder los. Der Kontakt mit den Blättern kann zu Hautreizungen führen. Pro m^2 benötigt man 11 Pflanzen.
Standort: Sonnig bis halbschattig oder schattig. Nährstoffreicher, feuchter, aber durchlässiger Boden.
Pflege: Wenn man die Pflanze nach der Blüte zurückschneidet, treibt sie wieder neu aus. Das frische Laub sieht dann den ganzen Sommer über ordentlich aus. An sonnigen Standorten darf der Boden im Sommer nicht austrocknen.
Vermehrung: Durch Teilen im Frühjahr oder Herbst oder durch Wurzelschnittlinge im Früh- oder Spätwinter.

Symphytum grandiflorum 'Miraculum'

Symphytum officinale, Arznei-Beinwell

Aussehen: Die wüchsige, Gruppen bildende Rhizomstaude hat aufrechte Sprosse mit bis 25 cm langen, behaarten, eiförmigen bis lanzettlichen, dunkelgrünen Blättern. Die Blattstiele sind geflügelt und die deutlich sichtbaren Adern geben der Blattspreite ein runzeliges Aussehen. Von Mai bis September erscheinen im oberen Bereich des Stängels und an dessen Spitze Trugdolden mit nickenden, purpurvioletten, rosafarbenen oder cremegelben, bis 2 cm langen Blüten. Die bei uns heimische Wildstaude wird bis 150 cm hoch und bildet bis 200 cm breite Gruppen.

Die speziell für den biologisch-dynamischen Landbau entwickelte sterile Sorte 'Bocking' ist weniger aggressiv im Wuchs.
Verwendung: Der Name geht auf die einstige Nutzung der Pflanze als Heilkraut bei Knochenbrüchen zurück. Im biologisch-dynamischen Landbau verwendet man das kompostierte oder zu Jauche verarbeitete Laub als wertvollen Dünger. Im Garten passt Beinwell gut in naturnah angelegte Rabatten, an den Gehölzrand und an den Rand von Gewässern. Gute Pflanzpartner sind Farne und schattenverträgliche Gräser. Der Kontakt mit den Blättern kann zu Hautreizungen führen. Pro m^2 benötigt man 11 Pflanzen.
Standort: Sonnig, halbschattig bis schattig. Nährstoffreicher, humoser, feuchter, aber durchlässiger Boden.
Pflege: Hoch wachsende Triebe sind anfällig für Windbruch und müssen daher gestützt werden. Im Frühjahr kann mit Komposterde gemulcht werden, um ein stärkeres Wachstum zu fördern.
Vermehrung: Durch Aussaat im Frühjahr oder Herbst, durch Teilen im Frühjahr oder Herbst oder durch Wurzelschnittlinge im Früh- oder Spätwinter.

Symphytum-Hybriden für den Garten

'Goldsmith'
Eine Hybride, die auch unter den Namen *S. ibericum* 'Variegatum' oder *Symphytum*-Hybride 'Jubilee' geführt wird. Im Wuchs ähnelt sie *S. grandiflorum*, wird aber nur 30 cm hoch. Die dunkelgrünen Blätter haben einen breiten, cremefarbenen Rand, und die im April und Mai erscheinenden, 1,5 cm langen Blüten sind rosa, blau oder weiß. Die Pflanze wurzelt relativ flach und ist leichter im Zaum zu halten als die anderen Beinwell-Arten. Pro m^2 benötigt man 11 Pflanzen.

'Hidcote Blue'
Eine Hybridstaude, die im Wuchs *S. grandiflorum* ähnelt und bis 45 cm hoch wird. Von April bis Mai erscheinen blassblaue, 1,5 cm lange

Blüten, die sich aus rosaroten Knospen entwickeln. Pro m² benötigt man 11 Pflanzen.

'Hidcote Pink'
Auch unter dem Synonym 'Roseum' geführte *Symphytum*-Hybride, die im Wuchs *S. grandiflorum* ähnelt. Sie wird bis 45 cm hoch und hat im April und Mai rosafarbene bis weiße Blüten. Pro m² benötigt man 11 Pflanzen.

Tanacetum coccineum, Bunte Wucherblume (Tab. 60)

Aussehen: Die aufrechte, Horste bildende, an der Basis verholzende Staude wird unter mehreren Synonymen geführt: *Chrysanthemum coccineum*, *Pyrethrum coccineum* und *Pyrethrum roseum*. Die bis 12 cm langen Blätter sind überwiegend grundständig, länglich-oval bis eiförmig und farnartig gefiedert. An den straffen Stängeln sind die Blätter kleiner. Im Juni/Juli erscheinen einzeln stehende, bis 7 cm breite, gänseblümchenartige Blütenköpfe mit gelben Röhrenblüten im Zentrum, die von weißen, rosafarbenen oder roten Zungenblüten umgeben sind. Es gibt auch halbgefüllt und gefüllt blühende Sorten. Die Pflanze wird bis 80 cm hoch und etwa halb so breit.
Verwendung: Für sonnige Staudenbeete und Rabatten. Am schönsten wirken die Stauden, wenn man sie in größeren Gruppen pflanzt. Die lang gestielten Blüten eignen sich auch gut als Schnittblumen. Pro m² benötigt man 6–11 Pflanzen.
Standort: Sonnig. Fruchtbarer, humoser bis sandiger, durchlässiger Boden.
Pflege: Wenn man die Staude direkt nach der Blüte zurückschneidet, wird ein zweiter Flor angeregt.
Vermehrung: Durch Aussaat oder Teilung im Frühjahr.

Tab. 60 Empfehlenswerte Sorten von *Tanacetum coccineum*

Sorte	Blüte	Wuchshöhe
'Aphrodite'	weiß, gefüllt	60–75 cm
'Beauty of Stapleford'	rosa, einfach	60–75 cm
'Brenda'	kirschrot, einfach	60–80 cm
'Eileen May Robinson'	blassrosa, einfach	70–80 cm
'James Kelway'	tief scharlachrot, einfach	60 cm
'Robinson's Giant'	Mischung aus Rosa- und Rottönen, einfach	90 cm
'Robinson's Pink'	rosa, einfach	60–75 cm
'Robinson's Red'	rot, einfach	60–75 cm
'Snow Cloud'	weiß, einfach	60 cm
'Super Duplex'	Mischung aus Weiß-, Rosa- und Rottönen, einfach und halbgefüllt	80 cm

Tanacetum coccineum 'Robinson's Red'

Mutterkraut
Eine nahe Verwandte von *Tanacetum coccineum* ist das aparte Mutterkraut (*T. parthenium*). Die aromatisch duftende, immergrüne, meist kurzlebige, 30–90 cm hohe Staude hat bis 2,5 cm große, margeritenartige Blüten, die in großer Zahl in lockeren Doldenrispen zusammen stehen. Die von Juni bis Oktober blühende Pflanze versamt sich leicht und kann dann lästig werden. In naturnahen Gärten ist sie aber genauso schön wie zwischen Rosen, zu Fingerhut und anderen Sommerstauden.

Telekia speciosa, Große Telekie

Aussehen: Die auch unter dem botanischen Namen *Buphthalmum speciosum* geführte, aromatisch duftende Staude bildet kurze Rhizome und aufrechte, behaarte, sich zur Spitze hin verzweigende Stängel. Die grundständigen Blätter sind bis zu 30 cm lang, eiförmig, an der Basis herzförmig, gebuchtet oder gesägt und wirken etwas schlaff. Die Stängelblätter sind kleiner. Von Juni bis August erscheinen an langen Trieben verzweigte Büschel einzeln stehender, gänseblümchenartiger, bis 9 cm breiter Blütenköpfchen mit erst gelben, dann braungelb verblühenden Scheiben- und sattgelben Strahlenblüten. Die aus Südosteuropa stammende Wildstaude wird bis 200 cm hoch und halb so breit.
Verwendung: Die große, dem Alant (*Inula helenium*) ähnelnde Staude sieht am schönsten in Einzelstellung in einer naturnahen Wiese oder einem Wildblumengarten aus. Sie passt auch gut an den Rand von Gewässern. Pro m² benötigt man 1 Pflanze.

Telekia speciosa

Standort: Halbschattig und, wenn möglich, windgeschützt. Tiefgründiger, humoser, feuchter, nicht zu fruchtbarer Boden.
Pflege: Der Austrieb ist von Schneckenfraß bedroht. Wenn man eine Selbstaussaat verhindern möchte, muss man abgeblühte Blüten rechtzeitig entfernen.
Vermehrung: Durch Aussaat nach der Samenreife oder durch Teilen im Frühjahr.

Teucrium chamaedrys

Teucrium chamaedrys, Echter Gamander

Aussehen: Der Halbstrauch aus der heimischen Flora wird auch Breitblättriger Edel-Gamander genannt. Es ist eine an der Basis verholzende, Ausläufer treibende, leicht behaarte Wildstaude mit länglich-eiförmigen, glänzend dunkelgrünen, fast ledrigen Laubblättern, die grob gekerbt sind und an kleine Eichenblätter erinnern. Von Juni bis Juli erscheinen rosapurpurne, in Scheintrauben quirlig übereinander angeordnete Lippenblüten. Die Pflanze wird 15–30 cm hoch.
Verwendung: Früher durfte der Gamander in keinem Apothekergarten fehlen. Heute verzichtet man wegen der eventuell leberschädigenden Wirkung besser auf eine Anwendung. Die Pflanze ist dennoch ein hübscher und vor allem sehr genügsamer Bodendecker für trockene Standorte, etwa den Stein- oder Heidegarten. Pro m^2 benötigt man 11–16 Pflanzen.
Standort: Sonnig bis halbschattig. Durchlässiger, trockener, nährstoffarmer, kalkhaltiger Boden.
Pflege: Die Pflanze ist sehr genügsam. Auf armen Böden behalten die Pflanzen von Natur aus ihren gedrungenen Wuchs.
Vermehrung: Durch Aussaat nach der Samenreife oder durch halb verholzte Stecklinge im Frühsommer. Man kann im Sommer auch bewurzelte Ausläufer abtrennen und neu einpflanzen.

Weitere empfehlenswerte *Teucrium*-Art

Teucrium hircanicum, Kaukasus-Gamander

Eine selten gehandelte Staude, die auch als Roter Gamander bezeichnet wird und im Habitus dem Echten Gamanader (*T. chamaedrys*) ähnelt. Sie blüht ausdauernd von Juli bis

Teucrium hircanicum

September/Oktober in Purpurlila und wird bis 50 cm hoch. *T. hircanicum* verträgt im Vergleich zu *T. chamaedrys* etwas feuchtere Böden. Pro m^2 benötigt man 6 Pflanzen.

Thalictrum aquilegiifolium, Akeleiblättrige Wiesenraute

Aussehen: Die auch als Amstelraute bezeichnete, bei uns heimische, Rhizome bildende Wildstaude hat einen aufrechten Wuchs und zwei- bis dreifach gefiederte, bis 30 cm lange, tatsächlich an die Blätter von Akeleien erinnernde Laubblätter. Von Mai bis Juli erscheinen lockere, sich zur Spitze hin verjüngende Trugdolden mit unzähligen grünweißen Kelchblättern, die aber sofort abfallen und purpurrosafarbene bis weiße Staubblätter freigeben. Die Pflanze erreicht eine Wuchshöhe von 100 cm und wird ungefähr halb so breit.

'Thundercloud' (Syn. 'Purple Cloud') hat lilapurpurne Staubblätter, 'Purpureus' dunkel rosarote und 'White Cloud' weiße, an der Spitze gelbe Staubblätter.

Thalictrum aquilegiifolium 'Thundercloud'

Thalictrum delavayi

Tiarella wherryi

Verwendung: Die Pflanze hat sehr interessante Blüten und Blätter. Sie eignet sich für Wildstaudenrabatten, alle naturnah gestalteten Gärten und für Blumenwiesen. Pro m^2 benötigt man 4 Pflanzen.
Standort: Sonnig bis halbschattig. Feuchter, humoser, mäßig nährstoffreicher Boden.
Pflege: Hohe Pflanzen brauchen eine Stütze. Die Stauden sind an trockenen Standorten anfällig für Echten Mehltau. Schnecken können zum Problem werden.
Vermehrung: Durch Aussaat nach Samenreife oder durch Teilen bei Wachstumsbeginn.

Thalictrum delavayi, Himalaja-Wiesenraute

Aussehen: *T. delavayi* ist eine aufrecht wachsende, unbehaarte, Gruppen bildende Rhizomstaude mit manchmal purpurn getönten Sprossen. Die bis 40 cm großen Laubblätter sind meist zwei- bis dreifach gefiedert. Von Juli bis September erscheinen lockere, pyramidenförmige Trugdolden lang gestielter, flauschiger, bis 2,5 cm breiter Blüten mit hell lilafarbenen Kelchblättern und gelblich weißen Staubgefäßen. Die oft auch unter dem Namen *T. dipterocarpum* gehandelte Staude wird bis 120 cm hoch und halb so breit.

'Album' hat reinweiße Blüten und hellgrüne Laubblätter, 'Hewitt's Double' besitzt keine Staubblätter, sondern zahlreiche malvenfarbene Kelchblätter; diese Sorte ist steril.
Verwendung: Wegen ihrer langen und späten Blütezeit geschätzte, elegante Pflanze für den Hintergrund von Staudenrabatten. Die Pflanze eignet sich auch für alle naturnahen Gestaltungen und für Wildblumengärten. Pro m^2 benötigt man 3 Pflanzen.
Standort: Sonnig bis halbschattig. Feuchter, humoser, mäßig nährstoffreicher Boden.
Pflege: Hohe Pflanzen müssen gestützt werden. An trockenen Standorten kann Echter Mehltau auftreten, an feuchten sind die Pflanzen von Schneckenfraß bedroht.
Vermehrung: Die reine Art kann durch Aussaat nach Samenreife vermehrt werden, die Sorten nur durch Teilung.

Tiarella wherryi, Amerikanische Schaumblüte

Aussehen: Anders als die anderen Schaumblüten-Arten bildet diese Staude keine Ausläufer. Die gedrungene, langsam wachsende, Gruppen bildende Pflanze hat herzförmige, bis 8 cm große, blassgrüne Laubblätter, die oft rotbraun gemasert und manchmal tief gelappt sind. Im Juni und Juli erscheinen ährenartige, bis 35 cm hohe Trauben mit rahmweißen, manchmal rosa überlaufenen Blüten an aufrechten Stängeln. Die Pflanze wird bis 30 cm hoch und etwa halb so breit.

'Bronze Beauty' hat bronzefarbene Blätter, die später etwas vergrünen, 'Oakleaf' hat eichenblattähnliches, fünflappiges Laub, das sich im Herbst rötlich färbt, und blüht rosa, 'Skid's Variegated' hat grüne Blätter mit weißer Panaschierung.
Verwendung: Die Pflanze eignet sich gut als Bodendecker für den lichten Schatten von Gehölzgärten und im Vordergrund von schattigen Rabatten sowie für die Saumbepflanzung schattiger Wege. Im Herbst und Winter nehmen die Blät-

ter vieler Sorten eine interessante Färbung an. Pro m^2 benötigt man 16 Pflanzen.

Standort: Halbschattig bis schattig. Feuchter, humoser, mäßig nährstoffreicher Boden.

Pflege: Obwohl die Pflanzen feuchten Boden schätzen, wird übermäßige Feuchtigkeit im Winterhalbjahr schlecht vertragen. Schneckenfraß kann die hübschen Blätter verunstalten.

Vermehrung: Durch Teilung im Frühjahr.

Weitere empfehlenswerte *Tiarella*-Arten und -Hybriden

***Tiarella cordifolia*, Herzblättrige Schaumblüte**

Wüchsige, reichlich Ausläufer bildende Rhizomstaude mit behaarten, herzförmigen, drei- bis fünflappigen und bis 10 cm langen, blassgrünen Blättern. Im April und Mai erscheinen cremeweiße, zierliche Blütenkerzen. Die Pflanze wird etwa 20 cm hoch und breitet sich in ausreichend feuchtem, humosem Boden im Halbschatten oder Schatten stark aus. Das kann ein Vorteil sein, wenn man einen Bodendecker für größere Flächen sucht. Pro m^2 benötigt man 16 Pflanzen.

Tiarella 'Pink Bouquet'

Tiarella 'Inkblot'

Tiarella 'Sugar and Spice'

'Pink Bouquet'

Eine *Tiarella*-Hybride, die 25 cm hohe und 15 cm breite Horste bildet. Sie hat tief fingerförmig gelappte, etwa 7 cm breite Blätter, deren mittlerer Finger verlängert ist. In der Mitte der Blätter befindet sich eine rotbraune Zeichnung. Die Pflanze trägt im April und Mai rosafarbene Blüten. Pro m^2 benötigt man 16 Pflanzen.

'Inkblot'

Tiarella-Hybride, die einen 30 cm hohen und 20 cm breiten, polsterartigen Horst bildet. Die etwa 8 cm breiten, ungeteilten, herzförmigen Blätter haben in der Mitte einen großen, verschwommenen, rotbraunen Fleck. Im April und Mai stehen rosafarbene Blütenstände über dem Laub. Pro m^2 benötigt man 16 Pflanzen.

'Sugar and Spice'

Hübsche *Tiarella*-Hybride mit fünflappigen, tief geschlitzten, mattgrünen Blättern, die in der Blattmitte unregelmäßig bronzefarben überlaufen sind. Im April und Mai erscheinen blass rosafarbene Blütenkerzen, die über den lebhaft gezeichneten Laubhorsten stehen. Pro m^2 benötigt man 16 Pflanzen.

'Spring Symphony'

Bis 20 cm hohe *Tiarella*-Hybride mit tief gelapptem, frischgrünem Laub, das braun gezeichnet ist. Die weißlich rosafarbenen Blüten erscheinen im April und Mai. Pro m^2 benötigt man 16 Pflanzen.

Tradescantia × andersoniana, Garten-Dreimasterblume

(Tab. 61)

Aussehen: Garten-Tradeskantien sind büschelige, Gruppen bildende Stauden. An den aufrechten, verzweigten Sprossen stehen lanzettliche, bis 35 cm lange, hell- bis mittelgrüne, etwas fleischige und überhängende Blätter, die manchmal purpurn überlaufen sind. Insgesamt macht die Pflanze einen tropischen Eindruck. Von Juni bis September erscheinen 2,5–4 cm breite, weiße, blaue, violette oder rosafarbene Blüten. Sie bestehen aus 3 dreieckigen Blütenblättern

Tradescantia × andersoniana 'Bilberry Ice'

Tab. 61 Empfehlenswerte Sorten von *Tradescantia* × *andersoniana*

Sorte	Blüte	Wuchshöhe
'Bilberry Ice'	weiß, lila geflammt	30 cm
'Blue and Gold' (Syn. 'Sweet Kate')	sattblau; goldgelbes Laub	35 cm
'Charlotte'	rötlich violett	60 cm
'Concorde Grape'	leuchtend violett; bläulich-violettes Laub	35 cm
'Danielle'	reinweiß, groß	45 cm
'Gisela'	reinweiß	40 cm
'Innocence'	weiß mit gelber Mitte	50 cm
'J. C. Weguelin'	himmelblau	50 cm
'Leonora'	tiefviolett	40 cm
'Zwanenburg Blue'	sattblau, groß	50 cm

und auffälligen Staubblättern. Die Pflanzen werden 30–60 cm hoch und ebenso breit.
Verwendung: Durch die schilfartigen Laubblätter eine schöne Randbepflanzung für alle Gewässerufer, aber auch für Rabatten und Staudenbeete, wo die Blätter als Strukturbildner wirken. Manchmal sehen die Blattschöpfe etwas zerzaust aus, besonders nach einem Regenschauer. Pro m² benötigt man 5 Pflanzen.
Standort: Sonnig bis halbschattig. Humoser, fruchtbarer, feuchter, aber durchlässiger Boden.
Pflege: Nach der Blüte Fruchtstände ausschneiden, um eine Selbstaussaat von Bastarden zu verhindern und eine Nachblüte anzuregen.
Vermehrung: Durch Teilen der Horste im Frühjahr oder Herbst.

Tricyrtis formosana, Formosa-Krötenlilie

Aussehen: Die Ausläufer bildende Rhizomstaude hat aufrechte, zickzackförmige, weich behaarte Sprosse, die in breitwüchsigen Horsten stehen. Die glänzend grünen, bis 12 cm langen, ei- bis lanzettförmigen Blätter sind dunkel purpurgrün gefleckt. Im September und Oktober erscheinen an endständigen, locker aufgebauten Trugdolden bis 3 cm breite, weiße, rosaweiße oder rosapurpurne Blüten, die innen rötlich purpurn gefleckt sind. Die Blütenfarbe variiert bei dieser Art stark. Die Pflanze erreicht eine Wuchshöhe von 80–100 cm und wird etwa halb so breit.

Tricyrtis formosana 'Dark Beauty'

'Dark Beauty' hat dunkelviolette Blüten und dunkelgrünes Laub, 'Variegata' hat gelb gerandete Blätter und violettrosafarbene Blüten.
Verwendung: Die eleganten Blüten wirken wie kleine Orchideen, deshalb sollte man die Pflanzen dort kultivieren, wo man sie gut aus der Nähe betrachten kann. Als Spätblüher stellen sie am Gehölzrand und in schattigen Rabatten eine kleine Farbsensation dar, wenn man eigentlich nicht mehr mit auffälligen Blüten rechnet. Pro m² benötigt man 6 Pflanzen.
Standort: Halbschattig bis schattig. Feuchter, aber durchlässiger, humoser Boden. Krötenlilien bevorzugen luftfeuchte Standorte.
Pflege: Im Sommer bei Trockenheit regelmäßig gießen. Eine Mulchschicht hält die Feuchtigkeit im Boden. Besonders im Frühjahr können Schnecken zum Problem werden.
Vermehrung: Durch Teilen im Frühjahr. Vor der Aussaat müssen die Samen einer Kältebehandlung (Stratifikation) unterzogen werden; ausgesät wird am besten im Frühjahr unter Glas.

Tricyrtis hirta, Borstige Krötenlilie

Aussehen: Die auch unter dem botanischen Namen *T. japonica* geführte, Gruppen bildende Rhizomstaude hat dicht behaarte, aufrechte Sprosse und behaarte, bis 15 cm lange, lanzettliche Blätter. Von August bis September erscheinen an den Triebspitzen und in den oberen Blattachseln bis 3 cm lange, weiße Blüten. Diese sind purpurn gefleckt und haben eine purpurne Narbe. Die auch als Tigerstern bezeichnete Pflanze hat eine Wuchshöhe von 50–80 cm.

'Alba' blüht reinweiß und wird etwa 60 cm hoch. 'Myazaki' blüht weiß mit purpurnen Flecken und wird bis 50 cm hoch. 'Tojen' hat weiße Blüten mit rosafarbenem Rand und auffälligen, rosa getönten Staubgefäßen und wird bis 70 cm hoch. Die *Tricyrtis*-Hybride 'Eschmanns Blaue Auslese' hat weiße, an den Rändern blau überlaufene Blüten und wird bis 80 cm hoch.
Verwendung: Die Schattenstaude blüht etwas früher als *Tricyrtis formosana*, sollte aber ebenfalls so gepflanzt werden, dass man sie gut aus der Nähe betrachten kann, weil die blühende Pflanze kaum Fernwirkung besitzt. Gute Pflanzpartner sind Herbst-Anemonen (*Anemone hupehensis*). Pro m² benötigt man 6 Pflanzen.
Standort: Halbschattig bis schattig. Feuchter, aber durchlässiger, humoser Boden. Krötenlilien bevorzugen luftfeuchte Standorte.
Pflege: Im Sommer bei Trockenheit regelmäßig gießen. Eine Mulchschicht hält die Feuchtigkeit im Boden. Besonders im Frühjahr können Schnecken zum Problem werden.
Vermehrung: Durch Teilen im Frühjahr. Die Samen müssen vor der Aussaat, die am besten im Frühjahr unter Glas erfolgt, einer Kältebehandlung (Stratifikation) unterzogen werden.

Tricyrtis hirta

Trifolium ochroleucon, Blassgelber Klee

Aussehen: Die aufrechte, behaarte Wildstaude hat die für Klee typischen dreigeteilten Laubblätter; sie bestehen aus 3 cm langen und 1 cm breiten, ovalen bis lanzettlichen Fiederblättchen. Im Juni und Juli erscheinen blass grünlich gelbe bis schwefelgelbe, bis 2,5 cm dicke, endständige Köpfchen aus unzähligen winzigen, dicht gedrängt stehenden Schmetterlingsblüten, die zu Hülsenfrüchten heranreifen. Die 20–40 cm hohe Pflanze ist in Südosteuropa und dem Mittelmeergebiet heimisch und tritt gelegentlich auch in Deutschland auf.
Verwendung: Am Naturstandort kommt der Klee auf mäßig trockenen bis feuchten Magerwiesen, Waldlichtungen, in lichten Laubwäldern und an Wegrändern vor. So sollte er auch im Garten eingesetzt werden, besonders in naturnah gestalteten Anlagen. Er passt auch gut in Steingärten. Pro m² benötigt man 6 Pflanzen.
Standort: Sonnig bis halbschattig. Mäßig trockener bis feuchter, sandig-toniger, durchlässiger, kalkarmer Boden.

Trifolium ochroleucon

Pflege: Pflegeleichte Wildstaude, die jedoch an geeigneten Standorten zum Wuchern neigt.
Vermehrung: Durch Aussaat nach der Samenreife.

Trifolium repens, Weiß-Klee

Aussehen: Fast jeder Gartenfreund kennt die Wildform diese Klees als lästiges Rasenunkraut. Es gibt aber zahlreiche gartenwürdige Sorten mit panaschierten, purpurfarbigen oder silbrigen Laubblättern und roten oder rosafarbenen Blüten. Die Wildform ist eine kriechend wachsende,

Trifolium repens

20–50 cm lange, an den Knoten der Stängel wurzelnde Staude. Die Laubblätter sind dreigeteilt, die einzelnen Fiedern breit verkehrt-eiförmig und nicht behaart. Von Mai bis Oktober erscheinen bis 2,5 cm breite Köpfchen aus unzähligen winzigen, rahmweißen, dicht gedrängt stehenden Schmetterlingsblüten. Die Pflanze wird bis 10 cm hoch und breitet sich durch Ausläufer unbegrenzt aus.

'Dragon's Blood' hat weiß und grün panaschierte Laubblätter mit roten Flecken, 'Green Ice' (Syn. 'Ice Cool') hat Blättchen mit silbriger Mitte, 'Purpurascens' (Syn. 'Atropurpureum') hat braunviolette Blätter mit rotem Rand und 'Wheatfen' hat violette Blätter und tiefrote Blüten. Die grünen Blättchen von 'William' sind zu bis zu zwei Dritteln der Spreite rot oder rosa getönt.
Verwendung: Am Naturstandort ist der Weiß-Klee ein aggressives Unkraut. Die Kulturformen eignen sich als Bodendecker zwischen Solitärstauden oder am Wegrand. Sie sehen auch ohne Blüten sehr dekorativ aus. Eine hübsche Kombination sind Weiß-Klee-Kultivare zusammen mit Purpurglöckchen (*Heuchera*-Hybriden). Pro m² benötigt man 3–4 Pflanzen.
Standort: Sonnig bis halbschattig. Gut durchlässiger, kalkhaltiger Boden.
Pflege: Sehr pflegeleicht. Dickmaulrüsselkäfer können aber das Laub durch Fraßschäden verunstalten.
Vermehrung: Durch Teilen im Frühjahr.

Trollius chinensis, Chinesische Trollblume

Aussehen: Die Gruppen bildende, aufrechte Staude hat fünflappige, bis 12 cm lange, frischgrüne Grundblätter, die aus handförmig geteilten, tief eingeschnittenen Fiedern bestehen. Die Stängelblätter sind

Trollius chinensis 'Golden Queen'

kleiner. Im Juni und Juli erscheinen an gefurchten Trieben schalenförmige Blüten in Orangegelb. Sie tragen in der Mitte auffällig lange, herausragende Staubblätter. Die Pflanze wird bis 90 cm hoch und halb so breit.

Besonders schön blüht die Sorte 'Golden Queen'.
Verwendung: Ideal ist ein Standort am Rand von Gewässern, die hübsche Blütenstaude kann aber auch in Rabatten mit mäßig feuchtem Boden gepflanzt werden. Gute Pflanzpartner sind Wiesen-Schwertlilie (*Iris sibirica*), Etagen-Primeln (*Primula bulleyana*) und Astilben (*Astilbe*). Pro m² benötigt man 6 Pflanzen.
Standort: Sonnig bis halbschattig. Nährstoffreicher, lehmig-humoser, mäßig feuchter bis nasser Boden.
Pflege: Wenn die Staude direkt nach der Blüte ebenerdig zurückgeschnitten und gedüngt wird, folgt oft eine zweite Blüte.
Vermehrung: Durch Teilen im zeitigen Frühjahr oder nach der Blüte. Die eigentliche Art kann auch nach der Samenreife ausgesät werden, wobei die Keimung sehr lange dauern kann.

Trollius europaeus, Europäische Trollblume

Aussehen: *T. europaeus* ist eine Horste bildende, aufrechte Staude mit fünflappigen, bis 12 cm langen Grundblättern, die handförmig geteilt und gesägt sind. Im Mai und Juni erscheinen an aufrechten, selten verzweigten Trieben mit kleineren Blättern kugelige, zitronengelbe, bis 5 cm breite Blütenköpfe. Die Gruppen bildende Pflanze wird bis 80 cm hoch und etwa halb so breit.

Häufiger als die in Europa heimische Wildstaude findet man in Gärten Hybriden (*Trollius* × *cultorum*), von denen es zahlreiche schöne Kultivare gibt (siehe Tab. 62).
Verwendung: Die Staude braucht unbedingt feuchten Boden, deshalb setzt man sie am besten im Uferbereich an den Rand von Gewässern. Sie gehört in jeden naturnahen Sumpfgarten und bildet auf Feucht-

Trollius × *cultorum* 'Baudirektor Linne'

Trollius × *cultorum* 'Earliest of All'

Tab. 62 Empfehlenswerte Sorten von *Trollius × cultorum* (Trollblumen-Hybriden)

Sorte	Blüte	Wuchshöhe
'Alabaster'	blass cremegelb	60 cm
'Baudirektor Linne'	orange	50 cm
'Canary Bird'	zitronengelb	75 cm
'Earliest of All'	hellgelb, besonders früh	50 cm
'Feuertroll'	tief orangegelb mit dunkleren Staubblättern	65 cm
'Goldquelle'	leuchtend gelb, groß	75 cm
'Helios'	klargelb	90 cm
'Lemon Queen'	blass zitronengelb, groß	60 cm
'Orange Crest'	orangegelb mit tief heraushängenden, dunkleren Staubblättern	60 cm
'Orange Princess'	tief orangegelb	90 cm
'Superbus'	goldgelb	50 cm

Trollius × cultorum 'Helios'

wiesen einen schönen Blickfang. Pro m² benötigt man 8 Pflanzen.
Standort: Sonnig bis halbschattig. Nährstoffreicher, lehmig-humoser, feuchter Boden.
Pflege: Durch einen bodenebenen Rückschnitt direkt nach der Blüte mit anschließender Düngung kann eine Nachblüte angeregt werden.
Vermehrung: Durch Teilen im zeitigen Frühjahr oder nach der Blüte. Die Wildart kann auch nach der Samenreife ausgesät werden, wobei die Samen sehr langsam keimen. Hybriden sind nur durch Teilen sortenecht vermehrbar.

Uvularia grandiflora, Hänge-Goldglocke

Aussehen: Die auch als Trauerglocke bezeichnete, Gruppen bildende Rhizomstaude hat (manchmal verzweigte) Sprosse mit bis 13 cm langen, lanzettlichen, hängenden, stängelumfassenden, mittelgrünen Blättern, die an der Unterseite behaart sind. Im April/Mai erscheinen einzelne oder paarweise angeordnete (bis zu 4), sattgelbe, bis 5 cm lange, glockenförmige Blüten, die nach unten hängen und leicht gedrehte Kelchblätter haben. Die Pflanze wird bis 70 cm hoch und etwa halb so breit.

Die Unterart *U. grandiflora* var. *pallida* trägt blasser gelbe Blüten.
Verwendung: Die Waldstaude aus Nordamerika sieht besonders schön aus, wenn man sie in Gruppen unter Gehölze oder an den Rand von Gehölzgruppen pflanzt. Sie eignet sich auch für den schattigen Steingarten. Pro m² benötigt man 6 Pflanzen.
Standort: Halbschattig bis schattig. Humoser, feuchter, aber gut durchlässiger Boden.
Pflege: Schnecken können zum Problem werden.
Vermehrung: Durch Teilung der Rhizome im zeitigen Frühjahr oder durch Aussaat nach der Samenreife.

Uvularia grandiflora

Verbascum densiflorum

Verbascum densiflorum, Großblütige Königskerze

Aussehen: Die in Mittel- und Nordeuropa heimische, Rosetten bildende, Zweijährige oder kurzlebige, halbimmergrüne Wildstaude hat längliche bis elliptische, bis 45 cm lange Blätter, die graufilzig behaart sind. Im zweiten Standjahr erscheint zwischen Juli und September ein graufilziger, bis 200 cm hoher Blütenschaft, an dem dicht gedrängt hellgelbe, 2–4 cm große Schalenblüten sitzen.
Verwendung: Die Pflanze ist eine klassische Solitärstaude, die nicht von anderen Pflanzen bedrängt werden sollte. Die Blattrosette braucht Platz, um sich zu entfalten. Schön sieht die Pflanze in allen Wildblumengärten aus. In Kiesgärten ist sie einer der wichtigsten Blickfänge. Gut kombinierbar ist sie mit Katzenminze (*Nepeta*), Lavendel (*Lavandula*), Salbei (*Salvia*), Nachtkerzen (*Oenothera*) und Gamander (*Teucrium*). Die früher als Heilpflanze verwendete Staude verströmt einen unangenehmen Geruch. Pro m^2 benötigt man 1 Pflanze.
Standort: Vollsonnig. Sandiger, steiniger, gut durchlässiger, mäßig nährstoffreicher Boden.
Pflege: Winterliche Nässe wird schlecht vertragen. Anfällig für Echten Mehltau und Nachtfalterlarven.
Vermehrung: Durch Aussaat im Frühjahr.

Verbascum nigrum, Schwarze Königskerze

Aussehen: *V. nigrum* ist eine Rosetten bildende, halbimmergrüne, in Nord- und Mitteleuropa heimische Wildstaude mit am Grund herzförmigen, länglichen, gestielten, bis 40 cm langen Grundblättern, die oberseits nicht, aber unterseits grauwollig behaart sind. Von Juni bis September erscheinen meist unverzweigte, bis 50 cm lange, ährenartige Trauben mit kurz gestielten, gelben, 2,5 cm breiten Schalenblüten, die violette Staubgefäße haben. Die eher kurzlebige Staude wird bis 90 cm hoch und bis 60 cm breit.

Die Unterart *V. nigrum* var. *album* blüht weiß.
Verwendung: *V. nigrum* ist nicht so dominant wie *V. densiflorum*. Sie passt gut in den naturnah angelegten Garten, wo man sie am besten an den Gehölzrand und in Lichtungen zwischen Gehölzgruppen pflanzt, also an Plätze, die dem Naturstandort entsprechen. Die Böden in Kiesgärten sind meist zu kalkhaltig, um die Pflanze dort zu kultivieren. Pro m^2 benötigt man 3–4 Pflanzen.
Standort: Sonnig bis halbschattig. Lockerer, humoser, neutraler, nicht zu trockener Boden.
Pflege: Sehr pflegeleicht, bis auf die Anfälligkeit für Echten Mehltau.
Vermehrung: Durch Aussaat im Frühjahr.

Verbascum nigrum

Tab. 63 Empfehlenswerte *Verbascum*-Hybriden

Sorte	Blüte	Wuchshöhe
'C. L. Adams'	dunkelgelb mit rotvioletten Staubblättern	200 cm
'Cotswold King'	gelb bis cemefarben mit roten Staubblättern	150 cm
'Cotswold Queen'	bernsteinfarben mit violetten Staubblättern	120 cm
'Dark Eyes'	pfirsichgelb mit rotem Auge und violetten Staubblättern	30 cm
'Helen Johnson'	rosabraun mit purpurnen Staubblättern	90 cm
'Jackie'	blass apricotfarben	60 cm
'Lavender Lass'	zwei Lilatöne, gekräuseltes Laub	60 cm
'Letitia'	gelb mit purpurrotem Zentrum	25 cm
'Mont Blanc'	reinweiß mit dunklerem Auge	90 cm
'Pink Domino'	gerüscht, himbeerrosa mit dunklerer Mitte	120 cm
'Southern Charm'	Mischung aus Pastellfarben mit violetten Staubblättern	60 cm
'Sugar Plum'	pflaumenblau mit cremefarbenen Staubblättern	45 cm

Weitere empfehlenswerte *Verbascum*-Art

***Verbascum chaixii*, Chaix-Königskerze**
Auch Österreichische Königskerze genannte Art, die *V. densiflorum* ähnelt, aber nicht ganz so große Blattrosetten hat. Die graufilzig behaarten Blätter werden nur etwa 25 cm lang, die Rosette erreicht einen Durchmesser von etwa 45 cm. Der im Juli und August erscheinende, bis 100 cm hohe Blütenschaft trägt hellgelbe, schalenförmige Einzelblüten mit auffallend roten Staubgefäßen. Standortansprüche, Pflege und Verwendung wie bei *V. densiflorum*. Pro m^2 benötigt man 3–5 Pflanzen.

***Verbascum*-Hybriden** (Tab. 63)
Häufiger als die Arten werden in den meisten Gärten Hybriden gepflanzt. Diese bieten ein breites Farbspektrum mit z. T. wunderschön kontrastierenden Staubblättern. Je nach Kultivar bleiben sie relativ niedrig oder erreichen Wuchshöhen von 150 cm und mehr. Sie eignen sich besonders gut für sonnige Rabatten und Kiesgärten, niedrige Sorten auch für Steingärten und Kübel. Pro m^2 benötigt man 3–5 Pflanzen.

Verbascum 'Southern Charme'

Verbena bonariensis, Patagonisches Eisenkraut

Aussehen: Die hohe, schlanke, aber sehr standfeste, kurzlebige Staude wird auch unter dem botanischen Namen *V. patagonica* geführt. Die ungestielten, schmal lanzettlichen, bis 12 cm großen, paarweise angeordneten Laubblätter stehen weit auseinander an den straff aufrechten Trieben. Sie sind unterseits behaart und zur Spitze hin gezähnt. Ab Juli bis zum ersten Frost erscheinen winzige, violette Blüten, die in 5 cm großen Trugdolden zusammen stehen. Die Pflanze wird 90–200 cm hoch und etwa 45 cm breit.
Verwendung: Für sich allein gepflanzt macht die charmante Blütenstaude eigentlich keinen großen Eindruck, weil sie recht sparrig wirkt. Umso schöner ist aber die Wirkung, wenn man sie zusammen mit anderen Stauden in eine Rabatte pflanzt, sodass sich die kleinen, violetten Blütendolden zwischen andere Blüten mischen. Gute Pflanzpartner sind z. B. Sonnenhut (*Rudbeckia fulgida*), Nachtkerzen (*Oenothera*), Margeriten (*Leucanthemum*) und Mädchenauge (*Coreopsis grandis*). Pro m^2 benötigt man 8 Pflanzen.
Standort: Sonnig. Mäßig nährstoffreicher, gut durchlässiger Boden.
Pflege: Die nicht sicher winterharte Staude stirbt oft schon im ersten Winter ab, sät sich aber in der Regel reichlich selbst aus, sodass im folgenden Jahr die Nachkommen blühen. Ansonsten völlig pflegeleicht.
Vermehrung: Durch Aussaat gleich nach der Samenreife.

Vernonia arkansana, Arkansas-Scheinaster

Aussehen: Die auch unter dem botanischen Namen *V. crinita* geführte, wüchsige, buschige und standfeste Staude trägt an aufrechten Trieben wechselständige, ungestielte, ovale, bis 20 cm lange Laubblätter, die unterseits weiß sind. Im September und Oktober erscheinen an lockeren, schirmförmigen Doldentrauben asternähnliche, rotviolette Blütenköpfchen. Die Staude wird 150–200 cm hoch.

Die Sorte 'Mammouth', eine Züchtung von Piet Oudolf, trägt dichte Büschel aus großen Blüten und wird bis 180 cm hoch.
Verwendung: Die herbstblühende Solitärstaude passt gut an Teiche, aber auch in Staudenbeete und Rabatten. Schöne Pflanzpartner sind herbstblühende Astern in verschiedenen Wuchshöhen, gelb blühende Herbststauden, wie Staudensonnenblumen (*Helianthus*) und Goldrute (*Solidago*-Hybriden), sowie hohe Gräser, etwa Chinaschilf (*Miscanthus sinensis*). Pro m^2 benötigt man 1–3 Pflanzen.
Standort: Sonnig. Nährstoffreicher, frischer bis mäßig feuchter Boden.
Pflege: Die Horste werden mit der Zeit sehr groß. Die Pflanzen sind aber sehr standfest und deshalb ist eine Teilung nur selten nötig. Wenn keine Selbstaussaat erwünscht ist, müssen die welken Blüten rechtzeitig entfernt werden.
Vermehrung: Durch Aussaat im Frühjahr oder durch Teilen im Frühjahr oder Herbst.

Vernonia arkansana

Veronica peduncularis

Veronica peduncularis, Polster-Ehrenpreis

Aussehen: Die etwas variable, Matten bildende, immergrüne Staude entwickelt ein verzweigtes Rhizom und kriechende bis aufsteigende, stark verzweigte Sprosse. Die lanzettlichen, eiförmigen oder runden, bis 2,5 cm langen, grünen oder bronzefarben überlaufenen, gezähnten Laubblätter sind manchmal leicht behaart. Von April bis Juni erscheinen in den Blattachseln bis 8 cm lange Trauben mit unzähligen intensiv blauen, etwa 1 cm breiten Schalenblüten mit weißem Auge. Die Pflanze wird bis 10 cm hoch und etwa 60 cm breit.

'Alba' blüht weiß, 'Georgia Blue' (Syn. 'Oxford Blue') blüht besonders leuchtend blau und wächst etwas strauchiger.

Verwendung: Sehr schöne Polsterstaude, die während der relativ langen Blütezeit eine gute Fernwirkung hat. Deshalb pflanzt man sie gern an den Rand von Rabatten, aber auch in Steingärten. Pro m² benötigt man 16 Pflanzen.

Standort: Sonnig. Lehmiger, mäßig fruchtbarer, feuchter, aber gut durchlässiger Boden.

Pflege: Sehr pflegeleicht. Nach der Blütezeit können die welken Blütentriebe entfernt werden, damit die Matten einen ordentlichen Eindruck machen.

Vermehrung: Durch Aussaat oder Teilen im Frühjahr oder Herbst.

Veronica prostrata, Liegender Ehrenpreis

Aussehen: Die auch unter dem botanischen Namen *V. rupestris* geführte, Matten bildende, immergrüne, etwas variable Staude hat kurze, niederliegende bis aufsteigende, verzweigte Sprosse mit dunkelgrünen, länglichen bis eiförmigen, behaarten Laubblättern, die etwa 2 cm lang und manchmal gezähnt sind. Im Mai und Juni erscheinen etwa 4 cm lange, ährenförmige Trauben mit schalenförmigen Blüten in verschiedenen Blauschattierungen. Die Pflanze wird 10–15 cm hoch und bis 40 cm breit.

Die schwachwüchsige Sorte 'Mrs. Holt' hat rosafarbene Blüten, 'Aztec Gold' hat goldgelbes Laub und lilafarbene Blüten. Besonders reichblühend ist die Sorte 'Trehane', die bis 20 cm Wuchshöhe erreicht und gelbgrünes Laub hat.

Verwendung: Die Polsterstaude eignet sich ausgesprochen gut für die Einfassung sonniger Rabatten und sieht auch im Steingarten sehr hübsch aus, sie sollte aber nicht an zu trockenen Standorten gepflanzt werden. Pro m² benötigt man 16 Pflanzen.

Standort: Sonnig. Lehmiger, mäßig fruchtbarer, feuchter, aber gut durchlässiger Boden.

Pflege: Sehr pflegeleicht.

Vermehrung: Durch Aussaat oder Teilen im Frühjahr oder Herbst. Die Sorten nur durch Teilen.

Veronica prostrata

Veronica teucrium, Großer Ehrenpreis

Aussehen: Die auch unter dem botanischen Namen *V. austriaca* subsp. *teucrium* geführte und auch Österreichischer oder Büschel-Ehrenpreis genannte, Horste bildende, aufrecht wachsende Wildstaude ist von Mitteleuropa bis Sibirien verbreitet. Sie wird 60 cm hoch und hat schmal eiförmige bis lanzettliche, gezähnte Blätter. Im Mai und Juni erscheinen bis 15 cm lange, pyramidale Trauben mit lang gestielten, leuchtend blauen, bis 1,5 cm langen, sternförmigen Blüten.

Die 25 cm hohe, polsterartig wachsende Sorte 'Knallblau' macht ihrem Namen alle Ehre. 'Shirley Blue' wird ebenfalls nur 25 cm hoch. 'Kapitän' blüht enzianblau und wird 30 cm hoch. 'Königsblau' erreicht eine Wuchshöhe von 40 cm.

Verwendung: Die polsterartigen Sorten sind farbintensive Begleiter von Pfingstrosen und besonders von hohen *Iris*-Sorten, deren Blau- und Violetttöne mit dem tiefen Blau des Großen Ehrenpreises korrespondieren. Schöne Pflanzpartner sind auch Sonnenröschen (*Helianthemum*) und, für höhere Sorten, Alant (*Inula helenium*) sowie andere früh im Sommer blühende, gelbe Stauden. Hohe Sorten liefern auch gute

Veronica teucrium 'Knallblau'

Schnittblumen. Pro m² benötigt man 11 Pflanzen.
Standort: Vollsonnig. Lehmiger, mäßig nährstoffreicher, feuchter, aber durchlässiger, neutraler bis kalkhaltiger Boden.
Pflege: Winternässe wird schlecht vertragen.
Vermehrung: Durch Teilen oder Aussaat im Frühjahr und durch halb verholzte Stecklinge im Frühsommer. Die Sorten sollten nur vegetativ vermehrt werden.

Veronicastrum virginicum, Virginischer Arzneiehrenpreis

Aussehen: Die aus Nordamerika stammende, auch Virginischer Arzneiehrenpreis genannte, aufrecht wachsende Staude wird 150–200 cm hoch und 45 cm breit. Sie hat unverzweigte Sprosse mit Wirteln aus bis zu 7 lanzettlichen, bis 15 cm langen, gesägten, spitzen Blättern. Von Juli bis September erscheinen schlanke, dichte, end- und achselständige, aufrechte Trauben mit winzigen, weißen, rosafarbenen oder fliederblauen Blüten. Dabei überragt stets eine Blütentraube mehrere andere, die sie umgeben.

'Alboroseum' blüht rosaweiß und wird 150 cm hoch, 'Fascination' hat besonders auffällige, hellviolette Blütenstände und wird bis 160 cm hoch.
Verwendung: Die kandelaberförmigen Blütenstände bilden im Hintergrund von Staudenbeeten und Rabatten ein markantes, vertikales Element und sind durch die lange Blütezeit besonders wertvoll. Im Spätherbst und Winter sehen die getrockneten Blütenstände hübsch aus, wenn sie von Raureif überzogen sind. Die Staude versagt auch im Halbschatten nicht. Pro m² benötigt man 1 Pflanze.
Standort: Sonnig bis halbschattig. Nährstoffreicher, humoser, feuchter, aber durchlässiger Boden.
Pflege: Hohe Pflanzen brauchen eine Stütze. Anfällig für Echten Mehltau.
Vermehrung: Durch Teilen im Frühjahr oder Aussaat im Herbst.

Veronicastrum virginicum

Viola cornuta, Horn-Veilchen

Aussehen: Das beliebte „Mini-Stiefmütterchen" ist eine immergrüne, buschig bis ausladend wachsende, meist kurzlebige Staude mit 2–5 cm langen, eiförmigen Laubblättern, die am Rand gekerbt sind. Von Mai bis Oktober öffnen sich stiefmütterchenähnliche, bis 3,5 cm breite, meist violette bis fliederblaue Blüten, die aus 5 sich überlappenden Blütenblättern bestehen und ein gelbes Zentrum besitzen. Das untere Kronblatt trägt einen schlanken, 1,5 cm langen Sporn, dem das Veilchen seinen Namen verdankt. Die Pflanze wird bis 15 cm hoch und bis 40 cm breit.

Im Handel findet man meist Hybridsorten mit einem breiten Spektrum herrlicher Blütenfarben (s. Tab. 64).
Verwendung: Die unermüdlich blühende Kleinstaude passt eigentlich überall, wo ein niedriger farbiger Blickfang gewünscht ist: im Steingarten, im Vordergrund von Beeten, in Schalen, Balkonkästen und auf Gräbern. Man kann die verschiedenen Sorten miteinander kombinieren oder sie zusammen mit niedrigen Farnen oder Bodendeckern wie Günsel (*Ajuga*) oder Woll-Ziest (*Stachys byzantina*) an den Rand von Rabatten setzen. Pro m² benötigt man 16 Pflanzen.

Viola cornuta 'Boughton Blue'

Tab. 64 Empfehlenswerte Hybriden von Viola cornuta		
Sorte	Blüte	Wuchshöhe
'Boughton Blue' (Syn. 'Belmont Blue')	blau und himmelblau, mit leichtem Lilaton und gelbem Auge	10 cm
'Bowles Black'	fast schwarz, mit kleiner, gelber Mitte	10 cm
'Columbine'	weiß oder blasslila, mit violetter Zeichnung und gelbem Auge	15 cm
'Delphin'	lavendellila, mit türkisfarbener Aderung	20 cm
'Etain'	gelb, mit orangefarbenem Auge und violettem Rand, duftend	15 cm
'Jackanapes'	obere Kronblätter karminbraun, untere gelb mit dunklen Strahlen in Schlundnähe	15 cm
'Molly Sanderson'	mattschwarz, mit gelbem Auge	15 cm
'Rubin'	dunkel weinrot, mit gelbem Auge	20 cm
'Wisley White'	reinweiß, mit gelbem Auge	15 cm
'White Perfection'	reinweiß, mit gelbem Auge	15 cm

Viola cornuta 'Bowles Black'

Standort: Sonnig bis halbschattig. Humoser, lehmiger, mäßig feuchter, aber durchlässiger Boden.
Pflege: Wenn man verwelkte Blüten regelmäßig auskneift, verlängert sich die Blütezeit. Nach der Blüte schneidet man die Staude zurück, damit sie einen kompakten Wuchs behält.
Vermehrung: Meist werden die Pflanzen nur ein- oder zweijährig kultiviert. Durch Teilung im Frühjahr oder Herbst kann man die Lebenszeit verlängern. Die Pflanzen versamen sich selbst meist reichlich. Für die Frühjahrsblüte sät man im Februar unter Glas aus, für die Herbstblüte im Juni/Juli im Frühbeetkasten. Bei der Aussaat fallen die Sorten jedoch meist nicht sortenecht aus.

Viola odorata, März-Veilchen

Aussehen: Die auch als Duft-Veilchen oder Wohlriechendes Veilchen bekannte, in West- und Südeuropa heimische, Rhizome bildende Wildstaude ist immergrün und entwickelt lange Ausläufer. Die herzförmigen bis rundlichen, bis 6 cm langen Laubblätter stehen in dichten, rosettenartigen Büscheln zusammen. Von März bis Mai erscheinen an kurzen, aufrechten Trieben süß duftende, 2 cm breite, blaue oder weiße, gespornte Blüten Die Pflanze erreicht eine maximale Wuchshöhe von 10 cm und wird gut doppelt so breit.

Von dieser märchenhaften Duftpflanze gibt es mit 'Alba' eine zuverlässig weiß blühende Sorte, 'Königin Charlotte' bringt sogar im September einen zweiten Flor hervor. 'Sulphurea' blüht in zartem Aprikosengelb, die Sorte 'Rubra' blüht in ungewöhnlichem Weinrot.
Verwendung: Für halbschattige bis schattige Bereiche von Wildblumengärten, für Gehölzgärten und für

Viola odorata

den Steingarten. Die Pflanze sieht besonders hübsch aus, wenn sie am Wegrand wachsen darf. Früher war das März-Veilchen eine bekannte Heilpflanze, außerdem bereitete man aus den duftenden Blüten Parfüme und die kandierten Blüten werden noch heute gern zur Dekoration von Süßspeisen verwendet – die österreichische Kaiserin Sissi soll verrückt danach gewesen sein! Pro m^2 benötigt man 25 Pflanzen.
Standort: Halbschattig bis schattig. Nährstoffreicher, humoser, mäßig feuchter Boden.
Pflege: Sehr pflegeleicht. Das Entfernen der welken Blüten verlängert die Blütezeit nicht.
Vermehrung: Das März-Veilchen sät sich willig aus, wenn ihm der Standort behagt. Möchte man selbst säen, müssen die Samen vor der Aussaat einer Kältebehandlung (Stratifikation) unterzogen und im Oktober/November ausgesät werden. Die Keimung kann monatelang dauern. Rhizome werden im Spätwinter geteilt, jedes Teilstück muss aber bereits Wurzeln aufweisen, damit die Pflanzen anwachsen.

Viola riviniana, Hain-Veilchen

Aussehen: Die büschelige Staude bildet keine Rhizome, sondern Faserwurzeln aus und kommt wild in Mittel-, Ost- und Südeuropa sowie auf den afrikanischen Atlantikinseln vor. Das Hain-Veilchen ist eine der häufigsten Veilchen-Arten in Europa. Die dunkelgrünen, gesägten Laubblätter sind eiförmig bis rundlich, 4 cm breit und am Grund deutlich herzförmig. Im April/Mai erscheinen an kurzen Trieben bis 2,5 cm breite, blass blauviolette, lang gespornte Blüten. Die Pflanze wird 10–20 cm hoch und doppelt so breit.

'Purpurea' unterscheidet sich durch purpurn überlaufene, dunkelgrüne Blätter von der Wildart. 'Ed's Variegated' hat cremefarben geränderte Blätter.
Verwendung: Für Gehölzgärten, Wildstaudengärten und naturnah angelegte Gärten. Pro m^2 benötigt man 25 Pflanzen.
Standort: Sonnig bis halbschattig. Humoser, nährstoffreicher bis mäßig nährstoffreicher, nicht zu trockener Boden.
Pflege: Absolut pflegeleicht.
Vermehrung: Das Hain-Veilchen sorgt selbst für reichlichen Nachwuchs: Die reifen Samen werden durch einen Schleudermechanismus der Fruchtwand in der näheren Umgebung verteilt. Einmal etabliert, lässt sich die Art nur schwer wieder verbannen. Wo sie aber passt, da ist sie ein charmanter Begleiter „auf allen Wegen".

Viola sororia, Pfingst-Veilchen

Aussehen: *V. sororia* ist eine in Nordamerika heimische, kriechende Rhizome bildende, sommergrüne Staude mit kurzen Sprossen und eiförmigen bis runden, gebuchteten, spitz zulaufenden Blättern, die bis 10 cm lang werden und unterseits dicht behaart sind. Von März bis Mai erscheinen an kurzen, aufrechten Trieben 2 cm breite Blüten mit einem kurzen Sporn. In der Regel sind die Blüten weiß, aber manchmal blüht die Staude auch blauviolett. Sie wird etwa 15 cm hoch und 20 cm breit.

'Albiflora' trägt große, weiße Blüten und wird 15 cm hoch, 'Freckles' hat violett gesprenkelte, weiße Blüten und 'Smoky Mountains' blüht in einem weichen Blauviolett.

Viola sororia 'Freckles'

Verwendung: Besonders die weiß blühenden Kultivare eignen sich gut, um dunkle Ecken in halbschattigen Gartenbereichen aufzuhellen. Am schönsten sieht das Pfingst-Veilchen aus, wenn man es in größeren, lockeren Gruppen unter lichte Gehölze pflanzt. Dort kann es sich unter Umständen gut selbst aussäen. Pro m² benötigt man 11 Pflanzen.
Standort: Halbschattig. Humoser, nährstoffreicher, etwas feuchter, aber durchlässiger Boden.
Pflege: Sehr pflegeleicht, allerdings können Schnecken zum Problem werden.
Vermehrung: Am besten wartet man, bis sich die Staude am Standort selbst aussät und verpflanzt dann die Sämlinge. Die Rhizome können im Spätwinter geteilt werden, jedes Teilstück muss aber bereits Wurzeln aufweisen, damit die Pflanzen anwachsen.

Waldsteinia ternata, Dreiblättrige Waldsteinie

Aussehen: Die wegen ihres erdbeerähnlichen Laubs auch als Golderdbeere bezeichnete, Rhizome und Ausläufer bildende, halbimmergrüne Staude hat flache, dreiteilige, bis 6 cm breite Blätter mit gesägtem Rand. Im Mai und Juni erscheinen an dünnen, aufrechten Trieben lockere Rispen mit 1,5–2 cm breiten, goldgelben Schalenblüten, die an Butterblumen erinnern. Die Pflanze wird 10 cm hoch und mindestens 60 cm breit. Da sie sich sowohl unterirdisch durch Rhizome als auch oberirdisch durch Ausläufer ausbreitet, bildet sie schnell dichte Matten.
Verwendung: Die Dreiblättrige Waldsteinie wird hauptsächlich als Bodendecker für problematische Standorte und größere Flächen verwendet. Sie kommt im schattigen Gehölzgarten genauso gut zurecht wie auf trockenen, nicht zu sonnigen Böschungen und Brachflächen. Im Garten kann sie allerdings durch ihren Ausbreitungsdrang auch lästig werden. Pro m² benötigt man 16 Pflanzen.
Standort: Halbschattig bis schattig. In jedem mäßig fruchtbaren Boden. Die Pflanze gedeiht auch an sonnigen Standorten, solange der Boden ausreichend feucht ist.
Pflege: Die Stauden sind absolut pflegeleicht.
Vermehrung: Durch Teilen im zeitigen Frühjahr oder durch Aussaat im Herbst oder Frühjahr.

Waldsteinia ternata

Bäume und Sträucher

Mit Gehölzen gestalten

Bäume und Sträucher sind nicht nur ein unverzichtbarer Bestandteil von Natur und Landschaft, sie sind auch die wichtigsten Gestaltungselemente im Garten. Sie bilden das Gerüst eines Gartens, sie umhegen ihn, sie schützen vor Einblicken und bilden Kulissen. Ziergehölze untergliedern und verbinden Gartenräume und bilden den richtigen Rahmen für Stauden und Gräser. Dieses Kapitel wurde von Frau Dorothea Haag verfasst und stellt anhand von typischen Gartensituationen die allgemeinen Gestaltungsprinzipien der Gehölzverwendung vor. Zahlreiche Beispiele zeigen, wie sich mit Bäumen und Sträuchern einzelne Gartenbereiche gestalten lassen.

Gehölze im Hausgarten

Ein Garten verändert sich durch das Wachsen der Pflanzen in seinen Dimensionen, seinen Licht- und Schattenverhältnissen sowie seinen Farben ständig. Dadurch werden seine Proportionen, seine Wirkung und seine Stimmung beeinflusst. Am eindrucksvollsten vollzieht sich dieser Wandel bei den Bäumen, während sie sich vom winzigen Keimling über Jugend- und Reifestadium zur charakteristischen Altersgestalt entwickeln. Zudem verwandeln vor allem die Laubbäume ihr Gesicht wesentlich im jahreszeitlichen Wechsel.

Im Wechsel der Jahreszeiten

Das starre, filigrane, transparente und eher grafische Winterbild der Gehölze, das den Blick in weitere Räume freigibt, wird im Frühling von zarten Grün- und Blütenschleiern überdeckt und zum Sommer hin mehr und mehr verdichtet. Durch größere Blätter und „schwerere Farben" tritt nun das Körperhafte der einzelnen Pflanzen deutlicher hervor. Im Herbst entsteht dann durch Früchte und Laubfärbung ein regelrechtes Leuchten im Garten. Rote, orange und gelbe Farbtöne drängen dunkelgrüne zurück. Schließlich kehrt nach dem Laubfall die Transparenz wieder. Der Jahreskreis schließt sich.

Der Umgang mit diesem jahreszeitlichen Wechsel und der ständigen Veränderung durch Wachstum bedeutet das Einbeziehen der Dimension Zeit. Gerade das macht das Gestalten eines Gartens ebenso schwierig wie spannend und reizvoll. Werden diese Veränderungen bewusst bei der Gartenanlage eingeplant, erlebt man Rhythmen und Höhepunkte im Jahresablauf. Glanzlichter können zu jeder Zeit, auch noch im November, aufleuchten. Wir müssen sie uns nur vor Augen führen, das heißt ins Bewusstsein und an den rechten Platz im Garten rücken. Voraussetzung ist die möglichst genaue Kenntnis der Wachstumsbedingungen und Wuchseigenschaften der Pflanzen sowie das Wissen um die Wuchskaft der Pflanzenpartner. Es kommt also auch darauf an, wie sie in Pflanzengemeinschaften zusammenleben. Dieses Kapitel will daher zunächst einmal Verständnis für den „Prozess Garten" wecken. Ein soeben angelegter Garten hat niemals das Gesicht, zeigt niemals die Raumwirkung, die man erreichen möchte. Selbst wenn relativ ausgewachsene Pflanzen vorhanden sind oder verwendet werden können, müssen die Individuen erst miteinander verwachsen, sich zu einer Gemeinschaft entwickeln. In jedem Garten vollzieht sich der Prozess des Wachsens und Zusammenwachsens anders, aber fortwährend. Niemals ist ein Garten fertig, einen Endzustand gibt es nicht – wohl aber verschiedene Reifestadien.

Beschützt und beschattet von Sträuchern und Bäumen: ein kleiner Sitzplatz.

Als zum Himmel hin offener Freiraum unterliegt ein Garten weiteren Veränderungen, nämlich den stets wechselnden Einflüssen des Lichtes und der Witterung, im Tages- wie im Jahresrhythmus.

Ein Garten kann aus einer stets kurz geschorenen Rasenfläche und einer Umfriedung aus einer einartigen Nadelgehölzhecke bestehen. Mit geringen Abweichungen bietet er so ein jederzeit gepflegtes, aber auch gleichförmiges, fast bewegungsloses Bild – weitgehend unabhängig von den Jahreszeiten. Doch welche „Naturnähe" kann uns ein Garten bringen, in dem man sich zu jeder Jahreszeit und bei jedem Wetter auf kleine und große Erlebnisse freuen kann: Wie schön ist der Garten, wenn bei Nässe Blätter glänzen, manche Farben besonders leuchten oder wenn Regentropfen sich zu Perlenschnüren an Nadeln, Blättern und Halmen sammeln. Auch Gerüche sind nach einem Regen intensiver wahrnehmbar. Tau, Reif, Eis und Schnee verzaubern das Gartenbild und die tiefstehende Wintersonne bringt silbrige Samenstände oder letzte Blätter zum Aufleuchten. Wenn ein Gehölz mitten im Winter blüht und duftet, wenn schließlich der Frühling hervorbricht und sich nach der Winterruhe Sommerfülle und Herbstpracht entwickeln, sind wir froh, einen Garten zu haben, der uns die Jahreszeiten mit allen Sinnen erleben lässt.

Gartenräume und Gartenstimmungen

Ein Hausgarten wird vom Menschen bewusst aus seiner Umgebung herausgenommen und eingegrenzt. Mit dem Ziel, dass sich Pflanzen hier zu seinem Nutzen und zu seiner Freude entwickeln, legt der Mensch seinen Garten an, baut und formt ihn. Die Grenzen des Grundstücks werden zuweilen mit mehreren Nachbarn gemeinsam von Mauern, Zäunen, Hecken, Pflanzungen besetzt. So bildet sich immer ein Gartenraum heraus, umgeben von gebauten oder gewachsenen Wänden – ein Raum ohne Dach. Solch einen Raum gilt es zu gliedern und zu gestalten. Dies geschieht durch gebaute Elemente wie Mauern, Zäune, Pergolen, Stufen oder Wege und durch Geländemodellierung. Die Raumgestaltung erfolgt ebenso durch das Pflanzen von Bäumen, Sträuchern und Stauden in unterschiedlichen Anordnungen wie in Reihen, in Gruppen, in Einzelstellung oder auch flächig. So können Raumtiefe – Vorder- und Hintergrund – sowie Raumfolgen mit Durchgängen und Durchblicken entstehen. Es werden mannigfaltige, weite und offene, aber auch enge versteckte Bereiche geschaffen – selbst auf einem kleinen Gartengrundstück.

In einem Garten wird der Raumeindruck zunächst von den realen Größenverhältnissen bestimmt. So spielt es eine Rolle, wie hoch die umgrenzende Hecke in Bezug zur Fläche und vor allem in Bezug zum Menschen ist. Doch hängen Raumgefühl und die Stimmung, die ein Garten ausstrahlt, ganz wesentlich von den Eigenschaften der einzelnen Pflanzen ab. Stellen wir uns auf einer von Hecken umgebenen Rasenfläche eine Birke vor: eine transparente, helle Baumgestalt mit biegsamen, herabhängenden Zweigen und zierlichen, beweglichen Blättern. Wie anders wirkt dagegen eine Schwarz-Kiefer von gleicher Größe auf demselben Gartenstück: eine geschlossene, dunkle Baumgestalt mit starren, eher bizarren Zweigen und harten, schwarzgrünen Nadeln. Schon eine Pflanze prägt die Stimmung in einem Garten durch ihre Gestalt (Habitus), ihre Dichte, die Form und Beschaffenheit ihres Laubes, die Farben und sogar durch ihren Geruch. Gerüche prägen unsere Gartenbilder und sind in besonderem Maße mit unserer Erinnerung an Gartenstimmungen verknüpft. So verleiten uns Pflanzen auch zum Anfassen, zum „Begreifen" von glatter, fedriger, harter, seidiger, samtener, filziger, weicher Oberfläche. Selbst unsere Ohren haben teil an der Wahrnehmung.

Rankpflanzen umspielen strenge Strukturen.

Eine schmale Lücke zwischen hohen Hecken verlockt zum Durchblick und gibt dem Garten eine geheimnisvolle Tiefe.

Gewiss aber spielen die Augen beim Erfassen der Stimmung im Garten eine entscheidende Rolle. Die Verwandlung durch verschiedene Farben, durch Enge und Weite, aber vor allem durch verschiedene Helligkeiten machen den besonderen Reiz eines Gartens aus. Der Lichtwechsel vom tiefen Schatten vielleicht nur eines einzigen Baumes über den Halbschatten des Gehölzsaumes bis hin zur besonnten Lichtung kann auch in einem kleinen Garten zum Erlebnis werden.

Standortfaktoren

Beim Gestalten mit sogenannten toten Materialien, beispielsweise beim Malen, Werken und Bauen, kann man nach funktionalen und ästhetischen Gesichtspunkten komponieren. Beim Gestalten mit Pflanzen kommen „lebensnotwendige" Kriterien dazu. Pflanzen sind von den Lebensgrundlagen Licht, Luft und Wasser sowie vom Boden unmittelbar abhängig, weil sie fest an ihrem Standort wurzeln. Darüber hinaus wirkt die lebendige und gebaute Umgebung, die engere und weitere Nachbarschaft wesentlich auf die Pflanzen ein. Jede Pflanzenart hat spezielle Ansprüche an die Elemente, hat spezielle Eigenarten, ihr Leben zu entfalten, sich mit anderen Pflanzen zu vergesellschaften. Die Lichtverhältnisse von sonnig bis schattig, die Feuchtigkeit im Bereich trocken bis nass, die Temperatur und die Windverhältnisse mit allen Übergängen und Kombinationen sind wichtige Parameter des Standortes. Hinzu kommt die Bodenbeschaffenheit – felsig, sandig, lehmig, flach- oder tiefgründig, nährstoffreich oder nährstoffarm, sauer oder basisch. Dies alles sind die Standortfaktoren, die bewirken, dass ganz bestimmte Pflanzen und Pflanzengemeinschaften an einem Standort wachsen.

Zunächst sollte man also die Standortfaktoren untersuchen, um die Pflanzenauswahl darauf abzustimmen. Je exakter die Standortfaktoren mit denen des natürlichen Verbreitungsgebietes einer Pflanze übereinstimmen, umso besser gedeiht sie und umso weniger bedarf sie dauerhafter Pflege. Das heißt nicht, dass die Pflanze unbedingt zu den heimischen Vertretern gehören muss. Sie sollte aber standortgerecht verwendet werden, also möglichst dieselben Standortfaktoren bekommen wie an ihrem Heimatort.

Selten findet man ein einheitliches Gartengelände vor. Man wird in den meisten Fällen sonnige und schattige, trockene und feuchte, geneigte und ebene Stellen antreffen. Zudem verändert man die Standortfaktoren mit jeder gebauten und gepflanzten Maßnahme.

Der Garten soll zu einem vielfältigen Lebensbereich werden. Um Räume, Rhythmen, Farben und wechselnde Stimmungen im Garten zu schaffen und außerdem die persönlichen Wünsche zu erfüllen, wird man zunächst einmal die Besonderheiten der vorgefundenen Standorte ausbauen und hervorheben. Dazu kommen dann Modellierungen und die „Infrastruktur" des Gartens, also die Wege, außerdem Rasen- und Wasserflächen sowie Pflanzbereiche. Auf diese Weise entstehen sehr verschiedenartige Pflanzenstandorte. Sie bilden die Voraussetzung für pflanzliche Vielfalt und charakteristische Gartenräume. Bei der Pflanzenauswahl und -verwendung geht es darum, mit dem Vorgefundenen zu arbeiten. Es gilt, Standortvorteile zu nutzen und neue Pflanzenstandorte zu schaffen, um vielfältige Pflanzenbilder zu erzielen. Der einzige wirklich unveränderbare Standortfaktor ist die Himmelsrichtung.

Von der Frage wohin und wie lange Schatten auf einen Platz fällt, leitet sich jedes Pflanzenwachstum ab. Der Standort prägt und verändert auch die Pflanzen selbst in ihrem Aussehen. Im Schatten gedeihen eher solche mit großen, weichen Blättern in Grüntönen aller Schattierungen, die Blütenfarben sind eher zurückhaltend. Am warmen Sonnenplatz bilden sich vermehrt kleine, oft harte, dornige, ledrige, filzige, häufig auch duftende Blätter in graugrünen, graublauen und rotbraunen Farbtönen aus. Die Blüten entfalten hier ihre Farben- und Formenfülle sowie ihren Duft.

So muss in einem Garten die kühle Nordseite durchaus keine „Schattenseiten" haben. Sondern gerade hier kann sich ein ausgeprägtes, charakteristisches Pflanzenleben entwickeln, das im deutlichen Kontrast zu den blütenreichen und farbenfrohen Partien in der Sonne steht.

Pflanzenleben in Gemeinschaften

Führt man sich die geschilderten Pflanzungen am schattigen oder am sonnigen Platz vor Augen, „malen" nicht nur Gehölze das Bild, es sind auch Stauden sowie ein- und zweijährige Pflanzen beteiligt. Stauden sind dauerhafte Pflanzen, die mit Zwiebeln, Knollen oder unterirdischen Wurzelstöcken überdauern, deren oberirdische Teile aber im Gegensatz zu den Gehölzen nicht verholzen. Die Seerosen im Wasser, das Schilf am Ufer, die Gräser in Moor und Heide und die vielen Blütenpolster auf felsigem Untergrund sind Stauden. Auch die meisten Blumen des Waldrandes und des Waldbodens, die Farne sowie die Gräser und Wiesenblumen gehören zu den Stauden. An jedem Standort leben Stauden und Gehölze miteinander. Sie ergänzen sich sowohl in der Landschaft als auch im Garten.

In jedem Garten, selbst im sehr kleinen, kann man die Lebensbereiche Wald, Waldrand, Lichtung sowie Ufer entstehen lassen. Diese Lebensbereiche, die durch unterschiedliche Licht-, Boden- und Feuchtigkeitsverhältnisse in jedem Garten relativ einfach zu schaffen sind, entsprechen den natürlichen Standorten. Schwieriger wird es, wenn bestimmte Gartenbilder verwirklicht werden sollen, ohne Rücksicht auf die Standortgegebenheiten zu nehmen. Wenn also ein Steingarten auf fettem Bördeboden oder eine Moorbeetpflanzung mit Rhododendren auf durchlässigem, kalkreichem Boden gewünscht wird. Es ist nicht sinnvoll und ökologisch nicht vertretbar, Pflanzen an einen Standort zu zwingen, dem sie ganz und gar nicht gewachsen sind. Es gibt viele Möglichkeiten, differenzierte Gartenbilder zu gestalten, ohne den Standort wesentlich umzubauen: Das Vorgefundene ausschöpfen und die Pflanzen genau kennen sind die wichtigsten Voraussetzungen.

Stauden als typische Gehölzbegleiter

- **Im Schatten eines Baumes oder Gebäudes:** Christrosen, Märzenbecher, Busch-Windröschen, Schlüsselblumen, Lungenkraut, Stauden-Vergissmeinnicht, Maiglöckchen, Elfenblume, Geißbart, Bergenien, Funkien, Farne und Waldgräser.
- **Im wechselnden Schatten einer Strauchgruppe:** Schneeglöckchen, Narzissen, Veilchen, Wiesenraute, Fingerhut, Eisenhut, Anemonen, Storchschnabel, Glockenblumen, Akelei, Frauenmantel.
- **Auf einer Lichtung mit nährstoffreichem, feuchtem Boden:** Krokusse, Tulpen, Rittersporn, Margeriten, Phlox, Schleierkraut, Astern und Sonnenblumen zusammen mit Rosen.
- **Sonniger Standort mit trocknerem, durchlässigem Boden:** Kleingehölze wie Lavendel, Fingerstrauch, Zwergmispel, Heide- und Erikaarten, Ginster und Zwerg-Kiefer; Polsterstauden, Schwertlilien, Königskerzen, Steinbrecharten, Fetthennen und vor allem auch Gräser.
- **Im Wasser, Uferbereich:** Sumpf-Vergissmeinnicht, Sumpfdotterblumen, Wasser-Schwertlilien sowie Gräser (Binsen- und Schilfarten).

Gehölze und Stauden ergänzen sich zu einem fein abgestimmten Bild.

Verwendungsmöglichkeiten von Gehölzen

Für fast jede Gartensituation gibt es einen passenden Baum oder Strauch. Ausschlaggebend für die Auswahl sind meist die Größe des Gehölzes sowie die Standortansprüche.

Gehölze an Sitzplätzen

Den Hauptsitzplatz im Garten bildet im Allgemeinen die Terrasse. Eine oder auch mehrere Hauswände schirmen diesen Sitzplatz ab, und der Blick wandert in Richtung Garten. Strauchgruppen oder eine Mauer, ein Zaun oder eine mit Rankpflanzen überwachsene Pergola schützen vor Einblick und Wind. Wenn der Platz es erlaubt, kann ein kleinkroniger Baum, zum Beispiel ein Zier-Apfel oder ein Pflaumenblättriger Weißdorn, eine zu starke Sonneneinstrahlung mildern. Da die umgebenden Pflanzen meist auch vom Hausinneren aus zu sehen sind, also jederzeit im Blickfeld stehen, sollten sie zu allen Jahreszeiten etwas bieten: ein interessantes Winterbild aus bizarr gewachsenem Geäst, auffallenden Knospen, farbiger Rinde, immergrünem Laub, an den Zweigen haftende Früchte und Samenstände, vielleicht sogar eine Winterblüte oder eine intensive, lang anhaltende Herbstfärbung. Vor allem im Frühling und im Sommer kann der Duft von Blüten, Blättern und Früchten das Gartenerleben bereichern, zumal wenn er Bienen und Schmetterlinge anlockt.

Es hat seinen besonderen Reiz, verschiedene Sitzplätze im Garten spontan oder auch zu bestimmten Höhepunkten im Jahr aufsuchen zu können. Eine Bank oder ein Sitzmäuerchen an einem Aussichts- oder Ruhepunkt verlockt zum Hinsetzen. Unter den Blüten eines Goldregens, unter den herabhängenden Zweigen einer Trauer-Ulme oder einer Hänge-Esche fast verborgen, hat man Muße zum genauen Hinschauen. Ein Sitzplatz in der Tiefe des Gartens bietet selbst bei geringer Entfernung zur Terrasse völlig andere Perspektiven: So schweift der Blick zurück zum Haus, an dem es rankt und blüht. Den Rücken gedeckt durch einen Gehölzsaum, wird man hier noch an Sommerabenden in der Dämmerung das Leuchten heller Blätter von panaschierten Gehölzen oder die hellen Blüten der Stauden genießen können.

Gehölze mit attraktivem Erscheinungsbild rund ums Jahr
Felsenbirne (Porträt Seite 398), Fächer-Ahorn (Seite 389), Zaubernuss (Seite 465), Felsenmispel (Seite 356), Hartriegel (Seite 432), Duft-Schneeball (Seite 567), Sommerflieder (Seite 408) und Strauchrose (Seite 537).

Zu den besonderen Gartenerlebnissen gehören das Sitzen, Tafeln, Picknicken und das Liegen auf der Wiese unter der lichten Krone eines Baumes. Der Schatten eines Gebäudes oder Sonnenschirmes kann nur ein schwacher Ersatz für das milde und lebendige Licht- und Schattenspiel unter dem Blätterdach sein.

Der Besitzer der Bank muss seinen idyllischen Gartenplatz gegen die üppig blühenden Hortensien behaupten.

Gehölze an Mauern, Zäunen und Pergolen

Mauern, Zäune und Pergolen im Garten dienen dem Schutz vor Einblicken und der Umgrenzung. Raumbildung und Gliederung verschiedener Bereiche innerhalb des Gartens lassen sich mithilfe dieser Elemente ebenso erzielen. Mauern eignen sich außerdem zum Stützen und Auffangen von Höhenunterschieden. Klettergehölze können diese Baulichkeiten, wie auch Rankgerüste und Lauben, kletternd, rankend und windend überziehen und

Mit einer efeuüberwachsenen Mauer im Rücken fühlt man sich gleich behaglich und kann seinen Blick in Ruhe auf den Garten lenken.

sie mit dem Garten buchstäblich verwachsen lassen. Einer meterhohen Mauer aus Beton, Steinen oder aus Drahtschotterkörben (Gabionen) nehmen sie ihre Strenge und beleben sie mit Blatt- und Blütenkaskaden oder mit dicken, aufliegenden Kissen.

Starkwüchsige Klettergehölze zum Beranken von Gebäuden und Mauern
Blauregen (Porträt Seite 573), Efeu (Seite 466), Kletterrose (Seite 540), Wilder Wein (Seite 501), Kletter-Hortensie (Seite 470).

Schwachwüchsige Klettergehölze zum Beranken von Zäunen und Pergolen
Henrys Geißblatt (Porträt Seite 488), Pfeifenwinde (Seite 562), Jungfernrebe (Seite 501), Winter-Jasmin (Seite 480), Waldrebe (Seite 424), Kletterrose (Seite 540), Jelängerjelieber (Seite 487), Echte Weinrebe (Seite 571), Kiwi (Seite 394).

Die Klettergehölze finden an jeder Mauer oder Wand einen Platz, denn ihr Bedarf an Bodenfläche ist gering. Natürlich brauchen sie ausreichenden Wurzelraum und Nährstoffe im Boden, aber das Wasser können sie aus Fugen und Ritzen zwischen Terrassenplatten und Wegebelägen beziehen, sofern diese nicht versiegelt sind.

Auch ein höherer Zaun, der einem Gartenraum häufig die Umgrenzung und damit Geborgenheit gibt, kann ebenfalls mit verschiedenen Klettergehölzen bepflanzt werden. Ein begrünter Zaun bietet einen Lebensraum für Vögel, Igel, Schmetterlinge und Bienen. So eine Zaunwand erfordert kaum Pflege und außerdem sehr wenig Platz.

Eigens für das Überwachsen durch Pflanzen werden Rankgerüste, Laubengänge, Lauben und Pergolen gebaut. Ursprünglich stammen diese Konstruktionen aus dem Weinanbau. Neben ihrer Nützlichkeit bringen sie eine hohe Gestaltungsqualität in die Gärten. Pergolen können Gebäude miteinander verbinden, etwa das Wohnhaus mit Carport und Garage. Pergolen können zum Eingang oder zu entfernten Gartenbereichen führen, Sitzplätze einrahmen und beschatten oder Wege begleiten.

Gehölze an Steinen, Stufen und Mäuerchen

Hier wachsen neben Gräsern und Polsterstauden, die aus Fugen und Ritzen hervorquellen und überhängen, auch kriechende Zwerggehölze. Diese stammen größtenteils aus der alpinen und der Heide-Steppen-Flora. Sie lieben einen sonnigen Standort mit durchlässigem, schotterreichem Boden.

Bei diesem Gartenthema kommt es häufig zu ästhetischer Missgestaltung: Eindrucksvolle Landschaften wie Hochgebirge oder Heidelandschaften sollen in einen begrenzten Gartenraum gebracht werden und

Üppige Rosen, feinblättrige Polsterstauden und grobe Steine bilden ein kontrastreiches Miteinander.

Trockenheitstolerante Kleingehölze für den Steingarten
Ginster-Arten wie Zwerg-Elfenbein-Ginster (Porträt Seite 445), Perovskie (Seite 502), Johanniskraut (Seite 475), Bartblume (Seite 417), Spierstrauch (Seite 556), Lavendel (Seite 484), Kleinstrauch- und Zwergrose (Seite 543), Kletternder Spindelstrauch (Seite 455), Zwergmispel (Seite 438), Berg-Kiefer (Seite 605), Kriech-Wacholder (Seite 592) und Eibe (Seite 613) mit flachwachsenden, kugeligen oder kissenförmigen Polstern.

erfahren dadurch eine zu starke Verkleinerung. Schnell gerät der Versuch, mit aufgetürmten Felsbrocken und Zuckerhut-Fichten die Alpen oder mit Säulen-Wacholdern und Heidegewächsen die Heide nachzuahmen, zur Karikatur dieser großartigen, von Weite lebenden Naturräume.

Aus Stufen, Mauern, terrassierten Beeten und einzelnen Steinen oder Kiesflächen können sich im Zusammenspiel mit den typischen Stauden und blütenreichen Kleingehölzen intensive Gartenbilder entfalten. Ein so gestalteter Gartenteil kann unsere Fantasie anregen und Träume von den „großen" Landschaften in uns wecken, ohne das natürliche Vorbild ins Kleinformat pressen zu müssen.

Gehölze am Wasser

Wasser bringt eine hohe Aufenthaltsqualität und eine Vielfalt an Erlebnissen in den Garten. Abgesehen davon, dass es ohne Wasser kein Pflanzenwachstum gäbe, kann man es ruhend oder fließend in den Garten holen. Es lohnt sich, ein Gewässer – und sei es noch so klein – in der Nähe des Wohnbereiches zu installieren. Schon in einer mit Wasser gefüllten Schale spiegeln sich Sonne, Wolken und Himmel. Es werden Wind und Regen, Rauhreif und Eis sichtbar.

Dieses Erleben steigert sich noch durch Pflanzen in und am Wasser. Nur wenige Gartengehölze, einige kleinbleibende Weiden zum Beispiel, gedeihen am feuchten bis nassen Ufer. Diese Zone ist eher Revier der Wasser- und Sumpfstauden. Sofern Gehölze oder auch andere aggressiv wurzelnde Pflanzen wie Bambus in Gewässernähe frei ausgepflanzt werden, sollte man ihre Wurzelkraft bedenken und eine Wurzelsperre oder einen Sicherheitsabstand vorsehen. Das gilt besonders für Folienbecken, da ihre Dichtungsbahnen von den Wurzeln durchstoßen werden können.

Doch häufig wachsen die Gehölze an gebauten, vielleicht sogar erhöhten Becken, an Trögen oder Brunnen. Die Bäume und Sträucher wurzeln dabei in ganz normalem Gartenboden und stehen in eher ästhetischer als standortmäßiger Zuordnung zur Wasserfläche. Besonders hängende, bizarr oder breit wachsende Formen bieten im Kontrast zur ruhigen Wasserfläche und in der Spiegelung reizvolle Aspekte zu jeder Jahreszeit.

Ästhetisch wirkende Gehölze in Wassernähe
Hänge-Birke (Porträt Seite 407), Hänge-Esche, Trauer-Ulme, Zier-Kirsche (Seite 511), grün- und rotlaubige geschlitztblättrige Ahornarten wie Fächer-Ahorne (Seite 389) und Pagoden-Hartriegel (Seite 433).

Das Grün der Bäume und Solitärsträucher – teilweise im Wasser gespiegelt – vermittelt eine kühle, fernöstlich anmutende Atmosphäre.

Gehölze in Vorgärten

Geschnittene Kleingehölze und Stauden prägen diesen Vorgarten.

In den meisten Fällen begrenzen das Wohnhaus, die Straße und die seitlich angrenzenden Nachbargrundstücke den Vorgarten. Häufig nehmen Verordnungen der Gemeinde und Städte (Bebauungspläne) Einfluss auf die Art seiner Umgrenzung, seine Bepflanzung und die Auswahl des Materials. Solche Bestimmungen werden geschaffen, um diesen in die Öffentlichkeit wirkenden Bereich mit dem Straßenbild in Einklang zu bringen oder um überhaupt erst ein Straßenbild zu schaffen. Mauern, Zäune, Gitter, Hecken, aber auch vor allem Bäume und Sträucher können ein Straßenbild prägen, etwa wenn der Rotdorn blüht, der Flieder duftet, die Ahornblätter im Herbst leuchten oder die Kastanien herabprasseln.

Der „Abstandshalter“ zwischen öffentlichem und privatem Raum gilt als Visitenkarte der Bewohner: Den Vorgarten sieht man im Vorübergehen oder -fahren, und er empfängt den Besucher. Dieser oft schmale Gartenstreifen kann eine versiegelte Abstellfäche oder auch ein kleines Paradies sein. Ob ein Vorgarten einladend lebendig oder vornehm zurückhaltend, ob er „pflegeleicht“ versiegelt oder originell dekoriert ist – er spiegelt zum einen den Zeitgeist, zum anderen die Haltung der Bewohner wider. Der Vorgarten schirmt zur Straße hin ab. Er dient dem alltäglichen Durchgang und in den meisten Fällen als Ein- und Ausfahrt sowie als Stellfläche für die Fahrzeuge. Auch die Mülltonne muss hier untergebracht werden. Der Platz vor dem Haus kann aber auch ein Gespräch mit Vorübergehenden ermöglichen, er kann zum Verweilen, zum Sitzen vor der Haustür, zum Feiern, zum Spielen einladen und zu einem Teil des Wohnens im Freien werden.

Doch was bedeutet das nun für die Verwendung von Gehölzen?

Tab. 1 Besonderes für den Vorgarten

Zaubernuss (Porträt Seite 465)	blüht im Winter
Kornelkirsche (Seite 435)	Blütenschmuck im Frühjahr
Schmuck-Ahorne (Seite 385), Hartriegel (Seite 432)	farbige oder auffallend strukturierte Rinde
Duft-Schneeball (Seite 567)	intensiver Duft

Vom Standort her können hier alle bereits beschriebenen Möglichkeiten vorkommen: unterschiedliche Licht-, Feuchtigkeits- und Bodenverhältnisse, Plätze, Mauern, Stufen, Zäune, Pergolen, auch Wasserflächen. Außer den oben genannten gesetzlichen Kriterien kommen noch einige speziell pflanzliche hinzu: Unter den Bäumen sollte man wegen des meist eingeschränkten Platzes eine sorgfältige Auswahl treffen. Ein Hausbaum verleiht dem Vorgarten einen eigenen Charakter, er beschirmt den Eingang, er überragt das Dach. Doch er muss Platz genug finden. Es gibt eine beträchtliche Auswahl an kleinkronigen Bäumen. Kein Baum sollte unter dem Aspekt gepflanzt werden, dass man ihn zurückschneiden kann, wenn er zu hoch wächst. Man sollte auf einen

Baum verzichten, wenn nicht gewährleistet ist, dass er seine charakteristische Gestalt entwickeln darf. Zudem ist zu bedenken, dass vom Baum oder auch von Großsträuchern herabfallende Blätter oder Früchte eine besondere Rutschgefahr mit sich bringen.

Auch die Sträucher, als markante Solitärgehölze oder in abschirmenden Gruppen oder als Hecke gepflanzt, geben dem Vorgarten oder sogar der gesamten Straße ein besonderes Gesicht.

Unentbehrlich, gerade im Vorgarten, sind die hinsichtlich ihres Platzbedarfes anspruchslosen Klettergehölze. Sie „gehen die Wände hoch" und und können dabei weniger Ansehnliches kaschieren. Selbstverständlich muss man hier die jeweiligen Standort- und Wuchseigenarten beachten, damit der Zuwachs nicht zum Zuwachsen führt. Doch gerade in einem Vorgarten lassen sich Bauelemente wie Mauern, Zäune, Gitter, Carports, Garagen, Müllboxen mit Rankgerüsten und Pergolen verbinden und mit den über und über wachsenden Rankern zu einladenden und abgeschirmten Vorhöfen verwandeln.

In diesem Innenhof erinnert die Kombination von Feuer-Ahorn, Rankern, Stauden und Wasserpflanzen an üppige Wildnis.

Gehölze in Innenhöfen

Ein Innenhof ist ein von Wänden umschlossener, nach oben offener Raum. Seine Atmosphäre hängt wesentlich von dem Verhältnis zwischen Grund- und Wandflächen ab, das wiederum sein Kleinklima bestimmt. Solch ein nach den Seiten geschlossener Raum unterliegt extremen Schwankungen in Bezug auf Lichteinfall und Temperatur – je kleiner der Innenhof, desto stärker die Schwankungen. Bei hohem Sonnenstand kann kurzzeitig stauende Hitze, bei tiefem Sonnenstand kühlender, anhaltender Schatten entstehen. Außerdem treten zuweilen Windverwirbelungen auf. Die einzelnen Pflanzen innerhalb eines Hofes können infolgedessen extrem verschiedene Standorte haben. Außerdem sind sie häufig einem schnellen Wechsel der Verhältnisse ausgesetzt. Die Pflanzen müssen also zum einen robust und tolerant gegenüber Standortveränderungen sein. Zum anderen sollten sie in einem Atriumhof, der von allen Seiten zu jeder Zeit einsehbar ist, im gesamten Jahresverlauf ein gutes Bild abgeben. Wegen ihrer engen räumlichen Beziehung zum alltäglichen Wohnen vermitteln die Pflanzen des Innenhofs den Betrachtern ihren Lebensrhythmus. Sie locken zudem Vögel, Schmetterlinge und andere Kleinlebewesen an.

Durch vertiefte Plätze mit Stufen, Podesten, Hochbeeten, Pergolen oder mithilfe von Wasser kann man unterschiedliche Räume sowie Ein- und Aussichten innerhalb des Hofes schaffen. Im Zusammenspiel mit Pflanzen ergeben sich vielfältige Möglichkeiten der Gestaltung.

Robuste Bäume und Sträucher für Innenhöfe

Dornenlose Gleditschie (Porträt Seite 464), Japanische Zier-Kirsche (Seite 511), Mehlbeere (Seite 553), Lederblättriger und Pflaumenblättriger Weißdorn (Seite 442), Hahnensporn-Weißdorn (Seite 442), Blumen-Esche (Seite 462), Zier-Apfel (Seite 495), Stern-Magnolie (Seite 493), Ginkgo (Seite 588), Eisenhutblättriger Ahorn (Seite 391), Felsenbirne (Seite 398), Blumen-Hartriegel (Seite 434), Goldregen (Seite 483), Blut-Pflaume (Seite 509), Zaubernuss (Seite 465) und Bodnant-Schneeball 'Dawn' (Seite 567).

Gehölze in Pflanzgefäßen

Der Reiz, mit bepflanzten Gefäßen zu „gärtnern“, liegt in der Mobilität. Sie haben die Möglichkeit, die Töpfe und Kübel einzeln, in Reihen oder in Gruppen zusammenzustellen, Gefäße verschiedener Größe zu kombinieren, sie attraktiv zu bepflanzen und immer wieder neu zu arrangieren.

Aus Gründen der Sicherheit, der Optik und des Gedeihens sollten die Pflanzgefäße waagerecht und auf festem Grund stehen. Sie können fast überall ihren Platz finden: auf einer Dachterrasse oder dem Balkon, im Eingangsbereich, im Innenhof, auf der Terrasse und am Wasserbecken oder begleitend an Wegen und Stufen. Jedoch sollte man schon vorab bedenken, dass Gehölze in Kübeln – in Abhängigkeit von ihrer Größe, des Substrates und des Pflanzgefäßes – ein beträchtliches Gewicht besitzen und mit dem Wachstum auch noch an Masse zulegen. Der vorgesehene Standort, dessen Statik und somit Belastungsfähigkeit, sowie die Möglichkeit des Transportes der Kübel sind daraufhin genau zu prüfen.

Solch eine artenreiche Mischung aus kleinwüchsigen Gehölzen in schönen Gefäßen kann auf kleinem Raum eine eigene Gartenstimmung schaffen.

Wenn man Gehölze auf Dauer in Gefäße pflanzt, die im Freien stehen, sollte es sich um winterharte Pflanzen handeln. Sie können draußen – gegebenenfalls mit Winterschutz – ohne nennenswerten Schaden überwintern. Andernfalls brauchen sie im Winter den Schutz eines frostfreien oder temperierten Gebäudes. Dafür muss man einen entsprechenden Raum zur Verfügung haben – entweder im eigenen Haus oder beim Gärtner in der Nähe.

Außerdem sollten die Gehölze klein bleiben oder langsam wachsen, ihr Habitus und ihre Wurzel sollten zur Gefäßform und -größe passen. Gut geeignet sind schnittverträgliche Pflanzen, die sich immer wieder in der Größe reduzieren oder in eine bestimmte Form bringen lassen. Die Größe der Gefäße und die Standortbedingungen wiederum müssen den Eigenschaften der Pflanzen entsprechen.

Tab. 2 Geeignete Gehölze für Pflanzgefäße

Winterharte, robuste Kleinbäume und Sträucher:	Zier-Apfel (Porträt Seite 495), Zier-Kirsche (Seite 511), Korkenzieher-Weide (Seite 548), Japanische Ahorne (Seite 391)
Malerische Sträucher	Felsenbirne (Seite 398), Immergrüne Zwergmispel (Seite 438), Goldregen (Seite 483), Flügel-Spindelstrauch (Seite 454), Etagen-Hartriegel (Seite 432)
Schnittverträgliche Gehölze (Formschnitt)	Liguster (Seite 485), Buchsbaum (Seite 410), Eibe (Seite 613)
Überwallende, herabhängende Gehölze	Efeu (Seite 466), Teppich-Zwergmispel (Seite 438), Kletternder Spindelstrauch (Seite 455), Winter-Jasmin (Seite 480)
Blühende Gehölze als Blickfang	Rosen (Seite 533), Hortensien (Seite 470), Spiersträucher (Seite 556)
Trockenheitsverträgliche Halbsträucher	Lavendel (Seite 484), Perowskie (Seite 502), Bartblume (Seite 417)

Mit Gehölzen Gartenbilder komponieren

Bäume werden von dem Ort, an dem sie wachsen und mit dem sie verwachsen, geprägt. Zugleich prägen sie wiederum den Ort.

Bäume für Struktur und Akzente

Bevor man Bäume in den Garten pflanzt, sollte man sich über Folgendes klar geworden sein: Man muss den Bäumen den Raum geben, in dem sie ihre Lebensgrundlage finden und in dem sie sich zu ihrer charakteristischen Gestalt entwickeln können.

Ein Baum wirft im Laufe der Zeit immer mehr Schatten und nimmt damit dem Garten und anderen Pflanzen Licht. Bäume im Hausgarten sollten bezüglich ihrer Dichte und Größe im ausgewachsenen Zustand dem Lichtbedürfnis der Menschen, die unter ihnen wohnen, entsprechen. Man sollte einen Baum auswählen, der dem vorhandenen Platz angemessen ist. Die Abstände von Gehölzen zur Grundstücksgrenze sind in Abhängigkeit von ihrer Größe im Nachbarschaftsrecht des jeweiligen Bundeslandes festgelegt. Im Bebauungsplan der jeweiligen Gemeinde kann es zudem Vorschriften zur Gehölzauswahl geben. Diese Bestimmungen sind bei der Gartenplanung zu berücksichtigen, will man spätere Unannehmlichkeiten vermeiden.

Man kann einen Baum im Vorgarten nah ans Haus pflanzen, sofern man die Wurzelkraft und die Wurzelform berücksichtigt. Er mildert dann die Strahlung der hochstehenden Mittagssonne im Sommer. Er wirft seinen Schatten auf das Dach und bildet mit seinem Stamm und einigen Ästen den Vordergrund zum Durchblick in den Garten. Für solche Plätze in Hausnähe eignen sich Bäume mit spätem Austrieb und frühem Laubfall; sie lassen die Herbst- und die Frühlingssonne hindurch, spenden im Sommer aber kühlenden Schatten. Bäume mit schwer verrottbarem Laub, wie die Walnuss, oder Bäume, von denen viele Samen und Zweige abfallen (zum Beispiel Birke), wird man hier nicht wählen. Gleiches gilt beispielsweise für die Eberesche, deren fleischige Früchte zu einem schmierigen Brei zertreten werden.

Neben der Größe und den Wuchseigenschaften wird man bei der Auswahl des Hausgartenbaumes vor allem auch seine Gestalt im weitesten Sinn berücksichtigen. Wesentliche Auswahlkriterien sind also die Wuchsform, die Belaubung (Laubfarbe und -beschaffenheit, sommer- oder immergrün) sowie mögliche Besonderheiten wie besonders attraktive Blüten, Früchte oder Rinden. Viele Bäume und Sträucher entwickeln sich zu **besonderen Wuchsformen** wie Säulen (Säulen-Zier-Kirsche, Säulen-Eiche, Säulen-Buche), Kugeln (Kugel-Ahorn, Kugel-Robinie) oder Formen mit hängenden Ästen (Hänge-Esche, Trauer-Ulme, einige Zier-Kirschen). Außerdem gibt es Formen mit korkenzieherartig gedrehten Ästen (Korkenzieher-Weide). Diese vom normalen Habitus abweichenden Wuchsformen erfordern einen besonderen Platz im Garten, damit ihre auffallende Gestalt zur Geltung kommt. Klare Formen wie Säule und Kugel verlangen eine geometrische Stellung; sie können im Mittelpunkt, paarweise am Eingang stehen oder als Reihe, als Allee oder im Rondell gepflanzt werden. Hängende Formen sollten auf eine ruhige Fläche (Rasen oder Wasser) oder auf eine flächige Pflanzung herabwallen können. Gehölze mit bizarrem Astwerk wie die Scheinbuche brauchen einen

Zwei Kugelbäume markieren den Hauseingang, begrüßen Bewohner und Gäste und betonen den dörflichen Charakter.

ruhigen Hintergrund, eine helle Wand zum Beispiel, um zur vollen Wirkung zu kommen.

Auch Laub- und Nadelbäume, deren **Blatt- und Nadelfärbung** vom gewohnten Grün abweichen, sind im Garten als Besonderheit zu verwenden. In einem kunterbunten Farbgemisch hebt sich die Wirkung gegenseitig auf. Doch mit Farbgruppierungen, mit sorgfältiger Farbabstimmung sind reizvolle Effekte zu erzielen. So leuchtet ein einzelner Baum mit weißbuntem oder gelbem Laub besonders auffallend aus dem umgebenden Dunkelgrün hervor, zum Beispiel der Goldbunte Eschen-Ahorn, die Gold-Ulme und einige Gleditschien- und Robiniensorten. Eine Gruppe von graublau-silbernen Gehölzen mit beispielsweise Silber-Ahorn, Weidenblättriger Birne oder Mehlbeere kann mit den dazu passenden Stauden einem sonnigen, trockenen Standort einen ganz eigenen, eindrucksvollen Charakter verleihen. Ein rotlaubiger Baum stellt immer eine auffallende Erscheinung dar. Rotlaubige Sorten gibt es von Ahorn, Buche, Zier-Apfel und Zier-Pflaume. Sie bilden in Begleitung von Sträuchern und Stauden mit Blüten in Rosa- und Purpurtönen einen besonderen Blickfang. Jedoch sollte der Einsatz dieser farbigen Gehölze im Garten wohldosiert werden, damit das große Farbspiel des Herbstes nicht überdeckt oder vorweggenommen wird.

Wenn es die gesetzlichen Bestimmungen und die räumlichen Voraussetzungen erlauben, sollte man Bäume in die Gärten pflanzen. Bäume sind unentbehrliche Begleiter im Erleben eines Gartens. Bäume verleihen einem Garten Struktur, setzen Akzente, geben Reife, Schatten und ein Klima, das Sträuchern wie Rhododendron, Blumen-Hartriegel, Fächer-Ahorn oder Magnolie sowie zahlreichen Stauden erst den optimalen Lebensraum bereitet.

Ein Solitärgehölz steht frei zwischen niedriger Buchskugeln und Stauden – so kommt die charakteristische Gestalt voll zur Geltung.

Sträucher für Räume und Flächen

Sträucher bilden im Gegensatz zu Bäumen keinen durchgehenden Stamm aus, sondern treiben mehrere gleichwertige Grundtriebe. Einen Garten ohne Sträucher kann man sich kaum vorstellen, zumal es eine große Anzahl von Arten in sehr unterschiedlicher Größe und Gestalt gibt. So vielseitig ihr Farben- und Formenreichtum ist, so vielseitig lassen sich Sträucher im Garten verwenden. Man kann sich mit ihnen umgeben, sich dahinter verbergen und geborgen fühlen, geschützt vor Wind und Einblicken.

Sträucher können als markante Einzelgestalt ebensogut verwendet werden wie in Gruppen. Sie sind wegen ihrer Größe und ihres Volumens besonders wirksam als raumbildende Elemente. Man kann sie als Umgrenzung, in Reihen oder als freiwachsende und geschnittene Hecke in vielerlei Höhenabstufungen pflanzen. Von der niedrigen Einfassungshecke bis zur baumhohen Wand reichen die Möglichkeiten. Die Heckensträucher können Blüten, Früchte oder immergrünes Laub tragen, benötigen aber auch eine regelmäßige Pflege in Form von Schnitt.

Hat man genügend Platz, um eine oder mehrere Reihen von Sträuchern als freiwachsende Hecke setzen zu können, erhöht sich der Erlebniswert, weil man aufeinanderfolgende Blütezeiten, verschiedene Früchte, unterschiedliche Blattformen und -farben, sehr frühen Austrieb oder immergrünes Laub kombinieren kann. Zudem bietet solch ein Gebüsch Bienen, Vögeln, Igeln und anderen Kleintieren Nahrung und Lebensraum. So bilden geschnittene oder freiwachsende Hecken sowohl aus ökologischer wie aus ästhetischer Sicht ein wesentliches Element im Garten.

Wie bei den Bäumen gibt es auch unter den Sträuchern einige Vertreter, die von Natur aus zu auffallenden Formen wie Kugeln oder Säulen heranwachsen. Einige Sträucher entwickeln ein vom normalen Bild abweichendes farbiges, hängendes oder korkenzieherartig gedrehtes Astwerk. Für ihre Verwendung gelten dieselben Kriterien wie bei den Bäumen.

Einige Sträucher, wie vor allem Hainbuche, Buchsbaum, Liguster und Eibe, eignen sich besonders gut dazu, zu Toren und Bögen formiert, in geometrische Formen wie Kegel, Kugel, Quader, Pyramide oder auch in freie Formen wie Figuren geschnitten zu werden. Mit diesen kompakten Gehölzen kann man zum Beispiel Eingangsbereiche kennzeichnen, in farbigen Staudenrabatten Gegensätze erzeugen, einen Rhythmus in der Bepflanzung markieren und einen Hintergrund bilden. Im Herbst und Winter, nach dem Verklingen der Farben, treten sie als Hauptdarsteller auf.

Bodendeckende Gehölze

Bodendecker sind vor allem durch ihre Verwendung im öffentlichen Bereich in Form von monotonem Einheitsgrün in Verruf geraten. Doch im Garten eignen sich sowohl Stauden wie auch bestimmte Gehölze dazu, dichte Teppiche mit Blättern, Blüten und Früchten zu bilden, die einen reizvollen Untergrund für höhere Stauden, Sträucher und Bäume bilden. Ebenso können sie eine ruhige Fläche zwischen Gebäuden, am Wasser oder auf Dächern darstellen. Wie alle anderen Sträucher brauchen Bodendecker den passenden Standort, damit sie dauerhaft und lückenlos zusammenwachsen. Als besonders zuverlässig unter den bodendeckenden Gehölzen gelten Immergrüne Spindelsträucher, Efeu, Immergrün, flachwachsende Fingersträucher, Rosen, Schneebeeren, Felsenmispeln sowie Kriech-Wacholder.

Farbigkeit wird nicht nur durch Blüten sondern auch durch Gehölze mit verschieden farbigen Nadeln und Blättern erreicht. Einen Akzent setzt die herausragende Kegelform.

Kletternde Gehölze

Einige Kletterpflanzen können sowohl in der Waagerechten (auf dem Boden) als auch in der Senkrechten (an Stämmen und Wänden) flächendeckend wachsen. Efeu, Kletter-Hortensien und Immergrüne Spindelsträucher erobern sich beide Dimensionen. Klettergehölze können sich meterweit von ihrem Standort fortbewegen, über den Boden, über Wände, über Zäune und Mauern, über Baum und Strauch. Aufgrund ihrer Anpassungsfähigkeit können sie mit jeder Art von Gebäude verwachsen, es wenn nötig sogar verdecken, aber auf jeden Fall verschönern – immer vorausgesetzt, man gibt ihnen den rechten Platz. Anderenfalls können die besonders wuchsfreudigen unter den Kletterpflanzen zur alles überwuchernden Plage werden. Um Schäden zu vermeiden, sind ihre Vitalität, ihre Wuchs- und Klettereigenschaften zu berücksichtigen. Manche Klettergehölze sind selbstklimmend. Mit Hilfe ihrer Haftorgane klettern sie ganz ohne Kletterhilfe die Wände hoch, zum Beispiel Efeu, einige Arten der Jungfernrebe und die Kletter-Hortensie.

Einige Gehölze sind in der Lage, von oben nach unten zu wachsen. Ihre freischwingenden, manchmal meterlangen Triebe hängen aus Gefäßen, aus Bank- und Terrassenbeeten, von Stützmauern und Pergolen herab und verweben sich zu lockeren Vorhängen. Zu den Gehölzen, die man überhängend wachsend verwenden kann, zählen Efeu, Gewöhnliche Jungfernrebe, Winter-Jasmin und Kletterrosen mit hängenden, weichen Trieben (Rambler).

Klettergehölze bereichern in ökologischer, funktionaler und ästhetischer Hinsicht unsere Gärten. Wegen ihrer Flexibilität, wegen ihrer Vielfalt an Formen, Farben, Blüten, Früchten und Düften finden sie gerade im kleinen Garten Verwendung.

Glyzinien brauchen viel Platz zur Entfaltung.

Rosen

Rosen nehmen in unserem Klimabereich den ersten Platz unter den Blütensträuchern ein, was die Blütenfülle, die Farbpalette der Blüten und die Blühdauer betrifft. Zierendes Laub, auffallende Stacheln, Früchte (Hagebutten) und vor allem eine ganze Skala von Düften machen manche Arten und Sorten besonders wertvoll. Allen Rosen gemeinsam ist das Bedürfnis nach einem sonnigen Platz und freiem Stand. Rosen lieben es nicht, wenn sie im Traufbereich von Bäumen und im zeitweiligen Schatten stehen müssen. In voller Sonne hingegen, den freien Himmel über sich, entwickeln sich Rosen gesund und in ihrer ganzen Pracht.

In ihrem Wuchs, in ihrem Habitus, zeigen Rosen deutliche Unterschiede. Es werden verschiedene Rosenklassen unterschieden (siehe Seite 536): Strauchrosen – zu denen unter anderem Wild- und Kleinstrauchrosen zählen, ferner Kletterrosen (wie die Ramblerrosen) sowie Buschrosen. Letztere umfassen Beet-, Edel- und Zwergrosen.

Hochstammrosen lassen sich aus allen Arten von Rosen ziehen; hier wird per Stammveredlung die charakteristische Wuchsform erzielt. Verwendet man als Edelreis langtriebige Rosen, erhält man Trauer- oder Kaskadenfomen.

Rosen sind im Garten unentbehrlich.

Gehölze pflanzen und pflegen

Nachdem die vorangegangenen Kapitel den Blick für das richtige Ziergehölz am rechten Standort geschärft haben, gilt nun die besondere Aufmerksamkeit der Pflanzung und Pflege der ausgewählten Gehölze. Die folgenden Kapitel befassen sich mit der Bodenvorbereitung und -verbesserung und erläutern den fachgerechten Vorgang des Pflanzens. Sie stellen außerdem die einzelnen Schnittmaßnahmen zur Pflege der verschiedenen Gehölztypen, unterteilt in sechs Hauptgruppen, vor. Neben der richtigen Gehölzauswahl sind dies die wichtigsten Grundvoraussetzungen, um langfristig eine gesunde und artgerechte Entwicklung zu erreichen.

Bodenvorbereitung und Pflanzung

Die richtige Auswahl von Baum- und Straucharten für den jeweiligen Standort, eine gründliche Bodenvorbereitung sowie sachgerechte Pflanzung und Pflege sind entscheidende Voraussetzungen für das Gedeihen der Gehölze.

Wuchshöhen

Die Wuchshöhe von Bäumen und Sträuchern stellt eine der wichtigsten Kriterien bei der Auswahl von Gartengehölzen dar. Nicht selten wird für einen bestimmten Platz im Garten eine zu starkwüchsige Art gewählt oder Bäume und Sträucher werden zu eng gepflanzt. Sie wachsen dann mehr oder weniger schnell über den ihnen zugedachten Raum hinaus, bedrängen sich gegenseitig, geben zu viel Schatten oder versperren die Sicht. Durch ständige Rückschnitte wird dann versucht, die Wuchshöhe in bestimmten Grenzen zu halten. Ein solches Vorhaben ist stets zum Scheitern verurteilt, denn ein kräftiger Rückschnitt hat stets auch einen starken Neutrieb zur Folge, die ursprüngliche Höhe wird rasch wieder erreicht. Durch unsachgemäße Rückschnitte verlieren Bäume und Sträucher außerdem ihren arttypischen Aufbau, sie werden zu seelenlosen, uniformen Gestalten.

Den Boden vorbereiten

Bei Nachpflanzungen von Gehölzen in älteren Gärten oder bei Neupflanzungen auf gut gepflegten Kulturböden sind vor dem Pflanzen keine besonderen Bodenvorbereitungen notwendig. Bei der Neuanlage eines Gartens im Anschluss an bodenverdichtende Baumaßnahmen ist dagegen eine gründliche Bodenvorbereitung notwendig. Diese sollte möglichst nicht auf die Baumgrube begrenzt werden, sondern die gesamte Gartenfläche umfassen. Nur eine tiefe Lockerung verdichteter Böden garantiert einen ungehinderten Abzug überflüssigen Wassers und sorgt für eine ausreichende Durchlüftung des Bodens. Ein gut funktionierender Wasser- und Lufthaushalt ist die Vorraussetzung für eine optimale Wurzelentwicklung. Neben der mechanischen Bodenlockerung kann auch der Einsatz von Gründüngungspflanzen zur Bodenlockerung beitragen.

Verbesserung des Bodens

Bodenverbesserungen können überall dort notwendig sein, wo Extremböden mit Gehölzen bepflanzt werden sollen, wie zum Beispiel leichte, nährstoffarme Sandböden, feinkörnige, schwer durchwurzelbare Lehm- oder Tonböden, stark alkalische, sehr saure, sehr trockene oder sehr nasse Böden. Der Aufwand für die Verbesserung von Extremböden kann sehr hoch sein, deshalb ist es notwendig, für Bepflanzung von Sonderstandorten solche Gehölzarten auszuwählen, die mit diesen Standortbedingungen zurechtkommen.

Cornus kousa mit üppiger Blüte.

Eine der wichtigsten Maßnahmen zur Bodenverbesserung ist die Anreicherung des Bodens mit Humus wie Kompost, Rindenhumus, Rhodohum®, Rizinusschrot, Torf oder Gründungungspflanzen. Der Einsatz von Torf und Torf-Kultur-Substraten sollte aus ökologischen Gründen so weit wie möglich eingeschränkt werden. Humus trägt zur Bildung einer stabilen Krümelstruktur des Bodens bei. Er verbessert die Sorptionskraft (Nährstoffspeicherungsvermögen) und das Pufferungsvermögens des Bodens und trägt somit zu einer gleichmäßigen Nährstoffversorgung der Pflanzen bei. Durch Humusgaben lassen sich auch die physikalischen Eigenschaften des Bodens und damit der Wasser- und Lufthaushalt verbessern.

Auch durch das Abdecken der Baumscheiben oder Pflanzflächen mit Rindenmulch oder Pinienrinde, die den Boden feucht und locker halten, wird Humus zugefügt. Durch Rindenhumus und -mulch kann es zur Festlegung von Stickstoff kommen, weil die Mikroorganismen, die die Rinde abbauen, einen hohen Nährstoffbedarf haben. Dann sind zusätzliche Stickstoffgaben nötig.

Kleinflächige Bodenverbesserungen im Garten

Neben Humus kann man auch folgende Mittel verwenden:

- Agrosil® LR (neutral wirkendes Silikat-Kolloid)
- Hygromull® (organischer Harzschaum)
- Alginure®-Bodengranulat (quellendes Huminstoffkonzentrat)
- Gartenkalk (granulierter Kalkmergel)
- Steinwolle (als granulierte Flocken erhältlich)
- Lavalit® (aufbereiterter Lavagesteinsgrus)
- Tongranulat

Die meisten Rhododendren gedeihen in einem Boden mit einem pH-Wert zwischen 4,2 und 5,5 am besten.

Bodenverbesserung für Rhododendron

Rhododendren und andere Ericaceen (zum Beispiel *Calluna*, *Enkianthus*, *Erica*, *Daboecia*) sind ausgesprochene Flachwurzeler. Ihre feinen Faserwurzeln brauchen lockere, leicht durchwurzelbare, humose, frische Böden. Sie sind besonders empfindlich gegen stauende Nässe, Bodenverdichtungen und eine alkalische Bodenreaktion.

Begrenzender Faktor für die Kultur von Rhododendren ist vor allem der pH-Wert des Bodens, der optimale pH-Wert liegt zwischen 4,2 und 5,5. *Rhododendron*-Sorten, die auf eine kalktolerante Unterlage veredelt worden sind, tolerieren einen pH-Wert bis 6,5. Rhododendren gedeihen am besten auf humosen Sandböden und sandig-humosen Lehmböden. Solche Böden können notfalls leicht durch organische Materialien (Torf, Lauberde, Rindenkomposte oder die speziell für sie entwickelte Rhododendron-Pflanzerde) verbessert werden, vor allem im Hinblick auf ihr Speicherungsvermögen für Wasser und Nährstoffe. Durch Gaben von kohlensaurem Kalk lassen sich pH-Werte unter 4,2 anheben. Grundlage für die Dosierung der Kalkgaben ist eine Bodenuntersuchung. Geringfügig erhöhte pH-Werte können durch hohe Torfgaben abgesenkt werden.

Problematisch ist die Kultur von Rhododendren auf schweren Lehm- und Tonböden sowie auf stark alkalischen Böden, sie sind auch durch hohe Humusgaben nur schwer dauerhaft zu verbessern. Unter solchen Bedingungen können Rhododendren nur dann erfolgreich kultiviert werden, wenn ein Bodenaustausch vorgenommen oder eine ausreichend starke, 20 bis 40 cm dicke Schicht aus geeignetem Susbtrat aufgebracht worden ist. Eine Dränageschicht aus Buschwerk oder grobfaserigem Rindenkompost soll das Aufsteigen des kalkhaltigen Bodenwassers verhindern. Für Rhododendren geeignete Substrate werden im

Fachhandel angeboten oder können selbst hergestellt werden. Grundlage aller Mischungen ist ein hoher Anteil an grobfaserigem Weißtorf, dem andere organische Materialien (zum Beispiel Kokosfasern, Kiefernrindenschrot), Estrichsand und je Kubikmeter Substrat 2 bis 3 kg eines langsam fließenden, chloridarmen Mehrnährstoffdüngers oder eines speziellen Rhododendron-Düngers beigemischt werden. Alle Substrate sollen eine hohe Strukturstabilität aufweisen, die dauerhaft einen optimalen Wasser- und Lufthaushalt garantiert.

Substrate für Troggärten

Bei der Bepflanzung von Brüstungströgen oder freistehenden Trögen, Schalen oder Kübeln ist neben der Auswahl passender Gehölze auch die Verwendung geeigneter Substrate von Bedeutung. Substrate für Pflanztröge müssen den extremen Bedingungen des begrenzten Wurzelraumes genügen. Sie müssen deshalb vor allem strukturstabil und damit luft- und wasserdurchlässig sein. Die Pflanzenwurzeln müssen ausreichend mit Sauerstoff und Nährstoffen versorgt werden, gleichzeitig muss eine Vernässung des Substrates verhindert werden. Eine optimale Substratmischung für Tröge besteht zu etwa einem Drittel aus grobfaserigem Weißtorf, dem Mittel wie Estrichsand, Hygromull®, Grodan®-Steinwolle, Lavagrus oder Tongranulat sowie ca. 1,5 kg/m³ Alginure®-Bodengranulat und 1 bis 3 kg/m³ eines langsam fließenden Mehrnährstoffdüngers beigemischt werden.

Pflanzung

In zunehmendem Maße werden Bäume und Sträucher in Töpfen oder Containern gezogen. Sie können, sofern der Ballen gut durchwurzelt ist, ganzjährig gepflanzt werden. Im Freiland gezogene Gehölze, mit Ballen oder wurzelnackt, können dagegen nur außerhalb der Vegetationszeit gerodet und gepflanzt werden, sommergrüne Laubgehölze erst nach dem Laubfall.

Gleichgültig, ob Gehölze im Frühjahr oder Herbst gepflanzt werden, der Boden darf zur Pflanzzeit nicht zu nass sein, außerdem sollen Bodenverdichtungen vermieden werden. Im Herbst sollten immergrüne Laub-und Nadelgehölze möglichst früh gepflanzt werden, damit sie noch vor dem Winter neue Wurzeln bilden können.

Beim Transport **wurzelnackter Gehölze** muss darauf geachtet werden, dass die Wurzeln nicht austrocknen. Sie sind außerdem unbedingt vor Frost zu schützen. Vor dem Pflanzen werden beschädigte Wurzeln bis ins gesunde Holz zurückgeschnitten, dabei ist auf möglichst glatte Schnitte zu achten. Die Wurzeln müssen unbedingt nass in den Boden kommen. Notfalls müssen die Wurzeln vor dem Pflanzen einige Stunden in Wasser gestellt werden. Das gilt zum Beispiel besonders bei der Frühjahrspflanzung von Rosen, die in der Regel in einem Kühlhaus überwintert haben. Die oberirdischen Pflanzenteile wurzelnackter, meist noch relativ junger Sträucher werden um ein Drittel bis zur Hälfte zurückgeschnitten. Um einen breitbuschigen Aufbau zu fördern, wird der Schnitt möglicht über einem nach außen zeigenden Auge angelegt.

1 Die Pflanzgrube wird mindestens in doppelter Größe des Ballendurchmessers ausgehoben. Das Gehölz einsetzen und die Knoten des Ballenleinens lösen, es jedoch nicht entfernen.

2 Der Bodenaushub wird mit Kompost gemischt und in das Pflanzloch gefüllt. Beim Antreten der Erde darauf achten, dass der Ballen nicht beschädigt wird.

3 Angießen und die Baumscheibe mit organischem Material abdecken.

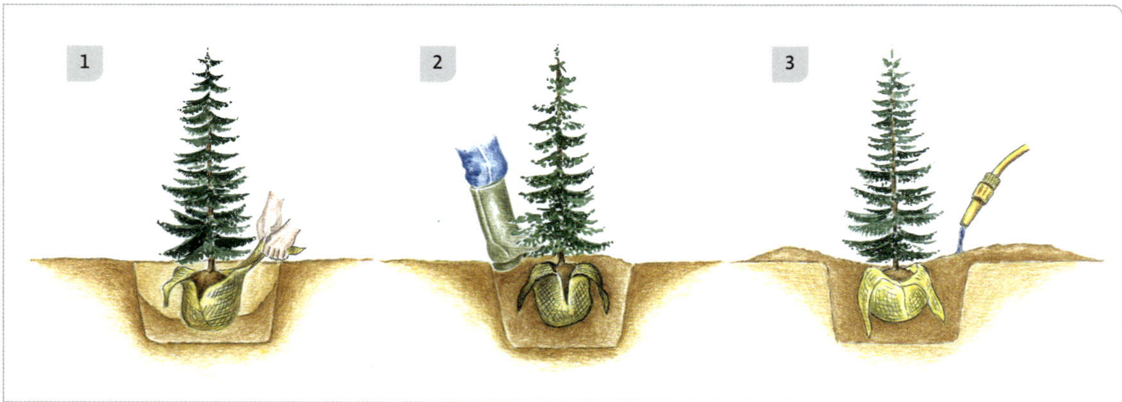

Die Größe der Pflanzgrube soll den Durchmesser des Wurzelwerkes oder des Ballens deutlich überragen. Grubensohle und die Seitenwände müssen wasser- und luftdurchlässig sein. Stauende Nässe in der Wurzelgrube kann den Tod der Gehölze bedeuten.

Vor dem Füllen des Pflanzloches muss eine nicht ausreichend feinkrümelige Aushuberde notfalls mit eigenem, reifem Kompost, Rindenhumus oder Torf verbessert werden. Frischer Stalldung oder Mineraldünger dürfen nicht mit den Wurzeln in Berührung kommen, will man Wurzelverbrennungen vermeiden. Beim Einfüllen der Aushuberde muss darauf geachtet werden, dass das Material zwischen die Wurzeln gelangt.

Das Pflanzen **ballierter Gehölze** unterscheidet sich nicht vom Pflanzen wurzelnackter Pflanzen. Auch hier müssen die Wurzeln feucht in den Boden kommen, notfalls stellt man den Ballen kurze Zeit in Wasser. Vor dem Befüllen des Pflanzloches werden die Knoten des Ballenleinens und eine eventuell vorhandene Maschendrahtbespannung gelöst, Leinen oder Maschendraht aber nicht entfernt. So werden Einschnürungen am Wurzelhals vermieden.

Angießen: Anschließend wird die Erde rings um die Wurzelkrone oder den Ballen festgetreten, soll dabei aber nicht verdichtet werden. Danach wird eine Gießmulde angelegt und das Gehölz kräftig angegossen. Dabei soll die Erde so stark durchnässt sein, dass Hohlräume zwischen der Wurzelkrone geschlossen werden. Die Wurzeln erhalten so einen guten Bodenschluss und vertrocknen nicht.

Mulchen: Wird der Wurzelbereich nach dem Pflanzen mit organischem Material abgedeckt, bleibt der Boden länger feucht, es muss weniger häufig gegossen werden. Der Boden bleibt gut durchlüftet und kann sich erwärmen. Eine ausreichende Durchlüftung und Erwärmung sind Vorraussetzungen für eine optimale Wurzelneubildung.

Größere Sträucher und kleinere Bäume werden an einem senkrecht stehenden Pfahl angebunden. Bei Koniferen sollte man den Baumpfahl schräg, zur Hauptwindrichtung hin, in den Boden schlagen, um den Ballen nicht zu beschädigen.

Beim Pflanzen von **Solitärgehölzen** ist die Anlage eines 10 bis 30 cm hohen Gießrandes unbedingt erforderlich, er muss eine ausreichend große Wassermenge aufnehmen können. Wassergaben sind naturgemäß vom Witterungsverlauf und von der Niederschlagsmenge abgängig. Bei trockener Witterung sind zusätzliche Wassergaben auch über das Pflanzjahr hinaus notwendig. Wichtig sind ausgewogene Wassergaben, ein Zuviel an Wasser behindert eine Durchlüftug und Erwärmung des Bodens und damit die Wurzelneubildung.

Die letzte Maßnahme einer Baumpflanzung stellt das **Anbinden** des Baumes an einen Baumpfahl dar. Der Pfahl muss bis ins feste Erdreich getrieben werden. Er soll nicht bis in die Krone hineinreichen. Große Solitärbäume werden oft durch drei miteinander verbundene Baumpfähle gesichert. Die Gehölze sollen so vor zu starker Windbewegung geschützt werden, damit sie sich ungestört im Boden verankern können.

Stärkere Solitärgehölze werden mit drei oder vier am Kopfende verbundenen Pfählen windfest verankert.

Die Pflege der Gehölze

Alle Pflegemaßnahmen zielen darauf ab, Bäume und Sträucher möglichst lange in einem vitalen Zustand zu erhalten. Voraussetzung dafür sind neben der Auswahl geeigneter Gehölzarten für einen gegebenen Standort ein gesunder Boden, die richtige Ernährung, eine zusätzliche Bewässerung in Trockenzeiten und ein sachgerechter Schnitt.

Bodenpflege und Düngung

Ziel jeder **Bodenpflege** ist die Schaffung und Erhaltung einer krümeligen Bodenstruktur mit einem ausgewogenen Verhältnis zwischen Bodensubstanz und Hohlraumvolumen. Sie bietet die beste Vorraussetzung für einen optimalen Wasser- und Lufthaushalt und damit für ein gesundes Mikroorganismen- und Pflanzenleben. Beeinflussen lässt sich die Bodenstruktur vor allem durch die Einarbeitung von Humus in Form von Kompost, Stallmist, Torf, Rindenhumus und Humusdüngern. Auch das Mulchen von Baumscheiben oder ganzen Pflanzflächen mit organischen Materialien oder der Anbau von Gründüngungspflanzen vor dem Pflanzen haben positiven Einfluss auf die Bodenstruktur. Auf schweren Böden kann auch eine tiefe Bodenlockerung und das Einarbeiten grobkörniger Substanzen wie Sand oder Kies für eine gute Dränage sorgen. Zur Bodenpflege gehört natürlich auch das Freihalten der Pflanzflächen von Unkraut, die den Gehölzen Nährstoffe und Wasser streitig machen.

Mit einer **mineralischen oder organischen Düngung** sollen dem Boden die Nährstoffe wieder zugeführt werden, die ihm durch das Wachstum der Pflanzen entzogen worden sind oder die durch Auswaschung und Festlegung verloren gehen. Alle Düngergaben sind auf den anstehenden Boden, dessen Versorgung mit pflanzenverfügbaren Nährstoffen und den Bedarf der Pflanzen abzustimmen. Eine über den Bedarf der Pflanzen hinausgehende Düngung belastet die Umwelt und wirkt sich ungünstig auf das Pflanzenwachstum aus.

Hinweise für eine sachgerechte Düngung sind durch eine Bodenanalyse in Verbindung mit einer Düngeempfehlung zu erhalten. Im Serviceteil ab Seite 622 finden Sie Anlaufstellen für Bodenuntersuchungen, zur Entnahme von Bodenproben sowie Adressen geeigneter Bodenlabore.

Um unsere Umwelt zu schonen und Auswaschungen von Nitraten und Phosphaten zu vermeiden, sollte möglichst auch im privaten Garten mit Langzeitdüngemitteln gearbeitet werden. Sie garantieren einen gleichmäßigen, lang andauernden Düngefluss. Zu beachten ist auch der Zeitpunkt der Düngung. Bei Gehölzen beginnt die Wurzelaktivität selten vor Anfang April, spätestens Ende Juni sollte eine letzte Düngergabe verabreicht werden.

Bewässerung: Unsere Gartengehölze haben sehr unterschiedliche Ansprüche an die Bodenfeuchtigkeit. Angaben dazu finden sich bei den später beschriebenen Baum- und Straucharten unter dem Stichwort Standort. Bei allen nicht trockenresistenten Arten kann es in niederschlagsarmen Zeiten zu Wassermangel kommen, dann ist eine Bewässerung notwendig. Wassermangel tritt aber nicht nur im Sommer auf. Immergrüne Laub- und Nadelgehölze leiden auch bei tiefen Temperaturen im Winter unter Wassermangel. Großblättrige Rhododendren zeigen dies zum Beispiel durch das Einrollen der Blattspreite, wodurch die Wasserverdunstung reduziert wird. Alle immergrünen Gehölze, auch die Koniferen, sollten bei trockenem Herbstwetter, notfalls auch zwischen zwei Frostperioden und nach langen Frostperioden unbedingt durchdringend bewässert werden. Bei allen Bewässerungsmaßnahmen sollte man darauf achten, dass das Wasser tatsächlich auch an die Wurzeln gelangt, beim Arbeiten mit einer Brause ist dies häufig nicht der Fall.

Gehölzschnitt

Schnittmaßnahmen sollen den natürlichen Aufbau eines Gehölzes fördern und ihn später erhalten oder wiederherstellen. Schnittmaßnahmen sind auch zur Formgebung von Hecken und Formgehölzen notwendig, nicht dagegen zur Höhenbegrenzung von Sträuchern, die stärker gewachsen sind als erwartet.

Regelmäßige Schnitte zur Begrenzung des Höhenwachstumes vernichten oft nachhaltig die natürliche Wuchsform von Bäumen und Sträuchern. Unterlässt man das Schneiden, nachdem man wenige Jahre einen Aufbauschnitt durchgeführt hat, beginnen Gehölze bald zu blühen und zu fruchten. Sie stellen dabei ihr starkes jugendliches Wachstum ein, und besonders die Sträucher erreichen bald annähernd ihre Maximalhöhe. Wird ein Gehölz an einem bestimmten Platz zu groß, hat man die falsche Art gewählt. Man kann diesen Fehler nur durch die Pflanzung eines neuen, besser geeigneten Gehölzes revidieren.

Technik des Gehölzschnittes

Beim Schneiden von Bäumen und Sträuchern sind folgende Grundsätze zu beachten:

- Geeignete, scharfe Werkzeuge benutzen, zum Beispiel zweischneidige Scheren und Baumsägen mit verstellbaren Blättern.
- Schnitte im rechten Winkel zur Zweigachse und dicht oberhalb einer Blattknospe durchführen.
- Äste an ihrer Ansatzstelle bis auf den „Astring“, einen wulstartig verdickten Ring in Stammnähe, abschneiden. Äste zunächst 20 bis 30 cm vom Stamm entfernt von unten her anschneiden, um ausbrechende Äste und Stammwunden zu verhindern.
- Schnittwunden möglichst klein halten, raue Sägeschnitte glatt nachschneiden und die Wunde mit einem dauerelastischen Baumwachs verstreichen.
- Schnittmaßnahmen werden häufig in der Zeit der Vegetationsruhe vorgenommen, sollten aber nicht bei Temperaturen unter −3 °C durchgeführt werden. Weil aber nicht wenige Baumarten nach Schnittmaßnahmen im ausgehenden Winter erhebliche Mengen an Blutungssaft abgeben, werden diese besser im Spätsommer geschnitten. Notwendig ist dies bei *Acer*, *Gleditsia*, *Juglans*, *Liriodendron*, *Magnolia*, *Sophora* und *Tilia platyphyllos*.

1 Gehölz vor dem Schnitt **2** Entfernen von Seitenzweigen: Hier wird auf Astring geschnitten, es soll kein sogenannter Zapfen stehen bleiben.
3 Rückschnitt eines einjährigen Triebes am Beispiel *Prunus*: Der Schnitt liegt dicht und schräg über einem Auge.
4 Bei der Entfernung von Zweigen und Ästen dürfen keine Stümpfe stehen bleiben.
5 Eine Rindenzunge reißt mit dem sich neigenden Ast aus dem Stamm aus und hinterlässt schlecht heilende Wunden. **6** Richtige Schnittfolge (a, b, c) an starken Ästen zur Vermeidung von Risswunden. **7** Ein sachgerechter Schnitt liegt möglichst dicht am Stamm und hinterlässt eine glatte Wunde mit ovalem Querschnitt.

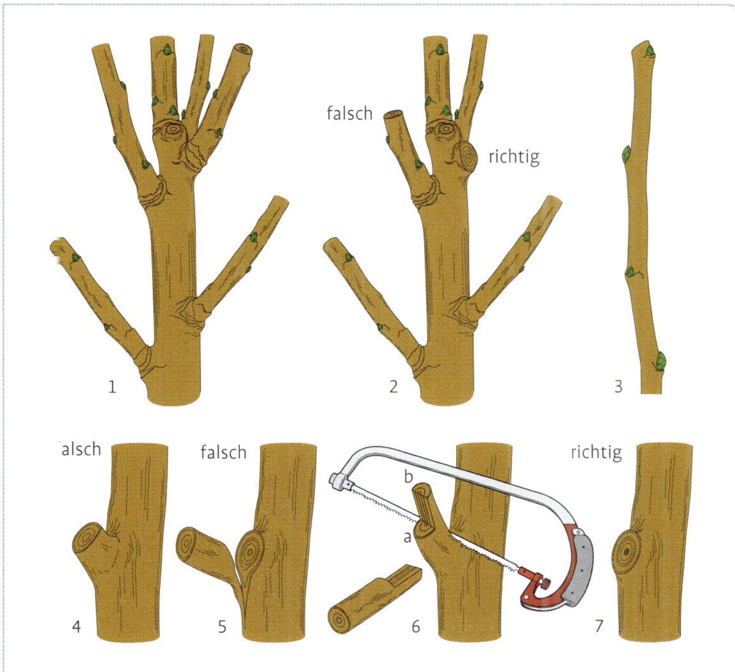

Pflanzschnitt

Sommergrüne Gehölze werden oft mit nackten Wurzeln verpflanzt. Sie verlieren beim Roden ein Teil ihrer Wurzeln, deshalb muss vor dem Pflanzen ein Ausgleich zwischen den verbliebenen Wurzeln und oberirdischen Pflanzenteilen geschaffen werden. Man entfernt dazu schwache und beschädigte Zweige und kürzt die restlichen um etwa ein Drittel ein. Auch bei sommergrünen Straucharten, die in Containern kultiviert worden sind, wird ein Rückschnitt in der Regel eine bessere Verzweigung zur Folge habe.

Gehölze, die sich von Natur aus mit wenigen, dicken Zweige aufbauen, benötigen keinen Pflanzschnitt, gleichgültig ob sie wurzelnackt oder mit Topfballen gepflanzt werden. Dazu gehören Vertreter der Gattungen *Aralia*, *Daphne*, *Hydrangea aspera*, *Magnolia*, *Paeonia* und *Rhus*. Das Gleiche gilt für Bäume und Sträucher, die aus stark entwickelten Endknospen weiterwachsen, wie zum Beispiel *Aesculus*, *Sorbus* und *Euonymus planipes*.

Bei vieltriebigen Kleinsträuchern und sommerblühenden Straucharten sollte man dagegen alle Zweige stark zurückschneiden. Das gilt zum Beispiel *für Buddleja*, *Caryopteris*, *Hypericum*, *Hydrangea paniculata*, *Perovskia*, *Potentilla* und alle kleinstrauchigen *Spiraea*-Arten wie zum Beispiel *Spiraea betulifolia*, *S. decumbens*, *S. densiflora* und *S. japonica*.

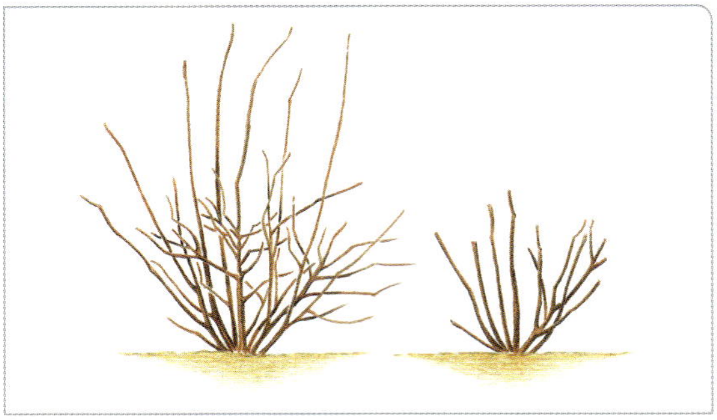

Bei nahezu allen wurzelnackten, zwei- oder dreijährigen Sträuchern werden nach dem Pflanzen die schwächeren und älteren Triebe ganz entfernt. Die restlichen werden um ein Drittel oder die Hälfte ihrer Trieblänge eingekürzt.

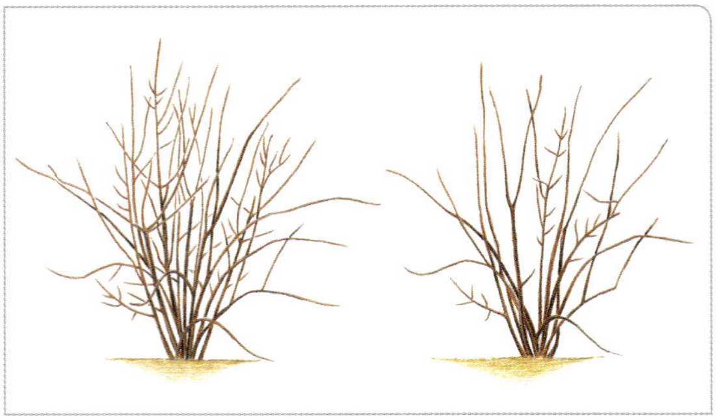

Locker aufgebaute Solitärgehölze, beispielsweise *Amelanchier laevis*, oder Sträucher mit großen Endknospen wie *Euonymus planipes* werden beim Pflanzen nur ausgelichtet.

Bei allen Rosen werden bei einer Herbstpflanzung nur die Spitzen der Triebe eingekürzt. Nach dem Abhäufeln im Frühjahr schneidet man die Triebe bis auf drei bis sieben Augen zurück, gemäß der Regel: Schwacher Trieb – starker Rückschnitt, starker Trieb – schwacher Rückschnitt.

Alle Sommer- und Herbstblüher wie zum Beispiel *Buddleja davidii* schneidet man im Frühjahr nach der Pflanzung ganz kurz zurück.

Sind dicktriebige Sträucher wie *Rhus typhina* nur spärlich verzweigt, können auch sie beim Pflanzen zurückgeschnitten werden.

Der Pflanzschnitt bei Zierkirschen (hier am Beispiel *Prunus serrulata* 'Kanzan') und Zierapfelbäumen ist dem im Obstbau üblichen Schnitt ähnlich: Die Seitentriebe werden bis auf eine Ebene zurückgeschnitten, der Mitteltrieb bleibt 20 bis 30 cm länger.

Alle jungen strauchartigen, sommergrünen Heckenpflanzen müssen nach dem Pflanzen ganz kurz zurückgeschnitten werden.

Immergrüne Laub- und Nadelgehölze, die stets in Containern kultiviert oder mit Ballen gepflanzt werden, benötigen keinen Pflanzschnitt. Das gilt auch für alle mit Ballen gelieferte Solitärgehölze, sie haben schon in der Baumschule die notwendigen Rück- und Korrekturschnitte erfahren.

Jungen, wurzelnackt gelieferten Bäumen gibt man eine Starthilfe durch einen Rückschnitt oder ein Auslichten der Krone. Beim Rückschnitt werden alle Seitenzweige auf die gleiche Länge so eingekürzt, dass die oberste Knospe nach außen zeigt, der Mitteltrieb bleibt etwas länger. Bei der Kronenerziehung in den folgenden Jahren einen lockeren Kronenaufbau anstreben, in dem sich die Seitenäste auf ein längeres Stück des durchgehenden Stammes verteilen. Zu vermeiden sind dicht stehende Astquirle und Zwieselbildungen.

Bei Heckenpflanzen hängt der Pflanzschnitt vom Alter der Pflanzen ab. Bei jungen Pflanzen von Hainbuche, Liguster, Weißdorn oder Kornelkirsche fördert ein starker Rückschnitt eine dichte Verzweigung vom Boden an. Weniger stark werden junge Rotbuchen geschnitte. An älteren, in Baumschulen speziell für Hecken gezogenen, gut garnierten Pflanzen werden Seitenzweige und Stammverlängerung nur eingekürzt.

Viburnum plicatum 'Mariesii'

Erhaltungsschnitt an Sträuchern

Im Gegensatz zu Baumarten, deren Kronen nach einigen Jahren des Aufbauschnittes in der Regel keines Schnittes mehr bedürfen, müssen zahlreiche Straucharten regelmäßig beschnitten werden. Dabei soll der natürliche Aufbau der Art möglichst erhalten bleiben, wird bei einigen Arten aber bewusst beeinflusst, um deren Blühfreudigkeit zu fördern und zu erhalten.

Die Durchführung der Erhaltungsschnitte ist abhängig vom Aufbau und Blühverhalten der Art. Aus praktischen Gründen werden die Gartengehölze dazu verschiedenen **Schnittgruppen** zugeordnet. Angaben dazu finden sich bei den Pflanzenbeschreibungen unter dem Stichwort „Pflege".

- **Schnittgruppe ✂ 1:** Bäume und Sträucher, bei denen Erhaltungschnitte nicht notwendig sind.
- **Schnittgruppe ✂ 2:** Sträucher, die regelmäßig ausgelichtet werden müssen.
- **Schnittgruppe ✂ 3:** Sträucher, die regelmäßig im Frühjahr stark zurückgeschnitten werden.
- **Schnittgruppe ✂ 4:** Sträucher, die unmittelbar nach der Blüte zurückgeschnitten werden.
- **Schnittgruppe ✂ 5:** Schnitt bei Heckenpflanzen.
- **Schnittgruppe ✂ 6:** Schnitt bei Schling- und Kletterpflanzen.

Schnittgruppe ✂ 1: Bäume und Sträucher, bei denen Erhaltungschnitte nicht notwendig sind

Zu dieser Gruppe gehören zunächst alle **baumförmig wachsenden Arten**. Bei ihnen sind Erziehungs- und Aufbauschnitte in der Regel schon in den Baumschulen durchgeführt worden. An jungen Bäumen sind nur in den ersten Standjahren Aufbau- und Korrekturschnitte notwendig.

Unter den strauchförmig wachsenden **sommergrünen Laubgehölzen** gibt es einige Gattungen, die sich vom Boden an nur mäßig stark verzweigen und nur selten basale Verjüngungstriebe bilden. Sie bauen sich auch ohne Schnittmaßnahmen harmonisch auf. Hierzu gehören zum Beispiel alle Arten der Gattungen *Cercis*, *Cornus kousa* und *C. florida*, *Enkianthus*, *Exochorda*, *Hamamalis*, *Laburnum* und alle strauchförmig wachsenden Ahornarten.

Auch die meisten **immergrünen Laubgehölze** lassen sich dieser Gruppe zuordnen, auch sie entwickeln sich in der Regel harmonisch und bedürfen keines Schnittes. Gleichwohl können zum Beispiel Mahonien unmittelbar nach der Blüten stark zurückgeschnitten werden. *Photinia × fraseri* 'Reb Robin' bildet oft lange Jahrestriebe, die im Frühjahr eingekürzt werden können, die Farbwirkung des neuen Austriebes wird dann deutlich intensiver sein. Arten der Gattungen *Buxus*, *Ilex*, *Ligustrum*, *Prunus laurocerasus* oder *Pyracantha* sind sehr schnittverträglich und werden nicht selten als Heckenpflanzen eingesetzt.

Zur Schnittgruppe gehören auch **alle immer- und sommergrünen Koniferen**. Sie werden in der Regel ebenfalls nicht beschnitten. Deshalb fehlt bei der Beschreibung der Nadelgehölze auch der Hinweis auf die Schnittgruppe. Während Eingriffe bei Arten der Gattungen *Abies*, *Araucaria*, *Cedrus*, *Gingko*, *Metasequoia*, *Picea*, *Pinus* und *Tsuga* in der Regel vermieden werden, sind Schnittmaßnahmen bei Arten der Gattungen *Chamecyparis*, aufrechtwachsenden *Juniperus* und *Thuja* durchaus denkbar. Wenn man bei Ihnen die äußeren Triebspitzen vor dem Johannistag, dem 24. Juni, einkürzt, wird man einen neuen Durchtrieb und damit einen kompakten, geschlossenen Wuchs erreichen. Von allen Nadelgehölzen gelten die Eiben als besonders schnittverträglich. Sie sind deshalb als Heckenpflanzen besonders gut geeignet.

Will man Zwergkiefern, *Pinus mugo*, möglichst niedrig und kompakt erhalten, kann man im Frühjahr die jungen, oft als „Kerzen" bezeichneten Austriebe einkürzen.

Zahlreiche dicht verweigte, kompakt aufgebaute **Zwerggehölze** kommen zeitlebens ohne Schnittmaßnahmen aus.

Schließlich lassen sich auch alle **Bambusarten** dieser Gruppe zuordnen. Schnittmaßnahmen sind nicht notwendig. Bei zu breit gewordenen, horstartig wachsenden Arten können die äußeren Halme entfernt werden. Zu weit überhän-

Erhaltungsschnitt bei Sträuchern (auch Strauchrosen) der Schnittgruppe 2: Sie werden regelmäßig ausgelichtet.

Erhaltungsschnitt bei Sträuchern der Schnittgruppe 3: Alle im Spätsommer blühenden Halbsträucher werden im Frühjahr knapp über dem Boden zurückgeschnitten.

Auch die Triebe von *Buddleja davidii* werden jährlich kurz zurückgeschnitten. Wird der Strauch nach einigen Jahren zu groß oder unansehnlich, ist auch eine Rücknahme bis ins alte Holz möglich (Schnittgruppe 3).

gende Halme können eingekürzt werden. Auch bei der Beschreibung der Baumbusarten ist auf den Hinweis zur Schnittgruppe verzichtet worden.

Schnittgruppe ✂ 2: Sträucher, die regelmäßig ausgelichtet werden müssen

Zahlreiche sommergrüne Straucharten bilden Jahr für Jahr in Bodennähe zunächst unverzweigte Langtriebe, die sich im folgenden Jahr im Spitzenbereich verzweigen und zu blühen beginnen. Die Verzweigung setzt sich in den folgenden Jahren weiter fort, die Zweige werden dabei aber stets kürzer, Zahl und Größe der Blüten lassen langsam nach, Astpartien oder ganze Pflanzen beginnen zu vergreisen. Typische Beispiele für das Wuchsverhalten von Gehölzarten dieser Gruppe sind Forsythien, Strauchrosen und Johannisbeeren.

Um die Vergreisung dieser Sträucher zu verhindern, sollen bei ihnen in Abständen von zwei bis drei Jahren einige der jeweils ältesten Äste bis zum Boden herausgeschnitten werden, um Platz für die Entwicklung der jungen Zweige zu schaffen.

Weil die Sträucher dieser Gruppe in der Lage sind, sich aus basalen Abventivknospen zu regenerieren, können jahrelang ungepflegte Sträucher auch radikal bis auf kurze Aststümpfe zurückgeschnitten und dadurch verjüngt werden.

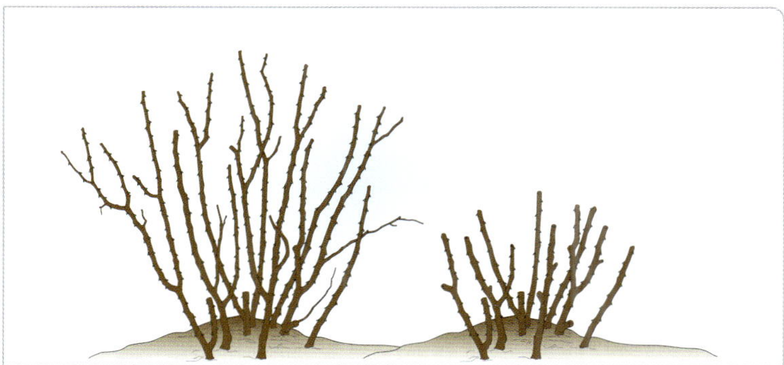

Schon im Herbst werden die weichen Spitzen der Beet- und Edelrosen eingekürzt. Im Frühjahr entfernt man überflüssige, schwache und beschädigte Triebe und schneidet die übrigen zurück (Schnittgruppe 3).

Schnittgruppe ✂ 3: Sträucher, die jährlich im Frühjahr stark zurückgeschnitten werden

Zur dieser Gruppe gehören Straucharten, die ihre Blüten vom Frühsommer bis zum Herbst an den Enden der diesjährigen Langtriebe anlegen. Typisch für die Arten dieser Gruppe sind zum Beispiel Beet- und Edelrosen und zahlreiche kleinstrauchartig wachsende *Spiraea*-Arten, wie zum Beispiel die zahlreichen Sorten von *Spiraea japonica*. Genauso wie diese verhalten sich viele halbstrauchig wachsenden Arten, deren Zweige in kalten Wintern oft beschädigt werden, wie Arten und Sorten der Gattungen *Caryopteris*, *Lavandula* oder *Perovskia*.

Bei all diesen Sträuchern schneidet man alle vorjährigen Zweige bis auf möglichst kurze Zweigstummel zurück. Das gilt auch für die Sorten von *Buddleja davidii*, während *B. alternifolia* zu den Straucharten der Schnittgruppe 2 gehört.

Sehr verschieden werden die Arten der Gattung *Hydrangea* behandelt. Bei *Hydrangea arborescens* und *H. paniculata* und deren Sorten werden die Blüten an den Ende der diesjährigen Triebe angelegt. Deshalb werden alle Zweige im Frühjahr bis auf kurze Zweigstummel zurückgeschnitten. Bei *Hydrangea aspera* 'Macrophylla', den Sorten von *H. macrophylla* und *H. serrata* sowie bei *H. quercifolia* werden die Blütenknospen im Spitzenbereich der vorjährigen Zweige angelegt. Bei ihnen werden nur die abgeblühten Blütenstände und vertrocknete Zweige entfernt.

Ältere, dicht verzweigte Sträucher von *Hydrangea macrophylla* können von Zeit zu Zeit vorsichtig ausgelichtet werden.

Um die Sorten der Besenheide, *Calluna vulgaris*, möglichst kompakt und niedrig zu halten, werden die Sträucher im Frühjahr so weit zurückgeschnitten, dass noch ein beblättertes Zweigstück des vergangenen Jahres stehen bleibt. Das gilt auch für die sommerblühenden *Erica cinerea* und *E. vagans*. Auch bei *Erica carnea* kann man jährlich oder in Abständen von einigen Jahren die Triebe nach der Blüte unterhalb der Blütenstände einkürzen.

Schnittgruppe ✂ 4: Sträucher, die unmittelbar nach der Blüte zurückgeschnitten werden

Es handelt es hier um Baum- und Straucharten, deren Blüten an den Langtrieben des Vorjahres angelegt werden und die im Frühjahr aufblühen. Durch einen regelmäßigen starken Rückschnitt gleich nach der Blüte sorgt man auch für eine reiche Blüte im kommenden Jahr und verhindert gleichzeitig das Auftreten von *Monilia* (siehe Tippkasten auf Seite 511). In dieser Weise sollten *Prunus mume*, *P. nipponica* var. *kurilensis*, *P. tenella* und *P. triloba* behandelt werden.

Schnittgruppe ✂ 5: Schnitt bei Heckenpflanzen

Die Erziehung einer Hecke setzt schon bei jungen Pflanzen ein. Sie müssen regelmäßig stark zurückgeschnitten werden, wenn die Hecke vom Boden an gut verzweigt sein soll. Der Hauptschnitt einer Hecke findet im Winter statt. Zu dieser Zeit können bei sommergrünen Arten auch Korrekturschnitte bis ins mehrjährige Holz vorgenommen werden. Sommerschnitte sollten erst ab Ende Juli durchgeführt werden, um brütende Vögel nicht zu stören.

Eine Hecke wird sich dann am besten entwickeln, wenn die Seitenwände nicht senkrecht, sondern in Trapezform geschnitten werden. Nur dann erhalten auch die unteren Bereiche ausreichend Licht und werden in ihrem Wachstum gefördert.

Erhaltungsschnitt bei Klettergehölzen der Schnittgruppe 6: Der Schnitt der Kletterrosen unterscheidet sich nicht wesentlich von dem der Strauchrosen. Häufig werden allerdings, wie hier dargestellt, die Seitentriebe jährlich bis auf wenige Augen eingekürzt.

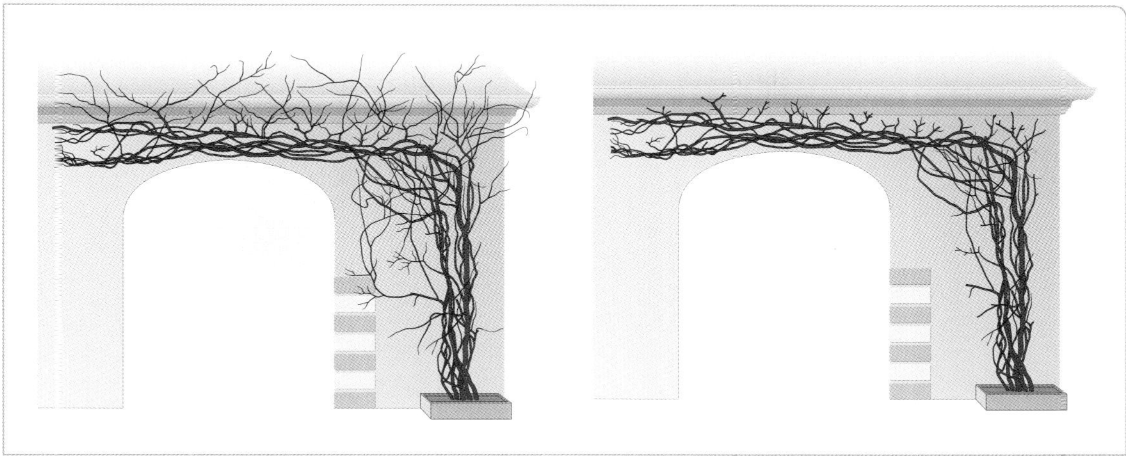

Wisteria und Campsis blühen besonders reich, wenn die letztjährigen Langtriebe im Hochsommer bis auf kurze Stummel zurückgeschnitten werden. Das kurze Blühholz bleibt ungeschnitten (Schnittgruppe 6).

Schnittgruppe ✂ 6: Schnitt an Schling- und Kletterpflanzen

Die einzelnen Gattungen werden recht unterschiedlich behandelt.

Bei *Actinidia*, *Akebia*, *Ampelopsis*, *Aristolochia*, *Celastrus*, *Hedera*, *Lonicera*, *Parthenocissus* und *Vitis* sind Auslichten und Rückschnitt nur dann erforderlich, wenn die Gehölze über den ihnen zugedachten Raum hinauswachsen.

Bei der vergleichsweise schwach wachsenden Kletterhortensie, *Hydrangea anomala* subsp. *petiolaris*, sind korrigierende Eingriffe fast immer überflüssig.

Der Schlingknöterich, *Polygonum baldschuanicum*, wächst so stark, dass er einen jährlichen Rückschnitt verträgt, er ist aber nicht unbedingt erforderlich.

Kletterrosen können wie Strauchrosen behandelt werden, man lichtet sie also, soweit möglich, nur kontinuierlich aus.

Bei *Campsis* und *Wisteria* werden nach einigen Jahren des Aufbaues im Sommer alle diesjährigen Triebe auf zwei bis drei Knospen zurückgeschnitten, wobei das kurze Blühholz sorgfältig geschont wird.

Bei *Clematis* unterscheiden wir drei Schnittgruppen:

Bei frühblühenden Arten wie *Clematis alpina*, *C. macropetala* und *C. montana* werden die Blüten am alten Holz angelegt. Schnittmaßnahmen beschränken sich hier auf das Auslichten und Entfernen schwacher oder abgestorbener Triebe im Herbst oder Frühjahr. Sind Rückschnitte erforderlich, werden diese unmittelbar nach der Blüte durchgeführt.

Bei *Clematis*, die am alten und jungen Holz blühen, handelt es sich nahezu ausschließlich um großblumige Sorten, die im Frühjahr und Frühsommer blühen. Sie blühen Ende April bis Anfang Mai oder Ende Mai bis Anfang Juni an kurzen Seitentrieben, die an vorjährigen Zweigen entstehen und ein zweites Mal mit einer meist schwächeren Nachblüte im August/September an diesjährigen Neutrieben. Auch hier kann sich der Schnitt auf das Herausnehmen schwacher oder abgestorbener Triebe beschränken. Zu den *Clematis*, die ausschließlich vom Mittsommer bis zum Herbst am alten Holz blühen, gehören Arten wie *Clematis orientalis*, *C. tangutica*, *C. vitalba* und *C. viticella* mit den dazugehörigen Abkömmlingen. Bei den natürlichen Arten sind regelmäßige Rückschnitte nicht notwendig, aber durchaus möglich. Spätblühende Hybriden, häufig Abkömmlinge von *Clematis viticella*, werden regelmäßig im Spätherbst oder Frühjahr auf eine Höhe von etwa 50 cm über dem Erdboden zurückgeschnitten.

Durchtreibende Unterlagen

Die meisten Rosen, Zierkirschen, Zieräpfel, Flieder und zahlreiche andere Ziergehölze werden in der Baumschule durch eine Veredlung vermehrt. Nicht selten treiben aus der Unterlage mehr oder weniger „wilde" Triebe, die man an ihrer Entstehungsstelle, nicht etwa nur an der Bodenoberfläche, sorgfältig entfernen muss. Sie könnten sonst die Edelsorte überwachsen, mindestens aber in ihrer Entwicklung hemmen.

Erläuterungen zu den Pflanzenporträts

In diesem Buch werden etwa 1500 Gartengehölze in alphabetischer Reihenfolge ihrer wissenschaftlichen Namen beschrieben. Es werden dabei Laubgehölze, Kletterpflanzen, Bambus und Nadelgehölze berücksichtigt.

Ausgewählt wurden Arten und Sorten mit einem hohen Gartenwert. Der zeichnet sich nicht nur durch die Attraktivität von Blattfarben, Blüten und Früchten aus, sondern schließt auch Wüchsigkeit und Robustheit ein. So finden sich neben bewährten älteren Sorten auch vielversprechende, erst in den letzten Jahren eingeführte Sorten.

Von wenigen Ausnahmen abgesehen, sind alle beschriebenen Arten und Sorten nahezu überall in Deutschland ausreichend winterhart. Bei den wenigen, nicht überall winterharten Sorten wird darauf hingewiesen, dass sie nur für wintermilde Standorte geeignet sind.

Bei den meisten Arten folgt die Beschreibung anhand gleich bleibender Stichworte: Aussehen – Verwendung – Standort – Pflege – Vermehrung. Wo diese Differenzierung fehlt, kann davon ausgegangen werden, dass die Angaben denen der voraus beschriebenen Art entsprechen.

Unter dem Stichwort **Aussehen** werden Eigenschaften der Pflanzen wie Wuchsgröße, Belaubung, Blüten und Früchte beschrieben.

Bei dem Stichwort **Verwendung** wird auf die wichtigsten Verwendungsbereiche in Gärten und Parkanlagen hingewiesen. Da der Einsatz eines bestimmten Baumes oder Strauches von vielen Faktoren abhängig ist, können die Hinweise hier nur beispielhaft sein. In vielen Fällen sind weitere Verwendungen durchaus möglich.

Unter dem Begriff **Standort** werden die Ansprüche der jeweiligen Art an die Lichtverhältnisse, an Bodenfeuchtigkeit, Bodenart und Bodenazidität (sauer bis kalkhaltig) beschrieben. Die Beachtung der Standortansprüche ist die wichtigste Voraussetzung für ein Gedeihen der Gehölze. Mit der allgemein prognostizierten Klimaerwärmung werden solche Gehölze gut zurechtkommen, die für Stadtklima geeignet sind und die trockene Böden, Lufttrockenheit und sonnigwarme Standorte tolerieren.

Unter dem Stichwort **Pflege** wird, soweit notwendig, auf bestimmte Bedürfnisse der Art hingewiesen, zum Beispiel auf den Schutz von Jungpflanzen in kalten Wintern, auf notwendige Bewässerungen bei trockenwarmer Witterung, vor allem aber auf die Art und Weise, wie eine bestimmte Art zu schneiden ist. Die Schnittmethoden der angegebenen Schnittgruppen werden auf den Seiten 376–379 ausführlich beschrieben. Hinweise zur Schnittgruppe fehlen bei der Beschreibung von Bambus und Nadelgehölzen, weil bei diesen in der Regel Schnittmaßnahmen nicht durchgeführt werden.

Es wird nur dann auf bestimmte Krankheiten und Schädlinge hingewiesen, wenn diese für die Art besonders relevant sind.

Unter dem Stichwort **Vermehrung** wird kurz erwähnt, wie eine bestimmte Art zu vermehren ist.

Laubgehölze von A–Z

In knappen, aber präzisen Beschreibungen hinsichtlich Aussehen, Verwendung, Standort, Pflege und Vermehrung werden nachfolgend Arten und Sorten sommergrüner Laubgehölze, einschließlich Kletterpflanzen und Bambus, aufgeführt, die in Mitteleuropa heimisch sind bzw. fremdländische Arten, die in unserem Klima gedeihen, und die bei uns kultiviert werden. Ausgewählt wurden Bäume und Sträucher, die sich durch Wüchsigkeit und Robustheit sowie durch ihre Attraktivität hinsichtlich Blattfarbe, Blüten und Fruchtschmuck auszeichnen. Neben den allgemein bekannten Arten des Standardsortiments werden auch interessante, empfehlenswerte seltenere Ziergehölze vorgestellt.

Abelia × grandiflora, Großblütige Abelie

Aussehen: Die wintergrüne, etwa mannshohe, reich verzweigte Hybride (*A. chinensis × A. uniflora*) trägt an bogig überhängenden Zweigen bis 4,5 cm lange, eiförmige, glänzend dunkelgrüne Blätter, die sich im Herbst bronzebraun bis purpurn verfärben. Vom Juli bis zum Oktober erscheinen die weißen, leicht rosa getönten, 2 cm langen, glockig-trichterförmigen, leicht duftenden Blüten.
Verwendung: *A. × grandiflora* ist ein exzellenter Zierstrauch mit spätsommerlicher Blüte für geschützte Lagen.
Standort: Sonnig bis lichtschattig, wärmeliebend. Boden durchlässig, mäßig trocken bis frisch, sandig-lehmig bis lehmig, schwach sauer bis schwach alkalisch.
Pflege: Winterschutz bei Jungpflanzen ratsam. ✂ 2.
Vermehrung: Krautige oder halbreife Stecklinge im Juli/August.

Abelia mosanensis, Koreanische Abelie

Aussehen: Der sommergrüne, breit aufrecht und etwas unregelmäßig wachsende Strauch wird etwa mannshoch. An den rötlichen, anfangs borstig bewimperten Trieben sind die schmal-elliptischen, 4–10 cm langen, glänzend dunkelgrünen Blätter gegenständig angeordnet. Sie färben sich im Herbst schön orangerot. Im Mai/Juni schmückt sich der Strauch mit zahlreichen kleinen, stieltellerförmigen Blüten, bei denen die Kronröhre karminrot, die ausgebreiteten Kronzipfel weiß oder zartrosa sind.
Verwendung: *A. mosanensis* ist die einzige Art der Gattung, die bei uns überall vollständig frosthart ist.
Standort: Sonnig bis lichtschattig. Boden mäßig trocken bis frisch, alle gepflegten Gartenböden, schwach sauer bis alkalisch.
Pflege: Anspruchslos, ✂ 2.
Vermehrung: Krautige Stecklinge.

Abeliophyllum distichum, Schneeforsythie

Aussehen: Die Schneeforsythie ist ein mit den Forsythien nahe verwandter, in Korea heimischer Strauch. Er ist sommergrün, bis 1,5 m hoch, sparrig verzweigt mit schmal eiförmigen, beiderseits mattgrünen Blättern. Die 2 cm breiten, trichterförmigen Blüten stehen zur Blütezeit im März/April in achselständigen Trauben an den vorjährigen Zweigen. Sie sind zartrosa bis weiß und duften stark nach Mandeln. Bei der Sorte 'Roseum' sind die Blüten stärker rosafarben als bei der Art.
Verwendung: Die Schneeforsythie ist ein hübscher Liebhaberstrauch.
Standort: Sonnig bis lichtschattig, wärmeliebend, hitzeverträglich, ge-

Empfehlung
Die Zweige dieses interessanten Vorfrühlingsblühers lassen sich gut vortreiben.

Abelia × grandiflora

Abelia mosanensis

Abeliophyllum distichum

schützt. Boden mäßig trocken bis frisch, sandig-lehmig bis lehmig, schwach sauer bis alkalisch.
Pflege: Braucht als Jungpflanze Winterschutz. ✂ 2.
Vermehrung: Krautige Stecklinge im Juni.

Acer campestre, Feld-Ahorn

Aussehen: Der Feld-Ahorn, ein kaum mehr als 15 m hoher Baum, hat einen meist kurzen Stamm mit einer fast rechteckig gefelderten Borke und eine etwas unregelmäßige, dicht verzweigte, eiförmige bis rundliche, bis 10 m breite Krone. Die Zweige sind oft mit flügelartigen Korkleisten bedeckt. Drei- bis fünflappig sind die 5–10 cm langen, stumpfgrünen Blätter, die sich im Herbst leuchtend goldgelb bis bronzegelb verfärben. Im Mai stehen jeweils 10–20 grünliche Blüten in aufrechten Rispen zusammen. Bis 3 cm lang sind die Früchte mit den waagerecht ausgebreiteten Flügeln.
Verwendung: *A. campestre* wird meist als Einzel-, Gruppen- oder Alleebaum gepflanzt, die sehr schnittverträgliche Art eignet sich aber auch sehr gut für freiwachsende oder geschnittene Hecken. 'Carnival' ist eine Sorte mit weiß- und cremegelb panaschierten Blättern.
Standort: Sonnig bis halbschattig, windfest, für Stadtklima geeignet, Luft- und Bodentrockenheit ertragend. Boden trocken bis frisch, durchlässig, sandig-kiesig bis lehmig, schwach sauer bis stark alkalisch.
Pflege: Sehr anpassungsfähig und schnittverträglich. ✂ 1, 5.
Vermehrung: Aussaat unmittelbar nach der Ernte im Herbst.

Acer campestre

Acer campestre

Acer campestre 'Carnival'

Acer campestre

Weitere kleinkronige *Acer*-Arten und -Hybriden

Acer monspessulanum, Burgen-Ahorn
Wärmeliebende und hitzeverträgliche Art, ein 3–10 m hoher langsam wachsender, breit- bis rundkroniger Baum mit drei- bis fünflappigen, derben, nur 3–5 cm breiten Blättern. Sie sind oberseits glänzend dunkelgrün, im Herbst leuchtend goldgelb.

Acer × zoeschense 'Annae', Zöschener Ahorn
Bis etwa 15 m hoher Baum mit einer breit gewölbten Krone. Blätter 10–20 cm breit, fünf- bis siebenlappig, im Austrieb dunkel purpurfarben, später oberseits glänzend oliv- bis dunkelgrün, nur der Blattstiel und die Nervatur bleiben rot. Herbstfärbung gelb bis goldbraun. Mit der schönen Belaubung ein attraktiver Solitär- und Straßenbaum, der auch für die Bepflanzung großer Kübel geeignet ist.

Acer monspessulanum

Acer × zoeschense 'Annae'

Acer capillipes, Roter Schlangenhaut-Ahorn

Aussehen: Der bis 12 m hohe, meist mehrstämmige Baum baut eine regelmäßig trichterförmige Krone auf. Die lange glatt bleibende, rötlich grüne Rinde wird von schmalen, weißen Längsstreifen durchzogen. Bis 12 cm breit sind die dreilappigen dunkelgrünen, im Austrieb rötlichen Blätter, die sich im Herbst leuchtend scharlach- oder dunkelrot bis orange verfärben. Typisch für die Art sind die roten Jungtriebe und Blattstiele. Die bis 8 cm breiten, grünlich gelben Blüten sind sehr reizvoll.
Verwendung: Der sehr elegante Baum eignet sich besonders gut für Einzelstellung in kleineren Gärten oder in größeren Staudenrabatten. Das gilt gleichermaßen auch für alle anderen Schlangenhaut-Ahorne. Alle bauen sich ähnlich auf wie *A. capillipes* und besitzen eine vergleichbare Stammzeichnung.
Standort: Sonnig bis halbschattig. Boden durchlässig, frisch bis feucht, nährstoffreich, sandig- oder lehmig-humos, sauer bis neutral.

Acer capillipes

Pflege: Keine besonderen Ansprüche. ✂ 1.
Vermehrung: Aussaat im Herbst oder Frühjahr, Sorten und Hybriden durch Veredlung im Sommer oder Winter unter Glas.

Weitere empfehlenswerte Schlangenhaut-Ahorne

Acer × *conspicuum* 'Phoenix'
5–6 m hoher, sparsam verzweigter Baum. Die weiß gestreiften Zweige im Winter auffallend rot. Blätter dreilappig, 12–20 cm lang, im Herbst leuchtend gelb bis orangegelb.

***Acer davidii*, Davids Schlangenhaut-Ahorn**
Bis 15 m hoher Baum. Krone regelmäßig trichterförmig. Rinde grün oder rötlich grün, mit schmalen weißen Streifen. Blätter meist ungelappt, 8–16 cm lang. Herbstfärbung gelb bis orangerot. Bei der subsp. *grosseri* färben sich die sehr variablen, dreilappigen oder ungelappten Blätter im Herbst intensiv gelb, orange und karminrot.

Acer davidii subsp. *grosseri*

Acer davidii

***Acer pensylvanicum*, Amerikanischer Schlangenhaut-Ahorn**
Bis 12 m hoher Baum. Krone offen trichterförmig. Rinde grün, mit schmalen, weißen Längsstreifen. Blätter dreilappig, 12–18 cm lang, Seitenlappen weit oberhalb der Mitte angesetzt. Herbstfärbung gelb.

Acer pensylvanicum

***Acer rufinerve*, Rostnerviger Schlangenhaut-Ahorn**
12–15 m hoher Baum. Krone regelmäßig schmal trichterförmig. Rinde grün bis bräunlich grün, weiß gestreift. Blätter dreilappig, 6–15 cm lang, unterseits in den Nervenwinkeln rostbraun behaart. Herbstfärbung stumpfrot bis orangegelb.

Acer rufinerve

***Acer tegmentosum*, Koreanischer Schlangenhaut-Ahorn**
Bis 10 m hoher Baum. Krone regelmäßig schmal trichterförmig, offen. Rinde purpur- bis graugrün, weiß gestreift. Blätter dreilappig, 10–18 cm lang. Herbstfärbung gelb.

Acer tegmentosum

Acer griseum

Acer griseum, Zimt-Ahorn

Aussehen: Der Zimt-Ahorn wächst langsam zu einem 5–8 (–12) m hohen, oft vom Boden an mehrstämmigen Baum heran. Er hat eine locker aufgebaute, breit trichterförmige Krone und eine glatte, auffallend zimtbraun gefärbte Rinde, die sich in dünnen Querstreifen löst. Die dreizähligen, olivgrünen Blätter färben sich im Herbst gelb oder orange bis scharlachrot. Die vergleichsweise großen, dicken und behaarten Früchte bleiben meist über den Winter hängen.
Verwendung: Der Zimt-Ahorn ist auch für kleinere Gärten geeignet. Besonders mehrstämmige Exemplare sind äußerst attraktiv.
Standort: Sonnig bis lichtschattig. Boden frisch bis feucht, Bodentrockenheit nur schlecht ertragend, durchlässig, locker, sandig- oder lehmig-humos, sauer bis neutral.
Pflege: Standortansprüche beachten. ✂ 1.
Vermehrung: Aussaat im Herbst oder im Frühjahr.

Besonderheit im Garten
Acer griseum ist mit der eigenartigen Rindenfärbung eine einzigartige Erscheinung unter den Ahorn-Arten. Ein Muss für Ahorn-Liebhaber!

Acer negundo, Eschen-Ahorn
(Tab. 1)

Aussehen: Der Eschen-Ahorn ist ein rasch wachsender, 12–15 (–20) m hoher Baum mit einer 10–12 m breiten, lockeren, unregelmäßig gewölbten Krone, überhängenden Zweigen und meist grünen, blau bereiften Trieben. Die gefiederten Blätter haben meist 5 eiförmige bis länglich-eiförmige, bis 10 cm lange Blättchen. Sie sind im Sommer oliv- bis frischgrün, im Herbst meist blassgelb, selten intensiver gefärbt. Die gelblich grünen Blüten sind zweihäusig, sie werden durch Wind bestäubt und öffnen sich deshalb vor der Laubentfaltung im März/April. Die gelblich braunen, zu Trugdolden geordneten Früchte bleiben oft über Winter hängen.
Verwendung: Das raschwüchsige Pioniergehölz wird in Parks und großen Gärten einzeln oder in Gruppen gepflanzt, außerdem für Uferbepflanzungen und Ödlandbegrünungen eingesetzt. Es werden auch mehrere, vorwiegend buntlaubige Sorten gepflanzt; sie sind für kleinere Gärten besser geeignet.
Standort: Sonnig bis halbschattig, hitzeverträglich. Boden mäßig trocken bis feucht, nährstoffreich, alle Bodenarten, neutral bis alkalisch.
Pflege: Robust und anspruchslos. ✂ 1.
Vermehrung: Aussaat unmittelbar nach der frühen Ernte im Herbst.

Acer negundo 'Flamingo'

Acer negundo 'Odessanum'

Tab. 1 Empfehlenswerte Sorten von *Acer negundo*

Sorte	Wuchshöhe	Blätter
'Aureovariegatum'	5–7 (–10) m	dunkelgrün, goldgelb gefleckt
'Flamingo'	5–6 (–10) m	grün, auffallend weiß bis rosa gerandet
'Odessanum'	8–10 m	goldgelb, im Schatten grün
'Variegatum'	10–12 m	breit und unregelmäßig weiß gerandet, junge Blätter rosa, gelegentlich ganz weiß

Acer palmatum, Fächer-Ahorn

(Tab. 2)

Aussehen: Der reich verzweigte, zierlich belaubte, im Wuchs und Blattschnitt sehr variable ostasiatische Fächer-Ahorn kann baum- oder strauchförmig wachsen und mit seinen malerischen, im Alter oft schirmförmigen Kronen Höhen von 8–10 m erreichen. Die meist fünf- bis siebenlappigen, bis 10 cm breiten Blätter sind im Umriss rundlich und meist bis unter die Blattmitte oder auch deutlich tiefer eingeschnitten. Sie sind bei der Art frischgrün, bei den zahlreichen Sorten auch intensiv gelb oder rot bzw. auch panaschiert. Bei der Art und bei zahlreichen Sorten nehmen die Blätter im Herbst eine leuchtende, gelborange bis rote Herbstfärbung an. Die ansehnlichen, 6–8 mm breiten Blüten haben rötlich purpurne Kelch- und cremeweiße Kronblätter, sie öffnen sich im Mai/Juni. Die stumpfwinklig bis waagerecht gespreizten Fruchtflügel sind im Sommer oft schön rot.

Verwendung: *A. palmatum* ist mit dem filigranen Aufbau und den zierlich geschnittenen Blättern sicher die attraktivste aller strauchförmig wachsenden Ahorn-Arten. Sie und ihre zahlreichen Sorten finden auch in kleinsten Gärten ausreichend Platz. Gerne werden sie als Solitär in Teichnähe, in Innenhöfen oder in großen Pflanzgefäßen gepflanzt oder mit Farnen, Gräsern, Bambus und Kleingehölzen kombiniert. Zu den besonders empfehlenswerten, gartentauglichen Fächer-Ahorne gehören auch *A. japonicum* 'Aconitifolium' und *A. shirasawanum* 'Aureum'.

Standort: Sonnig bis lichtschattig, windgeschützt. Boden frisch bis feucht, mäßig nährstoffreich, sauer bis neutral, durchlässig, sandig-humos, empfindlich gegen Vernässung, Verdichtung und hohe Kalkgehalte.

Pflege: Empfindlich gegen *Verticillium*-Welke. Befallene Äste bis ins gesunde Holz herausnehmen. Sonst möglichst nicht schneiden. ✂ 1.

Vermehrung: Aussaat im Herbst oder Frühjahr. Sorten durch Veredlung auf getopfte Unterlagen im Sommer oder im Winter unter Glas.

Acer palmatum 'Atropurpureum'

Acer palmatum 'Aureum'

Acer palmatum 'Corallinum'

Acer palmatum 'Dissectum'

Acer palmatum 'Osakazuki'

Acer palmatum 'Sangokaku'

Tab. 2 Empfehlenswerte Sorten von *Acer palmatum*
Von den weit mehr als 100 Sorten kann hier nur eine kleine, repräsentative Auswahl beschrieben werden. Bei den angegebenen Wuchshöhen handelt es sich um Maximalhöhen, die die Pflanzen erst nach vielen Standjahren erreichen.

Sorte	Wuchs/Wuchshöhe	Blätter
'Atropurpureum'	aufrecht, 6–8 m	leuchtend purpurn, im Herbst prachtvoll scharlachrot
'Bloodgood'	rundkronig, 6–10 m	Blätter groß, beständig dunkel purpurrot
'Aureum'	trichterförmig, 6–8 m	im Austrieb buttergelb, im Sommer hellgrün, Herbstfärbung goldgelb
'Beni-hime'	sehr zierlich, 1 m	klein, im Austrieb weinrot, später vergrünend, Herbstfärbung dunkel weinrot
'Burgundy Lace'	aufrecht, bis 8 m	zierlich, tief geteilt, burgunderrot
'Butterfly'	trichterförmig, 6–7 m	sehr klein, tief geteilt, blass- oder bläulich grün, cremefarben panaschiert, die panaschierten Flecken im Herbst scharlach- bis magentarot
'Chitose-yama'	strauchförmig, 3–4 m Zweige leicht überhängend	tief geteilt, blass karminrot, später purpurrot, im Herbst leuchtend karminrot
'Corallinum'	zierlich, 2–3 m	tief geteilt, anfangs leuchtend rosarot, im Sommer grün getönt, Herbstfärbung scharlachrot
'Crimson Queen'	schirmförmig, 2 m, Äste bogig abwärts wachsend	fein und tief eingeschnitten, anfangs sehr dunkel purpurrot, im Herbst leuchtend scharlachrot
'Dissectum'	schirmförmig, 2–4 m, Äste in flachen Bögen abwärts geneigt	tief geteilt, Lappen oft mehrfach fiederschnittig, frischgrün, im Herbst leuchtend gelb
'Fireglow'	aufrecht, bis 10 m	beständig dunkel weinrot
'Garnet'	schirmförmig, bis 3 m, rotlaubiges Pendant zu 'Dissectum'	fein und tief eingeschnitten, beständig dunkel weinrot, Herbstfärbung leuchtend rot
'Inaba-shidare'	schirmförmig, bis 3 m	groß, tief und fein eingeschnitten, gleichbleibend tief weinrot, im Herbst leuchtend orangerot
'Katsura'	aufrecht, bis 10 m	im Austrieb orangegelb, rot überhaucht, im Sommer goldgelb, grün überhaucht, Herbstfärbung orange
'Koreanum'	stark, 10–12 m	ziemlich groß, leuchtend hellgrün, anfangs Ränder mit schmaler, blassrosa Zeichnung, Herbstfärbung goldgelb bis orange- und hochrot
'Linearilobum'	schmalkronig, bis 10 m	bis zur Basis geteilt, Lappen oft bis auf die Mittelrippe reduziert, frischgrün, im Herbst intensiv gelb
'Orange Dream'	stark, 6–8 m	im Frühjahr glänzend orangegelb, im Herbst gelblich grün
'Osakazuki'	stark, 7–8 m	groß, derb, 8–10 cm breit, im Austrieb olivbraun, im Sommer dunkel bräunlich grün, im Herbst viele Wochen lang prachtvoll orange bis rot
'Red Pygmy'	trichterförmig, bis 2 m	zierlich, bis zur Basis geteilt, Lappen schmal linealisch, im Frühjahr dunkelrot, dann blaugrün, im Herbst goldgelb
'Sangokaku'	7–8 (–12) m, Zweige im Winter auffallend korallenrot	frischgrün, im Herbst goldgelb mit aprikosenfarbenen und hellroten Schattierungen
'Seiryu'	trichterförmig, 8–10 m	Blattlappen fiederschnittig, frischgrün, im Herbst dunkel purpurrot
'Shin-deshojo'	zierlich, 2–3 m hoch	im Frühjahr karmin- oder scharlachrot, im Sommer bläulich grün, im Herbst rot und orange
'Shinobuga-oka'	elegant aufrecht, 3–5 m	tief eingeschnitten, Blattlappen nur 5–10 mm breit, frischgrün, im Herbst orangegelb
'Shishi-gashira'	trichterförmig, dicktriebig, 5–6 m	ziemlich derb, dunkelgrün, im Herbst goldgelb bis orangerot
'Trompenburg'	schmal aufrecht, bis 10 m	tief geteilt, anfangs dunkelpurpurn später braunrot, im Herbst scharlachrot
'Villa Taranto'	trichterförmig, bis 4 m	Blattlappen schmal linealisch, im Austrieb dunkelpurpurn, im Sommer dunkelgrün und rötlich überlaufen, im Herbst intensiv goldgelb
'Wilson's Pink Dwarf'	schwach, bis 1,5 m	im Austrieb leuchtend rosa oder rosarot, im Sommer frischgrün, im Herbst scharlachrot

Weitere empfehlenswerte Fächer-Ahorne

Acer circinatum, Weinblatt-Ahorn
Meist mehrstämmiger, bis 12 m hoher Kleinbaum. Blätter sieben- bis neunlappig, im Umriss rundlich, 6–12 cm breit, hellgrün, bis etwa auf die Hälfte der Blattspreite eingeschnitten. Herbstfärbung ganz prachtvoll rot. Blüten ansehnlich, etwa 1,2 cm breit, mit purpurnen Kelch- und weißen Kronblättern. Ein sehr attraktiver, vergleichsweise schattenverträglicher Kleinbaum.

Acer japonicum 'Aconitifolium', Eisenhutblättriger Ahorn
Langsam wachsender, im Alter bis 5 m hoher Strauch. Blätter frischgrün, sehr dekorativ, im Umriss rundlich, bis 14 cm breit, fast bis zur Basis fiederschnittig gelappt. Herbstfärbung zuverlässig leuchtend orangerot bis tief weinrot. Hübsche Blüten im April/Mai, bis 1,5 cm breit, mit purpurroten Kelch- und rosafarbenen Kronblättern. Die rechtwinklig gespreizten Fruchtflügel sind über Sommer glänzend rot. Gehört mit den filigran geschnittenen Blättern und der zuverlässigen Herbstfärbung zu den schönsten Gartengehölzen. Ökologisch wertvoll, da Bienenweide.

Acer shirasawanum 'Aureum'

Acer japonicum 'Aconitifolium'

Acer shirasawanum 'Aureum', Japanischer Gold-Ahorn
Im Alter 7–9 m hoher, langsam wachsender Strauch mit oft fächerartig gestellten Zweigpartien und rundlicher oder kuppelförmiger Krone. Blätter rundlich, neun- bis elflappig, bis zur Blattmitte eingeschnitten, im Austrieb goldgelb, später etwas dunkler und im Herbst schließlich scharlachrot bis goldbraun. Blüten ansehnlich, 6–8 mm breit, mit purpurnen Kelch- und weißlichen Kronblättern, sie stehen im Mai/Juni in lang gestielten Trugdolden oberhalb der Blätter. Fruchtflügel waagerecht gespreizt, anfangs rot. Der gelblaubige Japanische Gold-Ahorn ist ein prachtvolles Pendant zu *A. japonicum* 'Aconitifolium'.

Acer platanoides, Spitz-Ahorn (Tab. 3)

Aussehen: Der heimische Spitz-Ahorn wächst zu einem stattlichen, breitkronigen, 20–30 m hohen Baum heran. Stamm und Starkäste sind mit einer längsrissigen, dunkelbraunen bis schwärzlichen Borke bedeckt. Die fünflappigen, lang gestielten, 12–18 cm langen Blätter sind oberseits glänzend dunkelgrün, sie färben sich im Herbst goldgelb bis tiefrot. Die schönen, gelblich grünen Blüten entfalten sich vor dem Laubaustrieb im Mai, sie stehen in 4–8 cm langen, aufrechten Trugdolden zusammen und sind von beachtlicher Wirkung. 5–7 cm lang sind die Früchte mit den fast waagerecht gespreizten Fruchtflügeln.
Verwendung: Der raschwüchsige, anpassungsfähige Spitz-Ahorn kann sehr vielseitig als Garten-, Park-, Allee- und Stadtstraßenbaum eingesetzt werden. Das gilt auch für seine

Acer platanoides

Tab. 3 Empfehlenswerte, gartentaugliche Sorten von *Acer platanoides*

Sorte	Wuchshöhe	Kronenform	Blätter
'Columnare'	0–12 (–20) m	schmal säulenförmig	Herbstfärbung goldgelb
'Crimson Sentry'	8–10 m	breit säulenförmig	dunkelrot, im Herbst gelborange
'Drummondii'	10–15 m	breit kegelförmig bis rundlich	hellgrün, mit einem breiten, gelben bis cremefarbenen Saum
'Faasen's Black'	12–15 (–20) m	eiförmig bis rundlich	glänzend dunkel purpurbraun, im Herbst rot
'Globosum'	4–7 m	kugelig bis abgeflacht kugelig	kleiner als bei der Art
'Royal Red'	15–20 m	breit kegelförmig bis rundlich	im Austrieb glänzend karminrot, bis zum Herbst glänzend dunkelrot bleibend

Acer platanoides 'Drummondii'

Acer pseudoplatanus

zahlreichen Sorten, von denen einige etwas schwächer wachsen als die Art.

Standort: Sonnig bis halbschattig, für Stadtklima geeignet. Boden trocken bis feucht, durchlässig, nährstoffreich, alle Bodenarten, schwach sauer bis alkalisch.

Pflege: Schnittmaßnahmen im Frühherbst oder nach dem Laubfall bis Anfang Januar, da sonst mit starken Blutungen zu rechnen ist. ✂ 1.

Vermehrung: Wie bei *A. palmatum*.

Acer pseudoplatanus, Berg-Ahorn

Aussehen: Der Berg-Ahorn gehört mit Wuchshöhen von 30–40 m und der hoch aufgewölbten,15–20 m breiten Krone zu den stattlichsten Baumarten der heimischen Flora. Seine oft tief angesetzte Krone wird aus kräftigen, aufstrebenden Hauptästen gebildet. Den Stamm bedeckt eine schuppige, silbrige bis graubraune Borke, die nach dem Abfallen interessante Muster hinterlässt.

Bis 20 cm lang und breit sind die lang gestielten, fünflappigen, bis zur Mitte eingeschnittenen, matt dunkelgrünen Blätter. Sie färben sich im Herbst intensiv goldgelb. Die 6–12 cm Blütentrauben entfalten sich mit den Blättern im Mai. Ungefähr 3 cm lang sind die etwa rechtwinklig gespreizten Fruchtflügel.

Die Sorte 'Atropurpureum' unterscheidet sich von der Art nur durch die purpurroten Blattunterseiten und Fruchtflügel. 'Brillantissimum' ist ein kleiner, kaum mehr als 7 m hoher Baum mit einer abgeflacht kugeligen Krone. Die Blätter sind im Austrieb terakotta- bis orangefarben, später gelb bis orangegelb und vergrünen dann allmählich.

Acer platanoides 'Globosum'

Verwendung: Ein prächtiger Solitärbaum in der Landschaft, im Park und als Hofbaum. In einigen Gebieten der Alpen landschaftsprägend.
Standort: Sonnig bis lichtschattig. Boden frisch bis feucht, tiefgründig, nährstoffreich, humos- oder sandiglehmig, schwach sauer bis alkalisch.
Pflege: Empfindlich gegenüber Hitze, Luft- und Bodentrockenheit. ✂ 1.
Vermehrung: Wie bei *A. palmatum*.

Acer rubrum 'Oktober Glory', Rot-Ahorn

Aussehen: Bis etwa 20 m hoch wird der Rot-Ahorn mit seiner kegelförmigen bis rundlichen, 7–10 (–14) m breiten Krone und der silbergrauen Borke. Drei- bis fünflappig sind die 6–10 cm langen Blätter. Sie sind oberseits glänzend dunkelgrün, unterseits blaugrün. Im Herbst färben sie sich intensiv scharlach- bis orangerot. Die meist zweihäusigen, honigartig duftenden Blüten öffnen sich schon im März/April lange vor der Laubentfaltung, sie sind dunkelrot und stehen in dichten Büscheln zusammen. Die spitzwinklig gespreizten Fruchtflügel sind anfangs dunkelrot.

Acer rubrum 'Oktober Glory'

Verwendung: Durch die intensive herbstliche Laubfärbung gehört der Rot-Ahorn zu den besonders attraktiven Vertretern der Gattung, ein Baum oder Großstrauch für die Einzelstellung in Parks und Gärten. Das gilt vor allem für die Sorte 'Oktober Glory' mit ihrer zuverlässigen Herbstfärbung.
Standort: Sonnig bis halbschattig. Boden frisch bis feucht, durchlässig, sauer bis neutral, empfindlich gegen Bodenverdichtungen und Kalk.
Pflege: Schnittmaßnahmen möglichst vermeiden, nur an zusagenden Standorten frohwüchsig. ✂ 1.
Vermehrung: Wie bei *A. palmatum*

Acer saccharinum 'Laciniatum Wieri', Silber-Ahorn

Aussehen: Der Silber-Ahorn erreicht Höhen von 20–40 m. Er hat eine locker aufgebaute, hoch gewölbte, 12–20 (–25) m breite Krone mit weit ausladenden Ästen und überhängenden Zweigen. Die fünflappigen, lang gestielten, 7–14 cm breiten Blätter sind meist bis über die Mitte eingeschnitten und wirken deshalb sehr filigran. Sie sind oberseits lichtgrün, unterseits auffallend silbergrau bis -weiß. Die unscheinbaren grünlichen Blüten entfalten sich schon im Februar oder März.
Verwendung: Gehört mit dem lockeren Kronenaufbau, den malerisch überhängenden Zweigen und den filigranen Blättern zu den attraktivsten Großbäumen der Gattung.
Standort: Sonnig bis halbschattig, windgeschützt, für Stadklima geeignet. Boden mäßig trocken bis feucht, durchlässig, sandig-lehmig, auch sehr arme Sandböden, schwach sauer bis neutral, auf kalkhaltigen Böden chlorosegefährdet.
Pflege: Schnittmaßnahmen nur im Spätsommer oder bis zum Januar durchführen. ✂ 1.
Vermehrung: Veredlung im Sommer oder Winter unter Glas.

Acer saccharinum 'Laciniatum Wieri'

Acer tataricum subsp. *ginnala*, Feuer-Ahorn

Aussehen: Der meist vom Boden an mehrstämmige Baum oder Großstrauch wird im Alter 10–15 m hoch und gleich breit, er bildet eine breit kegelförmige bis schirmförmige Krone aus. Bei den 4–8 cm langen, dreilappigen Blätter ist der Mittellappen deutlich länger als die Seitenlappen. Die oberseits glänzenden Blätter färben sich im Herbst leuchtend feurig- bis dunkelrot. Die kleinen, gelblich weißen, duftenden Blüten stehen im Mai in lang gestielten Trugdolden zusammen, bis zu 50 Einzelblüten können eine Trugdolde bilden. Die parallel bis spitzwinklig gespreizten Fruchtflügel sind anfangs oft auffallend rot.
Verwendung: Der mäßig rasch wachsende Feuer-Ahorn ist ein robuster Großstrauch oder Kleinbaum für Einzel- und Gruppenpflanzungen.
Standort: Sonnig bis halbschattig, windresistent, für Stadtklima geeignet. Boden trocken bis feucht, sauer bis neutral, alle durchlässigen Bodenarten.
Pflege: Robust und pflegeleicht. ✂1.
Vermehrung: Aussaat im Herbst oder Frühjahr.

Acer tataricum subsp. *ginnala*

Actinidia arguta

Actinidia arguta, Scharfzähniger Strahlengriffel

Aussehen: Die früh austreibende Art kann 8–10 m hoch winden. Die 8–15 cm langen, breit eiförmigen, am Rand scharf und borstig gezähnten Blätter sind oberseits glänzend dunkelgrün, unterseits auf den Nerven borstig behaart. Bei der zweihäusigen Art sind die reinweißen Blüten etwa 2 cm breit, die weiblichen stehen einzeln, die männlichen in Büscheln, Blütezeit ist der Juni. Die süßsauren, schmackhaften, 2–2,5 cm langen, länglichen bis nahezu kugeligen, kahlen und glatten Früchte haben einen hohen Gehalt an Vitamin C.
Verwendung: Rasch wachsende Liane zur Bekleidung von Mauern, Lauben und Pergolen. Sie benötigen dazu weitmaschige Klettergerüste. Statt der Art werden häufig vegetativ vermehrte, großfrüchtige Sorten gepflanzt. Dazu gehören die besonders großfrüchtige 'Ambrosia' und die rotfrüchtige 'Maki'. Die Sorten 'Issai' und 'Weiki' gelten als bedingt selbstfruchtbar, das Hinzupflanzen der männlichen Sorte 'Nostino' sichert aber regelmäßige Erträge.
Standort: Sonnig bis halbschattig, wärmeverträglich, für Stadtklima geeignet. Boden frisch bis feucht, durchlässig, gepflegt, nährstoffreich, lehmig, sauer bis alkalisch.
Pflege: Keine besonderen Ansprüche. ✂6.
Vermehrung: Aussaat im Frühjahr unter Glas, die Sorten durch Stecklinge von krautigen Trieben.

Actinidia deliciosa 'Hayward', Chinesischer Strahlengriffel, Kiwipflanze

Aussehen: Die jungen Triebe der 8–10 m hoch windenden Art sind braunrot filzig. Die derben, dicklichen, 8–12 cm langen, eiförmigen oder rundlichen Blätter sind oberseits dunkelgrün gefärbt. Unterseits sind sie dicht graufilzig sternhaarig. Im Juni entfalten sich die zweihäusigen, duftenden, cremeweißen, 3–5 cm breiten Blüten mit ihren gelben Staubgefäßen. Die breit eiförmigen, 3–5 cm langen, vitaminreichen, sehr saftigen, fein säuerlich schmeckenden Früchte sind dicht mit bräunlichen Haaren bedeckt. Die Früchte reifen bei uns oft erst Anfang November.

Actinidia deliciosa 'Hayward'

Sortenempfehlung
Neben 'Hayward' werden auch andere großfrüchtige Sorten wie 'Abbot', 'Bruno', 'Starella' oder die selbstfruchtbare 'Jenny' gepflanzt. Für die Befruchtung ist es trotzdem immer besser, auch eine männliche Sorte wie 'Matua' oder 'Tomuri' zu pflanzen.

Verwendung: Wird in allen warm temperierten und mediterranen Klimazonen zur Fruchtgewinnung angebaut. Der Vitamin-C-Gehalt der Früchte beträgt 60 bis 300 mg/100 g Frischsubstanz.
Standort: Sonnig, geschützt, wärmeliebend und wärmebedürftig. Boden mäßig feucht und durchlässig, gepflegt, nährstoffreich und lehmig, schwach sauer bis schwach alkalisch.
Pflege: Auf zusagenden Standort achten, im Sommer an trockenwarmen Tagen ausreichend mit Wasser versorgen. ✂ 6.
Vermehrung: Handveredlungen im Winter unter Glas.

Actinidia kolomikta, Kolomikta-Strahlengriffel

Aussehen: Die ostasiatische Art wird etwa 3 (–6) m hoch. Ihr besonderes Merkmal sind die dünnen, beiderseits mattgrünen, 10–15 cm langen, breit eiförmigen, borstig gesägten Blätter. Im Frühjahr und Frühsommer ist die obere Blatthälfte auffallend weiß gefärbt. Die weißen Partien färben sich später rosa und vergrünen zum Herbst hin vollständig. Diese hoch dekorative Färbung ist bei männlichen Pflanzen stärker ausgeprägt als bei weiblichen, deshalb werden in der Regel nur männliche Pflanzen vegetativ vermehrt. Die weißen, duftenden, 1–1,5 cm breiten Blüten öffnen sich im Mai/Juni. Nur selten sind die grünlichen oder gelblichen, etwa 2 cm langen, wohlschmeckenden Früchte zu sehen.
Verwendung: Farbenfrohe Liane, auch für freistehende Klettergerüste geeignet.
Standort: Sonnig bis halbschattig (zu schattige Standorte beeinträchtigen die interessante Blattfärbung), geschützt. Boden frisch bis feucht, nährstoffreich, durchlässig, alle gepflegten Gartenböden, schwach sauer bis alkalisch.
Pflege: An zusagenden Standorten pflegeleicht. ✂ 6.

Actinidia kolomikta

Aesculus × *carnea* 'Briotii', Rotblühende Rosskastanie

Aussehen: 'Briotii' entwickelt sich zu einem 10–15 m hohen, sommergrünen Baum mit einer kompakten, kuppelförmigen, 8–12 m breiten, dicht belaubten Krone. Bis 25 cm lang sind die derben, handförmigen, fünf- bis siebenteiligen, dunkelgrünen, im Herbst gelben Blätter. Im Mai/Juni entfalten sich an den Zweigenden 10–20 cm lange, kandelaberartige Blütenrispen. Die blutroten, am Grunde gelb gefleckten Blüten produzieren reichlich Nektar und Pollen und sind deshalb eine gute Bienenweide.
Verwendung: Eignet sich von allen baumförmig wachsenden Arten der Gattung *Aesculus* am besten für größere Gärten.
Standort: Sonnig bis lichtschattig. Boden frisch, tiefgründig, nährstoff-

Aesculus × *carnea* 'Briotii'

reich, sandig-lehmig, schwach sauer bis alkalisch.
Pflege: Weitgehend resistent gegen die Kastanien-Miniermotte. ✂ 1.
Vermehrung: Okulation im Sommer im Freiland, Handveredlung im Winter unter Glas.

Aesculus × neglecta 'Erythroblastos', Karolina-Rosskastanie

Aussehen: 'Erythroblastos' ist ein langsam wachsender, zierlicher, früh austreibender, 5–8 m hoher Baum. Seine handförmigen, fünfteiligen Blätter sind im Austrieb sehr auffallend karminrosa, später gelblich grün und im Herbst wieder tiefgelb bis orange. Pfirsich- bis rosafarbenen sind die Blütenrispen, die sich im Mai entfalten. Früchte werden kaum ausgebildet.
Verwendung: Schöner Solitärbaum, der auch für kleinere Gärten nicht zu groß wird.
Standort: Sonnig, im Schatten keine gute Ausfärbung der Blätter. Boden frisch bis feucht, tiefgründig, nährstoffreich, sandig-lehmig, schwach sauer bis alkalisch.
Pflege: Keine besonderen Ansprüche. ✂ 1.
Vermehrung: Wie bei *A. × carnea*.

Aesculus parviflora

Aesculus parviflora, Strauch-Rosskastanie

Aussehen: Die Strauch-Rosskastanie breitet sich durch bodennahe unterirdische Ausläufer langsam aus, bildet so mitunter ausgedehnte Dickichte und kann nach vielen Jahrzehnten weit mehr als 10 m breit werden. Die Wuchshöhe ist im Alter auf 3–6 m begrenzt. Die vergleichsweise zierlichen, fünf- bis siebenteiligen, 8–20 cm langen Blätter sind im Austrieb bronzefarbenen, später oberseits mittelgrün, unterseits fein graufilzig behaart und im Herbst leuchtend gelb. Die schlanken, vielblumigen Blütenrispen, die sich erst im Juli oder August entwickeln, sind 20–30 cm lang. Die dekorative Wirkung der kleinen, weißen Blüten wird vor allem durch die sehr weit herausragenden Staubblätter erreicht. Die durch Nachtschmetterlinge bestäubten Blüten duften besonders in den Abendstunden. Nur selten werden die 2–3 cm langen Früchte mit den warzigen Fruchthüllen angelegt.
Verwendung: Braucht für eine artgerechte Entwicklung ausreichend Platz.
Standort: Sonnig bis halbschattig, auch im Schatten hochkroniger Bäume. Boden frisch bis feucht, tiefgründig, nährstoffreich, sandig-lehmig, schwach sauer bis alkalisch.
Pflege: Keine besondern Ansprüche. ✂ 1.
Vermehrung: Ausläufer ausgraben und weiterkultivieren.

Akebia quinata, Fingerblättrige Akebie

Aussehen: Die linkswindende, sommer- oder wintergrüne Liane kann bis 10 m hoch klettern. Sie hat wechselständige, gefingerte Blätter mit 5 3–6 cm langen, länglichen oder eiförmigen, dunkelgrünen, unterseits bläulich grünen Blättchen. Die einhäusigen, nach Vanille duftenden Blüten stehen in hängenden, achselständigen Trauben zusammen. Die 2–3 cm breiten, männlichen Blüten sind violettbraun, die weiblichen rosa. An sommerwarmen Standorten werden die 5–10 cm langen, fleischigen, hellvioletten Balgfrüchte ausgebildet. Sie platzen zur Reife einseitig auf, dann werden die zahlreichen, glänzend schwarzbraunen, in mehreren Längsreihen angeordneten Samen sichtbar. Sie sind von einer geleeartigen, süßlichen, essbaren Pulpe umgeben.
Verwendung: *A. quinata* ist dank

Aesculus × neglecta

Akebia quinata

ihrer lange haftenden Blätter und den eigenartig gefärbten Blüten ein hoch interessanter Schlingstrauch, welcher Mauern, Lauben, Pergolen und alte Bäume überzieht.
Standort: Sonnig bis halbschattig, wärmeverträglich. Boden frisch bis feucht, durchlässig, nährstoffreich, humos, sandig-lehmig, sauer bis schwach alkalisch.
Pflege: In der Jugend etwas frostempfindlich. Braucht ein weitmaschiges Klettergerüst. ✂ 6.
Vermehrung: Aussaat im Herbst oder Frühjahr unter Glas. Vermehrung auch durch Wurzelschnittlinge möglich.

Alnus glutinosa, 'Imperialis', Kaiser-Erle

Aussehen: Im Gegensatz zur Schwarz-Erle, einem 10–25 m hohen, heimischen für den Garten wenig attraktiven Saumgehölz von Bächen und Flüssen, entwickelt sich die Kaiser-Erle zu einem eleganten, locker aufgebauten, 8–10 m hohen Baum mit einer feingliedrigen Krone und überhängenden Zweigen. Die zierlich geschnittenen Blätter sind auf jeder Seite mit 3–4 schmalen, tief eingeschnittenen, meist ganzrandigen Lappen versehen.
Verwendung: Der elegante Kleinbaum ist als Gartenbaum viel besser geeignet als die Art selbst.
Standort: Sonnig bis lichtschattig. Boden frisch bis nass, alle Bodenarten, sauer.
Pflege: ✂ 1.
Vermehrung: Handveredlungen im Winter unter Glas.

Alnus glutinosa 'Imperialis'

Weitere gartentaugliche *Alnus*-Arten

Alnus cordata, Herzblättrige Erle
Früh austreibender, 15–20 (–30) m hoher Baum. Blätter ledrig, rundlich bis länglich-eiförmig, an der Basis herzförmig, oberseits glänzend dunkelgrün, sehr gesund und im Herbst lange haftend. Ein hervorragender Park-, Allee- und Stadtstraßenbaum.

Alnus incana 'Aurea', Gold-Erle
Bis 10 m hoher, oft mehrstämmiger, lockerkroniger Baum mit gelben Trieben, die sich im Winter, wie die männlichen Blütenkätzchen, orangegelb färben. Blätter im Austrieb gelbgrün, später hellgrün.

Alnus × spaethii, Späths Erle, Purpur-Erle
10–15 m hohe Baum mit einer regelmäßigen, breit kegelförmigen Krone. Blätter ledrig, schmal-elliptisch bis elliptisch. Sie sind 6–18 cm lang, im Austrieb bräunlich purpurfarben bis dunkelviolett, über Sommer mattglänzend dunkelgrün und bei der erst spät einsetzenden Herbstfärbung violettrot. Ein wertvoller und attraktiver Garten- und Parkbaum mit gesundem, lange haftendem Laub.

Alnus cordata

Alnus incana 'Aurea'

Alnus × spaethii

Amelanchier lamarckii

Amelanchier lamarckii, Kupfer-Felsenbirne

Aussehen: Bis 10 m hoch kann die Kupfer-Felsenbirne werden. Sie entwickelt sich zu einem großen, dekorativen Strauch oder kleinen, mehrstämmigen Baum mit einer ausgebreiteten oder trichterförmigen, im Alter 5–8 m breiten Krone. Im Austrieb sind die bis 10 cm langen, elliptischen bis länglich-elliptischen Blätter tief bronzefarben getönt, im Herbst färben sie sich auffallend orange bis karminrot. In überreicher Fülle trägt die Art im April bis Mai ihre weißen Blüten, die zu 8–10 (–16) Stück in lockeren, leicht überhängenden Trauben zusammenstehen. Im Juli-August reifen die etwa 1 cm dicken, purpurroten bis blauschwarzen, wohlschmeckenden Früchte.
Verwendung: Häufig gepflanzte Solitär- und Gruppensträucher, die sich auch gut für freiwachsende Blütenhecken eignen. Die Früchte aller Arten sind eine beliebte Nahrung für Vögel (zum Beispiel Meisen, Ringeltauben, Drosseln) und Kleinsäugetiere. Die Blüten werden stark von Insekten beflogen.
Standort: Sonnig bis halbschattig, wärmeverträglich. Boden mäßig trocken bis feucht, alle durchlässigen Bodenarten, schwach sauer bis alkalisch.
Pflege: Robust und anspruchslos. ✂ 1.
Vermehrung: Aussaat im Herbst oder Frühjahr. Hybriden und Sorten durch Okulation im Sommer im Freiland oder Veredlung im Winter unter Glas.

Vielseitige Amelanchier
Felsenbirnen sind dank ihrer regelmäßigen, überreichen Blütenfülle, der oft prachtvollen Herbstfärbung und des reichen Fruchtschmuckes sehr beliebt. Die wohlschmeckenden Früchte eignen sich als Naschfrüchte zum Rohgenuss, aber auch zur Herstellung von Marmelade, Gelee, Saft und Wein. Sie dienten in Nordwestdeutschland in Notzeiten als Korinthenersatz für den sonntäglichen Stuten.

Weitere empfehlenswerte *Amelanchier*-Arten

Amelanchier alnifolia, Erlenblättrige Felsenbirne
2–4 m hoher, straff aufrechter, vielstämmiger Strauch mit rundlichen bis breit elliptischen, 2–5 cm langen Blättern, cremeeißen, duftenden Blüten und purpurschwarzen, süßen, saftigen Früchten.

Amelanchier × grandiflora 'Ballerina', Großblütige Felsenbirne
3–6 (–8) m hoher Strauch mit derben, mattglänzend dunkelgrünen Blättern und einer dunkel purpurbraunen Herbstfärbung. Früchte besonders groß, bis 1,5 cm dick, als Naschfrüchte besser geeignet als die Früchte aller anderen Felsenbirnen.

Amelanchier lamarckii

Amelanchier lamarckii

Amelanchier alnifolia

Amelanchier laevis

Amelanchier laevis

***Amelanchier laevis*,**
Kahle Felsenbirne
8 (–13) m hoher, schlank aufrechter, locker aufgebauter Großstrauch. Blätter im Austrieb bronzerot getönt, später dunkelgrün, im Herbst auffallend gelb und rot. Blüten im April, weiß, überaus zahlreich und zu 5–9 in 4–12 cm langen, überhängenden Trauben geordnet. Früchte schmackhaft, purpurrot bis blauschwarz, bis 1 cm dick.

Amelanchier ovalis 'Helvetica'

***Amelanchier ovalis* 'Helvetica',**
Gewöhnliche Felsenbirne
Sorte der Gewöhnlichen Felsenbirne. Ein kompakter, reich verzweigter, 1–3 m hoher Strauch, der sich durch kurze Ausläufer langsam ausbreitet. Blätter 2,5–4 cm lang, rundlich bis eiförmig, mattgrün, unterseits anfangs dicht weißfilzig behaart. Blüten im Mai, weiß, sehr zahlreich, zu 3–6 in gedrungenen, aufrechten Blütentrauben. Sehr attraktiver, trockenresistenter Blütenstrauch.

Andromeda polifolia, Kahle Rosmarinheide

Aussehen: Nur etwa 0,2 m hoch wird der locker verzweigte Zwergstrauch. Er baut sich mit kriechenden Ästen und kahlen, bogig aufsteigenden, hellbraunen, bereiften Zweigen auf. Die 1,5–3 cm langen, linealischen Blätter sind am Rand stark eingerollt und unterseits silbrig bis hellblau. Weiß bis zartrosa sind die 5–7 mm langen, krugförmigen Blüten, sie stehen im Mai/Juni an den Zweigenden in 3 cm breiten Büscheln.

Statt der Art sind häufig wüchsige oder kompakt wachsende, reichblühende Sorten in Kultur wie zum Beispiel 'Blue Ice' (Blätter auffallend bläulich), 'Compacta', 'Compacta Alba', 'Macrophylla' oder 'Nikko' (große, rosa Blüten).
Verwendung: Die zierliche, hübsch blühende Art wird oft in Verbindung mit Rhododendren und Azaleen oder an moorigen Stellen in Heidegärten gepflanzt. *Andromeda*-Arten sind in allen Teilen giftig. Die Bestäubung der Blüten erfolgt vor allem durch Hautflügler und Falter.
Standort: Sonnig. Boden nass bis feucht, moorig oder torfig, nährstoffarm, sauer.

Andromeda polifolia 'Nikko'

Pflege: Gedeiht nur an zusagenden Standorten zufriedenstellend. ✂ 1.
Vermehrung: Aussaat unter Glas oder Stecklinge im August/September.

Aralia elata, Japanischer Angelikabaum

Aussehen: *A. elata* ist ein sommergrüner, 4–5 m hoher, sparsam verzweigter, steif aufrechter, dickastiger, breitkroniger Strauch, der oft Ausläufer bildet. Die wechselständig angeordneten, doppelt gefiederten Blätter können bis 1 m lang werden. Jede Fieder ist aus 5–9 dünnen, 8–12 cm langen, eiförmigen oder elliptischen, unterseits bläulich grünen Blättchen zusammengesetzt. Im August stehen an den Zweigenden auffallend große, bis 45 cm breite, doldenartige Blütenstände mit sehr zahlreichen kleinen, cremeweißen Blüten, die sehr stark von Insekten besucht werden. Nur etwa 3 mm dick sind die schwarzen, kugeligen, fünfkantigen, fleischig-saftigen, stark färbenden Früchte.
Verwendung: Mit den großen Blättern und den riesigen Blütenständen im Hochsommer ist *A. elata* ein ornamentaler Solitärstrauch für Parks und größere Gärten. Das gilt auch für die beiden Sorten 'Aureovariegata' und 'Variegata' mit den gelb- oder cremeweiß gerandeten Blättern.
Standort: Sonnig bis halbschattig, windgeschützt. Boden mäßig trocken bis feucht, durchlässig, sandig-lehmig, schwach sauer bis alkalisch.
Pflege: Die dicken Triebe beim Pflanzen nicht zurückschneiden. ✂ 1.
Vermehrung: Samen 12–18 Monate stratifizieren, im Frühjahr unter Glas aussäen. Wurzelschnittlinge.

Aralia elata 'Variegata'

Arctostaphylos uva-ursi, Rotfrüchtige Bärentraube

Aussehen: *A. uva-ursi* ist ein immergrüner, teppichbildender, bis 0,3 m hoher und bis 1 m breiter Spalierstrauch mit niederliegenden, wurzelnden Zweigen. Die 1–3 cm langen, ledrigen Blätter sind glänzend dunkelgrün. Im April bis Mai stehen die 5–6 mm langen, krugförmigen, weißen, an den Spitzen rosafarbenen Blüten in kurzen, nickenden Trauben an den Zweigenden. 3–12 Einzelblüten können dabei eine Traube bilden. Die 6 mm dicken, kugeligen, glänzend scharlachroten Früchte bleiben sehr lange haften. Die Blüten werden von langrüsseligen Insekten, vor allem Hummeln, bestäubt.
Verwendung: *A. uva-ursi* ist ein reizender, langsam wachsender Zwergstrauch für Stein- und Heidegärten, Rhododendrenbeete und Gräber. Die lange haftenden Früchte sind Nahrung für Schneehühner, Häher und Drosseln. Die Blätter sind eine klassische Teedroge gegen Harnwegsbeschwerden und Nierenleiden.
Standort: Sonnig bis halbschattig. Boden mäßig trocken bis frisch, durchlässig, sandig bis lehmig-humos, schwach sauer bis neutral.
Pflege: Auf zusagenden Standort achten. ✂ 1.

Arctostaphylos uva-ursi

Vermehrung: Aussaat der ausgewachsenen Samen unmittelbar nach der Ernte oder im Frühjahr unter Glas. Stecklinge von ausgereiften Trieben.

Aristolochia macrophylla, Amerikanische Pfeifenwinde

Aussehen: Die linkswindende Liane windet sich an Klettergerüsten bis 10 m hoch, ihre schleppenartig überhängenden Zweige können bis 3 m lang werden. Die dunkelgrünen, herz- bis nierenförmigen Blätter sind 10–30 cm lang. Wenig auffällig und etwas unter dem üppigen Laub versteckt sind die 3 cm langen, pfeifenartig gebogenen Blüten. Sie sind am tellerartig erweiterten Saum purpurbraun und haben am Grund eine

Aristolochia macrophylla

bauchig erweiterte, gelbgrüne Röhre. Die Blüten sind als Kesselfallenblumen ausgebildet, sie lassen die sie besuchenden Insekten erst nach der Bestäubung frei, nachdem die sonst starren Reusenhaare im Inneren der Blüten verwelkt sind. Blütezeit ist der Mai. Nur selten werden bei uns die 4–8 cm langen, zylindrischen, sechskantigen Früchte ausgebildet.
Verwendung: Raschwüchsige, tropisch anmutende Liane zur schnellen Begrünung von Mauern, Zäunen, Lauben und Pergolen. Die großen, fast dachziegelartig angeordneten Blätter bilden einen blickdichten, stark Schatten spendenden Vorhang.
Standort: Halbschattig bis schattig, windgeschützt. Boden frisch bis feucht, durchlässig, nährstoffreich, sandig bis lehmig, neutral bis alkalisch.
Pflege: Bei sommerlicher Trockenheit wässern. Schnittmaßnahmen sind nicht notwendig. ✂6.
Vermehrung: Ablegen der langen Zweige.

Aronia arbutifolia, Filzige Apfelbeere

Aussehen: Die Filzige Apfelbeere ist ein bis 2 m hoher, locker aufgebauter, zuletzt ausladender Solitär- und Gruppenstrauch mit filzig behaarten Trieben und 2–4 cm langen, oberseits tiefgrünen, unterseits dicht graufilzigen Blättern, die sich im Herbst zuverlässig leuchtend hochrot verfärben. Die Herbstfärbung setzt oft schon sehr früh ein. Die rötlich weißen Blüten stehen zu 5–17 in kleinen Trugdolden zusammen. Die 4–7 mm dicken, leuchtend roten Früchte reifen spät und bleiben bis zum Dezember haften. 'Brillant' ist eine sehr attraktive Sorte mit einer zuverlässigen, lebhaft roten Herbstfärbung, die Blätter bleiben lang

Aronia arbutifolia

haften. Zahlreiche Blüten und große, hochrote Früchte.
Verwendung: *Aronia*-Arten werden als Solitär- und Gruppensträucher oder für freiwachsende Hecken verwendet. Die Früchte sind reich an verschiedenen Vitaminen und Flavonoiden sowie an Zucker, Pektin und Mineralien. Durch ihren hohen Gehalt an Anthocyanen sind sie sehr gut zur Gewinnung von Farbstoffen geeignet. Die herb-adstringierenden Früchte eignen sich nicht als Naschfrüchte, können aber sehr gut zur Herstellung von Marmeladen und Soßen oder als Zusatz zu Milchprodukten verarbeitet werden. Sie werden gerne und rasch von Vögeln verzehrt.
Standort: Sonnig bis halbschattig. Boden mäßig trocken bis feucht, nährstoffreich, sandig-lehmig, sauer bis neutral.

Aronia melanocarpa

Pflege: Sehr robust und anpassungsfähig. ✂2.
Vermehrung: Früchte früh ernten, Samen auswachsen lassen und bis zur Aussaat im Frühjahr stratifizieren. Hybriden und Sorten durch Okulation oder krautige Stecklinge Im Juli/August.

Weitere empfehlenswerte *Aronia*-Arten

***Aronia melanocarpa*, Kahle Apfelbeere**
1–2 m hoher, buschiger Strauch mit kurzen Ausläufern. Blätter glänzend tiefgrün, im Herbst leuchtend wein- bis dunkelrot. Blüten im Mai, reinweiß, 1–1,5 cm breit, zahlreich, zu 7–15 in kahlen Trugdolden. Früchte bis 8,5 mm dick, anfangs auberginefarben, später glänzend schwarz, werden meist sehr rasch von Vögeln gefressen.

***Aronia × prunifolia* 'Viking', Pflaumenblättrige Apfelbeere**
Bis 2,5 m hoher, breit aufrechter Strauch. Blätter im Austrieb bronzefarben, später dunkelgrün, im Herbst rot, gelb oder purpurn. Blüten im Mai, weiß, 1–1,6 cm breit, sehr zahlreich, je 13–17 Einzelblüten in Trugdolden. Früchte glänzend auberginefarben, 0,8–1 cm dick, essbar, bis zum Dezember haftend. Auch 'Nero' ist eine empfehlenswerte, großfrüchtige Sorte.

Aronia × prunifolia 'Viking'

Berberis buxifolia 'Nana'

Berberis buxifolia 'Nana', Buchsbaumblättrige Berberitze

Aussehen: Von der immergrünen Art wird bei uns nur diese Sorte kultiviert. Sie wächst buschig, ist sehr dicht verzweigt und wird kaum mehr als 0,5 m hoch. Die kleinen, ledrigen, rundlichen, stachelspitzigen Blätter sind glänzend dunkelgrün. Im Gegensatz zur Art blüht 'Nana' vergleichsweise spärlich.
Verwendung: Reizender Zwergstrauch für Einzel- und Gruppenpflanzungen in Rabatten, Stein- und Heidegärten oder für niedrige Hecken und Einfassungen.
Standort: Sonnig bis halbschattig. Boden mäßig trocken bis frisch, sommerliche Bodentrockenheit ertragend, durchlässig, sandig bis lehmig, schwach sauer bis alkalisch.
Pflege: Anspruchslos, pflegeleicht, ✂ 1.
Vermehrung: Stecklinge von ausgereiften Trieben.

Berberis candidula, Schneeige Berberitze, Immergrüne Kissen-Berberitze

Aussehen: Die immergrüne Art wächst zu einem 0,6–1 m hohen, halbkugeligen, dicht verzweigten Strauch mit stark bedornten, übergebogenen Zweigen heran. Die 1,5–3 cm langen, elliptischen, oberseits glänzend dunkelgrünen Blätter sind an der Unterseite schneeweiß. Im Mai öffnen sich die goldgelben, etwa 1,5 cm breiten, meist einzeln unter dem Laub stehenden Blüten. Die blauschwarzen, stark bereiften, ellipsenförmigen Früchte fallen nicht besonders auf.
Verwendung: Der zierliche Kleinstrauch kann einzeln oder in Kleingruppen zur Bepflanzung von Rabatten, Heide- und Steingärten oder von Gräbern ebenso verwendet werden wie für geschnittene Hecken. Das gilt auch für die anderen hier beschriebenen immergrünen Arten und Hybriden.
Standort: Sonnig bis halbschattig. Boden frisch bis feucht, durchlässig, sandig bis lehmig, schwach sauer bis alkalisch.
Pflege: Pflegeleicht. ✂ 1, 5.

Berberitzen sind schwach giftig
Blätter und Rinde (besonders die Wurzelrinde) der Berberitzen enthalten schwach giftige Alkaloide. Während die Früchte von *B. vulgaris* gelegentlich zu Kompott verarbeitet werden, gelten die Früchte anderer Arten als schwach giftig. Die Blüten aller *Berberis*-Arten enthalten reichlich Nektar, Berberitzen sind deshalb wertvolle Insektennährpflanzen, außerdem gute Vogelnähr- und -schutzgehölze.

Weitere kleinstrauchig wachsende *Berberis*-Arten und -Hybriden

***Berberis* × *frikartii* 'Amstelveen'**
Wuchs kompakt, bis etwa 1,5 m hoch. Blätter immergrün, oberseits glänzend dunkelgrün, unterseits bläulich weiß. Blüten hellgelb, Mai/Juni. Früchte blauschwarz. Neben 'Amstelveen' sind 'Telstar' und 'Verrucandi' beliebte Sorten.

Berberis hookeri

Berberis hookeri

***Berberis hookeri*, Hookers Berberitze**
Wuchs etwas steif aufrecht, kompakt, 0,8–1,2 m hoch. Blätter immergrün, elliptisch-lanzettlich, oberseits glänzend dunkelgrün, unterseits blauweiß. Blüten hellgelb, Mai/Juni. Früchte purpurschwarz, nicht oder nur wenig bereift.

Berberis 'Jytte'

Berberis 'Jytte'
Wuchs halbkugelig, dicht verzweigt, 1,2 m hoch. Blätter immergrün, oberseits glänzend dunkelgrün, unterseits weiß. Blüten gelb, duftend, Mai. Früchte blauschwarz.

Berberis 'Klugowskii'
Wuchs breit aufrecht, dicht verzweigt, 1–2 m hoch. Blätter immergrün, oberseits glänzend dunkelgrün, unterseits bläulich weiß. Blüten goldgelb, Mai/Juni. Früchte blauschwarz.

***Berberis verruculosa*, Warzige Berberitze**
Wuchs kompakt, dicht verzweigt, 1–1,5 m hoch. Zweige bogig überhängend bis ausgebreitet, dicht mit schwarzbraunen Korkwarzen bedeckt. Blätter immergrün, elliptisch, stark gewellt, oberseits glänzend dunkelgrün, unterseits blaugrün. Blüten hellgelb im Mai. Früchte tiefpurpurn und bereift.

Berberis 'Klugowskii'

Berberis verruculosa

Berberis julianae

Berberis julianae, Julianes Berberitze

Aussehen: Der immergrüne, dicht verzweigte, aufrechte Strauch kann Höhen von 2–3 (–4) m erreichen. Seine derb ledrigen, 5–9 cm langen, glänzend dunkelgrünen Blätter sind rundherum mit 15–30 begrannten Sägezähnen ausgestattet. Die älteren Blätter färben sich vor dem Laubfall im Herbst oft hochrot. Reingelb sind die zahlreichen, 1,2 cm langen Blüten, die zu 8–15 in Büscheln zusammenstehen. Die Blütezeit liegt im April bis Mai. Nur wenig auffällig sind die 7–8 mm langen, blauschwarzen, bereiften Früchte.
Verwendung: Die starkwüchsige, in Sortimentsprüfungen hoch bewertete Art wird gerne für den Aufbau hoher Hecken eingesetzt.
Standort: Sonnig bis halbschattig, für Stadtklima geeignet. Boden mäßig trocken bis frisch, alle gepflegten, durchlässigen Bodenarten, schwach sauer bis alkalisch.
Pflege: Anspruchslos, sehr schnittverträglich. ✂ 1, 5.
Vermehrung: Aussaat im Herbst oder nach einer Stratifikation im Frühjahr.

Berberis × ottawensis 'Superba', Große Blut-Berberitze

Aussehen: Die sommergrüne Sorte 'Superba' ist ein starkwüchsiger, aufrechter, später locker überhängender, 3–4 m hoher Strauch mit tief rotbraunen Zweigen. Die 2–5 cm langen, verkehrt-eiförmigen bis nahezu rundlichen, metallisch glänzenden Blätter sind intensiv braun- bis schwarzrot. Im Herbst nehmen sie eine leuchtend orange- bis dunkelrote Färbung an. Gelbrot sind die zahlreichen, 1 cm breiten, süßlich duftenden Blüten, sie heben sich gut von den dunkel gefärbten Blättern ab. Die eiförmigen Früchte färben sich zur Reife hellrot.
Verwendung: 'Superba' ist ein stattlicher Solitärstauch mit einem sehr hohen Gartenwert.
Standort: Sonnig bis halbschattig. Boden trocken bis frisch, alle gepflegten, durchschnittlichen Bodenarten, sauer bis alkalisch.
Pflege: Robust und pflegeleicht. ✂ 2.
Vermehrung: Stecklinge von krautigen Trieben.

Berberis × ottawensis 'Superba'

Berberis × stenophylla

Berberis × stenophylla, Schmalblättrige Berberitze

Aussehen: Der 2–3 m hohe Strauch baut sich mit bogig überhängenden Zweigen vergleichsweise locker und elegant auf. Schmal-elliptisch bis lanzettlich sind die 1–2,5 cm langen, stachelspitzigen, an den Rändern stark umgerollten, immergrünen Blätter. Sie sind oberseits glänzend dunkelgrün, unterseits bläulich weiß. Im Mai schmückt sich der Strauch mit zahlreichen goldgelben bis orangefarbenen, in der Knospe gelegentlich rötlichen Blüten, die bis zu 6 in Büscheln zusammenstehen. Die kugeligen, 6–7 mm dicken, blauschwarzen, bereiften, wenig auffallenden Früchte reifen im Oktober.
Verwendung: Als Solitärgehölz oder in lockeren Gruppen, auch als Heckenpflanze. Nur selten werden bei uns zwergig wachsende Sorten wie 'Corralina Compacta' oder 'Irvinii' angeboten.
Standort: Sonnig bis lichtschattig. Boden frisch bis feucht, alle durchlässigen, gepflegten Gartenböden, sauer bis neutral, empfindlich gegen hohen Kalkgehalt.
Pflege: In der Jugend frostempfindlich. ✂ 1.
Vermehrung: Stecklinge von ausgereiften Trieben.

Empfehlung für den Garten
Berberis × stenophylla gehört, bedingt durch den eleganten Aufbau, die zierlichen Blätter und die zahlreichen, intensiv gefärbten Blüten, zu den schönsten immergrünen Berberitzen – ein Solitär-, Gruppen- und Heckenstrauch mit einem sehr hohen Gartenwert.

Berberis thunbergii, Thunbergs Berberitze (Tab. 4)

Aussehen: *B. thunbergii* ist ein sommergrüner, aufrechter, bis 2 (–3) m hoher, fein und dicht verzweigter Strauch. Seine 1–2 cm langen, ganzrandigen, sehr variablen Blätter sind oberseits hellgrün, unterseits bläulich grün und im Herbst auffallend orange bis scharlachrot. Die zahlreichen gelben, außen oft rötlichen, etwa 1 cm breiten Blüten stehen einzeln oder sind zu 2–5 in Büscheln angeordnet. Sie blühen im Mai auf. In großer Zahl werden die elliptischen, 7–8 mm langen, leuchtend roten, essbaren Früchte angelegt, sie bleiben oft bis zum Frühjahr haften.

Berberis thunbergii

Verwendung: *B. thunbergii* ist ein anspruchsloser Solitär-, Gruppen- und Heckenstrauch. Von der sehr häufig kultivierten, variationsfreudigen, für den Garten sehr wertvollen Art sind zahlreiche Sorten in Kultur, die sich im Habitus und in der Laubfärbung oft deutlich von der Art unterscheiden.
Standort: Sonnig bis halbschattig, für Stadklima geeignet. Boden frisch bis feucht, alle gepflegten, durchlässigen Gartenböden, schwach sauer bis alkalisch.
Pflege: Robust, pflegeleicht. ✂ 2, 5.
Vermehrung: Aussaat im Herbst oder nach einer Stratifikation im Frühjahr. Sorten durch Stecklinge von krautigen Trieben.

Betula albosinensis, Chinesische Birke, Kupfer-Birke

Aussehen: Die Chinesische Birke wächst langsam zu einem 10 (–20) m hohen Baum heran. In der lockeren Krone hängen die Seitenzweige über. Die Rindenfärbung dieser Art ist einmalig. Die glatte Rinde von Stamm und Ästen kann glänzend weißlich rosa, aber auch kupferfarben oder rotorange sein. Die äußeren Rindenschichten rollen in großen Fetzen dünn ab. Die länglich-eiförmigen, lang zugespitzten, 3–5 cm langen Blätter sind oberseits gelblich grün, im Herbst färben sie sich gelb bis orangegelb.
Verwendung: Mit ihrer vergleichsweise geringen Größe und der ungewöhnlichen Rindenfärbung gehört die Chinesische Birke zu den wertvollsten Gartenbäumen der Gattung.
Standort: Sonnig bis lichtschattig. Boden frisch bis feucht, durchlässig, sandig bis lehmig, sauer bis neutral.
Pflege: Schnittmaßnahmen sind bei Birken nicht erforderlich. Notfalls

Tab. 4 Empfehlenswerte Sorten von *Berberis thunbergii*

Sorte	Wuchs	Blätter
'Atropurpurea'	strauchartig, 2–3 m hoch	purpurrot bis rotbraun, im Herbst orange- bis karminrot
'Atropurpurea Nana'	zwergig, 0,6 m hoch	dunkel braunrot, im Herbst leuchtend rot
'Aurea'	locker halbkugelig, 0,5–0,7 m hoch	hell- bis goldgelb
'Bagatelle'	zwergig, 0,4 m hoch	anfangs braun-, später schwarzrot, Herbstfärbung intensiv rot
'Bonanza Gold'	kompakt, 0,5 m hoch	im Austrieb leuchtend goldgelb, später zitronengelb
'Golden Nugget'	gedrungen, bis 0,3 m hoch	goldgelb, im Herbst orange
'Golden Ring'	strauchartig, 2–3 m hoch	dunkel purpurrot, mit einem schmalen goldgelben Randstreifen, Herbstfärbung prächtig rot
'Green Carpet'	kleinstrauchig, bis 1 m hoch	klein, grün, im Herbst intensiv feuerrot bis orangegelb
'Green Ornament'	strauchartig, bis 1,5 m hoch	anfangs bräunlich, zuletzt dunkelgrün, im Herbst fahlgrün bis braungelb, Früchte zahlreich, glänzend rot
'Helmond Pillar'	breit säulenförmig, bis 1,5 m hoch	schwärzlich purpurbraun, unterseits hellgrün und purpurn bereift
'Kobold'	zwergig, bis 0,5 m hoch	Blätter klein, dunkelgrün, im Herbst leuchtend gelborange bis scharlachrot
'Red Chief'	strauchartig, bis 2 m hoch	im Austrieb dunkelrot, später braunrot, im Herbst leuchtend rot
'Rose Glow'	breitbuschig, bis 1,5 m hoch	hell rotbraun bis karminrosa, rosa, grau und weiß gefleckt
'Roxane'	strauchartig, bis 1,5 m hoch	rotbraun, im Herbst lange haftend, Herbstfärbung leuchtend karminrot

Betula albosinensis

sollte im Spätsommer geschnitten werden, weil Birken bei Verletzungen im Frühjahr stark bluten. Diese Eigenschaft wird bei der Gewinnung von Birkenwasser genutzt. ✂ 1.
Vermehrung: Aussaat im Herbst oder zeitigen Frühjahr auf frischen, durchlässigen, sandigen oder sandig-lehmigen Böden.

Betula ermanii, Gold-Birke

Aussehen: Die Gold-Birke kann Höhen von 10–20 m erreichen. Sie bildet meist einen kurzen Stamm, der sich bald in aufstrebende Äste auflöst. Die anfangs breit kegelförmige Krone wird im Alter breiter und aufgelockerter. Den Stamm bedeckt eine auffällige, gelblich weiße bis weiße oder rötliche, abrollende Rinde, die bis ins hohe Alter ziemlich glatt bleibt. Die dunkelgrünen Blätter sind breit eiförmig und lang zugespitzt, 5–8 cm lang. Sie färben sich im Herbst schon sehr früh leuchtend goldgelb.
Verwendung: *B. ermanii* ist, wie andere weißstämmige Birkenarten, ein prachtvoller Solitärbaum für Parks und große Gärten.
Standort: Sonnig bis lichtschattig. Boden mäßig trocken bis feucht, gedeiht auch auf nährstoffarmen, sandig-kiesigen Böden, schwach sauer bis schwach alkalisch.
Pflege: Keine besonderen Ansprüche. ✂ 1.
Vermehrung: Aussaat wie bei *B. albosinensis*. Sorten durch Winterhandveredlungen unter Glas.

Weitere empfehlenswerte weißstämmige *Betula*-Arten

***Betula maximowicziana*, Lindenblättrige Birke**
Stattlicher, 15–20 (–30) m hoher Baum mit einer ausladenden Krone. Stamm meist bis weit in die Krone hineinreichend. Rinde anfangs orangebraun, später grau bis weißlich orange gefärbt, dünn abrollend. Blätter groß, 16–18 cm lang, an der Basis tief herzförmig, dunkelgrün, im Herbst goldgelb, in Form und Größe entfernt an Lindenblätter erinnernd.

***Betula papyrifera*, Papier-Birke**
Stattlicher, 20–25 m hoher Baum mit einer hoch gewölbten, offenen Krone. Rinde blendend weiß, lange glatt bleibend, mit feinen Querstreifen, sich später in breiten, papierartigen Lappen lösend. Borke am Stammfuß älterer Stämme dunkel und tief aufgerissen. Blätter breit eiförmig, 5–11 cm lang, oberseits mattgrün, im Herbst intensiv goldgelb.

Betula maximowicziana

Betula papyrifera

Markenzeichen: weiße Rinde
Die Papierbirke gehört zusammen mit der Japanischen Weiß-Birke und der Weißrindigen Himalaja-Birke zu den Birken mit der hellsten Rinde. Ein schöner Solitärbaum für Parkanlagen und große Gärten.

***Betula platyphylla* var. *japonica*, Japanische Weiß-Birke**
Bis 25 m hoher, lichtkroniger, sehr früh austreibender Baum mit durchgehendem Stamm und einer auffallend weißen Rinde. Blätter 4–10 cm lang, dreieckig bis herzförmig, tiefgrün, im Herbst goldgelb.

***Betula utilis* 'Doorenbos', Weißrindige Himalaja-Birke**
Selektion aus der var. *jaquemontii* – ein 15 (–20) m hoher, lockerkroniger Baum. Schon in der Jugend mit einer auffallend schimmernd weißen, lange glatt bleibenden Rinde. Blätter 7–8 cm lang, eiförmig, dunkelgrün, im Herbst goldgelb. 'Doorenbos' ist sicher die schönste unter den weißrindigen Birken, sie ist auch für mittelgroße Gärten hervorragend geeignet.

Betula platyphylla var. *japonica*

Betula utilis 'Doorenbos'

Betula nana, Zwerg-Birke

Aussehen: Die Zwerg-Birke ist vom nördlichen, arktischen und östlichen Europa bis nach Sibirien zu finden. Sie kommt in den Hoch- und Zwischenmooren und in Zwergstrauch-Gesellschaften auf nassen, nährstoffarmen Böden vor. Die zierliche Art wird mit ihren niederliegenden bis aufsteigenden Ästen nur 0,5–1 m hoch. Ihre 0,5–1,5 cm breiten, derben, oberseits glänzend dunkelgrünen Blätter sind nahezu kreisrund. Die Blätter können sich an den natürlichen Standorten im Herbst intensiv rot verfärben.
Verwendung: Im Garten findet die Zwerg-Birke in Stein-, Heide-, Sumpf- und Wassergärten einen angemessenen Platz.
Standort: Sonnig. Boden frisch bis nass, durchlässig, nährstoffarm, sandig bis torfig, sauer bis neutral.
Pflege: Nur an zusagenden Standorten frohwüchsig. ✂ 1.
Vermehrung: Durch Aussaat, meist aber durch krautige Stecklinge.

Betula nigra, Schwarz-Birke

Aussehen: Der 12–15 (–20) m hohe, oft vom Boden an mehrstämmige Baum hat eine lockere, rundliche Krone. Der Art ist eine sehr auffällige Rindenfärbung eigen. An jungen Bäumen ist die Rinde von Stamm und Ästen rot- bis gelbbraun und meist sehr dicht und kraus aufgerollt. Mit zunehmendem Alter wird die Rinde dunkler, die Borke ist zuletzt grob aufgerissen, hart und schwarz. Rauten- bis eiförmig sind die 4 cm langen, am Rand doppelt gesägten oder schmal gelappten Blätter. Sie sind oberseits glänzend dunkelgrün, unterseits blaugrün und im Herbst leuchtend gelb gefärbt.
Verwendung: Wird wegen ihrer schon an jungen Pflanzen schönen, dekorativen Rinde häufig als Park- und Gartenbaum gepflanzt, vor allem an Fluss- und Teichufern oder auf feuchten Wiesen.
Standort: Sonnig. Boden mäßig trocken bis nass, sandig-kiesig bis lehmig oder tonig, sauer bis neutral.
Pflege: Keine besonderen Ansprüche, ✂ 1.
Vermehrung: Wie bei *B. albosinensis*.

Betula nigra

Betula pendula, Hänge-Birke, Sand-Birke, Warzen-Birken (Tab. 5)

Aussehen: Die heimische Hänge-Birke ist ein anfangs raschwüchsiger, 10–25 m hoher, lockerkroniger Baum mit mehr oder weniger stark überhängenden Zweigen. Seine Rinde ist anfangs glänzend hellbraun, später weiß. An älteren Bäumen wird die Borke schwarz, rau und rissig. Die dünnen, kahlen Triebe sind stark mit Korkwarzen bedeckt. Die Blätter sind rautenförmig bis dreieckig, 5–7 cm lang, oberseits lebhaft grün. Sie färben sich im Herbst intensiv gelb.
Verwendung: Die Hänge-Birke wird ihres malerischen Wuchses wegen sehr häufig als Solitär-, Gruppen- oder Straßenbaum gepflanzt oder in der freien Landschaft als Pioniergehölz eingesetzt. Für den Hausgarten kommen die hier genannten Sorten eher in Betracht als die Art selbst.
Standort: Sonnig. Boden trocken bis feucht, gedeiht auch auf nährstoffarmen Sandböden, sauer bis schwach alkalisch.

Betula pendula

Pflege: Sehr anpassungsfähig. ✂ 1.
Vermehrung: Aussaat im Herbst oder zeitigen Frühjahr, die Sorten durch Winterhandveredlungen unter Glas.

Betula pendula

Tab. 5 Empfehlenswerte Sorten von *Betula pendula*

Sorte	Wuchs	Blätter
'Dalecarlica', Schlitzblättrige Birke	10 (–20) m hoch, Stamm durchgehend, Zweige überhängend	zierlich, tief gelappt
'Fastigiata', Säulen-Birke	15–20 m hoch, Krone anfangs straff säulenförmig	tiefgrün, lange haftend
'Purpurea', Purpur-Birke	bis 10 m hoch, Krone unregelmäßig	anfangs purpurbraun, später bronzegrün
'Tristis', Hänge-Birke	10–20 m hoch, Äste in weiten eleganten Bögen abstehend, Zweige schleppenartig hängend	in Form und Färbung wie bei der Art
'Youngii', Trauer-Birke	5–7 m hoch, Krone schirmförmig, Zweige hängend, fadenförmig dünn	in Form und Färbung wie bei der Art

Betula pendula 'Purpurea'

Betula pendula 'Youngii'

Betula pendula 'Fastigiata'

Betula pendula 'Tristis'

Buddleja alternifolia

Buddleja alternifolia, Chinesischer Sommerflieder

Aussehen: Der starkwüchsige, 2–4 m hohe und gleich breite Strauch baut sich mit langen, dünnen, weit ausgebreiteten und elegant überhängenden Ästen und Zweigen auf. Die Blätter sind schmal-elliptisch, 3–9 cm lang, oberseits stumpfgrün, unterseits sternhaarig-filzig. Im Juni/Juli stehen lilapurpurne, herb duftende, 0,8–1,3 cm breite Blüten in zahlreichen, etwa 4,5 cm breiten Büscheln auf der ganzen Länge der vorjährigen Zweige.

Verwendung: Der sehr reich und prachtvoll blühende Strauch entfaltet seine ganz Schönheit am besten, wenn er auf Mauerkronen oder in großen Pflanzkübeln steht. Er lässt sich gut mit Rosen oder sommerblühenden Kleinsträuchern wie *Caryopteris*, *Perovskia* oder *Potentilla* kombinieren.

Standort: Sonnig, trockenresistent. Boden mäßig trocken bis frisch, alle durchlässigen, schwach sauren bis alkalischen Gartenböden.

Pflege: Robust und pflegeleicht. ✂ 2.

Vermehrung: Aussaat im März/April oder Stecklinge von krautigen Trieben.

Buddleja alternifolia

Buddleja davidii, Sommerflieder, Schmetterlingsstrauch (Tab. 6)

Aussehen: *B. davidii* ist ein starkwüchsiger, breit aufrechter, 2–3 (–5) m hoher Strauch mit bis 20 cm langen, oberseits dunkelgrünen, unterseits weißlich- bis grünlich-filzigen Blättern. Bei der wilden, bei uns nicht kultivierten Art sind die violetten bis purpurnen Blüten mit einem orangefarbenen Auge versehen. Unter den zahlreichen Sorten finden sich Blütenfarben in Weiß, Violett, Lilablau, Hellblau oder Rosa. Die stark duftenden, 0,8–1,4 cm breiten Blüten sind an 10–30 (–40) cm langen, aufrechten oder übergeneigten, vielblumigen Rispen angeordnet, die sich im Juli bis September an den Zweigenden entwickeln.
Verwendung: Alle Sorten sind prachtvoll blühende Solitärsträucher, die ihren besten Platz in Staudenrabatten finden. Von den zahlreichen Sorten werden nur die mit einem besonders hohen Gartenwert genannt. Die meisten Sorten werden, wenn sie regelmäßig zurückgeschnitten werden, etwa 2–3 m hoch. Deutlich zierlicher wachsen die kleinrispigen 'Nanho Blue' und 'Nanho Purple'. Der Schmetterlingsstrauch ist ein gutes Beispiel dafür,

Tab. 6 Empfehlenswerte Sorten von *Buddleja davidii*

Sorte	Blütenfarbe	Besonderheit
'African Queen'	purpur- bis violettblau	Rispen sehr schlank
'Black Knight'	purpur- bis dunkelviolett	reichblühend
'Dart's Ornamental White'	weiß	sehr reich blühend
'Empire Blue'	hell blauviolett	Blühbeginn sehr früh
'Fascination'	lilarosa	schöne rosa Blütenfarbe
'Ile de France'	blauviolett	Blütenfarbe besonders dunkel
'Nanho Blue'	violettblau	nur etwa 1,5 m hoch
'Nanho Purple'	purpurrot	nur etwa 1,2 m hoch
'Niobe'	purpurviolett	lange Blütezeit
'Peace'	weiß	reich und lange blühend
'Pink Delight'	silbrig rosa	schönste rosa blühende Sorte
'Royal Red'	purpurrot	spät, aber lange blühend
'Summer Beauty'	purpurviolett	Wuchs niedrig und kompakt
'White Bouquet'	reinweiß	Rispen gedrungen
'White Profusion'	reinweiß	Rispen lang und kräftig

Buddleja davidii 'Ile de France'

Buddleja davidii 'Niobe'

Buddleja davidii 'Nanho Blue'

Buddleja davidii 'Pink Delight'

dass auch nicht einheimische Arten einen hohen ökologischen Wert besitzen. Kaum ein anderer Strauch unserer Gärten wird so stark von Faltern, Schwebfliegen, Hummeln und Bienen besucht wie die Schmetterlingssträucher.
Standort: Sonnig, hitzeverträglich, für Stadtklima geeignet. Boden mäßig trocken bis frisch, alle durchlässigen, schwach sauren bis alkalischen Gartenböden.
Pflege: In der Jugend frostempfindlich, treibt nach leichten Frostschäden gut wieder durch. ✂ 3.
Vermehrung: Krautige Stecklinge.

Buxus sempervirens, Gewöhnlicher Buchsbaum
(Tab. 7)

Aussehen: Der Buchsbaum ist ein dicht verzweigter, breit aufrechter, langsam wachsender Strauch, der sich in hohem Alter zu einem bis 8 m hohen Kleinbaum entwickeln kann. Er trägt an vierkantigen Trieben ledrige, 1,2–2,3 cm lange, eiförmige bis länglich-elliptische, glänzend dunkelgrüne Blätter. Von den kleinen, gelben, unscheinbaren Blüten, die im April/Mai in kleinen Knäueln in den Blattachseln stehen, geht ein starker, herber Geruch aus. Er ist in allen Teilen schwach giftig.

Buxus microphylla 'Faulkner'

Tab. 7 Empfehlenswerte *Buxus*-Sorten

Sorte	Wuchs	Blätter
'Angustifolia'	gedrungen, rundlich bis breitbuschig, kompakt, 2–3 m hoch	lanzettlich, mittel- bis dunkelgrün, bläulich bereift
'Blauer Heinz'	kompakt, kugelig, sehr dicht verzweigt und belaubt, bis 0,5 m hoch	klein, breit eiförmig, ausgesprochen blaugrün
'Bullata'	kräftig, etwas steif und grobastig, 2–3 m hoch	groß, breit eiförmig, blasig aufgetrieben, dunkel blaugrün
'Elegantissima'	breit aufrecht, dicht verzweigt und dicht belaubt, 1–1,2 m hoch	elliptisch mittel- bis dunkelgrün, unregelmäßig cremeweiß gerandet
'Globosa'	eiförmig-kugelig, sehr dicht verzweigt, 1–1,5 m hoch	elliptisch, schwach glänzend, leicht bläulich dunkelgrün
'Handsworthiensis'	stark, breitbuschig aufrecht, dicht verzweigt, 2–3 (–5) m hoch	sehr groß, eiförmig, tiefgrün
'Hollandia'	schmal aufrecht, sehr dicht verzweigt, bis 1,2 m hoch	elliptisch, glänzend dunkelgrün
'Latifolia Maculata'	kugelig bis breit kegelförmig, locker verzweigt, 2–3 m hoch	groß, breit eiförmig, glänzend dunkelgrün, im Austrieb nahezu vollständig gelbgrün, später dunkelgrün mit gelben Aufhellungen
'Rotundifolia'	stark, kegelförmig, locker verzweigt, 2,5–4 (–8) m hoch	eiförmig-rundlich, bläulich grün
'Suffruticosa'	rundlich bis breit kegelförmig	klein, eiförmig, glänzend dunkelgrün
B. microphylla 'Faulkner'	breitbuschig aufrecht, kompakt, 0,8–1,2 m hoch	länglich-eiförmig, dunkelgrün
B. microphylla 'Herrenhausen'	schwach, breitbuschig bis abgeflacht kugelig, sehr dicht verzweigt, 0,4–0,7 m hoch	klein, länglich-eiförmig, schwach glänzend mittelgrün

Buxus microphylla 'Herrenhausen'

Verwendung: Der langlebige Buchsbaum ist ein traditionsreiches Gehölz der Bauern-, Renaissance- und Barockgärten, in denen er seit jeher zu Hecken und grünen Skulpturen jedweder Form geschnitten wurde. Für Beeteinfassungen ist seit langer Zeit die schwachwüchsige Sorte 'Suffruticosa' verwendet worden, seit einigen Jahren werden dazu gerne auch die bläulich grün belaubte Sorte 'Blauer Heinz' und die kleinblättrige *B. microphylla* 'Herrenhausen' verwendet. Buchsbaum wird gerne auch an schattigen Standorten zum Sichtschutz gepflanzt. In geschnittenen Formen ist Buchsbaum außerdem seit Jahren eine beliebte Topfpflanze für Terrassen und Hauseingänge. Das gilt auch für *B. microphylla*.
Standort: Sonnig bis schattig, hitzeverträglich und wärmeliebend. Boden mäßig trocken bis frisch, alle durchlässigen Gartenböden, neutral bis alkalisch.
Pflege: Anspruchslos und pflegeleicht. ✂ 1, 5.
Vermehrung: Sehr selten durch Aussaat, meist durch halbreife Stecklinge im August/September.

Callicarpa bodinieri 'Profusion', Schönfrucht, Liebesperlenstrauch

Aussehen: 'Profusion' ist ein sommergrüner, locker und etwas sparrig aufgebauter, 2–3 m hoher Strauch mit weich behaarten Trieben und gegenständigen, 5–12 cm langen, elliptisch eiförmigen Blättern, die sich im Herbst hellgelb bis orange verfärben. Die kleinen lilafarbenen Blüten sind zu achselständigen Knäueln geordnet, sie werden stark von Hummeln, Bienen und Schwebfliegen besucht. Schon im Frühherbst reifen die sehr zahlreichen, etwa 4 mm dicken, kugeligen, glänzend rotvioletten, sehr lange haftenden, giftigen, an Liebesperlen erinnernden Früchte.
Verwendung: Ein Strauch für Einzel- und Gruppenpflanzung mit einem ganz ungewöhnlichen, unter unseren Gartengehölzen einzigartigen Fruchtschmuck. Der Fruchtansatz lässt sich verbessern, wenn mehrer Sträucher zusammengepflanzt werden und so eine Fremdbefruchtung möglich wird.
Standort: Sonnig bis lichtschattig. Boden gleichbleibend frisch, alle gepflegten, durchlässigen Gartenböden, sauer bis schwach sauer.

Callicarpa bodinieri 'Profusion'

Pflege: In der Jugend frostempfindlich. ✂ 2.
Vermehrung: Krautige Stecklinge.

Calluna vulgaris, Besenheide
(Tab. 8)

Aussehen: Die Besenheide, eine Charakterpflanze der norddeutschen Heidelandschaften, ist ein immergrüner, dicht verzweigter, bis 0,5 m hoher, aufsteigender oder niederliegender Strauch mit 1–3 mm langen, nadelförmigen, grünen Blättern, die bei zahlreichen Sorten auch graugrün bis silbrig sein können. Die glockigen, nickenden Blüten sind bei der Art lilarosa, bei Sorten auch weiß, rosa, rot oder violett. Sie öffnen sich von Juli bis September und sind eine wertvolle Bienenweide.
Verwendung: Die Besenheide und ihre zahlreichen Sorten sind ein unverzichtbarer Bestandteil von Heidegärten, sie werden dort in kleineren Tuffs oder großflächig gepflanzt, können aber auch in Steingärten, auf Gräbern oder in Pflanzkübeln einen angemessenen Platz finden. Neben Sorten mit einfachen und gefüllten Blüten werden seit einigen Jahren vermehrt sogenannte Knospenblüher angeboten. Ihre Blüten

Calluna vulgaris 'Marleen', 'Marlies' und 'Bonita'

Tab. 8 Empfehlenswerte Sorten von *Calluna vulgaris*
Von den überaus zahlreichen Sorten werden hier nur die besten, reichblühenden, in Deutschland angebotenen Sorten aufgelistet.

Sorte	Blütenfarbe	Besonderheit
'Alicia'	reinweiß	Knospenblüher, Blätter lebhaft grün
'Allegro'	weinrot	Blätter dunkelgrün
'Amethyst'	purpurrot	Knospenblüher, Blätter dunkelgrün
'Anette'	reinrosa	Knospenblüher, Blätter frischgrün
'Annemarie'	purpurrot	Blüten gefüllt, Blätter dunkelgrün
'Aphrodite'	leuchtend rot	Blätter auch im Winter dunkelgrün
'Beoley Silver'	weiß	Blätter silbrig behaart
'Bonita'	purpurrot	Knospenblüher, Blätter orangerot bis bronzefarben
'Boskoop'	malvenlila	Blätter bronzegelb, im Winter orangerot
'Cottswood Gold'	weiß	Blätter ganzjährig zitronengelb
'County Wicklow'	hellrosa	Blüten gefüllt, Blätter frischgrün
'Dark Beauty'	hell purpurrot	Wuchs gedrungen, Blätter dunkelgrün
'Dark Star'	rubinrot	Blüten halbgefüllt, Wuchs gedrungen
'Gold Haze'	weiß	Blätter beständig goldgelb
'H. E. Beale'	muschelrosa	Blüten gefüllt, Blätter dunkelgrün
'Heidezwerg'	lila	Wuchs polsterartig, 10 cm hoch
'Jana'	tief purpurrot	Blüten groß, gefüllt, Blätter leicht graugrün
'J. H. Hamilton'	lachsrosa	Blüten gefüllt, Blätter dunkelgrün
'Kinlochruel'	weiß	Blüten gefüllt, Blätter dunkelgrün
'Marleen'	lilarosa	Knospenblüher, Blätter dunkelgrün
'Marlies'	violettrot	Knospenblüher, Blätter dunkelgrün
'Melanie'	reinweiß	Knospenblüher, Blätter hellgrün
'Peter Sparkes'	tiefrosa	Blüten gefüllt, Blätter dunkelgrün
'Radnor'	hellrosa	Blüten gefüllt, Blätter frischgrün
'Romina'	purpurrot	Knospenblüher, Blätter dunkelgrün
'Sandy'	weiß	Knospenblüher, Blätter beständig gelb
'Schurig's Sensation'	lilarosa	Blüten gefüllt, Blätter dunkelgrün
'Theresa'	rosa	Knospenblüher, Blätter ganzjährig gelb

Calluna vulgaris 'Alicia'

Calluna vulgaris 'Allegro'

Calluna vulgaris 'Annemarie'

Calluna vulgaris 'Boskoop'

Calluna vulgaris 'Gold Haze'

Calluna vulgaris 'Romina'

bleiben geschlossen, verblühen nur sehr langsam und behalten oft bis weit in den Winter hinein eine gleichbleibende Färbung.
Standort: Sonnig. Boden mäßig trocken bis feucht, durchlässig, nährstoffarm, sandig, sandig-humos, sauer.
Pflege: Im Frühjahr die letztjährigen Jahrestriebe bis auf ein Drittel ihrer Länge zurückschneiden. ✂ 3.
Vermehrung: Aussaat im Frühjahr unter Glas. Stecklinge im Juli bis August.

Calycanthus floridus, Gewürzstrauch

Aussehen: Der sommergrüne, 1–3 m hohe Strauch zeichnet sich u.a. durch seine angenehm duftende Rinde aus. Seine einfachen, gegenständigen, 5–12 cm langen, schmal eiförmigen Blätter sind oberseits rau und lebhaft grün, unterseits graugrün und bleibend dicht behaart. In den 4–5 cm breiten, stark duftenden, dunkel rotbraunen Blüten sind die zahlreichen schmalen Tepalen sternförmig ausgebreitet. Die Blüten stehen im Mai/Juni einzeln an kurzen Seitenzweigen. Die feigenartigen Sammelfrüchte werden bei uns nur selten ausgebildet.
Verwendung: *Calycanthus floridus* ist mit den eigenartigen Blüten ein schöner Liebhaberstrauch für kleine Gartenräume.
Standort: Sonnig bis halbschattig. Boden frisch bis feucht, gut gepflegte tiefgründige, humose Gartenböden, sauer bis neutral.
Pflege: Keine besonderen Ansprüche. ✂ 1.
Vermehrung: Krautige Stecklinge.

Calycanthus floridus

Camellia japonica, Japanische Kamelie (Tab. 9)

Aussehen: Die Japanische Kamelie wächst hierzulande nur zu einem breit aufrechten Strauch heran, unter günstigen Klimabedingungen kann sie 9 (–15) m hoch werden. Ihre immergrünen, einfachen, steifen und ledrigen Blätter sind länglich bis elliptisch. Sie sind 5–10 cm lang, am Rand gezähnt und oberseits glänzend dunkelgrün. Bei der Art sind die 3–4,5 cm breiten, roten Blüten einfach. Unter den zahlreichen Sorten finden wir dagegen Blüten in sehr verschiedenen Formen, Größen und Farben, sie blühen von März bis Mai auf. In den einfachen, oft schalenförmigen Blüten fallen die großen, goldgelben Staubblattbüschel auf. Die ledrigen Fruchtkapseln werden bei uns nur selten ausgebildet.
Verwendung: Von den weit mehr als 100 Kamelienarten sind *C. japonica* und *C. sasanqua* die frosthärtesten. Trotzdem können sie nur an geschützten, wintermilden Standorten im Freien kultiviert werden. Unter weniger günstigen Klimabedingungen empfiehlt sich eine Kultur in Kübeln und eine Überwinterung bei Temperaturen von maximal 10 °C.
Standort: Halbschattig, geschützt, luftfeucht. Boden frisch bis feucht, gut durchlässig, humos, sauer.
Pflege: Im Freiland Schutz vor Wind und Wintersonne. ✂ 1.
Vermehrung: Stecklinge von ausgereiften Trieben im August.

Tab. 9 Empfehlenswerte Sorten von *Camellia*
Von den weit mehr als 200 Sorten der Art werden hier nur robuste Sorten genannt, die sich unter Freilandbedingungen am besten bewährt haben.

Sorte	Blüten
'Adolphe Audusson'	blutrot, halbgefüllt, sehr groß
'Apollo'	rot, halbgefüllt, mittelgroß
'Apple Blossom'	weiß, rosa getönt, mittelgroß
'Bella Romana'	rosa, karminrosa gestreift, mittelgroß
'Berenice Boddy'	hellrosa, halbgefüllt, schalenförmig, klein
'Bob Hope'	dunkelrot, halbgefüllt bis päonienförmig, groß, duftend
'Brushfield's Yellow'	cremeweiß mit gelber Mitte, anemonenförmig, mittelgroß
'Guilio Nuccio'	leuchtend korallenrosa, halbgefüllt, sehr groß, Staubgefäße goldgelb
'Hagoroma'	zartrosa bis fast weiß, halbgefüllt, schalenförmig, mittelgroß
'Kramer's Supreme'	leuchtend rot, duftend, päonienförmig, sehr groß
'Masayoshi'	kirschrot, unregelmäßig weiß gefleckt, halbgefüllt, groß
'Mathotiana'	kirschrot, gefüllt
'Monjushu'	tief scharlachrot, weiß gefleckt, halbgefüllt
'Mrs. Tingley'	hell lachsrosa, vollständig gefüllt, groß
'Wildfire'	orangerot, halbgefüllt, mittelgroß

Camellia japonica 'Hagoroma'

Camellia japonica 'Kramer's Supreme'

Camellia japonica 'Adolphe Audusson'

Camellia japonica 'Bob Hope'

Camellia japonica 'Masayoshi'

Camellia japonica 'Apollo'

Camellia japonica 'Brushfield's Yellow'

Camellia japonica 'Monjushu'

Camellia sasanqua, Herbstblühende Kamelie

Aussehen: *C. sasanqua*, heimisch auf den südjapanischen Riukiu-Inseln, ist ein schlanker, dicht beblätterter, bis 5 m hoher Strauch oder kleiner Baum mit 5–7,5 cm langen, elliptischen oder länglichen, derb ledrigen, dunkelgrünen Blättern. Von Oktober bis zum März öffnen sich die 5–7 cm breiten, weißen bis rosa Blüten. Sie haben 5–6 Kronblätter und einen auffallenden Kranz aus langen, goldgelben Staubblättern.

Neben der Art werden einige Sorten angeboten, wie zum Beispiel 'Apple Blossom' (Blüten weiß, rosa überhaucht), 'Crimson King' (Blüten tief karminrot) oder 'Versicolor' (Blüten weiß und rosa).
Verwendung und Standort: Wie bei *C. japonica*.
Pflege: Wie bei *C. japonica*. Die Blüten können im Herbst unter Frühfrösten leiden. ✂ 1.
Vermehrung: Stecklinge von ausgreiften Trieben.

Camellia sasanqua

Campsis radicans

Campsis radicans, Amerikanische Trompetenwinde

Aussehen: Die mit Haftwurzeln ausgestattete Liane kann bis 10 m hoch klettern. Da die Haftwurzeln nur schwach ausgebildet sind, benötigt sie dazu ein weitmaschiges Klettergerüst. Die unpaarig gefiederten Blätter sind bis 23 cm lang. Von Juli bis September erscheinen die orange bis hell orangefarbenen, am Saum scharlachroten, röhrig-trichterförmigen, 5–7 cm langen Blüten. Sie werden an den diesjährigen Langtrieben in großen, endständigen Rispen angelegt. Bei der Sorte 'Flava' sind die Blüten orange- bis reingelb gefärbt. Die zylindrischen Fruchtkapseln werden bei uns nur selten ausgebildet.
Verwendung: Als attraktive Kletterpflanze.
Standort: Sonnig-warm, geschützt. Boden frisch bis feucht, durchlässig, nährstoffreich, sandig bis lehmig, neutral bis alkalisch.

Gestaltungstipp
Campsis-Arten sind mit ihrem dichten, mattenförmigen Wuchs, ihrer üppigen Belaubung mit den großen Fiederblättern und den auffällig gefärbten, exotisch wirkenden Blüten bestens geeignet, hohe Mauern und Fassaden zu begrünen.

Campsis × tagliabuana 'Mme Galen'

Pflege: Die vorjährigen Langtriebe im Frühjahr auf 10–20 cm einkürzen. ✂ 6.
Vermehrung: Aussaat im Frühjahr.

Campsis × tagliabuana 'Mme Galen', Großblütige Trompetenwinde

Aussehen: Wächst wie *C. radicans* und wird bis etwa 8 m hoch. Die gefiederten Blätter können bis 45 cm lang werden. Die weit geöffneten, trompetenförmigen, außen orangefarbenen, innen korallenroten Blüten sind 8 cm lang, sie blühen ebenfalls von Juli bis September auf. Bei der schwachwüchsigen 'Indian Summer' sind die bis 50 cm langen Blätter mattglänzend dunkelgrün, die großen Blüten orangerot gefärbt.
Verwendung, Standort und Pflege: Wie bei *C. radicans*.
Vermehrung: Wurzelschnittlinge oder Ablegen der langen Zweige.

Caragana arborescens, Gewöhnlicher Erbsenstrauch
(Tab. 10)

Aussehen: *C. arborescens* ist ein sommergrüner, anfangs straff aufrechter, zuletzt 4–5 m hoher und gleich breiter Strauch mit auffallend

Tab. 10 Empfehlenswerte Sorten von *Caragana arborescens*

Sorte	Wuchs
'Lorbergii'	zierlich, mit aufrechten Grundtrieben, überhängenden Triebspitzen und sehr zierlichen Fiederblättern
'Pendula'	meist hochstämmig veredelt, Zweige in kurzen Bögen senkrecht abwärts wachsend
'Walker'	meist hochstämmig veredelt, Fiederblättchen ähnlich denen von 'Lorbergii'

olivgrüner Rinde. Die paarig gefiederten, bis 15 cm langen Blätter sind meist aus 8–12 elliptischen, 1–2,5 cm langen, frischgrünen Blättchen zusammengesetzt. Im Mai/Juni trägt der Strauch an Kurztrieben seine hellgelben, 1,5–2,5 cm langen Schmetterlingsblüten. Die zylindrischen Fruchthülsen werden 3,5–5 cm lang.

Verwendung: Robuster Blütenstrauch, der auch in freiwachsenden Hecken verwendet werden kann.

Standort: Sonnig, Luft- und Bodentrockenheit ertragend, windresistent. Boden trocken bis frisch, alle durchlässigen, nährstoffarmen, schwach sauren bis alkalischen Bodenarten.

Pflege: Robust, pflegeleicht. ✂ 2.

Vermehrung: Aussaat im Frühjahr im Freiland.

Caragana arborescens 'Walker'

Caragana arborescens

Carpinus betulus, Gewöhnliche Hainbuche

Aussehen: Die heimische Hainbuche ist ein 10–15 (–25) m hoher, ein- oder mehrstämmiger Baum mit einer ausladenden Krone und einem oft spannrückigen Stamm. Er besitzt eine lange glatt bleibende, mit einem netzartigen Muster versehene Rinde. Die Blätter dieses sommergrünen Gehölzes sind 5–10 cm lang, elliptisch eiförmig, doppelt gesägt und dunkelgrün. Sie färben sich im Herbst meist gelbbraun. Die Blütenkätzchen erscheinen mit dem Blattaustrieb. Die geflügelten Früchte sind zu mehreren in bis 15 cm langen, ährenartigen Ständen geordnet.

Verwendung: *C. betulus* ist ein robuster, langlebiger, anpassungsfähiger Park-, Allee- und Straßenbaum. Im Hausgarten wird die Hainbuche vorzugsweise als Heckenpflanze eingesetzt.

Standort: Sonnig bis schattig, für Stadtklima geeignet. Boden mäßig trocken bis feucht, alle durchlässi-

Carpinus betulus

Carpinus betulus

gen Bodenarten, schwach sauer bis alkalisch.
Pflege: Pflegeleicht, schnittverträglich. ✂ 1, 5.
Vermehrung: Früchte noch vor der Vollreife ernten und gleich aussäen. Sorten durch Handveredlungen unter Glas.

Caryopteris × clandonensis, Bartblume (Tab. 12)

Aussehen: Die Sorten von *C. × clandonensis* entwickeln sich zu 0,7–1 m hohen, sommergrünen, aromatisch duftenden Sträuchern mit grau behaarten Trieben. Die 5–8 cm langen, länglich-lanzettlichen, mattglänzend graugrünen, unterseits grauweißen Blätter sind gegenständig angeordnet. Die mehr oder weniger intensiv blauen Blüten sind bis 1 cm breit. Sie stehen im August/September in vielblumigen Ständen zusammen.

Gestaltungstipp
Durch ihre späte Blüte und die bei Gehölzen seltene blaue Blütenfarbe sind Bartblumen wertvolle, attraktive Sommer- und Herbstblüher für Stein- und Steppengärten.

Verwendung: Für kleine Gärten geeignet. Gerne werden sie zusammen mit Rosen, Gräsern und Stauden gepflanzt.
Standort: Sonnig, wärmeliebend. Boden trocken bis frisch, durchlässig, sandig bis lehmig, schwach sauer bis stark alkalisch.
Pflege: Vorjährige Zweige im Frühjahr regelmäßig stark zurückschneiden. ✂ 3.
Vermehrung: Krautige Stecklinge im Juli oder August.

Tab. 11 Empfehlenswerte Sorten von *Carpinus betulus*

Sorte	Wuchs
'Columnaris'	anfangs säulenförmig, später breit eiförmig, sehr dicht verzweigt, 12–15 m hoch
'Fastigiata'	anfangs schmal säulenförmig, später breit eiförmig, 10–22 m hoch
'Frans Fontaine'	säulenförmig, kompakt, geschlosen, 5–8 m hoch
'Pendula'	meist hochstämmig veredelt, Krone kuppelförmig, Äste und Zweige bogig abwärts wachsend

Cassiope 'Edinburgh', Schuppenheide

Aussehen: Der bis 0,3 m hohe, immergrüne Zwergstrauch breitet sich mit steif aufrechten Trieben mattenförmig aus. Die nur 3–5 mm langen Rollblätter stehen dachziegelartig übereinander und sind in 4 Reihen angeordnet. Die cremeweißen, glockenförmigen Blüten sind etwa 7 mm lang. Es stehen im Mai bis zu

Carpinus betulus 'Fastigiata'

Carpinus betulus 'Pendula'

Cassiope 'Edinburgh'

Tab. 12 Empfehlenswerte Sorten von *Caryopteris × clandonensis*

Sorte	Blütenfarbe	Wuchs	Blätter
'Blauer Spatz'	dunkelblau	breit aufrecht	dunkelgrün
'Blue Ballon'	leuchtend blau	kugelig	dunkelgrün
'Dark Knight'	dunkel violettblau	kompakt	silbrig behaart
'Grand Bleu'	intensiv dunkelblau	straff aufrecht, reich verzweigt	dunkelgrün
'Heavenly Blue'	tiefblau	locker aufrecht, vieltriebig	grün
'Kew Blue'	dunkelblau	aufrecht, feintriebig	silbrig behaart
'Summer Sorbet'	hellblau	locker aufrecht	gelbgrün gerandet

Caryopteris × clandonensis 'Heavenly Blue'

Caryopteris × clandonensis 'Grand Bleu'

Caryopteris × clandonensis 'Summer Sorbet'

12 Einzelblüten dicht gedrängt an den Zweigspitzen.
Verwendung: Die vergleichsweise robusten Sorten 'Edinburgh' und 'Muirhead' werden häufiger gepflanzt als andere Arten und Sorten der Gattung. Alle sind mit ihren glänzenden Blättern und den zarten Blütenglöckchen ganz reizende Zwerggehölze, die ihren besten Platz in Steingärten finden.
Standort: Sonnig, kühl und feucht. Boden frisch bis feucht, humos, durchlässig, sauer.
Pflege: Gedeiht nur an zusagenden Standorten zufriedenstellend. ✂ 1.
Vermehrung: Stecklinge von ausgereiften Trieben.

Catalpa bignonioides, Gewöhnlicher Trompetenbaum (Tab. 13)

Aussehen: Über einem meist kurzen, knorrigen Stamm breitet der 15–18 m hohe Baum seine ausladende Krone aus. An dicken, steifen Zweigen sind die 10–20 cm langen, eiförmigen, dunkelgrünen Blätter gegenständig oder zu dritt in Quirlen angeordnet, werden sie gerieben, riechen sie etwas unangenehm. Im Juni/Juli stehen an den Zweigenden die 10–15 cm langen, reich verzweigten, lockeren Blütenrispen. Die Einzelblüten sind 3–5 cm lang, haben einen schiefen, reinweißen

Catalpa bignonioides

Catalpa bignonioides

Tab. 13 Empfehlenswerte Sorten von *Catalpa bignonioides*

Sorte	Wuchs	Blätter
'Aurea', Gold-Trompetenbaum	schwächer als die Art	im Austrieb goldgelb, später vergrünend
'Nana', Kugel-Trompetenbaum	4–6 m hoch, Krone abgeflacht kugelig, kompakt	grün, kleiner als bei der Art

Catalpa bignonioides 'Aurea'

Catalpa bignonioides 'Nana'

Saum und sind im Schlund mit purpurnen Flecken und 2 gelben Längsstreifen gezeichnet. Die bis 40 cm langen, bohnenförmigen Fruchtkapseln bleiben oft bis in den Winter hinein haften.

Verwendung: Gehört mit den großen, kandelaberartigen Blütenständen zu den schönsten Ziergehölzen unserer Breiten – kein anderer unserer Blütenbäume blüht so spät im Jahr.
Standort: Sonnig bis halbschattig, windgeschützt, für Stadtklima geeignet. Boden frisch bis feucht, tiefgründig, nährstoffreich, sandig-lehmig, schwach sauer bis alkalisch.
Pflege: Bei Sommertrockenheit gießen. ✂ 1.
Vermehrung: Aussaat im Februar/März unter Glas.

Ceanothus × delilianus 'Gloire de Versailles', Blaue Säckelblume

Aussehen: Der wintergrüne, locker aufgebaute, rasch wachsende Strauch wird bis 1,5 m hoch. Seine gegenständigen, bis 8 cm langen, länglich-eiförmigen Blätter sind

Ceanothus × delilianus 'Gloire de Versailes'

Ceanothus × pallidus 'Marie Simon'

oberseits dunkelgrün, unterseits behaart. Von Juli bis Oktober stehen kleine, hellblaue Blüten in großen, end- und achselständigen Rispen an den Enden der diesjährigen Triebe. Die Sorte 'Topas' hat zart indigoblaue Blüten. *C. × pallidus* 'Marie Simon' unterscheidet sich von den Sorten von *C. × delilianus* vor allem durch die blassrosa Blüten, die in dichten, kegelförmigen, vielblumigen Rispen zusammenstehen.
Verwendung: Säckelblumen sind sehr hübsche, sommerblühende Kleinsträucher für Rabatten, Stein- und Heidegärten.
Standort: Sonnig bis lichtschattig, hitze- und trockenresistent. Boden mäßig trocken bis frisch, durchlässig, alle gepflegten Gartenböden, sauer bis alkalisch.
Pflege: Jährlicher Rückschnitt fördert die Blühwilligkeit. ✂ 3.
Vermehrung: Krautige Stecklinge.

Celastrus orbiculatus, Rundblättriger Baumwürger

Aussehen: Die linkswindende Liane kann bis 12 m hoch klettern. Die 5–10 cm langen hellgrünen Blätter sind rundlich bis breit eiförmig. Sehr unscheinbar sind die meist zweihäusigen, blassgrünen Blüten. Sie stehen in kurzen, achselständigen Büscheln zusammen und blühen im Juni auf. Sehr attraktiv sind die

Celastrus orbiculatus

giftigen, 8 mm dicken, kugeligen, orangegelben Früchte. Sie reifen im Oktober und bleiben bis weit in den Winter hinein haften. Ein reicher Fruchtansatz ist nur zu erwarten, wenn Pflanzen beiderlei Geschlechtes benachbart sind oder wenn Selektionen mit zwittrigen Blüten gepflanzt werden. Fruchtzweige sind ein sehr haltbarer Vasenschmuck.
Verwendung: *C. orbiculatus* ist eine robuste, üppig wachsende Liane zur Bekleidung von Mauern, Lauben und Pergolen oder zum Beranken alter Bäume. Sie benötigen stabile Klettergerüste.
Standort: Sonnig bis halbschattig. Boden mäßig trocken bis frisch, durchlässig, nährstoffreich, schwach sauer bis alkalisch.
Pflege: Regelmäßige Schnittmaßnahmen sind nicht notwendig. ✂ 6.
Vermehrung: Aussaat im Frühjahr, Ablegen der langen Zweige.

Cercidiphyllum japonicum, Katsurabaum

Aussehen: Der sommergrüne, früh austreibende Katsurabaum wächst meist mehrstämmig zu einem 12–15 m hohen Baum mit einer kegelförmigen Krone heran. Sein Spross-system ist auffallend in Lang- und stark gestauchte Kurztriebe gegliedert. An den Langtrieben sind die breitrunden, an der Basis herzförmigen Blätter wechselständig angeordnet, an den Kurztrieben stehen sie stets einzeln. Die oberseits bläulich grünen, eigenartig handnervigen Blätter färben sich im Herbst ganz prachtvoll hellgelb bis karmin- und scharlachrot. Das herabfallende Laub verströmt einen weitstreichenden, kuchenähnlichen Duft. Der zweihäusige Baum hat sehr unscheinbare Blüten und etwa 1,5 cm lange Fruchtkapseln.
Verwendung: Dieses schöne Gehölze wächst nur langsam und findet daher auch in mittelgroßen Gärten ausreichend Platz. Der Katsurabaum gehört mit seiner grazilen Verzweigung, der stets gesunden Belaubung und der prachtvollen Herbstfärbung zu unseren schönsten Laubbäumen.
Standort: Sonnig bis halbschattig. Boden frisch bis feucht, tiefgründig, nährstoffreich, sandig-lehmig, schwach sauer bis alkalisch.
Pflege: Bei Sommertrockenheit wässern. ✂ 1.
Vermehrung: Aussaat im Frühjahr unter Glas.

Cercidiphyllum japonicum

Cercis canadensis 'Forest Pansy' Kanadischer Judasbaum

Aussehen: Von dem Kanadischen Judasbaum wird überwiegend diese Sorte gepflanzt, ein 3–6 m hoher, langsam wachsender Kleinbaum mit mehreren Hauptästen und einer weit ausladenden Krone. Die nahezu kreisrunden, 7–12 cm langen Blätter sind im Austrieb glänzend purpurschwarz, später tief purpurrot und zuletzt dunkelgrün. Die jungen Triebe und Blattstiele sind ebenfalls purpurschwarz. Die Attraktivität des Baumes ist in erster Linie durch die reizvolle Laubfarbe begründet, die pinkfarbenen Schmetterlingsblüten sind vergleichsweise unscheinbar.
Verwendung: Kleiner Solitärbaum mit ungewöhnlicher Laubfärbung.
Standort: Sonnig. Boden mäßig trocken bis frisch, alle durchlässigen, gepflegten Böden, neutral bis alkalisch.
Pflege: Frosthärter als *C. siliquastrum*. ✂ 1.
Vermehrung: Veredlung im Winter unter Glas.

Cercis siliquastrum, Gewöhnlicher Judasbaum

Aussehen: *C. siliquatrum* ist ein langsam wachsender, meist mehrstämmiger, 4–6 (–8) m hoher, sommergrüner Baum mit einer breit trichterförmigen bis schirmförmigen Krone. Die 10–13 cm breiten, matt bläulich grünen, nahezu kreisförmigen Blätter sind an der Basis tief herzförmig. Lange vor der Laubentfaltung, im April/Mai, öffnen sich die 2 cm langen, purpurrosa Schmetterlingsblüten. Sie stehen in Büscheln zu 4–10 zusammen. Die Blüten können sich auch an stärkeren Stämmen entwickeln. Die bräunlichen Fruchthülsen bleiben oft lange hängen. Die Sorte 'Bod-

Cercis siliquastrum

Chaenomeles japonica

Chaenomeles speciosa 'Exima'

nant' ist besonders prachtvoll und sehr reich blühend.
Verwendung: Mit der frühen Blüte und dem eigenartigen Blühverhalten gehört der kleine Solitärbaum zu unseren attraktivsten Vorfrühlingsblühern.
Standort: Sonnig-warm, geschützt, für Stadtklima geeignet. Boden mäßig trocken bis trocken, durchlässig, sandig bis lehmig, schwach sauer bis alkalisch.
Pflege: Gedeiht am besten in wintermilden Regionen. ✂ 1.
Vermehrung: Aussaat im Frühjahr nach einer Heißwasserbehandlung.

Cercis siliquastrum 'Bodnant'

Chaenomeles japonica, Japanische Zierquitte

Aussehen: Der dicht und sparrig verzweigte, dornige, sommergrüne Strauch wird etwa 1 m hoch und breit. Breit eiförmig sind die 3–5 cm langen, kerbig gesägten, oberseits dunkelgrünen Blätter. Die zahlreichen ziegelroten, 2,5–3 cm breiten, einfachen, schalenförmigen Blüten öffnen sich im März/April. Attraktiv sind auch die 3–4 cm dicken, rundlichen, gelben, oft dunkel punktierten, intensiv aromatisch duftenden, essbaren Früchte. Sie reifen im September/Oktober und sind bei einer Temperatur von 2,5 °C bis zu 4 Monate lagerfähig.
Verwendung: Schöner Blütenstrauch für Einzel- und Gruppenpflanzungen. Die Früchte sind reich an Vitamin C, Zitronensäure, Pektin und Aromastoffen, sie werden gerne zu Gelee oder Quittenbrot verarbeitet. Das gilt vor allem für die als „Nordische Zitrone" bezeichnete Sorte 'Cido'.
Standort: Sonnig bis halbschattig. Boden mäßig trocken bis frisch, alle gepflegten Bodenarten, sauer bis neutral.
Pflege: Pflegeleicht, ✂ 2.
Vermehrung: Aussaat im Frühjahr.

Chaenomeles speciosa, Chinesische Zierquitte

(Tab. 14)

Aussehen: *C. speciosa* ist ein sommergrüner, aufrechter, oft ausladender, bis über 2 m hoher Strauch mit kahlen, glatten Trieben. Die wechselständigen, 3–8 cm langen, eiförmigen bis länglichen, scharf gesägten Blätter sind glänzend grün. Von großer Leuchtkraft sind die 3–4 cm breiten, schalenförmigen Blüten, die sich im März/April öffnen. Die Blüten der Art sind scharlachrot, die der Sorten können auch rosa oder weiß sein. Die apfelartigen, duftenden gelben oder gelblich grünen Früchte sind ebenso gut verwertbar wie die von *C. japonica*. Statt der Art werden in der Regel reichblühende Sorten gepflanzt.
Verwendung: Die Sorten von *C. speciosa* sind durch ihre zahlreichen, kräftig gefärbten Blüten prachtvolle Sträucher für Einzel- und Gruppenpflanzungen oder für Blütenhecken. Das gilt ebenso für die Sorten von *C.* × *superba*, die sich nur durch die zottig-rau behaarten Triebe von den Sorten von *C. speciosa* unterscheiden.
Standort: Sonnig, wärmeliebend. Bodenmäßig trocken bis frisch,

Tab. 14 Empfehlenswerte Sorten der Zierquitte

Sorte	Blüten	Besonderheit
Sorten von *Chaenomeles speciosa*		
'Exima'	reinrosa, weiß	Wuchs stark, aufrecht
'Friesdorfer Typ 205'	hellrot	Blütenzweige lassen sich besonders gut vortreiben, 1,5–2 m hoch
'Moerloosii'	weiß, rosa überhaucht	Wuchs stark, bis 2,5 m hoch
'Nivalis'	weiß	Wuchs breit aufrecht, bis 2 m hoch
'Simonii'	dunkel samtrot, halbgefüllt	Wuchs flach, etwa 1 m hoch
Sorten von *Chaenomeles × superba*		
'Andenken an Carl Ramcke'	leuchtend zinnoberrot	reichblühend, kaum 1 m hoch, Blätter im Austrieb bronzefarben
'Crimson and Gold'	dunkelrot, mit auffallend gelben Staubgefäßen	reichblühend, starker Fruchtansatz
'Elly Mossel'	feuerrot, groß	im Sommer gut nach-blühend
'Etna'	scharlachrot	bis etwa 1,5 m hoch
'Fascination'	tief scharlachrot, groß	Wuchs breit ausladend
'Fire Dance'	signalrot, sehr groß	sehr reich blühend
'Fusion'	scharlachrot, sehr groß	Früchte sehr groß, duftend, sehr aromatisch, gut zu verarbeiten
'Jet Trail'	weiß	Wuchs breit ausladend, 0,5 m hoch
'Nicoline'	karminrot, weiß	Wuchs sehr breit, etwa 1 m hoch
'Pink Lady'	dunkelrosa	bis etwa 1,6 m hoch
'Youki Gotin'	cremeweiß, gefüllt	Wuchs kompakt

Chaenomeles speciosa 'Exima'

Chaenomeles speciosa 'Nivalis'

Chaenomeles speciosa 'Simonii'

Chaenomeles × superba 'Elly Mossel'

Chaenomeles × superba 'Fire Dance'

Chaenomeles × superba 'Youki Gotin'

durchlässig, alle gepflegten Bodenarten, schwach sauer bis alkalisch.
Pflege: Anspruchslos und pflegeleicht. ✂ 2.
Vermehrung: Wurzelschnittlinge oder krautige Stecklinge.

Chamaecytisus purpureus, Purpur-Ginster

Aussehen: Der sommergrüne Purpur-Ginster ist ein kaum mehr als 0,5 m hoher, buschiger, dicht verzweigter, sehr reich blühender Zwergstrauch mit ausgebreitet-niederliegenden, graugrünen Zweigen. Die dunkelgrünen Blättchen der dreizähligen Blätter sind 0,6–2,4 cm lang. Im Mai/Juni sind die Zweige mit zahlreichen purpurfarbenen Schmetterlingsblüten bedeckt, die zu 1–3 in achselständigen Büscheln zusammenstehen.
Verwendung: Reizender Zwergstauch für Stein- und Heidegärten, Trockenmauern, Hochbeete und Kübel.
Standort: Sonnig bis lichtschattig, hitzeverträglich. Boden trocken bis frisch, durchlässig, nährstoffarm, sandig-lehmig, neutral bis alkalisch.
Pflege: Abgestorbene Zweige entfernen. ✂ 2.
Vermehrung: Aussaat im Frühjahr nach einer Heißwasserbehandlung der Samen.

Chamaecytisus purpureus

Chamaespartium sagittale, Flügelginster

Aussehen: Der immergrüne, bis 0,3 m hohe Zwergstrauch breitet sich mit seinen kriechenden Ästen und den aufsteigenden, auffällig breit geflügelten Zweigen mattenförmig aus. Die ganzrandigen, an den Knoten unterbrochenen Flügel nehmen die Funktion der Blätter wahr. Im Mai/Juni entwickeln sich an den Zweigenden die goldgelben, 1–1,2 cm langen Schmetterlingsblüten, sie stehen in dichten Trauben zusammen.
Verwendung: Der kleine, mattenbildende Zwergstrauch kann wie der Purpur-Ginster verwendet werden.
Standort: Sonnig, hitzeverträglich. Boden trocken bis frisch, nährstoffarm, durchlässig, sandig-humos, schwach sauer bis neutral.
Pflege: Pflegeleicht, ✂ 1.
Vermehrung: Teilung oder Stecklinge von krautigen Trieben.

Chamaespartium sagittale

Chimonanthus praecox , Chinesische Winterblüte

Aussehen: *C. praecox* ist ein sommergrüner, aufrechter, sparsam verzeigter, bis etwa 2 m hoher, sommergrüner Strauch. Die elliptischen bis länglich-eiförmigen, 7–20 cm langen Blätter sind oberseits rau und beiderseits glänzend hellgrün.

Chimonanthus praecox

Gestaltungstipp
Mit der ungewöhnlich frühen Blütezeit und den stark duftenden Blüten ist die Chinesische Winterblüte ein sehr wertvoller Winterblüher für geschützte Plätze.

Die stark nach Vanille duftenden Blüten können sich von Dezember bis März entfalten, ihre äußeren, wachsartigen Kronblätter sind hellgelb, die inneren rötlich braun gefärbt. Die länglichen, braunen Fruchtkapseln können bis in den Winter hinein haften.
Verwendung: Der Winterblüher kann als kleiner Baum oder als Spalierstrauch an Mauern gezogen werden. Blühende Zweige sind ein hübscher, intensiv duftender Vasenschmuck.
Standort: Sonnig bis halbschattig, wärmebedürftig, geschützt. Boden mäßig trocken bis frisch, durchlässig, sandig-lehmig bis lehmig, schwach sauer bis alkalisch.
Pflege: Junge Pflanzen im Winter schützen. ✂ 2.
Vermehrung: Aussaat unmittelbar nach der Ernte im Frühherbst.

Chionanthus virginicus

Chionanthus virginicus, Virginischer Schneeflockenstrauch

Aussehen: *C. virginicus* ist ein langsam wachsender, sommergrüner, breit aufrechter, 3–4 (–6) m hoher Strauch. Die einfachen, gegenständig angeordneten, derben, 8–20 cm langen, verkehrt-eiförmigen Blätter sind oberseits glänzend dunkelgrün, die färben sich im Herbst hellgelb. Die weißen, duftenden Blüten sind zwar klein, stehen aber im Mai/Juni zu vielen in 10–20 cm langen, endständigen Blütenständen zusammen. Die 1–2 cm langen, einsamigen Früchte sind blauschwarz.
Verwendung: Mit den filigranen, duftigen, weißen Bütenständen ein prachtvoller Solitärstrauch, der vor einer dunklen Gehölzkulisse besonders gut zur Geltung kommt.
Standort: Sonnig bis halbschattig. Boden frisch bis feucht, durchlässig, sandig bis sandig-lehmig, schwach sauer bis neutral.
Pflege. Nur an zusagenden Standorten frohwüchsig. ✂ 1.
Vermehrung: Aussaat im Frühjahr.

Clematis alpina, Alpen-Waldrebe

Aussehen: Die in den Alpen verbreitete Waldrebe klettert nur schwach, gern überwächst sie mit ihren dünnen Sprossen große Steine oder klettert in Sträucher hinein. Die unpaarig gefiederten, dunkelgrünen Blätter werden bis 15 cm lang. Im April/Mai entfalten sich in den Blattachseln von Kurztrieben die 3–4 cm breiten, violetten bis hellblauen Blüten mit den glockig zusammengeneigten Tepalen. Ab September reifen die kleinen Nüsschen mit den bleibenden, bis 4 cm langen, seidig behaarten Griffeln.

Die nahe mit *C. alpina* verwandte Sibirische Waldrebe, *C. sibirica*,

Clematis alpina

unterscheidet sich von der heimischen Alpen-Waldrebe durch weiße Blüten.

Neben *C. alpina* werden von Spezialbaumschulen auch Auslesen aus der Art oder Hybriden mit dem Erbgut von *C. alpina* angeboten. Deren Blüten können weiß, rosa, purpurfarben oder sogar hell- bis tiefblau gefärbt sein. Sie werden in der *Clematis* Atragena-Gruppe zusammengefasst. Als besonders robust gilt die Sorte 'Ruby' mit den burgunder- bis samtig tiefroten Blüten.
Verwendung: Zur Begrünung von Zäunen, Spalieren und Mauern oder die Alpen-Waldrebe so pflanzen, das sie in Sträucher oder kleine Bäume hineinwachsen kann.
Standort: Sonnig bis halbschattig. Boden gleichmäßig feucht, durchlässig, sandig- bis lehmig-humos, sauer bis neutral.
Pflege: Kein regelmäßiger Rückschnitt notwendig. ✂ 6.
Vermehrung: Aussaat im Frühjahr, Sorten durch Stecklinge von krautigen Trieben.

Clematis macropetala, Großblütige Alpen-Waldrebe

Aussehen: Die in Ostasien heimische Waldrebe wächst etwa gleich stark wie *C. alpina*. Die bis 15 cm langen Blätter sind meist doppelt dreizählig. Die blauen oder blauvioletten Blüten sind bis 10 cm breit, sie stehen einzeln in den Achseln von Kurztrieben und öffen sich im Mai/Juni. Die Blüten wirken wie gefüllt, weil sie neben den 4 großen Tepalen noch zahlreiche kronblattähnliche Staminodien besitzen. Auch bei *C. macropetala* sind die kleinen Nussfrüchte mit bis 4 cm langen, fedrig behaarten Griffeln ausgestattet.

Die am häufigsten kultivierten Sorten sind 'Markham's Pink' (Blüten kräftig purpurrosa) und 'Rosy O'Grady' (Blüten tief pinkfarben bis malvenrosa). In Spezialbaumschulen werden auch weitere Auslesen oder Hybriden mit dem Erbgut von *C. macropetala* angeboten.
Verwendung: Wie bei *C. alpina*.
Standort: Wie bei *C. alpina*.
Pflege: Wie bei *C. alpina*.
Vermehrung: Wie bei *C. alpina*.

Clematis macropetala

Clematis montana, Berg-Waldrebe (Tab. 15)

Aussehen: *C. montana* ist eine starkwüchsige, bis 12 m kletternde Waldrebe mit dreizähligen Blättern. Die weißen, gelegentlich rosa überlaufenen, 4–6 cm breiten, duftenden Blüten mit den 4 weit gespreizten Tepalen stehen im Mai/Juni zu 1–5 achselständig an den vorjährigen Zweigen. Die weiß fedrig behaarten Griffel der kleinen Nüsschen sind 2,5–4 cm lang.
Verwendung: *C. montana* und die Sorten der *C.* Montana-Gruppe zeichnen sich durch eine überaus reiche, früh im Jahr einsetzende Blüte und durch ein üppiges Wachstum aus. Sie gehören deshalb zu

Tab. 15 Empfehlenswerte Sorten von *Clematis* der Montana-Gruppe

Sorte	Blüten
'Broughton Star'	lachsrosa, einfach oder mit zahlreichen Staminodien gefüllt
'Elizabeth'	rosa, seidig schimmernd, nach Vanille duftend
'Marjorie'	hellrosa, mit zahlreichen Staminodien gefüllt
'Mayleen'	seidig schimmernd hellrosa, einfach, duftend
'Pink Perfection'	hell- bis tiefrosa, einfach, stark nach Vanille duftend
var. *rubens*	pinkfarben, einfach, nach Vanille duftend
'Superba'	weiß, besonders groß, einfach
'Tetrarosa'	tief pink- bis malvenfarben, einfach, würzig duftend
var. *wilsonii*	rein- bis cremeweiß, einfach, duftend

Clematis 'Broughton Star'

Clematis 'Pink Perfection'

Clematis 'Elizabeth'

Clematis 'Tetrarosa'

Clematis montana

den beliebtesten kleinblumigen Waldreben. Sie können rasch auch hohe Fassaden begrünen, wachsen aber auch gerne, wie an ihren natürlichen Standorten, in Baumkronen hinein.
Standort: Sonnig bis lichtschattig, sommerkühl, daher nicht für sommerwarme Lagen geeignet. Boden frisch bis feucht, durchlässig, sandig- bis lehmig-humos, sauer bis neutral, empfindlich gegen hohen Kalkgehalt.
Pflege: Kein regelmäßiger Rückschnitt, Korrekturschnitte nach der Blüte durchführen. ✂ 6.
Vermehrung: Aussaat im Frühjahr, Sorten durch Stecklinge von krautigen Trieben.

Clematis tangutica, Mongolische Waldrebe (Tab. 16)

Aussehen: Die starkwüchsige Mongolische Waldrebe klettert 4–6 m hoch. Sie hat unpaarig gefiederte Blätter mit je 5–7 lanzettlichen bis schmal-elliptischen glänzend grünen Blättchen. Über einen langen Zeitraum, von Juni bis zum Oktober, entfalten sich die breit-glockigen bis becherförmigen, zitronengelben, außen gelegentlich braun oder purpurn schattierten Blüten, die an den diesjährigen Trieben angelegt werden. Gleichzeitig mit den letzten Blüten reifen die kleinen Nussfrüchte mit den bis 5,5 cm langen, silbrig fedrigen Griffeln.

Neben der *C. tangutica* werden auch einige aus der Art selektierte Sorten oder Hybriden mit dem Erbgut von *C. tangutica* und der nahe verwandten *C. orientalis* angeboten, die in der *Clematis* Tangutica-Gruppe zusammengefasst werden. Zu *C. tibetana*, ebenfalls eine Art mit gelben, glockigen Blüten, gehört die Sorte 'Orange Peel' mit auffallend dicken, fleischigen Tepalen.
Verwendung: Die variable *C. tangutica* und die Sorten der *C.* Tangutica-Gruppe wirken im Sommer über viele Wochen hinweg durch ihre vielen gelben, glockigen Blüten und im Herbst durch den überaus zahlreichen, lange haftenden Fruchtschmuck.

Tab. 16 Empfehlenswerte Sorten von *Clematis* der Tangutica-Gruppe

Sorte	Blüten	Wuchshöhe
'Aureolin'	zitronengelb, breit glockig	2–5 m
'Bill MacKenzie'	leuchtend gelb, Tepalen fleischig, zuletzt abstehend	3–8 m
'Golden Harvest'	hell- bis zitronengelb, anfangs breit glockig, später offener	2–4 m
'Golden Tiara'	hell- bis orangegelb, duftend, anfangs breit glockig, später offener	2–3 m
'Helios'	zitronen- bis hellgelb, anfangs breit glockig, zuletzt weit geöffnet	1–2 m
'Orange Peel'	im Aufblühen tief orangegelb, später goldgelb, anfangs nahezu kugelig, die fleischigen Tepalen zuletzt abstehend	4–6 m

Clematis 'Golden Tiara'

Clematis 'Helios'

Clematis *'Orange Peel'*

Standort: Sonnig bis lichtschattig. Boden mäßig trocken bis frisch, alle durchlässigen, nicht zu schweren Bodenarten, schwach sauer bis alkalisch.
Pflege: Regelmäßige Rückschnitte sind nicht unbedingt notwendig, man kann aber auch alle Sprosse im zeitigen Früchjahr bis auf etwa 30 cm über dem Boden zurückschneiden. ✂ 6.
Vermehrung: Aussaat im Frühjahr, Sorten durch Stecklinge von krautigen Trieben.

Clematis vitalba, Gewöhnliche Waldrebe

Aussehen: Die heimische Waldrebe klettern an ihren natürlichen Standorten 10–15 (–30) m hoch in Baumkronen hinein oder überwuchert Sträucher. Die Stämme können im Alter bis 10 cm dick werden. Die unpaarig gefiederten Blätter sind meist aus 5 Blättchen zusammengesetzt. Nur etwa 2 cm breit sind die zahlreichen, grünlich weißen bis weißen, schwach duftenden Blüten, die end- und achselständig an diesjährigen Trieben angelegt werden und sich im Juli bis September öffnen. Den kleinen Nussfrüchten haftet ein 2,5 cm langer, silbrig behaarter Griffel an. Die fedrigen Fruchtstände bleiben bis weit in den Winter haften, an sonnigen Wintertagen scheinen sie regelrecht zu leuchten.

C. vitalba ist ein Elternteil von *Clematis* 'Paul Farges' (Syn. *C.* × *fargesoides* 'Summer Snow'). Diese starkwüchsige Hybride kann bis 8 m hoch klettern. Sie hat bis 25 cm lange Fiederblätter und 4–5 cm breite, weiße, schwach duftende Blüten mit weit abstehenden Tepalen.

Gestaltungstipp
Clematis 'Paul Farges' ist weitaus dekorativer als *Clematis vitalba* und für kleine bis mittelgroße Gärten besser geeignet.

Clematis vitalba

Verwendung: Die starkwüchsigen Waldreben eignen sich gut zur raschen Begrünung von Wänden, Fassaden und Einzäunungen oder zum Verwildern in naturnahen Gärten.
Standort: Sonnig bis halbschattig. Boden mäßig trocken bis frisch, durchlässig, mäßig nährstoffreich, sandig bis lehmig, schwach sauer bis stark alkalisch.
Pflege: *C. vitalba* wird in der Regel nicht beschnitten, *C.* 'Paul Farges' wird am besten jährlich stark zurückgeschnitten. ✂ 6.
Vermehrung: Aussaat im Frühjahr, *C.* 'Paul Farges' durch Stecklinge von krautigen Trieben.

Clematis viticella, Italienische Waldrebe (Tab. 17)

Aussehen: Die Italienische Waldrebe kann an Klettergerüsten bis 4 m hoch klettern. Die doppelt gefiederten, unterseits dicht flaumig behaarten Blätter werden bis 12,5 cm lang. Die Art und die von ihr abstammenden Sorten warten mit zahlreichen breit-glockigen bis schalenförmigen, 3–6 cm großen Blüten auf, die bläulich, purpurrosa, purpurn, rot oder weiß sein können. Die Blüten werden achselständig an diesjährigen Trieben angelegt. Von der Hauptblütezeit im Juni zieht sich die Nachblüte bis zum September hin. Bei *C. viticella* sind die kleinen Nussfrüchte nicht mit einem langen fedrig behaarten Griffel ausgestattet.
Verwendung: Die Blüten von *C. viticella* und die der *C.* Viticella-Gruppe sind zwar kleiner als die der großblumigen Hybriden, dafür gelten die Pflanzen als besonders winterhart und als weitgehend resistent gegenüber dem gefürchteten Clematissterben.
Standort: Sonnig bis lichtschattig. Boden mäßig trocken bis frisch, durchlässig, sandig-lehmig bis lehmig, schwach sauer bis alkalisch.
Pflege: Alle Sprosse jährlich im zeitigen Frühjahr bis auf etwa 0,5 m über dem Boden abschneiden ✂ 6.
Vermehrung: Aussaat im Frühjahr, die Sorten durch Stecklinge von krautigen Trieben.

Großblumige Clematis-Hybriden (Tab. 18)

Aussehen: Zu den großblumigen Hybriden gehören Sorten sehr verschiedener Herkunft mit Wuchshöhen von 2–4 m. Gemeinsam sind ihnen große, 10–22 (–25) cm breite Blüten, die einfach mehr oder weniger stark gefüllt sind. Die (4–) 6–8 (gelegentlich auch bis 9) Tepalen sind meist tellerförmig flach ausgebreitet. Die Blüten können weiß oder in verschiedenen Schattierungen pinkfarben, purpurn, rot, purpurrot, violettblau oder blau sein. Die großblumigen Hybriden werden

Tab. 17 Empfehlenswerte Sorten der *Clematis* Viticella-Gruppe

Sorte	Blüten	Wuchshöhe
'Abundance'	purpur bis weinrot, flach schalenförmig, 5–7,5 cm breit	3–3,5 (–6) m
'Alba Luxurians'	opalweiß, Tepalen an der Spitze oft grün gefleckt, 5–9 cm breit	2–5 m
'Emilia Plater'	hell violettblau, außen mit einem dunklen Mittelstreifen, 4–7 cm breit	2,5–4 m
'Étoile Rose'	silbrig rosa bis tiefrosa, purpur- bis scharlachrot gestreift, 4–6 cm breit	2,5–4 m
'Étoile Violette'	tief samtig blauviolett bis rötlich purpurn, karminrot gestreift	2,5–4 (–7) m
'Kermesina'	tief weinrot, dunkler gestreift, 4–7 (–10) cm breit	2,5–4 m
'Madame Julia Correvon'	tief weinrot bis purpurrot, außen weißlich gestreift, 5–10 (–13) cm breit	3–4 m
'Minuet'	Tepalen in der Mitte cremeweiß, der breite Randstreifen purpurn, 3–8 cm breit	3–4 m
'Purpurea Plena Elegans'	tief purpurn bis matt magentarot oder purpurrot, rosettenartig gefüllt, 5–7 cm breit	2,5–4 m
'Royal Velours'	samtig dunkelpurpurn, außen heller, 4–8 (–12) cm breit	2,5–4 m
'Venosa Violacea'	Tepalen in der Mitte weißlich violett, der breite Saum purpurn, 9–14 cm breit	2–4 m

Clematis 'Abundance'

Clematis 'Emilia Plater'

Clematis 'Étoile Violette'

Clematis 'Minuet'

in zwei Gruppen eingeteilt. Bei den früh blühenden Sorten werden die Blüten an den vorjährigen Zweigen angelegt, sie blühen im Frühjahr oder Frühsommer (Mai bis Juli) auf. In der Regel erscheinen Folgeblüten im Sommer oder Frühherbst an diesjährigen Trieben.

Bei den spät blühenden Sorten werden die Blüten an diesjährigen Trieben angelegt. Bei ihnen beginnt die Hauptblütezeit im Juli, sie blühen dann ununterbrochen bis zum Spätsommer oder Herbst (September/Oktober).

Verwendung: Die besonders beliebten großblumigen *Clematis* werden häufig zur Begrünung von Pergolen, Klettergerüsten oder Mauern eingesetzt, nicht selten in Verbindung mit Rosen.

Standort: Sonnig bis halbschattig, im Wurzelbereich kühl und feucht. Boden frisch bis feucht, durchlässig, gepflegt, sandig- oder lehmig-humos, schwach sauer bis alkalisch.

Pflege: Bei früh blühenden Sorten beschränken sich Schnittmaßnahmen auf das Auslichten und Entfernen abgestorbener Zweige, stärkere Eingriffe sollten nach der Blüte durchgeführt werden. Alle spät blühenden Sorten können im zeitigen Frühjahr bis auf eine Höhe von etwa 0,5 m zurückgeschnitten werden.

Vermehrung: Handveredlungen unter Glas oder Stecklinge von krautigen Trieben.

Tab. 18 Empfehlenswerte großblumige Hybriden von *Clematis*

Sorte	Blüten	Blütezeit	
		früh	spät
'Andromeda'	cremeweiß, mit einem himbeerfarbenen Mittelband, einfach und halbgefüllt, 15–20 cm breit	x	
'Blue Gem'	himmelblau bis malvenfarben, dunkler gestreift, 10–20 cm breit	x	
'Doctor Ruppel'	weißlich rosa, mit breitem purpurrotem Mittelband, 14–22 cm breit	x	
'Fujimusume'	himmelblau bis hell purpurblau, 10–22 cm breit	x	
'Gipsy Queen'	samtig dunkelpurpurn, 8–17 cm breit		x
'Hagley Hybrid'	tief- bis muschelrosa, 10–18 cm breit		x
'Huldine'	perlmuttweiß, fast transparent, 7–10 cm breit		x
'Jackmanii'	dunkel purpurviolett, 10–5 cm breit		x
'Kardinal Wyszynski'	lebhaft karminrot, 14–18 cm breit	x	
'Lady Betty Balfour'	anfangs tiefpurpurn, später blau, 1–16 cm breit		x
'Lasurstern'	tief lavendelblau, 14–20 cm breit	x	
'Mevrouw Le Coultre'	weiß bis cremeweiß, 14–8 cm breit		x
'Mrs Cholmondely'	lavendelblau, Nervatur dunkler, 12–23 cm breit	x	
'Mrs N. Thompson'	tief violett bis bläulich purpurn, Mittelstreifen scharlach- oder petunienrot, 12–17 cm breit	x	
'Multi Blue'	tief violettblau, stark gefüllt, fast ballförmig, 8–13 cm breit	x	
'Nelly Moser'	hell rosapurpurn, Mittelband karminrot oder tief purpurrosa, 14–18 cm breit	x	
'Niobee'	tief samtig rubinrot, 10–15 cm breit	x	
'Piilu'	hell purpurrosa, Mittelstreifen purpurrot, erste Blüten gefüllt, Folgeblüten einfach, 6–12 cm breit	x	
'Rhapsodie'	malvenblau bis violettpurpurn, 10–14 cm breit		x
'Rouge Cardinal'	samtig karmin- bis burgunderrot, 10–16 cm breit		x
'The President'	tief purpurblau bis violett, 13–20 cm breit	x	
'Ville de Lyon'	lebhaft karminrot bis purpurrot, pinkfarben gestreift		x
'Vyvyan Pennell'	silbrig lila- oder lavendelblau bis tief lavendelrosa, einfach, halbgefüllt oder gefüllt, 15–20 cm breit	x	
'Warszawska Nike'	samtig rötlich violett bis dunkel purpurviolett, 10–15 cm breit		x
'Westerplatte'	samtig dunkelrot, außen weiß gestreift, 10–16 cm breit	x	

Clematis 'Blue Gem'

Clematis 'Doctor Ruppel'

Clematis 'Huldine'

Clematis 'Jackmanii'

Clematis 'Kardinal Wyszynski'

Clematis 'Multi Blue'

Clematis 'The President'

Clematis 'Warszawska Nike'

Clematissterben

Wenn *Clematis* unter optimalen Standortbedingungen wachsen können, sind sie wenig anfällig für Krankheiten und Schädlinge. Empfindliche Sorten können aber vom Clematissterben befallen werden. Dabei welken ganze Pflanzen oder Pflanzenteile plötzlich und sterben bis zum Boden hin ab. Es handelt sich dabei um eine nichtparasitäre Krankheit, von der Pflanzen bevorzugt befallen werden, die auf schweren, undurchlässigen und zu trockenen Böden wachsen oder die durch Frost geschädigt worden sind. An geschwächten Pflanzen treten sekundär verschiedene Pilzarten auf. Die Krankheit kann nur vorbeugend bekämpft werden, vor allem durch die Schaffung optimaler Kulturbedingungen (Wurzelbereich und Stammgrund beschatten, den Boden ausreichend feucht halten, empfindliche Arten vor Frost schützen) und durch die Wahl widerstandsfähiger Arten und Sorten. Wenig anfällig sind die hier beschriebenen Arten und die *Hydride C.* 'Paul Farges'. Vergleichsweise anfällig dagegen die großblumigen Hybriden. Als weitgehend resistent gelten auch die Sorten der *C.* Viticella-Gruppe, obwohl auch sie befallen werden können. Nach einem kräftigen Rückschnitt regenerieren sie sich aber wieder besser.

Clerodendrum trichotomum var. *fargesii*, Japanischer Losbaum

Aussehen: Der breit aufrecht wachsende, sommergrüne Strauch wird bei uns kaum mehr als 2–3 m hoch. An den flaumig behaarten Trieben sind die 10–20 cm langen, eiförmig-elliptischen Blätter gegenständig angeordnet. Sie sind oberseits dunkelgrün, unterseits weich behaart und riechen beim Zerreiben unangenehm. Erst im August/September entfalten sich die bis 3 cm breiten, duftenden Blüten, die in etwa 20 cm breiten Ständen angeordnet sind. Sie wirken durch die weit herausragenden Staubblätter etwas spinnenartig. Nach dem Verblühen werden die roten, sternförmig ausgebreiteten Kelchblätter fleischig, ihnen sitzt dann eine kugelige, glänzend blaue, 6–8 mm dicke Frucht auf, die im Oktober/November reift.
Verwendung: Ein ungewöhnlicher Solitärstrauch für geschützte Plätze im Garten, bei dem Blüten und Früchte gleichermaßen attraktiv sind.
Standort: Sonnig bis halbschattig, geschützt, wärmebedürftig. Boden mäßig trocken bis feucht. Gedeiht auf allen gepflegten, durchlässigen Gartenböden. Neutral bis schwach alkalisch.

Clerodendrum trichotomum var. *fargesii*

Pflege: Bei Jungpflanzen ist Winterschutz ratsam. ✂ 1.
Vermehrung: Samen nach der Ernte stratifizieren, im Frühjahr unter Glas aussäen.

Clethra alnifolia, Erlenblättrige Zimterle

Aussehen: Langsam wächst der sommergrüne, zunächst straff aufrechte, später locker überhängende Strauch bis zu einer Höhe von etwa 3 m heran. Erst spät entfalten sich die 4–10 cm langen, verkehrt-eiförmigen, mittelgrünen Blätter, die sich im Herbst nur blass- bis braungelb verfärben. Von Juli bis September entwickeln sich die kleinen, 8 mm breiten, weißen, stark duftenden Blüten, die durch die herausragenden Staubblätter eine besondere Note erhalten. Sie stehen in 5–8 cm langen, dichten, schmalen, vielblumigen Trauben an den Zweigenden. Die kleinen, unscheinbaren Fruchtkapseln enthalten zahlreiche feine Samen. Neben der Art werden auch reichblühende Sorten wie 'Paniculata' oder die dunkelrosa blühende 'Ruby Spice' angeboten.
Verwendung: Durch die späte, lang anhaltende Blüte und die duftenden Blüten ein wertvoller Sommerblüher, der als Solitär- oder Gruppenstrauch auch in kleineren Gärten Platz findet.
Standort: Sonnig bis halbschattig. Boden frisch bis feucht, sandig-humos, sauer.
Pflege: Nur an zusagenden Standorten frohwüchsig. ✂ 1.
Vermehrung: Aussaat im Frühjahr.

Colutea arborescens

Colutea arborescens, Gewöhnlicher Blasenstrauch

Aussehen: *C. arborescens* ist ein sommergrüner, straff aufrecht wachsender, 3–5 m hoher Strauch. Bis 15 cm lang sind die unpaarig gefiederten Blätter mit den 9–13 dünnen, frischgrünen, breit-elliptischen Blättchen. Die 1,5–2 cm langen Schmetterlingsblüten stehen zu 6–8 in bis 12 cm langen, lockeren Trauben zusammen. Die Blütezeit reicht von Mai bis August. Schon zum Ende der Blütezeit haben sich aus den ersten Blüten die 3,5–8 cm langen, blasig aufgetriebenen, ballonartigen Fruchthüllen mit den pergamentartig dünnen, zur Reife silbrigen oder rötlichen Hüllwänden entwickelt. Die Fruchthüllen bleiben oft bis weit in den Winter hinein haften.
Verwendung: *C. arborescens* ist ein stets gesunder, anpassungsfähiger, robuster Solitär- und Gruppenstrauch, der auch zum Aufbau freiwachsender Hecken eingesetzt wird.
Standort: Sonnig, wind- und trockenresistent, für Stadtklima geeignet. Boden trocken bis frisch, alle nährstoffarmen, durchlässigen, schwach sauren bis alkalischen Bodenarten.
Pflege: Anspruchslos. ✂ 2.
Vermehrung: Aussaat im Frühjahr.

Clethra alnifolia 'Paniculata'

Colutea arborescens

Cornus alba, Tatarischer Hartriegel
(Tab. 19)

Aussehen: *C. alba* wird 3 (–5) m hoch und breitet sich mit aufrechten bis bogig niederliegenden, wurzelnden Zweigen dickichtartig aus. Die Zweigrinde ist anfangs blut- oder korallenrot, später braunrot. Eiförmig-elliptisch sind die 4–8 cm langen, oberseits grünen, unterseits bläulich grünen, gegenständig angeordneten Blätter. Die kleinen, gelblich weißen Blüten stehen im Mai/Juni in 3,5–5 m breiten Trugdolden. Aus ihnen entwickeln sich weiße bis bläuliche, erbsengroße Früchte.
Verwendung: Robuster Strauch, der einzeln, in Gruppen oder in freiwachsenden Hecken verwendet wird.
Standort: Sonnig bis halbschattig. Boden frisch bis feucht, toleriert alle durchlässigen Bodenarten, sauer bis alkalisch.
Pflege: Pflegeleicht, ✂ 2.
Vermehrung: Aussaat unmittelbar nach der Ernte im Herbst oder nach einer Stratifikation im Frühjahr, die Sorten durch krautige Stecklinge.

Tab. 19 Empfehlenswerte Sorten von *Cornus alba*

Sorte	Blätter	Zweigrinde
'Elegantissima'	graugrün, mit einem breiten, rahmweißen Rand	purpurrot
'Kesselringii'	bläulich grün	schwarzbraun
'Sibirica'	lebhaft grün	korallenrot
'Sibirica Variegata'	breit silberweiß gerandet	korallenrot
'Späthii'	goldgelb gefleckt und gerandet	blutrot

Cornus alba 'Elegantissima'

Cornus alba 'Sibirica'

Cornus alba

Cornus alba 'Sibirica Variegata'

Weitere strauchförmig wachsende *Cornus*-Arten

Cornus sanguinea, Blutroter Hartriegel

Heimischer, robuster, 3–4 (–6) m hoher, Ausläufer bildender Gruppenstrauch mit dunkelroten Zweigen, dunkelgrünen, 4–6 cm langen, eiförmig-elliptischen, im Herbst gelborange bis weinroten Blättern und weißen, vielblumigen Trugdolden im Mai/Juni und schwarzblauen, weiß punktierten 5–6 mm dicken Früchten.

Als Gartengehölz werden die beiden Sorten 'Midwinter Fire' (Zweige gelb, auf der Sonnenseite leuchtend korallenrot) und 'Winter Beauty' (Zweige gelborange, auf der Sonnenseite orangerot) mit den intensiv gefärbten Winterzweigen der Art vorgezogen, sie wachsen etwas schwächer als die Art und bringen Farbe in den winterlichen Garten. Gelegentliche starke Rückschnitte fördern die Farbwirkung der Zweige.

Cornus sericea 'Flaviramea', Gelbrindiger Hartriegel

1,5–3 m hoher, zunächst straff aufrechter Wuchs, später mit schleppenartigen Zweigen, 2–3 m breit.

Cornus sericea 'Flaviramea'

Cornus sanguinea

Zweige im Winter auffallend hell gelbgrün. Blätter 8–12 cm lang, eiförmig bis länglich-lanzettlich , oberseits dunkelgrün, unterseits blaugrün. Gelblich weiße Blüten im Mai, in 3–5 cm breiten Trugdolden. Früchte 7–9 mm dick, weiß. Wird als Gruppen- und Heckenstrauch nicht selten als Pendant zu den rotrindigen Sorten von *C. sanguinea* gestellt. Die kompakt wachsende, sehr dicht verzweigte, 0,7–1 m hohe Sorte 'Kelseyi' kann großflächig als Bodendecker eingesetzt werden.

Cornus controversa, Pagoden-Hartriegel

Aussehen: *C. controversa* entwickelt sich zu einem kleinen, 8–10 (–20) m hohen, eleganten Baum. Durch die waagerecht abstehenden Äste, die in regelmäßigen Etagen übereinander stehen, hat der Baum einen ganz eigenwilligen Aufbau. Im Gegensatz zu anderen *Cornus*-Arten sind die 7–12 cm langen, elliptischen, oberseits glänzend dunkelgrünen, unterseits bäulich grünen Blätter wechselständig angeordnet. Im Herbst färben sich die Blätter gelb bis weinrot.

Bei der deutlich schwächer wachsenden Sorte 'Variegata' sind die lanzettlichen Blätter unregelmäßig gelblich weiß gerandet. Sehr schön sind im Mai/Juni die 10–18 cm breiten, flachen Trugdolden mit den zahlreichen kleinen weißen Blüten. Etwa 6 mm dick sind die blauschwarzen Früchte.

Verwendung: Mit dem pagodenartigen Aufbau ein sehr eleganter, reichblühender Solitärbaum.

Cornus controversa 'Variegata'

Standort: Sonnig bis lichtschattig. Boden frisch bis feucht, gut gepflegte, sandig- bis lehmig-humose Gartenböden, sauer bis neutral.
Pflege: Pfegeleicht. ✂ 1.
Vermehrung: Aussaat im Frühjahr.

Cornus kousa, Japanischer Blumen-Hartriegel (Tab. 20)

Aussehen: *C. kousa* wächst langsam zu einem bis 7 m hohen, baumartigen Strauch heran, der zuletzt eine breite Krone ausbildet. Die eiförmig-elliptischen, 6–9 cm langen Blätter sind oberseits dunkelgrün, unterseits blaugrün und im Herbst leuchtend scharlachrot bis orangepurpurn gefärbt. Die Blüten sind zu kleinen, sehr unscheinbaren Köpfchen zusammengedrängt, diese werden aber von 4 auffallenden, weißen, 3–5 cm langen, vorne lang zugespitzten Hochblättern (Brakteen) umgeben. Die Blütezeit liegt im Juni, sie kann wochenlang andauern. Die kleinen Steinfrüchte sind zu sehr dekorativen, rosaroten, erdbeerartigen Scheinfrüchten verwachsen. Sie sind zwar essbar, schmecken aber sehr fade.
Verwendung: Alle Blumen-Hartriegel sind wunderbare Blütengehölze mit einer langen Blütezeit. Sie können ihre Blütenpracht im Garten und in Innenhöfen, vor allem vor einer dunkleren Gehölzkulisse, nur als Solitärgehölze voll zur Geltung bringen.
Standort: Sonnig bis halbschattig. Boden frisch, gut gepflegte, sandig- bis lehmig-humose, saure bis neutrale Gartenböden.
Pflege: Bei zusagendem Standort pflegeleicht. ✂ 1.
Vermehrung: Wie bei *C. alba*.

Tab. 20 Empfehlenswerte Sorten von *Cornus kousa*

Sorte	Blüten	Bemerkungen
var. *chinensis*	reinweiß, Hochblätter länger als bei der Art	Wuchs kräftig, baumförmig, Herbstfärbung scharlachrot
'China Girl'	hellgelb bis cremefarben	Blüten sehr groß, zahlreich
'Milky Way'	rein- bis rahmweiß, groß	Herbstfärbung orangegelb
'Satomi'	rosarot, zahlreich	Herbstfärbung tief purpurrot
'Schmetterling'	weiß, im Verblühen cremegelb	Wuchs stark, Blüten sehr groß, sehr zahlreich
'Teutonia'	reinweiß, Blüten größer als bei den anderen Sorten	Blühbeginn sehr früh
'Weiße Fontäne'	weiß, sehr groß, Blütezeit dauert 5 Wochen	mit den bogig anstehenden Zweigen sehr elegant
'Wieting's Select'	weiß, mittelgroß, im Verblühen rötlich gestreift	sehr reich blühend, reich fruchtend, Herbstfärbung ötlich purpurn

Cornus kousa 'Satomi'

Cornus kousa 'Teutonia'

Cornus kousa 'Weiße Fontäne'

Weitere empfehlenswerte Blumen-Hartriegel

***Cornus* 'Eddie's White Wonder'**
Locker aufgebauter, 3–5 m hoher Strauch. Blätter eiförmig-elliptisch, im Herbst intensiv orange bis scharlachrot. Die kleinen Blütenköpfchen sind von 4 (gelegentlich auch 5–6) großen, rundlichen bis verkehrt-eiförmigen Hochblättern umgeben.

Cornus florida fo. rubra

Cornus florida fo. rubra, Roter Blumen-Hartriegel
Hoher Strauch oder bis 10 m hoher, mehrstämmiger Baum. Blätter eiförmig-elliptisch, 5–15 cm lang, damit größer als bei *C. kousa*, auch sie sind im Herbst prächtig scharlachrot bis violett. Die 4 weißen Hochblätter sind, im Gegensatz zu denen von *C. kousa*, verkehrt-eiförmig und vorne ausgerandet. Die Blüten entfalten sich Wochen früher als die von *C. kousa*. *C. florida* stellt deutlich höhere Standortansprüche als *C. kousa* und leidet gelegentlich unter einer Pilzerkrankung (Dodwood Anthracnose), die auf den Laub- und Hochblättern bräunliche, nekrotische Flecken hinterlässt. Unter zusagenden Standortbedingungen sind die rosarot blühende fo. *rubra* und daraus selektierte, weinrot blühende Sorten wie zum Beispiel 'Cherokee Chief' allerdings von unübertroffener Wirkung.

Cornus 'Venus'

Cornus 'Venus'
Aus einer Kreuzung zwischen einer F_1-Hybride aus *C. kousa* var. *chinensis* × *C. nuttallii* 'Goldspot' mit *C. kousa* 'Rosea' ist 1983 in Amerika ein Blumen-Hartriegel entstanden, der mit riesigen, bis 15 cm breiten Blüten aus 4 reinweißen, verkehrt-eiförmigen Hochblättern aufwartet. 'Venus' wächst anfangs sehr schmal aufrecht, erreicht in 20 Jahren eine Höhe von etwa 5,5 m bei einer Kronenbreite von etwa 6,5 m. Bisher ist 'Venus' nicht von der Dogwood Anthracnose befallen worden.

Blumen-Hartriegel täuschen Großblütigkeit vor
Blumen-Hartriegel tragen ihren Namen eigentlich zu Unrecht, denn ihre kleinen, köpfchenartigen Blütenstände sind eher unscheinbar. Sie sind aber, abweichend von den anderen Hartriegelarten, von 4–6 großen, weißen Hochblättern umgeben, den sogenannten Brakteen. Dies sind keine Blütenorgane, wie wir sie von den oft farbenprächtigen Blütenblättern zahlreicher Pflanzen kennen, sondern zu Schauapparaten umgewandelte Laubblätter. Sie übernehmen die Funktion der Blütenblätter, nämlich die Anlockung von Insekten, die für die Bestäubung notwendig sind. Die Ausbildung von Hochblättern bei einigen Arten der Gattung *Cornus* ist übrigens in vier weit voneinander entfernt liegenden Gebieten vollzogen worden: *C. capitata* im Himalaja, *C. kousa* in Japan, China und Korea, *C. florida* im östlichen und *C. nuttallii* im westlichen Nordamerika.

Cornus mas

Cornus mas, Kornelkirsche

Aussehen: *C. mas* wächst langsam zu einem 4–6 m hohen Strauch oder kleinen Baum mit einer breit ausladenden, rundlichen Krone heran. Eiförmig bis elliptisch sind die 8–10 cm langen, derben, dunkelgrünen Blätter, die sich im Herbst fahlgelb bis orange verfärben. Schon ab Februar öffnen sich die kleinen gelben Blüten. Sie stehen in 1,5–2 cm breiten Köpfchen zusammen und fallen zu dieser Jahreszeit deutlich auf. Im Oktober reifen die 2 cm langen, elliptischen, glänzend roten einsamigen Früchte. Der Steinkern ist von einem saftreichen, süß-säuerlichen, essbaren Fruchtfleisch umgeben.

Zur Fruchtgewinnung sind zahlreiche großfrüchtige Sorten ausgelesen worden, zum Beispiel die reichtragende 'Jolico'.
Verwendung: Wertvoller heimischer Vorfrühlingsblüher, der im Garten meist als Solitärstrauch eingesetzt wird, aber auch für den Aufbau hoher Hecken oder als Formgehölz geeignet ist. Die früh erscheinenden Blüten bieten Bienen eine wertvolle Nektar- und Pollentracht. Die Früchte dienen nicht nur den Vögeln als Nahrung, sie gelten

Cornus mas 'Jolico'

seit alten Zeiten als wertvolles Wildobst, das in vielfältiger Weise verarbeitet wird.
Standort: Sonnig bis halbschattig, windfest, hitzetolerant, für Stadtklima geeignet. Boden mäßig trocken bis frisch, alle durchlässigen, schwach sauren bis alkalischen Bodenarten.
Pflege: Robust und anpassungsfähig. ✂ 2, 5.
Vermehrung: Aussaat im Herbst oder Frühjahr, Fruchtsorten durch Okulation oder Handveredlungen.

Corylopsis pauciflora, Armblütige Scheinhasel

Aussehen: *C. pauciflora* ist ein 1–1,5 m hoher, reich verzweigter, feintriebiger, zierlicher Stauch. Die eiförmigen, an der Basis herzförmigen, 3–8 cm langen Blätter sind oberseits hellgrün, unterseits blaugrün und im Herbst gelb gefärbt. Lange vor der Blattentfaltung im März/April erscheinen die zahlreichen, primelgelben, leicht duftenden Blüten. Sie sitzen zu 2–3 in kurzen, nickenden, achselständigen Ähren zusammen. Die 6–9 mm dicken, holzigen Fruchtkapseln sind unscheinbar.
Verwendung: Scheinhaseln sind mit ihren zartgelben, leicht duftenden Blüten, den fein geschnittenen Blättern und der meist gelben Herbstfärbung sehr attraktive Vorfrühlingsblüher, die, einzeln oder in kleinen Guppen, mit niedrigen Stauden und Blumenzwiebeln kombiniert werden können. Das gilt auch für *C. spicata*, deren hellgelbe Blüten zu 2–4 in 7–10 cm langen Ähren zusammenstehen.

Corylopsis pauciflora

Corylus avellana 'Contorta'

Standort: Sonnig bis halbschattig, geschützt. Boden mäßig trocken bis feucht, durchlässig, sandig- oder lehmig-humos, sauer bis neutral.
Pflege: Bei Sommertrockenheit wässern. ✂ 1.
Vermehrung: Aussaat im Frühjahr unter Glas.

Corylus avellana, Gewöhnliche Hasel (Tab. 21)

Aussehen: Die Gewöhnliche Hasel baut sich mit vielen Stämmen zu einem breit aufrechten, bis 6 m hohen Strauch auf, der im Alter eine trichter- bis schirmförmige Krone ausbildet. Die 5–10 cm langen, rundlichen bis verkehrt-eiförmigen, doppelt gesägten, mittelgrünen Blätter färben sich im Herbst meist intensiv gelb. Die schon im Herbst weit vorgebildeten männlichen Blütenkätzchen erscheinen oft schon im Februar, sind dann 8–10 cm lang, hängen schlaff herab und sind gelb gefärbt. Die weiblichen Blüten sind bis auf die fadenartigen roten Narben in den Knospen verborgen. Die einsamigen Nüsse sind von einer am

Tab. 21 Empfehlenswerte Ziersorten von *Corylus*

Sorte	Wuchs, Belaubung
'Contorta'	breitbuschig aufrecht, Zweige auffallend korkenzieherartig gedreht
'Pendula'	hochstämmig veredelt, Äste in Bögen abwärts geneigt
'Rotblättrige Zellernuss'	Blätter groß, bronzerot, Fruchthüllen rötlich
C. maxima 'Purpurea'	im Wuchs wie *C. avellana*, Blätter gleichmäßig bleibend tief schwarzrot, auch die männlichen Kätzchen und Fruchthüllen rot gefärbt

Corylus avellana 'Rotblättrige Zellernuss'

Corylus colurna 'Granat'

Rand gelappten Hülle umgeben.
Verwendung: Der robuste, einheimische Strauch wird vor allem als Gruppengehölz, in freiwachsenden Hecken und zum Windschutz eingesetzt.

Verschiedene großfrüchtige Sorten werden zur Fruchtgewinnung im Hausgarten oder in Plantagen angebaut.
Standort: Sonnig bis lichtschattig. Boden mäßig trocken bis frisch, alle durchlässigen Bodenarten, schwach sauer bis alkalisch.
Pflege: Pflegeleicht. ✂ 2.
Vermehrung: Aussaat im Herbst oder Frühjahr, großfrüchtige Sorten durch Ableger.

Corylus colurna, Baum-Hasel

Aussehen: *C. colurna* ist ein 12–15 (–20) m hoher Baum mit durchgehendem Stamm, einer hellgrauen, korkigen Borke und einer regelmäßigen kegelförmigen, 8–12 m breiten Krone. Die derben, 5–12 cm langen, breit eiförmigen, an der Basis herzförmigen, dunkelgrünen Blätter färben sich im Herbst goldgelb.
Die bis 12 cm langen, männlichen Kätzchen erscheinen im März/April. Die dickschaligen, von einer tief geteilten Hülle umgebenen Nüsse sitzen in großen, dichten Büscheln zusammen.

Corylus colurna

Als Gartenbaum ist auch die Sorte 'Granat' von Interesse, ein mittelgroßer, lockerkroniger Baum mit anfangs intensiv dunkel braunroten, unterseits weinroten Blättern.
Verwendung: *C. colurna* ist ein robuster, stets gesunder Solitärbaum für Parks und große Gärten, gerne wird er auch als Straßen- und Alleebaum eingesetzt.
Standort: Sonnig bis halbschattig, resistent gegen Hitze, Trockenheit und Wind. Boden trocken bis frisch, alle durchlässigen Bodenarten, schwach sauer bis alkalisch.
Pflege: Robust und anspruchslos. ✂ 1.
Vermehrung: Aussaat im Herbst oder Frühjahr.

Cotinus coggygria, Perückenstrauch (Tab. 22)

Aussehen: *C. coggygria* ist ein aufrechter bis breit ausladender, etwas sparrig aufgebauter, 3–5 m hoher Strauch mit gelbem Holz und hell- bis rotbraunen Trieben, die mit zahlreichen kleinen Korkwarzen bedeckt sind. Sehr variabel sind die eiförmigen bis verkehrt-eiförmigen, die 3–5 cm langen, dünnen, mittelgrünen, mitunter bläulich bereiften Blätter. Sie färben sich im Herbst in leuchtende, orangelbe bis scharlachrote Farben. Die weißlichen, zweihäusigen Blüten stehen im Juni/Juli in fedrigen Rispen zusammen. Zur Fruchtzeit entfal-

Cotinus coggygria

Tab. 22 Empfehlenswerte Sorten von *Cotinus coggygria*

Sorte	Besonderheit
'Golden Spirit'	junge Triebe auf der Sonnenseite braunrot, Blätter gold- bis grüngelb
'Royal Purple'	Blätter beständig intensiv rot, im Gegenlicht durchscheinend
'Young Lady'	Blätter frischgrün, Fruchtstände zahlreich, besonders groß, purpurrot bis -braun behaart

ten die silbrig behaarten, perückenartigen Blütenstände ihren ganzen Reiz.
Verwendung: Mit den lichtgrünen, bei einigen Sorten auch roten Blättern, der prachtvollen Herbstfärbung und den lange haltenden Fruchtständen sind die Perückensträucher reizvolle Solitärgehölze.
Standort: Sonnig, Luft- und Bodentrockenheit ertragend. Boden trocken bis frisch, alle durchlässigen Bodenarten, neutral bis alkalisch.
Pflege: Wenn bei rotlaubigen Sorten vor allem auf Blattschmuck Wert gelegt wird, sind jähliche starke Rückschnitte möglich, sonst ✂ 1.
Vermehrung: Aussaat im Frühjahr, Sorten durch krautige Stecklinge.

Cotoneaster bullatus, Runzelige Zwergmispel

Aussehen: *C. bullatus* ist ein sommergrüner, robuster, 3–4 m hoher, locker und breit ausladender Strauch. Die 4–8 cm langen, breit elliptisch-eiförmigen Blätter sind oberseits dunkelgrün und runzelig, unterseits graugrün und beharrt, sie färben sich im Herbst orangegelb bis scharlachrot. Die kleinen, herb duftenden, weißen Blüten stehen im

Cotinus coggygria 'Royal Purple'

Cotinus coggygria 'Golden Spirit'

Cotoneaster bullatus

Mai/Juni zu 10–30 in 5 cm breiten Ständen zusammen. Die kugeligen, hellroten, 7–8 mm dicken Früchte reifen im September, sie werden gerne und rasch von Vögeln gefressen.
Verwendung: Malerischer, robuster Blüten- und Fruchtstrauch, der einzeln, in Gruppen oder in freiwachsenden Hecken gepflanzt wird.
Standort: Sonnig bis lichtschattig. Boden mäßig trocken bis frisch, alle durchlässigen Bodenarten, schwach sauer bis alkalisch.
Pflege: Pflegeleicht. ✂ 2.
Vermehrung: Aussaat im Herbst oder Frühjahr.

Cotoneaster dammeri 'Major', Teppich-Zwergmispel

Aussehen: Von *C. dammeri* wird überwiegend die Sorte 'Major' (Syn. *C. dammeri* var. *radicans*) gepflanzt, ein immergrüner Spalierstrauch, dessen Zweige auf dem Boden aufliegen und ein dichtes Polster bilden. Die ledrigen, zweizeilig stehenden und 2,5–3,5 cm langen Blätter sind glänzend dunkelgrün. Im Mai/Juni stehen die kleinen, weißen Blüten meist einzeln auf nickenden Stielen. Die kugeligen, etwa 7 mm dicken Früchte sind hellrot gefärbt.
Verwendung: Alle Teppich-Zwergmispeln sind immergrüne Spaliersträucher, die meist flächig als Bodendecker eingesetzt werden. Sie finden aber auch einen angemessenen Platz in Steingärten, auf Mauerkronen, in Kübeln oder auf Gräbern.
Standort: Sonnig bis lichtschattig. Boden mäßig trocken bis frisch, alle gepflegten, durchlässigen Gartenböden, schwach sauer bis alkalisch.
Pflege: Pflegeleicht. ✂ 1.
Vermehrung: Halbreife Stecklinge.

Weitere empfehlenswerte, teppichförmig wachsende Zwergmispeln

***Cotoneaster procumbens* 'Streib's Findling', Niederliegende Zwergmispel**
Immergrüner, schwachwüchsiger, bis 0,15 m hoher, dicht verzweigter Strauch mit niederliegenden, wurzelnden Zweigen, kleinen, dunkelgrünen Blättern sowie kleinen, weißen oder rötlichen Blüten und roten, rundlichen Früchten.

***Cotoneaster radicans* 'Eichholz', Kriechende Zwergmispel**
Immergrüner, sehr dicht verzweigter, bis 0,5 m hoher, robuster Strauch. Zweige niederliegend bis kriechend. Blätter 1,5–3 cm lang, breit-elliptisch, matt bläulich dunkelgrün. Früchte bis 1 cm dick, blutrot, wenig zahlreich.

Cotoneaster horizontalis, Fächer-Zwergmispel

Aussehen: *C. horizontalis* ist ein bis maximal 1 m hoher, sommergrüner Strauch mit horizontal ausgebreiteten Ästen und fischgrätenartig angeordneten Zweigen. Dicht gedrängt stehen die 0,5–1,2 cm langen, rundlichen bis breit-elliptischen, glänzend dunkelgrünen Blätter zweizeilig an den Trieben. Sie färben sich im Herbst scharlach oder braunrot. Eher unscheinbar sind die kleinen, rötlichen oder weißen Blüten. Die 5–6 mm dicken, kugeligen bis elliptischen, leuchtend roten Früchte sind dagegen ein lange haftender Schmuck.
Verwendung: Fächer-Zwergmispel und die anderen Arten dieser Gruppe werden nur selten flächig, sondern meist einzeln in Stein- und Heidegärten, an Treppenwangen, auf Mauerkronen oder in Kübeln gepflanzt. Unmittelbar an eine Mauer gesetzt, breiten sich die Zweige fächerartig an ihr aus.

Cotoneaster procumbens 'Streib's Findling'

Cotoneaster radicans 'Eichholz'

Cotoneaster horizontalis

Standort: Sonnig bis lichtschattig. Boden mäßig trocken bis frisch, alle durchlässigen Gartenböden, schwach sauer bis stark alkalisch.
Pflege: Pflegeleicht. ✂ 1.
Vermehrung: Aussaat oder halbreife Stecklinge.

Weitere empfehlenswerte Zwergmispeln mit fächerförmig ausgebreiteten Zweigen

***Cotoneaster adpressus*, Spalier-Zwergmispel**
Sommergrüner, mehr oder weniger niederliegender, kaum mehr als 0,25 m hoher Strauch mit fächrig ausgebreiteten Zweigen. Blätter klein, stumpfgrün, im Herbst dunkel weinrot. Blüten klein, rötlich. Früchte nahezu kugelig, 6–7 mm dick.

Cotoneaster adpressus

Cotoneaster nanshan

***Cotoneaster nanshan* (Syn. *C. praecox*), Nanshan-Zwergmispel**
Sommergrüner, bis etwa 0,8 m hoher Strauch mit einem auffallenden Fruchtschmuck. Zweige in weiten Bögen abstehend. Die kleinen, glänzend dunkelgrünen Blätter im Herbst braunrot. Blüten groß, rosa. Früchte kugelig, bis 1,2 cm dick, schon im August/September reifend.

Cotoneaster floccosus, Flockige Zwergmispel

Aussehen: Der immergrüne, 3 (–5) m hohe, vom Boden an mehrstämmige Strauch wird in Kultur meist aufgebunden, wächst dann schmal aufrecht und lässt die Zweige elegant und weit überhängen. Die weidenartig schmalen, lanzettlichen Blätter sind meist nicht über 5 cm lang, sie sind oberseits glänzend grün und unterseits nur anfangs flockig-filzig, später fast kahl und hell bläulich grün. Im Juni sind zahlreiche kleine Blüten zu vielblumigen Ständen vereint. Sehr zahlreich werden auch die 5 mm dicken, kugeligen, orangeroten Früchte angesetzt.
Verwendung: Eleganter, reich fruchtender Solitärstrauch für Gehölzrabatten und Staudenbeete. Wird häufig auch unter dem Namen *C. salicifolius* var. *floccosus* angeboten.
Standort: Sonnig bis halbschattig. Boden mäßig trocken bis frisch, sandig-lehmig bis sandig, schwach sauer bis alkalisch.
Pflege: Kann unter Feuerbrand leiden. ✂ 1.
Vermehrung: Halbreife Stecklinge oder Veredlungen unter Glas.

Weitere immergrüne, weidenblättrige Zwergmispeln

***Cotoneaster salicifolius* 'Herbstfeuer'**
Immergrüner, starkwüchsiger, bis 0,4 m hoher Bodendecker. Zweige auf dem Boden liegend. Blätter 4–6 cm lang, elliptisch, etwas runzelig, glänzend dunkelgrün. Früchte klein, hellrot, zu 6–10 in dichten Ständen. Ähnlich sind Sorten wie 'Parkteppich' und 'Repens'.

***Cotoneaster × watereri* 'Cornubia'**
Immergrüner, 5–6 m hoher, eleganter Strauch mit schräg aufstrebenden Ästen und bogig übergeneigten Zweigen. Blätter 8–13 cm lang, lanzettlich, stumpfgrün. Früchte fast kugelig, 7–9 mm dick, leuchtend rot, zahlreich, sehr lange haftend.

Cotoneaster floccosus

Cotoneaster × watereri 'Cornubia'

Cotoneaster × watereri 'Pendulus'

Cotoneaster × suecicus 'Coral Beauty'

***Cotoneaster × watereri* 'Pendulus'**
Immergrüner Strauch mit niederliegenden bis stark hängenden Ästen, in Kultur meist aufgebunden, dann bis 3 m hoch mit bogig überhängenden Zweigen. Blätter 4,5–6 cm lang, lanzettlich, leicht glänzend dunkelgrün. Früchte kugelig, 6–8 mm dick, leuchtend rot, sehr zahlreich.

Cotoneaster × suecicus, Schwedische Zwergmispel

(Tab. 23)

Aussehen: Die Schwedische Zwergmispel ist ein starkwüchsiger, immergrüner, bis 0,5 m hoher Strauch, dessen Zweige sich in flachen Böden weit ausbreiten und an den Spitzen wurzeln. Die 1–2,3 cm langen, elliptischen Blätter sind oberseits glänzend dunkelgrün, unterseits graugrün und anfangs dicht behaart. Bei der Sorte 'Skogholm' werden Blüten und Früchte nur spärlich angesetzt.
Verwendung: Die Sorten der Hybride (sie werden gelegentlich auch zu *C. dammeri* gestellt) werden meist großflächig als robuste, wüchsige Bodendecker eingesetzt.
Standort: Sonnig bis lichtschattig. Boden mäßig trocken bis frisch, alle Bodenarten, schwach sauer bis alkalisch.
Pflege: Kann notfalls stark zurückgeschnitten werden. ✂ 1.
Vermehrung: Krautige Stecklinge.

Tab. 23 Empfehlenwerte Sorten von *Cotoneaster × suecicus*

Sorte	Besonderheit
'Coral Beauty'	Wuchs breit und dicht verzweigt, bis 0,6 m hoch. Früchte leuchtend rot, kugelig, sehr zahlreich
'Erlinda'	wird oft hochstämmig veredelt, Zweige hängen dann in Bögen über. Blätter weiß gerandet
'Jürgl'	Wuchs ausgebreitet, bis 0,5 m hoch. Früchte leuchtend rot, ziemlich zahlreich
'Skogholm'	Typ der Hybride, Wuchs wie oben beschrieben

Crataegus laevigata, Zweigriffliger Weißdorn

Aussehen: Die in Mitteleuropa weit verbreitete Art entwickelt sich zu einem bis etwa 10 m hohen, stark bewehrten Strauch oder kleinen Baum mit einer glatten, olivgrünen Rinde. Kurztriebe enden oft in Dornen. Die derben, glänzend dunkelgrünen, 3 bis 5 cm langen Laubblätter sind im Umriss verkehrt-eiförmig und im oberen Teil unregelmäßig drei- bis fünflappig oder nur tief gekerbt. Im Mai/Juni schmücken sich die Kleinbäume mit einer Fülle von weißen, etwa 1,5 cm breiten, zweigriffligen Blüten, die zu 5–10 in endständigen Dolden zusammenstehen.

Crataegus laevigata

Die unangenehm nach Trimethylamin riechenden Blüten produzieren reichlich Nektar, der vowiegend von Fliegen, Käfern und Hautflüglern aufgenommen wird. Die scharlachroten, bis 12 mm dicken Früchte mit den 2 Steinkernen werden besonders gerne von Amseln, Drosseln und Krähen verzehrt. So tragen die Vögel zur Verbreitung der Art bei.
Verwendung: Ökologisch wertvolles, einheimisches Gehölz, das als Bienenweide, sowie als Vogelnähr- und -schutzgehölz dient. Dank der hohen Schnittverträglichkeit werden die heimischen Weißdornarten häufig als Heckenpflanze eingesetzt. Sie sind aber auch attraktive Kleinbäume für Solitär- und Gruppenpflanzungen.
Standort: Sonnig bis halbschattig. Boden frisch bis feucht, schwach sauer bis alkalisch.
Pflege: Pflegeleicht, ✂ 1, 5.
Vermehrung: Aussaat im Herbst oder Frühjahr.

Crataegus × lavallei 'Carrierei', Lederblättriger Weißdorn

Aussehen: Der Lederblättrige Weißdorn wächst langsam zu einem bis 7 m hohen Baum mit einer anfangs schmal eiförmigen, später breiten bis schirmförmigen, unregelmäßigen Krone heran. Bis 5 cm lang sind die starken, braunroten Dornen. Die ledrigen, 5–12 cm langen, länglich-elliptischen, dunkelgrünen Blätter färben sich im Herbst orangegelb und bleiben bis in den Winter hinein haften. Im Mai stehen die weißen, etwa 2 cm breiten Blüten in vielblumigen, graufilzigen Trugdolden zusammen. Die 1,5–2 cm dicken, apfelförmigen, ziegel- oder orangeroten Früchte bleiben bis weit in den Winter hinein haften.
Verwendung: Von allen Weißdornarten eignet sich der Lederblättrige

Crataegus × lavallei 'Carrierei'

Weißdorn am besten für den Garten. Der attraktive Kleinbaum hat eine stets gesunde, wie immergrün aussehende Belaubung, vergleichsweise große Blüten und auffallend lange haftende Früchte.
Standort: Sonnig bis halbschattig, unempfindlich gegen Hitze und Trockenheit. Boden trocken bis frisch, durchlässig, alle Bodenarten, schwach sauer bis alkalisch.
Pflege: Robust und anspruchslos. ✂ 1.
Vermehrung: Okulation im Sommer, Handveredlung im Winter.

Weitere empfehlenswerte *Crataegus*-Arten und -Hybriden

Crataegus coccinea, Scharlach-Weißdorn
Attraktiver, 5–7 m hoher, rundkroniger Garten- und Parkbaum. Zweige mit 3–5 cm langen, geraden oder leicht gebogenen Dornen. Blätter ledrig, 5–10 cm lang, auf beiden Seiten mit 4–5 kurzen Lappen, matt dunkelgrün und im Herbst gelb- bis rotorange. Blüten im Mai in großen, lockeren Ständen. Früchte sehr hübsch, birnenförmig bis elliptisch, 1 cm lang, glänzend scharlachrot.

Crataegus crus-galli

Crataegus crus-galli, Hahnensporn-Weißdorn
Bis 12 m hoher Baum. Krone zuletzt abgeflacht rundlich bis schirmförmig. Zweige mit kräftigen, bis 8 cm langen Dornen. Blätter ledrig, 2–8 cm lang, ungelappt, aber fein gesägt, glänzend dunkelgrün, im Herbst gelb bis orange und weinrot. Blüten bis 1,5 cm breit, im Mai in vielblumigen Trugdolden. Früchte kugelig, etwa 1 cm groß, rot.

Crataegus × media 'Paul's Scarlet'

Crataegus coccinea

***Crataegus × media* 'Paul's Scarlet', Rotdorn**
Sehr häufig kultivierter, 4–6 (–8) m hoher Haus-, Park- und Straßenbaum. Krone breit kegelförmig bis rundlich, sie wird nicht selten auf Kosten des Blühreichtums zu regelmäßigen Kugeln oder Kasten geformt. Blätter frischgrün, drei- bis fünflappig. Blüten im Mai, dicht gefüllt, sehr zahlreich, leuchtend karminrot. 'Paul's Scarlet' wird manchmal auch als Sorte von *C. laevigata* beschrieben.

***Crataegus × persimilis*, Pflaumenblättriger Weißdorn**
Großer Strauch oder 5–7 m hoher, etwas sparrig wachsender Baum. Krone ausladend, reich verzweigt. Dornen bis 4 cm lang, leicht gebogen. Blätter bis 8 cm lang, verkehrteiförmig bis fast rundlich, scharf gesägt, glänzend dunkelgrün, im Herbst intensiv gelborange bis rot. Blüten im Mai/Juni in vielblumigen Trugdolden. Früchte kugelig, 1,5 cm dick, scharlachrot, früh abfallend. Wird auch unter dem ungültigen Namen *C. prunifolia* angeboten.

Crataegus monogyna, Eingriffliger Weißdorn

Aussehen: Der heimische Weißdorn ist ein großer Strauch oder ein bis 10 m hoher, früh austreibender Baum mit einer unregelmäßigen, im Alter rundlichen bis flach gewölbten Krone. Die Zweige tragen 2–2,5 cm lange Dornen. Breit eiförmig bis rautenförmig und tief drei- bis siebenlappig sind die glänzend frischgrünen Blätter, die sich im Herbst meist gelborange bis weinrot verfärben. Im Mai/Juni entfalten sich die sehr zahlreichen, 0,8–1,5 cm breiten, eingriffligen Blüten. Die kugeligen oder elliptischen, 8–9 mm dicken, dunkelroten Füchte besitzen nur einen Samen.

Der Zweigrifflige Weißdorn, *C. laevigata* (siehe Seite 99), unterscheidet sich von *C. monogyna* u.a. durch die nur im oberen Teil drei- bis fünflappigen Blätter, die zweigriffligen Blüten und zweisamige Früchte.
Verwendung: Wie bei *C. laevigata.*
Standort: Sonnig bis halbschattig, für Stadtklima geeignet. Boden trocken bis frisch, alle tiefgründigen, nährstoffreichen, schwach sauren bis alkalischen Bodenarten.
Pflege: Pflegeleicht, ✂ 1, 5.
Vermehrung: Aussaat im Herbst oder Frühjahr.

Crataegus monogyna

Crataegus monogyna

Cydonia oblonga, Quitte

Aussehen: Von der Gattung *Cydonia* kennen wir nur diese Art. Sie wächst langsam zu einem bis 6 m hohen, breitkronigen Strauch oder Kleinbaum mit filzig behaarten Trieben heran. Die eiförmigen bis länglichen, stumpfgrünen Blätter sind 5–10 cm lang und besitzen zumeist große, laubartige Nebenblätter. Im Herbst färben sich die Blätter gelb. Weit geöffnet sind die 4–5 cm breiten, weißen oder zartrosa Blüten, sie stehen im Mai meist einzeln an beblätterten Kurztrieben. Die aromatisch duftenden, lange haltbaren, apfel- oder birnenförmigen, 4–12 cm langen Früchte zeichnen sich durch hartes Fruchtfleisch und ein starkes Aroma aus. Sie reifen im September/Oktober.

Cydonia oblonga

Cytisus decumbens

Cytisus × kewensis

Häufig in Kultur sind alte Sorten wie die 'Bereczki' (Früchte birnenförmig) oder 'Von Leskovac' (Früchte apfelförmig).
Verwendung: Die Quitte ist eine sehr alte Kulturpflanze, die vor allem in verschiedenen großfrüchtigen Sorten der wohlschmeckenden Früchte wegen angebaut wird. Die Früchte sind allerdings nicht roh, sondern nur nach einer Verarbeitung essbar.
Standort: Sonnig. Boden frisch bis feucht, nährstoffreich, durchlässig, lehmig, schwach sauer bis neutral.
Pflege: ✂ 1.
Vermehrung: Aussaat im Herbst oder Frühjahr, großfrüchtige Sorten durch Okulation im Freiland.

Cydonia oblonga

Cytisus decumbens, Niederliegender Geißklee

Aussehen: *C. decumbens* ist ein bis 0,2 m hoher Zwergstrauch mit niederliegenden oder aufsteigenden, oft wurzelnden Zweigen. Er besitzt einfache, 0,8–2 cm lange, länglich-eiförmige, weich behaarte Blätter. Im Mai/Juni öffnen sich die zahlreichen kleinen, lebhaft gelben Schmetterlingsblüten. Die rau behaarten Fruchthülsen sind 2–2,5 cm lang.
Verwendung: *C. decumbens* ist wohl die schönste zwergwüchsige Art der Gattung, ein reizender Strauch für sonnige Plätze in Heide- und Steingärten, auf Mauerkronen oder in Kübeln. In gleicher Weise werden auch andere zwergwüchsige Arten oder Hybriden verwendet. Trotz des flachen, ausgebreiteten Wuchses eignet sich die konkurrenzschwache Art nicht als Bodendecker.
Standort: Sonnig, hitzeverträglich. Boden trocken bis frisch, durchlässig, nährstoffarm, sandig oder sandig-kiesig, neutral bis alkalisch.
Pflege: Geeignete Standorte auswählen. ✂ 1.
Vermehrung: Aussaat im Frühjahr, Stecklinge von halbreifen Trieben.

Weitere empfehlenswerte zwergwüchsige Ginster

***Cytisus × beanii*, Beans' Geißklee**
Reizender, reichblühender, bis 0,4 m hoher Zwergstrauch mit stielrunden, niederliegend-aufsteigenden Zweigen, einfachen, linealischen Blättern und tief goldgelben Schmetterlingsblüten im Mai, die einzeln, paarweise oder zu dritt in den Blattachseln stehen.

***Cytisus × kewensis*, Zwerg-Elfenbein-Ginster**
Den Elfenbein-Ginstern ähnliche Hybride, aber mit den ausgebreitet-aufsteigenden Zweigen nur etwa 0,3 m hoch. Blätter meist dreizählig. Blüten im Mai, überaus zahlreich, rahmweiß bis hell schwefelgelb.

Cytisus nigricans 'Cyni', Schwarzwerdender Geißklee

Aussehen: Von der heimischen Art ist diese Sorte als Gartenpflanze besonders gut geeignet. Sie wird nicht mehr als 0,8–1,5 m hoch, wächst mit zahleichen, rau behaarten Zweigen

breit aufrecht und fällt, im Gegensatz zur Art, nicht so rasch auseinander. Die dreizähligen Blätter sind oberseits dunkelgrün, unterseits dünn behaart. Die etwa 1 cm langen, dunkelgelben Schmetterlingsblüten stehen im Juni/Juli an den Zweigenden in 8–30 cm langen, vielblumigen, seidig behaarten Trauben zusammen.
Verwendung: Sehr reich blühender Kleinstrauch, der seinen besten Platz in Heide- oder Steppengärten findet.
Standort: Sonnig, hitzeverträglich. Boden trocken bis frisch, durchlässig, nährstoffarm, sandig oder sandig-lehmig, schwach sauer bis stark alkalisch.
Pflege: Zweige im Frühjahr stark zurückschneiden. ✂3.
Vermehrung: Stecklinge von halbreifen Trieben

Cytisus × praecox, Elfenbein-Ginster (Tab. 24)

Aussehen: Mit den zahlreichen langen, dünnen, graugrünen, in Bögen überhängenden Zweigen sind die 0,7–1,5 (–2) m hoch werdenden Sorten des Elfenbein-Ginsters die elegantesten Sträucher der Gattung. Die einfachen, 0,8–2 cm langen, lanzettlich bis spatelförmigen Blätter fallen rasch ab. Die streng riechenden etwa 1 cm langen Schmetterlingsblüten erscheinen sehr zahlreich in verschiedenen Gelbtönungen, können aber auch in Lilarosa blühen. Die Blütezeit liegt im April/Mai.
Verwendung: Überaus reich blühende Sorten für Stein-, Steppen- und Heidegärten.
Standort: Sonnig, hitzeverträglich. Boden trocken bis frisch, durchlässig, nährstoffarm, sandig oder sandig-kiesig, sauer.
Pflege: Nur Zweige mit Winterschäden entfernen. ✂1.
Vermehrung: Stecklinge von halbreifen Trieben

Tab. 24 Empfehlenswerte Sorten von *Cytisus × praecox*

Sorte	Blüten
'Albus'	Fahne und Flügel elfenbeinweiß
'Allgold'	Fahne hellgelb, Flügel gelb, zahlreich, häufig in Kultur
'Goldspeer'	Fahne und Flügel tiefgelb
'Hollandia'	Fahne außen purpurrot, Flügel karminrosa, Kiel lilarosa

Cytisus scoparius, Besenginster (Tab. 25)

Aussehen: Der heimische Besenginster baut sich mit zahlreichen grünen, fünfkantigen Zweigen zu einem mehr oder weniger aufrechten, 1–2 m hohen Strauch auf. Die dreizähligen, unterseits meist sei-

Cytisus × nigricans 'Cyni'

Cytisus scoparius

Edelginster
Statt der Wildart werden im Garten in der Regel Sorten des sogenannten Edelginsters gepflanzt. Sie blühen überaus reich, haben meist mehrfarbige Blüten und gehören zu den wichtigsten Frühjahrsblühern.

denhaarigen Blätter fallen früh ab. Zur Blütezeit im Mai/Juni können die Sträucher mit ihren zahlreichen, etwa 2,5 cm langen, goldgelben, strend duftenden Schmetterlingsblüten ganze Landschaften prägen.
Verwendung: Der giftige Besenginster ist eine wichtige Pionierpflanze mit tiefreichenden Wurzeln. Die Wurzeln leben in Symbiose mit Bakterien, die in der Lage sind, Luftstickstoff zu binden. Der Besenginster ist dank seines sehr hohen Pollenertrages eine hoch bewertete Bienentrachtpflanze. Nektar wird von den Blüten nicht erzeugt. Die Pflanzen werden, einzeln oder in Gruppen, vorwiegend in Heide- und großen Steingärten gepflanzt.
Standort: Sonnig, hitzeverträglich. Boden mäßig trocken bis frisch, durchlässig, nährstoffarm, sandig oder sandig-humos, sauer.
Pflege: Nur Zweige mit Winterschäden entfernen oder zurückschneiden. ✂ 1.
Vermehrung: Aussaat im Frühjahr, die Sorten durch Stecklinge von halbreifen Trieben.

Tab. 25 Empfehlenswerte Edelginster-Sorten

Sorte	Blüten
'Andreanus'	Fahne goldgelb, Flügel samtrot
'Boskoop Ruby'	Fahne rubinrot, Flügel karminrot
'Burkwoodii'	Fahne karminrot, Flügel rotbraun, goldgelb gerandet
'Dukaat'	Fahne hellgelb, Flügel dunkelgelb, Wuchs zwergig, ausgebreitet, nur etwa 0,5 m hoch
'Golden Sunlight'	Fahne goldgelb, Flügel orangegelb
'Killiney Red'	Fahne gelb und karminrot, Flügel samtrot und orange
'Lena'	Fahne dunkelrot, Flügel heller rot
'Luna'	Fahne hellgelb, Flügel dunkelgelb
'Palette'	Fahne gelb und weiß, Flügel samtrot
'Roter Favorit'	Fahne hell karminrot, Flügel tief samtrot

Cytisus scoparius 'Andreanus'

Cytisus scoparius 'Luna'

Cytisus scoparius 'Boskoop Ruby'

Cytisus scoparius 'Palette'

Daboecia cantabrica, Irische Heide (Tab. 26)

Aussehen: Die Irische Heide ist ein immergrüner, heidekrautähnlicher, bis 0,5 m hoher, locker aufgebauter Zwergstrauch mit niederliegend-aufsteigenden Zweigen. Die 0,6–1,2 cm langen, nadelförmigen Blätter sind oberseits glänzend dunkelgrün, unterseits silbrig filzig behaart. Von Juli bis September schmücken sich die Sträucher mit nickenden, glockigen, purpurrosa Blüten, die an den Zweigenden in 10 cm langen, lockeren Trauben stehen.

Tab. 26 Empfehlenswerte Sorten von *Daboecia*

Sorte	Blüten
D. cantabrica 'Alba'	reinweiß
D. cantabrica 'Arielle'	magentarot
D. cantabrica 'Bicolor'	mehrfarbig, violett, rosa und weiß
D. cantabrica 'Cinderella'	weiß, zartrosa überhaucht
D. cantabrica 'Praegerae'	rein rosarot
D. × *scotica* 'Jack Drake'	tief magentarot
D. × *scotica* 'Silberwells'	weiß
D. × *scotica* 'William Buchanan'	violettrot

Daboecia cantabrica 'Cinderella'

Sehr wertvoll sind auch die etwas kompakter wachsenden und sehr reich blühenden Sorten von *D.* × *scotica*.
Verwendung: Reizende Zwergsträucher mit einer langen Blütezeit für Heide- und Steingärten und in Kombination mit kleinstrauchigen Rhododendren.
Standort: Sonnig bis absonnig, windgeschützt, wärmeliebend. Boden frisch, sandig-humos, nährstoffarm, sauer.
Pflege: Braucht in kalten Wintern Schutz vor Wind und Wintersonne. Im Frühjahr Rückschnitt der Zweige wie bei *Calluna*. ✂3.
Vermehrung: Stecklinge von halbreifen Trieben.

Daphne × *burkwoodii* 'Somerset', Burkwoods Seidelbast, Maien-Seidelbast

Aussehen: Bis etwa 1,5 m hoch wird der vieltriebige, aufrechte, kompakte Kleinstrauch. Er trägt an seinen flexiblen Trieben derbe 4 cm lange, längliche bis verkehrteilanzettliche, oberseits matt glänzend dunkelgrüne, unterseits blaugrüne Blätter, die gelegentlich über Winter haften. Im Mai/Juni öffnen sich die stark vanilleartig duftenden, etwa 1,3 cm breiten Blüten, die in end- und achselständigen Köpfchen zusammenstehen. Früchte werden nicht ausgebildet.

Daboecia × *scotia* 'William Buchanan'

Daphne × *burkwoodii* 'Somerset'

Verwendung: Schöner Vorfrühlingsblüher mit einem intensiven, weithin wahrnehmbaren Duft für Rabatten, Stein- und Heidegärten und in Kombination mit niedrigen Stauden und Blumenzwiebeln. Alle *Daphne*-Arten sind in allen Teilen sehr giftig.
Standort: Sonnig bis lichtschattig. Boden frisch bis feucht, druchlässig, sandig-humus, schwach sauer bis alkalisch.
Pflege: Auf alle Schnittmaßnahmen verzichten. ✂ 1.
Vermehrung: Stecklinge von krautigen Trieben.

Daphne cneorum, Rosmarin-Seidelbast

Aussehen: Der in mittel- und südeuropäischen Gebirgen heimische, immergrüne, teppichbildender Zwergstrauch wird mit seinen niederliegend-aufsteigenden Zweigen nur etwa 0,3 m hoch. Die kleinen, ledrigen Blätter sind oberseits glänzend dunkelgrün, unterseits blaugrün. Im April/Mai öffnen sich die kleinen, hell- bis karminrosa, stark nelkenartig duftenden Blüten, sie stehen zu 5–10 in endständigen Köpfchen zusammen.
Verwendung: Der reizende Zwergstrauch findet seinen besten Platz in Stein- und Troggärten auf gut dränierten Böden. In allen Teilen giftig.
Standort: Sonnig bis lichtschattig. Boden mäßig trocken bis frisch, sehr durchlässig, sandig-lehmig, sauer bis alkalisch.
Pflege: Wie bei *D. × burkwoodii*. ✂ 1.
Vermehrung: Ableger, Stecklinge im August/September.

Daphne mezereum, Gewöhnlicher Seidelbast

Aussehen: Die heimische Art ist ein sommergrüner, etwa 1 m hoher Strauch mit wenigen, dicken, biegsamen Zweigen. Die oft an den Zweigenden gehäuften, dünnen Blätter sind 3–8 cm lang, länglich-lanzettlich, oberseits lebhaft grün und unterseits bläulich grün. Von Februar bis April, lange vor der Laubentfaltung, öffnen sich die stark duftenden, purpurrosa bis pupurlila Blüten, die zu je 2–3 Einzelblüten an den vorjährigen Zweigen stehen. Schon ab Juni färben sich die 8 mm dicken, fleischig-saftigen Früchte auffallend scharlachrot. Sie sind, wie alle Teile der Pflanze, sehr giftig, werden aber gerne von Vögeln verzehrt.
Verwendung: *D. mezereum* gehört zu ersten blühenden Pflanzen der heimischen Flora. Im Garten ist der Seidelbast ein wichtiger Vorfrühlingsblüher, der auch im Unterwuchs hoher Bäume und Sträucher gedeihen kann.
Standort: Lichtschattig bis schattig. Boden frisch bis feucht, durchlässig, sandig-lehmig oder lehmig-humos, schwach sauer bis alkalisch.
Pflege: Wie bei *D. × burkwoodii*. ✂ 1.
Vermehrung: Aussaat nach der Ernte oder nach einem Jahr Stratifikation.

Davidia involucrata, Taubenbaum, Taschentuchbaum

Aussehen: Der sommergrüne Taubenbaum wächst langsam zu einem 8–15 (–20) m hohen Baum heran. Seine Krone ist zunächst regelmäßig breit kegelförmig, zuletzt rundlich und locker. Die breit herz-eiförmigen, 8–15 cm langen, grannenartig gezähnten Blätter sind oberseits frischgrün, unterseits dicht seidig behaart. Ganz ungewöhnlich sind

Daphne cneorum

Daphne mezereum

Davidia involucrata

die Blüten dieses Baumes. In den etwa 2 cm breiten, unscheinbaren Blütenköpfchen wird eine einzige weibliche Blüten von zahlreichen pinselartigen Staubblättern umgeben. Diese Blütenköpfchen werden von 2 weißen ungleich großen, bis 16 cm langen, hängenden Hochblättern flankiert. Voll blühende Bäume bieten zur Blütezeit im Mai/Juni einen spektakulären Anblick. Die Früchte sind zu etwa 3,5 cm breiten, nahezu kugeligen, lang gestielten Steinfrüchten ausgebildet.
Verwendung: Ein prachtvoller Blütenbaum, der in Garten und Park eine solitäre Stellung verdient, leider muss man auf die ersten Blüten recht lange warten.
Standort: Sonnig bis lichtschattig, wärmebeliebend. Boden frisch bis feucht, gepflegte, tiefgründige Gartenböden. Schwach sauer bis neutral.
Pflege: In der Jugend frostempfindlich. ✂ 1.
Vermehrung: Aussaat im Frühjahr unter Glas.

Deutzia gracilis, Zierliche Deutzie

Aussehen: *D. gracilis* ist ein zierlicher, breit aufrechter, feinzweigiger, bis 0,8 m hoher, reichblühender, sommergrüner Strauch. Die 3–7 cm langen, eiförmigen bis elliptischen Blätter sind oberseits hellgrün, unterseits spärlich sternhaarig. Die kleinen, weißen Blüten stehen im Mai/Juni in 4–9 cm langen Trauben zusammen, die zu schmalen, 40–80 cm langen, rispenartigen Ständen geordnet sind, ein reizender Zwergstrauch für Steingärten, Mauerkronen und Kübel. Die kleinen, unscheinbaren Fruchtkapseln der Deutzien enthalten zahlreiche staubfeine Samen.
Verwendung: Deutzien zeichnen sich nicht nur durch eine reiche

Deutzia gracilis

Blüte im Frühsommer aus, sondern auch durch ihre Robustheit und Anpassungsfähigkeit. Sie werden als Solitärstäucher in Stauden- und Gehölzrabatten, als Gruppensträucher für eine Randbepflanzung oder als Heckengehölze verwendet. Niedrig bleibende Arten lassen sich gut zu Japanischen Zier-Kirschen, die höher wachsenden zu Zierquitten, Pfeifensträuchern und Weigelien stellen.
Standort: Sonnig bis lichtschattig. Boden mäßig trocken bis frisch, durchlässig, nährstoffreich, alle gepflegten Bodenarten, sauer bis neutral.
Pflege: Bei Trockenheit zusätzlich gießen. ✂ 2.
Vermehrung: Starkwüchsige Arten und Sorten durch Steckholz, schwächer wachsende durch krautige Stecklinge.

Weitere empfehlenswerte *Deutzia*-Sorten

***Deutzia × elegantissima* 'Rosalind'**
Aufrecht wachsender, bis etwa 1,5 m hoher Strauch mit 4–8 cm langen, eiförmigen, matt dunkelgrünen, runzeligen Blättern. Blüten im Mai, sehr zahlreich, 2 cm breit, innen rosa, außen dunkel karminrosa. Die Blüten stehen entlang der Zweige in aufrechten, lockeren, reichblütigen Ständen zusammen.

***Deutzia × hybrida* 'Mont Rose'**
Aufrechter, locker und gefällig verzweigter, 1,5–2 m hoher Strauch. Blüten im Juni, sehr zahlreich, 2,5 cm breit, in der Knospe lilarosa, aufgeblüht hellrosa. Die Kronblätter an den Rändern hübsch gekräuselt. Die zahlreichen Blüten bei 'Straw-

Deutzia × elegantissima 'Rosalind'

Deutzia × magnifica

Deutzia purpurascens 'Kalmiiflora'

berry Fields' außen dunkel purpurrot, innen rosa überlaufen.

Bei der neuen Sorte 'Tourbillon Rouge' sind die Blüten bläulich rosarot.

Deutzia × magnifica, Großartige Deutzie, Hohe Deutzie
Straff aufrecht wachsender, dicht verzweigter, dicktriebiger, 1,5–2 (–3) m hoher Strauch. Blätter 4–8 cm lang, länglich-eiförmig, oberseits dunkelgrün und rau, unterseits weiß behaart. Blüten im Juni, reinweiß, rosettenartig gefüllt, in 4–8 cm langen, dichten, rundlichen Rispen.

Deutzia purpurascens 'Kalmiiflora'
Zierlicher, locker aufrecht wachsender, reich verzweigter, etwa 1,5 m hoher Strauch mit überhängenden Zweigen. Blätter länglich- bis lanzettlich eiförmig. Blüten in der Knospe dunkelrosa, aufgeblüht innen weiß und rosa überhaucht, außen hellrosa, 2 cm groß, in vielblumigen, lockeren, aufrechten Rispen.

Deutzia × rosea 'Carminea'
Buschig aufrecht wachsender, etwa 1,5 m hoher Strauch mit überhängenden Zweigen. Blätter bis 10 cm lang, länglich bis lanzettlich eiförmig. Blüten innen weiß und rosa überhaucht, außen lebhaft purpurrosa, 2 cm breit, anfangs glockig, später weit geöffnet. Sie stehen im Juni in kurzen, breiten Rispen zusammen.

Deutzia scabra, Raue Deutzie
Stark und straff aufrecht wachsender, dicht verzweigter, bis 3 m hoher Strauch. Blätter durch zahlreiche Sternhaare rau. Blüten weiß oder außen rosa getönt, 1,5–2 cm breit, nach Honig duftend, sie stehen im Mai/Juni in dichten, breit kegelförmigen, aufrechten, sternhaarigen Rispen zusammen. Blüten bei 'Candidissima' dicht rosettenartig gefüllt, 2,5 cm breit, reinweiß, nur in der Knospe zart rötlich überlaufen. Blüten bei 'Codsall Pink' anfangs malvenrosa, später fast weiß, gefüllt, 2,5–3 cm breit. Blüten bei 'Plena' dicht gefüllt, hellrosa, außen purpurrosa gestreift, bis 3 cm groß.

Deutzia scabra 'Codsall Pink'

Elaeagnus angustifolia, Schmalblättrige Ölweide

Aussehen: Der sommergrüne Strauch kann bis 7 m hoch werden. Er baut sich mit steil oder schräg aufrecht wachsenden Ästen und dornig bewehrten Zweigen auf. Seine äußere Erscheinung wird durch die dicht mit silbrigen Schuppen besetzten Knospen, jungen Zweige und Blätter bestimmt. 4–8 cm lang sind die schmal lanzettlichen, oberseits mattgrünen, unterseits silbrigen mit Schuppen versehenen Blätter. Ziemlich unscheinbar sind die kleinen, innen gelben, außen silbrig beschuppten, intensiv duftenden Blüten. Sie stehen im Juni in achselständigen Dolden zusammen. Die elliptischen, hellgelben, bis 1,4 cm langen Früchte haben ein mehlig-fleischiges, essbares Fruchtfleisch.
Verwendung: Mit den silbergrauen Blättern ein robustes Gehölz für einen ausreichend großen Steppengarten.
Standort: Sonnig, hitze- und trockenresistent. Boden sehr trocken bis frisch. Alle durchlässigen, locke-

Elaeagnus angustifolia

Gestaltungstipp
Die Schmalblättrige Ölweide bringt Struktur und wirkt sehr elegant in einem grauen Garten – zusammen mit anderen graulaubigen, wärmeliebenden Gehölzen wie Sanddorn, Bartblumen, Perovskien und Lavendel.

ren, auch nährstoffarmen Bodenarten, sauer bis stark alkalisch.
Pflege: ✂ 1.
Vermehrung: Aussaat im Herbst oder Frühjahr.

Elaeagnus pungens 'Maculata'

Aussehen: Von der immergrünen Art wird bei uns vor allem die Sorte 'Maculata' kultiviert. Der buschig aufrechte, dicht verzweigte, 1–2 (–3) m hohe, bedornte Strauch ist mit 5–10 cm langen, derb ledrigen, elliptisch-länglichen, glänzend grünen Blättern belaubt, die in der Mitte einen dunkelgelben Fleck tragen. Die silbrig weißen, vanilleartig duftenden Blüten entfalten sich erst im September/Oktober. Früchte werden nur selten angesetzt.

In Wuchs und Belaubung ähnlich sind die Sorten von *E.* × *ebbingei*. Bei 'Limelight' sind die grünen Blätter in der Mitte tiefgelb und fahlgrün gefleckt. Bei 'Gilt Ege' sind die großen, glänzend grünen Blätter schmal gelb gerandet.
Verwendung: Alle sind attraktive Blattschmuckpflanzen für geschützte Plätze. Sorten *von E.* × *ebbingei* werden gelegentlich auch als geschnittene Hecke gezogen.
Standort: Sonnig bis absonnig, vor Wind und Wintersonne geschützt. Boden mäßig trocken bis feucht, durchlässige, gepflegte Gartenböden, schwach sauer bis schwach alkalisch.
Pflege: In der Jugend frostempfindlich. ✂ 1, 5.
Vermehrung: Stecklinge von halbreifen Trieben.

Elaeagnus pungens 'Maculata'

Eleagnus × *ebbingei* 'Limelight'

Empetrum nigrum

Empetrum nigrum, Schwarze Krähenbeere

Aussehen: Mit seinen kriechenden Grundachsen und den gewöhnlich aufrechten, 20–30 cm langen Zweigen kann der immergrüne, heidekrautähnliche Zwergstrauch ausgedehnte Teppiche bilden. Seine nadelförmigen, glänzend tiefgrünen, dicht stehenden Blätter sind nur 4–5 mm lang. Zweihäusig verteilt oder zwittrig sind die kleinen, unscheinbaren Blüten, die einzeln in den Achseln der Laubblätter stehen. Aus ihnen entwickeln sich schwarze, erbsengroße, saftige, essbare, aber fade schmeckende Früchte.

Bei der Sorte 'Bernstein' sind die Blätter im Sommer gelb, im Herbst und Winter bronzegelb. 'Irland' hat frischgrüne und 'Zitronella' im Sommer grünlich bis zitronengelbe, im Winter orange bis bronzefarbene Blätter.
Verwendung: Hübscher, in Kleingruppen oder flächig gepflanzter Zwergstrauch für Heide- und Steingärten oder in Verbindung mit kleinstrauchigen Rhododendren.
Standort: Sonnig bis halbschattig. Boden frisch bis feucht, durchlässig, sandig-humos, sauer bis schwach alkalisch.
Pflege: Nur an zusagenden Standorten frohwüchsig. ✂ 1.
Vermehrung: Stecklinge von halbreifen Trieben.

Enkianthus campanulatus, Prachtglocke

Aussehen: Die sommergrüne Prachtglocke wächst anfangs schlank aufrecht, ist zuletzt aber ein breit trichterförmiger, 4–5 m hoher Strauch mit einem etagenförmigen Aufbau und waagerecht abstehenden Ästen. Die 3–7 cm langen, eiförmig-elliptischen, mattgrünen Blätter färben

Enkianthus campanulatus

sich im Herbst leuchtend rot bis scharlachrot. Zierliche, glockige, etwa 5 mm breite Blüten stehen im Mai in nickenden Ständen an den Zweigenden. Die Blüten können hellgelb oder hellrosa gefärbt und mit lachs- oder pfirsichfarbenen Adern versehen sein. Die unscheinbaren Fruchtkapseln reifen im Oktober.
Verwendung: Mit den zahlreichen glockigen Blüten und der prachtvollen Herbstfärbung ist die Prachtglocke ein attraktiver Blütenstrauch, dessen Standortansprüche am besten in Verbindung mit Rhododendren erfüllt werden können.
Standort: Licht- bis halbschattig. Boden gleichmäßig frisch, empfindlich gegen Bodentrockenheit, gepflegte, durchlässige, humose, saure Gartenböden.
Pflege: Nur auf zusagenden Standorten frohwüchsig. ✂ 1.
Vermehrung: Aussaat im Frühjahr unter Glas.

Erica carnea, Schnee-Heide
(Tab. 27)

Aussehen: Die heimische Schnee-Heide ist ein immergrüner, reich verzweigter, bis 0,3 m hoher Zwergstrauch, der mit niederliegend-aufsteigenden Zweigen teppich- oder polsterartige Bestände bildet. Die

Tab. 27 Empfehlenswerte Sorten von *Erica carnea* und *Erica × darleyensis*

Sorte	Blüten	Belaubung
Sorten von *Erica carnea*		
'Ann Sparkes'	rosarot	gelborange bis gelbbraun
'Challenger'	tief purpurrot	bronzegrün
'Eva'	hellrot	dunkelgrün
'Golden Starlet'	weiß	ganzjährig goldgelb
'Isabell'	weiß	hellgrün
'Lohse's Rubin'	rubinrosa	dunkelgrün
'Nathalie'	karminrot	dunkelgrün
'Rosantha'	rosa bis rubinrot	dunkelgrün
'Rubinfeuer'	hell- bis rubinrosa	dunkelgrün
'Snowqueen'	weiß	frischgrün
'Whisky'	rubinrot	gelbbraun
'Winterfreude'	karmin- bis purpurrot	dunkelgrün
'Wintersonne'	dunkelrosa bis rubinrot	bronzerot
Sorten von *E. × darleyensis*		
'Darley Dale'	rosa	dunkelgrün
'Kramer's Rote'	rubinrot	dunkelgrün
'White Perfection'	weiß	frischgrün

Erica carnea 'Rubinfeuer'

Erica carnea 'Lohse's Rubin'

Erica carnea 'Golden Starlet'

schmal linealischen, 4–8 mm langen Rollblätter stehen zu 3–4 in dichten Wirteln zusammen. Bei der wilden Art sind die kleinen, glockigen Blüten rosa bis fleischfarben, bei den zahlreichen Sorten auch weiß, purpurn oder rot. Blütenknospen können schon im November/Dezember deutlich Farbe zeigen, die Hauptblütezeit beginnt dann im Februar/März und hält bis in den April hinein an.

Sorten der Englischen Heide, *E. × darleyensis*, wachsen kräftiger als die von *E. carnea*, sind aber nicht ganz so frosthart wie diese, ihre Blütezeit dauert von November bis Mai. Sie benötigen in schneelosen Wintern Schutz durch eine Reisigdecke.
Verwendung: Unentbehrlicher Winterblüher für Heide- und Steingärten, für Grab- und Kübelbepflanzung oder in Kombination mit Zwerggehölzen. Kann in kleinen Tuffs oder großflächig gepflanzt werden.
Standort: Sonnig. Boden mäßig trocken bis frisch, durchlässig, sandig-lehmig bis sandig-humos, empfindlich gegen Staunässe und Bodenverdichtung, schwach sauer bis alkalisch.
Pflege: Zweige regelmäßig oder in Abständen von 2–3 Jahren bis knapp unterhalb der Blütenstände einkürzen. ✂ 4.
Vermehrung: Stecklinge von ausgereiften Trieben.

Erica cinerea 'Alba Major'

Erica cinerea, Grau-Heide

(Tab. 28)

Aussehen: *E. cinerea* ist ein immergrüner, 0,2–0,6 m hoher Zwergstrauch mit niederliegend-aufrechten Zweigen und graufilzigen Trieben. Er hat 4–7 mm lange nadelförmige, zu dritt in Wirteln stehende Blätter und fleisch- bis violettrote, 7 mm lange, urnenförmige Blüten, die zu 4–8 an den Zweigenden in dichten Trauben stehen. Die Blütezeit dauert von Juli bis August, verschiedene Sorten blühen auch bis in den Oktober hinein.
Verwendung: Reichblühende Zwergsträucher mit einer sommerlichen Blütezeit, die wie *E. carnea* verwendet werden.
Standort: Sonnig, Schutz vor Wintersonne. Boden mäßig trocken bis frisch, durchlässig, sandig-humos, sauer.
Pflege: Regelmäßig im Frühjahr die vorjährigen Blütenstände entfernen. In kalten, schneelosen Wintern ist ein leichter Winterschutz notwendig. ✂ 3.
Vermehrung: Wie bei *E. carnea*.

Tab. 28 Empfehlenswerte Sorten von *Erica cinerea*

Sorte	Blüten	Belaubung
'Alba Major'	weiß, Juni/Oktober	lebhaft grün
'C. D. Eason'	karminrot, Juni/September	dunkelgrün
'Golden Sport'	violettrosa, Juli/Oktober	gelblich grün
'Jos Golden'	purpurn, Juli/September	gelb, im Winter braunrot
'Katinka'	dunkelpurpurn, Juni/Oktober	bläulich grün
'Pallas'	reinpurpurn, Juni/September	dunkelgrün
'Pink Ice'	reinrosa, Juni/Oktober	silbrig dunkelgrün
'Violetta'	purpurviolett, Juni/August	dunkelgrün

Erica vagans, Cornwall-Heide

(Tab. 29)

Aussehen: Mit niederliegend-aufrechten Zweigen und kahlen Trieben wächst die immergrüne Cornwall-Heide zu einem bis 0,5 m hohen Strauch heran. Ihre 0,4–1 cm langen, linealischen, tiefgrünen, unbehaarten Blätter stehen zu 4–5 in Wirteln. Von Juli bis September stehen in den Blattachseln die zahlreichen, 8 mm langen, breit-glockigen, purpurrosa Blüten, die bei den Sorten auch weiß oder hellrot gefärbt sein können. Sie bilden eine 8–16 cm lange, zylindrische, vielblumige Traube.

Tab. 29 Empfehlenswerte Sorten von *Erica vagans*

Sorte	Blüten	Belaubung
'Birch Glow'	tief rosarot	dunkelgrün
'Diana Hornibrook'	tief rosarot	tiefgrün
'Lyonesse'	weiß	lebhaft grün
'Mrs. D. F. Maxwell'	tief rosarot	dunkelgrün
'St. Kerverne'	rosarot	dunkelgrün
'Valerie Proudley'	weiß	gelb bis goldgelb

Erica vagans 'Birch Glow'

Erica vagans 'Lyonesse'

Erica vagans 'St. Kerverne'

Erica vagans 'Valerie Proudley'

Verwendung: Die attraktiven, sommerblühenden Zwergsträucher werden wie *E. carnea* verwendet.
Standort: Sonnig. Boden frisch bis feucht, durchlässig, sandig-humos, sauer bis neutral.
Pflege: Wie bei *E. cinerea*. Schutz vor Wintersonne notwendig. ✂4.
Vermehrung: Wie bei *E. carnea*.

Euonymus alatus, Flügel-Spindelstrauch

Aussehen: Der sommergrüne, reich verzweigte, zuletzt breit ausladende Strauch wird bis 3 m hoch. Charakteristisch sind seine kahlen, grünen Zweige, die mit 4 schmalen, flügelartigen Korkleisten versehen sind. Elliptisch bis eiförmig sind die 3–5 cm langen, dunkelgrünen Blätter, sie färben sich im Herbst intensiv leuchtend dunkelrot. Unscheinbar sind die grünlich gelben, 5–6 mm breiten, vierzähligen Blüten, sie stehen im Mai/Juni zu wenigen in kurzen Ständen zusammen. Die vierlappigen, purpurnen Fruchtkapseln, die nach dem Öffnen die braunen Samen mit dem orangefarbenen Samenmantel freigeben, sind bei *E. alatus* oft nicht so dekorativ wie bei anderen Arten.
Verwendung: Mit den charakteristischen Zweigen und der prachtvollen Herbstfärbung ein etwas bizarr wachsendes Garten- und Parkgehölze für Einzel- und Gruppenpflanzungen. Andere sommergrüne Arten sind vor allem durch ihren Fruchtschmuck und die prachtvolle Herbstfärbung attraktiv. Die fleischigen Samenmäntel werden gerne von Vögeln verzehrt.
Standort: Sonnig bis halbschattig.

Euonymus alatus

Boden mäßig trocken bis frisch, alle lockeren, durchlässigen Gartenböden, schwach sauer bis alkalisch.
Pflege: Keine besonderen Ansprüche. ✂ 1.
Vermehrung: Aussaat im Herbst oder im Frühjahr.

Weitere empfehlenswerte, sommergrüne *Euonymus*-Arten

***Euonymus europaeus*, Gewöhnlicher Spindelstrauch**
Sommergrüner, aufrechter, 2–6 m hoher, heimischer Strauch. Zweige grün, stielrund oder vierkantig, oft mit kleinen Korkleisten. Blätter tief dunkelgrün, Herbstfärbung gelborange bis scharlach. Früchte vierlappig, rosarot. Die Pflanzen werden nicht selten nach dem Laubaustrieb von den Raupen der Gespinstmotte kahl gefressen, der zweite Austrieb bleibt dann aber verschont.

'Red Cascade' ist eine besonders reich fruchtende Auslese, ein locker aufgebauter Strauch mit einer aufrecht-überhängenden Verzweigung, einer intensiven, scharlachroten Herbstfärbung und opalrosa gefärbten Früchten.

Euonymus planipes

***Euonymus planipes*, Flachstieliger Spindelstrauch**
Sommergrüner, locker breit aufrechter, 3–5 m hohe Strauch. Winterknospen vergleichsweise groß, spitz, auffallend purpurrot. Blätter 5–12 cm lang, eiförmig-elliptisch, dunkelgrün, im Herbst früh prachtvoll gelb bis orange- und karminrot. Früchte groß, fünfkantig, leuchtend karminrot, Samen weiß, Samenmantel orangefarben. Prachtvoller, stets gesunder und reich fruchtender Solitärstrauch.

Euonymus europaeus

Euonymus europaeus 'Red Cascade'

Euonymus fortunei, Kletternder Spindelstrauch
(Tab. 30)

Aussehen: Im Gegensatz zu anderen Arten der Gattung ist *E. fortunei* ein immergrüner Kletterstrauch. Er kann mithilfe von Haftwurzeln bis 5 m hoch klettern, wird aber häufig als Bodendecker verwendet. Die grünen Triebe sind mit feinen Warzen bedeckt. Sehr variabel sind die 2–6 cm langen, derb ledrigen, dunkelgrünen Blätter, bei vielen Sorten sind sie farbenfroh panaschiert. Aus unscheinbaren grünlich weißen, 5 mm breiten Blüten im Juni/Juli entwickeln sich die etwa 8 mm breiten, rundlichen Früchte. Die weißen Samen sind von einem orangen Samenmantel umgeben.
Verwendung: Mit den zahlreichen Sorten attraktive Blattschmuckpflanzen, die als Kletterpflanze für Pergolen und Zäune, aber auch als robuste, schattenverträgliche Bodendecker eingesetzt werden.
Standort: Sonnig bis schattig. Boden mäßig trocken bis feucht, alle durchlässigen, nährstoffreichen Bodenarten, schwach sauer bis alkalisch.

Tab. 30 Empfehlenswerte Sorten von *Euonymus fortunei*

Sorte	Wuchs	Blätter
'Blondy'	ausgebreitet, bis 0,5 m hoch	dunkelgrün, in der Mitte hellgelb bis weißlich gefleckt
'Dart's Blanket'	niederliegend-aufsteigend	ziemlich groß, eiförmig-elliptisch dunkelgrün, im Herbst bronzefarben
'Emerald Gaiety'	mattenförmig bis breit aufrecht, bis 1,25 m hoch, nicht selten kletternd	rundlich, graugrün, weiß gerandet
'Emerald'n Gold'	breitbuschig aufrecht, reich verzweigt, bis 0,5 m hoch	klein, graugrün, breit goldgelb gerandet
'Minimus'	niederliegend, dicht mattenförmig, bis 0,15 m	sehr klein, rundlich glänzend dunkelgrün
var. *radicans*	niederliegend oder kletternd	mittelgroß, derb, stumpfgrün, mit weißer Nervatur
'Silver Queen'	ausgebreitet bis aufrecht, bis 0,8 m hoch, auch kletternd	groß, breit eiförmig, grün, schmal weiß bis cremefarben gerandet
'Sunspot'	niederliegend-aufsteigend	klein, matt dunkelgrün, in der Mitte mit einem auffallend gelben Fleck
'Vegetus'	breit niederliegend bis aufrecht, bis 1,5 m hoch, nicht selten kletternd	dick, breit eiförmig, glänzend dunkelgrün

Pflege: Regelmäßige Schnittmaßnahmen sind nicht erforderlich, notfalls sind aber auch starke Rückschnitte möglich. ✂ 1.
Vermehrung: Stecklinge von ausgereiften Trieben.

Exochorda 'The Bride', Prunkspiere

Aussehen: Im Gegensatz zu den anderen großstrauchigen, sommergrünen Arten der Gattung wird 'The Bride' nur 1–1,5 m hoch. Sie wächst locker aufrecht und wird mit den übergeneigten Zweigen ebenso breit wie hoch. Verkehrt-eiförmig und 3–7 cm lang sind die hellgrünen, im Herbst gelben Blätter. Im Mai ist der Strauch überreich mit 3–4,5 cm breiten, reinweißen Blüten geschmückt, die in dichten, vielblumigen Trauben zusammenstehen. Die fünflappigen, braunen Fruchtkapseln werden nur selten ausgebildet.
Verwendung: 'The Bride' ist mit der moderaten Wuchshöhe und der üppigen Blüte als Gartengehölz besser

Euonymus fortunei 'Emerald Gaiety'

Euonymus fortunei 'Emerald'n Gold'

Exochorda 'The Bride'

Euonymus fortunei 'Sunspot'

Euonymus fortunei 'Vegetus'

geeignet als andere Arten der Gattung.
Standort: Sonnig bis lichtschattig. Boden frisch bis feucht, gepflegte, tiefgründige Gartenböden, sauer bis schwach alkalisch.
Pflege: Keine besonderen Pflegemaßnahmen. ✂ 1.
Vermehrung: Stecklinge von krautigen Trieben.

Fagus sylvatica, Rot-Buche
(Tab. 31)

Aussehen: Die heimische Rot-Buche, ein imposanter, 25–30 (–40) m hoher Waldbaum mit einem glatten, silbergrauen Stamm und einer breit gewölbten Krone, wächst nicht selten über den Rahmen heutiger Gartengrößen hinaus. Einige Sorten wachsen aber deutlich schwächer als die Art und warten mit abweichenden Wuchsformen und anders gefärbten Blättern auf. Bei der Art färben sich die 5–10 cm langen, eiförmigen bis elliptischen, frischgrünen Blätter im Herbst gelb-

Fagus sylvatica

Tab. 31 Für Hausgärten empfehlenswerte Sorten von *Fagus sylvatica*

Sorte	Wuchs	Blätter
'Asplenifolia', Farnblättrige Buche	15–20 m hoher Baum, Krone dicht verzweigt, breit kegelförmig oder hoch gewölbt, 10–15 m breit	grün, schmal linealisch, farnartig eingeschnitten
'Dawyck', Säulen-Buche	15–25 m hoher Baum, Krone säulenförmig, 3–6 m breit	grün
'Dawyck Gold', Säulen-Gold-Buche	8–10 m hoher Baum, Krone schmal säulenförmig, etwa 3 m breit	im Austrieb goldgelb, im Sommer hellgrün
'Dawyck Purple', Säulen-Blut-Buche	8–10 m hoher Baum, Krone schmal säulenförmig, etwa 3 m breit	dunkel purpurbraun
'Purple Fountain', Hänge-Blut-Buche	7–10 m hoher Baum, Krone schmal säulenförmig, 4–5 m breit, die locker gestellten Äste und Zweige senkrecht herabhängend	dunkel rotbraun
'Purpurea Pendula', Trauer-Blut-Buche	meist hochstämmig veredelte schwachwüchsige Hängeform, die starren Äste und Zweige von der Veredlungsstelle ab in kurzen Bögen abwärts wachsend	glänzend schwarzrot bis schwarzviolett

Fagus sylvatica 'Asplenifolia'

Fagus sylvatica 'Dawyck Gold'

Fagus sylvatica 'Dawyck Purple'

Fagus sylvatica 'Purpurea Pendula'

Fagus sylvatica

Fallopia baldschuanica

orange bis lederbraun. Aus den unscheinbaren Blüten entwickeln sich die bekannten dreikantigen Bucheckern.
Verwendung: Die Art und ihre Sorten sind ausgesprochene Solitärbäume für Parks und größere Gärten. Die Art selbst lässt sich gut zu hohen Schnitthecken erziehen.
Standort: Sonnig bis schattig. Boden frisch bis feucht, tiefgründig, nährstoffreich, sandig-lehmig, sauer bis alkalisch.
Pflege: Am besten im Spätherbst oder im Frühjahr pflanzen. ✂ 1, 5.
Vermehrung: Aussaat im Herbst oder Frühjahr, die Sorten durch Veredlungen im Spätsommer oder Winter unter Glas.

Fallopia baldschuanica, Schling-Knöterich

Aussehen: *F. baldschuanica* (Syn. *F. aubertii*, *Polygonum aubertii*) ist eine starkwüchsige, bis 10 m hoch windende, sommergrüne Liane mit 4–10 cm langen, breit eiförmigen, an der Basis herz- oder spießförmigen, glänzend dunkelgrünen Blättern. Von Juli bis zum Oktober erscheinen in überreicher Fülle die kleinen weißen Blüten, die zu großen end- oder achselständigen Rispen geordnet sind.
Verwendung: Der Schling-Knöterich zeichnet sich durch ein überaus starkes Wachstum und eine sehr lange Blütezeit aus, er kann schnell auch große Flächen begrünen, zum Beispiel Lärmschutzwände an Autobahnen. Er benötigt stabile Klettergerüste.
Standort: Sonnig bis halbschattig. Boden feucht, alle durchlässigen, nährstoffreichen Bodenarten, schwach sauer bis alkalisch.
Pflege: Schnittmaßnahmen sind nicht notwendig, verträgt keine radikalen Rückschnitte. ✂ 6.
Vermehrung: Steckholz.

Fargesia murieliae, Schirm-Bambus

Aussehen: *F. murieliae* gehört zur Gruppe der horstbildenden Arten. Die Halme der eleganten, bis 4 m hohen Art sind zunächst grün, verblassen dann zu gelbgrün. Sie tragen zahlreiche, bis 15 cm lange,

Fargesia murieliae 'Jumbo'

Fargesia murieliae

Gefürchtete Blüte
In den 70er-Jahren des vergangenen Jahrhunderts begann die Art *Fargesia murieliae* bei uns zu blühen und starb danach ab. Aus Sämlingspopulation sind inzwischen zahlreiche Sorten auf dem Markt, die sich nur in wenigen Details, u.a. in ihrer Wuchshöhe, unterscheiden. Es ist nicht damit zu rechnen, dass die Sorten der neuen Generation in den nächsten Jahren zu blühen beginnen.

erbsengrüne Blätter. Unter dem Gewicht der Blattmassen biegen sich die zunächst aufrechten Halme nach außen über.
Verwendung: *F. murieliae* ist die beliebteste und für den Hausgarten wichtigste Bambusart. Sie ist eine prachtvolle Solitärpflanze, kann aber ebenso gut als Heckenpflanze verwendet werden. Auch für eine Kübelbepflanzung geeignet.
Standort: Sonnig bis halbschattig. Boden frisch bis feucht, durchlässig, nährstoffreich, lehmig-humos, schwach sauer bis alkalisch.
Pflege: Bei Trockenheit zusätzlich wässern. Werden die Horste zu breit, die äußeren Halme abschneiden oder abstechen.
Vermehrung: Teilung der Horste.

Weitere empfehlenswerte *Fargesia*-Arten

Fargesia nitida, Fontänen-Bambus
In unseren Breiten bis etwa 3 m hohe, horstbildende Art. Halme rotviolett oder dunkelbraun, blauweiß bereift, zunächst straff aufrecht, später im oberen Bereich fontänenartig überhängend. Leider beginnt *F. nitida* gegenwärtig überall zu blühen, was dann zum Absterben der oberirdischen Pflanzenteile und mindestens zu einer starken Schwächung oder zum Absterben der ganzen Pflanze führt. Deshalb ist es wichtig, Sorten der neuen Generation zu pflanzen, wie zum Beispiel 'Great Wall'.

Fargesia rufa
Prachtvoller horstbildender Bambus dessen Status bisher nicht eindeutig geklärt ist. Wird mit seinen zierlichen Halmen nicht mehr als 2–3 m hoch, aber vergleichsweise breit. Während sich bei anderen *Fargesia*-Arten die Blätter bei Kälte einrollen und teilweise abfallen, tun sie dies bei *F. rufa* nicht.

Fargesia rufa

Forsythia × *intermedia*, Hybrid-Forsythie (Tab. 32)

Aussehen: Zu *F.* × *intermedia* gehört eine Gruppe aufrechter bis breit ausladender, sommergrüner Sträucher, die gewöhnlich 2–3 m hoch werden und meist vierkantige Zweige besitzen. Alle sind Folgesorten einer Kreuzung, die schon vor 1880 aus den beiden ostasiatischen Arten *F. supensa* × *F. viridissima* entstanden ist. Die derben, bis 12 cm langen, eiförmig lanzettlichen, glänzend grünen Blätter sind meist einfach, an Langtrieben gelegentlich auch dreilappig. Hell- bis goldgelb sind die 3,5–6 cm breiten Blüten gefärbt. Sie sitzen zu mehreren in dichten Büscheln zusammen und öffnen sich im März/April. Die zweifächrigen, holzigen Fruchtkapseln sind unscheinbar.
Verwendung: Einzeln, in kleinen Gruppen, in Mischpflanzungen oder gelegentlich als Hecken oder Wandspaliere verwendet. Schwächer wachsende Sorten lassen sich auch als Formgehölze ziehen.
Standort: Sonnig bis lichtschattig. Boden mäßig trocken bis frisch, durchlässig, nährstoffreich, sandig-lehmig, schwach sauer bis alkalisch.

Fargesia nitida

Tab. 32 Empfehlenswerte Sorten von *Forsythia × intermedia*

Sorte	Wuchs	Blüte
'Goldrausch'	straff aufrecht, bis 3 m hoch	leuchtend goldgelb, sehr groß
'Lynwood'	dicht verzweigt, bis 3 m hoch	hellgelb, mittelgroß
'Minigold'	kompakt, bis etwa 1,7 m hoch	dunkelgelb, mittelgroß, zahlreich
'Spectabilis'	aufrecht bis überhängend, 3–4 m hoch	hellgelb, groß, dicht gedrängt
'Week-End'	buschig, kompakt, 2 m hoch	goldgelb, sehr groß, sehr zahlreich, schon an jungen Pflanzen

Forsythia × intermedia 'Goldrausch'

Forsythia × intermedia 'Lynwood'

Forsythia × intermedia 'Minigold'

Pflege: Pflegeleicht. ✂ 2.
Vermehrung: Starkwüchsige Sorten durch Steckholz im Freiland, schwachwüchsige durch krautige Stecklinge unter Glas.

Weitere empfehlenswerte *Forsythia*-Hybriden und Sorten

***Forsythia* 'Marée d'Or'**
Wuchs ausgebreitet bis aufsteigend, reich verzweigt, bis 0,6 m hoch, 1,5 m breit. Blätter lanzettlich, hellgrün. Blüten groß, sehr zahlreich, zitronengelb, im Februar/März. Wird gelegentlich auf Stämmchen veredelt.

***Forsythia* 'Mêlée d'Or'**
Wuchs buschig aufrecht, kompakt, bis 1 m hoch. Blätter lanzettlich, mittelgrün. Blüten sehr zahlreich, hellgelb, im März/April.

Forsythia 'Marée d'Or'

Forsythia 'Mêlée d'Or'

Forsythia ovata 'Dresdener Vorfrühling'

Fothergilla gardenii

Forsythia ovata **'Dresdener Vorfrühling'**
Wuchs breit aufrecht, dicht verzweigt, 1–2 m hoch. Blätter eiförmig, frischgrün. Blüten sehr zahlreich, bis zu 7 in dichten Büscheln, auch an vorjährigen Langtrieben. Oft 2–3 Wochen früher aufblühend als andere Sorten.

Forsythien – unverzichtbare Frühjahrsbüher
Forsythien gehören zu den nahezu unverzichtbaren Blütengehölzen. Im zeitigen Frühjahr entfalten sie ihre überreiche, 4–5 Wochen andauernde Blütenfülle und prägen mit ihrem kräftigen Gelb ganze Gartenlandschaften. Gepflanzt werden überwiegend Sorten, die zu *Forsythia × intermedia* gehören. Hinzu kommen seit einigen Jahren moderne Kreuzungen, die oft deutlich schwächer wachsen als die Sorten von *F. × intermedia*. Sie sind für kleine Gartenräume oder für die Bepflanzung von Kübeln besonders gut geeignet. Stärker wachsende Sorten eignen sich hervorragend zum Schnitt von blühenden Zweigen und zum Vortreiben.

Fothergilla major, Großer Federbuschstrauch

Aussehen: *F. major* wächst mit aufstrebenden Grundästen langsam zu einem 1,5–3 m hohen, geschlossenen Strauch heran. Breit- oder rundlich eiförmig sind die 5–10 cm langen, an der Basis herzförmigen, derben, glänzend dunkelgrünen Blätter. Sie färben sich im Herbst anhaltend in leuchtend gelben, orangefarbenen und roten Tönen. Die weißen, nach Honig duftenden Blüten besitzen keine Kronblätter, aber zahlreiche lange, weiße Staubblätter. Sie verleihen den 3–5 cm langen Blütenähren ein federbuschartiges Aussehen. Voll blühende Sträucher bieten im Mai ein prachtvolles Bild.

F. gardenii, der Erlenblättrige Federbuschstrauch, unterscheidet sich von *F. major* vor allem durch den deutlich niedrigeren, kompakteren Wuchs und die kürzeren Blütenstände.

Verwendung: Mit den eigenartigen Blüten und der prachtvollen Herbstfärbung sehr attraktive Solitärsträucher, die auch in kleinen Gärten ausreichend Platz finden.

Fothergilla major

Standort: Sonnig bis halbschattig. Boden frisch bis feucht, durchlässig, locker, sandig-humos, sauer bis neutral, kalkmeidend.
Pflege: Nur an zusagenden Standorten frohwüchsig. ✂ 1.
Vermehrung: Aussaat nach einer Warm-Kalt-Stratifikation im Frühjahr.

Fraxinus ornus, Blumen-Esche, Manna-Esche

Aussehen: Im Gegensatz zu vielen starkwüchsigen Eschen-Arten entwickelt sich *F. ornus* langsam zu einem etwa 6–8 (–15) m hohen, gartentauglichen Kleinbaum mit einer rundlichen oder breit kegelförmigen Krone und 10–25 cm langen Fiederblättern. Auch die Blüten unterscheiden sich von den unscheinbaren, durch Wind bestäubten Blüten vieler anderer Eschen. Sie sind auffallend cremeweiß, duften, stehen in großen, vielblumigen Rispen zusammen und werden von Insekten bestäubt. Die Blüten öffnen sich im Mai/Juni während oder nach der Laubentfaltung.
Verwendung: Attraktiver Blütenbaum für Gärten, Parkanlagen, Innenhöfe oder große Pflanzkübel. Wurde früher in Südeuropa zur Gewinnung von Manna in Plantagen angebaut.
Standort: Sonnig bis lichtschattig, wärmebedürftig, sehr tolerant gegen Hitze und Trockenheit. Boden trocken bis frisch, alle durchlässigen, schwach sauren bis alkalischen Bodenarten.
Pflege: Gedeiht am besten an sonnig-warmen Plätzen. ✂ 1.
Vermehrung: Aussaat im Herbst oder Frühjahr.

Gaultheria procumbens, Niederliegende Scheinbeere

Aussehen: Der zierliche, bis 0,2 m hohe, immergrüne Zwergstrauch breitet sich mit unterirdischen Ausläufern teppichartig aus und bildet so eine dichte Bodendecke. Die ledrigen, 2–5 cm langen, elliptisch eiförmigen, glänzend dunkelgrünen Blätter stehen an den Triebenden gehäuft, über Winter nehmen sie oft eine rötliche Färbung an. Im Juni bis August stehen 4–7 mm lange, weiße, glockige, nickende Blüten einzeln oder in kleinen Trauben an den Zweigenden. Die kugeligen, lebhaft roten, bis 1 cm großen, beerenartigen Früchte bleiben oft bis zum Frühjahr haften.
Verwendung: Der ganzjährig attraktive Zwergstrauch wird im Garten oder auf Gräbern gerne kleinflächig als Bodendecker eingesetzt.
Standort: Halbschattig. Boden frisch und durchlässig, locker, sandig-humos und sauer. Das gilt auch für die anderen Arten der Gattung *Gaultheria*.
Pflege: Gedeiht nur auf zusagenden Standorten zufriedenstellend. ✂ 1.
Vermehrung: Aussaat nach einer Stratifikation im Frühjahr. G. *mucronata* und G. × *wisleyensis* durch Stecklinge von ausgereiften Trieben.

Weitere empfehlenswerte *Gaultheria*-Arten

***Gaultheria mucronata*, Torfmyrte**
Immergrüner, 0,5–1,5 m hoher, etwas steifer, aufrechter Strauch mit dünnen Zweigen, kleinen, eiförmig-elliptischen Blättern und kleinen, weißen oder rosa Blüten, die einzeln in den Blattachseln stehen. Im Herbst färben sich die zahlreichen kugeligen, bis 1,2 cm dicken Früchte weiß, rosa, lila, karminrot bis purpurschwarz. Ein sehr dekorativer

Fraxinus ornus

Gaultheria procumbens

Gaultheria mucronata

Gaultheria shallon

Gaultheria × wisleyensis 'Wisley Pearl'

Genista pilosa 'Goldilocks'

Fruchtstrauch, der gerne in Verbindung mit Rhododendron gepflanzt oder im Herbst mit den farbigen Früchten als Topf- und Kübelpflanze angeboten wird. Wird häufig noch unter dem alten Namen *Pernettya mucronata* angeboten.

Gaultheria shallon, Shallon-Scheinbeere
Bis 0,5 m hoher, aufrechter, stark Ausläufer treibender Strauch mit großen, 5–10 cm langen, breit eiförmigen Blättern, weißen oder rosa überhauchten Blüten in 5–10 cm langen Trauben und bis 1 cm dicken, roten, zuletzt blauschwarzen Früchten. Wird häufig großflächig als Bodendecker eingesetzt, gedeiht auch unter hochkronigen Bäumen noch gut.

Gaultheria × wisleyensis, Wisley-Scheinbeere
Bis 1 m hoher, dicht verweigter Strauch mit borstig behaarten Trieben, ledrigen, am Saum bewimperten, matt dunkelgrünen Blättern und attraktiven, weißen Blüten in 6–15 cm langen Trauben sowie 6–8 mm dicken, kugeligen, blutroten, sehr lange haftenden Früchten. Hübscher Kleinstrauch, der am besten in Verbindung mit Rhododendren gepflanzt wird.

Genista lydia, Lydischer Ginster

Aussehen: *G. lydia* wird mit seinen zahlreichen ausgebreiteten und bogig abwärts gekrümmten, unbewehrten Zweigen und vierkantigen, graugrünen Trieben etwa 0,5 m hoch.

Die sommergrünen, linealisch-elliptischen Blätter sind 0,5–1 cm lang. Im Mai/Juni stehen die zahlreichen goldgelben Schmetterlingsblüten in kurzen, dichtblütigen Trauben zusammen. *G. lydia* gehört mit der überreichen Blütenfülle zu den attraktivsten Arten der Gattung.

Genista lydia

Verwendung: Hübscher Zwergstrauch, der seinen Platz in Heide-, Stein- und Troggärten, auf Mauerkronen und Trockenmauern findet.
Standort: Sonnig, wärmebedürftig. Boden mäßig trocken bis frisch, durchlässig, nährstoffarm, sandig bis sandig-kiesig, schwach sauer bis stark alkalisch.
Pflege: Braucht in kalten, schneelosen Wintern Sonnen- und Windschutz. Möglichst wenig schneiden. ✂ 1.
Vermehrung: Aussaat im Frühjahr.

Weitere empfehlenswerte *Genista*-Arten

***Genista pilosa* 'Goldilocks'**
Überreich blühende Sorte des heimischen Sand-Ginsters – ein bis 0,3 m hoher, kuppelförmiger Zwergstrauch mit aufrechten bis ausgebreiteten Zweigen, kleinen, dunkelgrünen Blättern und zahlreichen goldgelben Schmetterlingsblüten, die sich im Mai/Juni über einen Zeitraum von 5–6 Wochen öffnen. Wird wie G. *lydia* verwendet.

***Genista tinctoria* 'Plena'**
Gefüllt blühende Form des heimischen Färber-Ginsters – ein bis 0,5 m hoher, niederliegend-aufrechter, vieltriebiger, kompakter Zwergstrauch mit glänzend dunkelgrünen,

Genista tinctoria 'Plena'

lanzettlichen Blättern und zahlreichen großen, gefüllten, tief goldgelben Blüten im Juni bis August. Wird ebenfalls wie *G. lydia* verwendet.

Gleditsia triacanthos, Gleditschie (Tab. 33)

Aussehen: *G. triacanthos* ist ein 10–25 m hoher, rasch wachsender, sommergrüner Baum mit einer lockeren, unregelmäßigen, breit ausladenden Krone. An Stamm und Ästen können zahlreiche starke, einfache oder verzweigte Dornen ausgebildet sein. Bis 20 cm lang sind die einfach oder doppelt gefiederten Blätter mit den länglich-lanzettlichen, frischgrünen Blättchen. Sie färben sich im Herbst goldgelb. Aus unscheinbaren, weißen oder grünlichen Blüten entwickeln sich auffällige, bis 40 cm lange, flache, sichelförmig gekrümmte, dunkelbraune Hülsenfrüchte.
Verwendung: Schöner Solitärbaum für Parks und größere Gärten, dessen Krone lichte Schatten wirft. Als Straßen- oder Stadtbaum sollen dornenlose Sorten wie 'Shademaster' oder 'Skyline' verwendet werden.
Standort: Sonnig, hitzeverträglich. Boden mäßig trocken bis frisch, alle durchlässigen Bodenarten, sauer bis stark alkalisch.
Pflege: Sehr anpassungsfähig. ✂ 1.
Vermehrung: Aussaat im Frühjahr, Sorten durch Winterhandveredlungen.

Tab. 33 Empfehlenswerte, dornenlose Sorten von *Gleditsia triacanthos*

Sorte	Wuchshöhe	Blätter
'Ruby Lace'	8–10 m	im Austrieb bräunlich rot, später dunkelgrün
'Shademaster'	15–20 m	tiefgrün, im Herbst lange haftend
'Skyline'	10–15 m	dunkelgrün, im Herbst goldgelb
'Sunburst'	10–12 m	anfangs leuchtend goldgelb, später vergrünend

Gleditsia triacanthos 'Ruby Lace'

Gleditsia triacanthos 'Sunburst'

Halesia carolina, Carolina-Schneeglöckchenbaum

Aussehen: *H. carolina* wächst langsam zu einem 5–6 m hohen, sommergrünen Strauch oder Kleinbaum mit einer halbrunden oder trichterförmigen Krone heran. Die eiförmigen oder elliptischen Blätter sind 5–12 cm lang, einfach, dunkelgrün und unterseits behaart. Im April/Mai entfalten sich die auffälligen, weißen, breit-glockigen, 1,5–2 cm langen Blüten, sie stehen in Büscheln zusammen und hängen an langen Stielen herab. Die vierflügeligen Steinfrüchte reifen ab September.

H. monticola unterscheidet sich von *H. carolina* durch den höheren, 10–12 m hohen Wuchs, die größeren, 2–2,5 cm langen Blüten und die längeren, ebenfalls vierflügeligen Früchte.
Verwendung: Sehr schöne, gartentaugliche Blütengehölze, die eine Solitärstellung verdienen.
Standort: Sonnig bis halbschattig. Boden frisch bis feucht, tiefgründig, sandig- oder lehmig-humos, sauer, zu hoher Kalkgehalt führt zu chlorotischen Blättern.
Pflege: Nur an zusagenden Standorten frohwüchsig. ✂ 1.
Vermehrung: Aussaat nach einer Stratifikation im Frühjahr.

Halesia carolina

Hamamelis × intermedia, Hybrid-Zaubernuss (Tab. 34)

Aussehen: Die zahlreichen Sorten von *H. × intermedia* können im Alter 3–4 m hoch und gleich breit werden. Sie bauen sich mit schräg aufsteigenden Ästen fächerartig oder breit trichterförmig auf. Die einfachen, 10–15 cm langen Blätter sind verkehrt-eiförmig, an der Basis schief-herzförmig, oberseits mittelgrün, kahl und rau und unterseits leicht behaart. Sie färben sich im Herbst intensiv gelb bis orangefarben und rot. Lange vor der Laubentfaltung, oft schon ab Januar, öffnen sich die eigenartigen, leicht duftenden Blüten in dichten, achselständigen Köpfchen. Ihr besonderes Merkmal sind die 4 schmal linealischen, bandförmigen Kronblätter, die gelb, orange oder rot gefärbt sein können. Die verholzenden Fruchtkapseln bleiben oft lange haften, sie öffnen sich zur Reife explosionsartig und schleudern die Samen weit fort.
Verwendung: Die kultivierten *Hamamelis*-Arten und -Sorten gehören zu den wichtigsten Winterblühern unserer Gärten. Sie stehen am besten in Hausnähe, damit man ihrer Blüten gebührend bewundern kann.
Standort: Sonnig bis halbschattig. Boden frisch bis feucht, nährstoffreich, durchlässig, sandig- oder lehmig-humos, schwach sauer bis neutral.
Pflege: Auch junge Pflanzen möglichst nicht schneiden. ✂ 1.
Vermehrung: Arten durch Aussaat, Sorten durch Veredlungen unter Glas.

Tab. 34 Empfehlenwerte Sorten von *Hamamelis × intermedia*

Sorte	Blütenfarbe	Bemerkung
'Arnold Promise'	hellgelb	spät, aber sehr lange blühend
'Barmstedt's Gold'	goldgelb	Blüten besonders groß, sehr zahlreich
'Diane'	bronzerot	Herbstfärbung besonders intensiv gelb und scharlachrot
'Feuerzauber'	intensiv rot	schönste rot blühende Sorte
'Jelena'	kupferfarben orange	Herbstfärbung intensiv orange, bronzefarben und scharlachrot
'Orange Beauty'	tief gold- bis orangegelb	starkwüchsig, schöne Herbstfärbung
'Pallida'	hellgelb, groß	sehr reich und früh blühend
'Ruby Glow'	braunrot, gelb gerandet	Blüten mittelgroß, schöne Herbstfärbung
'Westerstede'	hellgelb	schon als junge Pflanze reich blühend

Hamamelis × intermedia 'Barmstedt's Gold'

'*Hamamelis × intermedia* 'Jelena' in Herbstfärbung

'*Hamamelis × intermedia* 'Feuerzauber'

Hamamelis × intermedia 'Pallida'

Weitere empfehlenswerte *Hamamelis*-Arten

***Hamamelis japonica*, Japanische Zaubernuss**
Trichterförmiger, 3–4 m hoher Strauch. Triebe nur anfangs sternhaarig. Blätter 5–10 cm lang, verkehrt-eiförmig, unterseits hellgrün und bis auf die Nerven kahl. Herbstfärbung prachtvoll scharlachrot, bronzefarben, rot und orange. Blüten mittelgroß, lebhaft gelb oder orange überhaucht, wohlriechend, im Januar bis März.

***Hamamelis mollis*, Chinesische Zaubernuss**
Breit ausladender bis breit trichterförmiger, bis 5 m hoher Strauch. Junge Triebe dicht weich behaart. Blätter 8–12 cm lang, rundlich bis breit verkehrt-eiförmig, unterseits dicht graufilzig behaart. Herbstfärbung prächtig gelborange bis rot. Blüten mittelgroß, wohlriechend, goldgelb, an der Basis rötlich, Januar bis März.

Zaubernüsse – die Winterblüher schlechthin
Mit der Bezeichnung Zaubernuss werden zwei Eigenschaften der Gattung Hamamelis treffend beschrieben. Ihre Blätter sind denen der Haselnuss sehr ähnlich, und zaubern scheinen sie wirklich zu können. Bei günstigem Wetter öffnen sie ihre Blüten bald nach Weihnachten. Werden sie dann von Schnee und Kälte überrascht, erfrieren sie keineswegs. Ihre fädigen, kleinen, an Papierschlangen erinnernde Blütenblätter rollen sich vielmehr ein. Sie öffnen sich wieder, sobald die Witterung dies zulässt. Dieser Vorgang kann sich mehrfach wiederholen. Auf diese Weise werden Blütezeiten von 4–5 Wochen erreicht. Bis −10 °C können die offenen Blüten ertragen – kein anderes Blütengehölz besitzt ähnliche Fähigkeiten.

Hamamelis japonica

Hamamelis mollis

***Hamamelis virginiana*, Virginische Zaubernuss**
Breit trichterförmiger, bis 5 m hoher Strauch. Blätter 8–15 cm lang, verkehrt-eiförmig bis elliptisch. Herbstfärbung gelb, wenig spektakulär. Blüten klein, hellgelb, streng riechend, Oktober/November. Blätter und Rinde haben eine adstringierende Wirkung, sie werden offizinell und zur Herstellung von kosmetischen Präparaten verwendet.

Hedera colchica, Kolchischer Efeu (Tab. 35)

Aussehen: Der immergrüne Kolchische Efeu wächst kriechend oder klettert mithilfe von Haftwurzeln 6–8 m hoch. Er hat besonders große, 10–15 cm lange, dick ledrige, glänzend dunkelgrüne Blätter, die gerieben schwach nach Sellerie duften. Die Blätter sind an jungen Trieben ganzrandig und dreilappig, an alten einfach und eiförmig bis rundlich. Die kleinen, gelbgrünen, herb duftenden, zu Dolden geordneten Blüten öffnen sich im September/Oktober. Die blauschwarzen, giftigen Früchte reifen im Frühjahr, werden bei uns allerdings nur selten ausgebildet.
Verwendung: Die vergleichsweise schwachwüchsige Art kann als Bodendecker oder zur Begünung von Mauern eingesetzt werden.
Standort: Sonnig bis halbschattig, wintermild. Boden frisch, alle durchlässigen, humosen Bodenarten, sauer bis neutral.
Pflege: Kein regelmäßiger Schnitt notwendig. ✂ 6.
Vermehrung: Aussaat im Frühjahr, Stecklinge von ausgereiften Trieben.

Hedera colchica

Tab. 35 Empfehlenswerte Sorten von *Hedera colchica*		
Sorte	Wuchs	Blätter
'Arborescens'	buschig, mehr oder weniger kugelig, dicht belaubt, bis 2 m hoch	länglich-eiförmig, einfach, glänzend dunkelgrün
'Dentata Variegata'	kriechend oder bis 8 m hoch kletternd	in der Mitte hell- bis graugrün, am Rand gelblich weiß panaschiert, einfach, eiförmig
'Sulphur Heart'	stark, kletternd	hellgrün, in der Mitte groß gelb oder gelbgrün panaschiert, einfach, eiförmig

Hedera helix

Hedera colchica 'Dentata Variegata'

Hedera colchica 'Sulphur Heart'

Hedera helix, Gewöhnlicher Efeu (Tab. 36)

Aussehen: Der heimische Efeu ist der einzige Wurzelkletterer der heimischen Flora. Er kann weit kriechen oder mithilfe von Haftwurzeln 10–20 (–30) m hoch klettern. Die ledrigen, dunkelgrünen Blätter sind in Form und Größe sehr variabel: An jungen Trieben sind sie deutlich drei- bis fünflappig, an alten, blühenden Trieben ungelappt und rauten- bis fast herzförmig, am Rand nach unten umgebogen und teilweise deutlich gezähnt. Auch *H. helix* blüht erst im September/Oktober. Die kleinen, gelbgrünen Blüten sind reich an Nektar, der von Wespen, Fliegen und zahlreichen anderen Insekten angenommen wird. Die blauschwarzen, giftigen Früchte reifen im Frühjahr.

Der starkwüchsige Irische Efeu, *H. hibernica*, unterscheidet sich von *H. helix* vor allem durch etwas größere, am Rand nicht nach unten umgebogene Blätter und durch deutlich größere Blütenstände.

Verwendung: *H. helix* und *H. hibernica* sind als Bodendecker genauso

Tab. 36 Empfehlenswerte Sorten von *Hedera helix*		
Sorte	Wuchs	Blätter
'Arborescens'	rundlich buschig, dicht verzweigt, oft reich blühend und fruchtend	ungelappt, rauten- bis herzförmig, glänzend dunkelgrün
'Conglomerata'	buschig, bis 1 m hoch, Zweige aufrecht bis niederliegend	ungelappt, dreieckig bis eiförmig, 1–3 cm lang, dunkelgrün
'Goldheart'	mittelstark, kletternd, ocker belaubt	dreilappig, 4–6 cm lang, in der Mitte sattgelb, am Rand dunkelgrün
'Plattensee'	stark, kriechend oder kletternd	schwach drei- bis fünflappig, 5–12 cm lang, frischgrün, im Winter dunkelgrün
'Woerner'	sehr stark, kriechend oder kletternd	dreilappig, 3–5 cm lang, dunkelgrün mit heller Nervatur, im Winter rotbraun

wertvoll wie als Kletterpflanze zur Begrünung von Mauern, Fassaden und Baumstämmen. Schwierig ist die Begrünung von Wasser abweisend beschichteten, stark besandeten und sich stark erhitzenden Fassaden, denn hier finden die Haftwurzeln kaum Halt.
Standort: Halbschattig bis schattig. Boden mäßig trocken bis frisch, alle nährstoffreichen, durchlässigen Bodenarten, sauer bis alkalisch.
Pflege: Kein regelmäßiger Schnitt notwendig. ✂6.
Vermehrung: Aussaat im Frühjahr, Stecklinge von ausgereiften Trieben.

Heptacodium jasminoides, Heptacodium

Aussehen: Die monotypische Gattung wird auch mit dem poetischen Namen „Sieben-Söhne-des-Himmelsstrauches" belegt. Der sommergrüne, nur anfangs unregelmäßig verzweigte, breitkronige Strauch wird 3–5 (–7) m hoch. Seine gegenständigen, 9–17 cm langen, länglich-eiförmigen, matt dunkelgrünen, auffallend dreinervigen Blätter färben sich im Herbst leicht purpurbraun. Erst im September/Oktober öffnen sich die kleinen, stark duftenden, weißen, fünfzähligen Blüten, sie sitzen zu 6 in Büscheln an den Enden der diesjährigen Langtriebe. Nur selten werden bei uns die rosa bis purpurfarbenen, von hell purpurfarbenen Kelchblättern umgebenen Früchte ausgebildet.
Verwendung: Mit der ungewöhnlichen, spätsommerlichen Blüte ein sehr zu empfehlender, erst vor wenigen Jahren aus China eingeführter Großstrauch.
Standort: Sonnig bis lichtschattig. Boden mäßig trocken bis feucht, alle durchlässigen Bodenarten, schwach sauer bis alkalisch.
Pflege: Sehr anpassungsfähig. ✂1.
Vermehrung: Stecklinge von krautigen Trieben.

Heptacodium jasminoides

Hibiscus syriacus, Rosen-Eibisch, Strauch-Eibisch
(Tab. 37)

Aussehen: Mit einer anfangs straff aufrechten, später breit trichterförmigen Verzweigung wird der sommergrüne, langsam wachsende Strauch bis 3 m hoch. Rhombisch eiförmig und 5–10 cm lang sind die dreilappigen, grob gezähnten, durchscheinend punktierten, mittelgrünen Blätter. Im August/September entwickeln sich an den Zweigenden die auffallenden, 5–10 cm breiten, weit geöffneten, breit-glockigen Blüten. Sie sind bei der Art einfach und violett, bei den zahlreichen Sorten einfach oder gefüllt und weiß, blau oder rot. Nicht selten sind die Blütenblätter innen mit einem auffallenden, dunklen, an den Rändern strahlenförmig aufgelösten Basalfleck versehen. Die hellbraunen, im Oktober reifenden Fruchtkapseln bleiben über Winter haften.
Verwendung: Die Sorten des Rosen-Eibisch gehören mit den großen, auffallend gefärbten, tropisch anmutenden Blüten zu den attraktivsten Blütengehölzen des Spätsommers. Sie wachsen gerne an son-

Hibicus syriacus 'Lavender Chiffon'

Hibicus syriacus 'Duc de Brabant'

Hibicus syriacus 'Monstrosus'

Hibicus syriacus 'Oiseau Bleu'

Tab. 37 Empfehlenswerte Sorten von *Hibicus syriacus*

Sorte	Blütenfarbe	Blütenfüllung	Blütengröße	Blütezeit
'Ardens'	hell purpurblau	gefüllt	10 cm	früh
'China Chiffon'	weiß	halbgefüllt	10 cm	mittel
'Coelestis'	blauviolett	einfach	9 cm	früh
'Duc de Brabant'	purpurviolett	halbgefüllt	7 cm	früh
'Hamabo'	hellrosa, Basalfleck dunkelrot	einfach	5 cm	mittel
'Helena'	weiß, Basalfleck purpurrot	einfach bis halbgefüllt	8 cm	mittel
'Lavender Chiffon'	violettrosa	halbgefüllt	10 cm	mittel
'Marina'	violettblau	einfach	9 cm	mittel
'Monstrosus'	weiß, Basalfleck dunkelrot	einfach	7 cm	früh
'Oiseau Bleu'	blauviolett, Basalfleck purpurrot	einfach	10 cm	früh
'Pink Flirt'	violett, Basalfleck rot	einfach	9 cm	mittel
'Pink Giant'	karminrosa, Basalfleck tief dunkelrot	einfach	9 cm	sehr spät
'Purple Ruffles'	purpurrot	halbgefüllt	8 cm	mittel
'Red Heart'	weiß	einfach	9 cm	mittel
'Russian Violet'	violett, Basalfleck rot	einfach	8 cm	früh
'Speciosus'	weiß, Basalfleck dunkelrot	halbgefüllt bis gefüllt	6 cm	mittel
'Totus Albus'	weiß	einfach	6 cm	sehr spät
'White Chiffon'	weiß	halbgefüllt	10 cm	mittel
'William S. Smith'	reinweiß	einfach	8 cm	früh
'Woodbridge'	purpurviolett	einfach	9 cm	früh

Hibicus syriacus 'Russian Violet'

Hibicus syriacus 'Woodbridge'

nig-warmen Plätzen, zum Beispiel in Terrassennähe oder in Innenhöfen. Stark gefüllt blühende Sorten leiden unter andauernden Regenfällen, sie werden deshalb kaum mehr angeboten.
Standort: Sonnig, geschützt, hitzeverträglich, wärmeliebend. Boden mäßig trocken bis frisch, locker, gut dräniert, sandig-lehmig bis lehmig, schwach sauer bis alkalisch.
Pflege: In der Jugend frostempfindlich. ✂ 1.
Vermehrung: Veredlungen unter Glas.

Hipphophae rhamnoides, Sanddorn (Tab. 38)

Aussehen: Der heimische Sanddorn ist ein sommergrüner, aufrechter, sparrig verzweigter, 4–6 (–10) m hoher, dorniger Strauch oder kleiner Baum, der zahlreiche Ausläufer entwickeln kann. 5–7 cm lang sind die schmal lanzettlichen, beiderseits silbrig oder bronzefarben beschuppten Blättern. Die sehr unscheinbaren Blüten sind zweihäusig. Ein reicher Fruchtansatz ist deshalb nur zu erwarten, wenn zu weiblichen Pflanzen auch eine männliche Sorte gepflanzt wird. Sehr auffallend sind die eiförmigen bis kugeligen, 7–8 mm dicken, saftig-fleischigen, orangefarbenen Früchte. Sie reifen im September/Oktober und bleiben dann sehr lange haften. Neben der Art werden zahlreiche, reich fruchtende Sorten angeboten.
Verwendung: Der Sanddorn ist dank seiner zahlreichen, lange haftenden, intensiv gefärbten Früchte und der feinen, silbrigen Belaubung ein geschätzter Zierstrauch für Garten und Park und gleichzeitig ein wertvolles Vogelnähr- und -schutzgehölz.
Standort: Sonnig, lichthungrig, hitzeverträglich. Boden trocken bis feucht, durchlässig, nährstoffarm, sandig-kiesig, neutral bis alkalisch.

Hippophae rhamnoides 'Dorana'

Hippophae rhamnoides 'Leicora'

Hippophae rhamnoides 'Orange Energie'

Tab. 38 Empfehlenswerte Sorten von *Hippophae rhamnoides*

Sorte	Früchte	Bemerkung
'Askola'	tieforange, mittelgroß	Fruchtbehang sehr reich und dicht
'Dorana'	tieforange, klein- bis mittelgroß	besonders für den Anbau in Hausgärten geeignet
'Frugana'	glänzend orange, mittelgroß	reich fruchtend, hoher Vitamin-C-Gehalt
'Hergeo'	hellorange, mittelgroß	sehr ertragreich, wichtige Sorte für den Erwerbsanbau
'Leicora'	tief orangerot, sehr groß	Früchte lange haftend und sehr farbstabil
'Orange Energie'	leuchtend gelborange, groß	Fruchtbesatz sehr dicht, Früchte sehr farbstabil
'Pollmix'	keine	männliche Befruchtersorte

Pflege: Möglichst die Wurzeln nicht verletzen, da sonst eine starke Ausläuferbildung angerregt wird. Die Zweige können notfalls stark zurückgeschnitten werden, sonst ✂ 1.
Vermehrung: Aussaat im Frühjahr, die Sorten durch krautige Stecklinge.

Der Sanddorn – Wildobst mit sehr wertvollen Inhaltsstoffen
Der Vitamin-C-Gehalt der saftreichen, stark färbenden Sanddornfrüchte schwankt zwischen 130 und 360 mg je 100 g Frischsubstanz. Er übertrifft damit den Vitamin-C-Gehalt der Zitronen um etwa das Siebenfache. Wertvolle Inhaltsstoffe sind außerdem Provitamin A, zahlreiche Mineralstoffe, Fruchtsäuren, Karotin, Vitamin E und hohe Gehalte an fettem Öl im Fruchtfleisch und in den Samen. Sanddornfrüchte werden im Haushalt und industriell, allein oder zusammen mit anderen Früchten, vorwiegend zu Fruchtsäften verarbeitet, aber auch zu Marmeladen, Mus und Likör. Das fette Öl der Früchte und Samen wird für die Herstellung kosmetischer Präparate, die Farbstoffe in der Lebensmittelindustrie verwendet.

Hydrangea anomala subsp. *petiolaris*

Hydrangea anomala subsp. *petiolaris*, Kletter-Hortensie

Aussehen: Die Kletterhortensie gehört mit ihrem markanten Holzgerüst und den großen, weißen Blütenständen zu den attraktivsten Wurzelkletterern. Sie wächst langsam bis in Höhen von 10–15 m heran und kann sich mit ihren kräftigen Haftwurzeln auch an relativ glatten Wänden festklammern. Die eiförmig rundlichen, bis 11 cm langen, glänzend grünen Blätter färben sich im Herbst auffallend goldgelb.

Hydrangea anomala subsp. *petiolaris* in Herbstfärbung

In den 15–25 cm breiten, flachen Blütenständen sind die zahlreichen kleinen, fertilen, süßlich duftenden Blüten von einem Kranz aus großen, weißen, sterilen Schaublüten umgeben. Die Kletterhortensie blüht im Juni/Juli.
Verwendung: Hervorragend geeignet zur Begrünung von Mauern, Fassaden und alten Baumstämmen. Kommt auch an schattigen Plätzen und mit der Wurzelkonkurrenz von Bäumen zurecht.

Standort: Licht- bis halbschattig, kühl und luftfeucht. Boden frisch bis feucht, durchlässig, sandig bis lehmig, sauer bis neutral.
Pflege: Kein regelmäßiger Schnitt erforderlich. ✂ 6.
Vermehrung: Stecklinge von krautigen Trieben.

Hydrangea arborescens 'Annabelle', Wald-Hortensie

Aussehen: 'Annabelle' ist eine häufig kultivierte Sorte der Wald-Hortensie, ein sommergrüner, breitbuschiger, etwa 1,5 m hoher Strauch mit zahlreichen aufrechten Grundtrieben. Die breit eiförmigen bis elliptischen, mittelgrünen Blätter sind 6–20 cm lang, sie haben keine ausgeprägte Herbstfärbung. Von Juni bis zum September stehen an den Zweigenden 15–25 cm breite, flachkugelige, weiße Blütenstände, in denen alle Blüten steril sind. Bei der älteren Sorte 'Grandiflora' sind die kugeligen Blütenstände nur 12–18 cm breit.
Verwendung: Mit den riesigen Blütenständen ein sehr attraktiver Sommerblüher für Gehölz- und Staudenrabatten.
Standort: Sonnig bis halbschattig. Boden frisch bis feucht, nährstoffreich, durchlässig, sandig- oder lehmig-humos, sauer bis alkalisch.
Pflege: Bei längerer Sommertrockenheit gießen. Jährlicher starker Rückschnitt fördert die Blühwilligkeit und die Größe der Blütenstände. ✂ 3.
Vermehrung: Stecklinge von krautigen Trieben.

Hydrangea arborescens 'Annabelle'

Hydrangea aspera 'Macrophylla', Raue Hortensie

Aussehen: 'Macrophylla' wächst mit wenigen Grundästen langsam zu einem 2–3 m hohen, sparsam verzweigten, etwas steif wirkenden Strauch heran. Sie gehört mit den dunkelgrünen, oberseits spärlich rauen, unterseits dicht weich behaarten, bis 25 cm langen, schmal eiförmigen Blättern zur Gruppe der Samt-Hortensien. In den bis 25 cm breiten, flachkugeligen Blütenständen sind die wenigen äußeren, sterilen Blüten weiß bis blassrosa, die zahlreichen, viel kleineren, fertilen Innenblüten lilarosa bis hellviolett. Blütezeit sind die Monate Juli/August.

Ähnliche Blütenstände bildet sie Samt-Hortensie, *H. aspera* subsp. *macrophylla*, aus. Ihre Blätter sind oberseits dicht samtig behaart und unterseits dicht mit dicklichen, rosaroten, durchsichtigen Zottenhaaren besetzt.
Verwendung: Beide Hortensien sind mit den tropisch anmutenden Blättern und den großen Blütenständen attraktive Solitärsträucher.
Standort: Halbschattig. Boden frisch bis feucht, tiefgründig, humos, sauer bis neutral.
Pflege: Bei sommerlicher Trockenheit wässern. ✂ 1.
Vermehrung: Stecklinge von krautigen Trieben.

Hydrangea aspera 'Macrophylla'

Tab. 39 Empfehlenswerte Sorten von *Hydrangea macrophylla* und *Hydrangea serrata*

Sorte	Blüten	Blütenstände	Bemerkung
Sorten von *Hydrangea macrophylla*			
'Ayesha'	weiß, rosa oder hellblau, fliederförmig	kugelig	braucht sonnig-warmen, wintermilden Standort
'Bouquet Rose'	rosarot bis malvenfarben	kugelig	sehr bewährte, winterharte Sorte
'Général Vicomte de Vibray'	rosa oder hellblau	kugelig	gilt als besonders frosthart und blühwillig
'Hamburg'	tiefblau bis malvenfarben	kugelig	robust, früh blühend
'Hörnli'	leuchtend karminrot	kugelig	niedriger, zierlicher Wuchs
'Lanarth White'	weiß und blau	flach	eine der frosthärtesten Tellerhortensien
'Lemon Wave'	malvenfarben bis blau	flach	Blätter cremegelb gerandet, braucht schattigen Platz
'Mariesii Perfecta'	rosa, lilarosa oder blau	schirmförmig	gut frosthart
'Schneeball'	reinweiß	kugelig	Blütenstände bis 25 cm breit
'Tovelit'	rosa bis malvenfarben	kugelig	Wuchs niedrig, kompakt
Sorten von *Hydrangea serrata*			
'Bluebird'	fertile Blüten blau, sterile weiß oder hellblau	schirmförmig	Wuchs niedrig, kompakt
'Imperatrice Eugenie'	fertile Blüten rosa oder blau, sterile weiß	schirmförmig	Wuchs gedrungen, sehr winterhart
'Koreana'	rosa bis blau	flach	nur bis 0,5 m hoch, frosthart und robust
'Preziosa'	weiß und rosa, im Verblühen violett bis magentarot	kugelig	attraktiv und sehr frosthart

Hydrangea macrophylla, Garten-Hortensie (Tab. 39)

Aussehen: Die zahlreichen Sorten der Garten-Hortensien werden kaum mehr als 1,5 m hoch, sie entwickeln sich zu breitbuschigen bis halbkugeligen, üppig belaubten Sträuchern. Wie die Triebe, sind auch die 15–20 cm langen, breit eiförmigen, oberseits glänzend grünen, kahlen Blätter dicklich-fleischig. Bei der Art und den Sorten der Teller-Hortensien stehen die Blüten in flachen, reich verzweigten, 10–20 cm breiten Trugdolden zusammen. Die zahlreichen kleinen, fertilen, blauen oder rosa Innenblüten sind von einem lockeren Kranz aus 2–3 cm breiten, sterilen, weißen, rosa oder blauen Blüten umgeben. Bei den Sorten mit mehr oder weniger kugeligen Blütenständen sind alle oder nahezu alle Blüten eines Blütenstandes groß und steril. Die Blütezeit dauert von Juli bis Oktober.

H. serrata unterscheidet sich von *H. macrophylla* vor allem durch die weniger fleischigen Triebe und Blätter, den gedrungenen Wuchs

Hydrangea serrata 'Bluebird'

Hydrangea macrophylla 'Ayesha'

Hydrangea macrophylla 'Bouquet Rose'

Hydrangea macrophylla 'Hörnli'

Hydrangea macrophylla 'Lanarth White'

Hydrangea macrophylla 'Schneeball'

Hydrangea macrophylla 'Tovelit'

Hydrangea serrata 'Koreana'

und die größere Anpassungsfähigkeit an den Standort. In den schirmförmigen Blütenständen finden sich fertile und sterile Blüten.

Verwendung: Mit den kräftigen Blütenfarben überaus prächtige Blütensträucher für Gehölzrabatten und Staudenbeete. Zahlreiche Sorten sind klassische Topfpflanzen. Die Färbung der Blüten wird stark vom pH-Wert des Bodens beeinflusst. Nur auf gleichmäßig sauren Böden (pH-Wert unter 5,0) ist eine ausgeprägte Blaufärbung der Blüten zu erwarten. Gerade im Verblühen begriffene Blütenstände geben dauerhafte, farbstabile Trockensträuße ab.

Standort: Licht- bis halbschattig, luftfeucht. Boden frisch bis feucht, durchlässig, locker, nährstoffreich, sauer bis neutral.

Pflege: Die Blüten entwickeln sich an den Enden der vorjährigen Zweige, deshalb nur die verblühten Blütenstände abschneiden. ✂ 1.

Vermehrung: Stecklinge von krautigen Trieben.

Tab. 40 Empfehlenswerte Sorten von *Hydrangea paniculata*

Sorte	Blüten	Bemerkung
'Grandiflora'	cremeweiß, im Verblühen rosa bis rot	alte, bewährte Sorte
'Kyushu'	rahmweiß	Rispen schlank kegelförmig, locker
'Limelight'	hell zitronengelb	robust, starktriebig, Rispen voll und dick
'Phantom'	cremegelb, im Verblühen rosa	Rispen sehr groß, bis über 30 cm lang
'Pinky Winkie'	anfangs weiß, im Verblühen dunkelrosa bis rot	neue Sorte mit ungewöhncher Blütenfärbung
'Tardiva'	reinweiß	bis zum Frosteintritt blühend
'Unique'	rahmweiß, im Verblühen purpurrosa	robust, starktriebig, mit langer Blütezeit
'Vanille-Fraise'	cremeweiß, im Verblühen dunkelrot	neue Sorte mit interessanter Blütenfärbung

Hydrangea paniculata 'Limelight'

Hydrangea paniculata 'Phantom'

Hydrangea paniculata 'Pinky Winkie'

Hydrangea paniculata 'Tardiva'

Hydrangea paniculata, Rispen-Hortensie (Tab. 40)

Aussehen: Mit straff aufrecht wachsenden Grundtrieben werden die Sorten der Rispen-Hortensie 2–3 m hoch und gleich breit, durch den regelmäßigen starken Rückschnitt sind sie reich verzweigt und vasen- oder trichterförmig aufgebaut. Elliptisch-eiförmig sind die 5–15 cm langen, mittel- bis dunkelgrünen, unterseits borstig behaarten Blätter. Im August/September werden an den Enden der diesjährigen Langtriebe bis 40 cm lange, weiße, kegelförmige Blütenrispen angelegt, in denen die meisten Blüten zu großen, sterilen Schaublüten ausgebildet sind.
Verwendung: Traditioneller, sommerblühender Strauch der Bauerngärten, schön auch in Staudenrabatten und in Blütenhecken.
Standort: Sonnig bis halbschattig. Boden frisch bis feucht, nährstoffreich, durchlässig, sandig- oder lehmig-humos, sauer bis neutral.
Pflege: Ein regelmäßiger starker Rückschnitt fördert Blütenansatz- und -größe. ✂ 3.
Vermehrung: Stecklinge von krautigen Trieben.

Hydrangea quercifolia, Eichenblättrige Hortensie

Aussehen: Langsam wächst die ungewöhnlich belaubte Hortensie mit aufrechten oder ausgebreiteten Zweigen zu einem 1–2,5 m hohen, lockeren Strauch heran. Fiedrig gelappt sind die 8–20 cm langen, runzeligen, oberseits matt dunkelgrünen, unterseits dicht weißfilzigen Blätter, die sich im Herbst auffallend rot oder braunrot verfärben. In den weißen, 15–20 cm langen, stumpf kegelförmigen bis fast rundlichen Blütenständen sind die meisten Blüten steril. Die Blütezeit dauert von Juli bis zum September.

Hydrangea quercifolia

Neben der Art sind auch reichblühende Sorten mit großen Blütenstände in Kultur, wie zum Beispiel 'Snow Flake' oder 'Snow Queen'.
Verwendung: Hortensie mit einem für die Gattung ungewöhnlichen Blattschnitt und einer auffallenden Herbstfärbung, fühlt sich im Halbschatten eines Gehölzrandes wohl.
Standort: Sonnig bis halbschattig, wärmeliebend. Boden frisch bis feucht, durchlässig, locker, humos, sauer bis neutral.
Pflege: Braucht als junge Pflanze in kalten Wintern Schutz. ✂1.
Vermehrung: Stecklinge von krautigen Trieben.

Hypericum calycinum, Großblütiges Johanniskraut

Aussehen: Der kleine, wintergrüne, 0,2–0,6 m hohe Zwergstrauch breitet sich durch zahlreiche unterirdische Ausläufer rasch teppichartig aus. An vierkantigen Trieben sind die ledrigen, 4–10 cm langen, länglichen bis schmal eiförmigen, hell- bis dunkelgrünen Blätter gegenständig angeordnet. Über einen langen Zeitraum, von Juli bis zum September, öffnen sich an den Triebenden

Hypericum calycinum

die glänzend goldgelben, 4–8 cm breiten, schalenförmigen Blüten mit den langen Staubblättern und den roten Staubbeuteln.
Verwendung: Wichtiger, reichblühender Bodendecker und Böschungsbegrüner, der auch in kleinen Hausgärten eingesetzt werden kann. Auch andere Arten und Hybriden der Gattung werden oft in größeren Gruppen oder flächig gepflanzt. Alle beleben mit ihrer reichen Blüte den sommerlichen Garten und sind durch ihre späte Blüte wertvolle Bienenfutterpflanzen.

Hypericum densiflorum 'Goldball'

Standort: Sonnig bis schattig. Boden mäßig trocken bis frisch, locker, durchlässig, sandig- oder lehmig-humos, kalktolerant.
Pflege: Entwickelt sich bei einem jährlichen starken Rückschnitt am besten. ✂3.
Vermehrung: Stecklinge von krautigen Trieben.

Weitere empfehlenswerte *Hypericum*-Hybriden und -Sorten

Hypericum densiflorum 'Goldball'
Immergrüner, breit aufrechter, gedrungener, feinzweigiger, bis 0,6 m hoher Strauch. Blätter 4–5 cm lang, schmal linealisch, graugrün. Blüten von Juli bis Oktober, sehr zahlreich, gelb, 2–3 cm breit, mit sehr langen, goldgelben bis orangefarbenen Staubblättern.

Hypericum 'Hidecote'
Wintergrüner, buschig aufrechter, vieltriebiger, 0,7–1,5 m hoher Strauch. Blätter 3–6 cm lang, dreieckig lanzettlich, dunkel- bis bläulich grün. Blüten von Juni bis September (-Oktober), rein goldgelb, 3,5–6,5 cm breit, weit schalenförmig geöffnet, Staubbeutel orangefarben.

Hypericum 'Hidecote'

Hypericum × inodorum 'Exzellent Flair'

Hypericum × inodorum 'Loke'

Hypericum × moserianum 'Tricolor'

***Hypericum × inodorum*, Duftloses Johanniskraut**
Sommergrüner, buschig aufrechter, 0,6–2 m hoher Strauch. Blätter 3,5–11 cm lang, vergleichsweise dünn, mittelgrün. Blüten von Juli bis Oktober, rein goldgelb, 1,5–3 cm breit, stern- oder becherförmig. Früchte fleischig, 1–1,2 cm groß, kugelig bis eiförmig, lange haftend. Bei den zahlreichen Sorten, die nicht selten zu *H. androsaemum* gestellt werden, sind die Früchte sehr auffallend gefärbt, anfangs weiß, gelb, rot oder orangefarben, zuletzt dunkelbraun bis schwarz. Zahlreiche Sorten wie zum Beispiel 'Autumn Blaze', 'Exzellent Flair', 'Magical Red' oder 'Orange Flair' werden der farbigen Früchte wegen sehr gerne auch in der Floristik verwendet. Nicht selten tragen die Sträucher gleichzeitig Blüten und gut ausgefärbte Früchte. 'Loke' ist eine sehr robuste, winterharte, bis 1 m hohe Sorte mit zahlreichen gelben, 2,5–3 cm breiten, wohlriechenden Blüten im Juli/August.

***Hypericum kalmianum* 'Gemo'**
Immergrüner, ziemlich steif aufrechter, vieltriebiger, bis etwa 1 m hoher, sehr robuster Strauch. Blätter 4–6 cm lang, lanzettlich bis schmal-elliptisch, graugrün. Blüten sehr zahlreich, von Juni bis August(-Oktober), goldgelb, 2–3,5 cm breit.

***Hypericum × moserianum* 'Tricolor'**
Immergrüner, bis 0,5 m hoher Zwergstrauch. Zweige weit abstehend, auffallend dunkelrot gefärbt. Blätter 2–4 cm lang, matt dunkelgrün, unregelmäßig cremegelb bis pinkfarben gerandet. Blüten sonnengelb, Juli bis Oktober.

Ilex aquifolium, Stechpalme, Hülse (Tab. 41)

Aussehen: Die heimische Stechpalme ist ein immergrüner, meist mehrstämmiger Großstrauch oder 8–10 m hoher Baum mit einer spitz kegelförmigen bis eiförmigen Krone und auffallend grünen Zweigen. Die derb ledri-

Hypericum × inodorum 'Magical Red'

Hypericum kalmianum 'Gemo'

Ilex aquifolium

gen, glänzend dunkelgrünen, 5–9 cm langen, elliptischen bis lanzettlichen Blätter sind am Rand mehr oder weniger stark gewellt und stachelig gezähnt. Altersblätter können auch ganzrandig sein. In den Blattachseln der vorjährigen Triebe öffnen sich im Mai/Juni kleine, weiße, duftende Blüten, die in kleinen Büscheln zusammenstehen. Ab September reifen an den weiblichen Pflanzen die glänzend roten, kugeligen, bis 1 cm dicken, giftigen, saftig-fleischigen Steinfrüchte, sie bleiben bis weit in den Winter hinein haften, wenn sie nicht vorher von Vögeln gefressen werden.
Verwendung: Immergrünes Ziergehölz, das sich u.a. gut für eine Unterpflanzung hochkroniger Bäume und für freiwachsende oder geschnittene Hecken eignet. Neben der Art sind zahlreiche Sorten in Kultur.

Ilex aquifolium 'Rubicaulis Aurea'

Ilex aquifolium 'Madame Briot'

Standort: Lichtschattig bis schattig. Boden mäßig trocken bis feucht, durchlässig, nährstoffreich, sandig- bis lehmig-humos, sauer bis neutral.
Pflege: Nur in der Jugend in offenen Lagen etwas frostempfindlich. ✂ 1, 5.
Vermehrung: Aussaat im Herbst oder Frühjahr, Sorten durch Stecklinge von ausgereiften Trieben.

Tab. 41 Empfehlenswerte Sorten von *Ilex aquifolium*

Sorte	Blätter	Früchte	Wuchs
'Alaska'	glänzend grün, gewellt, mit Randdornen	zahlreich, rot	schlank aufrecht, 4–5 m hoch
'Argentea Marginata'	dunkel olivgrün, rahmweiß gerandet, mit Randdornen	zahlreich, rot	breit kegelförmig, 2–4 (–6) m hoch
'Ferox'	klein, stark gedreht, stark bestachelt	keine	breit aufrecht, 8–10 m hoch
'Ferox Argentea'	breit rahmweiß gerandet	keine	deutlich schwächer als 'Ferox'
'Golden van Tol'	dunkelgrün, breit gelb gerandet, kaum bestachelt	rot bis orangerot	breit kegelförmig, 6–8 (–10) m hoch
'Harpune'	schmal lanzettlich, spitz, fast ganzrandig	rot, nur wenig fruchtend	breit aufrecht, 5–7 m hoch
'I. C. van Tol'	olivgrün, nur wenig bestachelt	sehr zahlreich, orangerot	breit kegelförmig, 6–8 m hoch, Zweige z. T. überhängend
'Madame Briot'	dunkelgrün, breit goldgelb gerandet	zahlreich, rot	breit aufrecht, 6–7 m hoch
'Myrtifolia'	klein, lanzettlich, fein gezähnt	keine	schmal und straff aufrecht, 3–4 m hoch
'Pyramidalis'	dunkelgrün, ganzrandig	zahlreich, rot	anfangs regelmäßig kegelförmig später breit eiförmig, 8–10 m hoch
'Pyramidalis Aureomarginata'	unregelmäßig schmal goldgelb gerandet	zahlreich, rot	kegelförmig, 3–5 m hoch
'Rubicaulis Aurea'	rundlich, klein bestachelt, dunkelgrün, mit schmalem gelblichem Rand	zahlreich, rot	breit kegelförmig, 3–5 m hoch

Ilex crenata

Ilex crenata, Japanische Stechpalme (Tab. 42)

Aussehen: *I. crenata* ist ein immergrüner, dicht und sparrig verzweigter, 2–3(–5) m hoher, dicht beblätterter Strauch. Die derb ledrigen, elliptischen bis länglich-lanzettlichen, fein kerbig gesägten, glänzend dunkelgrünen Blätter sind 1,5–3 cm lang. Im Mai/Juni stehen kleine, weiße, unscheinbare Blüten zu 1–7 in achselständigen Büscheln. Im September reifen die 6–8 mm dicken, kugeligen, glänzend schwarzen, giftigen Steinfrüchte.

Verwendung: Langsam wachsender, immergrüner Strauch für Einzel- oder Gruppenpflanzungen, zusammen mit kleinlaubigen Rhododendren oder als Gehölzunterpflanzung, sehr gut auch für Schnitthecken oder Formgehölze geeignet.Oft werden verschiedene Sorten kultiviert.
Standort: Sonnig bis schattig. Boden mäßig trocken bis feucht, locker, durchlässig, sandig-lehmig, sauer bis schwach alkalisch.
Pflege: Sehr schnittverträglich. ✂ 1, 5.
Vermehrung: Stecklinge von ausgereiften Trieben.

Tab. 42 Empfehlenswerte Sorten von *Ilex crenata*

Sorte	Wuchs	Blätter
'Convexa'	breitbuschig, dicht verzweigt, dicht belaubt, 1,5 (–2,5) m hoch	glänzend mittelgrün
'Fastigiata'	schmal säulenförmig, 1–2 (–3) m	dunkelgrün
'Golden Gem'	breitbuschig bis ausgebreitet, kompakt, etwa 0,6 m hoch, bis 1,3 m breit	im Austrieb leuchtend gelb, später zitronengelb
'Mariesii'	zwergig, Zweige kurz, steif aufrecht, dicht belaubt, bis 1,2 m hoch	sehr klein, dunkelgrün
'Stokes'	zwergig, breit aufrecht, kompakt, bis 0,8 m hoch	sehr klein, matt mittelgrün

Ilex × meserveae, Blaue Stechplame (Tab. 43)

Aussehen: Zu *I. × meserveae* gehören einige immergrüne, sehr winterharte Sorten, sie wachsen buschig aufrecht, sind reich verzweigt, werden 2–3 m hoch und etwa 2 m breit. Typisch für die Sorten der Hybride sind die gewöhnlich dunkel violettbraunen Zweige und die sehr dunkelgrünen bis dunkel blaugrünen, glänzenden Blätter. Sie sind 2–6 cm lang, eiförmig oder elliptisch, am Saum kaum gewellt, aber an beiden Seiten mit 4–8 Dornen versehen. Recht hübsch sind im Mai/Juni die weißen bis rosaweißen Blütenbüschel an den vorjährigen Zweigen. An weiblichen Pflanzen reifen ab Oktober die kugeligen, 0,8–1 cm großen, glänzend roten, giftigen Früchte. Männliche Sorten sind gute Pollenspender, auch für Sorten von *I. aquifolium*.
Verwendung: Robuste, schattenverträgliche Solitär- und Gruppensträucher, sehr gut auch für Schnitthecken geeignet.
Standort: Sonnig bis schattig. Boden frisch bis feucht, durchlässig, locker, nährstoffreich, humos, sauer bis schwach alkalisch.
Pflege: Sehr schnittverträglich. ✂ 1, 5.
Vermehrung: Stecklinge von ausgereiften Trieben.

Ilex × meserveae 'Blue Princess'

Tab. 43 Empfehlenswerte Sorten von *Ilex* × *meserveae*

Sorte	Wuchs	Blätter	Früchte
'Blue Angel'	breit aufrecht, dicht verzweigt, bis 1,5 m hoch	glänzend dunkelgrün, violett schimmernd	lebhaft rot, erst spät färbend, lange haftend
'Blue Prince'	breit kegelförmig, kompakt, 2–4 m hoch	glänzend dunkel olivgrün	keine
'Blue Princess'	breitbuschig, dicht verzweigt, kompakt, 3–4 m hoch	glänzend dunkelgrün, violett schimmernd	leuchtend hellrot, sehr zahlreich
'Heckenfee'	gleichmäßig straff aufrecht, 1,5–2 m hoch	glänzend dunkelgrün	leuchtend rot, lange haftend
'Heckenpracht'	straff aufrecht, breit säulenförmig, 1,5–2 m hoch	frischgrün	keine
'Heckenstar'	breit kegel- bis säulenförmig, dicht belaubt, 1,5–2 m hoch	stark glänzend	keine

Ilex verticillata, Rote Winterbeere

Aussehen: Im Gegensatz zu vielen anderen immergrünen *Ilex*-Arten ist *I. verticillata* ein sommergrüner, 2–4(–15) m hoher, reich verzweigter Strauch oder kleiner Baum. Die 4–10 cm langen, sehr variablen, matt dunkelgrünen Blätter färben sich im Herbst leuchtend gelb. Unscheinbar sind die grünlich weißen, zweihäusigen Blüten, die im Juni/ Juli entlang der Zweige in den Blattachseln stehen. Umso auffälliger sind die zahlreichen kugeligen, etwa 6 mm großen, hochroten, giftigen Steinfrüchte. Sie reifen im Oktober/ November und bleiben bis weit in den Winter hinein haften. Ein reicher Fruchtschmuck ist nur zu erwarten, wenn zu weiblichen auch eine männliche Sorte gepflanzt wird. In Kultur ist vorwiegend die weibliche Sorte 'Oosterwijk'.
Verwendung: Raschwüchsiger Strauch, der mit seinem überreichen Fruchtschmuck Farbe in den winterlichen Garten bringt. Fruchtende Zweige sind in der Floristik sehr beliebt.
Standort: Sonnig bis lichtschattig. Boden mäßig trocken bis frisch, durchlässig, gepflegt, nährstoffreich, sandig-humos, sauer bis schwach sauer.
Pflege: Keine besonderen Ansprüche. ✂ 1.
Vermehrung: Stecklinge von krautigen Trieben.

Ilex verticillata

Indocalamus tesselatus, Indus-Bambus

Aussehen: *I. tesselatus* wird mit ziemlich dünnen Halmen maximal 3 m hoch. Die Art bildet mit ihren Ausläufern anfangs horstartige, später lockere Bestände. An der Spitze der Halme werden bis zu 3 Zweige je Knoten gebildet, bei den ähnlichen *Sasa*-Arten nur jeweils ein Zweig. Die Art hat bis 30 cm lange, tiefgrüne, leicht hängende Blätter, die am Rand seltener absterben als bei den *Sasa*-Arten.
Verwendung: Als Solitär- und Gruppenpflanze.
Standort: Sonnig bis lichtschattig, wärmeliebend. Boden frisch bis feucht, durchlässig, sandig- oder lehmig-humos, sauer bis neutral.
Pflege: Um eine starke Ausbreitung zu verhindern, Rhizomsperren anbringen.
Vermehrung: Teilung der Mutterpflanze oder Abteilen von Rhizomstücken.

Indocalamus tesselatus

Jasminum nudiflorum, Winter-Jasmin

Aussehen: *J. nudiflorum* ist der einzige Winterblüher unter unseren Kletterpflanzen. Die gelben, 2–2,5 cm breiten Blüten öffnen sich von Januar bis April. Sie stehen achselständig an dunkelgrünen, vierkantigen, rutenförmigen Zweigen, mit denen der Spreizklimmer Klettergerüste durchschlingt und dabei Wuchshöhen von 3 m erreichen kann. Die oberseits glänzend tiefgrünen Blätter sind dreizählig.
Verwendung: Wertvoller wärmeliebender Winterblüher für die Begrünung von Pergolen, Mauern, Treppenwangen und Hauswänden. Wo keine Kletterhilfen zur Verfügung stehen, hängen die Zweige schleppenartig über.
Standort: Sonnig, geschützt. Boden mäßig trocken bis frisch, alle durchlässigen, nährstoffreichen Bodenarten, schwach sauer bis alkalisch.
Pflege: Kein regelmäßiger Schnitt erforderlich. ✂6.
Vermehrung: Stecklinge von leicht verholzten Trieben.

Juglans regia, Walnuss

Aussehen: Der stattliche Baum kann 20–30 m hoch werden. Er hat eine unregelmäßige breit-rundliche bis ausladende Krone. Die lange glatt bleibende Rinde ist silbrig weiß gefärbt. Unpaarig gefiedert sind die 30–60 cm langen Blätter mit den 13–23 dunkelgrünen Blättchen, die gerieben aromatisch duften. Die männlichen Kätzchen sind 5–12 cm lang, weniger auffallend sind die weiblichen Blüten, die endständig an diesjährigen Trieben stehen. Allgemein bekannt sind die 4–5 cm dicken, kugeligen Nüsse mit der äußeren grünen Schale, dem dickschaligen Steinkern und dem essbaren, gefurchten Samen.
Verwendung: In wärmebegünstigten Lagen seit altersher ein beliebter Hofbaum, Solitärbaum für größere Parks und Gärten. Das Holz des Baumes gilt als besonders wertvoll, es wird zu Möbeln und zahlreichen Gebrauchsgegenständen verarbeitet. Die schmackhaften Nüsse enthalten u.a. etwa 60 % Fett, 20 % Eiweiß, viel Vitamin B 1 und C. 2008 wurde die Walnuss zum „Baum des Jahres" gewählt.
Standort: Sonnig bis lichtschattig, wärmeliebend, hitzeverträglich. Boden trocken bis feucht, tiefgründig, nährstoffreich, schwach sauer bis alkalisch.
Pflege: In der Jugend frostempfindlich. Schnittmaßnahmen sollten nur im Spätsommer und Herbst durchgeführt werden.
Vermehrung: Aussaat im Frühjahr.

Kalmia angustifolia, Schmalblättrige Lorbeerrose

Aussehen: Der immergrüne, vieltriebige, reich verzweigte Zwergstrauch wächst langsam und wird 0,6–1 m hoch. Die frischgrünen, länglichen bis elliptischen Blätter sind 3–6 cm lang. Im Juni und Juli stehen an den Zweigenden 0,7–1,2 cm lange, breit-glockige Blüten in achselständigen Trauben, sie sind tiefrosa bis rot gefärbt.

Besonders intensiv fällt die Blütenfarbe bei der häufig kultivierten Sorte 'Rubra' aus.

Jasminum nudiflorum

Juglans regia

Kalmia angustifolia 'Rubra'

Verwendung: Hübscher Zwergstrauch, der am besten in Verbindung mit kleinlaubigen Rhododendren und Azaleen, Lavendel-, Winter- oder Besenheide gepflanzt wird.
Standort: Licht- bis halbschattig. Boden frisch bis feucht, sandig-humos, durchlässig, sauer bis neutral.
Pflege: Gedeiht nur an zusagenden Standorten zufrieden stellend. ✂ 1.
Vermehrung: Stecklinge von ausgereiften Trieben.

Kalmia latifolia, Breitblättrige Lorbeerrose

(Tab. 44)

Aussehen: Der immergrüne, breit aufrechte, sparrig verzweigte Strauch wird in Kultur kaum mehr als 1,5–2 m hoch. Seine derb ledrigen, 5–10 cm langen, elliptisch-lanzettlichen Blätter sind oberseits glänzend dunkelgrün, unterseits gelblich grün. Im Mai/Juni trägt der Strauch an den Zweigenden sehr dekorative, 2–2,5 cm breite Blüten in großen, endständigen Trugdolden. Bei der Art sind die Blüten weiß bis tiefrosa gefärbt und auffallend purpurn punktiert. Bei den zahlreichen Sorten auch kräftigere rosa, rote oder purpurne Blütenfarben mit auffallenden punkt- oder bandförmigen Zeichnungen.

Tab. 44 Empfehlenswerte Sorten von *Kalmia latifolia*

Sorte	Blütenknospen	offene Blüten
'Elf'	hellrosa	weißlich rosa, rosa gebändert
'Galaxy'	burgunderrot	burgunderrot, im Zentrum und am Saum auffallend weiß
'Heart of Fire'	tiefrot	zartrosa, schmal rot gebändert und gefleckt
'Kaleidoscope'	tief purpurot	zimtrot, mit einem weißen Randstreifen
'Minuet'	hellrosa	weiß, kastanienbraun gebändert
'Olympic Fire'	leuchtend rot	weißlich rosa, weinrot gefleckt und purpurrot gebändert
'Olympic Wedding'	rosa	hellrosa bis weißlich rosa, am Saum kastanienbraun
'Ostbo Red'	weinrot, lange geschlossen bleibend	weiß bis hellrosa
'Peppermint'	rosig weiß	weiß, weinrot gefleckt und gestreift
'Pink Charm'	tiefrosa bis rot	rosa, schmal rot gebändert
'Raspberry Glow'	tief burgunderrot	anfangs erdbeerrot, langsam verblassend

Kalmia latifolia 'Kaleidoscope'

Kalmia latifolia 'Olympic Fire'

Kalmia latifolia 'Ostbo Red'

Kalmia latifolia 'Raspberry Glow'

Kalmia latifolia

Verwendung: Wunderschöner Blütenstrauch, am besten in Verbindung mit Rhododendren.
Standort: Sonnig bis halbschattig, empfindlich gegenüber Luft- und Bodentrockenheit. Boden frisch bis feucht, durchlässig, sandig-humos, sauer bis neutral.
Pflege: Nur an zusagenden Standorten frohwüchsig. ✂ 1.
Vermehrung: Ableger, Stecklinge von ausgereiften Trieben bewurzeln sich nur zögernd.

Blütenbiologie der Kalmia-Arten
Kalmia-Arten haben breit-glockige bis schüsselförmige Blüten mit zehn nach außen gekrümmten, taschenartigen Aussackungen, in denen die zehn Staubbeutel zunächst festgehalten werden. Zur Reife reagieren die unter Spannung stehenden Staubfäden auf Berührungsreize, strecken sich und reißen die Staubbeutel aus ihren Halterungen. Die Staubbeutel öffnen sich und entlassen die Pollen, die dann von den Insekten auf andere Blüten übertragen werden. Die Blüten von *K. latifolia* sind Staatsblumen von Connecticut und Pennsylvania.

Kerria japonica, Kerrie, Ranunkelstrauch

Aussehen: Der sommergrüne, 1,5–2 m hohe, buschige Strauch fällt durch seine lebhaft grünen, rutenartigen Zweige auf, die mit einem dicken, weißen Mark gefüllt sind. Sehr früh treiben die 3–6 cm langen, eiförmigen bis elliptischen, doppelt gesägten, glänzend grünen Blätter aus. Im April/Mai stehen leuchtend gelbe, schalenförmige, etwa 3 cm breite Blüten einzeln oder zu wenigen an den Enden beblätterter Kurztriebe. Sie sind bei der Art einfach, bei der häufig kultivierten Sorte 'Pleniflora' dicht rosettenartig gefüllt.
Verwendung: Robuster, durch Ausläufer zuletzt dickichtartiger Strauch, der auch mit einem Platz unter großkronigen Bäumen oder im Schlagschatten von Gebäuden zurechtkommt.
Standort: Sonnig bis schattig. Boden frisch bis feucht, alle durchlässigen Bodenarten, sauer bis neutral.
Pflege: Sehr anpassungsfähig. ✂ 2.
Vermehrung: Stecklinge von krautigen Trieben.

Koelreuteria paniculata, Blasenbaum

Aussehen: *K. paniculata* ist ein sommergrüner, meist kurzstämmiger, 6–10 (–15) m hoher Kleinbaum mit einer malerischen, breit-rundlichen bis schirmförmigen Krone. Bis 35 cm lang sind die unpaarig gefiederten Blätter mit den 7–15 länglich-eiförmigen Blättchen. Sie sind im Austrieb rosa, später mittelgrün und im Herbst auffallend gelb bis orangebraun gefärbt. Die gelben Blüten

Kerria japonica

Kerria japonica 'Pleniflora'

Koelreuteria paniculata

sind zwar nur 1 cm breit, sie stehen aber in bis 35 cm langen, vielblütigen, aufrechten Rispen an den Triebenden über dem Laub und sind deshalb von beachtlicher Wirkung. Die Blüten entfalten sich erst im Juli/August. Gegen Ende der Blütezeit sind schon die ersten, blasenartig aufgetriebenen, 4–5 cm langen, zuletzt gelblich braunen bis rötlichen Fruchtkapseln mit den papierartig dünnen Wänden ausgebildet.
Verwendung: Mit den großen Fiederblättern, der spätsommerlichen Blüte und den auffälligen Fruchtkapseln ein attraktiver Solitärbaum für sonnig-warme Plätze.
Standort: Sonnig, hitze- und trockenresistent. Boden rocken bis frisch, alle durchlässigen, schwach sauren bis stark alkalischen Bodenarten.
Pflege: Bei jungen Pflanzen ist ein Frostschutz ratsam. ✂ 1.
Vermehrung: Aussaat im Frühjahr.

Kolkwitzia amabilis, Kolkwitzie

Aussehen: *K. amabilis* ist ein überreich blühender, sommergrüner, 2–3 (–4) m hoher und gleich breiter Strauch mit aufstrebenden Ästen und malerisch überhängender Verzweigung. Die 3–9 cm langen, breit eiförmigen, lang zugespitzten, dunkelgrünen Blätter sind gegenständig angeordnet. Im Mai/Juni trägt der Strauch seine zahlreichen, rosafarbenen, duftenden, schief-glockigen, 1,5 cm langen Blüten, die paarweise zu 5–7 cm breiten Trugdolden angeordnet sind. Im Oktober reifen die kleinen, dicht borstig behaarten Früchte.
Verwendung: Eine reichblühende Zierde, auch für kleinere Gärten geeignet.
Standort: Sonnig bis lichtschattig. Boden mäßig trocken bis frisch,

Kolkwitzia amabilis

duchlässig, nährstoffreich, alle gepflegte Gartenböden, sauer bis neutral.
Pflege: Bei sommerlicher Bodentrockenheit wässern. ✂ 2.
Vermehrung: Stecklinge von krautigen Trieben.

Empfehlung für den Garten
Die Kolkwitzie gehört mit ihrem eleganten Habitus, der zierlichen Belaubung und der überreichen Blütenfülle zu den reizvollsten Blütengehölzen unserer Gärten.

Laburnum × watereri 'Vossii', Hybrid-Goldregen

Aussehen: Der in allen Teilen sehr giftige Goldregen wächst mit wenigen Grundästen straff aufrecht, wird 5–7 m hoch und bildet eine schmal trichterförmige Krone.
Die 2,5–7 cm langen, elliptischen Blättchen der dreizähligen Blätter sind oberseits glänzend grün.
Die großen, duftenden Schmetterlingsblüten sind glänzend goldgelb. Sie stehen im Mai/Juni dicht ge-

Laburnum × watereri 'Vossii'

drängt in zahlreichen, bis 50 cm langen, hängenden Trauben.
Im September reifen die 4–6 cm langen, seidig behaarten, bohnenähnlichen Früchte.

Neben dem Hybrid-Goldregen wird häufig auch der heimische Goldregen, *L. anagyroides*, gepflanzt, ein 5–7 m hoher Kleinbaum mit ausladenden bis bogig übergeneigten Ästen und bis 30 cm langen, goldgelben Blütentrauben im Mai/Juni.
Verwendung: Mit der reichen Blütenfülle sind beide prachtvolle Kleinbäume, die eine Solitärstellung verdienen. Gelegentlich werden die schlanken Äste auch an Spaliere gebunden oder zu Laubengängen geformt, die dann zur Blütezeit einen überwältigenden Eindruck hinterlassen.
Standort: Sonnig bis lichtschattig. Boden trocken bis frisch, tiefgründig, sandig-lehmig bis lehmig, schwach sauer bis alkalisch.
Pflege: Alle Schnittmaßnahmen vermeiden. ✂ 1.
Vermehrung: Veredlungen im Winter unter Glas, *L. anagyroides* durch Aussaat im Frühjahr.

Lavandula angustifolia, Echter Lavendel

Aussehen: Obwohl im Mitelmeergebiet heimisch, hat sich der in allen Teilen aromatisch duftende Lavendel auch in Mitteleuropa als völlig frosthart erwiesen. Der immergrüne, reich verzweigte, aufrechte Kleinstrauch wird kaum mehr als 0,6 m hoch. Die 2–6 cm langen, linealisch-lanzettlichen, oberseits graugrünen und vereinzelt bis dicht behaarten Blätter sind unterseits weiß- bis graufilzig behaart. Von Juni bis August tragen die Zwergsträucher an den Enden der diesjährigen Triebe die kleinen, blauen bis violettblauen Blüten, die in 10–15 cm langen, ährenartigen Ständen geordnet sind.

Statt der Art sind in der Regel vegetativ vermehrte, reichblühende und kompakt wachsende Sorten mit intensiv gefärbten Blüten wie 'Dwarf Blue' und 'Hidecote' in Kultur. Bei der Sorte 'Rosea' sind die Blüten blass lilarosa.
Verwendung: Die duftenden Zwergsträucher können vielseitig eingesetzt werden: in Stein-, Steppen-, Heide- und Troggärten, in Verbindung mit Rosen und Gräsern oder als niedrige Einfassungshecke. Aus den an ätherischen Ölen reichen Blüten wird ein Duftstoff zur Herstellung kosmetischer Präparate gewonnen.
Standort: Sonnig, hitzeverträglich, wärmeliebend. Boden trocken bis frisch, durchlässig, lehmig, neutral bis alkalisch.
Pflege: Regelmäßiger Rückschnitt im Frühjahr hält die Sträucher kompakt und blühwillig. ✂ 3.
Vermehrung: Stecklinge von halbreifen Trieben.

Lavandula angustifolia 'Dwarf Blue'

Lavandula angustifolia 'Hidecote'

Ledum palustre

Ledum palustre, Sumpf-Porst

Aussehen: Der heimische Sumpf-Porst ist ein aromatisch duftender, immergrüner, 1–1,5 m hoher, mehr oder weniger aufrechter Strauch mit braunfilzigen Trieben und 2–3,5 cm langen, linealischen bis lanzettlichen, am Rand eingerollten, oberseits matt glänzend olivgrünen, unterseits rostrot-filzigen Blättern. Die weißen, 1–1,5 cm breiten Blüten stehen im Mai/Juni in dichten, endständigen, vielblumigen Büscheln zusammen.

Neben der heimischen, unter Naturschutz stehenden Art wird häufig auch *L. groenlandicum* 'Compactum' angeboten, eine nur etwa 0,5 m hohe, kompakt wachsende und sehr reich blühende Sorte des Labrador-Porstes.
Verwendung: Reizende Kleinsträucher für den Teichrand sowie für Sumpf- und Heidegärten oder in Verbindung mit kleinlaubigen Rhododendren.
Standort: Licht- bis halbschattig. Boden feucht bis nass, humos, torfig, sauer.
Pflege: Wenig anpassungsfähig, gedeiht nur an zusagenden Standorten gut. ✂ 1.
Vermehrung: Aussaat im Frühjahr unter Glas.

Lespedeza thunbergii, Thunbergs Buschklee

Aussehen: Der sommergrüne, bis 2 m hohe und gleich breite, elegante Strauch ist u.a. seiner spätsommerlichen Blüten wegen von Interesse. Die knapp 2 cm langen, purpurrosa Schmetterlingsblüten entfalten sich erst im September/Oktober. Sie stehen an den diesjährigen Langtrieben in 8–20 cm langen, achselständigen Trauben zusammen, die zu 60–80 cm langen Rispen vereint sind. An seinen rutenförmigen, weit überhängenden Zweigen trägt der Strauch zierliche, dreizählige, hellgrüne Blätter.

Lespedeza thunbergii

Verwendung: Mit den langen, weit überhängenden Zweigen und der überreichen Blütenfülle einer der schönsten Blütensträucher des Spätsommers. Er kommt am besten zur Wirkung, wenn sich die Zweige ungehindert ausbreiten können.
Standort: Sonnig-warm, geschützt. Boden trocken bis frisch, durchlässig, sandig, sandig-lehmig, sauer bis neutral.
Pflege: Junge Pflanzen in kalten Wintern schützen. Vorjährige Zweige im Frühjahr stark zurückschneiden. ✂ 3.
Vermehrung: Aussaat im Frühjahr.

Leucothoe fontanesiana, Traubenheide

Aussehen: Die immergrüne Traubenheide wächst mit abstehend aufrechten bis elegant übergeneigten Zweigen zu einem etwa 1 m hohen, reich verzweigten, buschigen Strauch heran. 6–16 cm lang sind die länglich-lanzettlichen, glänzend dunkelgrünen Blätter, die sich im Herbst und Winter oft auffallend wein- bis bronzerot verfärben. Die weißen, zylindrischen Blüten sind etwa 8 mm lang, sie stehen im April/Mai in 4–8 cm langen, zahlreichen, achelständigen Trauben. Statt der Art sind in der Regel kompakt wachsende, kaum mehr als 0,5 m hoch werdende Sorten oder Hybriden mit dieser Art in Kultur, deren Blätter sich im Herbst und Winter sehr intensiv wein- bis purpurrot verfärben. Das gilt besonders für Sorten wie 'Lovita', 'Red Lips' und 'Scarletta'. Bei 'Rainbow' sind die Blätter im Austrieb kupfrig und gelb, später rosa marmoriert und gefleckt.
Verwendung: Immergrüne, reichblühende Sträucher mit einer ausgeprägten Winterfärbung der ledrigen, glänzenden Blätter. Sie werden einzeln oder in Gruppen gepflanzt, oft in Verbindung mit Rhododendren, sie kommen auch im Schatten hochkroniger Bäume zurecht.
Standort: Halbschattig bis schattig. Boden frisch bis feucht, durchlässig, sandig-humos, sauer.
Pflege: Auf zusagenden Standorten pflegeleicht. ✂ 1.
Vermehrung: Stecklinge von ausgereiften Trieben.

Leucothoe fontanesiana

Leucothoe fontanensiana 'Rainbow'

Ligustrum obtusifolium var. *regelianum*

Ligustrum obtusifolium var. *regelianum*, Stumpfblättriger Liguster

Aussehen: Die sommergrüne Varietät wird mit den waagerecht ausgebreiteten bis bogig abstehenden Ästen kaum mehr als 1,5(–2) m hoch. Die 1–3,5 cm langen, elliptischen bis eiförmigen, tiefgrünen Blätter sind zweizeilig angeordnet, sie bleiben im Herbst lange haften und färben sich braunviolett bis weinrot. Im Juni stehen kleine, weiße Blüten zu je 25–50 Stück in zahlreichen 2–3 cm langen Rispen endständig an Kurztrieben. Die schwarzen, leicht bereiften Früchte sind kugelig und 6 mm dick.
Verwendung: Robuster Strauch für Sichtschutzpflanzungen, kommt gut auch im Schatten großkroniger Bäume zurecht.
Standort: Sonnig bis schattig. Boden mäßig trocken bis feucht, alle durchlässigen Bodenarten, schwach sauer bis alkalisch.
Pflege: Robust und sehr anpassungsfähig. ✂ 2, 5.
Vermehrung: Steckholz.

Ligustrum ovalifolium, Wintergrüner Liguster

Aussehen: Mit seinem straff aufrechten, aufgelockerten Wuchs kann der dicht belaubte Liguster 3–5 m hoch werden. Die 2–8 cm langen, eiförmig-elliptischen, glänzend dunkelgrünen Blätter sind immer- oder wintergrün. Die weißen Blüten sind zwar sehr klein, stehen aber im Juli zu 100–200 Stück in 5–11 cm langen, gedrungenen, kegelförmigen Rispen an den Enden kurzer Triebe. Im September reifen die etwa 8 mm großen, kugeligen, saftig-fleischigen, giftigen Beeren, sie werden im Spätwinter gerne von Vögeln, vor allem Amseln und Drosseln, verzehrt.

Neben der Art wird häufig auch die Sorte 'Aureum' angeboten. Deren Blätter sind am Saum, gelegentlich auch vollständig gelb gefärbt. Braucht für eine gute Ausfärbung der Blätter einen sonnigen Platz.
Verwendung: Robuster Strauch für Schnitthecken und Sichtschutzpflanzungen, die Sorte 'Aureum' auch als Blattschmuckpflanze.
Standort: Sonnig bis schattig. Boden mäßig trocken bis frisch, alle durchlässigen Bodenarten, schwach sauer bis alkalisch.
Pflege: Für 'Aureum' einen geschützten Standort wählen. ✂ 2, 5.
Vermehrung: Steckholz.

Ligustrum ovalifolium 'Aureum'

Ligustrum vulgare

Ligustrum vulgare, Gewöhnlicher Liguster

Aussehen: Der heimische Liguster ist ein sommergrüner, 5–7 m hoher, reich verzweigter, locker aufrechter Strauch. Die dunkelgrünen, 3–6 cm langen, derben, länglich-eiförmigen bis lanzettlichen Blätter bleiben im Herbst lange haften, das gilt vor allem für die straff aufrecht wachsenden, 3–4 m hoch werdenden, häufig kultivierten Sorten 'Atrovirens' und 'Atrovirens Select'. Im Juni/Juli stehen die kleinen, weißen, etwas streng riechenden Blüten zu je 50–300 Einzelblütchen in 5–8 cm langen, endständigen Rispen zusammen. Wie die Blätter, bleiben auch die glänzend schwarzen, kugeligen, 5–6 mm dicken Früchte lange haften.

Nicht selten wird auch die Sorte 'Lodense' angeboten, ein kompakter, dicht verzweigter, bis etwa 0,7 m hoher Strauch mit tiefgrünen, lange haftenden Blättern.
Verwendung: Robuster, anpassungsfähiger Strauch, der vorwiegend in Schnitthecken sowie in Sicht- und Windschutzpflanzungen verwendet wird. Wertvoll als Vogelschutz- und Nährgehölz sowie als Insektenweide.
Standort: Sonnig bis schattig. Boden mäßig trocken bis feucht, alle durchlässigen Bodenarten, schwach sauer bis alkalisch.
Pflege: Anspruchslos. ✂ 2, 5.
Vermehrung: Steckholz.

Liquidambar styraciflua, Amberbaum

Aussehen: Der sommergrüne Amberbaum kann Höhen von 10–20 (–45) m erreichen, er wächst aber recht langsam und findet auch in mittelgroßen Gärten ausreichend Platz. Seine Krone ist anfangs schmal kegelförmig, im Alter rundlich bis ausgebreitet und dann 6–10 m breit. Die Zweige sind oft mit unregelmäßigen Korkleisten versehen. Die meist fünflappigen, ahornähnlichen, 10–18 cm langen, glänzend dunkelgrünen Blätter färben sich früh im Herbst in bunten, leuchtenden Farben, die von violettbraun über tiefrot zu orange und gelb reichen. Aus unscheinbaren, grünlich gelben, einhäusigen Blüten entwickeln sich 3–4 cm dicke, kugelige, an langen Stielen hängende Fruchtstände, die oft den Winter über hängen bleiben.
Verwendung: Mit der spektakulären Herbstfärbung ein prachtvoller Solitärbaum.
Standort: Sonnig. Boden frisch bis feucht, tiefgründig, nährstoffreich,

Liquidambar styraciflua

lehmig-humos, schwach sauer bis neutral.
Pflege: In der Jugend etwas frostempfindlich und spätfrostgefährdet. ✂ 1.
Vermehrung: Aussaat im Frühjahr unter Glas.

Liriodendron tulipifera, Tulpenbaum

Aussehen: *L. tulipifera* ist ein mit den Magnolien verwandter, sommergrüner, mittelstark wachsender Baum, der Höhen von 25–40 m erreichen kann. Er hat eine breit eiförmige bis kegelförmige Krone, in der die äußeren Äste im Alter oft malerisch durchhängen. Ganz eigenartig sind die im Umriss fast viereckigen, 8–15 cm langen Blätter geschnitten. Der Mittellappen ist quer gestutzt und beiderseits sattelförmig gebuchtet, die beiden großen Seitenlappen sind kurz zugespitzt. Die Blätter sind oberseits frischgrün, unterseits bläulich grün und im Herbst prachtvoll goldgelb. Im Mai/Juni entfalten sich die 4–5 cm breiten, tulpenförmigen Blüten mit den hellgrünen Kelchblättern und den gelben, an der Basis orangefarbenen Kronblättern. Sie sind in dem hochkronigen Baum und zwischen dem jungen Laub leider meist nur schlecht zu sehen. Die Früchte sind als 6–8 cm lange, zapfenartige Sammelfrüchte ausgebildet.

Liriodendron tulipifera

Liriodendron tulipifera

Verwendung: Mit dem eigenartigen Blattschnitt und der prachtvollen Herbstfärbung ein ausgesprochener Solitärbaum für größere Gärten und Parkanlagen.
Standort: Sonnig. Boden frisch bis feucht, tiefgründig, nährstoffreich, sandig-lehmig, empfindlich gegenüber Bodenverdichtungen und Staunässe, sauer bis neutral.
Pflege: Der fleischigen Wurzeln wegen nur im Frühjahr pflanzen. ✂ 1.
Vermehrung: Aussaat im Frühjahr unter Glas.

Lonicera caprifolium, Jelängerjelieber

Aussehen: Die heimische, früh austreibende Liane kann bis 5 m hoch werden, sie umklammert mit ihren rechtswindenden, hohlen Sprossen alle erreichbaren Kletterhilfen. Die 4–10 cm langen, elliptischen, gegenständigen Blätter sind oberseits dunkelgrün, unterseits bläulich, die oberen Blattpaare sind zu elliptischen Scheiben verwachsen. Die gelblich weißen, außen oft etwas geröteten, am Abend stark duftenden, 4–5 cm langen Blüten stehen in vier- bis

Lonicera caprifolium

zehnblütigen Quirlen zusammen, die der obersten Blattscheibe unmittelbar aufsitzen. Blütezeit im Mai/Juni. Im September/November reifen die korallenroten, 8 mm langen, giftigen Früchte.
Verwendung: *L. caprifolium* ist, wie die anderen sommergrünen Geißblatt-Arten, ein beliebter Kletterstrauch mit auffallenden Blüten zur Begrünung von Pergolen, Zäunen, Mauern und Baumstämmen. Kletterhilfen sind dazu notwendig.
Standort: Licht- bis halbschattig. Boden gleichmäßig frisch bis feucht, durchlässig, nährstoffreich, sandig- bis lehmig-humos, sauer bis neutral.
Pflege: Kein regelmäßiger Schnitt erforderlich. ✂ 6.
Vermehrung: Aussaat im Herbst oder Frühjahr, Hybriden und Sorten durch Stecklinge von krautigen Trieben.

Weitere empfehlenswerte, sommergrüne Geißblatt-Arten

***Lonicera × brownii* 'Dropmore Scarlet', Trompeten-Geißblatt**
Bis 3 m hoch windender Strauch. Blätter 6–10 cm lang, breit-elliptisch, oberseits blaugrün, unterseits auffallend blauweiß bereift, die oberen Blattpaare zu kreisrunden Scheiben verwachsen. Blüten tief schar-

Lonicera × brownii 'Dropmore Scarlet'

Lonicera periclymenum

Lonicera × tellmanniana

lachrot, lang trompetenförmig, bis 4 cm lang. Nach der Hauptblüte im Juni/Juli bis zum Oktober nachblühend. Die prachtvoll blühende Liane verträgt, im Gegensatz zu *L. caprifolium*, auch trockenwarme Standorte.

***Lonicera × heckrottii*, Feuer-Geißblatt**
Buschig wachsend oder schwach windend, 2–4 m hoch. Blätter 5–8 cm lang, länglich oder elliptisch, oberseits grün, unterseits bläulich, die oberen Blattpaare an der Basis verwachsen. Blüten zahlreich, außen purpurn und etwas drüsig, innen gelb, angenehm duftend. 15–30 Einzelblüten stehen in mehreren Quirlen übereinander und bilden einen ährenartigen Blütenstand. Blüte im Juni/Juli, bis zum September nachblühend. 'Goldflame' ist eine starkwüchsige Sorte mit zahlreichen, tief karminroten, innen hellgelben bis orangefarbenen Blüten.

***Lonicera periclymenum*, Wald-Geißblatt**
Heimische, 3–6 m hoch windende, früh austreibende Liane. Blätter 4–6 cm lang, eiförmig bis schmalelliptisch, oberseits dunkelgrün, unterseits blaugrün, die oberen Blattpaare nicht miteinander verwachsen. Herbstfärbung fahlgelb. Blüten stark duftend, gelblich weiß, oft purpurn getönt, 4–6 cm lang, stehen am Ende von Kurztrieben zu mehreren in Köpfchen. Früchte rot, kugelig, 7–8 mm dick.

Neben der Art sind auch einige Sorten in Kultur: 'Belgica Select' (Blüten zahlreich, rahmweiß, außen hell karminrosa) und 'Serotina' (starkwüchsig, Blüten groß, zahlreich, rahmweiß bis hellgelb, außen lilarosa).

***Lonicera × tellmanniana*, Gold-Geißblatt**
Starkwüchsig, 4–6 m hoch kletternd. Blätter 5–10 cm lang, elliptisch bis eiförmig, oberseits tiefgrün, unterseits weißlich bereift, das obere Blattpaar zu einer elliptischen Scheibe verwachsen. Blüten zahlreich, 4–5 cm lang, lebhaft orangegelb, in endständigen Quirlen, Blütezeit Juni/Juli, bis zum Oktober nachblühend.

Die prachtvoll blühende, wärmeliebende Hybride, verträgt auch sonnig-warme Standorte.

Lonicera henryi

Lonicera henryi, Henrys Geißblatt

Aussehen: Im Gegensatz zu den anderen, sommergrünen Geißblatt-Arten ist *L. henryi* eine immergrüne Art. Die starkwüchsige Liane klettert 4–6 m hoch. Sie hat dicht behaarte Triebe und 4–9 cm lange, längliche bis lanzettliche, mattgrüne, am Rand bewimperte Blätter. Die 1,5–2 cm langen, gelben bis purpurroten Blüten sind weniger auffallend als die der sommergrünen Arten. Sie entfalten sich im Juni/August. Die schwarzen, blau bereiften, leicht giftigen Früchte reifen ab September.
Verwendung: Die reich verzweigte und dicht belaubte Liane eignet sich sehr gut für Sichtschutzpflanzungen an Pergolen und stabilen Zäunen oder zur Begrünung von Mauern, Fassaden und Baumstämmen.

Blütenbiologie der Geißblatt-Arten
Im Gegensatz zu den strauchig wachsenden *Lonicera*-Arten warten die sommergrünen, kletternden Arten mit großen, auffallenden, meist duftenden Blüten auf, sie haben einen meist zweilippigen Saum und eine lange, schmal trichterförmige Kronröhre. Bei den Blüten handelt es sich um so genannte Nachtfalterblumen, sie öffnen sich erst in den Abendstunden, verströmen dann ihren stärksten Duft und sondern beträchtliche Mengen an Nektar ab. Sie werden dann von Nachtfaltern, Schwärmern und Eulen bestäubt. Nicht selten ist die Hälfte der Kronröhre von Nektar gefüllt, deshalb können auch kurzrüsselige Insekten wie Bienen und Hummeln den Nektar erreichen. Im Verblühen verfärben sich die Blüten und zeigen so den Insekten an, das sich ein Besuch nicht mehr lohnt.

Standort: Licht- bis halbschattig und wärmeliebend. Boden frisch bis feucht und durchlässig, nährstoffreich, sandig- oder lehmig-humos, schwach sauer bis schwach alkalisch.
Pflege: Schnittmaßnahmen nur nach Bedarf. ✂ 6.
Vermehrung: Aussaat oder Stecklinge von halbreifen Trieben.

Lonicera maackii, Maacks Heckenkirsche

Aussehen: *L. maackii* ist ein sommergrüner, breit aufrechter, 4–6 m hoher, im Alter schirmartig aufgebauter Strauch oder kleiner, kurzstämmiger Baum. Eiförmig-elliptisch bis eiförmig lanzettlich sind die 5–8 cm langen, mittel- bis dunkelgrünen Blätter. Sehr schön sind die zahlreichen weißen, im Verblühen

Lonicera maackii

gelben, duftenden, zweilippigen Blüten. Sie stehen im Juni in achselständigen Paaren entlang der vorjährigen Zweige. Von beachtlicher Wirkung sind auch die zahlreichen, lebhaft dunkelroten, 4 mm dicken, kugeligen Beeren, die im August reifen.
Verwendung: Ein fast kleinbaumartig wachsender Solitär- und Gruppenstrauch. Andere sommergrüne Heckenkirschen sind robuste Sträucher für Gruppen- und Heckenpflanzungen.
Standort: Sonnig bis halbschattig, Boden mäßig trocken bis feucht, alle durchlässigen Bodenarten, schwach sauer bis alkalisch.
Pflege: Anspruchslos, ✂ 2.
Vermehrung: Aussaat im Herbst oder im Frühjahr.

Empfehlung für den Garten
Mit der überreichen Blüte und dem reichen Fruchtschmuck ist Maacks Heckenkirsche wohl das attraktivste Schmuckgehölz unter den zahlreichen Heckenkirschen.

Weitere empfehlenswerte, sommergrüne Heckenkirschen

***Lonicera caerulea*,**
Blaue Heckenkirsche
Aufrechter, dicht verzweigter, 1–2 m hoher Strauch mit auffallenden Winterknospen und rotbraunen Zweigen. Blätter rundlich eiförmig, 2–8 cm lang, glänzend dunkelgrün. Blüten gelblich weiß im April/Mai. Früchte bis 1,2 cm dick, schwarz, hellblau bereift, essbar, aber nicht immer wohlschmeckend.

***Lonicera kamtschatica*,**
Kamtschatka-Heckenkirsche
Aufrechter, 1–2 m hoher, früh austreibender Strauch. Blätter länglich-elliptisch, 4–10 cm lang, mittelgrün, anfangs samtig behaart. Blüten im April, gelblich weiß, mit auffallend

Lonicera caerulea

Lonicera kamtschatica 'Maiglow'

Lonicera × purpusii

Lonicera xylosteum

langen Staubblättern. Früchte bis 3 cm dick, schwarzblau, hellblau bereift, wohlschmeckend, reich an Vitamin C und D, schon im Mai/Juni reifend und deshalb auch als Mai-Beere bezeichnet.

***Lonicera × purpusii*, Duft-Heckenkirsche**
Aufrechter, dicht verzweigter, gelegentlich wintergrüner, 2–3 m hoher Strauch. Blätter eiförmig-elliptisch bis lanzettlich, 5–9 cm lang, oberseits dunkelgrün, unterseits blaugrün. Blüten schon im Februar/März, gelegentlich bereits ab Dezember, rahmweiß, stark duftend. Gehört zu den wenigen winterblühenden Sträuchern unserer Gärten.

***Lonicera tatarica*, Tataren-Heckenkirsche**
Sehr robuster, straff aufrechter, 2–4 m hoher, zuletzt ausladender, früh austreibender Strauch. Blätter eiförmig bis lanzettlich, oberseits dunkelgrün, unterseits hell- bis bläulich grün. Zahlreiche Blüten im Mai/Juni, weiß, rosa oder karminrot, bei 'Arnold Red' dunkelrot und bei 'Hacks Red' purpurrosa. Früchte giftig, kugelig, scharlachrot bis gelborange. Wertvoll als Vogelnähr- und -schutzgehölz.

***Lonicera xylosteum*, Rote Heckenkirsche**
Robuster, breit aufrechter, dicht verzweigter, früh austreibender, 1–3 m hoher, heimischer Strauch. Blätter breit-elliptisch, 3–6 cm lang, stumpfgrün und beiderseits leicht anliegend behaart. Blüten im Mai/Juni, gelblich weiß, außen oft etwas gerötet. Früchte giftig, abgeflacht kugelig, 5–7 mm dick, hochrot. Gilt als ökologisch wertvolles Vogelnähr- und -schutzgehölz.

Lonicera nitida, Immergrüne Strauch-Heckenkirsche

Aussehen: Der immergrüne, reich verzweigte und dicht belaubte Strauch wird mit seinen aufrechten Grundästen, den waagerecht oder bogig abstehenden Zweigen und den anfangs purpurnen, dicht behaarten Trieben 1–1,5 m hoch und gleich breit. Die ledrigen, breit eiförmigen, 0,6–1,2 cm langen Blätter sind glänzend dunkelgrün. Zwischen dem dichten Laub fallen die kleinen, rahmweißen, leicht duftenden, 0,6–1,2 cm langen Blüten kaum auf. Auch die kugeligen, 6 mm großen, purpurvioletten Beerenfrüchte sind eher unscheinbar. Statt der Art sind kompakt wachsende Sorten wie 'Elegant' und 'Maigrün' in Kultur.
Verwendung: Die immergrünen Sträucher werden vorwiegend für flächige Begrünungen unter größeren Gehölzen oder für niedrige Schnitthecken eingesetzt.
Standort: Sonnig bis halbschattig. Boden mäßig trocken bis feucht, alle durchlässigen Bodenarten, schwach sauer bis schwach alkalisch.
Pflege: Verträgt auch starken Rückschnitt. ✂ 1, 5.
Vermehrung: Stecklinge von halbreifen Trieben

Weitere empfehlenswerte, immergrüne Heckenkirsche

***L. pileata*, Immergrüne Kriech-Heckenkirsche**
Wuchs ausgebreitet, bis 0,8 m hoch, 1–1,3 m breit. Blätter ledrig, 1,5–3 cm lang, länglich-lanzettlich , glänzend dunkelgrün. Blüten im Mai, blassgelb, 7–8 mm lang, leicht duftend. Früchte kugelig, 5 mm dick, amethystfarben. Wird in gleicher Weise verwendet wie *L. nitida*.

Lonicera nitida 'Maigrün'

Magnolia kobus, Kobushi-Magnolie

Aussehen: Die japanische Kobushi-Magnolie wächst ziemlich langsam zu einem 8–10 (–20) m hohen, meist kurzstämmigen Baum mit einer anfangs kegelförmigen, später breit-rundlichen, bis 5 m breiten Krone heran. Die derben, verkehrt-eiförmigen Blätter sind 6–12 cm lang, dunkelgrün, im Herbst gelb. Noch vor der Laubentfaltung, im April/Mai, zeigen sich strahlend weiße, duftende, bis 10 cm breite Blüten mit 6–9 fleischigen, als Tepalen bezeichnete Blütenblätter. Im Oktober reifen die zylindrischen, bis 10 cm langen, hellroten Sammelfrüchte.
Verwendung: Die im Alter sehr reichblühende Kobushi-Magnolie gehört zu den besonders robusten Vertretern der Gattung. Sie ist, wie alle Magnolien, ein exzellenter Blütenbaum, der im Garten eine Sonderstellung verdient. Leider muss man auf die ersten Blüten mindestens 10 Jahre lang warten.
Standort: Sonnig bis lichtschattig. Boden frisch bis feucht, tiefgründig, nährstoffreich, gut gepflegt, sandig- oder lehmig-humos, sauer bis neutral. Die oberflächennahen Wurzeln sind empfindlich gegenüber Verletzungen.
Pflege: Möglichst nicht schneiden. Der fleischigen Wurzeln wegen am besten im Frühjahr pflanzen oder in Containern gezogene Pflanzen verwenden. ✂ 1.
Vermehrung: Aussaat im Frühjahr.

Magnolia kobus

Magnolia liliiflora 'Nigra', Purpur-Magnolie (Tab. 45)

Aussehen: Die chinesische Purpur-Magnolie wächst locker breit aufrecht und wird im Alter 3–5 m hoch und gleich breit. 10–18 cm lang sind die verkehrt-eiförmigen, dunkelgrünen Blätter. Im Mai-Juni, gleichzeitig mit der Laubentfaltung, öffnen sich auch die 10–12 cm langen, trichterförmigen Blüten. Ihre 6 Tepalen sind außen dunkel purpurrot, innen rosaweiß. Die braunen Sammelfrüchte sind etwa 5 cm lang.

Magnolia liliiflora 'Nigra'

Magnolia 'Betty'

Tab. 45 Schöne Magnolien-Hybriden mit dem Erbgut von *Magnolia liliiflora*

Sorte	Blüten
'Betty'	rötlich purpurn, bis 20 cm breit, 12–19 Tepalen, zur Vollblüte ausgebreitet
'Galaxy'	außen rötlich purpurn, innen hell purpurrosa, schwach duftend, 20–25 cm breit, 11–12 Tepalen, zuletzt abstehend bis zurückgeschlagen
'Heaven Scent'	gleichmäßig tief purpurrot, duftend, trichterförmig, bis 12 cm breit, 9–12 Tepalen, auch zur Vollblüte aufrecht stehend
'Ricki'	purpurrot bis purpurn, innen hellpurpurn bis weiß, 10–15 cm breit, 10–12 Tepalen, zur Vollblüte noch annähernd aufrecht
'Royal Crown'	dunkelrot bis violett, innen weiß, bis 30 cm breit, 12 Tepalen, zur Vollreife zurückgeschlagen
'Star Wars'	in der Knospe lebhaft scharlachrot, aufgeblüht heller, innen rahmweiß bis zartrosa, bis 30 cm breit, 12 sehr dicke Tepalen, zur Vollblüte ausgebreitet. Gilt als eine der schönsten Sorten für sommerwarme, wintermilde Regionen
'Susan'	rötlich purpurn, 10–15 cm breit, 6 Tepalen, zur Vollblüte sternförmig ausgebreitet

Magnolia 'Galaxy'

Verwendung: Die alte Sorte 'Nigra' wird wegen ihrer eleganten, dunklen Blüten häufig kultiviert und hat ihr Erbgut an zahlreiche prachtvolle Hybriden weitergegeben. Bis auf die kleinbaumartig wachsenden Sorten 'Galaxy' und 'Star Wars' entwickeln sich alle zu breit aufrechten, 3–6 m hohen, locker aufgebauten Großsträuchern, die mit imposanten, aristokratisch anmutenden Blüten aufwarten.
Standort und Pflege: Wie bei *Magnolia kobus*.
Vermehrung: Stecklinge von krautigen Trieben.

Magnolia 'Star Wars'

Magnolia × loebneri 'Merill', Loebners Magnolie

Aussehen: 'Merill' entwickelt sich zu einem Großstrauch oder kleinen, 4–6 (–9) m hohen Baum mit einer anfangs kegelförmigen, später unregelmäßig rundlichen, locker verzweigten Krone. Verkehrt-eiförmig, lanzettlich bis breit-elliptisch sind die derben, dunkelgrünen, im Herbst gelben Blätter. Noch vor der Laubentfaltung, im April/Mai, öffnen sich die zahlreichen schimmernd weißen, duftenden Blüten. Ihre 14–16 spatelförmigen Tepalen stehen zunächst aufrecht, später aber weit ab. Bei der Sorte 'Leonard Messel' sind die Blüten in der Knospe purpurn, später außen rosa und innen weiß. Ihre 12 linealischen Tepalen sind zuletzt flach ausgebreitet.
Verwendung: Die prachtvolle Hybride vereinigt in sich die wertvollen Eigenschaften der beiden Eltern, die Blühfreudigkeit von *M. stellata* mit der Robustheit und Wuchsfreudigkeit von *M. kobus*.
Standort und Pflege: Wie bei *M. kobus*.
Vermehrung: Wie bei *M. liliiflora* 'Nigra'.

Magnolia × loebneri 'Merill'

Magnolia × loebneri 'Leonard Messel'

Magnolia sieboldii, Siebolds Magnolie

Aussehen: Im Gegensatz zu allen anderen hier beschriebenen Magnolien öffnen sich die Blüten von *M. sieboldii* erst nach der Laubentfaltung im Juni/Juli. Der breit kegel- bis trichterförmige Großstrauch wird 3–4 (–6) m hoch. Seine oberseits dunkelgrünen, unterseits bläulich grünen Blätter sind 5–15 cm lang und breit-elliptisch bis verkehrt-eiförmig . 7–10 cm breit sind die weißen bis rahmweißen, intensiv duftenden, schalenförmigen Blüten mit den 9 Tepalen und auffallenden, scharlachroten Staubblättern. Im September reifen die

Magnolia sieboldii

karminroten, walzen- oder gurkenförmigen Sammelfrüchte.
Verwendung: Besonders attraktiver, sommerblühender Solitärstrauch mit vergleichsweise zierlichen, nickenden Blüten.
Standort und Pflege: Wie bei *M. kobus*.
Vermehrung: Aussaat im Frühjahr.

Magnolia × soulangiana, Tulpen-Magnolie

Aussehen: Tulpen-Magnolien entwickeln sich zu breit ausladenden, 3–6 m hohen Sträuchern oder kurzstämmigen Kleinbäumen. Die verkehrt-eiförmigen, frischgrünen Blätter sind 10–15 cm lang. Vor der Laubentfaltung, im April/Mai, erscheinen an den Zweigenden die imposanten, tulpenförmigen Blüten mit den 8–10 dicken, fleischigen Tepalen. Bei 'Lennei', der am häufigsten kultivierten Sorte, sind die Blüten außen dunkel purpurrot, innen weiß. 'Brozzoni' hat besonders große, bis 25 cm breite, reinweiße, nur außen an der Basis zartrosa getönte Blüten. Auch bei 'Lennei Alba' sind die Blüten reinweiß. Mit besonders prächtigen, außen sehr dunkel purpurroten, innen weißen, offen-becherförmigen Blüten wartet die Sorte 'Rustica Rubra' auf.
Verwendung: Alle genannten Sorten sind alte, bewährte, häufig als Solitärgehölze gepflanzte Magnolien mit prachtvollen Blüten.
Standort und Pflege: Wie bei *M. kobus*.
Vermehrung: Wie bei *M. liliiflora* 'Nigra'.

Magnolia stellata, Stern-Magnolie

Aussehen: Mit einer Wuchshöhe von etwa 3 m ist die langsam wachsende Stern-Magnolie die zierlichste Art der Gattung. 4–10 cm lang sind die schmal verkehrt-eiförmigen bis lanzettlichen dunkelgrünen Blätter. Besonders früh, schon im März/April, schmückt sich der Strauch mit zahlreichen weißen, duftenden, etwa 8 cm breiten Blüten. Sie besitzen 10–12 schmal längliche Tepalen, die bald nach dem Aufblühen sternförmig ausgebreitet sind. Bei der häufig kultivierten Sorte 'Waterlily' sind die Blüten in der Knospe rosa, später weiß, sie sind größer als bei der Art und mit 14–18 Tepalen ausgestattet. Noch größer ist die Anzahl der Tepalen, nämlich 25–30 Stück, bei den großen, reinweißen Blüten von 'Royal Star', sie blüht 10–14 Tage später als die Art *M. stellata*.
Verwendung: Mit den zahlreichen, vergleichsweise zierlichen Blüten und dem moderaten Wuchs findet die Stern-Magnolie auch in kleinsten Gärten Platz.

Die sich früh öffnenden Blüten werden leider gelegentlich von Spätfrösten zerstört. Das gilt aber auch für andere Magnolien, die vor der Laubentfaltung blühen.
Standort und Pflege: Wie bei *M. kobus*.
Vermehrung: Aussaat im Frühjahr oder Stecklinge von krautigen Trieben.

Magnolia × soulangiana 'Lennei'

Magnolia stellata 'Waterlily'

Magnolien – die Stars unter den Blütenbäumen
Magnolien gehören ohne Zweifel zu den attraktivsten Blütengehölzen, die aus dem ostasiatischen Florenreich in unsere Gärten gekommen sind. In der Zeit von April bis Juli, je nach Art, überraschen sie immer wieder durch ihre Blütenfülle und die großen, eleganten Blüten. Sie übertreffen in ihrer Größe die Blüten aller anderen Baumarten der gemäßigten und subtropischen Zonen. Die rahmweißen, schalenförmigen Blüten der in Nordamerika heimischen *M. macrophylla*, der Großblättrigen Magnolie, können zum Beispiel Durchmesser von bis zu 40 cm erreichen, die Blätter werden bis zu 80 cm lang. *M. macrophylla* wird hierzulande leider nur von sehr wenigen Baumschulen angeboten. Riesig sind auch die Blüten von baumförmig wachsenden Arten wie *M. campbelii* und *M. sargentiana*, die bei uns leider nur in sehr wintermilden Gegenden wachsen und auch hier nur bedingt winterhart sind.

Mahonia aquifolium, Gewöhnliche Mahonie

(Tab. 46)

Aussehen: *M. aquifolium* ist ein immergrüner, kaum über 1 m hoher, breitbuschiger Kleinstrauch mit derb ledrigen, bis 20 cm langen Fiederblättern. Die 5–13 schief-eiförmigen, sehr variablen, 4–8 cm langen, glänzend dunkelgrünen Blättchen sind am mehr oder weniger stark gewellten Rand an beiden Seiten mit 5–19 stacheligen Zähnen ausgestattet. Im Winter färben sich die Blätter nicht selten intensiv bronzerot. Im April/Mai öffnen sich an den Triebenden die 5–8 cm langen Blütentrauben mit den zahlreichen kleinen, leuchtend goldgelben, herb duftenden Blüten. Ab August reifen die etwa 8 mm langen, elliptischen, purpurschwarzen, bereiften Beerenfrüchte. Neben der variablen Art werden auch einige vegetativ vermehrte Sorten angeboten.
Verwendung: Ganzjährig attraktive Kleinsträucher, die in kleinen Gruppen oder großflächig zur Flächenbegrünung gepflanzt werden. Die Blüten sind mit ihrem reichen Nektar- und einem guten Pollenertrag wertvolle Bienentrachtpflanzen.

Mahonia aquifolium

Standort: Halbschattig bis schattig. Boden mäßig trocken bis feucht, alle durchlässigen, humosen Bodenarten, schwach sauer bis alkalisch.
Pflege: Starke Rückschnitte werden gut vertragen, müssen aber nicht regelmäßig durchgeführt werden. Wird direkt nach der Blüte geschnitten, kann im folgenden Jahr wieder mit Blüten gerechnet werden. ✂ 1.
Vermehrung: Aussaat im Herbst oder Frühjahr, Sorten durch Stecklinge.

Tab. 46 Empfehlenswerte Sorten von *Mahonia aquifolium*

Sorte	Blüten	Wuchs und Belaubung
'Apollo'	goldgelb, zahlreich	ausgebreitet, vieltriebig, bis 0,6 m hoch, Blätter glänzend dunkelgrün, Winterfärbung purpurn bis dunkel rotbraun
'Atropurpurea'	gelb, in zahlreichen kleinen Trauben	ausgebreitet, vieltriebig, bis 0,6 m hoch, Blätter mattglänzend tiefgrün, Winterfärbung schön dunkel bronzebraun
'Maqu'	dunkelgelb	kräftig aufrecht, bis 1 m hoch, Blätter glänzend dunkelgrün, im Austrieb rötlich, Winterfärbung bronzefarben
'Pamia'	kanariengelb, in kugelförmigen Ständen	breit aufrecht, bis 0,8 m hoch, Blätter glänzend dunkelgrün, Winterfärbung dunkel violettbraun

Weitere attraktive *Mahonia*-Sorten

***Mahonia japonica* 'Hivernant'**
Großblättriger, breit aufrechter, bis etwa 1,5 m hoher, dickastiger, immergrüner Strauch. Blätter gefiedert, mit jeweils 11–15 Blättchen, 25–50 cm lang, länglich-eiförmig, dornig gezähnt, mittelgrün. Blüten sehr zahlreich, schwefelgelb, stark duftend, in bis 35 cm langen, abstehenden Trauben, im Februar/März bzw. bis April. Früchte dunkelpurpurn, bereift. Vitaler, ziemlich gut winterharter Strauch, gilt als bester Winterblüher unter den Mahonien. Schnittmaßnahmen möglichst vermeiden.

***Mahonia × media* 'Wintersun'**
Großblättriger, bis 2 m hoher, sehr sparsam verzweigter, sehr dickastiger, immergrüner Strauch. Blätter gefiedert, bis 40 cm lang, Blätter aus 17–23 Blättchen zusammengesetzt, mit scharfen Randzähnen, matt graugrün, leicht bereift, unterseits gelblich grün. Blüten hellgelb, duftend, in bis 30 cm langen, aufrecht abstehenden Trauben. Dezember bis Februar/März. Sehr attraktiver Winterblüher für geschützte, wintermilde Plätze, wertvollste Sorte dieser Hybridgruppe. Schnittmaßnahmen möglichst vermeiden.

Mahonia × media 'Wintersun'

Malus floribunda, Vielblütiger Apfel

Aussehen: Die japanische Art *M. floribunda* entwickelt sich zu einem 4–10 m hohen, sommergrünen Baum mit einer zuletzt breit gewölbten, dicht verzweigten Krone. Elliptisch bis eiförmig sind die 4–8 cm langen, dunkelgrünen Blätter. Im Mai schmückt sich der Baum mit unzähligen, 2–3 cm großen Blüten, sie sind in der Knospe tief karminrot gefärbt, aufgeblüht rosa. Die größte Zierde sind die Blüten, die kugeligen, 6–8 mm dicken, gelblich grünen bis roten Früchte sind weniger auffällig.
Verwendung: Zieräpfel gehören zu den attraktivsten Blütenbäumen unserer Gärten. Zahlreiche Arten und Sorten erfreuen uns nicht nur mit einer überschäumenden Blütenfülle im Frühjahr, sie machen im Herbst noch einmal mit einem reichen Fruchtschmuck auf sich aufmerksam, bei einigen Sorten bleiben die kleinen Äpfel bis weit in den Winter hinein haften, bevor sie mürbe werden und von Vögeln verzehrt werden.
Standort: Sonnig. Boden frisch bis feucht, tiefgründig, nährstoffreich, sandig-lehmig bis lehmig, schwach sauer bis alkalisch.
Pflege: Nur mäßig schorfanfällig. ✂ 1.
Vermehrung: Sommerokulation im Freiland, Handveredlungen im Winter.

Malus floribunda

Weitere attraktive *Malus*-Wildarten

***Malus sargentii*, Sargents-Apfel**
Malerischer, sehr breitkroniger, bis 4–5 (–8) m hoher Strauch oder kleiner Baum mit waagerecht abstehenden Ästen. Die Wuchshöhe ist abhängig von der in der Baumschule gezogenen Stammhöhe. Blätter eiförmig, 5–8 cm lang, an Langtrieben oft dreilappig, dunkelgrün, im Herbst orangegelb. Blüten im Mai, sehr zahlreich, reinweiß, duftend, 2,5 cm breit. Früchte kugelig, 1 cm dick, dunkelrot, oft bis zum Frühjahr haftend. 'Tina' ist eine schwachwüchsige, kaum mehr als mannshohe Sorte mit einer überreichen Blütenfülle.

Malus sargentii

Malus sargentii

***Malus toringo*, Japan-Apfel**
Mäßig stark wachsender, 5–6 (–10) m hoher, breit aufrechter Baum mit weit abstehenden Ästen. Blätter 3–6 cm lang, eiförmig bis elliptisch, dunkelgrün, beiderseits behaart, im Herbst schön rot und gelb. Blüten in Mai, sehr zahlreich, 2 cm breit, in der Knospe dunkelrosa, bald hellrosa bis weiß. Früchte kugelig, 6–8 mm groß, rot oder bräunlich gelb, bis zum Dezember haftend. Attraktive, schorfresistente Art.

Malus toringo

Malus-Hybriden
(Tab. 47)

Aussehen: Mittelstark wachsende, 4–6 m hohe Kleinbäume, meist mit ausladenden, breit-rundlichen, selten nahezu säulenförmigen Kronen und überwiegend grünen, teilweise roten Blättern. Bei den meisten Sorten sind die Blüten einfach, bei wenigen Sorten auch halbgefüllt. Sie sind in der Knospe mehr oder weniger intensiv rosa bis rot, aufgeblüht dann meist weiß. Viel variabler als die Blüten sind die roten, orangeroten oder gelben Früchte, die oft bis weit in den Winter hinein haften.
Verwendung: Prachtvolle, kleinkronige Blüten- und Fruchtbäume, die im Garten meist als Solitärbäume gepflanzt werden. Alle hier genannten Sorten blühen und fruchten sehr reich, sie sind weitgehend restistent gegen Schorf und Mehltau.
Standort, Pflege und Vermehrung: Wie bei *M. floribunda*.

Malus 'Liset'

Malus 'Pomzai'

Tab. 47 Empfehlenswerte Sorten des Zier-Apfels

Sorte	Blüten	Früchte	Blätter, abweichender Wuchs
'Airondack'	reinweiß, sehr groß	rot, fast kugelig	ledrig, matt dunkelgrün
'Butterball'	anfangs rosa, später weiß mit rosa Schimmer, groß	glänzend gelb, kugelig, 2–2,5 cm dick	hellgrün
'Evereste'	dunkel purpurrosa, später heller, zuletzt weiß	orangegelb, im Allgemeinen kugelig	grün, lange haftend, im Herbst goldgelb
'Golden Hornet'	rosa, später rosaweiß, groß	tiefgelb, rundlich	mattgrün
'John Downie'	rosa bis weiß, sehr groß	gelb bis hell orangerot, sehr groß	glänzend tiefgrün
'Liset'	beständig purpurrot	dunkel purpurn, klein	anfangs dunkelpurpurn, später glänzend dunkelgrün
'Makamik'	dunkel lilarosa	hellrot, klein	anfangs purpurrot, später grün
'Pomzai'	hellrosa, zuletzt weiß	gelb bis orange, klein, lange haftend	Blätter im Herbst gelbbraun, lange haftend
'Professor Sprenger'	rosa, zuletzt weiß	gelborange, eiförmig	mattgrün
'Red Jade'	lachsrosa, zuletzt rosaweiß	rot, eiförmig, klein	Hängeform, Zweige dünn, überhängend
'Red Sentinel'	hellrosa, zuletzt weiß	glänzend hellrot, kugelig	anfangs bronzefarben, später hellgrün
'Rudolph'	karminrot, zuletzt rosarot, groß	orangegelb, lange haftend	tief bronzerot, später bronzegrün, lange haftend
'Street Parade'	reinweiß, groß	blaurot, klein	Wuchs schmal eiförmig
'Van Eseltine'	außen intensiv rosa, innen hellrosa, halbgefüllt	gelb bis orangerot, klein	Wuchs anfangs schmal säulenförmig, später trichterförmig

Malus 'Rudolph'

Malus 'Red Sentinel'

Malus 'Van Eseltine'

Malus 'Butterball'

Malus 'John Downie'

Malus 'Evereste'

Mespilus germanica, Mispel

Aussehen: *M. germanica* ist ein sommergrüner, 3–6 m hoher Strauch oder kurzstämmiger Baum mit einer ausladenden Krone und gelegentlich dornigen Zweigen. Länglich bis länglich-lanzettlich sind die derben, 6–12 cm langen, oberseits glänzend dunkelgrünen, unterseits feinfilzigen Blätter. Sie färben sich im Herbst leuchtend gelbbraun. Im Mai/Juni stehen an den Kurztriebenden sehr hübsche, weiße, 4–5 cm breite, weit geöffnete Blüten. Ab September reifen die 3–4 cm breiten, braunen, breit kreiselförmigen Apfelfrüchte.
Verwendung: Seit dem Mittelalter in Bauerngärten gehaltenes Wildobst. Die anfangs sehr harten Früchte werden erst durch Frosteinwirkung oder nach langem Liegen teigig und sind dann essbar. Die Blüten produzieren reichlich Nektar und sind deshalb eine gute Bienenweide.
Standort: Sonnig bis lichtschattig. Boden mäßig trocken, alle tiefgründigen, nährstoffreichen Bodenarten, schwach sauer bis alkalisch.
Pflege: Langlebig und pflegeleicht. ✂ 1.
Vermehrung: Sommerokulation im Freiland.

Mespilus germanica

Nothofagus antarctica, Scheinbuche, Südbuche

Aussehen: *N. antarctica* ist ein sommergrüner Baum der südlichen Halbkugel, der bei uns kaum mehr als 6 m hoch wird. Der anfangs straff aufrechte, später unregelmäßig wachsende Kleinbaum besticht durch seinen eigenwilligen, filigranen Aufbau, die schwärzliche Rinde mit den zahlreichen hellen Lentizellen, die fischgrätenartige Verzweigung und die kleinen, glänzend dunkelgrünen, 1,5–4 cm langen, eiförmigen bis breit eiförmigen Blätter, die am Rand fein gewellt und gekerbt sind. Im Herbst färben sich die Blätter goldgelb. Aus unscheinbaren, einhäusigen Blüten entwickeln sich kleine, ebenfalls unscheinbare Nussfrüchte.
Verwendung: Mit dem eigenwilligen, etwas bizarren Aufbau und den zierlichen Blättern ein beliebter Kleinbaum für eine solitäre Stellung, wird häufig in Gebäudenähe oder in Innenhöfen gepflanzt.
Standort: Sonnig bis halbschattig, wärmeliebend. Boden frisch bis feucht, durchlässig, sandig-lehmig oder lehmig, sauer bis neutral.
Pflege: Junge Pflanzen im Winter schützen. ✂ 1.
Vermehrung: Stecklinge von krautigen oder halbreifen Trieben.

Nothofagus antarctica

Nyssa sylvatica, Wald-Tupelobaum

Aussehen: Langsam wächst der sommergrüne, im Alter sehr stattliche Baum bis zu einer Höhe von 15–25 (–30) m heran. Er bildet mit aufstrebenden Ästen eine anfangs breit kegelförmige, später mehr rundliche Krone aus. Verkehrt-eiförmig oder elliptisch sind die 5–10 cm langen, oberseits glänzend grünen, unterseits bläulichen Blätter. Sie färben sich im Herbst ganz prachtvoll orange- bis scharlachrot und gelb. Die polygamen oder zweihäusig verteilten Blüten sind sehr unscheinbar. Nur selten werden die etwa 1 cm dicken, blauschwarzen Steinfrüchte ausgebildet.
Verwendung: Mit der einmaligen, spektakulären Herbstfärbung ein kostbarer Solitärbaum, schön zusammen mit zur Zeit der Herbstfärbung blühenden, blauen Herbstastern.
Standort: Sonnig bis lichtschattig. Boden frisch bis feucht, tiefgründig, nährstoffreich, sandig-lehmig, sauer bis schwach sauer, kalkfliehend.
Pflege: Möglichst im Frühjahr pflanzen. Wurzeln nicht verletzen, da sich sonst zahlreiche Wurzelschösslinge entwickeln können. ✂ 1.
Vermehrung: Aussaat im Frühjahr.

Nyssa sylvatica

Osmanthus heterophyllus, Duftblüte

Aussehen: Der immergrüne, dicht verzweigte, buschig aufrechte, ilexartig belaubte, herbstblühende Strauch wird 2–4,5 m hoch. Die 2–6 cm langen, sehr derb ledrigen, elliptisch-länglichen Blätter sind mit einer dornigen Spitze und jederseits mit 1–4 dornigen Zähnen versehen. Sie sind oberseits glänzend dunkelgrün, unterseits gelblich grün. Im Gegensatz zu den ähnlichen Blättern der Stechpalmen sind sie gegenständig angeordnet. Zu einer ungewöhnlichen Jahreszeit, im September/Oktober, stehen zwischen den Blättern weiße, süß duftende, 4–5 mm breite Blüten in Büscheln zusammen. Früchte werden bei uns nur sehr selten ausgebildet. Bei 'Tricolor' sind

Osmanthus heterophyllus 'Variegatus'

Pachysandra terminalis

die tiefgrünen Blätter hellgelb gesprenkelt, bei 'Variegatus' cremeweiß gerandet.
Verwendung: Mit der ungewöhnlichen Blütezeit und den intensiv duftenden Blüten ein interessanter, wärmeliebender Strauch für Gehölz- und Staudenrabatten, Sichtschutzpflanzungen oder Schnitthecken.
Standort: Halbschattig, geschützt. Boden mäßig trocken bis feucht, durchlässig, locker, sandig-humos, sauer bis schwach alkalisch.
Pflege: Bei jungen Pflanzen ist Winterschutz ratsam. ✂ 1, 5.
Vermehrung: Stecklinge von ausgreiften Trieben.

Pachysandra terminalis, Dickmännchen, Ysander

Aussehen: Mit fleischigen, niederliegend-aufsteigenden, nur am Ende beblätterten Stängeln und unterirdischen, weithin kriechenden Ausläufern breitet sich der kaum mehr als 0,3 m hohe, immergrüne Strauch dicht flächendeckend aus. Die ledrigen, 5–8 cm langen, rhombisch-länglichen, glänzend frischgrünen Blätter stehen an den Sprossenden dicht gedrängt. Unscheinbar sind die kleinen weißen Blüten, sie sind zu 3–5 cm langen, ährenartigen Ständen angeordnet. Nur sehr selten entwickeln sich daraus die weißen, glasartigen Früchte. Neben der Art werden als Bodendecker auch kompakt wachsende, niedrig bleibende, bis etwa 20 cm hohe, kleinblättrige Sorten wie 'Compacta' oder 'Green Carpet' angeboten. Bei der schwachwüchsigen 'Variegata' sind die Blätter weiß gerandet.
Verwendung: Einer der wichtigsten und dankbarsten Bodendecker für schattige bis halbschattige Lagen, sofern die Böden ausreichend frisch sind. Die Art bildet auch unter hochkronigen Bäumen dichte, langlebige Bodendecken.
Standort: Halbschattig bis schattig. Boden frisch bis feucht, locker, gepflegt, durchlässig, sandig-humos, sauer bis schwach alkalisch.
Pflege: Kommt viele Jahre ohne Schnittmaßnahmen aus, kann aber auch flächig zurückgeschnitten werden. ✂ 1.
Vermehrung: Stecklinge, Abtrennen der Ausläufer.

Paeonia rockii, Rocks Strauch-Päonie

Aussehen: Langsam baut sich diese Strauch-Päonie mit ansteigenden, sparsam verzweigten Ästen zu einem mannshohen und gleich breiten, halbkugeligen Strauch auf. Die zwei- bis dreifach gefiederten, dunkelgrünen Blätter werden bis 40 cm lang. Im Mai prunkt der exquisite Strauch mit riesigen, spektakulären, weit geöffneten, schalenförmigen Blüten. Die weißen, am Saum unregelmäßig eingeschnittenen Kronblätter sind am Grunde mit einem auffallend großen, schwarzroten Basalfleck (Saftmal) gezeichnet. Zur imposanten Wirkung der Blüten tragen auch die zahlreichen, goldgelben Staubblätter bei. Inzwischen sind auch Sorten mit andersfarbigen Blüten in Kultur. In den großen Fruchtbälgen werden bei uns nur selten keimfähige Samen ausgebildet.
Verwendung: Exquisites Blütengehölz mit spektakulären Blüten Problemlos zu kultivieren und viel robuster als Sorten von *Päonia × suffruticosa*. Blüten und junge Triebe ertragen leichte Spätfröste erstaunlich gut.

Paeonia rockii

Standort: Sonnig bis lichtschattig, windgeschützt. Boden frisch bis feucht, tiefgründig, gepflegt, nährstoffreich, sandig- bis lehmig-humos, sauer bis alkalisch.
Pflege: Robust und pflegeleicht. Der fleischigen Wurzeln wegen werden die Pflanzen gegenwärtig ausschließlich in Containern kultiviert und können dann auch im Herbst gepflanzt werden. ✂ 1.
Vermehrung: Aussaat im Frühjahr.

Paeonia × suffruticosa, Strauch-Päonie (Tab. 48)

Aussehen: Zur dieser Hybride gehören zahlreiche Sorten mit großen, einfachen oder gefüllten Blüten. Die 1–1,5 m hohen Sträucher sind überwiegend mit wenigen, dicken, sparsam verweigten Ästen und mit meist doppelt dreizähligen, oberseits grünen, unterseits blaugrünen Blättern ausgestattet. Auch bei den Sorten von *P. × suffruticosa* stehen im Mai/ Juni die großen, weit geöffneten, weißen, rosa oder roten Blüten einzeln an den Enden der vorjährigen Zweige über dem Laub. Bei den robusten Sorten der *P. lutea*-Gruppe sind die einfachen oder auch gefüllten Blüten überwiegend gelb oder goldgelb.
Verwendung: Wie bei *P. rockii*. Die meisten Sorten sind aber nicht so wüchsig und robust wie *P. rockii*, das gilt vor allem für Sorten mit großen, gefüllten Blüten.
Standort: Wie bei *P. rockii*.
Pflege: Sorten von *P. × suffruticosa* sind in der Regel auf Wurzelstücke von *P. lactiflora* veredelt, sie sollten deshalb etwa eine Handbreit tiefer als die Veredlungsstelle gepflanzt werden, damit sich auch oberhalb der Veredlungsstelle Wurzeln entwickeln können.
Vermehrung: Handveredlungen im Winter.

Tab. 48 Empfehlenswerte Sorten von *Paeonia × suffruticosa* und *Paeonia lutea*

Sorte	Blüten
'Age of Gold'	gelb, zur Mitte hin dunkler, halbgefüllt
'Beauté de Twickel'	karminrot, sehr groß, halbgefüllt
'High Noon'	leuchtend zitronengelb, im Schlund rot, halbgefüllt
'Higurashi'	dunkel purpurrosa, einfach bis halbgefüllt
'Jeanne d'Arc'	leuchtend rosa, in der Mitte dunkler, halbgefüllt
'Jules Pirlot'	dunkelrosa, gefüllt, klein
'La Ville de St. Denis'	zartrosa, in der Mitte karminrot, halbgefüllt, sehr groß
'Madame Stuart Low'	leuchtend rosa, halbgefüllt, sehr groß
'Negricans'	dunkel karminrot, einfach bis halbgefüllt, groß
'Reine Elisabeth'	dunkelrosa, in der Mitte lachsrosa, halbgefüllt, sehr groß
'Renkaku'	reinweiß, einfach bis halbgefüllt, groß

Paeonia × suffruticosa 'High Noon'

Paeonia × suffruticosa 'Higurashi'

Paeonia × suffruticosa 'La Ville de St. Denis'

Paeonia × suffruticosa 'Negricans'

Parrotia persica, Persisches Eisenholz

Aussehen: *P. persica* ist ein mit den Zaubernüssen verwandter, sommergrüner, meist vom Boden an mehrstämmiger, 6–10 m hoher und gleich breiter, langsam wachsender Baum. Im Winter fällt der Baum durch sein buntes, platanenähnliches Stammbild auf. Im Sommer besticht er durch die stets gesunden, 6–10 cm langen, verkehrt-eiförmigen Blätter. Sie sind im Austrieb gelegentlich rötlich getönt, später glänzend tiefgrün und im Herbst früh und lange anhaltend lebhaft gelb, orange und scharlachrot. Im Vorfrühling (Februar/März) sind auch die kleinen Blüten mit den samtbraunen Hochblättern und deren zahlreichen roten Staubblättern bei näherer Betrachtung reizvoll. Die gehörnten, hellbraunen Fruchtkapseln reifen ab September.
Verwendung: Wundervoller, malerischer und durch oft miteinander verwachsene Stämme auch etwas bizarr wirkender Solitärbaum.
Standort: Sonnig bis lichtschattig. Boden mäßig trocken bis feucht, tiefgründig, nährstoffreich, sandiglehmig, sauer bis neutral.

Parrotia persica

Parrotia persica

Pflege: Problemlos zu kultivieren. ✂ 1.
Vermehrung: Aussaat im Frühjahr.

Parthenocissus quinquefolia, Gewöhnliche Jungfernrebe

Aussehen: Die starkwüchsige Jungfernrebe kann bis 15 m hoch klettern. Als Kletterorgane fungieren Ranken, deren Enden zu Haftscheiben ausgebildet sind. Diese sind aber nicht so gut entwickelt wie bei *P. tricuspidata*, deshalb empfiehlt es sich, an glatten Flächen gitterartige Kletterhilfen anzubringen. Bei den meist fünfzähligen Blättern sind die oberseits mattgrünen, unterseits bläulich grünen Blättchen 4–10 cm lang. Sie färben sich im Herbst früh ganz prachtvoll leuchtend karminrot. Die kleinen, grünlichen, meist zwittrigen Blüten sind sehr unscheinbar. Aus ihnen entwickeln sich im Herbst blauschwarze, 5–7 mm dicke Beerenfrüchte. Sie bleiben lange haften und sind eine beliebte Winternahrung für Vögel. Die häufig gepflanzte var. *engelmanii* unterscheidet sich von der Art durch kleinere Blätter und durch besser ausgebildete Haftscheiben.

Parthenocissus quinquefolia

Verwendung: Allgemein bekannte Kletterpflanze für eine rasche Begrünung auch hoher Mauern und Fassaden. An Pergolen können die schleppenartig herabhängenden Zweige dichte Vorhänge bilden.
Standort: Sonnig bis lichtschattig, für Stadtklima geeignet. Boden mäßig trocken bis frisch, tiefgründig, nährstoffreich, lehmig, neutral bis alkalisch.
Pflege: Kein Schnitt notwendig, radikale Rückschnitte sind aber möglich. ✂ 6.
Vermehrung: Aussaat im Frühjahr oder Steckholz.

Parthenocissus tricuspidata, Dreispitzige Jungfernrebe, Wilder Wein

Aussehen: *P. tricuspidata* wächst noch stärker als *P. quinquefolia*, sie kann 20 (–25) m hoch klettern. Die Zweige breiten sich auf Fassaden fächerförmig senkrecht und waagerecht aus. Die kurzen Ranken enden in sehr gut haftenden Scheiben. Die äußerst variablen Blätter sind ungelappt und dann breit eiförmig und 10–20 cm lang oder dreilappig oder dreizählig mit kurz gestielten Blättchen. Sie sind im Austrieb bronzefarben, später glän-

Parthenocissus tricuspidata

Paulownia tomentosa

zend grün und im Herbst leuchtend orange- bis scharlachrot gefärbt. Auch hier entwickeln sich aus unscheinbaren Blüten blauschwarze, leicht bereifte, 6–8 mm dicke, lange haftende Früchte. Neben der Art wird oft auch die Sorte 'Veitchii' gepflanzt. Sie unterscheidet sich von der Art durch kleinere Blätter.
Verwendung, Standort und Pflege: Wie bei *P. quinquefolia*. ✂ 6.
Vermehrung: Aussaat im Herbst oder Frühjahr. Die Sorte 'Veitchii' durch Veredlung.

Paulownia tomentosa, Paulownie

Aussehen: Mit seiner üppigen Belaubung mutet der sommergrüne, 10–15 m hohe, in China heimische Baum fast tropisch an. Er baut mit dicken, wenig verzweigten Ästen eine malerische, breit ausladende bis schirmförmige Krone auf. An jungen Bäumen können die breit eiförmigen, an der Basis herzförmigen, beiderseits behaarten, gelegentlich schwach dreilappigen Blätter bis 50 cm lang werden. Die duftenden, violetten, trichterförmigen, schwach zweilippigen, 5–6 cm langen Blüten sind schon im Herbst weit vorgebildet. Sie stehen in großen Rispen an den Enden der vorjährigen Zweige und öffnen sich im April kurz vor der Laubentfaltung. Die 3–4 cm langen, geschnäbelten Fruchtkapseln bleiben meist lange haften.
Verwendung: Ganz ungewöhnlicher Blütenbaum, der aber nur in wintermilden Regionen regelmäßig zur Blüte kommt. Außerhalb wintermilder Gebiete gedeiht der Baum zwar gut, die schon im Herbst angelegten Blütenknospen erfrieren aber leider häufig.
Standort: Sonnig, geschützt, wärmebedürftig. Boden mäßig trocken bis frisch, tiefgründig, lehmig, schwach sauer bis alkalisch.
Pflege: Jungpflanzen im Winter schützen. ✂ 1.
Vermehrung: Aussaat im Frühjahr unter Glas.

Perovskia abrotanoides, Fiederschnittige Perovskie

Aussehen: Ein aromatischer Duft, graugrüne, einfach oder doppelt fiederschnittige, 4–6 cm lange Blätter, grauweiß bereifte Zweige und lilablaue Blüten sind die besonderen Merkmale des 1 m hohen Strauches mit seinen niederliegend-aufsteigenden Zweigen. Im August/September stehen die zweilippigen, röhrig-glockigen Blüten an den Zweigenden in bis zu 40 cm langen Rispen zusammen. Bei der nahe verwandten *P. atriplicifolia* sind die beiderseits graufilzigen Blätter nicht gefiedert, sondern gesägt, die blauen Blüten bilden ebenfalls einen 30–50 cm langen Blütenstand. Besonders reizvoll ist die Sorte 'Blue Spire' mit den zahlreichen lavendelblauen Blüten und sehr langen Blütenrispen.
Verwendung: Mit den feinen Laubtextur und der lang andauernden, sommerlichen Blüte sind Perovskien reizvolle Halbsträucher für den Stein-und Steppengarten, für Rosenbeete, Trockenmauern und Böschungen.
Standort: Sonnig, wärmeliebend. Boden trocken bis frisch, durchlässig, nährstoffarm, sandig oder sandig-lehmig, schwach sauer bis stark alkalisch.
Pflege: Den Wurzelbereich im Winter mit einer Mulchdecke schützen. Im Frühjahr alle Zweige stark zurückschneiden. ✂ 3.
Vermehrung: Stecklinge von krautigen Trieben.

Perovskia abrotanoides

Philadelphus coronarius, Europäischer Pfeifenstrauch

(Tab. 49)

Aussehen: Der robuste, raschwüchsige, sommergrüne Strauch wird mit aufrechten Ästen und nach außen übergeneigten Zweigen 3–4 m hoch. Die eiförmigen, mattgrünen Blätter sind 4–8 cm lang. In reicher Fülle erscheinen im Mai/Juni die cremeweißen, stark duftenden, 2,5–3,5 cm breiten, weit geöffneten Blüten, die zu 5–7 in Trauben zusammenstehen. Die Blüten werden gerne von Faltern und Hummeln besucht. Die kompakt wachsende Sorte 'Aureus' unterscheidet sind von der Art durch ihre gelbgrünen Blätter.
Verwendung: Lange bewährter, anspruchsloser Blütenstrauch für gemischte Gehölzrabatten und Blütenhecken. Neben *P. coronarius* werden zahlreiche Sorten kultiviert, deren Blüten mit einem starken, weithin wahrnehmbaren Duft ausgestattet sind. Sie stellen die gleichen Standortansprüche und werden in gleicher Weise verwendet wie *P. coronarius*.
Standort: Sonnig bis halbschattig. Boden mäßig trocken bis feucht, alle gepflegten, durchlässigen, gleichbleibend frischen Bodenarten, schwach sauer bis alkalisch.
Pflege: Pflegeleicht. ✂2.

Philadelphus coronarius

Vermehrung: Steckholz oder Stecklinge von krautigen Trieben.

Tab. 49 Empfehlenswerte *Philadelphus*-Sorten

Sorte	Blüten	Wuchs
'Belle Etoile'	weiß, mit purpurnem Basalfleck, 6 cm breit, einfach	kompakt, 1–1,5 m hoch
'Erectus'	weiß, 3 cm breit, einfach	kompakt, dicht verzweigt, 1–1,5 m hoch
'Dame Blanche'	weiß, 3 cm breit, einfach bis halbgefüllt	zierlich, breit aufrecht, 1–1,5 m hoch
'Manteau d'Hermine'	cremeweiß, 3 cm breit, locker bis dicht gefüllt, nur schwach duftend	zierlich, dünnzweigig, etwa 1,2 m hoch
'Minnesota Snowflake'	weiß, 4,5 cm breit, dicht gefüllt	aufrecht, kräftig, 1,5–2,5 m hoch
'Schneesturm'	weiß, 4 cm breit, gut gefüllt	aufrecht, kräftig, 1–2 m hoch
'Silberregen'	reinweiß, 4 cm breit, einfach	zierlich, reich verzweigt, bis 0,8 m hoch
'Snowgoose'	weiß, 4 cm breit, gefüllt	langsam wachsend, dünnzweigig, bis 1,5 m hoch
'Virginal'	reinweiß, 4–5 cm breit, gefüllt oder halbgefüllt	steif aufrecht, bis 2,5 m hoch

Philadelphus 'Manteau d'Hermine'

Philadelphus 'Snowgoose'

Philadelphus 'Virginal'

Photinia × fraseri 'Red Robin', Purpur-Glanzmispel

Aussehen: Der immergrüne Strauch fällt vor allem durch die im Austrieb leuchtend roten Blätter auf. Er wächst locker breitbuschig aufrecht, wird 1,5–3 m hoch und gleich breit. Die 8–15 cm langen, ledrigen, verkehrt-eiförmigen, scharf gesägten Blätter sind den Sommer über glänzend dunkelgrün, die jungen Blätter des Johannistriebes färben sich wie die Frühjahrsblätter. Im Mai/Juni stehen kleine, weiße Blüten in 10–12 cm breiten, vielblumigen Trugdolden endständig an Kurztrieben – ein schöner Kontrast zu den rot austreibenden Blättern. Die Blätter den neuen Sorte 'Camilvy' färben sich noch intensiver rot als die von 'Red Robin'. 'Robusta' gilt als besonders frosthart und reichblühend.
Verwendung: Attraktiv belaubter, immergrüner Solitär- und Gruppenstrauch, auch für Schnitthecken und Kübelbepflanzung geeignet.
Standort: Sonnig bis halbschattig. Boden trocken bis frisch, durchlässig, nährstoffarm, sandig- bis lehmig-humos, schwach sauer bis alkalisch.
Pflege: Bei Jungpflanzen ist Winterschutz ratsam. Ein Rückschnitt der vorjährigen Zweige führt zu einem verstärkten Neutrieb und damit zu einer intensiven Laubfärbung. ✂ 1.
Vermehrung: Stecklinge von halbreifen Trieben.

Photinia × fraseri 'Red Robin'

Photinia villosa, Warzige Glanzmispel

Aussehen: Im Gegensatz zu *P. × fraseri* ist *P. villosa* ein sommergrüner, bis 5 m hoher, breitbuschiger Strauch. Die ledrigen, 3–8 cm langen, eiförmigen bis lanzettlichen, glänzend dunkelgrünen Blätter färben sich im Herbst lang anhaltend orange- bis scharlachrot. Weiße, 1–1,2 cm breite, weißdornähnlich herb duftende Blüten stehen im Mai/Juni zu 5–20 in 3–5 cm breiten Trugdolden zusammen. So dekorativ wie die Blüten sind auch die etwa 8 mm dicken, leuchtend roten, sehr lange haftenden Apfelfrüchte.
Verwendung: Mit der intensiven Herbstfärbung, dem reichen Blütenflor und den hochroten Früchten ein prachtvoller Solitärstrauch.
Standort: Sonnig bis halbschattig. Boden frisch bis feucht, Bodentrockenheit nur schlecht vertragend, durchlässig, gepflegt, sandig- oder lehmig-humos, sauer bis neutral.
Pflege: Nur an zusagenden Standorten frohwüchsig. ✂ 1.
Vermehrung: Aussaat im Frühjahr oder Herbst.

Photinia villosa

Phyllostachys aurea

Phyllostachys aurea, Knoten-Bambus

Aussehen: *P. aurea* gehört zur Gruppe der Ausläufer bildenden Arten, sie können sich durch unterirdische Rhizome stark ausbreiten. Typisch für alle *Phyllostachys*-Arten sind die oberhalb der Knoten an einer Seite abgeflachten oder rinnig vertieften Halme, diese Abflachung oder Vertiefung wird als Sulcus bezeichnet. *P. aurea* wächst straff aufrecht und wird in unseren Breiten etwa 4–5 m hoch. Charakteristisch für die Art sind die im unteren Teil gestauchten und verdickten Internodien der oft leuchtend gelben Halme, die dann kropfartig anschwellen.
Verwendung: In größeren Gärten für Solitär- und besonders gut für Sichtschutzpflanzungen geeignet.
Standort: Sonnig bis halbschattig, Schutz vor Wind und Wintersonne. Boden mäßig trocken bis frisch, durchlässig, sandig bis lehmig, schwach sauer bis alkalisch.
Pflege: Die Ausbreitung der Pflanzen durch Rhizomsperren verhindern – dies gilt für alle Arten der Gattung.
Vermehrung: Teilung der Mutterpflanze oder Abteilen von Rhizomstücken.

Weitere empfehlenswerte *Phyllostachys*-Arten

***Phyllostachys aureosulcata*, Gelbhalm-Bambus**
Wuchs straff aufrecht, 5–7 m hoch, ziemlich stark wuchernd. Halme dunkelgrün, im Sulcus dagegen gelb, Halme im unteren Bereich oft stark zickzackförmig gebogen. Blätter relativ klein, mittelgrün. Bei der Sorte 'Spectabilis' sind die Halme gelb, die Sulci dagegen grün.

***Phyllostachys bissetii*, Grüner Bambus**
Wuchs aufrecht, 3–7 m hoch. Halme olivgrün, durch kurze Ausläufer dicht stehend, bei fehlenden Rhizomsperren rasch ausgedehnte Haine bildend. Knoten auch im unteren Bereich der Halme mit glänzend dunkelgrünen Blättern, deshalb erscheint die ganze Pflanze dicht belaubt.

***Phyllostachys nigra*, Schwarzhalm-Bambus**
Wuchs aufrecht, 3–10 m hoch, Ausläuferbildung vergleichsweise schwach, trotzdem wird eine Rhizomsperre empfohlen. Halme schon im zweiten Jahr glänzend tiefschwarz. Blätter nur 3–4 cm lang, papierartig dünn, dunkelgrün. Bei der stark wachsenden var. *henonis* sind die Halme grün, bei var. *boryana* dunkelgrün bis bläulich und braun gefleckt.

***Phyllostachys viridiglaucescens*, Smaragdgrüner Bambus**
Wuchs aufrecht bis weit überhängend, 6–12 m hoch, durch lange Ausläufer einen lockeren Bestand bildend. Halme anfangs glänzend gras- bis dunkelgrün, später stumpf gelbgrün. Blätter 4–20 cm lang, glänzend hell- bis frischgrün, unterseits bläulich.

Phyllostachys nigra

Phyllostachys aureosulcata

Physocarpus opulifolius, Virginia-Blasenspire

Aussehen: *P. opulifolius* ist ein starkwüchsiger, 3–4 m hoher und gleich breiter, buschig aufrechter Strauch mit überhängenden Zweigen. Rundlich eiförmig sind die 2–7 cm langen, meist fünflappigen dunkelgrünen Blätter. Im Mai stehen kleine weiße bis blassrosa Blüten in 3–5 cm breiten, vielblumigen Ständen zusammen. Die kleinen, braunen Balgfrüchte sind unscheinbar.

Neben der robusten, industriefesten Art haben die Baumschulen auch einige Sorten in ihrem Programm. 'Dart's Gold' wächst deutlich kompakter als die Art und hat leuchtend hellgelbe, lange die Farbe haltende Blätter. Bei 'Diabolo' sind die Blätter vom Austrieb bis zum Sommer auffallend metallisch dunkelrot, im Herbst braunrot. Die cremeweißen Blüten stehen im Juni/Juli in einem schönen Kontrast zu dem roten Laub. Die ebenfalls rotlaubige Sorte 'Summer Wine' hat rosaweiße bis weiße Blüten und wächst deutlich schwächer und kompakter als 'Diabolo'.

Physocarpus opulifolius 'Dart's Gold'

Physocarpus opulifolius 'Diabolo'

Verwendung: Alle sind robuste, anpassungsfähige Solitär- und Gruppensträucher, sehr gut auch für freiwachsende Hecken geeignet. Die rotlaubigen Sorten können attraktive Partner zu gelblaubigen Gehölzen sein.
Standort: Sonnig bis lichtschattig. Boden mäßig trocken bis frisch, alle durchlässigen, nährstoffreichen Bodenarten, sauer bis alkalisch.
Pflege: Sehr anspruchslos. ✂ 2.
Vermehrung: Stecklinge von krautigen Trieben.

Pieris floribunda, Vielblütige Lavendelheide

Aussehen: *P. floribunda* ist ein immergrüner, breitbuschig aufrechter, bis etwa 2 m hoher, langsam wachsender Strauch mit ledrigen, glänzend dunkelgrünen, 3–8 cm langen, elliptischen bis länglich-lanzettlichen Blättern. Aus den im Herbst schon weit vorgebildeten Blütenkospen entfalten sich im Mai/Juni kleine, weiße, krugförmige, nickende Blüten, die oberhalb der Blätter in aufrechten, vielblumigen, 5–10 (–20) cm langen Rispen zusammenstehen.
Verwendung: Reizvoller, immergrüner Solitär- und Gruppenstrauch, der am besten in Verbindung mit Rhododendren oder in Heidegärten gepflanzt wird.
Standort: Halbschattig bis schattig. Boden frisch bis feucht, durchlässig, nährstoffreich, sandig-humos, sauer.
Pflege: Nur an zusagenden Standorten frohwüchsig. ✂ 1.
Vermehrung: Stecklinge von ausgereiften Trieben.

Pieris floribunda

Pieris japonica, Japanische Lavendelheide
(Tab. 50)

Aussehen: Mit einer Wuchshöhe von 2–3 m wird die immergrüne, breitbuschig aufrechte, japanische Art etwas höher als ihre amerikanische Schwester. An den Zweigenden gehäuft stehen die länglich-lanzettlichen, 3–8 cm langen, glänzend dunkelgrünen Blätter. Sie sind im Austrieb mehr oder weniger intensiv bräunlich rot bis rot. Bei *P. japonica* stehen die kleinen, weißen, krugförmigen Blüten in ziemlich lockeren, ausgebreitet überhängenden, 12–15 cm langen Rispen zusammen. Sie blühen von März bis Mai auf, deutlich früher also als die Blüten von *P. floribunda*.

Pieris japonica

Tab. 50 Empfehlenswerte Sorten von *Pieris japonica*

Sorte	Blüten	Blätter
'Carnaval'	weiß	im Austrieb bronzerot, dann leuchtend rot, später dunkelgrün, creme- bis silberweiß gerandet
'Debutante'	reinweiß, schon früh reich blühend	mattglänzend dunkelgrün
'Little Heath'	weiß	im Austrieb bräunlich rot, später hellgrün, rahmweiß gerandet
'Mountain Fire'	weiß, Blütenknospen im Winter purpurrot	im Austrieb glänzend kastanienbraun bis braunrot, später dunkelgrün
'Purity'	reinweiß, schon früh reich blühend	glänzend grün
'Red Mill'	rahmweiß	im Austrieb braunrot, später glänzend
'Valley Rose'	rosa, Blütenknospen im Winter rotbraun	im Austrieb braunrot, später hellgrün
'Valley Valentine'	tiefrosa bis weinrot	im Austrieb blutrot bis kupferfarben, später tiefgrün
'White Rim'	rahmweiß	hellgrün, rahmweiß gerandet
'White Pearl'	weiß, Blütenstandsachsen braunrot	schwach glänzend, dunkelgrün

Verwendung: Mit den großen, lockeren Blütenständen zierlicher und gefälliger als *P. floribunda*, deshalb auch häufiger gepflanzt als diese. Neben der Art sind zahlreiche Sorten mit z.T. abweichenden Blütenfarben in Kultur. Auch bei *P. japonica* sind die Blütenknospen schon im Herbst weit vorgebil-

Pieris japonica 'Carnaval'

Pieris japonica 'Red Mill'

Pieris japonica 'White Rim'

det und oft gut ausgefärbt, sie stehen dann wochenlang in einem schönen Kontrast zu den dunkelgrünen Blättern.
Standort, Pflege und Vermehrung: Wie bei *P. floribunda*.

Pleioblastus auricomus, Kamuro-Bambus

Aussehen: *P. auricomus* (Syn. *P. viridistriatus*) wird mit dünnen, anfangs orangefarbenen, später violettgrünen Halmen 1–3 m hoch und bildet mit kurzen Ausläufern dichte Bestände. Die 12–22 cm langen Blätter sind beiderseits anfangs weich behaart. Sie sind im Frühjahr gelb mit einigen unterschiedlich breiten Streifen in verschiedenen Grüntönen, im Laufe des Jahres vergrünen die Blätter.
Verwendung: Kann großflächig als Bodendecker gepflanzt werden, auch unter sommergrünen Bäumen.
Standort: Licht- bis halbschattig. Boden mäßig trocken bis frisch, tiefgründig, lehmig, neutral bis alkalisch.
Pflege: Kann jährlich bis zum Boden zurückgeschnitten werden.
Vermehrung: Teilung der Mutterpflanze oder Abteilen von Rhizomstücken.

Pleioblastus auricomus

Pleioblastus variegatus

Weitere empfehlenswerte Pleioblastus-Arten

Pleioblastus pygmaeus* var. *distichus
Wuchs aufrecht, bis 1 m hoch, sehr stark wuchernd. Blätter 3–7 cm lang, grün, in 2 Reihen angeordnet, deshalb farnartig wirkend. Braucht als Bodendecker ausreichend Platz und kann jährlich bis zum Boden zurückgeschnitten werden, auch mit einem Rasenmäher.

Pleioblastus variegatus
Er wird kaum mehr als 0,7 m hoch, breitet sich durch Ausläufer stark aus, kann ebenfalls als Bodendecker gepflanzt und jährlich kräftig zurückgeschnitten werden. Die 10–20 cm langen, dunkelgrünen Blätter sind auffallend weiß bis cremefarben gestreift. Die Färbung bleibt auch an sonnigen Standorten erhalten.

Potentilla fruticosa, Fingerstrauch (Tab. 51)

Aussehen: Die zahlreichen Sorten des sommergrünen, dicht verzweigten Strauches werden zwischen 0,5 und 1,2 m hoch. Die gefiederten Blätter haben meist 5, selten 3 oder 7 länglich-elliptische bis linealische, seidig behaarte, grüne oder blau-

Tab. 51 Empfehlenswerte Sorten von *Potentilla fruticosa*

Sorte	Blüten	Wuchs	Belaubung
'Abbotswood'	reinweiß	dichtbuschig, bis 1,2 m hoch	blaugrün
'Elisabeth'	hellgelb, groß	ausgebreitet, bis 0,9 m hoch	blaugrün
'Goldfinger'	tiefgelb, sehr groß	breit aufrecht, bis 1,3 m hoch	frischgrün, groß
'Goldkissen'	zitronengelb, klein	rundlich, buschig, 0,4 m hoch	dunkelgrün
'Goldstar'	tiefgelb, sehr groß	breitbuschig, bis 1,2 m hoch	blaugrün, mittelgroß
'Goldteppich'	tiefgelb, groß	ausgebreitet, bis 0,7 m hoch	graugrün, groß
'Hachmann's Gigant'	tiefgelb, sehr groß	breitbuschig, bis 0,7 m hoch	dunkelgrün, mittelgroß
'Leuchtfeuer'	kräftig gelb, groß, sternförmig	straff breit aufrecht, bis 0,8 m	dunkelgrün, mittelgroß
'Manchu'	reinweiß, klein	ausgebreitet, bis 0,5 m hoch	blaugrün bis grau, mittelgroß
'Pink Beauty'	rosa, halbgefüllt	breitbuschig bis niederliegend, bis 0,6 m hoch	hellgrün
'Pretty Polly'	hellrosa, mittelgroß	breitbuschig, fein verzweigt, bis 0,6 m	dunkelgrün
'Red Ace'	rotorange bis orangegelb	breitbuschig, feinzweigig, bis 0,6 m hoch	frischgrün, klein
'Snowbird'	weiß, groß, gefüllt	breit aufrecht, bis 0,9 m hoch	dunkelgrün
'Sommerflor'	tiefgelb, groß	gedrungen, bis 0,8 hoch	blaugrün, mittelgroß

Potentilla fruticosa 'Abbotswood'

Potentilla fruticosa 'Goldfinger'

Potentilla fruticosa 'Pretty Polly'

Potentilla fruticosa 'Sommerflor'

grüne Blättchen. Bei der Art sind die 2–3(–4) cm breiten Blüten gelb, bei den Sorten auch weiß, rosa, kupfrig oder rot. Die Blütezeit dauert vom Juni bis zum Oktober. Die unscheinbaren braunen Fruchtkapseln reifen im September.

Verwendung: Die überaus reich und lange blühenden Kleinsträucher werden einzeln oder in größeren Gruppen in Gehölz- und Staudenrabatten oder in Kombination mit Gräsern, Rosen, Sommerblumen, Kiefer- oder Wacholderarten gepflanzt, sie eignen sich auch hervorragend für niedrige Blütenhecken.

Standort: Sonnig bis lichtschattig. Boden frisch bis mäßig feucht, alle durchlässigen Bodenarten, sauer bis schwach alkalisch. Sind empfind-

lich gegen Hitze, Luft- und Bodentrockenheit.
Pflege: Ein kräftiger Rückschnitt im Frühjahr fördert Blühfreudigkeit und Blütengröße. ✂ 3, 5.
Vermehrung: Stecklinge von krautigen Trieben.

Prunus cerasifera 'Nigra', Blut-Pflaume

Aussehen: Die Blut-Pflaume ist ein raschwüchsiger, 5–7 m hoher, meist vom Boden an verzweigter, sommergrüner Baum mit einer breit kegelförmigen, im Alter eher rundlichen Krone. Die elliptischen bis eiförmigen, 4–6 cm langen Blätter sind den ganzen Sommer über dunkel purpurrot. Die zahlreichen, anfangs rosa, später weißen, 2–2,5 cm breiten Blüten öffnen sich im März/April, oft zusammen mit den Forsythien. Die dunkelroten Pflaumen reifen im September.
Verwendung: Sehr robuster, häufig gepflanzter Kleinbaum mit einer auffallenden Laubfärbung.
Standort: Sonnig bis lichtschattig, hitzeverträglich. Boden mäßig trocken bis frisch, alle durchlässigen Bodenarten, neutral bis stark alkalisch.
Pflege: Auf durchtreibende Unterlagen achten. ✂ 1.
Vermehrung: Okulation im Sommer im Freiland.

Prunus cerasifera 'Nigra'

Weitere empfehlenswerte Blut-Pflaumen

***Prunus × blireana*, Gefüllt blühende Kirschpflaume**
Bis 4 m hoher, breit aufrechter Strauch. Blätter im Austrieb kupfer- bis bronzefarben, den Sommer über gut die Farbe haltend. Blüten hellrosa, halbgefüllt, 2,5 cm breit, vor der Laubentfaltung im April.

***Prunus × cistena*, Zwerg-Blut-Pflaume**
2–3 m hoher, breitbuschig aufrechter Strauch. Zweige glänzend dunkelrot. Blätter lanzettlich bis verkehrt-eiförmig, 2–6 cm lang, im Austrieb dunkelrot gefärbt, später glänzend dunkelpurpurn. Blüten weiß, 2,5 cm breit, sehr zahlreich, Blütezeit im Mai.

***Prunus* 'Trailblazer' (Syn. *P. cerasifera* 'Hollywood')**
Bis 7 m hoher, breitkroniger Strauch oder kleiner Baum. Blätter bis 9 cm lang, braunrot. Blüten in der Knospe rosa, später rahmweiß, 2 cm breit, April/Mai. Früchte sind groß und schmackhaft.

Prunus laurocerasus, Lorbeerkirsche (Tab. 52)

Aussehen: Die Lorbeerkirsche, oft fälschlich als Kirschlorbeer bezeichnet, ist ein immergrüner, 2–6 m hoher und gleich breiter Strauch oder kleiner Baum mit aufstrebenden oder ausgebreiteten Ästen. Die sehr variablen, derb ledrigen, länglichen bis verkehrt-eiförmigen, glänzend dunkelgrünen Blätter werden 5–15 (–25) cm lang. Im Mai stehen kleine, weiße, herb riechende Blüten in 8–12 cm langen, vielblumigen Trauben über den Blättern. Im Oktober/November reifen die etwa 8 mm dicken, kugeligen, schwarzen Steinfrüchte.

Prunus × cistena

Prunus 'Trailblazer'

Verwendung: Mit der derben, immergrünen Belaubung häufig gepflanzte, schattenverträgliche Einzel- und Gruppensträucher, bestens geeignet für Sichtschutzpflanzungen, freiwachsende und geschnittene Hecken oder Unterpflanzungen.
Standort: Sonnig bis schattig. Boden mäßig trocken bis feucht, alle durchlässigen, nährstoffreichen, humosen Bodenarten, schwach sauer bis alkalisch.
Pflege: Im Winter Schutz vor Sonne und scharfen Winden. ✂ 1, 5.
Vermehrung: Aussaat im Frühjahr, Sorten durch Stecklinge von ausgereiften Trieben.

Tab. 52 Empfehlenswerte Sorten von *Prunus laurocerasus*

Sorte	Wuchs	Blätter
'Caucasica'	schmal aufrecht, 2–3 m hoch, frosthart und schnittverträglich	länglich bis schmal-elliptisch, 13–20 cm lang, glänzend hellgrün
'Cherry Brandy'	ausgebreitet, bis 0,6 m hoch, bis 3 m breit, frosthart	elliptisch, 9–11 cm lang, mattglänzend dunkelgrün
'Etna'	breit aufrecht, gedrungen, sehr dicht verzweigt und belaubt, 2–3 m hoch	verkehrt-eiförmig, 9–13 cm lang, im Austrieb bronzefarben, später glänzend dunkelgrün
'Herbergii'	breit aufrecht bis kegelförmig, dicht verzweigt, 2–3 m hoch	schmal-elliptisch, 9–14 cm lang, dunkelgrün
'Mari'	breit aufrecht, dicht verzweigt, 1–2 m hoch, sehr frosthart	länglich-elliptisch, 8–10 cm lang, glänzend dunkelgrün
'Mount Vernon'	gedrungen, breitbuschig, bis 0,3 m hoch, sehr gut für flächige Pflanzungen geeignet	länglich bis elliptisch, 9–11 cm lang
'Otto Luyken'	breit und gedrungen, etwa 1 m hoch, sehr reich blühend, Nachblüte im August/September	länglich bis lanzettlich, 9–12 cm lang, glänzend dunkelgrün
'Piri'	ausgebreitet, kompakt, dicht verzweigt, etwa 1 m hoch, sehr reiche Nachblüte, besonders frosthart	elliptisch, 7–8 cm lang, mattgrün
'Reynvaanii'	ziemlich schmal aufrecht, kompakt, bis 2 m hoch, sehr reiche Nachblüte, besonders frosthart	schmal-elliptisch, 9–14 cm lang, leicht glänzend dunkelgrün
'Rotundifolia'	stark, breit aufrecht, 3–4 m hoch	verkehrt-eiförmig, vorn abgerundet, 12–16 cm lang, schwach glänzend dunkelgrün
'Schipkaensis Macrophylla'	locker breit aufrecht, bis 2,5 m hoch, reichblühend	elliptisch, 10–12 cm lang, glänzend dunkelgrün
'Zabeliana'	ausgebreitet, bis 1,5 m hoch, bis 3 m breit, besonders frosthart	länglich-lanzettlich, 7–15 cm lang, glänzend dunkelgrün

Prunus laurocerasus 'Etna'

Prunus laurocerasus 'Mount Vernon'

Prunus laurocerasus 'Otto Luyken'

Prunus mume 'Beni-shidori', Japanische Aprikose

Aussehen: In seiner japanischen Heimat wird der kleine, 5–10 cm hohe, rundkronige Baum als Ume bezeichnet. Er hat schlanke, glänzend grüne Zweige und breit eiförmige, 4–10 cm lange, fein und scharf gesägte, frischgrüne Blätter. Sehr früh, im März/April, öffnen sich die besonders am Abend stark duftenden, etwa 3 cm breiten Blüten. Sie sind über die ganze Länge der vorjährigen Zweige verteilt. Die Blüten sind bei 'Beni-shidori' einfach und dunkelrosa gefärbt. Bei anderen Sorten sind sie auch gefüllt und weiß oder mehr oder weniger intensiv rosa. Nur selten reifen bei uns die 2–3 cm dicken, kugeligen, essbaren Früchte, sie werden in Japan und China in vielfältiger Form zubereitet.
Verwendung: In Japan und China ein mythenbehafteter Baum, der mit seiner sehr frühen Blüte den lang ersehnten, nahenden Frühling ankündigt. Auch bei uns ein zauberhafter, völlig frostharter Blütenbaum.
Standort: Sonnig. Boden frisch bis feucht, durchlässig, gepflegt, sandig- oder lehmig-humos, sauer bis neutral.
Pflege: Siehe Kasten. ✂ 4.
Vermehrung: Sommerokulation im Freiland.

Prunus laurocerasus 'Piri'

Prunus laurocerasus 'Schipkaensis Macrophylla'

Prunus mume 'Beni-shidori'

Zweigsterben bei Prunus-Arten
Verschiedene *Prunus*-Arten werden häufig regelmäßig von dem Pilz *Monilia laxa* befallen. Der Pilz dringt durch Wunden (auch durch verwelkte Blüten) in die Leitungsbahnen der Zweige ein und verstopft diese. Die Neuaustriebe welken, ganze Zweigsysteme können absterben. Befall und Ausbreitung des Pilzes können zuverlässig verhindert werden, wenn die Blütenzweige unmittelbar nach der Beendigung der Blüte stark zurückgeschnitten werden. Die betreffenden Arten werden noch im gleichen Jahr lange Neutriebe bilden, an denen sich im kommenden Frühjahr wieder zahlreiche Blüten entfalten werden. In dieser Weise sollten unbedingt folgende Arten behandelt werden: *P. mume*, *P. nipponica* var. *kurilensis*, *P. tenella* und *P. triloba*.

Prunus serrulata, Japanische Zier-Kirsche

(Tab. 53)

Aussehen: Zu *P. serrulata* gehört eine Gruppe von Zier-Kirschen, die häufig japanischen Ursprungs sind. Sie entwickeln sich in der Regel zu breit aufrechten Kleinbäumen mit eiförmigen bis rundlichen Kronen. Einige Sorten wachsen schmal säulenförmig, bei anderen hängen die Äste in weiten Bögen über. Die dunkelgrünen, im Austrieb oft bronzefarbenen Blätter färben sich im Herbst oft gelb bis orangerot. Zier-Kirschen blühen im April/Mai überreich mit einfachen bis gefüllten, weißen oder rosafarbenen Blüten.
Verwendung: Nahezu unentbehrliche Blütenbäume für Gärten und Parkanlagen, die gelegentlich auch als Straßenbäume verwendet werden.
Standort: Sonnig. Boden frisch, alle tiefgründigen, nährstoffreichen Bodenarten, schwach sauer bis alkalisch.
Pflege: Keine besonderen Ansprüche. ✂ 1.
Vermehrung: Okulation im Sommer.

Tab. 53 Empfehlenswerte Japanische Zier-Kirschen

Sorte	Wuchs/Belaubung	Blüten
'Amanogawa'	anfangs schmal säulenförmig, später breiter, 6–8 m hoch, Krone 1–3 m breit, Herbstfärbung gelb und orangerot	in der Knospe rosa, aufgeblüht hellrosa, schalenförmig, 4,5 cm breit, halbgefüllt, duftend
'Fugenzo'	bis 10 m hoch, Krone abgeflacht trichterförmig, bis 8 m breit	in der Knospe rosarot, aufgeblüht reinrosa, 4,5 cm breit, stark gefüllt
'Kanzan'	breit trichterförmig, bis 12 m hoch, Krone 5–8 m breit, Herbstfärbung gelborange, sehr reich blühend	in der Knospe rosarot, aufgeblüht rosa, 4,5–5 cm breit, gefüllt
'Kiki-shidare-zakura'	Hängeform, 4–7 m hoch, Krone 4–5 m breit, Äste in kurzen Bögen überhängend, Herbstfärbung gelborange	in der Knospe tiefrosa, aufgeblüht hellrosa, 3–3,5 cm breit, kugelig, stark gefüllt
'Pink Perfection'	breit aufrecht, bis 5 m hoch, Krone locker verzweigt, Zweige dünn, oft hängend	in der Knospe rot, aufgeblüht rosa, 5–6 cm breit, gefüllt, sehr zahlreich
'Royal Burgundy'	breit trichterförmig, 5–7 m hoch, Krone 3–5 m breit, Blätter tief violettpurpurn	dunkelrosa, halbgefüllt
'Shirotae'	breit schirmförmig, bis 5 m hoch, Krone 10–12 m breit	in der Knospe leicht rosa getönt, aufgeblüht reinweiß, 5–6 cm breit, einfach bis leicht gefüllt
'Shogetsu'	schirmförmig, bis 5 m hoch, Krone abgeflacht halbkugelig, Äste überhängend	in der Knospe hellrosa, aufgeblüht reinweiß, 4–4,5 cm breit, gefüllt

Prunus serrulata 'Fugenzo'

Prunus serrulata 'Kanzan'

Prunus serrulata 'Shogetsu'

Weitere empfehlenswerte Zier-Kirschen

***Prunus* 'Accolade'**
5–10 m hoher Baum, Krone breit trichterförmig bis nahezu schirmförmig, 4–6 m breit. Blätter elliptisch, 8–10 cm lang, im Herbst gelb und rot. Blüten sehr zahlreich, hellrosa, halbgefüllt, 4 cm breit, April/Mai. Sehr wertvolle Sorte, auch für kleinere Gärten gut geeignet.

***Prunus* × *eminens* 'Umbraculifera' (Syn. *P. fruticosa* 'Globosa')**
3–5 m hoher Baum. Krone anfangs regelmäßig kugelig, später abgeflacht kugelig, sehr dicht verzweigt, 2–4 m breit. Blätter schmal verkehrt-eiförmig, 3–5 cm lang, im Herbst gelborange bis bronzerot. Blüten rahmweiß, aber kaum auffallend, 1,5 cm breit, einfach, April/Mai. Hitze- und trockenresistente Sorte, sehr gut für regelmäßige Anlagen und für Straßenbepflanzung geeignet.

***Prunus incisa* 'Kojou-no-mai'**
Sehr filigrane, schwachwüchsige, kaum mehr als mannshohe, breit aufrecht wachsende Sorte. Zweige auffallend zickzackförmig gebogen und gedreht. Blätter 2–4 cm lang, lang zugespitzt, im Herbst auffallend leuchtend rot. Blüten in der Knospe hellrot, geöffnet rosa, einfach, nickend, März/April. 'Kojouna-mai' ist die zierlichste Sorte unter den Zier-Kirschen.

***Prunus nipponica* var. *kurilensis* 'Brillant', Kurilen-Kirsche**
Überaus reich blühender, 1,5–3 m hoher Strauch oder kleiner Baum. Blätter schmal eiförmig, 7–9 cm lang, im Herbst leuchtend orangerot. Blüten weiß bis weißlich rosa, einfach, weit geöffnet, 2,5–3 cm breit, April. Zum notwendigen regelmäßigen Rückschnitt siehe Kasten auf Seite 169.

Prunus 'Accolade'

Prunus × *eminens* 'Umbraculifera'

Prunus incisa 'Kojou-no-mai'

Prunus nipponica var. *kurilensis* 'Brillar t'

***Prunus sargentii*, Berg-Kirsche**
10–15(–20) m hoher Baum. Krone anfangs kegelförmig, später breit ausladend und locker. Die glatte Spiegelrinde kastanienbraun. Blätter elliptisch bis eiförmig, 7–12 cm lang, im Austrieb bronzefarben, später dunkelgrün, im Herbst leuchtend orange bis scharlachrot – keine andere Art der Gattung färbt ihr Laub so zuverlässig und strahlend wie diese. Blüten rosarot, einfach, 3–4 cm breit, sehr zahlreich, April/Mai.

Prunus sargentii

Die Kirsche – Sinnbild japanischer Geisteshaltung
Japan ist die Heimat zahlreicher Kirscharten. Dort ist die Sakura, die Kirsche, nationales Symbol und seit dem 19. Jh. Nationalblume des Landes. Schon viel länger gilt die Kirsche als Sinnbild japanischer Geisteshaltung. Ihre Blüten prunken nicht mit starken Farben, sondern sind vielmehr hell und schlicht. Weil sie ohne zu zögern rein und lautlos fallen, noch bevor sie verwelken, gelten sie als Symbol japanischer Mannestugend und des Samuraigeistes. Der Kirschbaum versinnbildlicht eine über den weltlichen Ruhm erhabene Seele, denn er blüht nur kurze Zeit und überlässt dann willig seine Blüten dem Wind.

Prunus subhirtella 'Autumnalis'

Prunus subhirtella 'Fukubana'

***Prunus serrula*, Mahagoni-Kirsche, Tibetanische Kirsche**
Bis 10 m hoher, meist vom Boden an mehrstämmiger, breitkroniger Baum. Die lange glatt bleibende, mit quer verlaufenden Lentizellenbändern gezeichnete Spiegelrinde auffallend glänzend mahagonibraun. Blätter lanzettlich bis schmal-elliptisch, 4–10 cm lang, mattgrün. Blüten weiß, etwa 2 cm breit, wenig auffallend, April/Mai. Gefällt vor allem durch die einzigartige Rindenfärbung.

Prunus serrula

***Prunus subhirtella* 'Autumnalis'**
Bis 7 m hoher, breit aufrechter, fein verzweigter Baum. Blätter eiförmig bis länglich-eiförmig , 3–8 cm lang, im Austrieb hell bronzefarben bis bronzegrün, später dunkelgrün und am Rand grob gesägt. Blüten in der Knospe rosa, aufgeblüht fast weiß, 2–2,5 cm breit, halbgefüllt, weit geöffnet, März/April, gelegentlich schon im November/Dezember. Attraktiver Winter- und Vorfrühlingsblüher.

***Prunus subhirtella* 'Fukubana'**
Bis 5 m hoher, breit aufrechter, reich verzweigter, überaus reich blühender Kleinbaum. Blätter im Austrieb leicht bronzegrün, später dunkelgrün. Blüten in der Knospe purpurrot, aufgeblüht dunkelrosa, nur wenig verblassend, 1,8 cm breit, halbgefüllt, April. Blüht überaus reich und wächst graziler als Sorten von *P. serrulata*, ist deshalb für kleinere Gärten besser geeignet als diese.

***Prunus × yedoensis*, Yoshino-Kirsche**
10 (–15) m hoher Baum, Krone locker, bis 12 m breit. Blätter elliptisch bis eiförmig, 6–12 cm lang, am Rand mit grannig zugespitzen Zähnen, frischgrün, im Herbst goldgelb bis ziegelrot. Blüten sehr zahlreich, in der Knospe zartrosa, aufgeblüht weiß, schwach duftend, meist einfach, 3–3,5 cm breit, April/Mai. Gehört wegen der weißen Blütenfülle in Japan zu den am häufigsten verwendeten Zier-Kirschen.

Prunus × yedoensis

Prunus tenella 'Firehill'

Prunus tenella 'Firehill', Russische Zwerg-Mandel

Aussehen: Der nur 1–1,5 m hohe Strauch breitet sich durch unterirdische Ausläufer aus und bildet mit seinen aufrechten Zweigen anfangs dichte, später aufgelockerte Bestände. Lanzettlich bis schmal verkehrt-eiförmig sind die hellgrünen, 3–7 cm langen Blätter. Lange vor der Laubentfaltung, im April/Mai, öffnen sich entlang der vorjährigen Zweige die zahlreichen dunkelrosa, 2,5 cm breiten, einfachen, duftenden Blüten. Nur selten werden die 2 cm langen, gelbgrün filzigen Früchte angesetzt.
Verwendung: Wunderschöner kleiner Blütenstrauch für große Stein- und Steppengärten, für Hochbeete und Kübel und am Saum von Gehölzrabatten.
Standort: Sonnig bis lichtschattig, hitzeverträglich. Boden trocken bis frisch, durchlässig, sandig-lehmig, neutral bis alkalisch. Bodentrockenheit gut ertragend.
Pflege: Siehe Kasten Seite 169. ✂ 4.
Vermehrung: Aufnehmen der bewurzelten Ausläufer.

Prunus triloba, Mandelbäumchen

Aussehen: *P. triloba* ist ein allgemein bekannter, 2–3 m hoher, reich verzweigter Strauch oder kleiner Baum mit dunkelbraunen Zweigen und verkehrt-eiförmigen, 3–6 cm langen Blättern. Im März/April öffnen sich die 2,4–3 cm breiten, rosettenartig dicht gefüllten, rosa Blüten, die dicht gedrängt an den vorjährigen Zweigen stehen. Bei der Sorte 'Rosenmund' sind die Blüten dunkelrosa.
Verwendung: Attraktiver Frühjahrsblüher, der als Solitärgehölz oder in kleinen Gruppen gepflanzt wird.
Standort: Sonnig. Boden frisch bis mäßig feucht, durchlässig, nährstoffreich, sandig-lehmig, schwach sauer bis alkalisch.
Pflege: Zum Schnitt siehe Kasten auf Seite 169. Möglichst wurzelechte Pflanzen verwenden, da sonst stets mit austreibenden Unterlagen zu rechnen ist. ✂ 4.
Vermehrung: Stecklinge von krautigen Trieben.

Pseudosasa japonica, Fächer-Bambus

Aussehen: *P. japonica* wächst straff aufrecht, wird 3–6 m hoch und breitet sich durch die unterirdischen Rhizome im Vergleich zu den *Phyllostachys*-Arten zwar langsam, aber stetig aus. An den starken, einzeln stehenden Seitenzweigen sind die 10–35 cm langen, schmal lanzettlichen, ziemlich derben Blätter fächerförmig ausgebreitet.
Verwendung: Sehr robust und winterhart, sehr gut für blickdichte Sichtschutzpflanzungen geeignet.
Standort: Lichtschattig. Boden frisch bis feucht, durchlässig, sandig- bis lehmig-humos, schwach sauer bis neutral.
Pflege: Rhizomsperren sind angebracht.
Vermehrung: Teilung der Mutterpflanze oder Abteilen von Rhizomstücken.

Pyracantha coccinea, Feuerdorn (Tab. 54)

Aussehen: Statt der immergrünen, im Mittelmeergebiet heimischen, dornig bewehrten Art werden bei uns einige Sorten von *P. coccinea* oder verschiedene Hybriden kultiviert. Sie wachsen straff aufrecht bis breitbuschig und werden 2–3 m hoch und gleich breit. Die derb ledrigen, glänzend dunkelgrünen Blätter sind 2–4 cm lang und elliptisch bis lanzettlich. Im Mai/Juni stehen die weißen, etwa 8 mm breiten, streng weißdornartig riechenden Blüten in vielblumigen, 2,5–4 cm breiten Trugdolden zusammen. Im September/Oktober reifen die zahlreichen, lange haftenden 5–6 mm dicken, kugeligen, roten, scharlachroten oder gelben Früchte.
Verwendung: Durch immergrüne Blätter, reichen Blütenflor und lange haftende Früchte ganzjährig attrak-

Pseudosasa japonica

Tab. 54 Empfehlenswerte, weitgehend schorfresistente Sorten von *Pyracantha*

Sorte	Wuchs	Früchte
Sorten von *Pyracantha coccinea*		
'Red Column'	straff aufrecht, breit kegelförmig, reich verzweigt, 2–3 m hoch	hellrot, groß, zahlreich
'Red Cushion'	breitbuschig, bis 0,9 m hoch, bis 1,5 m breit	orangerot, mittelgroß
Pyracantha-Hybriden		
'Mohave'	stark, reich verzweigt, bis 4 m hoch	orangerot, groß, zahlreich
'Orange Charmer'	breitbuschig aufrecht, bis 2,5 m hoch	tieforange, klein bis mittelgroß
'Orange Glow'	schlank aufrecht, locker, bis 3,5 m hoch	orangerot, mittelgroß
'Soleil d'Or'	breitbuschig aufrecht, bis 2 m hoch, sehr dornig	goldgelb, sehr zahlreich
'Teton'	straff aufrecht, Zweige waagerecht abstehend, bis 4 m hoch, mäßig frosthart	gelborange, klein, sehr zahlreich

Pyracantha coccinea 'Red Column'

Pyracantha 'Mohave'

Pyracantha 'Soleil d'Or'

tive Sträucher für Einzel- und Gruppenpflanzung, freiwachsende und geschnittene Hecken, sie können auch als Spaliersträucher zur Begrünung von Wänden gezogen werden. Ökologisch wertvoll, weil Bienenweide sowie Vogelnähr- und -schutzgehölze.
Standort: Sonnig bis lichtschattig, hitzeverträglich. Boden trocken bis frisch, alle durchlässigen, schwach sauren bis alkalischen Bodenarten.
Pflege: Schorfresistente Sorten bevorzugen. ✂ 1, 5.
Vermehrung: Stecklinge von krautigen Trieben.

Pyrus calleryana 'Chanticleer', Chinesische Birne

Aussehen: 'Chanticleer' ist ein 8–15 m hoher, früh austreibender Baum mit durchgehendem Stamm und einer regelmäßigen, schmal kegelförmigen, 4–5 m breiten Krone. Eiförmig oder rundlich sind die bis 12 cm langen, glänzend dunkelgrünen, ledrigen, lange haftenden Blätter. Sie färben sich im Herbst

Pyrus calleryana 'Chanticleer'

prachtvoll orange, scharlach und purpurn. Vor oder mit dem Laubaustrieb entfalten sich die zahlreichen weißen, etwa 2 cm breiten Blüten. Erst im November reifen die rundlichen, 1 cm dicken, grünlich braunen Früchte.
Verwendung: Mit der prachtvollen Herbstfärbung ein attraktiver, hitze- und trockenresistenter, stadttauglicher Solitär-, Straßen- und Alleebaum.
Standort: Sonnig. Boden sehr trocken bis frisch, tiefgründig, sandig-lehmig, schwach sauer bis stark alkalisch.
Pflege: Junge Pflanzen in kalten Wintern schützen. ✂ 1.
Vermehrung: Sommerokulation im Freiland.

Pyrus salicifolia 'Pendula', Weidenblättrige Birne

Aussehen: Die Weidenblättrige Birne fällt vor allem durch ihre schmal lanzettlichen, 3–9 cm langen, beiderseits silbergrau behaarten, lange haftenden Blätter auf. Die langsam wachsende Birne entwickelt sich zu einem 5–9 m hohen, meist kurzstämmigen Baum mit waagerecht abstehenden bis knieförmig abwärts gebogenen Ästen, dornigen Zweigen und grauweiß filzigen Trieben. Im April trägt der Baum zahlreiche weiße, 2 cm breite Blüten in kleinen Trugdolden. Die 2–3 cm langen, harten, birnenförmigen Früchte sind ungenießbar.
Verwendung: Malerisch gewachsene, graulaubige, hitze- und trockenresistente Hängeform für eine Solitärstellung im Garten und in Parkanlagen, besonders schön in weiträumigen Steppengärten.
Standort: Sonnig. Boden trocken bis frisch, tiefgründig, sandig-lehmig, neutral bis stark alkalisch.
Pflege: Keine besonderen Ansprüche. ✂ 1.
Vermehrung: Sommerokulation im Freiland.

Pyrus salicifolia 'Pendula'

Quercus pontica, Armenische Eiche

Aussehen: Im Gegensatz zu vielen anderen großkronigen Eichen erreicht *Q. pontica* nur eine Wuchshöhe von maximal 6 m. Der oft vom Boden an mehrstämmige, sparsam verzweigte Baum oder Strauch hat anfangs eine kegelförmige, später mehr rundliche Krone.

Mit einer Länge von 15–25 cm sind die verkehrt-eiförmigen, lebhaft grünen, glänzenden Blätter auffallend groß. Sie sind nicht, wie die Blätter der meisten Eichen, gebuchtet, sondern nur scharf gezähnt. Im Herbst färben sie sich lederbraun bis goldgelb. Die 2 cm langen, eiförmigen Eicheln sind zur Hälfte von einem stark beschuppten Becher umgeben.
Verwendung: Die ungewöhnlich belaubte Eiche ist mit ihrer geringen Wuchshöhe auch für kleinere Gärten geeignet.

Quercus pontica

Standort: Sonnig, wärmeliebend. Boden trocken bis frisch, tiefgründig, sandig-lehmig, alkalisch.
Pflege: Junge Pflanzen in kalten Wintern schützen. ✂ 1.
Vermehrung: Aussaat im Herbst oder im Frühjahr.

Weitere empfehlenswerte Eichen

***Quercus cerris*, Zerr-Eiche**
20–30 m hoher Baum. Krone anfangs locker kegelförmig, später meist hoch gewölbt. Borke dunkelgrau, dick und tief gefurcht.

Quercus cerris

Blätter sehr variabel, 6–12 cm lang, tief buchtig gelappt, auf beiden Seiten mit 4–9 stachelspitzigen Lappen. Herbstfärbung meist gelbbraun. Eicheln zur Hälfte von langschuppigem Becher umgeben. Wärmeliebende, hitzeverträgliche Eiche für bodentrockene Standorte.

Quercus coccinea

Quercus palustris

Quercus coccinea, Scharlach-Eiche
15–20 (–25) m hoher Baum. Krone locker kegelförmig bis rundlich. Borke dunkelgrau, feinrissig. Blätter 8–15 cm lang, tief gebuchtet, jederseits mit 3–4 abstehenden Lappen, glänzend dunkelgrün, im Herbst leuchtend scharlachrot. Eicheln etwa bis zur Hälfte von einem napfförmigen Becker umgeben. Mit der prachtvollen Herbstfärbung ein attraktiver, stadtklimaverträglicher Baum für saure bis schwach alkalische Böden.

Quercus palustris, Sumpf-Eiche
15–20 (–25) m hoher Baum mit durchgehendem Stamm. Krone eiförmig kegelförmig, oft mit abgestorbenen Ästen. Borke lange glatt bleibend, zuletzt rau und flach gefurcht. Blätter 8–15 cm lang, tief gebuchtet, jederseits mit 2–4 waagerecht abstehenden, länglichen oder dreieckigen Lappen, beidereits lebhaft grün, unterseits mit grünweißen Achselbärten. Herbstfärbung prachtvoll karmin- bis dunkelrot. Eicheln sitzend oder kurz gestielt, zu einem Drittel von einem schüsselförmigen Becher umgeben. Prachtvoller Solitär- und Straßenbaum. Verträgt auch vernässte Böden. Mit 'Green Dwarf' und 'Swamp Pygmy' werden gelegentlich ausgesprochen schwachwüchsige, schön belaubte Sorten angeboten. Sie werden in 15 Jahren kaum mehr als 2,5 m hoch.

Quercus robur 'Concordia', Gold-Eiche
Schwachwüchsiger, 10–15 m hoher Baum. Blätter in Form und Größe wie bei der bekannten Stiel-Eiche, aber im Austrieb goldgelb und über den Sommer nur wenig vergrünend.

Quercus robur 'Fastigiata', Säulen-Eiche
15–20 m hoher Baum. Krone geschlossen säulenförmig bis schmal kegelförmig, bei guten Auslesen nur 3–4 m breit. Blätter in Form und Größe wie bei der bekannten Stiel-Eiche, oft bis weit in den Winter haftend.

Quercus robur 'Concordia'

Quercus × turneri 'Pseudoturneri'

***Quercus × turneri* ‘Pseudoturneri’, Wintergrüne Eiche**
10–15 (–25) m hoher, oft kurzstämmiger Baum. Krone breit eiförmig. Borke dünn, graubraun, klein gefeldert. Blätter 7–10 cm lang, jederseits mit 4–6 breiten, stumpfen Lappen, glänzend dunkelgrün, meist den ganzen Winter über grün bleibend. Früchte werden nur selten angesetzt. Braucht einen wintermilden, geschützten Standort.

Rhododendron calophytum, Schöner Rhododendron

Aussehen: Der immergrüne, locker aufgebaute *Rhododendron* wird in Kultur etwa 2 m, an seinen natürlichen Standorten auch 5–12 m hoch. Er hat dicke, anfangs weißfilzige Triebe und große, 14–30 cm lange, längliche oder eilanzettliche, frischgrüne Blätter. Fünf- bis siebenlappig sind die weißen oder weißlich rosa, offen glockigen, 5–6 cm breiten Blüten. Sie sind mit einem deutlichen karminroten Basalfleck gezeichnet und blühen schon im März/April auf.
Verwendung: Mit den großen Blättern und den zarten, sich früh öffnenden Blüten eine reizende Wildart für Einzel- und Gruppenpflanzungen.
Standort: Halbschattig. Boden frisch bis feucht, durchlässig, sandig- oder lehmig-humos, sauer bis schwach sauer.
Pflege: Gedeiht, wie alle Rhododendren, nur auf zusagenden Standorten zufriedenstellend. ✂ 1.
Vermehrung: Aussaat im Frühjahr unter Glas. Sorten meist durch Handveredlungen im Spätsommer unter Glas.

Weitere empfehlenswerte immergrüne, großblättrige Wildarten

***Rhododendron fortunei*, Fortunes Rhododendron**
Breit aufrechter, 2–4 m hoher und fast ebenso breiter Strauch. Blätter 8–18 cm lang, verkehrt-eiförmig, oberseits matt dunkelgrün, unterseits hell blaugrün. Blüten weiß bis zart hellrosa, duftend, trichterförmig-glockig, bis 9 cm breit, zu 6–12 in lockeren Ständen, Mai/Juni. Das Erbgut der prachtvollen Wildart findet sich in vielen großblumigen Sorten wieder.

***Rhododendron insigne*, Ausgezeichneter Rhododendron**
Halbkugeliger, kompakter, dicht belaubter, 1,5–4 m hoher Strauch. Blätter derb ledrig, schmal-elliptisch, 6–13 cm lang, oberseits dunkelgrün mit leicht eingesenkter Nervatur. Unterseits mit einem silbrigen Indumentum, einem filzigen Haarkleid, das wie ein dichter, glänzender Film wirkt, bedeckt. Blüten innen zartrosa, außen kräftig rosa getönt, breit-glockig, 3–4 cm breit, zu 8–17 in dichten Ständen, Mai/Juni. *R. insigne* ist durch die auffallende Textur der Blätter ein wichtiger Kreuzungspartner für die Züchtung großblumiger Sorten.

***Rhododendron wardii*, Wards Rhododendron**
Breit aufrechter, 1–3 (–8) m hoher Strauch. Blätter schmal verkehrt-eiförmig bis breit eifömig, 6–11 cm lang, oberseits dunkelgrün, unterseits leicht blaugrün. Blüten weiß bis hellgelb, mit oder ohne purpurnem Basalfleck, breit trichterförmig, 3–4 cm breit, 5–15 Einzelblüten in lockeren bis dichten Ständen im Mai. *R. wardii* ist die frosthärteste der großblättrigen, gelb blühenden *Rhododendron*-Arten. Sie hat die gelbe Blütenfarbe an viele Sorten mit gelben oder orangefarbenen Blüten weitergegeben.

Rhododendron calophytum

Rhododendron fortunei

Rhododendron wardii

Standortbedingungen für Rhododendren

Obwohl der Begriff immer wieder gebraucht wird – Rhododendren sind keine Moorbeetpflanzen! Nur wenige Arten gedeihen an ihren natürlichen Standorten in Mooren, die meisten Arten wachsen an Berg- und Schluchthängen, auf alpinen Matten oder in lichten Berg- und Regenwäldern in Rohhumusauflagen über wasserdurchlässigem Gestein. Die wenigen in Mooren vorkommenden Arten haben sehr spezifische Standortansprüche und werden nur von wenigen Spezialisten kultiviert. Die angebotenen Arten und Sorten benötigen für ein befriedigendes Wachstum keine reinen Torfböden. Sie kommen sehr gut mit durchlässigen, gut durchlüfteten, sandig- oder lehmig-humosen, ausreichend nährstoffreichen, gleichmäßig frischen, sauren Böden zurecht. Die Bodenreaktion darf aber auch nicht zu sauer sein, der optimale pH-Wert liegt zwischen 4,5 und 5,0. Auf INKARHO®-Unterlagen veredelte Sorten tolerieren auch einen pH-Wert zwischen 5,5 und 7,0. Rhododendren gedeihen nicht auf schweren, verdichteten, trockenen Böden.

Neben den physikalischen und chemischen Bodeneigenschaften sind auch andere Standortbedingungen für das Wohlbefinden der Rhododendren wichtig: Sie gedeihen am besten in kühlen, luftfeuchten, windgeschützen Lagen und an nur zeitweise besonnten Plätzen. Diese Bedingungen finden sie zum Beispiel im lichten, wandernden Schatten höherer Bäume und Sträucher, sofern diese ein tief reichendes Wurzelwerk besitzen, das nicht in Konkurrenz zu den Rhododendrenwurzeln tritt.

Rhododendron luteum, Pontische Azalee

Aussehen: Der sommergrüne breit aufrechte, dicht verzweigte Strauch wird 1–2 (–4) m hoch. Er hat drüsig-zottig behaarte Jungtriebe und klebrige Winterknospen. Eiförmig oder elliptisch sind die 2–6 cm langen, beiderseits drüsig behaarten, dunkelgrünen Blätter, die sich im Herbst leuchtend gelb, orange oder rot verfärben. Die sattgelben, bis 5 cm breiten, stark süß duftenden, röhrig-trichterförmigen Blüten sitzen zu jeweils 9–17 Stück in kurzen Trauben zusammen. Sie blühen vor der Laubentfaltung im Mai/Juni auf.

Verwendung. Mit ihren zahlreichen, stark duftenden Blüten ist *R. luteum* eine der wichtigsten sommergrünen Arten. Das Erbgut der robusten Art findet sich in zahlreichen sommergrünen Sorten wieder.

Standort und Pflege: Wie bei *R. calophytum*.

Vermehrung: Aussaat im Frühjahr unter Glas.

Rhododendron luteum

Weitere empfehlenswerte sommergrüne Wildarten

***Rhododendron albrechtii*, Albrechts Azalee**

Buschig aufrechter, 1,5–3 m hoher, locker aufgebauter Strauch. Blätter 2–12 cm lang, verkehrt-eiförmig bis elliptisch, meist zu 5 an den Enden von Kurztrieben gehäuft, am Rand fein gesägt und bewimpert, unterseits grau behaart. Herbstfärbung leuchtend gelb. Blüten rötlich purpurn, leuchtend violett- oder tiefrosa, radförmig-glockig, 4–5 cm breit, vor der Laubentfaltung im April/Mai.

Rhododendron albrechtii

Rhododendron camtschaticum

***Rhododendron camtschaticum*, Kamtschatka-Azalee**
Zierlicher, bis 0,2 m hoher, Ausläufer treibender Strauch. Triebe mit langen, borstigen Haaren bedeckt. Blätter 1,5–5 cm lang, verkehrt-eiförmig bis spatelig, am Rand bewimpert. Herbstfärbung gelb bis rot. Blüten purpurrot, 3–4 cm breit, weit geöffnet, zu 1–3 an diesjährigen, beblätterten Trieben. Blüte im Mai, im September oft nachblühend. Reizender Zwergstrauch, der seinen besten Platz im Alpinum in Verbindung mit großen Steinen findet. Braucht einen feuchtkühlen Wurzelbereich.

***Rhododendron occidentale*, Westliche Azalee**
Breit aufrechter, 1–2 m hoher Strauch mit weich behaarten Trieben. Blätter 4–10 cm lang, elliptisch bis lanzettlich, glänzend grün, unterseits hell graugrün. Herbstfärbung scharlachrot. Blüten weiß bis hellrosa, im Schlund gelb gefleckt, stark duftend, etwa 6 cm beit, röhrig-trichterförmig, außen drüsig zottig behaart, Mai/Juni, vor oder mit der Laubentfaltung. 'Irene Koster' und 'Jack Brydon' sind prachtvolle, besonders reich blühende Auslesen.

***Rhododendron schlippenbachii*, Schlippenbachs Azalee**
Breit aufrechter, locker aufgebauter, 2–3 m hoher Strauch. Blätter verkehrt-eiförmig bis breit eiförmig und 4–10 cm lang. Meist erscheinen 5 Blätter an den Zweigenden gehäuft. Sie sind frischgrün, im Herbst gelb bis karminrot. Blüten rosa, die oberen Kronblätter rotbraun gefleckt, weit geöffnet, 5–8 cm breit. Mit der zarten Blüte und dem gefälligen Wuchs eine der schönsten sommergrünen *Rhododendron*-Arten.

Rhododendron Forrestii-Gruppe (Tab. 55)

Aussehen: Zu dieser Gruppe, die nicht selten auch als *R.* Repens-Gruppe bezeichnet wird, gehören einige Sorten mit einem zwergigen, kompakten, ausgebreiteten bis abgeflacht halbkugeligen Wuchs. Sie werden in 10 Jahren 0,4 bis 0,9 m hoch, aber etwa doppelt so breit. Ihre derb ledrigen Blätter sind meist dunkelgrün. Die überwiegend trichterförmigen, fleischigen Blüten sind leuchtend rot oder scharlachrot, sie

Tab. 55 Empfehlenswerte Sorten von *Rhododendron* der Forrestii-Gruppe

Sorte	Wuchs (Wuchshöhe/-breite in 10 Jahren)	Blüten
'Bad Elisen'	ausgebreitet, 07/1,2 m	leuchtend scharlachrot, 3,5–5,5 cm breit
'Baden-Baden'	abgeflacht halbkugelig, 0,9/1,4 m	leuchtend scharlachrot, bis 6 cm breit
'Hachmann's Corinna'	flach, kompakt, 0,35/0,9 m	leuchtend rot, 6,5–7,5 cm breit
'Pumuckl'	dicht, kompakt, 0,6/0,9 m	leuchtend lackrot, 5,5–6 cm breit
'Scarlet Wonder'	gleichmäßig halbkugelig, 0,7/1,1 m	scharlachrot, 4,5–5,5 cm breit

Rhododendron schlippenbachii

Rhododendron 'Pumuckl'

Rhododendron 'Scarlet Wonder'

sind zu lockeren Ständen geordnet und entfalten sich im Mai.
Verwendung: Die zwergig wachsenden Sorten eignen sich besonders gut für kleine Gärten, passende Plätze finden sie auch in Heidegärten oder größeren Steingärten. Sie sind, eine ausreichende Luft- und Bodenfeuchtigkeit vorausgesetzt, auch für sonnige Standorte geeignet.
Standort: Sonnig bis halbschattig. Bodenansprüche wie *R. calophytum*.
Pflege: Wie bei *R. calophytum*. ✂ 1.
Vermehrung: Stecklinge von gerade ausgereiften Trieben.

Rhododendron hirsutum, Behaarte Alpenrose

Aussehen: Die in den mittleren und Ostalpen heimische Alpenrose ist ein immergrüner, bis 1 m hoher, kurzastiger, dicht beblätterter Strauch. Die 1–3 cm langen, eiförmigen bis rundlichen, am Rand lang bewimperten, oberseits frischgrünen Blätter sind unterseits mit zerstreuten, goldfarbenen Drüsenschuppen besetzt. Im Mai bis Juli entfalten sich die purpurrosa, trichterförmig-glockigen, etwa 1,5 cm breiten Blüten, die zu 3–15 in kurzen Trauben stehen.

Bei der ebenfalls in den Alpen und Pyrenäen heimischen Rostblättrigen Alpenrose, *R. ferrugineum*, sind die Blätter unterseits dicht rostbraun beschuppt und am Rand nicht bewimpert. Die schmal röhrenförmigen, etwa 1,5 cm breiten Blüten sind ebenfalls purpurrosa.
Verwendung: Die beiden zwergwüchsigen, in Kultur etwas heiklen Alpenrosen eignen sich gut für Stein- und Heidegärten, für Rhododendronbeete und Gräber.
Standort: Sonnig bis lichtschattig, kühl, luftfeucht. Boden frisch bis feucht, sehr durchlässig, humos, sauer bis schwach sauer.

Rhododendron hirsutum

Pflege: Gedeiht nur an zusagenden Standorten zufriedenstellend. ✂ 1.
Vermehrung: Aussaat im Frühjahr unter Glas.

Rhododendron impeditum, Veilchenblauer Rhododendron

Aussehen: *R. impeditum* ist ein immergrüner, bis 0,6 m hoher, aufrechter oder ausgebreiteter, dicht und fein verzweigter Zwergstrauch. Länglich-eiförmig sind die 0,8–1,5 cm langen, oberseits dunkelgrünen, unterseits braun beschuppten, würzig duftenden Blätter. Rotviolett bis lavendelrosa sind die trichterförmigen, etwa 2,5 cm breiten Blüten mit den weit herausragenden Staubblättern. Im April/Mai stehen die Blüten in reicher Fülle über dem Laub. In Kultur sind häufig Sorten wie 'Blue Tit Magor' und 'Moerheim'.
Verwendung: *R. impeditum* gehört, wie *R. russatum*, zur Gruppe der kleinblättrigen, immergrünen Arten. Hervorragend für Hochbeete, Stein- und Heidegärten geeignet.
Standort: Sonnig bis lichtschattig. Bodenansprüche wie *R. hirsutum*.
Pflege: Wie bei *R. hirsutum*. ✂ 1.
Vermehrung: Aussaat im Frühjahr unter Glas, Sorten durch Stecklinge von gerade ausgereiften Trieben.

Rhododendron russatum, Rötlicher Rhododendron
(Tab. 56)

Aussehen: *R. russatum* ist ein immergrüner, 0,3–1,5 m hoher, buschig aufrechter Strauch mit dunkelbraun beschuppten Trieben und 2–4 cm langen, elliptischen bis länglichen, oberseits graugrünen, unterseits dicht braun oder rotbraun beschuppten Blättern. Die trichterförmigen, etwa 2,5 cm breiten, außen dicht beschuppten Blüten sind tief purpurblau bis hellpurpurn oder dunkelviolett. Sie blühen im April/Mai auf und stehen meist zu 4–6 Blüten zusammen.
Verwendung: *R. russatum* wurde häufig für Kreuzungen benutzt, und die entstandenen Sorten sind reichblühende Zwergsträucher für Stein- und Heidegärten oder schmale Rabatten. Das gilt auch für kleinblättrige Sorten anderer Herkunft.
Standort: Lichtschattig. Bodenansprüche wie bei *R. hirsutum*.
Pflege: Wie bei *R. hirsutum*. ✂ 1.
Vermehrung: Stecklinge von gerade ausgereiften Trieben.

Gestaltungstipp
Rhododendron russatum gehört mit der Fülle an relativ großen, annähernd blauen Blüten zu den attraktivsten unter den immergrünen, kleinblättrigen Arten.

Tab. 56 Empfehlenswerte, immergrüne, kleinblättrige *Rhododendron*-Sorten

Sorte	Wuchs (Wuchshöhe/-breite in 10 Jahren)	Blüten
'Azurwolke'	locker aufrecht, 0,8/1,1 m	leuchtend lilablau, Mai
'Blaufeder'	abgeflacht halbkugelig, 0,7/0,9 m	im Aufblühen violettblau, später leuchtend blauviolett, Mai
'Dora Amateis'	abgeflacht halbkugelig, 0,6/1,0 m	creme- bis reinweiß, groß, Mai
'Gletschernacht'	straff aufrecht, kompakt, 1,1/1,0 m	im Aufblühen blauviolett, später dunkelblau, Mai
'Lavendula'	breit aufrecht, kompakt, 0,8/1,0 m	lavendelfarben, violett getönt, Mai/Juni
'Moerheim'	flach, kompakt, dicht verzweigt, 0,4/0,8 m	hellviolett, Anfang Mai
'Peter John Mezitt'	berit aufrecht, kompakt, 1,0/1,2 m	dunkel purpurrosa, April/Mai
'PJM Elite'	breit aufrecht, sehr robust, 1,6/1,2 m	tief purpurrosa bis rötlich, purpurn, April/Mai
'Praecox'	locker aufrecht, 1,0/1,2 m	leuchtend lilarosa, März/April
'Princess Anne'	kompakt, dicht verzweigt, 0,25/0,6 m	hellgelb, innen klein gelbgrün gezeichnet, klein, April/Mai
'Ramapo'	gedrungen, kompakt, 0,7/1,3 m	pastelllila, klein, Mai

Rhododendron 'Dora Amateis'

Rhododendron 'Gletschernacht'

Rhododendron 'Peter John Mezitt'

Rhododendron 'PJM Elite'

Rhododendron 'Praecox'

Rhododendron 'Ramapo'

Rhododendron Williamsianum-Gruppe

(Tab. 57)

Aussehen: Zu dieser Gruppe gehören immergrüne Sorten mit einem kompakten, abgeflacht kugeligen, 1,5–5 m hohen Wuchs. Typisch sind die breit eiförmigen bis rundlichen, vorne abgerundeten, an der Basis herzförmigen Blätter. Sie sind im Austrieb schön bronzefarben, später oberseits frischgrün, unterseits blau- bis weißgrün. Die nickenden Blüten sind breit-glockig, cremeweiß, rosa oder pink, im Schlund meist dunkelrot gezeichnet. Sie stehen in lockeren Ständen zusammen und blühen im April/Mai auf.
Verwendung: Mit den rundlich herzförmigen Blättern und den großen, glockigen Blüten sehr attraktive, aber nur mäßig frostharte Sorten für geschützte Plätze.
Standort: Halb- bis lichtschattig, geschützt. Bodenansprüche wie bei *R. calophytum*.
Pflege: Wie bei *R. calophytum*. ✂ 1.
Vermehrung: Stecklinge von gerade ausgereiften Trieben.

Tab. 57 Empfehlenswerte Sorten von *Rhododendron* der Williamsianum-Gruppe

Sorte	Wuchs	Blüten
'August Lamken'	breit aufrecht, 1,5–2 m hoch	purpurrosa
'Gartendirektor Glocker'	abgeflacht halbkugelig, kompakt, 1–1,5 m hoch	rosarot, später aufhellend
'Gartendirektor Rieger'	breit aufrecht, geschlossen, bis 1,4 m hoch	cremefarben, außen rosa getönt
'Rothenburg'	aufrecht bis breit aufrecht, bis 1,8 m hoch	hellgelb bis cremefarben

Rhododendron 'August Lamken'

Rhododendron 'Gartendirektor Glocker'

Rhododendron 'Gartendirektor Rieger'

Rhododendron 'Rothenburg'

Rhododendron yakushimanum, Yakushima-Rhododendron

(Tab. 58)

Aussehen: *R. yakushimanum* ist ein immergrüner, kompakter, dicht belaubter, 0,5–1 (–1,5) m hoher, abgeflacht kugeliger, dicktriebiger Strauch. 8–18 cm lang sind die derb ledrigen, meist länglich-lanzettlichen, deutlich konkav gewölbten oder flachen Blätter. Sie sind im Austrieb mehrere Wochen lang silbrig filzig, später oberseits glänzend dunkelgrün, unterseits mit einem bleibenden, dicken, weißen bis gelbbraunen, filzigen Haarkleid (Indumentum) versehen. Der silbrig filzige Austrieb und das typische Indumentum ist nicht bei allen Sorten der Yakushimanum-Gruppe erhalten geblieben. Bei den Sorten 'Koichiro Wada' und 'Marlis' sind die Blätter dagegen im Austrieb mehrere Wochen lang schön silbrig filzig. Die glockigen, 5–6 (–7,5) cm breiten Blüten sind in der Knospe zartrosa, aufgeblüht reinweiß oder zartrosa überhaucht. Sie stehen im Mai zu etwa 8–12 in kaldelaberartigen Ständen zusammen.
Verwendung: Neben der Wildart sind zahlreiche Sorten der Yakushimanum-Gruppe mit abweichenden Blütenfarben in Kultur. Sie

Tab. 58 Empfehlenswerte Sorten von *Rhododendron* der Yakushimanum-Gruppe

Sorte	Blüten
'Anuschka'	rosarot, innen heller, dunkelrot gezeichnet
'Arabella'	außen zartrosa, am stark gefransten Saum intensiv rosa, im Schlund weiß, dunkelrot gezeichnet
'Babette'	im Aufblühen cremegelb, rosa getönt, aufgeblüht zartgelb bis cremegelb, mit rotem Basalfleck
'Bluretta'	außen und am inneren Saum rosaviolett, zum Zentrum hin fast weiß
'Emanuela'	leuchtend rosa, innen reinweiß bis zart rosaweiß, porzellanartig
'Fantastica'	außen und am inneren Saum rosarot, im Zentrum weiß
'Kalinka'	außen hellrosa, innen rubinrosa, zuletzt hellrosa
'Koichiro Wada'	in der Knospe rosa, aufgeblüht reinweiß, Blätter im Austrieb lange schön silbrig filzig
'Marlis'	hellrosa, mit weißen Partien und einer schwachen gelben Zeichnung, Blätter im Austrieb lange schön silbrig filzig
'Morgenrot'	im Aufblühen leuchtend rot, später außen rosa, innen rosarot
'Percy Wiseman'	anfangs cremegelb, rosa getönt, später cremeweiß, innen klein hellbraun gezeichnet
'Polaris'	rubinrosa, innen zartrosa, auf weißem Untergrund gelbgrün bis -braun gezeichnet
'Schneekrone'	im Aufblühen zartrosa, später reinweiß, braun gezeichnet
'Silberwolke'	im Aufblühen hellrosa, später rosaweiß bis silbrig weiß, schwach gelblich grün gezeichnet
'Tatjana'	außen intensiv karminrot, innen mit einer kleinen, weißen Aufhellung
'Tina Heinje'	im Aufblühen leuchtend rot, später außen und am inneren Saum rosarot, im Schlund dunkelrot gezeichnet
'Volker' (Syn. 'Flava')	hellgelb, außen leicht rötlich getönt, innen mit großem, purpurrotem Basalfleck

Rhododendron 'Babette'

Rhododendron 'Koichiro Wada'

Rhododendron 'Polaris'

Rhododendron 'Schneekrone'

Rhododendron 'Tina Heinje'

Rhododendron 'Volker' (Syn. 'Flava')

Empfehlenswert
Dank des niedrigen, kompakten Wuchses und der früh einsetzenden Blüte sind Sorten der Yakushimanum-Gruppe ganz besonders gut für kleine Gärten geeignet.

wachsen kompakt und werden in 10 Jahren 1,0–1,3 m hoch und 1,2–1,6 m breit. Ihre meist weit geöffneten, trichterförmigen oder glockigen Blüten sind 5,5–6,5 (–7,5) cm breit. Sie vertragen, im Gegensatz zu vielen anderen *Rhododendron*-Arten und -Sorten, auch sonnige Plätze.
Standort: Sonnig bis lichtschattig. Bodenansprüche wie *R. calophytum*.
Pflege: Wie bei *R. calophytum*. ✂ 1.
Vermehrung: Handveredlung im Spätsommer unter Glas.

Tab. 59 Empfehlenswerte immergrüne, großblättrige *Rhododendron*-Sorten

Sorte	Wuchs	Blüten
'Alfred'	locker aufrecht, 1,5–2 m hoch	lila, auf hellem Grund schwach grünlich gezeichnet, Mai/Juni
'Anastasia'	breit aufrecht, bis 2,5 m hoch	karminrosa, innen hellrosa, oliv- bis goldgrün gezeichnet, Mai/Juni
'Azurro'	breit aufrecht, kompakt, bis 2 m hoch	intensiv dunkelviolett, innen rötlich violett, mit einem großen samtschwarzen Fleck, Mai/Juni
'Blue Peter'	breit aufrecht, locker, bis 2,5 m hoch	hell lilablau, innen lilaweiß, mit einem großen, purpurroten Fleck, Mai/Juni
'Cassata'	breit aufrecht, 2–3 m hoch	im Aufblühen zartrosa, später reinweiß, innen auffallend dunkelrot gezeichnet, Juni
'Catawbiense Boursault'	breit aufrecht, bis 4 m hoch	lila, schwach grüngelb gezeichnet, Mai/Juni
'Catawbiense Grandiflorum'	stark, robust, 4–5 m hoch	kräftig lila, im Schlund rötlich braun gezeichnet, Mai/Juni
'Cunningham's White'	halbkugelig, kompakt, robust, 2–3 m hoch	reinweiß, gelbbraun gezeichnet, Mai
'Dr. H. C. Dresselhuis'	steif aufrecht, dicht verzweigt, bis 4 m hoch	purpurrot, zart braunrot gezeichnet, im Verblühen verblassend, Mai/Juni
'Feuerschein'	halbkugelig, kompakt, 2–2,5 m hoch	kirschrot, im Aufblühen dunkler, Juni
'Furnivall's Daughter'	breit aufrecht, bis 3 m hoch	hellrosa, mit einem großen, dunkelroten Fleck, Mai/Juni
'Goldbukett'	rundlich, kompakt, 2–3 m hoch	in der Knospe kupferfarben, aufgeblüht, cremegelb, kräftig dunkelrot gezeichnet, Mai
'Goldkrone'	breit aufrecht, kompakt, bis 2 m hoch	reingelb, innen zitronengelb getönt, klein braun gezeichnet, Mai
'Gomer Waterer'	breit aufrecht, kompakt, 2–3 m hoch	weiß, am Saum lila getönt, im Aufblühen zartlila, grünlich gelb gezeichnet, Mai/Juni
'Nova Zembla'	breit aufrecht, im Alter locker, 2–3 m hoch	leuchtend rubinrot, mit dunkel braunroter Zeichnung, Mai/Juni
'Polarnacht'	halbkugelig, kompakt, 2–2,5 m hoch	tief dunkelviolett, innen violettschwarz gezeichnet, Mai/Juni
'Roseum Elegans'	breit aufrecht, robust, bis 4 m hoch	lilarosa, schwach rotbraun bis gelbgrün gezeichnet, Mai/Juni
'Scintillation'	anfangs sparrig, später geschlossen, bis 3 m hoch	hellrosa, grünlich bis goldbraun gezeichnet, Mai/Juni

Großblättrige, immergrüne *Rhododendron*-Sorten

(Tab. 59)

Aussehen: Zu dieser Gruppe gehören immergrüne, breitbuschig aufrecht wachsende, mehr oder weniger rundliche, 1–3 (–5) m hohe und meist gleich breite, üppig belaubte Sträucher mit großen, ledrigen, überwiegend glänzend dunkelgrünen Blättern. Die großen, weit geöffneten Blüten können weiß, gelb, rosa, rot oder violett sein. Sie stehen im Mai/Juni meist zu vielen in rundlichen bis domförmigen, kompakten oder lockeren Ständen über dem Laub.
Verwendung: Die üppig belaubten, farbenprächtigen Sorten werden einzeln, in Gruppen und teilweise in Blütenhecken gepflanzt.

Rhododendron 'Azurro'

Rhodod. 'Catawbiense Grandiflorum'

Rhododendron 'Cunningham's White'

Rhododendron 'Dr. H. C. Dresselhuis'

Rhododendron 'Goldbukett'

Rhododendron 'Roseum Elegans'

INKARHO®-Rhododendren

Die meisten großblättrigen *Rhododendron*-Sorten und Sorten der Yakushimanum-Gruppe werden veredelt. Als Unterlage wurde bis vor wenigen Jahren nahezu ausschließlich die robuste, anpassungsfähige Sorte 'Cunningham's White' verwendet. Seit vielen Jahren ist man auf der Suche nach einer Rhododendron-Unterlage, die auch auf Böden mit einem höheren Lehmanteil und mit einem etwas höheren Kalkgehalt zurechtkommen. Nach fast 20-jähriger Forschungs- und Züchtungsarbeit sind die heute als INKAHRO® bezeichneten Veredlungsunterlagen selektiert worden. Während der optimale pH-Bereich für Rhododendren zwischen 4,5 und 5,0 liegt, kommen Sorten auf INKARHO®-Unterlagen auch mit pH-Werten zwischen 5,5 und 7,0 zurecht. Für Bodenverbesserungen sind also nicht mehr hohe Torfgaben notwendig, zur Bodenlockerung reicht die Beimischung von Rindenhumus aus.

Knospensterben bei Rhododendron

Im Herbst und in den Wintermonaten werden die Blütenknospen großblumiger Rhododendren braun und sterben ab. Auf den abgestorbenen Knospen sind schwärzliche Pilzsporen zu sehen. Der Pilz *(Pycnostysanus azaleae)* dringt durch Stichverletzungen in die Knospen ein, die durch Zikaden *(Graphocephala fennahi)* verursacht worden sind. Die braunen Blütenknospen rechtzeitig ausbrechen, um die weitere Verbreitung einzudämmen. Neuinfektionen finden im Herbst statt.

Standort: Am besten im lichten, wandernden Schatten unter großkronigen, tief wurzelnden Bäumen. Boden gleichmäßig feucht, durchlässig, sandig- oder lehmig-humos, sauer bis schwach sauer.
Pflege: Gedeihen zufriedenstellend nur auf zusagenden Standorten. Vom Knospensterben befallene, trockene Blütenknospen rasch ausbrechen und entsorgen, um die Ausbreitung des Pilzes einzudämmen. ✂ 1.
Vermehrung: Meist Handveredlungen im Spätsommer unter Glas.

Japanische Azaleen (Tab. 60)

Aussehen: Zu dieser Gruppe gehören niedrig bleibende, feintriebige, kleinblättrige Azaleen-Sorten, deren Belaubung in Mitteleuropa meist winter- oder halbimmergrün ist. Japanische Azaleen werden selten mehr als 1 m hoch. Es sind buschige, meist dicht verzweigte, kompakte, oft kissenförmige, reichblühende Azaleen, die meist weniger frosthart sind als die bisher behandelten *Rhododendron*-Arten und -Sorten. Die unten aufgelisteten Sorten blühen sehr reich, sind vergleichsweise frosthart und behalten ihre Blätter über Winter. Ihre Blütezeit liegt im Mai/Juni.
Verwendung: In Gruppen als Vorpflanzung vor höher werdenden Rhododendren, in Japanischen Gärten, in Steingärten und auf Gräbern, für Kübelbepflanzung geeignet.
Standort: Licht- bis halbschattig, luftfeucht. Boden gleichmäßig frisch bis feucht, durchlässig, sandig- oder lehmig-humos, sauer bis schwach sauer.
Pflege: Vor Wind und Wintersonne schützen, bei strengem Kahlfrost mit Reisig oder Vlies abdecken. Alle Sorten sind sehr schnittverträglich. ✂ 1.
Vermehrung: Stecklinge von krautigen Trieben.

Tab. 60 Empfehlenswerte Japanische Azaleen

Sorte	Blüten
'Babuschka'	karminrosa, innen schwach dunkelrot gezeichnet, gefüllt, 4,2 cm breit
'Canzonetta'	karminrot bis rötlich rosa, leicht gefüllt, 4,8–6 cm breit
'Diamant'-Sorten	blau, lachsfarben, purpurrosa, purpurrötlich oder weiß, 2–3 cm breit
'Fridoline'	lebhaft rötlich orange, innen klein dunkelrot gezeichnet, 4–4,7 cm breit
'Georg Arends'	intensiv rosarot, innen braunrot gezeichnet, 6,5–7,5 cm breit
'Hatsugiri'	lebhaft purpurrot, 2,5–3 cm breit
'Kermesina'	karminrosa, innen klein rötlich gezeichnet, 2,5–3,5 cm breit
'Kermesina Alba'	reinweiß, 2,5–3 cm breit
'Kermesina Rose'	rosa, mit breitem weißem Saum, 3,2–3,6 cm breit
'Königstein'	kräftig violett, 3,5–4 cm breit
'Maruschka'	hell karminrot, innen dunkler, nicht verblassend, 4–4,5 cm breit
'Melina'	purpurrosa, zum Zentrum hin mehr rötlich, gefüllt, 4,5–5,6 cm breit
'Purpurkissen'	karminrot, nicht verblassend, 5–5,8 cm breit
'Rosalind'	reinrosa, innen schwach bräunlich gezeichnet, 4–4,8 cm breit
'Rubinetta'	rubinrot, dunkler gezeichnet, 4–4,5 cm breit
'Schneeglanz'	weiß, deutlich gelblich grün gezeichnet, süß duftend, 4,5–5 cm breit
'Schneeperle'	reinweiß, dicht gefüllt, 4,5 cm breit
'Schneewittchen'	reinweiß, schwach grünlich gelb gezeichnet, 3–4 cm breit
'Vuycks Scarlet'	leuchtend karminrot, 5,5 cm breit, frostempfindlich

Rhododendron 'Canzonetta'

Rhododendron 'Diamant Rot'

Rhododendron 'Fridoline'

Rhododendron 'Maruschka'

Rhododendron 'Kermesina Rose'

Rhododendron 'Melina'

Rhododendron 'Königstein'

Rhododendron 'Schneeperle'

Sommergrüne Azaleen

(Tab. 61)

Aussehen: Von den zahlreichen Gruppen und Sorten sommergrüner Azaleen werden gegenwärtig überwiegend die so genannten Knap-Hill-Azaleen kultiviert. Sie zeichnen sich durch einen gesunden, kräftigen, meist breit aufrechten Wuchs, durch große Winterhärte, Anpassungsfähigkeit an den Standort, leuchtende Blütenfarben und einen regelmäßigen reichen Blütenansatz aus. Ihre Blüten sind über einer langen, engen Kronröhre am Saum weit geöffnet, sie stehen im Mai/Juni in großen, lockeren oder kompakten Blütenständen zusammen. Bei zahlreichen Sorten treiben die Blätter kupferfarben aus und färben sich im Herbst in goldgelben, orangefarbenen oder roten Tönen.
Verwendung: Sommergrüne *Rhododendron*-Sorten bieten kräftige Blütenfarben in Weiß, Gelb, Orange und Rot, die in dieser Farbintensität bei immergrünen Arten und Sorten nicht vokommen. Diese kräftigen Farben vertragen sich nicht gut mit den zarten, warmen Farbtönen immergrüner Arten und Sorten, man sollte beide deshalb räumlich trennen. Auch bei der Zusammenstellung sommergrüner Rhododendren sollte man auf deren Blütenfarben achten, zu bunte Farbmischungen ergeben meist unharmonische Bilder.
Standort: Sonnig bis halbschattig. Boden gleichmäßig frisch, duchlässig, humos, sauer bis schwach sauer.
Pflege: Nur auf zusagenden Standorten frohwüchsig. ✂ 1.
Vermehrung: Stecklinge von krautigen Trieben.

Tab. 61 Empfehlenswerte sommergrüne Azaleen

Sorte	Wuchs	Blüten
'Berryrose'	breit aufrecht, kompakt, bis 1,5 m hoch	rosa, das obere Kronblatt gelb gefleckt, 5–8 cm breit
'Coccinea Speciosa'	breit aufrecht, bis 2,5 m	leuchtend orangerot, orange gefleckt, 3,5–5,5 cm breit
'Daviesii'	locker breit aufrecht, bis 2 m hoch	cremeweiß, gelb gezeichnet, duftend, 4,5–5 cm breit
'Feuerwerk'	locker aufrecht, bis 2,5 m hoch	leuchtend orangerot, leicht duftend, 7–9 cm breit
'Gibraltar'	breit aufrecht, kompakt, bis 2,5 m hoch	leuchtend orangerot, das obere Kronblatt orangegelb gefleckt, 5–7 cm breit
'Goldtopas'	breit aufrecht, kompakt, bis 2 m hoch	lebhaft gelb, das obere Kronblatt groß orangegelb gefleckt, 7,5–10 cm breit
'Juniduft'	breit aufrecht, dicht verzweigt, bis 2 m hoch	rosa, innen weißlich rosa, das obere Kronblatt lebhaft goldgelb gefleckt, stark duftend, 5,5 cm breit, erst Ende Mai/Juni aufblühend
'Klondyke'	breit aufrecht, geschlossen, bis 2 m hoch	goldgelb, rötlich orange geflammt, 6–8 cm breit
'Nabucco'	locker aufrecht, bis 2,5 m hoch	tief dunkelrot, innen leicht orange getönt, nicht verblassend, 6,5–7,5 cm breit
'Parkfeuer'	straff aufrecht, bis 3,5 m hoch	leuchtendrot, innen orange getönt, leicht duftend, 6,7–7,5 cm breit
'Persil'	locker breit aufrecht, bis 2,5 m hoch	reinweiß, das obere Kronblatt goldgelb gefleckt, 5–7 cm breit
'Raimunde'	breit aufrecht, bis 2,5 m hoch	innen hellrosa, außen dunkelrosa gestreift und geadert, 7,5–9,5 (–12) cm breit
'Schneegold'	breit aufrecht, reich verzweigt, bis 2,5 m hoch	weiß, am Saum zartrosa getönt, das obere Kronblatt groß goldgelb gefleckt, 7,5–10 cm breit

Rhododendron 'Berryrose'

Rhododendron 'Daviesii'

Rhododendron 'Klondyke'

Rhus typhina, Hirschkolben-Sumach

Aussehen: Der sommergrüne Hirschkolben-Sumach baut sich mit wenigen dicken, geweihartig aufstrebenden Ästen zu einem ornamentalen, 3–5 m hohen und gleich breiten, üppig belaubten Strauch auf, dessen Krone sich im Alter schirmförmig ausbreitet. Er kann zahlreiche Ausläufer treiben und dann dickichtartige Kolonien bilden. Die dunkelgrünen, unpaarig gefiederten, bis 50 cm langen Blätter färben sich im Herbst prachtvoll gelborange bis scharlachrot. Aus grünlichen Blüten entwickeln sich ab September an weiblichen Pflanzen scharlachrote, dicht behaarte Früchte, die in 15–20 cm langen, kolbenartigen Ständen zusammenstehen.

Bei der etwas schwächer wachsenden Sorte 'Dissecta' sind die fiederschnittigen Blättchen farnartig fein zerteilt.
Verwendung: Ornamentaler Großstrauch für Parks und große Gärten, kann durch starke Ausläuferbildung lästig werden.
Standort: Sonnig, hitzeverträglich. Boden trocken bis frisch, durchlässig, sandig-kiesig bis sandig-lehmig, versagt auf schweren Böden, sauer bis schwach alkalisch.
Pflege: Wurzelverletzungen vermeiden, sonst wird die Bildung von Ausläufern angeregt. ✂ 1.
Vermehrung: Durch Ausläufer.

Ribes sanguineum 'Pulbourough Scarlet', Blut-Johannisbeere

Aussehen: Der sommergrüne, unbewehrte, bis 3 m hohe, straff aufrecht wachsende Strauch treibt sehr früh aus. Seine rundlichen, drei- bis fünflappigen Blätter sind im Austrieb leicht rotbraun, später oberseits dunkelgrün und unterseits mäßig filzig behaart. Im April/Mai stehen große, röhrenförmige, dunkel purpurrosa Blüten mit weißer Mitte zu je 19–26 Einzelblüten in 9–13 cm langen, dichten Trauben zusammen. Die etwa 1 cm dicken, blauschwarzen, bereiften, ungenießbaren Früchte reifen ab August.

Einen hohen Gartenwert besitzen die dunkel purpurrosa blühenden Sorten 'Atrorubens' und 'King Edward VII' sowie 'Koja' mit langen, tiefroten Blütentrauben.
Verwendung: Blut-Johannisbeeren sind unentbehrliche Begleiter der gleichzeitig blühenden Forsythien, sie können einzeln, in Gruppen oder in Blütenhecken stehen.
Standort: Sonnig bis lichtschattig. Boden frisch bis feucht, durchlässig, sandig-lehmig, schwach sauer bis schwach alkalisch.
Pflege: Anpassungsfähig. ✂ 2.
Vermehrung: Stecklinge von krautigen Trieben.

Weitere empfehlenswerte *Ribes*-Arten

Ribes alpinum 'Schmidt', Alpen-Johannisbeere
Früh austreibender, sehr dicht verzweigter, bis 1,5 m hoher Strauch. Blätter meist dreilappig, dunkelgrün, bis in den Winter haftend. Blüten sehr zahlreich, gelblich grün, unscheinbar. Robuster, schattenverträglicher, kalkliebender, für Unterpflanzungen und Schnitthecken geeigneter Strauch.

Ribes aureum, Gold-Johannisbeere
Bis 2 m hoher, anfangs straff aufrechter, später ausgebreiteter Strauch. Blätter dreilappig, dicklich, dunkelgrün, im Herbst gelblich rosa bis rot. Blüten gelb, duftend, zu 5–15 in 5–6 cm langen Trauben. Robuster, leicht salzverträglicher Gruppen- und Heckenstrauch. Die Blüten sind, wie die von *R. sanguineum*, sehr ertragreiche Nektar- und Pollenlieferanten.

Rhus typhina

Ribes sanguineum 'Pulbourough Scarlet'

Ribes aureum

Robinia hispida 'Macrophylla'

Robinia pseudoacacia, Gewöhnliche Robinie (Tab. 62)

Aussehen: Der anfangs rasch wachsende, spät austreibende Baum wird 20–25 m hoch und entwickelt im Alter eine lockere rundliche bis schirmförmige, bis 18 m breite Krone. Zweige und junge Äste sind mit starken Dornen bewehrt. Die unpaarig gefiederten, bis 30 cm langen, frischgrünen Blätter färben sich im Spätherbst gelblich. Im Mai/Juni stehen weiße bis elfenbeinfarbene, stark duftende, 2–3 cm lange Schmetterlingsblüten in 10–25 cm

Robinia pseudoacacia

Robinia hispida 'Macrophylla', Borstige Robinie

Aussehen: *R. hispida* ist ein locker verzweigter, unbewehrter, 1,5–3 m hoher, Ausläufer treibender Strauch mit brüchigen Ästen und auffallend rotborstig behaarten Zweigen. Die unpaarig gefiederten, bis 23 cm langen Blätter sind oberseits dunkelgrün, unterseits graugrün. Im Juni entfalten sich die großen, purpurrosa Schmetterlingsblüten, die in hängenden Trauben zusammenstehen. Bis zum September ist mit einzelnen Nachblüten zu rechnen. Die dicht mit drüsigen Borsten besetzten Hülsen sind giftig.
Verwendung: Mit den auffallend gefärbten, duftenden Blüten ein hoch attraktiver Blütenstrauch, der seiner brüchigen Äste wegen gerne als Spalier an Wänden gezogen wird.
Standort: Sonnig, windgeschützt, hitzeverträglich, wärmeliebend, trockenresistent. Boden trocken bis frisch, alle lockeren, durchlässigen, nicht zu nährstoffreichen Bodenarten, schwach sauer bis stark alkalisch.
Pflege: Anspruchslos und pflegeleicht. ✂ 1.
Vermehrung: Handveredlungen im Spätsommer unter Glas.

Tab. 62 Empfehlenswerte Sorten von *Robinia pseudoacacia*

Sorte	Wuchs	Blätter/Blüten
'Friesia', Gold-Robinie	locker aufrecht, 6–10 m hoch, Krone eiförmig	im Austrieb goldgelb, später zitronengelb, wenig blühend
'Tortuosa', Korkenzieher-Robinie	aufrecht, 8–12 m hoch, Äste und Zweige bizarr gewunden und korkenzieherartig gedreht	oft gedreht und hängend, selten blühend
'Umbraculifera', Kugel-Robinie	meist hochstämmig veredelt, Krone gedrungen kugelig, im Alter angeflacht rundlich bis schirmförmig	bis 15 cm lang, Blättchen kleiner als bei der Art, nicht blühend
'Unifoliola', Einblättrige Robinie	aufrecht, Stamm durchgehend, 10–15 m hoch, Krone unregelmäßig kegelförmig	die Fiederblätter bis auf ein 15 cm langse Endblättchen reduziert, lange haftend, reichblühend

Robinia pseudoacacia 'Friesia'

Robinia pseudoacacia 'Umbraculifera'

langen, nickenden Trauben zusammen. Die glatten, rotbraunen, giftigen Fruchthülsen bleiben oft bis in den Winter hinein haften.
Verwendung: Allgemein bekannter Solitärbaum für Parks und große Gärten, wichtiger, stadtklimatauglicher Straßen- und Alleebaum. Gehört zu den nektar- und zuckerreichsten Bienentrachtpflanzen.
Standort: Wie bei *R. hispida*.
Pflege: Wurzelverletzungen vermeiden, sonst ist mit einer starken Bildung von Wurzelsprossen zu rechnen.
Vermehrung: Aussaat im Frühjahr, die Sorten durch Veredlung.

Rosa canina, Hunds-Rose

Aussehen: Die heimische Wildrose ist ein bis 3 m hoher, locker aufrechter Strauch mit weit ausladenden bis überhängenden, dornig bewehrten Zweigen und unpaarig gefiederten, dunkelgrünen Blättern. Die duftenden, weißen bis hellrosa, 4–5 cm breiten, einfachen Blüten entfalten sich im Mai/Juni. Im September reifen die schlank eiförmigen, 2–2,5 cm langen, korallenroten, vitaminreichen Hagebutten.
Verwendung: Robuste Wildrose für naturnah gestaltete Gärten.

Rosa canina

Rosa foetida

Gilt, wie alle Wildrosen, als ökologisch wertvoll, weil die Blüten den Bienen reichlich Pollen anbieten, während der Nektarertrag unbedeutend ist. Die Früchte sind im Spätherbst und Winter eine wichtige Vogelnahrung, die Sträucher selbst wirksame Vogelschutzgehölze.
Standort: Sonnig bis lichtschattig. Boden mäßig trocken bis frisch, tiefgründig, sandig-lehmig bis lehmig, schwach sauer bis alkalisch.
Pflege: Anspruchslos und pflegeleicht. ✂2.
Vermehrung: Aussaat im Frühjahr auf Freilandbeete.

Weitere empfehlenswerte Wildrosen

Rosa foetida, Fuchs-Rose, Gelbe Rose
Bis 2 m hoher, schwach Ausläufer treibender Strauch. Zweige aufrecht oder übergebogen. Blätter mit 5–9 Blättchen unpaarig gefiedert, glänzend dunkelgrün. Blüten tiefgelb, streng riechend, 5–6 cm breit, Mai/Juni. Früchte abgeflacht kugelig, 1 cm dick, dunkelrot. Blüten bei der Sorte 'Bicolor' innen leuchtend orangescharlach, außen gelb. Attraktive Wildrosen mit ungewöhnlichen Blütenfarben.

Rosa gallica 'Officinalis'

Rosa gallica, Essig-Rose
Gedrungen aufrechter, bis 1 m hoher Strauch mit weithin kriechenden Ausläufern und stark bestachelten Zweigen. Die Blätter bestehen aus 3–5 (–7) Blättchen, sie sind derb, oberseits dunkelgrün und rau. Blüten hellrot bis dunkelpurpurn, duftend, 4–5 cm breit, meist einzeln auf einem dicken, drüsigen Stiel, Juni/Juli. Früchte kugelig bis birnenförmig, 1,5 cm dick, braunrot. Seit alter Zeit in Kultur und eine Vorfahrin der Gartenrosen. Die Sorte *R. gallica* 'Officinalis', die Apotheker-Rose, ist schon seit Anfang des 14. Jh. bekannt, sie hat karminrote, halbgefüllte, schalenförmige, intensiv duftende Blüten.

R. gallica ist auch Elternteil der Damascener-Rose, *R. × damascena*, einer uralten Kultursorte, die vermutlich von den zurückkehrenden Kreuzfahrern Mitte des 16. Jh. nach Europa gebracht worden ist. Zu *R. × damascena* gehört die Sorte 'Versicolor', die York- und Lancaster-Rose, eine seit 1581 bekannte Sorte, deren locker gefüllte Blüten meist halb weiß und halb rosa gefärbt sind.

Rosa glauca

Rosa moyesii

Rosa multiflora

Rosa glauca **(Syn. *R. rubrifolia*), Hecht-Rose, Rotblättrige Rose**
Aufrechter, bis 3 m hoher Strauch. Äste glänzend kastanienbraun. Zweige rotblau überlaufen, wenig bestachelt. Blätter mit 5–9 Blättchen gefiedert, bläulich grün, mehr oder weniger purpurrot überlaufen, Herbstfärbung gelborange. Blüten karminrosa mit weißem Nagel, und hellgelben Staubblättern, 3–3,5 cm breit. Blüht im Juni/Juli. Früchte kugelig, 1,5 cm dick, glänzend kirschrot, früh reifend. Heimische Wildrose mit auffallender Laubfärbung.

Rosa majalis**, Mai-Rose, Zimt-Rose**
Aufrechter, dünnzweigiger, oft unbewehrter, Ausläufer bildender, bis 1,5 m hoher Strauch. Blätter mit 5–7 Blättchen unpaarig gefiedert, dünn, mattgrün, meist fein behaart. Blüten karminrot bis purpurn, angenehm duftend, etwa 5 cm breit, Mai/Juni. Früchte kugelig bis birnenförmig, 1,5 cm dick, scharlachrot.

Rosa majalis

Rosa moyesii**, Mandarin-Rose**
Starkwüchsiger, locker aufrechter, bis 3,5 m hoher, kräftig bestachelter Strauch. Blätter mit 7–13 Fiederblättchen, oberseits dunkelgrün, unterseits bläulich. Blüten rosa bis blutrot, 5–6 cm breit, Staubblätter goldgelb, Juni. Früchte auffallend flaschenförmig, 5–7 cm lang, scharlachrot. Schöne Wildrose mit großen Blüten und einer ungewöhnlichen Hagebuttenform. Von *R. moyesii* stammt die überaus reich blühende 'Marguerite Hilling' mit ihren halbgefüllten, karminrosa Blüten ab.

Rosa multiflora**, Vielblütige Rose**
Breitwüchsiger, aufrechter, bis 3 m hoher Strauch oder bis 5 m hoch kletternd. Äste dünn, weit übergeneigt. Blätter meist mit 7–9 Blättchen gefiedert, glänzend grün, lange haftend. Blüten weiß, nach Honig duftend, 1,5–3 cm breit, sehr zahlreich. Juni/Juli. Früchte mehr oder weniger kugelig, 5 mm dick, orange bis rot. Robuste, reichblühende Wildrose, häufig für Böschungsbepflanzungen und an Autobahnen eingesetzt. Blätter werden auf alkalischen Böden chlorotisch.

Rosa nitida**, Glanz-Rose**
Aufrechter, bis 0,75 m hoher Strach mit zahlreichen Ausläufern. Zweige rötlich, dicht mit dünnen Stachelborsten besetzt. Blätter mit 7–9 Blättchen gefiedert, glänzend dunkelgrün, im Herbst schön orangerot. Blüten rosa, 4–6 cm breit. Staubblätter goldgelb. Früchte kugelig, 5–8 mm dick, scharlachrot, borstig. Beste niedrig bleibende Wildrose für flächige Bepflanzungen. Benötigt schwach saure Böden.

Rosa nitida

Rosa pendulina

***Rosa pendulina*, Alpen-Hecken-Rose**
Heimischer, locker aufrechter, 0,5–2 m hoher Strauch mit zahlreichen Ausläufern. Zweige im unteren Bereich mit nadelförmigen Stacheln. Blätter meist mit 7–11 Blättchen, frisch- bis dunkelgrün. Blüten rosarot, 4–6,5 cm breit, Mai/Juni. Früchte länglich flaschenförmig, 2–2,5 cm lang, ziegelrot. Gut für Böschungsbefestigungen und Hangbegrünungen geeignet.

***Rosa rubiginosa*, Schottische Rose, Wein-Rose**
Gedrungener, dicht verzweigter, kurzastiger, 1–3 m hoher Strauch. Zweige zuletzt übergeneigt, stark bestachelt. Blätter mit 5–7 Blättchen unpaarig gefiedert, oberseits blassgrün, unterseits und am Blattstiel dicht mit rotbraunen Drüsen besetzt, die im Frühsommer auch ohne Reiben einen deutlichen Apfelduft verströmen. Blüten lebhaft rosa, duftend, 3–5 cm breit, Juni. Früchte kugelig bis eiförmig, 1,5–2 cm lang, scharlachrot, früh reifend. Schöne Wildrose für freiwachsende Blütenhecken.

***Rosa rugosa*, Kartoffel-Rose**
Aufrechter, dicktriebiger, 1–2 m hoher Strauch, der durch zahlreiche Ausläufer Dickichte bildet. Zweige meist dicht mit Stacheln und Stachelborsten besetzt. Blätter derb, dicklich mit 5–9 Blättchen gefiedert, oberseits glänzend grün und auffallend runzelig, unterseits graugrün, im Herbst goldgelb. Blüten purpurn, rosa oder weiß, duftend, 6–9 cm breit, Juni bis September. Früchte abgeflacht kugelig, 2–2,5 cm dick, ziegelrot, weichfleischig, wirtschaftlich verwertbar. Sehr robuste, häufig kultivierte Wildrose, sehr gut für großflächige Begrünungen geeignet, erträgt stark saure bis neutrale Substrate, auf Kalkböden werden die Blätter chlorotisch.

Rosa-rugosa-Hybriden werden bei den Strauch- und Kleinstrauchrosen beschrieben.

Rosa rugosa

***Rosa sericea* subsp. *omeiensis* fo. *pteracantha*, Stacheldraht-Rose**
Aufrechter, 2–2,5 m hoher Strauch. Stacheln ungewöhnlich groß, in Längsrichtung der Zweige flügelartig ausgebreitet, im Frühjahr durchscheinend blutrot. Blätter mit 11–19 Blättchen unpaarig gefiedert, matt mittelgrün, seidig behaart. Blüten weiß, bis 3 cm breit, Mai. Früchte birnenförmig, 1–1,5 cm breit, hochrot. Diese Form der Seiden-Rose ist vor allem durch die Form und Färbung der ganz ungewöhnlichen Bestachelung von Interesse.

Rosa rubiginosa 'Magnifica'

Rosa rugosa

Rosa sericea subsp. *omeiensis* fo. *pteracantha*

Rosa spinosissima

Rosa villosa

Rosenklassen

Nach einer 1979 getroffenen Vereinbarung der Weltvereinigung aller Rosenliebhaber-Gesellschaften werden die überaus zahlreichen Rosenarten und -sorten im „Federation of Rose Societies-Übereinkommen" in folgende Klassen gegliedert:

1 Strauchrosen
1.1 Wildrosen
1.2 Historische und alte einmal- (bis zweimal-) blühende Strauchrosen
1.3 Öfterblühende Strauchrosen
1.4 Flächenrosen (auch als Kleinstrauch- oder Bodendeckerrosen bezeichnet)

2 Kletterrosen
2.1 Einmalblühende, kleinblütige Kletterrosen (Ramblerrosen)
2.2 Öfterblühende Kletterrosen

3 Buschrosen
3.1 Beetrosen, vielblumige Rosen, für flächige Verwendung
3.2 Edelrosen
3.3 Zwergrosen (Miniaturrosen)

Historische Rosen sind etwas für Liebhaber alter Sorten. Sie werden heute meist nur noch von wenigen Spezialbetrieben kultiviert und angeboten. Englische Rosen, Romantica-Rosen, Märchen-Rosen, Nostalgische Rosen und Renaissance-Rosen sind keine besonderen Rosenklassen. Gemeinsam ist ihnen eine nostalgisch anmutende Blütenform, die bei allen Rosengruppen vorkommen kann.

***Rosa spinosissima* (Syn. *R. pimpinellifolia*), Bibernell-Rose, Dünen-Rose**

Heimischer, aufrechter, 1–1,5 m hoher Strauch mit zahlreichen Ausläufern. Zweige dicht mit Stachelborsten und derben Dornen besetzt. Blätter mit 7–9, teilweise auch 5 oder 11 Blättchen unpaarig gefiedert, mattgrün, Blattstiele drüsig bestachelt. Blüten weiß bis blassgelb, 4–6 cm breit, zahlreich, Mai/Juni. Früchte kugelig, 1–1,5 cm dick, ledrig, braun- bis blauschwarz. Robuste, kalkholde, trockenresistene Wildrose für Einzel- oder Gruppenpflanzungen oder freiwachsende Blütenhecken. Von *R. spinosissima* stammen die zauberhaften, reich und früh blühenden Strauchrosen ab: 'Frühlingsgold' (Blüten goldgelb), 'Frühlingsduft' (Blüten cremeweiß mit gelber Mitte) und 'Maigold' (Blüten leuchtend goldgelb, kupfrig überhaucht, locker gefüllt).

***Rosa villosa*, Apfel-Rose**

Heimischer, aufrechter bis 2 m hoher, schwach Ausläufer bildender Strauch. Zweige mit langen, geraden Stacheln. Blätter mit 7–9, teilweise auch 5 oder 7, Blättchen unpaarig gefiedert, oberseits graugrün und behaart, unterseits wollig-filzig und drüsenreich, gerieben leicht harzig duftend. Blüten rosa, leicht duftend, Juni/Juli. Früchte länglich kugelig, bis 3 cm dick, dunkelrot, drüsig borstig, harzig duftend, wirtschaftlich verwertbar. Großfrüchtige, auch für Gärten geeignete Wildrose, wertvolles Vogelschutz- und Nährgehölz.

***Rosa xanthia* fo. *hugonis*, Chinesische Gold-Rose**

Aufrechter, 1,5–3 m hoher Strauch. Zweige mit dicken, geraden oder leicht gebogenen Stacheln. Blätter mit 7–13 Fiederblättchen, glänzend mittel- bis dunkelgrün. Blüten gelb, einfach, 4–6 cm breit (bei *R. xanthina* halbgefüllt), Mai/Juni. Früchte kugelig bis breit-elliptisch, 1,2–1,5 cm dick, braunrot. Filigran belaubte Wildrose mit zahlreichen gelben, schalenförmigen Blüten.

Rosa xanthia fo. *hugonis*

Öfterblühende Strauchrosen
(Tab. 63)

Aussehen: Im Gegensatz zu den ebenfalls strauchig wachsenden, einmalblühenden Wildrosen mit einfachen Blüten, werden hier strauchförmig wachsende, öfterblühende Sorten mit einfachen bis gefüllten Blüten beschrieben, sie werden nicht selten auch als Zier-Strauchrosen bezeichnet.

Sie wachsen meist buschig aufrecht und werden, weil sie nicht regelmäßig zurückgeschnitten werden, bis zu 2 m hoch, höher also als die nahe verwandten Beetrosen. Sie blühen, wie die Beetrosen, vom zeitigen Frühjahr bis zu den ersten Herbstfrösten.
Verwendung: Einzeln oder in Gruppen, in Verbindung mit Stauden oder Sommerblumen oder als freiwachsende Blütenhecken.
Standort: Sonnig bis lichtschattig. Boden mäßig trocken bis frisch, tiefgründig, sandig-lehmig bis lehmig, schwach sauer bis alkalisch.
Pflege: Kein regelmäßiger Rückschnitt wie bei den Beetrosen, nur regelmäßig auslichten. ✂ 2.
Vermehrung: Okulation im Sommer.

Rosa 'Schneewittchen'

Tab. 63 Empfehlenswerte öfterblühende Strauchrosen

Sorte	Blüten	Wuchshöhe
'Angela'	altrosa, mittelgroß, schalenförmig, locker gefüllt, ADR-Rose 1982	1,2 m
'Bonanza'	leuchtend gelb, zum Saum hin rot, mittelgroß, locker gefüllt, leicht duftend, ADR-Rose 1984	
'Burghausen'	hellrot, mittelgroß, halbgefüllt, leicht duftend, ADR-Rose 1989	2 m
'Dortmunder Kaiserhain'	lachsrosa, mittelgroß, dicht gefüllt, ADR-Rose 1994	1 m
'Bremer Stadtmusikanten'	cremerosa mit dunklerer Mitte, mittelgroß, gefüllt, leicht duftend	1,2 m
'Caramella'	hell bernsteingelb, groß, gefüllt, leicht duftend	1,2 m
'Cinderella'	zartrosa, groß, gefüllt, duftend	1,5 m
'Felicitas'	karminrosa, klein, einfach, leicht duftend, ADR-Rose 1996	1,2 m
'F. J. Grootendorst'	leuchtend karminrot, verblauend, halbgefüllt, *Rosa-rugosa*-Hybride	1 m
'Flashlight'	leuchtend rosa bis hellrosa, stark gefüllt, leicht duftend, ADR-Rose 2006	1,2 m
'Hansa'	violettrot, verblauend, gefüllt, *Rosa-rugosa*-Hybride	2 m
'Kaiser von Lautern'	kupfergelb, groß, halbgefüllt, ADR-Rose 2004	1,5 m
'Lichtkönigin Lucia'	kräftig zitronengelb, groß, halbgefüllt, duftend, ADR-Rose 1968	1,5 m
'Moje Hammarberg'	violettrot, locker gefüllt, stark duftend, *Rosa-rugosa*-Hybride	1,5 m
'Northern Lights'	dunkrosa, groß, einfach, ADR-Rose 1997	1,5 m
'Postillon'	leuchtend gelb, groß, halbgefüllt, duftend, ADR-Rose 1996	1,5 m

Rosa 'Angela'

Rosa 'Bremer Stadtmusikanten'

Tab. 63 (Fortsetzung)		
Sorte	Blüten	Wuchshöhe
'Rosenresli'	orangerosa bis karminrot, groß, halbgefüllt, duftend, ADR-Rose 1984	1,5 m
'Roter Korsar'	leuchtend dunkelrot, groß, locker gefüllt, ADR-Rose 2005	1,5 m
'Rugelda'	zitronengelb, rötlich gerandet, groß, locker gefüllt, duftend, ADR-Rose 1992	2 m
'Saremo'	dunkelrosa, groß, gefüllt, ADR-Rose 1969	1,2 m
'Schneewittchen'	reinweiß, mittelgroß, locker gefüllt	1,2 m
'Tascaria'	samtig rot, klein, halbgefüllt, ADR-Rose 2004	1,1 m
'Triade'	leuchtend rot, klein, locker gefüllt, ADR-Rose 2003	1,2 m
'Westerland'	leuchtend kupfrigorange, groß, locker gefüllt, duftend, ADR-Rose 1974	1,5 m
'White Haze'	reinweiß, mittelgroß, leicht gefüllt, ADR-Rose 2003	1,3 m

Rosa 'Felicitas'

Rosa 'Lichtkönigin Lucia'

Rosa 'Roter Korsar'

Rosa 'Westerland'

Kleinstrauchrosen (Tab. 64)

Aussehen: Bei dieser Rosengruppe handelt es sich um besonders robuste, winterharte, vergleichsweise niedrig bleibende Sorten, die mit zahlreichen Zweigen buschig aufrecht wachsen oder die durch abstehende bis niederliegende Zweige den Boden rasch bedecken. Es sollten nur Sorten mit einer hohen Resistenz gegen Mehltau und Sternrußtau gepflanzt werden. Bei der Verwendung von wurzelechten Sorten treten keine Schwierigkeiten mit durchtreibenden Unterlagen auf.
Verwendung: Auf mehr oder weniger großen Flächen als Bodendecker. Zur raschen Flächendeckung sind pro m^2, je nach Wuchsstärke der Sorten, 2–4 Pflanzen notwendig.
Standort: Sonnig bis lichtschattig. Boden mäßig trocken bis frisch, tiefgründig, sandig-lehmig bis lehmig, schwach sauer bis alkalisch.
Pflege: Kein Anhäufeln und kein jährlicher Rückschnitt notwendig, starke Rückschnitte werden aber vertragen. *Rosa-rugosa*-Hybriden jährlich auf ein Drittel der Zweiglänge zurückschneiden.
Vermehrung: Stecklinge von krautigen Trieben, Okulation im Sommer.

ADR-Rosenprüfung

Seit 1950 werden neue Rosensorten an elf Standorten in Deutschland drei Jahre lang einer strengen Prüfung unterzogen, wobei vor allem die Widerstandsfähigkeit gegen Krankheiten und Schädlinge, aber auch die Wirkung und der Duft der Blüten oder die Wuchsform bewertet werden. Hat eine Sorte eine bestimmte Punktzahl erreicht, wird ihr das ADR-Zeichen verliehen. Diese hohe Auszeichnung bietet die Gewähr dafür, dass es sich um eine robuste, blattgesunde Sorte handelt, bei der der Einsatz von Spritzmitteln ganz unterbleiben oder zumindest stark reduziert werden kann.

Tab. 64 Empfehlenswerte Kleinstrauchrosen

Sorte	Blüte	Wuchs, Wuchshöhe
'Alcantara'	dunkelrot, einfach	bogig überhängend, 0,6 m
'Apfelblüte'	zartrosa bis weiß, einfach, ADR-Rose 1991	ausgebreitet, 0,8 m
'Celina'	cremegelb, halbgefüllt, ADR-Rose 1999	bogig überhängend, 0,8 m
'Dagmar Harstrup'	hellrosa, einfach, *Rosa-rugosa*-Hybride	straff aufrecht, 0,8 m
'Danica'	reinweiß, einfach, ADR-Rose 1997	aufrecht bis überhängend, 0,8 m
'Diamant'	reinweiß, halbgefüllt, ADR-Rose 2002	buschig, kompakt, 0,6 m
'Escimo'	reinweiß, einfach, ADR-Rose 2006	aufrecht bis ausgebreitet, 0,6 m
'Estima'	hellrosa, gefüllt, ADR-Rose 1998	buschig aufrecht, 0,8 m
'Famosa'	leuchtend rot, halbgefüllt, ADR-Rose 2001	steif aufrecht, 0,7 m
'Foxi'	violettrosa, halbgefüllt, ADR-Rose 1993, *Rosa-rugosa*-Hybride	buschig aufrecht, 0,8 m
'Gärtnerfreude'	himbeerrot, gefüllt, ADR-Rose 2001	ausgebreitet, 0,5 m
'Heidefeuer'	leuchtend rot, halbgefüllt	steif aufrecht, 0,6 m
'Heidetraum'	karmesinrosa, halbgefüllt	buschig aufrecht, 0,8 m
'Innocencia'	reinweiß, einfach	aufrecht bis ausgebreitet, 0,5 m
'Juanita'	pinkfarben, einfach, ADR-Rose 2006	ausgebreitet, 0,8 m
'Knirps'	kräftig rosa, gefüllt, ADR-Rose 2004	niederliegend, 0,3 m
'Lavendel Dream'	lavendelfarben, einfach, ADR-Rose 1987	bogig überhängend, 0,8 m
'Loredo'	leuchtend gelb, halbgefüllt, ADR-Rose 2001	steif aufrecht, 0,7 m
'Magic Meidiland'	dunkelrosa, halbgefüllt, ADR-Rose 1995	niederliegend, 0,5 m
'Nemo'	weiß, einfach, ADR-Rose 2000	buschig aufrecht, 1 m
'Palmengarten Frankfurt'	kräftig rosa, gefüllt, ADR-Rose 1992	bogig bis überhängend, 0,8 m
'Phlox Meidiland'	rosa, einfach, ADR-Rose 2001	buschig aufrecht, 0,8 m
'Pierette'	kräftig rosa, stark gefüllt, ADR-Rose 1992, *Rosa-rugosa*-Hybride	buschig überhängend, 0,6 m
'Pink Basino'	apfelblütenrosa, einfach, ADR-Rose 1993	niederliegend, 0,6 m
'Pink Meidiland'	lachsrosa, einfach, ADR-Rose 1987	buschig aufrecht, 1 m
'Pink Roadrunner'	pinkfarben, halbgefüllt, ADR-Rose 2003, *Rosa-rugosa*-Hybride	niederliegend, 0,6 m
'Polareis'	weißlich rosa, gefüllt, *Rosa-rugosa*-Hybride	buschig aufrecht, 0,8 m
'Ravenna'	dunkelrosa, einfach, ADR-Rose 1999	aufrecht bis ausladend, 0,8 m
'Red Yesterday'	dunkelrot, einfach, ADR-Rose 1980	aufrecht bis überhängend, 1 m
'Richard Strauß'	dunkelrosa, einfach, ADR-Rose 1991	aufrecht bis überhängend, 0,8 m
'Rosa Zwerg'	reinrosa, halbgefüllt, *Rosa-rugosa*-Hybride	buschig aufrecht, 0,6 m
'Satina'	kräftig rosa, gefüllt, ADR-Rose 2004	buschig aufrecht, 0,5 m
'Schneeflocke'	weiß, einfach, ADR-Rose 1991	steif aufrecht, 0,5 m
'Schneekönigin'	weiß, halbgefüllt, ADR-Rose 1992	niederliegend, 0,6 m
'Schöne Dortmunderin'	reinrosa, halbgefüllt, ADR-Rose 1992	steif aufrecht, 0,7 m
'Simply'	rosa, halbgefüllt, ADR-Rose 2002	ausgebreitet, 1 m
'Smart Roadrunner'	dunkelrosa, halb gefüllt, ADR-Rose 2003, *Rosa-rugosa*-Hybride	aufrecht bis übergebogen, 0,7 m
'Soft Meidiland'	rosa, einfach, ADR-Rose 2005	buschig aufrecht, 0,6 m
'Sommerabend'	leuchtend rot, einfach, ADR-Rose 1996	breitbuschig, 0,5 m
'Sorrento'	leuchtend rot, halbgefüllt, ADR-Rose 2007	buschig aufrecht, 0,8 m
'Sunny Rose'	hellgelb, gefüllt, ADR-Rose 2004	niederliegend, kompakt, 0,4 m
'Sweet Haze'	hellrosa, einfach, ADR-Rose 2004	ausgebreitet, 0,7 m
'Sweet Meidiland'	hellrosa, einfach, ADR-Rose 2005	buschig aufrecht, 0,7 m
'Venice'	reinweiß, einfach, ADR-Rose 2002	buschig aufrecht, 1 m
'Wildfang'	reinrosa, halbgefüllt, ADR-Rose 1991	buschig aufrecht, 0,7 m
'Windrose'	zartrosa, einfach, ADR-Rose 1995	ausgebreitet, 0,8 m

Rosa 'Apfelblüte'

Rosa 'Heidetraum'

Rosa 'Lavendel Dream'

Rosa 'Phlox Meidiland'

Kletterrosen (Tab. 65)

Aussehen: Kletterrosen werden in zwei Gruppen eingeteilt. Die erste Gruppe umfasst öfterblühende Sorten mit steifen Zweigen, mehr oder weniger aufrechtem Wuchs, ihre Blüten entfalten sich von Juni bis zum September/Oktober. Zur zweiten Gruppe zählen oft nur einmalblühende Sorten, die mit langen, biegsamen Zweigen als Spreizklimmer an Gerüsten emporklettern oder in Bäume hineinwachsen. Sie werden als Ramblerrosen bezeichnet.
Verwendung: Mithilfe von Klettergerüsten aus Holz oder Metall zur Berankung von Wänden, Zäunen, Lauben und Pergolen oder von frei stehenden Bögen, Pyramiden oder anderen Gerüsten. Hochstämmig veredelt, werden einige Sorten auch als Trauerrosen gezogen. Kletterrosen werden gerne mit *Clematis* kombiniert.
Standort: Sonnig bis lichtschattig, an Hauswänden vollsonnige Standorte mit Hitzestau vermeiden. Boden mäßig trocken bis frisch, tiefgründig, sandig-lehmig bis lehmig, schwach sauer bis alkalisch.
Pflege: Alle Kletterrosen blühen vorwiegend an Kurztrieben, die an den vorjährigen Langtrieben angelegt werden. Regelmäßige Rückschnitte verbieten sich deshalb. Notfalls sind aber Korrekturschnitte möglich. ✂ 6.
Vermehrung: Okulation im Sommer.

Rosa 'Bobby James'

Rosa 'Flammentanz'

Rosa 'New Dawn'

Rosa 'Raubritter'

Rosa 'Rosarium Uetersen'

Tab. 65 Empfehlenswerte Kletterrosen

Sorte	Blüten	Blütezeit		Wuchshöhe
		VI–VII	VI–IX	
'Bobby James'	rahmweiß, einfach, duftend, Ramblerrose	x		4–5 m
'Compassion'	salmrosa, orange schattiert, gefüllt, duftend, ADR-Rose 1974		x	3 m
'Flammentanz'	leuchtend blutrot, halbgefüllt, ADR-Rose 1952		x	5 m
'Golden Gate'	goldgelb, halbgefüllt, duftend, ADR-Rose 2006	x		2–3 m
'Jasmina'	hellrosa, gefüllt, leicht duftend, ADR-Rose 2007, Ramblerrose		x	2 m
'Laguna'	karminrosa, gefüllt stark duftend, ADR-Rose 2007		x	2,5 m
'Manita'	dunkelrosa, in der Mitte gelblich weiß, halbgefüllt, ADR-Rose 1997		x	2–3 m
'New Dawn'	weißlich rosa, locker gefüllt, leicht duftend		x	3 m
'Raubritter'	hell purpurrosa, halbgefüllt, leicht duftend, Ramblerrose	x		4 m
'Rosarium Uetersen'	kräftig rosa, gefüllt, leicht duftend		x	3 m
'Rotfassade'	rot, halbgefüllt, ADR-Rose 1997		x	3 m
'Santana'	leuchtend blutrot, gefüllt, leicht duftend		x	2 m
'Schneewalzer'	reinweiß, gefüllt, duftend		x	3 m
'Super Dorothy'	rosa, gefüllt, Ramblerrose		x	3 m
'Super Excelsa'	karminrosa, gefüllt, ADR-Rose 1992, Ramblerrose		x	3 m
'Sympathie'	samtig dunkelrot, gefüllt, duftend, ADR-Rose 1996		x	3–4 m
'Tradition 95'	leuchtend blutrot, gefüllt, leicht duftend		x	3 m

Rosa 'Rotfassade'

Rosa 'Super Excelsa'

Rosa 'Sympathie'

Beetrosen (Tab. 66)

Aussehen: Unter der Bezeichnung Beetrosen werden Sorten zusammengefasst, die mit verzweigten Trieben breit aufrecht wachsen, etwa kniehoch werden und die ihre einfachen bis gefüllten, selten auffallend duftenden Blüten meist in Büscheln oder großen Blütenständen anlegen. Beetrosen sind in der Regel robust, sie haben oft leuchtende Blüten mit großer Farbwirkung und blühen den ganzen Sommer über. Bei der Züchtung neuer Sorten wird verstärkt auf deren Blattgesundheit Wert gelegt. Sorten mit derben, glänzend dunkelgrünen Blättern sind stets gesünder als Sorten mit zarten, mattgrünen Blättern.
Verwendung: Sie werden in Gruppen oder beetweise gepflanzt und sehr häufig mit Stauden, Gräsern oder Kleingehölzen kombiniert.
In geschlossenen Pflanzungen sollte der Pflanzabstand bei schwächer wachsenden Sorten 30–40 cm (6–8 Pflanzen je m^2), bei starkwüchsigen Sorten 40–60 cm (3–5 Pflanzen je m^2) betragen.
Standort: Sonnig bis lichtschattig. Boden mäßig trocken bis frisch, tiefgründig, sandig-lehmig bis lehmig, schwach sauer bis alkalisch.
Pflege: Regelmäßig im Frühjahr stark zurückschneiden, das rechtzeitige Entfernen verblühter Blütenstände fördert die Nachblüte, über Winter anhäufeln. ✂ 3.
Vermehrung: Okulation im Sommer.

Tab. 66 Empfehlenswerte Beetrosen

Sorte	Blüten	Wuchshöhe
'Alea'	leuchtend rosa, stark gefüllt, ADR-Rose 2006	0,8 m
'Aprikola'	aprikosengelb bis rosa, rosettenartig gefüllt, ADR-Rose 2001	0,6 m
'Bad Birnbach'	lachsrosa, stark gefüllt, ADR-Rose 2000	0,5 m
'Bad Wörrishofen'	karminrosa, halbgefüllt, ADR-Rose 2003	0,6 m
'Blühwunder'	silbrig rosa, halbgefüllt, schalenförmig, ADR-Rose 1994	0,7 m
'Bonica 82'	hellrosa, locker gefüllt, ADR-Rose 1982	0,8 m
'Brautzauber'	schneeweiß, halbgefüllt, ADR-Rose 1999	0,8 m
'Canzonetta'	leuchtend rot, locker gefüllt, ADR-Rose 2005	0,5 m
'Chorus'	leuchtend blutrot, gut gefüllt, schalenförmig, ADR-Rose 1977	0,7 m
'Crescendo'	rosa, gefüllt, ADR-Rose 2005	0,7 m
'Duftwolke'	korallenrot, stark gefüllt, stark duftend	0,7 m
'Fortuna'	lachsrosa, einfach, ADR-Rose 2002	0,6 m
'Isarperle'	cremegelb bis lachsfarben, gefüllt, ADR-Rose 2004	0,8 m
'Kronjuwel'	dunkelrot, halbgefüllt, ADR-Rose 1999	0,6 m
'La Sevillana'	leuchtend rot, gefüllt, ADR-Rose 1979	0,8 m
'Leona'	dunkelrosa, halbgefüllt, schalenförmig, ADR-Rose 2002	0,7 m
'Lions-Rose'	cremeweiß, stark gefüllt, ADR-Rose 2002	0,6 m
'Maxi Vita'	rosarot, halbgefüllt, ADR-Rose 2000	0,7 m
'Neon'	karminrosa, halbgefüllt, ADR-Rose 1999	0,6 m
'Petticoat'	cremeweiß, stark gefüllt, ADR-Rose 2004	0,8 m
'Pink Swany'	reinrosa, stark gefüllt, rosettenartig, ADR-Rose 2003	0,7 m
'Purple Meidiland'	magentarot, halbgefüllt, ADR-Rose 2002	0,6 m
'Red Leonardo da Vinci'	johannisbeerrot, rosettenartig gefüllt, leicht duftend, ADR-Rose 2005	0,6 m
'Roseprofessor Sieber'	porzellanrosa, halbgefüllt, ADR-Rose 1996	0,7 m
'Rotilia'	dunkelrot, gut gefüllt, klein, ADR-Rose 2002	0,6 m
'Rouge Meilove'	dunkelrot, gut gefüllt, ADR-Rose 2004	0,6 m
'Sommerwind'	reinrosa, halbgefüllt, ADR-Rose 1987	0,7 m
'The Queen Elisabeth Rose'	hellrosa, edelrosenähnlich, schalenförmig	1,2 m
'Vinesse'	orangerosa bis gelb, halbgefüllt, ADR-Rose 2000	0,6 m

Rosa 'Aprikola'

Rosa 'Bonica 82'

Rosa 'Aachener Dom'

Rosa 'Chorus'

Rosa 'Lions-Rose'

Rosa 'Berolina'

Rosa 'Rotilia'

Rosa 'Sommerwind'

Rosa *'Glora Dei'*

Edelrosen (Tab. 67)

Aussehen: Edelrosen, auch als Teehybriden bezeichnet, tragen ihre eleganten, edel geformten, oft duftenden Blüten meist einzeln oder zu wenigen auf langen Stielen, sie sind deshalb als Schnittblumen besonders gut geeignet. Edelrosen sind in der Regel nicht so blattgesund wie zum Beispiel zahlreiche moderne Beetrosen, deshalb konnten nur wenige Sorten eine ADR-Auszeichnung erlangen.
Verwendung: Wegen der geringen Blütenzahl ist die Gesamtwirkung auf dem Beet nicht so groß wie bei Beetrosen, sie werden oft in kleinen Gruppen oder auf eigenen Beeten zur Gewinnung von Schnittrosen gepflanzt.
Standort: Sonnig bis lichtschattig. Boden mäßig trocken bis frisch, tiefgründig, sandig-lehmig bis lehmig, schwach sauer bis alkalisch.
Pflege: Regelmäßig im Frühjahr stark zurückschneiden, im Spätherbst anhäufeln, vorbeugend gegen Blattkrankheiten spritzen. ✂ 3.
Vermehrung: Okulation im Sommer im Freiland.

Rosa 'Polarstern'

Tab. 67 Empfehlenswerte Edelrosen

Sorte	Blüten	Wuchshöhe
'Aachener Dom'	lachsrosa, groß, stark gefüllt	0,8 m
'Ambiente'	cremeweiß, in der Mitte leicht gelb, stark gefüllt	0,7 m
'Arosia'	rosa, gefüllt, leicht duftend	0,8 m
'Augusta Louisa'	pfirsich- bis rosafarben, stark gefüllt, stark duftend	0,8 m
'Bakarole'	schwarzrot, stark gefüllt, leicht duftend	1 m
'Berolina'	zitronengelb mit rotem Anflug, stark gefüllt, leicht duftend, ADR-Rose 1986	1 m
'Blue River'	magentalila, Rand dunkler, stark gefüllt, stark duftend	0,8 m
'Focus'	lachsorange, gefüllt, schalenförmig	0,7 m
'Frederik Mistral'	hellrosa, stark gefüllt, stark duftend	0,8 m
'Duftfestival'	dunkel samtrot, stark gefüllt, stark duftend	0,6 m
'Duftrausch'	rosaviolett, stark gefüllt, stark duftend	0,8 m
'Duftzauber 84'	dunkelrot, stark rosettenartig gefüllt, leicht duftend	0,7 m
'Elbflorenz'	altrosa bis karminrosa, stark gefüllt, stark duftend, ADR-Rose 2007	1,2 m
'Eliza'	silbrig rosa, stark gefüllt, schwach duftend, ADR-Rose 2005	0,9 m
'Fairest Cape'	apricot, gelb und orange, stark gefüllt, mittelstark duftend	0,8 m
'Glora Dei'	gelbrosa, stark gefüllt, robust und altbewährt	0,8 m
'Golden Medaillon'	leuchtend goldgelb, stark gefüllt, duftend	0,9 m
'Grand Amore'	kräftig leuchtendrot, stark gefüllt, nur schwach duftend, ADR-Rose 2005	0,8 m
'Inspiration'	lachsrosa mit gelb, stark gefüllt, ADR-Rose 2005	0,8 m
'Lady Like'	dunkelrosa, stark gefüllt, stark duftend	0,8 m
'Marie Louise Marjan'	cremeweiß, rosa überhaucht, leicht gefüllt, mittelstark duftend	1,2 m
'Nostalgie'	cremeweiß und kirschrot, stark gefüllt, leicht duftend	1 m
'Polarstern'	weiß, stark gefüllt, leicht duftend	1 m
'Sebastian Kneipp'	cremeweiß, in der Mitte gelblich rosa, stark gefüllt, stark duftend	1 m

Zwergrosen (Tab. 68)

Aussehen: Als Zwergrosen, oft auch als Miniatur- oder Patiorosen bezeichnet, gelten Sorten, die kompakt und buschig aufrecht wachsen und etwa 0,3 bis 0,5 m hoch werden. Die Blüten duften nicht.

Sorten mit ADR-Auszeichnung zeichnen sich durch eine gesunde Belaubung aus.

Verwendung: Meist in Gruppen in kleinen Gärten, in Steingärten, auf Friedhöfen und in Kübeln.

Standort: Sonnig bis lichtschattig. Boden mäßig trocken bis frisch, tiefgründig, sandig-lehmig bis lehmig, schwach sauer bis alkalisch.

Pflege: Regelmäßig im Frühjahr stark zurückschneiden, über Winter anhäufeln. ✂ 3.

Vermehrung: Stecklinge von krautigen Trieben oder Okulation im Freiland.

Tab. 68 Empfehlenswerte Zwergrosen

Sorte	Blüten	Wuchshöhe
'Charmant'	reinrosa, stark gefüllt, ADR-Rose 2004	0,5 m
'Goldjuwel'	goldgelb, gut gefüllt, edelrosenartig	0,5 m
'Lupo'	karminrot, in der Mitte weiß, einfach, auffallende Staubgefäße, ADR-Rose 2007	0,5 m
'Mandarin'	lachsrosa und orangegelb, innen heller, gefüllt	0,25 m
'Orange Meilandina'	signalrot, klein, stark gefüllt, rosettenartig	0,4 m
'Pepita'	kräftig pinkfarben, gut gefüllt, ADR-Rose 2004	0,5 m
'Sonnenröschen'	weiß, mit gelbem Auge und auffallenden Staubgefäßen, einfach, ADR-Rose 2003	0,3 m
'Zwergkönig 78'	blutrot, klein, stark gefüllt, zahlreich	0,5 m

Rosa 'Zwergkönig 78'

Rosenkrankheiten

Die gefährlichsten Rosenkrankheiten sind pilzliche Parasiten: Sternrußtau, Rosenrost und Falscher Mehltau.

- **Sternrußtau** macht sich durch schwarzbraune Flecken auf den Blättern und durch frühzeitigen Blattfall bemerkbar. Die Ausbreitung wird durch kühle, regnerische Witterung begünstigt. Der Pilz überwintert auf abgefallenen Blättern.
- **Rosenrost** zeigt sich auf den Blattoberseiten durch gelbliche Flecken, auf den Unterseiten durch gelbe, im Herbst schwarze, stäubende Pusteln, es kommt auch hier zu einem vorzeitigen Blattfall. Der Pilz tritt vor allem bei feuchtkühler Witterung auf, er überwintert im Falllaub und infiziert im Frühjahr den Neuaustrieb.
- **Falscher Mehltau** macht sich durch lilarote Flecken auf den Blättern bemerkbar, nicht immer entwickelt sich der typische graue Pilzrasen, auch hier fallen bei einem starken Befall die Blätter vorzeitig ab.

Achtung: Alle genannten Krankheiten lassen sich nach dem Auftreten nicht mehr bekämpfen. Nur vorbeugende Maßnahmen helfen hier weiter. Dazu gehört in erster Linie die Wahl möglichst resistenter Sorten und das Entfernen des infizierten Falllaubes. Notfalls ist vorbeugend der Einsatz zugelassener Spritzmittel ratsam.

Alle oberirdisch schädigenden **tierischen Schädlinge** können nach dem Auftreten und dem Überschreiten einer nicht mehr tolerierbaren Schadensschwelle durch den Einsatz geeigneter Mittel bekämpft werden.

Rubus odoratus, Wohlriechende Himbeere

Aussehen: Der bis etwa 2 m hohe, aufrechte, sommergrüne Strauch kann sich durch zahlreiche Ausläufer dickichtartig ausbreiten. Ahornähnlich gelappt sind die 10–30 cm breiten, dunkelgrünen, im Herbst gelben Blätter. Im Juni/Juli stehen rosarote, duftende, 4–5 cm breite, schalenförmige Blüten in kurzen, vielblumigen Rispen zusammen. Die kleinen, flaumig behaarten Früchte fallen meist rasch ab.
Verwendung: Mit wohlriechenden Blüten und schöner Belaubung ein attraktiver Strauch für den Gehölzrand in größeren Gärten.
Standort: Halbschattig bis schattig. Boden frisch bis feucht, alle tiefgründigen, nährstoffreichen, gepflegten Bodenarten, schwach sauer bis alkalisch.
Pflege: Bei Bedarf gelegentlich auslichten. ✂ 2.
Vermehrung: Durch Ausläufer.

Rubus odoratus

Rubus 'Bennenden'

Rubus lasiostylus

Rubus pentalobus 'Emerald Carpet'

Weitere empfehlenswerte Zier-Himbeeren

Rubus 'Bennenden'
Bis etwa 2 m hoher, locker aufgebauter Strauch. Blätter drei- bis fünfzählig, dunkelgrün. Blüten reinweiß, bis 5 cm breit, zahlreich, einzeln endständig an Kurztrieben. Mit den großen, wildrosenähnlichen Blüten eine besonders attraktive Hybride.

Rubus leucodermis, Oregon-Himbeere
Aufrechter, bis 2 m hoher Strauch. Zweige stark bläulich weiß bereift. Blätter dreizählig, oberseits dunkelgrün, unterseits graufilzig. Blüten weiß, wenig zahlreich. Wirkt vor allem im Winter durch die interessante Farbe der Zweige. Eine ähnlich auffallende Zweigfärbung besitzen *R. lasiostylus* und *R. thibetanus*.

Rubus pentalobus 'Emerald Carpet', Kriech-Himbeere
Immergrüner, kriechender, dichte Matten bildender, bis 0,2 m hoher Zwergstrauch. Blätter dreilappig, stark runzelig, dunkelgrün. Blüten weiß, etwa 1,5 cm breit, im Mai/ Juni. Ein hervorragender Bodendecker für kleinere Flächen.

Rubus phoenicolasius, Japanische Weinbeere
2–3 m hoher Strauch. Zweige abstehend bis übergeneigt, wie die Blüten- und Blattstiele auffallend dicht mit roten Drüsenborsten besetzt. Blätter dreizählig, oberseits dunkelgrün, unterseits weißfilzig. Blüten hellrosa, im Juni/Juli in dichten Trauben. Früchte orangerot, 2 cm dick, saftig, wohlschmeckend. Kann zur Fruchtgewinnung angebaut und sehr gut an Spalieren gezogen werden.

Rubus phoenicolasius

***Rubus tricolor*,**
Dreifarbige Himbeere
Wintergrüner, mattenförmig wachsender, etwa 0,2 m hoher Strauch. Zweige niederliegend, borstig behaart. Blätter rundlich bis eiförmig, 6–10 cm lang, leicht gelappt, glänzend, oberseits dunkelgrün, Nervatur tief eingesenkt, unterseits weißfilzig. Blüten weiß, 2–2,5 cm breit, in kurzen Trauben, Juli/August. Früchte hellrot, borstig behaart, essbar. Hervorragender Bodendecker, auch kleinflächig einsetzbar.

Salix caprea 'Kilmarnock'

Salix acutifolia 'Pendulifolia'

Salix caprea, Sal-Weide

Aussehen: Die heimische Sal-Weide ist ein 5–10 m hoher Strauch oder kurzstämmiger Baum mit vergleichsweise dicken Zweigen. Rundlich-eiförmig bis breit lanzettlich sind die 3–10 cm langen, oberseits matt dunkelgrünen, unterseits dicht graufilzigen Blätter. Die attraktiven männlichen, bis 4 cm langen Blütenkätzchen sind vor dem Aufblühen, im März/April, lange in einen dichten, weißlichen Pelz gehüllt, später mit goldgelben Staubblättern besetzt. Männliche Sorten werden unter Sortennamen wie 'Atlas' (Syn. 'Mas') oder 'Silberglanz' angeboten. Bei den weiblichen Pflanzen sind die grünlichen Blüten unscheinbar.

Salix caprea 'Mas'

Neben der Art werden sehr häufig auch hochstämmig veredelte Hängeformen kultiviert. Bei ihnen bilden die steifen, in Bögen abwärts wachsenden Zweige glockenförmige Kronen. Mit den großen, anfangs silberweißen, später goldgelben Blütenkätzchen ist 'Kilmarnock' (oft auch als 'Pendula' angeboten) die schönste Hängeform. 'Weeping Sally' ist eine weibliche Sorte mit wenig attraktiven Blüten.
Verwendung: Bekannte, weit verbreitete, heimische Weide. Zweige werden oft zum Vortreiben (Barbarazweige) oder zum Palmsonntag als Ersatz für Palmzweige verwendet.
Standort: Sonnig. Boden mäßig trocken bis feucht, alle nährstoffreichen Bodenarten, schwach sauer bis alkalisch.
Pflege: Notfalls werden starke Verjüngungsschnitte vertragen, sonst ✂ 1.
Vermehrung: Steckholz, die Hängeformen durch Veredlung.

Weitere empfehlenswerte, strauchförmig wachsende Weiden

***Salix acutifolia* 'Pendulifolia', Kaspische Reif-Weide**
Bis 5 m hoher Strauch. Die schlanken, rotvioletten, bereiften Zweige in anmutigen Bögen überhängend. Blätter schmal linealisch, 10–16 cm lang, meist hängend, im Herbst leuchtend gelb gefärbt. Eine sehr elegante Erscheinung unter den Weiden.

***Salix elaeagnos* 'Angustifolia', Lavendel-Weide**
Breitbuschig aufrechter, 2–3 m hoher, vieltriebiger Strauch. Zweige zunächst aufrecht, später bogig abstehend. Blätter schmal lanzettlich, bis 10 cm lang. Gelbe Kätzchen im April. Zierliche, fein belaubte Weidensorte.

***Salix integra* 'Hakuro Nishiki', Japanische Weide**
Mittelgroßer, vom Boden an verzweigter Strauch, häufig auch auf kurze Stämmchen veredelt. Zweige schlank, aufrecht bis ausgebreitet. Blätter im Austrieb flamingorot, später graugrün, sehr dicht mit weißen,

Salix integra 'Hakuro Nishiki'

Salix purpurea 'Nana'

Salix udensis 'Sekka'

gelegentlich rosa Tupfen und Flecken besetzt. Beliebte Weide mit auffällig gefärbter Belaubung.

Salix matsudana 'Tortuosa', Korkenzieher-Weide
Kleiner, 6–8 m hoher, zunächst straff aufrechter Baum. Zweige gelblich olivbraun, wie die schmal lanzettlichen Blätter stark korkenzieherartig gedreht.

Salix matsudana 'Tortuosa'

Salix rosmarinifolia, Rosmarin-Weide
Einheimischer, knapp mannshoher, feinblättriger Strauch mit aufsteigenden, anfangs filzig behaarten Zweigen und dünnen, 2–5 cm langen, linealisch-lanzettlichen, oberseits dunkelgrünen, unterseits silbrig grauen Blättern. Die kugeligen Kätzchen meist vor dem Laubaustrieb aufblühend.

Salix purpurea 'Nana', Purpur-Weide
Schwachwüchsige, weibliche Sorte der heimischen Purpur-Weide. Wuchs gedrungen, dicht verzweigt, halbkugelig, bis etwa 2 m hoch. Zweige dünn. Blätter 5–7 cm lang, schmal lanzettlich, oberseits matt bläulich grün, unterseits heller. Kätzchen unscheinbar.

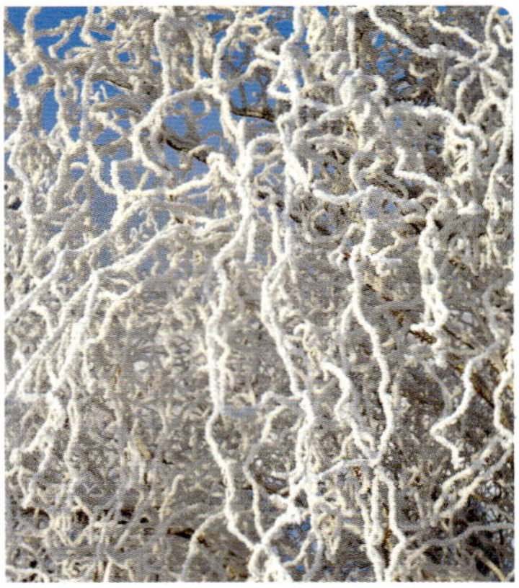

Salix × sepulcralis 'Erythroflexuosa'

Salix × sepulcralis 'Erythroflexuosa', Locken-Weide
Kleiner, reich verzweigter, breitkroniger Baum. Äste und Zweige zuletzt in weiten, lockeren Bögen überhängend. Zweige goldgelb bis orange, hin und her gebogen und teilweise korkenzieherartig gedreht. Blätter länglich-lanzettlich, kraus und oft ineinander gedreht.

Salix udensis 'Sekka' (Syn. _S. sachalinensis_ 'Sekka'), Drachen-Weide
Breit aufrechter, bis 3 m hoher Strauch. Die rötlichen Zweige oft gebändert und dadurch nicht stielrund, sondern abgeflacht und 5–8 cm breit, Zweige außerdem oft gewunden. Blätter oberseits glänzend dunkelgrün, unterseits silbrig, im Herbst gelb. Kätzchen zahlreich, bis 5 cm lang, anfangs silbrig, später gelb, vor der Laubentfaltung im April. Interessante, stets blattgesunde Weide.

Salix hastata 'Wehrhanii', Spieß-Weide

Aussehen: Die in europäischen Gebirgen heimische Art ist ein etwa 1 m hoher, dicktriebiger Strauch mit bogig aufsteigenden Zweigen und 3–8 cm langen, verkehrt-eiförmigen bis länglichen, oberseits dunkelgrünen und unterseits blaugrünen Blättern. Im April schmückt sich der kleine Strauch mit zahlreichen großen, anfangs silberweißen, zuletzt gelben Kätzchen.
Verwendung: Hübsche, reichblühende Zwergweide für Heide-, Stein- und Alpingärten, das gilt auch für die drei anderen beschriebenen Zwergweiden.
Standort: Sonnig bis lichtschattig, Luft- und Bodentrockenheit schlecht ertragend. Boden frisch bis feucht, durchlässig, sandig- oder lehmig-humos, schwach sauer bis alkalisch.
Pflege: Kein regelmäßiger Schnitt erforderlich. ✂ 1.
Vermehrung: Stecklinge von krautigen Trieben.

Weitere empfehlenswerte Zwergweiden

Salix helvetica, Schweizer Weide
Buschig aufrechter, bis 0,8 m hoher, dickastiger Strauch. Triebe anfangs weißfilzig behaart. Blätter verkehrteiförmig bis lanzettlich, bis 4 cm lang, oberseits dunkelgrün, unterseits weißfilzig behaart. Männliche Kätzchen silbrig weiß, später goldgelb, im April.

Salix lanata, Woll-Weide
Kaum mehr als 1 m hoher, dickastiger, breit aufrechter Strauch. Winterknospen und junge Triebe dick weißwollig behaart. Blätter rundlich-eiförmig , 2,5–7 cm lang, in der Jugend beiderseits dicht und lang weißseidig behaart, zuletzt oberseits trübgrün, unterseits bläulich grün. Die großen, männlichen Kätzchen dicht goldgelb behaart, im April.

Salix repens 'Voorthuizen', Kriech-Weide
Bis etwa 0,4 m hoher und 1,5 m breiter Kleinstrauch. Zweige dünn, flach ausgebreitet bis aufsteigend. Blätter 1–5 cm lang, elliptisch, oberseits dunkelgrün, unterseits silbrig grau. Männliche Kätzchen silbrig, klein, aber sehr zahlreich und dekorativ, erscheinen im April. Verträgt besser Bodentrockenheit als die anderen Zwergweiden.

Salix helvetica

Salix lanata

Salix hastata 'Wehrhanii'

Salix repens 'Voorthuizen'

Sambucus nigra, Schwarzer Holunder (Tab. 69)

Aussehen: Der heimische Holunder wächst zu einem 5–7 m hohen, breit ausladenden Strauch oder kleinen, breitkronigen Baum heran. Die unpaarig gefiederten, dunkelgrünen Blätter riechen beim Reiben etwas unangenehm. Im Juni/Juli stehen kleine, weiße oder gelblich weiße, duftende Blüten in flachen, 10–15 cm breiten Trugdolden zusammen. Auffällig sind auch die 5–6 mm dicken, schwarzvioletten, glänzenden Früchte mit dem blutroten, stark färbenden Saft.

Neben der Art und einigen Ziersorten werden zur Fruchtgewinnung zahlreiche großfrüchtige Sorten wie zum Beispiel 'Haschberg', 'Mammut' oder 'Riese von Vosloch' in Plantagen angebaut.

Verwendung: Alte Kultur- und Heilpflanze, heimischer Großstrauch für Parks und Bauerngärten. Die Früchte enthalten neben Fruchtsäuren, Zucker und Vitaminen vor allem den tiefroten Pflanzenfarbstoff Sambucin. Die Früchte werden seit langem zu Gelee, Suppen, Punsch, Saft und Wein, die Blüten zu Holundersekt verarbeitet.

Sambucus nigra

Standort: Sonnig bis halbschattig. Boden mäßig trocken bis frisch, alle durchlässigen, nährstoffreichen Bodenarten, neutral bis alkalisch.
Pflege: Zur Fruchterzeugung kultivierte Pflanzen werden regelmäßig ausgelichtet und im Turnus von 4–5 Jahren stark zurückgeschnitten. ✂ 2.
Vermehrung: Aussaat im Herbst oder Frühjahr, die Sorten durch Stecklinge und Veredlungen.

Sasa palmata, Palmblatt-Bambus

Aussehen: *S. palmata* wird mit aufrechten bis überhängenden, grünen, weiß bemehlten Halmen bis etwa 2,5 m hoch und breitet sich durch eine starke Ausläuferbildung dickichtartig aus. Bis 40 cm lang sind die mattglänzend dunkelgrünen Blätter, sie befinden sich vorwiegend im Spitzenbereich der Halme und bilden so ein dichtes Blätterdach.

S. veitchii wird bis 1,5 m hoch und breitet sich durch Ausläufer stark aus. Die 15–25 cm langen, glänzend sattgrünen Blätter tragen im Herbst und Winter einen breiten, weißen Randstreifen.

Sasa palmata

Tab. 69 Empfehlenswerte Ziersorten von *Sambucus nigra*

Sorte	Blätter	Blüten	Früchte
'Aurea'	goldgelb	weiß	selten
'Black Beauty' (Syn. 'Gerda')	vom Austrieb bis zum Herbst dunkel purpurbraun	hellrosa, duftend	violett-schwarz
'Black Lace' (Syn. 'Eva')	stark geschlitzt, im Austrieb grünrot, später beständig tief dunkelrot	rosa, duftend	glänzend schwarz
'Guincho Purple'	anfangs grün, später purpur-bronze	in der Knospe rosa, aufgeblüht weiß	schwarz
'Laciniata'	farnartig tief eingeschnitten, grün	weiß	schwarz

Sasa veitchii

Verwendung: Sehr gut zur großflächigen Unterpflanzung von Bäumen geeignet, am Teichrand nur mit Rhizomsperre pflanzen.
Standort: Sonnig bis schattig. Boden frisch bis feucht, alle durchlässigen, nährstoffreichen, humosen Bodenarten, sauer bis neutral.
Pflege: Bei Einzelstellung unbedingt Rhizomsperren verwenden.
Vermehrung: Teilung der Mutterpflanze oder Abteilen von Rhizomstücken.

Schisandra chinensis, Chinesisches Spaltkölbchen

Aussehen: *S. chinensis* ist ein sommergrüner, 5–8 m hoher, linkswindender Strauch mit 5–10 cm langen, breit-elliptischen bis verkehrt-eiförmigen, glänzend dunkelgrünen Blättern. Im Mai/Juni entfalten sich die 1,5 cm breiten, gelblich weißen bis blassrosa, duftenden, eingeschlechtlichen, meist zweihäusig verteilten Blüten. Aus den weiblichen Blüten mit den zahlreichen, gedrängt stehenden Fruchtblättern entstehen durch Streckung verlängerte, ährenartige, fleischige, bis 15 cm lange Achsen, an denen bis zu 40 kugelige, bis 1 cm dicke, scharlachrote Früchtchen sitzen.

Schisandra chinensis

Verwendung: Mit den auffallenden Früchten eine attraktive Kletterpflanze zur Begrünung von Mauern und Pergolen. Früchte und Fruchtachsen sind reich an organischen Aminosäuren und verschiedenen Zuckern, sie werden in China seit Jahrhunderten in der Volksheilkunde eingesetzt. Die Samen sind reich an Fett und ätherischen Ölen. Inzwischen wird die Art auch in Europa plantagenmäßig zur Fruchtgewinnung angebaut.
Standort: Sonnig bis lichtschattig, wärmeliebend. Boden frisch bis feucht, Trockenheit schlecht ertragend, durchlässig, gepflegt, sandig- oder lehmig-humos, sauer bis neutral.
Pflege: Nur bei Bedarf schneiden. ✂ 6.
Vermehrung: Stecklinge von krautigen Trieben.

Semiarundinaria fastuosa, Säulen-Bambus

Aussehen: *S. fastuosa* wächst, wie schon der Name andeutet, mit kräftigen Halmen straff aufrecht und wird bei uns bis 8 m hoch. *S. fastuosa* breitet sich mit kurzen Rhizomen aus und bildet dichte Bestände. Die anfangs grünen Halme werden zuletzt ziegelrot bis purpurbraun. Die vertrockneten Halmscheiden bleiben lange haften. *S. fastuosa* bildet zahlreiche Seitentriebe mit bis zu 21 cm langen, sattgrünen Blättern. Bei der starkwüchsigen, bis 10 m hohen Sorte 'Viridis' bleiben Halme und Blätter auch an sonnigen Standorten dunkelgrün.
Verwendung: Der dicht belaubte Säulen-Bambus eignet sich gut für hohe Sichtschutzhecken.
Standort: Sonnig bis lichtschattig. Boden frisch bis feucht, durchlässig, gepflegt, lehmig, schwach sauer bis alkalisch.
Pflege: Mit Rhizomsperren pflanzen.

Das Wurzelsystem der Bambusarten
Bambusarten bilden entweder dichte Horste oder breiten sich durch unterirdische Rhizome mehr oder weniger stark aus. Horstbildende Arten (zum Beispiel *Fargesia*-Arten) haben ein pachymorphes Rhizomsystem. Ihre kurzen, dicken Rhizome sind nahe der Mutterpflanze aufwärts gebogen. Die Terminalknospe wächst zu einem neuen Halm aus, die Seitenknospen bilden meist neue Rhizomachsen. Ausläufer bildende Arten (alle anderen hier beschriebenen Bambusarten) haben ein leptomorphes Wurzelsystem, bei dem sich die dünnen, lang gestreckten Rhizome dicht unter der Bodenoberfläche ausbreiten. Während die Terminalknospe im Boden horizontal weiter wächst, bilden die Seitenknospen neue Halme aus oder bleiben in Ruhe. Will man starkwüchsige, Ausläufer bildende Arten im Zaum halten, sollten sie nie ohne Rhizomsperre gepflanzt werden. Dazu wird am besten eine 0,7 m hohe Spezialfolie 0,6 m tief eingegraben. Würde die Folie bodeneben eingesetzt werden, würden die Rhizome die Sperre überwinden können.

Vermehrung: Teilung der Mutterpflanze oder Abteilen von Rhizomstücken.

Shibataea kumasasa, Shibata-Bambus

Aussehen: Die zierliche, 1 m hohe Art hat nur einen geringen Ausbreitungsdrang und wächst mit kurzen Ausläufern fast horstartig. Die schlanken Halme tragen sehr dekorative, dunkelgrüne, 5–10 cm lange und 2,5 cm breite Blätter, die mit den nahezu parallel verlaufenden Kanten fast rechteckig wirken.

Shibataea kumasasa

Verwendung: In ihrer Erscheinung unverkennbare, breitblättrige Art, sehr schön als Solitärpflanze, lässt sich aber auch sehr gut als niedrige Hecke ziehen und eignet sich für großflächige Pflanzungen.
Standort: Sonnig bis schattig. Boden frisch bis feucht, durchlässig, sandig- oder lehmig-humos, sauer bis neutral.
Pflege: Mit Rhizomsperre pflanzen.
Vermehrung: Teilung der Mutterpflanze oder Abteilen von Rhizomstücken.

Skimmia japonica, Japanische Skimmie

Aussehen: Die Japanische Skimmie ist ein immergrüner, buschig aufrechter, reich verzweigter, 0,6–1 m hoher Zwergstrauch mit ledrigen, elliptischen bis verkehrt-eiförmigen, bis 12 cm langen, dunkelgrünen Blättern. Die kleinen, zweihäusigen, süß duftenden, gelblich weißen bis rosa Blüten stehen im April in schönen, endständigen Rispen zusammen. Bis 1,1 cm dick sind die hellroten, schwach glänzenden, sehr lange haftenden Früchte.

Neben weiblichen, fruchtenden Pflanzen wird oft auch die männliche Sorte 'Rubella' angeboten. Bei ihr sind die Blattstiele purpurrot, die Blütenstiele und Blütenstandsachsen im Winter und Frühjahr braunrot, die Blüten weiß gefärbt.
Verwendung: Einzeln oder in Gruppen in Verbindung mit Rhododendren, Blumen-Hartriegeln oder Prachtglocken. Der Fruchtansatz wird gefördert, wenn neben weiblichen auch männliche Pflanzen gesetzt werden.
Standort: Lichtschattig bis schattig. Boden frisch bis feucht, durchlässig, sandig- oder lehmig-humos, sauer bis neutral.
Pflege: Bei strengem Kahlfrost Schutz durch Reisig oder Vlies. ✂ 1.
Vermehrung: Stecklinge von ausgereiften Trieben.

Skimmia japonica 'Rubella'

Sophora japonica, Japanischer Schnurbaum

Aussehen: Bis 25 m hoch kann der sommergrüne, spät austreibende Baum werden. Er hat im Alter eine lichte, rundliche bis leicht schirmförmige Krone. Die Zweige bleiben lange glänzend dunkelgrün, sie sind mit helleren Korkwarzen besetzt. Die unpaarig gefiederten, oberseits glänzend dunkelgrünen, unterseits bläulichen Blätter sind bis 25 cm lang. Erst im August/September entfalten sich die cremeweißen, 1–1,5 cm langen Schmetterlingsblüten, die in 15–25 cm langen, lockeren Rispen geordnet sind. Gelegentlich werden auch bei uns die zwischen den Samen eingeschnürten Hülsen ausgebildet.

Zu sehr skurilen Gestalten kann die 5–8 m hohe Hängeform 'Pendula' mit den in Bögen abwärts geneigten Zweigen heranwachsen. Leider blüht die Sorte nur sehr selten.
Verwendung: Durch die spätsommerliche Blüte ein interessanter, stadttauglicher, hitze- und trockenresistenter Park- und Straßenbaum. Durch die spätsommerliche Blüte ökologisch sehr wertvoll. Die nektarreichen Blüten werden stark von Bienen und anderen Insekten besucht.
Standort: Sonnig. Boden trocken bis frisch, durchlässig, tiefgründig, sandig-lehmig oder lehmig, schwach sauer bis stark alkalisch. Nicht auf zu nährstoffreiche Böden pflanzen, da das Holz sonst schlecht ausreift.
Pflege: In der Jugend frostempfindlich. Schnittmaßnahmen nur im Herbst durchführen, da es sonst zu starken Blutungen kommt. ✂ 1.
Vermehrung: Aussaat im Frühjahr.

Sophora japonica

Sorbaria sorbifolia, Sibirische Fiederspiere

Aussehen: Der 1,5–2 m hohe, sehr früh austreibende, sommergrüne, nur spärlich verzweigte Strauch breitet sich durch zahlreiche Ausläufer aus und kann so dichte Kolonien bilden. Die unpaarig gefiederten, 5–10 cm langen, frischgrünen Blätter färben sich im Herbst gelb. Im Juni/Juli stehen kleine, 8 mm breite, weiße Blüten in dichten, aufrechten, 10–25 cm langen Rispen über dem Laub. Die kleinen, braunen Balgfrüchte sind unscheinbar.

Die gedrungen wachsende Sorte 'Sem' wird kaum mehr als 1 m hoch. Ihre filigranen Blätter sind im Austrieb bronzefarben, im Herbst rötlich gefärbt.
Verwendung: Eignet dich dank der starken Ausläuferbildung gut für großflächige Bepflanzungen von Gehölzrändern und Böschungen.
Standort: Sonnig bis schattig. Boden mäßig trocken bis feucht, alle durchlässigen, nährstoffreichen Bodenarten, schwach sauer bis alkalisch.
Pflege: Regelmäßige Schnittmaßnahmen sind nicht notwendig, notfalls vertragen die Sträucher aber einen starken Verjüngungsschnitt. ✂ 1.
Vermehrung: Aussaat im Frühjahr. Die Sorte 'Sem' durch Stecklinge von krautigen Trieben.

Sorbaria sorbifolia 'Sem'

Sorbus aria, Echte Mehlbeere

Aussehen: Die meist einstämmig gezogene Echte Mehlbeere wird 10–15 m hoch und entwickelt eine regelmäßig kegelförmige bis rundliche Krone. Die derben, breit-eiförmigen, 8–10 cm langen Blätter sind oberseits anfangs silbrig behaart, zuletzt glänzend dunkelgrün, unterseits bleibend silbrig behaart. Sie färben sich im Herbst gelb. Die kleinen, weißen Blüten stehen im Mai/Juni in filzigen Trugdolden zusammen. Im September reifen die 1–1,3 cm dicken, orange- oder korallenroten Früchte.

Neben der Art werden oft auch die Sorten 'Lutescens' (Blätter im Austrieb beiderseits weiß-filzig, später oberseits matt- bis graugrün, unterseits silbrig-filzig) und 'Magnifica' (Blätter groß, dick, steif ledrig, oberseits glänzend dunkelgrün, unterseits schneeweiß-filzig) angeboten.
Verwendung: *S. aria* ist ein langsam wachsender, hitzeverträglicher und sehr windresistenter Straßen- und Alleebaum. Die Blüten aller *Sorbus*-Arten bieten den Honigbienen eine sehr gute Nektar- und Pollentracht. Die Früchte werden gerne von Vögeln angenommen.
Standort: Sonnig bis lichtschattig. Boden trocken bis frisch, durchlässig, nährstoffreich, sandig-lehmig bis lehmig, schwach sauer bis alkalisch.
Pflege: Anpassungsfähig und pflegeleicht. ✂ 1.
Vermehrung: Aussaat im Frühjahr, Sorten durch Okulation im Sommer oder durch Handveredlungen im Winter.

Sorbus aria

Sorbus aria 'Lutescens'

Sorbus × hybrida 'Gibbsii'

Weitere empfehlenswerte Mehlbeeren

***Sorbus × hybrida* 'Gibbsii', Bastard-Mehlbeere**
Bis 7 m hoher, breitkroniger Baum. Blätter eiförmig bis länglich-eiförmig, 10–15 cm lang, an der Basis mit 1–2 Paar Fiederblättchen. Früchte sehr zahlreich, bis 1,5 cm groß, tiefrot.

***Sorbus intermedia*, Schwedische Mehlbeere**
Bis 15 m hoher, meist kurzstämmiger, wind- und trockenresistenter, reichblühender und -fruchtender Baum. Krone eiförmig bis rundlich. Blätter breit eiförmig, 6–10 cm lang, unterhalb der Blattmitte gelegentlich fiederschnittig. Früchte 1–1,2 cm dick, scharlachrot. Seit langer Zeit kultivierter, wertvoller Allee- und Straßenbaum.

Sorbus intermedia

***Sorbus × thuringiaca* 'Fastigiata', Thüringer Mehlbeere**
5–8 m hoher Baum. Krone dicht verzweigt, zunächst schmal kegelförmig, später breit eiförmig, 3–5 m breit. Blätter derb, länglich-eiförmig, am Grunde mit 1–4 Paar Fiederblättchen. Früchte sehr zahlreich, dunkelrot.

Sorbus aucuparia, Gewöhnliche Eberesche, Vogelbeere

Aussehen: Die heimische Eberesche wächst zu einem bis 15 m hohen, oft vom Boden an mehrstämmigen Baum mit einer lockeren, anfangs eiförmigen, zuletzt rundlichen Krone heran. Unpaarig gefiedert sind die bis 15 cm langen, dunkelgrünen Blätter. Sie können sich im Herbst gelborange bis ziegel- oder tiefrot verfärben. Die kleinen, weißen, herb duftenden Blüten stehen im Mai/Juni an den Zweigenden in 10–15 cm breiten Trugdolden zusammen. Von September an reifen die etwa 1 cm großen, kugeligen, orangeroten Früchte. Sie sind bei der Süßen Eberesche, der var. *edulis*, und den daraus selektierten Sorten 'Konzentra' und 'Rosina' arm an Bitterstoffen und deshalb essbar. Die Sorte 'Fastigiata' wächst straff aufrecht, wird 5–7 m hoch und bildet mit dicken, steifen Trieben eine säulenförmige Krone.
Verwendung: Attraktives Solitärgehölze. Ökologisch wertvoll, da Bienenweide sowie Vogelschutz- und Nährgehölz. Früchte der Süßen Eberesche können zu Kompott verarbeitet werden.
Standort: Sonnig bis lichtschattig. Boden mäßig trocken bis frisch, alle durchlässigen, nährstoffreichen, humosen Bodenarten, sauer bis

Sorbus aucuparia

schwach alkalisch, empfindlich gegen sommerliche Trockenperioden.
Pflege: Keine besonderen Ansprüche. ✂ 1.
Vermehrung: Aussaat im Frühjahr, Sorten durch Okulation im Sommer oder Handveredlungen im Winter.

Weitere empfehlenswerte Ebereschen

***Sorbus × arnoldiana*, Arnolds Eberesche**
Kleine, nahe mit *S. aucuparia* verwandte Bäume. Zu dieser Hybrid-Gruppe gehören einige Sorten mit bitterstoffarmen, essbaren Früchten

Gestaltungstipp
Mit dem auffallenden Fruchtschmuck und der oft prächtigen Herbstfärbung sind Ebereschen attraktive Kleinbäume. Sie eignen sich für eine Solitärstellung im Garten und in Parkanlagen.

wie zum Beispiel 'Golden Wonder' mit großen, goldgelben Früchten oder die nur spärlich fruchtende Sorte 'Schouten', ein 6–8 m hoher Baum mit einer eiförmigen, dicht geschlossenen Krone und orangegelben Früchten.

Sorbus cashmiriana, Himalaja-Eberesche
5–8 m hoher, lockerkroniger Baum. Blätter sehr filigran, bis 20 cm lang, matt dunkelgrün. Blüten in der Knospe dunkelrosa, aufgeblüht weiß. Große, weiße Früchte, bis 1,8 cm.

Sorbus commixta 'Serotina', Mahagoni-Eberesche
Strauch oder bis 10 m hoher Baum. Krone rundlich, locker. Blätter glänzend dunkelgrün, im Herbst prachtvoll hell- bis mahagonirot. Blüten klein, weiß; Früchte orangerot, lange haftend.

Sortentipp
Bei keiner anderen Eberesche sind die Blätter im Herbst so leuchtend rot gefärbt wie bei *Sorbus commixta* 'Serotina'.

Sorbus 'Joseph Rock'
Bis etwa 9 m hoher, lockerkroniger Baum. Blätter glänzend dunkelgrün, im Herbst prächtig rot, orange, kupfern bis purpurrot. Blüten in lockeren Trugdolden. Früchte anfangs cremegelb, später bernsteinfarben, bis zu 50 Einzelblüten je Fruchtstand.

Sorbus reducta, Zwerg-Mehlbeere
Bis 1 m hoher, buschig aufrechter, schwach Ausläufer bildender Strauch. Blätter 7–10 cm lang, dunkelgrün, im Herbst karminrot.

Sorbus × arnoldiana 'Golden Wonder'

Sorbus sargentiana

Sorbus cashmiriana

Sorbus commixta 'Serotina'

Blüten weiß, 1,2 cm breit, zu wenigen in kahlen Trugdolden. Früchte 6 mm dick, karminrot. Sehr interessanter, leider nur selten kultivierter Zwergstrauch.

Sorbus sargentiana, Sargents Eberesche
Bis 10 m hoher, sehr sparsam verzweigter Baum mit dicken, steifen Zweigen und auffallend großen, glänzend rotbraunen, stark klebrigen Winterknospen. Blätter bis 30 cm lang, matt dunkelgrün, im Herbst sehr prachtvoll dunkelrot. Blüten in bis 15 cm breiten, vielblumigen Trugdolden. Früchte scharlachrot, nur 6 mm dick, aber bis zu 500 Stück in dichten Ständen.

Sorbus vilmorinii, Vilmorins Eberesche
Strauch oder bis 6 m hoher, locker aufgebauter Baum. Blätter bis 15 cm lang, bestehend aus bis zu 31 Blättchen, daher sehr filigran. Blüten weiß, in bis 10 cm breiten, lockeren Trugdolden. Früchte anfangs rötlich, zuletzt blassrosa.

Sorbus domestica, Speierling

Aussehen: Der langsam wachsende, 10–20 m hohe, heimische Speierling hat anfangs eine regelmäßig kegelförmige, im Alter eiförmige bis rundliche Krone. Unpaarig gefiedert sind die bis 20 cm langen, mattgrünen, im Herbst gelben oder orangefarbenen Blätter. Im Mai/Juni stehen an den Enden der Kurztriebe weiße, etwa 1,5 cm breite Blüten in vielblumigen, breit kegelförmigen Trugdolden zusammen. Die im September/Oktober reifenden, bis 3,5 cm langen Früchte können apfel- oder birnenförmig sein, sie sind grünlich gelb, sonnenseits oft etwas gerötet, anfangs herbsauer und erst bei Überreife süßsäuerlich und roh essbar.
Verwendung: Seit mehr als 2000 Jahren in wärmebegünstigten Klimalagen kultiviertes Fruchtgehölz, dessen tanninhaltige Früchte gerne dem Apfelmost zugesetzt werden, um dessen Geschmack und Haltbarkeit zu verbessern. Seit langer Zeit werden aus den Früchten auch Branntweine hergestellt.
Standort: Sonnig bis lichtschattig, wärmebedürftig, hitzeverträglich. Boden trocken bis frisch, durchlässig, nährstoffreich, sandig-lehmig bis lehmig, neutral bis alkalisch.
Pflege: In der Jugend schwachwüchsig und frostempfindlich. ✂ 1.
Vermehrung: Aussaat im Herbst oder Frühjahr.

Spiraea × arguta, Braut-Spierstrauch

Aussehen: *S. × arguta* ist ein buschiger, trichterförmig aufrechter, bis 2 m hoher, fein verzweigter, überreich blühender Strauch mit zierlich überhängenden Zweigen und 3–4 cm langen, länglich-eiförmigen bis lanzettlichen, lebhaft grünen Blättern. Ende April/Anfang Mai stehen entlang der Zweige reinweiße, 8 mm breite, streng riechende Blüten in vielblumigen Trugdolden.
Verwendung: Seit vielen Jahren bewährter, zierlicher Blütenstrauch für Gehölz- und Staudenrabatten oder freiwachsende Blütenhecken.
Standort: Sonnig, empfindlich gegen Hitze und Trockenheit. Boden frisch bis feucht, durchlässig, nährstoffreich, sandig oder lehmig, sauer bis neutral.
Pflege: Regelmäßig auslichten. ✂ 2.
Vermehrung: Stecklinge von krautigen Trieben.

Spiraea × billardii 'Triumphans'

Weitere empfehlenwerte strauchförmig wachsende Spiersträucher

***Spiraea × billardii* 'Triumphans'**
Straff aufrechter, bis etwa 1,5 m hoher Strauch. Blätter elliptisch-lanzettlich, 3–6 cm lang. Blüten lebhaft purpurrosa, im Juni bis September in bis 20 cm langen, dichten, breit kegelförmigen Ständen an den Zweigenden. Sehr robuster und anpassungsfähiger Deck- und Gruppenstrauch.

***Spiraea × cinerea* 'Grefsheim'**
Breit aufrechter, 1,5–2,5 m hoher, buschiger, dünntriebiger, überreich

Sorbus domestica 'Sossenheimer Riesen'

Spiraea × arguta

Spiraea × cinerea 'Grefsheim'

Spiraea nipponica 'Flächenfüller'

blühender Strauch. Zweige weitbogig überhängend. Blätter lanzettlich, bis 2,5 cm lang. Blüten weiß, sehr zahlreich, in kleinen Trugdolden entlang der Triebe. Blüht etwa 10 Tage früher als *S.* × *arguta* und wird nicht selten dieser alten Hybride vorgezogen. Hervorragend für freiwachsende Blütenhecken geeignet.

Spiraea nipponica 'Flächenfüller'
Bis etwa 1 m hoher Strauch, mit zahlreichen verzweigten Ästen straff aufrecht wachsend. Zweige im Winter rot- bis schwarzbraun. Blätter elliptisch bis schmal-eiförmig, 2–4 cm lang, bis in den Herbst hinein dunkelgrün bleibend. Blüten weiß, im Juni in sehr zahlreichen Trugdolden auf der ganzen Zweiglänge. Sehr robust und hervorragend für großflächige Pflanzungen, aber auch als Solitär- und Gruppenstrauch geeignet.

Spiraea nipponica 'Snowmound'
Bis 1,5 (–2,5) m hoher, dicht verzweigter Strauch. Zweige aufsteigend bis weitbogig abstehend. Blätter 1–3 cm lang, länglich bis spatelförmig, dunkelgrün. Blüten weiß, im Juni in sehr zahlreichen, 2–3 cm breiten Trugdolden entlang der Zweige. Prachtvoller, in der Sortimentsprüfung mit „sehr gut" bewerteter Blütenstrauch.

Spiraea thunbergii

Spiraea thunbergii, Thunbergs Spierstrauch
Bis 1,5 m hoher, zierlicher, dicht und fein verzweigter, sehr früh austreibender Strauch. Zweige dünn, abstehend bis überhängend. Blätter schmal lanzettlich, 2,5–4 cm lang, lebhaft grün, im Herbst orange und scharlach. Blüten weiß, Ende April/ Anfang Mai, in sitzenden Dolden an seitenständigen Kurztrieben. Bei der japanischen Sorte 'Fujino Pink' sind die weißen Blüten rosa überhaucht.

Spiraea × _vanhouttei_, Belgischer Spierstrauch
Robuster, 2–3 m hoher, reich verzweigter, überreich blühender Strauch. Zweige bogig aufrecht, an den Spitzen stark überhängend. Blätter rhombisch bis verkehrt-eiförmig, 3–4 cm lang, dunkelgrün. Blüten reinweiß, Ende Mai/Juni in zahlreichen, vielblumigen, bis 5 cm breiten, doldenartigen Büscheln entlang der Zweige. Bewährter, robuster Solitär- und Gruppenstrauch, besonders gut für freiwachsende Blütenhecken geeignet.

Spiraea × *vanhouttei*

Spiraea japonica, Japanischer Spierstrauch

(Tab. 70)

Aussehen: Der Japanische Spierstrauch wird in zahlreichen Sorten kultiviert. Alle wachsen straff aufrecht und sind, bedingt durch den regelmäßigen starken Rückschnitt, kompakt aufgebaut und reich verzweigt, sie werden maximal 1 m hoch. Die 3–8 cm, langen, lanzettlichen bis eiförmigen, oberseits dunkelgrünen, unterseits graugrünen Blätter sind im Herbst bronzefarben bis orangerot. Die weißen, hellrosa bis karminroten oder zweifarbigen Blüten stehen am Ende der diesjährigen Langtriebe in 15–20 cm breiten, flachen Trugdolden zusammen, die sich im Juni/Juli entwickeln.
Verwendung: Die sommerblühenden Zwergsträucher können in kleinen Gruppen in Verbindung mit Stauden, Gräsern und anderen sommerblühenden Zwergsträuchern, aber auch großflächig als Bodendecker gepflanzt werden. Sie sind ideale Zwergsträucher für niedrige Blütenhecken.
Standort: Sonnig bis lichtschattig. Boden mäßig trocken bis frisch, durchlässig, nährstoffreich, sandig bis lehmig, schwach sauer bis alkalisch.
Pflege: Regelmäßig im Frühjahr stark zurückschneiden. ✂ 3.
Vermehrung: Stecklinge von krautigen Trieben.

Tab. 70 Empfehlenswerte Sorten von *Spiraea japonica*

Sorte	Blüten	Blätter	Wuchshöhe
'Albiflora'	weiß	hellgrün	0,5 m
'Sapho'	karminrot	dunkelgrün, die Auslese von 'Anthony Waterer' virusfrei, deshalb ohne helle, krankhafte Panaschierungen	bis 0,8 m
'Crispa'	karminrot	dunkelgrün, am Rand stark gewellt	0,5 m
'Dart's Red'	dunkel karminrot	dunkelgrün	1 m
'Genpei' (Syn. 'Shirobana')	innerhalb einer Dolde weiß, rosa und rosarot	im Austrieb bronzefarben, später dunkelgrün	0,8 m
'Golden Princess'	hell purpurrosa	im Austrieb rötlich bronzefarben, später hell- bis grünlich gelb	0,8 m
'Goldflamme'	purpurrosa	im Austrieb bronzefarben, später goldgelb bis grünlich gelb	0,8 m
'Nana'	rosa, klein	grün	0,4 m
'Neon Flash'	dunkel rosarot	dunkelgrün	0,8 m
'Little Princess'	hellrosa	dunkelgrün	0,5 m
'Zigeunerblut'	dunkel lilarot	im Austrieb kräftig braunrot, später dunkelgrün	0,8 m

Spiraea japonica 'Sapho'

Spiraea japonica 'Goldflamme'

Spiraea japonica 'Genpei'

Spiraea betulifolia 'Tor'

Weitere empfehlenswerte, zwergig wachsende *Spiraea*-Arten

Spiraea betulifolia 'Tor', Birkenblättriger Spierstrauch
Wuchs gedrungen, dicht verzweigt, halbkugelig, bis 0,8 m hoch. Blätter dunkelgrün, im Herbst orangefarben bis rot und purpurn. Blüten weiß, sehr zahlreich, in 3–6 cm breiten, flachen Trugdolden endständig an Langtrieben, Juni. Wurde in Sortimentsprüfungen mit „sehr gut“ bewertet.

Spiraea decumbens, Kärntener Spierstrauch
Stark Ausläufer treibender und rasch flächendeckender, bis 0,5 m hoher Strauch mit drahtartig dünnen Zweigen. Blätter 1–3 cm lang, frischgrün. Blüten weiß, sehr zahl-

Spiraea decumbens

reich, im Juni in 3–5 cm breiten, vielblumigen Trugdolden an den Triebenden. Wertvoller, auch kleinflächig einsetzbarer, reichblühender Bodendecker.

Spiraea densiflora, Dichtblütiger Spierstrauch

Bis 0,6 m hoher, kompakter, buschiger Strauch. Blätter 1,5–4 cm lang, elliptisch, dunkelgrün, im Herbst orange- oder weinrot. Blüten rosa, in 2–4 cm breiten Trugdolden, Mai. Nicht so hübsch blühend wie andere *Spiraea*-Arten, aber sehr robust und mit einer sehr gesunden, auffallend lange haftenden Belaubung.

Spiraea densiflora

Stachyurus chinensis, Chinesische Schweifähre

Aussehen: Der sparsam verzweigte Strauch wird mit schlanken, leicht überhängenden, mattbraunen Zweigen etwa 2,5 m hoch. Er hat eiförmige bis länglich-eiförmige, 6–12 cm lange, glänzend dunkelgrüne Blätter, die sich im Herbst intensiv orange bis tief weinrot verfärben. Im März/April öffnen sich die im Herbst schon weit vorgebildeten, kleinen, gelben, glockigen Blüten, die zu je 12–20 in 5–10 cm langen, schlanken, hängenden Trauben zusammenstehen. Früchte werden bei uns nur selten ausgebildet.

Die Japanische Schweifähre, *S. praecox*, blüht etwa 2 Wochen früher, unterscheidet sich sonst aber nur in geringfügigen Details von ihrer chinesischen Schwester.
Verwendung: Beide sind sehr attraktive Vorfrühlingsblüher, die ihre nackt überwinterten Blüten lange vor der Laubentfaltung öffnen.
Standort: Sonnig bis lichtschattig, geschützt, hitzeverträglich und wärmeliebend. Boden mäßig trocken bis frisch, durchlässig, nährstoffreich, sandig bis lehmig, schwach sauer bis alkalisch.
Pflege: In der Jugend frostempfindlich. ✂ 1.
Vermehrung: Aussaat im Frühjahr unter Glas.

Stachyurus chinensis

Staphylea colchica, Kolchische Pimpernuss

Aussehen: *S. colchica* ist ein 3–5 m hoher, aufrechter, sparsam verzweigter, glattrindiger Strauch mit unpaarig gefiederten, lebhaft grünen Blättern. Weiße, angenehm leicht duftende, 1,2–1,5 cm lange Blüten stehen in 5–10 cm langen, nickenden Rispen zusammen. Sie blühen im Mai/Juni auf. Sehr hübsch sind auch die blasig aufgetriebenen, pergamenthäutigen, 5–8 cm langen, zwei- bis dreizipfeligen, grünlichen Fruchtkapseln mit den großen, harten, gelbbraunen Samen.
Verwendung: *S. colchica* wird als Solitär- und Gruppenstrauch verwendet.
Standort: Sonnig bis lichtschattig, wärmeverträglich. Boden frisch bis feucht, durchlässig, gepflegt, lehmig, schwach sauer bis alkalisch.
Pflege: Keine besonderen Ansprüche. ✂ 1.
Vermehrung: Aussaat im Frühjahr.

Die attraktivste Pimpernuss
Staphylea colchica hat die größten Blüten und Früchte aller *Staphylea*-Arten, er ist somit ein besonders schöner und gleichzeitig robuster Blüten- und Fruchtstrauch.

Staphylea colchica

Stephanandra incisa, Kleine Kranzspiere

Aussehen: *S. incisa* ist ein vieltriebiger, 1,5–2,5 m hoher Strauch mit dünnen, hin und her gebogenen, locker überhängenden Zweigen. 2–6 cm lang sind die eiförmigen oder dreieckig eiförmigen, tief eingeschnittenen, dunkelgrünen, im Herbst ziegel- bis tief rotbraunen Blätter. Sehr kleine, cremeweiße oder gelbliche Blüten sind zu 2–6 cm langen, endständigen Rispen geordnet, Blütezeit ist der Juni.

Die häufig kultivierte Sorte 'Crispa' wird mit den bogig abwärts wachsenden Zweigen und den kleinen, krausen Blättern nur bis 0,8 m hoch.
Verwendung: Vorwiegend als Gruppenstrauch, die Sorte 'Crispa' ist sehr gut für flächige Pflanzungen geeignet.
Standort: Sonnig bis lichtschattig, Luft- und Bodenfeuchtigkeit vertragend. Boden frisch bis feucht, durchlässig, sandig bis lehmig, sauer bis neutral.
Pflege: Jährlich nach der Blüte auslichten. ✂2.
Vermehrung: Stecklinge von krautigen Trieben.

Stephanandra incisa

Stewartia pseudocamellia, Japanische Scheinkamelie

Aussehen: *S. pseudocamellia* wächst langsam zu einem 4–6 (–18) m hohen, zunächst straff aufrechten Strauch oder kleinen Baum heran. Die Krone ist später aufgelockert und unregelmäßig rundlich bis ausgebreitet. Der glatte Stamm ist platanenähnlich bunt gescheckt. Elliptisch bis lanzettlich sind die 3–8 cm langen, frischgrünen Blätter. Sie färben sich im Herbst prachtvoll orange- bis dunkelrot. Im Juli/August schmückt sich der Kleinbaum mit 5–6 cm breiten, schalenförigen, weißen Blüten, die in der Mitte ein großes, goldgelbes Staubblattbündel präsentieren. Die Blüten öffnen sich nacheinander über einen Zeitraum von mehreren Wochen.
Verwendung: Kostbares Solitärgehölz, passt gut zu Rhododendren oder in einen japanischen Garten.
Standort: Sonnig bis lichtschattig. Boden frisch bis feucht, durchlässig, sandig- bis lehmig-humos, sauer bis schwach sauer, kalkmeidend, empfindlich gegen Bodentrockenheit und -nässe.
Pflege: Gedeiht nur auf zusagenden Standorten zufrieden stellend. ✂1.
Vermehrung: Aussaat im Frühjahr unter Glas.

Gartentipp
Kaum ein anderes Ziergehölz unserer Gärten kann mit so zahlreichen dekorativen Attributen aufwarten wie die Japanische Scheinkamelie: ein auffallender Stamm, große, kamelienähnliche Blüten und eine prachtvolle Herbstfärbung.

Stewartia pseudocamellia

Stewartia pseudocamellia

Symphoricarpus albus var. *laevigatus*, Gewöhnliche Schneebeere

Aussehen: Die allgemein bekannte Schneebeere ist ein dicht verzweigter, bis 2 m hoher, dünnzweigiger Strauch mit zahlreichen kurzen Ausläufern.

Die eiförmigen, bis 7,5 cm langen, dunkelgrünen Blätter bleiben im Herbst lange haften. Aus kleinen, recht unscheinbaren, nektarreichen Blüten entwickeln sich im Spätsommer die zahlreichen Früchte. Sie sind schneeweiß, kugelig und bleiben bis in den Winter an den Zweigen haften.

Symphoricarpus albus var. *laevigatus*

Symphoricarpus × *chenaultii* 'Hancock'

Verwendung: Robuster, anspruchsloser Deck- und Gruppenstrauch, für Unterpflanzungen geeignet.
Standort: Sonnig bis halbschattig. Boden mäßig trocken bis feucht, alle durchlässigen Bodenarten, schwach sauer bis alkalisch.
Pflege: Schnittmaßnahmen sind nicht unbedingt notwendig, notfalls werden aber auch starke Verjüngungsschnitte ertragen. ✂ 1.
Vermehrung: Aussaat im Frühjahr, bei Hybriden und Sorten Stecklinge von krautigen Trieben.

Weitere empfehlenswerte Schneebeeren

Symphoricarpus × *chenaultii* 'Hancock', Bastard-Korallenbeere

Wuchs sehr stark, dicht verzweigt, wird bei flächiger Pflanzung bis über 1 m hoch und 1,5 m breit. Zweige abstehend bis niederliegend, weit übergebogen, eine dichte Bodendecke bildend. Wird in der Regel großfächig als Bodendecker eingesetzt.

Symphoricarpus × *doorenbosii* 'Amethyst'

Breit aufrechter, etwa 1,5 m hoher Strauch mit dunkelgrünen, lange haftenden Blättern. Blüten klein, weiß bis lilarosa, im Juni bis August in kurzen Trauben. Früchte intensiv lilarosa bis purpurviolett, sehr zahlreich, in dichten Büscheln an den Triebenden, bis zum November/Dezember haftend. Mit den zahlreichen, auffallend gefärbten Früchten im Herbst ein sehr attraktiver Gruppenstrauch.

Zu *S.* × *doorenbosii* gehören weitere Sorten mit attraktiven Früchten: 'Hecona' (Früchte weiß, sonnenseits kräftig lilarosa), 'Magic Barry' (Früchte lilarot, schon im Juli Farben zeigend), 'Mother of Pearl' (Früchte grünlich weiß bis weiß, mit rosa Wange), 'White Hedge' (Früchte weiß).

Symphoricarpus × *doorenbosii* 'Amethyst'

Syringa × *chinensis*, Chinesischer Flieder

Aussehen: Der Chinesische Flieder wächst mit dünnen, bogig übergeneigten Zweigen locker aufrecht, im Alter wird er 3–5 m hoch und gleich breit. 4–8 cm lang sind die eiförmig lanzettlichen, dunkelgrünen Blätter. Im Mai stehen purpurviolette, duftende Blüten in großen, ziemlich lockeren, nickenden Rispen entlang der Zweige. Bei der Sorte 'Saugeana' sind die Blüten lilarot.
Verwendung: Im Gegensatz zu vielen anderen Fliedern ein gefällig aufgebauter Solitärstrauch mit reichem Blütenflor. Wird gelegentlich auch hochstämmig gezogen, die Stämme sind dann auffallend drehwüchsig.
Standort: Sonnig, wärmeliebend, für Stadklima geeignet. Boden mäßig trocken bis frisch, tiefgründig, nährstoffreich, sandig-kiesig bis lehmig, schwach sauer bis alkalisch.
Pflege: Keine besonderen Ansprüche. ✂ 1.
Vermehrung: Sommerokulation im Freiland.

Syringa × *chinensis* 'Saugeana'

Weitere empfehlenswerte Syringa-Arten und -Sorten

Syringa 'Agnes Smith'
Wuchs breit aufrecht, 2–2,5 m hoch. Blätter länglich-eiförmig, im Austrieb rötlich. Blüten weiß, stark duftend, in zahlreichen mittelgroßen Rispen, Mai/Juni.

Wird auch unter der Bezeichnung *S. × prestoniae* 'Agnes Smith' angeboten.

Syringa 'Josee'
Bis etwa 1,5 m hoher, kompakter, gut verzweigter, reichblühender Kleinstrauch. Blätter klein, eiförmig, mattgrün. Blüten in der Knospe violettpurpurn, aufgeblüht rosa, in zahlreichen ziemlich kleinen Rispen, Mai/Juni. Attraktiver Kleinstrauch, u.a. sehr gut für Kübelbepflanzung geeignet.

Syringa josikaea, Ungarischer Flieder
Steif aufrechter, 3–4 m hoher, dickzweigiger Strauch. Blätter breitelliptisch, 6–12 cm lang, tiefgrün. Blüten lilapurpurn, in 10–18 cm langen, schmal kegelförmigen Rispen, Mai/Juni. Robuster, trockenresistenter Flieder.

Syringa josikaea

Syringa meyeri 'Palibin'

Syringa microphylla 'Superba'

Syringa meyeri 'Palibin'
Kaum mehr als 1 m hoher, reich verzweigter, kompakter, nahezu kugeliger Kleinstrauch. Blätter elliptisch-eiförmig, 2–4 cm lang, frischgrün. Blüten in der Knospe purpurrosa, aufgeblüht weißlich rosa, in sehr zahlreichen kleinen Rispen, Juni. Schon als junge Pflanze reich blühend. Besonders zierlicher Flieder, hervorragend für eine Kultur in Steingärten und Kübeln geeignet.

Syringa microphylla 'Superba'
Breit aufrechter, buschiger, bis 1,5 m hoher, reich verzweigter Strauch. Blätter rundlich bis elliptisch-eiförmig, 1–4 cm lang, oberseits sattgrün, unterseits graugrün. Blüten rosarot, im Verblühen heller, herb duftend, in zahlreichen 4–7 cm langen Rispen, Hauptblütezeit im Mai, bis zum Oktober nachblühend.

Syringa patula 'Miss Kim'
Wuchs aufrecht, kompakt, ziemlich dicht verzweigt, bis 2 m hoch. Blätter eiförmig, 6–8 cm lang, dunkelgrün, unterseits graugrün, im Herbst burgunderrot, Blüten in der Knospe dunkel violettpurpurn, geöffnet innen weiß, im Verblühen fast weiß, stark duftend, in 11–15 cm langen Rispen, Mai/Juni.

Syringa Villosae-Gruppe (Tab. 71)
Zu dieser Gruppe gehören einige Sorten, die gelegentlich auch als Sorten von *S. × prestoniae* bezeichnet werden. Gemeinsame Merkmale der 3–4 m hohen Sträucher sind ihr breit aufrechter Wuchs und die elliptischen bis länglichen, 5–18 cm langen, oberseits sattgrünen Blätter. Die Blüten können purpurn, rosa oder weiß sein. Sie stehen in langen, schmalen, dichten Rispen zusammen und blühen im Juni auf. Alle Sorten blühen reich, sind robust und sehr frosthart.

Syringa vulgaris, Gewöhnlicher Flieder (Tab. 72)

Aussehen: Seit 5 Jahrhunderten ist der Gewöhnliche Flieder ein überaus beliebter Blütenstrauch unserer Gärten. Der vielstämmige Strauch kann bis 7 m hoch werden und sich durch zahlreiche Ausläufer ausbreiten. Seine 5–12 cm langen, derben, breit-eiförmigen Blätter sind glänzend dunkelgrün. Im Mai entfaltet der Strauch seine stark duftenden, blauvioletten Blüten, die in 10–20 cm langen, vielblumigen Rispen zusammenstehen. Neben der Art stehen uns zahlreiche Sorten mit einfachen oder gefüllten Blüten zur

Tab. 71 Empfehlenswerte Sorten von *Syringa* der Villosae-Gruppe

Sorte	Blüten
'Elinor'	in der Knospe dunkel purpurrot, aufgeblüht hell lavendelfarben
'Minuet'	hellpurpurn, zahlreich
'Miss Canada'	leuchtend rosa, zahlreich
'Redwine'	karminrosa, in der Knospe dunkler, in langen Rispen
'Royalty'	in der Knospe tiefviolett, aufgeblüht lilablau, in dichten, bis 17 cm langen Rispen

Syringa vulg. 'Andenken an Ludwig Späth'

Syringa 'Elinor'

Syringa 'Royalty'

Syringa vulgaris 'Katharine Havemeyer'

Syringa vulgaris 'Michel Buchner'

Tab. 72 Empfehlenswerte Sorten von *Syringa vulgaris*

Sorte	Blüten
'Andenken an Ludwig Späth'	dunkel purpurrot, einfach
'Charles Joly'	dunkel purpurrot, außen lilaweiß, gefüllt
'Katharine Havemeyer'	in der Knospe lilarosa, aufgeblüht kobaltlila mit rosa Anflug, halb- bis dicht gefüllt
'Michel Buchner'	rosalila mit weißem Auge, gefüllt
'Mme Antoine Buchner'	zart malvenrosa, gefüllt
'Mme Lemoine'	in der Knospe cremegelb, aufgeblüht weiß, gefüllt
'Primrose'	in der Knospe grünlich gelb, aufgeblüht hell primelgelb, einfach
'Sensation'	purpurrosa, mit einem breiten silbrigen Saum, einfach

Syringa vulgaris 'Mme Lemoine'

Verfügung. Die Zweige lasen sich gut vortreiben und sind beliebte Schnittblumen.
Verwendung: Allgemein bekannter Blütenstrauch für Einzel- oder Gruppenpflanzung oder freiwachsende Blütenhecken.
Standort: Sonnig bis lichtschattig, wärmeliebend, hitze- und windresistent, für Stadtklima geeignet. Boden mäßig trocken bis frisch, durchlässig, nährstoffreich, sandig bis lehmig, schwach sauer bis alkalisch.
Pflege: Bei den Sorten auf Wildtriebe achten. ✂ 1.
Vermehrung: Aussaat im Frühjahr, Sorten durch Freilandokulation im Sommer.

Tamarix parviflora, Kleinblütige Tamariske

Aussehen: Die sommergrüne Tamariske baut sich mit aufrechten Ästen und bogenförmig übergeneigten, dunkelpurpurnen Zweigen zu einem lockeren, bis 5 m hohen Strauch auf. Die kleinen, hellgrünen, schuppenförmigen Blätter sind dachziegelartig angeordnet. Auch die rosa Blüten sind sehr klein, sie stehen aber in zahlreichen, 2–4 cm langen, schmalen Trauben auf der ganzen Länge der vorjährigen Zweige und blühen im Mai auf.
Verwendung: Eleganter Blütenstrauch für eine Solitärstellung in großen Gärten, passt gut in Steppen- und mediterrane Gärten.
Standort: Sonnig, wärmeliebend, hitze- und windresistent, für Stadtklima geeignet. Boden trocken bis frisch, durchlässig, nährstoffreich, sandig bis lehmig, neutral bis alkalisch.
Pflege: Regelmäßiges Auslichten und leichter Rückschnitt unmittelbar nach der Blüte fördern einen reichen Blütenflor. ✂ 4.
Vermehrung: Aussaat im Frühjahr oder Steckholz.

Tamarix ramosissima 'Pink Cascade', Kaspische Tamariske

Aussehen: Im Gegensatz zu *T. parviflora* blüht *T. ramosissima* im Sommer, in den Monaten Juli bis September. Locker und etwas sparrig wächst der 2–4 m hohe Strauch mit seinen aufstrebenden Ästen und den schlanken, bogig überhängenden Zweigen. Die schuppenförmigen Blätter sind blaugrün, im Herbst gelb gefärbt. Die 3–8 cm langen rosafarbenen Blütentrauben stehen in großen, rispenartigen Ständen an den Zweigenden. Bei der Sorte 'Rosea' sind die Blüten rosarot, bei 'Rubra' dunkel karminrosa.
Standort und Verwendung: Wie bei *T. parviflora*.
Pflege: Schnittmaßnahmen im zeitigen Frühjahr durchführen. ✂ 2.
Vermehrung: Steckholz.

Tilia cordata, Winter-Linde

Aussehen: Die heimische Winter-Linde ist ein allgemein bekannter, heimischer Großbaum, der mit seiner hoch gewölbten Krone bis 40 m hoch werden kann. Nahezu rundlich sind die 3–10 cm langen, oberseits dunkelgrünen, unterseits graugrünen Blätter mit ihren rostfarbenen Achselbärten.

Die grünlich gelbe bis goldgelbe Herbstfärbung ist unspektakulär. Die gelblich weißen Blüten sind zwar klein, duften aber sehr angenehm, sie stehen zu 5–7 in Büscheln, die meist den Blättern aufliegen und blühen im Juni/Juli.

Neben der Art wird oft auch die Sorte 'Greenspire' angeboten, ein nur 15–18 m hoher Baum mit einer schmalen, kompakten Krone und kleinen, ledrigen Blättern.

Tamarix parviflora

Tamarix ramosissima 'Pink Cascade'

Tilia cordata

Tilia cordata

Tilia × euchlora

Tilia platyphyllos

Verwendung: Häufig gepflanzter Hof-, Park-, Straßen- und Alleebaum. Wird manchmal kastenförmig geschnitten oder als hohe Baumwand zum Licht- und Windschutz gezogen. Linden sind nur für große Gärten geeignet. Für kleine und mittelgroße Hausgärten werden sie zu groß. Die nektarreichen Blüten sind eine wichtige Bienenweide, sie werden in Tees und Duftkissen verarbeitet.
Standort: Sonnig bis lichtschattig. Boden mäßig trocken bis frisch, tiefgründig, nährstoffreich, sandig bis lehmig, schwach sauer bis alkalisch.
Pflege: Keine besonderen Ansprüche. ✂ 1, 5.
Vermehrung: Aussaat im Herbst oder Frühjahr, Sorten durch Handveredlungen im Winter.

Weitere empfehlenswerte Linden

Tilia × euchlora, Krim-Linde
Bis 20 m hoher Baum mit durchgehendem Stamm und hoch gewölbter Krone. Äste bogig nach außen übergeneigt, Zweige schleppenartig herabhängend. Blätter breit eiförmig, 6–10 cm lang, auffallend glänzend dunkelgrün, im Herbst gelb. Blüten zu 3–7 in hängenden Büscheln, Juli. Wertvoller, für Stadtklima geeigneter Park- und Straßenbaum.

Tilia platyphyllos, Sommer-Linde
Stattlicher, bis 40 m hoher, heimischer Baum, oft mit tief angesetzter Krone. Blätter rundlich eiförmig, 7–15 cm lang, oberseits mattgrün, unterseits flaumig behaart und mit zahlreichen weißlichen Achselbärten. Herbstfärbung sattgelb. Blüten hellgelb, zu 2–5 in hängenden Büscheln, Juni. Bekannter Hof-, Park- und Straßenbaum.

Tilia tomentosa, Silber-Linde
Bis 30 m hoher, stattlicher Baum mit einer regelmäßigen, breit kegelförmigen bis rundlichen Krone. Blätter rundlich, 10–15 cm lang, oberseits dunkelgrün, unterseits auffallend silbergrau sternhaarig. Herbstfärbung hellgelb. Blüten mattweiß, duftend, zu 5–10 in hängenden Büscheln, Juli/August. Wird u.a. häufig als Stadtstraßenbaum eingesetzt und als spät blühende Insektenweide geschätzt.

Tilia tomentosa

Linden – uralte Begleiter der Menschen
Seit Jahrhunderten sind uns Linden im dörflichen und städtischen Siedlungsbereich als Hof-, Park-, Straßen- und Alleebäume vertraut. Kaum ein anderer Baum ist so eng mit dem Leben der Menschen verbunden wie die Linde. Sie stand im Hof, vor dem Gasthaus oder in Siedlungsnähe, markierte den Ort der Ratsversammlung und Rechtsprechung, war als Tanzlinde Mittelpunkt von Festen. Durch zahlreiche Märchen, Gedichte und Lieder, durch unzählige Familiennamen und mehr als 1000 Ortsnamen im deutschsprachigen Raum wird deutlich, wie tief der Baum im Bewusstsein der Menschen verankert war. Den Slawen und Germanen war die Linde heilig und ihrer Fruchtbarkeitsgöttin Freya gewidmet. Noch heute erinnern uns zahlreiche uralte Dorf-, Gerichts- und Tanzlinden an die Gebräuche früherer Zeiten.

Tilia × vulgaris 'Pallida'

Tilia × vulgaris 'Pallida', Kaiser-Linde
Stattlicher, 30–40 m hoher Baum mit regelmäßig kegelförmiger Krone. Blätter breit eiförmig, 7–10 cm lang, frischgrün, unterseits bläulich grün, im Herbst lange haftend. Herbstfärbung gelblich. Blüten gelb, duftend, zu jeweils 3–7 in Büscheln. Blütezeit Juni. Robuste, für Stadtklima geeignete Linde.

Ulmus × hollandica 'Dampieri Aurea'

Ulmus × hollandica 'Dampieri Aurea', Gold-Ulme

Aussehen: Die 8–10 m hohe Gold-Ulme hat anfangs eine schmal säulen- bis kegelförmige Krone, die später aber breiter und unregelmäßig schmal trichterförmig wird. Die 5–8 cm langen Blätter sind im Austrieb leuchtend gelb, später gelb bis gelbgrün und im Herbst gelb. Die Blüten sind, wie bei allen Ulmen, sehr unauffällig. Schon im Mai reifen die geflügelten Nussfrüchte.
Verwendung: Solitärgehölz mit einer auffälligen Belaubung.
Standort: Sonnig bis lichtschattig. Boden mäßig trocken bis feucht, tiefgründig, nährstoffreich, neutral bis alkalisch.
Pflege: Keine besonderen Ansprüche. ✂ 1.
Vermehrung: Handveredlungen im Winter unter Glas.

Vaccinium corymbosum, Amerikanische Strauch-Heidelbeere

Aussehen: *V. corymbosum* ist ein sommergrüner, breit aufrechter, 1–2 m hoher, kompakter, vieltriebiger Strauch. 3–8 cm lang sind die eiförmigen oder lanzettlichen, dunkelgrünen Blätter, die sich im Herbst lebhaft orange bis scharlachrot färben. Die weißen oder leicht geröteten Blätter sind urnenförmig und 0,6–1 cm lang. Sie stehen im Mai in dichten Büscheln zusammen. Von Juni bis September reifen die kugeligen, 0,8–1,5 cm dicken, blauschwarzen, wohlschmeckenden Früchte.

Statt der Art sind großfrüchtige Sorten wie 'Bluecrop', 'Blunette', 'Duke', 'Goldtraube' oder 'Patriot' in Kultur.
Verwendung: Gedeiht als Ziergehölz am besten in Verbindung mit Rhododendren oder im Heidegarten, wird stellenweise in großen Plantagen zur Fruchtgewinnung angebaut.
Standort: Sonnig bis halbschattig. Boden frisch bis feucht, durchlässig, nährstoffreich, sandig-humos, sauer.
Pflege: Gedeiht nur auf zusagenden Standorten zufrieden stellend. ✂ 2.
Vermehrung: Steckholz und Stecklinge.

Vaccinium corymbosum 'Bluecrop'

Vaccinium vitis-idaea, Kronsbeere, Preiselbeere

Aussehen: Die heimische Preiselbeere ist ein immergrüner, 0,1–0,5 m hoher, vieltriebiger Zwergstrauch mit einer kriechenden Grundachse und aufrechten Sprossen. Die ledrigen, verkehrt-eiförmigen bis elliptischen, 1–2,5 cm langen Blätter sind oberseits glänzend dunkelgrün, unterseits matt bläulich grün. Kleine glockige, weiße, rosa überhauchte Blüten stehen im Mai/Juni in kleinen Trauben zusammen, mit Nachblüten ist bis zum September zu rechnen. Im August/September reifen die 5–8 mm großen, kugeligen, glänzend roten, säuerlichen, essbaren Früchte. Neben der Art sind reich tragende Sorten wie

Vaccinium vitis-idaea 'Koralle'

Viburnum × bodnantense

Viburnum × burkwoodii *'Anne Russel'*

'Erntedank', 'Erntekrone', 'Koralle' oder 'Red Pearl' in Kultur.
Verwendung: Der hübsche, immergrüne Zwergstrauch kann zur Fruchtgewinnung, aber auch als Ziergehölz im Heidegarten oder in Rhododendronbeeten in kleinen Tuffs oder kleinflächig zur Bodenbegrünung gepflanzt werden.
Standort: Licht- bis halbschattig. Boden frisch bis feucht, durchlässig, nährstoffarm, torfig, sauer.
Pflege: Abgeerntete Triebspitzen abschneiden, sonst kein Schnitt erforderlich. ✂ 1.
Vermehrung: Aussaat im Frühjahr unter Glas oder Teilung.

Viburnum × bodnantense, Bodnant-Schneeball

Aussehen: Der sommergrüne, bis 3 m hohe, breit aufrechte Strauch wirkt mit seinen starken Ästen etwas grobastig. Die lanzettlichen bis eiförmigen, 4–10 cm langen Blätter sind oberseits frischgrün und runzelig, im Herbst färben sie sich dunkelrot bis dunkelviolett. Lange vor der Laubentfaltung öffnen sich die stark süßlich duftenden, in der Knospe tiefrosa, aufgebüht rosaweißen Blüten, sie stehen in 5–7 cm breiten, dichten Büscheln zusammen. Die ersten Blüten öffnen sich oft schon im November/Dezember, die Hauptblüte folgt dann im März. Die Blüten leiden schon bei leichten Frösten. Wird mit Sortennamen wie 'Dawn' und 'Charles Lamont' angeboten.

Etwa um die gleiche Zeit blüht die nahe verwandte *V. farreri*, sie ist weniger grobastig, die Blüten sind etwas blasser als die von *V. × bodnantense*.
Verwendung: Beide sind attraktive Winter- und Vorfrühlingsblüher für mittelgroße bis große Gärten. Als Schnittblumen reichen wenige Blüten aus, um einen ganzen Raum mit ihrem starken Duft zu erfüllen.
Standort: Sonnig bis halbschattig. Boden mäßig trocken bis feucht, durchlässig, nährstoffreich, sandig bis lehmig, schwach sauer bis alkalisch.
Pflege: Keine besonderen Ansprüche. ✂ 2.
Vermehrung: Stecklinge von krautigen Trieben.

Viburnum × burkwoodii, Wintergrüner Duft-Schneeball

Aussehen: Der wintergrüne Schneeball wächst locker aufrecht und wird 2–3,5 m hoch. Eiförmig bis eiförmig-elliptisch sind die 3–10 cm langen, oberseits glänzend tiefgrünen, unterseits graugrünen, sternhaarigen Blätter. Die anfangs rosaweißen, aufgeblüht weißen, stark nach Vanille duftenden Blüten stehen im März/April in 5–9 cm breiten, vielblumigen, ballförmigen Trugdolden zusammen.

Wichtigste Sorte dieser Hybridgruppe ist 'Anne Russel' mit großen, in der Knospe lachsrosa, aufgebüht weißen, angenehm duftenden Blüten.
Verwendung: Prächtiger Frühlingsblüher für geschützte Gartenplätze.
Standort: Licht- bis halbschattig, geschützt. Boden mäßig trocken bis frisch, durchlässig, nährstoffreich, sandig-lehmig, schwach sauer bis alkalisch.
Pflege: Jungpflanzen in strengen Wintern schützen. ✂ 1.
Vermehrung: Stecklinge von halbreifen Trieben.

Weitere empfehlenswerte Duft-Schneebälle

***Viburnum × carlcephalum*, Großblumiger Duft-Schneeball**
Sommergrüner, 2–3 m hoher, breit aufrechter bis rundlicher Strauch. Blätter rundlich-eiförmig, 6–12 cm lang, leicht glänzend grün, im Herbst rötlich bis orangebraun. Blüten reinweiß, stark duftend, bis

Viburnum × carlcephalum

zu 100 Einzelblüten in bis 15 cm breiten, nahezu kugeligen Ständen. Blütezeit Anfang bis Ende Mai.

***Viburnum carlesii* 'Aurora', Koreanischer Duft-Schneeball**
Sommergrüner, bis 1,5 m hoher, rundlicher Strauch. Blätter breit eiförmig bis elliptisch, 3–10 cm lang, mattgrün, im Herbst gelblich orange. Blüten in der Knospe intensiv rot, aufgeblüht rosa bis rosaweiß, stark duftend, April/Mai.

Viburnum carlesii 'Aurora'

Viburnum davidii, Davids Schneeball, Immergrüner Kissen-Schneeball

Aussehen: *V. davidii* ist ein immergrüner, sehr dicht verzweigter und belaubter, bis etwa 1 m hoher, kompakter, halbkugeliger Strauch. Die 5–13 cm langen, derb ledrigen, elliptischen bis länglich-elliptischen, glänzend dunkelgrünen Blätter zeichnen sich durch eine auffallende Nervatur aus. Im Mai stehen kleine, stumpfweiße Blüten in dichten, 5–10 cm breiten Trugdolden zusammen. Im September reifen die stahlblauen Früchte. Weil in den eigentlich zwittrigen Blüten oft ein Geschlecht nicht voll entwickelt ist, ist ein reicher Fruchtansatz nur zu erwarten, wenn mehrere Pflanzen in enger Nachbarschaft stehen.
Verwendung: Kleiner Strauch mit einer dekorativen Belaubung für Solitär- und Gruppenpflanzungen für geschützte Plätze.
Standort: Lichtschattig bis schattig. Boden frisch bis feucht, durchlässig, sandig- oder lehmig-humos, schwach sauer bis schwach alkalisch.
Pflege: Bei Kahlfrost Schutz durch Reisig oder Vlies. ✂ 1.
Vermehrung: Aussaat unter Glas oder Stecklinge von ausgereiften Trieben.

Viburnum davidii

Viburnum lantana

Viburnum lantana, Wolliger Schneeball, Schlinge

Aussehen: Der heimische Schneeball ist ein sommergrüner, aufrechter, 2–4 m hoher Strauch mit nackten Winterknospen und breit eiförmigen bis länglichen, oberseits dunkelgrünen und runzeligen, unterseits dicht graufilzig behaarten Blättern, die sich im Herbst grünlich gelb bis orange verfärben. Weiße, 5–8 mm breite, streng riechende Blüten stehen im Mai/Juni in dichten, 3–10 cm breiten Trugdolden zusammen. Ab August reifen die 7–8 mm langen, eiförmigen, anfangs roten, zur Vollreife glänzend schwarzen Früchte.
Verwendung: Robuster, trockenresistenter und kalkholder Deck- und Gruppenstrauch, sehr gut auch für freiwachsende Hecken geeignet.
Standort: Sonnig bis halbschattig. Boden trocken bis frisch, alle durchlässigen, nährstoffreichen, schwach sauren bis alkalischen Bodenarten.
Pflege: Keine besonderen Ansprüche. ✂ 2.
Vermehrung: Aussaat im Herbst oder Frühjahr.

Viburnum opulus, Gewöhnlicher Schneeball

Aussehen: *V. opulus* ist ein allgemein bekannter, heimischer Strauch. Er wächst aufrecht bis ausladend und kann 3–4 (–7) m hoch werden. Die bis 12 cm langen, ahornartigen, drei- bis fünflappigen Blätter sind oberseits dunkelgrün, unterseits graugrün und im Herbst prächtig wein- bis orangerot gefärbt. In den bis 10 cm breiten, flachen Trugdolden sind die zahlreichen kleinen, fertilen Blüten von einem Kranz aus großen, reinweißen, sterilen Blüten umgeben, Blütezeit ist Mai/Juni. Ab September reifen die kugeligen, 1 cm dicken, leuchtend scharlachroten Früchte, die oft bis zum Frühjahr haften.

Als Gartengehölze haben zwei Sorten mehr Bedeutung als die Art selbst: die Sorte 'Compactum' wird nur etwa 1 m hoch, blüht und fruchtet sehr reich. 'Roseum', der Gefüllte Schneeball, ist eine alte, allgemein bekannte Sorte mit ballförmigen Blütenständen, in denen alle Blüten steril sind.
Verwendung: Die Art als Deck- und Gruppenstrauch, in der Landschaft als Pioniergehölz, die Sorten als reichblühende Solitär- und Gruppensträucher.
Standort: Sonnig. Boden frisch bis feucht, alle durchlässigen Bodenarten, schwach sauer bis alkalisch.
Pflege: Keine besonderen Ansprüche. ✂ 2.
Vermehrung: Aussaat im Herbst oder Frühjahr.

Viburnum plicatum var. *tomentosum*, Japanischer Schneeball
(Tab. 73)

Aussehen: Mit waagerecht ausgebreiteten Ästen wächst der sommergrüne *V. plicatum* zu einem bis 4 m hohen und gleich breiten Strauch heran. Eiförmig bis eiförmig-elliptisch sind die 7–12 cm langen, dunkelgrünen, im Herbst dunkel weinroten bis violettbraunen Blätter. Im Mai/Juni, nach der Laubentfaltung, schmückt sich der Strauch mit zahlreichen flachen Trugdolden, in denen 50–100 kleine, fertile Innenblüten von einem Kranz aus weißen, bis 4 cm großen, sterilen Schaublüten umgeben sind. 5–8 mm lang sind die anfangs roten, zuletzt schwarzen Früchte.
Verwendung: *V. plicatum* gehört zu den prachtvollsten Blütensträuchern, die aus Ostasien in unsere Gärten gekommen sind.

Viburnum plicatum 'Mariesii'

Standort: Sonnig bis halbschattig. Boden frisch bis feucht, durchlässig, gepflegt, nährstoffreich, lehmig-humos, schwach sauer bis alkalisch.
Pflege: Verträgt keine Luft- und Bodentrockenheit. ✂ 1.
Vermehrung: Aussaat oder Stecklinge von krautigen Trieben.

Tab. 73 Empfehlenswerte Sorten von *Viburnum plicatum*

Sorte	Blüten
'Cascade'	weiß, in 5–12 cm breiten, flachen Ständen, Randblüten vergleichsweise groß
'Mariesii'	weiß, in flachen, 7–10 cm breiten Ständen
'Pink Beauty'	anfangs rosaweiß, später weiß, in flachen, 6–9 cm breiten Ständen
var. *plicatum*	weiß, alle steril, bis zu 75 Einzelblüten stehen in 5–8 cm breiten, ballförmigen Ständen
'Watanabe'	weiß, in 5–7 cm breiten, flachen Ständen, Mai, starke Nachblüte im August/September

Viburnum opulus

Viburnum plicatum 'Cascade'

Viburnum plicatum var. *plicatum*

Viburnum rhytidophyllum, Runzelblättriger Schneeball

Aussehen: Der immergrüne, 3–5 m hohe, vielstämmige Strauch wächst anfangs straff aufrecht, wird zuletzt aber bis 4 m breit. Er hat sehr derbe, länglich-eiförmige, 8–20 cm lange Blätter, die oberseits dunkelgrün und runzelig, unterseits dicht grau- oder gelblich-filzig sind. Kleine, weiße bis gelblich weiße Blüten stehen in 10–20 cm breiten, flachen Trugdolden an den Zweigenden, sie sind schon im Herbst weit vorgebildet, überwintern nackt und entfalten sich im Mai/Juni. Die eiförmigen, anfangs roten Früchte sind zur Vollreife glänzend schwarz.

Der nahe verwandte Prager Schneeball, *Viburnum × pragense*, ist im Aufbau graziler, hat 4–10 cm lange, elliptisch-eifömige, glänzend dunkelgrüne Blätter und cremeweiße Blüten in 8–15 cm breiten, halbkugeligen Ständen.
Verwendung: Sehr robuster, immergrüner Strauch, sehr gut für Sichtschutz- und Unterpflanzungen geeignet.

Viburnum rhytidophyllum

Standort: Sonnig bis halbschattig. Boden frisch bis feucht, alle durchlässigen, nährstoffreichen Bodenarten, sauer bis schwach alkalisch.
Pflege: Robust und anspruchslos. Vorsicht bei Schnittmaßnahmen, die feinen Sternhaare können bei empfindlichen Menschen Allergien auslösen. ✂ 1.
Vermehrung: Aussaat im Herbst oder Frühjahr, *V. × pragense* durch Stecklinge von ausgereiften Trieben.

Viburnum tinus, Lorbeerblättriger Schneeball

Aussehen: Diese mediterrane Art ist ein immergrüner, 2–3,5 m hoher, dicht verzweigter, mehr oder weniger rundlicher Strauch mit ledrigen, 3–10 cm langen, länglich elliptischen, dunkelgrünen Blättern. Die kleinen, leicht duftenden Blüten sind in der Knospe rosa, aufgeblüht weiß, sie sind zu 4–9 cm breiten, halbkugeligen Trugdolden angeordnet. Erste Blüten öffnen sich schon im November, die Hauptblütezeit liegt im März/April. Die rundlichen, stahlblauen bis schwarzen Früchte reifen ab August. *V. tinus* wird häufig in kompakt wachsenden, reichblühenden Sorten wie 'Eva Price' (Blüten karminrosa) und 'Gwenllian' (Blüten in der Knospe tiefrosa, aufgeblüht weiß) angeboten.
Verwendung: In wintermilden Regionen ein attraktiver Blütenstrauch für Einzel- oder Gruppenpflanzungen und für freiwachsende Hecken, lässt sich sehr gut auch als Kübelpflanze kultivieren.
Standort: Sonnig bis halbschattig, geschützt, wärmeliebend. Boden frisch bis feucht, alle durchlässigen, nährstoffreichen Bodenarten, sauer bis alkalisch.
Pflege: Junge Pflanzen im Winter schützen. ✂ 1.
Vermehrung: Stecklinge von ausgreiften Trieben.

Vinca minor

Vinca minor, Kleines Immergrün

Aussehen: Die heimische, immergrüne Waldbodenpflanze breitet sich mit niederliegenden Sprossen und aufrechten Blütentrieben mattenförmig aus und bildet dichte, bis 0,3 m hohe Bestände. Die 2–4 cm langen, länglich-lanzettlichen bis elliptischen, glänzend dunkelgrünen Blätter sind kreuzweise gegenständig angeordnet. Im April/Mai (mit Nachblüten bis zum September) stehen 2,5–3 cm breite, stieltellerförmige, blauviolette Blüten über dem Laub. Nur selten werden die paarweise stehenden, schmal zylindrischen Balgfrüchte ausgebildet.

Neben der Art werden gelegentlich auch Sorten mit andersfarbigen Blüten oder solche mit panaschierten Blättern angegeboten wie 'Alba' (Blüten weiß), 'Atropurpurea' (Blüten weinrot bis purpurn), 'Bowles Cunningham' (Blüten groß, violettblau), 'Marie' (Blüten groß, violettblau) oder 'Ralph Shugart' (Blüten violettblau, Blätter am Saum cremegelb panaschiert).

Das Große Immergrün, *Vinca major*, unterscheidet sich von *V. minor* vor allem durch den höheren Wuchs (0,5–0,8 m hoch) sowie die größeren Blätter und die größeren,

Vinca major

Vitis coignetiae

3,5–4 cm breiten, lebhaft blauen Blüten.
Verwendung: Beide Arten sind hervorragend für bodendeckende Flächenbegrünungen und Unterpflanzungen oder für Grab- und Kübelbepflanzungen geeignet. *Vinca* sind in allen Teilen giftig.
Standort: Sonnig bis schattig. Boden frisch bis feucht. Alle durchlässigen, humosen Bodenarten, sauer bis alkalisch.
Pflege: Pflanzen können bei Nässe und feuchter Witterung vom Triebsterben befallen werden. Dabei verfärben sich Blätter und Triebe schwarz. Kein regelmäßiger Schnitt erforderlich, notfalls werden aber auch starke Rückschnitte vertragen. ✂ 1.
Vermehrung: Stecklinge von ausgereiften Trieben, gesundes Ausgangsmaterial verwenden.

Vitis coignetiae, Rostrote Rebe

Aussehen: *V. coignetiae* ist eine sehr starkwüchsige Rebe, die an ihren natürlichen Standorten bis in die Kronen von Großbäumen klettern kann. Die bis 30 cm breiten, rundlich eiförmigen Blätter sind oberseits mattgrün und runzelig, unterseits, besonders auf den Nerven, rostrot-filzig behaart. Die Herbstfärbung der Blätter ist prachtvoll scharlach- bis karminrot. Aus unscheinbaren Blüten im Juni/Juli entwickeln sich 1,2 cm große, purpurschwarze Früchte.
Verwendung: Mit der tropisch anmutenden Rebe lassen sich rasch auch größere Lauben, Pergolen oder Fassaden begrünen.
Standort: Sonnig bis lichtschattig. Boden frisch bis mäßig trocken, durchlässig, nährstoffreich, sandiglehmig bis lehmig, sauer bis schwach alkalisch.
Pflege: Nur bei Bedarf schneiden. ✂ 6.
Vermehrung: Aussaat im Frühjahr.

Vitis vinifera, Echte Weinreben

Aussehen: Während wilde Reben bis 35 m hoch klettern können, werden Kulturreben durch regelmäßige Rückschnitte in ihrem Höhenwachstum begrenzt. Die bis 15 cm breiten, im Umriss kreisrunden Blätter sind unterschiedlich tief handförmig gelappt. Kulturreben haben, im Gegensatz zu den Wildreben, zwittrige, unscheinbare Blüten, aus denen sich die bekannten, saftreichen, verschieden gefärbten Beeren entwickeln. Sie reifen von August bis Oktober.
Verwendung: Weinreben gehören neben verschiedenen Getreidearten zu den ältesten Kulturpflanzen der Menschen. Gelegentlich werden sie in verschiedenen Sorten auch im Hausgarten zur Fruchtgewinnung angebaut.
Standort: Sonnig, warm, geschützt. Boden mäßig trocken bis frisch, durchlässig, tiefgründig, nährstoffreich, schwach sauer bis neutral.
Pflege: Regelmäßig im Frühjahr die Langtriebe bis auf kurze Zapfen zurückschneiden, beim Anbau zur Fruchtgewinnung wird häufig auch ein Sommerschnitt durchgeführt. ✂ 6.
Vermehrung: Handveredlung im Winter auf reblausresistente Unterlagen.

Vitis vinifera

Weigela florida, Liebliche Weigelie (Tab. 74)

Aussehen: Der sommergrüne, 2–3 m hohe Strauch wächst buschig aufrecht, seine Zweige hängen im Alter etwas über. Elliptisch bis länglich-eiförmig sind die 4–6 cm langen, oberseits mittelgrünen, unterseits dicht weich behaarten Blätter. 3–4 cm lang sind die trichterförmig-glockigen, mehr oder weniger intensiv rosafarbenen Blüten. Sie stehen einzeln, werden aber in großer Zahl angelegt und blühen im Mai/Juni auf. Die braunen Fruchtkapseln reifen im September. Neben der Art sind zahlreiche Sorten und Hybriden in Kultur.
Verwendung: Häufig verwendete Blütensträucher für Gehölz- und Staudenrabatten und freiwachsende Blütenhecken.
Standort: Sonnig bis halbschattig. Boden frisch bis feucht, durchlässig, nährstoffreich, schwach sauer bis schwach alkalisch.
Pflege: Sträucher regelmäßig auslichten. ✂ 2.
Vermehrung: Steckholz oder Stecklinge von krautigen Trieben.

Tab. 74 Empfehlenswerte Sorten und Hybriden von *Weigela florida*

Sorte	Blüte	Wuchshöhe	Blätter
Sorten von *Weigela florida*			
'Alexandra'	dunkelrosa	bis 2 m	dunkel braunrot
'Foliis Purpureis'	karminrot bis purpurrosa	1 m	tief braunrot
'Minor Black'	lilarosa	bis 1 m	dunkelrot
'Monet'	rosa	bis 0,7 m	dunkel braungrün, rosaweiß gerandet
'Ruby Queen'	rosarot	bis 0,5 m	tief dunkelrot bis braunrot
'Suzanne'	hellrosa	bis 1,25 m	frischgrün, schmal weißlich gelb gerandet
'Victoria'	innen purpurrot, außen purpurrosa	1 m	tief braunrot
Weigela-Hybriden			
'Bristol Ruby'	in der Knospe dunkelrot, aufgeblüht leuchtend karminrot	2–3 m	grün
'Carnaval'	zweifarbig, hell- bis dunkelrosa	2–3 m	grün
'Eva Rathke'	in der Knospe dunkelrot, aufgeblüht leuchtend karminrot	bis 2 m	grün
'Evita'	in der Knospe sehr dunkelrot, aufgeblüht karmesinrot	bis 0,7 m	grün
'Lucifer'	intensiv rot, nicht verblassend	1,5–2 m	grün
'Newport Red'	in der Knospe dunkelrosa, aufgeblüht purpurrot	2–3 m	grün
'Nana Variegata'	tiefrosa, aufgeblüht rosa bis hellrosa	1–1,5 m	grün, hellgelb bis cremeweiß gerandet
'Red Prince'	leuchtend hellrot	bis 1,5 m	grün
'Snowflake'	weiß	bis 1,5 m	frischgrün
'Styriaca'	in der Knospe karminrosa, aufgeblüht leuchtend rosa	2–3 m	grün

Weigela 'Bristol Ruby'

Weigela 'Carnaval'

Weigela 'Lucifer'

Weigela 'Snowflake'

Wisteria floribunda, Blauregen, Wisterie (Tab. 75)

Aussehen: *W. floribunda* ist eine rasch wachsende, rechtswindende Liane, die mit ihren langen Sprossen 8–12 m hoch winden kann. 25–32 cm lang sind die gefiederten, dunkelgrünen Blätter. Die violetten oder violettblauen Schmetterlingsblüten werden in 40–80 cm langen, schlanken Trauben angelegt, die von der Basis zur Spitze hin allmählich aufblühen. Blütezeit ist Mai/Juni. Die 10–15 cm langen, samtig behaarten Fruchthülsen mit den giftigen Samen bleiben oft lange hängen.

Die Chinesische Wisterie, *W. sinensis*, unterscheidet sich von ihrer japanischen Schwester vor allem durch die linkswindenden Sprosse und die vergleichsweise kurzen, dicken Blütentrauben. Alle Blüten einer Traube blühen nahezu gleichzeitig.

Verwendung: *Wisteria*-Arten und ihre Sorten gehören mit ihrer Fülle an blauen, rosa oder weißen Blütentrauben zu den attraktivsten Lianen unserer Gärten. Sie eignen sich hervorragend für eine rasche Begrünung von Mauern, Hausfassaden, Pergolen und Rankgerüsten. Dazu sind Kletterhilfen bis zu einem Durchmesser von 8 cm notwendig.
Standort: Sonnig, warm. Boden frisch bis feucht, durchlässig, tiefgründig, nährstoffreich, sandig bis lehmig, schwach sauer bis neutral.
Pflege: Um Selbststrangulieren, bedingt durch starkes Dickenwachstum, zu vermeiden, sollte je Spanndraht nur ein Haupttrieb geduldet werden. Sprosse waagerecht leiten, um den Blütenansatz zu fördern. Die langen Triebe im Spätsommer notfalls mehrfach bis auf kurze Stummel zurückschneiden. ✂6.
Vermehrung: Handveredlungen unter Glas.

Wisteria floribunda 'Macrobotrys'

Wisteria floribunda

Wisteria sinensis

Tab. 75 Empfehlenswerte Sorten von *Wisteria*

Sorte	Blüten
W. floribunda 'Honbeni' (Syn. *W. floribunda* 'Rosea')	zartrosa, gelegentlich schwach lavendelrosa, in 30–40 cm langen, ziemlich dicken Trauben
W. floribunda 'Macrobotrys'	zart purpurblau, in 50–80 cm langen Trauben
W. floribunda 'Shiro Noda' (Syn. *W. floribunda* 'Alba')	reinweiß, schwach duftend, in 50–60 cm langen schlanken Trauben
W. sinensis 'Alba'	weiß, in 20–35 cm langen, vielblumigen Trauben
W. sinensis 'Profilic'	hell violettblau, zahlreich, in 25–30 cm langen, ziemlich dichten Trauben, regelmäßige Nachblüte im August/September

Wisteria floribunda 'Honbeni'

Wisteria floribunda 'Shiro Noda'

Nadelgehölze von A–Z

Interessant sind Koniferen nicht nur als Sichtschutz oder in markanter Solitärstellung, sondern sie können auch mit ihrer dauerhaften Nadelfärbung einen wirkungsvollen Hintergrund für Blütensträucher oder Stauden bilden. Zur besseren Übersichtlichkeit sind die Nadelgehölze, einschließlich dem Ginkgo, in diesem extra Kapitel zusammengefasst. Hier finden Sie alles über Habitus, Verwendungsmöglichkeiten und Ansprüche in übersichtlicher Form und mit reichhaltiger Bebilderung. Alle beschriebenen Gehölzarten und -sorten sind unter mitteleuropäischen Klimabedingungen, abgesehen von Extremstandorten, ausreichend frosthart.

Abies balsamea 'Nana', Zwerg-Balsam-Tanne

Aussehen: 'Nana' ist eine zwergwüchsige Sorte der nordamerikanischen Balsam-Tanne mit zahlreichen dicht stehenden Ästen und Zweigen und sehr kurzen, dunkelgrünen Nadeln. Sie wächst kompakt, rundlich bis halbkugelig und wird auch im Alter kaum mehr als 0,8 m hoch und 1 m breit. Ganz ähnlich wächst auch die sonnenverträgliche Sorte 'Piccolo'.
Verwendung: Hübsche Zwergkonifere für Stein- und Heidegärten, für Staudenrabatten und Gräber.
Standort: Sonnig bis schattig, empfindlich gegen Luft- und Bodentrockenheit. Boden frisch bis feucht, durchlässig, sandig-lehmig, sauer bis neutral.
Pflege: Standortbedingungen beachten.
Vermehrung: Veredlung unter Glas.

Abies concolor

Abies balsamea 'Nana'

Abies concolor, Colorado-Tanne

Aussehen: Die Colorado-Tanne ist ein stattlicher, 20–30 m hoher Baum mit einer regelmäßigen, schmal kegelförmigen Krone. Die 3–8 cm langen, leicht aufwärts gebogenen, aromatisch duftenden Nadeln sind beiderseits blau- oder graugrün, bei der baumförmig wachsenden Sorte 'Violacea' prachtvoll blauweiß gefärbt. Bis 15 cm lang sind die zylindrischen, anfangs grünlichen oder purpurfarbenen, zuletzt hellbraunen Zapfen.

Die zwergwüchsige Sorte 'Compacta' wächst gedrungen und regelmäßig kegelförmig, sie wird im Alter etwa 5–6 m hoch.
Verwendung: *A. concolor* gehört mit den langen, blaugrünen Nadeln zu den attraktivsten Vertretern der Gattung, ein prachtvoller Solitärbaum für größere Gärten.
Standort: Sonnig bis halbschattig, Hitze und Trockenheit vertragend. Boden mäßig trocken bis frisch, alle tiefgründigen, nährstoffreichen Bodenarten, sauer bis schwach alkalisch.
Pflege: Problemlos zu kultivieren.
Vermehrung: Aussaat im Frühjahr, Sorten durch Veredlung unter Glas.

Abies koreana, junge Zapfen

Abies koreana, Korea-Tanne

Aussehen: Die Korea-Tanne wächst vergleichsweise schwach, sie wird mit ihrer regelmäßig breit kegelförmigen Krone nur 10–15 m hoch. Häufig werden veredelte Pflanzen angeboten, sie wachsen etwas langsamer und sind zunächst etwas unregelmäßig aufgebaut. Die 1–2 cm langen, sehr dicht stehenden Nadeln sind oberseits glänzend grün, unterseits tragen sie 2 breite, auffällige, silberweiße Spaltöffnungsbänder. Die zahlreichen, 4–7 cm langen, zylindrischen Zapfen sind anfangs sehr auffällig purpurn oder stahl-

Abies koreana 'Blauer Pfiff'

Empfehlung
Abies koreana ist eine der schönsten Tannen-Arten für kleinere Gärten.

Abies lasiocarpa 'Compacta'

blau gefärbt. Sie werden bei veredelten Pflanzen schon nach wenigen Jahren angelegt.

Neben der Art ist auch die zwergwüchsige Sorte 'Blauer Pfiff' in Kultur. Sie wächst breitstrauchig und bildet mit abstehend-aufsteigenden Ästen dichte, bis etwa 1 m hohe und 1,5–2 m breite Kissen.

Bei der Sorte 'Silberlocke' (auch 'Horstmann's Silberlocke' genannt) sind die Nadeln stark aufwärts gekrümmt und präsentieren so ihre silberweiße Unterseite. Sie wächst anfangs unregelmäßig und wird im Alter 8–10 m hoch.

Verwendung: Für kleine Gärten geeignet.
Standort: Sonnig bis halbschattig. Boden frisch bis feucht, durchlässig, sandig- bis lehmig-humos, sauer bis neutral.
Pflege: Bei veredelten Pflanzen anfangs Stammverlängerung aufbinden.
Vermehrung: Aussaat im Frühjahr, Sorten durch Veredlung unter Glas.

Abies lasiocarpa 'Compacta', Zwerg-Kork-Tanne

Aussehen: Statt der Art wird bei uns eher die Sorte 'Compacta' gepflanzt, eine vegetativ vermehrte Auslese aus der var. *arizonica*. 'Compacta' wächst regelmäßig schmal bis breit kegelförmig, ist reich verzweigt und wird im Alter 2–3 (–4) m hoch und 1–1,5 m breit. Ihre sehr dicht gestellten, 1,5–2,5 cm langen Nadeln sind oberseits blaugrün bis silbergrau, unterseits mit 2 auffälligen Spaltöffungsbändern versehen.
Verwendung: Sehr dekorative, langsam wachsende Tanne, die auch den Rahmen kleiner Gärten nicht sprengt.
Standort: Sonnig bis halbschattig, liebt hohe Luft- und Bodenfeuchtigkeit. Boden frisch bis feucht, durchlässig, sandig- oder lehmig-humos, sauer bis neutral, empfindlich gegen hohen Kalkgehalt.
Pflege: Stellt keine besonderen Ansprüche.
Vermehrung: Veredlung unter Glas.

Abies nordmanniana, Nordmanns-Tanne, Kaukasus-Tanne

Aussehen: Die stattliche Nordmanns-Tanne erreicht im Alter Wuchshöhen von 25–30 m. Die Krone ist mit den weit abstehenden, im Alter auch hängenden Ästen anfangs regelmäßig breit kegelförmig, im Alter oft nahezu säulenförmig. Die 2–4,5 cm langen, starren Nadeln sind auf der Zweigoberseite bürstenförmig geordnet, sie sind oberseits dunkelgrün und haben unterseits 2 silberweiße Spaltöffnungsbänder. Die zylindrischen, anfangs grünen, zur Reife braunen Zapfen werden 15–20 cm lang.
Verwendung: Sehr dekorative, gleichzeitig robuste Tanne für größere Gärten und Parkanlagen. Von allen Tannenarten wird sie am häufigsten als Weihnachtsbaum verwendet.
Standort: Sonnig bis halbschattig. Boden frisch bis feucht, tiefgründig, sandig bis lehmig, schwach sauer bis alkalisch.
Pflege: Sehr anpassungsfähig.
Vermehrung: Aussaat im Frühjahr.

Abies pinsapo 'Glauca', Spanische Tanne

Aussehen: Mit ihrer ungewöhnlichen Benadelung ist die Spanische Tanne eine unverwechselbare Erscheinung. Sie wird 15–20 m hoch und hat eine regelmäßig kegelförmige Krone. Die 1,5–2,5 cm langen, dicken, starren Nadeln sind nahezu viereckig. Sie stehen fast gleichmä-

Abies pinsapo 'Glauca'

ßig nach allen Seiten rechtwinklig vom Zweig ab und tragen an Ober- und Unterseite blauweiße Spaltöffnungsbänder. Sie sind bei der Art dunkelgrün, bei vegetativ vermehrten, baumförmig wachsenden Auslesen wie 'Glauca' und 'Kelleriis' auffallend blaugrün gefärbt. Die zylindrischen, 10–15 cm langen Zapfen sind anfangs grün mit rötlichem oder violettem Reif, zuletzt braun.
Verwendung: Attraktiver Solitärbaum, auch für mittelgroße Hausgärten gut geeignet.
Standort: Sonnig, wärmeliebend. Boden mäßig trocken bis frisch, durchlässig, sandig-lehmig bis lehmig, schwach sauer bis alkalisch.
Pflege: Junge Pflanzen in kalten Wintern schützen.
Vermehrung: Aussaat im Frühjahr, Sorten durch Veredlung unter Glas.

Abies procera 'Glauca', Edle Tanne

Aussehen: Statt der Art wird bei uns vorwiegend die Sorte 'Glauca' gepflanzt. Sie wird immer durch Veredlungen herangezogen und wächst deshalb meist sehr unregelmäßig und eigenwillig. Nur selten entwickeln sich aus Veredlungen so regelmäßig aufgebaute Bäume wie sie aus einer Saatgutvermehrung zu erwarten sind. Während die Art an ihren natürlichen Standorten Höhen von 50–60 m erreichen kann, wird 'Glauca' maximal 15–20 m hoch und 4–6 m breit. Die 2,5–3,5 cm langen, sichelförmig gekümmten Nadeln stehend dicht gedrängt, sie sind bei der Art blau- oder graugrün, bei 'Glauca' intensiv blaugrau. *A. procera* hat von allen Tannen die größten Zapfen. Sie sind 18–25 cm lang, länglich bis zylindrisch und anfangs purpurn. Sie werden bei veredelten Pflanzen schon nach 5–8 Jahren angelegt.
Verwendung: Mit der blaugrünen Benadelung und den sehr dekorativen Zapfen eine der auffälligsten Tannenarten, auch für kleiner Gärten gut geeignet. Adventskränze werden bevorzugt aus Reisig der Edlen Tanne hergestellt.
Standort: Sonnig bis lichtschattig. Boden frisch bis feucht, tiefgründig, sandig bis lehmig, sauer bis neutral.
Pflege: Bei veredelten Pflanzen anfangs die Stammverlängerung aufbinden und fördern.
Vermehrung: Veredlung unter Glas.

Abies procera 'Glauca'

Araucaria araucana

Araucaria araucana, Araukarie

Aussehen: Die Araukarie ist ein ganz eigenwilliger, regelmäßig und fast starr aufgebauter, urweltlich anmutender Baum, der auch an seinen natürlichen Standorten, in den argentinischen und chilenischen Anden, fremdartig wirkt. In seiner Heimat kann der Baum 20–30 m hoch werden, bei uns wird er kaum 5–8 m hoch. Anfangs hat die Araukarie eine breit kegelförmige Krone mit weit abstehenden Ästen, im Alter trägt sie eine fast schirmförmige Krone. Der Stamm besitzt dann eine dicke, graue Schuppenborke. Die dicken Zweige sind mit steifen, stechenden, dreieckigen, bis 5 cm langen Blättern bedeckt, sie haben eine Lebenszeit von 10–15 Jahren. An weiblichen Pflanzen entwickeln sich im Alter bis 20 cm

Araucaria araucana in den chilenischen Anden

dicke, kugelige Zapfen mit großen, essbaren Samen.
Verwendung: Eigenwilliger Baum für eine Solitärstellung an geschützten Plätzen.
Standort: Sonnig, geschützt, wintermild. Boden mäßig trocken bis frisch, tiefgründig, nährstoffreich, sauer bis schwach alkalisch.
Pflege: Junge Pflanzen im Winter schützen.
Vermehrung: Aussaat im Frühjahr.

Cedrus atlantica 'Glauca', Blaue Atlas-Zeder

Aussehen: Die Atlas-Zeder, heimisch im Atlasgebirge von Marokko und Algerien, entwickelt sich zu einem majestätischen, starkstämmigen 20–30 m hohen Baum. Anfangs ist die locker aufgebaute Krone regelmäßig breit kegelförmig, im Alter unregelmäßig weit ausladend bis abgeflacht und dann 10–15 m breit. Die Nadeln sind bis 2,5 cm lang und im Querschnitt drei- bis viereckig. Sie sind an Kurztrieben zu 10–30 rosettenartig angeordnet. Bei der Art sind sie grün bis bläulich grün, bei der Sorte 'Glauca' prächtig graublau, vor allem im Austrieb. Zedern blühen im September/Oktober, erst im folgenden Jahr entwickeln sich die 5–7 cm langen, fassförmigen, an der Spitze eingedellten Zapfen. Auffällig sind nur die zapfenartigen, männlichen Blütenstände, die zur Vollreife ganze Wolken an Blütenstaub entlassen.

Von ganz eigenwilliger, malerischer Gestalt ist die Sorte 'Glauca Pendula'. Die Stammverlängerung wächst nur dann aufrecht, wenn sie aufgebunden wird. Die Äste können waagerecht geleitet werden oder sie sind bogenförmig übergeneigt, die langen Zweige hängen mähnenartig herab.

Die Libanon-Zeder, *C. libani*, heimisch im Kilikischen Taurus, im Antitaurus, im Libanon und in Syrien, lässt sich in ihren morphologischen Merkmalen nur sehr schwer von der Atlas-Zeder unterscheiden. Beide Zedernarten sind in Bezug auf ihre Wuchsform, ihre Nadellänge und -färbung nahezu identisch, sie sind nur in getrennten Arealen heimisch.
Verwendung: Prachtvolle Solitärbäume für größere Gärten und Parkanlagen.
Standort: Sonnig, Luft- und Bodentrockenheit ertragend, für Stadtklima geeignet. Boden mäßig trocken bis frisch, durchlässig, nährstoffreich, sandig bis lehmig, sauer bis schwach alkalisch.
Pflege: Problemlos zu kultivieren.
Vermehrung: Veredlung unter Glas.

Cedrus atlantica 'Glauca'

Cedrus deodara, Himalaya-Zeder

Aussehen: In unseren Breiten kann die Himalaya-Zeder 15–20 m hoch werden. Anfangs ist die Krone regelmäßig breit kegelförmig, später ausladend und 6–10 m breit. Typisch für *C. deodara* sind die weich überhängenden Zweigspitzen und die bis 6,5 cm langen, weichen Nadeln. Sie sind im Querschnitt vierkantig, stehen zu je 25–30 Stück an Kurztrieben zusammen und sind grün bis blaugrün. Auch *C. deodara* blüht im September/Oktober. Die 8–10 cm langen, fass- oder eiförmigen Zapfen sind an der Spitze nicht eingedellt.

Statt der etwas frostempfindlichen Art werden bei uns am besten die frosthärteren, blaunadeligen, vegetativ vermehrten Auslesen gepflanzt. Die schönste blaunadelige Sorte ist ganz sicher 'Karl Fuchs', auch die blaunadelige Sorte 'Eisregen' kann empfohlen werden.

Cedrus deodara 'Feelin Blue'

'Golden Horizon' ist eine baumförmig wachsende Sorte mit sonnenseits intensiv gelb bis grünlich gelben, sonst eher blaugrünen Nadeln. 'Feelin Blue' ist eine zwergwüchsige, graublau benadelte Auslese, die mit ihrer abstehenden Verzweigung etwa bis 1 m hoch wird.

Verwendung: Die Art und die baumförmig wachsenden Sorten sind prachtvolle Solitärbäume für große Gärten und Parkanlagen.

Standort: Sonnig bis halbschattig, wintermild, windgeschützt. Boden mäßig trocken bis frisch, tiefgründig, nährstoffreich, sandig bis lehmig, sauer bis neutral, empfindlich gegen hohen Kalkgehalt.

Pflege: Junge Pflanzen in kalten Wintern schützen.

Vermehrung: Aussaat im Frühjahr, Sorten durch Veredlung unter Glas.

Cedrus deodara 'Karl Fuchs'

Cedrus deodara 'Golden Horizon'

Chamaecyparis lawsoniana, Lawsons Scheinzypresse

(Tab. 1)

Aussehen: Die Lawsons Scheinzypresse wird an ihren natürlichen Standorten 20–50 m hoch, sie behält bis ins hohe Alter eine schmal kegelförmige Krone mit kurzen, abstehenden Ästen und überhängenden Zweigspitzen. Die fächer- oder federförmigen Zweige sind in einer Ebene abgeflacht und verzweigt. Die schuppenförmigen Blätter stehen in 4 Längsreihen und decken sich dachziegelartig. Sie sind bei der Art dunkel- bis graugrün, bei den zahlreichen Sorten auch stahlblau oder gelb. Aus unscheinbaren, stahlblauen, weiblichen Blüten entwickeln sich kugelige, etwa 1 cm dicke, zur Reife dunkel rotbraune Zapfen mit 6–10 Schuppen. Die männlichen Blüten sind auffallend karminrot.

Statt der Art werden bei uns einige der überaus zahlreichen Sorten gepflanzt.

Verwendung: Als Solitär-, Gruppen- oder Heckenpflanzen.
Standort: Sonnig bis halbschattig, kühl und luftfeucht, empfindlich gegen Hitze und Trockenheit. Boden frisch bis feucht, tiefgründig und sandig bis lehmig, schwach sauer bis alkalisch.
Pflege: Sehr schnittverträglich.
Vermehrung: Aussaat im Frühjahr, Sorten durch Stecklinge von ausgereiften Trieben.

Tab. 1 Empfehlenswerte Sorten von *Chamaecyparis lawsoniana*

Sorte	Wuchsform	Wuchshöhe/-breite	Laubfärbung
'Alumigold'	schmal kegelförmig	8–10/3–4 m	schwefelgelb bis gelbgrün
'Alumi'	schmal kegelförmig	10–15/3–4 m	graublau
'Columnaris'	schmal säulenförmig	5–10/1–2 m	blaugrün
'Dart's Blue Ribbon'	schmal säulenförmig	5–10/1–1,5 m	tief blaugrün
'Ellwoodii'	kegelförmig	3–4/1–1,5 m	stahlblau bis blaugrün
'Ellwood's Gold'	kegelförmig	2–3/1–1,5 m	goldgelb, im Herbst verblassend
'Ellwood's Pillar'	schmal kegelförmig	2–3/0,8 –1,2 m	blaugrün
'Filiformis Compacta'	abgeflacht kegelförmig, Zweige fadenförmig, überhängend	1–1,5/1 m	dunkel blaugrün
'Golden Wonder'	kegelförmig, locker	4–7/2–2,5 m	gleich bleibend goldgelb
'Ivonne'	schmal kegelförmig	6–9/2–2,5 m	goldgelb
'Kelleriis Gold'	schmal kegel- bis säulenförmig	6–8/2–3 m	mattgelb, im Winter gelbgrün
'Minima Aurea'	kegelförmig bis eirundlich	1,5–2/1–1,5 m	goldgelb
'Minima Glauca'	abgeflacht kugelig	1–2/1–2 m	blaugrün
'Romana'	schmal kegelförmig	5–6/2–2,5 m	gelb bis gelbgrün
'Stardust'	breit kegelförmig	6–7/2–4 m	schwefelgelb
'White Spot'	locker säulenförmig	5–10/2–3,5 m	grün mit rahmweißen Spitzen
'Wisseli'	schmal kegelförmig, Zweige farnartig bis hahnenkammförmig	8–10/2–3 m	blaugrün

Chamaecyparis lawsoniana 'Alumii'

Chamaecyparis lawsoniana 'Columnaris'

Chamaecyp. lawsoniana 'Golden Wonder'

Chamaecyparis lawsoniana 'Minima Aurea'

Chamaecyparis lawsoniana 'Minima Glauca'

Chamaecyparis lawsoniana 'Stardust'

Chamaecyparis obtusa, Hinoki-Scheinzypresse
(Tab. 2)

Aussehen: Die Art wächst zu einem bis 40 m hohen Baum mit einer kegelförmigen Krone heran, sie wird bei uns nur in dendrologischen Sammlungen gehalten. In seiner japanischen Heimat gehört der Baum zu den wenigen heiligen Bäumen der Shintoreligion, das helle Holz wird bevorzugt zum Bauen von Shinto-Schreinen benutzt. In unseren Gärten werden vorwiegend schwach- oder zwergwüchsige Sorten mit unterschiedlichen Zweigformen und Laubfärbungen kultiviert. Die dicklichen, schuppenförmigen Blätter haben unterseits oft Y-förmige Spaltöffnungslinien.
Verwendung: Für alle Gartengrößen geeignet, oft in Steingärten, Innenhöfen oder auf Gräber gepflanzt. Besonders beliebt ist die Sorte 'Nana Gracilis'.
Standort: Licht- bis halbschattig, Luft- und Bodenfeuchtigkeit liebend. Boden frisch bis feucht, durchlässig, sandig- bis lehmig-humos, sauer bis neutral, empfindlich gegen hohen Kalkgehalt.
Pflege: Keine Pflegemaßnahmen notwendig.

Chamaecyparis obtusa 'Wissel'

Vermehrung: Veredlungen unter Glas.

Chamaecyparis obtusa 'Crippsii'

Chamaecyparis obtusa 'Nana Aurea'

Chamaecyparis obtusa 'Nana Gracilis'

Tab. 2 Empfehlenswerte Sorten von *Chamaecyparis obtusa*

Sorte	Wuchsform	Wuchshöhe/-breite	Laubfärbung
'Coralliformis'	anfangs abgeflacht kugelig, später breitbuschig aufrecht, Zweige korallenförmig	bis 0,5/bis 0,5 m	bläulich grün
'Crippsii'	breit kegelförmig, Zweige fächerförmig, Spitzen überhängend	bis 5/3–4 m	goldgelb, im Inneren der Pflanze gelbgrün
'Nana Aurea'	schmal kegelförmig, locker verzweigt	bis 2/1–1,5 m	goldgelb, im Inneren der Pflanze gelbgrün
'Nana Gracilis'	anfangs unregelmäßig kugelig, später breit kegelförmig, Zweige muschelförmig	2–3/1–1,5 m	glänzend dunkelgrün
'Wissel'	kissenförmig, feinzweigig, Blätter nadelförmig	bis 0,5/bis 0,5 m	tiefgrün, im Winter leicht bronzefarben

Chamaecyparis pisifera, Sawara-Scheinzypresse

(Tab. 3)

Aussehen: Statt der Art werden bei uns einige der zahlreichen, baum- oder strauchförmig wachsenden Sorten gepflanzt. Deren Zweige sind entweder feder- oder fächerförmig verzweigt oder fadenförmig dünn. Die Blätter sind überwiegend schuppenförmig oder nadelförmig, sie können grün oder auffallend blau oder gelb gefärbt sein. An den Sorten werden selten die für die Art typischen, kugeligen, erbsengroßen Zapfen angelegt.
Verwendung: Mit der farbigen Belaubung teilweise auffallende Solitär-, Gruppen- und Heckengehölze. Zweige werden gelegentlich in der Floristik verwendet.
Standort: Sonnig bis halbschattig. Boden frisch bis feucht, sandig- oder lehmig-humos, schwach sauer bis alkalisch.
Pflege: Sehr schnittverträglich.
Vermehrung: Stecklinge von ausgereiften Trieben.

Chamaecyparis pisifera 'Boulevard'

Chamaecyparis pisifera 'Filifera Aurea'

Chamaecyp. pisifera 'Squarrosa Sulphurea'

Chamaecyparis pisifera 'Sungold'

Tab. 3 Empfehlenswerte Sorten von *Chamaecyparis pisifera*

Sorte	Wuchsform	Wuchshöhe/-breite	Laubfärbung
'Aurea Nana'	abgeflacht kugelig, Blätter schuppenförmig	1,5/1,5 m	goldgelb, im Winter gelbgrün
'Boulevard'	locker breit kegelförmig, Blätter pfriemförmig	3–5/1,5 m	silberblau, im Winter graublau
'Filifera Aurea'	breit kegelförmig, Zweige fadenförmig	4/3–4 m	beständig goldgelb
'Gold Spangle'	breit kegelförmig, Zweige fadenförmig, leicht gedreht	2–3/1,5 m	hellgelb
'Plumosa Aurea'	breit kegelförmig, Zweige fedrig kraus	6–8/3–5 m	goldgelb
'Plumosa Aurea Compacta'	breit kegelförmig, dicht, Zweige fedrig kraus	1,5–2/1,5–2 m	goldgelb
'Squarrosa'	locker breit kegelförmig, Zweige moosartig kraus, Blätter nadelförmig	15–20/4–6 m	oberseits blaugrün, unterseits silberweiß
'Squarrosa Sulphurea'	kegelförmig, dicht verzweigt, Zweige und Blätter wie bei 'Squarrosa'	4–5/1,5–2 m	schwefelgelb, im Winter silbergrau
'Sungold'	stumpf kegelförmig, Zweige fadenförmig, fontänenartig überhängend	1–1,2/1 m	goldgelb, im Winter gelblich grün

Cryptomeria japonica, Sicheltanne, Sugi (Tab. 4)

Aussehen: In ihrer japanischen Heimat wird die Sicheltanne bis 50 m hoch, bei uns kaum mehr als 10–15 m. Der Stamm ist auffällig dunkel- bis rotbraun gefärbt, die äußeren Borkenschichten lösen sich in langen Streifen ab. In der schmal kegelförmigen Krone stehen die Äste locker verteilt. Die dunkelgrünen, nadelförmigen, sichelförmig gekrümmten Blätter sind spiralig um den Zweig gestellt. Die kugeligen, bis 3 cm dicken Zapfen reifen ab Oktober.
Verwendung: Die stattliche Art nur in großen Gärten in wintermilden Regionen verwenden. Für den Hausgarten sind einige schwachwüchsige Sorten geeigneter als die Art. In ihrer japanischen Heimat ist die Sugi ein wichtiger Forstbaum und unentbehrlich an Shinto-Schreinen, denn er gehört zu den heiligen Bäumen der Shinto-Religion.
Standort: Sonnig bis halbschattig wintermild, luftfeucht. Boden frisch bis feucht, tiefgründig, sandig bis lehmig, sauer bis neutral.
Pflege: Junge Pflanzen in kalten Wintern schützen.
Vermehrung: Aussaat im Frühjahr, Sorten durch Stecklinge von ausgereiften Trieben.

Cryptomeria japonica 'Compacta'

Cupressus arizonica 'Fastigiata', Arizona-Zypresse

Aussehen: Die Säulenform der Arizona-Zypresse wächst straff aufrecht, wird 6–8 m hoch und bildet eine dicht geschlossene, säulenförmige Krone. Die kleinen, schuppenförmigen, blaugrauen Blätter sind dicht an die Zweige gedrückt. 2–3 cm dick sind die eiförmigen, dunkelbraunen, blau bereiften Zapfen.
Verwendung: *C. arizonica* ist sie sehr schnittverträglich, deshalb gut für Formschnitte und für eine Kultur in Kübeln geeignet.
Standort: Sonnig, wintermild. Boden frisch bis feucht, alle durchlässigen, nährstoffreichen Bodenarten, kalkhold.
Pflege: Sehr schnittverträglich und formbar.
Vermehrung: Stecklinge von ausgereiften Trieben.

Cupressus arizonica 'Fastigiata'

Gestaltungstipp
Cupressus arizonica ist winterhärter als die Mittelmeer-Zypresse, *C. sempervirens*. Sie eignet sich mit ihrer geringen Wuchshöhe sehr gut auch für kleinere Gärten. In mediterran gestalteten Gärten ist sie daher ein guter Ersatz für die Mittelmeer-Zypresse.

Tab. 4 Empfehlenswerte Sorten von *Cryptomeria japonica*

Sorte	Wuchs	Wuchshöhe/-breite	Laubfärbung
'Compacta'	kegelförmig, dicht verzweigt	8–10/2–4 m	blaugrün
'Cristata'	unregelmäßig kegelförmig, Zweige oft mit hahnenkammartigen Verbänderungen	6–10/2–4 m	grün
'Elegans Viridis'	breit kegelförmig, locker, Nadeln sehr dünn und weich	3–5/2–4 m	ganzjährig gleichmäßig grün
'Vilmoriniana'	unregelmäßig kugelig, dicht verzweigt	bis 1/bis 1 m	hellgrün, im Winter bräunlich

× *Cuprocyparis leylandii*, Bastardzypresse (Syn. × *Cupressocyparis leylandii*)

Aussehen: Die Gattungshybride ist ein starkwüchsiger, bis 30 m hoher Baum mit einer dunkel rotbraunen Borke, einer schmal kegelförmigen bis säulenförmigen, 5–6 m breiten Krone und einer sehr dichten, bis zum Boden reichenden Verzweigung. Die dunkelgrünen, schuppenförmigen, streng harzig duftenden Blätter sind dachziegelartig angeordnet.

Die Sorte 'Castlewellan Gold' wächst deutlich schwächer als der Typ. Die Äste stehen waagerecht ab, die schuppenförmigen Blätter sind an jungen Pflanzen goldgelb, an älteren bronzegrün. Bei der Sorte 'Golden Rider', einer Mutante von 'Castlewellan Gold' sind die nadelförmigen Blätter intensiver gelb gefärbt als bei 'Castlewelland Gold'.

Verwendung: Rasch wachsende Koniferen für Einzel- und Gruppenpflanzungen in großen Gärten, sehr schnittverträglich und deshalb auch eine sehr gute Heckenpflanze, nur für wintermilde Lagen zu empfehlen.
Standort: Sonnig bis halbschattig. Boden mäßig trocken bis frisch, alle durchlässigen, nährstoffreichen Bodenarten, schwach sauer bis alkalisch.
Pflege: Sehr schnittverträglich.
Vermehrung: Stecklinge von ausgreiften Trieben.

× *Cuprocyparis leylandii*

Ginkgo biloba, Ginkgo, Fächerblattbaum

Aussehen: *G. biloba* ist ein sommergrüner, im Alter 20–30 m hoher Baum. Die locker aufgebaute Krone bleibt bei jungen Bäumen lange schmal kegel- bis säulenförmig, sie wird erst im Alter breiter und mit den weit ausladenden Ästen meist sehr malerisch. Die breit fächerförmigen, 7–10 cm langen, derb ledrigen Blätter sind, wie bei Laubbäumen, flächig ausgebildet. Die schraubig angeordneten Blätter der Langtriebe sind am oberen Rand unterschiedlich tief gespalten. An den stark gestauchten Kurztrieben stehen die Blätter zu 3–6 nahezu rosettenartig, sie sind am oberen Rand nicht gespalten und nahezu ganzrandig. Auffällig an den Blättern ist auch die nahezu parallel verlaufende Nervatur. Im Herbst färben sich die Blätter ganz prachtvoll goldgelb. Bei *G. biloba* sind die Blüten zweihäusig verteilt. Die männlichen Blüten sind zu 3–5 cm langen Kätzchen geordnet. Aus den unscheinbaren weiblichen Blüten entwickeln sich die eiförmigen oder rundlichen, bis 2,5 cm dicken Samen mit der zur Reife orangegelben, saftig fleischigen, unangenehm nach Butter- und Valerinsäure riechenden Schale.

Ginkgo biloba mit Samen

Von den zahlreichen Sorten, die sich in Habitus und Belaubung von

Ginkgo biloba

Ginkgo als Ammenbaum

An sehr alten Ginkgobäumen können an der Unterseite starker Äste und an den Stämmen eigenartige, im ganzen Pflanzenreich einzigartige Gebilde enstehen. Es handelt sich dabei um anfangs kropfartige, später stalaktitenähnliche, in Japan als Tschitschi bezeichnete Auswüchse. Sie wachsen senkrecht nach unten und können zuletzt den Boden berühren. Weil man die Form von Tschitschi zunächst mit der einer Frauenbrust vergleichen kann, waren sie im alten Japan ein Fruchtbarkeitssymbol. Zu alten Bäumen mit Tschitschi kamen Frauen, um Kindersegen oder reichen Milchfluss zu erbitten.

der Art unterscheiden, wird gegenwärtig vor allem die zwergwüchsige Sorte 'Marieken' kultiviert. Sie bildet mit nahezu waagerecht abstehenden Zweigen eine abgeflacht rundliche Krone mit einem Jahreszuwachs von etwa 15 cm. Sie wird nicht selten auf Stämmchen veredelt und lässt sich sehr gut in Töpfen kultivieren.
Verwendung: Prachtvoller, stets gesunder, stadtauglicher Baum, der auch in mittelgroßen Gärten ausreichend Platz findet. In Japan und China werden die stärkehaltigen Samen zu verschiedenen Gerichten verarbeitet. Aus den Blättern werden Medikamente gegen Durchblutungsstörungen gewonnen.
Standort: Sonnig bis lichtschattig, Luft- und Bodentrockenheit ertragend. Boden mäßig trocken bis feucht, alle durchlässigen, nährstoffreichen, humosen Bodenarten, schwach sauer bis alkalisch.
Pflege: Problemlos zu kultivieren.
Vermehrung: Aussaat im Frühjahr, Sorten durch Veredlungen unter Glas.

Juniperus chinensis, Chinesischer Wacholder

(Tab. 5)

Aussehen Die Art selbst wächst zu einem bis 20 m hohen, sehr langlebigen Baum mit einer kegelförmigen Krone heran. In Kultur sind bei uns aber nur einige Sorten, die entweder aufrecht oder breitstrauchig wachsen. Die Blätter können nadel- oder schuppenförmig und grün, graublau oder gelb gefärbt sein, gerieben duften sie aromatisch. Die fast kugeligen, 5–9 mm dicken Früchte (Beerenzapfen) sind anfangs blauweiß, später braun und mehlig bereift. In China ist *J. chinensis* ein wichtiger Tempelbaum. Der ausgedehnte Hain, der den Himmelstempel in Bejing (Peking) umgibt, besteht überwiegend aus jahrhundertealten, knorrigen Wacholdern und Morgenländischen Lebensbäumen *(Platycladus orientalis)*.
Verwendung: Die meist aufrecht oder strauchförmig wachsenden Sorten eignen sich für solitäre oder gruppenweise Pflanzungen, zum Beispiel im Heidegarten oder auch in Verbindung mit Rosen, Gräsern, graulaubigen Stauden oder Sommerblumen.
Standort: Sonnig, Luft- und Bodentrockenheit vertragend. Boden trocken bis frisch, alle durchlässigen, nährstoffreichen Bodenarten, kalkliebend.
Pflege: Problemlos zu kultivieren.
Vermehrung: Stecklinge von ausgereiften Trieben.

Juniperus chinensis 'Blue Alps'

Juniperus chinensis 'Obelisk'

Juniperus chinensis 'Stricta'

Tab. 5 Empfehlenswerte Sorten von *Juniperus chinensis*

Sorte	Wuchs	Wuchshöhe/-breite	Laubfärbung
'Blaauw'	breit trichterförmig bis aufrecht	2–3/1,5 m	dunkel graublau
'Blue Alps'	buschig aufrecht, dicht verzweigt	2–4/1,5 m	blaugrün, unterseits weiße Spaltöffnungsbänder
'Columnaris'	locker säulenförmig	8/2–3 m	grün
'Kaizuka'	breit aufrecht, Aststellung unregelmäßig, malerisch	3–4/3–4 m	frischgrün
'Kuriwao Gold'	buschig trichterförmig, Äste steil ansteigend	2–3/1,5 m	goldgelb, im Winter bronzegelb
'Obelisk'	schmal säulenförmig, geschlossen	5/3 m	oberseits zwei Spaltöffnungsbänder, unterseits blau bereift
'Plumosa Aurea'	breitstrauchig bis trichterförmig, gedrungen	2/1,5 m	goldgelb, im Winter bronzegelb
'Stricta'	schmal kegelförmig, dicht verzweigt	3/1,5 m	blaugrün, unterseits bereift

Tab. 6 Empfehlenswerte Sorten von *Juniperus communis*

Sorte	Wuchs	Wuchshöhe/-breite	Nadelfärbung
'Barmstedt'	schmal säulenförmig	2,2/1 m	grün
'Depressa Aurea'	breitstrauchig, Äste schräg aufsteigend	1/1 m	anfangs goldgelb, später gelbgrün
'Green Carpet'	flach ausgebreitet, polsterförmig	0,3/1,5 m	lebhaft grün
'Hibernica'	schmal säulenförmig	3–5/1–1,5 m	bläulich grün
'Hornibrookii'	kriechend, Zweigspitzen leicht aufsteigend	0,5/2 m	frischgrün, oberseits bläulich weiß
'Horstmann'	locker aufrecht, Äste unregelmäßig abstehend, Zweige mähnenartig herabhängend	3–5/3–5 m	graugrün
'Meyer'	locker säulenförmig, 3–4 m hoch	3–4/1,5 m	bläulich grün
'Repanda'	niederliegend, polsterbildend	0,8/1,5 m	oberseits silbrig weiß, unterseits grün
'Schneverdinger Goldmachangel'	säulenförmig	3–4/1,5 m	im Austireb lebhaft goldgelb, später leicht vergrünend
'Suecica Nana'	schmal säulenförmig	1,8/0,5 m	oberseits grau, unterseits blaugrün

Juniperus communis, Gewöhnlicher Wacholder

(Tab. 6)

Aussehen: Der von Eurasien bis Nordamerika verbreitete Wacholder ist eine sehr variable Art, ein mehrstämmiger Strauch oder ein bis 15 m hoher säulen- oder kegelförmiger Baum mit einer dünnen, rötlich braunen Borke und nadelförmigen, zugespitzen Blättern, die in dreizähligen Wirteln stehen. Die Blätter sind oberseits mit einem breiten, grauweißen Spaltöffnungsband gezeichnet und unterseits glänzend grün gefärbt.

Erst im zweiten oder dritten Jahr nach der Blüte reifen die schwarzblauen, 5–6 mm dicken Beerenzapfen.

Verwendung: Die aufrecht und strauchig wachsenden Sorten wie bei *J. chinensis*, die flach- und mattenförmig wachsenden Sorten im Stein- und Heidegarten, an Böschungen oder auf Gräbern. Sie eignen sich sehr gut für eine Bepflanzung von Schalen und Trögen. Die Beerenzapfen sind ein unentbehrliches Gewürz für Sauerkraut, eingelegte Gurken, Fischmarinaden und Wildgerichte.

Standort: Sonnig. Boden trocken bis frisch, alle durchlässigen Bodenarten, kalkverträglich.

Pflege: Sehr anpassungsfähig.

Vermehrung: Aussaat im Frühjahr, Sorten durch Stecklinge von ausgereiften Trieben.

Juniperus communis 'Hibernica'

Juniperus conferta, Strand-Wacholder

Aussehen: Der zweihäusige Strand-Wacholder bildet mit niederliegenden, ausgebreiteten Ästen dichte Matten. Die 1–1,5 cm langen, nadelförmigen Blätter stehen dicht gedrängt und bedecken den Trieb vollkommen, sie sind scharf zugespitzt, aber nicht stehend, oberseits grün und mit einem weißen Spaltöffnungsband versehen. Bis 1,2 cm dick sind die dunkelblauen, grau bereiften Beerenfrüchte.

In Kultur sind die Sorten 'Blue Pacific' (Nadeln blaugrün, Spaltöffnungsbänder silberweiß) und 'Slager' (Nadeln im Austrieb frischgrün, später blaugrün, Spaltöffnungsbänder silberweiß).

Verwendung: Sehr gut geeignet für Stein-und Heidegärten, für Böschungen, Gräber und Kübel.

Standort: Sonnig. Boden mäßig trocken bis frisch, sandig bis lehmig, schwach sauer bis schwach alkalisch.

Pflege: Problemlos zu kultivieren.

Vermehrung: Wie bei *J. communis*.

Juniperus communis 'Green Carpet'

Juniperus communis 'Repanda'

Juniperus conferta

Juniperus horizontalis, Kriech-Wacholder (Tab. 7)

Aussehen: Mit langen, dicht dem Boden aufliegenden Ästen und zahlreichen Zweigen bildet der Kriech-Wacholder dichte, bis 0,3 m hohe Teppiche, die sich allen Bodenbewegungen anpassen. Er ist eine Charakterpflanze der Dünen entlang der Großen Seen im östlichen Nordamerika. Die 2–6 mm langen, grünen oder blaugrünen Blätter sind überwiegend nadelförmig, die Altersblätter dagegen schuppenförmig. Blauschwarz und leicht bläulich bereift sind die kugeligen, 7–9 mm großen Früchte.
Verwendung: Die Sorten von *J. horizontalis* gehören zu den besonders häufig kultivierten Wacholderarten. Sie eignen sich hervorragend für die Bepflanzung von Stein- und Heidegärten, Gräbern, Böschungen und Rabatten, auch in großen, bodendeckenden Gruppen.
Standort: Sonnig, hitzeverträglich. Boden trocken bis feucht, alle durchlässigen, nicht zu schweren Bodenarten, schwach sauer bis stark alkalisch.
Pflege: Problemlos zu kultivieren.
Vermehrung: Wie bei *J. communis*.

Juniperus horizontalis 'Blue Chip'

Juniperus horizontalis 'Golden Carpet'

Tab. 7 Empfehlenswerte Sorten von *Juniperus horizontalis*

Sorte	Wuchs	Wuchshöhe/-breite	Nadelfärbung
'Andorra Compact'	ausgebreitet, kissenartig, bis 0,6 m hoch	0,6/1 m	bronzegrün, im Winter purpurbraun
'Blue Chip'	niederliegend, dicht verzweigt	0,3/1,2 m	silbrig graublau
'Douglasii'	niederliegend, mattenförmig	0,4/2–3 m	graugrün, blau bereift
'Glauca'	niederliegend, dichte Matten bildend	0,3/1–1,5 m	stahlblau
'Golden Carpet'	niederliegend, dichte Teppiche bildend	0,2/1 m	im Austrieb goldgelb, später grünlich gelb
'Ice Blue'	dicht mattenförmig	0,3/1,5 m	leuchtend stahlblau
'Wiltonii'	niederliegend, sehr dicht verzweigt	0,2/1,5 m	lebhaft silbrig blau, im Winter graublau

Juniperus × pfitzeriana, Pfitzers Wacholder (Tab. 8)

Aussehen: Zu dieser Hybridgruppe (häufig noch unkorrekt als *J. × media* bezeichnet) gehören starkwüchsige Sorten, die mit abstehenden bis aufstrebenden Ästen überwiegend breit strauchig oder breit trichterförmig wachsen. Die Blätter können nadel- oder schuppenförmig sein. Unregelmäßig kugelig sind die 4–6 mm dicken, dunkelpurpurnen, hellblau bereiften Beerenzapfen. In Kultur sind vor allem gelb- und blaunadelige Sorten. Die häufig zu *J. × pfitzeriana* gestellte Sorte 'Hetzii' gehört zu *J. virginiana*.
Verwendung: Wie die Sorten von *J. chinensis*.
Pflege: Sorten können unter einem Zweigsterben leiden, bei dem Triebspitzen und junge Zweige im Frühjahr und Frühsommer braun werden und schließlich absterben. Das Auftreten wird durch Magnesium- und Manganmangel im Boden begünstigt. Befallene Zweige entfernen.
Vermehrung: Stecklinge von ausgreiften Trieben.

Juniperus × pfitzeriana 'Goldkissen'

Juniperus × pfitzeriana 'Mint Julep'

Tab. 8 Empfehlenswerte Sorten von *Juniperus × pfitzeriana*

Sorte	Wuchs	Wuchshöhe/-breite	Laubfärbung
'Gold Coast'	strauchig, Äste kurz, flach ansteigend, Zweige überhängend	1/2 m	tief chromgelb, im Winter gut die Farbe haltend
'Goldkissen'	breitstrauchig, Äste leicht ansteigend	1,5/4 m	hellgelb, im Winter grünlich gelb
'Gold Star'	breitstrauchig, Äste schräg ansteigend, Zweigspitzen nickend	1,3/3 m	oberseits gelb und grün, unterseits gelblich, an den Spitzen bläulich
'Mint Julep'	strauchig, dicht und voll verzweigt, Äste elegant bogig aufsteigend	2–3/3–4m	frischgrün
'Old Gold'	breitstrauchig, ziemlich kompakt, Äste schräg aufsteigend	1–1,5/2–3 m	oberseits gelbgrün, unterseits grün
'Pfitzeriana Aurea'	sehr breitstrauchig, Äste schräg ansteigend	2–3/3–4 m	oberseits grün bis gelblich, unterseits grünlich blau
'Pfitzeriana Glauca'	breit ausladend, Äste weit und bogig abstehend	3–4/4–6 m	silbrig blau bis graublau
'Wilhelm Pfitzer' (Syn. 'Pfitzeriana')	breit ausladend, Äste weit und bogig abstehend	3–4/4–6 m	oberseits gelblich grün, unterseits weißlich, insgesamt graugrün erscheinend

Juniperus procumbens 'Nana', Japanischer Kriech-Wacholder

Aussehen: 'Nana' ist eine polsterförmig wachsende Zwergform des Japanischen Kriech-Wacholders, die kaum mehr als 0,2 m hoch und bis 1 m breit wird. Die kurzen, steifen, dicht verzeigten Äste schmiegen sich jeder Bodenbewegung an. Die nadelförmigen, 5–7 mm langen Blätter sind hellgrün bis leicht graublau. Die 8–9 mm dicken Beerenzapfen sind nahezu kugelig.
Verwendung: Schöner, langsam wachsender Zwergstrauch für Heide- und Stein- bzw. Steppengärten, sehr gut für Trogbepflanzungen geeignet.
Standort: Sonnig, hitzeverträglich. Boden trocken bis frisch, alle durchlässigen Bodenarten, sauer bis schwach alkalisch.
Pflege: Anspruchslos und pflegeleicht.
Vermehrung: Stecklinge von ausgereiften Trieben.

Juniperus procumbens 'Nana'

Juniperus scopulorum 'Skyrocket'

Juniperus scopulorum, Felsengebirgs-Wacholder
(Tab. 9)

Aussehen: Die Art selbst entwickelt sich zu einem bis 15 m hohen, lockerkronigen Baum mit kurzen, abstehenden Ästen und schuppenförmigen Blättern, die den Zweigen dicht angedrückt sind. Im zweiten Jahr reifen die 6–8 mm dicken, nahezu kugeligen, dunkelblauen, blau bereiften Früchte. Statt der Art werden bei uns vorwiegend elegante, säulen- oder kegelförmig wachsende Sorten gepflanzt.
Standort: Sonnig, hitzeverträglich. Boden trocken bis frisch, alle durchlässigen Bodenarten, schwach sauer bis stark alkalisch.
Verwendung: Wie die Sorten von *J. chinensis*.
Pflege: Robust und anspruchslos.
Vermehrung: Wie bei *J. chinensis*.

Tab. 9 Empfehlenswerte Sorten von *Juniperus scopulorum*

Sorte	Wuchs	Wuchshöhe/-breite	Laubfärbung
'Blue Arrow'	sehr schmal säulenförmig, dicht verzweigt, keine ausbrechenden Seitenzweige	4–6/1,0 m	tief blaugrau
'Skyrocket'	schmal säulenförmig	4–6 (–8)/1 m	blaugrau
'Springbank'	unregelmäßig breit säulenförmig	4–6/1,5 m	silbrig graublau

Juniperus squamata, Schuppen-Wacholder (Tab. 10)

Aussehen: Die sehr variable Art wächst niederliegend oder aufrecht und kann bis 8 m hoch werden. Sie hat nadelförmige, sehr dicht gestellte, 4–6 mm lange, fein und scharf zugespitzte Blätter, die oberseits weiß, unterseits grün sind. Rotbraun bis purpurschwarz sind die 6–8 mm dicken Beerenzapfen.

Statt der Art werden bei uns einige schwachwüchsige Sorten kultiviert, die vor allem durch ihre stahlblau gefärbten Nadeln auffallen.
Verwendung: In Heide-, Stein- und Steppengärten, zusammen mit Rosen oder graulaubigen Stauden und Gräsern.
Standort: Sonnig. Boden mäßig trocken bis frisch, alle durchlässigen Bodenarten, schwach sauer bis alkalisch.
Pflege: Keine besonderen Ansprüche.
Vermehrung: Stecklinge von ausgereiften Trieben.

Juniperus squamata 'Blue Carpet'

Tab. 10 Empfehlenswerte Sorten von *Juniperus squamata*

Sorte	Wuchs	Wuchshöhe/-breite	Laubfärbung
'Blue Carpet'	Äste flach ausgebreitet, dicht verzweigt	0,3/1,5 m	stahlblau
'Blue Star'	unregelmäßig abgeflacht kugelig, dicht verzweigt	0,8/1,5 m	stahlblau
'Meyeri'	strauchig, Äste schräg aufsteigend, nur als junge Pflanze schön	4–6/2–3 m	stahlblau

Juniperus virginiana, Virginischer Wacholder, Rotzeder (Tab. 11)

Aussehen: Der Virginische Wacholder wächst baumförmig und kann 20–30 m hoch werden. Er bildet mit aufstrebenden Äste eine schmal bis breit kegelförmige Krone. Die Blätter sind überwiegend schuppenförmig, rhombisch-eiförmig und 0,4–1 cm lang. Sie sind oberseits graugrün und weißlich gezeichnet, unterseits grün. Kugelig bis eiförmig sind die 6 mm dicken, dunkelblauen, bereiften Beerenzapfen.

Statt der Art sind bei uns einige sehr attraktive, säulen- und strauchförmig wachsende Sorten in Kultur.
Verwendung: Wie die Sorten von *J. chinensis*. Pflanze ist in allen Teilen giftig.
Standort: Sonnig, hitzeverträglich. Boden trocken bis feucht, alle durchlässigen Bodenarten, schwach sauer bis alkalisch.
Pflege: Anspruchslos und anpassungsfähig.
Vermehrung: Aussaat im Frühjahr, Stecklinge von ausgereiften Trieben.

Tab. 11 Empfehlenswerte Sorten von *Juniperus virginiana*

Sorte	Wuchs	Wuchshöhe/-breite	Laubfärbung
'Burkii'	breit säulen- bis kegelförmig, reich verzweigt	3–5/2 m	grün, oberseits mattblau gestreift, im Winter purpurn
'Canaertii'	schlank säulen- bis kegelförmig, Zweige dicht gedrängt stehend	6–8/2–3 m	dunkelgrün
'Glauca'	säulenförmig, dicht beastet	5 (–10)/2–4 m	silbergrau
'Grey Owl'	breitstrauchig, Äste schräg aufsteigend	3–4/1,5 m	silbrig grau, im Winter purpurn überhaucht
'Hetz'	stark, breitstrauchig, Äste allseits schräg aufsteigend	4–5/4–5 m	blaugrün

Juniperus virginiana

Larix decidua, Europäische Lärche

Aussehen: Die in den mitteleuropäischen Gebirgen heimische Lärche entwickelt sich zu einem stattlichen, 35–40 m hohen, sommergrünen Baum mit einer zunächst kegelförmigen, im Alter oft abgeflachten Krone und dünnen, stroh- bis hellgelben Zweigen. Die nadelförmigen, schmal linealischen Blätter stehen an Langtrieben locker schraubig, an Kurztrieben zu jeweils 40–50 Stück rosettenartig angeordnet. Sie sind im Austrieb hellgrün, dunkeln später nach und färben sich im Herbst prachtvoll goldgelb. Die weiblichen Blütenstände sind anfangs auffallend rosa oder rot, die männlichen schwefelgelb. Die hellbraunen, eiförmigen, 2–6 cm langen Zapfen fallen erst nach 5–10 Jahren von den Zweigen.
Verwendung: Die Europäische Lärche findet nur in großen Gärten oder in Parkanlagen ausreichend Platz. Als Waldbaum liefert sie ein wertvolles, dauerhaftes Holz.
Standort: Sonnig. Boden frisch bis feucht, tiefgründig, nährstoffreich, lehmig-tonig bis sandig, sauer bis neutral.
Pflege: Problemlos zu kultivieren.
Vermehrung: Aussaat im Frühjahr.

Larix decidua

Larix kaempferi, Japanische Lärche (Tab. 12)

Aussehen: Auch die Japanische Lärche wächst zu einem sehr stattlichen, bis 30 m hohen Baum heran, der im Alter eine breit ausladende Krone entwickelt. Im Gegensatz zur Europäischen Lärche sind die jungen Zweige braun oder orangerot, die Nadeln bläulich grün. Auch sie färben sich im Herbst prachtvoll goldgelb. 40–50 Nadeln stehen jeweils an Kurztrieben zusammen. Die Blüten sind denen von *L. decidua* sehr ähnlich. Bei reifen Zapfen stehen die Schuppen rosettenartig ab.
Verwendung: Auch *L. kaempferi* kann nur für großräumige Gärten und Parks empfohlen werden, einige Sorten sind dagegen durchaus gartentauglich.
Standort: Sonnig, raues Klima mit kalten und trockenen Winden ertragend. Boden frisch bis feucht, tiefgründig, nährstoffreich, lehmig bis sandig, sauer bis neutral.
Pflege: Sehr robust.
Vermehrung: Aussaat im Frühjahr, Sorten durch Veredlung im Winter unter Glas.

Larix kaempferi

Tab. 12 Empfehlenswerte Sorten von *Larix kaempferi*

Sorte	Wuchs	Wuchshöhe/-breite	Nadelfärbung
'Diana'	baumförmig, Äste und Zweige unregelmäßig gewunden	8–10/3–4 m	im Austrieb bläulich grün, später mattgrün, im Herbst goldgelb
'Pendula'	hochstämmig veredeln oder Haupttrieb aufbinden, Äste zunächst ansteigend, dann bogig überhängend	5–7/2–3 m	im Austrieb blaugrün, später vergrünend, im Herbst goldgelb

Metasequoia glyptostroboides, Chinesisches Rotholz

Aussehen: Wie die Lärchen, ist auch das Chinesische Rotholz ein sommergrüner, rasch wachsender, bis 35 m hoher Baum mit einer lockeren, kegelförmigen, 7–10 m breiten Krone. Der Stamm weist häufig tiefe Kehlungen auf. Die rot- bis graubraune Borke löst sich in langen Streifen ab. Die 6–15 cm langen, nur wenig verholzten Kurztriebe werden im Herbst mit den Blättern abgeworfen. Die 1–3,5 cm langen, weichen, hell- bis frischgrünen Nadeln der Langtriebe fallen dagegen einzeln ab. Vorher färben sie sich kupfern bis rötlich. Die lang gestielten Zapfen sind nahezu kugelig und 2–2,5 cm lang.

'Goldrush' ist eine vergleichsweise schwachwüchsige Sorte mit einer grüngoldenen Benadelung.
Verwendung: Deer Baum verträgt einen hohen Grundwasserstand und kann in unmittelbarer Nähe von Gewässern gepflanzt werden. Für kleine Gärten ungeeignet.
Standort: Sonnig bis halbschattig. Boden frisch bis nass, tiefgründig, nährstoffreich, sandig bis lehmig, neutral bis alkalisch.
Pflege: Auf nicht zu trockenen Böden leicht zu kultivieren.
Vermehrung: Steckholz.

Metasequoia glyptostroboides

Nicht für kleine Gärten
Das Chinesische Rotholz ist ein attraktiver Großbaum. Er findet allerdings nur in sehr großen Gärten und Parkanlagen ausreichend Platz.

Microbiota decussata, Zwerg-Lebensbaum

Aussehen: Der Zwerg-Lebensbaum ist ein immergrüner, kaum mehr als 0,3 m hoher Zwergstrauch mit niederliegenden bis leicht ansteigenden, dicht verzweigten Ästen, übergeneigten Zweigspitzen und vierkantigen Trieben. Die schuppenförmigen, gegenständig angeordneten, grünen bis gelblich grünen Blätter färben sich im Winter bronzerot oder purpurn. Die 6 mm dicken, kugeligen Zapfen bestehen nur aus 2–4 gegenständigen Schuppen, sie werden an kultivierten Pflanzen nur selten ausgebildet.
Verwendung: Die robuste und anspruchslose Zwergkonifere hält in Pflanztrögen problemlos jahrzehntelang aus. Sie eignet sich außerdem gut für die Bepflanzung von Steingärten und Gräbern und ist ein hervorragender Bodendecker, der auch großflächig gepflanzt werden kann.
Standort: Sonnig bis lichtschattig. Boden mäßig trocken bis frisch, alle durchlässigen Bodenarten, sauer bis stark alkalisch.
Pflege: Robust und anpassungsfähig.
Vermehrung: Stecklinge von ausgereiften Trieben.

Microbiota decussata

Picea abies, Gewöhnliche Fichte, Rottanne (Tab. 13)

Aussehen: Die heimische Fichte ist ein allgemein bekannter, 30–50 m hoher Baum mit einer spitzkegelförmigen Krone, in der die in Etagen angeordneten Äste mehr oder weniger waagerecht abstehen. Die 1–2,5 cm langen Nadeln sind stechend zugespitzt und auf allen Seiten glänzend dunkelgrün. Sie sind nahezu gleichmäßig um den Zweig angeordnet. Aus grünen oder rötlichen Blütenständen entwickeln sich die zylindrischen, 10–16 cm langen, ab Oktober reifenden Zapfen, die,

Tab. 13 Empfehlenswerte Sorten von *Picea abies*

Sorte	Wuchs	Wuchshöhe/-breite	Nadelfärbung
'Acrocona', Zapfen-Fichte	breit kegelförmig, Äste ansteigend, Zweige bogig überhängend, im Frühjahr zahlreiche rote, weibliche Blütenstände, an den Triebspitzen ungewöhnlich viele große Zapfen	5–8/3 m	dunkelgrün
'Echiniformis', Igel-Fichte	zwergig, kugelig bis kissenförmig, sehr dicht verzweigt	0,5/1 m	matt gelbgrün bis graugrün
'Inversa', Hänge-Fichte	Hängeform, Mittelstamm aufgebunden, Wuchs dann unregelmäßig und bizarr aufrecht, Äste senkrecht abwärts wachsend, Zweige schlaff hängend	5–10/3–4 m	glänzend grün
'Little Gem'	zwergig, abgeflacht kugelig, Triebe dicht gedrängt stehend, Nadeln sehr dünn	0,5/0,7 m	dunkelgrün
'Nidiformis', Nest-Fichte	zwergig, abgeflacht halbkugelig, Äste schräg ansteigend, in der Mitte eine nestförmige Vertiefung bildend	1,2/2,5 m	hellgrün
'Procumbens'	zwergig, breit und flach, Äste steif, leicht aufsteigend, Nadeln dick, steif	1/4,5 m	frischgrün
'Pumila Glauca'	zwergig, abgeflacht kugelig, Äste waagerecht abstehend	1/2 m	bläulich grün
'Pygmaea'	zwergig, kugelig bis breit kegelförmig, dicht verzweigt	1–2/1,5–2 m	frischgrün
'Wills Zwerg'	zwergig, regelmäßig kegelförmig, sehr dicht verzweigt	2/1,5 m	frischgrün

Picea abies 'Acrocona'

Picea abies 'Nidiformis'

Picea abies 'Inversa'

Picea abies 'Procumbens'

Picea abies

im Gegensatz zu den Tannenzapfen, als Ganzes abfallen.
Verwendung: Die Gewöhnliche Fichte gehört in Mitteleuropa zu den wichtigsten Forstbäumen, gelegentlich wird sie auch in sehr großen Gärten oder in Parkanlagen gepflanzt, hin und wieder auch als Schnitthecke.
Standort: Sonnig bis halbschattig, luftfeucht und kühl. Boden frisch bis feucht, tiefgründig, nährstoffreich, sandig bis lehmig, schwach sauer bis alkalisch.
Pflege: Empfindlich gegen lange Hitze- und Trockenperioden sowie gegen Luftverschmutzungen.
Vermehrung: Aussaat im Frühjahr, hochwüchsige Sorten durch Veredlungen unter Glas, zwergwüchsige Sorten durch Stecklinge von ausgereiften Trieben.

Gartentipp
Für kleinere oder mittelgroße Gärten sind einige der zahlreichen Sorten besser geeignet als die Art. Die zwergig wachsenden Sorten von *Picea abies* sind für Trogbepflanzungen nicht so gut geeignet wie zwergwüchsige Kiefern-Sorten.

Picea breweriana

Picea breweriana, Siskiyou-Fichte

Aussehen: Die Siskiyou-Fichte ist mit ihren waagerecht abstehenden Ästen, den schleppenartig herabhängenden Zweigen und den langen Nadeln die eleganteste aller Fichtenarten. In Kultur wird sie mit ihrer breit kegelförmigen Krone kaum höher als 10–15 m. 2–2,7 mm lang sind die fast rechtwinklich vom Zweig abstehenden, dunkelgrünen Nadeln. Aus purpurfarbenen Blütenständen entwickeln sich die 8–10 cm langen, orangebraunen Zapfen.
Verwendung: Besonders eleganter Baum für eine solitäre Stellung im Garten und im Park, findet auch in kleineren Gärten ausreichend Platz.
Standort: Sonnig, kühl, luftfeucht. Boden frisch bis feucht, durchlässig, sandig bis sandig-lehmig, sauer bis schwach alkalisch.
Pflege: Empfindlich gegen Luftverschmutzungen und hohe Kalkgehalte.
Vermehrung: Veredlung unter Glas.

Picea glauca, Kanadische Fichte, Schimmel-Fichte

(Tab. 14)

Aussehen: Die natürliche Art ist ein 20–30 m hoher Baum mit einer kegelförmigen Krone, aufsteigenden Ästen und dicht stehenden, ziemlich starren, matt blaugrünen bis weißgrauen Nadeln, die gerieben streng riechen.

Statt der im Alter weniger attraktiven Art sind in unseren Gärten meist einige schwachwüchsige Sorten vertreten, vor allem die Zuckerhut-Fichte *P. glauca* 'Conica' mit ihrem regelmäßig kegelförmigen, geometrischen Wuchs und der feinen Benadelung.
Verwendung: Die zwergwüchsigen Sorten einzeln oder in kleinen Gruppen in Staudenrabatten, Innenhöfen oder auf Gräbern.
Standort: Sonnig bis lichtschattig, kühl, luftfeucht. Boden frisch bis feucht, durchlässig, humos oder sandig-lehmig, schwach sauer bis alkalisch.
Pflege: Die Zwergformen können bei Hitze und Trockenheit von Roter Spinne befallen werden.
Vermehrung: Stecklinge von ausgereiften Trieben.

Picea glauca 'Echiniformis'

Tab. 14 Empfehlenswerte Sorten von *Picea glauca*

Sorte	Wuchs	Wuchshöhe/-breite	Nadelfärbung
'Blue Wonder'	regelmäßig und streng kegelförmig dicht verzweigt und dicht benadelt	1,5–2/1 m	stahlblau
'Conica'	wie 'Blue Wonder'	2–4/1,5 m	im Austrieb hellgrün, später leicht bläulich grün
'Echiniformis'	zwergig, abgeflacht kugelig bis kissenförmig, sehr dicht verzweigt	0,5/1 m	durch starken Reifbelag grau- bis blaugrün
'Sander's Blue'	schmal kegelförmig	1,5/0,8 m	stahlblau

Picea omorika, Omorika-Fichte, Serbische Fichte

Aussehen: Keine andere Fichtenart wächst mit ihrer schmal kegelförmigen Krone und den bogenförmig durchhängenden Ästen so schlank wie diese. Bei einer Höhe von 20–25 m wird die Krone nur 2,5–4 m breit. An den hellbraunen Zweigen stehen die 1,2–1,8 cm langen Nadeln dicht gedrängt. Sie sind oberseits glänzend dunkelgrün und unterseits mit 2 breiten, silberweißen Spaltöffungsbändern versehen. 3–6 cm lang sind die länglich-eiförmigen, glänzend dunkelbraunen Zapfen.

Die Sorte 'Nana' wächst breit kegelförmig und kompakt, ist sehr dicht verzweigt und wird im Alter 4–6 m hoch.

Verwendung: Von allen natürlichen Arten der Gattung hat die Serbische Fichte die größte gärtnerische Bedeutung. Sie gehört zu den am häufigsten kultivierten Gartenfichten. Dank ihres überaus schlanken Wuchses ist sie auch für kleinere Gärten geeignet. Leider wird sie viel zu häufig als Heckenpflanze verwendet und nach einigen Standjahren gekappt oder wieder entfernt, weil die Pflanzen höher werden als erwartet.

Standort: Sonnig. Boden mäßig trocken bis frisch, tiefgründig, sandig bis lehmig, schwach sauer bis alkalisch.

Pflege: Empfindlich gegenüber Bodenverdichtungen und Staunässe. Bei unzureichenden Standortbedingungen können an Nadeln chlorotische Fleckungen und Verbräunungen („Omorikasterben“) auftreten, dann nach einer Bodenanalyse im April und Juni im Wurzelbereich Magnesiumsulfat (zum Beispiel Bittersalz) ausbringen.

Vermehrung: Aussaat im Frühjahr, Sorten durch Veredlungen unter Glas.

Picea omorika

Picea orientalis, Orient-Fichte, Kaukasus-Fichte

Aussehen: Die Orient-Fichte entwickelt sich zu einem stattlichen, 30–40 m hohen Baum mit einer schmal kegelförmigen, im Alter nahezu säulenförmigen, dicht beasteten Krone. Charakteristisch für die Art sind die sehr kurzen, nur 5–8 mm langen, sehr dicht stehenden und ziemlich steifen, vierkantigen, dunkelgrünen, stark glänzenden Nadeln, die auf allen Seiten weiße Spaltöffnungsbänder tragen. Anfangs sind die zylindrisch-eiförmigen, 5–8 cm langen Zapfen violett, zur Reife braun gefärbt.

Bei 'Aureospicata' (Syn. 'Aurea') sind die Nadeln im Austrieb auffallend rahm- bis goldgelb, später grün gefärbt. Sie wächst schwächer als die Art und wird nur 10–15 m hoch. Die zwergwüchsige 'Gracilis' bildet mit sehr dicht stehenden Ästen eine kom-

Picea orientalis

pakte, ei- bis kegelförmige Krone, sie wird im Alter bis 6 m hoch.
Verwendung: Stattliche Art mit einer zierlichen Verzweigung und den kürzesten Nadeln der Gattung. Prachtvoller Solitärbaum für Parks und größere Gärten. Die Sorte 'Aureospicata' ist mit der gelben Benadelung im Frühjahr eine besonders auffallende Erscheinung.
Standort: Sonnig bis lichtschattig. Boden mäßig trocken bis frisch, tiefgründig, sandig bis lehmig, schwach sauer bis schwach alkalisch.
Pflege: Verträgt eher Luft- und Bodentrockenheit als andere Fichten.
Vermehrung: Aussaat im Frühjahr, Sorten durch Veredlung unter Glas.

Picea pungens, Blau-Fichte, Stech-Fichte (Tab. 15)

Aussehen: Die Bezeichnung Stech-Fichte bezieht sich auf die 1,5–3 cm langen, dicken, starren, stechend zugespitzten Nadeln, die bei der variablen Art matt dunkelgrün bis silbergrau, bei Sorten auch intensiv blauweiß gefärbt sein können. Stech-Fichten werden in Kultur bis etwa 20 m hoch, sie bauen mit waagerecht abstehenden, in regelmäßigen Etagen angeordneten Ästen eine regelmäßige, breit kegelförmige Krone auf. Die zylindrischen Zapfen werden 8–11 cm lang.
Verwendung: Neben der Art werden in Gärten und Parks häufig einige der zahlreichen Sorten gepflanzt. Die „Blautanne", so auch der landläufige Name, gehörte früher zur Standardausstattung von Gärten und Parkanlagen, heute wird sie eher seltener gepflanzt. Gründe dafür sind der etwas steif wirkende

Tab. 15 Empfehlenswerte Sorten von *Picea pungens*

Sorte	Wuchs	Wuchshöhe/-breite	Nadelfärbung
fo. *glauca*	wie die Art	10–15/3–5 m	stahl- bis graublau
'Glauca Globosa'	zwergig, abgeflacht kugelig, dicht verzweigt	1,5/2–3 m	weißblau
'Hoopsii'	baumförmig, Krone breit kegelförmig	10–15/3–5 m	hell silberblau
'Iseli Fastigiate'	schmal kegelförmig	3–4/1 m	blaugrau
'Koster'	baumförmig, kegelförmig	10–20/4–5 m	silberblau
'Maigold'	regelmäßig kegelförmig, kompakt	4–6/1,5–2 m	im Austrieb hellgelb, später blaugrün
'Thuem' (Syn. 'Glauca Compacta')	breit kegelförmig, kompakt	5–7/2–2,5 m	silberblau

Picea pungens 'Glauca Globosa'

Picea pungens 'Koster'

Picea pungens 'Maigold'

Habitus, die auffällige Nadelfärbung und die Anfälligkeit gegenüber der Fichtenröhrenlaus.
Standort: Sonnig bis lichtschattig. Boden mäßig trocken bis frisch, alle durchlässigen, nicht zu schweren Bodenarten, schwach sauer bis schwach alkalisch.
Pflege: Saugschäden durch Läuse können an Altnadeln Fleckungen, Verfärbungen und Nadelfall von innen nach außen verursachen.
Vermehrung: Aussaat im Frühjahr, Sorten durch Veredlungen unter Glas.

Pinus aristata, Grannen-Kiefer

Aussehen: In ihrer Heimat, den Hochlagen der Rocky Mountains, kann die Grannen-Kiefer in hohem Alter bis 15 m hoch werden, bei uns wird sie kaum mehr als 6–8 m hoch und 3–4 m breit. Sie wächst sehr langsam und baut eine aufgelockerte, oft malerische Krone auf. Die 2–5 cm langen, dunkelgrünen, sehr langlebigen Nadeln stehen zu fünft, sie sind mit kleinen, auffallenden Harzflocken besetzt. Die Zapfen sind zylindrisch eiförmig und 4–9 cm lang, der Nabel der Schuppenschilde ist mit einem 8 mm langen, grannenförmigen Dorn ausgestattet.

P. aristata ist sehr nahe mit der Langlebigen Kiefer *(Pinus longaeva)* verwandt. Sie unterscheidet sich vor allem durch fehlende Harzflocken auf den Nadeln und durch die Zapfenschuppen, die mit feinen, kurzen Grannen besetzt sind.
Verwendung: Exquisite, selten gepflanzte Kiefer, die an einem besonderen Gartenplatz präsentiert werden sollte.
Standort: Sonnig. Boden trocken bis frisch, sehr gut dräniert, sandig kiesig, schwach sauer bis stark alkalisch.
Pflege: Braucht unbedingt einen sehr durchlässigen Boden und einen sonnig luftigen Pflanzplatz.
Vermehrung: Aussaat im Frühjahr.

Pinus longaeva, eines der ältesten Lebewesen der Welt

Im westlichen Nordamerika, u.a. in den White Mountains der Sierra Navada, kommt in Höhenlagen von über 3000 m die Langlebige Kiefer, *Pinus longaeva*, vor. Sie trotzt an ihrem exponierten Standort sommerlicher Hitze und Dürre, winterlicher Kälte und starken Winden und entwickelt sich zu knorrigen, oft abenteuerlich anmutenden Bäumen, die ein extrem hohes Alter erreichen können. Vor einigen Jahrzehnten sind zahlreiche Bäume vermessen worden, die nachweislich älter als 4000 Jahre waren. Damit gehören sie zu den ältesten Lebewesen der Welt.

Pinus bungeana, Bunges Kiefer

Aussehen: *P. bungeana* ist ein 15–20 m hoher Baum mit einer anfangs regelmäßig kegelförmigen, später aufgelockerten Krone und einem einmaligen Stammbild. Die dünne Borke löst sich in kleinen, rundlichen Schuppen ab und hinterlässt cremefarbene, hellgelbe und olivbraune bis rötlich purpurne, im Alter kalkweiße Flecken. Zu dritt stehen die steifen, 7–9 cm langen, hellgrünen Nadeln. Die stumpf eiförmigen Zapfen sind 5–6 cm lang.
Verwendung: *P. bungeana* ist etwas für den Liebhaber seltener Arten. Sie ist in der Kultur nicht unproblematisch, denn sie kann von Blasenrost befallen werden und ist dann oft nur kurzlebig. In ihrer chinesi-

Pinus aristata

Pinus longaeva in den White Mountains, Kalifornien

Pinus bungeana

schen Heimat ist die auch als Tempel-Kiefer bezeichnete Art häufig in prachtvollen Exemplaren an Tempeln zu finden.
Standort: Sonnig, Luft- und Bodentrockenheit vertragend. Boden mäßig trocken bis frisch, sandig lehmig bis lehmig, schwach sauer bis alkalisch.
Pflege: Empfindlich gegen Blasenrost.
Aussaat: Aussaat im Frühjahr.

Pinus cembra, Arve, Zirbel-Kiefer

Aussehen: *Pinus cembra* ist in den Hochgebirgen Mitteleuropas ein Charakterbaum des Arven-Lärchen-Waldes. Er wird 10–15 (–25) m hoch, hat anfangs eine schmal kegelförmige, später unregelmäßig gerundete bis fast säulenförmige Krone mit vergleichsweise kurzen, bogig aufstrebenden Ästen. Die jungen, olivgrünen Triebe sind dicht orangebraun bis rostrot behaart. Die 5–10 cm langen, ziemlich steifen, blaugrünen Nadeln stehen zu fünft zusammen und liegen den Zweigen dicht an. Erst in hohem Alter trägt der Baum seine 5–8 cm langen, eiförmigen, zimtbraunen Zapfen mit den großen, essbaren Samen.

Bei der Sorte 'Glauca' sind die Nadeln schön silbrig blau gefärbt.
Verwendung: *P. cembra* ist mit der schmalen, regelmäßig kegelförmigen, bis zum Boden beasteten Krone eine der wichtigsten Kiefernarten für kleinere Gärten.
Standort: Sonnig, kühl, luftfeucht. Boden mäßig trocken bis frisch, durchlässig, schwach sauer bis stark alkalisch.
Pflege: Nicht für trockenwarme Standorte geeignet.
Vermehrung: Aussaat im Frühjahr.

Pinus contorta, Dreh-Kiefer

Aussehen: Die von Südalaska bis Oregon verbreitete *P. contorta* entwickelt sich zu kleinen, 10–15 m hohen, breit kegelförmigen Bäumen mit bogenförmig aufstrebenden Ästen. Im Alter werden aufgelockerte, oft malerische Kronen geformt. Die frisch- bis dunkelgrünen Nadeln stehen paarweise zusammen, sie sind 4–8 cm lang, steif und stets um die eigene Achse gedreht. Die 2–5 cm langen, eiförmigen, asymetrischen, glänzend gelbbraunen Zapfen bleiben oft lange hängen.
Verwendung: Sehr robuste und anpassungsfähige Kiefer. Wird manchmal zu großen Gartenbonsais geformt. Kann auch in Küstennähe für Wind- und Sichtschutzpflanzungen verwendet werden.
Standort: Sonnig. Boden trocken bis frisch, alle durchlässigen, nährstoffarmen Bodenarten, sauer bis schwach alkalisch.
Pflege: Bevorzugt leichte, saure Böden.
Vermehrung: Aussaat im Frühjahr.

Pinus cembra

Pinus contorta

Pinus densiflora 'Umbraculifera'

Pinus heldreichii 'Compact Gem'

Pinus heldreichii 'Aureospicata'

Pinus densiflora 'Umbraculifera', Japanische Rot-Kiefer

Aussehen: Die schwachwüchsige Sorte der Japanischen Rot-Kiefer entwickelt sich zu einem malerischen Großstrauch mit einer zunächst abgeflacht kugeligen, im Alter deutlich schirmförmigen Krone. Bei einer Höhe von 4 m wird die Krone bis 6 m breit. Typisch für die fünfnadelige Art und ihre Sorte ist die dünne, rötlich braune Stammborke. Die dünnen, frischgrünen Nadeln werden bis 10 cm lang. 4–6 cm lang sind die zahlreichen, lange haftenden Zapfen.
Verwendung: Sehr attraktive Kiefer für Heidegärten, Staudenrabatten oder Innenhöfe, gut für die Erziehung großer Gartenbonsais geeignet.
Standort: Sonnig. Boden mäßig trocken bis frisch, durchlässig, sandig-lehmig bis lehmig, schwach sauer bis schwach alkalisch.
Pflege: Problemlos zu kultivieren.
Vermehrung: Veredlungen unter Glas.

Pinus heldreichii, Schlangenhaut-Kiefer, Bosnische Kiefer (Tab. 16)

Aussehen: *P. heldreichii* ist oft noch unter dem Namen *P. leucodermis* in Kultur. Die südosteuropäische Art wird 20–25 m hoch, ihre Krone bleibt lange regelmäßig schmal bis breit kegelförmig, erst im Alter wird sie unregelmäßig rundlich bis ausgebreitet. Die dicken, grauweißen bis hellbraunen Zweige sind nach dem Abfallen der Nadeln schlangenhautartig gefeldert. Die steifen, 6–10 cm langen, zum Zweig hin gekrümmten, dunkelgrünen Nadeln stehen paarweise zusammen. Die eiförmigen, etwa 8 cm langen Zapfen sind anfangs dunkel- bis graublau, später mattbraun.
Verwendung: Mit der dunkelgrünen Benadelung und dem regelmäßigen Aufbau eine sehr attraktive Kiefer, die auch an sonnig-heißen Standorten gut gedeiht.
Standort: Sonnig, Luft- und Bodentrockenheit gut ertragend, gut für Stadtklima geeignet. Boden trocken bis frisch, durchlässig, sandig- bis lehmig-kiesig, schwach sauer bis stark alkalisch.
Pflege: Empfindlich gegenüber Bodenverdichtungen und Staunässe.
Vermehrung: Aussaat im Frühjahr, Sorten durch Veredlung unter Glas.

Tab. 16 Empfehlenswerte Sorten von *Pinus heldreichii*

Sorte	Wuchs	Wuchshöhe/ -breite	Nadelfärbung
'Aureospicata'	langsam, breit kegelförmig	3–5 m/2–3 m	Nadelspitzen auffallend gelb, vor allem im Winter
'Compact Gem'	regelmäßig breit kegelförmig, kompakt	2–4/1 m	frischgrün
'Smidtii'	zwergig, anfangs rundlich, später bienenkorbförmig, sehr kompakt	2/1 m	dunkelgrün

Pinus mugo, Berg-Kiefer, Krummholz-Kiefer, Legföhre (Tab. 17)

Aussehen: Die sehr variable Art hat ihre natürliche Verbreitung in den Hochgebirgen Mitteleuropas. Sie ist ein 4–6 m hoher und etwa gleich breiter, niederliegender Großstrauch mit aufstrebenden Ästen und 2–8 cm langen, steifen, dunkelgrünen Nadeln, die zu 2 stehen und eine Lebensdauer von 5–10 Jahren haben. Sehr vielgestaltig sind die 3–7 cm langen, ei- bis kegelförmigen, gelb- bis dunkelbraunen Zapfen. Die in den Katalogen noch häufig ausgewiesenen Varietäten und Unterarten werden heute in die variable Art einbezogen.
Verwendung: Sehr häufig gepflanzte Zwergkiefer. Gut geeignet für Stein-, Heide-, Trog- und Dachgärten, sowie für Grabbepflanzungen. Häufig als Heckenpflanzen eingesetzt und für die Kultur von Bonsais verwendet.
Standort: Sonnig, Lufttrockenheit gut ertragend. Boden mäßig trocken bis feucht, alle durchlässigen, nicht zu schweren Bodenarten, schwach sauer bis stark alkalisch.
Pflege: Robust und anpassungsfähig.
Vermehrung: Aussaat, Sorten durch Veredlung unter Glas.

Tab. 17 Empfehlenswerte Sorten von *Pinus mugo*

Sorte	Wuchs	Wuchshöhe/-breite	Nadelfärbung
'Gnom'	kegelförmig, dicht verzweigt	2–3/2,5 m	tief dunkelgrün
'Hesse'	abgeflacht kugelig, gedrungen, Endknospen stark harzig	0,9/1,5 m	frischgrün
'Humpy'	unregelmäßig, flach kissenförmig, sehr kompakt	0,8/1 m	grün bis graugrün
'Laurin'	breitstrauchig bis halbkugelig, dicht verzweigt, junge Triebe auffallend hellgrau	1,5–2/2 m	grün bis dunkelgrün
'Liliput'	halbkugelig, kompakt, Nadeln nur 1–1,5 cm lang	0,6/0,5 m	grün bis graugrün
'Mops'	abgeflacht halbkugelig	1,5–2/1,5–2 m	dunkelgrün
'Wintergold'	breit aufrecht, reich verzweigt	1,5/2 m	grün, im Winter leuchtend hell- bis goldgelb

Tipps zur Auswahl
Wer von den tatsächlichen Wuchshöhen der zunächst zwergwüchsig aussehenden Pflanzen nicht überrascht werden will, sollte vegetativ vermehrte Sorten auswählen.

Pinus mugo

Pinus mugo 'Mops'

Pinus nigra

Pinus nigra 'Hornibrookiana'

Pinus parviflora 'Glauca'

Pinus nigra, Schwarz-Kiefer
(Tab. 18)

Aussehen: Die Schwarz-Kiefer ist eine allgemein bekannte Kiefer, die mit Wuchshöhen von 20–25 (–30) m stattliche Ausmaße erreicht. Die anfangs regelmäßig kegelförmige Krone löst sich im Alter auf, wird breit und ausladend. Die dicke, dunkel graubraune bis schwarzbraune Stammborke ist grob in schuppige Platten gefurcht. Die Nadeln stehen zu zweit, sie sind bis 18 cm lang, steif und dunkelgrün. Die glänzend gelblich braunen Zapfen sind eiförmig und 4–10 cm lang.
Verwendung: Raschwüchsige und sehr robuste Kiefer für größere Gärten und Parkanlagen. Für kleinere Gärten stehen einige schwachwüchsige Sorten zur Verfügung.
Standort: Sonnig, Luft- und Bodentrockenheit ertragend, für Stadtklima geeignet. Boden trocken bis feucht, alle durchlässigen Bodenarten, schwach sauer bis stark alkalisch.
Pflege: Pflegeleicht und anpassungsfähig.
Vermehrung: Aussaat, Sorten durch Veredlung unter Glas.

Tab. 18 Empfehlenswerte Sorten von *Pinus nigra*

Sorte	Wuchs	Wuchshöhe/-breite	Nadelfärbung
'Helga'	zwergig, breit kugelförmig, gedrungen	2/1,5 m	grün
'Hornibrookiana'	zwergig, abgeflacht kugelig	2/2,5 m	hellgrün
'Obelisk'	säulenförmig bis schmal eiförmig	4–6/1–2 m	dunkelgrün
'Pierrick Brégeon' (*P. densiflora* × *P. nigra*)	zwergig, regelmäßig kugelig, sehr dicht verzweigt, Nadeln fein und dünn	1,5/1,5 m	hellgrün
'Pyramidata'	säulen- bis kegelförmig, Äste straff aufrecht	15–20/3–4 m	dunkelgrün

Pinus parviflora 'Glauca', Blaue Mädchen-Kiefer

Aussehen: Die blaunadelige Form der in Japan heimischen Mädchen-Kiefern gehört mit ihrem lockeren, unregelmäßigen, malerischen Aufbau zu den grazilsten aufrecht wachsenden Kiefern unserer Gärten. Die fünfnadelige Kiefer wird nur 5–10 m hoch und 5–7 m breit. Die 4–7 cm langen, steifen, gedrehten Nadeln sind oberseits silbrig graublau, unterseits silbrig weiß. Sehr zahlreich werden die 5–10 cm langen, zur Reife weit aufklaffenden Zapfen angelegt.

Neben der Sorte 'Glauca' wird gelegentlich auch die attraktive Sorte 'Negishii' gepflanzt. Sie wächst unregelmäßig, bizarr und malerisch. Sie wird in 15 Jahren nur gut manns-

Gestaltungstipp
Die Blaue Mädchen-Kiefer sieht schön in Verbindung mit Rosen und graulaubigen Stauden aus. Sie ist unverzichtbar in japanischen Gärten und sehr gut für die Bepflanzung größerer Kübel geeignet.

Pinus parviflora 'Negishii'

hoch. 'Negishii' besitzt 4–6 cm lange, stark gedrehte, graublaue, innen auffallend blauweiße Nadeln.
Verwendung: Sehr häufig gepflanzte Kiefern, die auch den Rahmen kleiner Gärten nicht sprengen. Wird in Japan oft als Bonsai gezogen.
Standort: Sonnig bis lichtschattig, luftfeucht. Boden mäßig trocken bis frisch, alle durchlässigen Bodenarten, sauer bis neutral.
Pflege: Empfindlich gegen Staunässe und hohe Kalkgehalte.
Vermehrung: Veredlung unter Glas.

Pinus peuce, Rumelische Kiefer

Aussehen: Die im Balkan heimische, fünfnadelige Kiefer ist als junge Pflanze in der Benadelung und im Habitus der Zirbel-Kiefer recht ähnlich. Unterscheiden lässt sich *P. peuce* von *P. cembra* u.a. durch die glänzend olivgrünen, kahlen Triebe. *P. peuce* wird 15–20 m hoch. Die regelmäßig schmal kegelförmige Krone bleibt lange geschlossen, sie lockert sich erst im Alter auf und wird dann unregelmäßig. Die 7–10 cm langen, frisch- bis dunkelgrünen Nadeln sind ziemlich steif und pinselartig vorwärts gerichtet. 8–12 cm lang wird der zylindrische, gelbbraune Zapfen.
Verwendung: Sehr empfehlenswerte Kiefer für Solitär- und Gruppenpflanzungen in Gärten und Parks.
Standort: Sonnig bis lichtschattig. Boden frisch, durchlässig, sandig-lehmig bis lehmig, schwach sauer bis schwach alkalisch.
Pflege: Im Gegensatz zu anderen fünfnadeligen Kiefern ziemlich resistent gegen Blasenrost.
Vermehrung: Aussaat im Frühjahr.

Pinus pumila 'Glauca', Ostasiatische Zwerg-Kiefer

Aussehen: *P. pumila* ist das von Ostsibirien bis Japan heimische Pendant der alpinen *P. mugo*. Wie diese wächst sie mit niederliegenden bis aufsteigenden Ästen strauchig und kann 1,5–2 m hoch und 3 m breit werden. Im Gegensatz zu *P. mugo* ist *P. pumila* allerdings fünfnadelig. Sie wirkt durch ihre weichen, 4–7 cm langen, außen dunkelgrünen, innen durch je 5–6 deutliche Spaltöffnungslinien stark blaugrünen Nadeln gefälliger und attraktiver als die alpine *P. mugo*. Das gilt vor allem für die blaunadelige Selektion 'Glauca' mit den graublauen, innen silberweißen Nadeln. Sehr dekorativ sind auch die auffallend weinroten männlichen Blüten. Die 3–5 cm langen Zapfen sind anfangs purpurviolett, zuletzt gelblich braun.
Verwendung: Sehr attraktive Zwerg-Kiefer für Stein-, Heide- und Troggärten, unentbehrlich in japanischen Gärten.
Standort: Sonnig bis lichtschattig, luftfeucht. Boden mäßig trocken bis frisch, alle durchlässigen Bodenarten, sauer bis neutral.
Pflege: Empfindlich gegen Staunässe.
Vermehrung: Veredlung unter Glas.

Pinus peuce

Pinus pumila 'Glauca'

Pinus × schwerinii, Schwerins Kiefer

Aussehen: Die Hybride *(P. strobus × P. wallichiana)* entwickelt sich zu einem 15–20 m hohen Baum mit einer breit kegelförmigen, unregelmäßig aufgebauten Krone mit weit und waagerecht abstehenden Ästen, die innerhalb eines Astquirles fast immer ungleich lang sind. Bei der fünfnadeligen Kiefer sind die dünnen, schlaff hängenden Nadeln grün und innen mit je 3–4 blauweißen Spaltöffnungsbändern gezeichnet. Die Nadeln sind 8–14 cm lang. Die zylindrischen, häufig leicht gebogenen Zapfen werden 8–15 cm lang und meist in großer Zahl angelegt. Sie sind hellbraun und oft stark beharzt.
Verwendung: Durch den unregelmäßigen Kronenaufbau und die langen, weichen Nadeln sehr attraktive Kiefer für größere Gärten und Parkanlagen.
Standort: Sonnig bis lichtschattig. Boden frisch bis feucht, durchlässig, sandig bis sandig-lehmig, sauer bis neutral, empfindlich gegenüber höhere Kalkgehalte.
Pflege: Anfällig für Blasenrost.
Vermehrung: Veredlung unter Glas.

Pinus strobus 'Radiata'

Aussehen: Die reich verzweigte Zwergform der Weymouths-Kiefer wächst breit kegelförmig und gedrungen, wird im Alter aber durchaus 4–6 m hoch und 2–3 m breit. An den dünnen, grünlichen Trieben stehen die Nadeln zu fünft, sie sind 4–6 cm lang, sehr dünn, weich, biegsam, graugrün und innen mit 2–3 weißen Spaltöffnungsbändern versehen.

Noch schwächer als 'Radiata' wächst 'Krügers Liliput', sie wird in 15 Jahren etwa 1,2 m hoch und gleich breit. Ihre kurzen, relativ steifen Nadeln sind silbrig grau bis graugrün.
Verwendung: Schöne Kiefern für Stein-, Heide- und größere Troggärten.
Standort: Sonnig. Boden mäßig trocken bis frisch, durchlässig, sandig-humos bis lehmig, sauer bis schwach alkalisch.
Pflege: Empfindlich gegen Blasenrost.
Vermehrung: Veredlung unter Glas.

Pinus sylvestris 'Globosa Viridis'

Pinus sylvestris, Gewöhnliche Kiefer, Föhre

(Tab. 19)

Aussehen: Die heimische Kiefer ist ein 20–35 m hoher Baum mit einer im Alter unregelmäßig rundlichen bis schirmförmigen Krone. An älteren Bäumen ist die Borke im unteren Bereich des Stammes tief gefurcht und löst sich in Platten ab. Im oberen Stammbereich ist die Borke dünn und auffallend fuchsrot

Pinus × schwerinii

Pinus strobus 'Radiata'

Pinus sylvestris 'Watereri'

gefärbt. Zu zweit stehen die steifen, meist gedrehten, 3–7 cm langen, blau- oder graugrün gefärbten Nadeln. Die 3–8 cm langen, graubraunen Zapfen sind ei- bis kegelförmig.
Verwendung: Die robuste und anpassungsfähige Art selbst ist ein wichtiger Waldbaum, der nicht selten auch als Parkbaum verwendet wird. Für den Garten sind einige der zahlreichen schwach- und zwergwüchsigen Sorten besser geeignet.
Standort: Sonnig. Boden trocken bis feucht, alle durchlässigen Bodenarten, schwach sauer bis alkalisch.
Pflege: Empfindlich gegenüber Luftverschmutzungen.
Vermehrung: Aussaat im Frühjahr, Sorten durch Veredlung unter Glas.

Pinus wallichiana, Tränen-Kiefer

Aussehen: Die Tränen-Kiefer wächst zu einem sehr stattlichen, 20–30 (–50) m hohen Baum heran. Er bildet mit waagerecht abstehenden Ästen im Alter eine unregelmäßige, bis 20 m breite Krone. Die zu fünft stehenden, blau- bis graugrünen Nadeln sind 12–20 cm lang, sie sind dünn, weich, hängen meist bogig über und sind im unteren Drittel geknickt. Auch die zylindrischen, zur Reife hellbraunen Zapfen erreichen beträchtliche Ausmaße. Sie werden 15–25 (–30) cm lang, sind meist bananenartig gebogen. Die Zapfenschuppen sind oft dicht mit großen, glänzenden Harztropfen bedeckt.
Verwendung: Elegante, imposante Kiefer für eine Solitärstellung in großen Gärten und Parkanlagen.

Pinus wallichiana

Standort: Sonnig, wintermild. Boden mäßig trocken bis feucht, alle durchlässigen, nicht zu nährstoffreichen Böden, schwach sauer bis stark alkalisch.
Pflege: Junge Pflanzen in kalten Wintern schützen, empfindlich gegenüber Blasenrost.
Vermehrung: Aussaat im Frühjahr.

Tab. 19 Empfehlenswerte Sorten von *Pinus sylvestris*

Sorte	Wuchs	Wuchshöhe/-breite	Nadelfärbung
'Fastigiata'	schmal säulenförmig	5–15/1–1,5 m	blaugrün
'Globosa Viridis'	zwergig, kugelig bis eiförmig, kompakt	3/2 m	graugrün
'Norska'	schwächer wachsend und kompakter als die Art, breitkronig	5–15/6–8 m	blaugrau
'Watereri'	großstrauchig, Stamm alter Pflanzen mit fuchsroter Rinde	3–5/3–5 m	stahlblau

Blasenrost an fünfnadeligen Kiefern
Viele fünfnadelige Kiefern leiden unter dem Befall von Weymouths-Kiefern-Blasenrost *(Cronartium ribicola)*. Der Befall macht sich durch Anschwellungen an Ästen und am Stamm, durch Harzfluss und eingesunkene Rindenpartien bemerkbar. Es folgen Kümmerwuchs und Nadelverfärbungen. Stark befallene Pflanzen sterben langsam ab. Da *Ribes*-Arten als Zwischenwirte des Pilzes gelten, sollten sie nicht in unmittelbarer Nachbarschaft stehen. Unter den fünfnadeligen Kiefern sind *P. cembra* und *P. peuce* weniger empfindlich als *P.* × *schwerinii*, *P. strobus* und *P. wallichiana* und deren Sorten.

Platycladus orientalis 'Aurea Nana'

Platycladus orientalis 'Elegantissima'

Platycladus orientalis, Morgenländischer Lebensbaum (Tab. 20)

Aussehen. Der Morgenländische Lebensbaum, oft noch unter dem Namen *Thuja orientalis* bekannt, ist ein 10–15 m hoher, meist mehrstämmiger Baum mit einer kegelförmigen Krone, aufrechten bis aufsteigenden Ästen und flach ausgebreiteten, senkrecht stehenden Trieben. Die schuppenförmigen Blätter sind beiderseits frisch- bis hellgrün. Bei den eiförmigen bis kugeligen Zapfen haben die Schuppen auf der Rückseite einen gekrümmten, hornartigen Fortsatz. Statt der Art sind bei uns einige zwergwüchsige und gelblaubige Sorten in Kultur.
Verwendung: Solitär- und Gruppenpflanzen für Haus- und Vorgärten, lassen sich auch in größeren Kübeln kultivieren.
Standort: Sonnig bis halbschattig, geschützt. Boden frisch bis feucht, durchlässig, nährstoffreich, sandig bis lehmig, schwach sauer bis alkalisch.
Pflege: Junge Pflanzen in kalten Wintern schützen.
Vermehrung: Aussaat im Frühjahr, Sorten durch Stecklinge von krautigen Trieben.

Tab. 20 Empfehlenswerte Sorten von *Platycladus orientalis*

Sorte	Wuchs	Wuchshöhe/ -breite	Laubfärbung
'Aurea Nana'	zwergig, kugelig bis eiförmig, dicht verzweigt	2/1 m	hell gelbgrün, im Winter bräunlich gelb
'Elegantissima'	breit säulenförmig	5/1–2 m	im Austrieb goldgelb, später grünlich gelb, im Winter bronzefarben

Pseudolarix amabilis, Goldlärche

Aussehen: Trotz ihres Namens ist die Goldlärche nicht mit den Lärchen verwandt, obwohl auch sie ein sommergrüner Baum ist, der sehr langsam Wuchshöhen von 10–15 m erreichen kann. Er hat schon in der Jugend eine locker kegelförmige, im Alter oft eine malerische, 8–10 m breite Krone. An den Langtrieben stehen die 3–6 cm langen, weichen, nadelförmigen Blätter entfernt schraubig, an den gestauchten Kurztrieben stehen 15–30 einzelne Nadeln fast rosettenförmig zusammen. Die vergleichsweise großen Nadeln treiben zartgrün aus und färben sich im Herbst prachtvoll goldgelb. Im Jahr der Blüte reifen die 4–5 cm dicken, am Baum zerfallenden Zapfen mit den rosettig angeordneten Schuppen.
Verwendung: Mit den zartgrünen Nadeln und der prachtvollen Herbstfärbung eine selten gepflanzte Rarität mit besonderen Standortansprüchen.
Standort: Sonnig, geschützt, luftfeucht. Boden frisch bis feucht, durchlässig, gepflegt, sandig- bis lehmig-humos, sauer bis neutral.
Pflege: Empfindlich gegenüber kalkhaltige Böden und trockenheiße Pflanzplätze.
Vermehrung: Aussaat im Frühjahr, meist unter Glas.

Pseudolarix amabilis

Pseudotsuga menziesii, Douglasie

Pseudotsuga menziesii

Aussehen: Die raschwüchsige Douglasie kann Höhen von 30–50 (–60) m erreichen. Sie bildet zunächst eine regelmäßig kegelförmige, später eine ausladende, bis 10 m breite Krone aus. Den Stamm bedeckt eine dicke, korkige, im Alter längs gefurchte Borke. Die weichen, frisch- bis tiefgrünen Nadeln sind 2–4 cm lang. Sie haften den Zweigen unregelmäßig bis deutlich kammartig gescheitelt an. Werden sie gerieben, duften sie angenehm nach Orangen. Im Jahr der Blüte reifen die länglich-eiförmigen bis zylindrischen, 5–10 cm langen Zapfen mit den schmalen, weit herausragenden, dreizipfeligen Deckschuppen.
Verwendung: Bedingt durch die Wuchshöhe lässt sich die Douglasie nur als Parkbaum verwenden. Sie ist außerdem ein rasch wachsender Forstbaum, der ein wertvolles, haltbares Holz liefert. Die Zweige sind mit den weichen, duftenden Nadeln ein begehrtes Schmuckreisig.
Standort: Sonnig bis halbschattig. Boden frisch bis feucht, durchlässig, nährstoffreich, sandig-lehmig, sauer bis neutral.
Pflege: Empfindlich gegenüber kalkhaltige Böden.
Vermehrung: Aussaat im Frühjahr.

Pseudotsuga menziesii

Sciadopitys verticillata

Sciadopitys verticillata, Schirmtanne

Aussehen: Die Schirmtanne ist mit ihrer eigenartigen Benadelung eine ganz ungewöhnliche Erscheinung. An den Langtrieben erscheinen die Blätter als dicht gedrängt stehende Schuppenblätter, an den Zweigenden sind die glänzend dunkelgrünen Nadeln dagegen zu jeweils 20–40 Stück schirmspeichenartig angeordnet. Die 5–15 cm langen und 3–4 mm breiten, flachen, ledrigen Nadeln sind aus der Verwachsung von 2 Nadeln entstanden und werden deshalb als „Doppelnadeln“ betrachtet. Im zweiten Jahr reifen die 7–12 cm langen Zapfen mit den dicken, holzigen Zapfenschuppen. *S. verticillata* wächst sehr langsam und wird bei uns kaum mehr als 8–10 m hoch und 2–4 m breit.
Verwendung: Die attraktive Konifere verdient im Garten eine Sonderstellung, zum Beispiel in Verbindung mit schwach wachsenden Rhododendren und Japanischen Azaleen. In ihrer japanischen Heimat begegnet man der Schirmtanne gelegentlich an Tempeln und Schreinen als kapitale Exemplare, die dann einen besonderen Schutz genießen.

Sciadopitys verticillata

Standort: Licht- bis halbschattig, luftfeucht, wintermild. Boden frisch bis feucht, durchlässig, sandig-humos, sauer bis neutral.
Pflege: Gedeiht nur an zusagenden Standorten zufrieden stellend.
Vermehrung: Aussaat im Frühjahr unter Glas.

Sequoia sempervirens, Küstenmammutbaum, Küstensequoie

Aussehen: Der Küstenmammutbaum gehört mit Wuchshöhen von bis zu 110 m, gewaltigen Kronen und Stammdurchmessern von mehr als 5 m zu den größten Gehölzen der Welt. Er erreicht seine größten Ausmaße erst im Alter von 500–600 Jahren, nicht selten wird er um 1000 Jahre alt. Bei uns wird der Baum kaum mehr als 10–15 m hoch. Er hat eine kegelförmige Krone mit kurzen, waagerecht abstehenden Ästen. Die nadelförmigen, linealischen, dunkel- bis bläulich grünen Blätter sind 0,6–2 cm lang. Aus unscheinbaren Blüten, die sich ab November öffnen, entwickeln sich eiförmige, 2–2,5 cm lange Zapfen.
Verwendung: *S. sempervirens* ist nur in sehr wintermilden Regionen ausreichend frosthart und kann nur dort für größere Gärten empfohlen werden. Im Gegensatz zum Bergmammutbaum liefert die Art ein wertvolles Nutzholz.
Standort: Sonnig bis lichtschattig, luftfeucht, wintermild. Boden frisch bis feucht, tiefgründig, sandig-lehmig, sauer bis neutral.
Pflege: Benötigt vor allem in der Jugend Schutz.
Vermehrung: Aussaat im Frühjahr unter Glas.

Sequoia sempervirens

Sequoiadendron giganteum, Mammutbaum

Aussehen: Während der Küstenmammutbaum die größten Wuchshöhen aller Nadelbaumarten erreicht, wird der Mammutbaum, auch Berg- oder Riesenmammutbaum genannt, als einer der mächtigsten Bäume der Erde angesehen. Als größtes Exemplar gilt der „German Sherman" im Sequoia Nationalpark in Kalifornien. Er hatte 1975 eine Höhe von 81,82 m, eine Kronenbreite von 32,60 m und einen Stammumfang von 8,07 m, sein Alter wurde auf 2500–3000 Jahre geschätzt. Typisch für die Art ist die 30–60 cm dicke, schwammige, dunkel rotbraune, feuerresistente Borke. *S. giganteum* baut mit starken, waagerecht abstehenden Ästen im Alter eine unregelmäßig gerundete Krone auf, anfangs ist die Krone regelmäßig spitz kegelförmig. Die scharf zugespitzten, grünen Nadeln sind pfriemlich bis lanzettlich und werden bis 1,2 cm lang. Die Nadeln der Sorte 'Glaucum' sind ausgeprägt blaugrau gefärbt. Die Art blüht im April/Mai. Die eiförmigen Zapfen sind 4–6 cm lang.
Verwendung: Im Gegensatz zu *S. sempervirens* nahezu überall in Deutschland ausreichend frosthart. Ein prachtvoller, raschwüchsiger Baum für große Gärten und Parkanlagen.

Sequoiadendron giganteum 'Glaucum'

Standort: Sonnig bis halbschattig. Boden frisch bis feucht, tiefgründig, sandig-lehmig bis lehmig, kalkverträglich.
Pflege: Junge Pflanzen in kalten Wintern schützen.
Vermehrung: Aussaat im Frühjahr unter Glas.

Sequoiadendron giganteum

Taxodium distichum, Sumpfzypresse

Aussehen: Die Sumpfzypresse gehört zu den wenigen sommergrünen Arten unter den Nadelgehölzen, sie ist ein Charakterbaum der Flussniederungen und Sümpfe im südöstlichen Nordamerika. Dort bildet sie regelmäßig ihre auffälligen Wurzelknie aus, die wie schlanke, spitze Kegel aus dem Boden oder über die Wasserfläche herausragen. Sie verbessern die Standfestigkeit des Baumes und dienen vermutlich auch dem Luftaustausch der Wurzeln. Der 20–40 m hohe Baum behält lange seine kegelförmige bis zylindrische Krone, die sich erst im Alter auflockert und breiter wird. Die hellgrünen, nadelförmigen, linealischen, bis 2 cm langen Blätter färben sich im Herbst auffallend rotbraun bis orange. Die männlichen Blüten stehen im Frühjahr in bis 15 cm langen, traubenartigen Ständen am Ende der vorjährigen Langtriebe, die weiblichen Blüten sind dagegen unscheinbar. Im ersten Jahr reifen die 2–3 cm dicken, kugeligen Zapfen.
Verwendung: Der lichtkronige Baum eignet sich sehr gut für Anpflanzungen an See- und Teichrändern oder für eine Kultur unmittelbar in flachen, stehenden Gewässern. Er gedeiht aber auch auf weniger sumpfigen Böden.
Standort: Sonnig. Boden mäßig trocken bis nass, nährstoffreich, sandig, lehmig oder tonig, sauer bis neutral.
Pflege: Junge Pflanzen in kalten Wintern schützen.
Vermehrung: Aussaat im Frühjahr.

Taxus baccata, Europäische Eibe (Tab. 21)

Aussehen: Die Europäische Eibe ist ein allgemein bekannter und seit altersher in unseren Gärten kultivierter, äußerst langlebiger Baum. Er ist häufig von der Basis an mehrstämmig, wird 10–15 m hoch und hat eine lockere, breit kegelförmige, 8–12 m breite Krone mit aufsteigenden oder abstehenden Ästen. 1,5–3 cm lang sind die linealischen, glänzend dunkelgrünen Nadeln, sie stehen an Langtrieben rings um den Zweig, an Seitentrieben deutlich gescheitelt. Im März/April werden zahlreiche gelbliche, männliche Blüten angelegt. Aus den unscheinbaren weiblichen Blüten entwickeln sich im Herbst eiförmige Samen, die von einem meist leuchtend scharlachroten, becherförmigen, saftig fleischigen,

Taxodium distichum

Taxodium distichum

Taxus baccata

Taxus baccata

Tab. 21 Empfehlenswerte Sorten von *Taxus baccata*

Sorte	Wuchs	Wuchshöhe/-breite	Nadelfärbung
'Adpressa Aurea'	gedrungen, buschig aufrecht, später rundlich	3–5/3–5 m	gelb oder hellgelb gerandet
'David'	breit säulenförmig, straff aufrecht	2/0,8 m	zitronen- bis goldgelb
'Dovastoniana'	breit kegelförmig, Äste malerisch ausgebreitet, Zweige durchhängend	6–8/5–7 m	dunkelgrün
'Dovastoniana Aurea'	wie 'Dovastoniana'	5–7/4–6 m	gelbgrün, gelb oder goldgelb gerandet
'Fastigiata'	anfangs säulenförmig, später breit vasenförmig	5–7/3–4 m	dunkelgrün
'Fastigiata Aureomarginata'	anfangs schmal säulenförmig, später breit trichterförmig	3–5/2 m	im Austrieb goldgelb gerandet, allmählich vergrünend
'Fastigiata Robusta'	straff aufrecht, dauerhaft schmal säulenförmig	6–8/1,5–2 m	dunkelgrün
'Germers Gold'	säulenförmig	1,5–2/0,5 m	gelb, im Austrieb bronzefarben
'Overeynderi'	breit kegelförmig	5–7/3–4 m	dunkelgrün
'Repandens'	ausgebreitet, dicht verzweigt	0,7/2–5 m	glänzend dunkelgrün
'Schwarzgrün'	breitbuschig aufrecht, kompakt	3–5/3–5 m	tiefgrün
'Semperaurea'	breit aufrecht, kompakt, dicht verzweigt	3–4/2–3 m	oberseits goldgelb, unterseits gelb
'Summergold'	flach ausgebreitet, ausladend, Äste flach aufsteigend	1/2–3 m	im Austrieb goldgelb, Nadeln später gelbrandig

Taxus baccata 'Adpressa Aurea'

Taxus baccata 'David'

Taxus baccata 'Dovastoniana Aurea'

Taxus baccata 'Fastigiata Aureomarginata'

Taxus baccata 'Fastigiata Robusta'

Taxus baccata 'Semperaurea'

schleimigen, süß schmeckenden, essbaren Samenmantel (Arillus) umgeben sind. Dieser Arillus ist das einzige ungiftige Teil der sonst in allen Teilen sehr giftigen Pflanze.
Verwendung: Als geschnittene Heckenpflanze und Formgehölz, einzeln oder in Gruppen, als Sicht- und Windschutz.
Standort: Sonnig bis schattig, für Stadtklima geeignet. Boden frisch bis feucht, durchlässig, sandig- bis lehmig-humos, schwach sauer bis alkalisch.
Pflege: Robust, anpassungsfähig, langlebig, sehr schnittverträglich.
Vermehrung: Aussaat im Frühjahr, Sorten durch Stecklinge von ausgereiften Trieben.

Die Eibe, eine jahrhundertealte Kulturpflanze
Keine andere Nadelholzart besitzt die Eigenschaften der Eibe: ein für Nadelholzarten unübertroffenes Ausschlagvermögen, hohe Schattenverträglichkeit und Widerstandsfähigkeit gegenüber dem Wurzeldruck hoher Bäume. Seit Jahrhunderten wird die Eibe in den formalen Anlagen der Renaissance-, Barock- und Bauerngärten als Heckenpflanze verwendet oder zu Skulpturen geschnitten. Seit Jahren sind sie wieder groß in Mode. Früher spielte die Eibe im Volksglauben eine große Rolle. Sie wurde von den Kelten als heiliger Baum verehrt, war aber auch ein Baum des Todes und der Trauer und ist deshalb häufig als uraltes Exemplar auf Friedhöfen zu finden. Aus dem sehr elastischen Holz der Eibe wurden im Mittelalter in großem Umfang Waffen (Pfeilbögen und Armbrustbügel) hergestellt. Noch im 16. Jahrhundert war Eibenholz ein begehrter Handelsartikel, der zum Beispiel aus Deutschland nach England exportiert wurde. Dazu mussten jährlich bis zu 10 000 Eiben gefällt werden.

Taxus cuspidata 'Nana', Japanische Eibe

Aussehen: Die Japanische Eibe ist das ostasiatische Pendant zur Europäischen Eibe. Sie wächst strauchig oder entwickelt sich zu einem bis 15 m hohen Baum mit abstehenden oder aufsteigenden Ästen, einer rötlich braunen Rinde und 1,5–2,5 cm langen, dunkelgrünen Nadeln. Bei uns ist überwiegend die Sorte 'Nana' in Kultur: eine männliche, sehr gedrungen wachsende, äußerst dicht verzweigte Sorte mit steifen, ausgebreiteten Ästen und matt dunkelgrünen Nadeln. 'Nana' wächst langsam und wird im Alter 1–2 m hoch und 2–3 m breit.
Verwendung: Schöne Zwerg-Eibe für Stein-, Heide- und Troggärten, Vorgärten und Innenhöfe.
Standort: Sonnig bis halbschattig, frisch bis feucht, alle durchlässigen, humosen Bodenarten, sauer bis alkalisch.
Pflege: Robust, anpassungsfähig und sehr winterhart.
Vermehrung: Stecklinge von ausgereiften Trieben.

Taxus × media, Hybrid-Eibe

(Tab. 22)

Aussehen: *T. baccata* und *T. cuspidata* sind die Eltern dieser Hybridgruppe, in der Sorten mit unterschiedlichem Wuchscharakter zusammengefasst sind. Die dunkelgrünen Nadeln stehen deutlich zweizeilig, sie sind etwas steifer und breiter als bei *T. baccata*.
Verwendung: Häufig gepflanzte Sorten, sie werden einzeln oder in Gruppen in Rabatten, Vorgärten, Heidegärten oder als freiwachsende Hecke gepflanzt, sie sind sehr gut für Kübelbepflanzungen geeignet. Giftig.
Standort: Sonnig bis halbschattig. Boden frisch bis feucht, alle durchlässigen, humosen Bodenarten, sauer bis alkalisch.
Pflege: Robust, sehr schnittverträglich.
Vermehrung: Stecklinge von ausgereiften Trieben.

Taxus × media 'Straight Hedge'

Taxus × media 'Hicksii'

Tab. 22 Empfehlenswerte Sorten von *Taxus × media*

Sorte	Wuchs	Wuchshöhe/ -breite	Nadelfärbung
'Hicksii'	mit langen, aufstrebenden Ästen, anfangs breit säulenförmig, später schmal trichterförmig	3–5/2–3 m	glänzend dunkelgrün
'Hillii'	breit aufrecht bis kegelförmig, dicht verzweigt	3–5/2–3,5 m	glänzend hellgrün
'Straight Hedge'	breit aufrecht bis vasenförmig, Äste straff aufrecht, mit kurzen, dicht stehenden Zweigen	3–5/2–3 m	dunkelgrün

Thuja occidentalis, Abendländischer Lebensbaum

(Tab. 23)

Aussehen: *T. occidentalis* ist ein 15–20 m hoher Baum mit durchgehendem Stamm, einer dicht verzweigten, kegelförmigen Krone, bogenförmig aufsteigenden Ästen und stark abgeflachten, 2–3 mm dicken Trieben. Die dicht an die Zweige angedrückten Blätter sind schuppenförmig, oberseits mattgrün, unterseits blasser grün und im Winter oliv- bis bronzefarben. Zerrieben duften sie stark aromatisch. Aus unscheinbaren Blüten entwickeln sich kleine, längliche Zapfen mit 4–6 ledrigen Schuppenpaaren. Neben der variablen Art sind einige, auch schwachwüchsige Sorten in Kultur.
Verwendung: Die Art und hochwüchsige Sorten für Hecken, als Sicht- und Windschutz, Zwergformen für Stein- und Heidegärten, Rabatten und Gräber.Pflanzen sind in allen Teilen schwach giftig.
Standort: Sonnig bis halbschattig, windresistent. Boden frisch bis feucht, alle durchlässigen, humosen Bodenarten, schwach sauer bis alkalisch.
Pflege: Sehr schnittverträglich.
Vermehrung: Aussaat, Sorten durch Stecklinge von ausgereiften Trieben.

Tab. 23 Empfehlenswerte Sorten von *Thuja occidentalis*

Sorte	Wuchs	Wuchshöhe/ -breite	Laubfärbung
'Brabant'	regelmäßig kegelförmig, dicht verzweigt	10–15/2–4 m	lebhaft grün, auch im Winter
'Columna'	sehr schmal säulenförmig	5–17/1–1,5 m	glänzend dunkelgrün
'Danica'	zwergig, kugelförmig, sehr kompakt	0,8/1 m	frischgrün, im Winter bräunlich grün
'Europe Gold'	schmal kegelförmig, kompakt	2–4/1,5 m	goldgelb, im Winter orangegelb
'Golden Globe'	zwergig, regelmäßig kugelig, dicht verzweigt	1,5–2/1,5–2m	lebhaft goldgelb
'Holmstrup'	regelmäßig schmal kegelförmig, dicht verzweigt	3–4/1,5 m	frischgrün, auch im Winter
'Malonyana'	sehr schmal säulenförmig, dicht beastet, Triebe flach, dicht gedrängt stehend	10–15/0,6 m	glänzend grün
'Smaragd'	sehr regelmäßig kegelförmig, dicht verzweigt	4–7/1–2 m	frischgrün, auch im Winter
'Sunkist'	schmal bis breit kegelförmig, dicht verzweigt	3–5/2 m	goldgelb, im Winter bronzegelb
'Teddy'	zwergig, kugelig bis breit eiförmig, Blätter dauerhaft nadelförmig, weich	0,5–1/0,5–1 m	sattgrün
'Tini Tim'	zwergig, kugelig bis abgeflacht kugelig, fein verzweigt	1,2/1,5 m	frischgrün, im Winter bronzefarben

Thuja occidentalis 'Brabant'

Thuja occidentalis 'Europe Gold'

Thuja occidentalis 'Golden Globe'

Thuja occidentalis 'Smaragd'

Thuja occidentalis 'Sunkist'

Thuja occidentalis 'Tini Tim'

Thuja plicata, Riesen-Lebensbaum (Tab. 24)

Aussehen: Der Riesen-Lebensbaum macht seinem Namen alle Ehre, denn er kann an seinen natürlichen Standorten 30–50 m hoch werden, bei uns begnügt er sich mit Höhen von 10–15 (–25) m. Er hat eine schmal kegelförmige Krone, stark abgeflachte Triebe und schuppenförmige, oberseits dunkelgrüne, unterseits graugrüne Blätter, die zerrieben stark aromatisch duften. Die bis 2 cm langen, länglich elliptischen Zapfen haben jeweils 8–12 Schuppen.
Verwendung: Raschwüchsiger Parkbaum, sehr gut für hohe Hecken geeignet. Der Baum liefert ein wertvolles, als „Redzeder" bezeichnetes Nutzholz.
Standort: Sonnig bis lichtschattig, luftfeucht. Boden frisch bis feucht, tiefgründig, sandig-humos, sauer bis neutral, empfindlich gegen hohen Kalkgehalt.
Pflege: Sehr schnittverträglich.
Vermehrung: Aussaat im Frühjahr, Sorten durch Stecklinge von ausgereiften Trieben.

Thuja plicata 'Atrovirens'

Thuja plicata 'Aurescens'

Thuja plicata 'Aurescens'

Tab. 24 Empfehlenswerte Sorten von *Thuja plicata*

Sorte	Wuchs	Wuchshöhe/ -breite	Laubfärbung
'Atrovirens'	schmal kegelförmig	10–15/5 m	glänzend dunkelgrün, auch m Winter
'Aurescens'	kegelförmig	8–12/3–4 m	anfangs grünlich gelb, später frischgrün
'Excelsa'	schmal kegelförmig, locker verzweigt	12–15/3–5 m	frisch- bis dunkelgrün

Thujopsis dolabrata, Hibalebensbaum

Aussehen: Der Hibalebensbaum unterscheidet sich von der nah verwandten Gattung *Thuja* vor allem durch seine breiten, derben, unterseits auffallend weiß gefleckten, schuppenförmigen Blätter und durch die breit eiförmigen Zapfen mit den 6–10 dicken, fleischigen Schuppen. Bei uns wird der oft vom Boden an mehrstämmige Baum kaum mehr als 10–15 m hoch. Er hat eine regelmäßig kegelförmige, reich verzweigte, 4–5 m breite Krone und fächerförmig ausgebreitete Triebe, die vollkommen von den 4–6 mm dicken, glänzend frischgrünen Blättern umgeben sind. Aus Seitentrieben vermehrte Pflanzen wachsen gelegentlich anfangs buschig oder stumpf kegelförmig, bevor sie, oft erst nach vielen Jahren, einen aufstrebenden Gipfeltrieb bilden.
Verwendung: Einzeln oder in Gruppen, in Gärten, Parkanlagen oder auf Friedhöfen.
Standort: Sonnig bis halbschattig, kühl und luftfeucht. Boden frisch bis feucht, tiefgründig, sandig-humos, sauer bis neutral.
Pflege: Nicht für trockenwarme Standorte geeignet.
Vermehrung: Aussaat im Frühjahr.

Tsuga canadensis, Kanadische Hemlocktanne
(Tab. 25)

Aussehen: Die Kanadische Hemlocktanne gehört mit ihrem moderaten Wuchs, der locker aufgebauten, malerischen Krone und den überhängenden Zweigspitzen zu den grazilsten Nadelgehölzen. Der oft vom Boden an mehrstämmige Baum wird bei uns nach vielen Jahren 15–20 m hoch und etwa 6–10 m breit. Die ungleich großen, in der vorderen Hälfte deutlich verschmälerten Nadeln sind 0,5–1,5 cm lang, oberseits mattglänzend dunkelgrün und unterseits mit 2 grauweißen Spaltöffnungsbändern gezeichnet. Die kleinen, eiförmigen, hellbraunen Zapfen reifen im Jahr der Blüte.
Verwendung: Attraktive Konifere für Einzel- und Gruppenpflanzung, sehr gut als Schattenbaum in Rhododendronpflanzungen geeignet.
Standort: Sonnig bis halbschattig. Boden frisch bis feucht, durchlässig, humos, sandig-lehmig, sauer bis neutral.
Pflege: Empfindlich gegenüber Luft- und Bodentrockenheit und Luftverschmutzung.
Vermehrung: Aussaat im Frühjahr, Sorten durch Stecklinge von ausgereiften Trieben.

Tsuga canadensis

Tsuga canadensis 'Pendula'

Thujopsis dolabrata

Tab. 25 Empfehlenswerte Sorten von *Tsuga canadensis*

Sorte	Wuchs	Wuchshöhe/-breite	Nadelfärbung
'Jeddeloh'	zwergig, abgeflacht kugelig bis kissenförmig, Nadeln derb	1/1,2 m	frischgrün
'Oldenburg' (Syn. 'Gracilis Oldenburg')	zwergig, abgeflacht kugelig, oben mit einer nestförmigen Vertiefung, Nadeln kurz	2/2 m	tiefgrün
'Pendula'	wenn die Stammverlängerung aufgebunden wird, hängen die Zweige kaskadenförmig herab	3–5/3–5 m	dunkelgrün

Tsuga mertensiana, Berg-Hemlocktanne (Syn. *Hesperopeuce mertensiana*)

Aussehen: In ihrer Heimat, den schneereichen Gebirgen des westlichen Nordamerika, kann die Berg-Hemlocktanne 30–50 m hoch werden. Sie baut dort eine auffallend schlanke, schmal kegelförmige Krone auf. Bei uns wächst der Baum langsam und wird kaum mehr als 10–15 m hoch. Seine linealischen, schraubig stehenden Nadeln sind 0,5–2,5 cm lang und auffallend blaugrün oder wie bei fo. *argentea* und 'Glauca' bläulich oder silbrig grün gefärbt. 3–7,5 cm lang sind die länglichen bis zylindrischen Zapfen. In Kultur ist bei uns vorwiegend die Sorte 'Glauca'. Sie wächst noch langsamer als die Art und wird etwa 6–10 m hoch.
Verwendung: Sehr attraktive Konifere, gut geeignet für Heidegärten, in grauen Gärten oder in Verbindung mit Rosen. Findet auch in sehr kleinen Gärten ausreichend Platz.
Standort: Sonnig bis lichtschattig. Boden frisch bis feucht, durchlässig, sandig- oder lehmig-humos, sauer bis neutral.
Pflege: Verträgt keine trockenwarmen Pflanzplätze.
Vermehrung: Aussaat im Frühjahr.

Xanthocyparis nootkatensis 'Pendula', Nutka-Goldzypresse (Syn. *Chamaecyparis nootkatensis*)

Aussehen: Die Hängeform der Nutka-Goldzypresse ist ein eleganter, bis 15 m hoher Baum mit durchgehendem Stamm, überhängendem Wipfel und unregelmäßig angeordneten Ästen, die oft in flachen Bögen aufwärts gerichtet sind. Die Seitenzweige hängen mähnenartig herab. Die matt dunkelgrünen, aromatisch duftenden schuppenförmigen Blätter haben unterseits keine auffällige Zeichnung.
Die Sorte 'Glauca' wird 10–15 m hoch und hat eine schlank kegelförmige Krone mit dicht stehenden Ästen, überhängenden Zweigen und ausgeprägt blaugrauen Schuppenblättern.
Verwendung: Die Sorte 'Pendula' ist eine sehr elegante Erscheinung und deshalb ein recht häufig gepflanzter Solitärbaum.
Standort: Sonnig bis halbschattig. Boden mäßig trocken bis feucht, durchlässig, sandig bis lehmig, schwach sauer bis alkalisch.
Pflege: Keine besonderen Ansprüche.
Vermehrung: Veredlung unter Glas.

Tsuga mertensiana

Xanthocyparis nootkatensis 'Pendula'

Service

Bezugsquellen,

Literatur,

Bildquellen,

Register der botanischen und deutschen Pflanzennamen.

Bezugsquellen

Nachfolgende Adressen sind nach PLZ sortiert.

Staudengärtnereien

Foerster-Stauden GmbH (auch Versand)
Am Raubfang 6
14469 Potsdam-Bornim
www.foerster-stauden.de

Arends Maubach (auch Versand)
Staudengärtnerei & Gartenkultur
Monschaustraße 76
42369 Wuppertal
www.arends-maubach.de

Staudenkulturen Stade (auch Versand)
Beckenstrang 24
46325 Borken-Marbeck
www.stauden-stade.de

Staudengärtnerei Gräfin von Zeppelin
(auch Versand)
Weinstr. 2
79295 Sulzburg-Laufen
www.graefin-von-zeppelin.de

Staudengärtnerei Dieter Gaißmayer
(auch Versand)
Jungviehweide 3
89257 Illertissen
www.gaissmayer.de

Spezialgärtnereien Stauden

Iris:

Albrecht Hoch (nur Versand)
Potsdamer Str. 40
14163 Berlin
www.albrechthoch.de

Staudengärtnerei Gräfin von Zeppelin
(siehe oben)

Iris Cayeux (Versand Deutschland)
BP 35
45501 Gien Cedex
Frankreich

Lilien:

Albrecht Hoch (siehe oben, nur Versand)

Stefan Strasser
Lilienspezialkulturen, Pflanzenraritäten
Gustav-Adolf-Str. 2
91056 Erlangen-Kriegenbrunn
www.lilien-strasser.de

Pfingstrosen:

Päoniengarten
Martin Parlasca
Am Steinberg 11
60437 Frankfurt am Main
www.paeoniengarten.de

Staudengärtnerei Gräfin von Zeppelin
(siehe oben)

Rottaler Pfingstrosen
Heinz Enzinger-Panitz
Aussergernwallen 3
94166 Stubenberg
www.paeonies.com

Blumenzwiebeln

Albrecht Hoch (siehe oben)

Horst Gewiehs GmbH
Blumenzwiebel-Großhandel
Italienischer Weg 1
37287 Wehretal
www.gewiehs-blumenzwiebeln.de

Bernd Schober
Blumenzwiebelversand
Stätzlinger Str. 94 a
86165 Augsburg
www.der-blumenzwiebelversand.de

Sommerblumen (Samenversand)

Ernst Benary Samenzucht GmbH
Friedrich-Benary-Weg 1
34331 Hann. Münden
www.florakom.de

Kiepenkerl & Sperli
Bruno Nebelung GmbH
Freckenhorster Straße 32
48351 Everswinkel
www.nebelung.de

N.L. Chrestensen GmbH
Witterdaer Weg 6
99092 Erfurt
www.chrestensen.de

Thompson & Morgan (UK) Ltd
(auch Staudensamen)
Postfach 1069
22784 Hamburg

Staudensamen

Jelitto Staudensamen GmbH
Postfach 1264
29685 Schwarmstedt
www.jelitto.com

Blauetikett Bornträger GmbH
Saatgut von Heil-, Gewürz- und Wild-
pflanzen
In den Aspen
67591 Offstein
www.blauetikett.de

N. L. Chrestensen (siehe oben)
Erfurter Samen- und Pflanzenzucht
GmbH
Witterdaer Weg 6
99092 Erfurt
www.gartenversandhaus.de

Baumschulen

H. Lorberg Baumschulerzeugnisse GmbH
& Co. KG
Zachower Strasse 4
14669 Ketzin / OT Tremmen
www.lorberg.com

Pflanzenhandel Lorenz von Ehren GmbH
& Co. KG
Maldfeldstraße 4
21077 Hamburg
www.LvE.de

Bruns Pflanzen-Export GmbH & CO. KG
Johann-Bruns-Allee 1
26160 Bad Zwischenahn
www.bruns.de

Baumschulen Lappen
Herrenpfad 14
41334 Nettetal
www.lappen.de

Wilhelm Ley Baumschulen
Baumschulenweg 20
53340 Meckenheim
www.ley-baumschule.de

Baumschule Huben
Schriesheimer Fußweg 7
68526 Ladenburg
www.huben.de

Wörlein GmbH
Baumschulweg 9
86911 Dießen am Ammersee
www.woerlein.de

Karl Schlegel KG
Baumschulen
Göffinger Straße 40
88499 Riedlingen
www.karl-schlegel.de

Rosen

Kordes' Söhne Rosenschulen
GmbH & Co KG
Rosenstraße 54
25365 Klein Offenseth-Sparries
www.gartenrosen.de

Rosen Tantau Vertrieb GmbH & Co. KG
Tornescher Weg 13
25436 Uetersen
www.rosen-tantau.com

BKN Strobel GmbH & Co. KG
Pinneberger Strasse 238
25488 Holm-Kreis Pinneberg
www.bkn.de

Noack Rosen
Im Waterkamp 12
33334 Gütersloh
www.noack-rosen.de

Lacon GmbH
Französische Rosenzüchtungen
J.-S.-Piazolo Straße 4a
68766 Hockenheim
www.lacon-rosen.de

Rosen-Union eG
Steinfurther Hauptstr. 27
61231 Bad Nauheim-Steinfurth
www.rosen-union.de

Rosenhof Schultheis
Bad Nauheimer Str. 3–7
61231 Bad Nauheim–Steinfurth
www.rosenhof-schultheis.de

Rhododenron

Baumschule Hachmann
Brunnenstraße 68
25355 Barmstedt
www.hachmann.de

Ernst Stöckmann
Baumschulen
Westersteder Straße 11
26160 Bad Zwischenahn
www.stoeckmann-baumschulen.de

G. D. Böhlje Pflanzenhandel
Oldenburger Straße 9
26655 Westerstede
www.boehlje.de

Hobbie Rhododendron
Zum Hullen 3
26655 Westerstede
www.hobbie-rhodo.de

Kletterpflanzen

Friedrich Manfred Westphal
Clematiskulturen
Peiner Hof 7
25497 Prisdorf
www.clematis-westphal.de

Bambus

Bambus-Kulturen
Ramhorster Str. 1-2
31275 Lehrte-Steinwedel
www.bambus-info.de

Knoblich & Knoblich
Repräsentanz La Bambouseraie
Leppestraße 44, 51766 Engelskirchen
knoblich.knoblich@t-online.de
www.bambouseraie.com

BambusCentrum Deutschland
Wolfgang F. Eberts KG
Saarstr. 3-5
76532 Baden-Baden
www.bambus.de

Staudensichtungsgärten

Staudensichtungsgarten der Fachhochschule für Gartenbau, Weihenstephan
Am Staudengarten 8
85354 Freising–Weihenstephan
www.hswt.de/fgw

Berggarten Hannover
Herrenhäuser Str. 4
D-30419 Hannover
www.herrenhaeuser-gaerten.de

Schau- und Sichtungsgarten Hermannshof e. V.
Babostraße 5
69469 Weinheim / Bergstraße
www.sichtungsgarten-hermannshof.de

Vereine und Verbände

Bund deutscher Staudengärtner im Zentralverband Gartenbau e. V.
Godesberger Allee 142–148
53175 Bonn
www.stauden.de

Gesellschaft der Staudenfreunde e. V.
GdS- Geschäftsstelle
Evi Roth
Neubergstraße 11
77955 Ettenheim
www.gds-staudenfreunde.de

Bund deutscher Baumschulen (BdB) e. V.
Bismarckstraße 49
25421 Pinneberg
www.gruen-ist-leben.de

Gesellschaft Deutscher Rosenfreunde e. V.
c/o Bernd Weigel
Pariser Ring 37
76532 Baden-Baden
www.rosenfreunde.de

Deutsche Rhododendron-Gesellschaft e. V.
Marcusallee 60
28359 Bremen
www.rhodo.org

Anlaufstellen für Bodenuntersuchungen

Nachfolgende Adressen sind nach Postleitzahl sortiert.

Sächsisches Landesamt für Umwelt, Landwirtschaft und Geologie
Postfach 54 01 37
01311 Dresden
Telefon: 03 51/26 12 0
Fax: 03 51/26 12 10 99
E-mail: poststelle.lfl.f68@smul.sachsen.de
Internet: www.landwirtschaft.sachsen.de

Landwirtschaftliche Untersuchungs- und Forschungsanstalt
Schiepziger Str. 29
06120 Halle (Lettin)
Telefon: 03 45/55 84 100
Telefax: 03 45/55 841 02
E-Mail: poststelle.hal@llfg.mln.sachsen-anhalt.de
Internet: www.llg-lsa.de

Thüringer Landesanstalt für Landwirtschaft(TLL), Abteilung Untersuchungswesen für Landwirtschaft, Ernährung und Umwelt
Naumburger Str. 98
07743 Jena (Zwätzen)
Telefon: 0 36 41/683 434
Telefax: 0 36 41/683 414
E-Mail: untersuchungswesen@tll.thueringen.de
Internet: www.thueringen.de/de/tll

Landeslabor Brandenburg, FB U4-Landwirtschaftliche Chemie
Templiner Str. 21
14473 Potsdam
Telefon: 03 31/23 26 2 40
Telefax: 03 31/23 26 2 26
E-Mail: lothar.boehm@landeslabor-bbb.de
Internet: www.landeslabor.brandenburg.de; www.landeslabor.berlin-brandenburg.de

Landwirtschaftliche Untersuchungs- und Forschungsanstalt der LMS
Graf-Lippe-Str. 1
18059 Rostock
Telefon: 03 81/2 03 07 0
Telefax: 03 81/2 03 07 90
E-Mail: info@lms-lufa.de
Internet: www.lms-lufa.de

Universität Hamburg, Institut für Bodenkunde (IfB)
Allende-Platz 2
20146 Hamburg
Telefon: 040/42838 4041
Fax: 040/42838 2024
E-Mail: ifb@ifb.uni-hamburg.de
Internet: www.uni-hamburg.de

Landwirtschaftliche Untersuchungs-und Forschungsanstalt, Institut für Tiergesundheit und Lebensmittelqualität
Dr.-Hell-Str. 6
24107 Kiel
Telefon: 04 31/12 28 0
Telefax: 04 31/12 28 4 98
E-Mail: zentrale@lufa-itl.de
Internet: www.lufa-itl.de

Landwirtschaftliche Untersuchungs-und Forschungsanstalt Nordwest, Standort Oldenburg
Jägerstr. 23-27
26121 Oldenburg
Telefon: 04 41/8 01 821
Telefax: 04 41/8 01 899
E-Mail: info@lwk-niedersachsen.de
Internet: www.lwk-niedersachsen.de

Landwirtschaftliche Untersuchungs-und Forschungsanstalt Nord-West, Standort Hameln
Finkenborner Weg 1 A
31787 Hameln
Telefon: 0 51 51/98 71 0
Fax: 0 51 51/98 71 11
E-Mail: hameln@lufa-nord.west.de
Interet: www.lufa-nord-west.de

Hessisches Dienstleistungszentrum für Landwirtschaft, Gartenbau und Naturschutz (HDLGN)
Landesbetrieb Hessisches Landeslabor, Abt. 6, Landwirtschaftliches Untersuchungswesen
Am Versuchsfeld 13
34128 Kassel
Telefon: 05 61/98 88 179
Telefax: 05 61/98 88-3 00
E-Mail: info@hlva-kassel.de
Internet: www.lhl.hessen.de

Landwirtschaftskammer Nordrhein-Westfalen
Landwirtschaftliche Untersuchungs- und Forschungsanstalt Nordrhein-Westfalen
Nevinhoff 40
48147 Münster/Westfalen
Telefon: 02 51/23 76 0
Telefax: 02 51/23 76 521
E-mail: poststelle-muenster@lwk.nrw.de
Internet: www.lufa-nrw.de

Landwirtschaftliche Untersuchungs- und Forschungsanstalt, Landwirtschaftskammer Nordrhein-Westfalen
Siebengebirgsstr. 200
53229 Bonn
Telefon: 02 28/703 0
Telefax: 02 28/703 84 98
E-Mail: info@lwk.nrw.de
Internet: www.landwirtschaftskammer.de

Landwirtschaftliche Untersuchungs-und Forschungsanstalt Speyer
Obere Langgasse 40
67346 Speyer
Telefon: 0 62 32/1 36 0
Telefax: 0 62 32/136 110
E-Mail: poststelle@lufa-speyer.de
Internet: www.lufa-speyer.de

Landesanstalt für landwirtschaftliche Chemie (710) der Universität Hohenheim
Emil-Wolff-Str. 14
70599 Stuttgart
Telefon: 07 11/4 59 22 67 1
Telefax: 07 11/4 59 234 95
E-Mail: postmaster@lachemie.uni-hohenheim.de
Internet: www.uni-hohenheim.de/einrichtung/abteilung-boden-und-duengemitteluntersuchung-1

Staatliche Landwirtschaftliche Untersuchungs- und Forschungsanstalt Augustenberg
Landwirtschaftliches Technologiezentrum Augustenberg
Abt. 2 - Chemische Analysen, Saatgut- und Futtermitteluntersuchungen
Neßlerstr. 23-31
76227 Karlsruhe
Telefon: 07 21/94 68 0
Telefax: 07 21/94 68 112
E-Mail: poststelle@ltz.bwl.de
Internet: www.ltz-augustenberg.de

Bayerische Landesanstalt für Bodenkultur und Pflanzenbau Freising/München
Technische Universität München
Zentralinstitut für Ernährung und Lebensmittelforschung
Abteilung Bioanalytik Weihenstephan
Alte Akademie 10
85350 Freising
Telefon: 0 81 61/71 33 81
Telefax: 0 81 61/71 42 16
E-Mail: ute.egolf@tum.de
Internet: www.wzw-bioanalytik.de

Literatur zu Gartenblumen

Barlage, A.: Blütenpracht: Die schönsten Stauden für meinen Garten. Verlag Eugen Ulmer, Stuttgart, 2010.
Barth, U. & G. Rogers: Der moderne Staudengarten. Deutsche Verlags-Anstalt, München, 2009.
Bürki, M.: Bildatlas Sommerblumen mit Herbstzauber. Verlag Eugen Ulmer, Stuttgart, 2003.
Foerster, K.: Blauer Schatz der Gärten. Verlag Eugen Ulmer, Stuttgart, 2006.
Foerster, K.: Einzug der Gräser und Farne in die Gärten, Verlag Eugen Ulmer, Stuttgart, 2000.
Foerster, K. & K. Kaiser: Lebende Gartentabellen: Pflanzenverwendung für jede Gartensituation. Verlag Eugen Ulmer, Stuttgart, 2011.
Götz, H. & M. Häussermann: BdS-Handbuch 03. Stauden. Av Buch, Wien, 2008.
Haberer, M.: Taschenatlas Stauden. Verlag Eugen Ulmer, Stuttgart, 2010.
Hansen, R. & F. Stahl: Die Stauden und ihre Lebensbereiche in Gärten und Grünanlagen. Verlag Eugen Ulmer, Stuttgart, 1997.
Kawollek, W.: Das Ulmer Gartenbuch. Verlag Eugen Ulmer, Stuttgart, 2011.
Kühn, N.: Neue Staudenverwendung. Verlag Eugen Ulmer, Stuttgart, 2011.
Jelitto, L. & W. Schacht, H. Simon: Die Freiland – Schmuckstauden: Handbuch und Lexikon der Gartenstauden. Verlag Eugen Ulmer, Stuttgart, 2002.
Orel, C. & M. Nickig: Der neue Blumen- und Staudengarten. Verlag Eugen Ulmer, Stuttgart, 2004.
Oudolf, P. & N. Kingsbury: Neues Gartendesign mit Stauden und Gräsern. Verlag Eugen Ulmer, Stuttgart, 2007.
Rice, G. & The Royal Horticultural Society: Stauden – Die grosse Enzyklopädie. Dorling Kindersley Verlag, Starnberg, 2007.
Willery, D.: Stauden von A – Z: Das Katalogbuch zum Nachschlagen und Entscheiden. Verlag Eugen Ulmer, Stuttgart, 2007.

Literatur zu Gehölzen

Bärtels, A.: Gehölzvermehrung. Verlag Eugen Ulmer, Stuttgart, 2008.
Bärtels, A. & K. Kaiser: Clematis. Verlag Eugen Ulmer, Stuttgart, 2004.
Bärtels A.: Das große Buch der Rhododendren und Azaleen. Verlag Eugen Ulmer, Stuttgart, 2006.
Bürki, M. & F. Jakob, D. M. Tommasini: Bildatlas Bäume und Sträucher in Ziergärten und Parkanlagen. Verlag Eugen Ulmer, Stuttgart, 2002.
Erhardt, W. & E. Götz, N. Bödeker, S. Seybold: Zander, Handwörterbuch der Pflanzennamen. Verlag Eugen Ulmer, Stuttgart 2008.
Haberer, M.. Taschenatlas Gehölze. Verlag Eugen Ulmer, Stuttgart, 2009.
Joyaux, F.: Enzyklopädie der Alten Rosen. Verlag Eugen Ulmer, Stuttgart, 2008.
Kawollek, M. & W. Kawollek: Alles über Pflanzenvermehrung. Verlag Eugen Ulmer, Stuttgart, 2008.
McIndoe, A. & A. Mössel, C. Mössel: Sträucher. Delius Klasing, Bielefeld, 2010.
McIndoe, A. & R. McIndoe, A. Mössel, C. Mössel: Bäume für jeden Garten. Delius Klasing, Bielefeld, 2009.
Mallet, C.: Hortensien. Verlag Eugen Ulmer, Stuttgart, 2012.
Mallet, C.: Hortensienatlas. Verlag Eugen Ulmer, Stuttgart, 2008.
Phillips, M. & M. Rix: Rosarium. Ulmers großes Rosenbuch. Verlag Eugen Ulmer, Stuttgart, 2009.
Pirc, H.: Ahorne. Verlag Eugen Ulmer, Stuttgart, 1994.
Pirc, H.: Alles über Gehölzschnitt. Verlag Eugen Ulmer, Stuttgart, 2011.
Pirc, H.: Bäume von A – Z. Verlag Eugen Ulmer, Stuttgart, 2012.
Roloff A. & A. Bärtels: Flora der Gehölze. Verlag Eugen Ulmer, Stuttgart, 2008.
The Royal Horticultural Society: Rosen – Die große Enzyklopädie. Dorling Kindersley Verlag, Starnberg, 2010.
Trier, H.v. & C. Thelen: Hortensien. Verlag Eugen Ulmer, Stuttgart, 2011.

Bildquellen Gartenblumen

Berger, Frank M. von 46, 134 o., 243 o. Mi., 252 u. li., 252 o. re., 255 o. re., 258 u., 259 u., 317 u. li., 318 u. li., 322 u. li., 323 o., 323 u., 327 u. re., 340 u. Mi.
botanikfoto/Steffen Hauser 26/27, 75 o. re., 97 u., 99 u. re., 109 Mi. re.
botanikfoto/Friederike Take 10/11, 37.
Brandkamp GmbH 92, 93 o. li., 93 Mi.
Ernst Benary Samenzucht GmbH 15, 82 Mi. li., 82 o., 82 Mi. re., 87 u., 91 o. li., 95 u. li., 98 o., 102 o., 102 u., 103 o. re., 105 o., 106 u., 106 o.
Flora Press/GAP 110/111.
fotolia/Peter Cox 105 u.
fotolia/Irina Fischer 14.
fotolia/Daniel Fuhr 62 u. li.
fotolia/HG Photography 93 o. re.
fotolia/Harald Lange 96 o.
fotolia/Medius 97 o., U4 Mi.
fotolia/Christian Musat 84 o. re.
fotolia/M. Schuppich 89.
fotolia/tam 98 u.
GAP Photos/Rob Whitworth; Design: Tom Stuart-Smith 8/9 (4 li.)
Horst Gewiehs GmbH 55 u., 64, 67 u. li., 72 o. li., 77 o. re., 78 o., 78 u., 79 o. li., 79 o. Mi., 79 o. re., 79 u. li., 79 u. re.
iStockphoto/David Hughes 87 o. li.
iStockphoto/Nancy Nehring 91 o. re.
iStockphoto/Christopher Smith 96 u. li.
Kawollek, Wolfgang & Kawollek, Marco 42, 43.
Kientzler GmbH & Co. KG 31, 82 u., 84, 86 u. re., 90, 95 u. re., 99 u. li., 101 Mi. re., 101 u. re., 107 u. li.
mauritius images 52/53 (4 re.), 80/81, 12, 28, 29, 30, 63 o. li., 69 o. li., 69 o. re., 70 u., 77 u. re., 87 o. re., 88 u. li., 88 o., 88 u. re., 88 Mi., 103 o. li., 109 o. re., 109 o. Mi., 109 Mi. li., 109 u.
Morell, Bernd 56 Mi., 56 re., 58 u. li., 59 u., 65 o. li., 65 o. re., 68, 71 u. li., 71 u. re., 72 u., 72 o. re., 86 u. li., 91 u., 95 u. Mi., 100, 104 o. li., 107 u. re., 109 o. li.
Paluch, Rüdiger 39.
Pietrek, Sibylle 7.
Reinhard, Hans 34, 48.
Reinhard, Nils 70 o.
Schober, Bernd 57 o. li., 62 u. re., 67 u. re., 74 u.
Selecta Klemm GmbH & Co. KG 93 o. Mi., 101 Mi. li., 101 u. li., 104 o. re., 108 u.
Staudenkulturen Stade 54 li., 55 o. li., 57 u. li., 61 o., 63 o. re.
Volmary GmbH 13, 73 o., 73 u., 74 o. li., 74 o. re., 82 o., 84 o. li., 94 o. li., 94 o. re., 96 u. re., 99 o., 104 u.
Wendebourg, Tjards 54 re., 55 o. re., 56 li., 57 o. re., 57 u. re., 58 u. re., 59 o. li., 59 o. re., 60 o., 60 u., 61 Mi., 61 u., 63 u., 66 o., 66 u., 71 o., 75 o. li., 75 Mi., 76 o., 76 u. li., 76 u. re., 77 u. li.

Alle anderen Fotos stammen von Dieter Gaissmayer.
Die Zeichnungen fertigten:
Edelmann, Theresa 20.
Flubacher, Helmuth 19 o., 19 u., 33, 40 li., 40 re., 41.
Rost, Johannes-Christian 44 li., 44 re.
Vogt, Suzanne 45, 49.

Titelbilder: Scisetti Alfio/Shutterstock.com (Lavendel), Lopatin Anton/Shutterstock.com (Geranium),isarescheewin/Shutterstock.com (Dahlie), Jeanette Dietl/Shutterstock.com (Schiefertafel), Repina Valerya/Shutterstock.com (Schilf), Brues/Shutterstock.com (Holz Hintergrund)

Bildquellen Gehölze

Albrecht, Hans-Joachim 497 u. re.
clipdealer/Carmen Steiner 576/577 (5 re.).
Fischer, M. 444 u.
fotolia/Robert Crum 348/349 (5 li.), U4 Li.
fotolia/Ruth Black 621.
Haag, Dorothea 353, 358, 360.
Haberer, Martin 486 o., 505 u. li., 216 u. re., 288 o. re.
iStock/Magdalena Markiewicz 622/623.
Nickig, Marion 352, 354, 356, 357 o., 364, 365 o.
Panthermedia/Anna Reinert 382/383.
Pirc, Helmut 368.
Redeleit, Wolfgang 357 u., 359, 362, 363.
Reinhard, Hans 355, 361.
Smit, Daan 419 li. u.

Alle anderen Fotos stammen von Andreas Bärtels.
Die Zeichnungen fertigte Helmuth Flubacher an.

Register der botanischen Pflanzennamen

Register der deutschen Pflanzennamen

Impressum

Die in diesem Buch enthaltenen Empfehlungen und Angaben sind von den Autoren mit größter Sorgfalt zusammengestellt und geprüft worden. Eine Garantie für die Richtigkeit der Angaben kann aber nicht gegeben werden. Autoren und Verlag übernehmen keinerlei Haftung für Schäden und Unfälle.

Bibliografische Information der Deutschen Nationalbibliothek
Die Deutsche Nationalbibliothek verzeichnet diese Publikation in der Deutschen Nationalbibliografie; detaillierte bibliografische Daten sind im Internet über http://dnb.d-nb.de abrufbar.

Wollgrasweg 41, 70599 Stuttgart (Hohenheim)
E-Mail: info@ulmer.de
Internet: www.ulmer.de
Lektorat: Doris Kowalzik, Anette Stadler
Herstellung: Gabriele Wieczorek
Umschlagentwurf: Atelier Reichert, Stuttgart
Reproduktion: timeray, Herrenberg
Satz: r&p digitale medien, Echterdingen
Druck und Bindung: Livonia Print, Riga, Lettland
Printed in Germany

ISBN 978-3-8001-0334-8